# 建构中国法学自主知识体系

## （上卷）

主　编　王利明　黄文艺　王　旭

中国人民大学出版社
· 北京 ·

图书在版编目（CIP）数据

建构中国法学自主知识体系．上卷／王利明，黄文艺，王旭主编．--北京：中国人民大学出版社，2025. 3.--ISBN 978-7-300-33763-0

Ⅰ. D920.0

中国国家版本馆 CIP 数据核字第 2025PK3506 号

建构中国法学自主知识体系（上卷）

主　编　王利明　黄文艺　王　旭

Jiangou Zhongguo Faxue Zizhu Zhishi Tixi

| 出版发行 | 中国人民大学出版社 | | |
|---|---|---|---|
| 社　　址 | 北京中关村大街 31 号 | 邮政编码 | 100080 |
| 电　　话 | 010 - 62511242（总编室） | 010 - 62511770（质管部） | |
| | 010 - 82501766（邮购部） | 010 - 62514148（门市部） | |
| | 010 - 62511173（发行公司） | 010 - 62515275（盗版举报） | |
| 网　　址 | http://www.crup.com.cn | | |
| 经　　销 | 新华书店 | | |
| 印　　刷 | 北京瑞禾彩色印刷有限公司 | | |
| 开　　本 | 720 mm×1000 mm　1/16 | 版　　次 | 2025 年 3 月第 1 版 |
| 印　　张 | 32 插页 3 | 印　　次 | 2025 年 3 月第 1 次印刷 |
| 字　　数 | 424 000 | 定　　价 | 358.00 元（上、下卷） |

# 序言　中国法学自主知识体系的时代绘像

王利明

新中国成立以来，特别是改革开放以来，我国法学研究经历了一个从幼稚到成熟、从碎片化推进到体系化构建的发展过程，逐渐积累了一套具有中国特色、中国元素的法学知识、法学理论，为建构中国法学自主知识体系奠定了坚实的基础。习近平总书记 2022 年 4 月 25 日在中国人民大学考察调研时强调，"加快构建中国特色哲学社会科学，归根结底是建构中国自主的知识体系"[①]。这一重要论述为加快建构中国法学自主知识体系指明了方向，提供了根本遵循。建构中国法学自主知识体系，必须要坚持以习近平法治思想为指导，将马克思主义法学基本原理同中国法治建设具体实际相结合、同中华优秀传统法律文化相结合，不断推进知识创新、理论创新、方法创新。笔者认为，建构中国法学自主知识体系至少需要从以下方面努力：

第一，坚持自主性。法学是国家治理体系的知识载体，是民族历史记忆和实践经验的理性提取。建构中国法学自主知识体系，必须持续关照中国实践、时代发展、人类进步，坚持以我为主、兼收并蓄、突出特色的方针。法学研究应当从中国实际出发，把中国经验提升为中国理论；绝不能

---

① 《坚持党的领导传承红色基因扎根中国大地 走出一条建设中国特色世界一流大学新路》，载《人民日报》2022 年 4 月 26 日，第 1 版。

做他国理论的搬运工，不可"言必称希腊"或奉某一外国法律制度为圭臬，更不可"削中国实践之足，适外国理论之履"，在外国学者设计的理论框架中"跳舞"。当然，建构中国法学自主知识体系，并不意味着要排斥异域法律文化。中华文明的博大气象，就得益于中华文化自古以来开放的姿态、包容的胸怀。我们在建构法学自主知识体系时，必须坚持开放、包容和交流的态度，了解学术前沿与发展趋势，并通过充分交流和借鉴，永葆我国法学的时代性和科学性。对人类法律文明的优秀成果，应秉持鲁迅先生所说的，"我们要运用脑髓，放出眼光，自己来拿"①。借鉴人类文明的先进法治经验和成果，在吸收、消化后为我所用，这本身也是建构中国法学自主知识体系的组成部分。当然，外国的制度、理论，都只能是我们借鉴的素材，只能服务于我国立法和司法的需要。

第二，坚持实践性。法学是经世致用的实践性学问，法学研究要源于实践并服务于实践，才能成为具有生命力、解释力、引领力的理论。我们需要认真总结党在领导人民探索法治新路、创造法治伟业的伟大历程中所积累的丰富经验，立足于改革开放以来特别是新时代以来全面依法治国的伟大实践，它进行学理提取、原理提纯、哲理提炼，努力解读中国现实，回应实践需要，打造具有中国特色的理论体系、话语体系。为此，要实现如下三个面向：一是面向立法和司法实践，推动建构具有时代包容力、实践变革力的法学知识体系。"问渠哪得清如许，为有源头活水来"，我们有世界上规模最大的执法、司法实践，成千上万的鲜活案例为法学研究提供了丰富的素材，我们必须认真总结实务经验，不断发现实践中的新问题并予以回应，这样才能推动法学理论的创新。二是面向社会主义市场经济。我们要密切关注和联系中国的改革开放、市场经济高质量发展的实践，善于归纳和总结市场经济发展中出现的新情况、新问题，为立法、执法、司

① 鲁迅：《且介亭杂文》，人民文学出版社 1973 年版，第 46 页。

法提供理论支撑，为建立全国统一大市场、构建高水平社会主义市场经济体制、深入推动中国式现代化提供法治保障。三是面向新一轮科技革命和产业变革，推动建构面向未来、走向未来、引领未来的法学知识体系。以互联网、物联网、云计算、大数据、人工智能、区块链为代表的现代信息科学技术，推动了人类社会的进步，深刻地改变了我们的生产方式和生活方式。在拓展民事权益内容和类型的同时，这也提出了隐私与个人信息保护、算法"黑箱"与歧视、人工智能与伦理等问题，给人权法治保障提出了新的挑战。建构中国法学自主知识体系，需要以《民法典》等基本法律为依据，加强重点领域、新兴领域如人工智能、生物科技、基因编辑、脑机接口等方面的专门立法研究，积极开展对网络法治、数据制度、网络虚拟财产、算法、区块链等法律问题的研究，确保现代科技被用于促进人格尊严的维护和增进人类福祉。

第三，坚持创新性。正如习近平总书记所指出的，哲学社会科学创新可大可小，揭示一条规律是创新，提出一种学说是创新，阐明一个道理是创新，创造一种解决问题的办法也是创新。① 法学要成为一门治国安邦、经世济民、服务社会的学问，就必须以中国的现实问题为依归，提出科学合理的解决方案。法学研究要加强理论创新，避免低水平重复。法学理论创新应当来源并服务于中国改革开放的伟大实践，针对社会生活中产生的现实问题提出创造性的解决方案，推陈出新，革故鼎新，为民主法治建设作出贡献。改革开放以来，中国法学界立足于基本国情，以更开阔的视野借鉴大陆法系、英美法系的先进经验，并在许多领域进行了融通性、创新性发展，为中国法治的发展与进步提供了有力的学理支撑和智力支持。同时，要注重方法的创新性。在古希腊语中，方法有"通向正确的道路"之义。

---

① 参见习近平：《在哲学社会科学工作座谈会上的讲话》，载《人民日报》2016 年 5 月 19 日，第 3 版。

赫克（Heck）曾经在 Interessenjurisprudenz und Gesetzestreue 一文中指出："在所有的改变中，方法的改变才是最大的进步。"既然法学是一门博大精深的科学，那么法学研究者应当自觉地遵循科学研究的一般规律，秉持科学研究的严谨态度，坚持科学研究的学术规范，贯彻严谨的科学研究方法。例如，在《民法典》颁行后，民法已经实现了体系化，基本的法律规则已经具备，故民法研究重心应当从立法论向解释论转变，聚焦于《民法典》的解释适用。就法律适用方法而言，我们应当注重运用各种法律解释方法和案例研究方法，并将其运用于实践以解决实践问题，进而不断推动民法学的发展和完善。

第四，坚持科学性。法学研究的科学性主要体现在：首先，知识具有体系性。法学之所以是一门科学，主要是因为法学本身具有科学的理论体系和科学的研究方法。经过两千多年的发展，法学在自身独特的研究对象基础上，已经形成了一些具有共识性的概念、规则和制度，形成了富有逻辑、体系严谨的理论体系。我国现代法学体系是在 19 世纪末西学东渐的过程中逐渐形成的，因此受到西方法学的影响较大。新中国成立以来，我们的法学研究不断伴随着祖国法制建设的进程而繁荣发展，但许多概念、制度仍然受域外法影响较大，我们应该继续立足于中国实践，服务于中国实践，不断进行理论创新，建构对中国有价值、对世界有意义的法学自主知识体系。其次，具有自己的价值体系。不论是法律制度建构，还是法律制度研究，都应当始终以中国特色社会主义的价值追求为根本宗旨。价值决定了具体法律制度及其研究的具体形态和样貌。只有始终秉持以社会主义核心价值观为中心的价值理念，我们才能建构好中国法学自主知识体系。最后，内容体系具有科学性。就像任何一门科学都以探究"实质性的、解释性的真理"为目的一样，法学也在寻求法律现象的规律。法学研究以法律为研究对象，以探究法律发展的规律为研究目标，它是"一门思考如何维持社会秩序的学科"①。中国法学自主知识体系应当是在内容上具有科学性的学术体系。

中国法学自主知识体系建构是兼具本土性与借鉴性、继承性与超越性、原创性与时代性、科学性与实践性的知识生产行动，是立足中国实际、着眼人民需求、回应时代变革、回答实践之问的真学问、大学问。人在天地间贵在自立，国家和民族贵在自强。古老的中华法系源远流长，长期傲然屹立于世界法制文明之林，为人类法制文明进步作出了重要贡献。如今，中国是一个拥有 14 亿多人口的发展中大国和世界第二大经济体，我们应该有自信赓续博大精深的中华法制文明传统，建构独树一帜的法学自主知识体系，为破解人类法治发展难题、困境提供中国智慧和中国方案。

长期以来，中国人民大学法学院教师一直致力于立足中国实际、回应时代需求的学术研究，一直致力于服务国家法治建设的战略需求，一直致力于建构对法治现实问题具有回应和解决能力的中国法学自主知识体系。这套文集以基础法学，国家法、宪法与行政法、刑法学，诉讼法学，民商法、社会法与经济法学，涉外法治、数字法学为学科框架，兼顾传统以"公法—私法"为体例的部门法学和以"学科交叉"为特征的领域法学，统摄基础学科与应用学科，汇集了中国人民大学法学院相关教师建构中国法学自主知识体系的代表性作品。它们尽管风格不一、主题不同、方法有异，但都是中国人民大学法学院教师集体群像的展现，是人大学派的又一次集体亮相。作为庆祝中国人民大学法学院建院 75 周年的献礼作品，这套文集同时也是我们作为学人向这个激变而伟大的时代的共同献礼。期盼这套文集对于推动中国法学自主知识体系建构能够有所裨益。

是为序。

---

① 　［日］道垣内弘人：《法学之门：学会思考与说理》，张挺译，北京大学出版社 2021 年版，序言。

# 目　录

## 第一编　基础法学

## 第二编　部门法学·国家法、宪法与行政法、刑法学

# 第三编 部门法学·诉讼法学

# 第一编 | 基础法学

# 论习近平法治思想与自主
# 法学知识体系建构<sup>*</sup>

黄文艺<sup>**</sup>

习近平法治思想作为当代马克思主义法治思想、21 世纪马克思主义法治思想，是建构中国自主法学知识体系的指导思想和理论基础，确立了科学的世界观和方法论，指明了新思路、新方向、新路径，提供了新范畴、新命题、新理论，对这一知识体系建构具有立根塑魂、立柱架梁的功能。本文所探讨的总体问题是，习近平法治思想如何引领中国自主法学知识体系建构。这一问题是建构中国自主法学知识体系研究中的基石性问题。本文遵循从"哲学层面"到"学科层面""范畴层面""理论层面"逐层递进的内在逻辑关系，分析习近平法治思想在建构中国自主法学知识体系上的多重功能，即世界观和方法论指引功能、法学学科体系优化功能、法学范畴体系完善功能，以及法学理论体系创新功能。

## 一、世界观和方法论指引功能

习近平法治思想坚持把马克思主义法治思想同中国法治建设具体实际

---

    \* 本文系 2023 年度教育部哲学社会科学研究重大专项项目"习近平法治思想与中国自主法学知识体系建构研究"（项目批准号：2023JZDZ011）的阶段性研究成果。本文原载于《东方法学》2024 年第 4 期。

    \*\* 黄文艺，中国人民大学法学院教授，博士研究生导师。

相结合、同中华优秀传统法律文化相结合，推动马克思主义法治思想中国化时代化，以全新视野深化了对法学知识创新发展的规律性认识，为建构中国自主法学知识体系确立了科学的世界观和方法论。

## （一）坚持实事求是

习近平法治思想从法学学科的实践性出发，强调从中国法治实践出发提炼标识性概念、构建原创性理论，不做西方法学理论的"搬运工"，而要做中国法学的创造者、世界法学的贡献者。习近平总书记强调："我们要坚持从我国国情和实际出发，正确解读中国现实、回答中国问题，提炼标识性学术概念，打造具有中国特色和国际视野的学术话语体系，尽快把我国法学学科体系和教材体系建立起来。"[①] "要总结和运用党领导人民实行法治的成功经验，围绕社会主义法治建设重大理论和实践问题，不断丰富和发展符合中国实际、具有中国特色、体现社会发展规律的社会主义法治理论，为依法治国提供理论指导和学理支撑"[②]。这要求法学界立足于党领导人民探索法治新路、创造法治伟业的百年实践，对本土实践经验、实践智慧、实践理性进行学术提炼，概括出有规律性的新范畴，提炼出有学理性的新理论，构建起中国特色、中国气派的自主法学知识体系。

## （二）坚持守正创新

建构中国自主法学知识体系，既要坚守马克思主义法治思想这个魂脉、中华民族法治文明这个根脉，还要深入推进法学知识体系领域拓展、知识创新、方法更新。习近平总书记指出："我们从事的是前无古人的伟大事业，守正才能不迷失方向、不犯颠覆性错误，创新才能把握时代、引

---

① 习近平：《论坚持全面依法治国》，中央文献出版社2020年版，第176页。
② 习近平：《论坚持全面依法治国》，中央文献出版社2020年版，第110页。

领时代。"③ 守正创新中的"守正"主要包括两个方面：一是坚守马克思主义法治思想的指导地位，坚持运用马克思主义法治思想立场观点方法建构中国自主法学知识体系，始终做到不迷失方向；二是坚守中华法治文明的主体地位，坚持运用中华法治文明的精华精髓建构中国自主法学知识体系，始终做到不迷失自我。守正创新中的"创新"至少包括两个方面的内容：一是领域拓展，即适应新时代全面依法治国大战略大格局，对法学知识体系进行主题扩展、疆域扩张、内涵扩充，增强法学知识体系对全面依法治国实践的辐射力和穿透力；二是知识创新，即立足中国法治实践新成果新经验新进展，打造出一系列具有时代性、原创性、标识性的新概念、新命题、新理论，推动马克思主义法治思想的中国化和时代化。

## （三）坚持推陈出新

建构中国自主法学知识体系，必须扎根独树一帜、博大精深的中华法治文明，深入挖掘中国古典法律思想、制度、实践的精华和精髓，推动中华优秀传统法律文化的创造性转化、创新性发展，形成具有深厚民族基因、文化根基的自主法学知识。习近平总书记指出："中华法系源远流长，中华优秀传统法律文化蕴含丰富法治思想和深邃政治智慧，是中华文化的瑰宝。要积极推动中华优秀传统法律文化创造性转化、创新性发展，赋予中华法治文明新的时代内涵，激发起蓬勃生机。"④ 例如，自古以来，我国政治家、思想家就深刻认识到法对国家治乱兴衰的重要影响，提出了"奉法者强则国强，奉法者弱则国弱"等命题，并将"变法"与"图强"二者

---

③ 习近平：《高举中国特色社会主义伟大旗帜 为全面建设社会主义现代化国家而团结奋斗——在中国共产党第二十次全国代表大会上的报告》（2022 年 10 月 16 日），人民出版社 2022 年版，第 20 页。

④ 习近平：《加强涉外法治建设 营造有利法治条件和外部环境》，载《人民日报》2023 年 11 月 29 日，第 1 版。

连在一起，形成了历久弥新的奉法强国、变法图强传统。我国改革开放实践就是一场通过深化法治领域改革保障和促进经济社会持续快速发展的伟大实践。因此，可以在对中国古代奉法强国、变法图强思想进行创造性转化、创新性发展的基础上，建构法律与发展、法治与改革等领域的自主法学知识，为在法治轨道上全面建设社会主义现代化国家提供有力理论支撑。

（四）坚持融通中外

建构中国自主法学知识体系，必须站在人类法学发展制高点上，广泛吸纳世界各国有益的法学知识成果，创造出熔铸古今、汇通中西、领先世界的自主法学知识体系，形成兼容并蓄、博采众长的知识大格局大气象。习近平总书记指出："经过长期努力，我们比以往任何一个时代都更有条件破解'古今中西之争'，也比以往任何一个时代都更迫切需要一批熔铸古今、汇通中西的文化成果。"⑤ 第一，坚持以开放包容的胸怀主动学习借鉴人类创造的一切优秀的法学知识成果，包括其他国家优秀法学成果，而不能关起门来造出一个法学知识大厦。第二，坚持从马克思主义立场、观点和方法出发有选择地吸收和转化，将其有机地融入中国自主法学知识体系中，确保这一知识体系巍然耸立于人类法学知识的高原之上。"对世界上的优秀法治文明成果，我们要积极吸收借鉴，但也要加以甄别，有选择地吸收和转化，不能囫囵吞枣、照搬照抄，否则必然水土不服。"⑥

（五）坚持系统思维

建构中国自主法学知识体系，必须理清知识体系内外各要素的整体关联性、层次结构性、先后时序性，加强前瞻性思考、全局性谋划、整体性

---

⑤ 习近平：《在文化传承发展座谈会上的讲话》，人民出版社 2023 年版，第 6 页。
⑥ 习近平：《论坚持全面依法治国》，中央文献出版社 2020 年版，第 177 页。

推进，形成结构完备、功能齐全的法学知识体系。由于现代法学知识的生产、存储、传播、应用具有以学科分类为框架、以标识性范畴为纽结、以原创性理论为支柱、以专业性教材为重要载体等鲜明特征，因而法学知识体系是一个包括或涉及学科体系、课程体系、范畴体系、理论体系、教材体系的统合性、整体性概念。习近平总书记在谈到法学研究和法学教育时提出了法学学科体系、课程体系、教材体系等概念："学科结构不尽合理，法学学科体系、课程体系不够完善；社会亟需的新兴学科开设不足，法学学科同其他学科交叉融合还不够，知识容量需要扩充"，"我国法学学科体系和教材体系建设，要按照这些精神深入研究为谁教、教什么、教给谁、怎样教的问题"⑦。因此，建构中国自主法学知识体系，必须坚持系统思维，统筹推进法学学科体系、课程体系、教材体系、范畴体系、话语体系、理论体系建设，更好发挥法学知识体系在法学研究和教育中的统领性作用。

## （六）坚持胸怀天下

建构中国自主法学知识体系，必须面对当今世界之变、时代之变、历史之变，深刻回答世界法治何去何从的重大问题，形成对全球法治议题具有引领和攻坚能力的自主法学知识体系，肩负起提供国际公共理论产品的使命。"我们要拓展世界眼光，深刻洞察人类发展进步潮流，积极回应各国人民普遍关切，为解决人类面临的共同问题作出贡献，以海纳百川的宽阔胸襟借鉴吸收人类一切优秀文明成果，推动建设更加美好的世界"⑧。这要求，面对世界大变局引发的全球法律格局的历史性变革，深入推进宏观比较法研究，把握世界法律发展新动向新趋势，提出全球法律发展新倡

---

⑦ 习近平：《论坚持全面依法治国》，中央文献出版社 2020 年版，第 174、176 页。

⑧ 习近平：《高举中国特色社会主义伟大旗帜 为全面建设社会主义现代化国家而团结奋斗——在中国共产党第二十次全国代表大会上的报告》（2022 年 10 月 16 日），人民出版社 2022 年版，第 21 页。

议新方案。面对日益突出的国际武装冲突、资源能源安全、气候变化、重大疫情、恐怖主义等全球性公共问题，加强针对性、原创性研究，在破解全球治理难题上提出有竞争力的中国方案，提升中国在全球治理中的话语权和影响力。

# 二、法学学科体系优化功能

现代法学知识都是以学科建置和分类的形式进行生产和传播，因此构建中国特色、世界一流的法学学科体系是建构自主法学知识体系的应有之义。2023 年中共中央办公厅、国务院办公厅印发的《关于加强新时代法学教育和法学理论研究的意见》（以下简称《意见》）明确提出"优化法学学科体系"，并就加快推进法学基础学科、新兴学科、交叉学科、涉外学科建设作出了重要部署。习近平法治思想深刻指明了中国法学学科建设的理念思路、目标任务、路径方法，为构建中国特色、世界一流的法学学科体系提供了重要的思想指引和理论资源。

## （一）推进法学基础学科转型升级

不容否认，在移植域外法学学科建置和构架过程中，中国法理学、宪法学、民法学、行政法学、刑法学、诉讼法学、国际法学等基础学科，在论题体系、范畴体系、理论体系等方面曾经深受域外法学的支配性影响。改革开放以来，各法学基础学科开始朝着本土化、自主化的方向发展。进入新时代，习近平法治思想为法学基础学科破除对域外法学的知识依赖、实现科学化现代化转型提供了丰富的智识资源。

以宪法学为例，习近平法治思想全面系统地总结中国宪法建设的实践经验，系统论述了宪法的性质、发展、制度、运行等重大理论问题，为宪法学中国化本土化提供了有力的理论支撑。在宪法性质上，习近平总书记从执政治国的角度深入论述了宪法的性质、地位和作用，提出了"宪法是治国安邦的总章程，是我们党治国理政的根本法律依据，是国家政治和社会生活的最高法律规范""宪法是国家一切法律法规的总依据、总源头"⑨"宪法同党和国家前途命运息息相关""宪法是全面依法治国的根本依据，具有最高的法律地位、法律权威、法律效力"⑩等重要命题。在宪法发展上，习近平总书记深刻分析了宪法发展的历史规律，提出了"制定和实施宪法，是人类文明进步的标志，是人类社会走向现代化的重要支撑"⑪"现代意义上的宪法是西方先搞起来的，是资产阶级革命的产物""我国宪法发展史是中国近现代史的一个缩影"⑫"我国宪法是我们党领导人民长期奋斗历史逻辑、理论逻辑、实践逻辑的必然结果"⑬等重要命题。在宪法重大制度上，习近平总书记系统论述了党的领导、国体、政体、全过程人民民主、民主集中制、法治、人权、国家制度、国家机构等重大问题，形成了博大精深、鞭辟入里的宪法制度理论。在宪法运行上，习近平总书记系统论述了宪法制定、修改、实施、解释、监督等问题，提出了首尾贯通、结构完整的宪法运行理论。

## （二）推进法学新兴学科创建发展

从中国本土法治实践出发，提取提炼法治实践的操作性知识、实践性

---

⑨　习近平：《谱写新时代中国宪法实践新篇章——纪念现行宪法公布施行40周年》，载《人民日报》2022年12月20日，第1版。

⑩　习近平：《论坚持全面依法治国》，中央文献出版社2020年版，第200、201页。

⑪　习近平：《谱写新时代中国宪法实践新篇章——纪念现行宪法公布施行40周年》，载《人民日报》2022年12月20日，第1版。

⑫　习近平：《论坚持全面依法治国》，中央文献出版社2020年版，第213、210页。

⑬　习近平：《谱写新时代中国宪法实践新篇章——纪念现行宪法公布施行40周年》，载《人民日报》2022年12月20日，第1版。

智慧，是新时代创新发展法学新兴学科的必由之路。习近平法治思想全面系统总结了社会主义法治实践成果，为法学界构建一系列法学新兴学科指明了方向、提出了清晰的理论框架。

以政法学为例：习近平法治思想科学回答了新时代政法理论和实践中的一系列重大问题，提出了一系列原创性新理念新思想新战略，创立了科学化、体系化的新时代政法理论[14]，是对马克思主义国家和法理论的创新性发展，为构建政法学学科奠定了学科框架和理论基石。在政法范畴内涵上，习近平法治思想从国家治理现代化出发将政法工作使命定位为推进平安中国、法治中国建设，将政法工作任务定位为维护国家政治安全、确保社会大局稳定、促进社会公平正义、保障人民安居乐业，推动政法范畴走向科学化、制度化、定型化。在政法体制上，习近平法治思想深刻论述了党的绝对领导、政法机关之间关系等重要问题，明确提出了"党对政法工作的领导是管方向、管政策、管原则、管干部，不是包办具体事务，不要越俎代庖""党委政法委是党委领导和管理政法工作的职能部门，是实现党对政法工作领导的重要组织形式"[15]"健全政法部门分工负责、互相配合、互相制约机制"[16]等重要命题。在政法现代化上，习近平法治思想深刻论述了平安中国建设、法治中国建设、维护国家政治安全、推进社会治理现代化、促进社会公平正义、服务经济社会发展、全面深化政法改革、加强政法队伍建设等重要问题，形成了政法工作现代化理论。在政法制度体系上，习近平法治思想深刻论述了党的绝对领导制度、党委政法委制度、公安制度、检察制度、审判制度、司法行政制度、国家安全制度等重要制度，形成了政法制度理论。

---

[14] 参见黄文艺：《习近平法治思想中的政法理论述要》，载《行政法学研究》2023年第1期。
[15] 习近平：《论坚持全面依法治国》，中央文献出版社2020年版，第44页。
[16] 习近平：《论坚持全面依法治国》，中央文献出版社2020年版，第58页。

　　以社会治理法学为例，习近平法治思想深刻论述了法治（法律）与社会、社会治理等现象之间的复杂关系，提出了社会治理法治化等一系列重要命题，为构建社会治理法学学科提供了丰富的理论资源。关于法治在社会治理中的重要地位，习近平总书记提出了"法治是人类政治文明的重要成果，是现代社会治理的基本手段"⑰"人类社会发展的事实证明，依法治理是最可靠、最稳定的治理"⑱等重要命题。关于社会治理法治化，习近平总书记将法治化确立为社会治理现代化的基本标志，提出了"坚持在法治轨道上统筹社会力量、平衡社会利益、调节社会关系、规范社会行为，依靠法治解决各种社会矛盾和问题，确保我国社会在深刻变革中既生机勃勃又井然有序"⑲"要加快实现社会治理法治化，依法防范风险、化解矛盾、维护权益，营造公平、透明、可预期的法治环境"⑳等重要命题。关于法治社会，习近平总书记深刻论述了其重要地位和基本标志，提出了"法治社会是构筑法治国家的基础""使法治成为社会共识和基本准则""培育全社会办事依法、遇事找法、解决问题用法、化解矛盾靠法的法治环境"㉑"建立以权利公平、机会公平、规则公平为主要内容的社会公平保障体系"㉒等重要命题。《法治社会建设实施纲要（2020—2025年）》提出，建设信仰法治、公平正义、保障权利、守法诚信、充满活力、和谐有序的社会主义法治社会。㉓

　　⑰　习近平：《论坚持全面依法治国》，中央文献出版社 2020 年版，第 183 页。
　　⑱　习近平：《论坚持全面依法治国》，中央文献出版社 2020 年版，第 120-121 页。
　　⑲　习近平：《论坚持全面依法治国》，中央文献出版社 2020 年版，第 104 页。
　　⑳　习近平：《论坚持全面依法治国》，中央文献出版社 2020 年版，第 234 页。
　　㉑　《习近平著作选读》（第 2 卷），人民出版社 2023 年版，第 383-384 页。
　　㉒　《习近平著作选读》（第 1 卷），人民出版社 2023 年版，第 184 页。
　　㉓　参见《中共中央印发法治社会建设实施纲要（二〇二〇—二〇二五年）》，载《人民日报》2020 年 12 月 8 日，第 1 版。

### （三）推进法学交叉学科发展

随着新一轮科技革命和产业变革的纵深推进，当代科学发展呈现出更加强劲的学科大重组、大交叉、大融合的新格局。习近平法治思想深刻论述了法治（法律）与经济、政治、文化、社会、生态文明、科技的有机联系与相互关系，提出了一系列新思想新观点新论断，为创建中国特色的法学交叉学科提供了思想指导和理论资源。《意见》明确提出，推进法学和经济学、社会学、政治学、心理学、统计学、管理学、人类学、网络工程以及自然科学等学科交叉融合发展。

以法学与政治学的交叉学科为例，习近平法治思想深刻论述了法治（法律）与政治、政党、政策等现象之间的紧密关系，为构建中国版的法律政治学学科奠定了坚实的理论基础。在法治与政治的本质联系上，习近平总书记提出了"每一种法治形态背后都有一套政治理论，每一种法治模式当中都有一种政治逻辑，每一条法治道路底下都有一种政治立场"[24] 等重要命题。在法治与政党的关系上，习近平总书记提出了"党和法治的关系是法治建设的核心问题"[25] "党和法的关系是政治和法治关系的集中反映"[26] "社会主义法治必须坚持党的领导，党的领导必须依靠社会主义法治"[27] 等重要命题。关于法律与政策的关联性上，习近平总书记提出了"党的政策是国家法律的先导和指引，是立法的依据和执法司法的重要指导""党的政策成为国家法律后，实施法律就是贯彻党的意志，依法办事

---

[24] 中共中央文献研究室编：《习近平关于全面依法治国论述摘编》，中央文献出版社 2015 年版，第 34 页。

[25] 习近平：《论坚持全面依法治国》，中央文献出版社 2020 年版，第 91 页。

[26] 中共中央文献研究室编：《习近平关于全面依法治国论述摘编》，中央文献出版社 2015 年版，第 34 页。

[27] 中共中央文献研究室编：《习近平关于全面依法治国论述摘编》，中央文献出版社 2015 年版，第 36 页。

就是执行党的政策"㉘ 等重要命题。这些重要论述构成了中国法律政治学
的基础性原理。

以法学与数字科技的交叉学科建设为例，习近平法治思想高度重视大
数据、人工智能等数字科技在法治领域的深度应用，明确提出了深化智能
化建设、建设数字法治政府等一系列重要命题，为构建数字法学等交叉学
科提供了方向指引和思想引领。进入新时代，习近平总书记在政法工作一
系列重要讲话、指示中提出了"推动大数据、人工智能等科技创新成果同
司法工作深度融合"㉙"要把大数据作为推动公安工作创新发展的大引擎、
培育战斗力生成新的增长点，全面助推公安工作质量变革、效率变革、动
力变革"㉚"要着力推进社会治理系统化、科学化、智能化、法治化，深
化对社会运行规律和治理规律的认识，善于运用先进的理念、科学的态
度、专业的方法、精细的标准提升社会治理效能，增强社会治理整体性和
协同性，提高预测预警预防各类风险能力，增强社会治理预见性、精准
性、高效性"㉛ 等重要命题。在习近平法治思想的科学指引下，新时代中
国法治领域的科技应用取得了历史性成就，在数字警务、数字法院、数字
检察院等领域居于全球前列或处于领跑水平。《意见》明确提出的"数字
法学"新学科，作为数字科技与法学深度融合的新兴交叉学科，将为中国
法学在全球新一轮交叉法学学科建设中确立起全球主导权和话语权提供历
史性机遇。

㉘ 习近平：《论坚持全面依法治国》，中央文献出版社 2020 年版，第 43 页。
㉙ 习近平：《论坚持全面依法治国》，中央文献出版社 2020 年版，第 248 页。
㉚ 习近平：《坚持政治建警改革强警科技兴警从严治警 履行好党和人民赋予的新时代职责使
命》，载《人民日报》2019 年 5 月 9 日，第 1 版。
㉛ 习近平：《坚持走中国特色社会主义社会治理之路 确保人民安居乐业社会安定有序》，载
《人民日报》2017 年 9 月 20 日，第 1 版。

（四）推进涉外法学学科建设

涉外法学是近年来我国提出的法学学科新范畴，包括区域国别法学、比较法学、国际法学等学科。这是加强涉外法治建设、加快涉外法治人才培养的迫切需要。习近平总书记指出："坚持立德树人、德法兼修，加强学科建设，办好法学教育，完善以实践为导向的培养机制，早日培养出一批政治立场坚定、专业素质过硬、通晓国际规则、精通涉外法律实务的涉外法治人才。"[32]《意见》明确提出，完善涉外法学相关学科专业设置，加快培养具有国际视野，精通国际法、国别法的涉外法治紧缺人才。习近平法治思想以宽广的全球视野把握国内国际两个大局，系统阐述了加快涉外法治工作战略布局、完善涉外法律法规体系、建设国际法治等涉外法治理论，为构建中国特色的涉外法学学科体系提供了思想指导和理论资源。

（1）构建区域国别法学科体系。这是适应我国全方位对外开放新格局、培养区域国别法治人才的迫切需要。当前，我国已成为140余个国家和地区的主要贸易伙伴，对外贸易和文化交流网络已覆盖全世界。无论是我国政府，还是我国企业和公民，对区域国别法治人才和法律服务需求，都早已不限于欧美发达国家，已经覆盖到全球各个区域和所有国家。《意见》关于加强区际法学学科建设、加快培养精通国别法人才的决策，可谓是对构建区域国别法学学科的战略部署。这就要求法学界构建起覆盖各大法域和各国国别法的区域国别法学学科体系，有力支撑区域国别法理论研究和人才培养工作。

（2）完善比较法学科体系。比较法学是法学学科体系中较为古老的学科，已经穿透到各部门法学、领域法学之中。适应涉外法治建设大战略的

---

[32] 习近平：《加强涉外法制建设 营造有利法治条件和外部环境》，载《人民日报》2023年11月29日，第1版。

需要，比较法学学科体系应在两个维度上加快完善：一是扩大微观比较的范围，即从以西方法律制度为主的比较研究，扩展到覆盖世界各国法律制度的比较研究，从而更全面、更深入地揭示世界法律制度的多样性、差异性。二是深入推进宏观比较，即深入研究世界法律格局及其发展趋势，揭示世界法律发展的规律和动向，提出全球法律发展新倡议新方案。

（3）完善国际法学科体系。建设好国际法学科体系是我国承担国际法治公共产品供给者重任、推动构建人类命运共同体的迫切需要。习近平总书记强调："全球治理体系正处于调整变革的关键时期，我们要积极参与国际规则制定，做全球治理变革进程的参与者、推动者、引领者。"[33] "要坚定维护以国际法为基础的国际秩序，主动参与国际规则制定，推进国际关系法治化。积极参与全球治理体系改革和建设，推动全球治理朝着更加公正合理的方向发展，以国际良法促进全球善治，助力构建人类命运共同体"[34]。国际法学科体系建设，应聚焦全球气候变化、资源能源安全、公共卫生健康、太空开发利用等新问题，加强更有创新性、操作性的国际规则供给，产出更有回应力、变革力的国际法理论，推动中国在国际法和国际法治上的角色从追随者、适应者向引领者、贡献者转变。

# 三、法学范畴体系完善功能

范畴是认识的思想结晶和逻辑起点，范畴体系是知识体系的底层架构。现代法学知识大厦都是建立在科学的法学范畴体系基础上，因此构建

---

③ 习近平：《论坚持全面依法治国》，中央文献出版社 2020 年版，第 225 页。

④ 习近平：《加强涉外法制建设 营造有利法治条件和外部环境》，载《人民日报》2023 年 11 月 29 日，第 1 版。

科学完备、严谨严密的法学范畴体系是建构自主法学知识体系的前提条件。从世界法学发展史来看，构建起一个自成一体、解释力强、逻辑严谨的范畴体系，是一个科学思想体系走向成熟的基本标志，也是一个科学思想体系独到贡献的重要方面。习近平法治思想通过总结中外法治建设的实践经验，提出了以法治体系范畴为统领的法治范畴体系，为建构中国自主法学知识体系奠定了坚实的范畴体系框架。习近平法治思想所提出和研究的众多法治范畴可以覆盖法学各学科各领域，大体上可分为法学基本范畴、公法学范畴、私法学范畴、程序法学范畴、涉外法学范畴等。

## （一）完善法学基本范畴体系

法学基本范畴是以法律现象的总体为背景，对法律现象的主要方面或深层本质的概念化提炼，在法学范畴体系中居于基础性地位、具有统领性意义。习近平法治思想从马克思主义基本立场、观点和方法出发，既原创性提出了法治体系、法治道路、涉外法治、依规治党、平安中国、法治中国等新的基本范畴，又创新性发展了法治、秩序、正义、平等、人权等既有基本范畴。

以法治体系范畴为例，习近平法治思想从全面依法治国的总目标和总抓手出发，系统论述了中国特色社会主义法治体系的理论内涵和内在结构，为现代法学锤炼出了一个清晰描述纷繁复杂的法治现象之结构体系的科学范畴。现代法治建设是一个涉及众多规则制度、体制机制、层次环节、保障条件的复杂工程，迫切需要以严谨的逻辑将这些要素整合为一个层次清晰、结构严谨的整体。区别于描述一国全部现行法律规范有序化统一化程度的法律体系范畴，法治体系是一个描述一国法治运作规范化有序化程度，表征法治各要素、各环节彼此衔接、协同高效状态的范畴。⑤ 习

---

⑤　参见徐显明：《论坚持建设中国特色社会主义法治体系》，载《中国法律评论》2021 年第 2 期。

近平法治思想以中国法治实践为样本，多维度剖析了法治体系的内部结构，立体化呈现了法治体系的多元构造。例如，从法治运行规则和机制角度将法治体系分解为法律规范体系、法治实施体系、法治监督体系、法治保障体系、党内法规体系五个子体系，从党政关系维度将法治体系划分为依规治党、依法治国两个方面，从法治内外关系维度将法治体系划分为国内法治和涉外法治两大领域，从法治工作布局维度将法治体系划分为法治国家、法治政府、法治社会三大板块，从法治运行过程维度将中国法治体系划分为科学立法、严格执法、公正司法、全民守法四个环节。

以正义范畴为例，习近平法治思想从以人民为中心的根本立场出发，系统论述了中国法治语境下正义的更高标准和更严要求，确立了超越传统正义内涵的新的正义范畴。例如，提出了以马锡五审判方式、互联网法院为代表的更易接近、更为便捷的正义，以执法司法视频公开为代表的全民可围观、事后可回溯的更为可见的正义，以解开群众心结为标准的更易听懂、更可接受的正义，让公平正义提速的更为及时、更加高效的正义，权利侵害必救济、违法犯罪必追责、胜诉权益必实现的更为有效、更可执行的正义。㊱

（二）完善公法学范畴体系

公法学范畴是以宪法、行政法等公法现象为背景，对公法现象的主要方面或深层本质的概念化抽象。习近平法治思想站在国家治理体系和治理能力现代化的战略高度，明确提出并深刻论述了国家制度、国家机构、国家权力、人民、政党、全过程人民民主、公民权利、民主集中制、人民宪法、宪法实施、宪法监督、宪法解释、宪法修改、有为政府、行政组织、

---

㊱ 参见黄文艺、赵世奇：《论中华法治文明新形态》，载《吉林大学社会科学学报》2023 年第 1 期。

行政权力、行政程序、行政执法、行政纠纷、行政责任等范畴，夯实了中国公法学范畴体系的根基。

以国家制度范畴为例，习近平法治思想深入论述了国家制度的重要地位、基本内涵、结构体系、显著优势，为中国公法学范畴体系打造了基石范畴。（1）国与国的竞争归根到底是国家制度的竞争。"制度优势是一个国家的最大优势，制度竞争是国家间最根本的竞争"㊲，"制度稳则国家稳，制度强则国家强"㊳。（2）国家制度由各领域体制机制和法律法规安排构成。"国家治理体系是在党领导下管理国家的制度体系，包括经济、政治、文化、社会、生态文明和党的建设等各领域体制机制、法律法规安排，也就是一整套紧密相连、相互协调的国家制度"㊴。（3）国家制度由根本制度、基本制度、重要制度组成。"中国特色社会主义制度是一个严密完整的科学制度体系，起四梁八柱作用的是根本制度、基本制度、重要制度，其中具有统领地位的是党的领导制度"㊵。（4）法治是制度之治最基本最稳定最可靠的保障。"通过宪法法律确认和巩固国家根本制度、基本制度、重要制度，并运用国家强制力保证实施，保障了国家治理体系的系统性、规范性、协调性、稳定性"㊶。

以人民宪法范畴为例，习近平法治思想明确提出"人民宪法"概念，深入论述人民宪法的理论和实践要义，为中国宪法学范畴体系提供了基础性范畴。习近平总书记把中国共产党领导人民制定的宪法界定为人民宪法，从而深刻揭示了我国宪法的根本性质。"从建立革命根据地开始，我们党就进行了制定和实施人民宪法的探索和实践"㊷。"我们党领导人民制

---

㊲ 《习近平著作选读》（第 2 卷），人民出版社 2023 年版，第 277 页。

㊳ 《习近平著作选读》（第 2 卷），人民出版社 2023 年版，第 522 页。

㊴ 《习近平著作选读》（第 1 卷），人民出版社 2023 年版，第 179 页。

㊵ 《习近平著作选读》（第 2 卷），人民出版社 2023 年版，第 284 页。

㊶ 习近平：《论坚持全面依法治国》，中央文献出版社 2020 年版，第 272 页。

㊷ 习近平：《论坚持全面依法治国》，中央文献出版社 2020 年版，第 211 页。

定的宪法，是中国历史上第一部真正意义上的人民宪法"⑬。习近平法治思想深入揭示了人民宪法的基本内涵，这就是发扬人民民主、集中人民智慧、体现人民意志、保障人民民主、得到人民遵行。"我国宪法坚持党的领导、人民当家作主、依法治国有机统一，发扬人民民主，集中人民智慧，体现了全体人民共同意志，得到最广大人民拥护和遵行"⑭。其中，发扬人民民主，是指宪法要按照民主的方式和程序制定、修改与实施，让人民群众广泛参与到立宪、修宪、释宪、行宪全过程；集中人民智慧，是指宪法的制定、修改和实施要广泛吸纳人民的意见和智慧，确保宪法运行取得良好的成效；体现人民意志，是指宪法的制定、修改和实施充分反映全体人民共同意志，有效维护人民利益、增强人民福祉；保障人民民主，是指宪法确认人民当家作主的政治权利和自由，保障人民直接或间接行使国家权力；得到人民遵行，是指宪法赢得人民的坚定认同和拥护，得到人民的自觉执行和遵守。

## （三）完善私法学范畴体系

私法学范畴是以民法、商法等私法现象为背景，对私法现象的主要方面或深层本质的概念化抽象。习近平法治思想站在推进市场经济发展和保障人民合法权益的战略高度，明确提出并深刻论述了民事权利、产权、人身权、人格权、生命权、土地权、股权、知识产权、交易便利、契约精神、诚信、权利平等、公平竞争等范畴，有利于构建中国气派的私法学范畴体系。

以土地权范畴为例，习近平法治思想从深化农村土地制度改革和保护农民合法权益的角度深入论述了农村土地权问题，深化了对农村土地权内

---

⑬ 习近平：《论坚持全面依法治国》，中央文献出版社 2020 年版，第 214 页。
⑭ 习近平：《论坚持全面依法治国》，中央文献出版社 2020 年版，第 215 页。

涵和权能的理论认识。一是明确提出了农地"三权分置"的思想。农村改革的目标是"有利于更好坚持集体对土地的所有权，更好保障农户对土地的承包权，更好用活土地经营权"⑮。二是深入分析了土地承包经营权的各项权能。"要强化对土地承包经营权的物权保护，完善土地承包经营权权能，依法保障农民对承包地占有、使用、收益、流转及承包经营权抵押、担保权利"⑯。三是深入论述了宅基地权利的丰富内涵。"落实宅基地集体所有权，保障宅基地农户资格权和农民房屋财产权，适度放活宅基地和农民房屋使用权"⑰。

以知识产权范畴为例，习近平法治思想从经济高质量发展和创新驱动发展战略出发，深入论述了知识产权所包含的丰富的理论和实践内涵。⑱习近平总书记从权利界定维度指出，坚持以我为主、人民利益至上、公正合理保护，既严格保护知识产权，又防范个人和企业权利过度扩张，确保公共利益和激励创新兼得；从法律保护维度指出，加快完善知识产权法律法规，深化知识产权执法、司法领域改革创新，构建完备的知识产权法律法规体系、高效的执法司法体系；从综合保护维度指出，综合运用法律、行政、经济、技术、社会治理等多种手段，从审查授权、行政执法、司法保护、仲裁调解、行业自律、公民诚信等环节完善保护体系，加强协同配合，构建大保护工作格局；从国家安全维度指出，依法管理涉及国家安全的知识产权对外转让行为，建设知识产权涉外风险防控体系，形成高效的国际知识产权风险预警和应急机制；从国际治理维度指出，知识产权是国际竞争力的核心要素和国际争端的焦点领域，应统筹推进知识产权领域国

---

⑮ 《习近平著作选读》（第 1 卷），人民出版社 2023 年版，第 475 页。

⑯ 习近平：《论"三农"工作》，中央文献出版社 2022 年版，第 83 页。

⑰ 习近平：《论"三农"工作》，中央文献出版社 2022 年版，第 247 页。

⑱ 参见吴汉东：《新时代中国知识产权制度建设的思想纲领和行动指南——试论习近平关于知识产权的重要论述》，载《法律科学（西北政法大学学报）》2019 年第 4 期。

际合作和竞争，推动全球知识产权治理体制向着更加公正合理方向发展。⑲

### （四）完善程序法学范畴体系

程序法学范畴是以立法程序、行政程序、诉讼程序和其他非诉讼性纠纷解决程序等程序法现象为背景，对程序法现象的主要方面或深层本质的概念化抽象。习近平法治思想明确提出并深入论述了科学立法、民主立法、依法立法、立法规划、立法起草、立法论证、立法协调、法案审议、立法评估、严格规范公正文明执法、人性化执法、柔性化执法、执法规范化、行政执法公示、行政纠纷解决体系、行政执法责任制、社会主义司法制度、司法体制综合配套改革、司法责任制、诉讼程序体系、司法公开、跨行政区划法院和检察院、公益诉讼、认罪认罚从宽制度、错案责任追究制、多元化纠纷解决机制等范畴，有利于构建科学规范、系统完备的程序法学范畴体系。

以司法体制综合配套改革范畴为例，习近平法治思想从深化司法改革的角度明确提出这一新范畴，深入揭示了这一范畴的理论和实践内涵。"深化司法体制综合配套改革，全面准确落实司法责任制，加快建设公正高效权威的社会主义司法制度，努力让人民群众在每一个司法案件中感受到公平正义。"⑳ 这一范畴代表着一种司法改革新范式、新进路，推动中国司法改革进入新阶段。一是司法改革由分向合转变，进入系统性、整体性变革阶段，把握好改革举措的整体关联性、层次结构性、先后时序性。

---

⑲ 参见习近平：《全面加强知识产权保护工作 激发创新活力推动构建新发展格局》，载《求是》2021年第3期。

⑳ 习近平：《高举中国特色社会主义伟大旗帜 为全面建设社会主义现代化国家而团结奋斗——在中国共产党第二十次全国代表大会上的报告》（2022年10月16日），人民出版社2022年版，第42页。

二是司法改革由易向难挺进，进入攻坚克难、闯关夺隘阶段，破解制约司法公正和效率的难点堵点痛点问题。三是司法改革由内向外拓展，进入外部配套、内外联动阶段，做到司法人财物管理、执法司法衔接、诉源治理体系等配套改革跟进到位。四是司法改革由粗向精递进，进入"精细化装修"、精准化落地阶段，做到精雕细刻、查漏补缺、治偏救弊。五是司法改革由量变向质变飞跃，进入整体效能提升阶段，实现中国司法体系和司法能力现代化。[51]

以司法责任制范畴为例：习近平法治思想科学界定了司法责任制的制度内涵和实践要义，确立了司法权运行的基础性范畴。习近平总书记强调，司法责任制是司法体制改革的"牛鼻子"。"要抓住司法责任制这个'牛鼻子'，深入研究司法责任制综合配套改革方案，加快构建权责一致的司法权运行新机制。"[52] 全面准确落实司法责任制，首先，要求向员额法官、员额检察官放权，保障员额法官、员额检察官的办案主体地位，确保他们依法独立公正行使办案权。其次，在赋予相应权力的同时设定对等的责任，构建科学合理的司法责任认定和追究制度，确保放权不放任、有权不任性。最后，加强对司法权的制约和监督，把对司法权的法律监督、社会监督、舆论监督等落实到位，把司法权关进制度的笼子里。

## （五）完善涉外法学范畴体系

涉外法学范畴是以国别法、比较法、区际法、国际法等涉外法现象为背景，对涉外法现象的主要方面或深层本质的概念化抽象。习近平法治思想站在全球治理体系变革和构建人类命运共同体的战略高度，明确提出并

---

[51] 参见黄文艺：《论深化司法体制综合配套改革——以21世纪全球司法改革为背景》，载《中国法律评论》2022年第6期；丁亮华：《新时代司法改革的逻辑展开与路径思考》，载《中国法学》2023年第3期。

[52] 习近平：《论坚持全面依法治国》，中央文献出版社2020年版，第234页。

深刻论述了涉外法治体系、涉外法律法规体系、涉外法治实施体系、涉外执法、涉外司法、涉外法律服务、涉外法治人才、涉外法治工作队伍、涉外法治思维、涉外法治理论体系、涉外法治话语体系、制度型开放、反制裁、反干涉、阻断机制、国际法治、国际秩序、国际规则体系、国际法基本原则、国际关系基本准则、和平共处五项原则、全人类共同价值、人类命运共同体等范畴，有利于构建中国气派的涉外法学范畴体系。

例如，涉外法治体系是习近平法治思想提出的重要范畴，是涉外法学范畴体系的基础性范畴。习近平总书记在 2023 年中央政治局第十次集体学习时对这一范畴的理论内涵和实践要义作了精细化的阐释。涉外法治体系由涉外立法、执法、司法、守法、法律服务等要素构成，包括涉外法律法规体系、涉外法治实施体系、涉外法治保障体系等子体系。其中，涉外法律法规体系是由各类涉外法律、法规、规章等法律规范所构成，为开展涉外法治工作提供法律工具箱和操作书。涉外法治实施体系是由涉外执法、涉外司法、涉外仲裁、涉外法律服务等环节所构成，是维护国家和人民利益、促进国际法治进步的实践体系。涉外法治保障体系是由涉外法治人才培养、涉外法治干部队伍建设、涉外法治研究等工作所构成，为涉外法治建设提供有力的人才和智力支撑。

又如，人类命运共同体是习近平总书记提出的原创性范畴，是涉外法治建设的目标性范畴。习近平总书记深刻把握人类社会历史经验和发展规律，深入思考"建设一个什么样的世界、如何建设这个世界"等重大问题，科学提炼和深刻阐释人类命运共同体范畴。习近平总书记对人类命运共同体理念与国际法理念的关系有着深刻的思考，指出："从三百六十多年前《威斯特伐利亚和约》确立的平等和主权原则，到一百五十多年前日内瓦公约确立的国际人道主义精神；从七十多年前联合国宪章明确的四大宗旨和七项原则，到六十多年前万隆会议倡导的和平共处五项原则，国际关系演变积累了一系列公认的原则。这些原则应该成为构建人类命运共同体的基本遵循。"⑬ 习近平法治思想从涉外法治角度清晰阐明了人类命运共同体范畴的国际法意涵，为中国涉外法学学科打造了具有独创性、统领性意义的目标性范畴。

# 四、法学理论体系创新功能

现代法学知识体系实际上是由众多法学理论按照一定的逻辑结构组合而成的法学知识系统，因此构建科学完备的法学理论体系是建构自主法学知识体系的主体工程。本文依循张文显教授将法学学术体系划分为法律学、法治学、法理学的三元分析框架⑭，将法学理论体系划分为法律学、法治学、法理学等理论体系。习近平法治思想坚持以追求真理的精神把握法治的普遍规律、洞察法治的时代精神、总结法治的科学认识，深刻回答了全面依法治国的重大理论问题，提出了一系列新命题新论断新观点，是当代中国马克思主义法学的最大理论增量，为创新发展法律学、法治学、法理学的理论体系提供了丰富的理论资源。

## （一）创新法律学理论体系

法律学是以法律文本的制定、适用和解释为研究对象的法学学科，是最古老的、占主导地位的法学知识形态。习近平法治思想坚持全面依法治国的"大法治观"，深入论述了以宪法为龙头的各部门法、各领域法的重

---

⑬ 习近平：《论坚持推动构建人类命运共同体》，中央文献出版社 2018 年版，第 416 页。

⑭ 参见张文显：《在新的历史起点上推进中国特色法学体系构建》，载《中国社会科学》2019 年第 10 期。

大理论和现实问题，系统阐述了宪法理论、民法学理论、法治政府理论、法治经济理论、法治社会理论、生态法治理论、刑事法治理论、司法理论、法治军队建设理论等理论，为推进部门法学和领域法学理论创新、增强法律学理论体系自主性提供了殷实理论资源。

例如，在民法学理论上，习近平法治思想站在国家治理和经济发展的战略高度，深入论述了民法理论和民事法治建设的重大理论和现实问题，科学提出了民法典"是一部固根本、稳预期、利长远的基础性法律""是一部体现对生命健康、财产安全、交易便利、生活幸福、人格尊严等各方面权利平等保护的民法典""把民法典作为行政决策、行政管理、行政监督的重要标尺，不得违背法律法规随意作出减损公民、法人和其他组织合法权益或增加其义务的决定""坚决防止以刑事案件名义插手民事纠纷、经济纠纷""尽快构建体现我国社会主义性质，具有鲜明中国特色、实践特色、时代特色的民法理论体系和话语体系"⑤ 等重要命题，系统论述了完善现代产权制度，保护人民人身权、人格权、财产权，依法平等保护国有、民营、外资等各种所有制企业产权，依法保护企业家合法权益，全面加强知识产权保护等民事法治建设的重大问题，有力推动了民法学理论体系的创新发展。

又如，在经济法学理论上，习近平法治思想深入总结市场经济法治建设的规律和原理，明确提出"法治是最好的营商环境"⑤⑥ "社会主义市场经济是信用经济、法治经济""法治意识、契约精神、守约观念是现代经济活动的重要意识规范，也是信用经济、法治经济的重要要求"⑤⑦ 等一系列重要命题，深刻论述了用法治来规范政府和市场的边界，完善各类市场

---

⑤ 习近平：《论坚持全面依法治国》，中央文献出版社 2020 年版，第 278-283 页。
⑤⑥ 习近平：《论坚持全面依法治国》，中央文献出版社 2020 年版，第 254 页。
⑤⑦ 《习近平著作选读》（第 2 卷），人民出版社 2023 年版，第 322 页。

主体公平竞争的法治环境，加强反垄断和反不正当竞争执法，依法规范和引导资本健康发展，健全符合我国国情的金融法治体系，依法防控金融风险，营造市场化、法治化、国际化一流营商环境等一系列重大问题，丰富和充实了经济法学理论体系。

再如，在环境法学理论上，习近平法治思想坚持人与自然是生命共同体、绿水青山就是金山银山等理念，深入分析了法治在生态文明建设的重要地位，明确提出坚持用最严格制度最严密法治保护生态环境，统筹推进生态环境、资源能源等领域相关法律制修订，实施最严格的地上地下、陆海统筹、区域联动的生态环境治理制度⑱，实行省以下环保机构监测监察执法垂直管理制度，推进生态环境保护综合行政执法，完善生态环境公益诉讼制度等一系列重要命题，有力推进了环境法理论创新和制度创新。

## （二）构建法治学理论体系

法治学是近年来法学界提出的以法治现象为研究对象的新学科范畴。有学者指出："以'法治'为研究对象和中心主题的'法治学'是随着法治文明的进步以及法学体系的创新而逐渐形成的。"⑲ 有学者指出："法治学是研究法治理论和实践特别是法治中国建设实践的应用学科。"⑳ 从中国法治实践来看，法治学学科体系包括立法学、执法学、司法学、法治教育学、法治监督学、法治保障学等学科。习近平法治思想是以"法治"为中心主题的理论体系，不仅引领法学学术研究的重心从法律学转向法治学，推动构建法治学学科体系，而且为法治学学科理论体系建构提供了具

---

⑱ 参见习近平：《全面推进美丽中国建设 加快推进人与自然和谐共生的现代化》，载《人民日报》2023年7月19日，第1版。

⑲ 张文显：《在新的历史起点上推进中国特色法学体系构建》，载《中国社会科学》2019年第10期。

⑳ 杨宗科：《习近平法治思想与法治学体系》，载《法律科学（西北政法大学学报）》2022年第2期。

有支撑性、支柱性功能的基本理论。习近平法治思想站在构建社会主义良法善治的战略高度，深刻回答了科学立法、严格执法、公正司法、全民守法、法治监督、法治保障、法治改革等重大问题，为中国立法学、执法学、司法学、法治教育学、法治监督学、法治保障学等法治学学科提供了丰富的理论资源。

在立法学理论上，习近平法治思想从全面依法治国的大视野出发，科学回答了立法工作一系列深层次、战略性重大问题，明确提出了"立法是为国家定规矩、为社会定方圆的神圣工作"⑥¹"科学立法的核心在于尊重和体现客观规律，民主立法的核心在于为了人民、依靠人民"⑥²"以良法促进发展、保障善治"⑥³ 等重要命题，系统论述了加强党对立法工作的集中统一领导，完善党委领导、人大主导、政府依托、各方参与的立法工作格局，深入推进科学立法、民主立法、依法立法，统筹立改废释纂，加强重点领域、新兴领域、涉外领域立法，提高立法工作质量和效率，完善以宪法为核心的中国特色社会主义法律体系等重要理论⑥⁴，深化了对立法工作的规律性认识，为构建中国立法学理论体系提供了丰富的理论资源。

在执法学理论上，习近平法治思想从全面依法治国的大视野出发，科学回答了执法工作一系列深层次、战略性重大问题，明确提出"用法治给行政权力定规矩、划界限"⑥⁵"执法的最好效果就是让人心服口服""坚持以法为据、以理服人、以情感人，努力实现最佳的法律效果、政治效果、社会效果"⑥⁶"推行人性化执法、柔性执法、阳光执法"⑥⁷ 等重要命题，系

---

⑥¹　习近平：《论坚持全面依法治国》，中央文献出版社 2020 年版，第 116 页。

⑥²　习近平：《论坚持全面依法治国》，中央文献出版社 2020 年版，第 95 页。

⑥³　习近平：《论坚持全面依法治国》，中央文献出版社 2020 年版，第 186 页。

⑥⁴　参见陈训秋：《深刻领悟习近平法治思想关于科学立法的重要论述》，载《民主与法制》（周刊）2024 年第 15 期。

⑥⁵　《习近平著作选读》（第 2 卷），人民出版社 2023 年版，第 383 页。

⑥⁶　习近平：《论坚持全面依法治国》，中央文献出版社 2020 年版，第 259 - 260 页。

⑥⁷　习近平：《论坚持全面依法治国》，中央文献出版社 2020 年版，第 52 页。

统论述了加快构建职责明确、依法行政的政府治理体系，深化行政执法体制改革，全面推进严格规范公正文明执法，加大关系群众切身利益的重点领域执法力度，完善行政执法程序，健全行政裁量基准，强化行政执法监督机制和能力建设，严格落实行政执法责任制和责任追究制度等重大问题，有力推进了执法理论创新，为构建中国执法学提供了丰富的理论资源。

在司法学理论上，习近平法治思想站在国家治理现代化的战略高度科学回答了司法改革和发展的一系列重大问题，提出了"司法权是对案件事实和法律的判断权和裁决权""司法权从根本上说是中央事权"⑱"公平正义是司法的灵魂和生命"⑲"司法是维护社会公平正义的最后一道防线""司法公正对社会公正具有重要引领作用，司法不公对社会公正具有致命破坏作用""构建普通案件在行政区划法院审理、特殊案件在跨行政区划法院审理的诉讼格局"⑳等重要命题，系统论述了深化司法体制综合配套改革、全面准确落实司法责任制、实行案件质量终身负责、加快构建权责一致的司法权运行新机制、完善人权司法保障制度、深化司法职业制度改革等重要理论，创立了内涵丰富、体系严整的司法理论㉑，展现了中国司法理论的大手笔、大格局、大境界。

在法治教育学理论上，习近平法治思想坚持把全民普法和守法作为依法治国的长期基础性工作，科学回答了法治教育的重要地位、核心要义、实践要求，明确提出"全民守法是法治社会的基础工程"㉒"坚持把全民

---

⑱　习近平：《论坚持全面依法治国》，中央文献出版社 2020 年版，第 61、62 页。

⑲　《习近平著作选读》（第 2 卷），人民出版社 2023 年版，第 385 页。

⑳　习近平：《论坚持全面依法治国》，中央文献出版社 2020 年版，第 98、100 页。

㉑　参见游劝荣：《习近平法治思想的司法理论》，载《中国法学》2023 年第 4 期；童建明：《论习近平法治思想的公正司法观》，载《中国法学》2024 年第 2 期。

㉒　《习近平著作选读》（第 2 卷），人民出版社 2023 年版，第 384 页。

普法和守法作为依法治国的长期基础性工作""坚持法治教育从娃娃抓起"⑦ "改变找门路托关系就能通吃、不找门路托关系就寸步难行的现象"⑦ "坚决改变'违法成本低、守法成本高'的现象""决不能让那种大闹大解决、小闹小解决、不闹不解决现象蔓延开来"⑦ 等重要命题,系统论述了完善普法教育机制,落实"谁执法谁普法"普法责任制,弘扬社会主义法治精神,加强青少年法治教育,加强宪法宣传教育,发挥领导干部示范带头作用等重要理论,深刻揭示了法治教育的普遍规律、基本原理、推进策略,为构建中国法治教育学理论体系打下了坚实基础。

在法治监督学理论上,习近平法治思想在总结各国国家治理普遍经验和中外权力制约监督理论的基础上,围绕加强对公权力的制约监督、构建法治监督体系提出了一系列新思想新理念,明确提出了"没有监督的权力必然导致腐败,这是一条铁律"⑦ "权力是一把双刃剑,在法治轨道上行使可以造福人民,在法律之外行使则必然祸害国家和人民"⑦ "有权必有责、用权受监督、违法必追究"⑦ 等重要命题,系统论述了健全党统一领导、全面覆盖、权威高效的监督体系,完善权力监督制约机制,以党内监督为主导,推动人大监督、民主监督、行政监督、司法监督、审计监督、财会监督、统计监督、群众监督、舆论监督有机贯通、相互协调,创造性地发展了马克思主义法治监督理论,为构建中国法治监督学新学科奠定了理论基础。

---

⑦ 习近平:《论坚持全面依法治国》,中央文献出版社 2020 年版,第 115 页。

⑦ 习近平:《论坚持全面依法治国》,中央文献出版社 2020 年版,第 51 页。

⑦ 习近平:《论坚持全面依法治国》,中央文献出版社 2020 年版,第 24 页。

⑦ 中共中央文献研究室编:《十八大以来重要文献选编》(上),中央文献出版社 2014 年版,第 342 页。

⑦ 中共中央文献研究室编:《习近平关于全面依法治国论述摘编》,中央文献出版社 2015 年版,第 37 - 38 页。

⑦ 《中共中央关于全面推进依法治国若干重大问题的决定》,载《人民日报》2014 年 10 月 29 日,第 1 版。

在法治保障学理论上，习近平法治思想原创性地提出"法治保障体系"范畴，把法治高质量高效率运行所需要的政治、组织、队伍、人才、财政、科技、信息、设施等保障条件纳入法治保障体系，明确提出"党的领导是社会主义法治的根本保证"⑦"领导干部具体行使党的执政权和国家立法权、行政权、监察权、司法权，是全面依法治国的关键"⑧"提高法治工作队伍思想政治素质、业务工作能力、职业道德水准，着力建设一支忠于党、忠于国家、忠于人民、忠于法律的社会主义法治工作队伍，为加快建设社会主义法治国家提供有力人才保障"⑧"高校是法治人才培养的第一阵地"⑧"建设有力的法治保障体系，筑牢法治中国建设的坚实后盾""全面建设'智慧法治'，推进法治中国建设的数据化、网络化、智能化"⑧ 等重要命题，系统论述了党的领导、抓住领导干部这个"关键少数"、法治工作队伍建设、法治人才培养、加强科技和信息保障等重要理论，创造性地构建起法治保障学理论体系。

（三）完善法理学理论体系

法理学是以深刻揭示法律和法治现象背后的普遍性、规律性原理为使命的法学理论学科。习近平法治思想总结中外法治实践经验和建设规律，深刻论述了法律（法治）本体论、功能论、价值论、发展论、关系论等法理学重大问题，提出了一系列具有突破性、创新性、深化性意义的理论成果，有力地推进了马克思主义法理学中国化时代化进程，给世界法理学发展带来新动能、新元素、新增量。

---

⑦ 习近平：《论坚持全面依法治国》，中央文献出版社 2020 年版，第 147 页。
⑧ 《习近平著作选读》（第 2 卷），人民出版社 2023 年版，第 387 页。
⑧ 习近平：《论坚持全面依法治国》，中央文献出版社 2020 年版，第 274 页。
⑧ 习近平：《论坚持全面依法治国》，中央文献出版社 2020 年版，第 174 页。
⑧ 《法治中国建设规划（2020—2025 年）》，载《人民日报》2021 年 1 月 11 日，第 1 版。

在法律本体论上，习近平法治思想突破了传统的国家主义法律观，将法律的内涵和外延加以拓展，提出了包括国法、党规、民约在内的更为开放包容的法律观。一是，习近平法治思想将中国共产党党内法规体系纳入法治体系，将依规治党纳入法治建设范畴。"全面推进依法治国，必须努力形成国家法律法规和党内法规制度相辅相成、相互促进、相互保障的格局"㉞。"要发挥依法治国和依规治党的互补性作用，确保党既依据宪法法律治国理政，又依据党内法规管党治党、从严治党"㉟。二是，习近平法治思想将社会规范建设纳入法治建设的范畴，强调发挥社会规范在法治社会建设中的重要作用。"加快完善法律、行政法规、地方性法规体系，完善包括市民公约、乡规民约、行业规章、团体章程在内的社会规范体系，为全面推进依法治国提供基本遵循"㊱。因此，法理学中的法律本体论，应当是能够容涵从国法到党规、从硬法到软法等各类规则的多元一体的本体论。

在法律（法治）功能论上，习近平法治思想深刻论述了法治在国家治理和国家建设各领域各环节的重要功能，充分揭示了法治在经济社会发展中固根本、稳预期、利长远的保障作用，有力拓展了法律（法治）功能的理论和实践内涵。一是深入论述了法治在国家治理和发展上的重要作用，提出了"法治是国家治理体系和治理能力的重要依托""法治体系是国家治理体系的骨干工程""我国之所以创造出经济快速发展、社会长期稳定'两大奇迹'，同我们不断推进社会主义法治建设有着十分紧密的关系"等重要命题。二是深入论述了法治在治党治国治军上的重要地位，提出了"一个现代化国家必然是法治国家，一支现代化军队必然是法治军队"㊲"依规治

㉞ 习近平：《论坚持全面依法治国》，中央文献出版社 2020 年版，第 96 页。

㉟ 习近平：《论坚持全面依法治国》，中央文献出版社 2020 年版，第 231 页。

㊱ 习近平：《论坚持全面依法治国》，中央文献出版社 2020 年版，第 112 页。

㊲ 习近平：《论坚持全面依法治国》，中央文献出版社 2020 年版，第 130 页。

党深入党心，依法治国才能深入民心"⑧ 等重要命题。三是深入论述了法治在经济、政治、文化、社会、生态建设上的重要功能。"市场经济是法治经济"⑧ "发展人民民主必须坚持依法治国、维护宪法法律权威，使民主制度化、法律化，使这种制度和法律不因领导人的改变而改变，不因领导人的看法和注意力的改变而改变"⑩ "和谐社会应该是法治社会"⑪ "保护生态环境必须依靠制度、依靠法治"⑫ 等重要命题。四是深入论述了法治在对外开放、全球治理上的重要功能，提出了"坚持在法治基础上推进高水平对外开放""以国际良法促进全球善治"⑬ 等重要命题。

在法律价值论上，习近平法治思想以更高的境界与标准审视和界定法律价值目标，对秩序、正义、平等、民主、人权等价值作出了本土化、时代化、高远化的新诠释，有利于构建起更高层次、更高水平的法律价值论。⑭ 例如，在秩序价值上，习近平法治思想在强调传统意义上具有稳定性、连续性、可预测性秩序的基础上，提出了一种以和谐、团结、活力为基本意蕴的更高境界的秩序观。在平等价值上，习近平法治思想将平等确立为社会主义法律的基本属性，提出了一种以权利平等、机会平等、规则平等为鲜明特征的更高水平的法律平等观，推动把平等保护贯彻到立法、执法、司法、守法各个环节。在人权价值上，习近平法治思想在总结中外人权保护经验的基础上，提出了一种以"人民幸福生活是最大的人权"为

---

⑧ 习近平：《论坚持全面依法治国》，中央文献出版社 2020 年版，第 223 页。

⑧ 习近平：《论坚持全面依法治国》，中央文献出版社 2020 年版，第 255 页。

⑩ 习近平：《论坚持全面依法治国》，中央文献出版社 2020 年版，第 72 页。

⑪ 习近平：《论坚持全面依法治国》，中央文献出版社 2020 年版，第 103 页。

⑫ 中共中央文献研究室编：《习近平关于社会主义生态文明建设论述摘编》，中央文献出版社 2017 年版，第 99 页。

⑬ 习近平：《加强涉外法制建设 营造有利法治条件和外部环境》，载《人民日报》2023 年 11 月 29 日，第 1 版。

⑭ 关于习近平法治思想的法治价值观的研究，参见江必新：《习近平法治思想对法治基本价值理念的传承与发展》，载《政法论坛》2022 年第 1 期。

核心观念的更高标准的人权观，确保人民依法享有广泛充分、真实具体、有效管用的人权。

在法律发展论上，习近平法治思想从马克思主义现代化理论出发，深刻论述了现代法律发展的普遍规律，分析了中国式法治现代化的基本特征，有力推进了法律发展论的重大创新。一是系统总结了世界法治现代化的三种模式，即以英国、美国、法国等西方国家为代表的社会演进型模式，以新加坡、韩国、日本等为代表的政府推进型模式，以中国为代表的双向互动型模式。⑨ 二是深入论述了法律发展中的文化传承、文明互鉴、法治改革规律。文化传承是法律发展的坚实根脉，文明互鉴是法律发展的活力来源，法治改革是法律发展的必由之路。三是深刻揭示了中国式法治现代化的基本特征，如坚持党的领导、坚持以人民为中心、坚持中国特色社会主义法治道路等。四是提出了中国版的法治与发展理论。习近平法治思想总结中国法治与发展实践的成功经验，深刻论述了法治与经济发展、政治发展、文化发展、社会发展、生态文明发展等方面的密切联系，为世界提供了一种不同于新自由主义的法治与发展理论。⑨

在法律关系论上，习近平法治思想从辩证唯物主义和历史唯物主义出发，系统论述了法治实践中必须正确认识和处理好的若干重大关系，揭开了法律关系论发展新篇章。这些重大关系大体上可以分为三组。一是法律与其他社会规范的关系，如法律与道德、法律与政策、国法与党规关系。二是法治与其他治理方式的关系，例如法治与政治、法治与民主、法治与德治、法治与改革、依法治国与依规治党的关系。三是法治建设实践中必须处理好的价值关系，如民主与专政、发展与安全、活力与秩序、维权与维稳的关系。

---

⑨ 参见习近平：《论坚持全面依法治国》，中央文献出版社 2020 年版，第 135 - 136 页。

⑨ 参见黄文艺：《习近平法治思想原创性贡献论纲》，载《交大法学》2022 年第 4 期。

# 习近平法治思想与实践创新[*]

## ——兼论党的二十大报告关于法治建设的重大创新论述

冯玉军[**]

《高举中国特色社会主义伟大旗帜 为全面建设社会主义现代化国家而团结奋斗——在中国共产党第二十次全国代表大会上的报告》（2022 年 10 月 16 日）站位高远、视野宏阔，总结了五年工作和新时代十年伟大变革的法治建设成就，对"坚持全面依法治国，推进法治中国建设"作了高屋建瓴、准确精辟的专章论述和重大决策部署，从编排体例上开启了党的历届代表大会报告之先河，提出了一系列重大创新的法治论述，丰富发展了习近平法治思想，明确了新时代中国特色社会主义法治建设的使命任务就是全面推进国家各方面工作法治化，拓展了法治中国建设的广阔空间，为建构新时代中国特色社会主义法学理论奠定了重要基石，使之成为吸收古今中外法治文明有益成果、对世界法治文明和人类法治文化具有原创性理论贡献的法治理论体系。

---

\* 本文是国家社会科学基金重大项目"习近平法治思想的原创性贡献及其理论阐释研究"（22&ZD198），研究阐释党的十九届六中全会精神国家社会科学基金重点项目"完善以宪法为核心的中国特色社会主义法律体系研究"（22AZD059）的阶段性成果。本文原载于《现代法学》2023 年第 3 期。

\*\* 冯玉军，男，1971 年生，甘肃靖远人，法学博士，中国人民大学法学院教授，博士研究生导师，习近平法治思想研究中心主任，政党研究平台研究员。

# 一、中国式现代化与法治现代化理论研究的发展历程

## （一）现代化和中国式现代化

现代化是人类社会生产力发展到一定阶段的产物，是人类文明发展进步的标志。一个国家走向现代化，既要遵循现代化的一般规律，更要符合本国实际，具有本国特色。习近平总书记指出："中国式现代化，是中国共产党领导的社会主义现代化，既有各国现代化的共同特征，更有基于自己国情的中国特色。"①

从学术视角看，现代化是一个兼具共时性与历时性、多元性与统一性、深刻理论性与鲜明实践性的主题，表征着复杂多样的人类社会转型与变化趋势。它深刻地触动和改变着世界各国经济、政治、文化格局，并从实践领域向精神领域扩展，成为人们理解问题、观察社会的基本认知框架。现代化具体包括以下三重语境和内涵：

一是作为客观现实的"现代化"，即"现代性"。其意指使现代社会具有现代意义，引起传统制度和生活方式发生变化的观念、特征与内在规定性。一般而言，现代性表现为16世纪以来伴随着人类科技进步、知识增长和生产力提高而引发的物质与精神领域不断适应变革并产生众多社会规定性的整体过程。这些现代性因素在很大程度上赋予现代社会以确定性、统一性、稳定性、安全性，进而产生区别于传统社会的社会体系及价值观。从物质生活条件角度考察，这种现代性通常也被描述为从传统农耕社会向现代工业社会的转变。

---

① 习近平：《高举中国特色社会主义伟大旗帜 为全面建设社会主义现代化国家而团结奋斗——在中国共产党第二十次全国代表大会上的报告》（2022年10月16日），人民出版社2022年版，第22页。

二是作为思想观念的"现代化"，即"现代主义"。其意指在人文社会科学领域区别于传统思想观念的各种思潮和理论流派。西方现代主义的哲学根基是建构于启蒙思潮中的理性主义，其强调知识研究与思维上的科学性、客观性、基础性、本质性和建构性，声称基于人类已知的力量和创造力，将拥有"通过按照理性重新组织人类事务来改善人类条件的史无前例的能力"②，认为人类的灵性最终能够认识这个绝对的真理，人类的历史发展是一个不断上升的过程。③ 从维柯到斯宾格勒，从雅斯贝尔斯到亨廷顿，西方哲学家大都在理念之上建构"叙述"的历史，进而塑造和描绘出一幅现代人类文明进步的"世界图景"。这种体现着西方中心论的"世界图景"主要不是一个"政治—历史"意义的概念，而是"价值—文化"指向的认识论体系，最终演化为西方某种固化的历史观念与思维定式，并先验地贯穿在西方法治理论的演进历程之中。④ 日裔美籍学者弗朗西斯·福山是这种错误史观的标志性人物，他认为 20 世纪 80 年代后期以来世界上发生的一系列重大事件，不仅是冷战的结束，而且是历史本身的终结，西方式"自由民主"将成为"人类政府的最终形式"，除此之外，后发现代化国家"不可能再有更好的选择"。然而，以西方为模板的现代化，并非解决世界上所有国家和地区生存与发展问题的灵丹妙药。中国取得令人瞩目的发展成就，展现了不同于西方现代化模式的新道路。

三是作为主客观相互作用之实践过程的"现代化"。其意指传统社会向现代社会的整体性结构变迁。在"传统—现代"的分析框架下，现代化也可被理解为传统的价值观念和制度形态在功能上对基于科技进步、知识增

---

② ［美］斯蒂芬·M. 菲尔德曼：《从前现代主义到后现代主义的美国法律思想：一次思想航行》，李国庆译，中国政法大学出版社 2005 年版，第 29 页。

③ 参见［法］保罗·利科主编：《哲学主要趋向》，李幼蒸、徐奕春译，商务印书馆 1988 年版，第 337 页。

④ 参见冯玉军：《"法治"的历史阐释及其对现实的启示》，载《法学家》2003 年第 4 期，第 32 - 39 页。

长、生产力提高而引发的现代性要求的不断适应的过程。党的二十大报告
将中国式现代化的中国特色总结为人口规模巨大的现代化、全体人民共同
富裕的现代化、物质文明和精神文明相协调的现代化、人与自然和谐共生的
现代化、走和平发展道路的现代化。这些特质是将马克思主义基本原理同中
国具体实际相结合、同中华优秀传统文化相结合的结果，包含着独特的中国
经验与中国智慧。

（二）法治现代化研究的现实问题

法治现代化研究是一个极具理论意义，也极具实践意义和世界意义的
重大课题。

西方学者对 17、18 世纪以来其所经历的法治现代化过程进行研究，
形成内容各异的观点，如"从身份到契约""从压制型法到自主型法""从
实质合理性到形式合理性"等。20 世纪中叶以来，一些批判法学者对西
方的法治现代化的道路进行反思，提出"后现代"问题，指出西方法制存
在逆行发展情形，即出现了"从契约到身份""从形式合理性到实质合理
性"的变化趋势。在法律体系和部门法理论中也出现了这类情形，如法律
中的"私法公法化"和"公法私法化"逆向而行的现象。

当今世界，经济全球化和政治多极化、文化多元化趋势日益明显，各
种全球化和全球性问题给不同国家的法治带来一系列挑战。时至今日，美
西方枉顾多数国家反对，用所谓"基于规则的秩序"掩盖其霸权行径，肆
意使用"长臂管辖"和制裁措施，推行严人宽己的"双重标准"，扰乱了
国际秩序。当今世界各国正面临法律制度构建中的国内法治与涉外法治、
国内法与国际法、国家与社会、权力与权利等诸多需要深入理解和正面解
决的问题，从而给法治现代化研究提出了新的课题。

（三）中国的法治现代化理论研究回顾

中国的法治现代化理论，主要包括法治现代化的比较研究、法治现代化的战略研究和全球化对法治现代化的挑战研究等，即把中国法治现代化放在世界与当代的大背景下，研究中国法治现代化的历史进程、发展阶段、建设目标，并从中总结法治与社会发展的趋势，概括中国法治现代化的基本特质和鲜明特色。

学界达成共识是党和国家发挥领导性、主导性作用，以建构式的积极姿态推进法治现代化，一体建设法治国家、法治政府、法治社会的积极因素。老一辈法学家以马克思主义法学理论为基础，对改革开放以来中国法制的特色、中国法制与经济社会发展的关系、中国法制区别于西方法制的特点、法制的一般理论以及法制与法治的关系等问题，从理论层面作了深入分析，总体结论是推进法制现代化合乎中国社会发展需要，应该在扬弃西方法治经验的基础上建设中国自己的法治。20世纪90年代以来，我国法理学者继续对中国和西方法治发展道路进行比较研究，偏重西方法治现代化模式的特点及当代危机、中国法治道路与传统文化、中国法治现代化的实证研究与评价等内容。公丕祥教授长期研究法制现代化理论，指出："从历史角度来看，法制现代化是人类法律文明的成长与跃进过程。"[5] 他还分别从法制现代化的基本性质、内涵特征两个视角进行了论证。从前者看，它是一个从传统人治社会向现代法治社会变革的过程，进而是从"人治"的价值—规范体系向"法治"的价值—规范体系的转换过程；从后者看，它是一个包括人类法律意识、行为及实践的综合进程，其核心是人的现代化。吕世伦教授、姚建宗教授认为："法制现代化是指一个国家或地区从法的精神到法的制度的整个法律体系逐渐反映、适应和推动现代文明

---

[5] 公丕祥主编：《中国法制现代化的进程》（上），中国人民公安大学出版社1991年版，第59页。

发展趋势的历史过程。"⑥ 从整体来看，它包含法律精神的现代化、法律制度的现代化、法律技术手段的现代化、物质设施的现代化，其中的关键是法律精神的现代化。刘作翔教授认为，法制现代化是"一个国家和社会随着社会的变革，从传统法律到现代法律的转变的历史进程"⑦。在此进程中，法律制度和法制运行机制都会发生变化，其结果就是法制更符合发展着的和改变了的各种社会实践的需要，且能充分反映社会价值要求。朱景文教授在其主编的《法理学》教材中赞同后一种观点："这种（从传统法制向现代法治）转变意味着全方位多层次的法制变革和发展，涉及法律的组织构造、制度规范、运作程序以及深层次的法律观念等各个方面。"⑧

邓正来教授提出了"中国法律理想图景"的概念。他并不持反现代化或者逆现代化立场，而是对其认为受到西方现代化范式支配的法学理论进行了反思与批判。他指出，认为时间具有从落后走向进步之唯一性，现代化实现的方式是先有法制现代化，后有市场经济现代化，最后才有人的现代化的观点，是一种典型的法律线性进化理论模式。其突出问题是，长期坚守一幅以西方现代性和现代化理论为依凭的"西方法律理想图景"，却提供不出"中国法律理想图景"，致使人们过度关注"大写的"真理或口号，或者专注于既有法条或概念的注释，而不能或认为没必要对中国的现实法律世界作"切实"的关注，其直接的后果就是无力解释和解决因其自身作用而产生的各种问题，忽略中国现实。⑨ 这种观点在十多年前提出时曾引发学术界较大关注，对法学认识论和方法论启发较大。

---

⑥ 吕世伦、姚建宗：《略论法制现代化的概念、模式和类型》，载《法制现代化研究》（第1卷），南京师范大学出版社1995年版，第5页。

⑦ 刘作翔：《法制现代化概念、释义和实现目标》，载《宁夏社会科学》1993年第3期，第25-31页。

⑧ 朱景文主编：《法理学》，中国人民大学出版社2021年版，第215-216页。

⑨ 参见邓正来：《中国法学向何处去——建构"中国法律理想图景"时代的论纲》（第2版），商务印书馆2011年版，第122页。

需要指出的是，从广义上讲的中国法治现代化理论研究，不限于对"法治（法制）现代化"语词、观念及部门法实践的研究，而是开放出多个研究方向，进而产生全方位的影响。其一，法制与社会发展研究。主要内容包括对法制与社会发展的基本理论，以及法制与社会发展的各个方面，包括经济、政治、文化、可持续发展的研究。其二，法律与全球化研究。主要内容包括法律与全球化的基本理论，全球化对中国法律的挑战及其对策，全球化所引起的对全球性问题治理框架的变化，对国家主权的挑战研究。其三，法治现代化与传统纠纷解决机制研究。主要内容包括对现代的法制模式与传统的纠纷解决机制的实证研究和社会学研究，分析法制模式赖以产生的条件、作用范围及其有限性，传统纠纷解决方式的特点与当代意义，现代司法制度与传统纠纷解决范式之间的关系。其四，后现代法学研究。主要内容是研究当代西方后现代法学对法律的现代性的批判及其对中国法治建设的借鉴意义。

回顾改革开放以来的中国法治现代化理论研究，展望未来，应当重视从以下四方面进行拓展：一是对中国法治主体性建构展开深入研究，二是推进中华优秀传统法律文化创造性转化、创新性发展，三是进一步消除对西方法治的盲目崇拜，四是理论联系实际、基础理论衔接前沿问题。

毫无疑问，既然上述中国法治现代化的理论研究的问题源于过往的历史与实践，那就只能借助从历史走来的崭新法治理论与实践来找寻发展之道了。

## 二、党的十八大至二十大法治现代化建设的伟大成就

### （一）历次大会报告和相关决议中法治现代化建设目标的发展脉络

2012年，党的十八大报告作出"全面推进依法治国"的战略部署，

拉开了全面推进依法治国的序幕。党的十八届三中全会擘画了系统推动全面深化改革的蓝图方案，首次将"推进法治中国建设"作为法治建设的宏大使命和宏伟目标，首次提出坚持依法治国、依法执政、依法行政共同推进，坚持法治国家、法治政府、法治社会一体建设。

2014年，党的十八届四中全会通过的《中共中央关于全面推进依法治国若干重大问题的决定》（以下简称"党的十八届四中全会决定"），提出全面依法治国的指导思想和任务框架，展现了"中国之治"的目标、抓手和途径，对党的领导和依法治国的关系进行了深入阐释，按下了全面推进依法治国的"快进键"，在中国法治建设史上具有里程碑意义。⑩

2017年，党的十九大作出中国特色社会主义进入新时代、中国社会主要矛盾已经转化为人民日益增长的美好生活需要和不平衡不充分的发展之间的矛盾等重大判断。党的十九大报告提出"全面依法治国是国家治理的一场深刻革命"的重要命题，提出成立中央全面依法治国领导小组，加强对法治中国建设的统一领导。强调推进合宪性审查工作，维护宪法权威。进而，对立法工作、司法体制改革、法治政府和法治文化建设分别论述，指明了全面推进依法治国的战略发展方向。

2018年，党的十九届三中全会通过了《中共中央关于深化党和国家机构改革的决定》，明确加快构建系统完备、科学规范、运行高效的党和国家机构职能体系，实现国家治理体系和治理能力现代化的目标。2018年3月11日，《中华人民共和国宪法修正案》由第十三届全国人民代表大会第一次会议通过，充实了坚持和加强党的全面领导的内容，完善了宪法实施举措，增加了有关监察委员会的各项规定，实现了宪法的又一次与时俱进和完善发展。

---

⑩ 参见冯玉军：《中国法治的发展阶段和模式特征》，载《浙江大学学报（人文社会科学版）》2016年第3期，第100-108页。

2020 年召开的中央全面依法治国工作会议，正式确立了内涵丰富、论述深刻、逻辑严密、系统完备的习近平法治思想，用"十一个坚持"系统阐述了新时代推进全面依法治国的重要思想和战略部署，明确了习近平法治思想在全面依法治国工作中的指导地位。

2022 年，党的二十大报告将中国特色社会主义政治发展道路和中国特色社会主义法治道路分别论述。在发展全过程人民民主、保障人民当家作主方面，包括加强人民当家作主制度保障、全面发展协商民主、积极发展基层民主、巩固和发展最广泛的爱国统一战线等，内容丰富，体系完整；在坚持全面依法治国，推进法治中国建设方面，不仅表明了法治建设的高度重要性，而且以习近平法治思想指导下的法治实践创新为标志，提出了新时代法治建设的总要求，系统阐释了法律体系、依法行政、严格公正司法、法治社会建设等内容，创新表述体系完整，形成了新时代法治建设蓝图。

（二）五年工作和新时代十年伟大变革的法治现代化建设成就

党的二十大报告同时展现了新时代十年党和国家事业取得的一系列标志性成果，法治中国建设开创新局面是其中之一。这些结论掷地有声，内涵丰富深刻，是经过新时代法治实践检验的科学判断，也是使人民群众有实实在在的幸福感、获得感、安全感的现实成就。

总结党的十八大至二十大十年的法治实践成果，可从五个方面分析、阐述：一是全面依法治国方略进一步充实完善。在党的十八大提出"全面推进依法治国"的基础上，党的十八届三中全会首次提出"推进建设法治中国"。党的十八届六中全会专门研究全面从严治党问题，通过完善"四个全面"战略布局进一步深化了全面依法治国的战略地位和重要作用，进一步强化了全面从严治党对推进全面依法治国、建设法治中国的政治保障作用。党的十九大报告提出"全面依法治国是国家治理的一场深刻革命"的重要论断，要求"成立中央全面依法治国领导小组，加强对法治中国建设的统一领导"，表明法治中国建设是全方位、全层次、全过程推进的系统工程，是社会主义法治建设的"全面升级版"；目标方面，从"形成中国特色社会主义法律体系"转变为"建设中国特色社会主义法治体系，建设社会主义法治国家"；格局方面，从"依法治国""依法执政""依法行政"转变为"依法治国、依法执政、依法行政共同推进，坚持法治国家、法治政府、法治社会一体建设"。二是我国的社会主义法治体系建设加速推进，在法律规范体系、法治实施体系、法治监督体系、法治保障体系和党内法规体系诸方面都有大幅度发展。三是法治工作的质量和效率有了历史性的提升，党依法执政纲举目张，法治政府基本建成，法治社会和基层治理迈出重大步伐，法治队伍建设成效突出，整体法治建设不断朝着良法善治的新境界迈进。四是法律保障能力达到了一个新的水平。自改革开放以来，经过四十多年对法治建设的贯彻落实和宣传普及，人权建设和社会公平正义保障更为坚实，法治全面融入改革发展稳定、内政外交国防和治党治国治军各方面，习近平法治思想的强大真理力量和磅礴实践伟力充分彰显。五是"法治中国"建设进入整体推进的全新阶段。中共中央印发《法治中国建设规划（2020—2025 年）》和《法治社会建设实施纲要（2020— 2025 年）》，中共中央、国务院印发《法治政府建设实施纲要（2021—2025 年）》（简称"一规划两纲要"），明确了新时代法治建设的路线图、时间表、任务书。

# 三、中国式现代化的法治理论创新

如前所述，在全面建设社会主义现代化国家新征程上，全面依法治国已进入系统推进、攻坚克难、提质增效的新阶段，迫切需要以大境界、大格局，深入谋划大蓝图、大思路、大战略，让社会主义法治的优越性充分释放。法治建设在今后一个历史时期国家治理中的使命，是推进国家治理体系和治理能力现代化，增强国家核心竞争力，基本建成法治国家、法治政府、法治社会。党的二十大报告观大势、谋大事、顾长远、抓根本，坚持和运用辩证唯物主义和历史唯物主义的世界观和方法论，对法治中国建设作了高屋建瓴、准确精辟的专章论述，以系统思维方法谋划布局法治工作，提出了一系列重大的、创新的法治理论观点和法治命题。

（一）在法治轨道上全面建设社会主义现代化国家

这一崭新的命题明确了全面依法治国与全面建设社会主义现代化国家之间的关系。以下从四个方面阐释其内涵和意义。

**1. 必须始终把握全面依法治国对党和国家事业发展和人民整体利益具有的全局性意义**

全面依法治国既是"四个全面"战略布局的组成部分，也是统筹推进"五位一体"总体布局的重要因素，具有整体性、系统性的特点。我国法学界通说认为，法是由国家制定或认可，并由国家强制力保证实施的，反映统治阶级意志、规定人们之间权利与义务关系的行为规范的总和。这一由国家制定或认可、国家强制力保证实施的制度体系，具有公信力，能给人们的行为提供稳定的可靠预期。从法经济学角度讲，法律实质上就是基于人类理性和社会共识而形成的一整套制度规则，能够节约社会成本，形成关于权力运作、权利行使、义务和责任承担的最大公约数，是资源配置的中心环节和社会关系的"调整器"。这就是我们选择法治并让法治发挥全局性、整体性作用的重大意义之所在。

**2. 必须始终在法治轨道上持续推进国家建设**

中国式现代化同特定的中国国情有关，同我们所处的历史时空和时代责任有关，同新时代新征程的目标任务和理想图景有关。这就要求我们必须提高运用法治思维和法治方式深化改革、推动发展、化解矛盾、维护稳定的能力，在法治轨道上稳定可靠地保障社会主义现代化建设。有了法治保驾护航，前进道路上尽管可能会有偶然变化和小的问题，但可避免出现大的问题，现代化建设因此而行稳致远。

**3. 必须始终发挥法治固根本、稳预期、利长远的保障作用**

过去十年，我们制定了《中华人民共和国乡村振兴促进法》等一系列法律和政策，为实现巩固拓展脱贫攻坚成果同乡村振兴有效衔接，贯彻落实党中央关于"三农"问题的正确方针，合理统筹、平衡和调整社会关系，提供了基础性、全局性、长期性的制度保障。以《中华人民共和国民法典》（以下简称《民法典》）的制定颁布为例，《民法典》全文 1 260条，对人身自由、人格尊严，人格权，个人信息权，物权，债等民事权利予以系统保障，便于对生产生活产生合理的稳定预期并作出恰当安排。全面建设社会主义现代化国家的伟大事业，是由一个个具体的个体日用常行和稳定的国家社会秩序建构起来的，所以说，法治能够带给我们面向未来的根本保障作用。

**4. 必须始终以法治应对全球性挑战**

在全球气候变暖情形之下，要把实现节能减排、保持生态平衡等目标及其有效实现方法法律化及规范化。针对美西方的单边贸易保护主义和各种围堵打压的情况，我们要加强涉外领域立法，完善反制裁、反干涉的法律法规，以维护好最根本、最长远的国家利益。法治必须为克服阻力、应对风险提供坚实保障。

## （二）全面推进国家各方面工作法治化

"全面推进国家各方面工作法治化"命题的内涵十分丰富，意义也十分深远，它对新时代党和国家工作布局进行了深化和拓展。要在国家和社会的各个领域，做到全链条的依法治理，全范围的良法善治，让法治成为各级各类各项工作的崇高理念，用国家各方面工作法治化来推动和护航中国式现代化建设。这个命题的内在逻辑和现实意义在于：

（1）这是深刻总结社会主义法治建设正反两方面历史经验凝聚而成的真理性结论。党的十一届三中全会提出了健全社会主义民主和加强社会主义法制的重大论断。1981年党的十一届六中全会提出要完善国家的宪法和法律，加强社会主义法制。其后，以一系列重要法律颁布为标志，国家治理逐步实现法律化、制度化，并向着建设中国特色社会主义法治体系，建设社会主义法治国家的伟大目标迈进。立基于四十多年来的丰硕法治建设成果，党的二十大报告提出全面推进国家各方面工作法治化，是推进法治中国建设的必然选择和正确抉择。

（2）这是改革开放以来治国理政和民主法治建设的一条主线。以制度治党治国，是我们党长期以来不懈探索的重大课题；形成一整套更加成熟、更加定型的制度是我们党一以贯之的追求和持之以恒的努力。党的十五大、十六大对制度建设提出明确要求。2007年，党的十七大报告首次提出"实现国家各项工作法治化"的目标任务。党的十八大为中国特色社会主义法律体系形成之后的法治建设指明了方向。党的十九大对法治建设作了两个阶段的战略安排。党的二十大报告的创新论述进一步将全面依法治国贯彻到改革发展稳定、治党治国治军、内政外交国防等各项事业中，实现三个"共同推进"和三个"一体建设"。

（3）这是推进新时代法治建设和法治改革以解决各方面问题的现实要

求。解决法治领域的突出问题，就要系统、全面、均衡地推进国家各方面工作法治化，把是否解决好人民群众急难愁盼问题和是否感受到更多公平正义作为评价法治建设成效的尺度和标准，统筹中国特色社会主义法治体系中的国内法治和涉外法治建设。

### （三）新时代立法工作的创新论述

建设中国特色社会主义法治体系，必须高度重视立法工作，坚持立法先行，加强党对立法工作的全面领导，充分发挥立法对国家和社会发展的引领和推动作用。面对不断发展变化的国际国内形势的挑战，立法工作必须抓大事、谋全局，在深入调查研究，扩大公众有序参与，充分听取各方面意见的基础上，不断完善立法规划，优化立法决策，突出立法重点，推进科学立法、民主立法、依法立法，促进立法项目更加精准、立法草案更加精细、法律文件更加精确。党的二十大报告就此指明下一步立法工作的重点方向。

（1）加强重点领域、新兴领域、涉外领域立法。国家的立法资源总体有限，必须科学规划、周密安排。根据辩证唯物主义的"重点论"和"系统论"原理，立法工作必须服务于国家与社会发展的战略需求，加强重点领域、新兴领域、涉外领域立法，不断完善以宪法为核心的中国特色社会主义法律体系。对此，我国立法机关作出很大的努力，取得了显著的立法成果和成效，特别体现在国家安全领域、数字领域、公共卫生领域、生物安全领域、生态文明领域、风险防范领域和涉外法治领域。

（2）统筹立改废释纂，增强立法的系统性、整体性、协同性和时效性。自中国特色社会主义法律体系形成之后，社会各领域各方面的支撑性法律已经颁布，后续立法的工作重心从创制新法转向完善现行法。由此，就出现了越来越多的修改、补充、废除、解释法律和编纂法典的需求和动力。具体来说：其一，对法律进行各种方式的修改已成为一项重要的立法任务。按照修改的程度、限度，法律修改分为整体修改、局部修改和综合修改三种方式。其二，通过制定专门的法律或作出专门的决定废止法律法规，或者以在立法中设定废除条款等手段，及时对不适应社会发展现实需要的法律法规予以废除，从而解决制约社会发展的法律制度问题。其三，由立法主体依其权限，对既有法律规范进行解释和阐明，使法律条文的内涵和意义更加清晰，从而助推法律正确有效地实施。其四，进一步完善授权立法制度，始终将全面深化改革与先行先试工作纳入法治轨道。其五，对于不适合、不必要制定为法律的重大事项，可以采取作出有关法律问题和重大问题决定的方式，以保证党中央、国务院的各项决策部署得到有效执行。其六，《民法典》作为习近平法治思想的生动实践，从内容到形式都有着值得进一步总结推广的重大价值。针对社会发展对法典化的紧迫需求，可以考虑对刑事、生态环境、行政程序、教育、知识产权等领域开展编纂法典的深入研究。其七，按照 2023 年 3 月新修正的《中华人民共和国立法法》第 116 条的要求，"对法律、行政法规、地方性法规、自治条例和单行条例、规章和其他规范性文件，制定机关根据维护法制统一的原则和改革发展的需要进行清理"，确保我国法律体系整体上的内在协调性与一致性。

（四）决策制度体系和法治政府建设的创新论述

构建法治政府，是全面依法治国的重要任务和主体工程，也是全面深化改革和全面建设社会主义现代化国家的关键环节。政府及其工作人员在依法行政和依法办事方面，必须起到带头示范作用，如此才能保证国家的发展始终处于法治轨道上。

（1）坚持科学决策、民主决策、依法决策，全面落实重大决策程序制度。这是关系党依法执政和政府依法行政的重要问题，本质上也是涉及党的执政能力、治理能力的重要内容。党的十八届四中全会通过的《中共中央关于全面推行依法治国若干重大问题的决定》明确提出要提高党的执政能力，完善党对立法工作中重大问题的决策的程序。凡立法涉及重大体制和重大政策调整的，必须报党中央讨论决定。《法治政府建设实施纲要（2021—2025年）》强调，要健全行政决策制度体系，不断提升行政决策公信力和执行力，并从"强化依法决策意识""严格落实重大行政决策程序""加强行政决策执行和评估"等方面对其进行了细化。领导干部要强化依法决策意识，从实际出发，发扬民主，严格遵循法定权限和程序作出决策，使决策内容合乎法律法规规定。行政机关主要负责人作出重大决策前，应当听取合法性审查机构的意见，注重听取法律顾问、公职律师或者有关专家的意见。同时，要在严格执行《重大行政决策程序暂行条例》的基础上，增强公众参与实效，提高专家论证质量，使其能够更好地发挥第三方风险评估的功能。还要实行每年公布一次的重大行政决策事项年度目录公开制度，采取听证会等方式，征求社会公众对重要规划、重大公共政策、措施和重大公共建设项目的意见，并对其进行全面的风险评估，同时制定并完善决策程序及资料档案制度。

（2）扎实推进依法行政。政府的决策与执法活动是否符合法治精神和法治原则，关系法治国家能否建成，关系社会的稳定和人民的幸福。因此，必须牢牢抓住这个关键，在规范政府权力的行使、防止权力滥用、明确权力价值取向上作出全面的法治安排，并确保有效落实。党的十九大报告强调建设法治政府，推进依法行政，严格规范公正文明执法。党的二十大报告对法治政府建设作了提纲挈领的新概括。

（五）新时代司法工作的创新论述

党的二十大报告指出，公正司法是维护社会公平正义的最后一道防线，强调要严格公正司法。这是在延续了党的十九大报告要求"深化司法体制综合配套改革，全面落实司法责任制，努力让人民群众在每一个司法案件中感受到公平正义"的精神基础上，采用了《法治中国建设规划（2020—2025年）》中的相应提法，进一步明确了新征程上司法改革工作的着力点和工作方向。

### （六）法治社会建设的创新论述

相对于法治国家、法治政府建设，法治社会建设更加着眼于社会文化活动和生活实践的法治化，也是法治国家和法治政府建设的基础环境与植根土壤。如果只有国家颁布的文本上的法律体系，没有生动实践着的法治社会，就不是真正的法治；如果只有政府及其公务人员奉公守法，社会组织和普通公民却置身法外，也不可能是真正的法治。所以说，要做到促进全民守法，是一项长期系统性、基础性工程。党的十八大以来，法治社会建设不断推进。中共中央印发《法治社会建设实施纲要（2020—2025年）》，明确了法治社会建设的路线图、时间表、任务书。党的二十大报告对法治社会构建的内容有了更加广阔的拓展，对法治社会构建的目标作出了更为明确的定位。

# 四、习近平法治思想的丰富发展

党的二十大报告深化了习近平法治思想关于法治建设的规律性认识，论述了一系列原创性的法治新概念、新判断、新命题，提出全面推进国家各方面工作法治化的总体要求，全方位深层次地丰富了习近平法治思想，有助于进一步深刻领悟习近平法治思想的核心要义和理论精髓。归纳起来，可从以下四方面展开。

**（一）坚持深化马克思主义的世界观方法论，夯实了新时代法治中国建设的理论基础**

习近平法治思想是"两个结合"在法治领域的重大理论创新成果，始终坚持以马克思主义世界观和方法论作为理论基础。习近平总书记高度重视对马克思主义哲学的世界观和方法论的学习和运用，紧密联系当代中国法治发展实际，深入分析法治现象的本质特征及运动规律，系统论述了全面依法治国的国情条件、本质特征、政治基础、历史使命、道路方向、文化优势和科学方法等，是马克思主义法治理论中国化的最新成果。

在国情条件方面，坚持和运用马克思主义社会存在决定社会意识的原理，不是从抽象的法理念出发，更不是从西方学者声称的"法治模式"出发，而是始终从当代中国的基本国情和法治发展实际出发解决现实问题。在本质特征方面，坚持和运用马克思主义关于法的本质的原理，强调："全面推进依法治国，必须走对路。"[11]

在政治基础方面，坚持和运用人民群众是历史的创造者的原理，始终将人民群众当作党的力量源泉，坚持人民主体地位，依法保障人民权益，维护和促进社会公平正义，扩大人民有序政治参与。

在历史使命方面，坚持和运用物质生产是社会生活基础的基本原理，深刻把握解放和发展社会生产力的法治需求，研究科学技术在生产力与社会发展中的作用及法治机理，充分理解以高质量法治引领高质量发展的重要意义。

在道路方向方面，坚持和运用历史唯物主义关于社会基本矛盾运动的

---

⑪　习近平：《加快建设社会主义法治国家》（2014 年 10 月 23 日），载《习近平著作选读》（第 1 卷），人民出版社 2023 年版，第 297 页。

原理，深刻把握在法治轨道上全面建设社会主义现代化国家的极端重要性和推进中国式法治现代化的内在必然性。

在文化优势方面，坚持和运用法的继承性原理，注意研究我国古代法制传统和成败得失，推动中华优秀传统法律文化创造性转化、创新性发展，推进中国特色社会主义法治文化建设。

在科学方法方面，坚持辩证唯物主义的根本方法和基本观点，以奉法强国的坚定信念、求真务实的实践理性、统筹全局的系统观念、精准练达的辩证方法、尊法据理的法治思维、守正创新的理论品格，正确认识和处理好新时代法治建设的一系列重大关系。

（二）创新发展中国特色社会主义法治理论体系，确立了新时代法治中国建设的思想指引

习近平法治思想是坚持和发展马克思主义法治理论的光辉范例，彰显出马克思主义法治理论既一脉相承又与时俱进的历史逻辑理论，是中国特色社会主义法治理论的重大创新发展。在马克思主义法律思想史、马克思主义法学中国化恢宏历史进程和建设法治中国的宏阔背景当中深刻领悟习近平法治思想，坚持从历史与逻辑相统一、整体发展和时代特点相结合出发进行思考，就能以学铸魂、以学增智、以学正风、以学促干。

习近平法治思想内容丰富、博大精深，是中华民族对世界法治文明和人类法治文化的原创性理论贡献，既是对党领导法治建设丰富实践和宝贵经验提炼升华的重大理论创新成果，更是引领新时代全面依法治国不断从胜利走向新的胜利的光辉思想旗帜，是习近平新时代中国特色社会主义思想的重要组成部分，是新时代全面依法治国的根本遵循和行动指南。由此，形成和阐述了如下重要内容：坚持党对全面依法治国的领导——关于全面依法治国的根本保证；坚持以人民为中心——关于全面依法治国的根

本立场；坚持中国特色社会主义法治道路——关于全面依法治国的唯一正确道路；坚持依宪治国、依宪执政——关于全面依法治国的首要任务；坚持在法治轨道上推进国家治理体系和治理能力现代化——关于全面依法治国的时代使命；坚持建设中国特色社会主义法治体系——关于全面依法治国的总抓手；坚持依法治国、依法执政、依法行政共同推进，法治国家、法治政府、法治社会一体建设——关于全面依法治国的工作布局；坚持全面推进科学立法、严格执法、公正司法、全民守法——关于全面依法治国的重要环节；坚持统筹推进国内法治和涉外法治——关于全面依法治国的迫切任务；坚持建设德才兼备的高素质法治工作队伍——关于全面依法治国的基础性保障；坚持抓住领导干部这个"关键少数"——关于全面依法治国的关键所在。⑫

（三）汇聚展现习近平法治思想的实践伟力，彰显了新时代法治中国建设的实践品格

习近平法治思想是根源于实践、运用于实践、在实践中经受检验、在实践中创新发展的科学理论，彰显出"时代是思想之母，实践是理论之源"的辩证逻辑。习近平法治思想不断推进在坚持和完善中国特色社会主义法治体系实践基础上的理论创新，深刻把握全面依法治国的规律性认识，为更好地引领良法善治，切实保障社会公平正义和人民权益创造了基础条件。其实践例证不胜枚举：

（1）依法保障人民当家作主，发展全过程人民民主。习近平总书记于2019年11月到上海市长宁区虹桥街道基层立法联系点考察，充分肯定了基层立法联系点的工作，进而提出"人民民主是一种全过程的民主"的重

---

⑫　参见中共中央宣传部、中央全面依法治国委员会办公室：《习近平法治思想学习纲要》，人民出版社、学习出版社2021年版，"目录"第1—5页。

要论述。这是对我国民主政治发展规律深刻把握的真理性洞见，是践行新时代中国特色社会主义民主政治的根本遵循。党的二十大报告强调指出："必须坚定不移走中国特色社会主义政治发展道路，坚持党的领导、人民当家作主、依法治国有机统一，坚持人民主体地位，充分体现人民意志、保障人民权益、激发人民创造活力。"⑬ 基层立法联系点是依法保障人民当家作主、发展全过程人民民主的制度创新，是建立在国家立法的"屋顶"和"基石"二者之间的信息沟通渠道，是广泛收集基层群众和社会组织的合理化建议、反馈意见的良性机制。

（2）建设促进实现共同富裕的法治体系。党的二十大报告全文先后八次提到"共同富裕"，强调指出："中国式现代化是全体人民共同富裕的现代化。共同富裕是中国特色社会主义的本质要求，也是一个长期的历史过程。我们坚持把实现人民对美好生活的向往作为现代化建设的出发点和落脚点，着力维护和促进社会公平正义，着力促进全体人民共同富裕，坚决防止两极分化。"⑭ 为此，要在法治轨道上，形成促进实现共同富裕的法治体系。

（3）完善国家安全法治体系。针对新形势下统筹"两个大局"防控重大风险的紧迫任务，党的二十大报告不仅专章论述了"推进国家安全体系和能力现代化，坚决维护国家安全和社会稳定"问题，还突出强调"完善国家安全法治体系"的重要性。具体讲，就要健全完善国家安全的法律规范体系，进一步扎牢国家安全的制度篱笆；建设高效的安全法治实施体系、严密的国家安全监督体系和有力的国家安全保障体系；统筹推进国内安全和涉外安全法治工作，确保两手都要硬、两手都要赢。

---

⑬ 习近平：《高举中国特色社会主义伟大旗帜 为全面建设社会主义现代化国家而团结奋斗——在中国共产党第二十次全国代表大会上的报告》（2022 年 10 月 16 日），人民出版社 2022 年版，第 37 页。

⑭ 习近平：《高举中国特色社会主义伟大旗帜 为全面建设社会主义现代化国家而团结奋斗——在中国共产党第二十次全国代表大会上的报告》（2022 年 10 月 16 日），人民出版社 2022 年版，第 22 页。

（四）系统建构中国自主法学知识体系，提供了新时代法治中国建设的学术研究指南

习近平总书记在中央全面依法治国工作会议上强调："推进全面依法治国是国家治理的一场深刻变革，必须以科学理论为指导，加强理论思维，不断从理论和实践的结合上取得新成果，总结好、运用好党关于新时代加强法治建设的思想理论成果，更好指导全面依法治国各项工作。"⑮这些论断为习近平法治思想的深化研究指引了方向。

当前，建构中国自主法学知识体系，是新时代推进马克思主义法学中国化时代化的重大工程，也是构建中国特色社会主义法学体系的学术基础。中共中央办公厅、国务院办公厅 2023 年 2 月印发《关于加强新时代法学教育和法学理论研究的意见》，对建构中国自主的法学知识体系和学习贯彻习近平法治思想作出部署，要求坚持用习近平法治思想全方位占领法学教育和法学理论研究阵地，教育引导广大法学院校师生和法学理论工作者做习近平法治思想的坚定信仰者、积极传播者、模范实践者，构建起具有鲜明中国特色的法学学科体系、学术体系、话语体系。

显而易见，系统学习党的二十大报告关于法治建设的重要论述，透彻理解习近平法治思想的原创性贡献及实践创新，不仅有助于把握全面推进依法治国的时代使命和中心任务，而且有助于深入理解推进中国式法治现代化的根本遵循，坚定建设中国特色社会主义法治的道路自信、理论自信、制度自信、文化自信，体会习近平法治思想的历史之维、哲学之思、理论之美、实践之效和学术之真。

---

⑮ 习近平：《以科学理论指导全面依法治国各项工作》（2020 年 11 月 16 日），载《论坚持全面依法治国》，中央文献出版社 2020 年版，第 6 页。

# 法的社会科学研究在中国：
# 一个学术史的考察[*]

侯　猛[**]

## 一、什么是法的社会科学研究

　　法的社会科学研究是指主要围绕法律进行的社会科学研究。这一研究早期聚焦于对国家法进行社会学研究，对习惯法进行人类学研究，在研究交互过程中越来越多地运用包括经济学、政治科学、心理学等在内的社会科学方法。法的社会科学研究目前并不是一个独立学科，而是属于跨学科（inter-discipline）领域。在中国法学界，法的社会科学研究又被称为社科法学，与法教义学、政法法学被公认为当代中国法学研究三大流派。[①] 因此，本文的写作不是学科史考察，只能称为学术史考察。[②]

　　需要说明的是，本文标题之所以使用"法的社会科学研究"这一描述

---

　　* 本文原载于《社会科学》2023 年第 3 期。

　　** 侯猛，中国人民大学法学院教授。

　　① 这一划分最早来自苏力在 2001 年时发表的一篇文章，他将法学研究划分为政法法学、诠释法学和社科法学三大流派。不过，后来随着诠释法学进一步聚焦于法教义学，2014 年苏力在讨论法学研究格局时，认为三大流派包括政法法学、法教义学和社科法学。参见苏力：《也许正在发生——中国当代法学发展的一个概览》，载《比较法研究》2001 年第 3 期；苏力：《中国法学研究格局的流变》，载《法商研究》2014 年第 5 期。

　　② 相对来说，中国法学中关于学科史、学说史的研究已有不少，但注重学术传统的学术史研究偏少。

性表述，而不是"社科法学"的概括性表述，主要是基于以下理由：一是在法学界内部，虽然目前已经普遍接受社科法学这一用语，但使用场景有限，主要还是在与法教义学相对应的意义上使用。而且，社科法学也受到概念构词上的批评。③ 使用"法的社会科学研究"就是为了避免说"词"，从而聚焦于说"事"。二是法学以外的学界对"社科法学"用语相对比较陌生，使用"法的社会科学研究"更容易理解。"法的社会科学研究"既包括法的社会科学经验（定性）研究，也包括法的社会科学实证（定量）研究，还包括法的社会科学理论研究。在下文中，笔者将"法的社会科学研究"简称为"法社科研究"，在某些情形下也使用社科法学这一用语。

作为一个跨学科领域，法社科研究在国外的发展已经有近百年历史。不同国家、不同时期的研究者由于关注的重心不同，对这一领域也赋予不同的名称。简单来说，强调社会学研究进路的称为 sociology of law，这在德国比较常用；强调法律与社会的相互关系的称为 law and society，这在美国比较常用④；强调社会先于法律的称为 socio-legal studies，这在英国比较常用⑤；强调理论分析的称为 law and social theory，这在整个欧洲都比较常用；强调社会科学研究的称为 law and social science 或 social scientific study of law；等等。⑥ 这些名称虽然表述有别，但都是研究法律与社会的相互关系，强调社会科学的研究，从而在整体上与法学传统主流研究

---

③ 例如，谢晖提出，法学就是社会科学的一部分，怎能在构词上将法学与社科并列在一起。参见谢晖：《论法学研究的两种视角——兼评"法教义学和社科法学"逻辑之非》，载《法学评论》2022年第 1 期。

④ See Kitty Calavita, *Invitation to Law & Society：An Introduction to the Study of Real Law*, Chicago：The University of Chicago Press，2016.

⑤ See Denis J. Galligan（ed.），*Socio-Legal Studies in Context：The Oxford Centre Past and Future*，Oxford：Wiley-Blackwell Publisher，1995.

⑥ 相关知名杂志包括：*Annual Review of Law and Social Science*，*Law and Society Review*，*Law and Social Inquiry*，*Social & Legal Studies*，*Journal of Law and Society*，*Journal of Law and Economics*，*Regulation and Governance*，*Law and Human Behavior*，*Journal of Empirical Legal Studies* 等。

即法律的规范研究完全区别。⑦

从法社科研究的百年历史来看，大致可以分为法律的外部视角和法律的内部视角两个面向。⑧ 外部视角关注法律与社会（包括政治、经济、文化、生态、科技等）的相互关系，不仅包括法律对社会的影响，也包括社会对法律的影响。而讨论社会因素对具体法律的影响，就具有立法论和政策分析意义。⑨ 内部视角则是对立法、执法、司法和守法过程进行社会科学研究，特别是司法裁判过程中的社会科学方法运用，具有解释论意义。不过，在中国，外部视角研究更早也更受关注，内部视角研究较少，因此，法社科研究也容易被误认为只能是外部视角研究。

国外特别是美国的法社科研究，自 20 世纪 60 年代开始形成研究规模，建立学术体制。⑩ 在经历几十年发展以后，相关研究述评也有相当积累。⑪ 相比之下，国内研究起步较晚，有深度的研究述评也不多见，但有两位学者的研究述评具有代表性。一位是现在任教于香港大学法律学院的刘思达，他毕业于北京大学法学院和芝加哥大学社会学系，曾任教于威斯

⑦　西方法学传统三大流派被认为包括自然法学、分析法学和社会学法学，它们大致对应法律的价值研究、法律的规范研究、法律的社会效果研究。法律的规范研究注重对法律规范进行文本分析，追求对文本的有效解释。参见沈宗灵：《现代西方方法理学》，北京大学出版社 1992 年版。

⑧　参见 John Monahan, Laurens Walker, *Social Science in Law*, *Cases and Materials*, St. Paul: Foundation Press, 2021. 中译本为约翰·莫纳什、劳伦斯·沃克：《法律中的社会科学》，何美欢、樊志斌、黄博译，法律出版社 2007 年版。

⑨　这在日本表现得尤为明显，主要是部门法学（日本称为实定法学，与基础法学相对应）的学者反思法教义学，研究哪些因素会影响法律的制定修改，从而形成了法政策学。参见田中成明：「転換期の日本法」，岩波书店 2000 年版，第 54～68 页。

⑩　Calvin Morrill, Lauren B. Edelman, Yan Fang and Rosann Greenspan, "Conversations in Law and Society: Oral Histories of the Emergence and Transformation of the Movement", *Annual Review of Law and Social Science*, 2020.

⑪　参见卡尔文·莫里尔、凯尔西·梅奥：《法社会学"经典著作"的图表统计：近半个世纪该领域的发展》，奥斯汀·萨拉特、帕特丽夏·尤伊克主编：《法社会学手册》，王文华、刘明、刘冬影等译，法律出版社 2019 年版。需要说明的是，该书中译将 Law and Society 翻译为"法社会学"并不贴切，应翻译为"法与社会"。此外，有关法与社会研究代表性人物的访谈，参见 Simon Halliday, Patrick Schmidt, *Conducting Law and Society Research*: *Reflection on Methods and Practices*, New York: Cambridge University Press, 2009.

康星大学和多伦多大学社会学系。他在 2010 年就反思了 20 世纪 80 年代以来中国法社会学的发展。⑫ 在 2015 年的一次对话中，他将法社会学纳入社科法学的讨论。⑬ 此后，他又撰文将美国"法与社会"运动同中国社科法学研究进行比较⑭，并在美国《法律和社会科学年度评论》（*Annual Review of Law and Social Science*）杂志上撰文讨论中国社科法学的发展。⑮ 由此，他帮助完成了从法社会学到社科法学的正名。

另一位代表性学者是北京大学法学院的强世功。他在 2013 年大致按照时间顺序将中国法社会学的发展划分为三个阶段。⑯ 他对第三阶段研究碎片化趋势的批评，其实主要针对的就是当前的社科法学。之后，他从学术史角度归纳了法社会学的"北大学派"四十年的发展历程⑰，特别是结合自己的研究历程，又对法社会学研究进行了历史性反思。⑱ 不论是刘思达还是强世功，都认可法学走向社会科学化的努力。不过，刘思达认为法社科研究需要持续做经验研究，强世功则从批判法学的立场认为，这样的经验研究缺乏理论反思。

本文将主要在这两位学者研究的基础上加以推进。强世功很早就转向法律的政治理论研究，而不是经验研究，因此他更多是从局外人的角度加以批判。刘思达则始终是基于局内人视角进行法律经验研究，只不过由于

---

⑫ 参见刘思达：《中国法律社会学的历史与反思》，苏力主编：《法律和社会科学》（第 7 卷），法律出版社 2010 年版。

⑬ 参见刘思达、侯猛、陈柏峰：《社科法学三人谈：国际视野与本土经验》，载《交大法学》2016 年第 1 期。

⑭ 参见刘思达：《美国"法律与社会运动"的兴起与批判——兼议中国社科法学的未来走向》，载《交大法学》2016 年第 1 期。

⑮ See Sida Liu, "The Fall and Rise of Law and Social Science in China", *Annual Review of Law and Social Science*, Vol. 11, 2015, pp. 373-394.

⑯ 参见强世功：《中国法律社会学的困境与出路》，载《文化纵横》2013 年第 5 期。

⑰ 参见强世功：《法律社会学的"北大学派"——怀念沈宗灵先生》，载《读书》2019 年第 8 期。

⑱ 参见强世功：《"双重对话"与"双重历史化"——法律社会学研究的回顾与反思》，汪晖、王中忱主编：《区域》（第 9 辑），社会科学文献出版社 2021 年版，第 29-78 页。

他过去长期在境外任教，对国内法学发展历程特别是某些事件的前因后果并不是那么熟悉。因此，本文一方面是对两位学者已有研究述评加以评述，另一方面又评述国内法社科研究的最新发展。总体上，笔者与刘思达一样是从局内人的视角出发，对中国近四十年来法社科研究的历程加以重述，期望通过历史叙事，强化塑造学术传统，为建构中国自主的法的社会科学知识体系提供一种可能思路。

# 二、从法社会学到法社会科学

## （一）研究的兴起阶段

法学的社会科学化努力，一般都认为可以追溯到 20 世纪 80 年代。当时还没有"法的社会科学"或类似提法，学界主要围绕"法社会学"展开讨论。在学科建制上，法社会学既属于法学的二级学科——法学理论下面的分支学科，又属于社会学的分支学科。而且，法社会学的倡导者和推动者就是强世功的导师沈宗灵教授。早在 1981 年，沈宗灵在与陈守一合写的《论法学的范围和分科》一文中，就指出："法学还应着重研究法律制定后在社会中的实施，即如何实施，是否实施，怎样得以保证实施，这种法律在社会上的作用和效果如何，等等。在法学中，一般称为法律社会学。"[19]此后，他还翻译出版了一本法社会学名著——庞德的《通过法律的社会控制/法律的任务》[20]，并且专门撰文《法律社会学的几个基本理论问题》[21]。

---

[19] 沈宗灵、罗玉中、张骐编：《法理学与比较法学论集》，北京大学出版社、广东高等教育出版社 2000 年版，第 53 页。

[20] 罗·庞德：《通过法律的社会控制/法律的任务》，沈宗灵、董世忠译，商务印书馆 1984 年版。

[21] 参见沈宗灵、罗玉中、张骐编：《法理学与比较法学论集》，北京大学出版社、广东高等教育出版社 2000 年版，第 271-281 页。

在沈宗灵的影响下，北京大学形成了法社会学的研究团队，并直接影响了今天的知名法社会学学者季卫东。㉒ 当时，北大还牵头召开了法社会学的相关学术会议，出版了不少著述，这样很快就将法社会学研究辐射到全国。2009 年，季卫东在法与社会国际研讨会上发言时就指出："20 世纪80 年代中期，中国也曾经出现过一场高歌猛进的'法与社会'运动。今天在这里聚首的郑成良教授、齐海滨教授、朱景文教授、梁治平教授、高其才教授，还有未能与会的赵震江教授、沈宗灵教授、张文显教授等一大批学界翘楚，就是当时的核心力量。……可惜由于种种原因，法社会学的这种进取势头遭到挫折，相关研究也有消沉，也有扭曲。"㉓

现在回过头来再看，值得思考的是：为什么是 20 世纪 80 年代？为什么首先是法社会学开始兴起？至少就社会学来说，其实际上经历了 20 世纪 50 年代学科被取消到改革开放后恢复重建的过程。㉔ 而且在 20 世纪 80 年代，国内法学界对国外的学术动态基本上是不了解的，对那时已经形成研究规模的法经济学、法人类学等的认识基本上也还停留在概念上。或许正因为如此，当时法社会学最主要的知识来源反而是国内的社会科学，并且首先是社会学的知识体系和研究方法，特别是费孝通的研究，他在重建社会学的过程中发挥了关键作用㉕，扩大了社会学的学术影响力，并且影响了法社会学的不少学者。

---

㉒　季卫东回忆："对于赵震江老师、我、海滨以及其他朋友在八十年代中期推动法社会学运动的努力，沈老师是非常理解和支持的，并且实际上发挥了学术精神领袖的作用。""后来我的专业兴趣转向法社会学，在相当程度上也受到了沈老师翻译的庞德的著作《通过法律的社会控制》的影响。"季卫东：《法海拾贝》，商务印书馆 2021 年版，第 182 - 183 页。

㉓　季卫东：《法海拾贝》，商务印书馆 2021 年版，第 174 页。

㉔　参见陆远：《传承与断裂：剧变中的中国社会学与社会学家》，商务印书馆 2019 年版。

㉕　参见周晓虹主编：《重建社会学：40 位社会学家口述实录（1979—2019）》，商务印书馆 2021 年版。

## （二）研究的自发阶段

与 20 世纪 80 年代通过有组织建制来推动法社会学的兴起不同，20 世纪 90 年代直至 21 世纪初，更多学者基于个体学术兴趣自发进行研究，代表性学者有梁治平等。梁治平从法学重镇中国人民大学调入中国艺术研究院。1995 年年初，他发起成立法律文化研究中心，主持出版"法律文化研究中心"文丛，初步形成了法学的多学科交流机制，通过开展学术批评，探求法学研究规范化与本土化路径。[26] 实际上，这一时期另一位代表人物苏力的成名作《法治及其本土资源》，就是作为"法律文化研究中心"文丛之一出版的。[27] 不过，在 1990 年末，"法律文化研究中心"除出版书籍以外，几乎停办了所有的学术活动，这也意味着以"法律文化"为名的无形学院没有能够继续。

这一时期的法学已经有了很明显的人文与社会科学传统的分野，但并非泾渭分明。法律的人文研究以梁治平为代表，法律的社会科学研究则是以苏力为代表。梁治平的法律文化研究虽然受到美国人类学家吉尔茨的影响，但首先是来自国内的文化热，特别是他自己法律史的训练背景。苏力的法社科研究虽然深受美国法经济学家波斯纳的影响，但他更为注重本土甚至传统研究，写作也有很强的人文意味，这实际上与他自己的文学偏好，以及法律史训练的背景高度相关。[28] 此外，在这一时期，强世功也崭露头角，他的法社会学研究其实也是基于他自己的学术积累和悟性而非系统训练。他在自述中提到深受杜赞奇、吉尔茨、福柯三位学者的影响。严

---

[26] 文丛目前仍在出版，后改名为"法律文化研究文丛"。最早由中国政法大学出版社出版，后移至法律出版社出版，目前由商务印书馆出版。

[27] 参见苏力：《法治及其本土资源》，中国政法大学出版社 1996 年版。

[28] 苏力自曝当年报考北大中文系没被录取，他的文学与历史偏好在他后来的著述中表现得更为明显。例如，苏力：《法律与文学：以中国传统戏剧为材料》，生活·读书·新知三联书店 2017 年版；苏力：《大国宪制：历史中国的制度构成》，北京大学出版社 2018 年版。

格说来，这三位都不是现代西方法社会学研究的代表性人物（当然，他们都影响了现代西方的法社会学研究）。由此可以看到，现代西方法社会学研究（特别是美国法与社会研究）真正的代表性人物，例如塞尔兹尼克、弗里德曼、麦考利等学者，对梁治平、苏力和强世功几乎没有什么学术影响。

在这个意义上，这个时期提出来的法社会学研究的本土化主张就显得早熟。对武器的批判，先于批判的武器。对本土化研究的主张可以追溯到20世纪20年代，吴文藻先生提出了社会学中国化，提出要建立适合中国国情的社会学教学和研究体系，批评当时在大学只讲授西方理论，而且是用外文讲，研究只注重统计，而不关注田野。[29] 这些问题在20世纪90年代存在吗？至少就法社会学来说还不算是突出问题。虽然当时已经开始流行学习西方社会理论，但学界对法社会学理论的了解是非常有限的，运用西方理论进行经验研究的人更是屈指可数。在这种背景下提出本土化，反而展示出法社会学研究中的一种批判法学立场。所谓批判法学的立场，已经不仅仅是本土化的问题，而是自主性的问题，是经由批判西方理论而完成中国理论的构造。这一主张由邓正来开始[30]，在法学界则由强世功接过了大旗。[31]

（三）研究的自觉阶段

进入21世纪以后的法社科研究，可以说进入了学术自觉的阶段，主要表现在以下几个方面：

---

[29] 参见吴文藻：《论社会学的中国化》，商务印书馆2010年版。

[30] 参见邓正来：《中国法学向何处去——建构"中国法律理想图景"时代的论纲》，商务印书馆2006年版。

[31] 参见强世功：《批判法律理论的谱系：以〈秋菊打官司〉引发的法学思考为例》，载《中外法学》2019年第2期。

自 20 世纪 90 年代开始的翻译工作，其知识传播效应对学术研究的影响逐渐彰显。典型如，季卫东牵头设立的"当代法学名著译丛"在中国政法大学出版社出版，翻译了诺内特、塞尔兹尼克、布莱克、昂格尔、弗里德曼、霍维茨、川岛武宜、棚濑孝雄等知名法社科研究学者的著作，其中就包括苏力翻译的波斯纳的《法理学问题》。㉜ 2000 年开始，苏力组织翻译"波斯纳文丛"共计 12 本在中国政法大学出版社出版，之后又翻译波斯纳的数本书在北京大学出版社出版，从而大大推动了法经济学的知识传播。同时，波斯纳对苏力个人研究的影响也是巨大的，这也为以后法社科研究的训练提供了学术标杆，即：如果在学术上找准并吃透一位重量级学者的作品，又能进行中国的本土化，就可以做出好的研究。更具学术意义的是，经由苏力整合波斯纳和费孝通的努力，法经济学与法社会学成为国内法社科研究的两个重要领域。这种研究格局与美国法经济学和法社会学"老死不相往来"的景象形成鲜明对比。

除翻译的影响以外，更多人开始留学海外，受到法社科研究的系统训练。例如，现在任教于香港大学法律学院的贺欣、刘思达、刘庄，先后在斯坦福大学法学院、芝加哥大学社会学系、芝加哥大学法学院读书，接受过法社会学或法经济学的专业训练，目前从事与中国问题有关的法社科研究。由于他们要面对或进入西方学界，因此主要用英语写作，但他们的贡献也正在于在西方的学术体系中呈现了法社科的中国研究。与此同时，国内对国外法社科作品的推介和研究越来越精细化。例如，美国的弗里德曼、英国的科特威尔、德国的卢曼，他们的书都有不止一个中译本。云南大学还专门组织力量研究穆尔、纳德、梅丽、西尔贝等法人类学

---

㉜　参见波斯纳：《法理学问题》，苏力译，中国政法大学出版社 1994 年版。

学者。㉝ 越来越多的学生都有阅读法社科英文原文的内在需求和动力。

虽然大规模学习国外法社科研究的氛围已经形成，但国内的法社科研究更为自觉，并且建立了形式多样、系统完备的学术建制。回顾 20 世纪 90 年代的相关研究和翻译工作，不少都受到外国基金会的资助㉞，甚至中国法的研究群体也是以外国学者为主。现在对国外的研究虽然日益增多，但受到国外资助的日益变少甚至可以忽略不计。中国学者开始建立自主的法社科研究学术体制。在苏力的倡议下，"法律的社会科学研究"学术讨论会于 2005 年召开，此后成为年会；《法律和社会科学》集刊于 2006 年创办，后来成为中文社会科学引文索引（Chinese Social Sciences Citation Index，简称 CSSCI）来源集刊。季卫东自日本回国后，2009 年在上海交通大学成立了法与社会研究中心（中国法与社会研究院前身），创办了《亚洲法与社会》杂志，2016 年还发起举办中国法社会学年会。此外，清华大学高鸿钧也组织翻译了一批侧重法律社会理论研究的著作㉟，并且培养了一批年轻学者从事系统论法学或社会理论法学研究。

受到法学的法社会学研究的影响，社会学的法社会学研究也开始兴起。法学与社会学两个学科之间的联系更加密切，这在中国人民大学体现

---

㉝　这主要是由云南大学法学院张晓辉教授牵头组织的，已出版的研究成果包括：李婉琳：《社会变迁的法律——穆尔法人类学思想研究》，中国人民公安大学出版社 2011 年版；王静宜：《劳拉·纳德法律人类学思想研究》，中国社会科学出版社 2020 年版。

㉞　以当时的外国基金会资助的司法改革项目为例，不少是法律经验（实证）研究，包括北京大学关于中国两个法院（湖北省武汉市汉口区人民法院和山东省青岛市中级人民法院）的历史演进研究、中国人民大学关于地方证据使用的调查问卷分析、地方法院创设民事证据规则的实地调查、刑事诉讼法和刑法的实施情况调查、中国政法大学关于强制执行在五省内的实施情况调查、审判程序改革的实地调查、西南政法大学关于国家赔偿法在成都的执行情况调查、华东政法大学关于民事和刑事诉讼程序的实地调查、四川大学关于阻碍中国充分和公正地行使司法权的因素的调查等，此外还有中国社会科学院法学研究所的相关研究。参见司法改革研究课题组编：《改革司法——中国司法改革的回顾与前瞻》，社会科学文献出版社 2005 年版，第 552－564 页。

㉟　例如，奥斯汀·萨拉特编：《布莱克维尔法律与社会指南》，高鸿钧、刘毅、危文高等译，北京大学出版社 2011 年版。

得尤为明显。中国人民大学社会学系郭星华自述曾受苏力的影响进军法社会学，在他的努力之下，社会学系开设了法社会学课程，出版了法社会学教材。他牵头成立了中国社会学会法律社会学专业委员会，专业委员会自2011 年开始举办"法律与社会"高端论坛，该论坛又称为"法律与社会"中国年会。中国人民大学法学院的法社会学研究历史要更长。早在 20 世纪 90 年代初，朱景文就开始从事现代西方法社会学、比较法社会学和法律全球化的研究[36]，范愉也进行法社会学特别是非诉讼纠纷解决的研究。[37]一直以来，人大的法社会学研究比较注重与国外学者的对话[38]，甚至在一段时间内聘请黄宗智，培养了一批从事社会历史法学研究的学者。

简言之，经过至少两三代人的努力，不论研究规模还是专业建制，国内法社科研究都有了很大发展。除中国人民大学以外，北京大学、上海交通大学、香港大学、云南大学、中南财经政法大学等高校也是法社科研究重镇。北京大学以苏力、白建军、强世功为代表，他们分别侧重法律的定性研究、定量研究和政治理论研究，而且培养了国内诸多从事法社科研究的师资力量；上海交通大学以季卫东为代表，还有做法律定量研究的程金华、做法律与认知科学研究的李学尧、做刑事诉讼实证研究的林喜芬等一批年轻学人；香港大学有贺欣、刘思达从事法律经验研究，刘庄从事大数据实证研究；云南大学以张晓辉、王启梁、张剑源三代学人为代表，专攻法人类学研究；中南财经政法大学则有由陈柏峰牵头的基层法治研究团队。可以说，国内法社科研究呈现了法社会学、法人类学、法经济学、法律与认知科学、法律与文学、法律定量分析等多样丰富的研究进路。[39]

---

㊱ 参见朱景文：《现代西方法社会学》，法律出版社 1994 年版；朱景文：《比较法社会学的框架和方法——法制化、本土化和全球化》，中国人民大学出版社 2001 年版。

㊲ 参见范愉：《非诉讼纠纷解决机制研究》，中国人民大学出版社 2000 年版。

㊳ 参见朱景文、斯图尔特·马考利：《关于比较法社会学的对话》，载《比较法研究》1998 年第 1 期。

㊴ 参见侯猛：《社科法学的研究格局：从分立走向整合》，载《法学》2017 年第 4 期。

# 三、法社科研究的分化与交锋

只有研究积累到一定规模，才会出现分化、对话与交锋。朱景文曾将法社会学研究归纳为四种倾向：第一种为理论法社会学，主要着眼于宏观理论的建构；第二种为法律批评，即用某种社会理论评价法律现实；第三种为法律文化研究，特别在解释不同法律制度差别的原因时，常常诉诸文化；第四种为经验法社会学，用社会科学的方法获取经验材料，证实或证伪前人的结论。他认为，法社会学更多建立在经验研究的基础上。[40] 笔者也赞同这一主张，在研究不断积累和分化的过程中，要始终以经验研究为基础。从过去四十年特别是最近二十年的研究进展来看，法社科研究中的经验研究面临着来自其他方面研究的质疑和挑战，主要集中在以下三个方面：第一，法律经验研究能否做成法律社会理论？第二，法律经验研究中的定性研究的解释力是否不如定量研究？第三，部门法学研究以规范分析（教义分析）为基础，如何更多引入社会科学使社科与教义分析在法学研究中共生？

## （一）法律经验研究做不成法律社会理论？

不少人会将法律经验研究与法律社会理论研究对立起来，认为这是由两拨不同的人来做的。就国内来说，从事社会理论法学研究的一批学者，十分推崇卢曼的系统论法学，强调体系耦合和功能主义，他们的确不做经验研究。但就社会理论的百年发展史来看，功能主义与系统理论范式只是早期的社会理论，除此之外，至少还有马克思主义与批判理论、现象学、

---

[40] 参见朱景文主编：《法社会学专题研究》，中国人民大学出版社 2010 年版，序。

符号互动论、理性选择与交换理论、过程社会学、结构主义和后结构主义、后现代主义、结构化、女性主义、行动者—网络理论、全球化理论等。[41] 中国法学界包括法教义学学者在内的大多数学者对功能主义与系统理论欣赏有加，批判理论只被强世功、冯象、刘星等少数法理学者所主张。[42] 为什么法学界对其他理论范式鲜有讨论？只能说明国内法学知识的保守与理论滞后。相比之下，国外的法律社会理论研究是丰富多样的。[43]

而且，就国内的法律经验研究现状来说，的确有很多研究陷入碎片化的经验事实描述之中，只有平淡无奇的叙事，既缺少理论支撑，更不可能理论化。但好的法律经验研究其实是能够做成理论的。做经验研究首先需要大量的知识积累，既要读经典文献，也要读前沿文献，然后要有意识地进行学术批评和对话，跟进前人的研究。美国的法与社会研究已有数十年历史，产生了不少超越时间和空间的有解释力的作品。例如，格兰特在20 世纪70 年代所做的法院公正审判与当事人强弱关系研究，从司法的经验事实中提炼出理论命题，形成了特定的研究结构和分析框架，能够反复适用，有大量后续研究。[44] 我们也可以结合中国晚近的司法经验接着做，发现问题的共性与特殊性，挑战既有的研究结论，从而增强研究的理论解释力。进行学术批评和对话一定是与法社科研究的知名学者，例如晚近的苏力、梁治平、季卫东、朱景文、朱晓阳、贺欣等，但是，不适合对话更远的马克思、韦伯、涂尔干、福柯、布迪厄、拉图尔等。因为他们作为社

---

㊶　参见大卫·英格里斯、克里斯托弗·索普：《社会理论的邀请》，何蓉、刘洋译，商务印书馆 2022 年版。

㊷　参见冯象：《木腿正义》，北京大学出版社 2007 年版，法律与文学（代序）；刘星：《中国早期左翼法学的遗产：新型法条主义如何可能》，载《中外法学》2011 年第 3 期。

㊸　See Raza Banakar, Max Travers（eds.），*Law and Social Theory*，Oxford：Harting Publishing，2013.

㊹　See Marc Galanter，*Why the Haves Come Out Ahead：The Classic Essay and New Observations*，New Orleans：Quid Pro，LLC，2014.

会科学大家，其研究更适合做理论分析框架，而不是进行学术批评和对话。

很少人会认为苏力的法律经验研究没有理论。苏力曾自述毛泽东、费孝通、尼采、福柯和波斯纳对其研究有很大影响⑤，这也体现在他的基层司法制度的经验研究之中。可以说，他的《送法下乡》开启了国内法律经验研究的学术传统。⑥ 其理论分析工具主要是马克思主义、功能主义和制度经济学，其所对话或质疑的是现代西方法治理论。并且，他在具体的研究中归纳了包括司法行政与审判的关系、初审和上诉审的关系、国家法与习惯的关系等一系列具有理论意义的命题。如果能够接着苏力的研究做下去，也就有了学术对话和理论反思的可能。

好的经验研究要进一步理论化，就要进行概念提炼。苏力也曾提炼出"本土资源""格式化"等概念。不过，相比之下，费孝通提炼出的"差序格局"概念，瞿同祖提炼出的"法律儒家化"概念，能够反复使用，具有更强的解释力。费孝通在《乡土中国》中就指出：在具体现象中提炼出认识现象的概念。它并不是虚构，也不是理想，而是存在于具体事物中的普遍性质，是通过人们的认识过程而形成的概念。这个概念的形成既然是从具体事物里提炼出来的，那就得不断地在具体事物里去核实，逐步减少误差。⑦ 贺欣也认为，"法律与社会科学是针对现象的，因而经验工作是基础"，"但更关键的一步是提出有普遍意义的，特别是以分析性为主要要素的概念"⑧。简言之，从经验到理论的过程，就是要提炼出有解释力的概念。

---

⑤ 参见陈柏峰、尤陈俊、侯猛编：《法学的11种可能：中国法学名家对话录》，中国民主法制出版社2020年版，第1-4页。

⑥ 《送法下乡》先后出了三个（修订）版本：苏力：《送法下乡——中国基层司法制度研究》，中国政法大学出版社2000年版；苏力：《送法下乡——中国基层司法制度研究》，北京大学出版社2011年版；苏力：《送法下乡：中国基层司法制度研究》，北京大学出版社2022年版。

⑦ 参见费孝通：《乡土中国乡土重建》，生活·读书·新知三联书店2021年版，第5页。

⑧ 贺欣：《法律与社会科学中的概念与命题》，载《中国法律评论》2020年第1期。

实际上，就学者的成长史来看，很多以理论见长的学者都做过经验研究。例如，涂尔干（迪尔凯姆）基于观察和统计写《自杀论》，布迪厄在阿尔及利亚对卡比利亚社会做田野研究，在法国以实证方法研究法学院、医学院、文学院以及自然科学学院四大学术领域的权力结构与身份变化，拉图尔在美国的神经内分泌学实验室、法国的最高行政法院做田野研究[49]，但他们都有重量级的理论著述。因此，学者如果能够做好法律经验研究，完全有可能总结提炼出法律社会理论。

## （二）法律定性研究不如定量研究有解释力？

在英语世界中，与法社科研究高度重叠、密切相关的，还有 Empirical Legal Studies（简称 ELS）。ELS 既包括定性研究，也包括定量研究。在中国，过去做法社科研究的学者集中做的是法律的定性研究，他们也往往将 ELS 称为法律经验研究。但晚近二十年来，以白建军、左卫民、魏建为代表的一批学者开始进行法律的定量研究，甚至在法学院开设同名课程[50]，他们往往将 ELS 称为法律实证研究。尽管我们都认可好的 ELS 是定性和定量研究的结合，但很明显，法律定性研究学者和定量研究学者已经分化为两个有交集但其实不同甚至有潜在竞争的研究群体。[51]

在社会科学中，一个流行的看法是认为定量方法比定性方法更有解释力，定性方法是补充性的。[52] 法律的定量研究是否就比定性研究更有解释

---

④　参见埃米尔·迪尔凯姆：《自杀论》，冯韵文译，商务印书馆 1996 年版；皮埃尔·布迪厄：《实践感》，蒋梓骅译，译林出版社 2012 年版；皮耶·布赫迪厄：《学术人》，李沅洳译，时报文化出版企业股份有限公司 2019 年版；布鲁诺·拉图尔、史蒂夫·伍尔加：《实验室生活：科学事实的建构过程》，刁小英、张伯霖译，东方出版社 2004 年版；Bruno Latour, *The Making of Law: An Ethnography of the Conseil d'Etat*, Cambridge: Polity Press, 2010.

⑤　参见范良聪：《法律定量研究方法》，法律出版社 2020 年版。

⑤　参见陈柏峰：《法律实证研究的兴起与分化》，载《中国法学》2018 年第 3 期。

⑤　例如，谢宇就认为，尽管定量方法带有自身的缺陷，但其依然是理解社会及其变迁的最佳途径。参见谢宇：《社会学方法与定量研究》，社会科学文献出版社 2006 年版，第 3-8 页。

力？苏力给出的解释是："方法不解决问题，必须是针对问题去讨论方法。因此，不要过分关心方法。"⑤ 而两位做法律定量研究的学者则进行了更为细化的讨论。张永健和程金华将法律实证研究区分为两种形态：实证社科法学和实证法学。"两种类型实证研究的区别，既是是否运用社会科学范式的区分，也是问题意识之别。实证社科法学，以法律现象的实证分析为手段，检验的是社科法学的命题，甚至纯粹是社会科学的理论……实证法学则只研究法律相关的事实问题，响应与法制度之运行相关之宣称或假设，或描述法制度之运行，与法学以外的问题或者知识并没有直接的关联。"⑤ 他们认为，实证法学比实证社科法学的研究发现可能更缺乏一般性。

实际上，国内法律定量研究的兴起与上述提及的实证法学学者的推动是分不开的。⑤ 这些学者主要来自部门法学，特别是刑事诉讼法学和刑法学。他们的法律定量研究往往围绕部门法的具体问题展开，通过数据统计来发现实施中存在的真实问题，这很容易导向提出立法论意义上的政策制定建议。因此，研究结论也就难以举一反三用来解释其他法律现象，这也就是前述所说的研究发现缺乏一般性。与法律定量研究学者主要来自部门法学不同，法律定性研究往往是法理学的学者在做。法理学学者的优势在于能够借助社会科学理论来研究问题，但往往又缺乏部门法学的研究实力，甚至不会主动学习定量方法。⑤

此外，法律定性研究因其主要做个案研究，常常被批评不具有代表性，不如定量研究能够解释因果关系。实际上，定量研究在方法论上也已

---

⑤ 苏力：《好的研究与实证研究》，载《法学》2013 年第 4 期。

⑤ 张永健、程金华：《法律实证研究的方法坐标》，载《中国法律评论》2018 年第 6 期。

⑤ 晚近有越来越多的法学以外的学者开始对法律进行定量研究，但他们面临着写给谁看、是向法学杂志还是其他学科杂志投稿的问题。

⑤ 可能只有苏力、桑本谦等少数学者能够直面部门法学的问题，但他们也不做定量研究。参见桑本谦：《法律简史：人类制度文明的深层逻辑》，生活·读书·新知三联书店 2022 年版。

经受到批评，其主要通过解释变量关系来呈现因果关系，叶启政指出机制才是"促使变项之间的因果关系得以成立之具关键性的内建'概念'装置"⑤⑦，所谓机制是一系列事件或过程和背后的社会结构，从而区分真正的因果与巧合（虚假）。笔者认为，定性的个案研究由于强调长期实地调查，更能够准确把握过程与结构，因此，在对机制的解释方面反而更有优势。个案研究的比较优势还在于关注个案的复杂性和丰富性⑤⑧，通过对特定个案的深入洞察，可以从中抽象出一般性的概念或者命题，进而也具有推广意义。⑤⑨

　　放眼全球，国外围绕具体法律问题（人权、环保、侵权、知识产权等）进行微观的个案研究是非常多的，其学术影响力并不弱于定量研究。这些个案研究除了追求因果解释，很多也能够进行一般化的归纳。⑥⓪ 此外，国外学界还发展出定性比较分析方法，力求整合定性和定量两种分析方法的长处。尤其是在设计调研小样本或中级样本时，这种方法在分析案例内部复杂性的同时，使案例间的系统化比较成为可能。⑥① 这种方法在法学研究中也开始兴起⑥②，并且被介绍到国内。⑥③ 定性比较分析强调把研究

---

⑤⑦　叶启政：《从因果到机制：经验实证研究的概念再造》，群学出版有限公司 2020 年版，第 70 页。

⑤⑧　参见苏力：《法学人遇上"麻雀"——关于个案研究的一点反思》，载《法律和社会科学》（第 14 卷），法律出版社 2015 年版，第 172 - 193 页。

⑤⑨　参见风笑天：《个案的力量：论个案研究的方法论意义及其应用》，载《社会科学》2022 年第 5 期。

⑥⓪　参见劳伦斯·弗里德曼：《碰撞：法律如何影响人的行为》，邱遥堃译，中国民主法制出版社 2021 年版。

⑥①　参见伯努瓦·里豪克斯、查尔斯·C. 拉金：《QCA 设计原理与应用：超越定性与定量研究的新方法》，杜运周、李永发等译，机械工业出版社 2022 年版。

⑥②　See TT Arvind, Lindsay Stirton, "Explaining the Reception of the Code Napoleon in Germany: A Fuzzy-Set Qualitative Comparative Analysis", *Legal Studies*, Vol. 30, No. 1, 2010, pp. 1-29; Huiqi Yan, Jeroen van der Heijden, Benjamin van Rooij, "Symmetric and Asymmetric Motivations for Compliance and Violation: A Crisp Set Qualitative Comparative Analysis of Chinese Farmers", *Regulation & Governance*, Vol. 11, No. 1, 2017, pp. 64-80.

⑥③　参见刘本：《比较与抽样》，王启梁、张剑源主编：《法律的经验研究：方法与应用》，北京大学出版社 2014 年版，第 36 - 45 页。

目的与选择策略结合起来，整合定性与定量方法。对于法社科研究来说，如果部门法学与社会科学理论能够加以贯通，这样的研究就会有更强的解释力。

（三）部门法学更多引入社会科学如何可能？

除在研究方法上改进以外，法社科研究在研究对象上要进一步聚焦于部门法的问题。在不同国家的不同时期，部门法学引入社会科学的情况差别很大。例如，在日本，法社会学主要是以民法为中心发展起来的，倡导与研究者是民法学者。法社会学最早由末弘严太郎提出，他批判民法研究中德国概念法学的统治倾向，强调民法研究中的社会学方法。[64] 在美国，20 世纪 70 年代以后，以波斯纳为代表的法经济学学者，一直致力于推动将经济学方法运用到所有的法律领域。在英国，社会法律研究（前文提及的 socio-legal studies）也进入家事法、土地法、合同、侵权、公法、刑法、欧盟法等的教学和研究之中。[65]

在中国，不同的部门法学引入社会科学的程度同样存在巨大差异。像民法学、刑法学、宪法学等知识体系完备的部门法学，对社会科学的接受度就较低。[66] 而像经济法学、劳动与社会保障法学、环境法学、知识产权法学、国际法学、教育法学等还没有形成坚硬的知识体系的部门法学，由于与其他学科、行业高度相关，它们对社会科学的接受程度明显更高。以证据法学为例，其社会科学研究或跨学科研究的趋势已经十分明显。[67] 不

---

[64] 参见何勤华：《20 世纪日本法学》，商务印书馆 2003 年版，第 23、14 页。

[65] See Caroline Hunter（ed.），*Integrating Socio-Legal Studies into the Law Curriculum*，New York：Palgrave Macmillan，2012.

[66] 参见成凡：《从竞争看引证——对当代中国法学论文引证外部学科知识的调查分析》，《中国社会科学》2005 年第 2 期。

[67] 参见梁坤：《社会科学证据研究》，群众出版社 2014 年版；罗杰·帕克、迈克尔·萨克斯：《证据法学反思：跨学科视角的转型》，吴洪淇译，中国政法大学出版社 2015 年版；王星译：《社会科学证据的司法证明》，法律出版社 2022 年版。

过，如果对照法律体系，就会发现，法律规范化程度越高、修改次数越少的法律部门，部门法学研究就越多在解释论意义上引入社会科学，例如民法学；而法律规范化程度越低、修改次数越频繁的法律部门，部门法学研究就越多在立法论意义上引入社会科学，例如刑事诉讼法学。左卫民就长期关注刑事诉讼法修订前后的变化，如对逮捕率变化、刑事二审开庭率变化以及非法证据排除规则适用、刑事法律援助等刑事诉讼机制运行情况进行定量实证研究，进而提出立法改革建言。[68]

实际上，主要是具有立法论倾向的从事法律定量研究的学者，明确提出要在理论上处理法律实证与法律规范的关系。法律的定量研究通过假设、抽样、验证，从而发现真实的客观结论。客观结论不存在不确定性和多种可能性，能够明确指向现有法律规则和司法判决存在的问题，可以用来指导制定或修改法律。因此，这样的定量研究也更容易受到规范研究的欢迎。例如，张永健、白建军的研究都试图处理定量结论与规范生成之间的关系。[69] 这些讨论始终是在实然和应然的二分法框架下进行的，但实然推不出应然，因此，在逻辑上并不能证成。我们至多说定量结论更能说服立法者作出决策。尽管如此，受到政策需求、大数据开发和资本投入等因素的影响，越来越多的法律定量研究直接与政策分析挂钩，例如，早期以世界银行为代表的法治评估、晚近中国的法治营商环境评估以及法律大数据公司的利益驱动，都带动了一批学者从事量化研究。[70]

而部门法学在解释论意义上引入社会科学，应该最接近于数年前法学

---

[68] 参见左卫民、马静华等：《中国刑事诉讼运行机制实证研究（六）——以新〈刑事诉讼法〉实施中的重点问题为关注点》，法律出版社 2015 年版。

[69] 参见张永健、王鹏翔：《经验面向的规范意义——论实证研究在法学中的角色》，载《"中研院"法学期刊》2015 年第 17 期；白建军：《论刑法教义学与实证研究》，载《法学研究》2021 年第 3 期。

[70] 对量化评估、指标治理作为控制技术的批评，参见 Sally Engle Merry, Kevin E. Davis, Benedict Kingsbury（eds.）, *The Quiet Power of Indicators：Measuring Governance, Corruption, and Rule of Law*, New York：Cambridge University Press, 2015。

界一场"社科法学与法教义学的对话"讨论㉑的核心。因为法教义学就是在法律规范体系已经建立的前提下，对法律条文进行解释论的研究。在司法裁判过程中，社会科学分析与教义分析会出现知识互补和知识竞争。特别是在事实认定、说理和后果考量方面，社会科学实际上都发挥着重要作用，这就是前述所说的法社科内部视角研究。㉒ 2021年，原本计划召开的第二次对话会因疫情停办，但经由《中国法律评论》牵头组织的一组八篇对话文章如期发表。㉓ 与早期讨论更多是表达立场、展示方法，甚至是社科法学学者多少有些一厢情愿不同，这一组文章是在社科法学与法教义学比较的双重视角下展开讨论的，聚焦于部门法具体问题（车浩、许德风、贺欣文）与立法问题（张翔、侯猛文）。值得一提的是，苏永钦基于我国台湾地区法学继受德国法学传统经验，在文中明确主张法学为体、社科为用，提出社会科学为建构法教义学知识体系服务。对此，尤陈俊认为，大陆和台湾地区的法学研究格局存在结构性差异，法教义学和社科法学在大陆法学界几乎同时兴起，因此，更稳妥的态度是各种法学研究范式在学术市场上充分竞争与不断检验。唯有如此，中国法学才能走出继受法学的影

㉑ 2014年5月，"社科法学与法教义学的对话"讨论会在中南财经政法大学举行，事后《法商研究》组织了一组社科法学专题文章。参见苏力：《中国法学研究格局的流变》，载《法商研究》2014年第5期；陈柏峰：《社科法学及其功用》，载《法商研究》2014年第5期；侯猛：《社科法学的传统与挑战》，载《法商研究》2014年第5期；李晟：《实践视角下的社科法学：以法教义学为对照》，载《法商研究》2014年第5期；谢海定：《法学研究进路的分化与合作——基于社科法学与法教义学的考察》，载《法商研究》2014年第5期。

㉒ 参见侯猛：《司法中的社会科学判断》，载《中国法学》2015年第6期。

㉓ 参见陈兴良：《法学知识的演进与分化——以社科法学与法教义学为视角》，载《中国法律评论》2021年第4期；苏永钦：《法学为体，社科为用——大陆法系国家需要的社科法学》，载《中国法律评论》2021年第4期；张翔：《立法中的宪法教义学——兼论与社科法学的沟通》，载《中国法律评论》2021年第4期；侯猛：《只讲科学性，不讲规范性？——立法的社会科学研究评述及追问》，载《中国法律评论》2021年第4期；陈柏峰：《法律经验研究的主要渊源与典型进路》，载《中国法律评论》2021年第5期；车浩：《法教义学与社会科学——以刑法学为例的展开》，载《中国法律评论》2021年第5期；许德风：《道德与合同之间的信义义务——基于法教义学与社科法学的观察》，载《中国法律评论》2021年第5期；贺欣：《社科法学与法教义学的初步比较——从"儿童最佳利益"谈起》，载《中国法律评论》2021年第5期。

子，真正建立起自身的主体性。[74]

如果将部门法学限定在解释论意义上，苏永钦的观点是比较有说服力的。但部门法学不仅有解释论取向，也有立法论取向，甚至有更多理论面向，在这个意义上，尤陈俊的看法更有说服力。在立法论和解释论意义上讨论部门法学引入社会科学，主要还是实务层面的分析。如果我们在理论层面上加以讨论，部门法学研究还可以有更多的社会科学维度。例如，中国宪法学界数年前就开始了宪法教义学与政治宪法学的讨论。[75] 日本则更早，二战前就有了"作为社会科学的宪法学"的提法和相关著述，也深受马克思主义学说的影响。[76] 此外，前述提到的十多种比较成熟的社会理论范式，都可以用来进行部门法学研究。

# 四、反思性小结

法社科研究在形成规模以后所产生的分化与交锋，其核心争议已经不再是强世功所批评的碎片化问题。当前，问题主要聚焦于如何处理法律经验研究与法律理论研究、法律定性研究与法律定量研究、部门法学（法教义学）研究与法社科研究这三组关系，这在一定意义上也标志着法社科研究开始走向成熟，进入理论自觉和自我批判的阶段。如此，我们就会发现还有很多研究工作亟待启动。

第一，我们不能只关注法学学者如何做社会科学研究，更需要在实务

---

[74] 参见尤陈俊：《隔案观法：如何看待法教义学与社科法学的发展前景》，《北大法律评论》（第21卷），北京大学出版社2021年版，第18-37页。

[75] 参见高全喜：《政治宪法学纲要》，中央编译出版社2014年版。

[76] 新康德派的宫泽和坚持历史唯物论的马克思主义者铃木同被称为"作为社会科学的宪法学"的先驱。参见长谷川正安：《日本宪法学的谱系》，熊红芝译，商务印书馆2021年版，第13页。

层面归纳法律人运用社会科学方法解决部门法具体问题的经验。法学人对待社会科学与法律人对待社会科学是不尽相同的，不能混为一谈。例如，法学学者认为裁判中成本-效益分析优于教义分析，或教义分析优于成本-效益分析，但法律实践可能并不是那么一回事。法律人有自己一套能够反复适用的实践经验。因此，我们就需要发现总结法律人在职业活动中运用社会科学方法的经验，探究背后的原因。例如，通过访谈和数据库检索归纳经济学在民商事（如反垄断、破产）审判中的运用，金融学在金融审判中的运用，环境（生态）科学在环境审判中的运用，以及律师如何运用社会科学方法安排特定类型诉讼策略等经验。并且，进一步发现总结法律人在职业活动中结合具体部门法问题整合事实与规范、社科与教义的经验，这对法学学者如何更好结合具体部门法问题进行社会科学研究也具有直接启发意义。

第二，从域外发展趋势来看，法社科研究的边界也在不断拓展。传统的法社科研究主要是法律与经济学、社会学、人类学、政治科学的研究，后来又有学者对法律与人文进行社会科学研究，包括法律的文化解释、法律与文学、法律史的社会科学研究。对法律与心理学的研究深入到法律与认知科学领域，对法律与经济学的研究则深入到行为法律经济学领域。晚近二十年来，对法律与科技的社会科学研究开始在中国兴起。国内学界对上述所有研究领域都有涉及甚至有一定进展。这些研究领域横跨从人文到科技的光谱两极（中间是社科），虽然看起来似乎杂乱无序，但实际上是有基本共性的，即都是解释法律背后的因素（行为的因果、行为的意义等），而不是解释法律规范自身，都是研究 law in action 而不是 law in book。与法学内二级学科之间跨学科的规范分析不同⑦，这些研究多了社

---

⑦　在这方面，宪法学可能更为积极。例如，苏永钦一直提倡部门宪法研究，韩大元、张翔也一直在推动宪法学与民法学、刑法学、诉讼法学、环境法学之间的对话。参见苏永钦主编：《部门宪法》，元照出版公司 2006 年版；张翔：《具体法治中的宪法与部门法》，中国人民大学出版社 2023 年版。

会维度，也因此运用了社会科学的方法。就美国法与社会研究来看，以西尔贝为例，她主要做的是法人类学研究，同时她也属于研究法律的文化实践（法律与人文领域）的安赫斯特学派。晚近十多年，她转入了法律与科技研究，并且对接科技、技术与社会（Science，Technology and Society，简称 STS）研究。这说明一旦掌握了法社科研究的套路（范式）⑦⑧，是可以触类旁通的。这一点对于国内的研究者如何跟进法律与科技研究，特别是如何对法律与科技进行社会科学研究很有借鉴意义。

第三，法社科研究具有双重面向，主要面向是回应法律和法学的问题，但未来也要自觉回应其他社会科学的问题。法社科研究虽然联结法学与其他社会科学学科，旨在填补学科之间的空隙，但主要关心的还是法律问题，更关注社会科学对法律的影响，关注法社科研究在法学中的影响。尽管学界也曾提出过拒绝经济学帝国主义，甚至社会学帝国主义的口号，但这本身就反映出法学与强势学科相比更为被动。法社科研究要继续发展，也必须反过来思考，法社科研究会对其他社会科学产生什么影响？这对研究者来说非常具有挑战性。从形式上来说，就是文章写给谁看、发表在哪个学科的杂志上，选择哪个学术圈的问题；从内容上来说，则是对哪个学科的话题、话语加以讨论的问题。以规范性（normative）为例，社会科学的规范性和法学的规范性有很大区别，前者讨论应然，后者讨论价值。而法学上的规范性有立法论意义上的规范性和解释论意义上的规范性之分。因此，如何面对不同规范性进行法社科的经验研究，可以说是一个学术难题。⑦⑨

---

⑦⑧　有关西尔贝对法的社会科学的认识，参见 Susan S. Silbey，"What Makes a Social Science of Law? Doubling the Social in Socio- Legal Studies"，Dermot Feenan（ed.），*Exploring the "Socio" of Socio-Legal Studies*，New York：Palgrave Macmillan，2013，pp. 20-36。

⑦⑨　有关法社会学（社科法学）的规范性讨论，参见杨帆：《法社会学能处理规范性问题吗？——以法社会学在中国法理学中的角色为视角》，载《法学家》2021 年第 6 期；吴义龙：《社科法学如何处理规范性问题？——兼与雷磊教授商榷》，载《中外法学》2022 年第 6 期。

第四，法社科研究需要总结体系化的知识，建构知识体系。建构知识体系的首要功能是系统地传授知识，这就需要对接既有的法解释学（法教义学）知识体系，实现知识迭代。具体来说，一方面，法律部门包括宪法、行政法、刑法、民法、经济法、诉讼法、环境法、国际法等；另一方面，中国法治体系可以区分为立法、执法、司法、守法。我们可以将这两个方面叠加交错，即从立法、执法、司法、守法这四个层面对宪法、行政法、刑法、民法等法律部门进行社会科学分析，就能够初步建构出法社科研究的知识体系。此外，还需要强化已有的学术传统。虽然在空间上，我们已经建立了一代学人的法社科研究共同体[80]，但在时间上怎么延续？年轻一代能不能接着做，怎么接着做，可能是一个难题。实际上，国内的法社会学与法人类学能够对接费孝通的研究[81]，也可以和西方法与社会研究对话；法律文化、法律史的社会科学研究能够对接瞿同祖的研究[82]，也可以与西方汉学研究对话。因此，我们需要在时间上追溯学术传统，在空间上进行中西学术对话，不断接力。在强化建构更有解释力的法社科知识体系的过程中，不断追求理论塑造。"一个适当的社会政治理论必须是经验性的、解释性的、批判性的。……这并不是三种不同类型的理论，而是社会政治理论的功能的三个方面。"[83] 法的社会科学理论建构也是如此，应当包括经验性的、解释性的、批判性的三个理论面向。

更进一步，从域外已有的法社科研究成果出发，我们还需要在本体论、认识论（方法论）上加以反思。在本体论上，我们不是在二元对立地

---

⑧⓪　关于社科法学发展的述评，参见孙少石：《知识生产的另一种可能——对社科法学的述评》，载《交大法学》2016年第1期。

⑧①　例如，法社会学学者苏力、法人类学学者朱晓阳和赵旭东的研究都深受费孝通的影响。

⑧②　例如，尤陈俊：《聚讼纷纭：清代的"健讼之风"话语及其表达性现实》，北京大学出版社2022年版。

⑧③　理查德·J. 伯恩斯坦：《社会政治理论的重构》，黄瑞祺译，译林出版社2008年版，中文版序第1页。

研究法律与社会，而是在打破中西二元、主客二分的立场上对法律与社会进行整体研究，研究社会中的法律与法律所建构的社会。此外，研究者的研究是在社会之中进行的，因而也构成法社科研究的对象。这种本体论上的整体论，既要求对事实经验进行整体解释（阐释），也要求对法社科研究本身预设的各种前提条件采取批判反思立场。在认识论上，我们需要思考的是：用什么话语来表征社会法律问题（研究对象）？是用西方话语还是本土话语？是用本土的政治话语还是本土的学术话语？这些还存在认识论上的争论。对于国内的法社科研究者来说，如果只是深描中国经验，通过埋头中国经验来生成中国理论，而不在批判西方理论的基础上进行理论反思，就无法真正建构出中国自主的法的社会科学知识体系。

# 法治社会的内涵及其构造[*]

彭小龙[**]

## 一、引言

"法治国家、法治政府、法治社会一体建设"是习近平法治思想的重要组成部分。党的十八大以来，习近平总书记多次指出"三者各有侧重、相辅相成"[①]。2020 年 12 月，中共中央印发的《法治社会建设实施纲要（2020—2025 年）》（下文简称《纲要》）对法治社会建设的总体要求、重点任务、组织保障等作出全面部署，与《法治中国建设规划（2020—2025 年）》《法治政府建设实施纲要（2021—2025 年）》共同构成"十四五"时期统筹推进法治建设的总蓝图、路线图和施工图。党的二十大报告在强调"一体建设"的同时，专门就加强法治社会建设作出重点部署。可以说，法治社会已成为一个不同于法治国家、法治政府等传统法治概念的独立范畴，对其内涵及构造的把握不仅关涉法治社会建设的具体展开，同时也涉及全面依法治国的整体理解和系统推进。

作为一个全新的法治范畴，法治社会一经提出便引起高度关注。既有

* 本文系中国人民大学习近平新时代中国特色社会主义思想研究工程（22XNQ003）的阶段性成果。本文原载于《中国人民大学学报》2023 年第 5 期。

** 彭小龙，中国人民大学法学院副教授，博士研究生导师。

① 习近平：《论坚持全面依法治国》，中央文献出版社 2020 年版，第 113 页。

研究针对法治社会提出多种解读，围绕"一体建设"也涌现出三者并列、法治国家为"体"而法治政府和法治社会为"翼（面）"的"一体两翼（面）"、法治国家与法治社会"二元并存"等不同主张。② 这些研究在法治社会的意义、结构、目标等问题上提供了诸多有益思考，但对于如何理解法治社会作为一个独立的法治范畴尚存在不足，主要存在两个基本问题。其一，法治社会究竟只是一个实践命题，还是同时也是一个理论命题？既有研究都关注到当前社会变革给法治和治理带来的挑战，几乎都是在将法治扩展至社会以回应这些实践挑战的意义上来理解法治社会。然而，这种理解本身蕴含许多理论问题。例如，法治的这种扩展与以往所说的"通过法律的社会控制"是否有别？若无区别，法治社会何以成为一个独立范畴？若有区别，法治与社会在什么意义上可以融为一个整全性范畴？不深究这些理论问题，显然难以澄清法治社会与法治国家、法治政府的关系，无力揭示法治社会的独特内涵，在某种程度上甚至可能消解其作为一个全新的法治范畴的意义。其二，法治社会是一个仅存在于我国的特殊的理论命题，还是一个具有普遍意义的一般性理论命题？既有研究主要围绕我国的社会变革和治理实践来展开讨论，西方法治理论似乎从不单独讨论法治社会，该范畴的中国特色鲜明。不过，不存在法治社会的单独表达并不意味着域外法治就不存在类似问题和相关讨论。事实上，20 世纪中期以来，许多西方国家同样面临社会变革引发的治理挑战，其法律实践模式不断调整，法治能否容纳和回应这些变革挑战亦是学术讨论的重点。因此，基于中国法治实践所提炼的范畴很可能也具有普遍意义。如果仅将法治社会当成一个特殊的理论命题，不仅无助于参考和批判域外已有成果，更有

---

② 参见江必新、王红霞：《法治社会建设论纲》，载《中国社会科学》2014 年第 1 期；张鸣起：《论一体建设法治社会》，载《中国法学》2016 年第 4 期；陈柏峰：《中国法治社会的结构及其运行机制》，载《中国社会科学》2019 年第 1 期。

可能忽视该范畴的提出对法治一般理论和世界法治文明可能的贡献。

由此可见，或许只有在深入研究这两个问题的基础上，才能对法治社会的内涵、构造及意义形成较为清晰的认识。为此，本文首先依次阐述法治社会为什么以及在什么意义上不只是一个实践命题，同时也是一个理论命题，而且不仅是一个中国特色的特殊理论命题，更是一个具有普遍意义的一般性理论命题，从中揭示该范畴在理论上指向的是传统法治理论因缺失"社会"所产生的结构性问题；其次，依据马克思主义社会理论，剖析社会在法治中的结构性地位，重新阐释法治、社会及二者的关联，为法治社会范畴解析奠定理论依据；最后，基于我国实践对法治社会的内涵及构造作出系统提炼，阐明其对于法治理论和法治实践所具有的重要意义。

# 二、作为理论命题的"法治社会"

在回应社会变革及其引发的实践挑战的意义上，既有研究往往将法治社会当作一个实践命题展开讨论。这些研究无疑具有重要意义，但若仅限于此，则容易导致法治社会的虚化、泛化和空心化。本节将证明，这一实践命题蕴含如何理解法治、社会及其关联等理论问题，法治社会的内涵、构造及意义的理解在很大程度上取决于对这些问题的回答。

## （一）当前我国社会变革与"法治社会"的提出

"法治社会"的提出与当前我国社会变革密切相关，对于这场仍在进行的变革，或许可从结构与观念两方面予以概括。就前者而言，随着社会分化和流动的加剧，基于血缘（宗族）、地域（熟人社会）或者单位制等社会组织化模式日趋式微，个体化或者原子化趋势不断增强，社会团体和行业自治等发育尚不充分，市场调节机制尚不健全，社会结构出现某种程度的"碎片化"。然而，在此过程中，一些企业、组织或者平台在资源和技术的加持下逐渐形成垄断地位、规制能力甚至"公共"权力③，由此出现某种"集中化"趋势。就后者而言，传统的道德观、伦理观、是非观等"集体意识"日益受到冲击，在各种新思潮的影响下，人们的思想观念日趋多元。然而，尽管公共理性和规则意识不断强化，却仍深受"人情""关系""面子"等传统的影响，因生活境遇、利益诉求等的差异，人们在一些公共问题上缺乏基本共识，存在深刻的价值分歧。④ 这些结构和观念上的变革相互交织，无论是宏观层面的国家治理还是微观意义上的个体行动，都由此遭遇许多新的挑战。

一方面，国家治理面临"权力扩张"与"规制弱化"并存的矛盾。国家权力扩张不仅仅因为社会领域的扩展，更重要的是社会"碎片化"导致国家不得不直面之前由单位、农村集体组织等承担的大量事务，需要应对这些组织内部纠纷预防解决机制的衰落所引发的矛盾外溢、激化和增长。与此同时，科技发展带来诸多不确定性和风险，"集中化"趋势加剧社会结构的不平等，国家权力不得不主动介入以保障基本权利和维系社会公平。不过，国家权力在扩展的同时也面临规制能力弱化的严峻挑战。其一，法律供给不足引发的合法性问题和正当性质疑。由于经济社会快速发展，各种利益关系盘根错节且瞬息万变，国家权力扩展往往难以事先形成完备妥当的规则，有时只能采取笼统的立法甚至完全付诸相关职能部门自由裁量，由此导致某些情况下公权力既缺乏有效的法律规制，也丧失"依法行事"所具有的权威依据。特别是在"价值分歧"的情况下，法律的缺

---

③ 参见高秦伟：《社会自我规制与行政法的任务》，载《中国法学》2015年第5期；刘权：《网络平台的公共性及其实现》，载《法学研究》2020年第2期。

④ 参见樊浩：《中国社会价值共识的意识形态期待》，载《中国社会科学》2014年第7期。

位、模糊或者不恰当规定更容易引发人们对国家权力扩张的担忧和质疑。其二，国家责任增加引发的治理负担加剧。国家权力的扩张实际上意味着国家责任的增加，社会"碎片化"更使得国家需要承担更多的组织动员成本以及生活保障、公共服务、社会安全等方面的兜底责任。面对人民群众日益增长的美好生活需要，治理资源有限性和治理任务繁重性之间的矛盾愈加紧张。其三，权力主体多元引发的治理困境。"集中化"趋势使得一些社会组织已具备一定的权力，信息技术发展和互联网普及使得个体开始拥有参与和影响社会治理的能力，在某些场合下与国家权力形成竞争、博弈甚至抵制等态势。特别是因社会转型、科技发展和跨国交往产生的"非常规纠纷"和"非传统安全"[5]，国家权力难以凭一己之力即能妥善解决，常常面临与其他社会主体的斗争与协作等复杂形势。

另一方面，个体行动同时陷入"更加自由"与"更加受限"的境地。观念的多元化意味着不同的个性和诉求能够得到更多包容，社会流动和科技发展也使得个体行动的空间和能力获得显著增长。然而，人们在明显感受更加自由的同时面临更多限制。其一，个体差异导致的行动能力限制。随着改革开放的深入，基于身份的"体制排斥"不断弱化，但财富、教育、资源等个体差异不断增大，甚至出现利用"市场排斥"进行阶层再生产的趋势。[6] 弱势群体的行动能力不仅因此受到一定限制，而且随着人们的生产生活、发展机会和实际获得越来越取决于对法律和技术的掌握运用，他们还面临"强势者优先""数字鸿沟""算法歧视"等新困境。[7] 其

---

⑤ 顾培东：《试论我国社会中非常规性纠纷的解决机制》，载《中国法学》2007 年第 3 期；彭妹祎：《当今人类社会面临的非传统安全》，载《人民论坛》2020 年第 17 期。

⑥ 参见李路路、朱斌：《当代中国的代际流动模式及其变迁》，载《中国社会科学》2015 年第 5 期。

⑦ 参见 Xin He, and Yang Su. "Do the 'Haves' Come out ahead in Shanghai Courts?". *Journal of Empirical Legal Studies*，2013，10（1）：142-143；李成：《人工智能歧视的法律治理》，载《中国法学》2021 年第 2 期。

二，"碎片化"导致的诉求表达障碍。原有的社会组织化模式逐渐瓦解而新的模式有待形成，个体和公共的制度化关联弱化，个体利益的表达和协调受阻，在一些公共问题上面临集体行动困境。⑧ 某些纠纷无法得到及时疏解而容易激化升级，个体也难以应对环境公害、食品安全、金融风险等大规模侵害、小额分散性侵害和不确定风险。其三，"集中化"导致的依附关系强化。各种社会组织具有的"权力"不仅对国家权力产生影响，同时也通过垄断企业支配地位、各类组织内部规制等深刻影响相关个体的境遇。随着数字社会的到来，这些组织通过代码、算法、平台规则塑造着个体在网络空间中的资格身份、权利义务和互动模式，通过线上/线下空间的融合与各种评分机制、信用体系相互关联，进一步加深了个体对它们的依赖。

以上概括虽难周全，却足见社会变革引发的挑战是全面而又复杂的，单纯依靠国家权力自上而下的管制，或者诉诸个体行动和市场运作等"私人秩序"，都难以有效回应。在这种情况下，党的十八大以来，我国开启了一场从社会管理迈向社会治理的系统改革，打造"共建共治共享"社会治理格局、建设"人人有责、人人尽责、人人享有"的社会治理共同体等重大部署陆续出台实施。这场改革并非只聚焦于社会本身，而是始终强调"实现政府治理和社会调节、居民自治良性互动"。在总结改革经验的基础上，党的十九届四中全会明确"社会治理是国家治理的重要方面"，提出完善"党委领导、政府负责、民主协商、社会协同、公众参与、法治保障、科技支撑"的社会治理体系、健全"党组织领导的自治、法治、德治相结合"的城乡基层治理体系、推进"市域社会治理现代化"等重大改革

---

⑧ 参见张静：《通道变迁：个体与公共组织的关联》，载《学海》2015年第1期。

任务。⑨

习近平总书记指出："坚持在法治轨道上统筹社会力量、平衡社会利益、调节社会关系、规范社会行为，依靠法治解决各种社会矛盾和问题，确保我国社会在深刻变革中既生机勃勃又井然有序。"⑩ 这些重大改革既需要法治的支持保障，同时也推动着法治实践和理论创新的发展。近年来，我国陆续颁布《健全落实社会治安综合治理领导责任制规定》等党内法规，制定修改《民法典》《反不正当竞争法》《慈善法》《社会矫正法》等法律，推动政府职能转变，规范市场行为，引导社会力量参与治理。一些地方甚至围绕纠纷解决、社区治理、社会治理等出台专门的地方性法规。与之相伴的是，法治社会范畴和一体建设命题于 2012 年正式提出⑪，其内涵随着法治实践的展开而不断丰富。2020 年 11 月 16 日，习近平总书记在中央全面依法治国工作会议上指出，"法治国家是法治建设的目标，法治政府是建设法治国家的重点，法治社会是构筑法治国家的基础"⑫，从三者关系的角度对法治作了系统完备的阐述，法治社会作为一个独立的法治范畴得以充实发展。

## （二）作为实践命题的法治社会

面对当前的社会变革、治理挑战和法律实践，对法治社会的既有解读大致包含两种进路。第一种进路可概括为包容范式。这种范式的研究注意到社会分层加剧、身份认同危机、价值观念分歧等问题和挑战，并将其根

---

⑨　参见《中共中央关于坚持和完善中国特色社会主义制度 推进国家治理体系和治理能力现代化若干重大问题的决定》，人民出版社 2019 年版，第 28 - 30 页。

⑩　习近平：《论坚持全面依法治国》，中央文献出版社 2020 年版，第 104 页。

⑪　参见习近平：《论坚持全面依法治国》，中央文献出版社 2020 年版，第 104 页。

⑫　习近平：《坚定不移走中国特色社会主义法治道路 为全面建设社会主义现代化国家提供有力法治保障》，载《求是》2021 年第 5 期。

源归于以往效率优先、兼顾公平的发展模式的负面效应。基于对国际社会包容性理念的分析，一些学者认为包容性发展与当前我国的治理改革、"一体建设"高度契合，主张通过法治建设来确保社会成员机会平等、发展成果共享和经济社会协调发展。[13] 不过，在他们看来，传统法治偏重微观上的个体合法权益和局部公平正义，有悖于包容性发展，应当以共享、融合、参与等包容性理念予以重塑，由此提出一种减少社会排斥、强化社会帮扶、追求"社会总体法治环境建设和法治的长远发展"的包容性法治。[14] 他们认为，这种包容性发展为法治社会提供了概念工具和制度框架，法治社会因而具备自治、宽容、开放等特征，以及能力层面的自治诉求、机制层面的兼容性发展、秩序层面的开放性结构等发展体系。[15]

第二种进路可称为贯通范式，目前相关研究主要采用的是这种范式。相较于前一种范式，这些研究较为全面地触及前文提到的社会变革及其引发的问题，并对中西方在国家与社会的关系、规则意识等社会基础方面的差异给予高度重视。因此，这些研究都强调不能照搬西方法治建设的经验，主张只有将法治的精神和要求贯通至社会层面才能有效地破除当前我国法治建设瓶颈，几乎都是以"社会的法治化"为核心来解析法治社会。例如，法治社会是"法治由国家层面向社会层面的移转与深化"，其结构表现为制度上的国家法律和自治规则等构成的多元规则体系、心理上的社会成员对规则之治的认同践行、秩序上的社会组织与职能部门在自治与统治上的分工协作[16]；法治社会是"将法治建设重心向社会移转"，其内容包括社会主体的自主自治自律、社会主体依法对国家权力的监督与制衡，

---

[13] 参见袁达松：《走向包容性的法治国家建设》，载《中国法学》2013 年第 2 期；张清、武艳：《包容性法治框架下的社会组织治理》，载《中国社会科学》2018 年第 6 期。

[14] 参见张清、叶嘉敏：《包容性法治理念的核心要素与实践理路》，载《扬州大学学报（人文社会科学版）》2020 年第 3 期。

[15] 参见张清、武艳：《包容性法治社会建设论要》，载《比较法研究》2018 年第 4 期。

[16] 参见江必新、王红霞：《法治社会建设论纲》，载《中国社会科学》2014 年第 1 期。

以及社会主体形成法治生活方式[17]；法治社会是"在社会生活中深入推行法治的结果"，其内涵涉及社会成员自我约束、社会成员相互关系、管理者与被管理者关系等三个层面的法治化。[18]

包容和贯通两种范式各有侧重，但亦有共同之处，均是在将法治扩展至社会以解决实践问题的意义上来理解法治社会。应当说，法治社会首先确实是一个重大的实践命题，这些研究所提出的目标和举措对于解决实践问题确有重要意义。不过，尽管任何实践问题的思考都必然蕴含某些理论成分，但这些研究几乎未对法治、社会等核心概念作出分析，更未就为什么法治包容或者贯通的社会就是法治社会作出理论阐释，而这些问题对于法治社会范畴的证成和说明极为关键。在这个意义上或许可以说，既有研究更多只是将法治社会当作一个实践命题。

### （三）实践命题中的"理论问题"

从逻辑上看，法治社会的理论阐释可分解为如何理解法治、社会及其关联等三项任务。由于在这些方面缺乏足够讨论，既有研究在阐释法治社会时可能存在法治意义"虚化"、社会层面"泛化"和范畴本身"空心化"等问题，不仅无力揭示法治社会的独特内涵与构造，实际上也难以说明该范畴的提出在什么意义上能够回应实践挑战。

### 1. 什么意义上的法治？

无论是包容性法治社会还是社会法治化，都需要对法治的含义做出充分的说明，否则难免出现法治意义上的"虚化"。遗憾的是，贯通范式的研究通常将社会及其治理的诸要素都纳入法治社会之中，对什么是法治或者法治化等问题却少有讨论，在非政府组织、社会规则、非法律的社会控制在什么意

---

⑰　参见张鸣起：《论一体建设法治社会》，载《中国法学》2016 年第 4 期。

⑱　参见陈柏峰：《中国法治社会的结构及其运行机制》，载《中国社会科学》2019 年第 1 期。

义上具有法治的性质等问题上亦语焉不详。或许可以说，这些研究谈论的更多是社会治理，难免让人产生这究竟是法治还是治理的疑问。[19] 相对而言，包容范式的某些研究对法治确有反思，但这种反思至少存在两个问题。其一，对现有法治（理论）的评价是否公允？且不说"形式"或者"薄"的法治并非只注重微观和局部意义上的平等正义，后续各种"实质"或者"厚"的法治的涌现恰恰反映的是实质平等、社会福利等包容性要求的不断增长。[20] 其二，包容性法治是否有实质内容？一些学者基于包容性理念提出许多法律制度改革建议，涉及国家权力和强势经济竞争者的行为控制、弱势群体利益倾斜、公共资源配置、环境保护等，尝试由此提炼或者说明包容性法治的内涵。问题在于：法律制度改革能否等同于法治类型创新？事实上，这些制度大多数在许多国家已实施多年，又如何期待包容性法治能够说明并回应当前的实践挑战、治理改革和法治实践？

### 2. 什么意义上的社会？

社会一词含义众多，亦须做出充分说明论证，否则容易导致该范畴在社会层面上的泛化。其一，范围的模糊性。相对于"包容"范式几乎未讨论社会的含义，"贯通"范式基本上都是在与国家、政府相对应的狭义层面来理解社会。不过，"相对独立的社会生活领域""全部社会生活""公权力运作系统之外的社会生活"等表述看似相近，实则蕴含对社会的认识差异，由此导致在法治国家、法治政府、法治社会的关系上产生分歧。其二，构造的不确定性。"贯通"范式对法治社会的构造阐述不尽一致，有的侧重于制度、心理和秩序的层次划分，有的则侧重于治理主体的关系结构。这些阐述都有其实践针对性，或许因研究者对社会的理解也有其理论

---

⑲　秉持这种范式的某些学者在早年研究中已意识到这个问题。参见陈柏峰、董磊明：《治理论还是法治论——当代中国乡村司法的理论建构》，载《法学研究》2010 年第 5 期。

⑳　See B. Z. Tamanaha. *On the Rule of Law：History，Politics，Theory.* Cambridge University Press，2004，p. 91.

依据，但这些研究并未对此做出说明，难免遭遇为何要从这些而不是其他层次和结构来展开解析的质疑。"包容"范式的核心在于经济发展中的机会平等和成果共享，虽然包容性理念近年来逐渐从经济领域扩展至政治参与、公共服务等维度，但其内容极为庞杂，既指向个体自然禀赋差异，也涉及制度结构的公正性，还有一些问题则与社会发展阶段相关。一个概念包容的内容越多，操作意义往往越模糊，由此提炼的法治社会构造的不确定似乎在所难免。

**3. 法治与社会的关联是什么？**

如前所述，既有研究对法治社会均采用法治扩展式解读，即法治在社会中的深化、体现或者由此产生的社会法治化。基于以下两个问题，这种解读容易造成该范畴的空心化。其一，是法治社会还是法治与社会？扩展式解读以法治、社会是两种相对独立的事物为前提，否则"扩展"无从谈起。既有研究基本上都是在社会是法治的作用对象或者运作环境的层面上展开讨论，实际上谈论的是法治与社会的关系。问题在于：如果法治社会可以直接还原为这种关系，它作为一个独立范畴的意义何在？更不用说，这种关系一直且普遍存在，为何此前没有而在当前需要提出法治社会这个全新范畴？其二，是法治社会还是通过法律的社会控制？"三者各有侧重"意味着法治社会有其独特内涵，并不只是法治国家、法治政府建设自上而下地扩展至社会之中，否则无须专门提及法治社会建设。由于采用扩展式解读，既有研究展示的法治社会图景与以往的法律的社会控制或者社会治理事实上相差无几。

# 三、作为一般性理论命题的"法治社会"

前文已证明法治社会不仅是一个实践命题，也是一个重要的理论命题。不过，即便如此，或许也有人认为这只是一个基于中国国情而产生的特殊理论命题。通过对传统法治框架、域外实践及理论反思的梳理，本节将揭示近年来西方国家普遍面临类似变革和挑战，其实践转型和理论困境均指向传统法治框架因缺失"社会"而内在的结构性矛盾，由此展示法治社会可能具有的普遍理论意义。这种梳理同时也为思考法治社会的内涵及构造提供某些线索和资源。

## （一）法治的传统框架、治理挑战与实践转型

法治的思想渊源可追溯到古希腊，其作为一种治理方式则肇始于中世纪后期。在神法自然法逐渐消退、地方势力及习惯日益衰落的情况下，约束日趋强大的国家权力需要一种新的治理机制。与此同时，经过宗教改革、文艺复兴等社会变革，崇尚个体和保障个人权利日益成为社会共识。国家与个体的关系在17—18世纪经历了许多复杂剧变，"法律体系受托通过约束政治权力的扩张、专断和滥用特权的倾向来履行保护个体权利的任务"的法治内涵在19—20世纪得以不断阐明，并形成英、美、德、法等不同模式。[21]"公权力受法律限制"被奉为法治的基本要义[22]，其意义不仅在于防范专断权力，实际上也在国家与社会、公共领域与私人领域、权力与权利、正式制度与非正式制度之间划定边界，通过法律的限权与授权、禁止与许可，为国家治理和个体行动奠定了规范性的制度框架。

不过，20世纪中期以来，许多西方国家普遍经历了重大社会变革，"晚期资本主义社会""风险社会""后工业社会""数字社会"等表达从不同角度触及其某些重要维度。虽然这些变革与当前我国社会变革的起因和

---

㉑　参见［意］达尼洛·佐洛：《法治：一个批判性的回顾》，载［意］皮特罗·科斯塔、达尼洛·佐洛主编：《法律的规则：历史、理论及其批评》，上海三联书店2015年版，第8—22页。

㉒　See B. Z. Tamanaha. *On the Rule of Law：History，Politics，Theory*. Cambridge University Press，2004，p. 114.

表征不尽相同，却带来国家治理"权力扩展"与"规制弱化"、个体行动"更加自由"与"更加受限"等类似挑战。例如，原子化和个体化不断削弱原有的社会连带和组织模式㉓，垄断企业、跨国公司、网络平台等集聚社会权力俨然成为"私人政府"㉔，某些学者甚至宣称西方国家已进入"法人社会"㉕；经济社会发展中个体差异加剧，法律制度改进和技术普及并未实质改善弱势群体的境遇，反而使其陷入更深刻的"强势者优先"困境㉖；科技发展带来的不仅是生活便捷、行动自由等"乌托邦"的一面，同时也有"过滤气泡""算法黑箱""监控社会""数字鸿沟""技术利维坦"等"反乌托邦"的一面。㉗

为应对这些变革和挑战，许多西方国家的法律实践发生了一系列深刻变化，呈现以下普遍趋势。第一，在法律形式上，"自由裁量式""个别化"等法律调整不断涌现，某种程度上冲击了依据一般性规则进行治理的法治传统。㉘ 第二，在法律运作中，行政机关和规制机构的权力明显增长，一些国家甚至从"法律帝国"迈向"行政国家"，一定程度上打破了传统法治的权力制衡格局。㉙ 第三，在纠纷解决上，对贫困者施以法律援助、保护扩散利益和公共利益、推进纠纷多元化解等接近正义运动三波浪

㉓ 参见［美］罗伯特·帕特南：《独自打保龄：美国社区的衰落与复兴》，刘波等译，北京大学出版社 2011 年版，第 17 页。

㉔ S. Macaulay. "Private Government". In D. Campbell（ed.）. *Stewart Macaulay：Selected Works*. Springer，2020，pp. 153 - 218.

㉕ ［英］罗杰·科特威尔：《法律社会学导论》，彭小龙译，中国政法大学出版社 2015 年版，第 123、161 - 165 页。

㉖ See M. Galanter. *Why the Haves Come out ahead：The Classic Essay and New Observations*. Quid Pro Books，2014，pp. 4 - 6.

㉗ See M. Castells. "Internet：Utopia, Dystopia, and Scholarly Research". In M. Graham，and W. Dutton（eds.）. *Society and the Internet：How Networks of Information and Communication Are Changing Our Lives*. Oxford University Press，2019，pp. 7 - 9.

㉘ 参见［英］罗杰·科特威尔：《法律社会学导论》，彭小龙译，中国政法大学出版社 2015 年版，第 123、161 - 165 页。

㉙ See A. Vermeule. *Law's Abnegation：From Law's Empire to the Administrative State*. Harvard University Press，2016，pp. 216 - 219.

潮陆续展开，很大程度上改变了法律机构的运作和功能，正式与非正式机制的界限模糊。㉚ 第四，在整体架构上，国家与社会、公共领域与私人领域、公法与私法的关系日趋复杂，许多国家在推进社会自治或者"善治"过程中不断减少法律干预，却又通过福利授予等实体规则以及各种正式和非正式的方式持续介入社会乃至个体生活。㉛ 第五，在基本理念上，以上每种变化都引发大量是否符合法治的激烈争辩，由此推动"形式"与"实质"、"薄"与"厚"等学说争论成为近几十年国际学界法治讨论的核心议题。㉜ 即使如德国早已提出从自由法治国、实质法治国迈向社会法治国，人们对"法治国"和"社会国"能否兼容至今仍存在不同意见。㉝

## （二）西方法治危机的理论判断

以上趋势表明，当前西方社会变革引发的实践挑战和法律转型是系统性的，从多个角度对通过法律控制公权力以保障个人权利的法治框架形成冲击，一些西方学者由此开始审视法治的命运。根据分析重心是侧重于法律还是社会，这些研究大致包含两类，分别以诺内特和塞尔兹尼克、昂格尔的研究为代表，其结论却趋于一致：西方法治在社会变革的冲击下深陷"衰亡""解体"等危机之中。

在诺内特和塞尔兹尼克看来，法律是一种由强制的作用、法律与政治的关系、公民参与、正当性以及规则、自由裁量、目的在判决中的地位等

---

㉚　See M. Cappelletti, and B. Garth. "Access to Justice: The Newest Wave in the Worldwide Movement to Make Rights Effective". *Buffalo Law Review*, 1978, 27 (2): 196-292.

㉛　See R. L. Abel. "The Contradictions of Informal Justice". In R. L. Abel (eds.). *The Politics of Informal Justice*. Academic Press, 1982, pp. 267-310.

㉜　See A. Bedner. "The Promise of a Thick View". In C. May, and A. Winchester (eds.). *Handbook on the Rule of Law*. Edward Elgar Publishing, Inc., 2018, pp. 38-39.

㉝　See P. Tiedemann. "The Rechtsstaat-Principle in Germany: The Development from the Beginning until Now". In J. R. Silkenat, et al (eds.). *The Legal Doctrines of the Rule of Law and the Legal State (Rechtsstaat)*. Springer, 2014, pp. 182-190.

诸多变项所构成的制度结构，在法与社会的关系上起决定作用是法律制度发展的"内在动力"。简言之，这些变项存在确定而又系统的联系，在静态上形成压制型法、自治型法、回应型法等法律类型，在动态上因其内部压力而产生特定发展潜能，并在外部环境刺激下实现法律类型的转化。法治即他们所谓的自治型法，是应对压制型法的认同困境等正当性难题和内部压力所产生的，但亦内含"张力、机遇和期待……削弱法治模型基础的力量"。这不仅因为它偏重形式理性和法律自治，法律思维与社会现实相分离的"法条主义"使得法律运作备受压力，更重要的是，规则至上和程序中心使得人们在规则的解析适用中获得批判规则、挑战权威的空间和能力，形成"对法律灵活回应各种新的问题和需要的期待"。基于所谓的从官僚制迈向后官僚制的社会变革，两位学者着重讨论了司法能动、法律推论、多元主义、社会辩护、公众参与等法律实践转型，认为这些条件和力量促使法律朝着"作为回应各种社会需要和愿望的一种便利工具"的回应型法发展，而这意味着法治的"衰亡"。[34]

相对而言，昂格尔更注重法治的外部社会环境。在他看来，法治"是一个仅仅在非常特殊的条件下产生和存在的罕见现象"，只存在于所谓的自由主义社会的法律秩序之中，其形成取决于多元利益集团、自然法这两项社会历史条件。不同于与前自由主义社会形态相适应的习惯法和官僚法，法治中的法律不仅具有公共性和实在性，更重要的是具有普遍性和自治性，其运作以最重要的权力集中于政府、权力受规则有效制约为前提。然而，随着晚期资本主义社会的到来，法治赖以生存的条件和前提不复存在。在社会变革及其影响的诸要素中，他着重讨论了福利国家和合作主义两个方面。前者破坏法律的普遍性和自治性，表现为国家公开干预以前不

---

　　㉞　参见［美］诺内特、塞尔兹尼克：《转变中的法律与社会：迈向回应型法》，张志铭译，中国政法大学出版社1994年版，第9－19、22－29、59－61、67－80、86－128、131－132页。

属于其控制的领域，日益卷入重新分配、规定及计划的任务之中，无固定内容的标准和一般性条款的使用迅速扩展，以及法律推理从形式主义和程序公正转向政策导向和实质公正。后者是指国家与社会、公共领域与私人领域、公法与私法的界限日益模糊，社会组织和非法律的其他规范的影响力剧增，在侵蚀法治的同时甚至破坏了官僚法所具备的公共性和实在性。由此，法治趋于"解体"，法律发展或是迈入历史循环，复归习惯法，或是螺旋上升，通过自发秩序形成新的习惯法。㉟

### （三）西方法治的结构性矛盾

法治危机的理论判断从不同角度揭示出社会变革与传统法治框架的紧张关系。不过，基于以下两方面问题，这些判断对西方法治实践困境的揭示并不彻底，且未真正触动西方主流法治理论。第一，对法治的理解有些僵化。无论是将法治视为法律发展的特定状态还是特定社会形态的产物，这些研究实际上固守的都是自由资本主义法治理论。然而，法治是一项历史性成就，其内涵随着时代发展不断得以重塑。即便危机判断成立，这也往往容易被当作只是自由资本主义法治理论的危机，而非法治理论的终结和法治本身的危机。㊱ 第二，未将社会纳入法治框架。诺内特、塞尔兹尼克等人的研究聚焦法律发展的"内在动力"，缺乏不同法律类型的社会条件分析，早已被喻为是"没有社会的法"㊲；昂格尔等人的研究虽对社会予以高度重视，却只是将其当作法治的"外部"条件。因此，这些研究实际上仍然共享着通过法律控制公权力以保障个人权利的法治框架，容易被

---

㉟ 参见［美］R. M. 昂格尔：《现代社会中的法律》，吴玉章、周汉华译，译林出版社 2001 年版，第 63 - 82、172 - 173、186 - 196、229 - 233 页。

㊱ 参见高鸿钧：《现代法治的出路》，清华大学出版社 2003 年版，第 235、238 页。

㊲ Gunther Teubner. "Substantive and Reflexive Elements in Modern Law". *Law & Society Review*，1983，17(2)：257.

视为不过是坚持"薄/形式"法治而反对"厚/实质"法治的老调重弹，社会变革对法治带来的冲击常常被这些抽象的法治理念争论所吸收甚至消解。

在当代西方学界，哈贝马斯或许是少数对上述问题有着明确认识且尝试解决的学者之一。同样面对西方法治"危机"，他没有把各种形式与实质、薄与厚的法治版本当作"全部可选择范围"，而是从社会维度的缺失中揭示出西方法治内在的结构性矛盾。在他看来，既有法治版本和危机判断秉持的都是一种"只关注政府活动的法律观"，将行动者预设为孤立的消极个体，把法律对自由、权利和社会正义的构造当作是国家权力对个体"所获得的或者所指派的物品的平等分配"。因此，偏向于形式或者薄的法治往往期待个体在私人自主下通过追逐私利来实现社会秩序和正义，却因无视公共领域的合作协商以及现代社会中政治或者经济权力的必要性和积极功能，无法应对事实不平等的负面效应；偏向于实质或者厚的法治则通常期待通过福利授予等方式改变个体事实上的不平等，却因放纵权力干预，私人领域和私人自主的空间被限缩，公共领域的意见被扭曲。[38] 在这种结构性矛盾下，社会变革的冲击难以在法治框架中得以有效应对，这既是各种法治版本争论焦灼难解的原因，亦是法治危机等"无出路论的根源"。[39]

由此可见，与解析法治社会范畴面临的问题一样，解决西方法治结构性矛盾的关键亦在于如何理解法治、社会及其关联。通过把法律植入社会的构成与变迁，哈贝马斯提出一种将社会纳入法治框架的理论构想。简言之，社会由"生活世界"及其分出的"系统"所构成，法律是两者以及全

---

[38] 参见［德］哈贝马斯：《在事实与规范之间：关于法律和民主法治国的商谈理论》，童世骏译，生活·读书·新知三联书店 2014 年版，第 484 - 527、535、541 - 547 页。

[39] 参见［德］哈贝马斯：《在事实与规范之间：关于法律和民主法治国的商谈理论》，童世骏译，生活·读书·新知三联书店 2014 年版，第 484 - 527、535、541 - 547 页。

社会的"媒介"。一方面，只有通过法律对权力、金钱等系统媒介予以制度化，政治、经济等系统才能从生活世界分出之后再重新与之连接和规范运作，降低生活世界中日益加剧的行动者沟通负担和交往行动异议风险，这实际上就是西方法治的生成发展过程。另一方面，系统亦可通过法律侵蚀生活世界和交往行动，当人们不再秉持沟通理性而是按系统指令行事时就会出现"生活世界殖民化"，当前西方法治"危机"即为其表征。⑩ 为了在坚持法治理想的前提下应对社会变革的冲击，关键是要将所有法律扎根于生活世界，从沟通理性和交往行动中获得正当性，并实现对系统的良性导控；路径则在于通过以商谈伦理学为基础的程序法范式确保人们在非建制化公共领域中形成非正式的政治意见，进而在建制化的立法机构中产生政治意志。哈贝马斯认为，商谈具有普遍语用学基础，主体间性下交往行动相互赋权所形成的基本权利体系能够为之提供程序性条件。当然，基本权利仅靠横向层面的互惠承认是不够的，尚需国家对其予以纵向建制化，具体表现为人民主权、保护个人权利、行政合法性、国家与社会相分离等民主法治国原则。⑪

哈贝马斯能够发现西方法治的结构性矛盾，或许与他对马克思交往理论的继承发展存在密切关联。作为法兰克福学派第二代领军人物，他对马克思未详细讨论的精神交往以及语言、规范等问题做出系统探究⑫，通过生活世界、系统及法律的关系框架，展示出社会与国家权力、个人权利的复杂关系，不仅为解决西方法治结构性矛盾提供了一种可能的方案，同时

---

⑩　See Jürgen Habermas. *The Theory of Communicative Action*，Volume 2，*Lifeworld and System：A Critique of Functionalist Reason*，trans. Thomas McCarthy，Beacon Press，1987，pp. 164-197，pp. 264-282，pp. 356-366.

⑪　参见［德］哈贝马斯：《在事实与规范之间：关于法律和民主法治国的商谈理论》，生活·读书·新知三联书店 2014 年版，第 484－527、535、541－547 页。

⑫　参见［德］哈贝马斯：《重建历史唯物主义》，郭官义译，社会科学文献出版社 2000 年版，第 4－35、138－192 页。

也为解析法治社会范畴提供了一种可能的方向。不过，哈贝马斯和马克思对社会的理解显然不同，其差别不仅在于将（系统化的）经济领域排斥在生活世界以外，更关键的是这种从普遍语用学层面来理解交往行动、生活世界或者社会，或许正是马克思批判的"一定要使语言独立化而成为一个特殊的王国"[43]。由于误读了"劳动"与"互动"的关系，割裂了马克思的劳动概念蕴含的物质交往与精神交往的内在关联，忽视前者对后者的决定作用[44]，哈贝马斯的方案不仅低估了社会本身的复杂性和主体间的沟通隔阂，而且高估了法律的确定性以及其免遭政治、经济等权力侵蚀的能力，以至于被人质疑为"仅仅只是停留在一个更加解放的社会存在所需的必要条件的哲学思考层面"[45]。因此，为解析法治社会范畴并揭示其普遍意义，哈贝马斯所展示的研究方向值得充分重视，但还是应当回到他所偏离的马克思主义社会理论，对法治、社会及其关联作出更现实的分析。

## 四、"社会"在法治中的结构性地位

在不同语境中，马克思对社会有不同的阐释，但从关系角度来理解社会是其基本立场，即"社会不是由个人构成，而是表示这些个人彼此发生的那些联系和关系的总和"[46]。不仅如此，马克思特别强调以社会为中心来理解国家权力和个人权利，明确"绝不是国家制约和决定市民社会，而是市民社会制约和决定国家"[47]，"权利决不能超出社会的经济结构以及由

[43] ［德］马克思、恩格斯：《德意志意识形态》（节选本），人民出版社 2018 年版，第 127 页。

[44] 参见侯振武、杨耕：《关于马克思交往理论的再思考》，载《哲学研究》2018 年第 7 期。

[45] ［英］罗杰·科特威尔：《法律社会学导论》，彭小龙译，中国政法大学出版社 2015 年版，第 170 页。

[46] 《马克思恩格斯全集》（第 30 卷），人民出版社 1995 年版，第 221 页。

[47] 《马克思恩格斯全集》（第 28 卷），人民出版社 2018 年版，第 274 页。

经济结构制约的社会的文化发展"⑱。这为重新审视传统法治框架提供了基本指导。通过考察社会视野中的国家权力和个人权利，本节将展示出社会在法治框架中的多重结构性地位，从事实和价值两个层面论证社会对于法治的构成性意义。

（一）社会视野中的国家权力

随着 20 世纪 80 年代"找回国家"学派的兴起，社会实际上已经开始内化至国家权力的概念中。虽然该学派旨在探究国家自主性和国家能力，但迈克尔·曼等人发现社会对国家权力的重要影响，由此将国家权力分为专断权力和基础权力。前者是指国家无须与社会集团进行协商谈判便可直接行动；后者则是国家渗透到社会之中并通过其自身结构来协调社会活动。他们不仅揭示出基础权力的持续增长及其对国家治理的重要性，甚至提出只有"低专断权力高基础权力"的国家才会涉及民主、公民服从、常规治理等法治要素。⑲ 不过，"基础权力只为说明政治权力关系，未涉及更为整体的社会生活"⑳，这种自上而下的视角难以全面透析社会之于国家权力的意义。调转视角则可以发现，社会不仅是国家权力的渗透对象，同时也参与并在一定程度上决定着国家权力的构造。

结合以往实践和已有研究，社会对国家权力的构造主要包括以下几方面：（1）国家权力的结构因素。这不仅表现为只有充分发育的社会才有可能对国家权力形成有效制约，而且国家权力往往深受其身处的社会关系结构的塑造。例如，从利益的组织表达来看，既可能形成利益群体通过市场

---

⑱ ［德］马克思：《哥达纲领批判》，人民出版社 2018 年版，第 16 页。

⑲ See M. Mann. "Infrastructural Power Revisited". *Studies in Comparative International Development*，2008，43(3/4)：355-356.

⑳ M. Mann. "Infrastructural Power Revisited". *Studies in Comparative International Development*，2008，43(3/4)：358.

竞争获得广泛代表性、进而影响国家的"多元主义"，亦可能是某些中介组织形成整合其领域利益和意见的垄断地位、获得国家支持并与之建立常规联系的"法团主义"⑤。这些结构差异深刻地塑造了国家权力的制度架构和行使方式，是英美欧陆等不同法治模式的重要成因。（2）基础权力的影响变量。迈克尔·曼在讨论基础权力时，主要侧重于国家控制文字、货币、度量衡、交通等后勤（logistics）技术发展来渗透社会生活⑤，但社会组织化状况对这种渗透也具有支撑或者消解等决定性作用。例如，杜赞奇的研究表明，乡村社会多种组织体系和规范等构成的"权力的文化网络"是传统中国治理的重要支撑，其衰败导致 20 世纪上半期的政权建设陷入"内卷化"⑤。强世功对陕甘宁边区的研究则表明，由互助组、农业合作社、调解组织等构成的"权力的组织网络"有力地促进了党的政权建设、合法性和动员能力。⑤（3）国家能力的扩展依托。社会关系的整合及其与国家权力的衔接越好，越有可能有效拓展国家权力的触角和正当性，从而形成"集权的简约治理""双重治理"等治理格局。⑤ 国家权力由此可以在保持控制的同时无须介入大量实际事务，避免直面许多社会矛盾，同时还能从这些基于自治、共同体或者同意的治理中汲取权威认同和正当性资源。

由此可见，社会越发达，似乎越有可能促进国家权力的良性运作，这不仅往往被当作法治生成的必要条件，同时也在帕特南等人对意大利地方

---

⑤ 张静：《法团主义》（第 3 版），东方出版社 2015 年版，第 41-62 页。

⑤ See M. Mann. "The Autonomous Power of the State: Its Origins, Mechanisms and Results". *Archives Européennes de Sociologie*，1984，25（2）：192-194.

⑤ ［美］杜赞奇：《文化、权力与国家——1900—1942 年的华北农村》，王福明译，江苏人民出版社 1996 年版，第 233-241 页。

⑤ 参见强世功：《权力的组织网络与法律的治理化》，载强世功编：《调解、法制与现代性》，中国法制出版社 2001 年版，第 222-234 页。

⑤ 参见黄宗智：《集权的简约治理》，载《开放时代》2008 年第 2 期；张静：《社会治理：组织、观念与方法》，商务印书馆 2019 年版，第 3-4 页。

政府民主改革的实证研究中获得某种证实。在这项长达 25 年的研究中，帕特南等人发现，同样的制度在意大利南北地区产生了不同效果，关键原因在于社会关系网以及与此相伴的互惠和信任的交往规范等差异，由此开辟从群体层面关注"社会资本"对于民主政治和国家权力的重要意义的研究方向。㊶ 不过，这些研究或许不够重视的是，发达的社会对于国家权力的意义并不都是积极的。一方面，"基础权力是一个双向道"㊷，基础权力也为某些强势群体或者个体重塑国家权力、改变法律运作提供方便。另一方面，发达的社会关系甚至可能架空抵制国家权力，国家权力虽然可以加大干预力度，却可能被强势的社会力量所吸纳或者俘获，其自主性和权威反而被减损，即如米格代尔对某些第三世界国家的研究所表明的："一个碎片化的社会控制的社会影响了国家的特征，而国家反过来强化了社会的碎片化。"㊸

### （二）社会视野中的个人权利

在传统法治框架中，国家权力控制与个人权利保障犹如"一枚硬币的两面"，社会对国家权力的构造必然也会影响到个人权利。然而，"人的本质不是单个人所固有的抽象物，在其现实性上，它是一切社会关系的总和"㊹。抛开经由国家权力的作用，社会对个人权利具有更直接的意义。

首先，个人权利的构造深受社会的塑造。一方面，个体在法律上的地位及其权利有赖于国家权力的明确，但这通常只是对人们在长期社会生活

---

㊶ 参见［美］罗伯特·D. 帕特南：《使民主运转起来》，王列、赖海榕译，江西人民出版社 2001 年版，第 195－207 页。

㊷ M. Mann. "Infrastructural Power Revisited". *Studies in Comparative International Development*，2008，43（3/4）：356.

㊸ ［美］乔尔·S. 米格代尔：《强社会与弱国家：第三世界的国家社会关系及国家能力》，张长东等译，江苏人民出版社 2009 年版，第 268 页。

㊹ ［德］恩格斯：《路德维希·费尔巴哈和德国古典哲学的终结》，人民出版社 2018 年版，第 61 页。

中所形成的利益关系的选择和承认。国家权力当然可以否定某些利益关系或者赋予个体以某些新的权利，能否实现却往往取决于相关社会条件是否成就。另一方面，或许更重要的是，个体的自我认知、价值观、思维方式是在其身处的社会关系中形成和发展的。无法逃避的社会关系即便不像社群主义者所说的是个体的"构成要素"[60]，也确实深刻地塑造着个体对何种利益分配、行为模式、关系格局为"正当"的认识。这些认识不仅影响人们对法律权利的认知和运用，还会使个体在现实生活中切实感知那些未被法律承认却有着实际影响的"权利"，在考虑国家权力和法律的态度之外，往往需要面向社会寻找归属感、确定性和生活意义。

其次，个人权利的实现取决于社会的支持。无论权利是否得到法律确认，其实现都需依托一定的社会资源。一些社群主义者甚至主张，只有身处某种社会关系之中、具备其成员资格的个人才有可能享有各种政治和经济权利。[61] 这种观点或许有些极端，但人们在现实生活中确实是通过各种社会关系或者社交圈来满足其生产、生活和精神需求。各种性质不一、大小有别的关系网络或者"共同体"蕴含多元化、包容性、凝聚力及社会活力，是个体获得承认、拓展资源，解决集体行动困境的重要依托。[62] 就此而言，不同于帕特南等人关注的群体层面的社会资本，林南等人更注重微观意义上的个体如何通过建构和使用嵌入在社会关系网络中的资源以展开行动和获取回报，围绕这种"关系社会资本"的强弱如何直接影响个人权利的实现及其生活品质开展了大量实证研究。[63]

---

[60]　俞可平：《社群主义》（第 3 版），东方出版社 2015 年版，第 58 - 66 页。

[61]　参见［美］迈克尔·沃尔泽：《正义诸领域：为多元主义与平等一辩》，褚松燕译，译林出版社 2002 年版，第 78 页。

[62]　参见［美］菲利普·塞尔兹尼克：《社群主义的说服力》，马洪、李清伟译，上海人民出版社 2009 年版，第 18 页。

[63]　参见［美］林南：《社会资本——关于社会结构与行动的理论》，张磊译，社会科学文献出版社 2021 年版，第 21 - 25 页。

当然，发达的社会对个人权利保障和法治秩序亦可能构成严重挑战。其一，人们拥有的社会资本存在很大差异，不会仅仅因为法律允诺权利平等保护而自动消失。法律的干预甚至可能被社会所扭曲或者吸收，社会资本"强势者"反而可以利用法律知识、经验和服务等优势而获得更多利益，个人间的不平等更加根深蒂固。其二，社会团体、组织或者"共同体"越发达，越有可能通过资格授予、利益分配、资源调节、文化营造等方式对个体形成直接的垄断性影响，由此可能导致个体的自由、权利、个性等受到压制。近些年的一些实证研究也表明，一些民众寻求法律救济，正是为了借助法律的"解放"作用以对抗或者逃避这种强势的社会所导致的幽闭生活。[54]

## （三）社会之于法治的构成性意义

不同于既有研究通常只将社会当作法治的外部条件、运作环境或者作用对象，前文展示出社会在法治中的多重结构性地位。即如棋类规则之于棋类活动的构成性意义，抛开社会实际上也就不存在法治。社会之于法治的构成性意义可从事实和价值两个层面予以总结。

在事实层面，法治所涉各类主体、机制及其基本框架都内嵌社会要素。一方面，国家权力和个人权利都具有社会构成的性质。人们的关系结构、互动模式、组织方式等嵌入并在一定程度上决定着国家权力的性质功能、制度体系和运作方式，个人权利的内容及其实现往往也是由特定社会的观念、制度和资源所给定的。另一方面，社会自我调节对于法治具有相对独立的构成性意义。国家权力无力也不适合对所有社会关系进行直接规制，仅凭个体行动也不足以形成良善秩序，许多社会关系是由社会自我调

---

[54] 参见［美］萨利·恩格尔·梅丽：《诉讼的话语——生活在美国社会底层人的法律意识》，北京大学出版社 2007 年版，第 232 页。

节的。这种自我调节关涉个体的尊严与权利，影响国家权力的运作及其效果，必然也是作为治国理政基本方式的法治应予统筹的组成部分。在这个意义上，传统法治框架在直观上看不见社会，但实际上已蕴含其构成性作用，当前西方法治危机或者结构性矛盾恰恰是因为社会结构碎片化与集中化、思想观念日趋多元与价值分歧等变革深刻地改变了原有的社会状况，以至于以此为基础的传统法治框架无法适应新的治理需求。

在价值层面，社会是决定法治的理想及其实现的内在关键变量。法治不等同于"以法而治"，有法律也不等同于有法治，这是因为法治本身是一种政治-道德理想。⑥ 尽管人们对于这种理想的具体所指存有分歧，但无论是何种意义上的理想，社会对其都具有双向多维的构成性作用。其中，"双向"指的是社会既可能促成也可能消解法治。当社会发育不充分时，国家权力、个人权利和社会调节都会受到消极影响，严重时甚至难以形成一种可称得上是法治的治理模式或者社会秩序；当社会发育充分时，法治既可能从中获得支持，也可能面临国家权力遭到扭曲、个人权利蒙受压制等问题，法治因而难以确立或者陷入危机。"多维"可从两方面予以把握。一方面，社会可以通过自我调节、参与国家权力和个人权利的构造等多个途径对法治的理想产生影响，且这些影响往往并非同频共振。例如，某些有助于强化国家权力的社会变革，可能会给社会调节和个人权利带来危险；一些有助于社会调节的结构变迁，也可能会给个人权利保障和国家权力行使制造障碍。另一方面，从法治的理想来看，法治对社会的功能要求也是多元的且并不总是协调一致。例如，社会既要对国家权力形成有效制约又要为其提供必要支撑，既要保障个人权利又要为其提供必要的社会纽带，既要促成社会自我调节又要避免出现"幽闭生活"。这些要求

---

⑥　See B. Z. Tamanaha. *On the Rule of Law*：*History*，*Politics*，*Theory*. Cambridge University Press，2004，pp. 1-4，137-141.

虽然并不必然对立，但在具体操作中确实存在冲突的可能。在这种双向多维的构成性作用下，即便是同一种社会变革往往也对法治产生复杂的系统性影响。

# 五、法治社会的规范构造

由于社会对于法治具有构成性意义，两者脱节的理论方案显然难以对法治形成充分的理解；哈贝马斯尝试建立两者的内在关联，但由于忽视社会对法治的双向多维作用，其方案有些理想化和简单化。因此，为了认识和回应社会变革给法治带来的挑战，关键在于准确把握什么样的社会通过何种方式才能有效地构成法治。依据党的十八大以来相关重大部署和重要论述，本节将论证"一体建设"命题科学系统地回答了这一关键问题，法治社会是一个蕴含特定规范性要求的独立的法治范畴，有其特定的外部构造、内部构造、基本内涵和体系结构。

## （一）法治社会的外部构造

法治社会的外部构造主要涉及社会通过何种方式参与法治的构成，具体表现为法治社会与法治国家、法治政府之间的关系。如前所述，既有研究存在"三者并列""一体两翼""二元并存"等不同主张。随着"一体建设"重要论述的发展，这些形成于不同时期的主张存在两个问题值得商榷。其一，"法治国家是法治建设的目标、法治政府是建设法治国家的重点、法治社会是构筑法治国家的基础"清楚地表明三者不是并列或者并存的关系，而是从目标及其实现的重点、基础等不同维度对同一个事物（法治）的阐释。与之形成对照的是，依法治国、依法执政、依法行政同样是一个"有机整体",但在主体、对象、事项等方面是可区分且可并存的,因而采用"共同推进"而非"一体建设"的表达。其二,"翼(面)"是相对于主干而言的,通常具有附属性质。如果法治社会只是作为"翼(面)"而存在,又如何能够成为"构筑法治国家的基础"?以上虽然只是一些语义分析,但从中不难看出,既有研究实际上是将"国家—政府—社会"或者"国家—社会"等区分框架直接运用在法治社会的外部构造上。如果关注到社会在法治中的结构性地位,或许可以对法治社会外部构造做出更好的理论阐释。

第一,"一体建设"的架构。社会深受国家权力和个体行动的塑造,但它不仅是后两者的运作环境和作用对象,更关键的是它嵌入国家权力和个人权利之中。作为对法治的系统阐述,法治社会与法治国家、法治政府相辅相成,必须作为一个不可分割的整体予以"一体建设"。社会不仅在事实层面上参与法治诸要素的构造,而且是决定国家权力控制、个人权利保障、社会自我调节以及各种法治理想的关键内在变量,因此在"一体建设"中具有基础地位。

第二,法治社会的独特意义。承认"一体建设"的不可分割,并非否定法治社会是一个独立的法治范畴。究其原因,社会对法治具有双向作用,并不总是能够有效地构成法治,法治社会因而是一个蕴含对社会应有状况之特定要求的规范性范畴。在外部构造上,即如前文所示,这些要求表现为社会应当承担起对国家权力和政府行为的控制与支援的双重使命。从这个角度看,社会变革对法治的冲击实际上就是这些要求或者使命的具体形态发生某些改变,所谓西方法治危机则是因为实际的社会状况难以满足这些新变化。因此,法治社会不仅有其独特意义,而且是认识和回应当前法治实践挑战和理论困境的关键范畴。

第三,法治社会的建设机制。习近平总书记指出:"推进全面依法治国,法治政府建设是重点任务和主体工程,对法治国家、法治社会建设具有示范带动作用，要率先突破。"⑥ 一方面，法治社会是一个规范性范畴，并非社会生活的实然状态或者自发演进的结果，由此才谈得上"建设"，需要国家和政府的积极介入、干预和引导。从"一体建设"来看，也就是说，法治社会建设不能脱离法治国家的目标定位，离不开法治政府建设率先突破的示范带动作用。另一方面，法治社会是一个有其独特内涵的范畴，并不等同于社会层面对法治国家、法治政府建设成果的承接，否则就没有必要专门谈论"法治社会建设"。换句话说，法治社会有其自身的目标和要求，因而需要国家权力在法治政府建设之外付出更多的努力，具体内容即为接下来要讨论的法治社会的内部构造。

（二）法治社会的内部构造

法治社会的内部构造主要涉及什么样的社会才能有效地构成法治，具体表现为法治社会建设的内容和任务。如前所述，既有研究从层次、结构等角度提出了一些主张，却几乎未就这些主张的依据做出说明，亦未涉及社会对法治的双向多维作用。基于社会之于法治的构成性，或许可将法治社会内部构造的要点提炼如下。

第一，核心内容。社会通过多种途径支撑多样的法治功能要求，法治社会的建设目标必定是多元的，即如《纲要》提出的"建设信仰法治、公平正义、保障权利、守法诚信、充满活力、和谐有序的社会主义法治社会"。不过，由于社会的作用途径及其承担的功能要求的差异性，这些目标在抽象层面上相互兼容，在实现过程中则可能互相抵牾（例如社会秩序与社会活力）。因此，法治社会的内部构造必须寻求一种能够统筹各种途径、兼顾各种功能的社会。综合前文分析，或许只有个体尊严和主体性地

---

⑥ 习近平：《坚定不移走中国特色社会主义法治道路 为全面建设社会主义现代化国家提供有力法治保障》，载《求是》2021 年第 5 期。

位获得确立而相互间又能维系信任和合作，才能既保障权利又不陷入"权利话语"的"穷途末路"⑥，既促进社会调节又不至于出现"幽闭生活"，在外部构造上控制和支援国家权力和政府行为，从而实现保障个体权利与维系社会纽带、强化国家能力与促进社会自我调节、维护社会秩序与确保社会活力的辩证统一。概言之，只有个体解放与社会团结相结合的关系或者社会才能有效地构成法治，这或许就是法治社会内部构造的核心内容。

第二，主要任务。遗憾的是，个体解放与社会团结并不总是协调一致的。前文不仅展示出两者"互为前提"，个体解放是人们摆脱"幽闭生活"而实现互动团结的前提基础，社会团结则为个体权利的承认和实现提供必要条件；而且揭示出两者亦可能"相互冲突"。个体解放可能导致社会碎片化和价值分歧，损害人们的关系纽带和社会凝聚；社会团结亦可能强化社会的集中化和不宽容，个体反而陷入被压制和剥削的危险。如果说"互为前提"为法治社会内部构造奠定了可能的基础，"相互冲突"实际上就是当前社会变革对法治造成的主要挑战。将这种相反相成关系放在当前社会变革和法治框架中考察，可将法治社会内部构造的主要任务分解为以下三点。

其一，基础在于充分激活社会自身活力。社会并非统一体，而是由许多凝聚资源、运作逻辑等迥异而又相互交叉渗透的关系网络或者纽带所构成。⑧ 各种关系纽带中的个体解放与社会团结的关系形态不尽一致，但它们对于个体权利的承认和实现都有着不可或缺的意义，在法治的历史上也一直发挥着社会自我调节、辅助法律运行、维系社会多元等作用。为充分发挥这些关系纽带在法治构成中的基础作用，法治社会建设不仅需要对其

---

⑥ ［美］玛丽·安·格伦顿：《权利话语：穷途末路的政治言辞》，周威译，北京大学出版社2006年版，第2—6页。

⑧ 参见［美］乔尔·S. 米格代尔：《社会中的国家：国家与社会如何相互改变与相互构成》，江苏人民出版社2013年版，第108页。

尽量保持克制态度以尊重其自由发展，在社会变革的情况下还应当创设条件对其予以维续发展，并积极培育新的关系纽带。当然，各种关系纽带都可能存在损害个体自由、妨碍国家权力的危险，法律的适度干预是必要的，但应以保障基本人权和社会正常运作为必要条件。《纲要》提出引领和推动社会力量参与社会治理，加强社会规范建设，发挥它们的积极作用并使其"符合法治原则和精神"，充分体现了这种尊重、引导、适度干预的态度。

其二，重心在于培育发展公共性纽带。所有关系纽带都能为个体解放和社会团结提供支持，但种族、宗族等传统共同体往往建立在成员相似性的基础之上，公共性程度较低，更容易与自由、平等、宽容等价值发生冲突⑥，并在当前的社会变革中已然遭遇严重冲击。因此，寄望回到传统共同体或者主要依靠这些关系纽带来建成法治社会是不现实的，法治社会建设的重心应在于构建不同身份地位的人们互动承认的公共性纽带。这不仅是因为后者更能适应复杂性程度越来越高的现代社会，还在于它们能够为传统共同体中的个体解放提供外部支持。事实上，《纲要》规定的建设任务指向的几乎都是公共性纽带，特别是围绕确立和强化法律作为关系纽带而展开。此外，社会诚信和各类组织体内含不同程度的普遍信任或者公共连带⑦，《纲要》对社会诚信以及城乡社区、企事业单位、人民团体、社会组织等建设也做出了相应规定。

其三，关键在于确保个体自由平等交往的能力。个体自由平等交往的能力不仅关涉各种关系纽带的健康发展，更是公共性纽带运作的基础条件，因而是法治社会内部构造的关键。这种能力既取决于个体能否从关系

---

⑥ 参见［美］罗伯特·帕特南：《独自打保龄：美国社区的衰落与复兴》，刘波等译，北京大学出版社 2011 年版，第 11-13、410-425、479-481 页。

⑦ 参见［德］卢曼：《信任：一个社会复杂性的简化机制》，瞿铁鹏、李强译，上海人民出版社2005 年版，第 73-79 页。

纽带中获取必要资源又免受其压制，同时也深受个体行动能力差异的影响，法治社会建设需要在结构与行动者两个层面妥善运用法律手段。一方面，为避免损及社会活力和增加国家负担，对于各种关系纽带尽量不要采用社会规范备案审查等直接干预方式，而是可以通过加大公共性纽带供给予以结构调整，采用明确法律底线要求、司法个案救济等方式来预防和矫正各种关系纽带对法治的背离。另一方面，法治社会建设需要直面人们在经济社会地位等方面的现实差异，但要谨防过度介入以损及个体自主和破坏关系纽带，应将介入限定在基本生活保障和基本公共服务均等化。《纲要》实际上就是通过关系纽带的结构调整来维系和促进个体的自由平等交往，其介入主要集中在保障改善民生、确保基本权利、完善法律援助和国家司法救助制度等方面。

（三）法治社会的内涵与结构

行文至此，可以对法治社会的基本内涵做出如下概括：法治社会并非法治向社会扩展的结果或者社会生活法治化的事实状态，而是基于社会之于法治的构成性意义而产生的一个规范性范畴，回答的是什么样的社会通过何种方式才能有效构成法治的问题。概言之，只有个体解放与社会团结相协调的社会，才能承担起控制和支持国家权力的双重使命，实现国家有效治理、个人权利保障、社会自我调节等法治理想；而这种社会的形成既需要尊重现实生活中的各种关系纽带，更需要国家权力积极作为以确立和强化法律等公共性纽带，通过这些纽带的结构调整以及对个体的必要帮扶以确保个体的自由平等交往。

前文结合党的十八大以来有关"一体建设"和"法治社会"的重要论述和规范性文件对法治社会的这种理解做出了分析说明。不仅如此，这些重要论述和规范性文件对法治社会的要素构成也多有阐发，从中可梳理出

"观念基础—治理体系—规范协同—机制整合"的体系结构。由此表明，当前我国对法治社会的认识并非停留在理念层面，而是对其依托什么观念、依靠哪些主体、凭借什么依据、采用哪些方式等问题提出了系统方案。

（1）观念基础。法治观念是确保个体解放与社会团结相协调的重要基础，最直接的体现当然是"社会成员办事依法、遇事找法、解决问题靠法"的法律意识，《纲要》因而提出"全民守法是法治社会的基础工程"。与此同时，也要注意到道德、正义观等其他社会意识亦具有深厚的正当性基础。只讲求法律的"守法主义"可能导致社会分裂，反而不利于法治信仰的生根成长。⑦ 因此，《纲要》要求"坚持依法治国和以德治国相结合，把法律规范和道德规范结合起来，以道德滋养法治精神"。

（2）治理体系。法治社会包含多种治理主体、环节和要素，必须以周全的治理体系作为支撑。其一，多元治理主体结构。各类社会主体在治理中各有优势且存在合作、竞争、冲突等复杂关系，需要统筹考虑各自角色并将其关系予以定型化。如前所述，法治社会不能还原为公权力以外的社会力量的自发交往。缺乏国家提供的公共设施、规划协调、制度保障和兜底作用，个体解放和社会团结都难以实现。在充分考虑社会体制、治理优势和实践经验的基础上，我国在社会治理体系中明确提出"党委领导、政府负责、民主协商、社会协同、公众参与"的治理主体结构。其二，多层次治理结构。人与人之间的关系发生在不同场景之中，治理体系不能仅限于各类主体的横向结构，还必须考虑纵向结构的差异。《纲要》对市域、社区、企业和学校等基层单位、行业等多层次治理做出了相应规定。其三，多领域治理结构。在不同社会领域，个体解放与

---

⑦ 参见［美］朱迪丝·N.施克莱：《守法主义：法、道德和政治审判》，彭亚楠译，中国政法大学出版社 2005 年版，第 7 页。

社会团结的协调所面临的问题及解决方案不尽相同。例如，有的领域更适合放任由市场机制来协调人们的关系，有的领域则需要国家更积极的作为并承担更多责任。为此，《纲要》提出完善多领域社会规范和社会重要领域立法，并将依法治理网络空间作为一个单独部分予以规定。

（3）规范协同。法律无疑是法治社会最重要的规范类型和公共性纽带，但大量其他社会规范同样提供着纽带和秩序，并且是社会多元和活力的重要载体。事实上，法治的规范体系历来包含法律与其他规范的协同作用。[72] 为此，党的十八届四中全会将党内法规纳入中国特色社会主义法治体系。习近平总书记明确指出："加快完善法律、行政法规、地方性法规体系，完善包括市民公约、乡规民约、行业规章、团体章程在内的社会规范体系，为全面推进依法治国提供基本遵循。"[73]《纲要》也从完善立法、促进社会规范建设、加强道德规范建设等方面做了系统规定。

（4）机制整合。调整机制多样性是社会的固有特征，各种机制均有其优势和局限，并存在相互塑造、互相牵制的关系，机制整合因而是法治社会的必然要求。其一，法律机制与其他机制的协调互补。法治强调的"依法而治"并非只依据法律来治理，而是有赖于各种正式和非正式机制的协作互补。[74]《纲要》将"坚持法治、德治、自治相结合"作为法治社会建设的主要原则之一，而"有机衔接、相互协调"的纠纷多元化解机制的战略地位自党的十八大以来也得以不断提升和全面展开。其二，社会控制与技术手段的相互赋能。由于科技发展兼具"乌托邦"和"反乌托邦"的意义，法治社会既要以科技创新来提升社会调整的效能，亦

---

[72] 参见彭小龙：《规范多元的法治协同：基于构成性视角的观察》，载《中国法学》2021年第5期。

[73] 习近平：《论坚持全面依法治国》，中央文献出版社2020年版，第112页。

[74] 参见彭小龙：《涉诉信访治理的正当性与法治化：1978—2015年实践探索的分析》，载《法学研究》2016年第5期。

需以法律等社会机制来规制科技应用可能带来的风险。就此而言，《纲要》提出科技创新与法治宣传教育、司法工作、公共法律服务等要实现深度融合，同时针对个人信息保护，知识产权保护、网络诚信建设、网络安全保障、网络违法犯罪行为的预防与打击等做出明确规定。其三，事前预防与事后解决的统筹协调。"法治建设既要抓末端、治已病，更要抓前端、治未病"⑮，为此，近年来我国在完善预防性法律制度、坚持和发展新时代"枫桥经验"、强化基层治理等方面提出了一系列创新性理念并做出系统部署。

# 六、结语

法治社会范畴产生于全面依法治国的伟大实践，具有浓厚的实践指向，但同时也是一个重大的理论命题。既有研究往往将法治社会视为是法治从国家、政府向社会层面的扩展或者"社会的法治化"，实际上是将法治视为某种确定的事物，沿着传统的国家—政府—社会或者国家—社会的框架自上而下的分解展开，进而对"一体建设"形成"三者并列""一体两翼""二元并存"等结构解读。显然，这种解读不仅忽视了"一体建设"中的法治国家、法治政府、法治社会是从目标、重点及基础对同一事物（法治）的不同维度的阐释，难以发现法治社会的提出对法治理论本身的重大创新，同时在实践层面也无法回答为什么在法治国家、法治政府等建设外还必须进行法治社会建设，从而使该范畴无法摆脱虚化、泛化和空心化的命运。与此不同的是，本文的解析建立在社会之于法治的构成性意义

---

⑮ 习近平：《坚定不移走中国特色社会主义法治道路 为全面建设社会主义现代化国家提供有力法治保障》，载《求是》2021年第5期。

的基础之上，法治社会因而蕴含着对社会应有状况的规范性要求，由此说明了它在什么意义上是一个独立的法治范畴。这种解析不是将社会仅仅当作法治的外部条件、运作环境或者作用对象，而是立足于法治框架中社会与国家权力、个人权利的内在关联，从个体解放与社会团结、国家权力控制与支援等内外构造中既说明了法治社会为何是构筑法治国家的基础，同时也说明了法治社会离不开法治国家和法治政府的目标指引、引导介入和重点突破，进而对"一体建设"中的"三者各有侧重、相辅相成"做出了整体阐释。

如何认识和应对社会变革对法治造成的冲击，是近几十年来中外法学界高度关注的课题。本文以马克思主义社会理论为指导，结合法治一般理论和我国具体实践，通过对法治社会的内涵与构造的解析，展示出一种重新理解法治、社会及其关联的可能方案。这种方案以对法治与社会、国家与社会、个人与社会等基本理论问题的反思为基础，通过梳理党的十八大以来的治理改革和法治实践，揭示出什么样的社会通过何种方式才能有效构成法治，由此对法治社会范畴的实践意义做出说明。当然，由于摒弃了法治与社会脱节的思维方式，法治社会范畴及"一体建设"命题将被传统法治理论所遮蔽的社会维度拉回法治框架，在某种程度上超越了形式/实质、薄/厚等法治争论，对法治提出了一种更为系统完备的理解。这既是中国特色社会主义法治理论的重大成果，亦是对法治一般理论的重大发展。

长久以来，我们在法治理论上一直是西方的跟跑者，甚至在某些时期还存在一种颇具影响的观点，认为我国不具备西方的社会基础因而难以建成法治。法治社会的提出不仅说明了法治并非一成不变，亦非只有某种固定版本，从而展示出坚持和发展法治的更多可能，而且这种在法治的基本概念、范畴和理论上的重要突破，对于构建中国法治话语体系、提升国际法治话语权也具有重大意义。当然，正如本文所展示的，法治社会范畴内涵极为丰富，包含结构与行动者、观念与制度、自发与建构、形式与实质、法律机制与非法律机制、社会秩序与社会活力等复杂关系。如何在初成轮廓的法治社会的内外构造和体系结构中处理好这些复杂关系，将是法律实务工作者和法学理论工作者面临的共同任务。从另一个角度来看，这其中也蕴含着中国法学更多可能的原创性贡献，进而有可能为形成中国法学自主知识体系，推进学科体系、学术体系、话语体系建构作出切实贡献。

# 我国人民代表大会制度之起源新证

## ——从 1925 年广东人民代表大会的筹建到 省港罢工工人代表大会的实践

张希坡[*]

## 前　　言

1921 年 7 月中国共产党的成立，开天辟地，标志着中国革命进入了一个崭新的历史阶段，即走向社会主义的新民主主义革命阶段。1922 年 7 月通过的《中国共产党第二次全国代表大会宣言》，破天荒地提出了反帝反封建的民主革命纲领：“一、消除内乱，打倒军阀，建设国内和平；二、推翻国际帝国主义的压迫，达到中华民族完全独立；三、统一中国本部（东三省在内）为真正民主共和国……”同时该宣言还提出制定保护工人、农民和妇女的法律，实行无限制的选举权以及言论、出版、集会、结社、罢工绝对自由。这里所提出的“真正民主共和国”，就是无产阶级领导的、以工农联盟为基础的、实行反帝爱国统一战线的人民民主共和国。这一民主革命纲领，充分体现了以救国为民为初心，以首创、奋斗、奉献为内涵

* 张希坡，中国人民大学法学院教授。

的"红船精神"。这便为中国革命指明了正确方向，也为新民主主义法制建设确立了指导方针。

为了实现上述革命纲领，中国共产党领导发动了以下三条战线的斗争，制定了最早的法规条令。（1）在工人运动中，提出"劳工神圣"的口号，制定了工会章程和劳动法案大纲；（2）在农民运动中，提出"一切权力归农会"的口号，制定了农民协会章程、减租减息条例以及惩治土豪劣绅条例；（3）帮助国民党改组，实行第一次国共合作。在1924年1月中国国民党第一次全国代表大会上，通过了《中国国民党第一次全国代表大会宣言》，以反帝反封建的政治纲领和"联俄、联共、扶助农工"三大政策，重新解释和充实了孙中山的三民主义，从而奠定了国共合作的政治基础和立法方针。该会议同时决定共产党员以个人身份加入国民党，以在国民党中所任职务进行革命工作，但共产党仍保持政治上、组织上的独立性和自主权（党的组织和党员身份是不公开的）。在共产党和国民党左派人士的共同努力下，国民党和国民政府先后制定了若干有关反帝反封建与扶助农工运动的法律法规。

以上简要阐述共产党成立后和第一次国共合作时期的政治背景，其目的是为以下研究我国革命早期的政权与法制建设提供广阔的历史空间。特别是在工农运动中，创造出多种名称的"代表大会"的组织形式，这些都为我国人民代表大会制度的产生积累了丰富的实践经验。例如在省港大罢工中组建的省港罢工工人代表大会，农民运动中南方各省召开的省农民代表大会，上海工人三次武装起义中成立的上海市民代表大会，是我国人民代表大会的三株萌芽。[①]

近年来，笔者在校对《革命根据地法律文献选辑》时，从省港罢工委员会机关报《工人之路》（1925年8月16日）上，意外发现一篇重要报道——

---

① 详见张希坡：《人民代表大会制度创建史》，中共党史出版社2009年版，第112-114页。

《广东人民代表大会第三次筹备会议纪》，并刊有《广东人民代表大会筹备委员会通则》12 条。笔者认为，这一法律文献在我国政权建设史上是个敢为人先的新创建，对于研究我国人民代表大会制度的起源，具有极其重要的文献史料价值。其足以证明中国共产党在 1925 年领导省港罢工工人代表大会的同时，就提出了"人民代表大会"这一概念，并在广东省积极进行筹备。

为了将这一新发现的法律文献及时公之于众，笔者与中国人民大学出版社联系，在已经定稿的《革命根据地法律文献选辑》（第一辑）补进了这一报道和通则。② 事后我们又进一步查阅《工人之路》和《广州民国日报》，得知广东省这一筹委会开过 24 次会议，拟制了《广东人民代表大会组织规程》和其他相关文献，并对大会的召开作了具体安排（包括开会时间与代表报到地点以及经费预算等）。后来由于广东全省尚未完全统一，被反动军阀占据的部分地区，难以选派代表，因而决定大会延期召开。

本文拟对我国人民代表大会制度的起源问题，着重从以下两个方面进行阐述：第一，对广东人民代表大会的筹备情况进行详细介绍，供大家共同研究。第二，重点阐述省港罢工工人代表大会的具体组成和实践。这个由 800 名代表组成的工人代表大会，召开过上百次大会，通过了许多法律规章，真正发挥了"最高权力机关"的作用。如果将前者比作含苞待放的花蕾，那么后者便是一座全面绽放的花坛。至于南方各省召开的农民代表大会和上海的市民代表大会的经验，另作专题研究。

---

② 参见张希坡编著：《革命根据地法律文献选辑》（第一辑），中国人民大学出版社 2017 年版，第 376－377 页。《广东人民代表大会筹备委员会通则》收入该选辑时，误加一个"省"字。

# 一、广东人民代表大会的筹建是我国人民
# 代表大会制度的一朵报春的花蕾

（一）广东人民代表大会的发起与《广东人民代表大会组织规程》的制定

### 1. 关于广东人民代表大会的发起

1925 年 8 月 26 日公布的《召集广东人民代表大会之通告》指出："七月二十三日当沙基死难烈士周月纪念日大会之期，赴会群众议决扩大现有对外团体之组织，集合民众的力量，以与革命政府合作，一致对外，由全省各地方各种人民团体选派代表，组织全省人民代表大会，并期于最短时间筹备实现。"

据查 1925 年 7 月 25 日《广州民国日报》"沙基烈士周月纪念大会情形"的记载，这次大会由广东各界对外协会发起，于 7 月 23 日于广东大学举行，各工团各团体各界人士二千余人参加。大会听取各方代表发言后，主席根据中华全国总工会代表所提的"扩大广东各界对外协会召集各地方代表大会案"，通过了《召集各界对外代表大会决议案》。(1)"理由"。自"沙基惨案"发生后，各界爱国同胞即联合起来组织广东各界对外协会。但现在仍须更加紧地扩大民众的组织，集合民众的力量，万众一心，与革命政府合作，一致对外。因此，必须联合各种人民团体，组织一固定的各界对外代表大会。(2)"组织"。由全广东各地方、各种人民团体各派代表一至五人，组织各界对外代表大会。(3)"责任"。此代表大会须经常定期开会讨论以下政治问题：怎样实行经济独立之计划，怎样援助罢工工人，怎样促进国民会议，实行废除不平等条约等重大对外问题。

### 2.《广东人民代表大会组织规程》的制定

上述纪念大会之后，共产党人（主要由中华全国总工会负责）与国民

党左派领导人廖仲恺③共同协商，指派干部参加人民代表大会的组织法的起草工作以及代表大会的筹备工作，决定将此事交由广东各界对外协会与国民党中央党部具体负责。

1925 年 8 月 1 日《广州民国日报》公布《广东人民代表大会组织规程》4 章 17 条，作为草案公开征求各界意见，这是实行开门立法的先例之一。同年 8 月 4 日，由广东各界对外协会召集各界代表大会，专门讨论《广东人民代表大会组织规程》修订问题。大会有数百人参加，推举廖仲恺为主席。会上将"组织规程"解说后，付诸讨论。最后综合大家意见决定对原案作如下修订：

（1）第二章第五条第二项改为："本会代表由每县农工商学报各界、中国国民党县党部各举代表一人，广州市市郊农民协会一人，省农民协会一人，中华全国总工会一人，广州工人代表会一人，广东总工会一人，省港罢工委员会一人，四商会④各一人，省教育会一人，广州学生联合会一人，党籍校长联合会一人，广东大学一人，市立小学教职员联合会一人，香港学生联合会一人，青年军人联合会四人，报界二人，广东中华女界联合会一人，女权运动大同盟一人，妇女解放协会一人，善界三人，其他未列举之广州市各界团体各一人共同组织之。"即由原定的 14 种界别，扩大到 22 种，使代表大会更具有广泛的代表性。另外草案中漏掉女界代表（现在补上三个女界组织）。有些机构名称不太准确者加以补正，如"工人代表会"乃是"广州工人代表会"，"总工会"乃是"广东总工会"等。

（2）第八条原为"代表大会设主席团，由大会推定之"，改为"代表

<hr>

③ 廖仲恺（1877—1925），广东惠阳人，出身美国华侨家庭。1902 年赴日本留学，参加孙中山领导的革命运动。1905 年参加同盟会，任总部副会计长、外务部干事、副部长。辛亥革命后，任广东军政府总参议兼理财政，1921 年任广东省财政厅厅长，1922 年后积极协助孙中山确定"联俄、联共、扶助农工"三大政策。1924 年国民党改组后，被选为中央执行委员会委员、常务委员、政治委员会委员、黄埔军校国民党代表、广东省省长、财政部长。1925 年 8 月 20 日被国民党右派暗杀于广州。

④ 四商会系指广东总商会、广东全省商会联合会、广州市商会、广州商民协会。

大会设主席团，由大会推定代表七人组织之"。

（3）第十条执行委员原为 26 人，增加女界执行委员 2 人（共 28 人）。

（4）第十二条执行委员开会，原文为"有九委员之出席"（注：原文"九"可能有误，应是"十九"，即 26 人的 2/3），改为"过半数委员之出席"。

（5）第四章附则中，增加第十七条"代表资格由大会预备会组织代表资格审查委员会审查之。"

（6）增加第十八条"本规程经各界代表大会通过而发生效力"。

（7）原第十七条改为第十九条。

其他照原案通过，并决定交由广东各界对外协会执行委员会与国民党中央党部派员 5 人负责进行筹备工作。

（上述修订意见，见《广州民国日报》1925 年 8 月 5 日第三版：《昨日各界代表大会纪——通过〈广东人民代表大会组织规程〉》。）

**附：《广东人民代表大会组织规程》**

1925 年 8 月 1 日《广州民国日报》公布草案（四章十七条）

1925 年 8 月 4 日广东各界代表大会讨论通过（四章十九条）

## 第一章　总纲

第一条　本会定名为广东人民代表大会。

第二条　本会应时势之需求，以统一广东全省，实行经济独立，促进国民会议，废除不平等条约，援助罢工工人为宗旨。

第三条　本会以省内各界团体代表共同组织之。

第四条　本会设总会于广州，但体察情形得设分会于各地。各地分会须受总会之监督指挥。

## 第二章　代表大会

第五条　本会以各界联合之全体代表大会（以下简称代表大会）为最

高机关。本会代表由每县农工商学报各界、**中国国民党县党部**⑤各举代表一人，广州市市郊农民协会一人，省农民协会一人，中华全国总工会一人，**广州**工人代表会一人，**广东**总工会一人，**省港**罢工委员会一人，四商会各一人，省教育会一人，**广州**学生联合会一人，党**籍**校长联合会一人，**广东大学一人，市立小学教职员联合会一人，香港学生联合会一人**，青年军人联合会四人，报界二人，**广东中华女界联合会一人**，女权运动大同盟**一人，妇女解放协会一人，善界三人，其他未列举之广州市各界团体各一人共同**组织之。

第六条　于代表大会闭会时期，以执行委员（会）为最高机关，处理本会一切事务。

第七条　代表大会开会，分常会、临时会两种。常会日期由代表大会定之，临时会由执行委员会认为必要或经全体代表三分之一以上之连署请求，由主席团召集之。

第八条　代表大会设主席团，由大会推定**代表七人**组织之。

第九条　代表大会须有过半数之代表出席方得开会，议案须有出席代表过半之表决方生效力。可否同数时，取决于主席团。

### 第三章　执行委员会

第十条　本会由代表中推定执行委员二十（六）八人组织执行委员会。其代表之人数分配如下：农四人，工四人，商四人，学四人，报二人，**女界二人，**兵二人，善一人，中国国民党五人。

第十一条　执行委员有中途解职时，另由大会推定补充之。

第十二条　执行委员（会）每日⑥须开会一次，在法定时间有**过半数**委员之出席，即可开议。其表决方法，以出席人之过半数决行之。可否同

---

⑤　从此及以下**黑体**字为各界代表大会增改条款。

⑥　原文如此。

数时，取决于主席。

第十三条 执行委员（会）设正副主席各一人，由执行委员中推定之。正主席有事故时，以副主席代行职务。副主席同时有事故时，另行推定临时主席。

第十四条 执行委员会之下，得置分科委员会，其章程另定之。

第十五条 本会因处理事务得酌用雇员。

第十六条 执行委员会每月须将经过情形报告于代表大会。

### 第四章 附则

**第十七条 代表资格由大会预备会组织代表资格审查委员会审查之。**

**第十八条 本规程经各界代表大会通过而发生效力。**

第十（七）**九**条 本规则有未尽事宜，得由执行委员会委员三分二以上，或代表三分一以上提出，由代表大会修正之。

（以上两件选自《广州民国日报》1925 年 8 月 1 日第三版与 8 月 5 日第三版。）

### （二）广东人民代表大会筹备委员会的工作概述

1925 年 10 月 16 日发布的"广东人民代表大会展期开会"的通告记载，筹委会共开过二十四次会议。但是，在《广州民国日报》上公开报道的只有五次（第二次、第三次、第七次、第十二次、第二十四次）。综观这五次筹委会会议的内容，可以基本上了解广东人民代表大会是如何进行筹备工作的。

关于第一次筹委会，没有公开报道。据推测，在 1925 年 8 月 5 日至 10 日之间，根据前次大会的决定，由广东各界对外协会派出 4 人与国民党中央党部派出 5 人共同组成的广东人民代表大会筹备委员会，曾经召开过第一次筹备会议，可能研究筹备会的组织机构、人员分工以及工作制度，并着手起草《广东人民代表大会筹备委员会通则》等项工作。

**1. 第二次筹委会**

1925 年 8 月 12 日《广州民国日报》报道："广东人民代表大会之筹备会议"，于 8 月 11 日在中央党部开第五次常会（注："五"字有误，应是第二次常会）。到会筹备委员 9 人：沈芷芳、谭植棠、吴荣楣、黄鸣一、施卜、黄旭昇、温仲良、郭威白、黎沛华。

议决事项如下：（1）"召集代表大会之通告"，决定由温瑞生拟稿，交郭威白参酌修改，由筹委会函请省政府令行各县知事转各团体，依法选举。致省政府公函，由吴荣楣拟稿。（2）"交通部计划"，由沈芷芳提出草案。（3）关于派员前往各县一节，议决择其可派代表前往接洽。每县得派一人或二三人前往，请其依期选派代表出席，并请政府发给护照。但所派人员须得筹委会之认可。（4）"宣传部计划"，由李汉藩提出草案，交谭植棠、温瑞生、郭威白审查后，印成小册分寄各县。

**2. 第三次筹委会**

《广州民国日报》1925 年 8 月 15 日报道：广东人民代表大会筹委会于 8 月 14 日召开第三次筹备会议，到会者 8 人（姓名略，以下同）。讨论事项如下：

（1）通过《广东人民代表大会筹备委员会通则》。由文书部拟稿、提出，照案通过（通则全文附后）。

（2）草定"召集广东人民代表大会之通告"："（甲）通告的内容：（一）缘由；（二）大会开始日期及闭会时间；（三）代表选举办法；（四）招待；（五）川资由会计与廖部长磋商后，再决定办法；（六）代表接洽处设在中央党部。（乙）主稿人郭威白、温瑞生。（丙）脱稿日期，限本月十六日上午十时脱稿，提出本会通过"。

（3）《召集广东人民代表大会之通告》通过后，请政府通令各县属转行各团体。请求政府公函，由吴荣椿拟稿。

**附：《广东人民代表大会筹备委员会通则》**

1925 年 8 月 14 日广东人民代表大会筹委会第三次会议通过

第一条　本委员（会）由广东省农民协会、广东省教育会、中国青年军人联合会、商民协会、女权运动大同盟会、中华全国总工会各派代表一人，及国民党中央执行委员会代表五人组织之。

第二条　本委员会以筹备广东人民代表大会为职责。大会正式开会时，本会职责即已终了。

第三条　本会设（立）文书、宣传、交通、会计、庶务五部，各部办事细则由各部门自定之。

第四条　本会办事时间，由上午九时至十二时，下午二时至五时。

第五条　本委员会分常务会议、临时会议二种。常务会议定每星期二、四、六下午二时至四时开会。临时会议如遇重大事件发生不能候至常务会议开会时，由文书部召集之。

第六条　本委员会不设主席，开会时临时推定。

第七条　常务会议、临时会议均须有半数之委员出席，方得开会。

第八条　议案须有出席委员过半数之表决，方生效力。

第九条　常务会议各部，须将所做工作提出报告。凡稍重大之事，均须先经会议议决。

第十条　本会因处理事务得酌用雇员。

第十一条　本会委员有中途解职时，由该团体派人补充。

第十二条　本通则有不适用时，须经过会议议决后始能修改之。

（选自《广州民国日报》1925 年 8 月 15 日。）

**3. 第七次筹委会**

《广州民国日报》1925 年 8 月 26 日刊载《广东人民代表大会筹备委

员会第七次会议纪》：广东人民代表大会筹备委员会于 1925 年 8 月 25 日召开第七次会议。

讨论事项：（1）《召集广东人民代表大会之通告》，通过照发。（2）制定预算表："一、筹备会经费：（甲）常费之项：一、雇员三人，每月薪金共六十元。二、印刷费每月一百元。三、杂费每月五十元。预算筹备两月，共计四百二十元。（乙）特派各县交际员交通费预算五百元。二、大会经费：（甲）市外代表招待费，预计招待十日，每人每日一元五角，约五百人，共费七千五百元。（乙）大会布置费约五百元。（丙）活支费约一千元。以上共计九千九百二十元。"（3）函省政府催拨本会经费，推郭威白拟稿。

另据《工人之路》1925 年 8 月 26 日补充报道：广东人民代表大会筹备委员于昨（25 日）开会，报告事项：（1）现时至报到代表计 21 县，内有 16 县属南路由各县旅省团体选出者。（2）谭植棠报告，大会是否再展期，曾函询国民政府主席，复函称由筹委会决定。

在 8 月 25 日通过的"通告"中，前一部分是对帝国主义制造"沙基惨案"的声讨，即召集广东人民代表大会之"缘由"。后一部分是对召开大会的决定：（1）大会开会日期，原定 10 月 1 日（后改为 10 月 20 日）。（2）广州市内各团体代表，应于 10 月 15 日以前将代表姓名报告筹委会。（3）各县代表应于 10 月 18 日以前到筹委会报道。（4）各团体代表应携带该团体正式出席证明书，报到时缴交筹委会。（5）市外各代表于会前 3 日至会期终了，所有膳宿由本会招待，具体办法俟代表报到时另行通告。

**附：《召集广东人民代表大会之通告》（召集人民代表大会之"缘由"）**

自上海五卅惨案发生后，广州各界人士愤帝国主义者之残暴，求中华民族之自存，乃有六月廿三日联合大巡行之举。是役也，其近因则为援助沪案，其本旨则为谋解除政治上经济上种种之压迫，如取消一切不平等条约，打倒帝国主义，而求世界各民族间永久的亲善者。讵料帝国主义者始终无悔祸之心，沙面英法国人凭其武力，恃其淫威，由隔一水之沙面用毒弹射击在我界内巡行群众，使沙基百数十步间，血肉横飞，尸骸枕藉，死伤者凡百余人，含生之伦，莫不眦裂发指，以为彼帝国主义者，直不以人类待吾中华民族也。近如香港，于虐待牲畜，尚有例禁，而谓吾中华民国之国民，可以任意屠杀，反视牲畜为不如耶。查外国人之来吾粤通商或传教，始于有明。自道光二十二年鸦片战争起，英国人乘机获得香港为政治上军事上商业上之根据地。由是卧榻之侧，他人安然酣睡。然犹外假博爱亲善之名，采用阴柔手段，以吸收吾国人之脂膏，压迫吾国人士之生活，麻醉吾国人脑筋，暗中进行其侵略政策，仍未敢悍然不顾孤意独行也。今者变本加厉，不言博爱亲善矣，而直以残杀威压出之，不用阴柔手段矣，而直以强硬野蛮出之，故于沪案之后接二连三而再有沙基惨杀事发现。虽然，彼帝国主义者以为可快一时之意气，惟吾国人之脑筋已为此枪炮声所惊醒，且当永永留存此种印象，进而力求解除帝国主义者之压迫，纵使珠江之水可竭，而此志必不可移也。沙基之役，爱国青年既为国而牺牲，吾国人义当扩大此种精神，组织伟大团体，共同奋斗，以求最终之胜利，方可无愧于死者，无损于中华民族之人格。计自上海惨案发生后，广东各界人士已联合组织广东各界对外协会，黾勉进行，以迄今日，其成效未大著者，或以现所结合之团体，限于广州一隅，而未普及全省，无以整齐其步骤，增厚其力量也。七月廿三日当沙基死难烈士周月纪念大会之期，赴会群众，议决扩大现有对外团体之组织，集合民众的力量，以与革命政府合作，一致对外，由全省各地方各种人民团体选派代表，组织全省人民代表大会，并期于最短时间筹备实现，此为本会召集之缘由，抑亦各界人士所应力为共作者也。

（选自《广州民国日报》1925 年 8 月 26 日第六版。）

### 4. 第十二次筹委会

《广州民国日报》1925 年 9 月 8 日报道《人民代表大会（筹委会）第十二次会议纪》：广东人民代表大会筹备委员会于昨日开第十二次会议。到会者 7 人。

报告事项：（1）黄旭昇报告，已将预算交省政府，并经省务会议通过，发交财政厅。（2）曾西盛报告，调查公益祥旅馆，大约每人每日须银八毫。（3）郭威白报告，请国民政府从速筹款交付本会，政府已应允。

讨论事项：（1）函财政厅催款，由文书部拟稿，交会计部办理。（2）节录报告，刊登于《民国日报》《国民新闻》等报登三星期，由交通部办理。

### 5. 第二十四次筹委会

1925 年《广州民国日报》10 月 16 日报道："广东人民代表大会展期开会"。

1925 年 10 月 15 日第二十四次筹委会议决以下通告：

为通告事，广东人民代表大会曾定十月二十日开会，兹因东江指日可以肃清，南路亦不日可以平靖。现时东南各县犹受陈（炯明）邓（本殷）之压迫，选举均不自由，应再展期，俟全省统一后，再行召集，庶可代表真正民意。经本筹备委员会第二十四次会议议决，除呈请中国国民党中央执行委员会备案外，特此通告。

附记：经过"东征""南伐"广东统一后，广东人民代表大会是否正式召开？据考察，1925 年 2—6 月第一次东征。国民革命军将盘踞在东江地区的军阀陈炯明击退到闽赣边界，6 月因平定"刘杨叛乱"（桂军刘震寰、滇军杨希闵）而回师广州。同年 10—11 月，因陈炯明重新占据东江，国民革命军举行第二次东征（蒋介石为总指挥，周恩来为总政治部主任）全歼陈炯明残部，收复东江地区（周恩来被国民政府委任为东江行政公署主任，曾召开过东江地区各界代表会与行政会议，研究本地区应兴应革事项）。与此同时，国民革命军举行"南伐"，消灭盘踞在南路地区的反动军阀邓本殷，使广东全省得以统一。

广东全省统一之后，是否召开广东人民代表大会的问题，经查阅1925年冬至1926年春的《广州民国日报》，皆未见这方面的报道。可以断定广东人民代表大会没能正式召开。这与1926年前后整个政治局势的急剧变化密切相联。自从廖仲恺被国民党右派刺杀，到国民党第二次全国代表大会之后，特别是在"整理党务案"与"中山舰事件"后，国民党右翼势力猖獗，绝不允许任何具有民主色彩的组织活动自由发展。于是便将人民代表大会制度这朵报春的花蕾，扼杀在早春的寒霜中。

（三）对《广东人民代表大会组织规程》及其筹备工作的评述

### 1. 定名为"人民代表大会"是个伟大创举

《广东人民代表大会组织规程》（以下简称《组织规程》）开宗明义，第1条规定"本会定名为广东人民代表大会"，这是开天辟地的伟大创举。从理论上讲，人民是历史的主人，人民是国家政权的基础。将全国人民组织起来，派出代表组成"人民代表大会"，共商国是，这是符合中国国情的，是马克思主义原理与中国革命实践相结合的具体体现。再从当时的实际情况来看，从共产党成立和大革命开始，各种群众组织如雨后春笋般纷纷产生。工人有工人代表大会，农民有农民代表大会，妇女有妇女代表大会，青年有青年代表大会，商民有商民代表大会，军队有士兵代表大会……那么，把这些群众组织联合起来，称作什么好呢？称"各界人民代表大会"当然也可以，但那只是表明把多种界别的团体联合在一起，没有表明代表大会实质性的内涵。只有标出"人民代表大会"，才是名正言顺、名实相符的。所以，草案一提出"定名为人民代表大会"，立刻得到新闻界的首肯，马上予以特别标出。到8月4日广东各界代表大会一致通过这一《组织规程》后，便使得"人民代表大会"这一组织制度取得了合法的地位，因而它在中国法制史上揭开了"人民代表大会制度"的新篇章。

**2. 关于广东人民代表大会的性质和任务**

《组织规程》第 2 条规定："本会应时势之需求，以统一广东全省，实行经济独立，促进国民会议，废除不平等条约，援助罢工工人为宗旨。"这五项任务，是根据当时广东的政治形势，要求人民代表大会对这些所面临的最迫切的政治问题进行商讨，提出正确的对策和实施办法，并引导各群众团体的成员积极参加各项斗争；同时还要向革命政党和政府献言献策，上下团结一致，努力促其实现。可见，广东人民代表大会，是在反帝爱国运动的高潮中应运而生的，是领导广大人民群众关心国家大事实行参政议政最好的组织形式。

《组织规程》第 5 条规定："本会以各界联合之全体代表大会为最高机关。"这里所指的"最高机关"，在当时的历史条件下，还不是国家政权的最高权力机关，而是指在省以下各界人民团体中的最高议事机关。广东人民代表大会通过的决议和号召，各界人民团体必须积极响应，努力实施。但是，对于广东省政府来说，它仅是个咨询建议机构，可以起到群众监督的作用。这是人民代表大会制度最初阶段的特点。犹如后来解放战争后期的各级人民代表会议，由各界团体推选代表组成，对于政府应兴应革事项，可通过决议，建议政府采纳；经过一定时期的实践之后，各界人民代表会议得进一步发展成为代行人民代表大会的职权，选举同级政府委员会，并得通过法律议案；最后待条件成熟时，经过普选运动，选出人民代表，正式召开地方各级人民代表大会，才能充分发挥地方最高权力机关的作用。

**3. 对于广东人民代表大会筹委会的工作应予以充分肯定**

筹委会虽然时间不长，却做了大量工作，积累了很可贵的经验。概括来说，其总的特点是：有法可依，照章办事，分工明确，各司其职，议而有决，决而必行，每个委员都能积极完成所分担的任务，这种认真负责的工作精神以及整个筹委会的工作程序和比较周密的工作计划，都值得很好地总结和学习。

## 二、省港罢工工人代表大会的实践是我国人民代表大会制度的一座迎春的花坛

### （一）"五卅运动"与省港大罢工

1925 年 5 月 30 日，上海各学校学生为抗议日本纱厂资本家惨杀工人领袖顾正红，而到公共租界马路举行游行，遭到英国巡捕开枪射击，死伤数十人，此即震惊全国的"五卅惨案"。6 月 5 日中共中央发表《为反对帝国主义野蛮残暴的大屠杀告全国民众书》，号召全国人民参加反帝爱国斗争。香港各工团召开联席会议，决定于 6 月 9 日发起香港工人大罢工，数万罢工工人纷纷回到广州。广州市和沙面租界的洋务工人也举行大罢工，并撤出租界。6 月 23 日，广州工农兵学商举行反帝游行时，遭到沙面租界英法军队的射击，制造了骇人听闻的"沙基惨案"。以上香港、广州两地大罢工，史称"省港大罢工"，这是中国共产党领导的一次规模宏大、影响深远的反帝爱国运动。

为了具体领导这次罢工运动并与港英当局进行长期斗争，中国共产党同中国国民党共同协商决定成立中华全国总工会省港罢工委员会，专门负责反帝罢工的有关事宜。同时提出对香港采取"罢工、排货、封锁"的斗争策略，成立了政权机关所特有的各种行政机构，由罢工工人代表大会制定了多种条例规章，因而省港罢工工人代表大会和省港罢工委员会便被称作"广州的第二政府"，是"工人阶级掌握政权的学习"，"是将来中国政

府的先声"。特别是由 800 名代表组成的省港罢工工人代表大会行使了最高权力机关的职权，为日后人民民主政权建设提供了重要经验，因而成为我国人民代表大会制度的雏形。

（二）《省港罢工工人代表大会组织法》的基本内容

1925 年 6 月 26 日召开第一次罢工工人代表大会，讨论省港罢工组织章程等问题。7 月 3 日省港罢工委员会正式成立，苏兆征为委员长，廖仲恺、邓中夏⑦等为顾问。

根据 1925 年 7 月公布的《省港罢工委员会章程》和 1926 年 3 月制定的《省港罢工工人代表大会组织法》以及其他相关法规，明确规定了省港罢工工人代表大会的性质、组成、组织机构、主要职权和活动原则。

**1. 省港罢工工人代表大会的性质、组成与省港罢工委员会的组织系统**

（1）省港罢工工人代表大会的性质是"最高议事机关"

1925 年《省港罢工委员会章程》第 5 条规定："本会最高议事机关为省港罢工工人代表大会"。1926 年《省港罢工工人代表大会组织法》第 1 条重申"省港罢工工人代表大会为省港罢工工人最高议事机关"，即最高权力机关。

（2）省港罢工工人代表大会的组成

开始时，依照《省港罢工委员会章程》规定，工人代表是以各工会在省之人数按比例进行选派。每 100 人选出代表 1 名，200 人以上者递加，

---

⑦　邓中夏（1894—1933），湖南宜章人。1920 年 10 月在北京加入共产主义小组，1922 年 5 月任中国劳动组合书记部主任，曾参与发动和领导长辛店京汉铁路工人大罢工。1925 年 1 月任中共中央职工运动委员会秘书长兼中华全国总工会党团书记，1925 年 6 月组织和领导省港大罢工。1927 年当选为党的中央委员，先后任中共江苏、湖南省委书记。1928 年参加赤色职工国际代表大会被选为执行委员，留驻莫斯科时，撰写《中国职工运动简史》。1930 年回国后，任中国工农红军第二军团政委，1932 年调上海任中国革命互济会中共党团书记，1933 年 5 月在上海被捕，9 月 21 日在南京雨花台英勇就义。

其不满 100 人之工会，亦得选派代表 1 名。凡未加入工会之工厂罢工工人由省港罢工委员会酌情准其派出一定代表。后来依照在省罢工工人人数的变化，上述比例有所调整。最终形成由 800 名代表组成的最高议事机关。

（3）省港罢工委员会的组织系统

1926 年 3 月 5 日公布的《省港罢工委员会组织法》规定：省港工人因反对帝国主义而罢工，特组织省港罢工委员会，以掌握省港罢工一切事宜。省港罢工委员会之上有省港罢工工人代表大会，其决议事项交由省港罢工委员会执行。省港罢工委员会，即为最高执行机关，设执行委员 13 人，由中华全国总工会举出 2 人，全港工团罢工委员会举出 7 人，广州洋务罢工联合会举出 4 人，共同组织之。省港罢工委员会下设干事局，分设 7 部办理日常事务工作。同时设立各种行政机构，如财政委员会、审计局、法制局、纠察队委员会、水陆侦察队、调查处、工商检验货物处、工商审查仇货委员会、保管拍卖处、筑路委员会等。此外还有各种附属机构。

**附：省港罢工工人代表大会组织系统图**

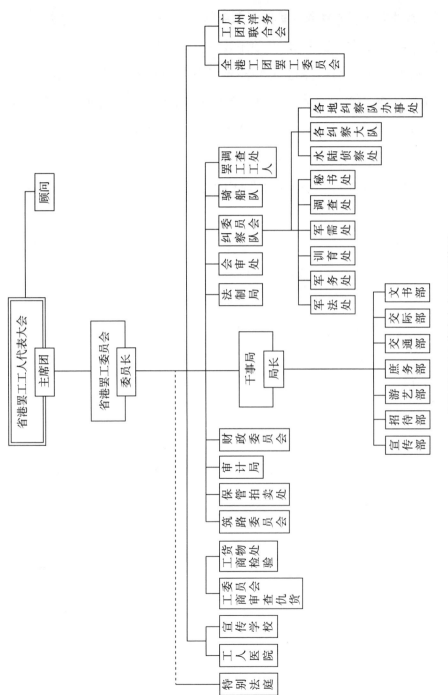

省港罢工工人代表大会组织系统图

**2. 省港罢工工人代表大会的主要职权**

（1）审议通过省港罢工的斗争纲领（复工条件）

省港大罢工之后，经过社会各界协商，省港罢工工人代表大会于1925年9月29日审议通过以下复工条件：《香港罢工工人恢复工作条件》（以下简称"香港条件"），附《香港学生联合会之要求条件》（以下简称"学生条件"），《广州及沙面罢工工人恢复工作条件》（以下简称"沙面条件"）。这些复工条件，即为省港罢工的临时斗争纲领，包括以下要点：

1）政治权利

香港条件提出：废除一切不平等条约，香港华人应有集会、结社、言论、出版、罢工、教育、居住及举行救国运动及巡行绝对自由权，凡被解散之工会立即恢复。香港定例局之选举应增加华人的选举权及被选举权。[⑧]学生条件提出香港教育局所有限制学生罢课之条例立即取消。沙面条件重申中国工人在沙面应有集会、结社、言论、出版、居住、罢工的自由权。

2）民族平等与人权保障

香港条件提出：香港居民，不论中籍西籍，应受同一法律之保障与待遇；立即取消对华人之驱逐出境条例，以及笞刑、私刑等法律；因罢工而被捕者应立即释放，并不得驱逐出境；凡轮船、工厂及公司之一切职务华人皆有平等任职之权；华人应有居住自由权，旗山顶应准华人居住，以消灭民族不平等之污点。沙面条件提出：沙面堤岸华人得自由行坐，沙面英法工部局所颁布之取缔华人一切苛例，应一律永远取消。

3）劳动立法

香港条件规定：香港应制定劳动法，规定八小时工作制，最低限度工资，废除包工制，改善女工童工生活，施行强制劳动保险等。沙面条件规

---

[⑧]　当时定例局共有78人，华人只有2名，而且是由香港政府指派的买办阶级出任。香港人口共34万，华人有33万，其中工人30万，无一人参加定例局。

定：洋务华人职工每日工作不得超过 8 小时，逾时应按照工金比例补给。

4）其他要求

香港条件提出：不论公私机关服务的职工，皆一律恢复原有工作，不得借故拒绝或开除，罢工期内工资照给，香港政府给予华人之一切凭证牌照应继续有效。

上述斗争纲领得到广东各界广泛支持。正如 1925 年 10 月 3 日发布的《广东工农商学兵各界拥护解决省港罢工条件宣言》所指出的，省港罢工的目的有三：一为废除一切不平等条约，二为解决各地惨案，三为取消各地方华人所受之一切酷虐无理之苛例。

邓中夏于 1926 年 4 月 26 日在香港总工会代表大会的政治报告中提出罢工斗争的目标是：1）要求政治自由；2）要求普通选举；3）要求民族自治，即"自己组织政府，自己治理自己"。"如果这三步工作做好了，可以将香港收回来了。"可见，在九十多年前，邓中夏就代表中国人民提出了"收回香港""港人治港"的思想，并为之进行不懈的斗争。

（2）执行立法机关的职权

省港罢工各种组织法皆规定一切条例规章的制定修改，皆须呈交工人代表大会审议通过，方能公布实施。当时省港罢工的主要领导人员，对于法制工作非常重视，认为："法律所以救道德之穷纳人于轨""法者治之具，举平天下治国齐家至于修身，皆各唯法是守，各人办事，岂无所循"。又说："法律随时事为转移，革命以变法为目的"。故设立法制局，起草法律规章，由工人代表大会通过后，必须严格依法办事，真正做到"令出法随"，如有违犯，法制局有权向代表大会进行弹劾。因此，每当立一机构，随即制定相应的组织法，对该机构的职权与组织编制皆有明确规定。不论人员发生任何变动，皆须依法行使职权。据考查，在此 16 个月的罢工中，省港罢工委员会机关报《工人之路》和其他报刊所公布的法律、规章、命令、通告以及工作报告等即达 68 件之多。[9]

（3）最高财政决策权

《财政委员会组织法》规定：财政委员会受省港罢工委员会委托与监督，而管理一切财政事项。财政委员会由 5 人组成（省举 1 人，港举 4 人），委员长互选产生。实际上财政委员会的委员长由省港罢工委员会委员长兼任。实行财政公开制度，财政委员会收支账目，每天要尽数刊登财政报告。同时还专门规定财政委员会得议定各种募捐办法，交省港罢工委员会核准，"转交工人代表大会议决，方得向外募捐"。财政委员会委员如发生亏空，由其所属工会负连带责任。另外，《审计局组织法》还规定：审计局有权对省港罢工委员会各机关所有经费进行审计。如发现舞弊情事，立即呈报省港罢工委员会查办。

（4）对各机关主要职员的选任权及惩罚权

如《纠察队组织法》规定：纠察队总队部委员会由省港罢工工人代表大会选出 6 人，军事委员会派出 1 人组成。《纠察队纪律》规定：纠察队委员如有失职及违法情事，得由省港罢工委员会或省港罢工工人代表大会议决"科以应得之惩罚"。

《省港罢工委员会组织法》规定：执行委员如有违法行动，被人告发或为法制局弹劾于工人代表大会及各机关，一经查确，罪加一等。《纠察队纪律》也有类似规定，纠察队委员会委员之受惩罚，应比委员会以下各级队部职员之惩罚加重一等。

根据 1926 年 3 月 31 日工人代表大会第一百次会议的统计，选举或指派各机关职员共计 17 案，撤革职员，查办或惩戒舞弊者 46 案。

---

⑨ 参见张希坡编著：《革命根据地法律文献选辑》（第一辑），中国人民大学出版社 2017 年版，第 64－121 页。

（5）接受各方报告或请求议决事项

《省港罢工工人代表大会组织法》第11条规定：工人代表大会应接受各工友及各方面的报告，如有请求处理者，应秉公处理之。第十二条规定：如各方报告到会时，应酌量接受，无论最高机关一律秉公处决。

（6）司法权与死刑复核权

1926年3月9日制定的《纠察队纪律》第5条规定：纠察队各部职员及队员，凡有包运粮食、盗卖截货，私运华人往香港、澳门、沙面，及掳人勒索，吞货自肥，违抗命令，截留公款者，得处以枪毙之处罚。但此项处罚须经省港罢工工人代表大会通过方能执行。如工人纠察队驻江门支队长郑福，因违抗命令，非法盗卖火油，被人揭发，经派专人密查核实后，报经省港罢工工人代表大会审议通过后，批准执行死刑。

省港罢工委员会设有会审处，负责审理一切有关破坏罢工的案件。工人纠察队总部设有军法处，专门审理纠察队员的违法案件。如发现非队员有违法行为，得转交会审处审理。

会审处设承审员5人（省2港3）。另据1925年10月第三十七次工人代表大会决定，由各工会派出陪审员1人，以9人为一组，每日轮流赴会审处参加陪审。此乃我国陪审制度之创始。

关于审判权问题，因受到总检察长的阻挠，经省港罢工委员会负责人苏兆征、邓中夏同广州国民政府多次谈判协商，最后决定双方联合成立特别法庭，由国民政府派出审判员3人，省港罢工委员会选派陪审3人组成。但审判员具体人选须经省港罢工委员会的同意。此后特别法庭专门审理破坏罢工的重要案犯，会审处审理轻微刑事案件及会员违纪案件。

（三）省港罢工工人代表大会的会议规则

根据1925年8月通过的《省港罢工工人代表大会会议规则》（以下简

称《会议规则》）和 1926 年 3 月制定的《省港罢工工人代表大会组织法》（以下简称《代表大会组织法》），其会议规则主要有以下规定：

（1）设立主席团：每次开会皆推举临时主席 5 人，组织主席团。

（2）代表之审查：凡出席代表必须带有各该工会正式证书，经审查合格后，由本会发给出席证，才有表决权。每一代表有一票表决权。

（3）议案表决：凡有过半数代表之出席，即为正式开会。各种议案，经出席代表过半数之表决通过，即为议决案。

议案表决法采用举手、起立或投票，由宣布员酌定。表决议案如赞否人数相等时，则取决于主席。

（4）临时提案：凡临时提案须有 3 人以上之附议，方得成立议案，由宣布员交会议讨论。

（5）代表发言：讨论每一议案时，每一代表发言以三次为限。第一次 20 分钟，第二次 10 分钟，第三次 5 分钟（但翻译时间及各种报告不在此限）。代表发言时须起立。两人要求发言有争议时，由宣布员临时指定发言先后。

（6）会议时间：1925 年《会议规则》规定每次会议以三个半小时为限，但遇必要时得延长之。后来由于审议议案的繁重与急迫，1926 年 3 月《代表大会组织法》规定代表大会逢星期二、四、六日正午 12 时开会至下午 4 时止。如有特别事故经多数赞成者，得延长之。实际上在罢工期间工人代表大会成为常设机关。

（7）对代表的要求：代表大会开会时，出席会议各代表应恪守会场秩序。宣布员摇铃宣布散会方得离席。《代表大会组织法》还规定：工人代表为全体工友所举托，应根据公意秉公发言。代表散会后，应将经过情形向各该工会工友宣布。工人代表如有违法行动者，应由该工会撤换，并由代表大会议决处置之。

（8）列席及旁听：代表大会开会时，省港罢工委员会各部机关得派员列席，以备有时报告各种事项。代表大会开会时，凡省港罢工工人得赴会旁听。

**（四）中国共产党正确的策略方针，是省港罢工坚持长期斗争的基本保证**

党的领导包括组织领导和政治领导两个方面。在组织领导方面，中共中央为了加强对广东、广西、厦门、香港等地的领导，在 1924 年决定成立广州临时委员会（又称"广东区委"），由周恩来、谭平山、罗亦农、陈延年等人组成（周恩来、陈延年先后任书记）。"五卅惨案"发生后，广州临时委员会派出邓中夏、杨殷等到香港，李森、刘尔崧等在广州，分别领导省港两地的罢工斗争。1925 年 6 月省港罢工委员会成立时，委派邓中夏、李森、杨殷、杨匏安、苏兆征等组成中共"党团"（邓中夏为书记，李森为副书记），统一领导广州、香港两地的罢工运动（邓中夏是领导省港大罢工的核心人物）。

在政治领导方面，中共中央主要是依据斗争形势的发展和实践经验，正确掌握及时调整斗争策略，制定必要的法律规章。主要体现在以下几个方面：

**1. 实行国共合作，与广州国民政府采取互相支持的方针**

1925 年 7 月，在省港大罢工的高潮中，共产党帮助国民党在广州成立国民政府（史称"广州国民政府"）。北伐革命军占领武汉后，国民政府于 1927 年 1 月迁都武汉（史称"武汉国民政府"）。当时的中国国民党既是反帝爱国统一战线的组织形式，在政权体制上又是代行的国家最高权力机关（立法机关），国民政府是最高执行机关（行政机关）。

关于广州、武汉国民政府的政权性质问题，历史早有定论。1945 年 4

月 20 日中国共产党六届七中全会通过的《关于若干历史问题的决议》明确指出："在一九二四年至一九二七年革命时期，由于国共合作建立了联合政府，当时的根据地是以某些大城市为中心的，但是即在那个时期，也必须在无产阶级领导下建立以农民为主体的人民军队，并解决乡村土地问题，以巩固根据地的基础。"⑩ 1945 年 5 月 31 日，毛泽东《在中国共产党第七次全国代表大会上的结论》中指出："从前同孙中山合作时，我们说在孙中山领导之下，其实是共同领导。"⑪ 根据以上决议，关于广州、武汉国民政府的政权性质，可以概括为："国民党和共产党共同领导"的"国共合作的联合政府"。广州、武汉国民政府所管辖的地区是最早的革命根据地，因而工农运动取得合法地位而得以蓬勃发展。

在上述历史背景下，省港罢工委员会同国民党和国民政府是相互支持的。以廖仲恺为代表的国民党左派人士，对省港大罢工给予多方面的援助，包括政治的、外交的、财政的，以及数万工人的食宿办公用房等。廖仲恺任省长的广东省的商务厅还劝谕商民对罢工工人进行捐助。与此同时，省港罢工委员会也对国民政府给予多方面的支持。例如省港罢工委员会组建了一支拥有两千人的工人纠察队，由军委会派遣黄埔军校的教官进行军事训练，这支工人纠察队协助广州市政府查封了全市的烟馆、赌场和妓院，每天在全市进行巡逻，对清除盗匪，维持社会治安发挥了重要作用。特别是大批罢工工人积极支援国民革命军"东征""南伐"，同反动军阀、土匪作战，最后统一了广东全省，使之成为北伐战争的战略基地。

**2. 拆散帝国主义的联盟，集中打击英帝国主义和港英当局**

省港罢工总的政策是："封锁香港，截留粮食，缉拿仇货，断绝香港交通"，使香港变成"死港"。这一斗争策略是完全正确的。但在开始时，

---

⑩ 《毛泽东选集》（第 3 卷），人民出版社 1991 年版，第 974－975 页。

⑪ 《毛泽东文集》（第 3 卷），人民出版社 1996 年版，第 413 页。

断绝一切外国人的交往，导致广州工商业对外贸易停顿，使自己陷于孤立。有鉴于此，省港罢工工人代表大会立即研究改变斗争策略，于1925年8月16日发布《省港罢工工人代表大会关于实行特许证及货物审查标准的重要布告》，主要规定：（1）在英国货仓如非英国产品，且为英国以外之商人所已买者，准其出仓。（2）凡非英国产品及不是英国船只又不经香港往来者，一律发给特许证，准其起卸及放行。

1925年9月9日，省港罢工委员会发布《关于复工问题的布告》，指出：自实行善后条例之后，日、英、法等之公司商店纷纷要求复工。本会认为英国为目前中国之大敌，对于其余各国自可免施经济绝交与罢工之手段。唯在复工之前应呈报本会，由雇主、工人与本会三方订定复工条约，始可照常开工，但须继续雇请从前罢工之工人。

1925年9月14日，省港罢工委员会专门发布《对于日、美、法等国轮船店户条例》，主要规定：（1）凡日、美、法轮船店户，只要遵照工商所订之善后条例，而不经营英人商务及来往港、澳及沙面者，准于继续来粤。（2）凡日、美、法轮船店户，须雇用原有工友，工金照旧。（3）如该公司商店原在香港、澳门、沙面者，须搬离该地。如来广州市营业者，须遵守中华民国政府之一切法律。

依照上述规定，日本三井洋行行长堀田稔于1925年11月16日致函省港罢工委员会，声明：敝行现由沙面迁往西堤亚洲酒店，照常复业，愿遵照贵会规定条例，嗣后办货入口，不购英国货品，及不经港澳地方。原雇用之华人，除已受雇别处不能复职以外，其余一概照旧雇用。

1926年3月22日，省港罢工委员会发布《港澳船只回省复业条例》，规定：（1）与英国船及与英人资本完全无涉者。（2）在此次罢工期内并无破坏工商合订条例及一切罢工政策者。（3）凡经本会核准回省复业者，应按照该船容量分级缴纳一次报效费。（4）所有雇用船上工人，均须遵照复工条例三方签约。

上述斗争策略改变后，很有成效，如美国大来轮船公司、德国汉堡轮船公司、日本三井洋行，都直接来广州要求领证复业。广东每日入港的船只多达 40 余艘。这对于拆散帝国主义的联合战线，促进广东经济独立发展起了积极作用。

### 3. 加强工农联盟，发布保护农民利益的条例训令

邓中夏在 1925 年 7 月 28 日《怎样实行工农联合？》一文中，强调指出："农民真是我工人阶级天然的同盟者。""农民是我们的助手，我们须得亲密的联合起来，以打倒一切压迫我们的特殊阶级。"但是，在省港大罢工对香港实行严密封锁之后，一向与香港联系比较密切的附近农民，生活受到很大影响。为了保护农民利益，贯彻工农联盟的原则，省港罢工委员会于 1926 年 4 月 9 日颁布《特准宝安农会农民经过英界条例》，主要规定：（1）凡属米、田料、盐、种田及耕牛五项，得予通融经过英界到内地。此项特许通融只限于各乡各农会之农民，其他人一概不准。（2）各乡农会农民，欲过英界采办田料、米、盐时，应会齐到该属农会，报明前往采办之地点及数量，声明不携带仇货，然后由农会盖章担保，转深圳纠察办事处报明，方得前往采办。（3）各农会农民有必要过英界耕种者，须由该农会担保送交纠察办事处挂号发证，方准来往通过。

1926 年 4 月 17 日省港罢工委员会发布《关于咸鱼运输办法的训令》指出：查土咸鱼一项，关系沿海渔户生活及内地贫民食料，其影响民生问题，至为重大。更由于咸鱼最难经时，若稍事停留，必致霉坏，影响贫民生活尤关重大。特经罢工工人代表大会研究决定：（1）凡属土咸鱼，在沿海及内地准予自由贩运，当地纠察队要迅速检验放行，不得留难。（2）但由香港运入者，则一律截缉。

### 4. 坚持工商联合，保护民族工商业取得海外华侨的支持

原定的特许证制度，要经过省港罢工委员会与商业厅、公安局、外交

部共同签发，商民深感手续烦琐，极不方便。为了加强工商联合，简化手续，经省港罢工委员会与广东四商会共同协商一致，于 1925 年 9 月 3 日联合发布《省港罢工委员会暨四商会关于取消特许证后之善后条例》（以下简称《善后条例》），其要点是：（1）凡不是英国货，不是英国船，及不经过香港及澳门的，均可自由起卸，在广东界内自由贸易。（2）此条例自公布之日起，只由省港罢工委员会行使封锁职权，如发现违禁货物，须经过工商两界代表所组织之审查委员会审查确实后，始得执行充公。为此，于 1925 年 10 月 20 日制定《广东工商审查仇货委员会章程》，规定本会"以保护罢工，维持商业，双方兼顾为宗旨"。由工商两界各出 8 名委员组成。凡有违背《善后条例》者，由本会审查之，遇有争议不能取决时，呈请市府商务厅核定。1926 年 1 月 20 日又制定《工商检验货物处章程》，由四商会和省港罢工委员会各出检验员 8 人组成。检验员的职务，只是查验货物有无违犯工商条例，报告理事分别处理。如货主不服时，得提请工商审查仇货委员会再行处理。

1926 年 3 月 20 日《工人之路》报道《发还陈嘉庚公司货品，实行工商联合》指出：前日陈嘉庚公司运来胶轮等货品，因有"新嘉坡"字样，被纠察队扣留检验。罢工委员会考虑该公司纯系华人资本华工制造，且系由厦门运来，特提请第九十四次罢工工人代表大会讨论，认为"陈为南洋巨商中最能牺牲个人财产，以谋增进国民教育之人，且制造新式货品，与外国工商业争衡，应予通融发还，以符保护农工发展实业之政策"。一致决议，全数发还，已函照会审处查照办理。

为了切实保护海外侨商，避免华厂产品被误扣，省港罢工委员会于 1926 年 4 月专门致函国民党中央海外部，建议通告各地侨胞，凡非仇属或仇商所出产品，可即先行到该地党部报明何厂出产、何船运粤、数量多少、付费及收货商号，由党部审查属实后，电告敝会，以便转知工商检验货物处暨纠察队查明放行。

接着纠察队委员会又于 1926 年 6 月 16 日发出优待华侨的布告，指出罢工一年来，所有经济多赖各国华侨捐助，可见华侨对于此次反对帝国主义运动极尽热烈援助，爱国之心甚可钦佩。乃查近来纠察队员对于回国华侨行李内的仇货则予扣留，殊失优待华侨之道。特规定嗣后华侨回国，如非贩卖仇货者，毋稍留难。倘有与罢工条例相抵触者，应立即呈报，以便本会妥为处置。

邓中夏在总结"五卅运动"以来的经验时指出：工农商学联合战线这一个问题，从前是没有人注意和懂得它的重要意义的。直到 1925 年"五卅运动"，工农商学各阶级不约而同地参加反帝国主义运动，并创中国革命的新纪元，从而证明："有联合战线则革命势力增大而高涨，无联合战线则革命势力削弱而衰落。"⑫ 后来革命历史的经验不断证明反帝爱国联合战线的重要意义。

**5. 聘请社会名人作报告，把代表大会办成进行政治教育的大课堂**

1925 年 7 月 15 日，罢工工人代表大会第一次大会上，聘请廖仲恺顾问作政治报告。他指出：此次罢工含有社会问题、经济问题等要素，但我们现在最重要的，是由各团体选派代表速开国民会议，由群众公决废除不平等条约与收回海关问题。

1925 年 7 月 30 日，罢工工人代表大会第六次大会，聘请国民革命军第一师党代表周恩来作政治报告。首先指出：我们非常钦佩诸位全力为反抗帝国主义而罢工，深受社会各界同情，而愿共同奋斗。接着说这次黄埔军攻打东江陈炯明由于革命军士兵自知工农群众痛苦，而给工农群众予以保护，因而受到潮梅地区工农群众的欢迎和支持。他们充当向导或担任后方运输，所以东江的胜利是东江工人农民与国民革命军联合力量的胜利。

---

⑫ 邓中夏：《工农商学联合战线问题》，载《工人之路》1926 年 6 月 12、13、18 日。

最后强调指出："工人是国民革命的领袖，要领导农人士兵而为工农兵大联合，共同来打倒帝国主义，现在反抗英国帝国主义是工人做先锋。"之后周恩来在 1926 年 7 月 8 日罢工工人代表大会第一百三十一次大会上再次作报告。

1925 年 8 月 4 日，罢工工人代表大会第八次大会上，聘请彭湃作关于农民运动的报告。他说明：海丰的农民运动已发展到减租阶段。参加省港罢工的海丰工人，回乡后受到农民的接待，并捐款援助罢工工人。1925 年 10 月 18 日，彭湃再次来向工人代表大会作农民运动的详细报告：除介绍农民各阶级的构成以及所受压迫情况之外，特别强调工人农民必须互相联合，工人要想革命成功，不能忽视农民，农民要想革命成功，不能忽视工人，这已成为铁律；最后还提出工人和农民都应武装起来，参加国民革命运动。

（五）关于省港罢工工人代表大会的历史评价

省港大罢工的领导者邓中夏，在 1926 年 3 月 31 日省港罢工工人代表大会第一百次纪念会上的讲话和在《纪念刊》上发表题为《工人阶级的一首功课》纪念文章指出：省港罢工工人代表大会和省港罢工委员会，是"工人阶级掌握政权的学习""以为将来自己阶级掌握政权的预备"。我们是在向世界工人阶级掌握政权的法国巴黎公社、俄国苏维埃学习。但应指出，那时的学习并不是机械地照搬"公社"或"苏维埃"的形式，而是学习其基本精神，即"普遍民主主义精神"，就是依据各产业的人数按照一定比例，由工人自己推选代表，组成代表大会，作为最高决策机关。同时还学习"民主集中制的原则"，即代表大会的决议，大家必须一律遵照执行，不得违抗。各地区、各行业、各派工会之间的争议纠纷，皆交由代表大会讨论争辩，依靠民主集中制的原则，予以公断，从而维护了数万罢工工人之间的团结。还应指出，那时省港罢工的领导者，在政治路线方面，懂得学习外国经验必须与中国的国情和实际情况相结合。邓中夏曾明确指出：我们的大罢工运动，与巴黎公社和俄国苏维埃政府具有原则性的区别。他们是社会革命，根本推翻资本主义；我们是民族革命，努力打倒帝国主义。他们是管领全国，建设无产阶级政权，我们只管领东园（注：东园乃省港罢工委员会的驻地）。其含义是我们只管与罢工有关的事宜，不能取代国共合作的国民政府和省市政府。

时任中华全国总工会副委员长的刘少奇，在纪念罢工工人代表大会第一百次大会上的致词中，对省港大罢工的重要意义给予高度的评价，指出："这次罢工已经把中国革命大路打开了，使中国民众向这次大路去革命。这次罢工使帝国主义在东方势力发生动摇，这次罢工是工人掌握政权第一页的功课，由这页功课应该得到的经验，作第二次斗争，我们的目的在于根本打倒帝国主义，解放我们自己。"[13]

省港罢工工人代表大会的实践经验，对于后来革命根据地的政权建设具有重要指导意义。例如第三次国内革命战争时期，以刘少奇为书记的中共中央工作委员会在领导各解放区建立"各级人民代表会"时，就以省港罢工工人代表大会的历史经验作为典型，加以推广。1947 年 11 月 28 日，刘少奇主持发布的《中央工委关于政权制度及城市工作给东北局的指示》指出："在一切群众业已充分发动的乡村和城市，由下而上建立各级人民代表会，并使之成为各级政府的最高权力机关。……首先成立县、区人民代表会，然后召集省与全东北人民代表会，并须经常开会，由各级代表会的主席团自行召集，由各级政府向代表会作报告并提出各种议案，使代表会真正成为解决各种重要问题的权力机关（例如大革命时的省港罢工工人

---

[13] 原载 1926 年 5 月《省港罢工工人代表大会第一百次纪念刊》，转引自《省港大罢工资料》，广东人民出版社 1980 年版，第 206 页。

代表会），……只有这种代表会系统确实建立起来，才能使各级政府充分反映群众意见，密切联系群众，并巩固各种纪律和制度。望在实际斗争中大胆试验这种制度。"⑭

胡锦涛同志 2004 年 9 月 15 日在首都各界纪念全国人民代表大会成立 50 周年大会上发表讲话时，对省港罢工工人代表大会是我国人民代表大会制度的最早的探索和实践予以充分肯定，并对我国政权建设的历史作出系统的论述："中国共产党从成立之日起就以实现人民当家作主为己任。以毛泽东同志为主要代表的中国共产党人，创造性地把马克思主义国家学说同中国具体实际结合起来，在带领人民为推翻三座大山而浴血奋战的同时，对建立新型人民民主政权及其组织形式进行了长期探索和实践。从第一次国内革命战争时期的罢工工人代表大会和农民协会到第二次国内革命战争时期的工农兵代表苏维埃，从抗日战争时期的参议会到解放战争后期和建国初期各地普遍召开的各界人民代表会议，都是我们党为实现人民民主而进行的探索和创造。我们党深刻总结中国近代政治发展的历程和建立新型人民民主政权的实践，得出了一个重要结论，这就是：新民主主义革命胜利后建立的政权，只能是工人阶级领导的、以工农联盟为基础的人民民主专政；同这一国体相适应的政权组织形式，只能是民主集中制的人民代表大会制度。"⑮

---

⑭　《建党以来重要文献选编（1921—1949）》（第 24 册），中央文献出版社 2011 年版，第 492-493 页。

⑮　胡锦涛：《在首都各界纪念人民代表大会成立 50 周年大会上的讲话》，人民出版社 2004 年版，第 3-4 页。

# "中华法系"辨正[*]

马小红[**]

有关"中华法系"的研究，自 20 世纪初就备受学界的关注，并经常因为时势而成为学界研究比较集中关注的对象。近来，随着中华优秀传统法律文化研究热潮的出现，有关中华法系的研究又形成一股热流，成为研究的热点，论著出版、研讨会召开的信息不断见诸各类报刊与有关刊物的报道。[①] 笔者注意到，自 20 世纪初，迨至当下，一些学者力主复兴中华法系，甚至提出建立"新中华法系"，但其中亦不乏批判否定之声。笔者认为，无论是对中华法系持有肯定并进一步主张复兴的观点，还是对中华法系持有否定并进而主张放弃的观点，都应该以厘清中华法系概念的由来、内涵为前提，在总结以往研究成果的基础上作出判断。

## 一、"中华法系"概念的由来与发展

### （一）"中华法系"概念的由来

法学界公认，"中华法系"的概念源自日本法学家穗积陈重在《论法

---

  * 本文原载于《上海政法学院学报（法治论丛）》2023 年第 6 期。

  ** 马小红，中国人民大学法学院教授。

  ① 比如：2023 年 5 月由中国人民大学出版社出版的龙大轩的著作《重新认识中华法系》，全书 50 余万字；有关会议报道，见《法治周末报》2023 年 7 月 15 日"一次重思中华法系与现代法治的思想盛宴"；等等。

律五大族之说》中提出的"支那法系"。

"法系"的概念出自近代比较法研究,比较法研究兴起于 19 世纪。《简明不列颠百科全书》在"比较法研究"条目中这样解释了"法系"的含义:"法系的分类是有争论的。因为一个国家的法律制度可能和几个法系发生联系。""甚至在同一个法系内各种法律制度也可能有很大的区别,例如普通法系中的美国法律就不同于英国法律。"② 沈宗灵主编的《法理学》对"法系"的含义进行了精炼的概括:"他们(西方法学家)所讲的法系原先主要是指具有某种共性或共同历史传统的法律的总称,也即根据这种共性或历史传统来划分法的类别,凡属于具有某种共性或传统的法律就构成一个法系。"③ 简要归纳一下"法系"的概念:在比较法研究中,学者们根据共性或历史传统对不同地区和国家的法律进行的类型归纳。所以,不同的学者有不同的法系划分方法。近代以来,有世界四大法系之说、五大法系之说、十大法系之说,乃至十六大法系之说。一个法系在地域上并不限于一个国家,而一个国家的法律制度也有可能并非只属于一个法系。

中国学界一般将"法系"划分之说最早追溯到日本的法学家穗积陈重。④ 笔者根据研究论著所提供的线索,寻找到 1932 年(日本昭和七年)岩波书店出版的《穗积陈重论文集》第一册,穗积陈重的《论法律五大族之说》即载于此书中。重新研读穗积陈重的论著,深感目前学界对"法系",尤其是对"中华法系"研究的源头尚未充分探究,故对此有正本清

---

② 《简明不列颠百科全书》(1)(中译本),中国大百科全书出版社 1985 年版,第 686 页。

③ 沈宗灵:《法理学》(第 2 版),北京大学出版社 2003 年版,第 130 页。

④ 张晋藩言:"关于法系问题的提出,是 19 世纪末日本著名法学家穗积陈重发端的。1884 年(清光绪十年,日本明治十七年),穗积陈重在日本《法学协会杂志》第一卷第五号发表《论法律五大族之说》的论文,按照各国法律的传统与相似性将世界法律体系分成'印度法族''中国法族''回回法族''英国法族''罗马法族'五大法族。此文无疑是以后研究'法系'或者'法族'之蒿矢。"张晋藩:《中华法系的回顾与前瞻》,法律出版社 2007 年版,第 1 页。

源之必要。

在《论法律五大族之说》中，穗积陈重指出，世界上不同的地区和国家，有不同的自然环境。人类社会根据不同的生活环境形成了不同的君主制度（政治制度）、不同的宗教信仰。其中，风土、政治制度、宗教相类似的国家，法律制度也大致相同。据此，世界的法律可以划分为五大"族"（类），即"印度法族""支那法族""回回法族""英国法族""罗马法族"。这里的"法族"即为"法系"，"支那法族"即为"中华法系"。⑤然而，值得我们注意的是，穗积陈重的"法族（法系）说"并不是世界法律类型的客观陈述和划分，而是带有强烈价值判断的"法系"优劣之比较。穗积陈重用图表展示了不同法系的不同现状，断言英国法系与罗马法系是不断发展完善的"进行法"，其自身的不断进步也促进了社会的日益发展，因此，西方的文明日昌。"中华法系"则是发展缓慢的"迟进法"，其社会的发展也相应地几乎陷于停滞，法律的停滞也制约了社会的进步。印度法系和回回法系则是已经消亡了的"静止法"，其对社会的进步毫无价值。就我们所关注的中华法系而言，穗积陈重并不看好，他将中华法系的法源狭隘地归为"诸律"。律，为中国古代之刑法，将法源归于诸律也是近代以来，法学界将中国古代法误解为是"以刑为主"之源头。其实，在古代中国，只有律是"以刑为主"的，而律则只是中国古代法律中的"一端"（一部分）。⑥穗积陈重忽视或不理解"西方'法'字，于中文有理、礼、法、制四者之异译"⑦。因此，穗积陈重提出的"支那法系"法源为"诸律"的观点，是对中国古代法的一种曲解。

如果对穗积陈重"法系"说的渊源作进一步的考察，我们很容易联想

---

⑤ 参见何勤华：《关于大陆法系研究的几个问题》，载《法律科学》2013 年第 4 期。
⑥ 参见（清）沈家本：《历代刑法考》（第 4 册），邓经元、骈宇骞点校，第 2242 页。
⑦ ［法］孟德斯鸠：《孟德斯鸠法意》（上册），严复译，商务印书馆 1981 年版，按语第 2 页。

到英国思想家梅因在《古代法》中对古代法律的分类。梅因在 1861 年发表的《古代法》中将不同地区的古代法律分为"进步社会"的法律与"静止社会"的法律两大类。他认为："在法典时代开始后，静止的社会和进步的社会之间的区分已开始暴露出来的事实，我们的工作就比较容易进行。"⑧ 梅因认为：印度法一直处在法律发展的原始阶段，宗教与法不分；中国法虽然已经脱离法律发展的原始阶段，但其发展却止步不前，"因为在它的民事法律中，同时又包括了这个民族所可能想象到的一切观念"⑨。在梅因看来，中国没有发达的民事法律，所以法律的文明程度远不能与西方相比。从对古代法律的分类看，穗积陈重以"进行法""迟进法""静止法"为基础的法系分类与梅因在《古代法》中所表达的观点高度一致。

（二）穗积陈重划分"法族"（法系）的目的

穗积陈重划分"法族"（法系）并不是为了客观地陈述不同地区和国家的法律不同的样貌，而是为了给当时正处于变革当中的日本立法提出可供选择的方案。他通过五大法系的划分和比较，明确提出日本应该学习罗马法系。在穗积陈重的法系选择上，放弃"中华法系"和向西方法律学习同等重要。他作出这种选择，是受梅因法律思想的影响。梅因在《古代法》中强调，西方法之所以优于其他国家和地区，主要原因就是西方有着发达的民法。⑩ 因此，日本的近代法律改革重点明显有向民法领域倾斜的倾向，而"中华法系"恰恰缺乏发达的民法传统。也正是因为如此，学界普遍认为，穗积陈重的法系分类有其明显的现实意义和政治色彩，虽然其

---

⑧ ［英］梅因：《古代法》，沈景一译，商务印书馆 1984 年版，第 13 页。

⑨ ［英］梅因：《古代法》，沈景一译，商务印书馆 1984 年版，第 14 页。

⑩ 李祖荫评论说："梅因在他的著作中有这样的错误论调：一个国家文化的高低，看它的民法和刑法的比例就能知道。大凡半开化的国家，民法少而刑法多，进化的国家民法多而刑法少。"［英］梅因：《古代法》，沈景一译，商务印书馆 1984 年版，小引。

表面上是从学术角度来分析和论证的，但是却带有明显的主观价值判断。

一个国家法律体系的形成及法律制度的确立，有着其深厚的历史及文化渊源，并不是孤立存在的。法系的分类也不可能是空中楼阁而完全脱离现实。无论是勒内·达维德，还是茨威·格特，他们法系的分类都不可能完全脱离当时的社会实际，也都是基于当时的现实需要而做的回应性思考。只是穗积陈重"法系"划分和研究现实使命感更强，带有先入为主的价值判断，所以在国际法学界并没有得到普遍的认可。这也就是像笔者上文所引述的《简明不列颠百科全书》中所说明的那样，关于法系的分类有待进一步探索，除了要对不同法系的法律思想和法律制度进行比较分析和深入探讨，更要关注其背后隐藏的文化思想。也正是由于文化传统本身的不同，更是由于学者们对于各国各地区文化传统的不同理解，学者们对法系的认识及分类也不尽相同。在现实社会中法系的定性与分类除了与文化密切相关，与地域的关系也错综复杂。一个国家的法律制度有可能会与多个法系发生联系，而同一法系的不同国家和地区的法律制度也存在很大的差异，这也就造成了对法系的定性和分类莫衷一是、千差万别。另外，许多学者认为，对于法系的探讨，在比较和归纳不同地区法律时，应该以遵循客观事实陈述为原则，充分尊重该国家或地区的文化传统和价值皈依，而不应该以价值优劣作为评价标准，从而进行文化和制度的殖民和侵略，试图强制植入，以"强势文化"来代替"弱势文化"。按照"存在的就是合理的"这一观点，不论法系的模式如何，都有其存在的合理性。正如习近平总书记在联合国教科文组织总部演讲中指出："每一种文明都延续着一个国家和民族的精神血脉，既需要薪火相传、代代守护，更需要与时俱进、勇于创新。"[11]

---

[11] 习近平：《出席第三届核安全峰会并访问欧洲四国和联合国教科文组织总部、欧盟总部时的演讲》，人民出版社2014年版，第17页。

（三）中国学界对中华法系的纠结

与西方法学界不同，清末穗积陈重的法系之说传到中国，并没有引起学界的争论；对于穗积陈重在划分法系类型时对中国古代法的曲解，法学界也未能予以及时澄清。值得注意的是，中国法学界在接受了穗积陈重法系说的同时，对中华法系的价值判断却纷纭歧异。有赞同穗积陈重"迟进"说者，认为中华法系的发展不仅是缓慢，而且是已趋于停滞，走向解体。有片面接过穗积陈重的法系"五大族"说而无视"迟进"说者，则竭力赞誉中华法系能独树一帜，在世界法系的"五大族"中能占有一席之地。但更多的人则像梁启超一样处于矛盾和纠结之中：一方面为赓续绵延数千年的中华法系而自豪，另一方面又为中华法系的式微和停滞而深深焦虑。同时，清末的变法修律也确实加速了中华法系的式微和衰落的进程。我们以梁启超思想的矛盾性为例来分析"中华法系"概念传到中国后的复杂境遇。

梁启超较早将"法系"观点引入中国并在学界引起巨大反响，但他对中华法系的价值判断始终处于矛盾之中。一方面，梁启超对穗积陈重将中华法系归结为"迟进法"并不以为然，他关注的是中华法系的独树一帜。⑫ 他认为，中华法系既然能在世界法系的划分中占有一席之地并为世人所承认，其未来的发展也必能有其相应的造化，以贡献于人类。另一方面，熟悉中国传统的梁启超对中华法系在现代社会的前途也充满了忧虑，在发表于同年的《论中国成文法编制之沿革得失》中，梁启超的观点与他

---

⑫ 1904 年梁启超发表《中国法理学发达史论》，在文中，梁启超深为中华法系自豪："近世法学者称世界四法系，而吾国与居其一焉，其余诸法系，或发生蚤（早）于我，而久已中绝；或今日方盛行，而导源甚近。然则我之法系，其最足以自豪于世界也。夫深山大泽，龙蛇生焉，我以数万万神圣之国民，建数千年绵延之帝国，其能有独立伟大之法系，宜也。"梁启超：《饮冰室合集》（第 2 册·文集之十五），中华书局 1989 年版，第 42 页。

在《中国法理学发达史论》中所表现的对中华法系的自豪感深为矛盾，他说道："我国法律界，最不幸者，则私法部分全付阙如之一事也。罗马法所以能依被千祀，擅世界第一流法系之名誉者，其优秀之点不一，而最有价值者，则私法之完备也。"⑬ 由此，我们可以发现梁启超对穗积陈重有关中华法系学说的改造。在《论中国成文法编制之沿革得失》中，梁启超吸纳了穗积陈重的观点，认为中华法系中的私法阙如是中国法律亟待变革之处。这也是梁启超主张效法西方，改造中国法律的原因。而在《中国法理学发达史论》中，梁启超则全然不顾穗积陈重对中华法系的否定，径以中华法系在世界法系中独占其一而充满自豪。也就是说，梁启超从制度体系上承认了中华法系的落后，而从文化方面却又对中华法系充满了期待。

梁启超是近代中国学界的翘楚，其执学界之牛耳的地位使他的观点备受关注，他的学术观点往往风靡学界，或被视为不刊之论。由此，梁启超对中华法系的纠结就成为整个中国学界的纠结，这种纠结，可以说一直延续到民国时期的学界。

经过清末的修律变法，中华法系愈加衰微。民国时期，一方面，学界不得不接受中华法系已经如印度法系、回回法系一样，不仅式微"迟进"，而且已经几乎"静止"的现实；另一方面，学界又以中华法系曾为世界五大法系之一而十分自豪、不舍，并希望中华法系能重振昔日雄风，与英美法系及罗马法系比肩而立。于是，便出现了当时一些学者倡导的在三民主义的指导下"复兴中华（国）法系"的主张。⑭

---

⑬　梁启超：《饮冰室合集》（第 2 册·文集之十五），中华书局 1989 年版，第 52 页。

⑭　阅读 20 世纪民国时期学人的文章，可以看到当时的学人对在三民主义思想指导下复兴或建立一个与英美法系、罗马法系并立的中华法系充满了渴望。参见张晋藩主编的《中华法系的回顾与前瞻》附录中所辑录居正的《为什么要重建中国法系》、马存坤的《建树新中华法系》、王汝琪的《中华法之复兴》、程树德的《论中国法系》等。

### (四)中日学界有关"法系"研究的不同目的

梳理法系,尤其是中华法系概念的由来及发展,可以看出这样一条明晰的线索:中华法系的概念从日本传到中国,研究宗旨和目的已经发生了巨大的变化。基于不同的时期和国情,两国学者对法系的研究有着截然不同的目的和希冀。日本学者是在不同法系的比较中寻求日本法律变革所要效法的对象,中国学者则是在国际形势异常复杂、面临落后挨打这样的困难局势下期待复兴中华法系以期能够带来国运的转变。

中国和日本虽然是隔海相望的近邻,但两国的自然环境与人文环境及民族性格等都存在着非常大的差异。就自然环境而言,中国虽有较长的海岸线,东、南面海,但是中国西、北则是辽阔的大陆,属于海陆兼备的国家。中国自古以来就以地大物博、人杰地灵引以为傲。春秋时期,这种地理与文化的优越感在先贤的经典中就表露无遗。孔子言:"夷狄之有君,不如诸夏之亡也。"⑮ 汉代以来,"大一统"(政治一统、思想一统、文化一统)成为中国历史发展的主流,甚至王朝强盛的象征就是不同地区生活模式的一统。即使在三国鼎立、南北朝对峙及五代十国战乱的政权分裂时期,天下须"定于一"的思想观念也从来不曾退居非主流地位。在"大一统"思想的引导下,"分裂"被认为是非正常的"乱世"之象,而"统一"则被认为是"治世"与"盛世"的必要前提。"大一统"文化思想经过中国历朝历代的演化发展,在每一个中国人的心灵深处都留下了深深的烙印。著名的美国学者费正清指出:"中国的文化(生活方式)是比民族主义更为基本的东西。"⑯ 即中国是一个崇尚文化的国度,人们对文化的认同甚至高于对血缘的认同。基于此,在中国人的认知里,不同的族群没有

---

⑮ 《论语·八佾》。
⑯ [美]费正清:《美国与中国》,张理京译,世界知识出版社2002年版,第93页。

高低贵贱之分。即使异族，只要其接受了中土圣人的教化，信奉了孔孟之道，也可以成为"天朝"的百姓，甚至成为"天朝"的皇帝。中国历史上，入主中原建立政权的其他民族几乎无一例外地被汉（中华）文化所同化。由于对中国传统文化的崇尚，中国人在吸收外来文化时会以自身文化价值观为标准衡量是非善恶。所以，在借鉴和吸纳"异质"文化要素时，中国人强调的是"融会贯通"，即在寻找外来文化与中华文化相同或相通"精义"的基础上，将外来文化的精髓融合为本土文化中的有机组成部分。在借鉴与吸收外来文化的过程中，中国人主张创造性改造和创新性发展。因此，中国是"主创型"的国度，在借鉴与吸纳中无法也不会放弃自我传统。这种学习，与其说是"学习"，不如说是"再创造"更为贴切。

日本是一个善于学习的民族，与中国的"创造性"更新路径不同，日本更喜欢对优秀的文化制度全面借鉴。作为一个岛国，国土面积狭窄、资源匮乏、自然灾害频发等，使日本在发展过程中始终保持着强烈的忧患和危机意识。同时，日本早期对中国儒家传统文化中的"人无远虑、必有近忧""生于忧患而死于安乐"等思想的推崇，更加重了其居安思危的民族心理。所以，学习发达国家的先进文化和制度，尽快使国家及民族强大成为日本国民的普遍渴求。日本人务实而精准的"学习"特长，使他们能敏感地洞悉不同文化中的精华，准确地选择学习的对象。作为"学习型"的国家，在古代，因为中华文明的强大，日本就成了中华文明的接受者；而在近代，随着中华文明影响力的式微，日本就转而全面学习和借鉴西方的先进思想、制度和技术。

综上所述，传统中国是一个"创造型""创新型"的国度，是中华文明，也是中华法系的"主创国"；而日本则是一个"学习型"的国家，古代日本接受了当时先进的中华文明取得了成功。而在近代，当中国人仍然纠结于文化传承还是制度变革，艰难地探索中西文明融合之道时，日本则比较容易地迅速接受了西方文化,并像古代吸纳和接受中华文明一样,也取得了巨大成功。从自然环境、文化制度与国民性的角度认识中日的差异,我们也许就可以明白为什么导引日本"弃中学西"的"法系"之说传到中国后,却结出了试图复兴中华法系的学术之"果",也许就可以理解当年梁启超在批判中国法律种种"不完备"的同时却又言"我之法系,其最足以自豪于世界也"[17] 的原因与苦衷。

# 二、中华法系的内涵与清末民国研究状况之分析

## (一)中华法系的内涵

笔者曾在拙作《礼与法:法的历史连接》[18] 中对"古代法"与"传统法"的不同作了区分。笔者认为,古代法是不可更改的已经发生过并且已经静止不变的客观事实,对古代法的研究务求"真实",对古代法的描述越接近事实真相,研究的结论就越可靠。而传统法则是一代又一代人对以往发生过的法律(古代法)的阐释,是在一代又一代人的阐释中流动的、鲜活的。所以,传统法具有鲜明的时代性,不同学者对以往法律见仁见智的价值判断无不体现出时代的特征,一个时代有一个时代的传统法。

中华法系显然属于传统法的研究范畴,其是近代学者对中国古代法的阐释。正因如此,对中华法系的论述才枝节芜杂,且不论中日学者基于不同的立场对中华法系所持有的对立观点,即使局限于中国学界自身,对中华法系的价值判断也莫衷一是。据赖骏楠考证,1903 年最早将"法系"之说引入中国的"攻法子",显然接受了穗积陈重的观点,他认为:"支那

---

⑰  梁启超:《饮冰室合集》(第 2 册·文集之十五),中华书局 1989 年版,第 42 页。
⑱  马小红:《礼与法:法的历史连接》(修订本),北京大学出版社 2017 年版。

法系惟道德是尚，不讲法律，而不明权利为何物。故法律之效用，几于无存……支那法系之存在，特沿革而已，本无永久存在之要素。"⑲ 而上文提到的 1904 年梁启超文则与攻法子的观点针锋相对，梁启超称："我之法系，其最足以自豪于世界也。"梁启超与攻法子在学界的地位不可同日而语，这也是自梁启超后，日本学界的"支那法系"在中国被改称为"中华法系"（或"中国法系"），而中国学界亦多有学者以中华法系为自豪的原因。迄至民国，学界甚至形成了一股"复兴"中华（中国）法系的思潮。

中华法系是近人以现代法学理论对中国古代法的阐释，所以其带有鲜明的近代学术印记。在许多问题上，学界至今仍未能达成共识。比如，在中华法系起讫时间的认识上，民国时期学界一般认为中华法系与中国古代法发展相始终："中华法系形成的时间问题，由于涉及中国法律系统的演变和法系的历史渊源的不同理解，也就成为一个见仁见智的问题。早在20 世纪的 30、40 年代，学术界讨论中华法系问题时，就曾涉及中华法系的起讫时间，当时的学者大都认为起源于唐尧虞舜时代，经过发展、衰落过程，至清末沈家本变法时才揭开中华法系新的一页。"⑳ 1997 年出版的郝铁川的《中华法系研究》，分析了 20 世纪 80 年代以来的有关中华法系研究，他指出，在中华法系起止时间的讨论中，有两种意见：一是以陈朝璧为代表的认为中华法系贯穿古今的观点，二是以张晋藩为代表的认为中华法系终结于鸦片战争的观点。郝铁川在分析了两种观点之后提出了第三种观点："上述两种意见的分歧，实际上涉及了中华法系是死法系还是活法系的问题。若严格从社会形态的角度来审视，中华法系已是死法系，但从文化价值观念及表现形式具有相对独立性来说，法系可以超越社会形

---

⑲　赖骏楠：《民族主义视野下的近代"中华法系"学说（1900—1949）》，载马小红、刘婷婷主编：《法律文化研究》（第七辑·中华法系专题），社会科学文献出版社 2014 年版，第 252 页。关于"攻法子"及其文章的介绍，亦见赖骏楠文。

⑳　张晋藩主编：《中华法系的回顾与前瞻》，中国政法大学出版社 2007 年版，第 45 页。

态,中华法系因而不会是死法系。"㉑ 其实,在中华法系的起止时间问题上,20世纪80年代以来的研究绝不止以上诸种观点。在起点的认识上,有将中华法系形成时间确定为秦者,亦有确定为汉或唐者。在其终结时间的认识上,有将中华法系解体时间确定为清末沈家本修律者,亦有学者并不认为中华法系已经解体,他们认为中华法系一直存续至今。㉒ 比如,李钟声就认为民国法律亦可以纳入中华法系的范畴。㉓

以上所举在中华法系研究中所出现的不同观点,意在说明中华法系是近代学者对中国古代法律的一种阐释,这种阐释带有鲜明的时代特征。即其是在比较法研究中出现的,是以现代法学理论为工具进行阐释的。说得更直白一点就是,"中华法系"是近代中国学者在研究中国古代法时借助日本学者的研究成果而提出的概念,是近代学者对中国古代法的理解(尽管这个理解并不尽相同),其带有研究者强烈的主观性。由于主观性强的原因,学界对中华法系内涵的归纳与评价,则更是众说纷纭。

## (二)清末民国时期的研究

梳理清末民国时期有关中华法系研究的典型成果,目的在于探究中华法系研究初期时的状况。肇始于梁启超的中华法系研究,在20世纪30、40年代形成高潮,在这一高潮中,越来越多的学者对复兴中华法系充满了信心。

### 1. 梁启超的研究

梁启超于1904年发表的《中国法理学发达史论》,实际上是一部研

---

㉑ 郝铁川:《中华法系研究》,复旦大学出版社1997年版,第15页。

㉒ 关于中华法系起止时间,参见张晋藩主编:《中华法系的回顾与前瞻》,中国政法大学出版社2007年版,第45-47页。

㉓ 参见李钟声:《中华法系》(下),华欣文化事业中心1985年版。作者认为,"中华法系的历史"分为五个时期,即"黎明时期""光辉时期""发达时期""沿袭时期""民国时期"。

究、分析、总结先秦法律思想之作。其虽以"中国法理学发达史论"为名，但在阐述完先秦法学思想后，作者便戛然而止。作者将"中国法理学发达史"做成"先秦法理学发达史"的原因，从作者的观点中不难看出端倪。作者认为，自秦统一的中央集权制建立后，意识形态的高度统一，使中国法律"退化复退化，驯至今日，而固有之法系，几成僵石"㉔。与《中国法理学发达史论》同年发表的《论中国成文法编制之沿革得失》则系统梳理了先秦至清代的"成文法"。作者言此篇实为《中国法理学发达史论》之附录，因其所论属于"法理学范围外"，故"析之别自为篇"㉕。所以，我们可以将《中国法理学发达史论》与《论中国成文法编制之沿革得失》视为姊妹篇。前篇述先秦法学理论——也是中国古代法学理论黄金时代的发展，后篇则言法律制度自秦统一后日益僵化的历史状况。由梁启超推崇先秦思想而批判秦以后的制度可以推测，梁启超是将先秦诸子思想中的精华作为"中华法系"复兴的目标的。

值得注意的是，在梁启超发表这两篇文章时，清代的法律制度尚未被废除，其对自秦以来一脉相承"至今日"的法律制度持否定的态度。清廷于1902年设立修订法律馆，并委任沈家本、伍廷芳为修订法律大臣，修订法律馆于1904年开始进入实质性的修律工作。在清廷修律基本完成时，清政府也被辛亥革命推翻。㉖ 梁启超的这两篇文章实为"当世人研究当世事"。所以作者对中华法系亦提出了改造的设想，即继承先秦诸子法思想中的精华，而抛弃秦以来形成的法律制度。先秦的法思想，尤其是儒家的法思想在梁启超看来既深邃又充满了朝气，所以他竭力倡导弘扬之。而对

---

㉔ 梁启超：《饮冰室合集》（第2册·文集之十五），中华书局1989年版，第43页。

㉕ 梁启超：《饮冰室合集》（第2册·文集之十六），中华书局1989年版，第1页。

㉖ 修订法律馆仿效西方的法律制度先后制定了《大清刑事民事诉讼法》（1906年）、《大清刑事诉讼律草案》（1910年）、《大清民事诉讼律草案》（1910年）、《法院编制法》（1910年）、《大清商律草案》（1910年农工商部提出）、《大清新刑律》（1911年1月）、《大清民律草案》（1911年8月）。

秦以后的法律制度，梁启超则深深地失望，这也是在我们今人看来这两篇同时发表的文章似乎充满了矛盾的原因所在。梁启超对中国未来法系的构建，其思路与春秋时期孔子改良周礼，构建礼治体系，即修正礼制、礼仪，保存弘扬礼义的思路有同，也有不同。孔子礼治体系的构建，是弘扬礼的精神（礼义），改良礼的制度仪式。与孔子相同之处是，梁启超认为中国的法律变革必须在"法文"（法律制度）之外，求得真正的"法理"，先贤的思想必须继承。不同之处在于，梁启超对中国古代法律制度的否定几乎是全面的。就中国法律制度而言，梁启超认为应该是"改革"而不是像儒家改良周礼那样持温和的态度。梁启超认为：除公布之外，中国成文法乏善可陈，诸如"种类不备""固定性太过""体裁不完善""文体不适宜"㉗等。继承弘扬以儒家为主的先秦法思想，全面变革自秦传下来的法律制度，是梁启超设计的中国法改革路径。也正是这两篇文章开"中国法制史"与"中国法律思想史"学科研究之端，直到今天，法史学界的分科研究仍不能脱其窠臼，中国法律史专业的研究方向仍然主要是中国法制史与中国法律思想史两大领域。㉘

### 2. 杨鸿烈的研究

杨鸿烈继承了梁启超的学术思想，但其观点与梁启超不尽相同。杨鸿烈在 1930 年出版了《中国法律发达史》，于 1936 年又出版了《中国法律思想史》。前者显然是梁启超《论中国成文法编制之沿革得失》的继续，后者则是《中国法理学发达史论》的续篇。在学界，杨鸿烈的《中国法律发达史》远比《中国法律思想史》影响深远。

在《中国法律发达史》的"导言"中，杨鸿烈明言西方学者对《大清

---

㉗　梁启超：《饮冰室合集》（第 2 册·文集之十六），中华书局 1989 年版，第十一章。
㉘　关于梁启超的观点，参见马小红、刘婷婷主编：《法律文化研究》（第七辑·中华法系专题），社会科学文献出版社 2014 年版，主编导读第 9-10 页。

律例》有着深邃的研究和恰当的批评，并归纳了当时国内外学者对"中华法系"特点的论述。从杨鸿烈的引述中，可以看出当时国内外学者对解体不久的中华法系多持有负面的评价。比如日本学者浅井虎夫认为：中国法律私法的规定少，而公法的规定多；法典所载之文未必都是当时的现行法律；法律多含道德之成分等。中国学者王世杰认为：中国向来道德与法律没有清晰的界限；中国法律中存在许多习惯；没有罪刑法定的原则；专制之国，君主为万法之源；所载律文，有许多并非现行法等。杨鸿烈承认，中国法律"从现代法学的眼光看来并不算完美"㉙。然而与梁启超一样，杨鸿烈自豪于中华法系"在世界五大法系中——罗马法系、英国法系、印度法系、回回法系——能独立自成一个系统，并且是日本明治维新以前法律惟一的典型"㉚。他进而认为，中国法律"自身却是很有条理统系，绝无混乱矛盾的规定"。"经我几年重新爬梳整理之后，更觉得中国法律在全人类的文化里实有它相当的——历史上的位置，不能说它不适用于今日个人主义民权主义的世界，便毫无价值"㉛。1936 年，杨鸿烈出版的《中国法律思想史》将"中华法系"称为"中国法系"㉜，而在 1937 年出版的《中国法律对东亚诸国之影响》中则更明确表示："'中国法系'在'世界法系'中有其不可磨灭之价值存在，即'发生最早''传播最广'，足与其他四大法系分庭抗礼也。"㉝

　　有一点值得我们注意：尽管杨鸿烈形式上继承了梁启超将中华法系分为制度与思想两个领域加以研究的方法，但是杨鸿烈的结论却与梁启超肯

---

㉙　杨鸿烈：《中国法律发达史》（上），上海书店 1990 年版（据商务印书馆 1930 年版影印），第 6 页。

㉚　杨鸿烈：《中国法律发达史》（上），上海书店 1990 年版（据商务印书馆 1930 年版影印），第 2 页。

㉛　杨鸿烈：《中国法律发达史》（上），上海书店 1990 年版（据商务印书馆 1930 年版影印），第 6 页。

㉜　杨鸿烈：《中国法律思想史》，中国政法大学出版社 2004 年版。

㉝　杨鸿烈：《中国法律对东亚诸国之影响》，中国政法大学出版社 1999 年版，全书提要第 2 页。

定先秦思想、批判秦以来制度大相径庭。杨鸿烈对中华法系的肯定是全面的，对于已经解体了的中国古代法律制度，杨鸿烈也是情有独钟，其对古代法律制度史的重视甚于思想。因为杨鸿烈的力倡，20 世纪 30 年代至今，有关"中国法制史"的研究成果远远多于"中国法律思想史"。㉞ 这与梁启超继承先秦思想、改革秦以后制度的设计有些南辕北辙。这也许能反映出当时中国法律史学界的一些学者对已经解体了的旧制度的惋惜和怀念，抑或是清末以来仿效西方法律的实践并不尽如人意的结果所致。㉟ 杨鸿烈的《中国法律发达史》与《中国法律思想史》堪称中国法律史学科的奠基之作，其为当时及之后很长一个时期的中华法系研究奠定了基调。

尽管梁启超与杨鸿烈都没有直接说到中华法系的复兴，但是他们对中华法系能跻身于世界法系之一，无疑是充满了自豪感的，这种自豪感正是中华法系复兴思潮的基础。㊱

### 3. 民国时期"复兴中华法系"的研究

清末中国古代法律在变法修律中解体，穗积陈重所谓的"支那法系"亦走上了回回法系、印度法系之路，从"迟进法"变成了"静止法"。如前文分析，也许是出于对绵延数千年的中国古代法律的留恋，也许是由于外来法律在中国社会的实践不尽如人意，民国时期许多学者提出了复兴中华法系的主张。但是，应该指出的是，主张复兴的学者大多并不是复古主义者，也不是拒外排异，他们"复兴"的主张有着特定的含义。

---

㉞ 笔者曾对 1904 年至 1949 年中国法律史研究的状况作过梳理，在梁启超后的民国时代，中国法制史的教材与研究著作出版有 50 余种，而有关中国法律思想史的研究则寥寥无几。参见刘海年、马小红：《五十年来的中国法制史研究》，载韩延龙主编：《法律史论集》（第 3 卷），法律出版社 2001 年版；马小红：《中国法律思想史学科的设置和发展》，载韩延龙主编：《法律史论集》（第 4 卷），法律出版社 2002 年版。

㉟ 比如徐道邻认为："我国现行法制，多接受外国法，而于中国法源，未甚措意。以故实施有年，终未能尽适国情。"徐道邻：《唐律通论》，中华书局 1947 年版，第 4 页。

㊱ 关于杨鸿烈的观点，参见马小红、刘婷婷主编：《法律文化研究》（第七辑·中华法系专题），社会科学文献出版社 2014 年版，主编导读第 10—11 页。

第一，提出复兴中华法系的学者虽然都重视中国古代法的发掘，但他们并不以为中国古代法可以照搬到现实社会中。相反，他们也以为中国古代法的解体是时代发展的必然。较早提出"建设一个中国法系"的高维廉批判中国古代法"过于注重身份关系""伦理与法律观念混同""抹杀个人的人格与意志"，除刑律以外"零零碎碎，没有系统"等。[37] 他认为，中国旧律相对于现代社会已经显得"幼稚"，20 世纪"已不是从前把人民的生活限于一乡一镇的时间了，法律自然也当与时势的进步而变易"[38]。当时持有复兴论的学者，对高维廉的观点也基本认同。大部分学者并不否认中华法系是以农业社会为基础，以家族义务为本位的法律，这些法律与时代的发展不相适应，必须作出相应的变革。

第二，对中国古代法中可以与时俱进或与现代法精神相通的优秀传统的复兴持有乐观的态度。如王茹琪在《中华法系之复兴》[39] 中分析道："中华法系现在虽因时势的要求，改易旧观，但是固有的精神依然存在，前途依然光明，正如罗马法虽然曾经屡事更张，而今仍然为一般人所奉行一样。"[40]

第三，由以上两点为基础，许多学者所言的"复兴"实际上是主张借助传统，改造旧法，建设一个以中国文化为主体的"新中华法系"。1930年，马存坤在《建树新中华法系》[41] 一文中分析了当时风靡世界的大陆法

---

[37] 参见高维廉：《建设一个中国法系》，载《法学季刊》（上海东吴大学法律科学季刊社创办）1926 年第 2 期第 8 号。转引自张晋藩主编：《中华法系的回顾与前瞻》，中国政法大学出版社 2007 年版，第 317－319 页。

[38] 转引自张晋藩主编：《中华法系的回顾与前瞻》，中国政法大学出版社 2007 年版，第 318 页。

[39] 王茹琪：《中华法系之复兴》，载《复兴月刊》1933 年第 1 卷第 10 期。转引自张晋藩主编：《中华法系的回顾与前瞻》，中国政法大学出版社 2007 年版，第 351－360 页。

[40] 转引自张晋藩主编：《中华法系的回顾与前瞻》，中国政法大学出版社 2007 年版，第 352－353 页。

[41] 马存坤：《建树新中华法系》，载《法律评论》1930 年第 7 卷第 39 期。转引自张晋藩主编：《中华法系的回顾与前瞻》，中国政法大学出版社 2007 年版，第 352－353 页。

系与英美法系中的个人主义、等级制度的弊病，认为要建立世界性公平正直的法系，除建立"三民主义的新中华法系"而别无他途。马存坤的主张重在强调以孙中山的三民主义激活传统的大同与中庸思想："三民主义，内以打破阶级观念，外以求各民族间之自由平等，而以世界大同为归宿，以此而立法，不偏不倚，不徐不激，合中庸之大道，适进化之潮流。"马存坤断言："建树三民主义的新中华法系，实为人类求治之要求，社会和洽演进之动力。"[42] 1936 年，刘陆民在《建立中国本位新法系的两个根本问题》[43] 一文中言："所谓中国本位新法系者，当系依现代中国国家理念，用科学的方法，对中国固有及现有法律，施新的选择，产生新的生命，俾在世界法律文化领域，重占一种新的位置之意。简言之，在新理念，新技术之下，发扬旧的民族精神，形成新的法律体系而已。"[44] 建立"新中华法系"的主张，在得到国民党元老居正的支持后而在学界弘扬。写于1942—1944 年、发表于 1946 年的《为什么要重建中国法系》[45] 是居正的代表作。居正明言，力倡重建的中国法系"既非复古，亦非违时"[46]，而是一个"由礼治进入法治""由农业社会国家进于农工业社会""由宗法生活本位进入民族生活本位""以三民主义为最高指导原则"的法系，也就是陈顾远总结的："意在将中国固有法系中不合时代而成为僵石者去之，将其仍有价值而得适用者保留之，发扬之，光大之。"[47]

---

[42] 转引自张晋藩主编：《中华法系的回顾与前瞻》，中国政法大学出版社 2007 年版，第 342 页。

[43] 刘陆民：《建立中国本位新法系的两个根本问题》，载《中华法学杂志》1936 年新编第 1 卷第 1 号。张晋藩主编：《中华法系的回顾与前瞻》，中国政法大学出版社 2007 年版，第 376－384 页。

[44] 张晋藩主编：《中华法系的回顾与前瞻》，中国政法大学出版社 2007 年版，第 384 页。

[45] 居正：《为什么要重建中国法系》，撰写于 1942 年至 1944 年间，于 1946 年 9 月由上海大东书局出版。参见罗福惠、萧怡：《居正文集》（下），华中师范大学出版社 1989 年版，第 465 页，编者注。陈顾远言："在抗战前夕，居正（1876—1951）、洪澜友诸人，在《中华法学杂志》提倡'建立中国本位新法系'，居正且有专文行世。"陈顾远：《中国法制史概要》，商务印书馆 2011 年版，第 14 页。

[46] 罗福惠、萧怡：《居正文集》（下），华中师范大学出版社 1989 年版，第 468 页。

[47] 陈顾远：《中国法制史概要》，商务印书馆 2011 年版，第 14 页。

民国学界，除持有以上"复兴""重建"主张者，还有两种完全针锋相对的主张。一是认为中华法系已经成为"过去"，其充满了"幼稚""愚昧"，与现实社会文明脱节，完全没有必要留恋。如蒋澧泉在《中华法系立法之演进》⑱中对"旧律"批判道："中国过去之法律，因袭成规，拥护专制，排斥新理想新事实之适应，虽在当时或能适合，但现时文明进步，人权发达，无庸君主之专政，过去之法典，自成时代之陈迹；法律应与时代并进，法律而背于时代，则方凿圆枘，格不相容，直接影响国家安宁，间接阻碍社会进化，时代既在革命过程中突飞猛进，法律亦宜随之改革。"⑲ 二是针对主张完全改造旧法者，主张复古。法律史学者程树德直言不讳："法系之盛衰，与国家之强弱或正比例。中国国运不振，故法系随之而微，非必其法系之果不善也。余信中国法系，必有复兴之一日。"⑳

综上，从张晋藩主编的《中华法系的回顾与前瞻》中辑录的 20 世纪 20 年代到 40 年代的 14 位学者 16 篇论述中华法系的论文看，在距中国古代法律解体不久的民国时期，学界对中华法系的研究有着不同的主张和观点，其中根本的分歧在于对中华法系内涵与性质的不同理解，以及对包含于其中的中国古代法的价值评判。梁启超言中华法系时，清末变法修律尚未完成，因此其所言的"法系"当指中国古代法。而民国学者所言的中华法系，或仍将其局限于"旧律"，或将其延伸至民国时期。有学者于"中华法系"前加一个"新"字，作为复兴重建的依据，问题在于这种新中华法系既没有系统的理论阐述，也没有系统地解释"新"从何来，新旧融合成了新旧杂陈，难以形成有效的指导实践的理论，这也许就是复兴中华法

---

⑱ 蒋澧泉：《中华法系立法之演进》，载《中华法学杂志》1935 年第 6 卷第 7 号。转引自张晋藩主编：《中华法系的回顾与前瞻》，中国政法大学出版社 2007 年版，第 365－375 页。

⑲ 张晋藩主编：《中华法系的回顾与前瞻》，中国政法大学出版社 2007 年版，第 372 页。

⑳ 程树德：《论中国法系》，载《法律评论》1934 年第 11 卷第 19 期。转引自张晋藩主编：《中华法系的回顾与前瞻》，中国政法大学出版社 2007 年版，第 361 页。

系的思潮在民国时期不了了之的原因吧。

## 三、20 世纪 50 年代后有关中华法系研究状况之分析

20 世纪 50 年代后，有关中华法系的研究由于种种原因不再成为学界关注的焦点，只有零散的成果见之于世。这一时期的研究，有两点值得我们注意：一是中国台湾地区学者陈顾远对以往研究的反思；二是 20 世纪 80 年代后，中国大陆学界对中华法系研究中断 30 年后的重新审视。

### （一）中国台湾地区学者陈顾远的反思

陈顾远写于 1952 年的《中国固有法系与中国文化》(51) 是带有总结性质的有关中华法系研究的经典论文。在此文中，陈顾远对学界，尤其是法学界对中华法系的误解进行了纠正，认为："一般人谈起中国固有法系，总是想到汉律、唐律、清律方面去。尤其外国学者对中国法系的认识是这样的。"学界对中国固有法系的偏见在于"重视了刑而忘记了礼"(52)。沿着陈顾远的思路追根寻源，我们可以说，造成国际学界这种深深误解的原因，正如前文所述，始于日本法学家穗积陈重的《论法律五大族之说》，因为其将中华法系的法源简单地定位为"诸律"。近代在国际法学界日本有着较强的话语权，穗积陈重对国际法学界的影响在当时较中国学者广泛，这就是国际法学界，包括中国法学界对中华法系的误解如此难以纠正的原因。在描述了中国固有法系与文化间的关系后，陈顾远兼容了当时学

(51) 陈顾远：《中国固有法系与中国文化》，载范忠信、尤陈俊、翟文喆编校：《中国文化与中国法系——陈顾远法律史论集》，中国政法大学出版社 2006 年版，第 1－37 页。

(52) 陈顾远：《中国固有法系与中国文化》，载范忠信、尤陈俊、翟文喆编校：《中国文化与中国法系——陈顾远法律史论集》，中国政法大学出版社 2006 年版，第 12 页。

界两种截然不同的观点，认为无论是主张复兴中华法系者，还是反对复兴中华法系者，中国的固有法系都"非毫无一顾的价值"[53]。作者认为，主张复兴中华法系者，从微观上说"要注意法系本身的资料和对其分析的结果"；从宏观上说，"更要同时注意中国文化在现阶段及其未来应有如何的动态，应为如何的变化，以求与其适应而不脱节"[54]。而"不以建立中国本位新法系为说"者，也应明白："古律上因经过数千年的递嬗，往往比现在制定的法律周密。虽然时代不同，但在制定该法时，仍有参考的必要。"[55]这显然与20世纪30、40年代的信心与口气有了不同，文章最后说："但在今日立国，期望其工业化，虽应保留中国固有法系的真值，却也不能讳疾忌医，除法治外，只重视礼治人治而忽略了器治。"[56] 这里已经体现出作者对复兴中华法系说的反省。这一反省在作者写于1966年的《中华法系之回顾及其前瞻》中有了进一步的解释："国人曾在抗战前，提倡建立中国本位新法系，拟将固有法系之不合时代成为僵石者去之，将其仍有价值而得适用者保留之，发扬之，光大之。微论法系观念已有改变，欲恢复固有法系之全盛地位殊不可能……能否断然建立中国本位新法系尤为困难。"[57]在此作者已经"不奢言建立中国本位新法系"了。[58]

陈顾远的反思，不仅是对中华法系定位的反思，而且是随着世界各国

---

[53] 陈顾远：《中国固有法系与中国文化》，载范忠信、尤陈俊、翟文喆编校：《中国文化与中国法系——陈顾远法律史论集》，中国政法大学出版社2006年版，第36页。

[54] 陈顾远：《中国固有法系与中国文化》，载范忠信、尤陈俊、翟文喆编校：《中国文化与中国法系——陈顾远法律史论集》，中国政法大学出版社2006年版，第33页。

[55] 陈顾远：《中国固有法系与中国文化》，载范忠信、尤陈俊、翟文喆编校：《中国文化与中国法系——陈顾远法律史论集》，中国政法大学出版社2006年版，第35页。

[56] 陈顾远：《中国固有法系与中国文化》，载范忠信、尤陈俊、翟文喆编校：《中国文化与中国法系——陈顾远法律史论集》，中国政法大学出版社2006年版，第37页。

[57] 陈顾远：《中华法系之回顾及其前瞻》，载范忠信、尤陈俊、翟文喆编校：《中国文化与中国法系——陈顾远法律史论集》，中国政法大学出版社2006年版，第549－550页。

[58] 参见陈顾远：《中华法系之回顾及其前瞻》，载范忠信、尤陈俊、翟文喆编校：《中国文化与中国法系——陈顾远法律史论集》，中国政法大学出版社2006年版，第550页。

及地区法律的发展，对"法系"划分学说的反思。他认为："中华法系之前瞻，不必斤斤于固有法系之复活再生。"中国固有法中的优秀精神在欧美法律中亦能得以体现，而"中华法系"这一"旧有之名词"也不应是狭隘地成为排斥"欧美之法制形态"及"现有法律体系"的壁垒。各法系之间的相互融合，世界法律走向统一，已无必要再执着于固有法系的复兴："世界各国打破法系观念之后，在统一法律运动之中，旧有的中华法系以其更新之姿态，成为统一运动方面重要之一员而已！"⑲

### （二）中国大陆学界 20 世纪 80 年代后的研究

我国大陆有关中华法系的研究，自 20 世纪 50 年代后归于沉寂，而 80 年代随着思想解放和学术禁区的不断突破而再度兴起。20 世纪 80 年代后的中华法系研究发展状况大致如下。

陈朝璧 1980 年发表于《法学研究》中的《中华法系特点初探》⑯ 是一篇经历了十年"文化大革命"特殊时期后的破冰之作。从这篇发表于权威刊物上的论文，我们可以看出有关中华法系的研究自 1950 年到 1980 年这 30 年间在中国大陆是空白区。作者使用"初探"这个词，用意也许在此。作者认为，中华法系与印度法系、阿拉伯法系、罗马法系、英吉利法系一样属于"活的法系"⑯；提出了广义地理解中华法系，应将"三千年之久的封建法制、近代史上昙花一现的半封建法制、后来居上的社会主义

⑲　陈顾远：《中华法系之回顾及其前瞻》，载范忠信、尤陈俊、翟文喆编校：《中国文化与中国法系——陈顾远法律史论集》，中国政法大学出版社 2006 年版，第 550 页。关于陈顾远的观点，参见马小红、刘婷婷主编：《法律文化研究》（第七辑·中华法系专题），社会科学文献出版社 2014 年版，"主编导读"第 11 - 12 页。

⑯　陈朝璧：《中华法系特点初探》，载《法学研究》1980 年第 1 期。参见马小红、刘婷婷主编：《法律文化研究》（第七辑·中华法系专题），社会科学文献出版社 2014 年版，第 90 - 99 页。

⑯　作者认为，"世界文化史上公认的法系，一般分为两大类"，即"活的法系"与"死的法系"。死的法系包括埃及法系、巴比伦法系、犹太法系、波斯法系和希腊法系。参见马小红、刘婷婷主编：《法律文化研究》（第七辑·中华法系专题），社会科学文献出版社 2014 年版，第 90 - 91 页。

法制"共同作为中华法系的内涵。但同时，作者又将中华法系的特点归纳为"重视成文法典""以天理作为法的理论依据""礼法并重"三项，作者所言的中华法系的特点与其为中华法系所定义的概念显然并不匹配，其归纳的中华法系的特点显然是中国古代法，也就是作者所言的"三千年封建法制"的特点。这些特点未能将"半封建法制""社会主义法制"的特点纳入中华法系之中。作者的重点在肯定古老的中华法系中有许多值得当下借鉴之处，这在当时对于古代法的研究已经习惯了否定、批判思维的学界来说，堪称是振聋发聩之音。它开启了 20 世纪 80 年代以后中国学界对中华法系研究的新思潮。

张晋藩发表于 1984 年的《再论中华法系的若干问题》⑫ 是一篇继陈文之后有关中华法系研究的力作，二者仅间隔短短的 4 年，可以看出，当时中国法学界对中华法系的研究可以说有飞跃性的进步。无论是从中国法律史研究的角度而言，还是从中华法系研究的再度兴盛而言，张晋藩的成果对当时的研究来说是具有标志性的。在 40 多年来的"中国法制史""中国法律思想史"各种版本的教材中，以及在许多法史研究的成果中，都可以看到这篇发表于 40 多年前的论文的深远影响。作者对中华法系的"概念""起讫年代""特点""意义"的论证至今为学界的许多研究者所沿用。张晋藩对民国时期复兴中华法系的观点持有不同的意见，认为："中华法系主要指中国封建时代的法律而言"，"随着封建社会的解体，中华法系已经丧失了独立存在的基础"，清末的变法修律解体了中华法系。⑬ 作者对法系理论的阐述，实际上也否定了民国时期的"中国法系"之说，因为从

---

⑫ 张晋藩：《再论中华法系的若干问题》，载《中国政法大学学报》（1985 年改为《政法论坛》）1984 年第 2 期。参见马小红、刘婷婷主编：《法律文化研究》（第七辑·中华法系专题），社会科学文献出版社 2014 年版，第 100 - 114 页。

⑬ 参见张晋藩：《再论中华法系的若干问题》，载《中国政法大学学报》（1985 年改为《政法论坛》）1984 年第 2 期。转引自马小红、刘婷婷主编：《法律文化研究》（第七辑·中华法系专题），社会科学文献出版社 2014 年版，第 102 页。

理论上讲,"法系"应该具备超越国界的影响,如《唐律》对日本、朝鲜、越南的影响。⑥ 由此,复兴中华法系的论题被重新提出。作者所言的"中华法系"有两重含义:一是与古代中国命运相联系的中华法系,二是经过改造与世界法治文明发展相契合的中华法系。与民国时期"复兴"论所不同的是,作者并不执着于"中国固有法系"的复兴,而是强调复兴的中华法系"是历史的也是现实的,是民族的也是世界的"。⑥ 然而,究竟如何在第一种中华法系的基础上,形成第二种复兴的中华法系,作者语焉未详。

1997年,郝铁川著的《中华法系研究》⑥ 是20世纪80年代以来大陆学者第一本系统全面研究中华法系的专著。在"绪论"中,作者归纳了自杨鸿烈到张晋藩有关中华法系特点的论述,指出儒家思想的支配,即认为中华法系的价值观皈依儒家的观点是学界的通识,但作者对这种权威的定论提出了质疑。作者认为,中华法系的价值观由儒、法、道三家组成,其表现为法官的儒家化、法典的法家化、大众法律意识的鬼神化。作者在中华法系究竟是"死法"还是"活法"的问题上,也有鲜明的见解,即从社会形态的角度审视,中华法系已经是死法系;但从文化价值观的相对独立性与传承性来说,中华法系的价值观仍在延续并未死亡。也许正是基于

---

⑥ 张晋藩从法系理论方面对中华法系的形成进行了定义:"由于构成一种公认的法系必须具备自身的特征与对外的影响两个前提,所以笔者认为中华法系发展到唐代是一个形成的阶段。唐是中国的封建盛世,唐的法制是封建法制的成熟形态,也是中国封建法制的定型,不仅具备独树一帜的体系结构和鲜明的特点,而且影响也超越国界。""总之,中华法系是指中国封建时代的法律,它形成于唐,终结于二十世纪初清朝末期。它既不是骤然而兴,也不是截然而止。"

⑥ 张晋藩指出:"中华法系的命运是和古代中国的命运紧密联系在一起的。""研究中华法系,还显示一种导向,即珍视历史遗产,珍视中华民族的智慧、理性与伟大创造力,从而增强民族自豪感与树立一个伟大中国的自信心。""研究中华法系需要理性的态度,实事求是地剥离出中华法系中的优秀成果。在此基础上加以改造更新,使之与法治文明的时代发展相契合。重塑的中华法系,是历史的也是现实的,是民族的也是世界的。复兴中华法系将是中华民族伟大复兴的重要组成部分,并对构建现代和谐社会发挥积极的影响。"张晋藩主编:《中华法系的回顾与前瞻》,中国政法大学出版社2007年版,第285页。

⑥ 郝铁川:《中华法系研究》,复旦大学出版社1997年版。

此，作者提倡要更多地从思想史的角度对中华法系作出阐释。作者所主张的"法典的法家化"可以说与传统的权威观点针锋相对，学界对中国古代自秦以来成文法发展有着这样的描述：秦在法家思想指导下制定了严密的成文法，汉武帝独尊儒术以后便开始了儒法合流的过程。先是司法上的"《春秋》决狱"，东汉开始以经注律，即在立法上开启了法律儒家化的过程。曹魏时代的《新律》开辟了将礼直接入律的先河，终于在晋时形成了中国第一部儒家化的法典《泰始律》，法典（主要指律）儒家化的过程至唐臻于完善。故清代《四库全书总目提要》评唐律是"一准乎礼"。作者对这种几乎为不刊之论的法律儒家化的观点提出质疑，无疑对学术研究有着推动的作用。正如陈鹏生在该书"序"中评价的那样，这一研究"为中华法系的深入研究提供了一种新的思路"。陈鹏生对郝铁川的研究角度予以了充分的肯定，认为作者"依靠其坚实的史学理论基础，站在思想史的高度，深入到封建法律的法条和制度背后的价值观念"。作者的研究思路与方法，以及对权威观点的大胆质疑使作者在中华法系的研究中独树一帜。但是，传统权威的观点并不容易推翻。法典的儒家化与法典的法家化的区别在法典的发展"趋势"上，汉代以后，法典的制定究竟是以儒家为导向还是以法家为导向，是儒家为本法家为用，还是法家为本儒家为用？作者并未给出明确的答案。作者虽然认为"从文化上来说，中国的现行法制由于其具有自身特色，称之为中华法系也无不当之处"⑥⑦，但从研究的论题来看，作者显然是从"社会形态的角度"将中华法系视为与中国古代相始终的法系。虽然作者强调中华法系在近代与大陆法系融合，对现实法律有诸多的影响，因而并未"死亡"，但其作用则"好、坏并存"，既有消极方面，也有积极方面。因此可以说，作者也未涉及中华法系的"复兴"

---

⑥⑦　郝铁川：《中华法系研究》，复旦大学出版社 1997 年版，第 15 页。

问题。⑱

综上，20世纪80年代以后，关于中华法系的研究基本被纳入中国古代法的研究领域，研究者也大都持有比较公允理性的态度，认为中华法系中具有诸多的与现代法治暗合或相通之处，对现实的立法、司法具有一定的借鉴意义。

近年来出版的龙大轩著《重新认识中华法系》⑲ 是国家哲学社会科学成果文库的作品，也是作者对中华法系研磨十余年的学术成果。虽然作者在文中提到当下为"复兴中华法系的大好时机"⑳，然而作者开篇为"中华法系"所作的定义则是："中华法系作为世界五大法系之一，是一套卓尔不群且数千年传承不息的国家治理体系，涵盖了整个古代中国法律的制度、思想和文化。它起自三代，发展于秦汉，定鼎于《唐律》，沿袭至清末。"㉑ 作者痛心于一些中国优秀的法律传统在现实中失落，痛心于近代以来的变法多与传统抵牾，所以对中华法系中所蕴含的可与时俱进的价值观、制度等加以总结，希望能对现实法治有所裨益。作者认为："中华法系是礼法体系。"㉒ "按照通说，中华法系自鸦片战争以来逐步瓦解。"㉓ 因此，从全书来看，作者所要"复兴"的并不是"中华法系"这个名称及整体内容，而是要传承中华法系中优秀的法律传统。

综上所述，自日本学界"法系"说传入中国，中国学界对中华法系的研究已经百有余年，与中国法制史和中国法律思想史的研究有所不同，中

---

⑱ 关于我国学者20世纪80年代后的研究，参见马小红、刘婷婷主编：《法律文化研究》（第七辑·中华法系专题），社会科学文献出版社2014年版，主编导读第12-17页。

⑲ 龙大轩：《重新认识中华法系》，中国人民大学出版社2023年版。

⑳ 龙大轩：《重新认识中华法系》，中国人民大学出版社2023年版，序言第14页。

㉑ 龙大轩：《重新认识中华法系》，中国人民大学出版社2023年版，序言第1页。

㉒ 龙大轩：《重新认识中华法系》，中国人民大学出版社2023年版，第548页。

㉓ 龙大轩：《重新认识中华法系》，中国人民大学出版社2023年版，第550页。

华法系的研究与时势的关系更为密切，尤其在中国古代法解体的情况下，"中华法系"这个名称颇能引起一些学者们对已经失落了的传统的怀念和自豪感。然而，中华法系毕竟是近现代学界对中国古代法的一种解释，在中国，其学术的属性远远大于其实践意义，所以，对中华法系的概念、内涵、特征等学界才见仁见智，难以达成共识。学界的莫衷一是，使中华法系的社会影响力受到局限，民国时期复兴中华法系或建立"新中华法系"的主张最终受挫的原因未必不缘于此。更为重要的是，陈顾远所言及的近代法系相互融合的发展趋势、张晋藩从法理上解析的法系影响应该超越国界的论述，似乎决定了中华法系（中国法系）既无复兴的必要，亦无复兴的可能。

其实，对于中华法系的前瞻，我们没有必要纠结于"中华法系"这一名词的"复兴"，习近平总书记对中华法系及其传承有着更为科学的表述，即："中华法系是在我国特定历史条件下形成的，显示了中华民族的伟大创造力和中华法制文明的深厚底蕴。""要传承中华优秀传统法律文化，从我国革命、建设、改革的实践中探索适合自己的法治道路，同时借鉴国外法治有益成果，为全面建设社会主义现代化国家、实现中华民族伟大复兴夯实法治基础。"[74] 对中国古人所缔造的中华法系去芜存菁，古为今用，"既致力于传承和弘扬中华传统法律文化的精髓，更要注重将其与现代社会相结合，为中国式法治现代化进程注入强大的动力和智慧，推动法治建设不断迈上新台阶"[75]。因此，继承弘扬优秀的传统法律文化，与近代以来我们对国外法律的借鉴一样，原本就是中国特色社会主义法治发展和建设的题中应有之义。

---

　　[74] 习近平：《坚定不移走中国特色社会主义法治道路 为全面建设社会主义现代化国家提供有力法治保障》，载《求是》2021年第5期。

　　[75] 崔亚东：《习近平法治思想 对中华优秀传统法律文化的转化与创新》，载《上海政法学院学报（法治论丛）》2023年第5期。

# 中国传统御史监察制度的反思<sup>*</sup>

赵晓耕　刘盈辛<sup>**</sup>

如何对权力进行有效的制约和监督是目前全社会普遍关注的问题。一方面，权力要受到监督；另一方面，监督的权力也应受到监督。要将权力"关进制度的笼子"里，也要将制约权力的权力"关进制度的笼子"里。监察制度的构建即是实现权力制约与监督的一种形式。法史学界在中国传统监察制度研究方面成果丰富，既有对各朝代监察机构设置、监察权运行、中央监察体系、地方监察体系以及某一特殊监察制度的研究，亦有对中国传统监察制度进行通述式解读，从其相对独立的机构设置、专门化的监察权配置以及对官吏贪腐行为的打击办法等角度着眼的研究，在中华法文化的浩瀚卷牍中挖掘宝贵的经验财富，为当下惩贪治赃和廉政法制建设提供借鉴。然而，需要特别注意同时也是现有研究较为欠缺的是：对于传统监察制度的探讨，不仅要关注具体制度形态的变迁，更要关注制度变迁背后蕴含的权力结构模式和政治文化传统；不仅要关注其正面的参考价值，也要客观评价其负面效果。

中国古代的权力制约观念随着一元权力结构的稳固而不断加强，与此相伴的，是纵跨千年的传统监察制度。本文通过对中国传统监察制度

＊　本文原载于《武汉大学学报（哲学社会科学版）》2020 年第 6 期。

＊＊　赵晓耕，中国人民大学法学院教授，博士研究生导师；刘盈辛，法学博士，中共山西省委党校政治与法律教研部讲师。

发展变迁历程的回顾，分析中国古代一元权力结构下权力制约观念所面临的制度困境，从传统监察制度的产生、强化、消亡及转型中，观察传统监察权"强工具性—弱功能性"的演进逻辑，剖析监察制度变迁的内在规律，反思并总结其中的经验教训，为当下国家监察体制改革的方向提供参考。

# 一、史官与先秦时期的监察现象

若以是否设立特定监察机构和专司监察的官职作为判断标准，目前大多数论著都认为中国古代监察制度正式建立于秦代。但若仅谈及监察职能或监察现象，则具有监察性质的因素在先秦时期便已开始萌芽。

## （一）巫文化与先秦史官

夏商时期已出现监察现象①。此时国家形态尚处于早期，国家机器中起到监察作用的因素还未形成正式的制度，专门的监察机构和专职的监察官员还未出现，行使监察权的主体是多样的②。在先秦时期起到监察职能的各类群体中，史官扮演了重要角色，这同史官与巫文化之间的渊源不无关系。史官的溯源一直众说纷纭，多数观点支持史官起于卜祝之说，这种

---

① 譬如灾祥征兆等超自然神的监察、箴言和采诗等反馈民意的方式，以礼仪道德为评价标准的"制谥"，史官的记录等，都起到了监督的作用。参见胡谦：《先秦监察法制形态的功能视角分析》，载《宁夏大学学报（人文社会科学版）》2007年第5期，第57—60页。

② 譬如各类史官、东史西史（具有监察方国功能的使者）、遒人（夏代的政务官，每年受命巡行，有采访民意、纠禁非违之职）、某侯（中央派去隶属部落、方国的官吏，负有向中央上报地方情报的职责）等。参见邱永明：《中国古代监察制度史》，上海人民出版社2006年版，第25—26页。

说法虽不无可议③，但史官最初与巫文化关系之紧密是毫无疑问的。陈梦家在《商代的神话与巫术》中提到了巫与史的关系："祝即是巫，故'祝史''巫史'皆是巫也，而史亦巫也"；"由巫而史，而为王者之行政官吏"④。

"殷人尊神，率民以事神，先鬼而后礼"（《礼记·表记》）。巫史负责掌管祭祀、占卜等宗教仪式，作为天与人之间沟通的桥梁，在先秦巫卜之事盛行时期地位极高，只比君主稍逊色。宗教活动是与神沟通的媒介，由于史官执掌宗教仪式，具有相当高的权威地位。他们既是神意的传递者，也是统治者意志的代表。在维护巫事、宗教秩序的同时，他们便也逐渐具有了通过祭祀占卜评断是非、维护世俗统治秩序的职责。由于与神权、宗教、祭祀、巫文化的联系，巫史在早期职能繁杂，可参与神事政事、卜辞说文，天然地具有维护秩序的属性；由于职业需要，他们亦掌握天文历法、音律舞蹈、医术药术等知识技能⑤。

随着神权法思想的衰落，到西周时期，史官在世俗社会中承担的职能有所强化，宗教色彩逐渐褪去。掌巫卜之事的巫史本身就承担有说文释义或记录卜事的文字职能，具有丰富的知识技能，加之其维护礼仪秩序的传统功能的延续，因而逐渐成为社会知识文化的中心。此外，在巫史崇高地位的余温下，史官群体借助其特定的文字职能（记录以及保管文书档案）得以最大限度参与到国家管理和世俗社会的各项重大活动中，对政务活动与国之大事进行记载与协助，成为周王的得力助手。

---

③ 关于史官是先负责宗教还是先负责政治，学界存在争议。内藤湖南在其著作《中国史学史》中对"史"的源起作了考证，书中提道：罗振玉在《殷墟书契考释》中将"史"解释为手持簿书的形状；王国维在《释史》中认为"史"起源于射礼；内藤湖南本人认为"史"最初为手持射箭用计算器的形状，主张史官起于主持射礼之说。关于巫与史的先后关系，内藤湖南提出，巫的兴盛在前，史的发达在后。参见内藤湖南：《中国史学史》，马彪译，上海古籍出版社2008年版，第1—18页。

④ 陈梦家：《商代的神话与巫术》，载《燕京学报》1936年第20期，第534—535页。

⑤ 参见陈梦家：《商代的神话与巫术》，载《燕京学报》1936年第20期，第533—543页。

## （二）先秦史官的监督职能

"史，记事者也。从又持中。中，正也。"⑥ 史官被视作中立的记录者，段玉裁在其对史字的注解中又加入了"良史书法不隐"一说。作为最早的文书工作者，史官承担着掌持簿书、参与并客观记录国家各项重要活动的职责，这也使得史官在监督统治，尤其是监督君王和官员言行方面发挥了重要作用。早在夏朝，就有史官对君主的无道行为以图录法典来进行劝谏监督的例子："夏太史令终古，出其图法，执而泣之，夏桀迷惑，暴乱愈甚"⑦。

西周时期，史官的职能较夏商更加细化。根据《周礼》记载，有大史、小史、内史、外史、御史、女史等职。他们的具体分工各异，但皆可起到监督作用。⑧ 西周时期具有监督职能的官职还有大宰、小宰、宰夫、宫正等，上述"六史"的职掌与他们的也多有重合。先秦史官与其他具有监察职能的官职相配合，其监察职能愈加明确，除了基本的文书和礼仪秩序的管理、监督职能，还具有法律监督的职责，譬如对法律文书、判例、案卷的专职保管；参与诉讼、记录案件并验证程序是否正当等。⑨ 史官的监督职能直至春秋战国时期仍在发挥作用，"君举必书，书而不法，后嗣

---

⑥　许慎：《说文解字》，浙江古籍出版社 2016 年版，第 90 页。

⑦　《吕氏春秋·先识览》。

⑧　大史除了掌管祭祀的礼仪秩序和丧葬之法，亦具有十分重要的政治职能。根据《周礼》记载，大史的政治功能主要集中在掌"六典"及"法""则"；此外，大史还负责在诸侯朝觐时教正王的礼仪秩序，并在这种特殊场合中担负起了行政管理职能。小史则主要辅助大史完成相关的工作。内史"掌王之八柄之法，以诏王治"，主要负责君臣关系和秩序的管理。外史职责重在传达，负责沟通中央与地方，传达周王对畿外所发之命令。御史主要负责掌管治理国都、诸侯国和百姓的法令，帮助周王起草诏书，辅佐宰相处理政务，相当于王的秘书（由于有掌管法令之职，则逐渐具有敦促、监督遵守法令之责）。女史负责掌管内宫礼制、内务管理和内宫重要事务的记录。

⑨　参见赵晓耕、孙倩：《小议先秦的史官与法律——从刑字说起》，载《思想战线》2008 年第 3 期，第 92－99 页。

何观"⑩，国君的一举一动必书于史册，可见史官足以凭记录的特殊职能对君主起到约束作用。

先秦时期虽无专职的监察官员和专门的监察机构，但已有一定数量的具有监督职能的官职。由于神权思想尚存，加上宗法制下的政治体制的松散性，中央权力较弱，这一时期监察的范围重在宫内以及地方侯国。但是，这一时期史官对天子诸侯非违之失的纠举力度不弱于对臣下的监察力度，《汉书·艺文志》载：古之王者，世有史官，君举必书，所以慎言行，昭法式也。监察君主几乎成为先秦史官的通职。

## 二、秦汉时期传统帝制监察制度的初建

秦代以后御史台的出现标志着独立的监察机构诞生，专门化的监察制度开始建立。"御"即为皇帝专用，"史"则是史官功能的延续和演化。但在君主专制中央集权制度下，"御"的象征意义被放大和强化，监察制度成为帝王耳目和专用工具，先秦史官对君主的纠禁监督作用几近消失。

### （一）战国时期监察制度的萌芽

春秋末期，宗法制开始解体，新兴地主阶级登上历史舞台并相继实行变法。各国先后废除了世卿世禄制，建立了封建官僚制度，加强了对地方的控制，君臣之间的隶属关系加强。许多政治思想家们也极力宣扬君主对臣下的控制。法家主张"法术势"相结合，韩非认为："君无术则弊于上，臣无法则乱于下，此不可一无，皆帝王之具也。"⑪ 法与术皆是服务于君

---

⑩ 《左传·庄公二十三年》。
⑪ 《韩非子·定法》。

王的工具。对于术，他进一步定义为："术者，因任而授官，循名而责实，操杀生之柄，课群臣之能者也。"⑫ 术是指君王驾驭臣下之术，势指君王的威势地位。"法术势"结合的本质是维护君主专制统治，势是核心。为了维持君主之势，则需要运用一定的技术，尤其需要监察臣下，"是故有道之君……下有五横以揆（纠察）其官，则有司不敢离法而使矣"⑬。法家认为对于臣下的监察非常重要，除了君臣间的控制驾驭关系，韩非法家思想中的"告奸"理论、儒家的君臣等级伦理观念亦为监察制度的形成提供了思想基础。在这些思潮的影响下，随着中央集权君主专制体系的建立，君王对臣下的控制需求与日俱增。战国时期，正式的监察制度开始萌芽，行政、司法、监察职能开始有所区分。

与此同时，史官职能也发生了一些变化。《周礼》中关于史官的记载虽集中在"司巫神仕"部分，但负责宗教事务只占其职能的一小部分，其主要职能已开始向行政管理转变，政治色彩颇浓。战国时期，事务官和政务官的地位已完全超越宗教官，史官的角色有所分化，其中一部分向专业化行政官僚群体转变，掌记事纠察之任，由文书辅佐监察，从专事记录之"史"向专司监察之"史"转变。御史地位不断提高，代表君王纠察百僚的职责日益加重。尽管《周礼》所载的"御史"作为史官的性质与秦代以后专司监察的御史并不一样，但功能有相通之处，并且御史协助君王起草诏书等工作可使其更亲近君王。战国时期，御史的耳目功能日显。从《历代职官表》中的这一段评价就可以看出这其中的微妙关系："周官御史次于内史、外史之后，盖本史官之属，故杜佑以为非今御史之任。然考其所掌，如赞冢宰以出治令，则凡政令之偏私阙失，皆得而补察之。故外内百

---

⑫ 《韩非子·定法》。
⑬ 《管子·君臣上》。

官悉当受成法于御史，定后世司宪之职所由出。"⑭

## （二）秦汉时期监察维度的转变

史学家唐德刚将发自商鞅、极盛于始皇、而完成于汉武的社会变革称为中国政治社会制度的第一次大转型，即从封建制转向郡县制，这场"废封建，立郡县；废井田，开阡陌"的政治社会转型是十分彻底的，相应地带来了权力的由分散到集中。⑮ 权力集中有助于秦国迅速富国强兵，建立中国历史上第一个统一的集权帝国。自此这一秦汉模式奠定的中国政治、经济、文化、法律制度，便几乎一成不变地延续下来。秦始皇统一中国后，在中央层面上实行丞相制度，在地方层面上废封建、设郡县，"分天下以为三十六郡，郡置守、尉、监"⑯，形成了中央与地方两级监察体系。秦代监察官具有审查财政计簿、查验狱讼、执法、弹劾等多项专门化的监察职能。中国传统的监察制度从这一时期开始正式建立，监督形式从史官间接通过记录监督转变为直接且自上而下的单向性监察，重在控御臣下。

在中央监察体系设置方面，秦代的中央监察官——御史大夫，在周官御史的基础上，监察功能进一步强化，"位次丞相，典正法度，以职相参，总领百官，上下相监临"⑰，这与《周礼》中记载的御史"掌治令，赞冢宰"的职能相似⑱，但地位升至总领百官，并明确了监察职能。故秦代御史大夫地位极高，中央监察体系以御史大夫为首，其办公机构为御史府，与丞相府并称"二府"。御史府建在宫中，据《汉旧仪》记载，"御史大夫

---

⑭ 纪昀：《历代职官表》，上海古籍出版社1989年版，第341页。
⑮ 参见唐德刚：《晚清七十年》，岳麓书社1999年版，第7页。
⑯ 《史记·秦始皇本纪》。
⑰ 班固：《汉书》，中华书局2005年版，第2533页。
⑱ 参见曹勤：《论秦汉监察制度起于文书行政》，载《河北法学》2017年第12期，第182-191页。

寺在司马门内"⑲，属于外朝官的御史大夫和其建于宫中的办公机构御史府便成为沟通内朝与外朝、皇权与相权的重要媒介。御史大夫作为外朝之官，主要协助丞相处理朝政，具体事务则由御史丞、御史中丞执行。御史中丞与皇帝接触更密切，也逐渐受到皇帝器重，以至于到了汉代，御史中丞替代了御史大夫而掌监察之职。

汉武帝时期，在中央层面削弱外朝权力，强化中枢机构尚书署的权力，尚书令的监察权力与日俱增；自西汉中后期至东汉，有名无实的三公制度（司徒、司马、司空）取代丞相制度。御史大夫更名为大司空后，不再承担监察职能，具体的监察职能由负责文书行政事务的属官御史中丞行使。本是内朝文书行政官员的御史中丞和尚书令的监察权力扩大，监察权逐渐地从外朝转向了内朝，进一步加强了权力的集中，更便于皇帝操控。东汉时期，相对独立的专门性监察机关御史台形成。此外，汉武帝时为了治"巫蛊之狱"还设了临时性的司隶校尉。巫蛊之祸平息后，司隶校尉成为察三辅、三河、弘农七郡的常设监察机构，逐渐成为监督京师和周边地区的秘密监察官。御史中丞、尚书令、司隶校尉共同组成中央监察机构体系。关于监察制度的这一系列改革调整，便是内朝与外朝权力平衡、皇权与相权博弈的结果。

总体而言，秦汉时期传统监察制度的构建为管理和约束官员、维护统治秩序起到了积极作用，但同时作为"帝王之术"，又充当了专制主义的辅助工具。先秦时期，以史官为代表的监察群体职权范围较小，集中在宫廷范围和诸侯国一级，分散的政治结构和权力体系使监察官对君王起到很大的监督约束作用，君主与监察官之间是由上而下、由下而上双向流动的监察模式；而在秦代君主专制集权主义建立后，皇帝专设监察机构来控御

---

⑲ 李昉：《太平御览》，中华书局 1960 年版，第 1068 页。

臣下，监察官员由皇帝所御用，为皇帝服务，监察权便一直由皇帝所控制了。

# 三、唐宋至明清时期传统帝制监察制度的发展

唐代监察体系的特点之一是谏议系统的发达与台谏分立体制的形成。至宋代，台谏却由分立趋向融合，谏议系统开始丧失其独立地位。明清时期，台谏彻底合一，随着皇权极端化发展，传统监察制度的耳目功能也日渐强化。

## （一）谏院、台谏合一与唐宋时期监察制度的发展

中国传统监察体系中一般存在御史监察和谏官言谏两个系统，这两个系统皆是出于权力制约的目的而产生。相较而言，前者是君主的耳目，重在制约臣下，地位更为重要；后者主要是对君主提出意见和建议，多是制约君主，地位低一些。这二者在先秦时期就已并存。《周礼·地官司徒》中提到"保氏掌谏王恶""司谏掌纠万民之德而劝之朋友"，此处的"保氏"和"司谏"类似于早期的谏官。秦汉时期重御史监察而轻谏官言议，谏议大夫"掌论议，无常员，多至数十人，属郎中令"[20]，谏官的设置具有任意性，并且很不固定。除谏议大夫外，其他中央官员亦可负谏议之责。汉代对谏官的重视程度虽较秦代略有提高，但谏官的职位及数量仍不固定，谏议大夫、光禄大夫等多兼职行使谏议职权。东汉时期，谏官相对固定下来，归属侍中寺，魏晋时期侍中寺改为门下省，掌管封驳、奏事和谏诤。

---

[20]　杜佑：《通典》，浙江古籍出版社1988年版，第123页。

自唐代起，谏议系统开始独立，规模也有所扩大，成为以御史台为核心的监察系统之外的另一支重要的监察力量，监察系统与谏议系统并存的台谏分立体制逐渐形成。

在监察系统的设立方面，唐代形成以御史台为核心的一台三院的监察体系。中央最高监察机关为御史台，以御史大夫、御史中丞为正副长官，下设台院、殿院、察院和侍御史、监察御史等众多官员和属吏。其中，台院掌管司法监察，负责推鞫狱讼；殿院负责监察宫殿内百官言行、整肃朝仪等；察院则负责分掌百僚、巡按郡县，在三院之中最为重要。唐初全国分为十个监察区，称十道，玄宗时改为十五道，每道设监察御史一人，巡回按察所属州县，以察吏六条监察地方。三院御史品秩不高，尤其是察院的监察御史，只有正八品或从七品，所涉监察范围却十分广泛，"任弹纠不法，百僚震恐，官之雄峻莫之比焉"[21]，即使品秩不高也足以使百司畏惧。而御史又具有较大的自主权，所谓台官无长官，即使是御史台长官也很难干涉各院御史行使独立的监察权。

在谏议系统的发展方面，唐代已有独立谏议机构——谏院。虽然谏官在先秦就已出现，但专职的谏官集团是在唐代才发展起来的。这一时期中央谏官有谏议大夫、给事中、司谏、整言、拾遗和补阙等，主要负责侍从规谏、讽谏君主。言谏的监督形式自此开始在中央决策体系中占据一席之地，唐代皇帝也多能咨诹善道、察纳雅言、接受谏议。同时，与谏议制度相对应的专门机构谏院的出现，意味着唐代谏官已专门化和固定化，谏议系统趋于完善。《唐会要》记载："（贞元）十三年八月……谏官所上封章，事皆机密，每进一封，须门下中书两省印署文牒，每有封奏，人且先知，请别铸谏院印，须免漏泄。"[22] 唐德宗贞元十三年（797 年）时谏院已成立

---

㉑ 杜佑：《通典》，浙江古籍出版社 1988 年版，第 141 页。

㉒ 王溥：《唐会要》，中华书局 1960 年版，第 951 页。

且运转良好，说明此时谏官系统已经发展起来。

自唐代起，谏官监督系统与御史台监察系统共同构成完善的双向权力制约渠道：台官代表皇帝，向下监督政府百官；谏院代表百官，向上监督皇帝。完善的谏议系统对匡正皇帝非违之失、抑制皇权过分膨胀有积极影响。然而，在强大的专制皇权和监察体系下，谏议制度起到的仅仅是辅助作用，由于其不能完全配合皇权，不能按照皇帝的意愿来有效制约官僚系统，谏官职能往往难以发挥实际效用。劝谏封驳、议论朝政得失，虽然在一定程度上维持了权力平衡，但在历史的洪流中发挥的作用是微乎其微的。

时至宋代，谏官制度出现了较大变化，台谏渐有合一趋势。宋初谏官分属中书、门下二省，仁宗时虽单独设谏院，但御史与谏官执掌相互交叉，二者事权有所混同，台谏官既可监察百官，又可向皇帝进言议评朝政得失，职权更为广泛。元人修宋史时评价道："宋之立国，元气在台谏"㉓，可见台谏在宋代地位之高。对于台谏合流，从形式上看，谏官地位似乎借助御史台得以提升，但实际上其丧失了宋代以前相对独立的职权，而一向为皇帝耳目的御史台吸收了对皇权具有监督功能的谏议系统。谏官改职与御史台合二为一，实则是皇权进一步发展壮大的产物，因此有对台谏定性为"台谏者，陛下之台谏"㉔。作为一元权力系统下专制皇权强化的产物，台谏制度被用来作为制衡相权及调节官僚系统的工具。同时，相权又试图反制台谏的监察，以至于宋代的权相从蔡京到贾似道，无不把操纵台谏系统视为擅权专政的重要步骤。㉕ 反复的权力斗争使台谏制度沦为相权与君权对峙的中间工具，亦成为君主控制臣下的武器，"自庆

㉓ 脱脱：《宋史》，中华书局 1985 年版，第 11963 页。
㉔ 毕沅：《续资治通鉴》，中华书局 1957 年版，第 1157 页。
㉕ 参见虞云国：《宋代台谏系统的破坏与君权相权之关系》，载《学术月刊》1995 年第 11 期，第 56－63 页。

历后，台谏官用事，朝廷命令之出，事无当否，悉论之，必胜而后已，专务抉人阴私莫辨之事，以中伤士大夫。执政畏其言，进擢尤速"⑳。宋代台谏与相权形成了分立制衡的特殊结构，而主宰其上的最高权力——皇权的存在及加强，使得台谏即使吸收了谏议系统，也终究归于御臣而疏于谏君。

### （二）皇权的强化与明清时期监察制度的发展

明代在监察机构方面进行了重大改革，监察系统随着皇权的加强进一步膨胀，监察官完全成为皇帝的耳目。明初中央设中书省、都督府、御史台，掌管行政、军事与监察。对于中央这三大部门的分工，朱元璋认为："国家立三大府，中书总政事，都督掌军旅，御史掌纠察。朝廷纪纲尽系于此，而台察之任尤清要。"⑳ 可见，朱元璋最看重台察。这三大部门形成了分权制衡的状态，而各方权力过大，尤其是以宰相为核心的中书行政权力过大，影响了台察之权的发挥，不利于巩固皇权。因此，洪武十三年（1380 年），朱元璋借胡惟庸谋反案进行中央机构改革：在行政权方面，直接撤销了皇帝以下最为强大的中央行政权力，罢中书，废宰相，由皇帝直辖六部；在军事权力方面，虽未改变其原有的国防职能，但也对军权进行了一定的分割，"改都督府为五军都督府，分领在京各卫所及在外各都司、卫所"㉘。自此，三大部门分立的状况发生转变，在中书省和都督府相继被撤除或分割后，御史台权力加强。为防止御史台三院制分割皇权，强化皇帝耳目之司，洪武十五年（1382 年）改御史台为都察院，都察院成为专司监察事务的部门，统一行使监察权。

---

㉖ 脱脱：《宋史》，中华书局 1985 年版，第 9607 页。
㉗ 张廷玉：《明史》，岳麓书社 1996 年版，第 1034 页。
㉘ 张廷玉：《明史》，岳麓书社 1996 年版，第 1091 页。

此外，皇帝为对六部进行更直接有效的监督，将原属门下省的给事中抽调出来，作为独立的机关，分别针对"吏户礼兵刑工"六科进行监察。明代给事中的人数规模远在唐宋之上，职权也较唐宋发生了很大变化。明清时期，诸如给事中等对皇帝进行谏议的职能或机构最终演变为六科给事中这种直属皇帝的独立监察机关。明清时期给事中的职权虽然在形式上仍是言官类，但其主要针对六部官员的弹劾权与唐宋时期御史的弹劾权相比并无实质区别。㉙ 给事中品级不高，但权力极大，与品低权重的监察御史的模式极为相似，实为皇帝控制臣僚的工具。至于清代，监察权则进一步集中化，监察机构规模仍在扩大。六科给事中与十五道监察御史合称"科道"。清雍正时，以隶都察院（分察在内各衙门），给事中遂失其独立㉚，六科隶于都察院，给事中所具有的谏议职能基本被取缔完毕，实现台谏合一，谏议机构彻底转变为皇权监察机构。

明清时期的谏议制度不如唐宋时期发达，但在儒家正统"从道不从君"的观念下，谏诤的传统仍然存续，进谏依然是文人士大夫群体忠君的体现。统治者可能会给予直言进谏者一定嘉奖，譬如"死谏、死节、阵亡者，皆得赠官"㉛。但显然，这仅仅是名义上的嘉奖。严格的考课制度、庞大严密的监察体系、被取消的官当特权、常规化的廷杖制度、株连甚广的奸党罪无不成为君主打击直言进谏者的武器。以重罚甚至生命为代价，直言谏议君主得失的风气消失，谏议者充其量提出对某些事务的看法，而对君主的约束力已丧失，传统的谏议制度趋近萎缩。而这一时期监察机构规模日渐庞杂，权力无限扩大，监察对象和范围也更加广泛，政务、人事、司法、军事、经济、礼仪、教育、文化等方面几乎无所不包，甚至私

---

㉙　参见刘双舟：《明代监察法制研究》，中国检察出版社 2004 年版，第 5 页。

㉚　参见吕思勉：《中国制度史》，中国和平出版社 2014 年版，第 517 页。

㉛　张廷玉：《明史》，岳麓书社 1996 年版，第 1013 页。

人生活和日常言谈都是被监察的对象。㉜

监察系统机构重叠、职权混淆、党同伐异的现象为人诟病。这种过度化的监察亦代表着专制主义皇权已走向极端。此外，明代皇帝另选内廷近臣建立了宦官掌领的厂卫制度，这是一种与专制皇权更加契合的特殊监察制度，同样也是皇权镇压官僚集团的工具。作为隶属于皇帝的特务机构，厂卫的发展与皇权强化是同步的，厂卫权力越猖獗膨胀，君臣斗争越激烈。

# 四、都察院的消亡与近代监察制度的转型

清末都察院的规模和职权大大限缩、趋于隐形。随着辛亥革命的爆发，清王朝覆灭，中国传统监察制度也伴随着数千年封建专制制度的覆灭而终结。孙中山五权分立理论中构设了专职的行政监察机构，对近代监察制度的构建产生了重大影响。南京国民政府的监察制度就是在孙中山五权理论的基础之上构建起来的。清末至民国的政治权力结构在形式上完成了从殉葬帝制集权到分权共和的转变。这一时期的监察制度，虽脱离了帝制时期的土壤，但仍未摆脱一元化的权力结构模式，具有显著的时代特征。

## （一）清末都察院的消亡

为了挽救岌岌可危的统治，清末的王朝统治者不得不推行新政，官制改革便是新政的一项重要内容。在这场官制改革中，对维持专制皇权意义重大的都察院处境尴尬，其在行政、司法以及治安等方面的职能与新政中

---

㉜ 参见刘双舟：《明代监察法制研究》，中国检察出版社 2004 年版，第 52 页。

欲新设的机构多有交叉，故其存废和变革引起广泛争议。关于都察院的去向，朝野上下大抵有以下三种方案。

第一种是保留都察院，维持其原有职能。这一方案从维护专制皇权的角度出发，具有较强的保守色彩，以江西道御史叶苔棠为代表。叶苔棠认为都察院为皇帝耳目，执掌重大，应缓设集议院，继续维持都察院原有的机构和职掌。

第二种是保留都察院，调整其职权范围。曾任都察院左都御史的陆润庠认为要以保留都察院的固有职能为主，尤其是言谏监督、纠举弹劾之职，在此基础上方可新设议院和行政裁判院，分掌立法监督和行政裁判。奕劻、孙家鼐、瞿鸿禨则主张重新规划都察院的职权，将其与新设机构不相重叠的职能保留下来，"原缺职掌与新拟部院官制参差重复者，当略加厘正"㉝。

第三种是对都察院进行彻底改制或裁撤。礼部尚书戴鸿慈和闽浙总督端方认为集议院"通上下之情"的言事功能与都察院相似，主张以集议院取代都察院，把都察院原有的纠举、弹劾、惩戒权改归于新设的行政裁判院。事实上，作为国会练习机构的集议院并无实权，如此一来，都察院的权力则会大大削弱。赵炳麟认为都察院可作为新机构设立之前的过渡机构，在议院、行政裁判院设立后即行裁撤。然而，无论裁撤还是改制，最终结果都是传统意义上的都察院不复存在。

经过激烈的争议，通过《都察院整顿变通章程》以及一系列官制改革措施，都察院的规模和职权范围发生了重大变化。一方面，都察院人员数量裁减，组织规模缩小。譬如将都察院左都御史、左副都御史的人数从六人裁减为三人；减少各道监察官员的编制等。另一方面，通过机构的新设、改革和裁撤，调整都察院的职权。原属都察院的治安管理权、司法监

---

㉝ 故宫博物院明清档案部：《清末筹备立宪档案史料》（上册），中华书局 1979 年版，第 470 页。

督权等都被脱卸。都察院从原有的集行政、司法多项职能于一身的混合体，向具有现代意义的"纠察行政之官"的行政监察机构转变。

然而，这场官制改革并未改变都察院维系皇权的本质。事实证明，都察院这种深深植根于专制皇权土壤的"风宪衙门"难以被真正纳入现代立宪政体的框架之内。官制改革中围绕都察院的种种争议，究其根本，无非是都察院与新式官制、现代立宪政体之间的差距难以弥合。清王朝覆灭后，1912 年 6 月 12 日，袁世凯颁布临时大总统令，宣布"翰林院、都察院、给事中各衙门着即取消，由国务院派定专员办理一切清厘裁撤事宜"[34]。至此，自洪武十五年（1382 年）朱元璋首创的都察院制度宣告终结。作为国家正式机构的都察院在失去专制皇权的依托后，就这样随着一纸总统令消失于历史长河中。

## （二）孙中山五权理论中的监察权理念

"余之革命主义内容，赅括言之，三民主义、五权宪法是已。"[35] 其中，五权宪法便是根据五权分立理论构建的宪政模式。孙中山的五权分立理论是在西方"三权分立"理论的基础上，融合中国传统的监察、考试制度形成的。孙中山试图融贯中西，从中国传统制度理念中汲取精髓，弥补西方之弊。孙中山在其所撰《中国革命史》一文中提道："余之谋中国革命，其所持主义，有因袭吾国固有之思想者，有规抚欧洲之学说事迹者，有吾所独见而创获者。"[36] 对于监察制度的构想，他认为西方立宪各国几乎皆是用立法机关行纠察监督之权，容易导致议会权力过大而干扰行政权的正常行使。于是他主张借鉴中国古代专设监察机关的传统，让监察机构

---

[34] 《临时大总统令》，载《时报》1912 年 6 月 11 日。
[35] 《孙中山全集》（第 7 卷），中华书局 1985 年版，第 61 页。
[36] 《孙中山全集》（第 7 卷），中华书局 1985 年版，第 60 页。

具有独立地位㊲，独立行使监察权，同时将其纳入现代宪制框架。如此，可平衡立法、行政、司法等权，使各权力机关更好地发挥效能、保护民权。五权分立理论中构设的监察院便是典型的中西合璧的产物。到1923年，《中国国民党党纲》正式使用了监察权概念。

按照孙中山五权宪法理论，由行政院、立法院、司法院、考试院、监察院五院组成“中央政府”。监察院具有独立性和权威性，监察对象具有广泛性，可针对各院人员行弹劾权。孙中山设计的监察权的内容以弹劾权为主，是否包含惩戒权则语焉不详。“各院人员失职，由监察院向国民大会弹劾之；而监察院人员失职，则国民大会自行弹劾而罢黜之；国民大会职权，专司宪法修改及制裁公仆之失职。”㊳ 根据上述这段话，学界一般认为孙中山构设的监察权包含弹劾权但缺失惩戒权，“制裁公仆之失职”的职权在于国民大会。他构思了一个宏大的制度轮廓，却没有填满轮廓中的内容。由于制度设计方面的瑕疵，在此后实践中产生了譬如监察权的权能体系设计宽泛、具体权力内容不明确、与其他权力机关的界限不够清晰等问题。

此外，孙中山主张党政分察的监察体制，国民党与国民政府各有两套监察体系，以使监察网络更严密。这种制度构想的初衷是好的，但在“建国三时期”理论㊴的指导下，军政、训政时期已奠定了国民党一党专政的基础，以至于行宪阶段也只能流于形式。“党国一体”的影响使监察院常

㊲ 这里的“传统”是指具有独立化、专门化特征的监察形式，而非皇权之下的传统监察制度。此外，传统监察制度的独立性是相对而言的，是相对于皇权之下臣僚事权系统的独立，其根本上还是依附于皇权的。

㊳ 《孙中山全集》（第7卷），中华书局1985年版，第61页。

㊴ “建国三时期”理论是孙中山先生政治思想的重要组成部分。孙中山先生认为，在中国要实现直接民权，须经过军政、训政、宪政三个时期，即在军政时期通过武力实现全国统一，之后进入训政时期，实行地方自治，最后颁布并实施宪法，进入宪政时期，建国之业方得以告成。因此，该理论又被称为“宪政三阶段”。

常受制于国民党中央监察委员会。国民政府的监察制度实践与孙中山监察理想的构设之间存在较大差距。

## （三）南京国民政府监察院的制度实践

孙中山的五权理论在民国北京政府时期一直被束之高阁，其设计的监察制度直到南京国民政府时期才得以实践。训政时期与宪政时期监察院的机构设置、人员产生及配置、权力内容等都有所不同。纵观整个南京国民政府时期，监察院取得了一定的成绩，在防止权力滥用、整肃官纪等方面发挥了作用，但其中仍有许多问题不容忽视。

第一，监察权受国民党牵制问题。作为国民政府的机关，监察院原则上与作为国民党机关的中央监察委员会互不干涉。但在国民党以党治国的时期，党的主义即为全国政治之所依，所以党的监察机关是全国监察的最高机关，监察院受制于国民党中央监察委员会。"监察院所决定的应付惩戒事件，倘其被弹劾的是国民政府委员，便要将弹劾案连同证据物件移送中央监察委员会请求惩戒。"[40] 监察院的设置、运行皆受国民党中央的牵制。

第二，弹劾权与惩戒权分立问题。监察院无惩戒权，弹劾案件需移交有惩戒权的机关，这使得监察院在行监察职权时多有不便，譬如公文往返多费周折，效率低下；弹劾与惩戒交接的中间地带给了违职官员私下请托以逃避惩戒的机会；弹劾官员却不能执行惩戒等。监察院无惩戒权使得监察权能流于形式，监察权易被架空。

第三，权能庞杂问题。南京国民政府在执政的不同时期中，监察院的职权有所调整，大体包含弹劾权、审计权、调查权、监试权、建议权、纠举权等。其中，监察院虽将部分审计职权分流给审计院，然审计院被并入监察院受其管辖，实质上监察院仍负审计之责。此外，在国民党宣布"行

---

[40]　徐式圭：《中国监察史略》，中华书局 1937 年版，第 131 页。

宪"后，根据 1947 年《中华民国宪法》，监察院的职权中又增加了同意权，监察院与议会的职能相重叠，导致权力抵牾失衡。作为一个专门性的监察机关，监察院集如此多的职权于一身，可能顾此失彼，反而弱化了监察权的功能。

因此，南京国民政府监察院的实践效果并不理想。按照孙中山最初的设想，监察院掌弹劾，国民大会掌制裁惩戒。而实践中，由非常设的国民大会掌使用频率较高的惩戒权，导致惩戒效率低下，弹劾效果不佳。为了使监察机关更好地发挥作用，南京国民政府设置了公务员惩戒委员会，作为主管惩戒的专门机关，辅助监察机关履行职责。民国北京政府时期已有文官惩戒委员会[41]，故公务员惩戒委员会可看作是文官惩戒委员会的延续。专门性惩戒机关与监察院的配合，在一定程度上弥补了监察院的弱势地位，使弹劾结果更易落实。

就监察院与惩戒委员会的关系而言，监察院是送惩机关，本身不执行惩戒。关于弹劾事件，其中涉及国民政务官事件要交国民政府执行，而涉及事务官事件则交公务员惩戒委员会执行。惩戒委员会有中央与地方两种，各自负责中央与地方官吏违职的惩戒。具体的处分等级有撤职、降级、减俸、记过、申诫五种。如果情节过重不在前述处分之列，则交由法院办理。[42]

监察机构无惩戒权的制度设计初衷可能是为了平衡权力，然而却导致完整监察过程被人为分割。围绕弹劾与惩戒究竟合一还是分立，社会各界有过不小的争议，惩戒权和弹劾权在北京政府的肃政厅和广州国民政府时期曾短暂合并，但始终未经长期实践论证其效果。合二为一亦有可能导致

---

㊶  民国北京政府时期的监察权设置大抵分为三部分：肃政厅掌弹劾，平政院掌审理，文官惩戒委员会掌违职但未触及法律的惩戒（违背职务、废弛职务、有违官职之上的威严与信用）。

㊷  参见徐式圭：《中国监察史略》，中华书局 1937 年版，第 130-131 页。

权力不受控制。不论弹劾与惩戒是否应合一，公务员惩戒委员会的设立使整个监察弹劾的过程更为完善，形成了一个较完整的闭环。但考察整个南京国民政府的监察制度，监察权仍效用不彰。以《中央周报》列出监察院成立初年的弹劾事件表为例（1931—1932 年），可以看出被弹劾撤职的以县长为最多，疆吏大员多是不了了之。[43] 尽管有公务员惩戒委员会的制度，却也未能改变监察权流于形式的状况。

# 五、中国传统监察制度变迁中的权力制约

权力制约理念在中国古代早已存在。中国传统监察制度基于皇帝对职业官僚集团的控制需求而建立，其发展历程中蕴含着皇权对臣下权力的制约与监督。近代中国的政制实践将西方权力制约理念与传统监察制度相结合，试图探索出一种完美的监察制度形态，却又归于失败。传统监察制度变迁背后的权力制约理念有明显的局限性。

## （一）专制政体、官僚系统与权力制约

阎步克先生曾从实证和评价两个层面分析君主专制政体。在实证层面，"专制"一词是中性的，是"一国之权，全出于一国之君"的类型化的行政制度。它不直接涉及好坏的价值取舍，也不与"肆意妄为"等主观评价相联系。专制政体的必要因素有两个：一是一个最高权力，二是配合最高权力、负责事务执行的行政官僚群体。[44] 典型的专制政权都以发达的

---

[43] 参见徐式圭主：《中国监察史略》，中华书局 1937 年版，第 134－136 页。

[44] 参见阎步克：《中国传统政体问题续谈》，载《北京大学学报（哲学社会科学版）》2017 年第 2 期，第 41－53 页。

官僚组织为特征。拥有集权官僚制的君主，才算得上是专制君主。在中国传统君主专制的社会中，有一群职业化的官僚集团，他们精准、高效地服务于最高权力。专制君主的权力正是在这些官僚群体的支持下才得以稳固和发挥。然而，扮演传统政治体系治理机器角色的官僚制度，又将皇权一定程度地限制在机器运行的合理轨道内，以其专业化的"理性行政"对专制皇权形成了制约。在皇权与官僚的相互角力中，皇权经常性地获得胜利，官僚集团的制约效果并不理想。⑮ 为了有力地驯服官僚集团，专制皇权自产生之初，便开始建立监察系统，这个系统直接听命于皇帝、被皇帝掌控和驾驭，又作为皇帝耳目，用以制约官僚集团。

本文所论述的先秦至明清再至民国时期的监察制度发展变迁的背后，皆暗含了权力制约的规律。论及宪法理论中的权力制约问题，可以说，历史上凡有国家权力存在就会有权力制约的制度设计。无论掌握权力的是君主还是人民，都有相应的权力制约与监督机制。权力制约在民主社会或专制社会中皆可存在，只是在不同性质的社会中，其分权程度和保障目的有所不同。

有学者把权力制约细分为"权力制约"和"权力制衡"两个概念，并提供了哲学层面的界定：权力制约是借用一种力量去控制权力的运行，即以某种控制手段（这种控制手段表现为一种权力）规范公权力（或最高权力）的合理界限，以权力制约权力；权力制衡是权力制约的一种模式，是将权力分立，由不同系统掌握，以使之相互牵制和平衡的制约形式。⑯ 笔

---

⑮ 魏晋南北朝时期出现了例外。这一时期门阀政治发达，官僚集团出现了贵族化的发展，即呈现出封闭化、特权化、世袭化的特点。在贵族化的官僚制下，皇权被士族门阀制约而处于相对弱势地位。但这并非职业化的官僚集团对皇权制约的成效，因为这种贵族化的官僚集团已经不是纯粹的文官制度本身了。官僚制与贵族制是此消彼长的两端。在整个中国古代，官僚制限制、削弱专制皇权的能力很有限。参见阎步克：《中国传统政体问题续谈》，载《北京大学学报（哲学社会科学版）》2017年第2期，第41—53页。

⑯ 参见林喆：《权力腐败与权力制约》，山东人民出版社2012年版，第246—247页。

者认为，在这两个概念之中又蕴含了一元权力系统与二元/多元权力系统的意义。一元权力系统中的制约机制，往往是服务于这个一元最高权力的，多是对一元权力之下其他权力的制约；二元/多元权力体系虽然同样具有制约的意义，但与权力制约范畴下的权力制衡更吻合。然而，无论是何种形式的制度设计，权力制约在政制实践中都很难达到最完美的状态。

一方面，就多元权力分立的制度设计来看，以政治构建上受"三权分立"学说影响极大的美国为例，在其200余年的制度实践中，最纯粹的"三权分立"与制衡并未实现。权力均衡性的要求时常被权力多元性的特点所打扰，以至于无法达到理想状态。一者，多元的权力分立体系无法达到真正平衡。不仅总统的行政权持续地扩大，极易招致权力的滥用，法律至上的法治理想也对司法权的强势地位起了助推作用。二者，"三权分立"与多党制配合，往往引来党争不断，分权制衡的效果不尽如人意。

另一方面，就一元权力系统下的权力制约机制而言，也没有想象中那般完美。以中国的制度实践为例，从古至今亦有不少教训。

### （二）一元权力系统与作为权力制约工具的监察制度

先秦时期的神权思想自周代走向没落，国家政治制度、社会日常生活开始世俗化，在神权思想与世俗文化的交织中，逐渐形成了"天人合一"的一元文化。这种一元文化理念与代表现实社会治理的政治制度是相通的。在这种理念下，"天"是至高无上的，世俗社会的君主（天子）就是天意的代表，也是最高权力的所有者。秦代皇帝制度的建立，进一步确立了一元文化观念，而这种一元文化观念又反作用于政治制度领域，不断强化皇权在一元权力结构中最高权力的地位。

在一元权力系统中，最高权力与其他权力构成了金字塔型的权力结构[47]。位于金字塔尖的最高权力需要对其下的各种权力加以制约，以便维护自己的地位。在中国古代，拥有最高权力的主权者与其设定的权力制约系统——传统监察体系之间，几乎都是自上而下的单向流动关系。自下而上的言谏制度不断被打压排挤，导致监察制度和言谏制度二者都很难发挥应有的效果。作为皇帝耳目之司的监察机构的发展，根源于对皇权的拱卫和对皇权膨胀的附和，故难以实现监察权的克制和透明，更难以保证监察体系的稳定和独立。

近代中国的政制实践在传统的监察制度与西方的国会监察中反复考量。袁世凯专权时期于平政院内设肃政厅，直接对袁世凯本人负责，是为独立的监察机关。然纵观整个北洋政府时期，基本没有专设监察，国会制的监察方式总是占据上风，却往往因政治妥协抑或专制权力文化的强大而归于失败。"党国一体"的南京国民政府的监察院兼具专门监察职能和议会式的职能，监察院往往更注重政治性事务而疏于行监察之职。加之依五权分立理念构设的监察院本身就存在瑕疵，实践后诸多问题便显现出来。民国的监察制度构建貌似融贯中西，但本质上仍未脱离中国传统社会形成的一元权力结构模式。

## 六、中国传统监察制度对当下国家监察制度改革的启示

秦代专制主义中央集权建立后，形成了以最高皇权为核心的一元政治

---

⑰　官僚制国家的权力结构是金字塔式权威结构，权力自上而下单向流动；封建国家的权力结构是等级权威结构，权力双向流动，处于社会、政治、军事结构中不同等级的人们分享权力和义务。参见塞缪尔·亨廷顿：《变化社会中的政治秩序》，王冠华、刘为译，上海人民出版社 2008 年版，第 134 - 135 页。

权力结构。专门化的御史监察制度沦为君主控御臣下的工具，被视为传统政治结构中皇帝最成功的权谋术之一。明主治吏不治民的统治经验，在君臣百战的权力利害冲突中，通过位卑权重的御史加以实现。御史位卑，则使其不敢也不能妄为，避免了权臣的弊端；御史权重，则使其有代天子巡狩地方与监督朝臣威仪的功能，专门纠察官员非法违宪之事，故有刺史、风宪官之称谓。虽然自秦代以后监察机构多有沿革，但其背后的权力结构模式和发展运作规律未曾改变。监察制度在此后的帝制政制实践中一直延续，并随着传统社会后期皇权的极端化而日益强化。

从传统监察制度的发展可以看出，从古至今，中国都在追求对权力的制约与监督。在中国古代特定的政治制度和社会背景下，作为权力制约方式的监察制度在形式上已较为完备，其组织机构和权力行使已较为专门化和独立化。但这样庞大又面面俱到的监察制度体系并未发挥稳定有效的监督效果。根植于以皇权为核心的一元权力结构中的监察制度体系工具性极强，只服务于皇帝，其所具有的"独立"地位仅仅是相对于臣僚事权系统的独立，几乎不具有脱离皇权独立运行的能力。它依靠最高权力构建，又面临被其侵蚀、左右的处境。此外，在中国古代一元权力系统中，制约监督体系的异常扩大亦很难避免，皇权的强化和监察体系的膨胀永远是对应的。当既有监察制度出现漏洞或无法满足监督需求时，便又新设机构，长此以往，收效不理想，反而进入一个循环怪圈：新的监察主体不断加入，监察渠道不断拓宽，监察权日益强势，监察机构不断扩张，监察效率却未明显提高；为了解决监察效率问题，前述情况复现，于是监察体系愈加膨胀。已有不少学者的研究证明传统帝制时期行政层级的增加与该循环高度相关。

与中国传统监察制度不同，中国当下的监察制度是法治意义上的监察制度。中华人民共和国成立以后，建立了具有中国特色的行政监察制度，并在此基础上不断改革调整。直至 2017 年国家监察体制改革之前，我国已形成包括行政监察在内的多种类型、多种途径的监察⑱，监察体系已初具规模，但监察权分散于行政、审计、检察、纪检等机关之中，监察职能重叠、边界不清，导致监督不到位、监督有死角的情况发生。为了更有效地履行监察职责，发挥监察效用，2017 年开始实行监察委员会的试点工作，逐步开展监察体制改革，将现存的各类监察力量，即分散的"制约权力"的"权力"，整合进一个统一的专门化制度体系中，实现"从单一到并行，从多元到整合"的制度逻辑转换。⑲ 随着监察体制改革的推进，监察机构的权威地位显著提高，监察范围也有所扩大，即对所有行使公权力的公职人员依法实施监察。⑳ 二十届中央纪委三次全会强调"突出规范化、法治化、正规化深化纪检监察体制改革和制度建设"，各级纪检监察机关坚持正确政治方向，以深化机构改革为重点，推进力量和资源整合，持续完善系统集成、协同高效的纪检监察工作体系，权威高效的监察体系正在形成，纪检监察工作的规范化、法治化、正规化程度不断提高。

中国古代的"监察"与当下纳入法治范畴的"监察"具有两种根本不同的属性，但当代的监察制度与传统监察制度之间又有相似性，例如专门化、独立化、权威化等特点。从传统监察制度变迁背后蕴含的法理来看，对各项监察权力进行整合是必要且有益的尝试，但机构和人员的扩张式发展并不必然带来理想的监察效果。就当前监察制度改革来说，机构的扩大、人员及编制的增加是居于其次的，制度改革的焦点应在于如何构建健

---

⑱ 例如，各级政府专设监察机关，依据宪法、行政监察法对行政违法失职行为进行监督；设立专门的审计机关，承担审计职能，负责财政收支方面的监督，与行政监察机关地位平等；人民检察院内设立反贪污贿赂机构，对职务犯罪行为进行打击和监督，这是一种具有司法性质的监察。此外，党的纪律监督检查委员会依据党的章程、党内监督条例专门负责党内的监督。

⑲ 参见李莉：《国家监察体制改革视域下的制度设计变迁——新中国成立以来权力监督的历史梳理》，载《当代世界与社会主义》2018 年第 3 期，第 179 - 187 页。

⑳ 参见陈光中、邵俊：《我国监察体制改革若干问题思考》，载《中国法学》2017 年第 4 期，第 23 - 36 页。

康、有效、常态化的监察制度运行机制。其中，既要保证监察制度体系的独立性，保证监察权独立行使、监察体制独立运行不受干扰，又要对其进行有效监督，将人大监督、司法监督、自我监督、社会监督等多元监督形式有效结合[51]；既要加强监察体系的权威地位，使监察权真正发挥作用，又要明确监察机构内部各权力的关系，优化监察机关内部权力结构，避免监察权成为集多种权力于一身的综合体。

对于制度的构建和应用，需秉持谨慎理性的态度。当下监察制度改革亦是如此，不仅要立足于当下政治制度和社会背景，还要理性分析中国传统监察制度产生、发展、消亡、转型的变迁历程，从中吸取经验教训。理论上，在论证一个制度或在寻求一种新的机构设计之时，一则需关注制度本身如何，二则需与所处政治文化背景和文化传统相联系。这样的思考或许不无裨益。

---

[51] 参见马怀德：《国家监察体制改革的重要意义和主要任务》，载《国家行政学院学报》2016年第6期，第15-21页。

第二编　部门法学·国家法、宪法与行政法、刑法学

# 论我国现行宪法的人民民主原则[*]

韩大元[**]

1982 年 12 月 4 日，第五届全国人民代表大会第五次会议通过了我国现行宪法。40 多年来，在中国的改革开放进程中，宪法成为调整国家与社会生活的最高法律规范，奠定了国家治理体系的基础，确立了国家的核心价值观，推进了社会主义民主制度化、规范化、程序化，维护了国家法制统一与社会稳定。"党领导人民制定和实施宪法，最根本的目的是维护人民利益、反映人民意愿、保障人民权益、增进人民福祉。"[①] 我国现行宪法继承和发展了 1954 年《宪法》（以下简称"五四宪法"）确立的民主原则与社会主义原则，体现了以全过程人民民主为本质属性的中国特色社会主义民主理念。40 多年来中国社会的发展、进步与宪法实施，特别是与坚持在法治的轨道上推进全过程人民民主密不可分。我们要认真总结 40 多年来宪法实施的成就与经验，推动新时代中国特色社会主义宪法发展，以保证全过程人民民主得以全面贯彻。

宪法是国家的根本法与最高法，是民主的制度化与法律化。人民民主原则作为社会主义宪法的一项基本原则，体现在宪法修改的指导原则与具

---

　　* 本文原载于《中国法学》2023 年第 1 期。
　　** 韩大元，中国人民大学法学院教授。
　　① 习近平：《谱写新时代中国宪法实践新篇章——纪念现行宪法公布施行 40 周年》，载《人民日报》2022 年 12 月 20 日，第 1 版。

体修宪过程之中。在宪法制定和修改过程中，"走群众路线就是贯彻民主原则"②。从宪法学视角研究人民民主原则，有助于夯实社会主义民主的宪法基础，有助于在法治轨道上有序推进全过程人民民主，进而以生动的民主实践丰富宪法人民民主原则的规范内涵，并不断赋予其时代特征。③笔者以现行宪法诞生过程中人民民主原则的形成过程为基础，分析其内涵以及演变，并梳理、阐释在宪法轨道上推进全过程人民民主的基本进路。

# 一、现行宪法人民民主原则的确立背景

现行宪法确立的人民民主原则充分体现了中国共产党以人民当家作主为根本追求的全过程人民民主的民主观，反映了我国民主理论与实践的不断创新和发展。

## （一）党的十一届三中全会确立社会主义民主

现行宪法确立的人民民主原则体现了党的十一届三中全会以来党对民主与法制关系的深入思考与理论创新，反映了党的民主理论发展的新成果。《中国共产党第十一届中央委员会第三次全体会议公报》（以下简称"党的十一届三中全会《公报》"）、《中国共产党中央委员会关于建国以来党的若干历史问题的决议》（以下简称"党的十一届六中全会《决议》"）以及党的十二大报告对人民民主原则与理论进行了系统的阐述。

---

② 张友渔：《新中国制宪工作回顾》，载《张友渔文选》（下册），法律出版社 1997 年版，第 357 页。

③ 许崇德教授曾从以下 6 个方面概括了我国宪法的基本精神：坚持社会主义本质特征的精神；坚持发展民主与加强法制的精神；坚持民族团结和国家统一的精神；坚持改革开放的精神；坚持实事求是从实际出发的精神；坚持维护世界和平，反对霸权主义的精神。参见《许崇德自选集》，中国人民大学出版社 2007 年版，第 28 页。

其中，邓小平有关社会主义民主的一系列重要论述对现行宪法确立人民民主原则发挥了指导性作用。

1978 年 12 月 13 日，在中共中央工作会议闭幕会上，邓小平作了题为"解放思想，实事求是，团结一致向前看"的重要讲话。他在讲话的第二部分专门谈到民主与解放思想的关系，指出"民主是解放思想的重要条件"④。他认为，"我们需要集中统一的领导，但是必须有充分的民主，才能做到正确的集中"⑤，要积极创造民主的条件。"文化大革命""酿成十年内乱，使党、国家、人民遭到新中国成立以来最严重的挫折和损失，教训极其惨痛"⑥。基于"文化大革命"的深刻教训，他强调"这要从制度方面解决问题"，"我们这个国家有几千年封建社会的历史，缺乏社会主义的民主和社会主义的法制。现在我们要认真建立社会主义的民主制度和社会主义法制。只有这样，才能解决问题"⑦。民主要纳入法制的轨道，公民依法行使民主权利，国家机关依法保障公民权利。邓小平强调，"社会主义民主和社会主义法制是不可分的。不要社会主义法制的民主，不要党的领导的民主，不要纪律和秩序的民主，决不是社会主义民主"⑧。当时，党中央决定将向第五届全国人大第三次会议提出修改宪法的建议，在新宪法中如何体现社会主义民主原则是不可回避的重大问题。邓小平强调，"要使我们的宪法更加完备、周密、准确，能够切实保证人民真正享有管理国家各级组织和各项企业事业的权力，享有充分的公民权利"⑨。

---

④ 邓小平：《解放思想，实事求是，团结一致向前看》，载《邓小平文选》（第 2 卷），人民出版社 1994 年版，第 144 页。

⑤ 前注④，邓小平文，第 144 页。

⑥ 《中共中央关于党的百年奋斗重大成就和历史经验的决议》，2021 年 11 月 11 日中国共产党第十九届中央委员会第六次全体会议通过。

⑦ 邓小平：《答意大利记者奥琳埃娜·法拉奇问》，载前注④，《邓小平文选》（第 2 卷），第 348 页。

⑧ 邓小平：《贯彻调整方针，保证安定团结》，载前注④，《邓小平文选》（第 2 卷），第 359 页。

⑨ 邓小平：《党和国家领导制度的改革》，载前注④，《邓小平文选》（第 2 卷），第 339 页。

党的十一届三中全会《公报》指出，"为了保障人民民主，必须加强社会主义法制，使民主制度化、法律化"，从而提出民主制度化、法律化的重大命题。该公报强调民主和集中的辩证统一关系，提出"必须有充分的民主，才能做到正确的集中。由于在过去一个时期内，民主集中制没有真正实行，离开民主讲集中，民主太少，当前这个时期特别需要强调民主，……使党的统一领导和各个生产组织的有效指挥建立在群众路线的基础上。……宪法规定的公民权利，必须坚决保障，任何人不得侵犯"⑩。基于当时社会转型的背景，将民主作为国家发展目标，并在国家制度体系中重新塑造民主价值是十分必要的。

党的十一届六中全会《决议》明确"逐步建设高度民主的社会主义政治制度，是社会主义革命的根本任务之一"。为了实现"高度民主"，该决议指出，"必须根据民主集中制的原则加强各级国家机关的建设，使各级人民代表大会及其常设机构成为有权威的人民权力机关，在基层政权和基层社会生活中逐步实现人民的直接民主，特别要着重努力发展各城乡企业中劳动群众对于企业事务的民主管理。必须巩固人民民主专政，完善国家的宪法和法律并使之成为任何人都必须严格遵守的不可侵犯的力量"⑪。这些思想和要求实际上成为宪法修改的"基本指导思想"，并在修改中得到了具体落实。其中"逐步实现人民的直接民主""着重……民主管理"成为《宪法》第2条第3款的重要理论基础，并在宪法规范体系中预留了发展直接民主的必要空间。

1982年9月召开的党的十二大提出"建设有中国特色的社会主义"重大命题。会议要求"把我国建设成为高度文明、高度民主的社会主义国

---

⑩ 《中国共产党第十一届中央委员会第三次全体会议公报》，载中共中央文献研究室编：《三中全会以来重要文献选编》（上），人民出版社1982年版，第10-11页。

⑪ 《中国共产党中央委员会关于建国以来党的若干历史问题的决议》，载中共中央文献研究室编：《三中全会以来重要文献选编》（下），中央文献出版社1982年版，第841-842页。

家"，把社会主义民主建设与社会主义法制建设有机结合起来，进一步丰富了社会主义民主内涵。要落实党的十一届三中全会、党的十二大精神，就需要对 1978 年《宪法》（以下简称"七八宪法"）进行全面修改，将党的正确路线与指导思想体现在宪法之中。

早在起草党的十一届三中全会《决议》时，邓小平就把民主分为政治民主、经济民主、民主与法制三个基本范畴⑫，并在宪法修改过程中反复强调，要"从制度上保证党和国家政治生活的民主化、经济管理的民主化、整个社会生活的民主化"⑬。对宪法与民主的关系，邓小平指出："政治体制的改革和宪法有密切的联系。就国体说，要解决民主和专政的问题，只讲民主不讲专政不行，要坚持人民民主专政。就政体说，要解决民主和集中的问题，只讲民主不讲集中不行。"⑭ 1981 年 9 月他在谈到宪法修改草案精神时提出："中国要搞社会主义，坚持社会主义，宪法中要肯定这一点。要建设一个高度民主、高度文明的现代化的社会主义国家。四个现代化，特别是高度民主、高度文明，过去没有反映到宪法里，这次要反映进去。"⑮ 对民主与法制的高度重视，以及将人民民主原则写入宪法是邓小平领导宪法修改工作的重要理念，也是对社会主义民主实践经验的科学总结。

可以说，自党的十一届三中全会以来，"发展社会主义民主，健全社会主义法制"成为中国共产党坚定不移的基本方针，也成为明确的国家发展目标，为现行宪法确立人民民主原则奠定了理论基础。

---

⑫ 参见胡乔木传编写组：《胡乔木传》（下），当代中国出版社、人民出版社 2015 年版，第 579 页。

⑬ 前注⑨，邓小平文，第 336 页。

⑭ 中共中央文献研究室编：《邓小平年谱（一九七五——一九九七）》（下），中央文献出版社 2004 年版，第 809 页。

⑮ 中共中央文献研究室编：《邓小平思想年谱（一九七五——一九九七）》（下卷），中央文献出版社 1998 年版，第 769 页。

## （二）取消"四大"，恢复民主秩序

随着对社会主义民主认识的深入，如何从宪法上消除"文化大革命"留下来的"大民主"⑯的影响是当时重建民主秩序的一项重要任务。1979年通过《地方各级人民代表大会和地方各级人民政府组织法》时，曾遇到一个问题，即如何取消七八宪法规定的革命委员会。革命委员会是"文化大革命"的产物，如继续保留，则不符合党的十一届三中全会关于发扬社会主义民主与健全社会主义法制的基本精神。因此，各地普遍提出应取消革命委员会，恢复人民委员会，并设立地方人大常委会等问题，这些问题均涉及是否进行宪法修改。当时主持立法工作的彭真同志向中央提交请示报告，提出三个方案：一是用立法形式把革命委员会体制固定下来，这样做，不赞成的人可能很多；二是取消革命委员会，恢复人民委员会，这样做在名义上虽然取消了革命委员会，但对于扩大人民民主、健全社会主义法制不一定能有多大实质性的帮助和改进；三是县以上地方各级人民代表大会设常务委员会，并恢复人民委员会（包括省长、市长、县长等职称），这个方案可能比较好些。⑰ 邓小平同志很快批示："我赞成第三方案，相应的这次人大只是修改宪法这一条，其他不动。这个问题建议在人大会前议一下。"⑱ 1979 年 7 月 1 日，第五届全国人大第二次会议通过了《第五届全国人民代表大会第二次会议关于修正〈中华人民共和国宪法〉若干规定的决议》（以下简称"1979 年修宪《决议》"），将地方各级革命委员会改为地方各级人民政府，并把实行由选民直接选举的政权单位扩大到县一级，这有利于扩大人民民主，在一定程度上解决了扩大民主与宪法规范

---

⑯ "大民主"是"文化大革命"采用的"民主"形式，包括"大鸣、大放、大辩论、大字报"，规定在 1975 年《宪法》第 13 条、1978 年《宪法》第 45 条之中。

⑰ 参见《彭真传》编写组编：《彭真传》（第 4 卷），中央文献出版社 2012 年版，第 1307-1308 页。

⑱ 前注⑰，《彭真传》编写组编书，第 1309 页。

之间不一致的问题。

不过，1979 年修宪《决议》只解决了七八宪法在国家机构设置中的规范表述问题，并没有纠正七八宪法存在的不正确民主观念，也没有彻底肃清"文化大革命"对社会主义民主制度造成冲击的流毒。如七八宪法仍规定公民"有运用'大鸣、大放、大辩论、大字报'的权利"，同时把这"四大"确立为"无产阶级领导下的大民主"，赋予"大民主"以宪法依据。在当时的历史条件下，七八宪法在指导思想上没有进行拨乱反正，仍坚持"如果我们不抓阶级斗争这个纲，就不能巩固无产阶级专政，也就不能实现四个现代化的任务"[19]。这种错误的指导思想阻碍了党的十一届三中全会精神的落实，而 1979 年修宪《决议》未能充分回应这一问题。

针对当时出现的宪法规定与社会主义民主实践之间的不一致，邓小平明确提出，要取消七八宪法关于"四大"的规定。他指出，"四大""只能助长动乱，只能妨碍四个现代化，也只能妨碍民主和法制"；"四大""是载在宪法上的。现在把历史的经验总结一下，不能不承认，这个'四大'的做法，作为一个整体来看，从来没有产生积极的作用"[20]。因此，通过宪法修改取消这一条，对保障国家政治生活的安定、发展社会主义民主、树立正确的民主观，具有重要的意义。1980 年 4 月 8 日，中国共产党中央委员会向全国人大常委会提出《关于修改宪法第四十五条的建议》，建议取消七八宪法第 45 条中"有运用'大鸣、大放、大辩论、大字报'的权利"的规定。同年 9 月 10 日，第五届全国人大第三次会议通过《关于修改〈中华人民共和国宪法〉第四十五条的决议》，取消了该规定。

上述两次对七八宪法部分条文的修改，从宪法规范上否定了"大民

---

[19] 叶剑英：《关于修改宪法的报告》，载全国人大常委会办公厅联络局编：《中华人民共和国宪法及有关资料汇编》，中国民主法制出版社 1990 年版，第 124 页。

[20] 邓小平：《目前的形势和任务》，载前注④，《邓小平文选》（第 2 卷），第 257 页。

主"的合法性，以保持宪法与民主实践之间的平衡，为进一步完善社会主义民主制度奠定了宪法基础，但这种局部修改无法适应我国社会主义现代化建设的客观需要。因此，有必要全面修改七八宪法，将党的十一届三中全会确立的社会主义民主理论写入宪法，以根本法的形式保障新时期社会主义民主制度的健康有序发展。

### （三）学界探索民主理论

1980 年 9 月 10 日，中华人民共和国宪法修改委员会成立以后，围绕宪法修改与社会主义民主发展，学界深入探索民主理论，积极为宪法修改草案的完善献计献策。当时，社会上对民主、自由等概念的认识不统一，学界也缺乏对民主理论的体系化研究。对此，胡乔木曾指出："对于自由和民主，如果不作出正确的解释、宣传的话，那确实就要离开社会主义，离开马克思主义。"[21] 为了回应发展民主的实践需求，法学界探索社会主义民主，并发表了不少研究成果，如《宪法取消关于"四大"的规定有利于发扬社会主义民主》《我国选举法的社会主义民主原则》《我国新宪法同前三部宪法的比较研究》《社会主义民主和法制的新发展》等学术论文[22]，以及《社会主义民主和法制问题》《宪法与民主制度》等学术著作[23]。针对取消"四大"的规定，张友渔指出："社会主义民主是历史上从未有过的绝大多数人名副其实的统治。我们国家更注意的是民主的实质和内容，

---

[21] 胡乔木：《加强四项基本原则的宣传》，载《胡乔木文集》（第 3 卷），人民出版社 2012 年版，第 162 页。

[22] 参见张友渔：《宪法取消关于"四大"的规定有利于发扬社会主义民主》，载《工人日报》1980 年 9 月 24 日，第 8 版；萧蔚云：《我国选举法的社会主义民主原则》，载《北京大学学报（哲学社会科学版）》1979 年第 5 期；许崇德、何华辉：《我国新宪法同前三部宪法的比较研究》，载《中州学刊》1983 年第 1 期；张尚鹭：《社会主义民主和法制的新发展》，载"人大复印资料全文数据库"。

[23] 参见谷春德、吕世伦：《社会主义民主和法制问题》，中国人民大学出版社 1980 年版；许崇德、何华辉：《宪法与民主制度》，湖北人民出版社 1982 年版。

而不是形式，是实现社会主义民主的物质保障，而不是空洞的许诺。"㉔
在《宪法与民主制度》一书的序言中，他谈道："实践表明，对于国家问
题、宪法问题和民主制度问题的研究是当前极其重要而迫切的任务。"㉕
在这本书中，作者将民主概念纳入宪法学范畴，系统地考察了宪法与民主
关系的历史演变，认为"近代意义的宪法是国家的根本法，它是和民主制
度紧密相连的，是民主制度的确认和法律化"，"宪法是以民主事实为依
据，并随着民主的发展而发展……社会主义宪法是最高类型的宪法"㉖。
1983 年出版的统编教材《宪法学》一书把宪法和民主融贯起来，认为宪
法是"国家的根本大法，是民主制度的法律化，是阶级力量的对比关系的
表现"，宪法上的"民主是一种国家制度，包括国体和政体两个方面"，同
时，"民主和自由、平等、人权总是分不开的"㉗。现在看来，这些命题似
乎已成为学界基本共识，但在当时的历史条件下重申民主常识是十分必要
的。除法学外，人文社会科学其他学科对民主原则、民主概念与民主合法
性等问题的探索，也丰富了 20 世纪 80 年代的民主理论，为现行宪法在五
四宪法基础上发展社会主义民主提供了必要的学理支撑。

## 二、现行宪法修改草案的全民讨论

### （一）继承五四宪法的民主原则

从宪法理论上看，修改宪法通常应以现行宪法为基础。但由于受历史
条件的限制，当时的七八宪法仍以"无产阶级专政下的继续革命"为指导

---

㉔ 前注㉒，张友渔文。

㉕ 前注㉓，许崇德、何华辉书，序言第 3 页。

㉖ 前注㉓，许崇德、何华辉书，第 7 页。

㉗ 吴家麟主编：《宪法学》，群众出版社 1983 年版，第 29 页。

思想，背离了五四宪法确立的社会主义民主原则。因此，恢复和发展五四宪法确立的社会主义民主原则就成为全面修改宪法的一项重要任务。据文献记载，宪法修改小组"当时研究了五四宪法，感到这部宪法虽然有的条文已经过时，但它规定的基本原则是适宜的"[28]。邓小平提出"新宪法要给人面貌一新的感觉"[29]。彭真在宪法修改草案的报告中指出："这个宪法修改草案继承和发展了一九五四年宪法的基本原则，充分注意总结我国社会主义发展的丰富经验，也注意吸取国际的经验；既考虑到当前的现实，又考虑到发展的前景。"[30] 因此，从民主精神和规范渊源来说，现行宪法是五四宪法的继承和发展。

1954 年，中国共产党领导中国人民制定了新中国第一部宪法——五四宪法，确立了民主原则和社会主义原则。1954 年 6 月 14 日，在中央人民政府委员会第三十次会议上，毛泽东在《关于中华人民共和国宪法草案》的讲话中指出："我们的宪法草案，结合了原则性和灵活性。原则基本上是两个：民主原则和社会主义原则。我们的民主不是资产阶级的民主，而是人民民主，这就是无产阶级领导的、以工农联盟为基础的人民民主专政。人民民主的原则贯串在我们整个宪法中。"[31] 在论述五四宪法的两个原则时，毛泽东先解释民主原则的内涵，再说明社会主义原则，强调五四宪法是"一个革命的宪法，人民民主的宪法"[32]。作为人民行使制宪权的实践，新中国第一部宪法的制定遵循民主原则，塑造了人民民主宪法的形象，展现了新中国制宪权的人民性与民主性，赋予了民主原则以新的

---

[28] 王汉斌：《社会主义民主法制文集》（上），中国民主法制出版社 2012 年版，第 19 页。

[29] 前注[28]，王汉斌书，第 19 页。

[30] 彭真：《关于中华人民共和国宪法修改草案的报告》，载《彭真文选（一九四一——一九九〇年）》，人民出版社 1991 年版，第 439 页。

[31] 毛泽东：《关于中华人民共和国宪法草案》，载中共中央文献研究室编：《毛泽东文集》（第 6 卷），人民出版社 1999 年版，第 326 页。

[32] 前注[31]，毛泽东文，第 329 页。

时代内涵。

　　五四宪法确立的民主原则主要体现为制宪过程的民主性与宪法内容的民主性。五四宪法的制定过程把领导机关意见与人民群众讨论相结合，使人民发挥制宪主体的作用，是一场人民民主的生动实践。在历时三个多月的宪法草案全民讨论中，共有 1.5 亿多人参加讨论，对宪法草案和有关组织法的修改意见和建议达 118.042 万条，充分体现了制宪过程的广泛民主性。如在第一届全国人大第一次会议讨论宪法草案时，周鲠生代表认为，宪法草案的一个基本特点是实现彻底的民主主义。民主原则一贯实现于我们的政治制度……在我们的国家，人民才真正当家作主。同时，国家机关一律实行民主集中制，按照民主集中制原则，在民主的基础上实行集中领导，就可以发挥国家管理的高度效能。[33] 宪法的民主原则在制宪内容上涉及两个基本问题：一是由谁来掌握国家权力，二是其如何行使国家权力。五四宪法不仅宣布国家的一切权力属于人民，而且规定了人民实现其权力的各种形式和具体保障制度。人民代表大会制度是结合中国的具体历史条件，由人民创造，并适合中国国情的政权组织形式，是我国人民民主制度的基础。宪法规定人民行使国家权力的机关是全国和地方各级人民代表大会，所有的国家机关一律实行民主集中制，全国人民代表大会是最高国家权力机关和行使国家立法权的唯一机关，其他国家机关由人民代表大会产生并受其监督，向人民代表大会负责并报告工作。[34] 这就保证了国家权力存在形态与人民意志的统一，体现了"高度的人民民主和集中"。同时，基于五四宪法的民主性，在公民基本权利的规定中，其强调权利保障的物质条件，如规定劳动权、受教育权等社会经济权利实现途径。

　　现行宪法继承和发展了五四宪法的民主原则，创新修宪过程的民众参

---

　　[33]　参见韩大元：《1954 年宪法制定过程》（第 2 版），法律出版社 2021 年版，第 503－507 页。
　　[34]　参见《我国宪法草案的民主精神》，载《光明日报》1954 年 6 月 24 日，第 1 版。

与机制，以多样化的途径吸纳民众对修宪的意见，使其具有广泛的民主基础。

## （二）全民讨论宪法修改草案

宪法修改草案的全民讨论是 1982 年宪法修改最显著的民主特色，也是我国社会主义民主原则的生动实践。在宪法修改过程中广泛听取社会各界意见，充分吸纳民意，夯实宪法的民主基础，为通过修宪凝聚社会共识奠定了民意基础。

在宪法修改委员会确定的修宪程序中，公布草案和全民讨论是重要的民主机制。1982 年 4 月 26 日，第五届全国人大常委会第二十三次会议通过了《关于公布〈中华人民共和国宪法修改草案〉的决议》。该决议对全民讨论宪法修改草案提出了总体目标和具体要求，包括：第五届全国人大常委会第二十三次会议同意宪法修改委员会的建议，决定公布宪法修改草案，交付全国各族人民讨论；全国各级国家机关、军队、政党组织、人民团体以及学校、企业事业组织和街道、农村社队等基层单位，在 1982 年 5 月至 1982 年 8 月期间，安排必要时间，组织讨论宪法修改草案，提出修改意见，并逐级上报。同时要求，全国各族人民讨论宪法修改草案所提出的修改意见，由各省、自治区、直辖市人大常委会以及人民解放军总政治部、中央国家机关各部门等单位分别于 1982 年 8 月底以前报送宪法修改委员会。

宪法修改草案公布以后，掀起了全民讨论宪法草案的热潮。为了配合全民讨论宪法草案，《人民日报》1982 年 4 月 29 日发表了题为《全民动员讨论宪法草案》的社论。社论说，"这次全民讨论宪法草案，既是人民行使当家作主的权利，又是人民学习社会主义民主和法制的一次很好的实践"[35]。

1982 年 5 月 4 日，彭真在省、自治区、直辖市人大常委会负责人座

---

[35] 《全民动员讨论宪法草案》，载《人民日报》1982 年 4 月 29 日，第 1 版。

谈会上阐述全民讨论宪法草案的重要意义。他指出：全民讨论的过程，是全体人民反复商议的过程，是党和群众反复商议的过程，是全国人民意志统一的很好的形式，也是十亿人民直接参加国家管理的一种重要形式。所以，组织全民讨论宪法修改草案是一件很大的事情。经过讨论和修改，宪法肯定会比现在更完备。㊱ 同年 7 月 16 日，彭真还以全国人大常委会副委员长、宪法修改委员会副主任委员的身份再次发表谈话，号召台湾同胞、港澳同胞、海外侨胞深入讨论宪法修改草案。谈话指出："人民利益高于一切，一切权力属于人民，台湾同胞、港澳同胞、海外侨胞都是中华民族大家庭的成员，都是国家的主人。我们十分珍视台湾同胞、港澳同胞、海外侨胞的意见。我们殷切希望大家行使自己的神圣权利，采取多种形式，通过各种渠道，同祖国大陆各族人民一起深入讨论宪法修改草案，共商国是。"㊲

## （三）全民讨论宪法修改草案的价值

全民讨论宪法修改草案作为社会主义民主最生动的实践，对扩大宪法修改草案的民主基础发挥了积极作用。有学者认为，"宪法修改草案全民讨论是我国立法制度的一项重要内容，是我国在立法上发扬社会主义民主的重要的立法程序"㊳。从 1982 年 4 月底到同年 8 月底，宪法修改草案的全民讨论前后进行了四个多月，各地约 80%～90% 的成年公民参加了讨论㊴，全国有几亿人参加了讨论，充分体现了宪法的人民民主原则，为宪法的民主实践提供了来自中国的经验与思考，克服了西方传统"全民公

---

㊱ 参见彭真：《认真组织全国各族人民讨论宪法修改草案》，载彭真：《论新时期的社会主义民主与法制建设》，中央文献出版社 1989 年版，第 116－119 页。

㊲ 韩大元主编：《新中国宪法发展 70 年》，广东人民出版社 2020 年版，第 262 页。

㊳ 何佳：《全民讨论宪法修改草案的意义和作用》，载《政治与法律丛刊》1982 年第 1 期，第 20 页。

㊴ 参见许崇德：《中华人民共和国宪法史》，福建人民出版社 2003 年版，第 750 页。

决"存在的缺陷与局限。比如，全民讨论宪法修改草案强化民主的理性沟通，既吸收民众对修宪的意见和建议，同时通过严格的修宪程序安排，对民意本身进行充分的辨析，寻求最大的公约数。宪法修改委员会认真听取民众的意见和建议，包括出席五届全国人大五次会议的 3 040 位代表的讨论及其发表的意见，并采纳了不少合理意见，反复修改宪法草案内容，"原来草案的基本内容没有变动，具体规定作了许多补充和修改，总共有近百处，纯属文字的改动还没有计算在内"⑩。

从宪法草案的完善过程看，全民讨论中提出的建议起到了非常重要的作用，不少关键性条款的增加或者修改就是参考全民讨论意见作出的，有些意见直接转化为宪法条文。比如，一位公民提出宪法应规定"要合理地利用土地"的建议，这一建议得到采纳，《宪法》第 10 条增写了第 5 款，即"一切使用土地的组织和个人必须合理地利用土地"；根据一位公民提出的"扩大全国人大常委会职权不能削弱全国人民代表大会职权"的建议，后来增加规定全国人大有权"改变或者撤销全国人民代表大会常务委员会不适当的决定"；一些学者提出草案中"人民民主专政即无产阶级专政"的表述不清晰，后经过研究改为"人民民主专政，实质上即无产阶级专政"，以"实质上"的表述明确了两者的关系。⑪ 宪法草案第 20 条以概括性条文规定了"发展社会主义的教育事业、科学事业、卫生体育事业、文艺事业、出版发行事业、新闻广播电视事业、图书馆博物馆文化馆事业和其他文化事业"，有公民提出应扩充该条内容的建议，宪法修改委员会据此及时作出调整，以第 19、20、21、22 条分别规定了教育、科学、卫生体育、文化，从一个条文扩充到四个条文，"这比原来草案中合为一条，

---

⑩　前注㉚，彭真文，第 437 页。

⑪　参见肖蔚云：《论宪法》，北京大学出版社 2004 年版，第 442 页。

加重了分量，也充实了内容"，体现了全民讨论对宪法修改产生的民主价值。⑫ 正如肖蔚云教授所指出的："全民讨论可以兼顾多数人与少数人的意见，比较灵活；全民讨论可以发挥我国的重要民主传统即协商的作用；全民讨论使全国人民代表大会的投票表决更有基础等。"⑬

总之，全民讨论宪法修改草案充分体现了宪法的人民性与民主性，为宪法得到有效实施以及凝聚宪法共识奠定了广泛的群众基础，为在社会变迁中发展人民民主提供了规范与价值基础。

## 三、现行宪法文本中的人民民主原则

在现行宪法文本中，"民主"一词共出现 15 次。其中，序言中出现 10 次，总纲中出现 5 次，涉及"民主自由""发展社会主义民主""人民民主专政""民主集中制""民主选举""民主管理"等全过程人民民主的具体内容。同时，人民民主原则体现在公民的基本权利、国家机构等整部宪法内容之中。在宪法修改过程中，"第一次在全国各地征求意见时，大多数的意见都有把'发扬社会主义民主'，'健全社会主义法制'这两条"写入宪法。⑭ 如何在宪法文本中表述社会主义民主与法制是当时宪法修改中民众关注度最高的话题之一。其中，《宪法》第 1～3 条的规范体系集中体现了我国宪法的民主形态，同时构成了全过程人民民主最核心的宪法依据。

鉴于"文化大革命"的教训，为实现党的十一届三中全会提出的国家

---

⑫　参见全国人大常委会法制工作委员会宪法室编：《中华人民共和国制宪修宪重要文献资料选编》，中国民主法制出版社 2021 年版，第 103 页。

⑬　前注㉛，肖蔚云书，第 441－443 页。

⑭　参见前注㉛，肖蔚云书，第 111 页。

发展目标，加强社会主义民主成为社会的普遍共识与人民的共同期待。宪法修改委员会，特别是秘书处，在具体协调、组织草案讨论的过程中，始终把加强人民民主作为基本出发点。秘书长胡乔木在宪法修改委员会第二次全体会议上的讲话中，对修改草案中的 5 个主要问题作了说明。其中，第一个问题就是："这次宪法修改草案，加强了人民民主，也就加强了以人民民主为基础的人民民主专政、民主集中制。"胡乔木指出："这次宪法的修改，就是按照这样一个精神来进行的。"⑤ 在说明第一个问题时，他列举了 20 个具体问题，强调宪法草案要实现人民的直接民主，并把民主拓展到企业管理，这些加强人民民主的规定，"大部分都是以前历次宪法所没有规定，或规定得不充分的。在这次修改的草案里面，作了新的规定"⑥。可以说，为回应民众对发展社会主义民主的热切期待，宪法在指导思想、规范体系以及价值目标上，都充分体现人民民主原则，使人民当家作主成为整部宪法的核心理念。

## （一）宪法序言中作为国家发展目标的民主

1982 年宪法修改时序言中出现的民主表述主要为"国家独立、民族解放和民主自由""新民主主义革命的伟大胜利""人民民主专政""发展社会主义民主""高度文明、高度民主的社会主义国家"，体现了浓郁的中国历史元素以及民主的历史正当性。特别是将党的十二大提出的"高度文明、高度民主的社会主义国家"写进宪法序言，把它作为国家发展目标。在宪法修改草案的讨论中，有委员针对草案中健全民主与法制的表述，认为"健全可以管法制，不能管民主"，认为"民主不是健全的问题"，建议

---

⑤　胡乔木：《对宪法修改草案（讨论稿）的说明》，载《胡乔木文集》（第 2 卷），人民出版社 2012 年版，第 523－533 页。

⑥　前注⑤，胡乔木文，第 523－533 页。

改写成"发扬社会主义民主⁴⁷，健全社会主义法制"⁴⁸，最终宪法序言规定
"发展社会主义民主，健全社会主义法制"。这体现了宪法中民主的基本样
态和目标价值取向。1993 年修宪时，全国人大将"把我国建设成为高度
文明、高度民主的社会主义国家"修改为"把我国建设成为富强、民主、
文明的社会主义国家"，删去"高度"一词，加上了"富强"一词。这一
表述的调整表明了我们党对建设有中国特色社会主义理论的新探索，集中
体现了党的实事求是基本路线。在讨论宪法修正案草案时，有委员认为，
把"高度文明、高度民主"改为"富强、民主、文明"，突出了经济建设，
把经济基础与上层建筑的关系阐述得更加清晰。⁴⁹ 这一修改有助于民主发
展与"社会主义初级阶段""社会主义市场经济"规范相互衔接，同时全
面体现民主、文明与经济建设的内在逻辑。社会主义初级阶段的民主发展
不宜追求"高度"民主，民主建设要适应政治、经济、社会与文化发展的
实际需要。

## （二）第一章"总纲"中作为国家制度的人民民主

宪法总纲中的人民民主体现为国家性质、国家组织以及具体民主的形
式等规定，构成了我国宪法核心的民主规范体系，构建了以全过程人民民
主为本质属性的中国特色社会主义民主政治制度的核心价值与功能。

### 1.《宪法》第 1 条第 1 款的民主

《宪法》第 1 条第 1 款规定："中华人民共和国是工人阶级领导的、以
工农联盟为基础的人民民主专政的社会主义国家。"该规定明确界定了我
国的社会主义国家性质。2018 年修宪时在该条第 2 款中增加规定："中国

---

⑦　后在讨论中改成"发展社会主义民主"，主要理由是民主首先是国家制度，然后才是民主作
风，民主作风可以发扬，但不能说发扬制度。

⑧　前注㊳，许崇德书，第 673 页。

⑨　参见前注㊷，全国人大常委会法制工作委员会宪法室编书，第 151 - 152 页。

共产党领导是中国特色社会主义最本质的特征。"该条规定的社会主义、人民民主、党的领导与第 5 条规定的社会主义法治国家一起构成了解释我国宪法上民主规范体系的基本原理和语境，表明要发展社会主义民主，必须坚持党的领导、人民当家作主与依法治国的有机统一。

宪法规定的国家性质是人民民主专政，这里的"人民民主"是民主在国家性质上的具体体现。如前所述，1982 年宪法修改草案在序言中曾规定"人民民主专政即无产阶级专政"，后认为"即"字不太妥当，改为"实质上即"。主要理由是：人民民主专政无疑是无产阶级专政的一种模式，然而，人民民主专政自有其显著的特点，还不能简单地用"即"字把两者完全等同起来。更为科学的处理，就应该加上"实质上"三个字为宜。⑩《宪法》序言规定"人民民主专政，实质上即无产阶级专政"，这种表述既体现两者性质上具有共同性⑪，同时也反映人民民主发展的新特点。对此，彭真在宪法修改草案的报告中指出："我们国家能够在最广大的人民内部实行民主，专政的对象只是极少数人。人民民主专政的提法，确切地表明我国的这种阶级状况和政权的广泛基础，明白地表示出我们国家政权的民主性质。"⑫ 因此，宪法序言中"人民民主专政，实质上即无产阶级专政"的表述说明我们不是不要无产阶级专政了，而是对我们政权性质的表述更科学、更全面了。

在新中国宪法发展史上，历部宪法文本对国家性质有不同的表述。人民民主专政的规范表述始于《中国人民政治协商会议共同纲领》（以下简称《共同纲领》）序言和第 1 条。第 1 条规定，中华人民共和国为新民主

---

⑩　参见前注㊴，许崇德书，第 771 页。

⑪　针对是否保留"人民民主专政即无产阶级专政"的提法，当时有不同的意见。胡乔木在宪法修改委员会第二次全体会议上的说明中曾指出：人民民主专政有特点，是理论创造。当实质上是无产阶级专政，本意是团结时，不能理解为向一切阶级专政。向一切阶级专政是无产阶级"文化大革命"的误解，是"四人帮"的歪曲。参见前注㊴，许崇德书，第 663－664 页。

⑫　前注㉚，彭真文，第 440 页。

主义即人民民主主义的国家。五四宪法第1条对国家性质的表述是：中华人民共和国是工人阶级领导的、以工农联盟为基础的人民民主国家。从规范的内涵看，这里讲的“人民民主国家”实质上指人民民主专政。而七五宪法、七八宪法把人民民主国家的表述改为“无产阶级专政的社会主义国家”。1982年宪法修改时根据阶级关系变化的实际情况，将“无产阶级专政的社会主义国家”修改为“人民民主专政的社会主义国家”，恢复人民民主专政的提法，使人民民主的表述更加科学，更加符合社会发展实际。

**2.《宪法》第2条的民主内涵**

《宪法》第2条规定：“中华人民共和国的一切权力属于人民。人民行使国家权力的机关是全国人民代表大会和地方各级人民代表大会。人民依照法律规定，通过各种途径和形式，管理国家事务，管理经济和文化事业，管理社会事务。”

在宪法修改委员会第二次会议上，胡乔木在对草案第2条的说明中特别谈道，为了适应宪法草案第1条表述的调整，增加宪法草案第2条。其具体表述是：人民管理国家事务，管理经济文化事业，管理社会事务，应通过法律的途径和方法。[53] 其后，根据大家的建议，增加“通过各种途径和形式”，目的是强调人民通过各种渠道参与国家管理，具体落实一切权力属于人民的原则。至于“各种途径和形式”的具体含义，草案起草时的理解是“包括人大系统以外的途径”[54]。原草案中曾考虑列举“通过工会、职工代表大会、青年联合会、妇女联合会、居民委员会来管理国家”，后觉得这种罗列无法穷尽，改采用原则性的表述。这一条与《宪法》第17条有关集体经济组织“实行民主管理”的规范是相互衔接和呼应的，形成了完整的民主规范群。

---

[53] 参见前注㊴，许崇德书，第665页。

[54] 前注㊶，肖蔚云书，第111页。

《宪法》第 2 条第 1 款规定了国家权力的正当性来源，宣示了人民民主的根本出发点，即中国人民成为国家的主人、人民当家作主。人民当家作主是我国人民民主的本质特征和要求，集中体现人民民主专政的社会主义国家的性质，彰显宪法的人民性。

《宪法》第 2 条第 2 款确立了我国的根本政治制度——人民代表大会制度，即"代表制民主"⑤⑤。根据当时宪法修改草案的设计，人民代表大会制是社会主义民主制度的一种形式，是切合中国国情的新型的社会主义民主的形式。这是一种民主的代表制，具有代议民主的新形式，但本质上是间接民主的体现。习近平总书记指出，"人民代表大会制度是实现我国全过程人民民主的重要制度载体"⑤⑥。1931 年 11 月，中华苏维埃第一次全国代表大会通过的《中华苏维埃共和国宪法大纲》，宣告中华苏维埃共和国是工农民主专政性质的政权。这是人民代表大会制度形成和发展的历史起点。新中国的成立为人民代表大会制度的发展奠定了制度与法律保障，并随着人民民主的发展，不断丰富社会主义民主的内涵。

《宪法》第 2 条第 3 款规定了人民民主实现的其他形式，即直接民主形式，使民主拓展到政治、经济、文化以及社会生活的各个领域，体现了社会主义民主的广泛性。如前所述，这一款是宪法草案讨论中新增加的内容，回应了全民讨论中人民群众对发展社会主义民主的期待，是对五四宪法民主原则的拓展。第 3 款规定的原意是强调社会主义民主主要从最基层抓起，解决人民如何直接管理国家事务的具体途径问题，人民管理国家的形式是人民代表大会，但不止于此，有各种渠道以落实一切权力属于人民。⑤⑦ 彭真在主持宪法修改时反复强调，我们国家的权力属于人民，所以

---

⑤⑤　前注③，《许崇德自选集》，第 70 页。

⑤⑥　习近平：《在中央人大工作会议上的讲话》，载《求是》2022 年第 5 期。

⑤⑦　参见前注⑩，许崇德书，第 676 - 677 页。

要有民主。但是民主有一个发展的过程，应该先从基层抓起。他坚持把村民委员会、居民委员会写进宪法，认为"这个民主是群众看得见、摸得着、切身体会到的"⑱。为了让人民群众通过非国家机关的途径参与国家管理，宪法规定了直接民主的途径，为拓展社会主义民主形式"留有较大的空间，很具包容量"⑲。通过第 3 款，宪法确立了直接民主的有效渠道，在人民代表大会制度下，人民既通过全国人大和地方人大行使国家权力，也可以通过人民代表大会以外的形式，行使管理国家和社会事务的权利。与传统的民主形式不同，我国宪法上的民主呈现出开放性、广泛性与多样性。对此，有学者认为，第 2 条第 3 款把原则性（依照法律规定）和灵活性（通过各种途径和形式）高度结合起来，使我们可以随着民主政治建设的发展，适时地采取多种有效的途径和形式，把人民当家作主这个最大最根本的权利落到实处。⑳ 从宪法条文间的相互关系来看，第 2 条第 3 款与第 16、17、111 条等规定的国有企业的民主管理、集体经济组织的民主管理以及基层群众性自治制度之间相呼应，形成了完整的民主管理的制度体系。

**3. 《宪法》第 3 条的民主内涵**

《宪法》第 3 条规定了民主集中制原则，体现了国家机构的组织原则和活动原则。民主集中制是民主原则在国家机构活动中的具体体现，不仅落实了一切权力属于人民的宪法原则，也要求通过民主选举产生国家权力机关。同时，民主集中制要求在国家权力配置与运行的各个环节体现民主，确认国家权力机关在国家机构体系中的核心地位，明确其他国家机关由其产生，对其负责，受其监督，体现了人民当家作主的宪法精神。

《宪法》第 3 条第 1 款规定了国家机构组织与活动的民主集中制总原

---

⑱　前注③，《许崇德自选集》，第 100 页。

⑲　许崇德：《保持宪法的适应性和稳定性》，载《湖南社会科学》2003 年第 6 期，第 53 页。

⑳　参见刘瀚：《宪法与社会主义民主政治建设》，载全国人大常委会办公厅、法工委、中宣部等编：《宪法颁布十周年纪念文集》，法律出版社 1993 年版，第 108 页。

则。第 2 款规定由民主选举产生全国人大和地方各级人大，明确了人民与各级人大的关系，在普选基础上产生的各级人大代表人民行使国家权力，集中体现国家权力来源的民主性。第 3 款规定各级人大与各级行政机关、监察机关、审判机关、检察机关等其他国家机关的关系，其他国家机关由人民代表大会产生，对它负责，受它监督。在宪法中明确人大与其他国家机关之间的关系，侧重体现民主集中制中的集中。同时，这也体现了在横向关系上民主的一致性，即所有国家机关的权力都有相同来源，都来自人民。第 4 款明确在中央和地方的职权划分上，遵循在中央的统一领导下，充分发挥地方的主动性、积极性的原则。这体现了我国作为单一制国家在央地纵向关系上的民主的一致性：一方面，各级人大均由民主选举产生，全国人大由下一级人大选举产生，这就意味着央地之间民主的传递和民主一致性，其中全国人大相对于下一级人大是一种民主基础上的集中；另一方面，相较于地方人大，全国人大在民主的集中过程中更侧重国家层面的共性，遵循在中央统一领导下，充分发挥地方的主动性和积极性，因地制宜，这体现了集中指导下的民主。以上 4 款规定是完整的规范体系，融贯了民主与集中的价值，充分体现了民主集中制是民主基础上的集中和集中指导下的民主相结合。民主是集中的前提，是整个国家权力配置和运行的基础；集中指导民主，民主在集中的体制机制中才能平稳有序运行。

现行宪法在参考《共同纲领》和五四宪法的基础上，对民主集中制的规范进行了类型化与体系化，表现在：规定国家机构实行民主集中制原则；对民主集中制作了具体化的规定；对民主集中制的运行程序作了规定；规定国家行政机关内部实行首长负责制。宪法将民主集中制确立为国家机构的组织活动原则，其内涵和要求体现在宪法第三章"国家机构"的相关规定之中。

综上，《宪法》第 1～3 条界定了民主的规范语境，强调了民主意志的来源，建构了民主意志形成的有机制度体系。正如有学者指出的："现行宪法对社会主义民主政治的规定，具有极大的包容性、稳定性和超前性。"[61]

### （三）第二章"公民的基本权利和义务"中的人民民主原则

《宪法》中有关公民基本权利和义务的规定，是《宪法》总纲关于人民民主专政的国家制度和社会制度原则规定的延伸，形成作为民主权利的民主制度形态。民主是一种制度，也是人民的一种权利，具有基本权利的属性。把民主与权利融合为宪法规范是现行宪法的重大理论创新。宪法确立的国家制度和社会制度从法律上和事实上保证我国公民享有广泛的、真实的自由和权利。

1982 年宪法修改时，在宪法结构的调整中，将公民基本权利从第三章提到第二章，置于国家机构之前，不仅仅表明公民基本权利的重要性，更重要的是理顺了国家与公民的关系，体现社会主义民主的本质。在起草宪法草案时，围绕宪法结构设计问题曾有讨论。有人主张第二章继续规定国家机构，第三章规定公民基本权利。宪法修改委员会秘书处对当时世界上 111 个国家现行宪法关于公民权利和义务的结构安排作了文本比较与统计，并提交了报告，主张为了加强人民民主，尊重人民权利，应把公民的基本权利和义务从第三章提到第二章。其主要理由是：权利和义务是"总纲"的补充和继续，"国家机构"是程序问题，是为"总纲"和"权利与义务"规定的实质问题服务的。世界上大多数国家的宪法也都是把公民的权利和义务放在前面的。[62] 1982 年 2 月 17 日，邓小平"同意把'权利与义务'放在'国家机构'前面的意见"[63]。这也是基于国家保障公民民主

---

[61]　前注[60]，刘瀚文，第 107 页。

[62]　参见前注[12]，胡乔木传编写组书，第 662 - 663 页。

[63]　前注[14]，中共中央文献研究室编书，第 799 页。

权利的义务，并不仅仅是调整宪法结构的形式问题。

宪法文本上的民主并不仅仅体现在民主概念本身，而且作为体系化的规范群，贯穿在不同规范之中，使民主精神转化为具体的权利保护体系。在宪法中，民主不仅是国家制度的表达，也体现为人民当家作主的民主权利。宪法规定了公民广泛的民主权利与自由，包括平等权、政治权利与自由、人身自由、经济社会文化权利以及批评、建议、申诉、控告等民主监督权利，同时规定了实现民主权利的保障机制。民主权利在宪法中规定的完善，从根本法和最高法意义上为保障人民当家作主提供了权利依凭。各领域综合的权利保障，为全过程人民民主的有序推进奠定了重要基础。

现行宪法实施40多年来，在发展社会主义民主制度的实践中，不仅保障了公民的基本权利，同时通过2004年宪法修改，将"国家尊重和保障人权"写入宪法，使人权的保障更加明确，尊重和保障人权成为国家的核心价值观。

## （四）第三章"国家机构"中的人民民主原则

宪法上的民主，既保障人民的基本权利，同时发挥规范公权力的功能。我国的国家机构包括全国人民代表大会及其常务委员会、国家主席、国务院、中央军事委员会、地方各级人民代表大会和地方各级人民政府、民族自治地方的自治机关、监察委员会、人民法院和人民检察院。根据宪法规定，所有的国家机构运行均实行民主集中制原则。"民主集中制是中国国家组织形式和活动方式的基本原则"[64]，是"民主基础上的集中和集中指导下的民主相结合"的原则。"人民民主是社会主义的生命"[65]，是社

---

[64] 习近平：《在庆祝全国人民代表大会成立六十周年大会上的讲话》（2014年9月5日），载习近平：《论坚持全面依法治国》，中央文献出版社2020年版，第72页。

[65] 前注[64]，习近平文，第71页。

会主义宪法的生命，是我国国家机构及其制度运行发展的生命力所在。《宪法》规定的"国家机构"是以人民代表大会制度为核心构建的国家机构体系，是实现人民当家作主的基本制度方式。"国家机构"与"公民的基本权利和义务"以及"总纲"共同构成了保障人民主体地位、实现人民当家作主的规范体系和制度体系。人民通过民主选举产生人民代表大会，人民代表大会相对于产生自身的人民来说是一种"集中"；人民代表大会是国家权力机关，统一行使国家权力，其他国家机关由它产生、对它负责、受它监督，其相对于其他国家机关来说也是一种"集中"。在中央与地方国家机构的关系上，坚持在中央统一领导下，充分发挥地方的主动性和积极性。

坚持和完善民主集中制原则，能够"促使各类国家机关提高能力和效率、增进协调和配合，形成治国理政的强大合力，切实防止出现相互掣肘、内耗严重的现象"[66]，为实现人民当家作主提供协调高效的国家机关制度条件。国家机构要以人民当家作主和民主集中制原则为根本遵循，实现"发展社会主义民主"的国家目标，不断提升民主治理的效能。

总之，宪法文本通过规定人民民主专政的国家性质和人民代表大会制度的国家政体，体现了党的领导、人民当家作主、依法治国三者的有机统一，并通过民主权利的规定，体现了民主选举、民主协商、民主决策、民主管理、民主监督在内的全过程人民民主的内容。

## 四、现行宪法人民民主原则的实践创新

宪法确立的人民民主伴随我国社会发展而不断发展。全过程人民民主是人民民主原则的生动实践，也是中国民主实践经验的总结，进一步丰富

---

[66] 前注[64]，习近平文，第83页。

和发展了马克思主义民主理论。

## （一）现行宪法人民民主原则的实践

现行宪法实施 40 多年来，其人民民主原则得到了全面落实，推动了国家与社会的发展。特别是在立法、执法、司法等各个环节中，宪法的人民民主原则发挥了指导与规范作用，成为社会主义法治中国的核心价值。

人民当家作主是社会主义民主政治的本质要求，是宪法民主原则的生命线。随着现行宪法的实施，人民民主原则的实践越来越丰富。党的十八大以来，以习近平同志为核心的党中央不断深化对民主政治发展规律的认识，提出全过程人民民主重大理念，推动全过程人民民主取得历史性成就，成为新时代我国民主政治领域具有重大创新意义的标志性成果。[67] 正如党的二十大报告指出的："我们坚持走中国特色社会主义政治发展道路，全面发展全过程人民民主，社会主义民主政治制度化、规范化、程序化全面推进，社会主义协商民主广泛开展，人民当家作主更为扎实，基层民主活力增强，爱国统一战线巩固拓展，民族团结进步呈现新气象，党的宗教工作基本方针得到全面贯彻，人权得到更好保障。"[68]

在社会主义民主实践中，我国人民创造了丰富多彩的民主形式，通过人民代表大会制度，不断扩大公民有序政治参与，丰富民主形式，拓宽民主渠道。这一点在立法工作中表现得尤为突出。全国人大常委会通过修改《立法法》，积极推进"开门"立法，将民主立法、科学立法、依法立法确立为三项必须遵循的立法原则。自 2005 年以来，引入立法听证制度，广泛听取基层群众对立法的意见。如在立法工作中，越来越多的法律文本中

---

[67] 参见王晨：《全过程人民民主是社会主义民主政治的本质属性》，载本书编写组：《党的二十大报告辅导读本》，人民出版社 2022 年版，第 32 页。

[68] 《高举中国特色社会主义伟大旗帜 为全面建设社会主义现代化国家而团结奋斗——在中国共产党第二十次全国代表大会上的报告》（2022 年 10 月 16 日），人民出版社 2022 年版，第 9－10 页。

出现了"民主"的规范表述。截至 2022 年 6 月，在全国人大及其常委会制定的 290 多件法律中，直接出现"民主"一词的共 137 件。在不同法律文本中，"民主"一词出现的语境不尽相同，其规范内涵也有差异，但都体现了宪法的人民民主原则，并通过法律规定将其具体化。把不同法律文本中的"民主"一词加以类型化，可以区分为五种类型。⑥⑨

第一，作为价值引导的民主概念表述（42 处）。例如，《国家勋章和国家荣誉称号法》第 1 条规定："……激发全国各族人民建设富强、民主、文明、和谐的社会主义现代化国家的积极性……"《工会法》第 10 条第 1 款规定："工会各级组织按照民主集中制原则建立"。这类法律文本规定从价值引导层面体现了宪法人民民主原则对法律运行的影响。

第二，作为制度或行为的民主概念表述（76 处）。例如，《村民委员会组织法》第 2 条规定："村民委员会……实行民主选举、民主决策、民主管理、民主监督……"《工会法》第 6 条第 3 款规定："工会依照法律规定通过职工代表大会或者其他形式，组织职工参与本单位的民主选举、民主协商、民主决策、民主管理和民主监督"。这类规定体现了宪法人民民主原则对法律规定的民主程序的影响。

第三，作为一种应受保护的权利种类的概念表述（13 处）。例如，《刑法》第 2 条规定："中华人民共和国刑法的任务，是……保护公民的人身权利、民主权利和其他权利……"《刑事诉讼法》第 2 条规定："中华人民共和国刑事诉讼法的任务，是……保护公民的人身权利、财产权利、民主权利和其他权利……"这类表述体现了民主权利是与人身权利、财产权

⑥⑨ 统计方法如下：（1）数据来源："国家法律法规数据库"。（2）检索内容："民主"。（3）检索范围："标题＋正文"。（4）施行日期：不选择。（5）时效性："有效"。（6）法律效力位阶："宪法相关法""民法商法""行政法""经济法""社会法""刑法""诉讼与非诉讼程序法"。（7）检索方式："精确查询"。（8）公布日期：不选择。（9）制定机关："全国人大及其常委会"。（10）筛除如"公民主动参与"等不符合统计目标的样本。统计工作由中国人民大学法学院博士研究生方逊同学完成。

利并列的、已经被有效提炼并为法律明确保护的具体权利种类。

第四，作为专有名词的民主概念表述（3 处）。例如，《国旗法》第 6 条规定："下列机构所在地应当在工作日升挂国旗：……各民主党派、各人民团体……"这类表述体现了民主党派作为爱国统一战线重要组成部分的地位。

第五，港澳基本法中的民主概念表述（3 处）。如，《香港特别行政区基本法》第 45 条规定："……行政长官的产生办法根据香港特别行政区的实际情况和循序渐进的原则而规定，最终达至由一个有广泛代表性的提名委员会按民主程序提名后普选产生的目标。"这类规定体现了宪法的人民民主原则在特别行政区运行中的具体运用。

宪法的人民民主原则已经在各法律中以不同形式体现或落实。新时代以来，我国对民主的深入研究和生动实践，提炼出"全过程人民民主"这一人民民主原则的重大理论和实践创新成果。2021 年 3 月，十三届全国人大四次会议对《全国人民代表大会组织法》作出修改，将坚持全过程民主写入法律，以体现"全国人大及其常委会的组织和运行切实贯彻落实全过程民主的要求，通过完整规范的制度程序，实现完整有效的参与实践"，"保证和发展人民当家作主的制度保障"[70]。《全国人民代表大会组织法》第 4 条规定："全国人民代表大会由民主选举产生，对人民负责，受人民监督。全国人民代表大会及其常务委员会坚持全过程民主，始终同人民保持密切联系，倾听人民的意见和建议，体现人民意志，保障人民权益。"2022 年 3 月修改的《地方各级人民代表大会和地方各级人民政府组织法》第 4 条规定："地方各级人民代表大会、县级以上的地方各级人民代表大会常务委员会和地方各级人民政府坚持以人民为中心，坚持和发展全过程

---

⑦ 王晨：《关于〈中华人民共和国全国人民代表大会组织法（修正案）〉的说明》，2021 年 3 月 5 日在第十三届全国人民代表大会第四次会议上。

人民民主，始终同人民保持密切联系，倾听人民的意见和建议，为人民服务，对人民负责，受人民监督。"全过程人民民主写入法律，为我国社会主义法律体系中的人民民主原则注入了中国化时代化元素，为宪法人民民主原则的不断丰富和发展提供了理论与实践动力。

## （二）全过程人民民主不断丰富宪法人民民主原则

宪法的人民民主原则具有开放性，不断适应社会变迁，并在全过程人民民主理论和实践发展中不断完善其内涵与功能。党的十八大以来，习近平总书记就发展我国全过程人民民主制度、完善人民代表大会制度、加强宪法实施和监督作出了许多重要论述。他指出："人民当家作主是社会主义民主政治的本质和核心。人民民主是社会主义的生命。没有民主就没有社会主义，就没有社会主义的现代化，就没有中华民族伟大复兴。"[71] 这深刻论述了人民民主的本质内涵与核心价值，阐释了人民民主与社会主义的关系。他指出："我国宪法是……充分体现人民共同意志、充分保障人民民主权利、充分维护人民根本利益的好宪法"[72]；"宪法的生命在于实施，宪法的权威也在于实施"[73]。"加强宪法实施和监督，推进合宪性审查工作，维护宪法权威"[74] 要成为全党、全国人民的共识。2018 年，现行宪法第五次修改将全国人民代表大会法律委员会更名为全国人民代表大会宪法和法律委员会，积极推进合宪性审查制度，维护国家法制统一。

党的十九届六中全会通过的《中共中央关于党的百年奋斗重大成就和历史经验的决议》集中阐明了全过程人民民主的时代价值，明确了民主政

---

⑦ 前注㉔，习近平文，第 71 页。

⑦ 习近平：《在首都各界纪念现行宪法公布施行三十周年大会上的讲话》，载前注㉔，习近平书，第 9 页。

⑦ 前注⑦，习近平文，第 11 页。

⑦ 习近平：《深化依法治国实践》，载前注㉔，习近平书，第 186 页。

治制度化、规范化、程序化的方向。发展全过程人民民主本质上是保证人民当家作主，人民民主是中国共产党始终高举的伟大旗帜。同时，全过程人民民主为人类民主多样性提供了来自中国的思考和经验，丰富了人类民主话语体系。党的二十大报告明确指出，"全过程人民民主是社会主义民主政治的本质属性"⑦。这是对马克思主义民主理论的最新发展，也为我们认识和发展社会主义民主提供了理论依据。

全过程人民民主这一理论与实践重大命题的提出，为开放性的宪法人民民主原则内涵和功能的完善提供了重要依据。在全过程人民民主的理论发展和实践过程中，我国宪法人民民主原则获得了富有中国特色的时代内涵。通过法体系中宪法人民民主原则与法规范的相互影响，以及法规范与全过程人民民主现实的互动，全过程人民民主不断丰富宪法人民民主原则内涵，并强化其实践功能。

## （三）不断丰富全过程人民民主的宪法实现形式

习近平总书记指出："我国全过程人民民主实现了过程民主和成果民主、程序民主和实质民主、直接民主和间接民主、人民民主和国家意志相统一，是全链条、全方位、全覆盖的民主，是最广泛、最真实、最管用的社会主义民主。"⑦ 这是我们理解宪法的民主条款，落实宪法人民民主原则，完善社会主义民主制度的根本遵循。

选举民主是整个国家权力运行链条中的重要基础和环节。我国宪法上的民主不仅保障公民选举权，保障选民的知情权、参与权、表达权、监督权，也强调国家权力运行中的全链条人民民主。这种选举民主"既保证人民依法实行民主选举，也保证人民依法实行民主决策、民主管理、民主监

---

⑦ 前注⑱，习近平书，第37页。
⑦ 前注⑯，习近平文。

督，切实防止出现选举时漫天许诺、选举后无人过问的现象"⑦，展现了中国选举民主的真实性。全国人大及其常委会于 1982 年、1986 年、1995 年、2004 年、2010 年、2015 年和 2020 年先后 7 次修改《全国人民代表大会和地方各级人民代表大会选举法》，不断完善选举制度，保障人民自由地行使民主选举权利，增强人民当家作主的积极性。

全方位的人民参与，保障人民全方位的民主权利。全过程人民民主不仅有完整的制度程序，而且有完整的参与实践程序。例如，作为全过程人民民主的重要载体，各级人大通过调研、座谈、听证、建立立法联系点等多种方式最大限度地吸纳民主参与，保障人民通过法定途径、程序与方式全方位参与国家政治生活。全过程人民民主始于立法过程，但不限于立法过程，是涵盖整个民主制度运行的过程与体系。

全过程人民民主不仅体现在国家政治生活领域，还体现在人民群众关心的各个生活领域。在国家民主制度上，"全覆盖"应着眼于宪法规定的国家制度体系，包括根本制度、基本制度以及具体制度。在公民生活中，我国发展和健全人民当家作主制度体系，扩大人民有序政治参与，保证人民依法实行民主选举、民主协商、民主决策、民主管理、民主监督，发挥人民群众积极性、主动性、创造性，扩大和丰富了人民管理国家事务、经济和文化事业、社会事务的途径和方式。人民代表大会制度、多党合作和政治协商制度、民族区域自治制度、基层群众自治制度以及立法、行政、监察、审判与检察等制度体系在运行中，始终贯彻人民民主原则，体现民主精神。

（四）进一步夯实全过程人民民主的宪法基础

现行宪法实施 40 多年来，在推动社会主义民主发展、不断创造新的

⑦ 前注⑭，习近平文，第 82 页。

民主形式方面积累了丰富的经验，主要包括：党的领导是发展社会主义民主的根本保证；以人民民主原则为基础，推进国家治理体系和治理能力现代化，确立和坚持中国特色社会主义制度体系；将人民民主原则体现在民主选举、民主协商、民主决策、民主管理、民主监督各方面，使选举民主与协商民主有机结合；不断拓展人民依法有序政治参与，丰富人民的民主生活；发挥民主制度的凝聚力，以民主治理防御各种社会风险；发挥人民民主原则的开放性价值，为完善"一国两制"下特别行政区具有特色的民主制度提供规范基础；以生动的民主实践，为人类政治文明的多样性作出中国贡献。可以说，通过宪法实施，"全过程人民民主在中华大地展示出勃勃生机和强大生命力，中国人民的民主自信更加坚定，中国的民主之路越走越宽广"[78]。

# 五、结　语

通过回顾现行宪法人民民主原则确立背景以及分析宪法文本上民主规范的内涵，可以看出中国宪法确立的人民民主原则是与时俱进的，40 多年来逐步形成了党的领导、人民当家作主、依法治国有机统一的全过程人民民主体系，对国家与社会生活发挥了价值引领与规范调控功能，不断推进民主生活的法治化。党的二十大报告指出："人民民主是社会主义的生命，是全面建设社会主义现代化国家的应有之义。"[79] 在我国全面建设社会主义现代化国家的进程中，要健全保证全面实施宪法的制度体系，将全过程人民民主融入国家和社会生活各个领域，包括健全人民当家作主制度

---

[78] 中华人民共和国国务院新闻办公室：《中国的民主》，人民出版社 2021 年版，第 6-7 页。
[79] 前注⑱，习近平书，第 37 页。

体系，扩大有序政治参与，发挥人民群众积极性、主动性、创造性，从而在宪法的轨道上将全过程人民民主的制度优势转化为民主治理的具体效能。同时，要认真总结现行宪法实施 40 多年来我国社会主义民主发展取得的成就，提炼以全过程人民民主为中心的理论创新，进一步丰富宪法人民民主原则内涵，为世界民主发展提供中国经验与智慧。

习近平总书记在纪念现行宪法公布施行 40 周年的重要文章中指出："我们要以纪念现行宪法公布施行 40 周年为契机，贯彻党的二十大精神，强化宪法意识，弘扬宪法精神，推动宪法实施，更好发挥宪法在治国理政中的重要作用，为全面建设社会主义现代化国家、全面推进中华民族伟大复兴提供坚实保障。"[80] 在实现中华民族伟大复兴历史进程中，在世界百年未有之大变局下，民主发展仍面临新的挑战。我们需要以现行宪法 40 多年的实践为基础，完善中国特色社会主义法治体系，在宪法轨道上有序推进全过程人民民主的制度创新，挖掘宪法人民民主原则的时代元素，积极、稳妥地推动社会主义民主的制度化、规范化与程序化，不断夯实中国特色社会主义民主政治的宪法基础。

---

[80]　前注①，习近平文。

# 大一统国家观的中国宪法学原理<sup>*</sup>

王　旭<sup>**</sup>

## 导　言

中国宪法学的基本任务在于围绕现行宪法文本进行理解和阐释，形成自主的知识体系。建构自主知识体系离不开在中国历史传统的脉络中对宪法进行把握，离不开以"历史中国"为参照，真切地理解作为构建现代中国基本秩序的宪法之来龙去脉，解释宪法规定的各项内容究竟"从何而来、缘何至此"。

历史地理解宪法不是简单的"知识泥古"。它的本质是通过对过往的叙事，重建宪法今日之处境的历史逻辑，发现历史上形成的客观社会生活结构对现行宪法的内在规定，因而"历史"作为当下的解释根据而存在。对现行宪法进行历史解读也不是简单寻找古代中国政制中的特定原型，这往往会陷入"以今释古"的"意义倒置之谬误"，也不是仅仅寻找制宪、行宪历史所依赖的实践环境、材料<sup>①</sup>或制宪者的原初意图。它们理解的历

* 本文系中国人民大学习近平新时代中国特色社会主义思想研究工程（22XNQ003）的阶段性成果。本文原载于《法制与社会发展》2022 年第 6 期。

** 王旭，中国人民大学法学院教授、中国人民大学当代政党研究平台研究员。

① 参见苏力：《大国宪制：历史中国的制度构成》，北京大学出版社 2018 年版，第 1 - 4 页；田雷：《既往以为序章》，广西师范大学出版社 2021 年版，第 7 - 13 页。

史只是宪法自身形成的历史，忽视了宪法之外绵延五千多年形成的历史连续性对现行宪法的深层规定。

尽管1840年以来，中国在政治、经济、社会、文化等各方面发生了剧烈的"古今之变"，宪法本身就是这个变化的产物，然而，高明的学者也提示我们，理解现代中国必须有"从常观变"[②] 的眼光，"常"往往是"变"的原因，"常"规定着"变"的样态。这个"常"来自一个最基本的事实：帝制崩溃后的中国并没有陷入四分五裂，而是仍然作为一个统一国家整体进入了现代社会。这既是现行宪法序言第一句话"中国是世界上历史最悠久的国家之一"最基本的事实根据，也奠定了现行宪法的空间效力范围，更意味着现行宪法从历史中国延续了一个相同的问题：这个疆域自清代以来就已经基本形成的超大规模国家如何有效地进行组织和治理？

我们由此可以说，这个"常"实际上是一种文明演化背后的"深层结构"或者说"超稳定结构"[③]，它是一种极具中华文明特色的"大一统国家观"。习近平总书记深刻指出："在几千年的历史演进中，中华民族创造了灿烂的古代文明，形成了关于国家制度和国家治理的丰富思想，包括大道之行、天下为公的大同理想，六合同风、四海一家的大一统传统"[④]。与宪法相关的是，"近代以来，大一统国家事实上继续居于主导地位，国家政权尽管不断受到各种冲击，但它实际上仍统领甚至决定着整个社会从传统向现代的转型进程"[⑤]。因此我们才可以说，这个"中国"，与罗马帝国崩溃后的欧洲不同，几千年来尽管疆域的边缘比较模糊，但中心始终相

---

[②] 侯旭东：《制度如何成为制度史》，载阎步克等著：《多面的制度——跨学科视野下的制度研究》，生活·读书·新知三联书店2021年版，第198页。

[③] 孙隆基：《中国文化的深层结构》，中信出版集团2015年版，第10页；金观涛、刘青峰：《兴盛与危机》，法律出版社2011年版，第13页。

[④] 习近平：《坚持和完善中国特色社会主义制度、推进国家治理体系和治理能力现代化》（2019年10月31日），载习近平：《习近平谈治国理政》（第3卷），外文出版社2020年版，第119-120页。

[⑤] 姜义华：《何谓中国》，东方出版有限公司2021年版，第217页。

对清晰。王朝虽然历经更替，但历史始终有一个延续的脉络。文化虽然经历各种外来文化的挑战，但始终有一个相当稳定、层层积累的传统。⑥

现行宪法的制定如彭真同志所讲"是从中国实际出发"，包括"现实的实际和历史的实际"⑦。"大一统国家观"就是现实与历史的最大公约数与古今连接点。不是说这种观念在历史上塑造的具体内容直接转移到了现行宪法中，而是说现行宪法在规定、理解具体内容时不能跳脱出这个观念所形成的底层逻辑。正如费孝通先生所指出的，"政治是生活的一部分，政治单位必须依据生活单位。生活上互相依赖的单位的性质和范围却受着很多自然的、历史的和社会的条件所决定"⑧。因此，宪法的理解是否符合这个逻辑也就关系到其建构的现代中国是否具有正当的生活根基，是否符合中国式生活世界蕴含的逻辑。⑨

# 一、作为中国宪法底层逻辑的大一统国家观

## （一）大一统国家观的要义

"大一统国家观"起源于华夏文明特有的宇宙方位观。古人基于对宇宙"天圆地方"的空间想象，将构成棋盘方位上"中央之国"、地处黄河流域腹地的主体民族称为华夏。围绕着它，先秦文明形成了"四国多方"统一的周天子之天下观。以华夏为主体的"中国"并非"单一政治社会"，"中国"只是天下的中央，而非天下之全部。天下是一个中央与四方、华

---

⑥ 参见葛兆光：《宅兹中国：重建有关"中国"的历史论述》，中华书局 2011 年版，第 39 页。

⑦ 全国人大常委会办公厅编著：《中国宪法精释》，中国民主法制出版社 1996 年版，第 56 页。

⑧ 费孝通：《基层行政的僵化》，载费孝通：《乡土中国 生育制度 乡土重建》，商务印书馆 2012 年版，第 385 页。

⑨ 对这个现代中国形成过程的批评和质疑体现为全球化背景下帝国主义的话语，参见李怀印：《现代中国的形成》，广西师范大学出版社 2022 年版，第 374 页。

夏与四夷不断融合、交替、转化的复合政治社会⑩，是"多重型天下国家观"，其奠定了绵延至今的多民族统一国家的思想基础。

"大一统国家观"从表面看，是一种地理方位观，背后则是一套文明秩序观和国家治理观。⑪ 其要义有三：在文明交流与融合层面，它体现为多元而一体的中华民族价值体系；在政治统治与治理层面，它体现为分层而统一的管辖权结构；在社会经济组织化层面，它体现为流动而一致的组织秩序。

首先，"大一统"是"多元而一体"的中华民族价值体系。中国的"大一统"并非停滞的文明，也非汉民族一家独大的文明，而是"天下为公"的大同理想、"夷夏互变"的阴阳构图与"九州共贯"的和合秩序。梁启超"悍然下一断案曰：中华民族自始并非一族，实由多数民族混合而成"⑫。这些民族之所以能够保持一体，即在于将"定于一"的观念作为价值认同，而非依赖暴力与强制。三代至周就已经形成了"欲天下之一乎周"的统一礼乐秩序，先秦儒家则将"天道"作为超越血缘、地域和种族来认同统一秩序的根本标准，也就是将受任于天、服务于不同种族、地域之民的"生民论"作为"定于一"的统治权基础。⑬ 因此，"天下有道，则礼乐征伐自天子出；天下无道，则礼乐征伐自诸侯出"⑭。从孟子提出的"天下恶乎定？吾对曰，'定于一'"⑮ 到荀子的"文王载百里地而天

---

⑩ 参见［日］渡辺信一郎：《中国古代的王权与天下秩序》，徐冲译，上海人民出版社2021年版，第83页。

⑪ 参见黄兴涛：《重塑中华：近代中国"中华民族"观念研究》，北京师范大学出版社2017年版，第12页。

⑫ 梁启超：《饮冰室合集·专集之四十一》，中华书局1989年版，第13页。

⑬ 参见［日］渡辺信一郎：《中国古代的王权与天下秩序》，徐冲译，上海人民出版社2021年版，第93页。

⑭ 《论语·季氏》。

⑮ 《孟子·梁惠王上》。

下一"⑯，"天下型国家观"具有超越单一民族主义的强大价值塑造能力，这种能力最终在公羊学传统里发展出治理国家与组织社会的政治一体性以及天下为公、天下大同的社会理想，也就是董仲舒概括的"《春秋》之大一统者，天地之常经，古今之通谊也"。同时，中国大一统文化孕育了"夏夷互变"的逻辑：夏退可成夷，夷则进可为夏，"子欲居九夷，或曰陋，如之和！子曰：君子居之，何陋之有"⑰。朱熹则注"君子所居则化"。只要值守天道，君子所居之地就可化夷为夏，建立统治正当性，避免了类似欧洲历史上惨烈的宗教战争和族群对抗，孕育了中华文明独有的和合文化。

其次，"大一统"表现为统一而分层的政治管辖权结构。它绝非流俗所理解的"封建专制帝国"。事实上，自秦汉后，封建主义的宗法—分封制就已经被官僚-郡县制所彻底取代，以皇权为代表的集权内含最高统治权不可分基础上的"分事不分权"机制⑱，基于超大规模国家形成"中央集权为根本、差序治理与基层自治为配合"的复合结构。

中央集权早在秦统一前就在各国存在。⑲ 正如有的学者总结的，"大量历史经验教训证明，古代中国唯一有效的政权体制即中央集权。中央集权的基本内涵在于：制度与法律全国统一，重大事项由朝廷决定，公权资源统一调配"⑳。这个要义在秦制里具体展开表现为：一是废除基于血缘嫡庶基础的统治集团和土地分封，建立从平民中选拔治国官僚的机制，消除封建贵族的独立管辖权，建立郡县，使之成为中央政府的代表、延伸与

---

⑯ 《荀子·仲尼》。

⑰ 《论语·子罕》。

⑱ 参见吕思勉：《中国政治思想史》，中华书局 2016 年版，第 111 页。

⑲ 参见吕思勉：《中国通史》，中华书局 2021 年版，第 42 页。

⑳ 朱勇：《中国古代法律自成一系》，载《历史评论》2022 年第 2 期，第 35 页。

助手。㉑ 二是统一国家治理的基础设施与具体标准。经过"书同文、车同轨、行同伦",对超大规模国家治理实现了统一的治理标准。可以说"何言乎王正月?大一统也"。奉正朔法令的"法治统一"从来是中国国家治理的内在需求,避免了欧洲历史上长期存在的、建立在封臣等级和恩地制基础上的多元管辖㉒,也避免了中世纪国家法、教会法、城市法等诸法林立、冲突的现象。"中央集权"使国家治理真正成为一项公共的事业,避免了世袭属地利益割据和治理碎片,这就是"秦者,公天下之端也"(柳宗元语)的道理。这种对"保证国家统一、法制统一、政令统一、市场统一"㉓ 的追求直到今天仍然是治国理政的基本逻辑,也被历史经验反复证明。"正如有的学者所说,无论从政治文化传统上,还是从民众心理习惯上,人民都接受和认同这种集中统一的国家制度和体制。中华民族的历史证明,凡是中央集中统一的国家体制顺畅运行,就一定是天下大治、国泰民安,凡是中央集中统一的国家体制受到破坏,就一定是天下大乱、国乱民怨。"㉔

大一统的国家治理同时始终保持着"差序治理"和"基层自治"的重要传统。"差序治理"的核心有两个方面。从横向看,尽管中央集权坚持"分事不分权"原则,但"以皇帝为首的统治集团"内仍然蕴含着皇权与辅弼机构之间的功能分配,从秦汉的实际作为最高决策机构存在的丞相制到汉代的监察制度,再到隋唐的三省六部制,这些对皇帝决策都构成一定制约。尽管"唐宋变革"后出现"独裁专制政治"倾向,但皇权也无不处

---

㉑ 参见钱穆:《秦汉史》,九州出版社 2015 年版,第 13 页。

㉒ 参见[比利时]冈绍夫:《何谓封建主义》,张绪山等译,商务印书馆 2016 年版,第 23 页及以下。

㉓ 习近平:《深刻认识宪法修改的重大意义》(2018 年 1 月 19 日),载习近平:《论坚持全面依法治国》,中央文献出版社 2020 年版,第 194-195 页。

㉔ 张文显:《国家制度建设和国家治理现代化的五个核心命题》,载《法制与社会发展》2020年第 1 期,第 12 页。

在左右辅弼的制约中。㉕ 从纵向看，秦汉以来，中央集权的一体化管制和资源汲取始终主要及于汉民族和中原地区，对其他民族和边疆则以自治和怀柔为主。早在汉代，在郡县制内部即建立以"道"为代表的自治机关㉖，"在王朝疆域内的民族聚居区设道。道同于县，'有蛮夷曰道'"㉗。唐朝则正式建立作为特别行政区划的"羁縻制度"。到了清代，除战略性防御外，从未通过军事手段扩大疆域，并只从内陆十八省汲取财源，对边疆地区保留其宗教体系和社会治理的自治。㉘ 相较于罗马帝国和大英帝国在帝国内部建立行省或殖民地，推行大一统的目的是"维护开疆拓土的强权的最高权威"和"填补随着大一统国家取代地区性国家而来的社会解体造成的真空"㉙，中国的差序治理则体现"乃由四方辐辏共成一整体，非自一中心伸展其势力以压服旁围而强之使从我"㉚。

中央集权里还蕴含着普遍的基层自治。与西方植根于个人主义的地方自治，作为与联邦分权或对抗的基本权利主体不同㉛，中国大一统的基层自治是与中央政府一起实现对公共利益的维护，"而不是上下争权"，历代地方自治围绕"造产、兴学、整军三大纲"追求公益，"绝非个人主义所容荫"㉜。谷川道雄以"自律的世界"与"政治的世界"来对称地方自治与郡县制。乡、亭、里虽说是郡县制的基础结构，却并不是单纯的从属机构。里是由父老层所指导的自治体，乡三老从各里的父老层中选举出来掌

---

㉕ 参见钱穆：《秦汉史》，九州出版社 2015 年版，第 13、269 页；陈顾远：《中国法制史概要》，商务印书馆 2011 年版，第 98－125 页。

㉖ 参见严耕望：《秦汉地方行政制度》，北京联合出版公司 2020 年版，第 43 页。

㉗ 张传玺：《中国古代政治文明讲略》，北京出版社 2019 年版，第 28 页。

㉘ 参见李怀印：《现代中国的形成》，广西师范大学出版社 2022 年版，第 384 页。

㉙ ［英］阿诺德·汤因比：《历史研究》（上），郭小凌、王皖强等译，上海人民出版社 2010 年版，第 619 页。

㉚ 钱穆：《中国传统政治与儒家思想》，载钱穆：《政学私言》，九州出版社 2016 年版，第 129 页。

㉛ 参见王建学：《作为基本权利的地方自治》，厦门大学出版社 2010 年版，第 119－123 页。

㉜ 钱穆：《地方自治》，载钱穆：《政学私言》，九州出版社 2016 年版，第 60 页。

管内部教化，与县令以下的地方官地位对等，构成"自律的世界"㉝，或如费孝通所称，"中央集权中的地方自治"㉞。

"大一统"最后表现为流动而一致的社会经济组织秩序。超大规模国家始终面临社会经济无组织力量的挑战，大一统的本质就是不断再生产并维系组织化的力量。㉟ 在社会经济领域，通过建立国家与个体的组织联系，防止贵族、豪强等中间阶层的把持、分化，实现了组织一体化。它的根本思路是章太炎对秦制"平政"的概括：创造社会身份可流动性与实质平等，摧毁阶级与身份固化的土壤。与西欧部落社会解体后出现阶级分化不同，中国的社会组织化与有效动员的基础始终存在。自商鞅变法开始，大一统的国家废弃建立在血缘嫡庶基础上的传统身份秩序，根据战功、品行、能力确立新的身份等级。商鞅变法开创编户齐民、国家直接整饬人口秩序的思路，"民有二男以上不分异者，倍其赋"，禁止过去的合族聚居，强制性地分散家族，并将分散出来的小家族整编成什伍组织，置于国家权力的直接支配之下。㊱ 从北魏到隋唐发展起来的律令制度起到了将人民从六朝的豪族支配中脱离出来编入国家统一政治之中的作用。唐代改北魏的宗主督护制为乡里邻保制，严格推行土地公有，反对土地兼并以形成豪强和农奴，建立起国家代替地方"宗主"而直接"督护"民众的体制。㊲

由此，大一统实现了社会的流动。这与马克思将西欧封建领主国家比喻为"马铃薯结构"完全不同，民—士—吏的流动循环以及国—民的经济一体，实现了社会信息沟通、职业联络和教化普及，极大巩固了"一统"

---

㉝ ［日］谷川道雄：《中国中世社会与共同体》，马彪译，上海古籍出版社 2013 年版，第 57 页。

㉞ 费孝通：《基层行政的僵化》，载费孝通：《乡土中国 生育制度 乡土重建》，商务印书馆 2012 年版，第 383 页。

㉟ 参见金观涛、刘青峰：《兴盛与危机》，法律出版社 2011 年版，第 70 页及以下。

㊱ 参见［日］增渊龙夫：《中国古代的社会与国家》，吕静译，上海古籍出版社 2017 年版，第 156、165 页。

㊲ 参见［日］谷川道雄：《中国中世社会与共同体》，马彪译，上海古籍出版社 2013 年版，第 321 页。

的根基㊳，使社会经济很难出现资源垄断、身份固化、阶级对立，实现了流动而一致的秩序。

## （二）现行宪法对"大一统"底层逻辑的整体继承

"大一统"不是狭隘的民族观念，而是一种包括政治、经济、文化各种要素的内容丰富的实体，不能被理解为大民族主义或者是一种强大的征服力量。㊴它之所以构成现行宪法的底层逻辑，就在于保持"大一统"是现行宪法制定和实施的重要目标，"大一统"构成现行宪法的客观约束条件，"大一统"的现代转型设定了现行宪法的根本议程（constitutional agenda）。㊵这个底层逻辑深刻展现了现代中国如何在中国共产党领导下，将马克思主义基本原理与中国实际相结合，并通过宪法对此加以建构。当然，底层逻辑并不是历史决定论，它与宪法的具体内容之间不是一一对应的因果关系，而是史家所称的以"趋势"为中心的"结构因果关系"，即每一个具体制度都是对整体结构的反映㊶，制度的细节当然是可变和具有"此在"的偶然性，但制度的整体发展方向则受到某种长时段趋势的塑造和影响。㊷

近代以来，尽管中国面对内忧外患的形势，但保持"大一统"始终是一条贯穿到现行宪法的历史主线。国内政治力量分立与列强"分而治之"的策略也愈加激发国人的"大一统"的历史意识。从《清帝逊位诏书》"仍合满、汉、蒙、回、藏五族完全领土为一大中华民国"的宣称，到革

---

㊳ 参见金观涛、刘青峰：《兴盛与危机》，法律出版社 2011 年版，第 27 页。

㊴ 参见杨向奎：《大一统与儒家思想》，北京出版社 2016 年版，第 5 页。

㊵ 参见［美］孔飞力：《中国现代国家的起源》，陈兼等译，生活·读书·新知三联书店 2017 年版，第 8 页。

㊶ 参见王汎森：《中国近代思想与学术的谱系》，吉林出版集团有限责任公司 2011 年版，第 159 页。

㊷ 参见［德］马克斯·韦伯：《方法论文集》，张旺山译，联经出版公司 2013 年版，第 417 页。

命党放弃狭隘汉民族主义，保守派提出"保国、保种、保教"，乃至中国共产党在马克思主义理论指导下取得民族和民主双重革命成功，并通过制宪确认大一统，维护族群疆域完整、重塑中华民族多元而一体的价值体系，保持国家在集权基础上的差序治理和基层自治，以及实现社会经济平等、有序流动始终是社会主义宪法的基本底色。正如孔飞力所总结的，中国作为一个统一国家进入现代社会的背后，有着中国人对于统一压倒一切的向往。⑬ 1954 年宪法就是为了实现新民主主义国家向社会主义国家过渡，用社会主义的政治、经济、社会、文化制度凭借宪法的根本法效力来重新组织和治理统一的国家，因此，"我们必须建立高度统一的国家领导制度"⑭。现行宪法则是为了巩固社会主义的国家统一治理，吸取无组织化社会力量对大一统国家破坏的经验教训而进行的"宪法重建"，重新构筑了比较完善的国家制度和宪法制度的基础。⑮ 建立"一切权力属于人民"的统一意志，追求"全体人民的共同利益"，马克思主义国家学说成为与大一统高度契合的思想和制度渊源，人民民主专政和社会主义根本制度为大一统注入新的现代本质，人民代表大会制度则反映了大一统新的表现形式。正如彭真所指出的，"十亿人民掌握国家权力，是维护人民的根本利益的可靠保证，也是我们的国家能够经得起各种风险的可靠保证"。而这又取决于"国家的统一，人民的团结，国内各民族的团结，这是我们的事业必定要胜利的基本保证"⑯。

---

⑬ 参见［美］孔飞力：《中国现代国家的起源》，陈兼等译，生活·读书·新知三联书店 2017 年版，第 121 页。

⑭ 刘少奇：《关于中华人民共和国宪法草案的报告》，载肖蔚云等编：《宪法学参考资料》（上册），北京大学出版社 2003 年版，第 19 页。

⑮ 参见许崇德：《我国宪法的诞生与宪法的精神》，载许崇德：《许崇德文集》（四），中国民主法制出版社 2015 年版，第 1051 页。

⑯ 彭真：《关于中华人民共和国宪法修改草案的报告》，载肖蔚云等编：《宪法学参考资料》（上册），北京大学出版社 2003 年版，第 93 页。

"大一统"也是现行宪法的客观约束条件，构成了"存在于宪法中的不可见物质"[47]。这种客观约束条件可以归结为四个方面：

一是物理因素。无论是疆域还是民族，现行宪法所面对的客观约束都从历史中国上直接继承而来。"今日中国的现代国家，亦即中华人民共和国，乃是转经民国、间接地建立在清朝的疆域上。"[48] "仅就疆土而言，可以说它就集中体现为一以贯之的、中心不变而边界模糊但认同相当明确的中国传统国家特征"[49]。"多民族统一国家"和"超大规模国家"是现行宪法必须面对的最基本事实。"多民族统一国家"决定了"民族自决""联邦制"不可能成为中国的国家结构形式[50]，而维护历史中国形成的领土完整和尊重族群聚合背后的价值多元必然是宪法的重要追求。"超大规模国家"决定了中央集权对于克服无组织力量的必然需求，"中国所达到的高度中央集权，并不是源于政治思想家们的想象，而是由环境造成的。地理是压倒一切的因素"[51]。这也意味着宪法必须设计差序治理与地方自治以降低统一治理的成本。

二是价值体系因素。多元而一体的价值体系仍然规定着宪法的逻辑。从行为价值系统看，现行宪法规定的社会主义核心价值观就是马克思主义作为根本指导思想下多元价值谱系的存在，这是中华民族价值体系与社会主义思想高度契合的内容。从信仰价值系统看，中国的价值体系是多种民族信仰深度融合、互相生成的过程，在历史上不存在欧洲的"政教合一"，因此，现行宪法在规定宗教自由时没有采纳国外宪法普遍规定的"政教分

[47]　L. Tribe, *The Invisible Constitution*, Oxford University Press, 2008, p. 10.

[48]　李怀印：《现代中国的形成》，广西师范大学出版社 2022 年版，第 386 页。

[49]　黄兴涛：《清代旗人的"中国认同"》，载《清史研究》2011 年第 1 期，第 10 页。

[50]　相关学理说明，参见熊文钊：《大国地方·中国民族区域自治制度的新发展》，法律出版社 2008 年版，第 330-335 页。

[51]　黄仁宇：《现代中国的历程》，中华书局 2011 年版，第 2 页。

离"，原因就在于我国历史上本无合一传统。[52] 而当年中华民国宪法之所以最终没有确立孔教作为国教，一个重要原因即是它有违中国多民族价值体系和合、交融的传统。[53]

三是统治与治理因素。"中央集权、差序治理、基层自治"的逻辑一以贯之。超大规模国家要克服国家治理中的碎片化，就决定了中国不可能选择以分权和制衡为基础的议会民主，而马克思主义国家观指导下的民主集中制和人民代表大会制度体现的共同意志恰好与大一统所追求的政道相契合。但集权又不意味着绝对主义，而是体现出政道归一、治道多元，权力集中、权能分散的特征。统治权的最终归属和政治合法性源泉是宪法规定的国家"一切权力属于人民"和"人民通过人民代表大会统一行使国家权力"，但在治道和权能因素上以及在具体治理过程中，又体现出权力在纵向与横向上的分工[54]，并在单一制国家结构整体安排下实现民族区域自治制度、特别行政区制度和基层群众自治制度的差序治理格局。

四是社会经济因素。现代中国的社会经济条件延续并强化着大一统。一方面，现代中国继承了历史中国大一统的社会经济基本条件。例如，始终没有与世俗社会相抗争的教廷秩序，没有支离破碎又相对封闭的封建主义经济与农奴制，这两个方面防止了垄断身份和资源的贵族阶层，决定了国家与人民直接建立组织化联系并实现普惠的可能，这与马克思观察的东方亚细亚社会基础有暗合之处。国家一体化下的郡县制传统实际上孕育着形成统一全国市场门槛、标准和规则的可能，摧毁了封建制对市场的阻断，这些都构成了宪法上公有制与市场经济作为基本经济制度的内在逻辑。始终由相对狭小的国家机构统治庞大的社会以及政府始终存在着对自

---

[52]　参见蔡定剑：《宪法精解》，法律出版社 2004 年版，第 257 页。

[53]　参见吴宗慈：《中华民国宪法史》，法律出版社 2013 年版，第 424 页。

[54]　参见郑毅：《论中央和地方关系中的"积极性"与"主动性"原则》，载《政治与法律》2019 年第 3 期，第 58-76 页；林彦：《国家权力的横向配置结构》，载《法学家》2018 年第 5 期，第 29-43 页。

由市场的调控、保持区域发展平衡和保障社会平等都延续着大一统治理的基本课题⑤，这些构成了现行宪法规定基层群众自治、市场经济与宏观调控结合、社会保障体系的基本逻辑。另一方面，中国现代独立工业和制造业体系的建成和基础设施的标准化、效能化，并伴随网络和信息技术的深度联通效应，通过全面实施宪法强化消除各种基于身份制而形成的社会二元壁垒，促进劳力、土地、资本、技术和数据等要素的自由有序流动，建构全国统一市场的"大一统"格局显然更得到强化。正如费孝通先生早洞察到的，"跟着铁路、公路、飞机的应用，大一统的局面业已在形成中，这时需要的应当是怎样因势适情地去加强这集权制的机构"⑥。

最后，"大一统"的现代转型设定了现行宪法的根本议程。现行宪法致力于实现从帝制的大一统向民主共和大一统的现代转型，它是民主主义和民族主义的复线结构，二者彼此交织、互相作用，最终统一于宪法追求社会主义现代化的根本任务。正如刘少奇指出的，"必须动员全国人民的力量，发挥广大人民群众的积极性和创造性，在正确和高度集中统一的领导之下"才能实现社会主义工业化。⑦ 周恩来在阐释宪法的民族政策时也谈道，各民族进一步团结的新的基础，就是我们各民族要建设社会主义的现代化国家。建设这样的祖国，就是我们各族人民团结的共同基础。"为了实现这个共同的目的，对妨碍我们团结的、妨碍我们共同努力的两种民族主义错误，都应当批判。"⑧

帝制崩溃后的政治大一统之所以能够得到修复，中国和中华民族能作

---

⑤ 参见［美］王国斌：《转变的中国》，李伯重、连玲玲译，凤凰出版传媒集团2010年版，第138页。

⑥ 转引自［日］谷川道雄：《中国中世社会与共同体》，马彪译，上海古籍出版社2013年版，第321页。

⑦ 参见刘少奇：《关于中华人民共和国宪法草案的报告》，载肖蔚云等编：《宪法学参考资料》（上册），北京大学出版社2003年版，第21页。

⑧ 周恩来：《关于我国民族政策的几个问题》，载肖蔚云等编：《宪法学参考资料》（上册），北京大学出版社2003年版，第40页。

为一个整体迈向现代化和复兴，归根结底是马克思主义、社会主义制度与作为中国革命、建设、改革实际土壤的"大一统"相结合的产物。现行宪法在序言部分以根本任务和国家目标条款设定了大一统现代转型的根本议程。对宪法的理解和适用，只有顺应这个转型、适应这个逻辑，才能保持国家发展与宪法规范的高度一致。

## 二、"大一统"塑造中国宪法：政治本质与经济制度

现行宪法是马克思主义理论与中国实际相结合的产物，"大一统"就是最基本的"中国实际"，它既决定了现行宪法在国体、政体等一系列重大问题上不会采取近代以来各种直接移植域外的方案，也意味着宪法的内容不是简单套用马克思主义经典作家设想的模板，而是在此基础上根据中国自身的逻辑来塑造宪法的具体内容，也通过宪法实现自身的现代转型。具体而言，"大一统"对中国宪法的塑造，体现在政治—经济、基本权利—国家权力两对范畴的内容安排中，前者构成大一统的现代实质，后者则是在这个实质上主体内容的展开。

### （一）国体条款蕴含大一统的现代政治本质

自从董仲舒通过"更化儒家"建立大一统学说以来，它以人格化的君主作为"定于一"的政治符号，君主因为符合天道而取得正当性源泉，既成为一国"建立权威的部分"，也直接参与国家治理，成为"运用权威的部分"⑲。因此，帝制崩溃后要想保持大一统，就必须重建"定于一"的权威，为它找到新的正当性，并提供与之配套的国家治理体系，这是宪法

---

⑲ ［英］白芝浩：《英国宪法》，夏彦才译，商务印书馆 2010 年版，第 1 页。

回应大一统逻辑的最根本出发点。现行宪法第 1 条规定"中华人民共和国是工人阶级领导的、以工农联盟为基础的人民民主专政的社会主义国家"，就是通过国家性质和根本制度的规定，塑造了"人民"作为"定于一"的新范式，并将大一统的正当性由君主代表的普遍天下秩序转为由人民代表的真实、普遍民主秩序，由"天道"转为"人民意志"。

尽管在逻辑上"人民"是一个不可分的集合概念，但与近代西方宪法宣称的作为抽象主权的"人民"不同[60]，"人民民主专政"是通过革命叙事建立并在建设与改革事业中不断调整"人民"范围的一个概念。它的本质是无产阶级专政[61]，但又体现了中国大一统的逻辑，那就是通过最大程度提取"共同利益和统一意志"来实现"多元而一体"的认同体系，克服"一盘散沙"的无组织状态，在政治形态上构成统一战线基础上的人民共和国，在文化形态上重塑具有共同体意识的中华民族，在对内坚持民主和对外实行专政辩证统一的现实政治原则中建立"江山就是人民"的新的大一统正当性。刘少奇在 1954 年宪法草案说明中明确指出，"人民当自己还处在被压迫地位的时候，不可能把自己的意志和力量充分集中起来。中国人民过去被人讥笑为'一盘散沙'，就是由于这个原因。革命使得人民的意志和力量集中起来了。而当人民已经得到解放并建立了自己的国家以后，当然要把自己的意志和力量充分地集中到国家机构里去，使国家机构成为一个坚强的武器"[62]。

因此，正如许崇德教授指出的，"人民民主专政的特点就是统一战线。统一战线可以从两个方面讲，一是有各党派及民主人士。二是最根本的方面，是工人、农民。没有巩固的工农联盟，就没有工人阶级领导的广泛的

---

[60] 参见王向明：《宪法若干理论问题的研究》，中国人民大学出版社 1983 年版，第 82 页。

[61] 参见许崇德、何华辉：《宪法与民主制度》，湖北人民出版社 1988 年版，第 23 页。

[62] 刘少奇：《关于中华人民共和国宪法草案的报告》，载肖蔚云等编：《宪法学参考资料》（上册），北京大学出版社 2003 年版，第 25 页。

统一战线，就没有巩固的中华人民共和国"⑥。如果说帝制下大一统克服无组织力量的基本途径是"集家成国"，现代中国则是通过革命、建设、改革叙事的统一战线实现"众志成城"。

"人民民主专政"既体现了无产阶级专政的本质，又看到了中国实现大一统、建立"定于一"的人民概念，不能忽视占人口绝大多数的农民。通过过渡时期的土地改革实现个体农民向集体农民的转变，进而明确"工农联盟"，将绝大部分人口整合到"人民"的整体秩序中，这就实现了"定于一"需要的最大人口基数和社会基础。宪法用"人民民主专政"而不是直接用"无产阶级专政"，也准确反映了一无所有、夺取革命政权的阶级向掌握国家政权的阶级转变的历史过程⑥，强化了现代大一统范式的正当性宣称。同时，通过"人民的共同利益和统一意志，是人民代表大会和一切国家机关工作的出发点"⑥ 来实现"在这一切国家机关中，也就能够在民主的基础上形成人民的政治一致性"⑥，从而将大一统的逻辑进一步延伸到国家治理体系中，实现"建立权威"与"运用权威"的有机统一。

社会主义制度作为根本制度进一步巩固了大一统的底层逻辑。一方面，社会主义本质内含的"解放生产力，发展生产力，消灭剥削，消除两极分化，最终达到共同富裕"⑥，暗合并巩固了大一统的"公天下"思想，与之一脉相承，抑制了社会由于分化而碎片化的可能。另一方面，正如列

---

⑥ 许崇德：《彭真对现行宪法若干理论创新问题的贡献》，载许崇德：《许崇德文集》（四），中国民主法制出版社 2015 年版，第 1297-1298 页。

⑥ 参见肖蔚云：《现行宪法的诞生》，北京大学出版社 1986 年版，第 39 页。

⑥ 刘少奇：《关于中华人民共和国宪法草案的报告》，载肖蔚云等编：《宪法学参考资料》（上册），北京大学出版社 2003 年版，第 20 页。

⑥ 刘少奇：《关于中华人民共和国宪法草案的报告》，载肖蔚云等编：《宪法学参考资料》（上册），北京大学出版社 2003 年版，第 22 页。

⑥ 《邓小平文选》（第 3 卷），人民出版社 2001 年版，第 373 页。

宁指出的，"从资本主义过渡到共产主义，当然不能不产生多种多样的政治形式"⑥。中国的"政治形式"就在于有工农联盟，有劳动者和非劳动者的统一战线，但正是由于存在阶级多元、境界有别、利益各殊，所以就必须有一个在多元中始终保持政治统一、捍卫人民共同意志与根本利益的坚强领导力量。因此，现行宪法第1条规定"中国共产党领导是中国特色社会主义最本质的特征"，就是对中国大一统逻辑的政治本质最深刻的表达，是确保"人民民主专政的社会主义国家"始终实现"人民大一统"的最高政治承诺。⑥⑨

## （二）政体条款构成政治本质的现代表现形式

现行宪法第2条是政体条款，其规范结构形成三重含义：国家一切权力属于人民，人民通过各级人民代表大会行使国家权力，人民依法律直接参与国家治理。形成这样的规范结构的原因，仍然是极大程度上受到大一统逻辑的塑造。

如前所述，国体条款明确了"人民"作为新的"定于一"的范式及正当性，"国家一切权力属于人民"则是它的具体说明。"一切权力"形象说明了"一统"与"集中"的逻辑。首先，它说明了国家权力具有完整性和统一性，而人民本身又是一个集合体，人民作为整体是国家权力的所有者，而不是指人民中的每一个体是部分国家权力的所有者⑦，国家权力完整、直接、不可分地统一于一个不可分的、完整的"人民"。这个中国宪法里的"双重不可分原理"正是"政道归一"的大一统逻辑之深刻反映，

---

⑥⑧ 《列宁全集》（第25卷），人民出版社1958年版，第400页。

⑥⑨ 参见莫纪宏：《以宪法修改为契机全面推进依宪治国》，载《西北大学学报（哲学社会科学版）》2018年第4期，第35-44页。

⑦ 参见全国人大常委会办公厅编著：《中国宪法精释》，中国民主法制出版社1996年版，第53页。

与西方发轫于中世纪权力渊源多元的社会契约论完全不同。其次，现行宪法用"权力"而不用《共同纲领》使用的"政权"，是为了强调国家权力和其他所有社会公权力都属于人民⑦，这也再次强化了权力形态和来源的大一统秩序。然而，与"天道归于君主"的帝制大一统不同，"人民"是一个抽象集合和拟制现象，它不可能如"皇帝"那样同时成为一个国家机构，直接行使国家权力，因此必须通过代表制来治国理政。中国的人民代表大会制度之所以既不是西方代议民主制的再版，也不完全是苏维埃体制的翻版，就在于自身的大一统逻辑进一步塑造了人民代表大会制度在宪法地位和组织程序上的特殊性。

现行宪法选择人民代表大会制度，而没有简单移植西方式的代议机关或立法机关，归根结底在于维护国家权力大一统的"人大一元体制"和权力机关在国家机关中的最高宪法地位。具体而言，表现为两个方面：

一是人大机关完全统一地行使国家权力。人大机关产生其他国家机关并对它们进行监督，能够对重大问题作出决定并监督其实施⑦，这从国家治理的权力来源层面实现了统一。现行宪法建立了"人大一元体制"，排斥了其他机构可能与之分享权力机关属性的可能。例如，现行宪法最终没有采纳将政治协商会议确定为"民主监督机关"的观点，而是认为政协不是国家权力机关，不能监督国务院，否则就违反了"人大一元体制"，造成权力行使的混乱。⑦

二是人大在组织程序上强化集中体制。中国既没有照搬苏联基于联邦制而在权力机关之间进行纵向分权的模式，也没有借鉴苏联的苏维埃体制横向设立联盟院和民族院的做法，"两院制"始终没有被中国宪法采纳，

---

⑦　参见蔡定剑：《宪法精解》，法律出版社2004年版，第168页。

⑦　参见刘少奇：《关于中华人民共和国宪法草案的报告》，载肖蔚云等编：《宪法学参考资料》（上册），北京大学出版社2003年版，第21页。

⑦　参见肖蔚云：《现行宪法的诞生》，北京大学出版社1986年版，第34页。

而是按照中央集权模式来设计一元体制。[74] 同时，与西方议会"扁平式组织结构"也不同，人民代表大会通过设立常委会又呈现出"人数越少的会议形式参与日常决策的机会越多"的阶层式"议会"特征，明显有助于权力的统一和集中。[75]

更值得关注的是宪法对直接民主和普遍代表制的规定。帝制的大一统能够矗立千年，一个重要原因就是前文所述中国有"士吏互补"的传统，始终有代表公共利益而非某一个职业或地域的利益，并且可以在不同社会组织层面通过流动起到信息沟通、促进稳定的群体，也就是"士"的群体。[76] 现行宪法及相关法律体现了这个逻辑。《全国人民代表大会和地方各级人民代表大会代表法》第 2 条第 3 款规定，"全国人民代表大会和地方各级人民代表大会代表，代表人民的利益和意志"。第 5 条第 3 款规定，"代表不脱离各自的生产和工作"。与西方代议民主的职业代表制和地域代表制[77]不同，中国的人大代表无论来自何地、从事何职，都只代表普遍的公共利益，并且始终不放弃本职生产、工作，形成一个稳定的、在社会各层面进行信息沟通与协调的机制。而现行宪法对直接民主的规定，则更是中国人没有阶层固化与贵族统治，平等参与公共生活之大一统逻辑的典型反映。

现行宪法尽管建立了以人民代表大会制度为核心的"集中体制"，但同样也继承了大一统中"多元而一体""分层而统一"的精神。一方面，"多元的意志与价值表达"要防止产生无组织力量消解作为人民整体意志的一体性，因此，现行宪法既承认直接民主作为多元意志参与公共生活的

---

[74] 参见何俊志：《从苏维埃到人民代表大会制》，复旦大学出版社 2011 年版，第 59 页。

[75] 参见何俊志：《从苏维埃到人民代表大会制》，复旦大学出版社 2011 年版，第 189 页。

[76] 参见金观涛、刘青峰：《兴盛与危机》，法律出版社 2011 年版，第 27－28 页。

[77] 参见林彦：《从来自地方，到代表地方：全国人大常委会应适度引入地域代表制》，载《中国法律评论》2018 年第 1 期，第 32－38 页。

资格，也预防直接民主对共同意志的冲击。现行宪法第 2 条第 3 款在表述直接民主时加上了"依照法律规定"这个限定词，强调依法律途径参与国家治理，就是要防止"多元"中蕴含破坏法制、无组织化倾向的大民主形式。[78] 另一方面，"权力统一"也内含受到正当、真实人民意志限制的要求，防止绝对权力自身演化为无组织力量，最终消解大一统秩序。现行宪法将"全国人民代表大会认为应当由它行使的其他职权"修改为"应当由最高国家权力机关行使的其他职权"，这就为最高国家权力的行使设定了论证负担，"是通过严格遵守法制的观点来限制最高国家权力机关"[79]。同时，"权力统一"也包含和承认权能分工，尽管最高国家权力在性质上不可分，但宪法承认"从具体内容上来看，可以分解并由不同的国家机关来行使"[80]。

### （三）基本经济制度的大一统支撑

现行宪法第 6 条到第 18 条是我国基本经济制度规范体系，按照"所有制—所有制的实现形式—所有制的工具（所有权）—所有制的运行和管理机制"[81] 的逻辑展开。

第 6 条之所以规定生产资料公有制为社会主义经济的基础，是因为在马克思主义看来，公有制摧毁了资产阶级统治和剥削的基础，为工人阶级实现大规模生产和夺取政权准备了物质条件。农民人口占大多数、产业工人和工业体系并不发达的中国之所以能够接受这个教义，归根结底是因为其与中国社会经济"流动而一致"的大一统逻辑深刻契合。

---

[78] 参见蔡定剑：《宪法精解》，法律出版社 2004 年版，第 170 页。

[79] 黄明涛：《最高国家权力机关的权力边界》，载《中国法学》2019 年第 1 期，第 104-121 页；肖蔚云：《现行宪法的诞生》，北京大学出版社 1986 年版，第 156 页。

[80] 全国人大常委会办公厅编著：《中国宪法精释》，中国民主法制出版社 1996 年版，第 110 页。

[81] 关于体系化的介绍，参见《宪法学》编写组编：《宪法学》（第 2 版），高等教育出版社 2020 年版，第 135 页及以下。

　　中国大一统观念蕴含着对社会经济无组织力量的抑制。首先，强调以土地为核心的生产资料有序流动和集中，平衡抽象的国家（君主）所有和私人所有。从周制的井田制建立周王作为土地的最终所有权人，到秦制变法建立"公田"制，即"君主对于民及其耕种的土地实施直接支配体制"[32]，为中央集权提供强大基础，再到对郡县制条件下"民田"制可能产生的无组织化交易的抑制，包括董仲舒的"限民名田"、王莽的"王田制"、魏晋的"屯田制"、六朝的"均田制"改革等[33]，都聚焦于防止豪强兼并和过度买卖土地，防止土地资源过度集中。[34] 可以说，帝制下大一统的经济逻辑就是不经由中介力量而将国家和农村生产者直接联系起来。[35]这对于一个地域广阔而又郡县林立的国家的意义在于：一是保持稳定的财政汲取能力以应对公共支出，防止"财政区域分权"和"地方化集中主义"对抗中央[36]，甚至出现"官僚制中的封建制"[37]。二是防止出现地主豪族对生产资料的割据、垄断，引发失地流民，进而形成流寇揭竿而起破坏大一统秩序。尽管这种"公有制"实际上是"一姓之公"，但它是抽象和拟制的，抑制了具体和现实的"专私"，因此在帝制崩溃后，这种"公"的结构很容易在形式上被理解和接受，从而转型为抽象的"全民所有"，这是继续保持超大规模国家统一的逻辑必然，也与马克思主义反对剥削、强调社会实质平等的思想颇有暗合。

---

　　[32] ［日］增渊龙夫：《中国古代的社会与国家》，吕静译，上海古籍出版社 2017 年版，第 245-246 页。

　　[33] 参见钱穆：《中国经济史》，北京联合出版公司 2014 年版，第 248 页；吕思勉：《中国通史》，中华书局 2021 年版，第 69、82 页。

　　[34] 参见 ［日］增渊龙夫：《中国古代的社会与国家》，吕静译，上海古籍出版社 2017 年版，第三篇"古代专制主义的成立及其经济基础"。

　　[35] 参见 ［美］孔飞力：《中国现代国家的起源》，陈兼等译，生活·读书·新知三联书店 2017 年版，第 26 页。

　　[36] 参见李怀印：《现代中国的形成》，广西师范大学出版社 2022 年版，第 130、140 页。

　　[37] ［日］谷川道雄：《中国中世社会与共同体》，马彪译，上海古籍出版社 2013 年版，第 47 页。

现行宪法不但明确了公有制的基础地位，而且在第 9 条、第 10 条分别建立起自然资源国家所有、城市土地国家所有、农村土地和城郊土地除法律规定外集体所有的重要制度。一方面通过针对农民的集体化改造，防止个体"专私"、抑制产生人身剥削和依附的土壤。另一方面加强国家对生产资料的统一汲取能力。现行宪法规定"城市的土地属于国家所有"，原因之一是中国郡县制传统下城市数量多，构成国家的重要资源，甚至"镇"也具备城市规模，因此没有将"镇"的土地所有权一律规定为集体所有。⑧⑧ 原因之二是平抑借助城市土地征收而暴富的群体，进一步防止财富"专私"和垄断。⑧⑨ 这些都是大一统逻辑在现行宪法中的体现、延伸和加强。

其次，大一统社会经济条件中也孕育了"流动"，这是现行宪法接受"非公有制经济"与"其他分配方式"的重要逻辑。历代农业经济中孕育了商品自由流动的因素。一是得益于"国家与农民生产者的直接联系"，这消解了中国基于封建主义而产生的农奴制土壤，中国实际上存在大量的佃农和自耕农。二是历代政府汲取财政资源的形式多样，形成了针对人身劳作的"役"、实物缴纳的"赋"和货币缴纳的（农业）"税"的综合义务体系，并且设计相关制度，发挥其在它们之间互相替代、调节比例的重要功能。⑨⑩ 三是唐宋变革后，门第社会消亡。从宋开始，中国工商业逐渐发达。内藤湖南指出，"当时人民出现财产所有的自由化和居住的自由化的两个特点"⑨①。钱穆则认为，这得益于中国与欧洲相比，自秦开始就有大量既是政治中心又是商业中心的"城市"，"每一城市是四周农村货物的集

---

⑧⑧ 参见全国人大常委会办公厅编著：《中国宪法精释》，中国民主制出版社 1996 年版，第 128 页。

⑧⑨ 参见肖蔚云：《现行宪法的诞生》，北京大学出版社 1986 年版，第 42 页。

⑨⑩ 参见［日］谷川道雄：《中国中世社会与共同体》，马彪译，上海古籍出版社 2013 年版，第 47 页。

⑨① ［日］谷川道雄：《中国中世社会与共同体》，马彪译，上海古籍出版社 2013 年版，第 382 页。

散中心，城乡互相依偎补足，两者打成一片"⑨²。因此，现行宪法几经变迁确立"非公有制经济"的地位，区分"公有制"和"公有制的实现形式"，同样也有着"流动而一致"的大一统逻辑。

最后，现行宪法建立社会主义市场经济，也得益于大一统国家创造了促进"统一市场体系"的有利条件。一是宪法上的市场经济与大一统的目标具有一致性。社会主义的市场经济具有浓厚的"社会"属性⑨³，要促进社会实质平等与接受国家宏观调控。它的实现本身要建立在各种市场要素按照统一规则、统一标准、统一门槛充分流动的基础上，要破除各种区域利益、部门利益、身份壁垒，以及当下平台经济无序扩张带来的无组织力量的挑战⑨⁴，这些恰好都是大一统"流动而有序"的要求。二是大一统下的汉民族主体人口，整体稳定的民族意识，绝大部分地区通用交流无碍的语言文字以及四通八达的交通物流运输、投放体系，这些都是历史和现实为统一市场准备的客观条件。三是中央集权形成的国家治理体系，尤其是"法治统一"，为市场经济所需要的统一法律标准提供了根本制度保障。

## 三、"大一统"塑造中国宪法：基本权利与国家权力

大一统塑造了中国宪法的政治本质和经济制度，作为现行宪法主体内容的公民基本权利和国家权力规范，都是体现大一统逻辑的政治制度与经济制度的进一步延伸。

---

⑨² 钱穆：《中国经济史》，北京联合出版公司 2014 年版，第 248 页。

⑨³ 参见韩大元：《中国宪法上"社会主义市场经济"的规范结构》，载《中国法学》2019 年第 2 期，第 17 页。

⑨⁴ 参见《中共中央、国务院关于加快建设全国统一大市场的意见》（2022 年 3 月 25 日）。

## （一）大一统对社会主义宪法上基本权利的塑造

彭真指出，"宪法修改草案关于公民的基本权利和义务的规定，是《总纲》关于人民民主专政的国家制度和社会主义的社会制度的原则规定的延伸"[95]。这段话清晰表明，中国宪法上的基本权利不是从国家与社会二分、人民与国家对抗的土壤中产生。[96] 它在逻辑起源上不具有对抗性和防御性。相反，它为进一步体现、巩固"人民民主专政"的统一性而存在。因此，基本权利规范体系的基础就不是耶利内克所讲的先于国家的"自然自由"，而是民主权利，也就是建构共同意志的权利。[97] 正如张友渔指出的，"我们国家是社会主义国家，人民是国家的主人，作为人民意志最高体现的宪法，理所当然地应该规定公民享有的民主权利，并把它作为公民基本权利的最重要部分"[98]。

个体的基本权利代表着"多元"，而经由民主权利功能发挥形成的"人民共同意志"则体现着"一体"，因此，基本权利的自由与防御功能是第二位的，它的行使必然要遵循"多元而一体"的逻辑，不能由于滥用而构成无组织的力量进而挑战共同意志。这个基本权利"生成于大一统、构建了大一统、服务于大一统"的闭环逻辑被刘少奇表述得非常清楚："国家与社会的公共利益和个人利益是不可分的，是一致的。在人民民主制度

---

[95] 彭真：《关于中华人民共和国宪法修改草案的报告》，载肖蔚云等编：《宪法学参考资料》（上册），北京大学出版社 2003 年版，第 66 页。

[96] See Ernst-Wolfgang Bockenforde, "Changes in Meaning of the Constitution", in Mirjam Künkler and Tine Stein (eds.), *Constitutional and Political* Theory, Oxford University Press, 2016, p. 152; Dieter Grimm, "The Achievement of Constitutionalism and Its Prospects in a Changed World", in Petra Dobner and Martin Loughlin (eds.), *The Twilight of Constitutionalism?*, Oxford University Press, 2010, p. 19.

[97] 参见于文豪：《"五四宪法"基本权利的国家建构功能》，载《环球法律评论》2015 年第 2 期，第 25 页。

[98] 张友渔：《公民的基本权利和义务》，天津人民出版社 1987 年版，第 37 页。

和社会主义制度下，人民有了完全的民主权利，同时也有完全的义务。人民既然完全地行使了国家权力，也就会以主人的身份尽完全的义务。"⑨⑨

因此，大一统逻辑决定了宪法文本规定公民义务的正当性，因为不履行义务会构成对"人民共同意志"的无组织化挑战。同时，这也导致中国宪法对"基本权利限制"与"基本权利对应的义务"不加区分。就德国法而言，"基本权利限制"是内在于基本权利属性或经由外在宪法保留、法律保留而形成的一种界限⑩，它的理论前提是基本权利首先作为自由权而存在，为防止自由滥用而必须进行限制，但中国基本权利首先是作为民主权而存在，它与国家不是对抗的，而是一致的，因此为实现"人民共同意志"必须履行义务。最能体现这个比较法上差异的是现行宪法第 51 条规定的"中华人民共和国公民在行使自由和权利的时候，不得损害国家的、社会的、集体的利益和其他公民的合法的自由和权利"。它并非基本权利的概括限制方式⑩，而是"规定公民义务的总条款"，牢牢确保"多元"与"一体"的统一。彭真明确指出，"根据这个基本原则，草案规定了公民对于国家和社会应尽的各项义务"⑩。有学者也认为，"八二宪法被总结为有公民权利义务一致性的特点，这一条就是集中体现"⑩。

这种来源于"人民共同意志"大一统逻辑的基本权利理论产生了很多中国的特点。兹举两个例子进行说明。一是关于选举权的例子。"人民通过民主选举产生的代表行使权力，组织政府，管理国家，并且监督和有权

---

⑨⑨　刘少奇：《关于中华人民共和国宪法草案的报告》，载肖蔚云等编：《宪法学参考资料》（上册），北京大学出版社 2003 年版，第 24 页。

⑩　See R. Alexy, *A Theory of Constitutional Rights*, Oxford University Press, 2002, p. 245.

⑩　参见陈楚风：《中国宪法上基本权利限制的形式要件》，载《法学研究》2021 年第 5 期，第 129 - 143 页。

⑩　彭真：《关于中华人民共和国宪法修改草案的说明》，载肖蔚云等编：《宪法学参考资料》（上册），北京大学出版社 2003 年版，第 94 页。

⑩　蔡定剑：《宪法精解》，法律出版社 2004 年版，第 285 页。

罢免各级政权的组成人员，这是人民最大的、最根本的权利。"⑭ 选举权
具有如此重要的地位，规定了彻底的普遍性和平等性原则，这并非移植欧
洲的选举民主，因为在欧洲的传统里，并没有如此彻底的普遍选举和选民
个体平等。例如，英国确立了普选权的《1918 年人民代表法》仍然基于
性别、居住地而区分选举资格，《1999 年上议院法》才艰难废除几乎所有
世袭贵族议员。⑮ 中国大一统体制蕴含的"公天下"传统对形塑制宪者的
选举权属性认知有一定文化心理的影响，那就是将参政活动理解为对普
遍、一致的公共意志与利益的追求，反对利益的割据化、碎片化以及在此
基础上形成的利益代表资格固化、等级化、区域化。正如彭真指出的，
"由于社会的政治、经济、文化发展不平衡，还有差别，有不同意见，要
照顾各方面，但根本利益是一致的"⑯。根本利益的无差别性决定了选举
资格的平等、普遍以及代表效力的相同。因此，中国的民主代表机构不可
能基于世袭产生贵族院，也不可能设立代表局部利益的地方院，代表资格
的普遍平等暗含选举资格普遍平等的逻辑。

　　二是作为制度的财产权的例子。中国宪法理解的"财产权"并非自由
主义意义上的"私人财产权"，而是建构了作为重要生产资料的国家所有
权、集体所有权（现行宪法第 9 条、第 10 条）和作为普通生产生活资料
的公共财产权、私人财产权（现行宪法第 12 条、第 13 条）之复合体系⑰，
同时建立了对企业财产经营进行民主管理的制度（现行宪法第 16 条、第

---

⑭　彭真：《关于中华人民共和国宪法修改草案的说明》，载肖蔚云等编：《宪法学参考资料》（上
册），北京大学出版社 2003 年版，第 91 页。

⑮　参见［英］诺顿主编：《英国宪法百年经纬》，刘练军译，法律出版社 2022 年版，第 74、221 页。

⑯　彭真：《关于全国人大常委会的工作》，载人民出版社编：《彭真文集》，人民出版社 1991 年
版，第 565 页。

⑰　参见王旭：《自然资源国家所有权的宪法规制功能》，载《中国法学》2013 年第 6 期，第 5 -
19 页；李忠夏：《"社会主义公共财产"的宪法定位："合理利用"的规范内涵》，载《中国法学》2020
年第 1 期，第 86 - 105 页。

17条）。这些内容的核心都是经济大一统逻辑下对纯粹私人财产权的抑制，防止个体或少数人垄断国计民生的重要资源或私人财富"无序扩张"，形成"富可敌国"的无组织力量。这显然说明"财产权"在中国是服务基本经济制度和巩固、促进公有制的工具。例如，战国以来形成经济价值较高的"山林树泽"由国家统一经营，产生"山泽之公税"来巩固统治的传统[108]，因此宪法在"对人民长远利益和根本利益有重大影响"的生产资料[109]上不允许建立私人所有权。又如，合法的私人财产权同样也蕴含促进公有、实现分配正义的制度功能，但其不是作为纯粹个体的自由权存在，因此并没有被规定在"基本权利"一章。现行宪法第13条规定"公民的合法的私有财产"与"国家依照法律规定保护"固然有尊重私人财产权的重要历史意义，但由"法律"形成和限制财产权的范围也明显是题中应有之义，这表现出前述大一统体制中反对"专私""暴富"和"追求所有人总体的经济自由"之大同思想的刻画痕迹。再如，经济民主的规定体现出大一统背景下财产权的公共属性与"共有、共享、共治"的传统。

## （二）国家权力配置中的"分层而统一"结构

与基本权利规范一样，国家权力规范也遵循大一统的现代政治本质，按照人民代表大会制度的表现形式，体现为现行宪法第3条规定的民主集中制。该条围绕国家权力机关—其他国家机关、中央国家机关—地方国家机关的权力配置这两个领域展开，因而我国的民主集中制是一种典型的中央集权制度。[110] 然而，这种集权制既不是"三权分立"制度，也与作为其

---

[108] 参见［日］谷川道雄：《中国中世社会与共同体》，马彪译，上海古籍出版社2013年版，第269页。

[109] 参见彭真：《关于中华人民共和国宪法修改草案的说明》，载肖蔚云等编：《宪法学参考资料》（上册），北京大学出版社2003年版，第92页。

[110] 参见何俊志：《从苏维埃到人民代表大会制》，复旦大学出版社2011年版，第146页。

母体的"议行合一"的苏维埃体制有很大不同，而是有着对中国传统政治大一统权力架构模仿的痕迹。同时，"差序治理和基层自治"也在宪法安排上体现得淋漓尽致，构成"分层而统一"的国家权力配置结构。

民主集中制不同于"三权分立"制度，因为它强调国家权力在性质上的不可分，不同权力在性质上没有根本差异，都是人民共同意志的体现，为追求人民共同利益而存在，只在具体功能上有所区分，分工的目的是最终"促使各类国家机关提高能力和效率、增进协调和配合，形成治国理政的强大合力，切实防止出现相互掣肘、内耗严重的现象"[⑪]。这与"三权分立"制度在性质上对国家权力进行水平切割，且互相制衡、互相拆台、互相对抗大异其趣，可以说后者不承认国家权力"分层中的统一"。同时，民主集中制也不完全同于议行合一，因为后者在体制、组织和程序安排上没有体现"统一中的分层"，过于强调组织机制合一、人员组成一致，不承认权力安排的差序格局[⑫]，并且依靠国家机构之外的人民直接监督"他们的勤务员"，使国家权力实际上不是在闭环中构成真正的"统一"。

民主集中制在改造议行合一体制基础上真正模仿的是中国大一统政治中的"拱卫式"权力结构，它既不是权力之间"封闭循环"的制衡结构，也不是权力之间"开放直线"的接力结构。大一统体制在中央集权基础上进行基于功能的权力分配，彼此之间形成分工与协作的关系，共同拱卫最高统治的权威，形成正确决策。这种权力结构有两个重要特点：

第一，强调枢纽机关的存在和权威。以此为源泉和中心，产生其他国家机关，行使其他权力，强化权力来源和权威的一元性、最终性和最高性。"在中央，国家主席、国务院、中央军委主席、最高人民法院和最高

---

⑪　习近平：《在庆祝全国人民代表大会成立六十周年大会上的讲话》（2014 年 9 月 5 日），载习近平：《论坚持全面依法治国》，中央文献出版社 2020 年版，第 83 页。

⑫　参见林彦：《国家权力的横向配置结构》，载《法学家》2018 年第 5 期，第 29－42 页。

人民检察院，都由全国人大产生，各有分工，各司其职，都对全国人大和它的常委会负责，受其监督。"[113] 现行宪法制定时，曾讨论要不要设立人大之外的专门宪法监督委员会，最终即因这种架构不符合我国人大一元化体制而作罢。[114]

第二，强调权力运行的分层和闭环。正因为有着作为枢纽的国家机关的存在，所以，这种权力结构实际上不是以平行的国家任务为标准进行划分。准确地说，中国宪法上并没有平行的立法机关、行政机关和司法机关，而是以线性流畅的机关接力为标准进行划分，也就是按照议行合一原则，在枢纽组织的指挥下，形成议决—执行接力体制。这是一种"权力的第一人称视角"，都从一个"我"出发来观察统一的自我，而不是"权力的第二人称视角"，从分立的"你我他"来观察彼此。但与议行合一体制不同的是，2018年宪法修正案增加了作为中国历史上权力接力中重要一环的国家监察机关，从而实现了自我决策、自我执行和自我监督的权力运行闭环。[115] 这种线性结构也体现为分层制约的思维，那就是作为枢纽的机关要受到其他机关的制约，表现为两个层次：一是通过分享作为枢纽之机关的部分权能来形成制约，例如，全国人大常委会享有制定基本法律之外的法律和在全国人大闭会期间修改由其制定的法律的权力；二是通过自身独享宪法规定的权力来制约枢纽机关和其他机关的行为。

国家权力除了上述横向的"分层而又统一"的结构之外，宪法还规定了纵向意义上的"单一制下的差序治理与基层自治"。

大一统的逻辑必然要求单一制的国家结构，确保中央权力的垂直延伸。为确保超大规模国家在空间上的权力接力性，现行宪法第30条明确

---

[113] 林彦：《国家权力的横向配置结构》，载《法学家》2018年第5期，第29页。
[114] 参见全国人大常委会办公厅编著：《中国宪法精释》，中国民主法制出版社1996年版，第53页。
[115] 参见陈明辉：《论我国国家机构的权力分工：概念、方式及结构》，载《法商研究》2020年第2期，第99-112页。

规定了构成上下级层级国家治理的行政区划单元，"宪法按照历史传统，考虑到民族、经济、国防和便于人民参加国家管理等因素，把全国领土多层次地划成若干行政区域作为设置各级国家机关的基础，开展对国家各类事务的治理"⑯。

"中国实行的单一制属于民主集中制模式，同时一定程度上包含地方自治的因素，是一种混合形态，集中体现了中国特色。"⑰ 民族区域自治是"民族自治"和"区域自治"的结合，它延续了中国大一统逻辑里互相融合的思维。现行宪法之所以没有采取类似"民族共和国"的联邦制国家结构形式，就在于历史留给我们的"统一"是底色，"差序"是相对于内陆地区和汉民族而言，但它一定也是以"统一"作为前提，现行宪法明确的"平等团结互助和谐的社会主义民族关系"始终是主旋律和主题词。正如习近平总书记明确指出的："要深入践行守望相助理念，深化民族团结进步教育，铸牢中华民族共同体意识，促进各民族像石榴籽一样紧紧抱在一起，共同守卫祖国边疆、共同创造美好生活。"⑱ "筑牢中华民族共同体意识，就是要引导各族人民牢固树立休戚与共、荣辱与共、生死与共、命运与共的共同体理念。"⑲ 中国民族发展互相交叉、形成杂居的历史，以及文化上互相同化的传统，加之近代以来"中国被帝国主义侵略"的事实，决定了我们只有毫不动摇地在保持国家整体一致的情况下充分给予自治权，才是按照历史给我们规定的条件走出的路。

宪法规定的特别行政区制度同样体现了中国大一统的特有智慧。特别行政区体现了统一主权国家内部的制度互嵌，极大提升了国家发展与治理

---

⑯ 许崇德：《中华人民共和国宪法史》（下），福建人民出版社 2005 年版，第 485 页。

⑰ 许崇德主编：《宪法学》，高等教育出版社 2000 年版，第 287 页。

⑱ 习近平：《铸牢中华民族共同体意识》（2019 年 9 月 27 日），载习近平：《习近平谈治国理政》（第 3 卷），外文出版社 2020 年版，第 299 页。

⑲ 习近平：《以铸牢中华民族共同体意识为主线，推动新时代党的民族工作高质量发展》（2021年 8 月 27 日），载习近平：《习近平谈治国理政》（第 4 卷），外文出版社 2022 年版，第 245 页。

的效能。正如习近平总书记指出的："国家改革开放的历程就是香港、澳门同内地优势互补、一起发展的历程，是港澳同胞和祖国人民同心协力、一起打拼的历程，也是香港、澳门日益融入国家发展大局、共享祖国繁荣富强伟大荣光的历程。"⑳ 在坚持特别行政区内生于国家整体治理体系的前提下，该制度实现了法律空间的交错性，这种交错性既丰富了国家治理的整体智慧，也保留了差序治理的生命力。

现行宪法通过规定基层群众自治制度接续了地方自治的传统。尽管与帝制不同，现行宪法将基层政权设立到乡、县一级，但对于超大规模的国家而言，无论是财政汲取能力还是公共供给能力，都无法离开基层自治组织。但与作为基本权利主体的地方自治不同，大一统的逻辑仍然是坚持中央集权基础上的自治，这种自治不是基于对抗而形成的秩序空间，而是强调它作为国家权力延伸触角与补充而存在。

## 四、无组织力量："大一统"宪法的当代挑战及回应

尽管大一统深刻规定了现行宪法的底层逻辑和具体内容，但同样也遗传给它最基本的挑战，那就是无组织力量对大一统的消解。从中国历史看，大一统的本质是通过对不同系统（政治系统、经济系统、社会系统、文化系统）内各种要素的有序组织与安排，追求生机勃勃而又井然有序的整体文明状态，达到"备极庄严"而又"元气淋漓"的境界，实现中华文明"旨在维护民众的安宁与福利的一种大型共同体世界"，这也是中华民族得以将悠久的历史延续至今的原因。但大一统自身在"多元与一体"

---

⑳ 习近平：《在融入国家发展大局中实现香港、澳门更好发展》（2018 年 11 月 12 日），载习近平：《习近平谈治国理政》（第 3 卷），外文出版社 2020 年版，第 398 页。

"分层与统一""流动与一致"之间又需要"极高明而道中庸"的智慧，防止不是"统一吞噬了多元"就是"多元破坏了统一"。无组织力量随着组织化过程也同时在滋生和暗长。今天看来，避免国家权力失去制约和监督，防止地方发展与治理碎片化，抑制社会经济组织新形态无序扩张是全面贯彻实施宪法、有力维护大一统秩序的三个重要方向。

## （一）保持大一统宪法的公共哲学基础

国家权力集中的个体化和绝对化是无组织力量滋长的两种表现形式。它们本质上都是国家权力配置的不科学，都是"权力出轨、越轨"[⑫]，从而成为稳定秩序的破坏者。因此，尽管中国宪法不是基于国家与社会二分、个人与国家对抗的防御型范式，但同样要强化对国家权力的有效制约与监督。这里的逻辑不是基于对抗性，而是基于保持权力自身的人民性和公共性，是权力的自我革命，从而破解国家治理中的"哥德巴赫猜想"。要始终保持建立在人民民主专政基础上，透过人民代表大会制度有效运转的公共哲学，使人民的民主权利始终是真实、有效和广泛的，"切实防止出现人民形式上有权、实际上无权的现象"[⑫]。只有确保国家权力始终具有公共性和人民性，才能使宪法始终"是党和人民意志的集中体现"[⑬]。现行宪法在修改过程中就非常注重避免"国家权力集中的个体化和绝对化"。例如，邓小平在宪法修改前针对改革党和国家领导人制度作了重要讲话。[⑭] 现行宪法尽管恢复了国家元首制度，但更多强调它的仪式功能和

⑫　习近平：《加强权力制约和监督，推进反腐倡廉法规制度建设》（2015年6月26日），载习近平：《论坚持全面依法治国》，中央文献出版社2020年版，第151页。

⑫　习近平：《在庆祝全国人民代表大会成立六十周年大会上的讲话》（2014年9月5日），载习近平：《论坚持全面依法治国》，中央文献出版社2020年版，第82页。

⑬　习近平：《坚持依法治国首先要坚持依宪治国，坚持依法执政首先要坚持依宪执政》（2014年12月—2018年12月），载习近平：《论坚持全面依法治国》，中央文献出版社2020年版，第126页。

⑭　参见邓小平：《党和国家领导制度的改革》，载全国人大常委会办公厅、中共中央文献研究室编：《人民代表大会制度重要文献选编》（二），中国民主法制出版社2015年版，第476页。

集体行使职权。又如，现行宪法对民主集中制的内涵进行了专门、具体规定，形成了各项国家权力在民主基础上的集中运行。

保持大一统宪法的公共哲学基础在今天更为关键的是"发展全过程人民民主"。"全过程人民民主"是在中国大一统逻辑里孕育的重要民主形态，它充分体现了"流动而一致"的社会参与逻辑。一方面，全过程人民民主"是全链条、全方位、全覆盖的民主"⑫，这是"大一统""无差别政治"的典型反映，是非基于身份、门阀、等级、财富等而能参与公共生活的"平政"理想在今天的实现，体现了中国大一统文化对政治资源的分配正义。另一方面，"全过程人民民主"实现了过程民主和成果民主、程序民主和实质民主、直接民主和间接民主、人民民主和国家意志相统一，体现了民主最广泛的真实性和有效性，在这个过程中也实现了人民对国家权力最好的监督。

## （二）确立"法治统一"的宪法原则

从历史上看，郡县制下地方治理的碎片化是"无组织力量"第二种重要表现形式。从历代经济上的"抑兼并"政策到铲除滋生豪强、地主的社会土壤，警惕"领主的官僚化倾向和官僚的封建领主化倾向"⑫ 中的地方腐败和消解中央集权，直到当前党中央指出，在全国统一市场建立过程中存在区域发展不平衡、市场要素流动存在地方壁垒、地方准入门槛不一、地方政策差异过大等问题⑫，这说明社会主义大一统体制下的国家仍然存在着地方治理碎片化倾向。这种倾向表现为四个方面：一是治理主体过多。没有宪法和组织法明确授权的各种组织参与治理。二是治理依据碎片

---

⑫　习近平：《全过程人民民主是最广泛、最真实、最管用的社会主义民主》（2021 年 10 月 13 日），载习近平：《习近平谈治国理政》（第 4 卷），外文出版社 2022 年版，第 261 页。

⑫　［日］谷川道雄：《中国中世社会与共同体》，马彪译，上海古籍出版社 2013 年版，第 47 页。

⑫　参见《中共中央、国务院关于加快建设全国统一大市场的意见》（2022 年 3 月 25 日）。

化。消解党中央集中统一领导，对党中央政策搞变通，利用地方立法权违背上位法规定。[128] 三是治理内容碎片化。滥用地方治理手段和标准。四是治理目的碎片化。强化地方利益中心，在此基础上形成地方保护与区域封锁。

为此，必须建立以合宪性审查为核心的"法治统一"，将其作为宪法实施的重要原则。"法治统一"是大一统得以形成的重要制度前提。"由于中国社会中固有的平等观念，也由于中国没有世袭的阶层和等级划分，这就使得中央政权有可能实行平等的法治。"[129] 习近平总书记明确指出，"维护国家法治统一，是一个严肃的政治问题。我国是单一制国家，维护国家法治统一至关重要"。"要加强宪法实施和监督，推进合宪性审查工作，对一切违反宪法法律的法规、规范性文件必须坚决予以纠正和撤销。"[130]

### （三）建立宪法的社会调控功能

现行宪法在当代面临的第三个无组织力量挑战，来自社会经济新形态带来的组织结构调整和行为模式重塑。当代社会经济转型的基本特征就是以信息技术革命为驱动，中国也在逐渐由"内容生产的工业社会向注意力生产的信息社会转变"。这个转变对大一统构成的挑战在于：一是网络社会的虚拟空间和匿名化平等，使个体不再需要通过被国家编织、安排才能进入生活世界，网络横无际涯的状态取消了个体的边界感和归属感，放大了人的技术本质，遮蔽了伦理本质，这消解了大一统的文化认同和信息沟通能力。二是网络使建立在工业社会基础上、功能分化的社会系统之间不

---

[128] 参见《习近平法治思想概论》编写组编：《习近平法治思想概论》，高等教育出版社 2021 年版，第 138 页。

[129] ［美］孔飞力：《中国现代国家的起源》，陈兼等译，生活・读书・新知三联书店 2017 年版，第 118 页。

[130] 习近平：《以科学理论为指导，为全面建设社会主义现代化国家提供有力法治保障》（2020年 11 月 16 日），载习近平：《习近平谈治国理政》（第 4 卷），外文出版社 2022 年版，第 291－292 页。

断发生接触、关联，形成功能嵌合的社会界面（Social Interface）。[⑬] 以信息平台经济的崛起为代表，国家权力溢出政治系统，迅速平台化、社会化。三是资本、金融工具与信息技术的结合，导致了资本借助金融信息工具进行无国界扩张，资本盲目、无序流动加剧全球化裂解，进而反噬主权国家统一市场的根基。[⑬]

因此，宪法必须通过发挥调控社会、干预经济的功能来夯实大一统的基础。例如：言论自由、人身自由、通讯秘密与自由等基本权利的防御功能就有必要扩展到作为社会界面的信息平台主体，人格尊严在智能时代也必须重新为伦理本质找到根基，宪法对按劳分配条款中"劳动"在金融信息技术与资本深度结合的时代有必要作出新的解释，宪法对宏观调控条款的具体规范内涵也需要结合新经济形态作出新的理解，等等。

## 结语：大一统国家观与构建中国宪法学自主知识体系

钱穆先生尝言，"任何一国之政治，必与其国家自己传统文化民族哲学相契合，始可达于深根宁极长治久安之境地"[⑬]。近代以来，中国人立宪、行宪的意识固然受到异域文明的启发，但宪法内容的形成绝不是偶然或照搬的，尤其是有关国家制度与国家治理的部分，它们一定跳脱不出我们自己的文明基座。正如习近平总书记指出的，"中国特色社会主义国家制度和法律制度，植根于中华民族五千多年文明史所积淀的深厚历史文化

---

⑬　See C. Thornhill, *A Sociology of Constitutions*, Cambridge University Press, 2011, pp. 117–120.

⑬　参见朱云汉：《全球化的裂解与再融合》，中国人民大学出版社 2021 年版，第 61 页。

⑬　钱穆：《中国传统政治与五权宪法》，载钱穆：《政学私言》，九州出版社 2016 年版，第 1 页。

传统"⑬。在一个绵延五千多年的文明肌体里通过宪法来重新组织和治理国家，大一统就是这个基座和经验。大一统塑造了灿烂的中华文明，为人类贡献了国家组织和治理最早的现代性范式。它早熟而又日新，是中华文明生生不息、"天不丧斯文"的象征，规定着作为国家根本法的底层逻辑，塑造它的基本内容。更进一步说，如果要构建中国宪法学自主的知识体系，为以宪法文本为基础的教义学找到真正赖以信任的知识来源和原理教义，我们就不得不从这个文明的基座里去提炼法材料。中国宪法学自主的知识体系必然要在客观约束条件中去寻找知识生产的逻辑，发现知识形成的来源，确证知识正确的标准，从而建立起中国宪法学真正可检验、可印证、可发展的知识体系。这就是我们要返回大一统的原因，这就是"周监于二代，郁郁乎文哉！吾从周"。

---

⑬　习近平：《坚持、完善和发展中国特色社会主义国家制度与法律制度》（2019 年 9 月 24 日），载习近平：《论坚持全面依法治国》，中央文献出版社 2020 年版，第 263 页。

# 习近平法治思想与中国行政法学自主知识体系建构使命<sup>*</sup>

## ——试论新突法的制度创新推动中国特色应急行政法发展

莫于川<sup>**</sup>

## 引言：纲领性文献明确了应急法治建设重任

中共中央、国务院印发的《法治政府建设实施纲要（2021—2025 年)》（以下简称"新纲要"），确立了法治政府建设的总体目标：到 2025 年，政府行为全面纳入法治轨道，职责明确、依法行政的政府治理体系日益健全，行政执法体制机制基本完善，行政执法质量和效能大幅提升，突发事件应对能力显著增强，各地区各层级法治政府建设协调并进，更多地区实现率先突破，为到 2035 年基本建成法治国家、法治政府、法治社会奠定坚实基础。新纲要确认了如下重要判断：法治政府建设是全面依法治国的重点任务和主体工程，是推进国家治理体系和治理能力现代化的重要支撑。这一总体目标和重要判断，具有中国特色行政法治发展的实践意义和理论价值。

* 本文系国家社会科学基金重大项目"紧急状态的类型化和立法研究"（项目批准号：20&ZD175)的阶段成果。

** 莫于川，中国人民大学法学院二级教授、博士研究生导师，中国法学会行政法学研究会顾问。

综观 10 个部分、35 条任务的新纲要，其体现出承续性、创新性和完善性。与此前出台的同题原纲要文件相比，新纲要有所改动之处占 70％—80％，新内容在 1/3 以上。新内容比较集中体现于如下三个部分：第一部分"深入学习贯彻习近平法治思想，努力实现法治政府建设全面突破"；第六部分"健全突发事件应对体系，依法预防处置重大突发事件"；第九部分"健全法治政府建设科技保障体系，全面建设数字法治政府"。这些新内容是认识深化、社会发展、科技进步的必然要求，体现了新阶段法治政府建设的指导思想方针、应急法治原则和科技保障因素，也是政府治理中国化、精细化和现代化的题中应有之义。

特别是第六部分"健全突发事件应对体系，依法预防处置重大突发事件"，这是党中央、国务院在新时代出台的诸多纲领性文献中，首次专章集中论述加强应急管理、依法应对危机，凸显了党中央、国务院对此问题的高度重视，体现了习近平总书记一贯注重以人为本、风险防控和责任落实的应急法治观念，可谓习近平法治思想在应急治理领域的具体展开和对应急法治建设的任务要求。

2024 年 7 月党的二十届三中全会通过的《中共中央关于进一步全面深化改革 推进中国式现代化的决定》，在第十三部分（"推进国家安全体系和能力现代化"）强调提出，要完善公共安全治理机制，包括要"健全重大突发公共事件处置保障体系，完善大安全大应急框架下应急指挥机制，强化基层应急基础和力量，提高防灾减灾救灾能力"。这也进一步指出了应急法治发展方向和任务。

本文谨以灾害应对、疫情防控等应急管理工作经验为背景，尝试梳理习近平法治思想中涵括的应急法治论述，分析应急法治原则的基本内涵和风险防范、应急管理、依法应对等要义，探讨应急法治建设的时代重任和基本思路，特别是透过《突发事件应对法》2024 年修订表达出的创新亮点，提出加强中国特色应急法治的对策建议，并就中国行政法学自主知识体系建构任务之一的中国特色应急行政法学发展试作讨论，略陈构想。

# 一、习近平法治思想中的应急法治论述

## （一）深刻领会习近平法治思想中的应急法治论述

2020 年 11 月，中央全面依法治国工作会议在北京召开，中共中央总书记、国家主席、中央军委主席习近平出席会议，并发表题为《坚定不移走中国特色社会主义法治道路 为全面建设社会主义现代化国家提供有力法治保障》的重要讲话，强调推进全面依法治国，要全面贯彻落实党的十九大和十九届二中、三中、四中、五中全会精神，从把握新发展阶段、贯彻新发展理念、构建新发展格局的实际出发，围绕建设中国特色社会主义法治体系、建设社会主义法治国家的总目标，坚持党的领导、人民当家作主、依法治国有机统一，以解决法治领域突出问题为着力点，坚定不移走中国特色社会主义法治道路，在法治轨道上推进国家治理体系和治理能力现代化，为全面建设社会主义现代化国家、实现中华民族伟大复兴的中国梦提供有力法治保障。这篇重要讲话从 11 个方面对推进全面依法治国要重点抓好的工作提出了明确要求。① 虽然其中没有专设一个部分来集中论述防范风险挑战、依法应对突发事件，但在这篇重要讲话中，习近平总书

---

① 这篇重要讲话从如下 11 个方面概括了习近平法治思想的基本内容：第一，坚持党对全面依法治国的领导；第二，坚持以人民为中心；第三，坚持中国特色社会主义法治道路；第四，坚持依宪治国、依宪执政；第五，坚持在法治轨道上推进国家治理体系和治理能力现代化；第六，坚持建设中国特色社会主义法治体系；第七，坚持依法治国、依法执政、依法行政共同推进，法治国家、法治政府、法治社会一体建设；第八，坚持全面推进科学立法、严格执法、公正司法、全民守法；第九，坚持统筹推进国内法治和涉外法治；第十，坚持建设德才兼备的高素质法治工作队伍；第十一，坚持抓住领导干部这个"关键少数"。参见习近平：《坚定不移走中国特色社会主义法治道路 为全面建设社会主义现代化国家提供有力法治保障》，载《求是》2021 年第 5 期。

记多次提及和一再强调"法治""依法""治理""安全""风险",表达了关于加强法治、依法治理、防范风险和应对危机的重大关切,提出了加强应急法治建设的任务要求。例如,在第六部分论述坚持建设中国特色社会主义法治体系时,专门强调要积极推进国家安全、科技创新、公共卫生、生物安全、生态文明、防范风险、涉外法治等重要领域立法。这是因为,只有秉持大安全观,加强安全领域和风险治理立法,才能为防范风险挑战、依法应对突发事件提供可靠的应急法治规范依据。可见,加强法治、依法治理、防范风险和应对危机,乃是习近平法治思想中的应急法治要求,须认真学习、深刻领会、坚决贯彻。

（二）习近平总书记对防范风险和应对危机的部分论述

通过简要梳理习近平新时代中国特色社会主义思想中有关公众参与应急管理、加强应急法治、依法治理、防范风险和应对危机的系列专题论述,可以更深入地理解习近平总书记关于加强应急法治建设的具体要求。

（1）关于公众参与应急管理、做好维护社会稳定工作,习近平总书记强调：

"在具体工作中,不能简单依靠打压管控、硬性维稳,还要重视疏导化解、柔性维稳,注重动员组织社会力量共同参与,发动全社会一起来做好维护社会稳定工作。"[②]

"公众参与对维护公共安全、应对和预防安全风险非常关键。要坚持群众观点和群众路线,拓展人民群众参与公共安全治理的有效途径。"[③]

（2）关于防范风险挑战、依法应对危机、坚持整体国家安全观,习近

---

② 习近平：《在中央政法工作会议上的讲话》（2014年1月7日），载中共中央党史和文献研究院编：《习近平关于防范风险挑战、应对突发事件论述摘编》，中央文献出版社2020年版，第84页。

③ 习近平：《在中共十八届中央政治局第二十三次集体学习时的讲话》（2015年5月29日），载中共中央党史和文献研究院编：《习近平关于防范风险挑战、应对突发事件论述摘编》，中央文献出版社2020年版，第188页。

平总书记作过如下系列论述：

"我们面临的重大风险，既包括国内的经济、政治、意识形态、社会风险以及来自自然界的风险，也包括国际经济、政治、军事风险等。如果发生重大风险又扛不住，国家安全就可能面临重大威胁，全面建成小康社会进程就可能被迫中断。我们必须把防风险摆在突出位置，'图之于未萌，虑之于未有'，力争不出现重大风险或在出现重大风险时扛得住、过得去。"④

"必须强化依法治理，用法治思维和法治手段解决安全生产问题。要坚持依法治理，加快安全生产相关法律法规制定修订，加强安全生产监管执法，强化基层监管力量，着力提高安全生产法治化水平。"⑤

"各种矛盾风险挑战源、各类矛盾风险挑战点是相互交织、相互作用的。如果防范不及、应对不力，就会传导、叠加、演变、升级，使小的矛盾风险挑战发展成大的矛盾风险挑战，局部的矛盾风险挑战发展成系统的矛盾风险挑战，国际上的矛盾风险挑战演变为国内的矛盾风险挑战，经济、社会、文化、生态领域的矛盾风险挑战转化为政治矛盾风险挑战，最终危及党的执政地位、危及国家安全。"⑥

"要加强城市运行管理，增强安全风险意识，加强源头治理。要加强城乡安全风险辨识，全面开展城市风险点、危险源的普查，防止认不清、想不到、管不到等问题的发生。"⑦

---

④ 习近平：《以新的发展理论引领发展，夺取全面建成小康社会决胜阶段的伟大胜利》（2015年10月29日），载《论坚持全面深化改革》，中央文献出版社2018年版，第182页。

⑤ 习近平：《在中共十八届中央政治局常委会第一百二十七次会议上关于安全生产工作的讲话》（2015年12月24日），载中共中央党史和文献研究院编：《习近平关于防范风险挑战、应对突发事件论述摘编》，中央文献出版社2020年版，第190-191页。

⑥ 习近平：《把新发展理念落到实处》，载习近平：《习近平谈治国理政》（第2卷），外文出版社2017年版，第222页。

⑦ 此系2016年7月14日习近平总书记对加强安全生产和汛期安全防范工作作出的指示。参见《人民日报》2016年7月21日的报道，转引自中共中央党史和文献研究院编：《习近平关于防范风险挑战、应对突发事件论述摘编》，中央文献出版社2020年版，第93页。

（3）关于整合各方力量、完善应急管理体系、提高风险化解能力，习近平总书记作过如下系列论述：

"要强化风险意识，常观大势、常思大局，科学预见形势发展走势和隐藏其中的风险挑战，做到未雨绸缪。要提高风险化解能力，透过复杂现象把握本质，抓住要害、找准原因，果断决策，善于引导群众、组织群众，善于整合各方力量、科学排兵布阵，有效予以处理。"⑧

"当前和今后一个时期，我国发展进入各种风险挑战不断积累甚至集中显露的时期，面临的重大斗争不会少，经济、政治、文化、社会、生态文明建设和国防和军队建设、港澳台工作、外交工作、党的建设等方面都有，而且越来越复杂。"⑨

2019年11月，习近平总书记在中共中央政治局第十九次集体学习时（主题为应急管理体系和能力建设）强调：要坚持依法管理，运用法治思维和法治方式提高应急管理的法治化、规范化水平，系统梳理和修订应急管理相关法律法规，抓紧研究制定应急管理、自然灾害防治、应急救援组织、国家消防救援人员、危险化学品安全等方面的法律法规，要发挥我国应急管理体系的特色和优势，借鉴国外应急管理有益做法，积极推进我国应急管理体系和能力现代化。⑩ 这次集体学习和重要讲话，为随后出现的新冠疫情和迅即展开的依法防控工作打下了应急法治观念和方针政策基础。

（4）关于健全应急管理体系、提高应急救援能力、依法防控新冠疫情，习近平总书记及时作出许多重要指示：

"这次疫情是对我国治理体系和能力的一次大考，我们一定要总结经

---

⑧　习近平：《坚持底线思维，着力防范化解重大风险》，载习近平：《习近平谈治国理政》（第3卷），外文出版社2020年版，第223页。

⑨　习近平：《发扬斗争精神，增强斗争本领》，载习近平：《习近平谈治国理政》（第3卷），外文出版社2020年版，第226页。

⑩　参见《习近平在中央政治局第十九次集体学习时强调 充分发挥我国应急管理体系特色和优势 积极推进我国应急管理体系和能力现代化》，载《光明日报》2019年12月1日，第1版。

验、吸取教训。要针对这次疫情应对中暴露出来的短板和不足，健全国家应急管理体系，提高处理急难险重任务能力。"⑪ 这是新冠疫情在世界各地相继爆发后，习近平总书记于 2020 年 2 月在中央政治局常委会会议研究应对新型冠状病毒肺炎疫情工作时提出的应急管理能力现代化要求。

"坚持依法防控，要始终把人民群众生命安全和身体健康放在第一位，从立法、执法、司法、守法各环节发力，切实推进依法防控、科学防控、联防联控。"⑫

2020 年 2 月 5 日，习近平总书记在中央全面依法治国委员会第三次会议上强调，疫情防控越是到最吃劲的时候，越要坚持依法防控，在法治轨道上统筹推进防控工作，保障疫情防控工作顺利开展。⑬ 之所以提出这样的要求，是因为我国疫情防控所依据的应急法律规范和应急预案，是既往以生命和鲜血为代价总结形成的，符合科学规律和国情实际，因此依法防控实际上也是简捷规范的科学防控、有序防控和有效防控。政府机关和公务人员在新冠病毒疫情防控过程中必须全面依法履行职责，依法实施疫情防控和应急处置措施，提高依法行政水平。

（三）习近平总书记有关应急法治的论述也体现在法治建设纲要文件中

2018 年 2 月党的十九届三中全会通过的《中共中央关于深化党和国家机构改革的决定》，在第四部分（"优化政府机构设置和职能配置"）中

---

⑪ 习近平：《在中央政治局常委会会议研究应对新型冠状病毒肺炎疫情工作时的讲话》，载《求是》2020 年第 4 期。

⑫ 习近平：《全面提高依法防控依法治理能力，健全国家公共卫生应急管理体系》，载中共中央党史和文献研究院编：《习近平关于防范风险挑战、应对突发事件论述摘编》，中央文献出版社 2020 年版，第 157 页。

⑬ 参见《习近平主持召开中央全面依法治国委员会第三次会议并发表重要讲话》，新华网，https://baijiahao.baidu.com/s?id=1657689351121658328&wfr=spider&for=pc.，最后访问日期：2024 年 8 月 15 日。

明确规定，要"加强、优化、统筹国家应急能力建设，构建统一领导、权责一致、权威高效的国家应急能力体系，提高保障生产安全、维护公共安全、防灾减灾救灾等方面能力，确保人民生命财产安全和社会稳定"。2018 年党和国家机构改革进行了前所未有的机构职能职责调整和整合，在习近平法治思想的指引下，专门组建了应急管理部作为国务院组成部门，以提高依法应对突发事件的政府治理能力。⑭

2019 年 10 月，党的十九届四中全会在北京召开，全会审议通过了《中共中央关于坚持和完善中国特色社会主义制度 推进国家治理体系和治理能力现代化若干重大问题的决定》。该决定在健全公共安全体制机制方面，明确指出"构建统一指挥、专常兼备、反应灵敏、上下联动的应急管理体制，优化国家应急管理能力体系建设，提高防灾减灾救灾能力"。

2021 年 1 月中共中央印发的《法治中国建设规划（2020—2025 年）》的第四部分（"建设高效的法治实施体系，深入推进严格执法、公正司法、全民守法"）再次强调，建设法治中国，必须深入推进严格执法、公正司法、全民守法，健全社会公平正义法治保障制度，织密法治之网，强化法治之力，不断增强人民群众的获得感、幸福感、安全感。该文献提出的第11 项任务是构建职责明确、依法行政的政府治理体系，其中专门强调要"建立健全行政执法风险防控机制。严格执行突发事件应对有关法律法规，依法实施应急处置措施，全面提高依法应对突发事件能力和水平"。

中共中央、国务院于 2021 年印发《法治政府建设实施纲要（2021—2025 年)》。这个纲要文件的第六部分（"健全突发事件应对体系，依法预防处置重大突发事件"），集中强调了要坚持运用法治思维和法治方式应对突发事件，着力实现越是工作重要、事情紧急越要坚持依法行政，严格

---

⑭ 参见袁曙宏：《建设职责明确、依法行政的政府治理体系》，载《〈中共中央关于深化党和国家机构改革的决定〉〈深化党和国家机构改革方案〉辅导读本》，人民出版社 2018 年版，第 94 - 105 页。

依法实施应急举措，在处置重大突发事件中推进法治政府建设，并在第
17 项任务中强调规定，要完善突发事件应对制度，系统梳理和修改应急
管理相关法律法规，提高突发事件应对法治化规范化水平；在第 18 项任
务中强调要提高突发事件依法处置能力，增强风险防范意识，强化重大风
险责任，推进应急管理综合行政执法改革，强化执法能力建设，强化突发
事件依法分级分类施策，按照平战结合原则，完善各类突发事件应急响应
处置程序和协调联动机制，定期开展应急演练以提升依法预防突发事件、
先期处置和快速反应能力，加强突发事件信息公开和危机沟通，完善公共
舆情应对机制，依法严厉打击利用突发事件扰乱社会秩序行为，加强突发
事件应急处置法律法规教育培训，增强应急处置法治意识；在第 19 项任
务中强调要引导、规范基层组织和社会力量参与突发事件应对，完善基层
应急处置组织体系，推动基层依法参与预防、应对突发事件，明确社会应
急力量参与突发事件应对的法律地位及权利义务并完善激励保障措施，健
全社会应急力量登记、补偿、保障等法律制度。这些都准确地体现了习近平
法治思想中关于风险防范、应急管理、依法应对、共同治理的论述。

## 二、中国特色应急法治原则的内涵要义

### （一）应急法治的重要概念

为扩展视野、深化认识、增强共识，笔者在此对突发事件、应急管
理、紧急状态等重要概念略作辨析，以助于厘清论域，为展开后续研讨打
下认知基础。

### 1. 突发事件

突发事件是应急管理或曰突发事件应对活动的主要调整对象。它是指

突然发生，造成或者可能造成严重社会危害，需要采取应急处置措施予以
应对的自然灾害、事故灾难、公共卫生事件和社会安全事件。[15] 此外，人
们从应急管理实践中还总结提出：由次生、衍生、叠加、复合的突发事件
形成的综合安全事件，更易于导致巨大的社会风险和社会危害，更适于进
入紧急状态采取非常措施予以调控，故应在前述四类突发事件的基础上，
再增设一类综合安全事件。[16] 科学划分并精细调整突发事件的类型，有利
于提高突发事件的管理效能，做好不同机构对不同突发事件的分类负责
工作。

需要应对的前三类突发事件，按照社会危害程度、影响范围等因素，
《突发事件应对法》将它们分为四级——特别重大、重大、较大、一般；
需要应对的第四类突发事件也即社会安全事件，由于极为庞杂和特殊，所
以《突发事件应对法》对其未作分级。[17]

《突发事件应对法》第 2 条还规定，对于突发事件的应对活动，包括突
发事件的预防与应急准备、监测与预警、应急处置与救援、事后恢复与重
建等，都适用本法进行调整。在应对活动中采取的措施是应急处置措施。

**2. 应急管理**

应急管理也即公共应急管理或曰公共危机应对（Public Emergency），
它是应急法治建设的前提，其须符合以下条件：非预期性、巨大的危险
性、紧迫性、不确定性。应急管理的范围广泛、类型多样，其中由行政机
关作为主体进行的是应急行政或应急行政执法行为。与应急管理相应的是
应急法律制度体系，是指一个国家针对突发事件及其引起的紧急情况制定

---

⑮ 此系 2024 年修订的《突发事件应对法》第 2 条第 1 款的定义。

⑯ 参见莫于川主编：《社会安全法治论——突发社会安全事件应急法律机制研究》，法律出版社
2020 年版，第 4 页。

⑰ 2024 年修订的《突发事件应对法》第 3 条第 3 款授权国务院或者国务院确定的部门制定突发
事件的分级标准。

或认可的处理国家权力之间、国家权力与公民权利之间、公民权利之间各种社会关系的法律规范和原则的总称。

### 3. 紧急状态

与一般的应急管理状态紧密联系和对应的是紧急状态。依据我国2007年《突发事件应对法》第69条的规定，作为一种法律拟制状态的紧急状态，是指"发生特别重大突发事件，对人民生命财产安全、国家安全、公共安全、环境安全或者社会秩序构成重大威胁，采取本法和其他有关法律、法规、规章规定的应急处置措施不能消除或者有效控制、减轻其严重社会危害"而需要进入的一种特殊的应急管理状态，在紧急状态下可以采取非常措施。⑱ 整个世界、整个社会，可以分为常态、非常态。在非常态中也可区分层次、幅度，比如说应急的状态、紧急的状态、战争的状态，故可将紧急状态视为一个连接点、一个特殊状态。例如：我国《治安管理处罚法》第50条第1款第1项规定，有四类行为之一的，处警告或者200元以下罚款，情节严重的处5日以上10日以下拘留，可以并处500元以下罚款。这四类行为之一就是"拒不执行人民政府在紧急状态情况下依法发布的决定、命令的"。这是特别提及"紧急状态"的现行法律规范：它谈到紧急状态，规定在紧急状态的情况下人民政府依法发布决定和命

---

⑱ 对此，自2007年11月1日起施行的《突发事件应对法》第69条设置两款，对包含的四个要素作出了规范：（1）发生特别重大突发事件，对人民生命财产安全、国家安全、公共安全、环境安全或者社会秩序构成重大威胁，采取本法和其他有关法律、法规、规章规定的应急处置措施，仍不能消除或者有效控制、减轻其严重社会危害，需要进入紧急状态的，这是第一个要素。（2）第二个要素是什么呢？是作出决定的主体是谁，也即由全国人大常委会或者国务院依法作出决定，具体而言是指由它们依照宪法和其他有关法律规定的权限和程序作出决定进入紧急状态。（3）第三个要素是指第2款开头所讲的非常措施，也即进入紧急状态后可以采取非常措施，而非常措施是依照有关法律规定执行的。这个时候，所依据的有关法律规定就是采取非常措施的行为依据，它们是特殊的，但可能仍然不够用。（4）有关法律规定不够用怎么办？那就用上第四个要素，由全国人大常委会另行规定，也即进行紧急立法。所以，虽然此处立法仅有一条、两款、四个要素，但也可以说，已简略设计了我国紧急状态的基本法律规范。以此为龙头，加上其他分散的立法，或已构成非常简略、具有弹性、可在关键时刻发挥一定作用的紧急状态法律规范框架。

令，如果你不履行、拒不执行就要受到惩罚。这实际上是一个散在的法律规范。故总体上可概括为：我国紧急状态现行立法是散在、专项、附带的，既不成体系且不便操作，也几乎没有适用价值。

## （二）应急法治原则的内涵

所谓应急法治原则（或曰行政应急性原则），是指治理主体为保障重大公共利益和行政相对人根本利益、维护经济与社会秩序、保障社会稳定协调发展，在防范和面临突发事件导致公共管理危机的情形下，特别是进入紧急状态下，可实施应急（非常）措施的基本原理和准则。应急法治原则在应急管理实务中更多地体现为行政应急性原则，其特点是行政应急管理措施中，既包括具有行政行为法上已有具体规定的行为，也包括一些没有具体法律规范甚至停止某些宪法权利和法律权利、中断某些宪法和法律条款实施、突破一般行政程序规范的行为，同时也为常态下的各种应急准备工作（如应急工作机构的建设、应急队伍的日常建设、应急物资的储备更替等）提供指导和依据。应急法治原则的基本理念和主要内容或曰工作方针是：第一，风险防范；第二，应急管理；第三，依法应对；第四，共同治理；第五，公开透明；第六，损害救济。

## （三）关于应急法治原则亟须更高的社会共识

作为现代行政法基本原则之一的应急法治原则，本应成为全社会高度共识，作为行政法治建设指导方针；但实际上，从新冠疫情防控初期某些地方出现的问题看，一些地方的行政执法人员，特别是领导干部对应急法治原则认识不足，没有形成高度的社会共识，一些地方甚至频现非科学、反理智、受诟病、畸形政绩观的疫情防控应对做法。此教训在常态化应对新冠疫情过程中必须认真汲取，应急管理实务界和学界必须反思之前对应急法治原则重视不够的认识误区。

从思想认识根源来看，忽视应急法治原则的直接原因，在于既往的法治培养发生明显偏差，例如针对大学生、公务人员和社会大众编写的公共管理和公法教材在阐述行政法的基本原则时，往往仅提及行政合法性、合理性、效率性等原则，没有把应急法治原则作为我国行政法的基本原则，也就没有应急法律制度论述，可谓缺教材、缺教师、缺课时、缺演练，这制约了我国应急法律制度建设，也不利于全面深入推进依法行政。忽视应急法治原则的深层原因，乃是一些公务人员缺乏对生命、法治、人权、人民的尊重和敬畏，这是现代法治思维和法治能力不足的表现。人们的观念滞后、认识不足、缺乏应急法治理念，就会导致常态下难以制度化地予以做好风险防范准备，突发事件发生后也没有能力及时有效地应对危机，从常态向非常态的转化难以顺畅衔接。因此，在疫情防控常态化的政府治理、社会治理和司法救济中，中国特色的应急法律制度体系需要发挥出特殊的调整和保障功能，也就需要以应急法治原则作指导。

还必须指出，行政机关在应急管理中需要运用行政紧急权力，采取一系列紧急措施（包括大量的行政强制措施），必要时还可中断某些法律规范的实施，甚至暂停或限制公民的部分宪法权利（但底线是不得限制和剥夺生命权、健康权、人格尊严、宗教信仰自由等基本人权），这具有极大的优先性、紧急性、强制性和权威性，因而也具有恣意和滥用的特殊条件与很大可能，故须对其加以有效的监督和约束；而紧急情况下的特别行政程序、司法程序、救济程序等程序约束，乃是最有效的约束机制之一，这也是现代法治的基本要求。

表面看来，在面临突发事件等紧急情况下实施行政应急措施，其中包括一些没有具体法律依据甚至暂停某些宪法权利和法律权利、中断某些法律规范实施的行为，似乎违背了形式法治主义；但实际上，这是政府为了国家、社会和全体公民的长远和根本利益而作的理性选择，是符合实质法治主义要求的、利大于弊的危机管理举措，其最终目的是通过化解危机因素，恢复和维持公共权力与公民权利之间的良性互动关系，从根本上维护公民权利。

因此，在实施依法治国方略、深入推进依法行政、加快建设法治政府的新形势下，应当按照现代行政法治的要求，加强公共应急法治建设，完善应急法律规范体系，把应对突发事件的公共应急系统纳入法治化轨道；同时在突发事件导致公共危机政府动员社会资源应对危机时，应贯彻行政应急性原则，及时采取公共危机管理所需的各种行政应急措施，同时予以及时和充分的权利救济，更加稳健地维护我国经济社会发展和人权保障所需的法律秩序，确保公民权利（特别是基本权利）获得更有效的保护，公共权力（特别是行政权力）能够有效行使并受到有效制约，使二者能够兼顾、协调、持续地发展。

自抗击非典、汶川大地震救灾以来，我国逐步建立健全了比较完整的应对突发事件的法律规范体系，包括各位阶、各领域、各地方的专门法律规范和应急预案以及工作机制，使我国应急法治建设水平大幅提升。它们是用无数生命、鲜血为代价换来的科学方法和制度文明结晶，也是应急法治理念的具体表现，例如防范为主、常备急需、先行处置、尊重程序、及时报告、专业处置、比例协调、严格问责、注重宣教等法治原则和法律制度，应当予以充分尊重和认真践行。

依法应对乃是最基本、简明、可靠的科学应对，有关地方、机构和人员如能坚持严格地依法行政、依法办事，本身也是尊重科学和科学管理的体现，最终效果也会更好；否则，即便投入巨资创造了再好的设施和技术条件（例如疫情信息直报平台），也难以发挥出及时有效防控疫情风险的硬件功用。故须采取多种方式，特别是通过典型案例，加强对公务人员和社会大众的应急法治教育，牢固树立应急法治观念，切实将应急法治原则纳入我国行政法基本原则体系，发挥其应有的指导作用，以此指导采行合法适当配套的应急法治举措。

## 三、贯彻习近平法治思想、加强应急法治

### （一）疫情防控行政执法中的问题短板

从总体上说，我国在构建应急法律体系方面具有一定基础，这主要表现在现行宪法、法律、法规中已有一些应急法律规范，这为应对突发事件带来的社会危机，依法实施有效的危机管理，提供了一定的法律保障。但是，相对分散、不够统一的应急法制还存在问题，如某些领域的应急法律规范仍不健全、一些应急法律规范可操作性不够强、许多应急法律规范执行不到位、行政应急法制的实施环境有待改善等。

鉴于疫情防控行政执法措施争议存在诸多认识误区且引出应急行为矛盾，人们应当坚守应急法治原则底线，完善政府治理和应急法治体系的观念更新与制度创新之策。疫情防控已进入常态化，对各级政府机关和公务人员以及医疗机构应对危机能力和依法防控能力提出了严峻挑战，必须正视疫情防控中在一些地方出现的不依法行政、不依法办事、违背应急法治原则的问题，须深刻反思、吸取教训，依循应急法治原则有效规范行政执法权力行使过程，此系提升国家治理、政府治理和社会治理水平的关键。[19]

---

[19] 参见靳诺、刘伟主编：《依法战疫——重大公共卫生事件中的法治之维》，中国人民大学出版社 2020 年版，第 1-83 页。

## （二）完整理解、践行新纲要的新要求

新纲要以专门篇幅（第六部分）集中强调了关于健全突发事件应对体系、依法预防处置重大突发事件的应急法治基本方针，也即坚持运用法治思维和法治方式应对突发事件，着力实现越是工作重要、事情紧急越要坚持依法行政，严格依法实施应急举措，在处置重大突发事件中推进法治政府建设。这些要求，集中体现了习近平法治思想中的应急法治论述。对此，可从如下三个方面来把握[20]：

### 1. 关于完善突发事件应对制度的新要求

主要包括：修改突发事件应对法，系统梳理和修改应急管理相关法律法规；健全国家应急预案体系，完善国家突发公共事件总体和专项应急预案，以及各级各类突发事件应急预案；加强突发事件监测预警、信息报告、应急响应、恢复重建、调查评估等机制建设；健全突发事件应对征收、征用、救助、补偿制度，规范相关审批、实施程序和救济途径；完善特大城市风险治理机制，增强风险管控能力；健全规范应急处置收集、使用个人信息机制制度；加快推进突发事件行政手段应用的制度化规范化。

### 2. 关于提高突发事件依法处置能力的新要求

主要包括：增强风险防范意识，强化各地区各部门防范化解本地区本领域重大风险责任；推进应急管理综合行政执法改革，强化执法能力建设；强化突发事件依法分级分类施策，增强应急处置的针对性实效性；按照平战结合原则，完善各类突发事件应急响应处置程序和协调联动机制；定期开展应急演练，提升依法预防突发事件、先期处置和快速反应能力；加强突发事件信息公开和危机沟通，完善公共舆情应对机制；依法严厉打

---

⑳ 这三个方面的新要求具体规定在新纲要第六部分中的第17、18、19项法治政府建设任务中。

击利用突发事件哄抬物价、囤积居奇、造谣滋事、制假售假等扰乱社会秩
序行为；加强突发事件应急处置法律法规教育培训，增强应急处置法治
意识。

**3. 关于引导、规范基层组织和社会力量参与突发事件应对的新要求**

主要包括：完善城乡基层应急处置组织体系，推动基层依法参与预
防、应对突发事件；明确社会组织、慈善组织、社会工作者、志愿者等参
与突发事件应对的法律地位及权利义务，完善激励保障措施；健全社会应
急力量备案登记、调用补偿、保险保障等方面制度。

（三）贯彻习近平法治思想、加强应急法治的建议

**1. 通过加强培养演练提升公务人员的应急法治观念和能力**

徒法不足以自行。应急管理实践表明，应对突发事件关系到政治、经
济、文化、科技和社会等众多领域，涉及治安、刑事、卫生、环境、防震、
防洪、消防、劳资、民族、宗教、军事、外交、舆论、事故、国家安全等多
方面内容，这些领域涉及不同学科和跨学科的知识，涉及对公民基本权利
侵犯程度不一的应对措施。应急法律制度作为一种非常态法治形态，具有
内容和对象上的综合性、适用上的临时性和预备性、实施过程中的应急性
等特点，因此，应当处理好国家权力之间、国家权力与公民权利之间、公
民权利之间在突发事件应对过程中的权利义务关系（职权职责关系），按照
比例原则约束行政应急权力，以正当程序规制行政应急活动，以强化政府
应急能力为目的来设计应急管理法律制度，这有助于防控滥用权力和践踏
人权的风险。反之，如果不能增强各类主体的应急法治思维和法治能力，
即便有完备的应急法律规范和制度体系，也可能仅有装饰功能。

因此，在应急行政执法实践中，尤其要注重培育各级政府和主管部门
的行政公务人员的法治思维。按照新纲要第六部分提出的第 18 项任务中

所要求的，加强突发事件应急处置法律法规教育培训，增强应急处置法治意识。只有树立和秉持法治思维，才能高效统筹应急管理的技术与方法，制定出有效预防和应对突发事件的方案、措施和制度。应急法治思维的培养，需要平时的宣传教育，规范化、制度化、法定化的应急演练也必不可少。要加强科学性、规范化、制度化的应急法治思维培育和技能演练，以提升应急法律规范的执行力度。这主要是加强应急法治队伍、课程和教材体系建设，加强风险防控法治教育、培训和演练，提升公务人员的应急法治素质和能力；同时面向社会开展有关教育、培训和演练，提高全民依法应对突发公共事件的素质和能力。

**2. 完善应急法律规范和预案体系并增强法律制度的可操作性**

针对我国应急管理领域立法存在的综合性、系统性不强，专项立法分散，法规体系不够健全，重事中处置、轻事前预防等问题，进一步的应急领域立法工作重点包括：

首先是建立健全专项应急法。在《突发事件应对法》大修基础上抓紧制定"自然灾害应对法""突发公共卫生事件应对法""突发社会安全事件应对法""紧急状态法""突发事件管理法"等，以填补应对重大突发事件的法律依据空白，对权力的来源和内容、行使权力的程序、对公民权利的限制和救济、监督权等问题进行规范。

其次是就某些领域已较成熟的应急预案完善立法建制，改进预案的内容、完善预案的修订程序，以法律强制力强化预案的系统性、联动性、前瞻性和责任性。[21] 权力机关进行上述立法建制的前提是要加大对应急管理和法律制度的系统把握，理论界对风险与应急也要深化研究。在立法中，

---

㉑ 参见莫于川主编：《应急预案法治论——突发事件应急预案的法治理论与制度建构》，法律出版社 2020 年版，第 17-21 页；任肖容等：《注重应急预案研究防范化解重大风险》，载《法治日报》2020 年 11 月 4 日，第 5 版。

不仅要考虑抑制风险的合理合法性和最小限度成本（比例原则），还要考虑抑制风险措施的危险性（预先衡量义务）以及防患于未然的制度设计；不仅要关注收益的分配方式，还要关注风险的分配方式；为防止临机应变的裁量权被滥用，还要特别强调权力约束以及公正程序，并预设事后审查和矫正的制度通道；为防止以偏概全的失误，要特别尊重少数意见和反对意见的自由表达，并使各种替代性方案能够有保留和重新考虑的机会。为提高应急管理立法的理论支撑，还需要开展应急管理学术研究，加强培养应急专业人才，充实行政机关的智库资源。这是当下应当注重运用的策略。

增强可操作性的另一路径，是就《突发事件应对法》出台相应的实施细则。明确军队等武装力量在应对突发事件中的地位和作用、地方国家机关无法行使应急职权时的补救性规则以及网络在应急工作中的作用，就应急预案的制定程序、制定标准、演练评估、修订完善等具体标准以及启动条件、部门职责等核心内容作出详细规定，避免出现突发事件后只能依靠临时搭建指挥团队或者依靠个别领导高位协调等仓促被动情形。实施细则要将《突发事件应对法》规定的预防为主的理念贯彻到具体措施中，对应急资金的保障、专业救援力量的组建与培训、应急物资的储备以及应急宣传教育的频次作出合理安排，进行必要的硬性约束。中央政府也应加强对地方制定《突发事件应对法》实施办法的检查与督促，而地方立法的重点是因地制宜地制定突发事件应对程序性规范，明确本地区各级主体实施应急管理的步骤、过程和方式，而不宜对该法已确定框架作简单复制。

**3. 应当积极推动出台关于紧急状态体系化的立法和修法**

从总体看，我国紧急状态立法及其法治体系建设情况可概括为：紧急状态立法的名称乱、定位难、问题多、分歧多、立法难、任务重。这就需要通过梳理和提炼紧急权力、紧急状态的基础理论，比较借鉴国外的有益经验，对紧急状态作类型化、体系化、中国化的研究，并对紧急处置措施作类型化、分级化、体系化的研究，澄清认识误区，化解制度困境，厘清紧急状态法律制度与其他法律制度的关系，统一紧急状态的话语体系，明确紧急状态的立法模式，构建紧急状态权力体系及其法律制度体系，完善以人民为中心的公民基本权利保护机制，完善危机应对的国家治理体系，为构建可行管用的新时代中国特色应急法治提供更有针对性的方案，努力推动我国"紧急状态法"以及整个危机应对法律规范体系的制定完善和有效实施，促进与国际社会在风险防范、危机应对、紧急状态制度上的衔接协调，这也是全过程人民民主理论在应急法治体系建设中的体现。㉒

## 四、新突法的创新与应急行政法的发展

建设更高水平的平安中国，以新安全格局保障新发展格局。这是党的二十大报告强调的重要方针。党的二十届三中全会强调指出：国家安全是中国式现代化行稳致远的重要基础，必须全面贯彻总体国家安全观，完善维护国家安全体制机制，实现高质量发展和高水平安全良性互动，切实保障国家长治久安；要完善公共安全治理机制，健全重大突发公共事件处置保障体系，完善大安全大应急框架下应急指挥机制，强化基层应急基础和力量，提高防灾减灾救灾能力。㉓ 这就要求非常态法制与常态法制更好地衔接配合，通过形成中国特色突发事件应对工作更合理的领导体制和更完善的治理体系，实现高质效的新安全格局，从而保障新发展格局。这里谨就《突发事件应对法》2024 年大修的宏观背景、修订后的法律文本（以

---

㉒ 参见王久平、许佳莹：《加快构建紧急状态法律体系——"紧急状态的类型化和立法研究"高峰论坛观点摘编》，载《中国应急管理》2021 年第 6 期，第 37 页。

㉓ 参见 2024 年 7 月 18 日党的二十届三中全会通过的《中共中央关于进一步全面深化改革 推进中国式现代化的决定》第十三部分（"推进国家安全体系和能力现代化"）的有关规定。

下简称"新突法"，于 2024 年 6 月 28 日通过修订、自 2024 年 11 月 1 日起施行）的创新亮点和应急行政法学发展进路略作探讨。

## （一）新突法的修法背景

新中国成立以来，党和国家一直重视突发事件应对工作，突发事件应对制度体系逐步健全，包括突发自然灾害、事故灾难、公共卫生事件、社会安全事件等各类突发事件的应对能力逐步提高，化解了一个个重大安全风险，在实践中逐步形成自身特色。但是，我国曾长期实行部门管理体制，应急管理领域实行分工负责为主、议事协调机构和部际联席会议负责协调的应急管理体制，在 2003 年以前的应急立法处于分散化、碎片化状态，大致按突发事件类型和负责部门分别立法，形成了一类事件制定一部法规也即"一事一法"，且主要由一个部门负责应对的体制和法律对应关系，缺乏综合应对和统筹协调理念和相应制度设计。

2003 年"非典"疫情将上述立法方式的缺陷暴露无遗。"非典"疫情虽然表现为突发公共卫生事件，但其应对工作不仅涉及主管的卫生部门，而且广泛涉及诸多政府部门和基层组织，需要通过政府发挥综合协调作用才能有效应对。迎接 2003 年"非典"的巨大挑战后，国家高度重视应急法制建设，加快应急法立法进程，于 2007 年推出了我国非常态法制体系的龙头性法律——《突发事件应对法》，同时配套推出了应急预案体系，施行后发挥了重要的应急法律规范调整和保障作用；同时，由于社会情势变化、管理体制变化和治理格局变化，应急法制实践中实务界和学术界一直呼吁修法，具体修法工作也酝酿和推动已久，修法草案在 2024 年 6 月 28 日由十四届全国人大常委会第十次会议通过，同年 11 月 1 日起施行，这是我国应急法制建设在新时代新阶段的重大成果。

大修后的新突法积极回应应急法制实践需要和正确反映应急法制发展

规律，努力体现人民性、科学性和现代性，具有一系列理念更新和制度创新内容，新增内容主要包括：明确中国共产党对突发事件应对工作的领导，完善突发事件应对管理与指挥体制，完善信息报送和发布机制，完善全方位应急保障制度，加强突发事件应对能力建设，全流程完善突发事件应对处置举措。新突法所作的上述规定，值得高度重视、深刻理解和认真践行。

在这次修订过程中，草案名称曾一度修改为"中华人民共和国突发事件应对管理法"，但修订草案第二次审议时，在听取全国人大常委会委员和人大代表、有关部门、许多地方、专家学者和社会公众的意见后，又调整为现有法律名称。之所以最终未采用"管理"二字，是因为深入研讨形成的共识是，立法思路应从单纯依赖政府管理，向兼顾政府治理、社会治理转变，在习近平法治思想的指导下，更好地发挥立法在协调政社关系、规范各方行为、保障合法权益等方面的作用，依法推动科学应对、全民应对和全过程应对，体现出立法的科学化、民主化和现代化，也因此，可将新突法理解为共同治理法。

（二）新突法的创新亮点

这次修法，从外观看，法律文本的体量大增，由原先的 70 条增至 106 条；从内容看，新理念、新制度、新机制和新方法很多，可谓是一次大修。这里择要对调整完善基本制度体系、应急法治原则体系创新、保护特殊群体合法权益、厘清有关主体法律责任、依法加强心理健康服务等五个制度创新亮点略作探析。

**1. 调整完善基本制度体系**

这一创新亮点可从如下两个方面加以探析：

首先，新突法的立法目的条款，在原有五项立法目的之基础上，增加规定了一项立法目的，也即"提高突发事件预防和应对能力"，从而构成由六项立法目的所完整表达的新突法基本功用体系。新突法第1条确立的六项立法目的是："预防和减少突发事件的发生，控制、减轻和消除突发事件引起的严重社会危害，提高突发事件预防和应对能力，规范突发事件应对活动，保护人民生命财产安全，维护国家安全、公共安全、生态环境安全和社会秩序"。突发事件预防和应对能力，是国家治理、政府治理和社会治理能力的重要组成部分，而能力不足正是多年来我国应急法制实践中表现出的一个短板，新突法后面章节许多条款对此作了一系列创新规定。

其次，新突法新增的指导思想、管理体制和治理体系条款中（第4条），在明确中国共产党对突发事件应对工作领导的根本要求下，强调提出突发事件应对工作坚持以马克思列宁主义、毛泽东思想、邓小平理论、"三个代表"重要思想、科学发展观、习近平新时代中国特色社会主义思想为指导，这与现行宪法有关规范保持一致；明确提出要建立健全集中统一、高效权威的中国特色突发事件应对工作领导体制（新增的第二章共10个条文对此集中作了专章规定和具体展开）；还明确提出要完善包含八项要义的突发事件应对治理体系，这八项要义是"党委领导、政府负责、部门联动、军地联合、社会协同、公众参与、科技支撑、法治保障"。其中，科技支撑要义是首次被纳入突发事件应对治理体系。这些是多年来我国应急法制实践的经验总结和改革创新的重要成果，也是在习近平法治思想的指导下积极探索形成的社会共识和立法决策。

**2. 应急法治原则体系创新**

新突法的法律原则条款（第5条），在原法律仅有一项法律原则（预防为主、预防与应急相结合的原则）的基础上，增加并完整地提出了突发事件应对工作应当坚持的四项法律原则，也即总体安全、人民至上、科学应对、预防为主等原则构成的应急法治原则体系，它们体现出新时代中国特色应急法制的创新意涵。法律原则也是条理法㉔最重要的表现形式。从条理法的视角看，坚持这四项法律原则是新突法的创新亮点，也是新突法有关规范构建和运用的要点，应当正确解读和认真运用。

（1）原则之一：坚持总体国家安全观，统筹发展与安全

健全的国家安全体系包括国家安全法治体系、战略体系、政策体系、风险监测预警体系、国家应急管理体系，因此总体国家安全观要求在国家主权、经济、公共、社会、生态环境等多维度实现新安全格局，故需新的应对管理与指挥体制，新突法第二章对此作了专章的规范构建；新突法规定，国土空间规划等规划应当符合预防、处置突发事件的需要，统筹安排突发事件应对工作所必需的设备和基础设施建设，合理确定应急避难、封闭隔离、紧急医疗救治等场所，实现日常使用和应急使用的相互转换（第30条）；新突法还规定国务院应急管理部门会同卫生健康、自然资源、住房城乡建设等部门统筹、指导全国应急避难场所的建设和管理工作，建立健全应急避难场所标准体系，县级以上地方人民政府负责本行政区域内应急避难场所的规划、建设和管理工作（第31条）。

（2）原则之二：坚持人民至上、生命至上

这项法律原则具有丰富内涵，包括人民至上、生命至上、社会参与、民主治理等内涵，这也是习近平全过程人民民主理论的要义。新突法规定：突发事件应对措施应当秉持比例适应、最大保护、较小影响、动态调整等具体原则（第10条）；在突发事件应对工作中应当秉持对未成年人、老年人、残疾人、孕产期和哺乳期的妇女、需要及时就医的伤病人员等群

---

㉔ 所谓条理法，是指立法目的、立法精神、法律价值、法律原则以及特殊条件下的社会公德、当地习惯等成文和不成文的广义法规范的总称，其最主要表现形式是法律原则。条理法主要存在于法律、法规、规章等法律文本第一章总则中，主要价值在于解决法律文本的方向、品格、功能等问题，它指引着总则之后各章节有关实体法、程序法的规范构建和运用，而且在特殊条件下的法律施行过程中发挥规范作用。参见莫于川：《行政权行使的条理法规制》，载《现代法治研究》2017年第4期，第45-56页。

体给予特殊、优先保护的方针（第11条）；履行统一领导职责或者组织处置突发事件的人民政府及其有关部门，应当为受突发事件影响无人照料的无民事行为能力人、限制民事行为能力人提供及时有效帮助，建立健全联系帮扶应急救援人员家庭制度，帮助解决实际困难（第76条）。新突法还规定：国家建立有效的社会动员机制，组织动员企业事业单位、社会组织、志愿者等各方力量依法有序参与突发事件应对工作，增强全民的公共安全和防范风险的意识，提高全社会的避险救助能力（第6条）；对于不履行或者不正确履行突发事件应对工作职责的行为，任何单位和个人有权向有关人民政府和部门投诉、举报（第9条）。

（3）原则之三：坚持依法科学应对，尊重和保障人权

发挥科学技术在突发事件应对中的作用，在突发事件应对中加强现代技术手段的依法应用，加强应急科学和核心技术研究，加大应急管理人才和科技人才培养力度，不断提高突发事件应对能力。这已渐成社会共识。将科技支撑因素引入新突法，也体现了运用 ESG 理念和方法（也即环境、社会、治理兼顾协调的理念与方法）推进新时代应急法制工作的创新精神。这体现为新突法专门规定了网络直报、自动速报的制度规范（第17条第1款、第64条、第69条），信息共享、协调协同、预警信息快速发布的制度规范（第19条第3款、第65条第2款），基础科学、核心技术等现代科技手段运用和人才培养以提高突发事件应对能力的制度规范（第56条）。特别是新突法增加了关于心理健康服务的专门条款（第81条）：国家采取措施，加强心理健康服务体系和人才队伍建设，支持引导心理健康服务人员和社会工作者对受突发事件影响的各类人群开展心理健康教育、心理评估、心理疏导、心理危机干预、心理行为问题诊治等心理援助工作。这是科技支撑因素的要义之一，也是现代科技进步和现代社会发展的双重要求；相比原法律，新突法新增的这个专门条文，也是坚持人民至

上、生命至上的生动体现。

（4）原则之四：坚持预防为主、预防与应急相结合

这项法律原则，在新突法第三章"预防与应急准备"、第四章"监测与预警"等章节的条款中得到较多体现。例如，规定国家建立健全突发事件应急预案体系，国务院制定总体应急预案和组织制定专项应急预案，国务院有关部门制定部门应急预案，地方政府和有关部门制定相应的突发事件应急预案并按规定备案（第 26 条）；又如，规定县级以上人民政府应急管理部门指导突发事件应急预案体系建设，综合协调应急预案衔接工作，增强有关应急预案的衔接性和实效性（第 27 条）；同时，还规定了听取意见、及时修法、应急宣教和应急演练等应急预案有关制度，这有助于预防为主、预防与应急相结合的法律原则落到实处（第 28 条）。

### 3. 保护特殊群体合法权益

突发事件应对过程中一些特殊群体的合法权益如何予以依法有效保护，这是长期以来我国应急法制实践中的薄弱环节和疑难问题，新突法对此作出了一系列创新规范。

第一，关于未成年人、老年人、残疾人、孕产期和哺乳期的妇女、需要及时就医的伤病人员等群体的合法权益保护，新突法第 11 条明确规定了国家在突发事件应对工作中，应当对上述特殊群体给予特殊、优先保护。

第二，投诉人、举报人群体的合法权益如何依法有效保护，乃是我国监督法制建设中的一个长期疑难课题，新突法第 9 条第 4 款创新规定了，有关人民政府和部门对投诉人、举报人的相关信息应当予以保密，保护投诉人、举报人的合法权益。

第三，关于应急救援人员群体的合法权益保护难题，新突法第 40 条规定了地方各级人民政府、县级以上人民政府有关部门、有关单位应当为

其组建的应急救援队伍购买人身意外伤害保险，配备必要的防护装备和器材，防范和减少应急救援人员的人身伤害风险。

第四，受突发事件影响无人照料的无民事行为能力人、限制民事行为能力人，这样一个特殊群体的合法权益如何得到依法有效保护，也是应急管理实践中长期存在的工作难题。对此，新突法第76条第3款专门规定，履行统一领导职责或者组织处置突发事件的人民政府及其有关部门，应当为上述人群提供及时有效帮助，还要建立健全联系帮扶应急救援人员家庭制度，帮助解决实际困难。

第五，公民作为应急志愿者积极参加应急救援活动，其与所在工作单位产生某些紧张关系和出现权益损害现象，也是应急管理实践中常见的社会矛盾和难题。针对此问题，新突法第90条专门规定了，公民参加应急救援工作或者协助维护社会秩序期间，其所在单位应当保证其工资待遇和福利不变，并可以按照规定给予相应补助。这就有利于相关各方依法有效地保护应急志愿者群体的合法权益。

第六，应急救援工作中伤亡人员群体的合法权益如何依法有效保护，也是我国应急法制实践中长期存在制度短板和政策矛盾的一个社会难题。对此，新突法第91条明确规定了，县级以上人民政府对在应急救援工作中伤亡的人员依法落实工伤待遇、抚恤或者其他保障政策，并组织做好应急救援工作中致病人员的医疗救治工作。

### 4. 厘清有关主体法律责任

现代法治政府也是责任政府，须有完善的责任机制，因而法治政府建设过程也是责任机制完善过程，这是关涉多、变数多、风险大、阻力大、成本高、呼声高的监督法制建设过程。既往的应急法制建设经验表明，非常态下的法治政府建设也必须特别注重法律责任机制建设，其难度特别大、困难特别多，这已成为高度社会共识和国家立法决策。法律责任分为积极责任和消极责任，或曰主动责任和被动责任。我国的立法惯例是，一般在法律文本的总则、主体、行为等章节规定积极责任或曰主动责任，而在法律责任章规定消极责任或曰被动责任。新突法对于加强和完善法律责任机制予以高度重视，于第七章对突发事件应对工作有关主体的法律责任作了专章规定，主要分为三类主体并对其作出法律责任制度规范：

第一类主体：地方政府部门。也即地方各级人民政府和县级以上人民政府有关部门。新突法第 95 条规定了对上述主体的追责机制，也即：违反本法规定，不履行或者不正确履行法定职责的，由其上级行政机关责令改正；有九种情形之一，由有关机关综合考虑突发事件发生的原因、后果、应对处置情况、行为人过错等因素，对负有责任的领导人员和直接责任人员依法给予处分。

第二类主体：有关单位。新突法第 96 条规定了有关单位有四种情形之一，由所在地履行统一领导职责的人民政府有关部门责令停产停业，暂扣或者吊销许可证件，并处 5 万元以上 20 万元以下的罚款；情节特别严重的，并处 20 万元以上 100 万元以下的罚款。还增设第 2 款规定了如下但书：其他法律对前款行为规定了处罚的，依照较重的规定处罚。

第三类主体：单位或者个人。新突法第 97 条至第 102 条共 6 条针对六类主体分别规定了法律责任，也即编造并传播有关突发事件的虚假信息者，不服从所在地人民政府及其有关部门依法发布的决定、命令或者不配合其依法采取的措施者，非法收集、使用、加工、传输、买卖、提供或者公开他人个人信息者，导致突发事件发生或者危害扩大而造成人身、财产或者其他损害者，采取避险措施不当者，构成违反治安管理行为者，由相关部门根据具体违法情形和严重程度，针对上述六类主体相应地给予声誉罚、资格罚等行政处罚，追究其民事责任、刑事责任及其他处分，以及根据援引或授权的公私法律规范予以行政处罚、承担民事责任或追究刑事责任。

### 5. 依法加强心理健康服务

新突法第 81 条规定："国家采取措施，加强心理健康服务体系和人才队伍建设，支持引导心理健康服务人员和社会工作者对受突发事件影响的各类人群开展心理健康教育、心理评估、心理疏导、心理危机干预、心理行为问题诊治等心理援助工作。"这个新增条文是贯彻新突法确立的四项应急法治原则中的第二项原则（坚持人民至上、生命至上）和第三项原则（坚持依法科学应对，尊重和保障人权）的生动体现，也是新突法的重要制度创新亮点。

笔者在 2003—2007 年曾参加《突发事件应对法》的研究起草工作，在试拟稿中设计了专门条款规定"心理干预""心理援助"等心理健康服务概念和内容，以全面保障受突发事件影响的各类人群心理健康，而实现身心健康乃是现代社会以人为本、尊重生命、人权保障和应急管理的法治价值追求；但也有意见认为此概念和条款太专业，尚无必要也无条件写入试拟稿；争论的结果是，关于"心理干预""心理援助"的专门条款虽多次被写入又都被删去，在正式通过的法律文本中最终未能保留，仅在第 61 条第 2 款写了"抚慰"二字，算是保留了一种善后工作计划类型，但这与有专门条款进行法律调整的促进作用和规范力度是不一样的，非常遗憾地留下了制度建设短板。令人欣慰的是，这个遗憾在本次修法中得到弥补。

新突法第 81 条作出的创新规定，是一种双层制度规范，可从如下两个层面加以认知：其一，规定国家责任，也即国家负有重大责任，应当采取措施加强心理健康服务体系和人才队伍建设，这为心理健康服务事业发展提供了最基础的国家保障条件。其二，同时规定政府责任和社会责任：一方面，政府责任主体要支持引导社会责任主体开展心理援助工作，另一方面，心理健康服务人员和社会工作者等社会责任主体要对受突发事件影响的各类人群开展心理援助工作，包括心理健康教育、心理评估、心理疏导、心理危机干预、心理行为问题诊治等。

需要指出，突发事件发生以后，受突发事件影响的各类人群难免受到强烈的心理冲击和伤害以致发生心理危机，在关键期予以科学适当的心理干预、心理援助是非常必要的，这是高度关注民生、保障身心健康、注重生命质量的重要举措，也是专业性强、成本高、见效慢的应对工作，更是需要高度重视长期投入、不断增强科技保障的人权事业。正因为如此，党的二十届三中全会通过的《中共中央关于进一步全面深化改革推进中国式现代化的决定》第十三部分（"推进国家安全体系和能力现代化"）第 52 条（"健全社会治理体系"）专门作出规定，强调指出要"健全社会心理服务体系和危机干预机制"。有了此项社会治理工作方针政策，有了新突法第 81 条的专门规定，应急处置与救援工作体系就更加完整，心理健康服务的人才培养、工作开展就有了专门依据，也有了细化完善制度规范体系的政策要求和法律基础，同时也为事后恢复与重建打下了更好的基础。对此，亟须形成更强的社会共识和共同行动，依法开展扎实的心理援助工作。

（三）新突法与新学科建设

以上简要论述的新突法的观念更新和制度创新内容，有助于进一步推动中国特色应急行政法治发展，也为中国行政法学自主知识体系建构任务之一的中国特色应急行政法学的确立和发展带来了基本思路。

在应急管理已被列为公共管理学下属二级学科指导性目录的背景下，应急行政法学也需要作为我国行政法学的一门分支学科加以建设发展。从这样一门应用型法学分支学科的自主知识体系建设的需要看，应急主体、应急行为和应急救济等基本要素和环节，是需要系统配套的应急法治原则和法律规范以及专门概念予以指导和调整的。

新突法在第 5 条增设的法律原则条款，明确提出了突发事件应对工作应当坚持总体安全、人民至上、科学应对、预防为主等四项法律原则（应急法治原则），它们也体现出新时代中国特色应急行政法制建设的创新意涵，坚持这四项法律原则既是新突法有关规范构建和实务运用的要点，也是指导中国应急行政法学发展的基本原理和准则。

鉴于上述理据，中国应急行政法学主要框架结构至少包括：关于风险防控和突发事件应对工作的基本法律理念、原理和原则，风险防控和突发事件应对工作的机构、组织和人员等主体的职权职责（权利义务）有关法规范理论，风险防控突发事件应对工作的体制机制、行为方式和特殊程序有关法规范理论，风险防控突发事件应对工作纠纷解决和损害救济制度有关法规范理论等，这些都是新时代中国特色应急行政法学首先要重点研究解决的理论问题。

# 结语：通过创新提升应急素能的新课题

在疫情防控、洪灾应对、抗震救灾等突发事件应对过程中，我国应急法治体系发挥着特殊的调整保障功能，应当继续以习近平法治思想中作指导，坚守应急法治原则，才能真正做到依法应对、科学应对和高效应对危机，而依法应对乃是最基本、简明和稳健的科学应对。应急管理体系和能力现代化建设，应急行政法学的理论发展和学科建设，需要有创新思维并作出创新努力。在防控各类风险、应对突发事件的过程中，应当注重依法应对、依法办事，这本身就是敬畏自然、忠于人民、尊重科学、厉行法治的要求，应急管理的效果也会更好。故应牢固树立应急法治观念，科学建构应急法治体系，严格采取应急法治措施。这对于实现我国第二个百年奋斗目标具有重大的实践指导意义。

# 论数字平台的合规监管<sup>*</sup>

喻文光<sup>**</sup>

　　数字平台<sup>①</sup>作为数字经济的主要载体和典型组织形式，在经济社会发展全局中的地位和作用日益凸显。但超大型数字平台在促进经济增长、创造社会财富和就业机会的同时也引发了市场垄断、资本无序扩张、个人信息保护、数据安全、国家安全以及重大系统性风险等严峻复杂的问题。<sup>②</sup>这使得如何兴利除弊地监管数字平台成为当下亟须解答的时代之问和世界之问。如何构建有效的数字平台监管体系，促进数字经济健康发展，也是中国式现代化的一个重要课题。

## 一、合规监管作为应对平台监管挑战的方案

　　随着 2022 年底中央经济工作会议明确提出，要大力发展数字经济，

---

　　* 本文系国家社会科学基金年度项目"新行政法视野下数字平台的合规监管研究"（23BFX019）阶段性成果。本文原载于《法学家》2024 年第 1 期。

　　** 喻文光，中国人民大学法学院副教授，未来法治研究院研究员，博士研究生导师。

　　① 本文所指数字平台包括但不限于《互联网平台分类分级指南》（征求意见稿）（国家市场监管总局 2021 年 10 月 29 日公布）所定义和列举的平台，是指依托云、网、端等特定网络基础设施，并利用人工智能、大数据分析、区块链等数字技术工具撮合交易、传输内容、管理流程的商业组织形态。数字平台企业则指经营或运营数字平台的企业。下文为行文简洁，将数字平台也简称为平台，将数字平台企业则简称为平台企业。

　　② See Lina Khan, "Sources of Tech Platform Power", *Georgetown Law Technology Review*, Vol. 2, No. 2(2018), p. 325；孙晋：《数字平台的反垄断监管》，载《中国社会科学》2021 年第 5 期，第 104 - 107 页。

提升常态化监管水平，我国的平台监管从以运动式专项整治和惩罚威慑为特征的强监管转向常态化监管。常态化监管有利于平台企业明确规则、稳定预期和增强信心，为平台经济的规范健康持续发展确立良好的政策环境。但若常态化监管采取的仍然是单方静态、控制命令型的传统政府监管模式，则很难回应平台监管的如下挑战：

（1）监管时机问题。数字平台监管面临典型的"科林格里奇困境"（Collingridge Dilemma）③，即数字平台的风险很难在其发展早期被准确预测判断，过早监管可能遏制创新，但过晚介入，新技术对社会造成的负面影响已经形成或固化，面临"大到管不了"的难题。④ 可以说，监管何时介入是平衡"发展与规范"监管目标的首要问题。

（2）监管制度供给不足问题。数字平台具有规模效应、网络外部性、跨界融合、双（多）边市场性以及以算法和大数据驱动等特征。这使得以事前准入、事后惩戒为特征的命令控制型监管无法有效应对。例如，现行的反垄断监管规则和分析工具面临"相关市场界定""市场支配地位认定"等难题，平台监管执法进退维谷。⑤

（3）监管主体选择和协同问题。平台具有双重身份，既是平台生态的私人规制者，也是受外部监管的市场主体。如何协调平台的自治和他治关系，以及改变外部监管中的碎片化、专业与行业监管交叉的"九龙治水"现状，是平台监管的老大难问题。⑥

（4）监管效能问题。数字平台具有的技术优势加剧了其与监管部门之

③ See David Collingridge, *The Social Control of Technology*, New York: St. Martin's Press, 1980, pp. 13-22.

④ 参见江小涓、黄颖轩：《数字时代的市场秩序、市场监管与平台治理》，载《经济研究》2021年第12期，第36-37页。

⑤ 参见注②，孙晋文，第104-107页；于凤霞：《我国平台经济监管的理论逻辑与政策实践》，载《中国劳动关系学院学报》2022年第3期，第14-16页。

⑥ 参见黄益平主编：《平台经济：创新、治理与繁荣》，中信出版集团2022年版，第373页以下；孙晋：《数字平台的监管需要思路创新》，载《经济参考报》2021年7月6日。

间的信息不对称，提高了执法成本；技术和经济社会风险的不确定性增加了监管难度；以严惩重罚为主要手段的强监管方式易于陷入威慑陷阱⑦等问题。这些都凸显了创新监管工具，提高监管效能的迫切性。

为应对上述诸多挑战，亟须创新监管范式。以强调监管主体和工具多元、互动合作、动态回应性为特征的合规监管作为创新范式，日益被运用到国内外的平台监管实践中。例如，我国在平台监管的立法方面，《个人信息保护法》、《网络安全法》、《数据安全法》和《反垄断法》等法律已经建构了数字平台合规监管的基本法律框架。《反不正当竞争法》（修订草案征求意见稿）第 22 条规定了平台经营者加强竞争合规管理的责任。2022年颁布的《反电信网络诈骗法》则构建了多法联动的反诈合规架构，规定了平台建立反诈内部防控合规机制的义务。⑧ 在执法方面，国家市场监管总局等机构已在尝试运用合规监管这一创新范式，例如，颁布相关合规指南，要求大型平台企业签订合规承诺，对阿里巴巴、美团等平台企业的垄断行为进行巨额处罚并要求其合规整改。⑨ 在司法方面，上海市普陀区检察院于 2022 年 5 月办理了首例数据合规不起诉案件，并入选最高人民检

---

⑦　威慑陷阱是指过重的处罚超出企业的支付能力，损害员工和债权人利益并遏制企业的创新能力，或法律设定的罚款额度并不能真正对科技巨头产生威慑力。See John Braithwaite, *Restorative Justice and Responsive Regulation*, Oxford: Oxford University Press, 2002, p. 108; Christine Parker, "The 'Compliance' Trap: The Moral Message in Responsive Regulatory Enforcement", *Law & Society Review*, Vol. 40, No. 3 (2006), p. 591.

⑧　参见《反电信网络诈骗法》第 6 条。该法第 41 条对"未落实国家有关规定确定的反电信网络诈骗内部控制机制"的互联网平台设定了行政处罚。

⑨　例如，国家市场监管总局 2021 年 10 月 29 日公布的《互联网平台落实主体责任指南》（征求意见稿）对超大型平台规定了九大合规义务，第 5 条明确要求超大型平台建立合规部门和内部合规制度；国务院反垄断委员会 2021 年 2 月 7 日制定发布《国务院反垄断委员会关于平台经济领域的反垄断指南》；2021 年 4 月 14 日市场监管总局向社会公布了 34 家互联网平台企业签订的《依法合规经营承诺》，相关信息参见国家市场监督管理总局：《互联网平台企业向社会公开〈依法合规经营承诺〉（第一批）》，载国家市场监督管理总局网 https://www.samr.gov.cn/xw/zj/art/2023/art_39631d2ab7314f678bca2b5a0441b667.html，最后访问日期：2023 年 11 月 7 日。2021 年 4 月和 10 月，阿里巴巴和美团分别因垄断行为被国家市场监管总局处以 182.28 亿元和 34.42 亿元罚款，并被要求进行合规整改。

察院发布的《涉案企业合规典型案例（第三批）》。[⑩] 特别需要指出的是，2022 年底中共中央、国务院共同发布《关于构建数据基础制度更好发挥数据要素作用的意见》（以下简称《数据二十条》），特别强调数据的合规高效利用。加强企业数据合规体系建设和监管，完善数据全流程合规与监管规则体系成为我国做大做强数字经济的重要政策举措，并被提升到促进高质量发展、推进国家治理体系和治理能力现代化的战略高度。

由此可见，合规监管作为回应平台监管挑战的创新方案在监管实践和政策立法中都愈发重要。理论界也有学者将合规监管视为提升平台常态化监管水平的有效制度安排，并进行了初步研究。[⑪] 但合规监管是否可以真正应对平台监管中的诸多挑战和难题？合规监管如何在数字平台监管中运用？下文将从理论逻辑和方法论角度对此予以探讨。

## 二、合规监管作为数字平台监管新范式的理据

合规监管作为创新监管范式已经被日益广泛地运用到平台监管实践中，但其是否以及为何可以应对平台监管的诸多挑战和难题，需要从理论上进行回应和阐释。从理论角度而言，面对数字技术引发的众多监管难题，我们需要跳出传统的技术规制路径，从更广阔的视角来探讨技术、社会环境、法律和监管之间的互动关系，将数字社会的监管对象从技术本身，转变为新技术引发的各种变革对法律和监管的挑战和问题，从而避免

---

⑩　参见最高人民检察院：《涉案企业合规典型案例（第三批）》，载中华人民共和国最高人民检察院网，https://www.spp.gov.cn/xwfbh/wsfbt/202208/t20220810_570413.shtml#2，最后访问日期：2023 年 10 月 26 日。

⑪　参见注④，第 37 页。

技术中立以及风险无法判断等技术规制无法解决的难题。⑫ 因此，我们需要讨论的不是如何"监管技术"，而是现有的法律和监管框架应该如何改变，来回应社会技术形势的快速变化。由此，我们需要以问题为导向，进行监管法律、制度和范式的创新与变革，而这些创新必须契合新技术的特征以及其对监管提出的新要求。合规监管之所以可以作为平台监管新范式来应对监管挑战，就在于其独特的二阶治理结构，以及合规监管契合了数字平台区别于传统经济组织的特殊性，并满足了数字平台对监管提出的新要求。

## （一）合规监管的二阶治理结构

合规监管的监管范式具有独特性，是由企业自我规制（self-regulation）与外部监管机构实施的元规制（meta-regulation）构成的二阶治理结构。本文的核心概念"合规监管"即基于该二阶治理结构，既包括企业的自我监管，也包括外部监管机构对企业自我监管的监管。

作为公司治理模式的企业合规首先是一种典型的自我规制（自我监管）。企业作为市场治理主体，基于自愿合规或强制合规义务，制定企业合规手册及合规计划作为规制依据；建立合规部门作为内部执法机构，对企业和员工的行为实施合规监督、调查、惩处和纠正的规制行为，以预防风险和符合法律规范和监管要求。这一机制涵盖自我规制的三大要素：规则制定、信息反馈和行为纠正机制⑬，具有系统化的合规管理体系，是作为社会子系统的公司自我治理的机制。

---

⑫　See Lyria Bennett Moses，"How to Think About Law，Regulation and Technology：Problems with 'Technology' as a Regulatory Target"，*Law，Innovation and Technology*，Vol. 5，No. 1（2013），pp. 1-20.

⑬　See Christine Parker，*The Open Corporation：Effective Self-Regulation and Democracy*，Cambridge：Cambridge University Press，2002，p. 29.

但自我规制可能失灵。没有外部监管机制的企业合规会导向纸面合规和无效合规，因此需要对企业实施的合规管理进行监管，即对自我规制进行规制，这被称为元规制或后设监管，也被称为第二阶治理（second-order governance）等。⑭ 外部监管机构实施的合规监管本质上是元规制，即在企业自我规制的基础上，监管机构对企业自我规制的效果进行检查评估，从而决定进一步的规制措施。⑮ 换言之，政府不再是直接监管者，而是站在企业后面，首先给企业足够的空间，通过事前宣教指导、事中监督检查、事后违规惩戒、合规激励等多元手段促使企业建立有效的合规计划和完善的合规体系，进行自我监管，然后政府再通过外部监管措施，如行政检查、调查或要求企业公开内部评估、合规审计报告等来对其自我监管的有效性进行评估，并采取针对性外部监管措施，实现合规监管目标。这就是所谓"后设监管"或"第二阶治理"的含义，就是对企业自我监管的监管，对第一阶治理的再治理。⑯

与传统的政府直接监管模式相比，这种后设监管模式具有明显的治理优势。其不直接干预企业经营自由，但有效利用了被监管者的能力与知识，不仅企业接受度高，还提高了监管的专业性，降低了监管成本，同时还能确保政府对整个监管体系的监督和调控。⑰

在合规监管的二阶治理中，企业内部的合规管理（自我监管）是前提性、基础性、根本性的，监管机构实施的外部合规监管是保障合规有效的后设监管，是间接性、回应性、监督性的。合规监管的这种独特的二阶治

---

⑭ 关于元治理的基本理论请参见 Bob Jessop，"Metagovernance"，in Mark Bevir（eds.），*The SAGE Handbook of Governance*，*Governance as Theory*，*Practice*，*and Dilemma*，London：SAGE Publications Ltd，2011，pp. 106-123。

⑮ 参见注⑬，第 290 页以下。

⑯ 参见杨炳霖：《监管治理体系建设理论范式与实施路径研究——回应性监管理论的启示》，载《中国行政管理》2014 年第 6 期，第 50 页。

⑰ 参见注⑬，第 246 页；［英］科林·斯科特：《规制、治理与法律：前沿问题研究》，安永康译，宋华琳校，清华大学出版社 2018 年版，第 279 页。

理结构能够契合数字平台的特殊性，并满足平台监管的新要求，提高监管效能。

### （二）合规监管契合数字平台的独特性

监管和治理数字平台，必须首先把握其特点。从经济特性角度而言，与传统经济组织相比，数字平台具有规模经济、范围经济、网络外部性、双（多）边市场以及以算法和大数据驱动等基本经济属性。[⑱] 与平台治理以及合规监管紧密相关的则是数字平台的下述三大特性。

#### 1. 数字平台作为复杂生态网络系统

中外学者近来结合复杂系统论和生态治理理论指出，平台本质上是一个由多主体交互作用、数据与技术驱动的复杂生态网络系统。在平台演化过程中，平台及平台内经营者、消费者、使用者等多元异质主体，在自组织作用下，逐渐形构出运行有序、相互依存、嵌套耦合，共同发展的复杂生态网络系统。[⑲] 该系统具有自演化逻辑、自组织与自创生能力以及自我秩序。其复杂性、生态性、网络性以及数据和算法造成的信息不对称，使得线性单向、直接规制的传统政府监管范式表现出强烈的不适应性，无法进行有效监管。合规监管作为一种创新的监管范式，以二阶治理为基本逻辑，不直接干预平台生态系统的自我秩序，而是在充分尊重和利用平台自我规制的基础上，通过信息干预（如基于信息反馈 PDCA 模型建立的合

---

⑱ 参见注⑥，黄益平主编书，第 11 - 14 页；注②，孙晋文，第 104 - 106 页；周汉华：《论平台经济反垄断与监管的二元分治》，载《中国法学》2023 年第 1 期，第 222 - 240 页。

⑲ 参见范如国：《平台技术赋能、公共博弈与复杂适应性治理》，载《中国社会科学》2021 年第 12 期，第 132 - 133、149 页；肖红军、李平：《平台型企业社会责任的生态化治理》，载《管理世界》2019 年第 4 期，第 121 - 123 页；Annabelle Gawer, "Digital platforms and ecosystems: remarks on the dominant organizational forms of the digital age", *Innovation: Organization and Management*, Vol. 24, No. 1 (2022), p. 110.

规管理体系⑳和合规审计报告以及 ESG 信息披露制度）和间接干预机制（如合规激励机制等）来激扰平台复杂系统，促使数字平台的各类主体依据相应的规则主动适应内外部环境的诸多"刺激"，将外部监管要求通过平台的合规管理体系内化为自我治理的规则和运行逻辑。我国的《数据二十条》即基于数据治理的复杂共生、相互依存、动态变化特点，强调要加强数据生态治理和监管。企业合规制度高度契合了数字平台的本质特征，可以成为数字经济生态治理的有效工具。

**2. 数字平台的双重身份**

数字平台企业有别于一般企业的另一特性是其具有双重身份：既是被监管对象，也是监管平台生态系统的自我规制者。作为平台系统的私人规制者，其制定平台交易规则、审查平台准入资质、进行信誉评级、惩戒违规行为、解决平台内争议等，行使着"准立法权""准行政权""准司法权"等私权力，在事实上承担着维护平台生态系统秩序的公共职能。㉑ 这种巨大的私权力异化或滥用会大大破坏市场竞争与创新，甚或造成系统性风险。如何监管平台自治，实现平台自治与他治的有效结合，是平台治理的一大难题。㉒ 企业合规的二阶治理结构可以较好地解决该难题。在第一阶治理，即在企业的合规管理和自我监管中，尊重平台的自治秩序并给其提

---

⑳ 国际通行的合规管理体系按照 PDCA（Plan-Do-Check-Action，策划—执行—检查—改进）循环模型建构，该模型要求企业在每一个环节和流程都高度重视信息反馈、检查评估，基于合规调查和评估审计的结果持续改进合规体系，以保障其适用性、充分性和有效性。参见国家市场监管总局、国家标准化管理委员会 2022 年 10 月 12 日发布的国家标准《合规管理体系要求及使用指南》（GB/T35770—2022/ISO 37301：2021），第 5、8-15 页。

㉑ 参见刘权：《网络平台的公共性及其实现——以电商平台的法律规制为视角》，载《法学研究》2020 年第 2 期，第 44 页；唐要家：《数字平台的经济属性与监管政策体系研究》，载《经济纵横》2021 年第 4 期，第 43 页以下。

㉒ 关于平台自治权的性质以及平台责任的设定等问题非常复杂，争议较多，非本文的讨论重点，相关洞见可参考：周辉、张心宇：《互联网平台治理研究》，中国社会科学出版社 2022 年版；刘权：《论互联网平台的主体责任》，载《华东政法大学学报》2022 年第 5 期，第 87 页；赵鹏：《超越平台责任：网络食品交易规制模式之反思》，载《华东政法大学学报》2017 年第 1 期，第 62 页。

供必要的空间和自由度，使其自我审查、自我约束、自我规范；同时通过法律规范赋予平台监管平台内商家或用户的责任或义务，使平台发挥自身的专业和信息优势，有效消除平台生态系统中的市场失灵，及时防控合规风险，这既能降低平台治理成本，也能弥补政府监管能力不足、信息获取困难的缺陷。㉓ 为避免平台滥用自治权，侵犯其他竞争者、平台上商户、消费者权益以及公共利益，监管机构作为元规制者对平台自治进行第二阶治理，即外部合规监管。政府合规监管的对象是平台的合规管理行为，而非具体业务行为。监管机构根据平台合规管理的具体情形回应性地采取奖惩并举的多元监管措施。例如，浙江的平台竞争合规地方标准，既规定了平台和平台内经营者的合规义务，也强调了平台对平台内经营者的合规监管责任，通过强化平台主体责任来促使平台经营行为合规，以实现政府监管下的平台自治。㉔ 这可以作为企业合规二阶治理的中国实践样本。

### 3. 数字平台的社会责任

与传统企业相比，数字平台的社会责任具有多层次性。作为平台企业，其自身要对社会、环境和消费者承担公共责任；作为平台生态系统的自我规制者，其需要确保平台参与各方履行其对社会的责任；作为社会资源配置者，其也需要承担这方面的社会责任。平台的社会责任还具有主体多元性、结构复杂性、影响跨界性、功能社会性、覆盖面广等特点。㉕ 例如，订餐平台既涉及消费者保护、食品安全、民生保障，也涉及零工就业及其劳动保护等诸多社会责任问题。㉖ 平台社会责任的诸多特征使得适用

---

㉓　参见注⑲，范如国文，第142页以下。

㉔　例如，浙江省市场监督管理局2022年7月5日发布的《互联网平台企业竞争合规管理规范》第7.1.4规定，平台企业"应履行平台企业主体责任，健全完善平台管理措施，强化对平台内经营者的竞争合规培训、监督、违规惩罚等管理措施和机制，优化公平有序的平台内经营环境"。

㉕　参见注⑲，肖红军、李平文，第122页以下；注⑲，范如国文，第138页。

㉖　如由中国网络社会组织联合会联合中国标准化研究院及部分平台企业2021年11月制定发布的《互联网平台企业履行社会责任评估指标体系》则设定了劳动者权益、消费者权益、环境保护、社会促进等七个方面的社会责任评估一级指标。

于传统企业的科层制、权威化、命令式的"政府治理"和弱联结、直接化、施压式的"社会组织治理"容易出现错位和失效，亟须治理范式转型和创新，需要从外部压力威慑型治理转变为双向互动合作治理，重构政府、企业和社会治理机制。[27] 企业合规契合了企业社会责任治理范式转型的需求，能够整合国家—企业—社会治理功能，可以将平台企业的复杂多元、多层次的社会责任内化到公司治理中。例如，通过企业内部具有约束力的规则（企业合规准则）、嵌入企业全链条业务流程的企业合规管理体系，以及要求企业披露其社会责任履行情况的合规治理报告、合规第三方评估监督机制等，企业合规制度可以构建内生型、整体性、可持续的全过程社会责任治理范式，在强化平台社会责任的自我规制责任基础上，发挥政府—企业—社会系统的协同共治和动态共治优势。

## （三）契合数字平台监管的新要求

如前所述，数字平台监管需应对监管时机、监管制度、监管主体和监管效能四大挑战，这些挑战对监管范式创新提出了新要求。合规监管契合了这些监管新要求，可以作为平台常态化监管的有效机制。

### 1. 敏捷性

为应对监管时机的难题，学者的洞见是，在给予新业态必要的发展时间与试错空间的同时，政府要根据公共风险大小适度干预，进行理性积极的包容审慎监管，实现效率与安全的动态平衡。[28] 但包容审慎作为监管理念或政策还需要具体的落实机制。而平台经济的技术创新和商业模式的快速迭代和动态发展要求监管必须迅速敏捷、及时迭代，即需要进行动态

---

㉗ 参见注⑲，肖红军、李平文，第129页。

㉘ 参见刘权：《数字经济视域下包容审慎监管的法治逻辑》，载《法学研究》2022年第4期，第51页；注②，孙晋文，第115、123页。

性、灵活性和适应性的敏捷治理（Agile Governance）。㉙ 这里的敏捷性不仅意味着监管的应对速度要加快，即时间上的灵敏性，还意味着监管过程的动态优化以及监管手段的灵活转化。此外，还需要通过扩大参与治理主体的广泛度，并与创新者密切合作，来制定具有适应性、以人为本、包容性和可持续性的监管政策，实现多元监管目标的平衡，例如兼顾鼓励创新与风险预防、平台发展与秩序规范、产业竞争与权利保障等目标。㉚ 企业合规是一种由多元利益主体参与、整合多元监管目标的动态过程性、持续学习型监管范式。在企业作为市场主体和平台生态系统自我规制者实施的合规管理的第一阶治理中，嵌入业务流程的制度化、日常化合规管理体系可以及时快速地识别和防控风险，并根据合规绩效来持续改进合规计划。在合规监管的第二阶治理中，监管机构运用多元综合的监管工具进行事前事中事后全链条动态回应性监管。这种二阶治理结构能够及时灵活、动态响应监管需求，符合平台经济监管的敏捷性要求，并能较好落实包容审慎的监管政策。

**2. 预防性**

数据和算法驱动的平台经济先天具有巨大的风险不确定性、隐蔽性特征，诸多风险经过平台经济的规模效应和网络效应的放大和叠加，若不及时预防和应对，将会造成系统性、全局性风险，因此要求平台监管制度必须以风险预防为基本原则，从事后监管转变为事前监管。㉛ 欧盟推出的

---

㉙　敏捷治理作为一种新的公共治理模式和政策制定工具，由世界经济论坛在 2018 年提出，以回应复杂多变的第四次工业革命对公共治理的挑战。See World Economic Forum, *Agile Governance-Reimagining Policy-making in the Fourth Industrial Revolution*, White Paper, January 2018；注④，第 39 页。

㉚　参见薛澜、赵静：《走向敏捷治理：新兴产业发展与监管模式探究》，载《中国行政管理》2019 年第 8 期，第 31 - 32 页。

㉛　参见唐要家、唐春晖：《数字平台垄断势力与反垄断事前监管》，载《中国流通经济》2022 年第 8 期，第 61 页以下。

《数字市场法》《数字服务法》即为这一监管范式变革的代表，标志着反垄断领域预防性监管的兴起。新法改变竞争法的事后监管和救济模式，通过事前设定"守门人"的合规义务和多层次的事前规制，在源头上减少垄断和不正当竞争行为，可以更有效地保护利益相关者的正当权益，增加市场的公平性和可竞争性。[32] 对数字经济进行预防性规制基本上已经成为世界各国共识。例如，关于数字平台监管的权威立法建议报告，美国的 Stigler 报告和英国的 Furman 报告都得出结论，对数字经济必须进行事前预防性规制，因为竞争法的事后规制模式太复杂、太慢而且是"没有牙齿"的。[33] 企业合规重要的功能之一是使公司的行为符合法律监管和社会规范，预防各种风险和避免违法违规行为[34]，其本质就是预防性法治的规制工具。具体而言，合规制度促使企业针对特定领域的合规风险，制定反垄断、数据合规等专项合规计划，来预防、识别和应对合规风险与违规事件。[35] 企业合规的这种预防功能与平台监管的预防性要求紧密契合，能够作为平台监管的创新工具发挥重要作用。

**3. 统合性**

数字平台多元经营、跨界竞争、"赢者通吃"已经成为常态，其引发的诸如垄断和不正当竞争、数据安全、网络安全等问题相互关联嵌套，具

---

㉜　参见李世刚、包丁裕睿：《大型数字平台规制的新方向：特别化、前置化、动态化——欧盟〈数字市场法（草案）〉解析》，载《法学杂志》2021年第9期，第79-80页。

㉝　Stigler Committee on Digital Platforms, *Final Report*, September 2019, at https://research. chicagobooth. edu/stigler/media/news/com-mittee-on-digital-platforms-final-report; Jason Furman & Diane Coyle & Amelia Fletcher & Philip Marsden & Derek McAuley, *Unlocking digital competition*, *Report of the Digital Competition Expert Panel*, March 2019, at https://www. gov. uk/government/ publications/unlocking-digital-competition-report-of-the-digital-competition-expert-panel (last visited on November 1, 2023).

㉞　See Miriam Hechler Baer, "Governing Corporate Compliance", *Boston College Law Review*, Vol. 50, No. 1 (2009), p. 949；另参见陈瑞华：《企业合规基本理论》（第2版），法律出版社2021年版，第8页。

㉟　参见陈瑞华：《中兴公司的专项合规计划》，载《中国律师》2020年第2期，第87-90页。

有统合性，单靠某一执法部门监管于事无补，也力所不逮。若想从根本上化解监管套利和监管逃逸，消除监管隔离和监管离散化，新的监管范式需要具有统合性，能够统筹协调相关监管资源、监管机构及监管手段。㉟ 企业合规可以较好满足这一平台监管需求。首先，大型数字平台企业建立的合规部门及其合规管理体系具有统合性。根据我国的平台经济主体责任指南，平台负有的主体责任非常多元，涉及反垄断、公平竞争、个人信息保护、数据安全、消费者保护等。出于降低合规成本的需要，大型数字平台目前都纷纷建立大合规部门，一般根据其业务模式和风险类型构建的专项合规计划均会涵盖反垄断、数据安全、个人信息和隐私保护等问题域。其次，实践中数字平台领域的执法和合规监管呈现出多部门联动、多法律领域并重的趋势，也具有统合性。但如何统合行业监管和专业监管机构，来实现平台监管的协同合作，提高监管效能，是理论界和实务界热议的难题。学者提出了整合不同监管部门监管职责，建立国家数据局，或构建超级协同监管体制等建议。㊲ 在 2023 年国家机构改革中新组建的国家数据局，作为国家层面肩负"协调"和"统筹"职能的统一的管理机构，有望改变此前"九龙治水"般的数据治理结构。

### 4. 合作回应性

数字平台的多元主体和多维利益关系以及复杂动态性、以数字技术创新驱动等特征，要求监管范式从传统的以行政主导的单向治理转向双向互动的合作回应性监管，来应对监管效能挑战。㊳ 企业合规制度能够契合该监管要求。作为合作治理模式的企业合规强调多元利益主体之间的互动合

---

㊱ 参见注②，孙晋文，第 124 - 125 页。

㊲ 参见周汉华：《论平台经济反垄断与监管的二元分治》，载《中国法学》2023 年第 1 期，第 222 - 240 页；注②，孙晋文，第 124 - 125 页。

㊳ 参见陈少威、范梓腾：《数字平台监管研究：理论基础、发展演变与政策创新》，载《中国行政管理》2019 年第 6 期，第 34 页。

作和协同共治。监管者和被监管企业通过协商谈判等方式来实现监管目标，通过平台和监管部门之间的信息交流和监管数据共享可以消除信息不对称，通过建构双方之间的风险预警合作机制能够及时有效识别和防控不确定风险。㊴ 政府部门在合规监管中运用区块链、人工智能等技术手段以及信用监管、违规惩戒、合规激励等多元监管工具可以克服威慑陷阱等问题。以回应性监管理论作为方法论指导的合规监管通过选择恰切的监管策略和工具可以有效提高数字平台监管效能（详见本文第三部分）。

如前所述，合规监管是由企业的自我规制（企业的合规管理、内部合规监管）和元规制（监管机构的外部合规监管）构成的二阶治理模式。针对企业的合规管理，《合规管理体系要求及使用指南》等国际、国家标准和各类合规指引，以及 2022 年颁行的《中央企业合规管理办法》规定的"三道防线""三张清单"制度㊵，2023 年 3 月中国互联网协会发布实施的团体标准《信息通信及互联网行业企业合规管理体系指南》等，都对企业内部的合规组织机构、重点领域和关键环节的合规风险识别和应对、外规内化、合规管理体系和保障制度建设等作出了体系化、操作性很强的具体规定，平台企业也在积极实践运用。但监管机构如何对企业的合规管理进行监管，相关规范和标准则未作出明确指导，理论研究亦关注不足，而其对于应对平台监管的各类挑战意义重大，监管部门对理论指导的需求也更为迫切。因此，下文聚焦于第二阶治理，即监管部门在平台监管中如何运用合规监管的问题。

---

㊴　例如，深圳市市场监管局 2019 年 8 月与阿里巴巴集团签订共建网络市场政企协作治理机制合作备忘录，通过数据信息共享、监管执法协助、风险预警等方式来实现平台协同共治。参见深闻：《深圳市市场监管局与阿里巴巴签订合作备忘录：政企协作共促网络市场治理》，载《中国市场监管报》2019 年 8 月 14 日。

㊵　该规章规定的企业合规管理的"三道防线"是指由业务部门、合规管理部门和监督部门组成的三道防线，"三张清单"是指企业应当制定合规风险识别、岗位职责和业务流程管控三张清单。

# 三、回应性监管理论作为数字平台合规监管的方法论

企业合规制度被引入 1991 年美国《组织量刑指南》时，学者指出这就是一项"胡萝卜加大棒"的策略。胡萝卜是指如果企业已经实施或保持了有效的合规计划，则可以获得减轻处罚的合规激励，而大棒是指对违规者的逐渐升级的惩罚措施。[41] "胡萝卜加大棒"式的激励和惩戒相结合模式是企业合规制度的实践逻辑，但我们需要探寻其后的理论逻辑，该理论框架应当具有理论的抽象高度、包容性和体系性，以及充分的实践解释力和对制度建构的指导性以及规范性。能够担此大任的是回应性监管理论，而且其理论渊源与实践运用本身就与合规监管紧密相关。对于平台合规监管而言，回应性监管理论可以为平台企业的全方位、多层次、立体化、事前事中事后的全链条合规监管提供理论支撑。

## （一）回应性监管理论的要义与渊源

回应性监管（responsive regulation）的基本理念是，监管者在决定是否需要采取更多或更少的干预措施时，应该对监管对象的文化背景、行为动机和具体情境作出回应，尤其是要对被监管者自我监管的有效性作出反应。简而言之，就是"先软后硬，先胡萝卜后大棒"[42]。该理论最早是由伊恩·艾尔斯（Ian Ayres）和约翰·布雷斯维特（John Braithwaite）于1992 年在其合著的《回应性监管：超越放松规制的争论》一书中提出，

---

[41]　See Sean J. Griffith, "Corporate Governance in an Era of Compliance", *William & Mary Law Review*, Vol. 57, No. 6 (2016), p. 2075.

[42]　Charlotte Wood & Mary Ivec & Jenny Job & Valerie Braithwaite, *Applications of Responsive Regulatory Theory in Australia and Over-seas*, Occasional Paper 15, June 2010, p. 3.

初衷是探索超越政府规制和放松规制的第三条道路。[43]

回应性监管理论的核心是监管"金字塔"模型，其有四大要义：（1）有针对性地回应（tit-for-tat），即根据被监管对象的动机、行为和具体情况采取有针对性、有区别的手段和策略；（2）优先考虑说服教育或自我监管等"软"措施；（3）以最有力的惩罚威慑措施作为监管后盾；（4）递进动态提升监管强度。[44] 具体包括监管工具金字塔和监管策略金字塔。前者强调政府运用监管工具应该从金字塔底端的说服教育措施开始，沿金字塔斜面逐步动态递进到警告、民事处罚、刑事处罚，直到最严厉的相当于判处企业死刑的吊销证照。监管策略金字塔则是指政府应首先鼓励自我监管，若无法实现监管目的，则可以采取强化的自我监管（enforced self-regulation），对自我监管进行监管，最后才采取更为严厉的命令控制性监管策略。[45]

回应性监管理论的产生受到了回应型法律理论（Responsive Law Theory）和互动式企业合规（Interactive Corporate Compliance）观点的启发。[46] 前者由加州伯克利学派的代表人物诺内特（No-net）和塞尔兹尼克（Selznick）提出，其整合社会学、政治学和法学的研究方法和成果，综合考察影响法律模式的若干指标变量，将法律演进归纳为从压制性法律到自治型法律，最后迈向回应型法律的过程。[47] 虽然布雷斯维特不赞同这种三阶段的法律演进模式划分，但回应型法律的特征——灵活性、沟通协商、公众参与及政治参与、法律机构能力的提升等被借鉴吸收到了回应性

---

[43] See Ian Ayers & John Braithwaite, *Responsive Regulation：Transcending the Deregulation Debate*，Oxford：Oxford University Press，1992，pp. 5-6.

[44] 参见注[43]，第20、37 - 38、40页；中文介绍参见注[16]，第49页。

[45] 监管工具金字塔和监管策略金字塔请参见注[43]，第35、39页。

[46] 艾尔斯和布雷斯维特专门在著作中说明"回应性"观点的启发来源并强调了不同之处，参见注[43]，第5页。

[47] 参见［美］诺内特、塞尔兹尼克：《转变中的法律与社会》，张志铭译，中国政法大学出版社1994年版，第110 - 112页。

监管理论中。而西格勒（Sigler）和墨菲（Murphy）在合著中创造的"互动合规"概念也为回应性监管理论提供了直接的思想养分。互动合规制度意欲解决的也是规制和放松规制的二元对立，以及政府和企业之间的对抗紧张关系问题，提倡建立一种非对抗式、非强迫式的，互动式的、以自我监管为主的企业合规监管模式，来实现监管机关的期待，更有效率地执行公共政策，并降低监管成本。[48]

若更深度挖掘回应性监管的理论渊源，则可看到法律自创生理论（autopoietic law theory）[49] 的影响。回应性监管实质上体现了法律自创生理论的精髓，其非常强调法律规制对被监管对象、监管环境的回应性以及与监管对象的互动，其实也是法律子系统通过与其他子系统（如企业）和外部环境的互动耦合，来调节监管手段和策略，回应社会的监管需求、价值观和伦理标准，并通过多元的监管模式和工具来对被监管对象进行外部间接规制。

回应性监管理论经过 30 多年的发展，不断吸收各个学科的研究成果，衍生发展出更为丰富的回应性监管理论模型[50]，并从最初的产业监管理论扩展到公共治理、民主治理等领域，成为非常具有影响力的规制和治理理

---

[48] See Jay Sigler & Joseph Murphy, *Interactive Corporate Compliance：An Alternative to Regulatory Compulsion*, Westport：Praeger Publishers, 1988；Jay Sigler & Joseph Murphy, *Corporate Lawbreaking and Interactive Compliance：Resolving the Regulation-Deregulation Dichotomy*, Westport：Praeger Publishers, 1991；转引自注[43]，第 5 页。布雷斯维特不仅在该书中提到受到互动合规观点的启发，还给西格勒和墨菲的著作撰写了序言，可见回应性监管理论与互动合规理念之间的内在理论渊源。

[49] 自创生理论由智利生物学家马图拉纳（Maturana）和瓦雷拉（Varela）创立，被卢曼（Luhmann）和托依布纳（Teubner）等学者引入社会学和法学领域，形成了社会学和法学中的自创生理论。对法律自创生理论的中文述评请参见张骐：《直面生活，打破禁忌：一个反身法的思路——法律自创生理论述评》，载《法制与社会发展》2003 年第 1 期，第 13 页以下。

[50] 布雷思维特在其论文《回应性监管的精髓》以及《回应性的类型》中对重要的衍生理论做了概括。See John Braithwaite, "The Essence of Responsive Regulation", *University of British Columbia Law Review*, Vol. 44, No. 3 (2011), p. 475；John Braithwaite, "Types of responsiveness", in Peter Drahos（ed.）, *Regulatory Theory：Foundations and applications*, Canberra：ANU Press, 2017, pp. 117-132.

论之一，并在多国获得广泛成功的实践运用，尤其是被适用于税收、金融、食品安全、环境保护等领域的合规监管中。[51]

## （二）回应性监管理论的运用方案

回应性监管理论从理论渊源和实践运用而言，都与合规监管紧密相连，为合规监管提供了直接理论支撑，其在合规监管方面的方法论和实践策略也完全适用于新兴的平台企业合规监管。

### 1. 平台合规监管的工具金字塔

回应性监管理论对合规实践具有启发和指导意义，同时运用颇为广泛的是其监管工具金字塔理论，即监管者有针对性、合乎比例、动态回应性地运用规制工具，首先通过说服教育等"软"措施进行执法，若不能实现预期目标，则沿着监管金字塔动态递升采取更具惩罚性的威慑措施。[52]

具体到平台合规监管领域，基于前述平台监管的敏捷性、预防性、统合性、合作回应性新要求，以及对平台事前事中事后全链条监管的治理要求，结合我国平台监管的相关立法[53]和执法实践，笔者构建的平台合规监管工具金字塔如下：

监管者事前首先应当对平台企业进行合规宣贯教育，颁布较为细致实用的专项合规指引或指南，引导企业自愿作出合规承诺（例如，前文已述

---

[51] 关于回应性监管理论在澳大利亚、新西兰、加拿大、英国、美国和欧盟等国家和超国家机构应用的实例请参见注⑫，第 5 - 46 页；Jeroen van der Heijden, *Responsive regulation in practice：A review of the international academic literature*，State of the Art in Regulatory Governance Research Paper，July 2020，pp. 11-13。

[52] 参见注⑬，第 40 - 41 页。

[53] 笔者梳理总结了《数据安全法》第 44、45 条，《网络安全法》第 59、61、71 条，《个人信息保护法》第 66、67 条和《反垄断法》第 56、59、60、64 条中关于违反相关法定义务的行政监管措施和法律责任内容，归纳得出合规监管惩罚金字塔中的规制工具，例如：约谈、警告、责令改正、没收违法所得、罚款以及针对拒不改正和情节后果严重的高额罚款、暂停相关业务、停业整顿、吊销业务许可或营业执照、记入信用档案并公示、信用惩戒、刑事制裁等，并将其分列在监管工具金字塔中。

及的国家市场监管总局发布反垄断合规指引，并指导多家大型平台企业作出合规承诺）。在事中则依法采取符合公开公正程序的行政检查、调查措施，以及行政约谈[54]、行政指导等柔性执法措施；若监管机构在执法中查明平台企业有较为轻微的违法违规事实，则采取警告、责令改正、要求其合规整改，并签订合规执法承诺等（如南通市开展的涉行政处罚合规治理试点）。若平台企业拒不改正，则根据情节、后果严重程度等要素，遵照比例原则，单处或并处暂停相关业务、停业整顿、没收违法所得、罚款等处罚措施。若仍不能起到惩戒和威慑作用，则进一步提高罚款数额，同时对严重违法失信行为给予信用惩戒，对构成犯罪的，进行刑事制裁。最后才动用对企业而言相当于死刑的惩戒大炮——剥夺资质，吊销证照。总而言之，就是在监管工具的选择和运用中，因势而动，根据被监管对象的行为动机、风险状况、企业运营和合规体系实施效果、制度环境、监管工具的效能等主客观情势，动态、递进、合比例、敏捷回应（见图1）。

但这仅仅是惩罚工具金字塔，即合规监管中的"大棒"工具。在合规监管中，还要充分发挥合规激励机制，即"胡萝卜"的作用，构建合规监管激励金字塔。一方面，企业合规作为成本很高的公司治理模式。[55]若没有实实在在能够给企业带来重大利益的合规激励机制作为"胡萝卜"，企业很难产生建立合规体系的强大内生驱动力，合规制度也很难在我国真正落地生根，发挥监管新范式的功能。[56]另一方面，需要通过激励机制使合规转变为竞争优势，因为合规者付出高额合规成本，但违法企业侥幸逃脱制裁，会造成劣币驱除良币的不公平竞争后果，因此需要奖惩分明地区别

---

[54]　关于约谈在平台监管中的运用，可参见卢超：《互联网信息内容监管约谈工具研究》，载《中国行政管理》2019年第2期，第41页以下。

[55]　例如，据统计，美国企业合规的支出截至2017年已接近城市治安警察成本。See William Laufer, "A Very Special Regulatory Milestone", *University of Pennsylvania Journal of Business Law*, Vol. 20, No. 2 (2017), p. 392.

[56]　关于合规激励机制的一般论述，请参见注[34]，陈瑞华书，第10-12、40-59、85-102页。

对待自觉合规者和违法违规者。[57] 在合规激励机制设计中亦如此，可分为以下两种情形：在事前宣贯教育、鼓励企业自愿主动合规的基础上，若在执法中发现企业的违法违规行为，可以在企业建立并实施了有效合规计划或进行了有效合规整改和采取了积极补救措施的前提下，与企业签订行政和解协议或执法承诺，或依法从轻减轻处罚或不予处罚；对于符合刑事合规宽大处理规范要件并进行了有效合规整改的，可以附条件不起诉或减免刑事责任；根据我国的执法实践，事后还可以给予信用修复的合规激励。对于依法合规经营的企业，则应当由独立权威的合规认证机构给予合规认证，由监管部门给予行政奖励（如经过诚信合规示范企业评选颁发相应称号），对于合规信用评级好的企业进行信用联合激励（社会信用评级与行业信用评级共享互认等），给予信用优惠、税收优惠激励。[58]（见图1）

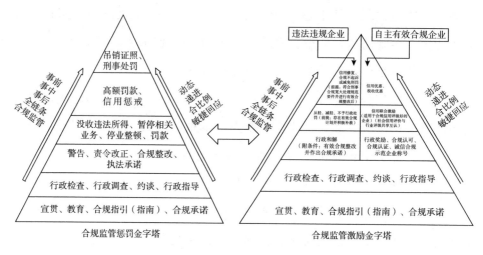

**图1　合规监管工具金字塔**

　　[57]　参见［英］罗伯特·鲍德温、马丁·凯夫、马丁·洛奇编：《牛津规制手册》，宋华琳、李鹃、安永康、卢超译，上海三联书店2017年版，第138页。

　　[58]　深圳宝安区在合规激励机制建构方面进行了有益的探索，详情请见深圳市宝安区委依法治区办：《"行政合规＋刑事合规＋企业诚信"，深圳宝安探索城区合规管理范本》，载广东省司法厅网，http://sft.gd.gov.cn/sfw/xwdt/sfxz/content/post_3569173.html，最后访问日期：2023年10月26日。

合规激励金字塔不仅可以激发企业主动合规的内在动力，有利于培养和提升企业的合规意识和能力，还可以促进企业依法合规经营，节约执法和监管成本，提高监管效能。

**2. 平台合规监管的策略金字塔**

监管策略金字塔是回应性监管理论为监管实践提供的实用策略指南。其意在于自我规制和命令控制型政府规制之间发展出一条中间道路——强化的自我规制，后来被完善成后设监管和以网状结点治理为核心的协同治理策略，并与前二者一起构成监管策略金字塔。具体运用到平台监管中，笔者构建的合规监管策略金字塔如图 2 所示：

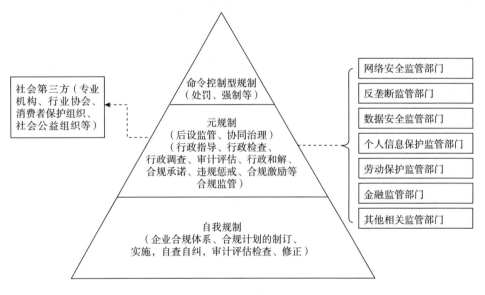

**图 2　合规监管策略金字塔**

在规制策略选择的问题上，图 2 所示这种自我规制—元规制—命令控制型规制补充递进、动态回应的选择策略对数字平台监管而言更具有必要性和正当性。前述数字平台本身的特征以及平台监管的挑战及新要求决定了单纯或优先由政府规制是不切实际的，而平台的自我规制能够发挥其在信息、技术、效率方面的优势，不仅可以减少平台内经营行为的负外部性，还可以弥补政府规制能力的不足。但平台若滥用自我规制，则会对竞争秩序、公民权利、公共利益等产生巨大侵害风险。因此，必须对平台的自我规制进行后设监管，引入第三方和多元监管主体，形成网络化合作协同治理，从"一元之治"转变为"多元共治"[59]。

　　具体而言，在平台监管中，应首选自我规制，即在平台企业中推广和强化作为第一阶治理的企业合规管理，要求企业建立合规管理体系，制订合规计划并有效实施，自查自纠合规风险，进行合规审计评估并定期报告。同时发挥企业合规整合公司—社会—国家治理的功能，将政府规制的监管目标通过施加企业合规义务和要求的方式传导进企业治理过程。通过企业设立的独立的合规部门和有效合规管理体系来对外部合规监管要求内部化，来影响企业的内部治理结构和治理模式，通过对企业专项合规计划进行审查、审计评估、激励惩戒等后设监管方式间接介入平台的商业模式和风险预防机制，智慧地实现穿透式监管。[60] 在企业自我规制（企业合规管理）的基础上，监管机构联合第三方以及相关监管部门进行第二阶治理，即作为元规制的外部合规监管。若无法实现监管目标，再采用传统的以处罚和强制为特征的命令控制性规制策略。在外部合规监管中，则以协同治理为主要手段。监管者通过与被监管对象的协商对话来培养其正确的价值观、树立主体意识，寻求低成本但具有程序正义的合规方案；主动与其他监管机构以及社会主体建立伙伴关系来提高监管能力，扩大监管资源，形成网络化结点治理格局。[61] 如图2所示，平台监管的相关机构，如

---

　　[59] 李洪雷：《论互联网的规制体制——在政府规制与自我规制之间》，载《环球法律评论》2014年第1期，第118页以下；参见注㉑，刘权文，第54页以下。

　　[60] 学界认为平台穿透式监管在理念上是指"穿透"了互联网创新商业模式而直指其实质功能；从手段上平台穿透式监管"穿透"了平台企业为避免自身追责的法律"面纱"，参见张凌寒：《平台"穿透式监管"的理据及限度》，载《法律科学》2022年第1期，第106页以下。

　　[61] 参见杨炳霖：《回应性监管理论述评：精髓与问题》，载《中国行政管理》2017年第4期，第133页；John Braithwaite, "The Es-sence of Responsive Regulation", *University of British Columbia, Law Review*, Vol. 44, No. 3 (2011). p. 475。

反垄断监管、网络安全监管、个人信息保护监管等机构应当联合第三方组织，整合监管资源，建立协商机制，协调不同监管策略，同时进行信息共享，联动执法，形成监管合力，多元共治，满足前述平台治理统合性的要求。[62]

### 3. 平台合规监管的第三方监督机制

监管者和被监管者的合作规制虽然能够弥补政府规制和自我规制的缺陷，但同样可能陷入监管俘获、规制失灵和权力腐败的困境。因此，回应性监管理论秉持公民共和主义的理念，强调应当赋予社会组织、行业协会等公共利益团体监管权力，作为第三方来监督监管者（Tripartism）。[63] 这对于完善我国合规监管中已经引入的第三方监督机制具有直接的理论指导意义。尤其是对于专业性非常强的数字平台监管而言，独立中立的第三方评估与监督机构不仅可以弥补行政监管机关专业知识和执法资源的不足，也能帮助平台企业制定实施、审计和改进有效的专项合规计划。[64] 重要的是，在原本监管机构—企业二元监管关系中，加入了社会主体，引入社会监督和治理要素，充分发挥社会独立第三方的监督功能。这既能降低监管俘获的风险，又能促进合规监管的公正民主和公开透明；既符合当前国家治理、社会治理和企业治理全面推进的战略方针，也符合平台治理的基本规律，即数字平台作为一个多方参与、去中心化的生态系统，需要建立多元共治、有效协同的治理体系，充分发挥行业组织、消费者组织、第三方专业机构以及公众等社会主体的监督作用。[65]

---

　　[62] 参见注②，孙晋文，第 125 页。

　　[63] 参见注㊸，第 54 - 100 页。

　　[64] 参见张泽涛：《论企业合规中的行政监管》，载《法律科学》2022 年第 3 期，第 44 页以下；解志勇：《行政法上企业合规治理制度体系的建构思路》，载《法律科学》2023 年第 3 期，第 103 - 114 页。

　　[65] 参见夏杰长、孙晓：《构建多元共治的平台经济治理新格局》，载《中国发展观察》2022 年第 2 期，第 44 页以下。

### 4. 平台合规监管的重点对象

为避免完全依靠市场竞争的自由放任以及全行业政府监管这两个极端规制政策的弊端和不足，回应性监管理论提出只对某个行业中的个别企业（例如主导企业、边缘企业或垄断企业）进行监管的主张（Partial-Industry Intervention），从而在促进市场竞争的同时保障公共福祉。[66] 欧盟和我国对超大型平台守门员的监管实质上即为该理论的实践运用，即在对平台企业分级分类的基础上，将一部分规模较大、对数字经济生态有较为显著影响的平台认定为数字守门人，并对其设定较为广泛的事前预防性合规义务和主体责任。其监管思路为"平台越大，责任越大"，超大型平台被要求承担诸如平等治理、开放生态、数据管理、促进创新等方面的主体责任。[67]

但仅对作为数字守门人的少数目标公司进行强监管需要注意的问题是：首先，如何界定被重点监管的守门人的界限和范围。若对平台守门人的定性和定量认定标准不够科学、合理、公正，一方面：将在守门人和非守门人之间造成极大的不公平竞争的门槛效应；另一方面：可能固化被认定为守门人的少数科技巨头的优势地位，造成壕沟效应，但同时守门人又受到严格的合规义务约束，其科技创新能力以及与对手的公平竞争被阻碍，最终对数字产业的创新和发展造成负面影响。[68] 其次，需要审慎考量对数字守门人设定的广泛合规义务和主体责任是否符合比例原则，是否与

---

[66] 参见注㊸，第 6 页、第 133－135 页。

[67] 具体可参见我国《互联网平台分类分级指南》（征求意见稿）、《互联网平台落实主体责任指南》（征求意见稿）（国家市场监管总局 2021 年 10 月 29 日发布）；欧洲议会 2022 年 7 月 6 日通过的《数字市场法》第 5、6 条。

[68] See Aurelien Portuese, *The Digital Markets Act：European Precautionary Antitrust*，载 Information Technology & Innovation Foundation (ITIF) 网 https：//itif. org/publications/2021 /05/24/ digital-markets-act-european-precautionary-antitrust，最后访问日期：2023 年 10 月 26 日。我国的《互联网平台分类分级指南》（征求意见稿）和《互联网平台落实主体责任指南》（征求意见稿）很大程度上借鉴了欧盟数字市场法的监管思路和模式，对于其可能存在的弊端和不足应高度重视，并在立法实践中予以审慎对待。

平台的性质、能力和负担相称。[69] 平台履行"守门人"的主体责任需要耗费巨大成本，过高过多的合规义务要求以及倒置的合规举证责任规则，将使平台不堪重负，也将增加数字市场的交易成本，不符合成本收益原则，会阻碍数字市场的竞争和创新，与发展和规范并重的数字平台治理初衷背道而驰。[70] 总之，如何监管数字守门人是世界各国面临的共同难题，需要在实践中不断探索平衡各方利益、规范与发展并重的监管方式。

# 结　语

如何大力发展数字经济，提升常态化监管水平，推动平台企业规范健康发展，是我国数字经济发展中的重大课题。常态化监管意味着监管规则的明确化和监管行为的日常化，同时也对政府的监管能力和水平提出更高的要求，需要进行监管范式的创新，以应对平台经济在监管时机、监管制度供给、监管主体协同和监管效能等方面提出的挑战。合规监管可以较好应对上述挑战，为我国平台监管从强监管转变为常态化监管提供长效制度安排。合规监管契合了数字平台不同于传统经济组织的独特性，能够满足平台监管敏捷性、预防性、统合性、合作回应性等新要求。合规监管通过平台企业的自我监管和监管机构的后设监管构成的二阶治理结构，一方面引导鼓励平台企业自主发展，积极创新，强化内部合规管理，更主动、更好地承担平台主体责任；通过嵌入业务流程的制度化、日常化合规管理体系，可以及时快速地识别和防控风险；通过符合企业成本收益运行逻辑的奖惩并举的外部激励机制来增强企业主动合规的动力，使合规成为企业的

---

⑥⑨　参见注㉑，刘权文，第 54 - 55 页。

⑦⑩　参见注㊿。

内生需求。⑰ 另一方面，监管机构充分利用平台企业自我规制的优势，在第二阶治理中对平台自我监管的有效性进行评估并采取针对性外部监管措施，既能弥补监管机构在知识、资源和能力上的不足，降低监管成本，又能运用合规监管工具金字塔中的多元监管工具来对数字平台进行事前事中事后的全链条监管，实现平台自治和他治的有效结合。在方法论上，监管者可以借助因势而动的回应性监管工具金字塔和因势而谋的监管策略金字塔，在不直接干预高度自主和复杂的平台自治的前提下，通过整合公司—国家—社会治理功能的企业合规制度装置以及多元主体的协同共治，引入第三方合规监督机制以及在分级分类基础上对数字守门人进行重点监管，来实现平台规范与发展并重的治理目标并提高监管效能，促进数字经济高质量发展。

---

⑰　参见周汉华：《探索激励相容的个人数据治理之道——中国个人信息保护法的立法方向》，载《法学研究》2018 年第 2 期，第 19 页。

# 犯罪治理模式的中国式现代化：经验总结与理论创新

时延安[*]

## 一、问题的提出

犯罪治理，是国家和社会治理的重要内容，是指一国政府和社会各种主体在控制犯罪、教化犯罪人过程中所形成的制度和机制的总和。犯罪治理水平是衡量国家和社会治理水平的一个重要指标，一国公众的安全体验感也是衡量一个国家制度是否具有优越性的一个重要观测点。自新中国成立以来，严惩各类犯罪，维护人民利益，维护国家安全和社会治安，始终被作为一项重要工作任务看待。我国的犯罪水平始终处于较低规模，尤其自 21 世纪以来，严重暴力犯罪数量在不断下降，社会治安水平总体向好。我国在犯罪治理方面取得的成就有目共睹，而我国犯罪治理的模式带有鲜明的中国特色，与其他国家相比，我国的制度优势在犯罪治理方面表现得十分明显。对我国犯罪治理的经验进行系统梳理和研究，进而总结、提炼我国犯罪治理模式，是继续优化我国犯罪治理模式进程必修的"功课"：一方面，通过对我国犯罪治理模式的经验总结，可以将这一模式的基本理

* 时延安，中国人民大学法学院教授、刑事法律科学研究中心主任。

念、结构与要素、基本制度和机制进行归纳，分析其优势所在，同时厘清影响犯罪治理政策实效的"短板"；另一方面，全面认识我国犯罪治理模式的现状及改革方向，可以为积极应对犯罪领域新问题，对各类新型犯罪作出积极而准确的反应。

对我国犯罪治理经验的总结，首要任务是梳理其"主线"并对其政策理念和法理基础进行论述，形象而言，这是我国犯罪治理之"道"，可以完善、丰富但不可动摇；对于具体制度和机制，则应根据时代变化和犯罪形势变化进行适应性和前瞻性调整，而对这些具体制度和机制的运行效果，则既要准确评价其与基本理念、基本制度的适应程度，又要分析其具体运行当中的约束条件，还要对其控制犯罪的实际效果进行考量。犯罪治理是一个高度系统化的工程，在犯罪基本样态、类型以及发展趋势变化的情况下，就需要对这一系统进行不断调整，而如何进行调整，调整的现实根据和法理依据是什么，都需要不断地进行理论创新。犯罪治理领域的理论创新，必然要依靠多学科知识的融合贯通，并根据需要开拓新的研究范式和新的交叉学科。

研究犯罪治理所要解决的基本问题是，相关的各种力量如何组织起来以及如何运行，其基本特点是什么以及优势和劣势是什么。下文即试图回答这一问题。下文的基本思路是，在宏观层面对我国犯罪治理的基本模式进行归纳，明晰我国犯罪治理模式的基本脉络，同时就学理上如何研究我国犯罪治理模式提出具体建议。

## 二、中国犯罪治理的经验提炼与模式归纳

在整个国家治理体系中，犯罪治理属于社会治理的组成部分。在党和

国家政策文件中没有明确使用"犯罪治理"的概念；有关犯罪治理的公共政策，主要在涉及国家安全和社会治安的政策论述当中予以体现。例如，《中共中央关于坚持和完善中国特色社会主义制度 推进国家治理体系和治理能力现代化若干重大问题的决定》（以下简称《决定》）第九部分"坚持和完善共建共治共享的社会治理制度，保持社会稳定、维护国家安全"中提出的政策要求，就基本涵盖了犯罪治理的主要内容。从该文件所划分的国家治理领域看，犯罪治理的主要内容属于社会治理，部分内容在其他治理领域中也有所关联。如果将国家治理体系看作一个大系统，社会治理是其中一个中系统的话，犯罪治理则是社会治理中的一个小系统，一方面因调整对象以及由此形成针对性的制度和机制所限，犯罪治理也区别于其他国家和社会治理的小系统；另一方面受大系统基本理念、制度的制约，也会与其他国家和社会治理小系统相互依存并在功能上形成一定的交叉。

犯罪治理作为一个小系统，其具有所属系统的一般特征。《决定》中指出，"社会治理是国家治理的重要方面。必须加强和创新社会治理，完善党委领导、政府负责、民主协商、社会协同、公众参与、法治保障、科技支撑的社会治理体系"。其中"党委领导、政府负责、民主协商、社会协同、公众参与、法治保障、科技支撑"就可以理解为社会治理系统的基本要求和特征。从这一表述中，也可以归纳出社会治理作为一个系统，所包含的基本要素包括基本理念、领导力量、参与力量、工作机制、保障措施、支撑力量等等。由是展开，从学理角度进行归纳，一个犯罪治理系统的基本要素可以概括为四个方面：（1）基本理念。基本理念即犯罪治理所依循的意识形态、基本制度、价值目标以及基本的刑事政策。（2）领导力量和参与主体。领导力量即有关犯罪治理的政策制定者以及推动犯罪治理进程的主导政治力量；参与主体即参与犯罪治理的各种政府职能部门和社会力量。（3）权力结构及运行机制。权力结构及运行机制即有关犯罪预防和法律制裁的权力配置与运行，以各职能机构行使其权力以及各机构为实现其职能而形成的工作机制。（4）支撑力量。支撑力量即可用于犯罪治理的基础设施、物力、科技、信息等条件。犯罪治理系统与刑事法制系统高度相关，且在基本要素上是重合的，但比较而言，前者所涉及的内容更为广泛，包括运用刑事法制以外的力量应对犯罪问题，而后者则更关注预防和惩治犯罪的刑事法律制度及机制层面的问题①，并且其更多是置于整个社会主义法治体系这一系统之内。

对我国犯罪治理系统的观察和分析，可以从以上四个方面进行归纳和提炼，从中可以明显看出我国犯罪治理的基本特征和鲜明特色，由此也可以总结我国犯罪治理的基本模式以及现代化路径。

（一）基本理念：党的领导，以人民为中心，依法治国，综合治理

我国犯罪治理基本理念的形成和发展，是由党和政府通过社会治安等方面的政策性文件，根据犯罪发展态势提出，并根据当时的历史条件、政治条件和社会条件进行阐述。

新中国成立初期，百废待兴、人民望治。1950 年 6 月毛泽东同志在党的七大第三次会议上所作的《为争取国家财政经济状况的基本好转而斗争》中提出，"必须坚决地肃清一切危害人民的土匪、特务、恶霸及其他反革命分子。在这个问题上，必须实行镇压与宽大相结合的政策，即首恶者必办。胁从者不问，立功者受奖的政策，不可偏废。"1956 年，党的第八次全国代表大会的政治报告中进一步提出：我们对反革命分子和其他犯罪分子一贯地实行惩办与宽大相结合的政策。这一政策对于尽快恢复社会秩序具有重要意义，也成为我国犯罪治理的一项基本刑事政策。苏联学者伐·雅·柯尔金对此评价道，"中华人民共和国的刑事政策，是对中国人

---

① 参见时延安：《比例与结构：刑事法制的基本要素与模式选择》，载《法学》2022 年第 5 期。

民对敌斗争的历史经验进行创造性的马列主义的总结的结果。……由于反映了广大人民群众的意志和要求，所以它得到了人民群众的赞许和支持。"②

改革开放之后，为快速解决社会治安问题，1981年，中共中央召开了京、津、沪、穗、汉五大城市治安座谈会。会后中共中央文件〔1981〕21号转发了《京、津、沪、穗、汉五大城市治安座谈会纪要》，并明确提出了综合治理问题，指出：争取社会治安根本好转，必须各级党委来抓，全党动手，实行全面"综合治理"。首要的任务是搞好党风，并从政治、经济、教育、文化等各方面加强工作，才能克服社会上的歪风邪气，大大减少犯罪，建设良好的社会秩序。这是党中央的政策文件中第一次明确提出了"综合治理"一词，也是第一次完整、准确、科学地提出综合治理的方针。1991年1月，党中央在烟台召开了全国社会治安综合治理工作会议，总结了社会治安综合治理工作的成绩和经验，明确了今后的方针与任务。当年3月2日，全国人大常委会作出了《关于加强社会治安综合治理的决定》，提出了社会治安综合治理的基本任务、要求、目标、指导思想和工作范围、工作方法及一系列基本原则，并充分阐述了社会治安综合治理的必要性和重要意义，对社会治安综合治理方针的实质、内容和手段、措施，作出了科学的比较完整的概括。③ 在基本理念方面，该决定强调："加强社会治安综合治理，是坚持人民民主专政的一项重要工作，也是解决我国社会治安问题的根本途径。社会治安问题是社会各种矛盾的综合反映，必须动员和组织全社会的力量，运用政治的、法律的、行政的、经济的、文化的、教育的等多种手段进行综合治理，从根本上预防和减少违法

---

② 〔苏〕伐·雅·柯尔金：《中华人民共和国刑法中实行惩办与宽大相结合政策的几个问题》，徐立根译，载《法学》1957年第2期。

③ 参见张续明：《对社会治安综合治理方针的认识与把握》，载《辽宁警专学报》2004年第1期。

犯罪，维护社会秩序，保障社会稳定，并作为全社会的共同任务，长期坚持下去。"

2001 年 9 月 5 日，《中共中央、国务院关于进一步加强社会治安综合治理的意见》提出："以'三个代表'重要思想为指导，始终坚持社会治安综合治理的方针，积极探索新形势下做好社会治安综合治理工作的新方法、新措施，切实维护社会政治稳定，努力为改革开放和社会主义现代化建设创造更好的社会治安环境。"该文件还提出，要"坚持'打防结合，预防为主'的方针，大力加强防范工作"。"'打防结合，预防为主'是做好社会治安综合治理工作的指导方针。要坚持打击与防范并举，治标和治本兼顾，重在防范，重在治本。"该文件还作出一个基本判断，即"经过多年的实践，社会治安综合治理工作已初步形成了党政统一领导，综治机构组织协调，各部门各方面各负其责、齐抓共管，广大人民群众积极参与的工作格局"。

2015 年 4 月，中共中央办公厅、国务院办公厅印发了《关于加强社会治安防控体系建设的意见》，对我国社会治安的基本思想进行了概括，即"以邓小平理论、'三个代表'重要思想、科学发展观为指导，全面贯彻落实党的十八大和十八届二中、三中、四中全会精神，深入贯彻落实习近平总书记系列重要讲话精神，紧紧围绕完善和发展中国特色社会主义制度、推进国家治理体系和治理能力现代化的总目标，牢牢把握全面推进依法治国的总要求，着力提高动态化、信息化条件下驾驭社会治安局势能力，以确保公共安全、提升人民群众安全感和满意度为目标，以突出治安问题为导向，以体制机制创新为动力，以信息化为引领，以基础建设为支撑，坚持系统治理、依法治理、综合治理、源头治理，健全点线面结合、网上网下结合、人防物防技防结合、打防管控结合的立体化社会治安防控体系，确保人民安居乐业、社会安定有序、国家长治久安。"2019 年，

《决定》中也提道："完善社会治安防控体系。坚持专群结合、群防群治，提高社会治安立体化、法治化、专业化、智能化水平，形成问题联治、工作联动、平安联创的工作机制，提高预测预警预防各类风险能力，增强社会治安防控的整体性、协同性、精准性。"一些与犯罪治理相关的政策文件也鲜明指出了社会治理的基本理念。如 2021 年 4 月 28 日《中共中央、国务院关于加强基层治理体系和治理能力现代化建设的意见》即提出，"以习近平新时代中国特色社会主义思想为指导，坚持和加强党的全面领导，坚持以人民为中心，以增进人民福祉为出发点和落脚点，以加强基层党组织建设、增强基层党组织政治功能和组织力为关键，以加强基层政权建设和健全基层群众自治制度为重点，以改革创新和制度建设、能力建设为抓手，建立健全基层治理体制机制，推动政府治理同社会调节、居民自治良性互动，提高基层治理社会化、法治化、智能化、专业化水平"。

综上，从不同时期党中央、全国人大常委会、国务院出台的政策文件可以看出，我国犯罪治理的基本理念十分清晰，可以归纳为四个方面：始终坚持党的领导；以人民为中心，依靠人民群众力量，维护人民群众利益；坚持依法治国，强调治理的法治化；贯彻综合治理，强调社会防控体系化建设。从学理角度分析，我国犯罪治理的基本理念的方法论根据就是，坚持正确的思想路线指引，全面、客观、发展性看待犯罪现象及其原因，综合运用各种积极力量和方法，以系统思维完善各项制度和工作机制。

## （二）领导力量和参与主体：引领有力，多元参与

毋庸置疑，我国犯罪治理工作的领导力量就是中国共产党。党的二十大报告明确指出，"中国特色社会主义最本质的特征是中国共产党领导，中国特色社会主义制度的最大优势是中国共产党领导"。党的领导始终是

我国各项事业发展前进的引航力量。前文引用的、不同时期的关于社会治安体系构建的政策性文件，就能够非常清晰地予以说明。

党对犯罪治理工作的领导主要通过三个方面予以体现：一是针对控制犯罪的需要，出台基本的刑事政策和具体的刑事政策。如前所述，新中国成立初期，在当时党的主要领导人的倡导下，就形成了"惩办与宽大相结合"的基本刑事政策。2005 年年底时任中共中央政法委书记的罗干同志在全国政法工作会议上提出了宽严相济的刑事司法政策。这一政策是对"惩办与宽大相结合"基本刑事政策的坚持和发展④，也成为刑事立法、执行工作的政策⑤，即在继承和发展"惩办与宽大相结合"基本原理的前提下成为基本的刑事政策。针对不同时期出现的犯罪治理问题，党中央及时出台具体政策性文件指引立法、司法以及相关职能部门在具体工作中作出适应性调整。例如，最近十余年，党中央在民营经济保护方面就出台了多个政策性文件，最高立法机关、中央政法机关相应地在法律完善和法律实施方面进行积极调整。⑥ 二是推动刑事法律的制定和完善。我国的立法工作始终处于党的领导之下。在刑事立法领域，无论是法律制定还是修改，都在党的领导下完成，在最近几年的刑事立法中表现得尤为明显。例如，2020 年出台的《刑法修正案（十一）》，在其立法的总体思路中就明确提出，"坚决贯彻落实党中央决策部署，将党中央决策转化为法律制度。紧紧围绕保障党和国家重大战略目标实现、保障改革开放成果和建设法治中国、平安中国的要求，更加注重统筹发挥好刑法对经济社会生活的规范保障、引领推动作用"⑦。再如，2022 年出台的《反电信网络诈骗法》的

④ 参见高铭暄：《宽严相济刑事政策与酌定量刑情节的适用》，载《法学杂志》2007 年第 1 期。

⑤ 参见马克昌：《论宽严相济刑事政策的定位》，载《中国法学》2007 年第 4 期。

⑥ 参见时延安、戴博：《民营经济刑事法制保护的政策目标及实现》，载《中国人民大学学报》2021 年第 4 期。

⑦ 李宁：《关于〈中华人民共和国刑法修正案（十一）（草案）〉的说明》，2020 年 6 月 28 日在第十三届全国人民代表大会常务委员会第二十次会议上。

立法必要性之一就是"贯彻落实党中央决策部署的重要举措"，其立法总体思路就是，"贯彻落实习近平总书记关于打击治理电信网络诈骗工作的重要指示批示精神，贯彻习近平法治思想，坚持以人民为中心，统筹发展和安全，坚持精准防治和问题导向，强化系统观念、注重源头治理、综合治理，加强预防性法律制度建设，为打击遏制电信网络诈骗活动提供法治支撑"⑧。三是在刑事法律实施方面提供政策指导。一方面，中央政法机关要积极落实党中央在犯罪治理方面的各项政策，并由各级政法机关在实施法律时予以贯彻；另一方面，中央政法机关在制定司法解释、解释性文件或者其他文件时，要积极、充分落实党的政策文件。

我国犯罪治理体系中，始终强调各方积极力量的参与，除行政机关和司法机关之外，各企事业单位、人民团体、基层组织在犯罪治理方面都被赋予重要的作用。例如，20 世纪 60 年代初，浙江省诸暨市枫桥镇创造出"发动和依靠群众，坚持矛盾不上交，就地解决，实现捕人少，治安好"的"枫桥经验"。该经验得到毛泽东同志的肯定，并在全国推广。⑨ 这一经验随着时代发展而不断发展，已经成为中国基层社会纠纷解决、社会治理的一个典范。这一经验的成功之处，就是充分发扬了党的群众路线，依靠群众实现群防群治。目前我国有关犯罪预防的法律当中，也充分体现了多元主体参与的特点。例如，《预防未成年人犯罪法》第 4 条明确规定，"预防未成年人犯罪，在各级人民政府组织下，实行综合治理。国家机关、人民团体、社会组织、企业事业单位、居民委员会、村民委员会、学校、家庭等各负其责、相互配合，共同做好预防未成年人犯罪工作，及时消除滋生未成年人违法犯罪行为的各种消极因素，为未成年人身心健康发展创

---

⑧ 李宁：《关于〈中华人民共和国反电信网络诈骗法（草案）〉的说明》，2021 年 10 月 19 日在第十三届全国人民代表大会常务委员会第三十一次会议上。

⑨ 参见杨张乔、王翀：《枫桥经验：中国乡镇犯罪预防与矫治的社区模式》，载《社会科学》2004 年第 8 期。

造良好的社会环境"。该法明确了各级政府以及相关主体的义务和工作内容。最近有关犯罪控制的立法中，更加强化了各个主体在犯罪控制方面的法律义务。例如，《反有组织犯罪法》第7条第1款规定，"任何单位和个人都有协助、配合有关部门开展反有组织犯罪工作的义务"。

综上，客观地讲，我国犯罪控制取得良好成效，其核心优势就是党的坚强领导和各类主体的积极参与，前者引领后者，后者积极落实党的方针政策。历史也表明，两者结合越紧密、形成合力越强，我国的犯罪治理成效就越显著。与那些党派斗争渗透到犯罪治理当中的国家相比，我国犯罪治理的制度优势是十分明显的。

### （三）权力结构及运行机制：合理分权，注重实效

犯罪治理是一个复杂的系统工程，既要考虑将所有影响社会治安、稳定的行为予以必要法律规制，又要考虑将"犯罪"规模控制在一个相对合理的范围之内。其理由在于：一方面，不能漠视、姑息任何破坏社会治安、稳定的行为；另一方面，以刑事制裁手段应对的破坏治安、稳定的行为则需要更多的考量，因为社会治理资源是有限的，只能以有限资源应对达到一定程度的社会危害行为，同时由于刑事制裁的严厉性，尤其是对基本权利的剥夺和限制效果，"犯罪圈"的惩罚根据必须考虑其危害行为的反伦理性。[⑩]

犯罪化规模会形成三对比例关系：（1）权力结构关系：刑事司法系统处理的犯罪行为 $v.$ 行政执法机关处理的其他行政违法行为。（2）资源配置关系：用于犯罪治理的资源规模 $v.$ 用于其他社会治理的资源规模，例如，用于犯罪治理的资源规模与用于社会福利的资源规模之间的比例关系，就可以说明国家在秩序和福利两者之间作出的优先性考量。（3）社会

---

[⑩] 参见时延安：《刑法的伦理道德基础》，载《中国刑事法杂志》2019年第3期。

矛盾关系：因犯罪而形成的社会矛盾 $v.$ 因刑事制裁而形成的社会矛盾，前者矛盾发生在犯罪人与被害人以及犯罪人与社会之间，后者则体现为国家和犯罪人以及犯罪人被制裁后与他人形成的对立关系。显然，当犯罪化达到较高程度时，用于社会治理其他领域的资源会被压缩。从犯罪治理角度讲，这三对比例关系中，最为重要的是权力结构关系，因为权力配置对资源划分具有支配性。例如，在治安权与刑事司法权之间如何划分，就决定了对治安违法行为进行制裁所耗费的资源与对犯罪进行刑事制裁所耗费资源的比例关系。一般来讲，比较单个案件的财政支出，通过治安程序处理案件比通过刑事诉讼程序处理案件成本要低很多，如果将一些治安违法行为纳入"犯罪圈"，就会增加社会治理的总成本。

在犯罪化问题上，我国始终保持十分审慎的态度，只是将达到一定社会危害性的行为作为犯罪加以规定，这使我国总体犯罪规模保持一个适度的状态。我国刑法对犯罪概念采取实质与形式相统一的定义方式，在权力结构关系上就表现出，刑事司法权只调整危害程度较高的违法行为，而一般的治安违法行为则属于治安权调整范围之内，即由公安机关等行政机关解决制裁问题。如果仅仅从刑法学角度来看会认为，刑法将一些侵害法益的行为排除在外是不妥当的，例如有学者就建议参考日本刑法规定诸如暴行罪[11]，而这些行为在我国目前尚属于治安违法行为。不过，如果从权力结构关系的角度分析，将多数侵害法益但危害程度不大的行为，由治安权予以调整，既可以实现降低治理成本，提高解决问题的效率，又不至于给行为人带来太重制裁负担，且惩戒意义未必不强；至于有人担心由公安机关制裁有违正当程序的问题，也完全可以通过调整行政处罚的适用程序来解决。保持目前犯罪治理的权力结构关系，是确保我国犯罪治理质效的重要保障。如果将大量刑事司法资源投入轻微犯罪制裁当中，就会导致对惩

---

⑪ 参见李立众：《暴行入罪论》，载《政法论丛》2020 年第 6 期。

治严重犯罪资源投入不够。这种现象目前已经出现，集中表现为危险驾驶罪和帮助信息网络犯罪活动罪的大量适用，最近有关轻罪治理问题的讨论实际上滥觞于此。[12]

在犯罪治理的权力运行机制上，我国制度设计导向突出犯罪控制的实效。这个特点可以从多个方面表现出来：

一是，我国犯罪治理中政策指引力度明显且巨大，对于突出的犯罪问题或者严重违法问题，通过政策指引，在刑事立法和刑事司法乃至刑事执行等多个领域会快速作出反应。这与党的领导这一优势是分不开的。

二是，我国刑事司法解释制度和机制在提升犯罪治理质效上具有重要意义。我国虽然是个典型的制定法国家，但其特殊的司法解释制度使我国区别于其他制定法国家。司法解释制度，严格地讲，不单纯是对法律的解释，实际上是法律实施的一种表现形式，因为单纯靠立法规定定罪规格和定量要素是无法实现的，司法解释就很好地发挥了这样的功能。司法解释制度的存在，在一定程度上缓解了立法的压力，同时又提供了必要的规则适用可能。例如，在《国际刑事司法协助法》颁行之前，涉及国际刑事司法协助的内容是由司法解释进行规定的。当然，可能会有反对观点认为，如此会导致司法权僭越立法权或者司法解释与刑法相冲突进而背离罪刑法定原则的情况。中肯地讲，对此还是应当实事求是地看待，在一定时期内，在不违反法律规定的前提下，司法解释在程序方面发挥"补位"作用是可以的；不过，在实体法层面，这种"补位"作用与罪刑法定原则是冲突的。

三是，在特殊时期进行"集中性"整治。自改革开放以来，我国自上而下推动了多次犯罪集中整治工作，其中影响比较大的是 1983 年"严

---

[12] 参见陈兴良：《轻罪治理的理论思考》，载《中国刑事法杂志》2023 年第 3 期；卢建平：《轻罪时代的犯罪治理方略》，载《政治与法律》2022 年第 1 期。

打"、1996 年"严打"、2001 年"打黑除恶"、2018 年"扫黑除恶"。此外，中央政法机关还推动了多次专项犯罪整治活动，如 2014 年开始的、由公安部部署的、针对外逃经济犯罪嫌疑人的"猎狐行动"，2015 年启动的、由中央反腐败协调小组部署开展的、针对外逃腐败分子的"天网行动"。这种"集中性"整治的做法，对于震慑犯罪分子、着力解决长期存在的严重犯罪问题是有成效的。不过，集中整治中存在的、有违法治的现象，是值得反思并予以纠偏的，例如，学界对 1983 年"严打"所进行的检讨[13]，就是担心这种"运动式"打击犯罪会冲击法治。

四是，在基层推动的治安网格化管理。实践证明，网格化管理是依托基层行政机关、群众组织等，能够调动各方积极力量的组织方式和动员方式，在维护社会治安方面具有及时、高效的作用。网格化治理发挥成效的前提是，政府具有对基层力量的动员能力和组织能力，而基层党组织在其中的领导、协调作用则是关键。由于信息科技的迅猛发展，犯罪问题正变得日益复杂，因而这种网格化的基层治理方式，对于及时发现违法犯罪具有积极意义。

综上，在社会资源既定的前提下，要最大限度实现犯罪治理的质效，权力结构关系以及运行方式的制度设计至为关键。权力结构关系及运行方式的型构，则是由多方面的制度和规范设计形成的，因而系统性的研究和工作方法仍是不可或缺的。显然，如何进行设计并因时因势加以完善，也需要全局性的统筹和协调。

（四）支撑力量：依托合力，科技助力

犯罪治理系统的运转离不开物力的支持，犯罪治理能否有效实施必须

---

⑬　参见刘守芬、李瑞生：《刑事政策变迁与刑种的改革及完善》，载《河南省政法管理干部学院学报》2008 年第 2 期；马克昌：《关于"严打"的刑法学思考》，载《荆州师范学院院报》2002 年第 1 期；赵秉志：《对"严打"中几个法律关系的思考》，载《人民检察》2001 年第 9 期。

依靠丰富的物质资源作为支撑力量。一个国家用于犯罪治理的物质资源是有限的，这决定了难以实现绝对安全的目标，而只能实现相对安全的目标，即将犯罪率控制在一定范围之内。既然物质资源有限，那么，如何实现物质资源的"开源节流"，发挥其最大效用，就是犯罪治理的一个重要内容，也是显现犯罪治理质效的一个主要观测点。

目前有关我国犯罪治理的资源投入方面，还没有全面的研究材料。不过，从大的方面来看，我国犯罪治理在资源投入方面具有三个特点：一是，经费投入与经济发展水平之间具有正相关关系，也就是说，经济发展水平决定了财政收入水平，相应地也就决定了在犯罪治理方面的经费投入水平。保持两者一定的比例关系，是比较务实的做法。如果在犯罪治理方面投入过高的财政经费，会相应压缩用于其他领域尤其是民生领域的经费投入。二是，公共财政资源与社会资源的共同投入。从实践看，公共财政资源主要投入惩治犯罪方面，而在预防犯罪方面，除在基础设施（如公共场所监控）外，公共财政资源投入较少，这部分资源投入靠社会资源，包括基层群众组织、各企事业单位、人民团体等等。以"枫桥经验"为代表的基层治理模式，实际上也主要靠社会资源来解决社会纠纷和预防犯罪。三是，中央财政资源与地方财政资源形成合力。从公共财政资源投入看，地方财政资源用于犯罪治理比重较大，而中央财政资源主要用于中央政法机关设计犯罪治理政策、领导全国各级政法机关开展专项整治、指导并协调地方政法机关进行跨地区合作等等。犯罪治理资源投入上的结构关系，对应着犯罪治理方面的权力组织关系和参与力量的结构关系；将犯罪治理工作更多放权给地方，则地方财政资源投入必然增加，同样，将犯罪治理任务更多委托给社会力量，则社会资源投入也会相应增加。

迄今为止，我国还没有对犯罪治理资源投入成本及绩效的统计分析。不过，我国刑事制度和规范的设计是有利于减少办案成本、提高资源利用效率的。例如，我国刑事诉讼法中对办案时间尤其是审限作出了明确规定，一方面可以尽可能避免刑事案件处理延宕而影响当事人及其他诉讼参与人的利益，另一方面也使单个案件的办案成本可控，避免在单个案件上投入过多诉讼资源。最近的刑事程序方面的改革，如简易程序、速裁程序、当事人和解的公诉案件诉讼程序、认罪认罚制度等，也都有利于降低办案成本。再如，相较于美国等国家，我国监狱人口的总体数量一直维持在较低水平。⑭ 监狱执行成本是比较高的，保持监狱人口较低规模，就可以较好控制在刑事执行方面的资源投入。

科技力量是提升犯罪治理质效的重要支撑力量，也是有效控制犯罪规模、发现和惩治犯罪的重要力量。最近十多年，我国政法机关越来越强调将科技手段运用于犯罪治理，犯罪治理的信息化、网络化已经形成。科技力量能否大规模运用于犯罪治理，也需要在制度和机制上进行设计。对此，可以从三个方面理解：一是，政府是否愿意在犯罪治理的科技研发和使用方面进行投入；二是，政府对犯罪治理的科技使用方面是否有明确的法律规制措施；三是，政府能否妥善处理好运用科技治理犯罪与保护公民、组织体合法权利的平衡关系。从过去的实践看，我国各级政府、司法机关将科技用于犯罪治理方面，动力很足且能够持续投入，在具体运用上也明确了相应的规则，在具体科技手段运用上确保合法有据。不过，如何在犯罪治理中最大化地运用科技手段且不造成对公民合法权益的损害，还是一个尚未完全解决的问题。

总之，从以上四个方面的归纳，可以大致勾勒出我国犯罪治理的模

---

⑭ 按照国外学者的统计，我国监狱人口占总人口比例为119人/10万人，而美国这一数字为629人/10万人；我国这一数字比北欧、西欧一些国家要高，但在发展中国家中处于较低水平。Helen Fair and Roy Walmsley, World Prison Population List, 13edition, https://www. prisonstudies. org/ sites/default/files/resources/downloads/world_prison_population_list_13th_edition. pdf，最后访问日期：2023年6月20日。

式：以坚持党的领导、以人民为中心、依法治国以及综合治理为理念；在犯罪治理系统中，始终以党的领导为核心，强调政府和社会各种积极力量的协调一致，多元参与，形成合力；形成我国犯罪治理需要的权力结构关系，在制度和机制设计上注重实效；合理分配和运用物质资源，不断强化科技投入。

## 三、我国犯罪治理经验的学理阐释

判断一个国家的犯罪治理模式是否有效，主要可以从公众安全感、犯罪率、重新犯罪率等指标进行分析。从 2018—2022 年刑事案件发展变化看，严重暴力犯罪起诉人数占比由 1999 年的 25% 下降至 2022 年的 3.9%，判处有期徒刑 3 年以下的轻罪案件占 85.5%；2022 年，全国检察机关起诉杀人、抢劫、绑架等暴力犯罪人数为近二十年来最低；人民群众安全感指数由 2012 年的 87.5% 上升至 2021 年的 98.6%。[15] 这些数字可以说明，我国犯罪治理是卓有成效的。关于重新犯罪率统计，1992 年的数据显示，我国的重新犯罪率保持在 6% 至 8% 的水平；而西方一些发达国家的重新犯罪率，低则 20%、30%，有些高达 50%、60% 以上。[16] 在保持经济高速增长，社会结构发生巨大变化的情况下，我国仍能够保持犯罪治理的良好态势，足可以说明我国犯罪治理模式具有明显的制度优势。对我国犯罪治理模式的归纳总结，可以看出，这种制度优势是如何形成的，也

---

[15] 参见薛应军：《我国刑事犯罪出现四大变化，严重暴力犯罪起诉人数占比降至 3.9%》，载 http://www.mzyfz.com/cms/xinwenzhongxin/redianguanzhu/html/1581/2023-02-15/content-1582715.html，最后访问时间：2023 年 6 月 20 日。

[16] 参见中华人民共和国国务院新闻办公室：《中国改造罪犯的状况》，1992 年 8 月。21 世纪以来，有关全国范围的重新犯罪率统计并未公布，不过，据有关方面评估，我国目前重新犯罪率虽较 20 世纪末有明显提高，但仍比以美国为代表的西方国家的重新犯罪率要低。

能够看出，我国犯罪治理模式的发展走向。

不过，对我国犯罪治理模式的理论研究是不足的：一方面，缺乏对我国犯罪治理经验的归纳和总结；另一方面，缺乏对我国犯罪治理模式的学理研究，由此也难以为我国犯罪治理模式的继续优化提供充分、有效的建设性意见。形成这一尴尬局面的原因有四个：一是，对犯罪治理问题，学界总体上偏向于政策层面的研究，对政策如何实现以及向法律制度、机制转化方面的研究明显不够。⑰ 二是，学界不善于开展政策话语与法律、学术话语之间的"互释"工作，一些研究者要么漠视政策话语，要么将两者有意区隔，很多学者也不习惯或者不善于将政策话语直接带入学术研究当中。三是，我国犯罪学研究水平比较弱，迄今为止，对西方犯罪学知识仍具有较大依赖性，而如果单纯运用西方犯罪学知识来理解、解释中国犯罪治理模式，就会发现有诸多说不清楚的情况，西方犯罪学提供的研究路径也无法直接转化对我国犯罪治理问题的研究。⑱ 四是，犯罪及其治理问题，需要跨学科进行研究，而对犯罪治理模式的研究需要从法学、政治学、政治经济学、公共管理学、社会学和犯罪学等多个学科进行。如果仅从一个学科切入进行分析，其研究思路和成果则往往会"只见树木，不见森林"⑲。

对我国犯罪治理模式进行学理阐释，就是将我国犯罪治理经验和发展思路予以理论化。这就有"两个知识"问题：一是，已有知识的运用。运用既有的法学、犯罪学等知识解释我国犯罪治理的思路，包括用源自西方

---

⑰ 例如，对公共政策如何转化为立法政策、司法政策的研究，在学界较为常见，但对立法政策和司法政策如何吸收并转化以及如何进一步落实到法律、司法解释当中，这类研究比较匮乏。

⑱ 例如，我国社区矫正制度被定位于一种刑事执行方式，而不是一种刑罚方式，因而如果直接将英美国家作为刑罚方式的社区矫正作为我国社区矫正制度的参考系，甚至用前者的理论来解释后者，就会认为后者存在很多"不达标"的问题。

⑲ 例如，对涉案企业合规的改革，就需要从法学、犯罪学、商学、公共管理学等多个学科进行综合研究并进行制度设计。

国家的犯罪控制理论来说明我国一些犯罪治理具体制度、措施的合理性和必要性。[20] 二是，新知识的"开发"。就是如何将我国犯罪治理一些带有明显中国特色的经验予以理论化，如社会治安综合治理、帮教、治安网格化等等。这些已经被实践证明的、对犯罪治理具有积极意义的做法，都可以予以理论化，甚至可以作为中国犯罪治理的经验向外传播。当然，更为重要的是，如何实现"两个知识"的统一，即通过对已有知识的升华和对新知识的"开发"，形成一个完整的、可以用来解释中国犯罪治理模式的理论体系。

将中国犯罪治理经验予以理论化，要着力完善犯罪治理研究的认识论和方法论，尤其是以下三个方面。

## （一）以社会主义意识形态为思想根基

党的二十大报告中提出，"要坚持马克思主义在意识形态领域指导地位的根本制度"，"建设具有强大凝聚力和引领力的社会主义意识形态"，并指出，"意识形态工作是为国家立心、为民族立魂的工作"。这一论断对于哲学社会科学研究具有指导作用。对犯罪治理经验的理论总结，即属于社会科学领域的研究内容，因而必须坚持社会主义意识形态，以马克思主义世界观和方法论为基本遵循。而西方国家刑事法学、犯罪学带有明显的自由主义倾向，只不过不同学派及学者在自由主义的"光谱"中进一步选择了"左"或"右"的立场。

以社会主义意识形态为根据，在一些基本理论问题上就会形成相应的认识。例如，恩格斯在《英国工人阶级状况》中曾提到"蔑视社会秩序的最明显最极端的表现就是犯罪"[21]，因而犯罪应当是一种危害社会程度严

---

[20] 例如，运用情景预防理论来解释我国预防犯罪的一些做法。

[21] 《马克思恩格斯全集》（第2卷），人民出版社1957年版，第416页。

重的行为。在犯罪治理问题上必然选择"以人民为中心"的立场，一方面，犯罪治理的目的就是保护人民；另一方面，犯罪治理需要人民支持和各方力量的参与。在立法和司法中贯彻平等观念，反对任何类型的歧视，无论是种族的、民族的、宗教的、性别的。在将一个行为作为犯罪处理的正当化根据上，也会从社会角度来认识，即犯罪具有严重的社会危害性；具体犯罪侵害的利益，实质上是一种社会关系，而对社会正常关系的破坏，就被认为是对社会利益和秩序的反对。同样，在违法性理论上也会从社会的角度（而不仅仅是个人的角度）来理解正当行为。在刑罚目的思想上会选择教育刑和目的刑的思想，强调对犯罪人的改造并使之成为"新人"；社会主义理念强调劳动对人的价值的促进作用，因而在刑罚执行内容中加入"劳动改造"的内容。与社会主义意识形态相适应，犯罪治理中也必然采取马克思主义的世界观和方法论，相应地，在犯罪产生的原因及表现方面也会从社会经济关系的角度来进行解释。

（二）以国家基本制度作为有关犯罪治理制度的基本根据

对"犯罪"的理解，是解决犯罪治理问题的前提。马克思和恩格斯在《德意志意识形态》一书中提道，"犯罪——孤立的个人反对统治关系的斗争，和法一样，也不是随心所欲地产生的。相反地，犯罪和现行的统治都产生于相同的条件"㉒。从这一论断可以推论出，犯罪是对统治关系的破坏，因而基于"统治关系"来界定何为犯罪以及如何进行制裁；同样，"统治关系"也会对其所界定的犯罪予以控制并压制犯罪人的"反对"。从这个角度看，对犯罪的理解和对控制犯罪的理解必然要从"统治关系"来进行思考。马克思主义经典作家这一论述，是 19 世纪的资本主义统治的界定，其当代意义在于，我们理解犯罪和犯罪治理时，不能脱离一个国家

---

㉒ 《马克思恩格斯全集》（第 3 卷），人民出版社 1960 年版，第 379 页。

的基本法律制度及相应构建的秩序来理解，也不能脱离一个社会特定时期的物质生活条件来理解。

犯罪治理中的"犯罪"是一个规范的概念，在不同时期的国家和社会中有着不同意义。在我国，犯罪被赋予严重社会危害性的基本特征，且由国家法律予以确定，因而对"何为犯罪"的判断，就会与基本法律制度与基本社会秩序联系在一起。从这个角度讲，是国家基本法律制度和基本社会秩序界定了"犯罪"的范围以及犯罪化的根据。明确"犯罪"概念及其范围被决定的性质，就会清楚地认识到，对犯罪治理的理解，也应从国家基本法律制度和基本社会关系的角度进行，即：一方面，国家应将哪些行为规定为犯罪并作为犯罪治理的对象，如此就只会对那些破坏基本制度和基本社会关系的行为进行惩治，对其他侵害利益的行为则不由刑法调整；另一方面，对破坏基本法律制度和基本社会关系的行为人，国家给予的制裁也是最为严厉的，不仅仅是对其进行道义上的谴责，而且要对其生活依赖的社会关系进行强力干预。如果将我国刑法规定犯罪所侵犯的客体与宪法所规定的基本制度和基本秩序进行对照，会发现两者具有高度的同一性。㉓ 如果坚持这种同一性，即仅将"犯罪"界定为对宪法所规定的基本制度和基本社会关系（包括基本权利义务关系）的破坏，那么，我国刑法所规定的"犯罪圈"不会太大；相反，如果放弃这种同一性，那么，"犯罪圈"就会呈现明显扩张的趋势，而犯罪的标准也会变化莫测。

同样，国家基本制度也决定了国家如何对犯罪作出反应。例如，《宪法》第1条第1款规定了我国的政体，即我国是人民民主专政的社会主义国家，因而"人民民主专政"既是一个政治概念，也是一个法律概念；由于其由宪法所规定，学术界就要说清楚其在部门法层面的法理意义。从治理的角度讲，民主和专政都属于治理方式，前者的主体范围是人民，而后

---

㉓ 参见时延安：《中国刑法的宪法根据及其约束力》，载《中国刑事法杂志》2023年第2期。

者所体现的政治关系和法律关系则是"敌人"，即以现实行为反对现行政体的那些人和组织体，"敌人"的范围小于"犯罪人"，是那些反对现行政体的"犯罪人"；对这类犯罪人同样要适用刑事制裁，因而对这类犯罪人要适用更重的刑事制裁。这也就合理解释了，为什么刑法分则中危害国家安全犯罪、恐怖活动犯罪的法定刑要明显重于其他犯罪，因为这类犯罪的行为人就属于典型的、应当被专政的对象。又如，《宪法》第 28 条规定，"国家维护社会秩序，镇压叛国和其他危害国家安全的犯罪活动，制裁危害社会治安、破坏社会主义经济和其他犯罪的活动，惩办和改造犯罪分子"。根据该条规定，惩办和改造犯罪人的权力属于国家，因而刑事法律关系是国家和犯罪人之间的关系，无论是刑事制裁的适用还是执行，都应当由宪法所规定的国家机构来实施，非国家机构主体不能作为刑事制裁适用和执行的主体。主张借鉴英美国家由私营机构从事刑罚执行或者假释监督主体的建议，是不符合我国《宪法》第 28 条规定的。

## （三）要特别重视政策的学理研究和表达

党对国家和社会事务的全面领导，决定了党的政策在犯罪治理中的引领作用，其在实践中通过立法、司法以及行政命令等方式自上而下得到贯彻。同样，在学理上也应当充分体现党的政策，并将政策原理准确地传导和融入学术研究当中。由于历史的原因，政策表达与学理表达会受制于"话语体系"，即政策表达所运用的术语，在学术话语中需要一定的转化；而学术研究所通用的术语，也需要转化才能与政策话语对接。如果不能使两者之间建立起有效的转化机制，就可能导致政策被误读、学理分析不被接受的情况。例如，总体国家安全观是国家安全的顶层设计，带有全局性和基本性，是对国家安全问题系统的政策阐释，也是指导犯罪治理的重要思想来源。不过，刑事法律中的"国家安全"实际上对应着国家的政治安全，与《国家安全法》中"国家安全"的所指也不相同。倘若以总体国家安全观所涵盖的范围来衡量刑法规定的犯罪，则规定在刑法分则其他章节的很多犯罪都可以和某种类型的国家安全联系起来。再如，对于法律实施的"三个效果"，如何与刑法学知识进行相互印证，就成为一个被故意回避的问题，实际上"政治效果""社会效果"在刑法适用中的体现就是要发挥刑法的积极一般预防的作用，只不过，在积极一般预防层面又区分为两个层次：一是是否符合国家的政策目标，二是是否为公众所认可且有助于提升公众对法治的认同感。

对政策目标及内涵的学理研究，对于推动犯罪治理的制度和机制十分重要。例如，最近几年中央出台了多项保护民营经济的政策文件，其中包括保护民营企业的产权问题。中央政法机关在政策文件中也反复强调了这一点。不过，在司法实践中，在落实这一政策方面却存在很多问题。分析其原因，固然有基层公安、司法人员领会、贯彻政策不到位的问题，但也有理论研究不到位的问题，即对涉案财产处理中的法律问题思考不够。就涉案财产的"查冻扣"而言，其法律性质如何定位，以及如何确保正当程序的实现，迄今还缺乏充分的法理分析，也没有形成有影响力的学说来指导司法实务的开展。与此相联系，对于刑事裁判中财产判项的执行问题，也缺乏充分的学理支持。可以说，如果研究者对政策目标及内涵仅作"表面化理解"或者说缺乏基本理解的话，就无法给出符合政策目标的理论研究成果，也就会形成理论供给与司法实践需要之间的明显错位。

综上，对我国犯罪治理模式的理论化，在认识论和方法论的完善方面，要以我国社会主义意识形态为指导，以我国宪法所确定的基本制度及其理论为基础，同时要大力提升学理阐释，形成实践与学理之间的良好互释和互动，如此才可以彻底解决学理向实践的供给不足问题，以及实践经验向理论转化的问题。

# 四、结　语

我国犯罪治理模式具有鲜明的中国特色，带有明显的社会主义特征：始终坚持党的正确领导，以人民为中心，在探索惩治和预防犯罪方面始终坚持群众路线，充分发挥政法机关的主动性和能动性，在犯罪治理方面也始终坚持唯物主义认识论和方法论，实事求是，主动发现问题并解决问题。对犯罪治理模式的研究，属于宏观层面的研究，借助系统理论方法，这一层面的研究，实际上是研究其内部结构与外部关系问题。由此来看，宏观层面研究并非泛泛而论，而是站在宏观层面讨论基本性问题。就犯罪治理模式而言，只有将其基本要素、结构以及特征说清楚了，才能看清其具体制度、机制乃至规范在整个系统中的地位和效用。这类研究，在我国犯罪治理领域的研究中是亟须且必要的，唯有如此，才可能在转型驱动中把握基本方向，不偏离轨道。

党的二十大报告明确提出，"加快构建中国特色哲学社会科学学科体系、学术体系、话语体系"。根据这一要求，着力构建中国特色的犯罪治理理论体系，就是当前学界的一项重要的理论研究任务。应当说，自新中国成立以来，我国在犯罪治理方面取得了成功的经验，尤其是改革开放以来，我国经济发展迅速，社会转型加剧，但社会治安始终保持良好，犯罪规模总体上得到较好的控制。以推行社会主义法治为基本前提，在犯罪治理方面取得令人瞩目的成果，说明我国犯罪治理模式具有明显的优势，因而需要在理论上进行全面而深入的阐释，进而为继续完善我国犯罪治理模式提供具有建设性的意见和建议。

我国的制度优势始终是我国犯罪治理质效的基本保障；始终保持制度

优势并使这一优势所具有的社会调整功能最大化，是我国继续保持高水平犯罪治理的保证。犯罪问题是长期存在并会随着时代变化而变化的，因而犯罪治理问题就需要不断发展并始终形成对犯罪的积极而有效的控制。"道"一定要高于"魔"，而高于"魔"的条件，就在于积极调动各种社会力量的参与，在社会治理成本可控的情况下，在坚持基本模式的前提下，根据形势变化及时但有序地调整具体刑事政策，不断推出有针对性的法律措施加以控制。

# 探寻刑法教义学的科学品质：
# 历史回望与现实反思<sup>*</sup>

陈　璇<sup>**</sup>

## 一、问题的提出

刑法学界普遍认为，尽管教义学的方法可以具有超越国界的普适性，但法教义学的知识必然具有鲜明的民族和地域色彩。<sup>①</sup> 今天，当构建自主知识体系的任务历史地摆在了中国刑法学人面前时，我们需要进一步思考的问题是：怎样才能确保一个本土化的刑法教义学知识体系具有科学的品质？相比于纯粹的实践技艺来说，科学的一个特点就在于，它所提出的论断应当切中事物运行发展的普遍规律，故而具有超越时空的普适性和恒久性。换言之，我们所期待建构的自主知识体系"从民族性来讲，需要有全人类共同价值的视野；从地域性来讲，需要有全球性价值的视野"<sup>②</sup>。然而，在刑法教义学的论证场域中，我们时常看到这样的现象：一种解决方

---

＊ 本文系国家社会科学基金项目"风险社会背景下业务过失犯规制模式的体系化研究"（22BFX041）的阶段性研究成果。本文原载于《清华法学》2023 年第 4 期。

＊＊ 陈璇，中国人民大学法学院教授，中国人民大学刑事法律科学研究中心研究员。

① 参见丁胜明：《刑法教义学研究的中国主体性》，载《法学研究》2015 年第 2 期，第 43 页；车浩：《理解当代中国刑法教义学》，载《中外法学》2017 年第 6 期，第 1414 页。

② 翟锦程：《中国当代知识体系构建的基础与途径》，载《中国社会科学》2022 年第 11 期，第 161－162 页。

案在刑法修正前是正确的，在刑法修正之后却被认为是错误的；一种学说根据某个外国的刑法规定是恰当的，放到中国刑法的语境下却无法成立。如果说刑法教义学知识的地域性使其不可避免地具有偶然性和孤立性，那究竟何以保障这样的知识体系同时具有科学性呢？

自主知识体系的建成不仅有赖富于本土和时代特色的问题素材，还需要一套科学、成熟的知识生产方法。过去的 20 年间，比较研究对于中国刑法学的高速发展起到了重要推动作用，以往的刑法比较研究大都偏重于对具体制度、具体学说的介绍和梳理。然而，理论上任何一次划时代变迁的产生、任何一个有深远影响之学说的提出，其背后往往隐藏着研究方法和思维范式的转型。只有抓住理论演进的深层逻辑和内部密码，才能深化我们对刑法学知识体系建构的规律性认知。因此，比较研究除继续关注域外刑法学的"产品"之外，亟待对"生产线"以及"生产技术"，即学说生成路径和产出机理的演进变化展开系统的追踪和剖析。

有鉴于此，本文的研究将沿着以下思路推进：（1）在德国刑法教义学从哲学中独立出来之后，曾经出现过致力于实现刑法教义学科学化的种种尝试，笔者首先将对这些尝试进行全景式回顾，并总结其成败得失。（2）结合德国刑法教义学的历史经验和存在的问题，对中国刑法教义学知识体系科学化的路径进行初步展望和设计。

## 二、以自然法和哲学理念为主导的科学化努力

宾丁（Binding）曾言："从历史的角度来看，现代刑法学是哲学的后裔。"③ 从 17 世纪一直到 19 世纪中叶，德国刑法学经过了一段逐渐从哲学

---

③　Karl Binding, Handbuch des Strafrechts, Band 1, 1885, S. 7.

分离出来成为独立学科的历程，而保持与哲学的紧密联系也成为这一时期刑法学具有科学性的关键所在。

## （一）刑法科学与实定刑法学的分野

在 16 世纪，从刑事立法的状况来看，全德国共同适用的刑法基础并非以成文法的形态出现，而是以习惯法、1532 年《卡洛林那法典》或者其他适应社会发展的刑法基本原则作为审判的依据[④]；从刑法学的状况来看，正如李斯特（Liszt）后来所说，"16 世纪德国的刑法学术研究总体上呈现出一派荒芜黯淡的景象"[⑤]，与同时期发展迅速的意大利、法国和西班牙刑法学比起来相形见绌。在相当长的时间里，德国刑法学对这些国家的刑法理论有着较大的依赖性。研究方法的严重滞后，是当时德国刑法理论相对落后的一个重要原因。直到 17 世纪初期，中世纪遗留下来的烦琐、僵化的经院主义方法，依然在德国刑法学界居于主导地位。[⑥]

17 世纪中叶，自然法思想的勃兴给德国刑法学带来了方法论上的革新，也推动德国刑法学走上了自主化的道路。这个时期刑法学的显著特征在于：第一，采取"自上而下"的公理式演绎方法，将自然法原则奉为体系顶端的前提，由此向下推导出刑法学的具体结论。第二，在普芬多夫（Pufendorf）等自然法学者的眼中，刑法学就是国家哲学和法哲学的一个内在组成部分，国家理论和法哲学对于刑法理论的建构起到了决定的作用。[⑦] 彼时，"哲学并不是为法律的适用照亮道路的女仆，而是为法律适

---

④ 参见陈惠馨：《一八五一年普鲁士刑法典——当代〈德国刑法典〉的基础架构》，载《月旦法学杂志》2012 年第 9 期，第 260 页。

⑤ Vgl. Franz von Liszt, Lehrbuch des Deutschen Strafrechts，16-17. Aufl. ，1908，S. 27.

⑥ Vgl. Eberhard Schmidt, Einführung in die Geschichte der deutschen Strafrechtspflege, 3. Aufl. ，1995，§ 141.

⑦ Vgl. Urs Kindhäuser, Zu Gegenstand und Aufgabe der Strafrechtswissenschaft, FS-Yamanaka，2017，S. 449.

用发号施令的圣主"⑧。例如普芬多夫以哲学上自然实体（entia physica）
和道德实体（entia moralia）的区分为根据，勾画出了现代刑法归责原理
的基本轮廓。他提出，归责判断不能纯粹根据自然的因果法则，而必须采
取道德评价的视角，人既是一种自然事物，同时又是文化的人格体；如果
单纯只是从因果的角度去解释人的身体活动，而不考虑自由因素，那就根
本没有归责可言；我们可以将某种因果事件归责于行为人，其根据并不在
于事物间的因果关系本身，而在于操控行为实施的自由意志，因此只有自
由的行为才能成为归责的对象。⑨

　　17 世纪后期，将科学性的刑法学与实践性的刑法学加以区分的意识，
开始显现。康德（Kant）首先将经验性的实证法学说与建立在哲学基础
上的法科学区分开来。他一方面认为，为了避免损害政府的统治权威，法
学家应该根据本国的法律而不是自然法去建构自己的学说，他们不应当插
手哲学学科的事物⑩；另一方面又认为，"一种纯然经验性的法权论是
（就像裴德鲁斯的寓言中那个木制的头颅一样）一颗可能很美、只可惜没
有脑子的头颅"⑪。在康德看来，科学就是以理念为先导的、系统化的知
识体系，"系统的统一性就是使普通的知识首次成为科学、亦即使知识的
一个单纯聚集成为一个系统的东西"⑫。在《纯粹理性批判》一书中，康
德指出，一个知识体系要具有科学性，就必须满足一定的条件，即：科学
意义上的"系统就是杂多知识在一个理念之下的统一性"，"整体就是节节

---

⑧　同前注⑥，Eberhard Schmidt 书，§216。

⑨　Vgl. Werner Hardwig, Die Zurechnung: Ein Zentralproblem des Strafrechts, 1957, SS. 35
ff.; Hans Welzel, Die Naturrechtslehre Samuel Pufendorfs, 1958, SS. 19 ff.

⑩　参见李秋零主编：《康德著作全集》（第 7 卷·学科之争实用人类学），中国人民大学出版社
2008 年版，第 19 页。

⑪　［德］康德：《道德形而上学》（注释本），张荣、李秋零译注，中国人民大学出版社 2013 年
版，第 27 页。

⑫　［德］康德：《纯粹理性批判》，邓晓芒译，杨祖陶校，人民出版社 2017 年版，第 479 页。

相连的（articulatio），而不是堆积起来的（coacervatio）；它虽然可以从内部（per intus susceptionem）生长起来，但不能从外部（per appositio-nem）来增加"⑬。他区分了技术性的统一性和建筑术（科学性）的统一性这两个概念，前者不是按照一个理念，而是按照偶然显露的意图经验性地发展出来；后者则以一个理念为根据推导而出，在此，理性先天地把目的作为任务提了出来，而不是经验性地等待目的。⑭ 康德为科学体系所提出的这个要求，对于法学的科学化进程具有十分深远的影响。当代的一些权威学者在论证法教义学的科学性时，仍习惯于援用康德的这些经典论述。⑮

　　进入 18 世纪末期，随着德国刑事立法的推进，刑法教义学开始步入繁荣期。各邦的立法活动一方面为法学研究提供了大量素材；另一方面也使刑法学肩负起了两项重任：一是对各邦分散的法律进行整合，二是使实定法律能够对接历史传统。刑法科学与实定刑法学的分野更加明显。这一时期最具代表性的刑法学者无疑是费尔巴哈（Feuerbach）。费尔巴哈将康德的思想贯彻到了刑法学领域之中。费氏首先强调，实定法对于刑法学者来说具有不可动摇的权威性。刑法学必须建立在实在法的基础之上，一国法学家就是实定法律的仆从，他"只能借助哲学在实定法的范围内实现统治"，而不能"自命为立法者并越过实定法去实现统治"⑯。与此同时，他又认为，法学作为一门科学，需要对既有的法律素材进行锻造和加工，使之形成一个井然有序、协调一致的整体。"已有的、相互关联的知识整体，只有当它获得了体系性关联的形式时，才能真正算得上是一门科学。任何

---

⑬　同上注，第 480 页。

⑭　参见同上注，第 480 - 481 页。

⑮　Vgl. Claus-Wilhelm Canaris, Systemdenken und Systembegriff in der Jurisprudenz, 2. Aufl., 1983, S. 11; Michael Pawlik, Das Unrecht des Bürgers, 2012, S. 2 f.; Claus Roxin/Luis Greco, Strafrecht Allgemeiner Teil, Bd. 1, 5. Aufl., 2020, § 7 Rn. 3.

⑯　Paul Johann Anselm Feuerbach, Über Philosophie und Empirie in ihrem Verhältnisse zur positiven Rechtswis-senschaft, in: Paul Johann Anselm Feuerbach, Naturrecht und positives Recht, 1993, S. 76.

的含混和不一致，都是对理性的亵渎。"⑰ 费氏指出，在刑法学知识科学化的过程中，哲学在以下三个方面扮演了极为重要的角色：（1）在最高的超实定法层面，"普遍性的刑法"（allgemeines peinliche Recht）完全是哲学的一个部分，它是关于国家未来可能创制之刑法的科学。（2）在居中的实定刑法层面，费氏将可罚之违法行为的一般性原理加以总结，形成了刑法的哲学部分（总论部分）。（3）至于实定刑法的一部分，即"德意志通用刑法"（gemeine deutsche Criminalrecht），其首要渊源依然是"刑法哲学"（以刑法哲学在其适用中未受到制定法的限制为限），第二位的渊源才是当时德意志帝国的成文刑法规定。⑱

## （二）从刑事黑格尔学派到彻底的法律实证主义

从 19 世纪 20 年代开始，以自然法和唯心主义哲学为根据的刑法学研究模式逐渐遭到了人们的批判和抛弃。出现这样的变化，其原因主要有二：第一，19 世纪中叶左右，德国新的刑事立法工作在实质上已告完成。1851 年颁布了《普鲁士刑法典》，这部法典受到了费尔巴哈起草的 1813 年《巴伐利亚刑法典》的深刻影响，为后来的 1871 年《德意志帝国刑法典》奠定了基础。⑲ 既然主要的自然法原则已经通过法学家们的努力反映在了实定刑法之中，那便意味着，围绕实定刑法本身所进行的研究就足以达到科学的标准。第二，进入 19 世纪，社会契约论在历史主义和浪漫主义思潮的冲击下逐渐走向衰落，在法学领域中出现了温和实证主义学派。温和实证主义的特点有二：其一，在政治立场上，它继承了启蒙时代的某些自由主义因素，但由于深受历史法学派的影响，故具有向传统妥协的保

---

⑰　同上注，第 103 页。
⑱　参见 [德] 费尔巴哈：《德国刑法教科书》，徐久生译，中国方正出版社 2010 年版，第 3-4 页。
⑲　参见同前注⑪，Claus Roxin/Luis Greco 书，第四章边码 1。

守倾向，更加注重国家制定法自身的价值，更为强调法是民族历史文化的产物。其二，在思考方法上，它反对启蒙运动宣扬的普遍理性。浪漫主义强调情感、意志等非理性因素的重要性，这些因素的特点恰恰在于特殊性、变化性、不确定性和无规律性。[20] 于是，温和实证主义反对从某个抽象的首要原则出发去建构法学理论，而是主张应当回归到具体的实定法基础上来，并以历史的方法去解释实定法。[21] 在此背景下，越来越多的学者主张：应该将刑法的专业科学从唯心主义哲学中彻底解放出来；刑法学只能以解释实定刑法规范为其内容，哲学能够发挥的作用仅限于促使法学家在对法律素材进行阐释和加工时尽量采取体系化的方式。[22]

在法律实证主义大潮袭来之际，刑事黑格尔学派的出现为行将衰亡的哲学式研究方法打了一剂强心针。该学派的主要代表人物包括贝尔纳（Berner）、黑尔施内（Hälschner）、克斯特林（Köstlin）、阿贝格（Abegg）等，其研究思维的共同特点在于：反对经验式、形式化的思考方式，主张根据黑格尔的法哲学思想探寻犯罪和刑罚的实质，再以此为基点推导出刑法学的各个具体概念。刑事黑格尔学派试图借助辩证法的思维，以超越特定历史时期和具体社会条件的高度，将犯罪区别于其他违法行为的本质特征以及刑罚区别于其他法律后果的合法性根据抽象出来，并以此作为孕育衍生刑法学概念和原理的根据，也就是黑格尔所说的"胚芽"。以不法理论为例：黑格尔将不法划分为无犯意的不法、诈欺和犯罪三类[23]，他率先基于损害赔偿和刑罚这两者在目的上的差异，对民事不法与刑事不法作出了区分。刑事黑格尔学派的成员继承了这一基本观点，坚持结合犯罪的法律后果即刑罚去界定犯罪的概念和要素。既然刑罚的目的

---

㉑ 参见马德普：《普遍主义的贫困——自由主义政治哲学批判》，人民出版社 2005 年版，第 123 页。

㉒ Vgl. Knut Amelung, Rechtsgüterschutz und Schutz der Gesellschaft, 1972, S. 40.

㉒ 参见同前注⑮，Michael Pawlik 书，第 31 页。

㉓ 参见［德］黑格尔：《法哲学原理》，邓安庆译，人民出版社 2017 年版，第 163 页以下。

不同于民事损害赔偿，它并非旨在修复个别、具体的损害，而是试图显示法的有效性，那么，刑法领域内的不法在结构上也必然不同于民事不法，能够体现刑事不法实质的不是它所造成的物质性损害，而是它在精神交流层面所具有的一个专属特性，即：行为人通过其行为表达出了他对国家法规范的否定和蔑视态度。[24] 要想与法的效力展开交流，首先需要具备交流的能力；要想对法表示"否定"和"蔑视"，首先需要具备认知和理解法的能力。因此，不法与行为人的责任能力须臾不可分离。

不过，刑事黑格尔学派注定只能是哲学式研究模式的回光返照，它在19世纪和20世纪之交迅速走向了衰落。此后，再也没有力量能够阻挡法律实证主义在刑法领域取得统治地位了。对此起主要推动作用的因素有：

首先，随着19世纪末20世纪初经济、技术的快速发展，德国社会的犯罪现象发生了新的变化。作为社会治理手段之一的刑法必须显示出其具有预防和遏制犯罪的实效性，这就要求刑法学应当与实践保持更为紧密的联系，刑法理论的发展应当立足于实定刑法以及司法经验，而不是抽象的形而上学。

其次，这一时期，自然科学的研究方法也对法学产生了重大影响，人们试图以自然科学为榜样，在法学领域中实现知识体系的清晰和可视化。正是在这样的历史背景下，以李斯特为代表的学者抛弃了康德、黑格尔式的科学标准，转而采取了符合法律实践需要的理论构建方式。其最为典型的体现，就是以（客观）不法与（主观）责任之分离为基础的古典犯罪论体系。本来，将主观责任从违法性中剥离出去的做法，并非根植于刑法自身的必然性，而是移用了民法学上的客观违法性理论。[25] 从前述刑事黑格

---

[24]　Vgl. Eugen Sulz，Hegels philosophische Begründung des Strafrechts und deren Ausbau in der Deutschen Strafrechtswissenschaft，Band 4，1910，S. 50.

[25]　Vgl. Wolfgang Frisch，Geglückte und folgenlose Strafrechtsdogmatik（Kommentar），in：Albin Eser/Winfried Hassemer/Björn Burkhardt（Hrsg.），Die Deutsche Strafrechtswissenschaft vor der Jahrtausendwende：Rückbesinnung und Ausblick，2000，S. 165.

尔学派的标准来衡量，一个缺乏责任的行为，不论其客观上造成了多么严重的损害，都无法展现出行为人（个人意志）与法规范（所代表的普遍意志）相对抗的意义，与责任相分离的客观违法性概念也无法反映刑法所独有的本质特征，所以它难以成为犯罪论的一个内在要素。然而，从实用的角度来看，按照自然科学的分析方法，以"客观—主观"的标准将犯罪行为分解为不法和责任两个部分，由此建立起来的犯罪论构造却能较好地契合刑事司法实践的需要：

第一，有利于形成一个以简驭繁、条理分明的教学框架。本来，任何事物都是不可分割的整体，但是从认识论的角度来看，当我们观察某一事物时，总是不得不先将其分解成若干部分或者方面，从而在一个时间、一个阶段里集中精力只审视事物的某一特定内容，而将其余部分或者侧面暂时搁置，由此步步为营、循序渐进，最终达至把握全体。李斯特之前的刑法教科书在犯罪论部分普遍缺少一个清晰的叙述逻辑，有的先讨论行为人的违法意志或者责任能力，尔后再对行为方面展开研究；有的在讲述了责任和犯罪竞合问题之后，才去讨论正当防卫、紧急避险，甚至在犯罪主体的项下去分析正犯和共犯的问题。[26] 李斯特的教科书一改以往混乱、恣意的犯罪要件叙述模式：首先提出行为这一类别特征（genus proximum），然后再分别讨论违法性、责任、刑罚等各个种属差异（differentia speci）；先分析犯罪成立的一般要件，再阐述参与、未遂、竞合等特殊的犯罪表现形式。这种层层递进、从客观对象到主观归责、从一般形态到特殊形态的叙事方式，既顺应了人们认知事物的思维规律，简化了人们学习教义学知识的过程，又使每个具体知识点都处在恰当的位置之上，大大避免了矛盾、重复和遗漏。正因为如此，李斯特教科书所建构的体系模式很快脱颖

---

[26] Vgl. Wolfgang Frisch, Franz von Liszt-Werk und Wirkung, in: Arnd Koch/Martin Löhnig (Hrsg.), Die Schule Franz von Liszt, 2016, S. 4 f.

而出，成为一种被主流刑法学所广泛采纳的架构，直到今天依然发挥着基础性的作用。

第二，有助于推动刑事追诉活动符合法治国的政策要求。首先从客观的法益损害事实入手，在确定行为人实施了法益损害行为的前提下再去考察其主观意志和责任要件，有利于防范原心定罪的弊端。

（三）总结与反思

（1）刑事立法改革的需要，是促使刑法理论与哲学紧密联合的一个重要推动力。随着大规模立法改革的完成，哲学在刑法理论中的地位也不可避免地趋于弱化。

在 19 世纪之前，德国的刑事立法和刑事审判中仍然大量残留着中世纪恣意、非人道的做法，与启蒙主义刑法的要求相去甚远。在这样的时代背景下，实定法能够为新型刑法学提供的根据寥寥无几，所以与民法领域不同，历史法学派对当时刑事立法和刑法理论的影响是十分有限的。[27] 人们意识到，只有将实定刑法学与刑法科学严格区分开来，并直接以自然法思想和唯心主义哲学为指导建造起高于实定刑法学的科学的刑法理论，才能为新刑法的订立奠定坚实的基础。同时，既然刑法学肩负着创制出不同于此前时代刑法的历史任务，那么其第一要务当然不是埋头于具体的法律适用问题，而是正本清源，从根本上回答刑罚的合法性根据究竟何在这一元问题，所以刑法学的科学性自然就源于它与政治哲学和法哲学的紧密关联性。

19 世纪以后，以近代法治理念为基石的刑事立法踏上了快车道，随

---

[27] Vgl. Sylvia Kesper-Biermann，Einheit und Recht-Strafgesetzgebung und Kriminalrechtsexperten in Deutschland vom Beginn des 19. Jahrhunderts bis zum Reichsstrafgesetzbuch von 1871，2009，S. 102 f.

着《巴伐利亚刑法典》《普鲁士刑法典》，特别是 1871 年《德意志帝国刑法典》的出台，"以哲学为导向的刑法学日渐式微"㉘，刑法学的重心逐渐从追求正确的法转为适用实定的法。在这样一个新旧交替的时代，法律批判者与法律解释者这两种角色的分野愈加明晰，刑法教义学的科学性与实践性之间关系的问题也逐渐显现。费尔巴哈，甚至贝尔纳这样的刑事黑格尔学派的成员，都既坚持科学的刑法学不能背离康德、黑格尔所提出的体系标准，同时又强调刑法学者必须严格以实定法为论证的依据。不过，这些学者只是点出了这两方面各自的重要性，停留在一种要求多方面兼顾的理念宣示层面，却没能就如何处理二者可能发生的冲突这一问题作更深层次的探讨。

（2）尽管政治哲学曾经对刑法理论的科学化居功至伟，但是在当代社会，完全根据哲学理论去推导具体观点的方法，并不是确保刑法教义学科学品质的可行之道。

首先，以某种哲学理论作为推导的前提，并不能实现科学所要求的普适性。因为，当代政治哲学和法哲学均呈现出流派繁多、风格各异的景象。于是，刑法学者要想预先对现存的所有哲学观点进行全面、准确的比较，对自己选择某一哲学思想的理由作出充分说明，这几乎是一件无法完成的工作。如果刑法教义学的论证是以某一哲学命题为基础，而该命题又未经证明，那就意味着推导的前提是一个只能假定或者信仰的东西，不同学者可以在浩如烟海的哲学思想中各取所需㉙，却不必承担任何的论证责任。这样一来，刑法学中本来以保障科学性为目的的哲学内容，却反而成了滋生主观恣意性的温床。

---

㉘　Günther Jakobs, Strafrecht als wissenschaftliche Disziplin, in: Christoph Engel/Wolfgang Schön (Hrsg.), Das Proprium der Rechtswissenschaft, 2007, S. 117.

㉙　Vgl. Gunnar Duttge, Zur Bestimmtheit des Handlungsunwerts von Fahrlässigkeitsdelikten, 2001, S. 229; Volker Hass, Kausalität und Rechtsverletzung, 2002, S. 81.

其次，哲学思想作为一种高度抽象的世界观，至多只能提供一个大致的思考方向或者立场预设㉚，在此之下，往往存在多种可能的理论路径，故哲学前提并不能引导我们走向确定的法教义学观点。正像恩格斯（Engels）所指出的那样，"形而上学的考察方式，虽然在相当广泛的、各依对象的性质而大小不同的领域中是合理的，甚至必要的，可是它每一次迟早都要达到一个界限，一超过这个界限，它就会变成片面的、狭隘的、抽象的"㉛。例如，在谈及攻击性紧急避险的正当化根据时，有的学者会援引罗尔斯（Rawls）的"无知之幕"理论，有的学者则倾向于赞同功利主义思想。采取不同的哲学理论固然会对避险受害人忍受义务的来源和范围产生影响，但是对于诸多与司法实践联系紧密的具体问题来说，根本无法直接从这些哲学理论中找到确定的解决方案，比如：怎样认定危险是否正在发生，何谓"不得已"，如何对损益双方涉及的利益进行衡量，等等。

最后，从单一哲学思想出发进行推演的方法，无法适应复杂的社会现实。如果希望只借助逻辑推理就能从某一哲学命题中直接获得符合实践需要的全部答案，则必须满足一个条件，即作为推导前提的这个哲学命题自始就完整地包含了足以解决一切问题的根据。然而，从现实来看，单一的哲学命题不可能实现这一点。譬如，按照康德的法权思想，及时、有效的防御权本来就是主观权利不可或缺的组成部分㉜，故一旦有人未经权利主体或者法秩序的特别授权而侵入他人的权利空间，那么不论这种侵入行为究竟是故意犯罪、意外事件还是精神病人的袭击，它们在对公民的自由构成现实威胁这一点上并无差异，权利主体均有权采取必要的反击手段将侵入者逐出自己的权利空间，以此彰显自己与侵入者在法律地位上是完全平

---

㉚　Vgl. Fritz Loos，Rechtsphilosophie und Strafechtsdogmatik，in：Fritz Loos /Jörg-Martin Jehle（Hrsg.），Bedeutung der Strafrechtsdogmatik in Geschichte und Gegenwart，2007，S. 158 ff.

㉛　《马克思恩格斯选集》（第 3 卷），人民出版社 2012 年版，第 396 页。

㉜　参见同前注⑪，［德］康德书，第 29 - 30 页。

等的。这就意味着，即便是针对无责任能力的袭击或者意外事件，公民一律可以采取即时、凌厉的防卫措施，而无须履行逃避、忍让义务。这种处理方案虽然是从康德法哲学中顺乎逻辑推导出来的结论，却很难为司法实践所接受。现实中的刑法教义学要想得出公正合理的裁决方案，不可能无视无责任能力或者无罪过者的可宽恕性，也不可避免地需要对公民反击权的锋芒进行适当控制，以求得侵害者与防卫人双方利益的平衡。这就说明，康德的法哲学思想并不包含为合理解决公民防御权问题所需要的全部根据。在其之外，还必须补充风险归责、社会团结等其他视角。

（3）19 世纪末 20 世纪初，刑法教义学内部实践性和科学性的功能分化已初现端倪。

一方面，在法律实证主义居于统治地位的背景下，建立起便利实践操作的教学法体系，成为刑法教义学体系化建设的主导方向。由李斯特、贝林（Beling）创立的古典阶层式犯罪论体系（以下简称"古典体系"）是一个分类法性质的（klassifikatorisch）体系，它"先是以一个高度普遍化和中性无色的概念，即自然意义上的行为概念为起点，然后再一步一步地往上添加其他要素"，"构成要件符合性、违法性、责任这些要素，它们与行为概念之间的关系，就如同定语和名词之间的关系一样"[33]。这种体系类似于林内氏植物分类系统，即给某个上位概念或者某个"纲"增加要素，由此逐步形成更为狭小的下位概念或者亚纲。[34] 它止步于概念的层层叠加，却无法说明，为什么是这些要素而非别的要素组成了犯罪，决定这些要素的内容及其排列顺序的实质性根据究竟何在。反观刑事黑格尔学派将刑法领域的违法性概念与刑罚相贯通，并且超越现象层面读出了犯罪行为所蕴含的对法规范（普遍意志）进行反抗的意义，李斯特却使违法性概

---

㉝　同前注⑮，Michael Pawlik 书，第 31 页以下。

㉞　Vgl. Eberhard Schmidhäuser, Strafrecht Allgemeiner Teil, 2. Aufl.，1975, 7/3.

念失去了与刑罚的直接关联性，并且只是从经验的层面将犯罪理解为对外部世界进行的改变，即对个别利益造成损害的因果事件。这虽然使刑法学的思考从抽象思辨的高空回到了现实可触、直观可视的地面，但从科学探索的角度来看显得流于浅表。诚如弗里施（Frisch）所言，李斯特刑法教义学真正缺少的，是"一种更深层次的哲学根基，或者我们说的更委婉一些，是一种与合法性相关联从而能够为实质内容划定界限的基础"⑤。这种刑法教义学虽然以一种"体系"的外观著称于世，但该体系并没有对犯罪成立要件的合法性根据以及内在关联展开深层次追问，不可能孕育出超越实定法的科学内容，自然也就很难具有反思和批判的能力。

另一方面，尽管以特定哲学思想为根据进行推导的方法逐渐被抛弃，但是它还是为德国刑法教义学留下了一笔重要的精神财富：科学的刑法理论离不开哲学式的思考方法，刑法教义学在立足实定法的同时，应当揭示出各个规范之间的内在关联性，并且经过抽象思维使之形成一个统一的知识体系。也正是基于对该传统的继承和发展，默克尔（Merkel）于 19 世纪后期提出了一般法学说（allgemeine Rechtslehre）的概念。默克尔察觉到，随着大规模立法活动的完成，法学研究的重心将不可避免地转移到实定法的解释和适用工作上，所以旧式的法哲学论证方法已难以为继；与此同时，他也深知，仅仅围绕实定法进行解释和体系化活动，并不足以使法学研究成为科学活动，法教义学的科学化终究离不开超越实定法的"哲学作业"，"将哲学分割出去后就不会剩下任何能够作为科学的东西了"⑥。于是，默克尔主张在具体法教义学之外建立起一种"新样式"的法哲学，它虽然以实在法为主要研究对象，但旨在寻找法的基本组成要素和法律规

---

⑤ 同前注㉖，Wolfgang Frisch 文，第 15 页。
⑥ ［德］默克尔：《一般法学说的要素》，雷磊编译，商务印书馆 2022 年版，第 31 页。

范领域的结构要素，以期形成法教义学的总论。㊲ 这种试图在教义学内部通过功能划分兼顾科学性与实践性双重需要的思想，对于今天的刑法教义学仍然有着重要的启示意义。

# 三、以物本逻辑结构为基点的科学化尝试

德国刑法教义学追求科学化的第二个高潮，是由韦尔策尔（Welzel）引领的，但他所借助的不再是自然法或者唯心主义哲学，而是物本逻辑的结构。

## （一）物本逻辑结构论的要点

### 1. 重视对法律规制对象的研究

在韦尔策尔看来，法律实证主义真正的"原罪"在于认为立法者在法律上拥有不受制约的无限权力。㊳ 早在 1930 年，他就提出：刑法学应当实现方法论上的转向，即应该从以往的唯实定法是从，转变为注重对刑法规制对象的研究。具体来说：科学研究所针对的对象均先于研究活动本身而存在，一切科学的研究对象在构造上都是完全一致的，各个学科并不是以不同的方式改造着研究对象（质料），而是从不同的角度以业已形成的对象为基础进行着概念提取工作。刑法学固然有自身一套观察事物的方法，但该方法并不能创造出新的对象，而只能以物理学、化学、医学、心理学的同一研究客体为其自身的对象；刑法学所能做的，仅仅是从不同于这些

---

㊲ 参见雷磊：《一般法学说的任务与内容》（代译序），载同上注，［德］默克尔书，第 2-5 页。

㊳ Vgl. Hans Welzel, Naturrecht und Rechtspositivismus, in: Hans Welzel, Abhandlungen zum Strafrecht und zur Rechtsphilosophie, 1975, S. 283.

学科的另一个侧面去考察这些对象，同时也不能忽视这些学科的研究结论。因此，"不是方法决定了对象，而是对象决定了方法"㉟。伦理以及法律的规范均旨在对人的行为加以调控和引导。因此，伦理和法律必须首先正确地认知其规制对象，进而因循规制对象的客观构造特征确定其规制策略。

综观韦尔策尔及其弟子的论述，对立法和学理构建活动发挥制约作用的"物本逻辑结构"具有多重含义，但其中最常见也最重要的是指事物的自然规律。㊵ 例如，法律不可能要求一名孕妇 6 个月之内就把孩子生出来，也不可能命令飞行员在飞机即将坠毁时确保飞机坠落的速度不超过每小时 30 公里。因此，规制对象在物理上的极限就构成了刑法规制的边界。㊶

### 2. 物本逻辑结构与刑法教义学的科学性

根据上述方法论，韦尔策尔认为，既然刑法规制的对象乃人之行为，那么刑法教义学的研究也应该始于对行为构造特征的分析。"刑法上的体系问题并不是如'纯粹的'实证主义者所认为的那样，仅仅产生于法律条文。……行为的构造作为一个'有关存在的问题'，是备受冷落的；可是，在刑法体系之内，我们却随处都能感受到它的分量。"㊷ 韦氏提出，人的行为并不是纯粹自然意义上的因果事件，而是在特定目的支配和操控下的身体活动。通过将目的性确定为行为在物本逻辑构造方面的本质特征，韦尔策尔以及他所缔造的波恩学派进一步从超越实定法的高度推演出了一系列重要的论断。这里仅举两个最具代表性的例子：

---

㉟ Hans Welzel, Strafrecht und Philosophie, in: Hans Welzel, Abhandlungen zum Strafrecht und zur Rechtsphi-losophie, 1975, S. 3.

㊵ Vgl. Kurt Seelmann, Hans Welzels, "sachlogische Strukturen" und die Naturrechtslehre, in: Wolfgang Frischu. a. (Hrsg.), Lebendiges und Totes in der Verbrechenslehre Hans Welzels, 2015, S. 10.

㊶ Vgl. Armin Kaufmann, Die Dogmatik der Unterlassungedelikte, 1957, S. 16 f.; Hans Welzel, Naturrecht und materiale Gerechtigkeit, 4. Aufl., 1962, S. 244.

㊷ Hans Welzel, Studien zum System des Strafrechts, ZStW 58 (1939), SS. 491 ff.

（1）故意和违法性认识

第一，关于故意的体系定位。既然目的等同于故意，而目的是行为不可或缺的核心要素，那么故意也就必然属于构成要件的组成部分。由此决定，不法构成要件不可能像古典体系所认为的那样是纯客观的"物的不法"，而必然是包含了主观要素的"人的不法"。

第二，关于违法性认识错误的处理。目的行为表现为：行为人按照他对因果关系的认识，预测其活动可能造成的结果，在此基础上设定目标并有计划地引导其活动朝着实现该目标的方向发展。这就说明，作为行为内在组成部分的目的（故意）只能以因果事实的状况为其认识对象。另外，根据逻辑规则，评价的对象应当与对象的评价区分开来。违法性判断是针对行为作出的，既然故意属于行为的组成要素，它就只能是违法性评价的对象。于是，作为违法性评价对象的故意必然先于违法性判断而存在，它不可能包含违法性的内容，故违法性认识不属于故意的成立要素，违法性认识的欠缺，并不具有排除故意的法律效果。这便是韦尔策尔倡导责任说的由来。他特别指出："故意说作为解决违法性认识错误问题的一个方案，忽视了行为的范畴性结构。"㊸

（2）犯罪参与

M. E. 迈尔（Max Ernst Mayer）曾经认为，共犯关系"彻头彻尾地是一件法律的创造物"㊹。在韦尔策尔之前，已有学者对这种实证主义的共犯观提出了质疑。㊺ 韦尔策尔等人基于对行为构造的分析，进一步提出两个重要观点：

第一，采取区分制的犯罪参与体系，这是目的行为构造的必然要求。

---

㊸　同前注㊳，Hans Welzel 文，第 283 页。

㊹　Max Ernst Mayer，Der allgemeine Teil des deutschen Strafrechts，1915，S. 388.

㊺　Vgl. Richard Lange，Der modern Täterbegriff und der deutsche Strafgesetzentwurf，1935，S. 70 ff.

在多人故意参与犯罪的场合，目的性的正犯者主宰着犯罪决意的付诸实施，由此决定了犯罪行为的发生与否以及存在样态。唆使者和协助者虽然对于犯罪行为也有一定程度的支配，但仅限于对其参与行为本身的支配。因此，在立法者作出规定之前，正犯与共犯就已经在事实存在的层面上有着本质的区别。"正犯和共犯的结构性差异，并非存在于某种实定法律的规定，而是存在于目的行为在社会环境下合乎本质的表现形式之中。……即便是实定法律也不能抹杀这一根本性的差异，因为它并不是立法者的创造物，而是先在之社会存在的现实表现形式。"⑯ 即便立法者无视正犯和共犯的结构性差异在刑法中规定了单一正犯体系，但这种差异总会以各种方式在司法实践中实质性地产生作用。⑰

第二，区分制犯罪参与体系仅适用于故意犯，而不适用于过失犯。因为，上述分析表明，正犯和共犯的本质区别在于，行为人对于构成要件事实是否拥有目的性支配。从事实构造的角度分析，只有目的性的举动才可能以人预先设定的目标为导向对因果流程加以操控，从而使犯行成为行为人一手创制的作品；对于过失犯来说，行为人只是盲目地引起了构成要件结果，既然过失行为自始缺少目的性，那么行为人就不可能对犯行有所支配，所以也就不存在根据目的支配的标准对正犯和共犯进行界分的可能。于是，就过失引起型犯罪而言，只能适用单一正犯体系，一切以过失方式参与引起损害结果者，均为正犯。⑱

（二）总结与反思

物本逻辑结构论不满足于对实定法的解释和适用，主张法律规制对象

---

⑯ 同前注⑫，Hans Welzel 文，第 539 页以下。

⑰ Vgl. Hans Joachim Hirsch，Gibt es eine national unabhängige Strafrechtswissenschaft?，FS-Spendel，1992，47 f.

⑱ 参见同前注⑫，Hans Welzel 文，第 539 页以下。

的固有结构蕴含着立法者不能违抗的客观规律，正是这一规律的存在，才使得现实的法律规范有了正确与否的判别标准，也才使得以揭示该永恒规律为己任的刑法学具有了科学的属性。也正是因为物本逻辑结构论使人们看到了打破基尔希曼（Kirchmann）"立法者的三个更正词就可以使所有的文献变成废纸"[49] 这一质疑的希望，所以目的行为论及其方法论风靡一时[50]，甚至在民法学界也曾具有一定的影响。[51] 然而，这一尝试从总体来看并不成功。

（1）人何以能够准确地认知物本逻辑的构造，这是一个没有得到回答的疑问。

物本逻辑的结构要成为引导刑事立法和刑法理论走向科学化的指针，必须满足一个先决条件，即有一套可靠的方法能够确保我们对物本逻辑结构的认知是正确、真实的。韦尔策尔的物本逻辑结构论深受哈特曼（Hartmann）本体论以及胡塞尔（Hussel）现象学的影响。胡塞尔的现象学主张应该首先剔除心理主义的成见，中止（或曰悬置）我们到目前为止所接受的一切信念，包括一切科学，使哲学从头开始[52]，这个"头"就是"显现"出来而被看到的东西，其他一切（逻辑、概念、事物的存在等）都是建立在这一基础上并由此得到彻底理解的，是由"看"的各种不同方式决定的。[53] 这与韦尔策尔主张应该首先抛开刑法的价值判断而去观察和把握规制对象之存在结构的思路，的确是一脉相承的。然而，这种哲学思想高估了人对于独立于其观念之外的世界加以认知的可能性。关于我们这

---

[49] ［德］基尔希曼：《作为科学的法学的无价值性——在柏林法学会的演讲》，赵阳译，载《比较法研究》2004 年第 1 期，第 146 页。

[50] Vgl. Ulfrid Neumann, Welzels Einfluss auf Strafrechtsdogmatik und Rechtsprechung in der frühen Bundesrepublik, in: Wolfgang Frisch u. a. (Hrsg.), Lebendiges und Totes in der Verbrechenslehre Hans Welzels, 2015, S. 176.

[51] Vgl. Claus Roxin, Zur Kritik der finalen Handlungslehre, ZStW 74 (1962), S. 518 f, 542.

[52] 参见汪堂家：《现象学的悬置与还原》，载《学术月刊》1993 年第 7 期，第 8 页。

[53] 参见邓晓芒：《胡塞尔现象学导引》，载《中州学刊》1996 年第 6 期，第 66 页。

个世界的"知识"，其实在很大程度上都是认知主体投射在认知对象上的某种看法。⑤ 至少，韦尔策尔始终没有证明，我们怎样才能确保观察者对事物构造的感知和理解是真实的。⑤

（2）即便人们能够正确地把握物本逻辑的真实构造，事物的存在样态对于刑法教义学能够发挥的制约作用也是十分有限的。

物本逻辑结构论拥有一个不容辩驳的正确内核，即无论是刑事立法还是刑法理论都必须尊重事物的客观规律。然而，这只不过是重申了自然科学、实证研究对于科学立法以及刑法教义学研究的重要意义而已。⑤ 物本逻辑结构至多只能为立法和学理勾画出一条极为粗略和宽泛的界限，即法律不能要求人们去做无法实现的事情。但除此之外，从所谓的物本逻辑构造中并不能必然地推导出特定的法教义学结论，也并不能保证其所得出的结论一定是合理的。具体来说：

首先，从纯粹事实存在的角度来看，的确可以认为凡是以追求某一结果发生的行为都是故意行为。由此似乎确实可以推导出严格责任说的观点，即认为除非对构成要件事实存在错误认识，否则一律不排除故意。可是，刑法上的故意并不是一个纯粹的心理事实，而是一种与刑罚后果直接关联的最高级别的谴责形式。纵使行为人以引起某一结果的发生为目的，但如果他对事实或者法律存在误解从而以为自己的行为是为法秩序所容许的，那么刑法就只能向其发出次一等级的谴责，即认定他成立过失。例如，在假想防卫的场合，一个在事实上有意导致他人重伤的行为，只能被评价为过失致人重伤罪。通说针对正当化事由前提事实错误的情形对严格

⑤ Vgl. Eric Hilgendorf, Die internationale Strafrechtswissenschaft, in: Eric Hilgendorf/Helmuth Schulze-Fielitz (Hrsg.), Selbstreflexion der Rechtswissenschaft, 2. Aufl., 2021, S. 172.

⑤ Vgl. Winfried Hassemer, Sachlogische Strukturen "-noch zeitgemäß?, FS-Rudolphi, 2004, S. 67.

⑤ Vgl. Carl-Friedrich Stuckenberg, Vorstudien zu Vorsatz und Irrtum im Völkerstrafrecht, 2007, S. 58.

责任说所进行的这种限制，就充分说明，有无目的性并不是决定犯罪故意成立与否的最终标准。

其次，单纯从犯罪参与的事实现象出发，正犯、教唆犯与帮助犯的三分法并不具有绝对的必然性。一旦人们采用不同的观测视角和概括方式，就完全可能得出其他的分类方法。例如，既然现实中存在着幕后组织、操纵共同犯罪的人，那就完全可以考虑将组织犯作为一个独立类别划分出来。又如，和通说一样，韦尔策尔也主张间接正犯和共同正犯属于正犯的下属类别。但是，一个根本没有亲自实施法益损害行为或者只是实施了部分法益损害行为的人，其举动在事实构造上怎么能够和亲手完成了构成要件行为者等量齐观呢？为什么不能把所谓间接正犯和共同正犯的情形看成是不同于正犯、教唆犯和帮助犯的独立参与类型呢？可见，这种教义学结论并不是基于物本逻辑结构的预先规定性，而完全是源于解释者的价值评判。[57]

最后，韦尔策尔曾经批判自然法学说犯了循环论证的错误，但是物本逻辑结构论在论证故意犯和过失犯无法分享同一种犯罪参与体系的观点时，也重蹈了这一覆辙。物本逻辑结构论的推导过程如下：大前提——正犯只能是具有目的性支配的行为；小前提——过失引起结果的行为均缺少目的性支配；结论——过失犯不存在正犯与共犯之分。但问题就在于：行为的事实构造凭什么能够预先规定，只有具备目的性支配的行为才能成为"正犯"的呢？事实上，物本逻辑本身并没有也不可能告诉我们何为正犯，是论者自己预先把正犯概念与目的性支配绑定在了一起。目的行为论在打造其正犯概念之初，就已经根据自己的前理解对正犯能够包摄的事实存在进行了框定和剪裁。既然目的性支配本来就是为故意犯量身定做的正犯判

---

[57] Vgl. Wolfgang Frisch，Welzels Verbrechenslehre seit den siebziger Jahren，in：Wolfgang Frisch u. a. （Hrsg.），Lebendiges und Totes in der Verbrechenslehre Hans Welzels，2015，S. 245 f.

断标准，那么该标准自然就无法适用于过失犯，但这不过是论者自设前提进行评价后的必然结论，却并不是从物本逻辑结构中可以顺理成章推导出来的结论。

进而言之，以物本逻辑结构为根据追求刑法教义学科学化的努力之所以最终归于失败，更深层的原因在于：

第一，纯粹的事物存在并不包含孕育出刑法教义学知识的内在根据。刑法上的一系列概念，并不是对事实现象的单纯描摹，而是贯彻特定政策目标、与特定法律后果相挂钩的范畴。例如：故意不只是追求或者放任结果发生的心理事实，更是刑法上最高级别的责任非难形式；结果归责不是行为与结果之间在物理意义上的因果关联，而是说明行为人以刑法所禁止的方式制造并实现了某种法益侵害危险；正犯也不只是对因果流程施加了目的性支配的人，而是对于共同犯罪的完成发挥了核心或者主导作用者。这些概念的关键内容，不可能先在地蕴含于物本逻辑的结构之中。当物本逻辑构造的土壤本身就缺少培育规范概念的养分时，我们又怎么能指望从这里可以生长出合乎社会与时代要求的刑法教义学体系呢？

第二，和法律实证主义一样，物本逻辑结构论的科学化努力并没有把重心放在揭示各个法条和概念之间的内在关联性上，这就使其知识体系的构建终究没有摆脱法律实证主义浅表化、碎片化的弊病。对于任何一个学科来说，只要缺少统领性的观察方法和评价视角，人们所看到的事实存在就必然是一堆支离破碎、互不关联的现象片段；面对这些孤立的素材碎块，人们只能每发现一种新现象，就被动应付式地为其制定处理方案。物本逻辑结构论的体系建造过程便是如此：先以目的行为（故意作为犯）为对象，设计出标准的犯罪判断模式；当发现过失行为不同于目的行为时，又另外拿出一套分析框架；及至后来发现不作为有其特点时，就再行编写出新的判断程式。由此形成并一直沿用至今的犯罪论，就仿佛是由层层补丁堆叠而成的松散组合体，它或许有助于法律学习或者实务操作者逐一掌握对应于不同犯罪现象的个别化解决方案，却无法使教义学知识成为一个科学意义上的统一整体。因此，尽管物本逻辑结构论是以批判自然主义和法律实证主义起家的，但是相比于以李斯特为代表的实证主义刑法学，它除对体系内部的某些具体要素进行了改良之外，并没有在方法论上实现真正的革新和进步。

## 四、实用取向的强化对科学化探索产生的冲击

### （一）问题思考、具体概念与"来自事物的阻力"

第二次世界大战结束后，就整个社会科学领域而言，兴起于美国的实用主义研究范式逐渐在全世界扩展。[58] 素来以思辨和推理著称的德国刑法学在方法论上也发生了变化，在理论的科学性和实用性这两者之间，主流刑法教义学的天平明显倒向了后者，问题思考方式愈加受到人们的青睐。这一转变直接受到了以下三种哲学思想的影响：直面困局的思考方式（aporetische Denkweise），辩证法上的具体概念学说以及"来自事物的阻力"理论。

哈特曼率先在哲学领域对体系性思考方式和直面困局的思考方式进行了区分：前者以证明整体的统一性为出发点，具体问题只有在与该统一性相契合的前提下才能成为考察对象，它完全是为贯彻和保障体系思考而服务的；与此相反，后者则以问题为其中心，认为理论研究的唯一目标就是解决现实中的具体问题，体系本身虽然并非无足轻重，但它只能作为理念

---

[58] 参见赵鼎新：《从美国实用主义社会科学到中国特色社会科学——哲学和方法论基础探究》，载《社会学研究》2018年第1期，第20页。

或者宏观展望之用。⑤ 法哲学家菲韦格（Viehweg）进一步将这一区分运用到了法学领域之中，使源于亚里士多德（Aristotle）和西塞罗（Cicero）的"论题学"（Topik）这一古老方法重新进入现代法学的视域，并焕发出蓬勃的生机与活力。他主张，论题学不只是历史上存在过的一种思维现象，更是一种具有普遍意义和持久生命力的法学思考方式，"法学作为有助于解决疑难的技术，在主要方面都与论题学相一致"⑥。菲韦格提出了三个重要命题：第一，法学的整体结构只能由问题来决定；第二，法学的组成内容，其概念和命题，都必须以特定的方式与问题保持关联，故而也只能从问题出发来加以理解；第三，法学的概念和命题，只有在与问题相联系的含义中才能产生。⑥ 受到这一思想的触动，维滕贝格尔（Würtenberger）从方法论的高度对德国刑法学当时的状况进行了反思。他认为，刑法教义学将过多精力放在了概念和体系的建构之上，却忽视了它们与社会现实以及法律实践的关联。只有持续地关注社会和法律现实中的实际问题，刑法教义学的研究才能找到自己的基点。在其他部门法学（尤其是民法学）已经开始从体系思考转向问题思考的背景下，刑法教义学也必须强化问题导向和实用效果。

将这一思想具体贯彻到刑法学的全域，从而对德国刑法教义学的研究风貌产生重塑性影响的，是罗克辛（Roxin）。他发现，在传统的刑法理论中，概念建构活动往往只追求一种抽象的普遍性，这就导致概念很容易忽略甚至无视事物的复杂多样性，导致理论脱离现实。按照黑格尔的辩证法，概念实际上是多种规定的对立统一，我们首先应该尊重事物的特殊性、个体性和差异性，这些不同的事物相互对立，却又能够经过自我扬弃

---

⑤ Vgl. Nicolai Hartmann，Diesseite von Idealismus und Realismus：ein Beitrag zur Scheidung des Geschichtli-chen und Übergeschichtlichen in der Kantischen Philosophie，Band 29，1924，S. 166 ff.

⑥ Theodor Viehweg，Topik und Jurisprudenz，5. Aufl. ，1974，S. 97.

⑥ 参见同上注，第 97 页。

向其对立面转化，只有经过这种不断对事物间的矛盾冲突进行扬弃的动态过程，才能最终形成内容丰富的具体概念。⑥ 这一思想与 20 世纪 60 年代初德国哲学家博尔诺（Bollnow）提出的"来自事物之阻力"（Widerstand der Sache）的观点心有戚戚焉。博尔诺认为：对于精神科学的研究工作来说，如果某种理论看似能够毫无阻碍地通行四方，根据一种情形得出的结论可以原封不动地移用到其他情形之上，那我们就有理由表示担忧了，因为这常常预示着理论已经与现实发生了脱节，有沦为空洞之词的危险；相反，假如我们发现理论遭遇到了重重阻力，以致推进起来举步维艰，那反倒可以相对放心，因为这至少说明理论仍旧保持着与复杂现实的紧密关联。⑥ 受到这一观点的启发，罗克辛主张，刑法教义学的研究应当具有一种深入事物多样性之中的问题意识，任何概念都必须建立在对法律规制素材的细节进行全面、准确把握的基础之上。⑥ "尽管'物本逻辑'或者'事物本质'并不能为我们提供任何法律评价标准；但是，要想获得具体的结论，仅靠那些指导性的规范视角是不够的，我们还必须将这些规范视角运用到不同事实所具有的特殊性当中。"⑥

## （二）以问题为起点和源动力的开放式体系

在问题思考日益成为刑法教义学主导方向的背景下，多数学者并不主张彻底放弃体系思考。只是，体系建构的方法已经由从理念出发的"自上而下"式，变成了从具体案件出发的"自下而上"式。于是，一方面，具体个案不再只是对某个既成之理论体系发挥事后验证作用的例子，它本身

---

⑥ 参见［德］黑格尔：《小逻辑》，贺麟译，商务印书馆 1997 年版，第 334 - 335 页。

⑥ Vgl. Otto Friedrich Bollnow，Die Objektivität der Geisteswissenschaften und die Frage nach dem Wesen der Wahrheit, ZPhF 16 (1962)，S. 15 f.

⑥ Vgl. Claus Roxin，Täterschaft und Tatherrschaft，10. Aufl.，，2019，S. 533 ff.

⑥ 同前注⑮，Claus Roxin/Luis Greco 书，第 7 章边码 90。

就是参与体系建构全过程的关键力量；另一方面，既然现实问题乃理论体系生成之源，而问题又永无穷竭之日，所以"自下而上"形成的体系也只能是暂时、动态和开放的⑥⑥，它"永远不会终结而必须一再被考问"⑥⑦，只有持续发掘和研究案件才能推动体系不断发展和完善。⑥⑧ 这种体系建构方法的特点，清晰地反映在当代德国刑法学最引人瞩目的以下两项成果上：

## 1. 正犯理论

罗克辛反对那种以一个先定而抽象的正犯概念去歪曲、剪裁实际问题的做法，主张应当利用实际问题去推动正犯概念的构建和更新。第二次世界大战后针对纳粹罪行的追诉活动引出了一系列新型案件，成为激发正犯理论发展的重要契机。⑥⑨ 在士兵受命实施屠杀的案件中，上级军官无须借助欺骗、胁迫，只需通过组织机构的权力层级就可以对士兵的行为产生实质性控制，所以同样应以间接正犯追究上级命令者的刑事责任。这样一来，作为间接正犯的核心，"意志支配"的外延就得到了扩充，它除胁迫型支配、错误型支配之外，还包括了组织型支配。进一步考察支配的情形，会发现与意志支配相并列的，还有行为支配和功能支配。只有在对这繁多的支配现象进行综合、扬弃的基础上，才能一步步地使犯行支配以及正犯概念的内涵具象化、清晰化，最终形成一个具有层次划分的正犯体系。

将视野进一步拓展至全部犯罪，罗克辛发现，故意犯和过失犯之间，作为犯和不作为犯之间，行为支配、意志支配和功能支配之间都存在着结

---

⑥⑥　Vgl. Reinhold Zippelius，Problemjurisprudenz und Topik，NJW 1967，S. 2231；Karl Engisch，Sinn und Tragweite juristischer Systematik，in：Karl Engisch，Beiträge zur Rechtstheorie，1984，S. 120.

⑥⑦　［德］拉伦茨：《法学方法论》，黄家镇译，商务印书馆 2020 年版，第 227 页。

⑥⑧　Vgl. Thomas Würtenberger，Die geistige Situation der deutschen Strafrechtswissenschaft，2. Aufl.，1959，S. 9 ff.

⑥⑨　Vgl. Claus Roxin，Straftaten im Rahmen organisatorischer Machtapparate，GA 1963，S. 193.

构性的差别，它们不可能共用一个完全一致的正犯标准，所以必须在准确
把握不同正犯现象各自特点的前提下，为其制定差异化的判断准则。[70]

**2. 现代客观归责理论**

20 世纪 30 年代，霍尼希（Honig）已经提出了客观归责的构想，但
其内容仅限于要求因果流程能够为一般人预见和控制（客观上具有实现的
可能性）。第二次世界大战后，在过失犯结果归责领域，陆续出现了载重
货车案（BGHSt 11，1）、牙医案（BGHSt 21，59）、红灯案（BGHSt 4，
360）、赛车案（BGHSt 7，112）、海洛因注射案（BGHSt 32，262）等大
量争议案件。对这些案件的研讨，催生出了合义务替代行为、注意规范的
保护目的、被害人自我答责等具体原理。罗克辛等人经过提炼，将这些原
理分类归入风险创设、风险实现、构成要件效力范围的三阶段归责判断框
架，形成了蔚为大观的客观归责学说，极大地扩展了客观构成要件的内
容。另外，按照罗克辛自己的说法，由于不被容许的风险是客观归责的核
心范畴，要准确判断某一风险是否达到了无法为社会所容忍的程度，就必
须求助于社会政策和实证研究，所以客观归责的理论体系始终是向社会现
实以及经验科学开放的。[71]

（三）体系性要求与科学标准的软化

首先，人们对于体系建构和基础问题的研究兴趣逐渐消退。从 20 世
纪 90 年代开始，德国刑法学的研究重心逐渐从总论转移到了各论以及诸
如网络犯罪、经济犯罪、医事刑法等更具应用性的专门领域。[72] 甚至有学

---

[70]　详见陈璇：《刑法教义学科学性与实践性的功能分化》，载《法制与社会发展》2022 年第 3
期，第 155 - 157 页。

[71]　Vgl. Claus Roxin, Zur kriminalpotischen Fundierung des Strafrechtssystems, FS-Kaiser,
1998，S. 887.

[72]　参见同前注⑤，Eric Hilgendorf 文，第 160 页。

者认为，德国刑法学关于犯罪总论的研究已经处于一种"冻结"的状态。⑦

其次，对永恒之基础的探索，逐渐让位于对理论应变性的追求。先于实定法而存在的物本逻辑结构，本来是韦尔策尔等人用于确立刑法教义学科学性的关键抓手。在目的理性犯罪论看来，能够成为刑法体系基石的不再是物本逻辑结构，而是刑事政策目标。可是，刑事政策反映的是一国在特定发展阶段的犯罪治理策略，它必然要根据社会、经济形势的变迁而灵活地作出调整。⑦ 这样一来，以刑事政策为基础的刑法教义学知识，就难以具有超越时空和国别的普适性。⑦

最后，尽管多数学者在口头上仍然坚持刑法教义学的科学性和体系性，但刑法学界普遍缺乏对"科学"和"体系"之确切含义的研究。这集中体现为，对于通行犯罪论体系存在的矛盾和缺陷，刑法理论缺少深究与克服的动力。在维持古典体系的基本架构不变的前提下，刑事政策导向的犯罪论的支持者们，不再将客观、主观等形式分类标准作为犯罪论不同层级的划分依据，转而试图为各个范畴找到实质性的价值依据。一种比较具有代表性的观点认为，为不法和责任奠定基础的分别是社会损害性原则（或曰法益保护原则）以及责任原则（或曰可谴责性原则）。⑦ 这一努力往科学化的方向迈出了重要一步，但还远没有到可以鸣金收兵、刀枪入库的时候。因为，对全部刑法规范以及整个刑法知识体系起统领作用的无疑是刑法的目的。按照通行的看法，刑法的任务在于通过一般预防保护法益免

---

⑦ Vgl. Tatjana Hörnle, Stärken und Schwäche der deutschen Strafrechtwissenschaft, in: Horst Dreier (Hrsg.), Rechtswissenschaft als Beruf, 2018, S. 207.

⑦ Vgl. Luciano Pettoello Mantovani, Kriminalpolitik und Strafrechtssystem, ZStW 109 (1997), S. 18 f.; 同前注⑮, Michael Pawlik 书，第 49 页。

⑦ Vgl. Hans Joachim Hirsch, Internationalisierung des Strafrechts und Strafrechtswissenschaft, ZStW 116 (2004), S. 842.

⑦ Vgl. Bernd Schünemann, Strafrechtsdogmatik als Wissenschaft, FS-Roxin, 2001, S. 23 ff.

受犯罪行为的侵害。然而，一方面，以可谴责性为基础的责任论是与过往发生的罪行相关联的，它难以为预防模式的刑罚提供完整的证立依据⑦；另一方面，社会损害性原则（法益保护原则）也无法准确地说明不法的实质根据。因为：第一，法益损害并不只是刑法才关注的现象，而法益保护也并不只是刑法所担负的任务，如果不法只能展现某种法益侵害的存在状态，那它至多只能成为犯罪判断的一个"引子"，距离刑法的核心问题还是过于遥远。第二，正是考虑到"合理的违法性论必定与能够充分发挥其效果的刑罚论相勾连；反过来，离开对刑罚相关问题的认识，要清晰地解释犯罪的违法本质就是不可能的事情"⑱，通说在不法层面植入了故意、过失等归责要素，试图使不法判断通过向国民完整地展现犯罪类型的形象而发挥一般预防的效果，同时把那些无法为人控制的偶然事件排除在刑事不法以外，从而贯彻责任原则的要求。⑲ 该做法虽然使不法这一范畴突破了纯粹的法益损害状态，而与刑法的任务发生了关联，但由此产生了另一个问题：如果为了维护传统上不法和责任的分立，而人为地将归责标准区分为"一般人"和"行为人"两个层次，则在实际运行中将会产生难以克服的冲突；反之，如若使归责标准定于一尊，那么原有由不法和责任两大柱石支撑起来的分析框架又面临着坍塌的危险。从这里我们可以清楚地看到，在现代犯罪论体系的内部存在着两股反向拉扯的力量：一股是（以科学性为导向）试图使概念与刑法的合法性根据相关联的趋势；另一股则是（以实践性为导向）对古典体系所具有的教学法优势加以维护的倾向。因此，如果从不同的诉求出发看向该体系，就会给出截然不同的评价：重视实践效果的学者会抱怨该体系破坏了不法和责任原本清晰的界限；然而，

---

⑦ 参见［德］米夏埃尔·帕夫利克：《刑法科学的理论》，陈璇译，载《交大法学》2021 年第 2 期，第 32 - 33 页。

⑱ 周光权：《法治视野中的刑法客观主义》，法律出版社 2013 年版，第 324 - 325 页。

⑲ 参见同前注⑮，Claus Roxin/Luis Greco 书，第 7 章边码 61。

看重科学性的学者却会认为该体系过于保守，其进行的改革尚不到位。⑧⑩可以认为，当前在德国流行的体系实际上还处在从教学法体系向科学体系发展的中间过渡阶段。但在德国当代多数学者看来，该体系内部存在的问题并没有严重到导致整体架构难以为继的地步。与其耗费巨大的成本进行重构，不如维持一个通用的分析架构，把重点放在解决实际问题上。⑧⑪

# 五、中国刑法教义学科学化路径的展望

梳理三百余年来德国刑法学方法论的演进脉络，可以带给我们以下三个方面的启示：

## （一）深化对刑法教义学不同体系类型的理解

自20世纪90年代末以来，中国刑法学界开始有意识地对刑法知识的科学性问题展开思索。陈兴良教授提出，在我国恢复法学教育后的一段时间里，刑法学研究大多局限于对刑法条文的解说，这种研究在法治建设的早期无疑发挥了重要的启蒙作用，但它只能提供一种较为肤浅的普法性质的知识，总体上缺乏学术性和思想性。他主张，为了使中国的刑法学真正具有学术性（科学性），必须实现从传统的注释刑法学向教义刑法学的转型；而教义刑法学相比于注释刑法学的一个根本特征就在于，它能够建立起一个不依赖于刑法条文的理论体系。"不可否认，教义学刑法学是在刑

---

⑧⑩　Vgl. Gunnar Duttge, Personales Unrecht: Entwicklungslinien, gegenwärtiger Stand und Zukunftsfragen, in: Jörg-Martin Jehle/Volker Lipp/Keiichi Yamanaka（Hrsg.）, Rezeption und Reform im japanischen und deutschen Recht, 2008, S. 204.

⑧⑪　Vgl. Hans-Heinrich Jescheck, Lehrbuch des Strafrechts Allgemeiner Teil, 4. Aufl., 1988, § 21 I 2; Helmut Frister, Strafrecht Allgemeiner Teil, 10. Aufl., 2023, 7/7.

法条文基础上形成的，但与此同时，它又具有超越刑法条文的性质，已经发展成为独立于刑法条文的理论体系。只有采用教义学方法对刑法学进行研究的知识体系，才能成为'跨越国境的刑法学'，并在各国流传。"⑫ 据此，"体系化"就成了刑法知识学理化、科学化最为关键的一环。这一意识的树立，对于促进中国刑法学知识和方法的转型升级具有重要的意义。

不过，进入新的发展阶段，我国刑法学需要进一步深化对体系的认知。我国学者对体系的理解，主要是以第二次世界大战结束后的德国刑法学通说为参考对象的。当我们以更宽广和纵深的视域去审视刑法学的发展史时，就会发现：

第一，笼统地倡导刑法学知识的体系化，并不能确保刑法理论必然满足科学性的要求。因为，法学中的体系化其实存在两个不同层次的意义：其一，对法律的相关知识进行整理，使其以清晰、明了的形式呈现出来，以便人们掌握和运用（教学法体系）；其二，揭示法规范的合法性根据以及法规范之间的内在关联，并以这种根据和关联为主线将相关知识联结成一个统一整体（科学体系）。如果所谓的体系化加工仅仅停留在前一个层次，那至多只是使各种论点、意见获得了一个有条理的排列框架和叙述方式，却无法改变知识内容本身的时空限定性，也难以生产出超越既有法律与判例、具有前瞻性的崭新知识。后一层次的体系化深入了不同法律规范和学说之间的本质关系，只有它才可能产出反映法律运行一般规律的知识，也只有这种意义上的体系化才能使教义学真正具备科学的品质。

第二，在我们对体系有了"科学/实践"的二元区分意识之后，就可以对德国犯罪论体系的演变历程以及历史地位作出更为准确的评估：首先，在法律实证主义支配下产生的李斯特体系，本质上属于教学法体系。

---

⑫　陈兴良：《注释刑法学经由刑法哲学抵达教义刑法学》，载《中外法学》2019 年第 3 期，第581 页。

阶层式体系从古典到现代的演变，实质上是从单一教学法体系向糅合了实践性和科学性双重需求的体系发展的过程；从科学性的角度来看，当代通行的体系远不是"历史的终结"，它仍然是一个尚未发展完全的中间形态。其次，人们在评价古典体系和现代体系各自的利弊时，其实是站在了不同的出发点上。例如，古典体系用以批判现代体系的一个关键理由在于，将故意、过失纳入不法构成要件，会导致对故意、过失进行双重评价，而且当构成要件包含了成立犯罪所需的全部积极要素时，就会使犯罪的检验过程趋于整体化而缺乏分析性。[83] 现代体系质疑古典体系的一个主要论据则在于，离开了故意、过失要素的客观不法，根本不足以支撑起一个与刑罚这种特定法律后果相关联的不法概念。[84] 很明显，古典体系的批判着眼于实践操作的便捷性（教学法视角），而现代体系的质疑则立足于与刑法本质的意义关联性（科学性视角）。

## （二）为刑法教义学重构符合时代要求的科学标准

### 1. 科学标准虚化所带来的弊端

当代刑法学在教义学知识科学化方面止步不前的状况存在巨大隐忧，包括：

首先，刑法教义学知识的碎片化。科学标准要求，知识体系中的各个原理、要点不能只是松散、浅表地堆砌在一起，而应该由内在的意义主线连接成为统一的整体。但是，德国当代刑法学的一个重要特征就是其明显的折中主义（Eklektizismus）倾向，即完全不同的各类价值观、方法、论

---

[83] 参见张明楷：《行为无价值论与结果无价值论》，北京大学出版社 2012 年版，第 92 - 94 页；黎宏：《刑法学总论》，法律出版社 2016 年版，第 67 页。

[84] 参见冯军：《刑法教义学的立场和方法》，载《中外法学》2014 年第 1 期，第 185 页；周光权：《行为无价值论的中国展开》，法律出版社 2015 年版，第 67 - 72 页。

证模式以及观察问题的视角被杂乱地拼凑在了一起。⑧ 除上文提到的阶层式体系本身仍然保留着"要素罗列"的弊端，以及犯罪论呈现出"典型形态＋若干补丁"的状态之外，我们在犯罪论的具体领域中还看到：客观归责理论将各种性质完全不同的问题悉数堆积在客观构成要件的范畴之下，仅满足于用一个三段式的框架（风险创设、风险实现以及构成要件效力范围）对各种下位规则进行粗略的归并和分类。在错误论中，先是认为只有对构成要件事实的错误认识才能排除故意，随后又逐步扩大具有排除故意效果的错误范围，使之不仅包括了对违法阻却事由前提事实的认识错误，甚至还包括了违法性认识错误的某些情况。处理规则的细致多样，固然有助于推动司法机关针对不同情形作出相对合理的裁判，但是这些规则带有明显的就事论事的色彩，它们还停留在简单堆砌的状态，之间还缺少理论上的系统整合。在共犯领域，作为间接正犯关键词的"意志支配"，既包括了对责任有瑕疵之人的支配，也包括了对完全责任之人的支配（所谓"正犯背后的正犯"）。人们无法看出，通说究竟是借助何种上位原理将二者连接在了一起，两种截然不同的情形又如何能共存在同一个"意志支配"的概念之下。在不作为犯的领域，通说主张保证人义务的来源包括保护保证人和监督保证人。但是，这种学说只是将人们业已认可的作为义务进行了形式上的分类而已，却并没有从深层次说明保证人义务的实质来源和规范论基础。⑧ 正因为如此，所以一方面，除明确列举的负有作为义务的情形之外，其他情形该如何处理仍是未知之数。另一方面，它所划分出

---

⑧　Vgl. Bernd Schünemann, Kritische Anmerkungen zur geistigen Situation der deutschen Strafrechtswissenschaft, GA 1995，S. 222.

⑧　参见车浩：《保证人地位的实质根据》，载公益信托东吴法学基金会主编：《不作为犯的现状与难题》，元照出版公司 2015 年版，第 256 页；周啸天：《保证人地位事实论的重构与应用》，载《中外法学》2021 年第 2 期，第 409 页。

来的两种类型并没有严格的界限，二者在很大程度上是可以相互混用的[87]，即：当行为人对某一危险源负有管控职责时，也就意味着他对可能因该危险源而遭受损害的法益负有保护义务；反之，当行为人对某一法益负有保护职责时，也完全可以认为他对可能给该法益造成损害的危险源负有监督的义务。

值得一提的是，有一种声音认为，如今的德国刑法教义学已经"研究过度了"（übererforscht）。[88] 希尔根多夫（Hilgendorf）指出，就现在的德国刑法教义学而言，即便在那些边缘性的问题上，人们所进行的区分也已极其细致入微，再区分下去已毫无意义。[89] 这样的说法乍听起来令人费解。因为，既然人们历来认为科学研究永无止境，那么对于学术活动而言本无所谓"过度"一说，理论研究走向精深与细致化也应该是值得欢迎的现象才对。真正的问题在于：当前的刑法教义学只是被动地跟随实践中出现的各种现象进行烦琐、细碎的列举。正是由于这种不断细化的分类并没有坚实的根基做支撑，而只是对现象的简单描摹和消极应对，所以表面上看类型划分日益周密、学理分析愈加精致，理论却鲜有实质性的进展，个别的知识在不断增长，学术思想却缺乏应有的提升。这不是"研究过度"，而恰恰是理论的停滞和相对匮乏。

其次，任何一门学科，总是要在一定程度上追求超脱现实功利的"无用之用"，一旦它以贴近实践为名完全放弃了对本质规律的探寻，就必然沦为一种纯粹的手工技艺，最终也将失去对实践的批判和指导功能。主流

---

⑧⑦　Vgl. Hans-Joachim Rudolphi, Urteilsanmerkung, JR 1987，S. 337；Michael Pawlik, Der Polizeibeamte als Garant zu Verhinderung von Straftaten, ZStW 111 (1999)，S. 339.

⑧⑧　参见同前注⑦③，Tatjana Hörnle 文，第 208 页。

⑧⑨　Vgl. Eric Hilgendorf/Helmuth Schulze-Fielitz, Rechtswissenschaft im Prozess der Selbstreflexion, in：Eric Hilgendorf/Helmuth Schulze-Fielitz（Hrsg.），Selbstreflexion der Rechtswissenschaft, 2. Aufl.，2021，S. 3.

学说之所以难以割舍对科学体系的追求，一个重要原因在于人们始终期待法教义学具有"进步功能"和"启发功能"⑨，即能够产出新的知识从而为新规范的续造生成提供前瞻性的指导。理论是否具有前瞻性，取决于它能否从具体的问题中总结形成带有规律性的认识。当代的刑法教义学研究存在着一种倾向，即单纯以能否在司法实务中派上用场作为选题的标准，主张只有判例中实际出现的问题才值得研究。德国法学界甚至有一种观点认为，与自然科学通过实验的方法可以证明理论真伪一样，对于法学来说，法院是否采纳学者的学说也是评判该学说优劣的标准。⑨ 这一看法是值得商榷的。第一，学术研究与司法实践在逻辑上存在着差异。⑨ 法院采用了某种学说，只能说明该学说最符合法院在个案审理中的实际需要，却不能保证该说一定是最具有说服力的观点。第二，当刑法教义学功利性地将目光局限在那些能够直接产出问题解决方案的领域，只是亦步亦趋地跟在立法和司法实践的身后从事一些被动回应式的研究时，它也就丧失了从长远出发进行顶层设计并指导实践的能力。从这个意义上来说，"法律科学越是变成一门哲学性的科学，就越是成为一门实践性的科学"⑨。一旦将法学定位为实践的纯粹仆从和帮手，法学反而会最终失去为实践提供智力支持的价值。

最后，弱化科学标准的做法，可能对刑法学的学科地位产生消极影响。据德国学者介绍，随着法教义学研究日益以司法实践为导向，德国大学法律系的教学因为学术性不足而有沦为法律专科学校的危险，法学学科

---

⑨　［德］罗伯特·阿列克西：《法律论证理论——作为法律证立理论的理性论辩理论》，舒国滢译，商务印书馆 2019 年版，第 328－329、333 页。

⑨　Vgl. Alexander Hellgardt, Regulierung und Privatrecht: staatliche Verhaltenssteuerung mittels Privatrecht und ihre Bedeutung für Rechtswissenschaft, Gesetzgebung und Rechtsanwendung, 2016, S. 392.

⑨　Vgl. Oliver Lepsius, Problemzugänge und Denktraditionen im Öffentlichen Recht, in: Eric Hilgendorf/Helmuth Schulze-Fielitz (Hrsg.), Selbstreflexion der Rechtswissenschaft, 2015, S. 88 f.

⑨　同前注㊱，［德］默克尔书，第 51 页。

的技术化导致其在学术机构、基金会、决策机构中的地位呈下降趋势，法学在德国高校的"卓越计划"中也逐渐被边缘化。⑭

**2. 重构科学标准的初步设想**

部分德国学者不满于当代刑法教义学侧重具体问题的细碎研究、弱化体系性要求的状况，赫鲁施卡（Hruschka）和帕夫利克（Pawlik）是其中颇具代表性的两位。赫鲁施卡借鉴几何学和理论物理学的标准，认为科学的刑法理论应当满足三方面的要求：其一，要找到体系赖以建立的全部基础概念，说明其能够成为基础概念的理由并厘清它们之间的关系；其二，体系内分属不同层级的学说和概念之间，应该具有推导关系；其三，无论是基础概念还是下位概念，其内涵都应当清晰而明确。⑮ 帕夫利克则提出：要使刑法学具有真正的科学品质，应当回归康德式的体系标准，即承认体系是"杂多知识在一个理念之下的统一性"，所有部分都能够"从一个唯一而之上的内部目的中推导而出"；对于刑法学来说，用于推导出犯罪论的指导性"理念"就是刑罚的正当性根据，即刑罚是通过处罚去修复被行为人破坏的法律关系，从而保证共同体成员相互认可的状态具备必要的稳定性；由此可以推导出犯罪的本质，即只有当某一行为违反了公民所负有的应当共同维护既有之自由生存秩序这一义务时，才能将该行为视作犯罪，据此可以进一步在行为、归责、故意等具体范畴中推导出与犯罪本质相适应的结论；这样一来，就可以在刑罚论和犯罪论之间、在犯罪论的各个范畴和概念之间建立起坚实的联系纽带。⑯

上述构想引出了一个值得思考的问题：对于当代的刑法教义学而言，

---

⑭　参见卜元石：《法教义学的显性化与作为方法的法教义学》，载《南大法学》2020年第1期，第56页、第60页。

⑮　Vgl. Joachim Hruschka, Kann und sollte die Strafrechtswissenschaft systematisch sein?, JZ 1985，S. 2.

⑯　参见同前注⑰，［德］帕夫利克文，第29—40页。

究竟应当采取何种意义的"科学"标准？对此还有待专题研究。笔者初步认为，在确定刑法教义学科学标准时，至少需要注意以下四个方面：

第一，结合哲学社会科学方法论的整体变化趋势来看，刑法教义学不宜原封不动地采用康德、黑格尔式的科学标准。

首先，试图以一个理念或者原则实现统一的法学体系观，"有意地隐藏和掩盖了法律系统的内在复杂性"⑰。体系化的难度是与知识体系所面对之问题的复杂程度成正比的：体系所处理的具体问题越是单一、稳定，则越容易寻找到用以统合各具体知识的本质规律和根据；反之，体系所处理的问题越是庞杂、多变，要想从中抽象出可以贯穿和适用于全部知识的恒定规律，就越困难。从 17 世纪至 19 世纪前期，之所以科学化、体系化能够成为刑法理论发展的主导方向，除科学主义盛行以及统一完备的刑法典尚付阙如之外，还有一个不可忽视的因素，那就是当时的社会观念较为统一，技术迭代的速度相对较慢，刑法所面临的问题无论是在类型上还是在结构上，都能够在相当长的时间内保持稳定。然而，在现代社会中，不仅价值观念趋于多元，而且社会关系日益复杂、科学技术飞速发展，法律问题的复杂程度和更新速度都是以往任何时代根本无法比拟的。许内曼曾经指出，以 20 世纪 60 年代为分界线，德国刑法理论呈现出两幅迥异的景象：此前的刑法理论具有高度的封闭性，其内部各要素之间也保持着严密的关联性；在此之后，体系性的刑法学派迅速退出历史舞台，刑法理论大幅度趋于个别化、分散化。产生该变化的一个重要原因就在于：在 1870 年至 1960 年近百年的历史时期内，整个德国社会的价值体系相对趋同，但是自 20 世纪 60 年代之后，人们的价值观念快速地走向异质和多元化。反映到刑法领域，就表现为刑法理论越发难以形成一以贯之的知识系

---

⑰ 泮伟江：《法律系统的自我反思：功能分化时代的法理学》，商务印书馆 2020 年版，第 27 页。

统。⑱ 有学者针对帕夫利克的理论建构指出，帕氏所追寻的那种纯净而毫无矛盾的体系，在现实中是很难实现的，因为体系所分析和反映的社会生活本身就充斥着各种矛盾，我们应该对事实现象自身予以尊重，而不是将其简单地归结为概念和概念关系。⑲

其次，当代哲学方法论的反本质主义（反基础主义）倾向，对于刑法学方法论也有着不可忽视的影响。从古希腊一直到黑格尔，西方哲学始终秉持一种本质主义（或曰基础主义）的传统，即不满足于具体事物的现象，总是试图寻找和追问事物背后潜藏的本质或规律，认为本质高于现象，因为本质是独一无二、恒久不变的，而现象却总是处在运动、变化之中，转瞬即逝。⑳ 无论是自然法学说、刑事黑格尔学派还是物本逻辑结构论，都无一例外地继承了这种偏爱普遍、永恒之物的本质主义观念。在它们看来，各国的实定法不过是个别、暂时和可变的现象㉑，其背后必然还存在着某种更为本原、能够对实定法起到指导和评价作用的东西，而这种更高层次的东西才应该是法律科学追寻、研究的对象。然而，20 世纪以后现代西方哲学的一个普遍发展趋势是，对先验固定的"普遍本质"和"最终基础"持怀疑和拒斥的态度。㉒ 现代哲学似乎更愿意相信，真实的世界就是那个呈现出来的现象世界，所谓的本质在很大程度上不过是人们主观虚构的结果，由此抛弃了同一性、单一性、终极性，转而强调多元性、非线性、不可穷尽性。㉓ 这种反基础主义的倾向必然会反映在刑法学

---

⑱ 参见同前注㉕，Bernd Schünemann 文，第 221 页以下。

⑲ Vgl. Jochen Bung, Das Unrecht des Bürgers, 2014，S. 552.

⑳ 参见赵光武：《后现代哲学的反基础主义与复杂性探索》，载《北京大学学报（哲学社会科学版）》2004 年第 2 期，第 34 页。

㉑ 参见同前注㉘，Hans Welzel 文，第 277 页。

㉒ 参见赵林：《西方哲学史讲演录》，上海三联书店 2021 年版，第 6—7 页。

㉓ 参见［美］斯蒂芬·贝斯特、［美］道格拉斯·科尔纳：《后现代转向》，陈刚等译，南京大学出版社 2002 年版，第 27 页。

之中。既然如前所述，在刑法学领域，封闭的体系已经为开放、动态的体系所取代，复杂的现实问题已经代替抽象理念成为体系建构的原动力，既然许多问题的合理解决也都离不开对多种理念、多重视角的综合运用，那么用以统合刑法教义学知识的原则和理念就必然是多元的。"法律系统本质上并非某种建立在原则基础上内部融贯的统一体系，而只能是某种'多元的统一'"[104]，在此情况下再一味坚持康德所说的"一个理念之下的统一性"，恐有刻舟求剑之嫌。

第二，应当从主体间性而不是本体论的角度，去界定刑法教义学知识的客观性。

随着法学被普遍定义为"一门理解性的文化科学"[105]，试图用演绎的方法绝对证明或者证伪某个命题的做法已经不可取，法教义学也逐渐抛弃了那种与外部实体相符意义上的客观性标准，转而采用交谈意义上的客观性。于是，与问题思考方式的兴起大致同步的一个发展趋势，是对论证程序和规则的重视。[106] 罗尔斯于 20 世纪 70 年代提出了反思平衡（reflective equilibrium）的方法。[107] 他认为，在伦理学、法学等实践理性领域中，论证不是寻求命题之间逻辑关系的狭义的"证明"，而是含义更加丰富的"辩护"，这样的论证不再执着于命题判断是否符合事物，而是以分歧为出发点，旨在通过一定的程序使对立的双方在吸纳对方合理内容的基础上达成某种一致。[108] 所以，反思平衡是一种主体间性的论证过程，经过反思平衡所实现的"客观"，已不再是本体论意义上的客观性，而是指因其主体间性的合理性而能够得到各方的认可。哈贝马斯（Habermas）指出：真

[104]　同前注[97]，泮伟江书，第 30 页。

[105]　Vgl. Gustav Radbruch, Rechtsphilosphie, 6. Aufl., 1963, S. 220 ff.

[106]　Vgl. Makoto Ida, Zur Wahrheit der strafrechtlichen Problemlösung, FS-Sieber, 2020, S. 8.

[107]　参见［美］罗尔斯：《正义论》，何怀宏、何包钢、廖申白译，中国社会科学出版社 2009 年版，第 16 页。

[108]　参见刘莘：《罗尔斯反思平衡的方法论解读》，载《哲学研究》2014 年第 3 期，第 107－109 页。

理的获得不应求诸主体与客体之间，而应当关注主体与主体之间，所借助的方法也不是"认知"，而是"商谈"；命题的真理并非在世界上发生的事件过程中，而是在以论证方式所取得的共识中得到证实。阿列克西（Alexy）在借鉴哈贝马斯商谈理论的基础上提出，理性不应等同于百分之百的确实性，只要遵守了一定的讨论规则和形式，那么规范性命题就可以按照理性的方式来加以证立，讨论的结论就可以称为理性的结论。[109]

第三，使知识体系内部的各个原理以某种令人信服的意义联络相融贯，而不是杂乱无章地堆积在一起，这是刑法教义学超越纯粹技艺而具有科学性的基本特征。

不论怎样界定科学标准，有一点是明确的，即知识的大杂烩不配享有"科学"之名。[110]"科学体系的任务在于将法秩序作为意义整体的意义脉络显现出来并加以描述。"[111] 面向具体问题的刑法教义学研究，一开始必然会形成各种解决方案、观点意见简单汇集的知识状态。欲克服知识孤立化、零碎化的趋向，就必须为理论追加一种"论证的负担"：它一方面需要通过反思消弭不同论题之间可能存在的矛盾，当论题间的冲突不可调和时，则需要考虑对原有知识进行重构；另一方面需要从个别知识中归纳和提炼出反映一般规律的判断，以此揭示联结不同知识的逻辑纽带。例如，人们最开始认为，利用他人无责任之行为（比如唆使完全丧失责任能力的精神病人或者利用他人意外事件行为）的情形，可以构成间接正犯；继而，人们又发现，利用他人过失犯罪行为（包括可避免的违法性认识错误）的情况，也应该被归入间接正犯；后来，人们又主张，即便被利用者对最后的结果承担完全的故意犯罪责，幕后者也可以因为欺骗或者组织权

---

[109] 参见舒国滢：《法学的知识谱系》（下），商务印书馆2021年版，第1473页。

[110] 参见［德］黑格尔：《精神现象学》，先刚译，人民出版社2013年版，第1页。

[111] 同前注[67]，［德］拉伦茨书，第611页。

力而成立间接正犯。间接正犯的这三种表现形式不仅存在差异，而且存在相互冲突之处。因为，完全无责任的行为与应负完全责任的行为，本来在刑法上受到的评价是截然相反的，但在间接正犯的语境下，为什么二者能够被统一视为幕后者操控的"工具"呢？这时，刑法理论不能只是满足于将三种表现形式罗列在一起，而必须深入间接正犯的本质中去说明，能够将这三者归属于一类范畴的内在联系究竟是什么。

第四，刑法教义学要具有科学性，必须具有突破浅表深入本质的意识与思维。

海德格尔（Heidegger）将真理界定为"不受遮蔽的东西"（Unverborgene）[12]。他指出：人类开始认知事物时，其实并非处在空白一片的纯然无知状态之中，而是被各种肤浅、虚幻的前理解所萦绕；因此，与真理相对立的概念并不是谎言，而是假象，通向真理的道路就是不断清除假象逐步抵达事物真实本质的过程。[13] 刑法教义学在对问题素材进行加工整理之初，一方面因为思考还处在较为朴素的经验获知阶段，另一方面也是为了尽快提出简明易懂的问题解决方案，故往往都会采用相对直观、浅显以及形式化的思维方式，由此形成的知识集合体大体上也都是以教学法或者实践操作为导向的。然而，"仅仅从外部对素材进行'观览'"，是无法实现科学的体系化目标的，我们有必要推动学理思考朝着更深层根据的方向迈进，从而发展出"关于犯罪本质、关于如何合法地将某一事件评判为犯罪的完备理论"[14]。只有通过这样一种不断进行深层次追问的方法，我们才能逐渐触及可以将已有知识相互联结进而产出新型知识的实质性根据。

---

⑫ ［德］海德格尔：《论真理的本质——柏拉图的洞喻和〈泰阿泰德〉讲疏》，赵卫国译，华夏出版社 2008 年版，第 10 页。

⑬ 参见同前注㊳，Otto Friedrich Bollnow 文，第 12 页以下。

⑭ Wolfgang Frisch, Wesenszüge rechtswissenschaftlichen Arbeitens-am Beispiel und aus der Sicht des Strafrechts，in: Christoph Engel /Wolfgang Schön（Hrsg.），Das Proprium der Rechtswissenschaft，2007，S. 166.

例如：20 世纪 30 年代末出现的社会相当性学说，讲述了人们通过直觉就能感知的一个道理，即某种行为即便具有法益侵害的属性，但只要它是社会中通常存在的、得到人们普遍接受的举动方式，那就不能将其评价为不法行为。这种看法无疑有助于司法实践合理地限缩犯罪成立的范围，但从科学的角度来看，"社会相当"终究只是一个判断结论而非终极的根据[115]，所以还需要进一步追问：该举动凭什么能够获得社会的普遍认可呢？后世客观归责理论的发展，实际上就是不断超越"社会相当性"这一浅表认知，将思考推进到更深层次原理的过程。人们逐渐认识到，"社会相当"这一表象的背后其实隐藏着一系列更具本质性的根据，包括注意义务判断中的利益衡量、社会角色与社会期待、被害人自我答责、被害人承诺等等。又如：对于当今主流共犯理论具有基础性意义的，仍然是"直接—间接模式"。该模式从直观的经验事实出发，认为应当对直接侵害法益者和间接侵害法益者加以区分：前者亲手实现了构成要件，属于共同犯罪的核心人物，应予重罚；后者则只是假他人之手间接地引起了构成要件结果，属于共同犯罪中的边缘人物，可以从宽处理。这种理论构建既符合人们的朴素直觉，也能够对一般常见的共犯现象给出合理的解释。然而，一旦遇到间接正犯、共同正犯以及有组织犯罪等特殊情形，"直接—间接模式"就明显力不从心。因此，有必要从根本上改变传统那种倚重直观感受的思考方法，以归责这个更具本质性的视角去重塑共犯理论。[116]

**（三）在刑法教义学内部建立起多层次的科学检验机制**

（1）欲实现刑法教义学的客观化和理性化，不能像历史上出现过的方

---

[115]　Vgl. Urs Kindhäuser, Welzels Konzeption sozialer Adäquanz-normtheoretisch betrachtet, FS-Rengier，2018，S. 58.

[116]　参见何庆仁：《共犯论中的直接—间接模式之批判——兼及共犯论的方法论基础》，载《法律科学（西北政法大学学报）》2014 年第 5 期，第 57-67 页。

案那样只倚重单一某个要素，而应该求助于价值基石、规制对象和论证程序等多个方面。第一，行为刑法、责任原则是法治国家共享的基本价值原则，它们构筑了刑法教义学必须遵循的铁律；第二，刑法的解释和适用要实现最优的效果，必须尊重与刑法规制相关的自然现象和社会事实的客观规律；第三，运用法学方法、遵循论证规则并符合理性商谈程序，能够最大限度地消除冲突、形成共识。

（2）刑法教义学内部需要有一个相对独立的科学检验层。这是由两个因素所决定的：

首先，大规模复杂社会的到来，必然带来社会内部的功能分化，也会促进科学系统内部的功能分化，使以反思科学研究活动本身为任务的科学方法论研究独立化。

其次，法教义学的一个特点在于，它并不是从局外观察者的角度去检视司法实践，而是以躬身入局者的身份直接参与司法实践。[⑩] 当社会现实的复杂性不断升高、疑难问题的数量与日俱增时，处在司法一线的刑法教义学所肩负的有效应对现实问题的任务也愈加繁重，它往往难以跳出具体问题的包围，也无暇从整体上去兼顾理论体系科学性的要求。由此决定了实践导向的法教义学很难具有跳出研究活动对自身展开观察和反思的自觉性，难免具有"不识庐山真面目，只缘身在此山中"的局限。19 世纪末，默克尔提出要构建超越实践性法教义学的一般法学说，正是为了克服该局限而进行的初步尝试。今天，有必要在刑法教义学内部进行职权划分，在具体教义学知识的生产一线之外，设置相对独立的外部监管与批判机制。这种机制由于和司法实践保持着一定的距离，所以能够以较为超脱的姿

---

⑩　Vgl. Thomas Gutmann, Intra-und Interdisziplinarität: Chance oder Störfaktor?, in: Eric Hilgendorf/Helmuth Schulze-Fielitz（Hrsg.）, Selbstreflexion der Rechtswissenschaft, 2. Aufl., 2021, S. 94.

态，对刑法教义学作更加根本、长远和全局性的思考，能够从方法论的高度对自下而上建构起来的知识体系进行跟踪和检测。一旦发现它与科学标准存在冲突，就警示刑法理论应当加以反思、修正甚至在必要时着手重构。这种科学检验层至少需要进行价值基础一致性、事实结构符合性以及形式逻辑性这三个方面的检验。⑱

---

⑱　具体参见同前注⑦，陈璇文，第 161-164 页。

# 第三编 | 部门法学・诉讼法学

# 论刑事诉讼法的法典化[*]

陈卫东[**]

## 引　言

作为一种高度体系化的规范载体，法典是在特定的历史阶段，一国法律制度发展到一定高度后形成的统一规范整体。与分散式的、个别性的法律不同，法典是法律规范积淀的产物。只有当国家立法已臻成熟时，真正意义上的法典才有产出的空间。基于理性主义的可知论，执行立法与司法严格分立的国家和地区，其决策者都带有某种将涉及某一共通对象或执行某一特定程序的相关法律规范编纂成为一部法典的倾向。这种倾向的现实化过程，通常被称为法典化。[①] 法典化要求对一个部门法律下的所有基本原则与重要规则进行系统性编纂，形成"完整、连贯和清晰"的法律[②]，从而有效提升法律的科学化程度，实现国家治理的有序性与规范性。在此背景下，法典化便成为立法的一种高级形式，前者虽以后者为基础，但从

---

＊　本文原载于《中国法学》2021 年第 3 期。

＊＊　陈卫东，中国人民大学法学院教授。

① "法典化"（Codification）这个术语最初由边沁在给沙皇亚历山大一世的书信中提出，他在信中专门区分了"法典化"与"立法"（Legislation）。*See* Gunther A. Weiss, *The Enchantment of Codification in the Common-Law World*, Yale Journal of International Law, Vol. 25：2, p. 448-449（2000）.

② 参见［美］约翰·亨利·梅利曼：《大陆法系》（第 2 版），顾培东、禄正平译，法律出版社 2004 年版，第 29 页。

某种程度上讲，由于体系化的法典囊括了部门法下法律关系的各个方面，前者较后者毋宁更为重要。正如穗积陈重所言："法典编纂之举是立法史上一个世纪之大事业。国家千载之利害，生民亿兆之休戚，均依此而定。"③

2020 年《中华人民共和国民法典》（以下简称《民法典》）的颁行可以被看作是新时代法典化运动的开端。作为我国立法史上首部以"法典"命名的法律，《民法典》在新时代法治建设中具有的开创性意义不言而喻。全国人大常委会副委员长王晨同志在《关于〈中华人民共和国民法典（草案）〉的说明》中指出："回顾人类文明史，编纂法典是具有重要标志意义的法治建设工程，是一个国家、一个民族走向繁荣强盛的象征和标志。"④ 法典化并不仅仅涉及民法领域，在建设中国特色社会主义的新时代，在党的十九届四中全会提出要进一步"完善以宪法为核心的中国特色社会主义法律体系"的背景下，法典化也应当成为其他部门法立法完善必须关切的时代命题。改革开放以来，我国的法治建设日新月异，不但形成了中国特色社会主义法律体系，在立法、司法、执法等诸多方面也都积累了大量经验。时至当下，要使这些经验系统地进入法律体系，实现新时代立法的跨越式发展，从而完成推进国家治理体系和治理能力现代化的任务，以民法典的施行作为契机启动新时代的法典化运动具有现实必要性。

过去我国虽然通过并施行了一些形式上带有法典样态的法律，但是，由于未经实质上的法典化，使得此类法律无法承载新时代的治理需求与法治使命。《中华人民共和国刑事诉讼法》（以下简称《刑事诉讼法》）作为改革开放后施行的首批法律，难免存在着这种源生性的弊病。《刑事诉讼

③ ［日］穗积陈重：《法典论》，李求轶译，商务印书馆 2014 年版，第 1 页。
④ 王晨：《关于〈中华人民共和国民法典（草案）〉的说明》，载《人民日报》2020 年 5 月 23 日，第 6 版。

法》颁行前的十余年间，现代意义的刑事司法在我国其实并不存在，在检察机关被撤销，公安机关与审判机关合并的状况下，刑事诉讼实践并未留下任何有意义的经验。为了迅速恢复社会秩序，扭转大规模群众运动导致的混乱局面，党中央果断采取了以法制为抓手的治理措施⑤，在极短的时间内出台了包括《刑事诉讼法》在内的一系列法律。《刑事诉讼法》的颁行终结了刑事司法"无法无天"的局面，对国家治理活动的顺利进行起到了重要作用。然而，由于立法经验的缺乏，当时一些并不成熟甚至错误的内容，未经实践检验便直接成为法律的一部分，对后来刑事司法的现代化造成了严重阻碍。纵使经由数度法律修改，立法者剔除了《刑事诉讼法》中一些不合司法实践、违背法治精神的条款，新增了大量权力制约与人权保障的内容，然囿于法律修改的局限性，寓于本法制定之初的结构性问题却依然不可避免地存在着。

《刑事诉讼法》虽然体现为法典的样态，但却并未经历过法典化编纂的过程。它的制定很大程度上直接移植自苏俄法制，包括结构、原则、主要制度在内的一系列重要内容仍保留着苏俄刑事诉讼法的色彩，完备性与体系性皆不充分。就此而言，《刑事诉讼法》徒具法典之名，而无法典之实，这与民法典形成了鲜明的对比。由于在根源上未专门以中国特色社会主义的理论与文化为基础，形成于20世纪70年代的《刑事诉讼法》框架很难完成新时代法治建设提出的任务。比如，党的十八届四中全会指出，要"推进以审判为中心的诉讼制度改革"，但是，在《刑事诉讼法》延续苏联式机关化、职能化的立法框架下，审判就不可能真正意义上成为刑事诉讼的"中心"，其必然受到侦查机关、检察机关在实体认定与程序适用上的制约。质言之，为了从根本上解决困扰我国刑事司法现代化的问题，

---

⑤ 参见邓小平：《解放思想，实事求是，团结一致向前看》，载《邓小平文选》（第2卷），人民出版社1994年版，第146、147页。

就需要我们对《刑事诉讼法》进行彻底检视，以法典编纂为视角，重新整合既有的法治资源，完成刑事诉讼规范的完备化与体系化工作，最终在实质层面实现刑事诉讼法的法典化。

# 一、法典化的标准与功能

法典化存在广义与狭义之分。狭义上法典化的代表作品如《法国民法典》和《德国民法典》，其编纂目的在于形成一部"系统化、综合化的法律体"，进而"得以专属性和完整性地调整整个法律部门，或者至少是其中的一大部分"。⑥ 广义上的法典化仅指法律汇编的过程，所有带集成化色彩的汇编型法律都是其结果，典型的立法例如《美国法典》，其仅为"将特定领域的相关制定法汇集在一起，经过某些技术处理，对已有的同类法律法规系统地整理成册"⑦。笔者论及的与新时代法治需要的法典化，无疑系指法典化在狭义层面的概念，它代表着这样一种理念：把全部的法或者把一个大的规范领域完整、和谐地汇编为一部法典。⑧ 相较于普通立法与法律汇编，法典存在一系列独有的特质与标准，而这也是法典化期望实现的目的之附丽。对法典化的标准与功能的分析，是展开本文研究的基础，必须首先予以阐明。

## （一）法典化的标准

法典化的标准分为静态与动态两个层面，前者指法典化的结果，后者

---

⑥ Vgl. Manfred Rehbinder, Einführung in die Rechtswissenschaft: Grundfragen, Grundlagen und Grundgedanken des Rechts, 1995, S. 207.

⑦ 刘兆兴：《比较法视野下的法典编纂与解法典化》，载《环球法律评论》2008 年第 1 期，第 54 页。

⑧ 参见［德］迪特尔·施瓦布：《民法导论》，郑冲译，法律出版社 2006 年版，第 19 页。

指法典化的过程。概言之，法典化的结果乃法典的生成，最终体现出的是一种相关部门法领域整体性规范的样态，而法典化的过程则须包含一个必要的编纂机制，其将为法典提供具有体系性的架构与内容。

静态层面的法典化，使法典与普通立法形成了明显的结果差异，这构成了法典化的形式标准。法典化追求的目标，从形式上看，乃是制定一部特定法源的集合体。从《查士丁尼法典》到《法国民法典》《德国民法典》，再到我国的《民法典》，立法者意图通过法典化实现的基本目的，均是将一系列存在内部关联的法源汇集一体，从而实现法律渊源的统一。其中，内部关联的界分，大体上以学界发展出并且为法律职业共同体接受的法律部门为准据。法律部门基于一种描述性或类型化的理性方式建构，其划分标准被抽象为"法律规范所调整的社会关系"与"法律规范的调整方法"等。[9] 全国人大常委会曾在工作报告中将中国特色社会主义法律体系划分为宪法及宪法相关法、民商法、行政法、经济法、社会法、刑法、诉讼与非诉讼程序法等七个主要的法律部门，这些法律部门及其子部门皆构成法典化的潜在对象。与之相较，普通立法并不追求所立法律的集合性与完备性，其目的仅在于制造正式法源或使非正式法源上升为正式法源，至于调整的关系与方法则在所不问。不过，一般而言，普通立法的结果仍可归于某个法律部门，其与法典化的形式区别毋宁在于规模方面的差异。

与法律汇编不同，法典化的特点则集中于动态过程。法典化工作追求的目标，是实现法律渊源体系的理性化。即便在调整某一社会关系领域存在一系列正式或非正式的法源，若未经符合理性的编纂，仍然很难有效规制社会主体与公权机关的行为。典型的情况是，不同法源之间可能存在冲突与空缺，使得适法者无法据此规划自己的行为。在成文法的制度进路下，上述问题的纾解只能诉诸基于形式理性的体系化，即在法律汇编的基

---

⑨　参见张文显主编：《法理学》，高等教育出版社 2018 年版，第 103 页。

础上额外完成编纂的工作。这是一种"进一步的逻辑任务"，其要求"把所有从分析中得出的法律命题加以整合，使之构成一个逻辑清晰，具有内在一致性，至少理论上无漏洞的规则体系"[⑩]。作为体系化的结果，一部严格意义上的法典应当符合以下实质标准：第一，形式的一致性（概念一致、规范一致、制度一致）；第二，内在的一致性（基本价值、原则一致）；第三，逻辑上的自足性（概念的逻辑性、制度的逻辑性、法典与单行法的逻辑性）；第四，内容的全面性（涵盖部门法律关系重要与基本的方面）。[⑪]

### （二）法典化的功能

就共性而言，法典与其他法律都是正式法源，因而可以为适法者提供行动依据，或者说，实现规范预期稳定化的功能。[⑫] 不过，法典化仍然存在个性化功能，其寓于法典展现出的与普通法律、法律汇编不同的样态之中。换句话说，正是为了实现一定的独特功能，法典化才会与其他立法模式存在明显的标准差异。研究法典化的功能，一条较为可行的路径是从历史的角度展开分析，即基于近现代法典化的发展脉络对其进行检视。质言之，法典化的功能主要体现在完备化与体系化两个方面。

首先，法典化是法律发展到一定阶段的必然结果，其最初的功能在于实现规范的统一化与科学化设置。自启蒙运动以降，欧洲的学者们试图将法律精神与人类理性相勾连，在上帝之外寻找法律的合理性根据，最终，他们将理性"科学化"，使法律进入了形式理性的发展轨道。在罗马法垄

---

⑩ ［德］马克斯·韦伯：《经济与社会》（第2卷），阎克文译，上海人民出版社2020年版，第962页。

⑪ 参见王利明：《民法法典化与法律汇编之异同》，载《社会科学家》2019年第11期，第20-22页。

⑫ 参见［德］尼克拉斯·卢曼：《法社会学》，宾凯、赵春燕译，上海人民出版社2013年版，第134页。

断法学教育与法律市场的背景下，启蒙运动确立的信念使人相信法律可以建立在理性基础之上，两者结合产生的巨大能量导致了法律的变革，促成了官方的法典编纂活动。[13] 编纂法典的意义，莫过于实现规范的统一，而这势必需通过法典内含的完备性与体系性实现。当时，人们普遍适用的法律在各地皆存差异，出于维护交易安全、提高治理质效等原因，将一定范围内零散的习惯法与罗马法汇编为统一适用的法典，成为许多统治者的共同取向。在理性主义的思潮下，"当时的思想家们设想以一部自觉设计的、理性的和构造清晰、全面丰富的立法成果来取代源于历史的、零散纷乱和漫无头绪的法律"[14]。这一阶段，法典化展现了初级的完备化与体系化规范的功能。

其次，在法国大革命时期，法典化被寄予了造就"人民的圣经"之期待[15]，其主要通过法典对司法权的限制功能加以实现。从某种意义上讲，法国大革命可以说是一次理性主义的实践运动。一方面，人民主权原则成为大革命的政治思想基础，这使得法律的制定必须全面代表人民利益。另一方面，为了防止人民利益遭致权力的不当侵害，国家在权力配置上采行严格的分立体制，司法权与行政权皆不得侵入立法的领域，而这主要针对前者展开。培根曾言："法官们应该记住，他们的职责是司法，而不是立法，也就是说，是解释法律的，而不是制造法律或者创立法律的。"[16] 但事实上，司法侵入立法的情况在法国远比英国严重，大革命前法官"拒绝适用新法、违背新法宗旨解释新法，或者挫败政府官员适用新法的努力"[17] 导致司法的"旧制度"成了革命的重要对象。出于对人民主权的坚

---

[13] 参见［美］艾伦·沃森：《民法法系的演变及形成》，李静冰、姚新华译，中国政法大学出版社1992年版，第135页。

[14] 高富平：《民法法典化的历史回顾》，载《华东政法学院学报》1999年第2期，第21页。

[15] 参见尹田：《论中国民法的法典化》，载《政治与法律》2006年第2期，第65页。

[16] ［英］弗兰西斯·培根：《培根随笔集》，商务印书馆2016年版，第242页。

[17] 前注②，约翰·亨利·梅利曼书，第16页。

持以及对法官的严重不信任，革命者认为法官只能以议会制定的法律为裁判依据，不得作出法律解释。如此，立法者就应当制定出极为详尽的法律供人民参阅与法官裁判，而这种完备化功能的发挥，则必须经由法典加以实现。

最后，在围绕德国民法典编纂问题的"蒂堡—萨维尼论战"后，法典化又被添附了某种"民族性"的成分，此时，法典被强调发挥的是对既有规范予以体系化功能。其实，从"民族性"无法直接推导出"体系化"，但是根据萨维尼提供的逻辑，加之康德形式理性主义的影响，两者却被紧密绑定了。萨维尼指出，法律来源于民族的共同意识，是经由历史发展形成的，只有通过历史，才能与民族的初始状态保持生动的联系，因而，法学家必须彻底通晓历史材料的确切含义，才能自概念向上构建法典。[18] 而在康德那里，从无到有的制定规范就必然需要体系化，因为法律并不考虑意志行为的内容，只涉及表现意志行为相互关系的形式。申言之，法律作为一种形而上学，应当对先验概念予以分类，构建完整明确的体系，如此方能为人带来利益。[19] 在前述学说的影响下，19 世纪的德国法学大体全部围绕着本土固有法律资源的研究展开，法学家们将各类规范材料与社会现象加以结合，希望经由法典化达成规范体系化的目标——"通过逻辑抽象、理论概括，从法律的原始材料中推论和概括出具有普遍意义的法律概念和法律原则，最后建立起一个仅包括基本原理的高度概括而系统化的法学理论体系"[20]。至此，现代意义法典化的基本范畴（标准与功能）得到了清晰界定，笔者将以此为出发点，探讨刑事诉讼法的相关法典化命题。

---

[18] 参见［德］弗里德里希·卡尔·冯·萨维尼：《论立法与法学的当代使命》，中国法制出版社2001 年版，第 9、11、87、92 页。

[19] 参见［德］康德：《法的形而上学原理》，沈叔平译，商务印书馆 1991 年版，第 39、40、74 - 133 页。

[20] 封丽霞：《世界民法典编纂史上的三次论战》，载《法制与社会发展》2002 年第 4 期，第 96 页。

## 二、《刑事诉讼法》法典性的缺失

自 1949 年 "六法全书" 废除到 1979 年《刑事诉讼法》颁行，我国刑事司法一直缺少一部可供适用的整体性法律。新中国成立初期的司法实践虽然积累了一些有益经验与法治资源，但是，随着一系列政治运动的爆发，国家正常的司法活动戛然而止。"文化大革命" 结束后，为了恢复刑事司法秩序、迅速稳定社会治安以及解决政治遗留问题，立法机关直接将 1963 年中央政法小组主持制定的《中华人民共和国刑事诉讼法（初稿）》作为蓝本，略加删减后便在极短的时间内付诸实施。㉑ 当然，刑事法律的快速制定存在历史的现实必然性，但从理论上看，与《民法典》这种严格意义上的法典相比，《刑事诉讼法》的出台仍显太过仓促，导致 1979 年通过的《刑事诉讼法》远未完成法典化的任务，不论从体例还是体量上看，《刑事诉讼法》都仅类似于《民法通则》而已。虽然历经三度修正，条文数已大幅增加，但其法典性缺失的问题一直存在。其实，《刑事诉讼法》在制定之初就未以实现法典化的功能——完备化、体系化为目的，就好比通过不断修订《民法通则》来形成《民法典》是不可思议的那样，由于根本上导向性问题的存在，《刑事诉讼法》即便继续 "大修大补" 也无法成为真正意义上的《刑事诉讼法典》。

（一）《刑事诉讼法》的编纂程序缺乏

由于国家治理形式的急剧转捩，法律制定在改革开放之初成为党中央一项极度迫切的任务。1978 年的党中央工作会议闭幕会上，邓小平同志

---

㉑　参见陈卫东：《刑事诉讼法治四十年：回顾与展望》，载《政法论坛》2019 年第 6 期，第 19 页。

指出："为了保障人民民主，必须加强法制。……现在的问题是法律很不完备，很多法律还没有制定出来。……现在立法的工作量很大，人力很不够，因此法律条文开始可以粗一点，逐步完善。……有比没有好，快搞比慢搞好。"㉒ 在当时的立法工作中，首要的任务是制定《刑法》与《刑事诉讼法》，这一方面是出于恢复司法秩序、维护社会治安的考虑，另一方面则是为解决审判"四人帮"成员之需㉓，而后一项政治任务甚至有些刻不容缓的意味。为迅速完成"两法"的制定，中央在 1979 年 2 月专门设立了全国人大常委会法制委员会负责此项工作，到了同年 7 月 1 日，《刑法》与《刑事诉讼法》便获得了全国人大的通过。值得注意的是，在不到半年的时间内，法制委员会还主持了其他法律的制定与修改，与《刑法》《刑事诉讼法》同时通过的法律就有五部。立法工作"时间短，任务重"，难免导致这些法律存在罅漏，更不必说完成法典化任务了。

严格来讲，作为奠定我国刑事司法制度基础的 1979 年《刑事诉讼法》，不外乎立法的"急就章"而已，很难说它经历了严格的法典化编纂程序。"任何一部真正起作用的法典，其产生过程首先离不开对已有法律资料的搜集整理，否则只能是照抄别国的法典。这就意味着，一个国家要'制定'某一方面的法典，必须有一段相关法律的实践，只有这一方面的法律资料积累到一定程度之后，或者说只有这一基本前提条件具备之后，才有可能编纂或'制定'相关的法典。"㉔《刑事诉讼法》立法的时代背景是"文化大革命"的结束，在国家正常的刑事司法工作已经停滞近十年的状况下，彼时将刑事诉讼规范予以法典化的前提并不存在。

国家需要一部统括刑事司法的法律，但又给不了立法工作者编纂时

---

㉒ 前注⑤，邓小平文，第 146 - 147 页。

㉓ 参见林山田：《中国之刑事立法及其刑法学》，载《刑事法论丛》（二），台大法学院图书部 1997 年版，第 385 页。

㉔ 严存生：《对法典和法典化的几点哲理思考》，载《北方法学》2008 年第 1 期，第 5 页。

间。在这一背景下，《刑事诉讼法》的立法就将自然而然地偏向于从比较法寻求资源。1979 年《刑事诉讼法》仿造的对象是 1960 年《苏俄刑事诉讼法》（以及 1923 年修订前的版本），不论是立法任务、结构框架，还是制度设计、语言风格，前者都与后者非常相似，唯其主要不同在于规范的体量，后者长度大约是前者的五倍。质言之，1979 年《刑事诉讼法》很大程度上仅为《苏俄刑事诉讼法》的删节版本，似乎除了带有中国特色的死刑复核程序，其余的规范内容几乎都可以在苏俄法律中找到相对应的渊源。㉕ 上述对苏俄法律的移植活动，虽然舒缓了眼前规范缺乏的困难，但未经法典化的《刑事诉讼法》明显遗留了更多的问题。一方面，考虑到我国司法的实际情况，《刑事诉讼法》仅摘取了苏俄法制中某些必须保留的部分，一些细密的程序规范被加以排除，这导致本法的完备性不充分。另一方面，直接"拿来"苏俄刑事诉讼的结构框架作为本法的体系化基础，而因苏俄这套阶段化的刑事诉讼架构本身存在严重问题，使得我国刑事诉讼规范的体系化工作一直无法真正完成。

## （二）《刑事诉讼法》的法外规范膨胀

《刑事诉讼法》编纂程序的缺乏直接导致了法典化功能无法得到实现。法典的编纂是一项有意识的活动，需要立法者基于一定的体系化思路，将适宜调整相关法律关系的规范完备化地纳入法典。在理论上，作为法典化的结果，《刑事诉讼法》应当成为调整刑事诉讼法律关系最主要的法律渊源，其完备性须足以为绝大多数的程序事实提供直接的处理依据，其体系性一方面须尽可能消除因法律本身导致的具体适用问题，另一方面须符合

---

㉕　*See* Harold J. Berman，Susan Cohen & Malcolm Russell，*A Comparison of the Chinese and Soviet Codes of Criminal Law and Procedure*，Journal of Criminal Law and Criminology，Vol. 73：1，p. 239-248（1982）.

现代刑事司法标准的科学化要求。然而，在"宜粗不宜细"立法宗旨下制定的《刑事诉讼法》，根本无法实现法典应当起到的作用。问题在于，需要通过法典解决的问题，不论是完备性方面（提供办案依据）还是体系性方面（解决适法问题），即便在法律不起作用或者法典并不真实存在的情况下，仍须加以处理。在此背景下，国家的治理主体就只能在《刑事诉讼法》外另行制定规范，以求维持刑事司法系统的正常运转。

《刑事诉讼法》法典性缺失最为突出的表征，乃是法外规范的大规模膨胀。这种膨胀主要体现为相关司法解释、部门规章以及司法解释性质文件的大量出台。2018 年《刑事诉讼法》条文数共 308 条，而配套的司法解释，即《人民检察院刑事诉讼规则》与《最高人民法院关于适用〈中华人民共和国刑事诉讼法〉的解释》，分别为 684 条与 655 条，配套的部门规章即《公安机关办理刑事案件程序规定》共 388 条。此外，最高人民法院、最高人民检察院还单独或联合其他部委出台了大量刑事诉讼司法解释性质文件，如《关于实施刑事诉讼法若干问题的规定》《关于适用认罪认罚从宽制度的指导意见》《关于刑事裁判涉财产部分执行的若干规定》《关于办理刑事案件严格排除非法证据若干问题的规定》等。从结果来看，围绕 308 条的《刑事诉讼法》，中央层级出台的规范性文件竟然已经多达数千条，两者完全不在同一量级。[26]

《刑事诉讼法》的法外规范之所以几乎不受控制地出现，直接原因无外乎《刑事诉讼法》本身完备性与体系性的不足。任何法律都不可能完美无缺，概念法学的破产昭示着"法律在实施过程中不可避免地需要实施机关常态化、权威性的解释"[27]，但这并不能为立法者提供任何随意设定粗

---

㉖　参见聂友伦：《论司法解释的立法性质》，载《华东政法大学学报》2020 年第 3 期，第 139、140 页。

㉗　张文显：《法理：法理学的中心主题和法学的共同关注》，载《清华法学》2017 年第 4 期，第 22、23 页。

疏规则的正当理由。立法的任务仍然具有明确性，它依旧需要尽可能给适法者提供明确的规范依据，以求稳定社会主体与公权机关的规范化预期。法典的编纂更是如此，作为刑事司法领域的基本法律，《刑事诉讼法》本应发挥法典化的功能，通过完备化与体系化各类刑事诉讼规范，尽量减少法律适用可能产生的问题，从而充分实现本法的立法目的及任务。遗憾的是，由于《刑事诉讼法》编纂过程的欠缺，其规范的内容，既不完备也难称体系。继而，中央层级的刑事诉讼机关为了明确履职所需的办案依据，只能围绕各自刑事诉讼职能，在法律之外另行制定规范性文件，以填补因其法典性不足带来的缺陷。㉘

如今，我国刑事司法系统的运作须臾难离上述法外规范性文件，这些曾被学者称为"司法法"㉙或"副法"㉚的规范文本，已在《刑事诉讼法》之外各自形成体系，某种程度上对法律产生了解构效应。㉛实践中，由于最高人民法院、最高人民检察院、公安部制定了完备性的内部规范，将绝大部分与本部门办理刑事案件相关的程序性事项纳入其中，使得审判机关、检察机关与公安机关根本无须从法律中寻找实质的办案依据，仅依职能化内部规范行事即可。刑事诉讼机关的规范性文件替代了法律，这种刑事诉讼规范的现状，很难说符合法治的要求——至少违反了《立法法》第11条关于司法制度的事项"只能制定法律"之规则。即便将司法解释视为"具体应用法律的解释"，认为其作用仅为细化法律已有的规定，但是，司法解释权限制条件"符合立法的目的、原则和愿意"的客观性仍然过

---

㉘ 参见薛峰、刘风景：《关于民法典立法条件的法理学思考》，载《法学家》1999年第6期，第67页。

㉙ 陈兴良、周光权：《刑法司法解释的限度——兼论司法法之存在及其合理性》，载《法学》1997年第3期，第25页。

㉚ 邓修明：《论我国司法解释模式的重塑》，载《社会科学研究》2007年第1期，第88页。

㉛ 参见陈兴良：《刑法定罪思维模式与司法解释创制方式的反思——以窨井盖司法解释为视角》，载《法学》2020年第10期，第14页。

低，很难以之评判与确保司法解释一定没有突破法律。[32] 其实，现实中的刑事诉讼司法解释代行立法任务早已成为不争的事实，而这种损害国家权力分工结构的操作，则很大程度上是《刑事诉讼法》法典性缺失的必然结果。

（三）《刑事诉讼法》作为法典的名与实

一直以来，《刑事诉讼法》都被业界作为法典看待，这一成见亟待破除。由于形成法典的必要程序——"编纂"的缺乏，《刑事诉讼法》并不具备法典内含的完备性与体系性，进而使得其无法发挥真正意义上法典的功能。在我国，只有《民法典》具有真正意义上部门法典的地位，它经历了完整的编纂程序，"整合了新中国成立 70 多年来长期实践形成的民事法律规范，汲取了中华民族 5000 多年优秀法律文化，借鉴了人类法治文明建设有益成果"[33]，最终才形成了完备的内容与科学的体系。反观《刑事诉讼法》，其最初制定几乎可以被看作是苏俄法律的摘录，既无法满足刑事司法的实际需要，更未能形成富有中国特色、符合国际标准的科学体系，一方面诱使刑事诉讼实践产生了诸多问题与偏误，另一方面也为一些别有用心者提供了攻击我国人权司法工作的借口。只有将现行《刑事诉讼法》视为一部阶段性立法，在未来完成刑事诉讼法的法典化工作，才可能从根源上解决这些问题。

《刑事诉讼法》作为法典的名实之辩，绝不仅为一个观念上的问题，而是一个关乎我国刑事法治历史进程的重大命题。若将《刑事诉讼法》视为一部已经具有完备性与体系性的法典，则未来的立法工作便仍会基于现

---

㉜ 参见聂友伦：《论司法解释的权力空间——我国〈立法法〉第 104 条第 1 款的法解释学分析》，载《政治与法律》2020 年第 7 期，第 121 页。

㉝ 习近平：《充分认识颁布实施民法典重大意义 依法更好保障人民合法权益》，载《求是》2020 年第 12 期。

行法律的框架展开。从形式上看，这种操作看似有利于完备性的实现——1979 年至今，本法条文数量已经增长近一倍，大量新的制度，如认罪认罚从宽、简易与速裁程序、非法证据排除等，通过修正程序进入了法律。然而，就实质而言，在维持原有刑事诉讼框架不变的前提下，仅靠法律修正无法解决任何体系性问题。而且，体系的落伍与混乱，不免又将对内容形成反制，导致法典化的完备性功能也无法得到实现。如同萨维尼担心的那样，在未经严格编纂程序的情况下，错误或带缺陷的认识会被纂入法典，而法典的权威性又会使其凝固不化，从而贻害后人。㉞ 其实，萨维尼的担忧在我国刑事诉讼法制领域似乎已经现实化，法外规范的大规模出现在某种程度上便是上述问题的反映。缺乏法典性但又被认定为法典的《刑事诉讼法》，不但难以肩负起系统调整刑事诉讼法律关系的任务，而且不利于刑事诉讼法治的进一步发展。当然，笔者无意抹杀过去的立法功绩，只是在客观上阐明这样一种事实，即刑事诉讼法律规范必须得到全面整饬，实现真正意义上的、未完成的法典化，而这正是新时代立法工作应当肩负的历史使命。

## 三、刑事诉讼法法典化的意义

编纂刑事诉讼法典，既是对历史经验的总结，更是构建完善具有中国特色、时代特色刑事诉讼制度的必由之路。习近平总书记指出："我们要以宪法为最高法律规范，继续完善以宪法为统帅的中国特色社会主义法律

---

㉞ 参见前注⑱，弗里德里希·卡尔·冯·萨维尼书，第 85 页。

体系，把国家各项事业和各项工作纳入法制轨道……"㉟ "要抓住提高立法质量这个关键，深入推进科学立法、民主立法，完善立法体制和程序，努力使每一项立法都符合宪法精神、反映人民意愿、得到人民拥护。"㊱在新时代，进一步深入完善刑事诉讼的法律规范与制度体系，需要发挥法典化的作用。作为刑事司法领域的基本法律，《刑事诉讼法》应当为适法者提供完备的规范依据，形成科学精密的体系以降低法律适用的不确定性，而这些正是法典化能够实现的目标。刑事诉讼法的法典化存在以下必要性：其一，它是完善中国特色社会主义法律体系的环节；其二，它是推进刑事治理体系现代化的抓手；其三，它是"以审判为中心"诉讼制度改革的落脚点；其四，它为刑事诉讼制度的精细化提供载体。

## （一）完善中国特色社会主义法律体系的环节

实现法治，完善中国特色社会主义法律体系的关键基础在于立法质量的提升。㊲ 习近平总书记指出："人民群众对立法的期盼，已经不是有没有，而是好不好、管用不管用、能不能解决实际问题；不是什么法都能治国，不是什么法都能治好国；越是强调法治，越是要提高立法质量。"㊳在实践中，一些重要部门法的立法质量不高，已经成为限制我国法治体系进一步发展的重要瓶颈。一如前述，因《刑事诉讼法》未经编纂程序，最终形成的法律，既难以给司法实践提供充分的活动依据，也无法解决大量

---

㉟ 习近平：《在首都各界纪念现行宪法公布施行 30 周年大会上的讲话》，人民出版社 2012 年版，第 8 页。

㊱ 习近平：《在庆祝全国人民代表大会成立 60 周年大会上的讲话》，人民出版社 2014 年版，第 10 页。

㊲ 参见张文显：《全面推进依法治国的伟大纲领——对十八届四中全会精神的认知与解读》，载《法制与社会发展》2015 年第 1 期，第 12 页。

㊳ 习近平：《在十八届中央政治局第四次集体学习时的讲话》（2013 年 2 月 23 日），载中共中央文献研究室编：《习近平关于全面依法治国论述摘编》，中央文献出版社 2015 年版，第 43 页。

实际存在的程序问题。事实上，立法质量不高的问题，不仅出现在刑事诉讼法领域，同样大规模存在于其他部门法当中。[39] 这些问题主要体现在"量"与"质"两个方面[40]，"法律过于原则，需要众多的配套法规，有的条文本身不具可操作性、执行性不强"[41]，两者共同构成了法治的掣肘。

提升立法质量，关键在于找对工作的着力点。要在提升立法质量方面下功夫，就要解决困扰各类现行部门法的完备性问题与体系性问题，而这一任务又重新指向法典化，需要通过编纂法典的方式加以完成。以《刑事诉讼法》为例，受制于本法制定中内含的根源性问题，按照以往的立法完善方式，通过对既有法律进行修补，难以实现立法质量全面提升的目标。刑事诉讼法的法典化正是解决此类完备性与体系性问题，完善中国特色刑事诉讼体系的重要抓手：一方面，经由法典化的编纂程序，刑事诉讼法能够补足相关规范的缺失、明确法律条文的内容，使法律在实践中能够直接适用，而不必再通过某些法外规范间接实施；另一方面，刑事诉讼法的法典化可以通过结构框架的重新设计，将我国与法治发达国家的法治经验融入体系，从根本上解决阻碍本法科学化发展的基石性问题。

## （二）推进刑事司法治理体系现代化的抓手

国家治理体系是在党的领导下管理国家的制度体系，包括一整套以法律规范为核心的紧密相连、相互协调的制度安排。对法律规范进行科学的完善、整理和体系化，是提升国家治理效能的重要抓手。这里所说的体系化，既在形式上要求法律规范按照一定的逻辑、类型、涉及对象及调整方

---

[39] 参见郑功成：《全面提升立法质量是依法治国的根本途径》，载《国家行政学院学报》2015年第1期，第27—29页。

[40] 参见刘锐：《法律数量不足和质量不高：法治建设需要破除的两大掣肘》，载《行政管理改革》2016年第6期，第49—51页。

[41] 胡健：《习近平总书记立法思想的内涵与实践》，载《地方立法研究》2017年第6期，第11页。

式分门别类地组合，更要求编排的结果实质上匹配一国当下的经济、政治、文化发展水平，符合现代法治的经验与规律，使得适法者在大多数情况下都得以根据体系本身提供的内部资源解决法律适用问题。由于《刑事诉讼法》一直未能经历编纂程序，其由移植苏俄法律得来的体系，很大程度上仅具形式而并无实质（这绝非真正意义上的体系化），使体系的科学化与现代化程度存在重大疑问。

一方面，《刑事诉讼法》的体系设置与我国当下的发展水平不符，也与国际司法的主流标准脱节。例如，侦查、起诉与审判的一般性制度设计，几乎都以犯罪嫌疑人、被告人被羁押为前提。非羁押措施的适用被规定为"可以"，而羁押措施则是"应当"，这导致了除涉嫌某些轻罪外的被追诉人大都被逮捕。在公民权利意识日益增长的当下，类似成套的规范体系显然已经不合时宜。而且，过时的强制处分体系设置，严重背离了国际司法的一般标准，成为我国批准实施《公民权利及政治权利国际公约》的重大阻碍。

另一方面，《刑事诉讼法》的体系设置存在一系列缺陷，导致适法者难以根据体系的理解解决法律适用的问题，而不得不求诸中央机关另行出台规范性文件，这导致法律的体系性被进一步削弱。比如，《刑事诉讼法》第1条明确了本法之《刑法》适用法的定位，而实体法的具体适用主要涉及的是犯罪事实的证明问题，这就需要法律对证据的应用规则作出体系化规定，但立法者显然忽略了这一点。《刑事诉讼法》虽然规定了"证据"章，但相关规定未免过于零散，根本看不出有何存在逻辑关联的体系，至多仅能被认为是体系的初阶。④ 为保障事实认定的正确性，职能机关只得通过司法解释文件对证据的使用与采信规范加以明确，《关于办理死刑案

---

④　参见陈卫东、柴煜峰：《刑事证据制度修改的亮点与难点》，载《证据科学》2012年第2期，第140页。

件审查判断证据若干问题的规定》以及最高人民法院、最高人民检察院司法解释文件中的大量内容便都是围绕此作出的规定。㊷

上述问题的源头莫不在于《刑事诉讼法》法典性的缺失。如果说 1979 年《刑事诉讼法》大规模借鉴苏俄法律的现成体系是"应需之举",那么,在进一步坚定制度自信,不断推进国家治理体系和治理能力现代化的当下,通过编纂《刑事诉讼法典》夯实刑事治理体系现代化的基础,已经成为刑事法治的"应时之变"。

### (三)"以审判为中心"诉讼制度改革的归宿

法典编纂意味着法治的成熟,寓意立法需求的升级,体现了社会对于更系统、更完备、更精确法律的内在需求,不啻为一国法治的成年礼。㊹党的十八届四中全会决定提出的"以审判为中心"诉讼制度改革,是我国刑事法治走向完善的标志。"审判中心改革"针对的是与审判并列的侦查、起诉,要言之,"在侦查、起诉和审判三者关系中,审判是中心"㊺。上述命题的提出,其实质在于诉讼格局的调整,而这种调整则必须以刑事诉讼规范的彻底整饬,通过法典化的编纂程序加以落实。

审判在刑事诉讼中的中心地位并非通过制度赋予,其本身就是现代刑事司法的基本样态。根据司法最终原则,"所有涉及个人自由、财产、隐私甚至生命的事项,不论是属于程序性的还是实体性的,都必须由司法机构通过亲自'听审'或'聆讯'的方式作出裁判,而且这种程序性裁判和实体性裁判具有最终的权威性"㊻。刑事诉讼涉及的实体与程序争议,最

---

㊷ 比如,2021 年《最高人民法院关于适用〈中华人民共和国刑事诉讼法〉的解释》的"证据"章划分了十节,对相关法律规范予以明确。

㊹ 参见王理万:《中国法典编纂的初心与线索》,载《财经法学》2019 年第 1 期,第 61 页。

㊺ 陈卫东:《以审判为中心:解读、实现与展望》,载《当代法学》2016 年第 4 期,第 15 页。

㊻ 陈瑞华:《刑事诉讼的前沿问题》,中国人民大学出版社 2016 年版,第 280 页。

终应当也只能通过审判机关作出裁判加以解决，这是由审判权内在的性质所决定的。基于上述原理，审判就必须当然地被置于刑事诉讼之"中心"，否则，相关制度设计与体制结构就将颠覆审判权之本义，法院也不再是真正的法院。然而，《刑事诉讼法》的立法理念似乎并未遵照"审判中心"的司法规律，而是人为地将诉讼分割为侦查、起诉与审判三个由公、检、法分别主导的独立诉讼阶段。㊼ 如此一来，无论在实体还是在程序上，必然将形成"侦查决定起诉、起诉决定审判"的"侦查中心主义"之样态。㊽

目前来看，虽然"以审判为中心"的诉讼制度改革已经提出数年有余，但真正有决定性意义的成果仍未出现，相关改革工作几乎全部聚焦于"庭审实质化"这一技术性领域，以至于学者发出了"一场未完成的改革"之叹。㊾ 归根结底，《刑事诉讼法》的体例以及其篇章结构就是以侦查为中心的构造，只要仍然拘泥于现行法律给定的体系，"审判中心改革"的任务就很难完成，任何修补亦效果有限。"以审判为中心"的诉讼制度只能建筑于科学的体系之上，这是缺乏体系化的《刑事诉讼法》无法支撑的，只有通过法典化的编纂重构体系，一系列现代化的诉讼制度才有立基之所。

（四）实现刑事诉讼法律制度精细化的载体

《刑事诉讼法》的另一弊病在于完备性不足，而这亦是其法典性不足带来的遗留问题。从形式以及纵向上看，历经三次修正，《刑事诉讼法》

---

㊼ 参见刘计划：《以审判为中心刑事诉讼制度改革中的几个认识问题》，载《苏州大学学报（哲学社会科学版）》2017年第1期，第45-47页。

㊽ 参见陈卫东：《以审判为中心：当代中国刑事司法改革的基点》，载《法学家》2016年第4期，第2页。

㊾ 参见顾永忠：《一场未完成的讨论：关于"以审判为中心"的几个问题》，载《法治研究》2020年第1期，第109页。

的条文数已大幅度增加，似乎其完备性缺失的问题得到了很大程度上的解决。然而，事实却并非如此。一方面，就实质而言，条文数的扩张似乎并未给刑事诉讼的参与者带来稳定预期，反而使法律的适用问题更加复杂，这从法外规范性文件数量的持续膨胀中可见一斑；另一方面，就横向而言，即便在条文数量扩充以后，本法的条文数及其规范规模，也远小于其他法典化国家的《刑事诉讼法》，如德国（500 条）、法国（803 条）、日本（507 条）、意大利（746 条）等。

前文已述，《刑事诉讼法》的完备性不足将直接诱使法外规范的膨胀，已经导致了"法律架空"的现实问题。规范上看，司法制度被专门规定为《立法法》明确保留的立法事项。这表明，对于程序法而言，立法的完备化尤为必要——所有制度皆应由立法机关作出精细化设计并将其固诸于法律之中，而不能将其留给其他机关加以规定。质言之，只有经由编纂程序，对现有刑事诉讼规范进行识别、筛选、整合，完成法典化的任务，才能使立法获得完备性，从根本上解决规范性文件潜藏的违法或越权问题。

此外，法典化更为迫切的必要性在于，现行《刑事诉讼法》的体系与精细化的诉讼程序之间可能无法匹配。以法律进化论的视角来看，刑事诉讼必将朝着更为精细化的方向发展，这一命题在过去一段时间内各国刑事司法制度的发展趋势中得到了证明。相关事例不胜枚举，发端于美国的"米兰达规则"，已经成为法治发达国家限制警察权力的必要制度⑩，而以"辩诉交易"为代表的协商性司法，更是几乎席卷全球。⑪ 不过，目前的刑事诉讼制度体系，是否得以承载上述现代乃至后现代的司法制度，未免

---

⑩ See Charles D. Weisselberg, *Exporting and Importing Miranda*, Boston University Law Review, Vol. 93：3, p. 1235-1291 (2017).

⑪ See Máximo Langer, *From Legal Transplants to Legal Translations：The Globalization of Plea Bargaining and the Americanization Thesis in Criminal Procedure*, Harvard International Law Journal, Vol. 45：1, p. 1-64 (2004).

给人以疑云密布之感。比如，作为实现从宽预期的主要机制，检察机关的量刑建议是构建认罪认罚从宽制度的关键，而为稳定被告人的预期，法律赋予了量刑建议某种确定的拘束力，但在“审判权与公诉权严格分离”的制度体系下，这显然又与“法院独立行使刑罚裁量权”相矛盾。(52) 为了解决类似的现实问题，刑事司法必须得到“结构性变革”(53)，而刑事诉讼法的法典化正是处理此类问题的根本手段。

## 四、刑事诉讼法法典化的进路

刑事诉讼法的法典化，不是普通立法，而是编纂具有完备性的法律，也不是法律汇编，而是编纂具有体系性的法典。法典化的关键在于编纂，成功的编纂应当具备两个前提条件：其一，法典化需要高度发达的法学研究。它能够综观社会、经济和技术的状况以及时代的发展并且随着法律原则的应变能力及自身发展而将这些内容在不断增加的法律原则中进行调整。(54) 其二，法典化需要高度成熟的立法技术。作为法的体系化存在，法典具有高度的普遍性、确定性和完整性，须有较高的立法技术予以支持。改革开放以来我国的法学研究与立法工作持续推进，尤其在党的十八大以后，随着全面深化改革与全面依法治国的进程，法治建设取得了跨越式的发展和历史性的成就，在当下，部门法的法典化已经基本具备前述条件，《民法典》的顺利出台便是明证。不过，就刑事诉讼法的法典化而言，因

(52) 参见陈卫东：《认罪认罚案件量刑建议研究》，载《法学研究》2020 年第 5 期，第 173、174 页。

(53) 熊秋红：《比较法视野下的认罪认罚从宽制度》，载《比较法研究》2019 年第 5 期，第 22、23 页。

(54) 参见［德］Manfred Wolf：《民法的法典化》，丁晓春译，载《现代法学》2002 年第 3 期，第 137 页。

其法典化的基础存在某些特性，需要专门予以阐明。

## （一）刑事诉讼法法典化的原则

刑事诉讼法的法典化意在实现规范的完备化与体系化，因而，在编纂之前，应当首先确定法典化的相应原则。其中，完备化本身可以被视为一项较为明确的原则。完备化要求刑事诉讼法必须将涉及《立法法》第 11 条法律保留之"限制人身自由的强制措施"与"司法制度"的相关调整权利义务与权力责任的刑事诉讼规范全部纳入法典之中。一方面，公民的人身自由是行使其他一切权利和自由的基础，具有自然权利的性质，故仅能由作为社会契约的法律加以限制，诉讼中适用的强制措施便属此类。另一方面，刑事司法制度，包括"国家的侦查、审判和检察工作"，"直接体现了社会的正义和公道，与全体公民的基本权利和自由密切相关"，因而，有关公、检、法参与刑事诉讼的职权制度以及诉讼程序中各项制度的事项，也只能由法律予以规定。⑤ 一旦全国人大及其常委会未能充分行使国家立法权，构建起完备的刑事诉讼制度，则强制措施适用范围的不当扩张、职能机关权力限度的违法突破等情况便必然出现。例如，《人民检察院刑事诉讼规则》第 423 条至第 426 条规定了撤回、变更与追加起诉制度，考虑到起诉便宜主义及比较法上的理由，相关规范具有合理性，但是，其亦明显属于司法解释对司法制度的"无中生有"⑤，不符合《立法法》的要求。造成类似合理但不合法问题的根源，乃《刑事诉讼法》完备性的缺失，应当通过法典化的编纂程序将相关规范纳入法典予以解决。

与完备化相较，刑事诉讼法体系化的任务更加复杂。体系化要求法律

---

⑤　参见乔晓阳主编：《〈中华人民共和国立法法〉导读与释义》，中国民主法制出版社 2015 年版，第 97、98 页。

⑤　张建伟：《刑事诉讼司法解释的空间与界限》，载《清华法学》2013 年第 6 期，第 28 页。

规范形成"形式的一致性""价值的一致性"与"逻辑上的自足性"[57]，这就需要法典编纂在一定具体的指导性原则之指引下展开。笔者认为，刑事诉讼法的体系化至少应当遵循以下三项基本原则。

第一，正当程序原则。刑事诉讼中的正当程序，系指某些既定的保护公民权利的原则与规则，典型的如程序知情权与获得听证权等。[58] 确定某种程序是否属于"正当程序"，必须视该程序重视"人权保障"的程度而定，因此几乎完全可以把人权保障与正当程序相提并论。[59] 在刑事诉讼中，与人权保障相对的价值主要是犯罪控制（或者真实发现），因而，本质上讲，引入正当程序原则的目的，乃在于保证犯罪控制与人权保障达致宏观平衡。对此平衡问题，我国刑事诉讼立法一直未予明确，学界各类观点也莫衷一是。一种较为流行的理论是所谓"并重说"，即刑事诉讼具有打击犯罪和保障人权的双重目的，两者并重，缺一不可。[60] 从规范上看，刑事诉讼具体制度的构建一定程度上采纳了上述观点。但是，"并重"的结果往往使实体真实得到更为优先的考虑，导致人权保障陷入无法实现的尴尬境地。遵循正当程序原则的法典化，目的在于确立刑事诉讼法所统摄各类诉讼制度之保障人权的价值取向，防止为实现犯罪追诉的有效性而过分干预基本权利的情形出现。

第二，审判中心原则。宏观上看，刑事诉讼是涉及一个被追诉方与多个代表国家行权的职能机关之程序，由于程序中的国家机关并不单一，势必需要在制度设计上理顺其内外部的关系，这是刑事诉讼法体系化的前提。就理论而言，刑事诉讼乃实现国家刑罚权的活动，而刑罚权并不掌握

---

[57] 王利明：《中国民事立法体系化之路径》，载《法学研究》2008 年第 6 期，第 68 页。

[58] See Bryan A. Garner ed. , *Black's Law Dictionary* (10th ed. ), Thomson Reuters, 2014, p. 610.

[59] 参见［日］田口守一：《刑事诉讼法》，张凌、于秀峰译，法律出版社 2019 年版，第 27 页。

[60] 参见陈光中、徐静村主编：《刑事诉讼法学》，中国政法大学出版社 2002 年版，第 38 页。

在侦查机关或检察机关手中，侦查权与检察权的行使本质上是为审判机关正确行使刑罚权服务的。作出程序与实体决定的最终主体都是人民法院，因而，以审判机关的视角与标准构建包括侦查、检察在内的所有刑事诉讼程序，当然应被作为体系化刑事诉讼规范的一项原则加以理解。"以审判为中心"的诉讼制度改革是针对目前刑事诉讼立法"各管一段"的架构提出的，审判中心原则的确立，要求在构建刑事诉讼法的法典体系时，应当围绕审判权而非侦查权与检察权的有效行使展开。

第三，诉讼效率原则。随着犯罪率的上升、轻刑化刑事政策的推进以及对司法资源管控的加强，司法机关难以仅靠传统的刑事诉讼制度实现治理需求，因而必须取道"效率改革"实现公正与效率的再平衡。[61] 近期入法的认罪认罚从宽制度与刑事速裁程序足以令人窥知，如何在不妨碍达成刑事诉讼目的的前提下，尽量减少程序对司法机关及诉讼参与人造成的负担，乃是立法者无可回避的刑事政策议题。[62] 司法的目的在于解决纠纷，而处理不同案件所能获取的价值大相径庭，为维持资源投入与治理效果的均衡，就应当给各类案件匹配差异化的纠纷解决程序。虽然刑事诉讼法规定了程序的及时性要求且目前决策者对相关工作极端重视，但是，由于法律制定本身未以诉讼效率原则为导向，现行法律框架对改革实质造成了阻碍。为了实现快速的侦查、公诉和审判，需要所有诉讼关系人的合作[63]，认罪认罚从宽制度便是朝着该方向的努力。问题在于，认罪认罚从宽与某些刑事诉讼法既定原则存在难以调和的矛盾，如侦查的全面性原则阻碍了认罪认罚制度在侦查阶段的适用，审判权的独立行使原则阻碍了检察机关

---

⑥① 参见陈卫东、聂友伦：《侦查视角下的刑事速裁程序效率研究——现状、问题与展望》，载《中国刑事法杂志》2016年第6期，第3、4页。

⑥② 参见聂友伦：《刑事缺席审判的构建基础与实践展开》，载《内蒙古社会科学》2020年第3期，第129页。

⑥③ 参见前注㊾，田口守一书，第30页。

量刑建议的效力，等等。[54] 欲妥善处理此类问题，为程序简化以及协商性司法的适用提供空间，就应在法典编纂中明确诉讼效率原则，并以之作为制度构建的基础。

## （二）刑事诉讼法法典化的框架

法典的首要功能在于促进法律体系的建构。[55] 虽然中国特色社会主义法律体系已经基本建成，但正如领导人认识的那样，这个体系仍待"完善"。就刑事诉讼的法律系统而言，由于理论与现实的巨大差距，体系化的工作其实远未实现，它需要法典加以"促进"。问题的关键在于《刑事诉讼法》框架的不科学性。现行法律的框架在相当程度上是苏俄法律的照搬，其主要的篇章结构几乎整体移植自《苏俄刑事诉讼法》，在此基础上，会发生两个必然出现的现象：其一，即便法律修订新增了较为现代化、科学化的诉讼制度，亦只能简单地被置于已有框架下；其二，法学研究缘着目前现有框架展开，以法教义学的方式不断巩固着体系的合理性。在法治发达国家，以上现象的发生是法律系统与法学系统正常运转的表征，毫无疑问地将促进两者的共同完善。然而，之所以现象与结果之间会产生正向的因果关系，是因为存在一个现代的、科学的规范框架，遗憾的是，《刑事诉讼法》构建的阶段化框架显然不具备上述特征。

整体上看，《刑事诉讼法》在第一编"总则"之后，将第二至四编分别设置为"立案、侦查和提起公诉"、"审判"与"执行"，这是一种基于"总分"关系以及诉讼发展时间顺序展开的逻辑框架。就宏观而言，上述

---

[54] 参见陈卫东：《认罪认罚从宽制度研究》，载《中国法学》2016 年第 2 期，第 55 页。

[55] Vgl. Wolfgang Kahl, Die Verwaltungsverfahrensgesetz zwischen Kodifikationsidee und Sonderrechtsentwicklungen, in: Wolfgang Hoffmann-Riem/Eberhard Schmidt-Amann (Hrsg.), Verwaltungsverfahren und Verwaltungsverfahrensgesetz, 2002, S. 89.

框架容易被认为与西欧诸国的刑事诉讼法典类似[66]，但微观上看，其实两者大异其趣。以《德国刑事诉讼法典》为参照，不难发现这些差别。一方面，我国法的"总则"大体是根据"分工负责原则"，围绕公、检、法各自的职权内容展开的，而德国法的"总则"（AllgemeineVorschriften）则明显体现出审判中心主义的特征。比如，德国法的管辖专指法院管辖，其规定了事务管辖与地域管辖的内容，而我国法的管辖则另外对公安机关与检察机关的职能管辖作出了规定。另如，德国法的回避仅为审判人员及审判工作人员的回避，而我国法却将它拓展至检察人员与侦查人员的范畴。再如，对于证据与强制措施的规定，德国法仍以法官为着眼点，对重要的干预处分行使法官保留，存在的程序性争议也须交由法官裁决，而我国法却依然延续了职能化的规范方案，将证据的获取与强制措施的适用平摊到各诉讼阶段，由"三机关"各自负责。另一方面，我国法的"分则"部分的职能化立法思路更是明显，体量庞大的第二编"立案、侦查和提起公诉"，作为审判的准备程序却完全与审判机关无关，仅为和审判并列的，侦查与公诉各自的操作规程，而德国法则未将侦查、公诉与审判作为对等的诉讼阶段，其第二编直接为"第一审程序"，规定公诉、侦查及一审，"这精准地反映出公诉引起一审的诉审关系以及公诉对侦查的统摄地位"随后的第三至四编为上诉程序、再审程序，"充分体现了以审判为中心与主线的审判中心主义理念"。[67]

《刑事诉讼法》在框架上的弊病，集中在基于"分工负责"而产生的职能化立法思路方面。通过法律对公安机关、检察机关、审判机关的职权

---

[66] *See* Harold J. Berman，Susan Cohen & Malcolm Russell，*A Comparison of the Chinese and Soviet Codes of Criminal Law and Procedure*，Journal of Criminal Law and Criminology，Vol. 73：1，p. 239（1982）.

[67] 参见刘计划：《刑事诉讼法总则检讨——基于以审判为中心的分析》，载《政法论坛》2016年第6期，第31页。

进行分别规制，看起来能够明确各机关权责，提高案件的办理质效，但是，这是以颠覆法院最终裁判者的地位为代价的。比如，在强制措施的适用上，公安机关与检察机关有权单方面决定是否在审前程序中羁押（包括拘留与逮捕）犯罪嫌疑人，即便被羁押人不服（存在程序争议），亦无权向中立的法院申请重新审查，如此，应然地内含于法院审判权的争议解决，便完全无的放矢。在实践中，审判中心主义的立法缺失必将引发程序正义的危机。由于公安机关与检察机关天然地具有追诉性质，其办案的首要目标乃促使刑罚权的实现，一旦赋予其不受司法控制的权力，则势必导致犯罪嫌疑人的权利受到不当侵害的结果，"而且，遭受侦查权侵犯的犯罪嫌疑人也无权向法院寻求司法救济"[68]。申言之，立法的职能化思路及其导致的诉讼阶段之严格划分，对刑事诉讼制度与刑事司法治理的现代化发展造成了严重阻碍，亟须通过法典化的编纂程序，重新建筑刑事诉讼规范的框架。

法典化需要对所有刑事诉讼制度进行逐个分析和通盘考虑，在此前提下再构建一个统一的刑事诉讼法律框架。其中，分析与考虑的标准，应当围绕前文提出的三项原则，尤其以审判中心原则为基础展开。参照法治发达国家的刑事诉讼法典与我国《民法典》的设计，以刑事诉讼规范的完备化与体系化为目标，笔者认为，刑事诉讼法法典化的框架[69]允宜由以下编、章、节构成：

**第一编　总则**　　　　　　　　第三章　回避

第一章　一般规定　　　　　　　第四章　辩护与代理

第二章　管辖　　　　　　　　　第五章　拘传、拘捕与羁押

---

　　[68]　陈卫东、李奋飞：《论侦查权的司法控制》，载《政法论坛》2000 年第 6 期，第 117 页。

　　[69]　应当说明，笔者提出的法典化框架一定程度上来源于笔者的先期研究成果。受篇幅所限，在此无法展开具体论证，相关立法理由可参见陈卫东主编：《模范刑事诉讼法典》，中国人民大学出版社 2011 年版。

# 结　语

新时代需要新的法律，这并非政治性话语的表达，而是社会主义社会发展到一定阶段，国家为了回应社会变迁、提高治理能力所要采取的应然措施。在当下，完善法律体系、回应治理需求的抓手集中于作为"社会或政治改革的象征"⑩ 的法典化，决策者应当抓住战略机遇，使法典化"成为中国特色社会主义法律体系从形成走向完善的重要路径和标志"⑪。在改革开放初期，一系列基本法律制定之时，囿于法治资源的匮乏、法治经验的不足，一方面只能遵循"宜粗不宜细"的立法宗旨，另一方面只能参照以苏联为代表的社会主义国家的既有法律。然而，这些阻碍现今都已不复存在。中国特色社会主义经济、社会、文化的高速发展产生了复杂的法律事实与法律关系，需要精细化、科学化的法律制度与法律体系予以规范。在迈向全面建设社会主义现代化国家新征程之际，在此呼吁新时代的法典化，某种程度上就是对我国法律彻底摆脱苏联影响，实现法治的现代化，深入完善中国特色社会主义法律体系的殷切期盼。

中央对法典的编纂高度重视。2021 年 1 月发布的《法治中国建设规划（2020—2025 年）》明确指出，在《民法典》已经完成编纂的背景下，应当加紧对其他部门法进行法典化的探索，待"条件成熟时进行法典编纂"。我们有理由相信，随着我国法治建设的日益精进，刑事诉讼法法典化这一历史性的法治任务，将会在全面建成小康社会、全面建设社会主义现代化国家的新时代成为现实。

---

⑩ 封丽霞：《法典编纂论》，清华大学出版社 2002 年版，第 230 页。

⑪ 钟瑞华、李洪雷：《论我国行政法法典化的意义与路径——以民法典编纂为参照》，载《行政管理改革》2020 年第 12 期，第 72 页。

# 中国式现代民事诉讼
# 基本理论体系建构<sup>*</sup>

邵　明<sup>**</sup>

## 前　言

2022 年 10 月 16 日中国共产党第二十次全国代表大会报告指出：实践没有止境，理论创新也没有止境。必须坚持人民至上，坚持自信自立，坚持守正创新，坚持问题导向，坚持系统观念，坚持胸怀天下，站稳人民立场、把握人民愿望、尊重人民创造、集中人民智慧，坚持对马克思主义的坚定信仰、对中国特色社会主义的坚定信念，坚定道路自信、理论自信、制度自信、文化自信，不断提出真正解决问题的新理念新思路新办法，为前瞻性思考、全局性谋划、整体性推进党和国家各项事业提供科学思想方法。

我国自 20 世纪 90 年代以来，社会主义民主政治和市场经济跨越式发展，有力推进了理论界和实务界对民事诉讼基本理论的研究，民事诉讼诸项基本理论研究成果在国际上已达较高水平。笔者在《现代民事诉讼基础理论》（法律出版社 2011 年版）中，对民事诉讼基本理论作出初步体系化

---

　＊　本文为中国人民大学科学研究基金项目成果（批准号 23XNLG01，并由双一流经费支持）。

　＊＊　邵明，中国人民大学法学院教授。

研究。同时，笔者给研究生开设民事诉讼基本理论课程已有十多年，从中获得诸多新的认识。我们应当适时"推进民事诉讼实践基础上的基本理论创新"，坚定理论自信和理论创新，从体系性的角度对我国民事诉讼基本理论作出提升研究，完善我国自主的民事诉讼理论体系和学科体系。

习近平总书记指出："只有以我国实际为研究起点，提出具有主体性、原创性的理论观点，构建具有自身特质的学科体系、学术体系、话语体系，我国哲学社会科学才能形成自己的特色和优势。"[①] "要以中国为观照、以时代为观照，立足中国实际，解决中国问题，不断推动中华优秀传统文化创造性转化、创新性发展，不断推进知识创新、理论创新、方法创新，使中国特色哲学社会科学真正屹立于世界学术之林。"[②]

我们应当始终如一地坚定"理论自信"，建构中国自主的民事诉讼理论体系，从而真正屹立于世界学术之林。根据现代正当程序保障原理和二元诉讼观，一方面，致力于准确阐释新时期民事诉讼基本理论的含义，磨合民事诉讼诸项基本理论，消除其间的矛盾，努力建构比较完善的民事诉讼基本理论体系，并提升其可适用性以发挥其应有的实践价值；另一方面，应当实现民事实体法理与民事诉讼法理之间的协同，尤其是我国《民法典》的颁行要求对民事实体问题进行"体系化"理解和思考，相应地也要求对民事诉讼问题进行"体系化"理解和思考。

中国民事诉讼基本理论体系研究为我国"民事诉讼法典化"提供基本理论方面的支持，对我国民事司法实践具有积极价值。

比如，就民事诉讼目的论来说，其立法论意义主要是民事诉讼目的论作为民事诉讼立法论的指导思想。从整个民事诉讼法典到具体程序、具体

---

① 习近平：《在哲学社会科学工作座谈会上的讲话》，人民出版社 2016 年版，第 19 页。

② 《坚持党的领导传承红色基因扎根中国大地走出一条建设中国特色世界一流大学新路》，载《人民日报》2022 年 4 月 26 日 01 版。

制度，从民事诉讼法基本原则到具体程序规范，均应受统一的合理的目的论指导。譬如，民事执行程序的目的是"保护民事主体的合法权益"，据此，应当按照债权或者说请求权的类型来设置相应的执行措施。

再如，就民事诉讼安定论来说，其解释论意义以例作出阐明。比如，我国现行法没有规定的"不起诉协议"。实务中，有被告提出"不起诉协议"，请求法院驳回起诉。法院有两种处理意见：（1）该不起诉协议合法有效，应当驳回诉讼；（2）该不起诉协议没有效力，不应驳回诉讼。对此，可以运用民事诉讼安定性原理来处理。③

# 一、民事诉讼基本理论体系建构思路

## （一）运用"国家治理"之道建构民事诉讼基本理论体系

"法治兴则国兴，法治强则国强。"党的十八届三中全会以来，党和国家积极"推进国家治理体系和治理能力现代化"。④ 推进全面依法治国，发挥法治在国家治理体系和治理能力现代化中的积极作用的应有之义是"坚持和完善中国特色社会主义法治体系"，"更好发挥法治对改革发展稳定的引领、规范、保障作用"。⑤ 依法治国是实现国家治理体系和治理能力现代化的必然要求。⑥

全面推进依法治国的总目标是建设中国特色社会主义法治体系，建设社会主义法治国家。这就要求"坚持依法治国、依法执政、依法行政共同

③ 参见邵明：《论现代民事诉讼安定性原理》，载《中国人民大学学报》2011年第3期。
④ 参见《中国共产党第十九届中央委员会第四次全体会议文件汇编》，人民出版社2019年版，第71页。
⑤ 参见习近平：《论坚持全面依法治国》，中央文献出版社2020年版，第273－274页。
⑥ 参见《习近平关于全面依法治国论述摘编》，中央文献出版社2015年版，第4页。

推进，坚持法治国家、法治政府、法治社会一体建设，实现科学立法、严格执法、公正司法、全民守法"⑦。党中央印发的《法治中国建设规划（2020—2025 年）》，勾勒了迈向社会主义法治国家的"路线图"——到 2035 年，法治国家、法治政府、法治社会基本建成，中国特色社会主义法治体系基本形成……国家治理体系和治理能力现代化基本实现。

在现代社会，国家治理的正常途径是"法治"，即"良法善治"。其具体方式有二：（1）一般性治理，主要是通过立法制定法律规则⑧，如《吕氏春秋·览·慎大览》中所云"治国无法则乱"；（2）具体性治理，比如司法或者诉讼通过解决个案来保护具体权益、解决具体纠纷。⑨ 因此，应当在国家治理体系中，研讨和理解我国民事诉讼基本理论，提升我国民事诉讼理论层次和国家治理能力，推进我国民事诉讼立法和司法的发展。

"大道至简"。按照规律治理国家、治理社会，如同"治水""理玉"，因水之性而"治水"，顺璞之文而"理玉"，以至"万物并育而不相害"（《中庸》）。我国常常将"民"比喻为"水"，所谓"民如水""水能载舟、亦能覆舟""军民鱼水情"等。作为具体性治理之方式和国家保护国民之责任，"司法为民"实为"司法保民"（运用司法保护公民的合法权益）。那么，司法如何"为民""保民"？理当如同"治水"，以"疏"为法；当如"水"，以"平"为要，所谓"中听则民安"（《晏子春秋·卷四·内篇·篇七》）。此既为治理之道，又是司法诉讼之理。就民事诉讼而言，应以正当诉讼程序来解决民事纠纷，维护自由、公平和安定的生活秩序和社会秩序。晓诉讼之理能通治理之道，夫复何言！

---

⑦ 《中共中央关于全面推进依法治国若干重大问题的决定》（2014 年 10 月 23 日通过）。

⑧ 商君曰："为治而去法令，犹欲无饥而去食也，欲无寒而去衣也，欲东而西行也，其不几亦明矣。"（《商君书·定分》）

⑨ 当然，自 20 世纪后半叶以来，民事诉讼的治理功能不断扩展，诸多社会、经济、政治问题可以通过民事诉讼解决，比如国家可以通过民事诉讼来实现其保护平等就业权和促进就业的政策。当然，民事诉讼还具有创造民事实体法规范的功能，这属于一般性治理的范畴。

就民事司法救济权来说，一方面，作为司法程序启动性权利或者说进入司法程序的权利，其行使条件（包括起诉条件、非讼申请条件、执行申请条件等）不得过分严格，同时按照先程序后实体原理，其行使条件主要是程序性条件；另一方面，滥用司法救济权的构成要件应当严格明确，否则会阻碍当事人正常行使司法救济权。

在我国，曾有种主张是：提高当事人进入法院的"门槛"（主要是指提高"起诉要件"），防止大量"无须诉讼解决"的案件涌入法院，以减轻法院的负担。对此，笔者向来认为，把当事人进入法院的"门槛"抬得很高，实际上是把需要诉讼保护的国民或当事人堵在法院的"门外"，这种主张既违背国家治理之道，也违背民事诉讼之理。

因此，应当运用国家治理之道，研讨中国民事诉讼基本理论体系化问题。在国家治理体系中，民事诉讼属于具体性治理的范畴，据此建构民事诉讼目的论，并以此论为基础讨论我国民事诉讼其他基本理论问题。通过建构现代民事诉讼基本理论体系，推进我国民事诉讼立法和实务的发展，提升民事诉讼领域的司法现代化水平，推进国家治理体系和治理能力现代化。

（二）运用"常道权变"之法建构民事诉讼基本理论体系

陆贾曰："《大学》以经之，《中庸》以纬之。"此谓"持经达变"或"守经达变"。熊十力释："经，常道；权者，趣时应变，无往而可离于经也。"《周易》有云："变通者，趣时者也。"中华传统文化中，"经权之法"是有关"常道与权变"的法则，其基本内容是"权不离经""持经达变"，方能变而不乱，即把握"常道"、随机应变，以达合理化或者恰到好处。

比如，"审判公开"是"经"，"权"则是人民法院顺应互联网发展在互联网上实现审判公开。⑩ 这一"权（变）"为保障人们获得公开审判的基本权利，使我国司法制度贴近国民和提升司法公信力等提供了便捷的途径。

"权不多用"，权变是必要的变通或者是非变不可的。在法律领域，"权而多用"表现为存在过多的例外或特情，破坏法律原则或者通常规则。当然，"权而多用"若是合理的（符合社会法治的发展），则表明"经"可能有问题而须修改或者废弃。⑪ 英国学者汤因比曾将人类社会历史的发展描述为"挑战—应战"模式。⑫

党的十八大以来，在习近平总书记关于"网络强国"重要思想的指导下，建成支持全国四级法院"全业务网上办理、全流程依法公开、全方位智能服务"的智慧法院信息系统，创新纠纷解决和诉讼服务模式，促进审判执行工作高质量发展，构建互联网司法新模式，有力推进了审判体系和审判能力现代化。网络与信息科技及其纠纷解决的发展趋势和现实需要在一定程度上冲击或者突破传统的诉讼观念或者现行的诉讼原则、制度，正在或者将会产生诸多亟待解决的富有挑战性的新兴问题。

比如，"人民法院在线服务"平台覆盖四级法院，提供立案、开庭、送达等在线服务，当事人办理诉讼事务可以全流程、全天候"掌上办"。这些实务中的做法直接关涉到当事人诉权保护、程序参与、诉讼效率等民事诉讼诸多基础理论。这些新兴实践极大地推进了民事诉讼基本理论的进步。⑬

---

⑩ 《中共中央关于全面推进依法治国若干重大问题的决定》（2014 年 10 月 23 日通过）明确提出"构建开放、动态、透明、便民的阳光司法机制"。为此，最高人民法院颁行了《关于人民法院在互联网公布裁判文书的规定》（法释〔2016〕19 号）、《关于进一步深化司法公开的意见》（法发〔2018〕20 号）、《人民法院案例库建设运行工作规程》（法〔2024〕92 号）等。

⑪ 参见邵明：《持经达变：电子证据的"常道"与"变通"》，载《人民论坛》2016 年第 17 期。

⑫ 参见［英］汤因比：《历史研究》（上），上海人民出版社 1997 年版，第 74～98 页。

⑬ 参见"最高法举行人民法院智慧法院建设工作成效新闻发布会"（发布时间：2022 年 10 月 13 日），载 https://www.chinacourt.org/article/subjectdetail/id/MzAwNCioMIABAA.shtml.

党的二十大报告明确指出："实践没有止境，理论创新也没有止境。"应当适时"推进民事诉讼实践基础上的基本理论创新"。根据"经权之法""持经达变"，探求互联网司法新模式对民事诉讼基本理论产生怎样的合理变通和发展。一方面，应当遵循民事诉讼基本原理（经），比如保障当事人程序基本权、实现真实等；另一方面，应当根据互联网司法新模式研究民事诉讼基本理论的新兴意义，建构我国完善的民事诉讼基本理论体系和学科体系。

**（三）运用"正当程序"原理建构民事诉讼基本理论体系**

民事诉讼的"正当性"和"正当化"（legitimatize）意味着"民事案件的审判在整体上为当事人以及社会上一般人所承认、接受和信任的性质及其制度性过程"。[14] 民事诉讼程序的设计和民事诉讼机制的运行能否促成司法结果最大限度地从程序本身获取正当化资源，是评价程序制度是否合理的一个重要指标。不具有正当性的民事诉讼，必然不被人们普遍所承认、信任、接受和遵从，就会被人们拒绝适用。

诉讼程序由开始、过程和终结三阶段构成。民事权益受到侵害或者发生争议的，当事人能够平等便利地进入诉讼程序，获得正当程序的审判和执行。因此，民事诉讼的正当性和正当程序保障是"三位一体"的："开始·过程·结果"的正当性和正当程序保障（见图1）。[15]

民事诉讼正当程序、司法规律、基本原则和基本理论之间是相通的。民事诉讼正当程序包括三方面的内容：保障当事人行使民事司法救济权（民事诉权、非讼申请权和执行申请权）；实现程序公正和程序效率；实现实体价值和诉讼目的并保障判决的确定性。

---

[14] 参见王亚新：《民事诉讼与发现真实》，载《清华法律评论》（第1辑），清华大学出版社1998年版。

[15] 参见邵明：《宪法视野中的民事诉讼正当程序——兼论我国〈民事诉讼法〉的修改理念》，载《中国人民大学学报》2009年第6期。

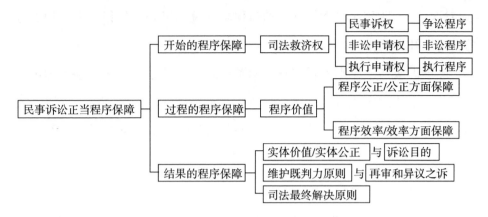

**图1 民事诉讼正当程序保障原理的主要内容**

民事纠纷发生后，当事人能够平等和便利地进入诉讼程序，经过正当程序的审理，得到正当的审判结果，并能得到执行，所以民事诉讼的正当性即当事人的民事诉权与民事诉讼的价值、目的和判决的既判力之共同实现，亦即当事人获得了正当程序的保障。

司法规律是司法领域普行的原理或者原则。民事司法基本规律或者基本原理与民事诉讼程序的基本属性或者基本原理是相通的（在制度层面表现为基本原则），主要有消极性、独立性、中立性、公开性、参与性、平等性、比例性和安定性等。这些规律或者原则具有各自的内涵和功能，一并构成现代司法的规律体系。现代司法规律一方面在于实现司法的价值和目的，另一方面往往构成司法价值的有机内涵。

"消极性"规范的是诉讼程序的开启主体、审判范围和执行范围，"独立性"保障的是法院法官依其对事实的认定和对法律的理解作出裁判；"中立性"规范的是法官同案件及其当事人等没有利益关系；"公开性"规范的是司法的形式要求（司法公开）；"参与性"和"平等性"保障当事人等享有平等参与诉讼的权利或者机会；"比例性"的本质是运用利益衡量方法在程序制度及其适用方面谋求目的与价值之统一；"安定性"主要是从技术层面要求法官和当事人严格遵守司法的消极性、中立性、公开性、参与性、平等性和比例性，并且通过保障法院确定判决的稳定来维护法律的安定和社会的安宁。

民事诉讼基本原则是正当程序保障原理、司法基本规律和基本理论在民事诉讼中的程序化或者制度化，所以具有基础性（是民事诉讼程序制度的基础）和普遍适用性。笔者认为，我国民事诉讼应有四项基本原则，即"程序参与原则""比例原则""诚信原则""诉讼安定原则"，它们普遍适用于民事审判和执行程序。

国际社会和诸多国家正积极致力于民事诉讼法的"宪法化"事业，其中特别注重从现代宪法原理的角度，构建现代民事诉讼正当程序，并要求在司法实务中予以严格遵行。事实上，民事诉讼法学是关于民事诉讼正当程序的学科，现代民事诉讼正当程序或者正当程序保障原理包含了民事诉讼基本理论的含义，所以应当在现代民事诉讼正当程序"框架"中或者说应当运用现代民事诉讼正当程序保障原理，研讨中国民事诉讼基本理论体系问题。

民事诉讼开始的正当性和正当程序保障是民事诉讼正当程序保障第一方面的内容，即从程序上充分保障当事人行使民事诉权等民事司法救济权。一方面，根据先程序后实体原理，起诉要件、非讼程序申请要件、执行申请要件主要是程序性的，以方便当事人获得诉讼救济。另一方面，法院主动寻找案件实际上是对当事人民事司法救济权的侵犯，因为当事人拥有是否行使民事司法救济权的自由。在当事人没有起诉或者没有上诉的情况下，或者在当事人合法撤回起诉或者撤回上诉后，法院所作出的"诉外判决"，为"无效判决"。

民事诉讼正当程序保障第二方面的内容是民事诉讼过程的正当程序保障，包括审判过程的正当程序和执行过程的正当程序。当事人合法行使民事司法救济权进入诉讼程序后，在诉讼过程中还应当能够获得充分的正当程序保障，即获得"公正"方面的程序保障和"效率"方面的程序保障，分别对应于"程序公正"和"程序效率"两个基本程序价值。国际社会的共识是,当事人获得公正和效率方面的程序保障属于"程序性人权"、"宪法基本权"或者"程序基本权"的范畴。[16]

民事诉讼正当程序保障第三方面的内容是民事诉讼结果的正当程序保障。民事诉讼结果的正当程序保障主要是保障"实体公正"与实现"诉讼目的"。在民事诉讼正当程序中,通过维护实体价值来实现民事诉讼目的。与此相关的是维护诉讼结果的"确定力"或者维护确定判决的"既判力",同时尚需遵行司法最终解决原则。

民事诉讼"开始""过程""结果"的正当性和正当程序保障一体化为"民事诉讼的正当性和正当程序保障",体现了民事诉讼的"道德性"要求。具有普遍认同的道德基础的民事诉讼,才真正具有正当性。因此,民事诉讼正当程序原理或者当事人获得充分正当程序保障就是研究民事诉讼基本理论的视角和基础。

## 二、中国式现代民事诉讼基本理论体系构成

我国现行民事诉讼制度体系的建立大体上属于"建构理性主义"的范畴,必须遵行民事诉讼基本理论。民事诉讼正当程序、司法规律和基本理论之间是相通的。

关于民事诉讼基本理论的构成,仁者见仁,智者见智。在传统民事诉讼法学视阈中,民事诉讼基本理论主要是由民事诉讼目的论、民事诉权论

---

[16] 参见邵明、曹文华:《论民事诉讼当事人程序基本权》,载《中国人民大学学报》2017年第5期。

和判决既判力论构成的，并且主要涉及民事审判或民事争讼领域。[17] 我国有学者认为，民事诉讼基本理论体系包括：民事诉讼价值论、民事诉讼目的论、民事诉权论、民事诉讼标的论、既判力论。[18]

笔者认为，现代民事诉讼基本理论体系包括：（1）"基石"理论，包括目的论和价值论。民事诉讼目的与价值在程序制度及其适用方面应当符合比例性要求。（2）"客体"和"启动"理论，包括诉论、诉讼标的论和诉权论。（3）"过程"理论，包括诉讼安定论、关系论、行为论和模式论。（4）"终结"理论：既判力论。

## （一）民事诉讼"基石"理论：目的论和价值论

民事诉讼目的论所要讨论和解决的问题是民事诉讼为了什么而存在或设立，即民事诉讼为谁服务。民事诉讼价值论所要讨论和解决的问题是：民事诉讼原则与程序应当包含和体现怎样的价值，以积极满足或正面满足当事人或社会主体的合理需要？在民事诉讼诸价值发生冲突时应当根据什么标准进行评价和作出取舍？

在现代国家，民事诉讼目的应当在于"实现"实体法。民事诉讼主要属于具体性治理（属于司法限制主义的内容），通过对具体民事案件的事后性审判和执行来保护民事权益、解决民事纠纷与维护民事实体法律秩序。

民事诉讼是民事诉讼法与民事实体法共同作用的领域，据此民事诉讼价值包括程序价值与实体价值。程序价值体现了民事诉讼程序的独立价值，是民事诉讼程序的内在要求，主要包括程序公正和程序效率等。程序

---

⑰　参见陈荣宗：《举证责任分配与民事程序法》，三民书局 1984 年版，第 153 页；［日］兼子一：《民事诉讼法概论》，东京岩波书店 1938 年版，第 1 页。

⑱　参见江伟、刘学在：《中国民事诉讼基本理论体系的建构、阐释与重塑》，载樊崇义主编：《诉讼法学研究》（第 5 卷），中国检察出版社 2003 年版。

公正包含消极性、独立性、中立性、公开性、参与性⑲和平等性等。实体价值主要是指实体公正（判决结果公正和执行依据得到执行），通过维护实体价值来实现民事诉讼目的。

民事诉讼目的与价值在程序制度及其适用方面应当符合比例性要求。⑳ 民事诉讼目的与价值之间的关系可概括为：（1）在正当程序中实现诉讼目的，或者说现代民事诉讼正当程序包含实现实体价值和诉讼目的之内容；（2）民事诉讼具有独立的程序价值，同时程序价值与实体价值相辅相成，共同推进诉讼目的之实现；（3）民事诉讼原则和程序制度所表达或实践的价值，也必须在民事诉讼目的论的框架中予以关注。

在民事诉讼基本理论体系中，目的论与价值论具有基础性地位，其他基本理论都是建立在一定的目的论和价值论基础之上的。顺应时代发展的目的论和价值论能够为民事诉讼其他理论的发展提供更高层次的理念和品质，若在目的论和价值论方面获得共识必将能够促成比较完善的民事诉讼法学理论体系。

### （二）民事诉讼"客体""启动"理论：诉论·诉讼标的论·诉权论

#### 1. 民事纠纷与民事之诉

有关名词意义上的"诉"和动词意义上的"诉"的程序制度规范，即民事之诉制度，包括有关诉的构成要素、要件、识别、类型、合并与变更等程序规范。

在规范法学领域，民事纠纷，或称"民事争议""民事冲突"，是因侵

---

⑲ 民事诉讼程序参与原则，从权利的角度来说，属于当事人古典的程序基本权，即"诉讼（或程序）参与权"，被称为"诉讼程序的大宪章"，大体上包括"诉讼知情权"和"诉讼听审权"。参见邵明：《论民事诉讼程序参与原则》，载《法学家》2009年第3期。

⑳ 参见邵明：《论民事诉讼的比例性》，载《贵州民族大学学报（哲学社会科学版）》2016年第5期。

权、违约或者其他事由而在平等主体（自然人、法人和非法人组织）之间发生的，以民事权益、民事义务或者民事责任为内容的法律纠纷。

民事纠纷主体具有平等性和存在对抗性。民事纠纷各方主体实为民事主体，所以其民事地位是平等的；作为民事诉讼当事人，其诉讼法地位也是平等的（民事诉讼当事人"平等原则"）。民事纠纷通常体现为，民事权益主体基于侵权或者违约等原因而提出自认为是合法或者正当的民事权益主张或者要求，却被民事义务主体所否认或者拒绝。

民事纠纷包括有关财产关系的民事纠纷和有关人身关系的民事纠纷，继承纠纷、股权转让纠纷等兼有财产与人身的内容和性质。有关财产关系的民事纠纷和有关人身关系的民事纠纷在解决机制方面存在不同[21]，在诉讼程序方面也有不同[22]。

民事纠纷包括"民事私益纠纷"和"民事公益纠纷"；与此相应，民事之诉包括"民事私益之诉"和"民事公益之诉"。民事私益纠纷和民事私益之诉适用"处分原则"和"辩论原则"，民事公益纠纷和民事公益之诉适用"职权干预原则"和"职权探知原则"。

民事公益纠纷包括非人数众多和人数众多的民事公益纠纷。根据我国现行法和现有案例，非人数众多的民事公益纠纷主要有损害公益的民事法律行为无效纠纷，有关婚姻、亲子和收养等人事纠纷或者身份关系纠纷，未成年人保护民事公益纠纷，妇女保护民事公益纠纷，英雄烈士保护民事公益纠纷，军人保护民事公益纠纷，垄断公益纠纷等。

人数众多的民事公益纠纷关涉人们或者人类的基本权利、基本生活秩

---

[21] 比如，我国《仲裁法》第2条规定："平等主体的公民、法人和其他组织之间发生的合同纠纷和其他财产权益纠纷，可以仲裁。"第3条规定：婚姻、收养、监护、扶养、继承纠纷不能仲裁。该规定排除了人身关系纠纷的可仲裁性。

[22] 比如，我国《民事诉讼法》第35条规定，合同或者其他财产权益纠纷的当事人可以书面协议管辖法院。该规定排除了人身关系纠纷的当事人协议管辖法院的可能性。

序或者自由市场秩序，往往包含私益的内容，存在直接受害人，所以在公益案件诉讼程序中，实质当事人（直接受害人）可以提起私益诉讼，这并不属于重复起诉或一事二诉（或讼）。

笔者认为，民事之诉的主要内涵是具体或特定原告对具体或特定被告、向法院请求审判具体的民事实体请求或者民事权益主张。对"诉"，可作名词和动词来理解。

（1）"诉"为名词时，称为"民事之诉"，"起诉"中的"诉"为名词意义上的"诉"，包括确认之诉、给付之诉和形成之诉，属于民事实体案件，即民事争讼案件，实际上是（通过原告起诉和法院立案而）进入审判程序（实为争讼程序或者判决程序）的民事纠纷，比如"侵权之诉"可称为"侵权案件"，"违约之诉"可称为"违约案件"。

（2）"诉"为动词时，比如"一事多诉"、［最高人民法院指导性案例 229 号］沙某某诉袁某某探望权纠纷案。英语 versus（简写 v. 或者 vs.），即动词"诉"之义，如 Brown v. Board of Education（347 U. S. 483，1954）。民事诉权的行使方式是原告起诉，启动的是争讼程序中的第一审程序或称初审程序（而非讼程序的启动方式是申请）。

"诉"是原告请求国家法院公力救济的典型方式，即请求法院利用国家审判权来解决民事纠纷和保护民事权益。多元化民事纠纷解决机制中，民事纠纷主体享有"民事纠纷解决选择权"，民事纠纷主体选择"行使诉权"，法院合法受理的，可诉性的民事纠纷则被称为"民事之诉"或称"民事争讼案件"，包括确认之诉、给付之诉和形成之诉。

诉的构成要素包括诉的主体（原告和被告）、诉的客体（诉讼标的和诉讼请求）、诉的原因。诉讼标的是诉的"质"的规定性，决定诉讼请求。诉的原因或称"诉的原因事实""诉因事实"，简称"诉因"，通常是指民事权益产生的"基本事实"（或称"要件事实""直接事实""主要事实"）。根据诉的构成要素和先程序后实体等诉讼原理，设立起诉要件（见图2）。

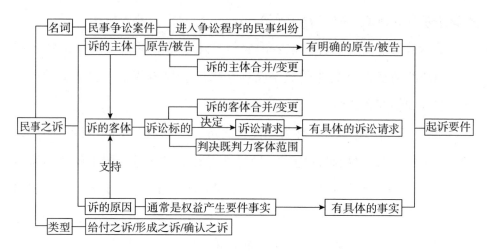

**图2　诉的构成要素与起诉要件**

有关诉的合法要件（见图3），大陆法系民事诉讼中有：（1）起诉要件或称起诉条件；（2）诉讼要件，实为作出本案判决的前提条件；（3）实体要件，或称原告胜诉要件或者本案判决要件。在现代民事诉讼领域，常用起诉条件、诉讼要件和实体要件术语，少用诉权行使要件、诉权要件等术语。

**图3　诉的合法要件及其属性**

根据先程序后实体原理和正当程序保障原理，起诉要件主要是程序性要件。原告起诉具备起诉要件的，法院受理该诉。之后，法院审查诉讼要件，诉讼要件全部具备，则诉讼程序继续进行；诉讼要件居于起诉要件与实体要件之间，属于程序与实体交错性要件，但多属程序性要件。最后，法院根据实体要件作出本案判决。

我国民事诉讼中，诉的合法要件包括起诉要件和实体要件，没有诉讼要件的术语，没有区分起诉要件与诉讼要件，诉讼要件作为起诉要件或者实体要件。比如，原告所提之诉是否属于禁止重复起诉或者一事不再理的情形，我国实务中通常是法院在受理阶段审查的㉓，事实上是将其作为起诉条件，而大陆法系将其作为诉讼要件；就当事人适格而言，直至今日，《民事诉讼法》第122条仍将"原告是与本案有直接利害关系的公民、法人和其他组织"规定为起诉条件㉔，但是实务中也有将其作为实体要件的㉕。至于诉的利益，我国现行法中无此术语但有其内容，通常作为诉因或者实体要件的内容。

笔者早在2004年就指出，我国起诉条件包含了一些具有实体内容的诉讼要件（如实质当事人适格等），与大陆法系国家相比，是比较严格的，违背了先程序后实体原理，同时也不利于当事人行使诉权或者提起诉讼。㉖

关于诉的合法要件，笔者认为，我国可选方案有二：（1）沿用区分起诉要件和实体要件的做法；（2）采用大陆法系中区分起诉要件、诉讼要件和实体要件的做法。我国目前宜维持现状，将来可采取第二个方案；不过，宜将实质当事人适格和诉的利益纳入实体要件，而将形式当事人适格归为起诉要件。㉗

---

㉓　依据《最高人民法院关于适用〈中华人民共和国民事诉讼法〉的解释》（法释〔2022〕11号）第247条的规定，当事人就已经提起诉讼的事项在诉讼过程中或者裁判生效后再次起诉，构成重复起诉的，裁定不予受理；已经受理的，裁定驳回起诉。

㉔　例如，《最高人民法院关于审理民间借贷案件适用法律若干问题的规定》（法释〔2015〕18号）（2020年修改）第2条第2款规定：当事人持有的借据、收据、欠条等债权凭证没有载明债权人，持有债权凭证的当事人提起民间借贷诉讼的，法院应予受理；被告对原告的债权人资格提出有事实依据的抗辩，法院经审查认为原告不具有资格的，裁定驳回起诉。

㉕　参见最高人民法院（2018）最高法民终841号民事裁定书；袁琳：《民事诉讼中被告适格的审查与裁判》，载《法学》2021年第8期。

㉖　参见邵明：《民事诉讼法理研究》，中国人民大学出版社2004年版，第50页。

㉗　参见邵明：《民事诉讼法学》（第2版），中国人民大学出版社2016年版，第50页。

民事诉权是关于"民事之诉"的权利，所以民事之诉的合法要件（或称"诉的要件"），即民事诉权的合法要件（或称"诉权要件"）。"诉的要件"通常是根据诉的构成要素、先程序后实体原理和其他必要诉讼事项来设立的。[28] 诉讼或者司法的功能和属性决定了可诉性民事纠纷应当满足"诉的具体化"要求（体现为诉的构成要素均须具体化），所以民事之诉的合法要件还应遵行"诉的具体化"要求。

按照我国现行法，诉的合法要件分为起诉要件和实体要件。与此相应，审理裁判顺序通常是争讼程序的开始阶段审查和裁定起诉要件，续行阶段法庭审理实体要件，终结阶段作出本案判决。起诉要件通常采用自由证明程序和说明标准，实体要件中的基本事实或者要件事实则应适用严格证明程序和完全证明标准。在开庭审理阶段，审理基本事实或者要件事实，应当遵行对审、公开、直接言词等原则。

**2. 诉讼标的论**

我国采用成文法原则，民事诉讼基本上属于规范出发型诉讼，其目的主要是保护民事权益、解决民事纠纷等，所以，通常将诉讼标的界定为民事当事人之间争议的、请求法院审判的民事法律关系或者民事权益。

"诉讼标的与主张责任、证明责任具有一致性。"采用民事成文法体例的国家和地区，立法机关制定民法典等民事实体法，当事人根据民法典所享有的民事权益受到侵害或者所形成的民事法律关系发生争议的，提起诉讼，法院在民事诉讼中根据民法典作出裁判，所以体现民事诉讼目的之诉讼标的应当根据民法典来确立，以保护当事人根据民法典所享有的权益、解决根据民法典所形成的民事法律关系的争议。诉讼标的应由诉因支持，通常是诉因事实由原告主张证明；诉讼标的可被抗辩推翻，通常是抗辩事实由被告主张证明。

---

[28] 参见邵明、周文：《论民事之诉的合法要件》，载《中国人民大学学报》2014年第4期。

通常情况下，根据民事法律规范构成要件（或称"民事要件事实"）在双方当事人之间分配主张责任和证明责任，证明责任支持主张责任㉙，主张责任支持或反对诉讼标的；原告主张民事权益产生的要件事实以"直接支持"诉讼标的，被告主张民事权益妨害、阻却和消灭的要件事实以"直接推翻"诉讼标的。诉讼标的与主张责任、证明责任具有一致性，所以民事权益构成诉讼标的或其内容。

根据民事权益的作用或者效果，区分为支配权（或确认权）、请求权、形成权和抗辩权。对支配权（或确认权）、请求权、形成权，当事人之间发生争议并请求法院审判，则构成诉讼标的，由此形成三种类型的诉：确认之诉（标的通常是支配权或确认权）、给付之诉（标的是请求权）、形成之诉（标的是形成权）。抗辩权的主要作用或者效果是阻却请求权的行使，即须待请求权行使后或者给付之诉提起后，才能行使抗辩权，所以抗辩权不能构成诉讼标的。

在我国立法上和实务中，区别诉讼标的和诉讼请求。笔者认为，诉讼标的是诉的"质"的规定性而决定诉讼请求，一个诉只有一个诉讼标的，但可有数项诉讼请求；诉讼请求是原告请求法院审判的、以诉讼标的为基础的具体实体请求（具体的权益主张或者具体的实体法律效果），亦即支配权或确认权、请求权或者形成权的具体内容。诉讼标的是诉的"质"的规定性，是一诉不同于他诉的决定性的要素或判断标准。

诉的客体合并是从诉讼标的之角度来规定或考察诉的合并形态，是指诉讼标的之合并，即在同一诉讼程序中，同一原告（包括反诉原告）对同一被告（包括反诉被告）提出两个以上诉讼标的之合并（提起两个以上的诉）。

大陆法系民事诉讼中，诉的客体合并类型主要有并列合并、预备合

---

㉙ 即当事人运用本证证明自己主张的利己的民事要件事实（通常是原告用本证证明民事权益产生的要件事实，被告用本证证明民事权益妨害、阻却或消灭的要件事实），此谓"谁主张谁证明"。

并、选择合并和竞合合并等。我国现行法实际上仅承认并列合并。实务中认可预备合并。[30] 依对请求权竞合的现行规定和实务处理来看，实际上承认选择合并，但没有承认竞合合并。有研究者主张，"请求权竞合"为竞合合并的典型。[31] 笔者认为，我国应当规定并列合并、预备合并和选择合并的程序规则，无须规定竞合合并。

诉讼标的变更即诉的客体变更，是指在同一诉讼程序中，同一原告对同一被告，以新的诉讼标的替换原诉的诉讼标的，请求法院审判新诉而不再审判原诉。诉的客体变更有时建立在"同一的案件事实或者生活事实"的基础上。比如，根据《民法典》第533条和《最高人民法院关于适用〈中华人民共和国民法典〉合同编通则若干问题的解释》（法释〔2023〕13号）第32条的规定，因情势变更，受不利影响的当事人可以选择提起变更合同之诉，审理过程中可以变更为解除合同之诉。

**3. 民事诉权论**

与私法一元诉讼观、公法一元诉讼观和二元诉讼观的发展史基本一致，民事诉权学说的发展轨迹是从私法诉权说到公法诉权说、从一元诉权说到二元诉权说。公法诉权说的发展非常繁荣，其中有诸多代表性学说，并且与宪法结合倡导宪法诉权说，将民事诉权提升到宪法基本权或者基本人权的高度而形成共识。

法谚云："有权利必有救济。"形成共识的是民事诉权作为一种救济权，是当事人请求国家法院行使审判权的权利。笔者认为，民事诉权的主要内涵和基本属性是：（1）民事诉权是关于民事之诉的权利，民事之诉的内涵和性质构成了民事诉权的内涵和性质，兼具程序内涵（程序性）和实

---

㉚　参见上海市第一中级人民法院（2017）沪01民终8427号民事判决书、江苏省徐州市中级人民法院（2018）苏03民终590号民事判决书、最高人民法院（2019）最高法民申1016号民事判决书等。

㉛　参见马强主编：《民事诉讼法与民法典的协调对接》，法律出版社2023年版，第230页。

体内涵（实体性）。（2）民事诉权是当事人向国家法院行使的请求权（公权性），属于基本权利（宪法基本权和基本人权）。国家向当事人充分开放诉讼制度以保护民事权益和解决民事纠纷，是国家向当事人承担的保护义务或者保护职责。

若滞留于"民事诉权是基本权利"这样抽象的认识层面和制度层次，则会重蹈抽象诉权说和司法行为请求权说的覆辙，脱离实体内容而致民事诉权成为内容抽象、空虚的权利，从而忽视设立诉权的目的和行使诉权的目的，所以还得将民事诉权理解为兼具程序内涵（程序性）和实体内涵（实体性）的权利。

比较而言，保护民事诉权是主要方面，防制滥诉（预防和制裁滥用诉权或者滥用诉讼）是次要方面。作为具体性治理，民事诉讼保护权益之法如"治水"，是"疏"非"堵"。因此，起诉要件不得严格而滥诉要件应当严格，否则会阻碍当事人正常行使诉权。

### 4. "诉·审·判"关系原理

原告合法行使民事诉权（其方式是起诉）将民事纠纷引入民事争讼程序接受法院审判，此际民事纠纷则为民事之诉，民事之诉或民事纠纷的解决程序是民事争讼程序。因此，民事争讼程序的基本构造原理是法官为中立裁判者，平等对待原告（上诉人）与被告（被上诉人）；原告与被告之间存在平等对抗和平等合作（见图4）；以对审原则（或称"双方审理原则"）为民事争讼程序的首要原则。

**图4 民事争讼程序的基本构造**

"诉·审·判"构成民事争讼程序的三个基本阶段，分别对应或存在于民事争讼程序的"开始·续行·终结"（见图5）。

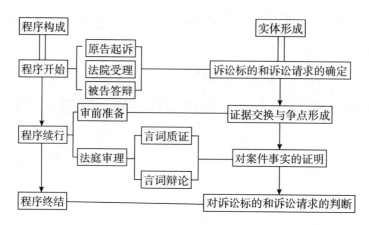

**图5 民事争讼程序构成和实体形成**

"诉·审·判"关系原理实为民事争讼程序原理，其基本内容是对原告的"诉"（包括起诉、上诉、再审之诉、异议之诉等），经必要的"审理"（言词质证和言词辩论）之后，法院作出"本案判决"予以应答（见图6）。对此，具体阐释如下。

（1）民事纠纷因原告的起诉而进入民事争讼程序请求法院审判。此际，民事纠纷转化为民事争讼案件，或称民事之诉。

（2）民事诉权是关于民事之诉的权利，原告行使民事诉权的方式是起诉，即提起民事之诉。

（3）民事之诉的解决程序是争讼程序或称判决程序，其主要内容包括审理程序和作出判决。

（4）审理程序的核心是严格证明程序，主要有两个阶段：法庭调查阶段（言词质证）和法庭辩论阶段（言词辩论）。

就民事私益诉讼来说，通常情形是：

（1）原告决定诉讼标的和提出诉讼请求。

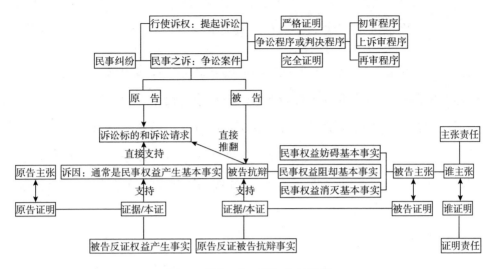

**图 6 "诉·审·判"关系原理**

（2）当事人负担主张责任——原告应当主张"诉因"（或称"诉的原因""诉的原因事实"，通常是民事权益产生的基本事实或要件事实），直接支持诉讼标的和诉讼请求；被告抗辩，通常是主张民事权益妨害、阻却和消灭的基本事实或要件事实，直接推翻诉讼标的和诉讼请求。

（3）当事人负担证明责任，即原告对诉因提供本证，之后被告可以反证推翻；被告对其抗辩提供本证，之后原告可以反证推翻。

（4）对本案基本事实或要件事实（包括诉因事实和抗辩事实），适用严格证明和完全证明，其证明方式有直接证明和间接证明。

（5）本案审理终结或法庭言词辩论终结后，本案法官综合考量运用本案全部证据，决定是否采信[32]本案基本事实，并适用相应的民事实体法律规范，作出本案判决。

（6）对本案判决，当事人可以通过上诉、再审和异议之诉等法定程序获得救济，第三人可以通过法定的异议之诉获得救济。

---

[32] "采信"的内涵是相信（某种事实）并用来作为处置的依据。参见《现代汉语词典》（第7版），商务印书馆2017年版，第120页。

### （三）民事诉讼"过程"理论：安定论·关系论·行为论·模式论

在遵循诉讼安定（性）原理或原则的基础上，民事诉讼关系是静态地描述民事诉讼，而民事诉讼行为则是动态地描述民事诉讼。民事诉讼模式论可以理解为民事诉讼关系和行为的深化或细化。诉讼中（诉讼系属中），诉讼安定性要求法官、当事人和证人等按照民事诉讼法享有诉讼权利和承担诉讼义务，从而形成"诉讼关系"，并按照法定的行为要件和正当程序实施相应的"诉讼行为"（禁止任意诉讼）。

#### 1. 民事安定论

民事诉讼严格的法律规范性在诉讼程序方面体现为民事诉讼安定性或者安定原则，具体包括诉讼程序制度的安定性、诉讼过程的安定性和诉讼结果的安定性三方面的内涵。根据民事诉讼安定性或者安定原则，民事诉讼规范主要是强行规范，对于民事诉讼法明确规定的任意规范或者选择事项，法院或者当事人才可以作出选择或者处分，民事诉讼行为通常采取表示主义并且不得附条件和附期限（见图7）。㉝

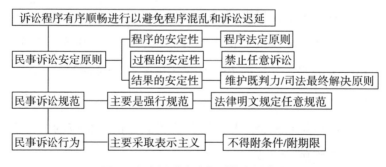

**图7 民事诉讼安定原则的主要内容**

程序法定原则（民事诉讼程序制度的安定性），即民事诉讼程序只能

---

㉝ 参见邵明：《论现代民事诉讼安定性原理》，载《中国人民大学学报》2011年第3期。

由国家立法机关预先制定或者授权预先制定，旨在禁止对特定案件或者特定人员事后设立特别的民事诉讼程序，以保证相同情形或者相似情形获得相同或者相似的对待。根据程序法定原则，行政机关、司法机关不得制定剥夺或者限制当事人之程序基本权的规范，否则根据《立法法》、《各级人民代表大会常务委员会监督法》（第 42 条和第 43 条）及《法规、司法解释备案审查工作办法》来处理。

禁止任意诉讼（民事诉讼过程的安定性），即禁止法官和当事人任意变更诉讼程序，而应当按照法定的程序序位和行为要件来实施相应的民事诉讼行为。民事诉讼过程具有不可逆性（自缚性），即在民事诉讼中，法官和当事人均受其已经作出的合法诉讼行为的约束，诉讼行为的选择度随着程序的逐步展开而逐步降低，至判决确定之时（本案判决不得上诉之时）行为选择的自由基本上没有了。

维护既判力原则和司法最终解决原则（民事诉讼结果的安定性）。有关具体案件的民事诉讼程序不能无休止地进行，须得有个终结点即判决确定之时，此时的判决是确定判决，具有既判力。司法最终解决原则即由法院终局性（结论性）地解决案件，法院确定判决只能由法院通过法定程序（再审程序、某些异议之诉等）来撤销或变更，其他国家机关、社会团体和个人无权以其他程序来变更或者撤销。

虽然民事诉讼安定性包括诉讼程序制度、过程和结果的安定性，但是考虑到既判力论和司法最终解决原则早已发展为一套比较成熟的诉讼理论，笔者将对诉讼结果的安定性或者确定判决的既判力另行阐释。

民事诉讼安定原则是法治国家和国民主权原理在诉讼领域的具体体现。法治国家的基本要求是国家权力必须在作为民意代表的立法机关制定的法律所授权的范围内行使。为保护公民的获得正当程序诉讼权，诉讼安定性在制度层面要求建构符合正当程序保障的民事诉讼制度；并且，要求法官遵循法律预先规定的程序，旨在以法定程序防止法官滥用职权，实现立法权对司法权的制约，形成"以权力制约权力"的现代法治结构。[34]

民事诉讼安定原则从技术层面要求法官和当事人遵守正当程序并保障程序价值的实现。法谚云，"哪儿的法律模糊或不确定，哪儿就有可悲的奴役"，故需在立法上要求民事诉讼遵循安定性要求。诉讼安定性主要是从技术性角度来体现诉讼程序的形式特性，而正当程序和程序价值既从道德性角度来体现诉讼程序的内涵要求（诉讼公正），又从经济性角度来体现诉讼程序的内涵要求（诉讼效率）。诉讼安定具有独特的内涵和功能，是一个与正当程序、程序价值相互区别而又相互关联的范畴。

民事诉讼安定原则要求诉讼程序有序顺畅进行以避免程序混乱和诉讼迟延。诉讼是由前后有序的诉讼程序和诉讼行为构成的，后面的诉讼程序和后行的诉讼行为以前面的诉讼程序和先行的诉讼行为为基础而有序展开。若允许任意诉讼，则有损诉讼程序的有序性和明确性，致使无数案件本应适用共同的诉讼程序而被变异，法官和当事人对诉讼程序如何运行无法作出及时预见，必然导致程序混乱和诉讼迟延。

由于诉讼安定具有以上诸多积极意义，所以许多国家的宪法或法律对诉讼安定性的保障作出了明确要求，或者将诉讼安定纳入"法的安定"而给予充分保护。比如，《西班牙宪法》第9条第3款对法的安定性作出了保障性规定。德国和奥地利等国家根据法治国家原理，保障诉讼安定性或判决确定力，并以此实现法的安定性。

### 2. 民事诉讼关系论

民事诉讼关系是由民事诉讼法规范或者调整的，法院、当事人及证人等诉讼参与人之间存在的，以诉讼权利、义务为内容的法律关系，属于公

---

[34] 参见宋英辉、罗海敏：《程序法定原则与我国刑事诉讼法的修改》，载《燕山大学学报》2005年第1期。

法关系。

争讼程序中，其基本诉讼关系是"三面"关系：法官与原告/上诉人、法官与被告/被上诉人、原告/上诉人与被告/被上诉人。法官与当事人的诉讼关系主要体现为法官审判权与当事人诉权、诉讼权利/义务，原告/上诉人与被告/被上诉人主要是争讼关系（平等对抗）。㉟

非讼程序中，其基本诉讼关系是"一面"关系：法官与申请人。其诉讼关系主要体现为法官审判权与当事人非讼申请权、诉讼权利/义务。非讼程序中，只有一方当事人，不存在原告与被告之间的平等对抗。

执行程序中，其基本诉讼关系是"三面"关系：法院与债权人、法院与债务人、债权人与债务人。法院与当事人的诉讼关系主要体现为法院执行权与当事人申请执行权、诉讼权利/义务。执行程序中，债权人与债务人程序地位不平等。

上述"一面关系""三面关系"揭示的是法院与当事人的外部关系，没有包括共同诉讼当事人之间的内部关系、法院与法院之间的内部关系，也没有包括法院、当事人与诉讼代理人、检察机关、证人、鉴定人、技术调查官、专家辅助人、勘验人等之间的关系。

民事诉讼关系的要素是指民事诉讼关系必要的构成因素。民事诉讼关系与其他法律关系一样，也是由主体、内容和客体三个要素构成的。

民事诉讼关系的主体是民事诉讼权利的享有者和民事诉讼义务的承担者，主要有法院和其审判人员、书记员、执行员、技术调查官，当事人及

---

㉟　当事人之间的诉讼关系除原告/上诉人与被告/被上诉人之间的争讼法律关系外，同一方当事人之间（比如必要共同诉讼人之间）也存在着诉讼关系。双方当事人之间也存在合作，比如达成管辖协议、诉讼和解协议、执行和解协议等诉讼契约。在诸多国家的立法中，诉讼契约还有：（1）放弃型诉讼契约（比如不起诉契约、不上诉契约、撤诉契约等）；（2）程序选择契约（比如合意选择简易程序、合意选择书面审理等）；（3）证据方法契约［比如限制或者排除证据方法的契约（如当事人约定对某项事实只得使用书证证明、协定举证期限等），鉴定契约（约定将专门性事实交由第三人来鉴定）］。参见张卫平：《论诉讼契约化》，载《中国法学》2004年第3期；汤维建：《论民事证据契约》，载《政法论坛》2006年第4期。

其诉讼代理人，检察院和其检察人员，证人、鉴定人，专家辅助人，勘验人等。法院和当事人是民事诉讼的基本主体，即"诉讼主体"，无诉讼主体则无诉讼。原告与被告是"诉的主体"。

民事诉讼关系的内容是民事诉讼关系的主体依据（广义的）民事诉讼法所享有的诉讼权利和所承担的诉讼义务。民事诉讼权利是民事诉讼关系主体所享有的、按照自己的意志、可以行使也可以不行使的诉讼权能，具有可处分性。民事诉讼义务是民事诉讼法强加于民事诉讼关系主体的作为或者不作为的拘束，具有不可处分性。

民事诉讼中，需要解决如下四类事项：实体请求或实体权益主张、实体要件事实和证据、适用实体法律规范、诉讼程序事项。此四者为诉讼关系的客体，即诉讼权利和诉讼义务所指向的对象。依据有关实体请求或者实体权益主张、实体要件事实和证据、诉讼程序事项是由当事人决定还是由法院处理，可以区分当事人主义和法院职权主义。

### 3. 民事诉讼行为论

民事诉讼行为是指民事诉讼关系主体根据民事诉讼法（及民事实体法）所实施的，能够产生诉讼程序效果（及民事实体效果）的行为。从法律规范的逻辑构成来说，（1）民事诉讼行为的合法要件由民事诉讼法（及民事实体法）规定，此为行为模式部分；（2）民事诉讼行为能够产生程序效果（及实体效果），此为法律后果部分。

民事诉讼行为大体上包括两类：（1）仅有程序性的行为，是指民事诉讼关系主体根据民事诉讼法所实施的，只产生程序效果的行为。（2）兼有程序性和实体性的行为，比如，合法的起诉行为、法院的判决行为等，既能产生程序法效果又能产生实体效果；再如，"舍弃"（原告放弃诉讼请求）、"认诺"（被告承认诉讼请求）、"诉讼抵销"、达成诉讼和解协议与执行和解协议等与实体权利义务直接相关的诉讼行为，在要件构成上除应当符合诉讼法规定外还应当遵循实体法，既能产生程序效果还能产生实体效果。

民事诉讼行为包括诉讼权利行使行为、诉讼义务履行行为及法律责任承担行为等。从权利的角度来说，当事人主张事实、提供证据、进行辩论分别是事实主张权、证明权、辩论权（均属于诉讼听审权的内容）的行使，当事人对程序事项的处分行为或者选择行为实际上是程序选择权的行使（属于当事人进行主义的范畴），因此大陆法系将当事人诉讼行为纳入正当程序保障的范畴。

法院的司法行为或者诉讼行为属于国家行为，具有法定的职权性。在我国，作为裁判者和执行者，法院的诉讼行为或者司法行为主要包括审判行为和执行行为。法院的司法行为在程序上违法和在实体上违法的，均有法定的纠正程序。

根据行为合法要件，可将当事人的诉讼行为分为取效（性）诉讼行为和与效（性）诉讼行为。根据民事诉讼安定原则，当事人的诉讼行为以取效（性）诉讼行为为常态。当事人涉及实体公益的诉讼行为原则上为取效（性）诉讼行为。当事人取效（性）诉讼行为以外的诉讼行为，多是与效（性）诉讼行为，个别诉讼行为既是取效性的又是与效性的。

根据民事诉讼安定原则，对民事诉讼行为合法要件通常不区分成立要件与生效要件（与民事法律行为不同）。不过，对法院判决有区分成立要件与生效要件的必要。与民事法律行为有所不同，根据民事诉讼安定原则，民事诉讼行为通常采取表示主义（客观主义或者外观主义）而不采用意思（真实）主义，并且通常不得附条件和附期限。

立法上明文规定采取表示主义的诉讼行为，实务中应当严格遵行，比如起诉应当遵行起诉条件等。立法上明文规定采用意思（真实）主义的诉讼行为，实务中才可遵行。下文根据民事诉讼安定原则和诉讼行为是否包含实体内容，分析民事诉讼行为如何遵行表示主义和怎样合理适用意思（真实）主义（见表1）。

**表1　诉讼行为与表示主义/意思（真实）主义**

| 诉讼行为类型 | 是否适用表示主义 | 是否以意思真实为合法要件 | 可否以意思表示瑕疵为由撤回或者撤销已实施的诉讼行为 |
|---|---|---|---|
| 纯粹程序性单方诉讼行为 | 是 | 否 | 否 |
| 纯粹程序性合意诉讼行为 | 是（现行法） | 是（笔者） | 否（现行法）/是（笔者） |
| 直接处分实体权益或者直接承担实体义务的诉讼行为 | 否 | 是 | 是 |
| 间接处分实体权益或者间接影响实体义务的诉讼行为 | 是 | 否 | 是 |

### 4. 民事诉讼模式论

有关民事诉讼中所须解决的三类事项[36]的基本方式和基本规范，构成"民事诉讼基本模式"。根据这三类事项是由当事人决定还是由法院决定，民事诉讼基本模式通常区分为当事人主义和法院职权主义。[37] 当事人主义是指"当事人的实体请求""要件事实和证据""诉讼程序事项"由当事人决定或者处分，相应地包括（当事人）处分主义、（当事人）辩论主义和当事人进行主义三方面内容。法院职权主义是指"当事人的实体请求""要件事实和证据""诉讼程序事项"由法院依职权主动决定，相应地包括法院职权干预主义、法院职权探知主义和法院职权进行主义三方面内容

---

[36]　至于如何"适用实体法律规范"，专属于法院判决权的内容，不存在由当事人决定还是由法院决定的问题。

[37]　参见邵明、常洁：《民事诉讼模式重述——以公益和私益为论述视角》，载《中国人民大学学报》2019年第6期。

（见图 8）。

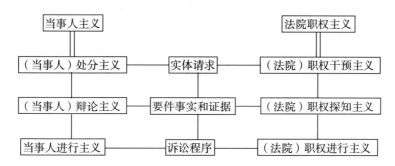

**图 8 民事诉讼基本模式的主要内容**

民事私益案件及其诉讼程序（包括争讼程序、非讼程序和执行程序）适用处分主义，即当事人在诉讼中可以处分其民事权益；在当事人处分民事权益的逻辑"延长线"上，辩论主义实际上是当事人有权处分判决资料（要件事实和证据资料），即意味着在程序上尊重当事人间接处分民事权益的自由。㊳

职权干预主义和职权探知主义适用于民事公益案件及其诉讼程序（包括争讼程序、非讼程序和执行程序）；不过，传统公益案件和现代公益案件在职权探知主义的适用方面有所不同（详见下文分析）。

当事人进行主义与职权进行主义可以合称为"程序进行主义"。当事人进行主义和职权进行主义合并适用于民事诉讼程序，只是公益诉讼中职权进行主义内容更多些（比如原告申请撤回公益诉讼受到限制）。

法律仅要求公民个人处理自己私事时不得侵害公共利益和他人合法权益（所谓"利己不损人"），不应将"维护公益"作为积极的法律义务付诸公民个人。但是，作为国家机关，法院的基本职责是通过诉讼保护合法私益和公共利益，"维护公益"也是其存在的基础。

---

㊳ 参见谷口安平：《程序的正义与诉讼》，王亚新、刘荣军译，中国政法大学出版社 2002 年版，第 141 页。

在自由资本主义或者私法至上的历史阶段，由于民事案件基本上是民事私益案件，以至于当时普遍的看法和做法是当事人主义是原则而法院职权主义是例外。[39]

19 世纪中叶以后，由于民事行为越来越多地包含公益内容，国家有必要适度适时地干预此类民事行为，在民事诉讼中则体现为适度适时地适用法院职权主义。当事人主义与法院职权主义各有其存在的根据和适用的范围，不应有原则与例外之别。

为有效维护公益，我国应当完善法院职权主义的相关制度，比如明确规定职权干预主义适用于民事公益案件、职权探知主义在现代民事公益诉讼中的补充作用、法院违反职权主义为上诉和再审的理由等。

### （四）民事诉讼"终结"理论：既判力论

民事诉讼结果的安定性包括维护确定判决既判力和司法最终解决原则。有关具体案件的民事诉讼程序不能无休止地进行，须得有个终结点即"判决确定之时"（法院本案判决不得上诉之时），此时的判决是确定判决而具有既判力。

经过正当程序的审理，到"适合于裁判时"（审理到了可作终局判决的状态），法院就可宣告终结口头辩论作出终局判决。终局判决一旦"确定"（此时终局判决称为确定判决）就产生既判力，那么该案的审级程序就全部走完了，法官和当事人等之间就该案的诉讼关系也随之消灭，所以既判力论是民事争讼程序"终结点"的理论。

判决既判力是指确定判决对诉讼标的之判断，对法院和当事人等所产生的约束力。既判力的约束力主要体现在以下两个方面：

---

[39]　参见石志泉：《石志泉法学文集》，邵明、周文、曹文华点校，法律出版社 2014 年版，第 315 - 316 页。

（1）既判力的消极效果或者消极作用是"禁止反复"（见图9）。

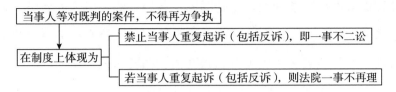

**图9 既判力的消极效果或者消极作用**

（2）既判力的积极效果或者积极作用是"禁止矛盾"（见图10）。

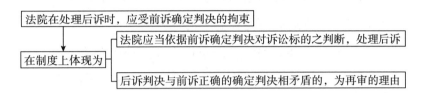

**图10 既判力的积极效果或者积极作用**

按照正当程序作出的确定判决，其既判力应当获得尊重。维护既判力实际上是人类社会的安定要求和法律的安定价值在民事诉讼中的具体体现。现代法治原则要求充分维护确定判决既判力，将维护既判力与再审的关系界定为"原则与例外"。异议之诉判决撤销或者变更具有既判力的原法律文书的，该异议之诉通常是既判力的法定例外。

总之，经过正当程序审判，既实现诉讼过程的安定性又实现诉讼结果的安定性，即通过正当的民事诉讼程序以达"安人"（维护民事权益，化解民事纠纷，形成并维护自由、公平和安定的社会秩序与生活环境）。

## 三、民事诉讼基本思维方式与基本理论体系

（一）规范出发型诉讼与事实出发型诉讼

由于法律制度（包括诉讼制度）是历史文化发展的产物，制度和思维

存在着历史文化的延续性，所以从历史文化的角度理解和建构民事诉讼程序制度和民事诉讼法学理论，是合理的也是必要的。当今世界民事诉讼法制和谱系，大致分为欧洲大陆法系民事诉讼和英美法系民事诉讼两类。

大陆法系和英美法系民事诉讼存在诸多相同原理、规则，比如法官中立性、程序参与性和平等性、诉讼公开性、直接言词主义、辩论主义和处分主义等。全球化背景之下，国际社会在积极探索民事诉讼制度的统一化问题，这首先体现为民事诉讼法的国际化。但是，这并不意味着将消除两大法系民事诉讼制度构造和理论理念间的差异。

大陆法系民事诉讼和英美法系民事诉讼在理论思维方式和程序规则、制度等方面存在诸多差异，其形成的"直接"原因是大陆法系法的渊源主要是成文法而英美法系法的渊源主要是习惯法或者判例法（不成文法）。英国普通法一直是按照从判例到判例逐步成长的传统发展的。与此相反，大陆法系国家的道路是：自从继受罗马法以来，从查士丁尼的罗马法大全的解释中，在各国法典上向着抽象的规范化迈进。⑩

对此，在民事诉讼领域，日本学者中村英郎先生作出了另一种表达，即大陆法系民事诉讼的基本思维或基本逻辑是规范出发型的，而英美法系是事实出发型的。大陆法系民事诉讼制度的源头是古罗马民事诉讼，英美法系民事诉讼制度的源头是古日耳曼民事诉讼。古罗马和古日耳曼法律观念与思维方式仍潜在地影响着大陆法系和英美法系民事诉讼的制度及其运行。⑪

大陆法系民事诉讼制度的源头是古罗马民事诉讼，其施行实体成文法

---

⑩　因此，英美法系的学问在其起源上是属于法庭的，而大陆法系的学问则是属于学究的。在大陆法系，就制度进行抽象思维；而在英美法系则进行具体的个案思维。前者长期以来存在着体系完美无缺性的观念；而后者则是从判决到判决进行摸索。参见［德］K. 茨威格特、H. 克茨：《比较法总论》，潘汉典等译，贵州人民出版社 1992 年版，第 133 页。

⑪　参见［日］中村宗雄、中村英郎：《诉讼法学方法论》，陈刚、段文波译，中国法制出版社2009 年版。

主义和规范出发型诉讼，主要是从实体法规范出发以三段论来构造民事诉讼，即根据大前提［实体法规范（要件事实）］和小前提（符合实体法规范的直接事实），推导出结论（法院判决主文）。

英美法系民事诉讼制度的源头是古日耳曼民事诉讼，其施行实体判例法主义[42]和事实出发型诉讼，主要是以（生活）事实为思考出发点来构造民事诉讼，主要表现为：根据纠纷事实所包含的规则或者传统来处理纠纷；或者找出与当下审理纠纷的事实相同或者类似的先例，根据先例中存在的规范来解决当下纠纷。

比如，规范出发型诉讼中，由实体法来确定诉讼标的，即原告在诉讼中提出具体的民事实体权利义务关系或者实体权益主张。事实出发型诉讼中，从事实的角度来界定诉讼标的，诉讼标的是自然事实本身或者纠纷本身。

在与规范出发型诉讼的基本特质或主导方面不产生矛盾或冲突的前提下，可以导入英美法系制度和理论的优点以弥补大陆法系相应的薄弱之处。对于处于对立关系而难于被引入大陆法理论体系而现行法又不得不考虑的英美法理论及制度，可以考虑作为例外，即通过个别的有限的学说、判例或立法的形式导入大陆法。

## （二）我国民事诉讼基本思维方式

大致而言，中国传统司法者在处理案件时，遇到法有明文规定的事件都依法办理；没有法或法的规定不明确时，寻找成案，如有成案，便依照它来处理同类案件。理由很简单：司法者和任何公职人员一样，乐于使用最方便的程序处理事务。在有法条或成例可循的情形下，为其判决另找依

---

[42] 与古罗马大体同期的古日耳曼社会处于原始社会末期，不存在明确的成文法规范，裁判所适用的"法"是内含于案件事实中的传统和规范。

据，不仅自找麻烦，而且可能导致上控，使自己受到责难甚至参劾。正常情形下，一般司法者不会这么做。因此，中国传统的司法者不遵循规则，不将同样的事情同样地对待，是与事实不符的。㊸

构成中国古代诉讼程序的根基主要是情理而不是制定法；况且，即便是制定法，也是一种道德化的法律，它与情理分享着共同的伦理精神和道德基础。在这样的诉讼文化中，司法的形式化不可能被提倡。道德判断的特征是因人而异、因事而异，为此，地方官只有结合每一个案件的具体情况，斟酌各方当事人的具体情形，才能对纠纷作出道德上正确的决断。地方官的中心任务不是认清事实和保护权利，而是恢复一种被破坏了的秩序，这种秩序是建立在伦理基础上的，因此他判案的依据是伦理规范而不是权利义务规则。㊹

比如，清官海瑞曾提道，他判断疑难案件的标准是："凡讼之可疑者，与其屈兄，宁屈其弟；与其屈叔伯，宁屈其侄。与其屈贫民，宁屈富民；与其屈愚直，宁屈刁顽。事在争产业，与其屈小民，宁屈乡宦，以救弊也。事在争言貌，与其屈乡宦，宁屈小民，以存体也。"㊺

在我国现行法律体系中，我国民事诉讼主要是规范出发型诉讼。与发达国家相比较，发展中国家更宜采取规则出发型的模式。世界银行业已指出：发展中国家移植他国法律的，接受民法典为其法律渊源的国家比引进判例法的国家更为成功，这是因为与判例相比，以法典化的规则为根据作判决更容易。通过法官自由裁量和判例形成规则往往成本高、时间长，并

---

㊸ 参见张晋藩：《中国古代民事诉讼制度》，中国法制出版社 2018 年版，导言。

㊹ 参见吴泽勇：《诉讼程序与法律自治——中国古代民事诉讼程序与古罗马民事诉讼程序的比较分析》，载《中外法学》2003 年第 3 期。

㊺ 有学者认为，海瑞使用伦理的具象语言表明社会科学的定理。通过全面考察海瑞的文献，发现：海瑞主张对所有案件都须以是非曲直为基础依法处理，息讼不等于"畏讼"也不等于"和稀泥"，只有公正的司法，才会真有效率，才会减少机会型诉讼——"虽止讼于一时，实动争讼于后"；海瑞不但追求过和实践过对私人产权的司法保护而且追求的是有系统效率的保护，不但保护经济资产而且保护文化资产。参见苏力：《"海瑞定理"的经济学解读》，载《中国社会科学》2006 年第 6 期。

且会增加法律的不确定性和腐败的机会。因此，发展中国家应尽可能地援用详细规则。㊻

我国现行民事法的目的决定了我国民事诉讼基本思维方式是规范出发型诉讼。我国自《民法通则》（1986 年）以来一直致力于制定民事实体成文法，2020 年通过《民法典》，第 1 条规定其目的是保护民事主体的合法权益，调整民事关系，维护社会和经济秩序等；《民事诉讼法》第 2 条规定其任务有保护当事人的合法权益，维护社会秩序、经济秩序，保障社会主义建设事业顺利进行等。

保护私权、解决纠纷是民事诉讼的基本目的，因为"司法为民"和"国家保民责任"。就当事人个人而言，保护私权、解决纠纷是其运用民事诉讼或行使民事诉权的直接目的。在现代国家，基于维护依法审判原则，应当肯定民事诉讼的主要目的在于"实现"实体法，即保护民事权益、解决民事纠纷与维护私法秩序。换言之，民事诉讼主要属于具体性治理（多属于司法限制主义的内容），即通过对具体民事案件的事后性审判和执行来保护民事权益、解决民事纠纷与维护民事实体法律秩序。

（三）民事诉讼基本思维方式决定基本理论体系

我国与大陆法系民事诉讼的基本思维或基本逻辑是规范出发型的。大陆法系主要国家（德国、日本等）长期以来形成了建构民事诉讼法学体系包括基本理论体系的学术传统。英美法系民事诉讼的基本思维或基本逻辑是事实出发型的。比较而言，英美法系不甚追求民事诉讼理论的体系化，而在于探讨民事诉讼具体问题的解决方法。不过，值得我国借鉴的是，为了保障当事人能够公平诉讼，英美法系特别注重正当程序、诉讼规则和证

---

㊻　参见［德］沙弗尔：《"规则"与"标准"在发展中国家的运用——迈向法治征途中的一个重大现实问题》，李成钢译，载《法学评论》2001 年第 2 期。

据规则的内涵和适用范围、条件的合理界定。

**1. 民事诉讼的基本思维方式与民事诉讼目的**

在大陆法系，实体法规范是成文法规范，既是社会规范，又是裁判规范，其内容是对实体权利义务关系的规定。原告的实体权利因被告违反实体法规范而受到侵害，原告通过民事诉讼来维护自己的实体权利。因此，民事诉讼的目的在于保护当事人权利。这种目的观在大陆法系占据主导地位。

在古日耳曼法下，当社会和平秩序遭到破坏时，人们提起诉讼是为了恢复因纠纷而被破坏的秩序。事实出发型诉讼中，纠纷因侵害传统社会秩序和日常生活秩序而发生，诉讼的目的在于解决纠纷以恢复被侵害的社会生活秩序。这种目的观从古日耳曼进入了英国，并普及受英国法影响的地区和民族。

**2. 民事诉讼的基本思维方式与诉讼标的**

规范出发型诉讼中，基于维护当事人实体权利和尊重当事人意思自治而按照当事人的意思来决定诉讼标的。由于从实体法出发来把握诉讼标的，即从实体法规范构成要件来确定诉讼标的，所以与英美法系不同，大陆法系基本上否认诉讼标的就是案件本身，而主张诉讼标的是原告在诉讼中提出的具体的民事实体权利义务关系，亦即实体权利主张。

第二次世界大战以后，首先在德国，其后在日本，诞生并流行着一种观点，即把诉讼标的从实体法的构成要件中抽象出来，仅从诉讼法方面来把握诉讼标的。此种观点实际上受到事实出发型诉讼思维方式的影响，撇开实体法规范而从未经实体法评价的自然事实的角度，来确定诉讼标的，认为一个自然事实即构成一个诉讼标的。

事实出发型诉讼中，从事实的角度而不是从实体法规范的角度来把握和界定诉讼标的，解决纠纷的"法"是内含于案件事实中的秩序，诉讼的目的在于通过平息纠纷来恢复被损害的秩序，所以诉讼标的并非原告理解的那种法律事件，而是发生的自然事实本身或发生的纠纷本身。

在美国民事诉讼中，诉讼标的是抛开具体实体法上权利的一定事实的集合。为此，基于同一生活或交易关系产生的原告请求的诉因必须全部提交法院，采取禁止诉因分割原则。由于发生的事件本身就是诉讼标的，所以把法律评价从 A 变到 B（罗马法系的诉的变更）对当事人和法院来说均是自由的。比方说，就大陆法系的请求权竞合来说，若在美国民事诉讼中，法院以同一事实为限可以将侵权评价为违约，也不会发生如大陆法系的诉的变更。

事实出发型诉讼中，原告向法院提出了事件，却也赋予被告主张与该事件相关联的权利，这是因为诉讼标的就是发生纠纷的事件本身，对于被告的主张法院必须同时作出裁判。这也是在美国法中存在大陆法系没有的强制性反诉制度的缘由。

### 3. 民事诉讼的基本思维方式与既判力

规范出发型诉讼中，从实体法规范构成要件来确定诉讼标的，主张诉讼标的是有关实体权利的主张，在此范围内产生既判力，即经实体法规范评价过的诉讼标的构成既判力的客观范围。

在大陆法系，通常把实体权利义务关系作为诉讼标的之实体内容，诉讼当事人即某项实体权利义务关系的主体，诉讼是原告提起的，所以只有原告和原告确定的相对方（被告）才能作为当事人，即主张权利者为原告、承担相应义务者为被告，除此以外的人在原则上不能成为当事人。因此，在既判力的主观范围方面，法院判决仅对当事人产生既判力，对不是当事人的案件关系人不产生既判力。

在大陆法系，法律为了确保判决的实效性而规定当事人以外的第三人，即与当事人实体权利、义务有法律关系的人（如口头辩论终结后的承继人、持有当事人请求的标的物的人等），也受制于既判力。这种规定也可以说是对古日耳曼法或英美法中判决效力的引用。

事实出发型诉讼中，以已经发生的案件本身作为诉讼标的，法院判决对被其判断的全部事项产生约束力，其中对基于诉因提出的诉讼请求的判断所产生的约束力称作既判力，关于既判力的规则又称"请求禁止规则"。

在英美法系，由于将案件本身作为诉讼标的，所以将案件的关系人均作为当事人，法院判决对其均有约束力，或者从更广意义上说，只要判决一经确定，不是诉讼当事人的案件关系人也要接受该判决的约束力，在后诉中不能提出与此相矛盾的主张。

## （四）民事诉讼观与基本理论体系

在法制史和学术史上，先后出现了三种民事诉讼观（Prozessan-schaung），即：（1）（民事）实体法一元观或称私法一元观；（2）（民事）诉讼法一元观或称公法一元观；（3）二元诉讼观。这三种诉讼观表明了人们对民事诉讼法和民事实体法之间关系的三种看法，与此相应，人们从三种角度来思考和认识民事诉讼基本理论和原则、制度（见表2）。

**表2　民事诉讼观与基本理论学说**

| 民事诉讼基本理论 | 私法一元观 | 公法一元观 | 二元诉讼观 |
|---|---|---|---|
| 目的 | 私权保护 | 纠纷解决 | 多元论 |
| 价值 | 实体价值 | 程序独立价值 | 程序价值与实体价值 |
| 诉权 | 私法诉权（私权） | 公法诉权（公权） | 公权/程序与实体 |
| 诉讼标的 | 实体性<br>（实体法说） | 程序性<br>（诉讼法说） | 实体性与程序性 |
| 诉讼关系 | 私法关系 | 公法关系 | 公法关系 |
| 诉讼行为 | 私法行为 | 公法行为<br>（程序行为） | 程序行为/<br>有些行为包含实体性 |
| 既判力 | 实体性<br>（实体法说） | 程序性<br>（诉讼法说） | 实体性与程序性 |

在自由资本主义时期，由于尊崇私法自治和强调私法至上，所以人们普遍认为，民事诉讼无非是借助法院的力量实现民事实体权利的单纯技术程序而已，民事诉讼法仅被作为民事实体法的一个组成部分，或者将民事诉讼法作为民事实体法的助法或实现法。因此，当时的诉讼观是实体法一元观或私法一元观，即仅从实体法立场来认识和处理诉讼问题。私法一元观漠视了民事诉讼（法）的独立价值及其公法性，严重扭曲了民事诉讼法和民事实体法之间的关系。

按照私法一元观建立起来的民事诉讼理论，被称作私法一元论的民事诉讼法学。在民事诉讼目的方面，过分强调民事诉讼（法）对实体法权利的保护（私权保护说）。在民事诉讼价值方面，单纯强调民事诉讼（法）实现实体公正的价值而漠视其独立的价值。在民事诉权方面，主张民事诉权是一种私权（私法诉权说）。在民事诉讼法律关系方面，将法院与当事人之间的民事诉讼法律关系视为私法上的权利义务关系；在民事诉讼行为方面，认为诉讼行为不具有本质上的独立性，或从属于私法行为或等同于私法行为。在诉讼标的和既判力方面，采取旧实体法说。

19世纪中叶以后，随着社会、政治和法律的发展，人们注意到应当加强对公共利益的保护，同时，国家权力（包括司法权）逐渐强大并开始向私人领域和公共领域扩张，与之相伴的是公法及其观念和理论的发展。于是，民事诉讼也被人们看作是解决私权纠纷的公力救济方式或机制，认为民事诉讼法是独立于私法的国家法和公法，人们开始接受诉讼法一元观，即从诉讼法的角度理解和把握民事诉讼的理论、制度和具体概念问题。诉讼法一元论的诉讼观及建立在此基础上的民事诉讼法学，只强调民事诉讼法的公法性，忽略了民事诉讼法与民事实体法之间的合理关系，没有从民事诉讼法与民事实体法的联结点上来认识和考察民事诉讼问题，从而不能合理解释保护私权和解决民事纠纷为什么是民事诉讼的目的、为什么一些诉讼行为（如合法起诉行为等）可以产生实体法上的效果等问题。

按照诉讼法一元观建立起来的民事诉讼理论，被称作诉讼法一元论的民事诉讼法学。在民事诉讼目的方面，强调民事诉讼（法）解决民事纠纷等目的（纠纷解决说等）；在民事诉讼价值方面，突出民事诉讼程序公正的独立价值；在民事诉权方面，主张公法诉权说，其中抽象公法诉权说、本案判决请求说和司法行为请求说主要是从诉讼法一元观立场来理解和把握民事诉讼法与民事实体法的关系；在民事诉讼法律关系方面，主张法院与当事人之间的民事诉讼法律关系具有公法性，公法诉权说强调诉讼法的独立性，进而为独立的诉讼行为及其理论的生成创造了契机，自此私法行为和诉讼行为成为两个性质不同的概念；在诉讼标的和既判力方面，采取诉讼法说。

民事诉讼是民事实体法和民事诉讼法共同作用的"领域"，所以仅从民事诉讼法立场研究民事诉讼基本理论及其体系问题是不合理的，摆正民事诉讼（法）与民事实体法的关系是合理建构民事诉讼制度和理论体系的前提。

一方面，从民事实体法与民事诉讼法关联性的立场上，运用民事实体法原理并结合民事实体规范，在正当程序的框架下，研讨民事诉讼基本理论。我国《民法典》的颁行要求对民事实体法问题进行"体系化"理解和思考。这样的研究立场，既能消除"从程序到程序"式的研究所具有的局限，又能营造民事诉讼法学诸基本理论之间和谐统一。

另一方面，从民事诉讼独立价值或独立品质的角度来理解民事诉讼基本理论。民事诉讼（法）具有自身的独特的原理，这些基本原理在现代社会和现代诉讼中的表现，则应被纳入民事诉讼基本理论问题的研究视阈。如何从民事诉讼（法）独立价值的角度来考察民事诉讼基本理论问题，则是我们应当明确和坚持的思维基点。

# 代结语：中国式现代化与民事诉讼基本理论体系化

中国式现代化的内容包含中国式现代民事诉讼基本理论的体系化，通过中国式现代民事诉讼基本理论体系研究，建构我国自主民事诉讼法学体系。

中国式现代化的内容首先是指"人民至上"，应当在民事诉讼基本理论体系化建构中得到具体贯彻，比如保护当事人民事权益（属于民事诉讼目的论的内容）、保护当事人程序基本权利（属于民事诉讼价值论的内容）、保护当事人民事诉权等。

中国式现代化的内容其次是指"中国式现代化"与"中华优秀传统文化"相结合，应当在民事诉讼基本理论体系化建构中得到具体贯彻，比如民事诉讼是国家治理的有机内容，运用国家治理之道，即"司法为民"，如同"治水"，其法为"疏导"非"堵塞"，据此建构民事诉讼目的论、价值论和民事诉权论等。

中国式现代化的内容再次是指"中国式现代化"与"同中国具体实际"相结合，应当在民事诉讼基本理论体系化建构中得到具体贯彻，比如在习近平总书记"网络强国"重要思想的指引下，我国构建起互联网司法新模式，这些新兴实践极大地推进了我国民事诉讼基本理论及其体系的发展。

中国式现代化的内容最后是指"中国现代化"与"世界现代化"良性互动。运用比较方法，研究外国最新的实践和理论研究成果，以此推进我国现代民事诉讼基本理论的发展。比如，许多国家和地区通过宪法或者宪法性的判例、解释确立了获得正当程序审判权或者正当程序，值得借鉴。

# 论检警一体化模式的立法化[*]

刘计划[**]

## 引　言

瑞典学者布瑞恩·艾斯林认为，检警关系在侦查模式中有比较典型的体现。世界上存在的侦查模式可分为三种：(1) 警方检察官模式，指警察侦查犯罪并负责起诉；(2) 检察官引导侦查模式，指检察官在刑事侦查活动中起主导作用；(3) 警察主导侦查模式，指警察主导侦查但将案件的起诉工作移交给检察官。① 我国《宪法》第 140 条和《刑事诉讼法》第 7 条均规定，人民法院、人民检察院和公安机关在刑事诉讼中的关系为“分工负责，互相配合，互相制约”。根据公安机关负责侦查、检察机关负责起诉这一接力型“分工负责”基本关系的原则，我国的侦查模式属于警察主导侦查模式。我国学者一般将第二种模式称为“检警一体化”，并认为大

---

* 本文原载于《法学研究》2013 年第 6 期。

** 刘计划，中国人民大学法学院教授。

① 参见［瑞典］布瑞恩·艾斯林：《比较刑事司法视野中的检警关系》，侯晓焱译，载《人民检察》2006 年第 22 期。

陆法系国家如法国、德国、日本实行这一模式。②

布瑞恩·艾斯林指出，警察主导侦查模式面临一系列困难。来自联合国亚洲远东预防犯罪和罪犯待遇研究所的材料表明，该模式存在下列问题：（1）不恰当的程序性方法。它不仅包括侦查人员实施非法侦查，如对犯罪嫌疑人的拘留超出法定期限，获取物证和证言时滥用权力，还包括不当使用裁量权、无正当理由而决定进行刑事诉讼程序等问题。（2）侦查中的延误。各级警务机构都存在延误问题，其原因包括警方侦查人员工作任务过重，启动侦查延迟导致犯罪嫌疑人逃跑、证据遭到破坏。（3）法律和侦查知识不足。由于缺乏对警察的深入法律培训，在搜查、扣押、逮捕和羁押、讯问程序中就会发生违规侦查，而且会忽视证据之间的不一致。（4）警察与检察官之间缺乏协作。经常有反映称，警察和检察官之间的协作和交流关系破裂。如果旨在促进二者间理解的措施没有到位，就容易导致二者缺乏交流或者相互误解。由于缺乏协作，警方有时在侦查终结、实施拘留后才向检察官通知案件情况，此时检察官对搜集证据提出建议就已经太晚了。③

我国的警察主导侦查模式曾经同样存在上述问题，且更加普遍和严重。这主要是因为，我国实行刑事程序法治的时间尚短，过去公安机关长期处于缺乏程序法约束的状态。加之"重实体轻程序""重打击轻保护"的诉讼传统，程序教育的不足与业务培训的缺乏，公安机关的侦查活动极不规范。无论侦查人员的程序意识、人权意识、证据意识，还是侦查取证

---

② 参见陈兴良：《检警一体：诉讼结构的重塑与司法体制的改革》，载《中国律师》1998 年第 11 期；陈卫东、郝银钟：《侦、检一体化模式研究——兼论我国刑事司法体制改革的必要性》，载《法学研究》1999 年第 1 期；陈卫东、刘计划：《论检侦一体化改革与刑事审前程序之重构》，载陈兴良主编：《刑事法评论》第 8 卷，中国政法大学出版社 2001 年版；陈瑞华：《刑事诉讼的前沿问题》，中国人民大学出版社 2005 年版，第 517 页；罗结珍：《译者导言》，载 [法] 贝尔纳布洛克：《法国刑事诉讼法》，罗结珍译，中国政法大学出版社 2009 年版，第 5 页。

③ 参见前引①，艾斯林文。

的规范性、全面性、时效性，都存在突出问题，侦查业务素养尚难完全适应检察机关的公诉需要。

20世纪90年代中期以前，我国检察机关和公安机关的关系问题虽曾引发理论争议，如检察机关"提前介入"是否具有合法性④，但"分工负责"这一检警关系的基本原则尚未受到质疑。但从20世纪90年代后期开始，检警关系真正进入学术研究的视野。自此学界开始普遍关注检警关系，并突破"分工负责"的接力型关系原则，相继提出"检警一体化""侦检一体化""检侦一体化"等命题。⑤ 其根本原因是，1996年《刑事诉讼法》修改开启的控辩式庭审方式改革使检察机关在审判中的举证责任空前加重。那么，如何理解检警一体化？呼之欲出的检警一体化模式改革的理论基础是什么？其域外实践状况如何？我国为什么要实行检警一体化的模式改革？我国实行这一模式有无法律依据？检警一体化模式的实施路径应怎样设计？下文将对于这些问题进行回答。

# 一、"检警一体化"的含义

所谓"检警一体"，是指"为有利于检察官行使控诉职能，检察官有权指挥刑事警察进行对案件的侦查，警察机关在理论上只被看作是检察机关的辅助机关，无权对案件作出实体性处理"⑥。在我国法学界，尽管支

---

④ 参见吴军：《检察机关提前介入刑事侦查的几个问题》，载《法律科学》1989年第6期；李建明：《检察机关提前介入刑事诉讼问题》，载《政治与法律》1991年第2期。

⑤ 参见宋英辉、张建港：《刑事程序中警、检关系模式之探讨》，载《政法论坛》1998年第2期；前引②，陈兴良文；前引②，陈卫东、郝银钟文；前引②，陈卫东、刘计划文；前引②，陈瑞华书，第517页。

⑥ 陈兴良教授较早提出了这一改革建议，认为这种侦查体制赋予检察官主导侦查的权力，能够为其履行控诉职能打下良好基础。参见前引②，陈兴良文；陈兴良：《从"法官之上的法官"到"法官之前的法官"——刑事法治视野中的检察权》，载《中外法学》2000年第6期。

持者对这一模式进行了必要的解释，但对"检警一体化"这一术语仍存在诸多误解。因此，仍需进一步澄清"检警一体化"的含义。

首先，检警一体化指的是检察机关和公安机关行使侦查职能的一体化，规范的是二者之间的工作关系、业务关系，而非二者在组织体系上的一体化。有反对者认为，检警一体化的主张不符合各国检警关系的设置模式。⑦ 其实，引起争论的根源在于对检警一体化存在不同理解。陈兴良教授指出："检警一体"并非检警两个机关完全否定相互的独立性，不是从组织上将警察机关归属于检察机关；它们的"一体"指的是业务上的一种服从关系，检察机关有权对侦查进行指导甚至指挥。⑧ 陈瑞华教授也认为，强调检警一体化并非取消公安机关或将其合并到检察机关之中，而是在保留检察机关和公安机关整体设置的前提下，对它们在刑事追诉活动中的关系进行新的调整和规范。⑨ 这无疑与反对者的主张是一致的。如龙宗智教授认为，"检察官与警察在组织和体制上互不隶属，但在刑事司法业务上则可能相互协作，而且由于侦查服从于起诉需要，通常检察官对侦查官员有一定的监督和指导乃至指挥的权力"，只不过这是"一种工作关系"，而"不是检、警一体化要求的组织关系"。⑩ 事实上，支持者所主张的不是检警机关组织上的一体化，而仅是一种工作关系。无论支持者还是反对者，在检警关系改革内容的认识上，实属殊途同归。

现代各国都建立了检察机关与警察机关，检警一体化是在检警组织体系各自独立的前提下实现的。这种检警在侦查职能上的一体化，实质上是检察官拥有对警察侦查活动的参与权，检警共同行使侦查权，共同对侦查负责。在此意义上，检警一体化并非检警一家，而是把侦查职能纳入检察

---

⑦　参见龙宗智：《评"检警一体化"兼论我国的检警关系》，载《法学研究》2000 年第 2 期。

⑧　参见陈兴良：《建立科学的检警关系》，载《检察日报》2002 年 7 月 15 日。

⑨　参见前引②，陈瑞华书，第 517 页。

⑩　参见前引⑦，龙宗智文。

机关控制的范围内，真正实现监督。⑪

其次，检警一体化并不意味着检察机关对公安机关侦查的每一起案件都全面参与并领导、指挥警察进行全部侦查活动，即既非检察机关参与公安机关侦查的所有案件，亦非对公安机关侦查过程全面参与以及全程领导、指挥。实践中，检察机关在随机行使参与权的前提下，只是根据实际需要，自行决定介入侦查的时机与程度。一般而言，检察官介入的案件比例较低，主要是重大案件，如杀人案件；参与的环节一般是重大侦查行为。实务中，检察官不会随意干预警察的侦查行为。在实行检察引导侦查体制的国家和地区，并未出现检察官和警察之间的摩擦或者冲突，相反，彼此间有很好的合作。

从实践来看，检察官引导侦查模式在绝对意义上相当少见，而以多种多样的混合形式普遍存在。在包括印度尼西亚、日本、老挝、菲律宾和韩国等在内的法域，检察官都可以启动侦查，但他们在实践中并不侦查所有案件。检察官启动侦查，能够给办理案件带来很多益处：他们对法律的解释可能更准确，移送公诉的案件质量也会更高。龙宗智教授认为，检警一体化将削弱国家的刑事侦查能力。⑫ 这一判断并无实际根据。其实，龙宗智教授认可"为适应刑事诉讼的改革发展，需协调检警关系"，并提出了调整检警关系的三项原则、两套方案和一系列具体措施。这些原则、方案、措施大都借鉴了日本的相关规定，都是检警一体化支持者所主张的检警一体化内容，甚至还超出了一体化的范围。布瑞恩·艾斯林指出，检察官引导侦查模式也存在问题，如在大部分国家，甚至在那些特别强调检察官引导侦查的法域，检控机构资源的有限性，特别是人力资源的缺乏，比

---

⑪　其实，检警一体化在组织上一体化的情况是存在的，如检察机关侦查的案件，就是由检察机关全程负责侦查与起诉。

⑫　参见前引⑦，龙宗智文。

警务系统严重得多。不过，他们有充分理由安排警察和检察官，使其在侦查活动中做到职能清晰、各尽其责。⑬

再次，检警一体化不仅有助于提高侦查取证的质量，还具有实现检察机关侦查监督职能的作用。我国现行的侦查与审查起诉分段接力的模式，割裂了检警之间应有的紧密联系。审查逮捕成为侦查阶段检察机关审查案件的唯一方式，且具有滞后性、书面性等缺陷。⑭ 事实上，检察机关只有参与公安机关的侦查过程，进行动态跟踪，才能避免违法侦查行为或者第一时间发现并纠正。因此，检察机关参与公安机关的侦查过程，也就是实施监督的过程。那种认为检警一旦一体化就破坏了所谓"张力"的说法，是不成立的。相反，若不改革现行检警关系，检察机关与公安机关之间"距离"有了，但取证质量降低了，并且，因为监督滞后，监督功能也丧失了。检警一体化就是为了整合国家的追诉力量，同时消除检察机关监督的滞后性与书面性，实现有效监督。因此，检警一体化与检察机关的侦查监督职能不仅不存在对立关系，而且恰恰有利于实现监督。那种认为检警一体化将"进一步恶化对侦查程序相对人的基本人权保障"的说法更是罔顾事实。⑮

最高人民检察院的工作报告表明，检察机关对公安机关的监督内容包括两方面：一是所谓"执法不严、打击不力"的问题。它包括：对应当立案而不立案的，督促侦查机关立案；对应当逮捕而未提请逮捕、应当起诉而未移送起诉的，决定追加逮捕、追加起诉。二是所谓"侵犯诉讼参与人合法权益"的问题。它包括：对违法动用刑事手段插手民事经济纠纷等不应当立案而立案的，督促侦查机关撤案；对不符合逮捕条件的，决定不批

⑬　参见前引①，艾斯林文。
⑭　参见刘计划：《逮捕审查制度的中国模式及其改革》，载《法学研究》2012 年第 2 期。
⑮　参见杨宗辉、周虔：《"检警一体化"质疑》，载《法学》2006 年第 5 期。

准逮捕；对依法不应当追究刑事责任或证据不足的，决定不起诉；对侦查活动中滥用强制措施等违法情况，提出纠正意见。其中，前者属于"追诉性"监督，体现了检察机关对追诉权的主导；后者属于"权利性"监督，也应成为侦查监督的重点。但是，只有在检警一体化的前提下，才能实现检察机关对追诉犯罪的主导权，才能实现检察机关对公安机关实施强制侦查、秘密侦查等的监督，真正实现保护人权的监督功能。

最后，检警一体化内含公安机关服务于检察机关公诉职能，从而承担侦查后的辅助责任之义。其一，公安机关侦查终结后仍负有补充侦查的义务。《刑事诉讼法》第175条第2款规定，"人民检察院审查案件，对于需要补充侦查的，可以退回公安机关补充侦查"。其二，公安机关负有向检察机关提供证据材料的义务，负有派出侦查人员出庭对侦查的合法性进行证明的义务。《刑事诉讼法》第175条第1款规定，"人民检察院审查案件，可以要求公安机关提供法庭审判所必需的证据材料；认为可能存在本法第五十六条规定的以非法方法收集证据情形的，可以要求其对证据收集的合法性作出说明"。这表明，为了协助检察官出庭支持公诉，刑事诉讼法规定，如果庭审中辩护方对证据的合法性提出异议，警察就应当按照检察官的要求出庭接受质证，继续履行支持检察机关指控犯罪的职责。

## 二、检警一体化的理论基础与域外实践

检讨我国的检警关系，不能不考察域外检察官与警察在侦查中的关系。我国学界一般认为，大陆法系国家和地区采纳这一模式，并具有坚实的理论基础。

## （一）检警一体化的理论基础

### 1. 检察官的孕育机理

"现代的刑事程序吸取了纠问程序中国家、官方对犯罪追诉的原则（职权原则），同时保留了中世纪的无告诉即无法官原则（自诉原则），并将这两者与国家公诉原则相联结，产生了公诉人的职位：检察官。"[⑯] 它使得之前法官行使的司法权被一分为二：检察官行使控诉（公诉）权，而法官保留审判权。作为刑事诉讼的追诉者、"原告"，检察官需对公诉负责，侦查作为检察官履行公诉职责的必要准备，理应成为公诉权的组成部分，应受其控制。日本学者土本武司即指出，"检察官对一切犯罪具有侦查权。此为检察官身为公诉权机关所当然的解释"[⑰]。由此，检警一体化在诉讼模式的演进中获得了理论根据。"从检察官的形成历史来看，大陆法系国家在刑事诉讼程序中引入检察官的目的，首要在于破除中古时期由法官一手包办侦查与审判两项职务的纠问制度，因而，解除法官侦查职务并赋予检察官侦查权限之当然结果，乃承认检察官在侦查程序中之主宰地位"[⑱]；"检察官乃侦查主，刑事警察仅为其辅助机构，乃势所必然的安排设计"[⑲]。

### 2. 刑事诉讼职能理论

从现代诉讼职能理论来看，与诉讼三角结构相对应，刑事诉讼职能包括控诉、辩护与审判三种基本职能，且各有其行使主体。在现代国家机构

---

⑯ ［德］拉德布鲁赫：《法学导论》，米健、朱林译，中国大百科全书出版社 1997 年版，第 122 页以下。

⑰ ［日］土本武司：《日本刑事诉讼法要义》，董璠舆、宋英辉译，五南图书出版公司 1997 年版，第 44 页。

⑱ Vgl. nur Kramer, Grundbegriffe des Strafverfahrensrechts, 1997, Rdnr. 98. 转引自林钰雄：《检察官论》，法律出版社 2008 年版，第 11 页。

⑲ 林钰雄：《检察官在诉讼法上之任务与义务》，台湾《法令月刊》1998 年第 10 期。

体系中，检察机关与警察机构共同承担控诉职能。基于控诉职能一体性的要求，检察机关和警察机构在功能指向上是一致的。但在控诉主体内部，检察机关与警察机构并非平行关系，而表现为主从关系，即"检主警辅"。"不论检察院在预审程序中有多少特权，作用多么强势，仍然不能改变其作为当事人的地位。检察院是刑事诉讼中的原告，是控方，即使是在由犯罪受害人告诉并成为民事当事人从而发动公诉的情况下，它仍然是并且始终是'主当事人'或者'公众当事人'"[20]。检察官作为"主当事人"出庭公诉履行指控犯罪的职责，必须以庭前准备——侦查为基础。在此意义上，侦查须为公诉服务，公诉应当统领、统帅侦查。但检察机关既无足够侦查之人力，也无堪以侦查的设备[21]，因此，警察就成了检察机关的辅助机关。[22]

### 3. 检控犯罪的实际需要

作为专门承担控诉职能的主体，检察机关不仅专责公诉，而且为此目的，应当对所有案件的侦查活动负责。由于检察机关难以实际承担所有的侦查工作，所以，为其设立辅助机关即警察具体实施侦查。但实践表明，警察的侦查取证并不天然地能够满足检察机关的公诉需要。公诉取得成功需要侦查取证的全面性、规范性与时效性。全面性是指取证需达到证据确实充分的程度；规范性是指证据收集的程序须合法，在法律上是可采的而不能是应予排除的；时效性是指侦查的及时性，要求抓住最有利的时机收集证据，否则，实物证据可能灭失，人证可能因人员流动、死亡而丧失。但基于行政权行使的特征，警察在侦查中可能追求效率而忽视法庭审判对指控证据的严格要求。因此，为公诉需要计，检察官必须保留侦查实施权

---

[20]　前引⑳，罗结珍文，第 9 页。

[21]　参见前引⑲，林钰雄文。

[22]　参见［德］克劳思·罗科信：《刑事诉讼法》，吴丽琪译，法律出版社 2003 年版，第 60 页以下；林钰雄：《刑事诉讼法》（上册），作者 2004 年自版，第 136 页以下。

并应享有指挥侦查权。试想：如果有一个与其掣肘的警察机关，如何保障检察机关的控诉职能有效实现？若侦查不受检察机关节制，不能以公诉需要为指向，就难以保障追诉职能的正确发挥。诚如斯言："欧陆法系创设检察官制度的根本目的之一，便是以一个严格受法律训练及拘束的公正客观官署，控制警察活动的合法性，避免法治国沦为警察国，因此以检察官主控侦查程序，司法警察的追诉活动受其指挥监督。"㉓

## （二）域外检警一体化的立法与实践

在检察官制度的起源国法国，刑事诉讼中实行"检警一体"模式。㉔法国刑事诉讼法第 12 条规定："司法警察的职权由本编所指的警官、官员和警员行使，受共和国检察官领导。"第 41 条规定："共和国检察官对违反刑法的犯罪行为进行或派人进行一切必要的追查与追诉行为。为此目的，共和国检察官领导其所在法院管辖区内的司法警察警官与司法警察警员的活动。……共和国检察官享有本卷第一编第一章第二节以及特别法规定的、与司法警察警官身份相关的一切权力和特权。在发生现行犯罪的情况下，共和国检察官行使第 68 条赋予的权力。"第 68 条规定："共和国检察官来到现场，即停止司法警察警官对案件的管辖权力。在此场合，共和国检察官完成本章规定的司法警察的所有行为。共和国检察官亦可指令所有的司法警察警官继续进行办案活动。"司法警察警官和检察官都可以接受告诉与告发，但司法警察警官知悉重罪、轻罪与违警罪时应立即报告检察官，并依职权或者按检察官的指令进行初步调查。对重罪或轻罪进行初步调查的司法警察警官如已查明推定的犯罪行为人，也应向检察官报告。

---

㉓　前引㉒，林钰雄书，第 137 页。
㉔　参见前引②，罗结珍文，第 5 页。

在司法警察警官的晋级条件中，检察长的评价是需要考虑的内容之一。㉕

19 世纪下半叶，德国将检察官制度从法国引入本国，1877 年德国刑事诉讼法确立了检察官领导、指挥侦查的检警一体化体制。赫尔曼教授指出：德国刑事诉讼法第 163 条规定，"在侦查刑事犯罪行为范围内，警察只担负着辅助检察院的责任，只能作出'不允许延误的'决定，对自己的侦查结果应当'不迟延地'送交检察院，由检察院进行进一步侦查。然而实际情况却是警察常常自主地将侦查程序进行到底，然后才向检察院移送侦查结果。而对于检察院来讲，如果没有足够的人员，它也根本不可能执行刑事诉讼法所规定的程序模式"㉖。由此可见，一方面，法律规定检察官应当负责侦查，从而将侦查权赋予了检察机关，这符合创设检察官职位的初衷，解决了检察机关与警察之间法律关系的本源问题；另一方面，作为检察机关辅助机关的警察机关往往在案件侦查完毕后才移交检察官，"全部犯罪案件中约有 70％是由警察单独侦查的"。㉗ 之所以出现实践与法律之间的差异，是因为警察的侦查能力与侦查质量随着实践的发展获得了较大的提升。笔者于 2004 年 7 月造访德国时，曾与检察官们交谈，他们对警察的工作表示满意。可见，决定检察官领导警察侦查广度与深度的是警察侦查工作的质量和案件的性质。经过百年的职业历练，德国警察的职业化、专业化水平日益提高，侦查能力得到提升，侦查质量也较高。在这种情况下，检察官完全没有必要就每个案件指挥侦查。由此，检察官会逐渐减少指导、领导乃至坐享其成。实践中，刑事侦查由警察进行，只有在涉及谋杀案件和严重的经济、环境犯罪案件时，检察官才从一开始就主动

---

㉕ 同㉔。

㉖ ［德］赫尔曼：《〈德国刑事诉讼法典〉中译本引言》，载《德国刑事诉讼法典》，李昌珂译，中国政法大学出版社 1995 年版，第 3 页。

㉗ 参见前引⑦，龙宗智文。

参与侦查，许多检察院还设有处理这些事务的专门部门。㉘ 另外，也要看到，警察逮捕的犯罪嫌疑人必须在 24 小时内提交给检察官，由后者决定是否向法官申请羁押；警察实施搜查、扣押、监听，也要先经检察官同意，再由检察官向法官申请。可见，德国检察官对警察的制约，采取了事前与事中同步进行的模式。

或许英美法系国家检警一体化的色彩不如大陆法系国家强，但它们实行的也并非警察主导侦查模式。与大陆法系国家相似，英美法系国家的检察官与警察同样保持着密切的联系，这符合一体化的精神。在美国，联邦总检察长是司法部的首长。在其麾下，不仅有联邦的刑事起诉机关——各联邦司法区的检察署，而且有联邦的主要犯罪侦查机关，包括联邦调查局和联邦缉毒署。这些带有"联邦警察"性质的侦查机关在开展侦查活动时，要接受联邦总检察长的领导。美国各州的地方检察官一般被称为当地执法系统的首长，他们不仅负责刑事案件的起诉工作，而且可以指导甚至直接指挥警方的侦查活动。㉙ 警察遇有需要逮捕、讯问、搜查、扣押、监听时，一般会向检察官寻求法律上的意见，以帮助实现取证行为的合法性，避免庭审阶段作为非法证据被排除。如法律要求警察逮捕嫌疑人后应尽快（24 小时内）送交法庭，由检察官申请羁押。在加州，虽然大部分案件由警方调查，并准备材料给检察官以决定是否起诉，但复杂的大案、要案，则由警察初步调查，并将材料送交检察官办公室，检察官办公室会指派一名检察官与警察一起合作，直至调查完毕。可见，在美国，虽然相对而言警察训练有素，但检察官与警察仍然保持较为密切的联系，具有一体化的特征。有的州设有派驻警察局的检察官，有的州则设有轮值检察

---

㉘ 参见［德］魏根特：《德国刑事诉讼程序》，岳礼玲、温小洁译，中国政法大学出版社 2004 年版，第 51 页。

㉙ 参见何家弘：《构建和谐社会中的检警关系》，载《人民检察》2007 年第 23 期。

官，与警察保持联系。在法庭审理阶段，检察官还可以要求目睹实施犯罪或者了解犯罪情况的警察作为控诉方的证人出庭作证，警方应当积极配合。

英国是传统上实行警方检察官模式的国家。不过根据 1985 年制定的刑事起诉法，成立了皇家检察院，统一行使公诉权；同时，也扩大了检察机关在刑事侦查中的作用。1988 年正式建立了总检察长领导下的严重欺诈局，直接立案侦查起诉 500 万英镑以上的重大、复杂欺诈案件。虽然英国警察长期从事侦查工作，但并非警察侦查完毕才交给检察官，事实上，检察官和警察的关系非常密切。1998 年，英国议会甚至决定检察院应在警察局中派驻它们的律师，向警察提供建议，从而加强检察官在刑事侦查中的作用，加强检察院与警察局之间的联系，提高刑事司法效率。[30] 因此，英国的检警关系也具有一体化的特征。

## 三、检警一体化于中国刑事诉讼改革的必要性

我国学者从 20 世纪 90 年代后期开始关注检警关系，并突破"分工负责"的基本原则，提出"检警一体化""侦检一体化""检侦一体化"等命题，是有特定背景的。这就是 1996 年修改《刑事诉讼法》时进行了控辩式庭审方式的改革，此项改革对公诉制度乃至刑事司法体制产生了深远的影响。新的庭审方式弱化了公安机关、检察机关、人民法院接力办案的诉讼模式，基本确立了控辩对抗的审判体制，凸显了法院作为裁判机关的中立性。在新的庭审方式下，检察官的举证责任被大大强化，公诉压力骤然增加。出庭检察官要在法庭上取得公诉的成功，固然需要具有扎实的法律

---

㉚　参见刘立宪、谢鹏程主编：《海外司法改革的走向》，中国方正出版社 2000 年版，第 98 页。

素养与高超的法律技能，但更需要具有合法且确实、充分的证据，这一需要催生了检察引导侦查的改革实践。

在我国过去很长时间内，绝大多数刑事案件由公安机关独立实施侦查㉛，公安机关侦查终结后方移送检察机关审查起诉。这导致检察机关的审查起诉与公安机关的侦查几乎完全脱节。观察诉讼实践可知，这一关系模式造成了消极的后果。公安机关的侦查活动没有受到有效的监督、控制，与公诉指控发生了断裂：从证据收集的质量到法定程序的遵守，都乏善可陈。

一方面，公安机关收集证据的质量不高，检察机关审查起诉时不得不频频退回补充侦查，导致退查率居高不下。如2000—2004年，北京市检察机关退回补充侦查案件数不断增加，与受理案件的总件数和总人数的比率都超过了20％，平均为21.6％和27.6％。㉜再如1998年1月至6月底，河南安阳市、区两级检察院共受理公安机关（不含五县）移送起诉案件247案372人，退回补充侦查111案176人，退查率为44.9％和47％。其中移送起诉大案27件63人，退回补充侦查24件59人，退查率更是高达88.9％和93.7％。退查的主要原因是证据不足、事实不清。㉝这一问题在实践中一直存在。公诉案件退查率居高不下，导致了追诉效率的降低与诉讼效益的受损。造成这一现象的原因，就是检察机关失去了对侦查的控制。若检察官对公安机关收集证据的过程一无所知，审查起诉过程中发现事实不清、证据不足时，固然可以退回补充侦查或者自行侦查，但由于丧失了最佳时机，往往导致证据无法补足，影响公诉功能的发挥。而"侦查

---

㉛ 数据表明，检察机关直接受理侦查的案件占全部公诉案件的4％左右。如2011年检察机关侦查后提起公诉的案件为3万件，而同年检察机关提起公诉的案件为80万件。

㉜ 参见徐航：《退回补充侦查制度的实证分析——以审查起诉环节为视角的观察》，载《中国刑事法杂志》2007年第3期。

㉝ 参见孟宪祯：《对"移送起诉"退查率居高不下的情况调查》，载《河南公安高等专科学校学报》1999年第1期。

中所犯的错误往往具有不可弥补性"，"许多实证研究指出，错误裁判最大的肇因乃错误侦查，再好的法官、再完美的审判制度，往往也挽救不了侦查方向偏差所造成的恶果"[34]。如胥某祥案中，检察机关曾七次退回补充侦查，之后勉强起诉，法院"无奈"定罪，最终酿成错案。[35] 又如赵某海案中，检察机关曾三次退回补充侦查，最终由政法委协调，法院"无奈"作出有罪判决。[36] 对于这些错案，不能简单地归责于法官的审判水平低或者责任心不强，因为多次退补本身就表明案件证据不足。当时受制于司法体制，法院缺乏审判独立性的保障，导致审判难以否定侦查结论。协调定案的政法委看似是实际责任者，却实难问责。[37] 真正值得反思的还是如何提高侦查质量。假如检察官于侦查开始后第一时间介入，动态地了解侦查过程，并就证据收集予以指引，就可能避免错误的侦查。检察机关与公安机关在办理重大案件，特别是杀人案件处理程序上的接力模式，已经暴露出很大的漏洞与缺陷。公安机关侦查的粗陋甚至重大过错，致使检察机关沦为"二传手"，失去了对犯罪追诉的有效控制。

另一方面，辩护方针对刑讯逼供等非法取证现象申请排除非法证据的个案越来越多，公安机关侦查取证的合法性面临日益严峻的质疑与挑战。1998年《最高人民法院关于执行〈中华人民共和国刑事诉讼法〉若干问题的解释》确立了非法言词证据排除规则，但未得到执行。随着2010年《关于办理刑事案件排除非法证据若干问题的规定》的公布、实施，以及2012年修改后的《刑事诉讼法》对非法证据排除规则的确立，对侦查行

---

［34］ 前引⑲，林钰雄文。

［35］ 参见杜萌：《省检院坚持抗诉胥敬祥：冤狱13年有罪变无罪》，载《法制日报》2005年6月1日。

［36］ 参见邓红阳：《赵作海案再曝"留有余地"潜规则》，载《法制日报》2010年5月13日。

［37］ 已有学者针对政法委协调办案提出了批评，并主张取消市、县两级政法委对案件的协调。参见陈光中、肖沛权：《关于司法权威问题之探讨》，载《政法论坛》2011年第1期；顾永忠：《畅通监督渠道强化过程监督——关于侦查监督的若干思考》，载《河南社会科学》2010年第6期。

为合法性异议的审查成为法庭审理的法定程序。自此，检控方面临的考验愈加严峻，应对侦查行为的合法性审查已然成为现实发生的、不可回避的课题⑧，而这种压力最终必然转嫁给检察官。特别是 2012 年《刑事诉讼法》第 49 条明文规定，"公诉案件中被告人有罪的举证责任由人民检察院承担"。在这里检察官同样负有证明指控证据具有合法性的举证责任。此外，公安机关在搜查、扣押程序中自我授权，脱离检察机关的控制，同样会成为辩护方质疑程序合法性的对象。

实践需要是改革的动力之源，检警的共识则是改革的基础。针对检警人员进行的实证研究表明，改革我国分离、接力型的检警关系模式具有迫切性。被调查者指出，现实中的检警关系在诸多方面存在有待改进之处：（1）检警"互相配合"难以形成最佳合力。二者工作关系中的工作方式主要是书面审查，导致不易发现侦查取证中存在的问题。同时由于相互独立，检察机关对公安机关并无领导、指挥的权力，导致检警在追诉犯罪方面无法形成最佳合力。（2）检察机关对公安机关的监督难以落实。立案监督不力的表现是"监督的效果欠佳，公安机关没有及时改正"。其主要原因在于："没有规定公安机关仍旧不立案的惩罚和救济措施，对于公安机关接受监督立案后但是不认真侦查导致案件无法侦破的，检察机关没有相应的监督权力"；"对于公安机关不应立案而立案的，检察机关有权发出纠正违法通知书，但是这种监督手段乏力"。侦查监督效果也不理想，主要原因在于："检察机关侦查监督缺乏实质的领导、指挥权，难以及时有效纠正违法侦查行为"；"侦查监督通常具有滞后性，难以有效预防违法侦查行为"；"侦查监督的手段一般是纠正违法意见书和检察建议，这种手段的强制性不强，导致监督不力"；"对违法取证的监督，因为检察机关主要是

---

⑧　传统上，人民法院对于辩护方提出排除非法证据申请的，往往予以搪塞，检察机关则以各种理由予以回绝。

书面审查，所以难以发现"；"对违法取证的监督，即使发现，一般也难以排除违法取证获得的证据，更难以追究违法取证的侦查人员的相关责任"。[39]

我国的检警关系若不改革，警察主导侦查模式若沿袭不变，其消极后果将愈益凸显。检警一体化改革是为了实现有效追诉的需要，也是为了实现侦查监督进而实现合法追诉的需要。一国检警关系模式的选择必须和本国刑事法治的发展阶段相适应，应根据实际需要进行制度安排。对于检警关系改革，不能片面地拿某个国家或地区的现状进行对比，尤其不能在误读域外经验的情况下轻率地得出结论，毕竟我国刑事程序处于改革阶段与转型时期。自 1998 年以来，面对检警关系不畅导致的普遍退回补充侦查以致损害公诉质量的现实，实务中自发的检察引导侦查的改革实践，取得了良好效果。部分学者敏锐地洞察到这一变化，提出了极具理论价值和现实意义的检警一体化建议；其实质就是实现检警关系的转型，是在打破警察主导侦查模式的基础上建立以检察机关为主导的新型检警关系模式。实践表明，以检察引导乃至领导侦查为主要内容的检警一体化已然成为我国刑事程序和司法体制改革的一项重要内容。

# 四、检警一体化的法律依据

我国实行检警一体化改革的实质，是检察机关参与乃至领导、指挥公安机关对所管辖案件的侦查行为。有人认为这一改革缺乏法律依据，其理由是：公安机关与检察机关是并列的两大侦查机关，各自对所管辖案件享

---

[39] 参见北京市海淀区人民检察院"检警关系课题组"：《检警关系现状与问题的调查分析》，载《人民检察》2006 年第 22 期。

有独立的侦查权；检察机关对公安机关侦查的案件，仅有审查批捕权、审查起诉权以及发现侦查行为违法时提出"纠正意见"的侦查监督权，而不能干预公安机关的侦查活动。其实，上述理解是根据刑事诉讼法关于职能管辖的规定进行的表象化解释，看似正确，却忽视了检察机关对所有犯罪案件皆有侦查权的法律规定。即便认同检警一体化改革的学者，也有人认为检警一体化缺乏法律依据。这同样是因为对相关法律不甚了解而形成的误判。

事实上，我国法律对检察机关享有完整的侦查权早有明确的规定，这构成了检警一体化改革的法律依据。1979 年《人民检察院组织法》第 11 条规定："人民检察院发现并且认为有犯罪行为时，应当依照法律程序立案侦查，或者交给公安机关进行侦查。侦查终结，人民检察院认为必须对被告人追究刑事责任时，应当向人民法院提起公诉；认为不需要追究刑事责任时，应当将原案撤销。"[40] 这一规定即我国实行检警一体化改革的法律依据，因为它明确了侦查权的所有者与行使者。解读该规定，可以得出以下四点结论：

首先，"人民检察院发现并且认为有犯罪行为时，应当依照法律程序立案侦查"的规定，将所有犯罪案件的立案侦查权赋予了检察机关，因此，对所有犯罪案件进行立案侦查就成为检察机关的法定职责。之所以规定检察机关对所有犯罪案件享有侦查权，是因为检察机关作为唯一的公诉机关，承担着追诉犯罪的专门与全部责任，而侦查不过是公诉的准备。[41] 其法理依据在于，检察机关作为刑事诉讼的控方，并非单纯的法庭公诉机

---

[40]　该条内容和德国刑事诉讼法第 160 条第 1 款的内容颇为相似。德国刑事诉讼法第 160 条第 1 款规定，只要获得有关可能存在犯罪行为的信息，检察官就必须开始侦查。上述条款成为德国检察官实为侦查权主体，警察仅为其辅助机构的法律依据，构成检察官领导、指挥警察进行侦查的法律根据。而 1979 年《人民检察院组织法》第 11 条的规定来源于更早的 1954 年《人民检察院组织法》第 10 条。

[41]　在德国刑事诉讼法中，第二编第二章"公诉之准备"规定的即是侦查程序。

关，而是对追诉犯罪负有专责的机关（广义上的公诉包括出庭公诉及为出庭公诉做准备的所有活动），须对追诉犯罪负全面的责任。林钰雄教授即指出："改革的刑事诉讼制度将刑事程序拆解为侦查（追诉）、审判两大阶段，由新创的检察官主导侦查程序，原来纠问法官之权力则被削弱为单纯之审判官"；"同时，新制改采'控诉原则'，由检察官担任控方"。[42]

其次，"或者交给公安机关进行侦查"的规定表明，检察机关可以根据实际情况，将侦查权授权给公安机关行使。与当今世界其他国家和地区的情况一样，我国检察机关受制于自身侦查人员数量少，欠缺侦查装备、侦查技术，实际侦查能力不强等因素，在担当公诉的同时难以实际完成所有犯罪案件的侦查工作，因此需要对侦查的实施作变通性的规定，即检察机关可以授权公安机关实施侦查。根据 1979 年《人民检察院组织法》规定的精神，我国刑事诉讼法划分立案管辖时，在为检察机关保留职务犯罪案件侦查实施权的基础上，将其他大部分刑事案件的侦查实施权划归、配置给公安机关、国家安全机关以及其他机关。对此，应当正确认识两部法律的规定之间的逻辑关系。《人民检察院组织法》将侦查权赋予了检察机关，并授权检察机关交给公安机关行使；刑事诉讼法对侦查权进行了具体分配，分别配置给了公安机关、国家安全机关、军队保卫部门、监狱等机关，并根据实际为检察机关保留了部分职务犯罪案件的侦查权。笔者认为，刑事诉讼法对侦查实施权的分配，并不能改变检察机关享有完整侦查权的组织法规定。1979 年《刑事诉讼法》对此的体现更为明显。该法第13 条共有 3 款，即"告诉才处理和其他不需要进行侦查的轻微的刑事案件，由人民法院直接受理，并可以进行调解"；"贪污罪、侵犯公民民主权利罪、渎职罪以及人民检察院认为需要自己直接受理的其他案件，由人民检察院立案侦查和决定是否提起公诉"；"第一、二款规定以外的其他案件

---

㊷　参见前引⑲，林钰雄文。

的侦查，都由公安机关进行"。这三款依次规定了法院直接受理的案件范围以及检察机关、公安机关受理案件的范围；特别是第三款与第二款的逻辑关系，无疑体现了公安机关在行使侦查权时是分享检察机关侦查权的辅助机关这一组织法精神。

再次，既然公安机关享有的侦查实施权来源于检察机关的法律授权，那么，检察机关决定是否立案、撤案与侦查终结，是否参与公安机关对犯罪案件的侦查过程，是否对其侦查进行引导、指导，乃至根据公诉需要提出侦查取证的特定要求，就是顺理成章之事。检察机关将侦查权交给公安机关行使，并不意味着检察机关丧失了对立案侦查权的控制权。基于法庭公诉的需要，检察机关参与公安机关的侦查，对公安机关的取证进行领导、指挥。这是检察机关享有完整侦查权的应有之义，实属理所当然。"公安机关行使的侦查权是一种专属的权力，与检察机关没有关联""检察机关对公安机关的侦查活动无权介入"等等说法，都是违反法律精神的。

最后，公安机关行使侦查权时易于滥用权力，潜藏着侵犯人权的巨大风险，因此，检察机关不能将侦查实施权一放了之，而应当在授权后监督、控制公安机关的侦查过程，以保证侦查行为合法进行，保障基本人权。世界各国和地区的检察机关与警察机构都存在这种工作上的监督与控制关系。当今世界上检察机关对警察侦查的控制，主要体现在警察对犯罪嫌疑人采取人身强制措施、讯问以及采取搜查、扣押、监听等强制处分与秘密侦查措施时的初步审查上，即警察应当事先向检察机关报告并提出申请。在大陆法系与英美法系国家和地区的检警关系中皆是如此。通常警察逮捕犯罪嫌疑人后须向检察官报告，检察官认为有羁押必要再向法院申请许可令状。同样地，警察认为需要采取搜查、扣押、监听等措施时，亦须先向检察官报告，再由后者向法官申请令状。因此，在现代国家和地区，警察虽实施侦查行为，但凡是涉及逮捕、羁押、搜查、扣押、监听等有关基本权干预的措施，则须经检察官审查再向法院申请。这体现了检察机关对警察侦查活动的监督与控制。

那么，检警一体化与我国宪法规定的"分工负责，互相配合，互相制约"的原则是否契合？对于这一宪法原则，有学者进行了批判性反思，主张加以改造。如有学者认为，"在配合制约原则的指导下，三机关的关系普遍出现了错位、扭曲、缺位等不良现象"[43]。有学者认为其"违背了基本的诉讼法理"，"无论是在三机关的权力配置上"，"还是在刑事诉讼构造上"，"都从根本上破坏了程序正义的实现"[44]。上述分析有一定根据，但笔者更加赞同熊秋红教授的观点，即："处于社会转型期的中国，应当将构建中立、独立的法院作为司法体制改革的主要目标。在刑事诉讼中，公、检、法关系的重塑，关键在于建立以司法裁判为中心的刑事诉讼构造。"[45] 当然，笔者也认为，调整三机关关系的这一宪法原则自身就有着巨大的解释力，能够兼容检警一体化。因为，检察机关和公安机关都是侦查机关，共同行使侦查权，故二者在初步分工的基础上，尤其应当强调"互相配合"，而检警一体化即为检察机关和公安机关互相配合的最佳体现，其目的是提升侦查的质量。而且，在检警一体化之下，检察机关可以实现对公安机关的监督和制约，这亦符合宪法关于检察机关是法律监督机关的理念。因此，检警一体化与宪法原则是契合的。

需要说明的是，我国刑事诉讼法中有诸多规定体现了检警一体化的诉讼理念，构成了检警一体化的程序法依据。如关于公安机关负责人回避的决定主体的规定。《刑事诉讼法》第 31 条规定，公安机关负责人的回避由同级人民检察院检察委员会决定。这一规定体现了检察机关对于公安机关

---

[43] 谢佑平、万毅：《分工负责、互相配合、互相制约原则另论》，载《法学论坛》2002 年第 4 期。

[44] 参见王超：《分工负责、互相配合、互相制约原则之反思——以程序正义为视角》，载《法商研究》2005 年第 2 期。

[45] 熊秋红：《刑事司法职权的合理配置》，载《当代法学》2009 年第 1 期。

正当行使侦查权的保障义务。刑事诉讼法中还有一些规定是检察机关参与公安机关侦查过程的法律依据。如《刑事诉讼法》第 87 条规定，公安机关要求逮捕犯罪嫌疑人的时候，应当写出提请批准逮捕书，连同案卷材料、证据，一并移送同级人民检察院审查批准。该条还特别规定，"必要的时候，人民检察院可以派人参加公安机关对于重大案件的讨论"。这里明确规定"必要的时候""重大案件"，表明是基于实务的需要，即检察机关参与重大案件的侦查具有必要性，而不应理解为对检察机关参与公安机关侦查的限制。另外，《刑事诉讼法》第 175 条第 1、2 款的规定，也表明了检察机关和公安机关的这种关系。第 1 款规定：在审查起诉时，检察机关"可以要求公安机关提供法庭审判所必需的证据材料；认为可能存在本法第五十六条规定的以非法方法收集证据情形的，可以要求其对证据收集的合法性作出说明"。第 2 款规定，在审查起诉时，对于需要补充侦查的，"可以退回公安机关补充侦查"，"也可以自行侦查"。由此可见，为了保障侦查的质量，检察机关将其工作向前延伸，参与公安机关的侦查过程，是符合实际需要和立法精神的，并不构成对公安机关职权的干预。

引人注目的立法动向是，2011 年提交十一届全国人大常委会第二十二次会议审议的《刑事诉讼法修正案（草案）》尝试对检警一体化作了规定。草案第 44 条规定："增加一条，作为第 113 条：'对于公安机关立案侦查的故意杀人等重大案件，人民检察院可以对侦查取证活动提出意见和建议。'"此条对检察机关参与公安机关重大案件侦查作出了突破性的规定，标志着我国侦查模式的改革将向检警一体化的方向迈出实质性的一步。然而，令人遗憾的是，该条后来被取消了，未能在修改后的《刑事诉讼法》中得到保留。究其原因，恐怕主要是一些人固守公安机关垄断侦查权的传统观念。

# 五、检警一体化的孕育与实施路径

## （一）检警一体化的孕育

在 1979 年《刑事诉讼法》实施期间，检察机关的"提前介入"即已获得了实践。⑯ 在 1996 年《刑事诉讼法》实施期间，"提前介入"演进为"检察引导侦查"机制。2000 年 9 月，在全国检察机关第一次侦查监督工作会议上，最高人民检察院提出了"依法引导侦查取证"的工作思路。2002 年 3 月，九届全国人大第五次会议上《最高人民检察院工作报告》提出，"深化侦查监督和公诉工作改革，建立和规范适时介入侦查、引导侦查取证、强化侦查监督的工作机制"。同年 5 月，最高人民检察院在全国刑事检察工作会议上提出了"坚持、巩固和完善适时介入侦查、引导侦查取证、强化侦查监督"的工作机制等四项改革措施。其间，一些地方检察机关积极试行，如河南省周口市人民检察院提出了引导侦查取证的"三三制"。⑰

检察系统的研究者通过实证研究就检警关系改革提出了建议，其目标是"加强沟通和交流，创新工作机制"，这体现了检警一体化的价值取向，描绘了未来检警关系的新图景。检警人员认为，彼此的沟通和交流不足，亟须创新工作机制，创建沟通和交流的平台。检察官和警察普遍赞成"建立定期联席协商会议制度"，即"检察机关与公安机关的各办案具体部门召开联席会议，就办案中的普遍性问题和疑难个案进行讨论交流，达成共识"。检警主张的创新工作机制包括：（1）个案引导侦查，即"对于疑难、重大、复杂案件，检察机关要派人亲赴现场，并适时开展引导侦查取证工

---

⑯　参见前引④，吴军文；前引④，李建明文。

⑰　参见牛学理：《从"三三制"到"检察引导侦查"》，载《检察日报》2002 年 7 月 15 日。

作"。（2）宏观引导侦查，即"定期对退补案件和不起诉案件进行调研分析，注重从证据标准的把握上引导侦查，以庭审要求对待证据收集工作"。（3）拓宽侦查监督的信息来源，即"确立检察机关对公安机关侦查活动的知悉权，以便检察机关对侦查活动实行全程监督与侦查指导"。（4）加大侦查监督中的技术投入，即"建立对被羁押犯罪嫌疑人定时讯问制度，以抑制刑讯逼供现象"。（5）综合采用多样化的侦查监督手段，即"灵活采取多种监督手段，包括重大疑难案件提前介入事前监督、普通的刑事案件事后监督、强制措施的运用同步监督以及对讯问进行同步监督（如通过录音录像方式）等"。⑱

地方检察机关亦有制定检察引导侦查细则的探索，践行了检警一体化的精神，积累了改革的经验。如宁夏回族自治区吴忠市人民检察院制定了《死刑案件公诉、侦监同步介入引导侦查取证实施办法》。⑲ 该办法专门规范了对死刑案件的提前介入，规定了介入的目的、任务、时间、步骤、引导取证的方式、方法。该办法提出公诉、侦监同步介入，发案信息及时通报，要求从侦查源头介入引导侦查取证；采用调阅案件证据、参加现场勘查检验、尸检会商、介入提审、参与案件讨论等多种方式进行；侦查取证方向引导注重"四个转变"，以克服死刑案件取证中经常出现的纰漏和瑕疵。由此，检察机关介入侦查得到制度化。

在实务界积极推进检察引导侦查改革的同时，理论界也展开了讨论。陈瑞华教授对检警一体化的基本要求进行了理论概括，为检警一体化改革提供了基本框架。他指出，一体化的检警关系有以下几个特点：一是检察机关应当对所有刑事案件的追诉负有责任，它应当是法定的唯一侦查机

---

⑱　参见前引⑳，北京市海淀区人民检察院"检警关系课题组"文。

⑲　参见李永福：《宁夏吴忠市检察院出台提前介入引导侦查命案新办法》，http：//www. jcrb. com/procuratorate jckx/201211/t20121105 _ 978097. html，最后访问日期：2013 年 2 月 15 日。

关，公安机关是其辅助机关，应服从检察机关的统一领导和指挥。二是刑事追诉程序的启动、进行和终结应当由检察机关统一决定，公安机关无权就诸如立案、移送起诉、撤销案件等事项进行处分。三是较为重大的侦查行为，尤其是可能导致公民基本权益受到限制的强制处分，一律由检察机关决定实施，并报请司法裁判机构进行审查和授权。四是对于警察采取的违法侦查行为，检察机关有权随时加以制止和纠正，并可以随时撤换负责侦查的警察。五是在整个刑事诉讼过程中，检察机关有权要求警察随时给予协助，如补充收集证据、出庭作证。⑩

检警一体化是一种有别于检察机关与公安机关在起诉与侦查职能上完全分离的新型诉讼理念，也是一种创新性的工作机制与司法体制，需要立法的确认及具体的实施机制。前述《刑事诉讼法修正案（草案）》第44条的规定即是此一方面的有益尝试。值得肯定的是，该规定的精神随后在《人民检察院刑事诉讼规则（试行）》第361条中得到了体现："对于重大、疑难、复杂的案件，人民检察院认为确有必要时，可以派员适时介入侦查活动，对收集证据、适用法律提出意见，监督侦查活动是否合法。"⑪这一规定的目的是提高侦查取证的质量，也是对检察机关探索多年的介入侦查、引导取证工作机制的明确规定。检察机关介入侦查、引导取证，既可以是侦查监督部门，也可以是公诉部门；既可以是检察机关认为确有必要时主动介入侦查、引导取证，也可以是侦查机关邀请检察机关派员介入。介入的方式包括参与案件讨论，参与调查取证提出意见等。介入侦查、引导取证主要是对侦查机关的取证、适用法律等提出意见，而非代替侦查机关调查取证。⑫ 无疑，这一规定为检警一体化确立了规范依据，为

---

⑩　参见前引②，陈瑞华书，第518页。

⑪　这一规定或许有超越权限之嫌，但正如前文所述，它是符合宪法原则的，是实践需要使然。

⑫　参见陈国庆、李昊昕：《〈人民检察院刑事诉讼规则（试行）〉修改的主要问题理解与适用》，载《人民检察》2012年第24期。

刑事诉讼法的最终确认奠定了基础。

2015 年 2 月，最高人民检察院发布《关于深化检察改革的意见（2013—2017 年工作规划）》，提出建立对公安派出所刑事侦查活动监督机制。当年，最高人民检察院选择 10 个省市开展为期 2 年的试点，山西、宁夏等地检察机关在市、县公安局派出所设立检察室。2017 年 3 月 29 日，最高人民检察院召开全国电视电话会议，要求各级检察院因地制宜，全面开展对公安派出所刑事侦查活动的监督工作。2019 年 7 月，政法领域全面深化改革推进会提出，推动在市、县公安机关建设执法办案管理中心，探索建立派驻检察机制，前移监督端口，着力构建一站式、全要素、即时性的执法监督管理新模式。

2019 年 12 月 30 日，最高人民检察院公布施行新的《人民检察院刑事诉讼规则》，进一步发展了检察机关介入公安机关侦查的规则。第 255 条规定，人民检察院办理审查逮捕、审查起诉案件，应当全面审查证明犯罪嫌疑人有罪或者无罪、罪轻或者罪重的证据。第 256 条规定："经公安机关商请或者人民检察院认为确有必要时，可以派员适时介入重大、疑难、复杂案件的侦查活动，参加公安机关对于重大案件的讨论，对案件性质、收集证据、适用法律等提出意见，监督侦查活动是否合法。"由此，检察机关参与公安机关侦查有两种情形：一种是依公安机关的申请，另一种是检察机关依职权决定。其中"参加公安机关对于重大案件的讨论"，是自 1979 年《刑事诉讼法》开始即有的规定，而"对案件性质、收集证据、适用法律等提出意见"则是对参与侦查具体内容的进一步明确，同时检察机关履行监督职能，即"监督侦查活动是否合法"。

值得注意的是，检察机关参与公安机关侦查活动，一直都是通过采取地方检察机关与公安机关之间会签文件，以及最高人民检察院单方制定司法解释的方式展开的。而至 2021 年，情况发生了变化。2021 年 10 月 31 日，最高人民检察院、公安部联合印发《关于健全完善侦查监督与协作配合机制的意见》，对健全完善监督制约机制、协作配合机制和信息共享机制等，明确了 14 项具体任务。例如，健全完善重大疑难案件听取意见机制，即：公安机关办理重大、疑难案件，可以商请人民检察院派员通过审查证据材料等方式，就案件定性、证据收集、法律适用等提出意见建议。对于人民检察院派员审查提出意见的案件，公安机关应当全面介绍案件情况，提供相关文书和证据材料，及时向检察机关通报案件侦查进展情况，配合人民检察院的审查工作；根据人民检察院提出的意见建议，进一步收集、固定证据，完善证据体系；对人民检察院提出的证据瑕疵或取证、强制措施适用违反规定程序等确实存在的问题，应当及时进行补正、纠正。人民检察院应当指派具有丰富刑事法律实务经验的检察官对重大疑难案件审查提出意见建议，就公安机关开展侦查取证等工作提出的意见建议应当必要、明确、可行。再如，要求检察机关依法履行监督职责，即：人民检察院要依法开展立案监督、侦查活动监督工作，及时发现和纠正应当立案而不立案、不应当立案而立案、长期"挂案"和以刑事手段插手经济纠纷等违法情形；及时发现和纠正刑讯逼供、非法取证等侦查违法行为，从源头上防范冤假错案发生；规范强制措施和侦查手段适用，切实保障人权。该机制还要求人民检察院刑事检察部门与公安机关法制部门共同牵头设立侦查监督与协作配合办公室。该意见实施 1 年后，全国各地检察机关、公安机关联合设立侦监协作办公室 4 320 个。㉝ 2024 年 3 月 1 日，最高人民检察院和公安部会签了《人民检察院、公安机关侦查监督与协作配合办公室工作规范》，这有助于保障侦查监督与协作配合办公室的运行。

值得特别指出的是，《关于健全完善侦查监督与协作配合机制的意见》是最高人民检察院与公安部首次联合就这一主题发文，表明最高层面的检、警机关终于达成了共识。这是具有重大突破意义的。最高人民检察院

---

㉝ 参见史兆琨：《检警共建"大控方格局"——侦查监督与协作配合机制建立与推行纪实》，载《检察日报》2023 年 2 月 25 日。

认为，侦查监督与协作配合新机制体现了检察机关与公安机关协作配合精神，是检警共同做优刑事“大控方”，推动实现刑事案件办理质效提升的切入点和突破口。2022 年，全国检察机关依托重大疑难案件听取意见等机制，适时介入案件 21 万件，同比上升 26.6%。同年，全国检察机关监督侦查机关立案 3.7 万件、撤案 4.6 万件，同比分别上升 48.1%和 57%。最高人民检察院认为，新时代的检警关系是有理有节的监督制约关系，更是有来有往的协作配合关系。对于检察机关来说，与公安机关遵循侦查规律，共同构建“在协作中监督、在监督中协作”的侦查监督与协作配合新模式，在打击犯罪与保障人权的“大控方”理念下提升办案质效，是推动侦查监督与协作配合机制全面展开中不断努力的方向。(54)

最高人民检察院为推进检警一体化而作的持续的努力以及地方检察机关所作的积极探索，为检警一体化的立法确认奠定了坚实的基础。2023 年 9 月 7 日，第十四届全国人大常委会公布立法规划，将《刑事诉讼法》修改列为第一类项目，即“条件比较成熟、任期内拟提请审议的法律草案”。值此《刑事诉讼法》即将进行第四次修改契机，检警一体化的模式应当通过立法予以确认。

### （二）检警一体化的实施路径

为了实现检警一体化模式下的新型工作关系，在《刑事诉讼法》予以立法确认后，还应当制定规范检警关系的条例与办法。有学者指出，建立检察指导警方侦查的合作关系，必须以具体明确的制度为保障，确立有效的合作办案机制，否则就会徒有虚名。(55)

制定检察机关与公安机关一体化的工作机制，应包括以下几项主要内容：

第一，检察机关及检察官有权命令、指挥公安机关及其侦查人员进行

---

(54) 参见前引(53)，史兆琨文。

(55) 参见前引㉙，何家弘文。

立案、侦查活动，公安机关及其侦查人员应当服从；公安机关知悉犯罪发生时应立即报告检察机关；对于刑事案件的立案、撤销与侦查终结，检察机关有审查决定权，公安机关对检察机关作出的决定必须执行；检察机关对警察享有直接的奖惩权，也可以对公安机关侦查人员的工作业绩作出书面评价，作为公安机关对侦查人员进行奖惩的依据。

第二，建立检察机关与公安机关办理刑事案件时随时交换意见的制度、定期举行全国和地方性检警联席会议的机制、检警相互列席业务研讨会议的制度以及检警分别指定人员切实联系的制度。如检察机关应设轮值检察官，负责和公安机关保持日常联系。轮值检察官由具有侦查和公诉经验的检察官充任。轮值检察官可常驻公安机关，了解立案与侦查取证的情况，进行立案侦查业务指导与督促取证。公安机关在侦查时，发生法律上之疑义时，可随时以言词或电话请求检察官解答或指示。

第三，实行检察机关对重大案件直接介入侦查的机制。对于公安机关侦查的重大案件，特别是杀人、强奸致死、抢劫致死等案件，检察机关需要直接介入侦查。之所以将杀人、致死案件列为重点，是因为这些案件最易发生错案。究其原因，命案最受社会关注，公安机关破案的压力最大，压力之下极易犯错。再者，命案中被害人已死亡，案件往往没有目击证人等直接证据，因此，侦查实务中对口供的依赖程度最高，最易发生非法获取口供的情形，从而导致错案的发生。

第四，为了加强检察机关对重大侦查行为的监督，应缩短公安机关提请逮捕前的拘留期限，并建立公安机关实施搜查、扣押、监听等措施须向检察机关申请的制度。实务中拘留的问题较为突出。公安机关可以在自行决定拘留后长达 30 日内控制犯罪嫌疑人的人身，并进行缺乏监督的讯问。在这种情况下，检察机关丧失了对拘留的有效监督。⑤⑥ 为此，公安机关实施拘留后，应

---

⑤⑥　1954 年《逮捕拘留条例》规定公安机关提请检察院批准逮捕前的拘留期限为 24 小时；1979 年《逮捕拘留条例》《刑事诉讼法》将这一期限规定为 3 日，特殊情况下可以延长 1 日至 4 日；1996 年《刑事诉讼法》仍将这一期限规定为 3 日，特殊情况下可以延长 1 日至 4 日，但又规定，"三类案件"即流窜作案、多次作案、结伙作案案件可延长至 30 日。

第一时间通知检察机关，以便检察机关监督。驻所检察官应每天巡查羁押场所，并在警察讯问时在场监督，以避免刑讯等非法取证行为的发生。⑤

第五，公安机关对检察机关的配合应延伸至庭审阶段，这是由侦查服务于公诉需要所决定的。如辩护方对侦查取证的合法性提出异议，侦查人员特别是讯问人员就应根据法庭审理的需要出庭作证。这在 2012 年修改后的《刑事诉讼法》第 187 条中已得到体现。当辩护方提出诸如刑讯逼供或者强迫嫌疑人自证其罪的抗辩时，侦查人员应当出庭接受质证，证明取证程序合法，这是对检察官公诉活动的支持。

# 结　语

在我国刑事诉讼程序发展与司法体制改革的进程中，检警关系改革已然成为一项重要议题。如前所述，我国进行检警一体化模式改革既有利于高效追诉犯罪，也有利于实现侦查监督，且具有法律依据。检警一体化改革意味着调整现行检警关系，其引发误解乃至抵制实属难免。但是，我们可以清晰地看到，检警一体化已经超越理论建构，在实践中已然发生，并上升为最高人民检察院的程序规则以及最高人民检察院和公安部共同形成的工作机制，今后将在刑事诉讼法中获得确认。

当然，我们也要看到检警一体化在侦查监督方面的价值是有限的。检警一体化模式的功能主要在于提升侦查的质量和效益，在侦查监督方面其

---

⑤　法国的法律修改具有启示意义。2000 年 6 月 15 日之前，法律只是规定侦查机关应尽快将拘留措施通知共和国检察官。2000 年 6 月 15 日的法律则规定，侦查机关应在拘留一开始即通知共和国检察官。这一规则的确立，更有利于实现检察机关对司法警察的监督。我国台湾地区"检察官与司法警察机关执行职务联系办法"第 7 条第 2 项规定：司法警察官、司法警察逮捕或拘提犯罪嫌疑人后，除依前项规定得不解送者外，应于逮捕或拘提之时起 16 小时内，将其解送检察官讯问；检察官命其即时解送者，应即解送。

价值却有限。毫无疑问，实现侦查监督仍需建构其他机制。在我国，提及
侦查监督主体，人们往往基于《宪法》中检察机关是"国家的法律监督机
关"以及《刑事诉讼法》中"人民检察院依法对刑事诉讼实行法律监督"
的规定，而瞩目于检察机关。事实上，对于包括检察机关在内的所有侦查
机关的侦查活动，仅靠检察机关的监督是不够的。特别是检察机关对自己
进行的侦查再施以监督，明显是一种自我监督、内部监督，其局限性显而
易见。

在现代各国和地区，对侦查的监督控制主要不是依靠检察机关，而更
多依靠法官的司法审查、律师的监督及法律对侦查机关自身行为的约束。
具体来说，法院审查控制机制表现为法官对各种强制侦查与秘密侦查措施
实施审查与授权，如通过对羁押进行及时、审判性的审查，保障被指控者
及其辩护律师的参与权，实现羁押审查程序的公正性与理由的法定性；通
过对警察机构、检察机关提出搜查、扣押、监听申请的审查，防范这些关
涉公民基本权利的措施被滥用。律师的监督功能则通过参与侦查过程获得
实现，主要是在场参与重大侦查行为，如侦查人员讯问犯罪嫌疑人时律师
在场，就有利于防止刑讯逼供等侵犯人权事件的发生。法律对侦查机关重
大侦查行为的约束机制也是重要的制度安排。这方面的规定，如法律要求
侦查人员讯问时须首先告知犯罪嫌疑人享有沉默权，未经告知该权利并且
未能保障认罪的自愿性，将导致排除口供的法律后果；对侦查讯问过程实
行全程同步录音、录像；羁押场所独立于侦查机构；犯罪嫌疑人进入羁押
场所时由独立医生进行身体检查；等等。从比较法上的经验看，在我国进
行检警一体化改革的同时，还应建立侦查监督的多元主体模式，以全面实
现对侦查的监督与控制。

# 建构中国法学
# 自主知识体系

## （下卷）

主　编　王利明　黄文艺　王　旭

中国人民大学出版社
· 北京 ·

**图书在版编目（CIP）数据**

建构中国法学自主知识体系．下卷／王利明，黄文艺，王旭主编．--北京：中国人民大学出版社，2025.3. --ISBN 978-7-300-33763-0

Ⅰ．D920.0

中国国家版本馆 CIP 数据核字第 20250U78W3 号

**建构中国法学自主知识体系（下卷）**

主　编　王利明　黄文艺　王　旭
Jiangou Zhongguo Faxue Zizhu Zhishi Tixi

| | | | | |
|---|---|---|---|---|
| 出版发行 | 中国人民大学出版社 | | | |
| 社　　址 | 北京中关村大街 31 号 | | 邮政编码 | 100080 |
| 电　　话 | 010 - 62511242（总编室） | | 010 - 62511770（质管部） | |
| | 010 - 82501766（邮购部） | | 010 - 62514148（门市部） | |
| | 010 - 62511173（发行公司） | | 010 - 62515275（盗版举报） | |
| 网　　址 | http://www.crup.com.cn | | | |
| 经　　销 | 新华书店 | | | |
| 印　　刷 | 北京瑞禾彩色印刷有限公司 | | | |
| 开　　本 | 720 mm×1000 mm　1/16 | | 版　　次 | 2025 年 3 月第 1 版 |
| 印　　张 | 29.75 插页 3 | | 印　　次 | 2025 年 3 月第 1 次印刷 |
| 字　　数 | 368 000 | | 定　　价 | 358.00 元（上、下卷） |

# 目　录

第四编 | 部门法学·民商法、社会法与经济法学

# 建构民法典时代的民法学
# 自主知识体系<sup>*</sup>


王利明[**]

## 前　言

　　所谓中国民法学自主知识体系，是指植根于中国本土法治实践、内生于中国传统民法文化、回应中国社会现实需求、在比较法经验的基础上形成的具有中国特色的民法学理论体系和话语体系。[①] 它体现了鲜明的继承性、本土性、时代性、科学性、实践性。在《民法典》颁布前，关于中国民法学自主知识体系的建构众说纷纭，这一目标甚至被认为是不可能实现的命题。随着《民法典》的颁布实施，中国民法学进入了振兴和繁荣的民法典时代。《民法典》是中华民法思想、民法理论和民法智慧之集大成者，是中国民法学自主知识体系的制度化表达。《民法典》奠定了民法学的体系，凝聚了中国民法的共同性知识，构成了中国民法学知识的价值内核，

---

　　\* 本文系中国人民大学习近平法治思想研究工程项目的阶段性研究成果，本文原载于《社会科学》2024 年第 10 期。

　　\*\* 中国人民大学民商事法律科学研究中心专职研究员。

　　① 参见王利明：《试论中国民法学自主知识体系的构建》，载《重庆邮电大学学报（社会科学版）》2023 年第 2 期，第 2 页。

是中国自主民法学知识体系的基础。② 在《民法典》颁布后，习近平总书记提出，要"坚持以中国特色社会主义法治理论为指导，立足我国国情和实际，加强对民事法律制度的理论研究，尽快构建体现我国社会主义性质，具有鲜明中国特色、实践特色、时代特色的民法理论体系和话语体系，为有效实施民法典、发展我国民事法律制度提供理论支撑"③。因此，《民法典》为中国民法学自主知识体系的建构提供了前所未有的机遇。下文不揣浅陋，拟就此谈一点意见。

# 一、知识体系构建：充分发挥民法典的立柱架梁功能

所谓体系（system），就是指具有一定逻辑的系统构成。按照康德的看法，体系是一个依照原则构成的知识整体。④ 建构中国民法学自主知识体系，首先面对的问题就是民法学知识体系的范围，这也是民法学始终难以回答的问题，而《民法典》所建构的体系成为解开这一难题的一把钥匙。作为一部新世纪的法典，《民法典》的编纂在技术上具有高度的体系性，在价值观念和具体规则上具有很强的逻辑体系。我国《民法典》没有因循以《法国民法典》为代表的三编制体例，也没有照搬以《德国民法典》为代表的五编制体例，而将人格权和侵权责任独立成编，并以合同编"通则"发挥债法总则的功能，由此建构了《民法典》的七编制体系。这种体系建构方式在世界民法典立法史上独树一帜，是基于实践和时代要求而对传统大陆法系国家民法典体系的发展，也是我国《民法典》对世界民

---

② 参见许中缘：《构建中国自主的民法学知识体系》，载《中国社会科学报》2022 年 7 月 20 日，第 4 版。

③ 习近平：《实施好民法典》，载《习近平著作选读》（第 2 卷），人民出版社 2023 年版，第 317 页。

④ 转引自黄茂荣：《法学方法与现代民法》，中国政法大学出版社 2001 年版，第 427 页。

法典立法的重要贡献，为中国民法学自主知识体系搭建了四梁八柱。

## （一）以总则编协调民商合一体系

民法学作为研究民法的学问，其首先要以民法典和其他民事法律规范为研究对象。由于民法典是私法的基础性法律，因此，无论是对民法规范的研究，还是对私法发展规律的研究，都应当以民法典为主要研究对象。而在民法典中，总则发挥着规范统领的作用，它是民法典中最基础、最通用、最抽象的部分，可以普遍适用于各个民商事单行法律。总则包含"民法典所赖以立足的抽象原则的阐述"⑤，是对民法典分则全部内容的抽象和概括。从立法层面来看，民法典是私法的基本法。我国民事法律制度建设一直秉持"民商合一"的传统⑥，《民法典》和没有入典的单行法之间是基础性法律和单行法的关系。在《民法典》之外，还有大量的单行法，包括商事特别法，正是在总则的统率下，它们形成了一个有机的整体。可以说，总则是民法典的总纲，纲举目张，整个民商事法律都应当在总则的统率下具体展开。如果说《民法典》是社会主义法律体系的基础性法律，那么总则则是"基础中的基础"，具有"压舱石"的作用。在建构中国民法学自主知识体系中，需要将整个私法规范进行学理化、体系化展开，就必须以总则为基础，通过一些共同的概念、规则、原则和价值，将庞杂的民商法内容形成一个体系，避免凌乱、不完整和矛盾。具体而言：

一是要以总则编确立的基本原则引领民商事法学研究。一方面，应当以《民法典》总则编所确立的原则为重要指引，发挥总则编在法律解释、漏洞填补、配套立法等方面的重要作用。另一方面，以总则编为基础有效

---

⑤　Travaux de la Commission de Réforme du Code Civil，Année 1945-1946，Paris，Librairie du Recueil Sirey，p. 55.

⑥　参见王晨：《关于〈中华人民共和国民法典（草案）〉的说明》，载新华网 2020 年 5 月 22 日，http://www.npc.gov.cn/npc////c2/c22774/202005/t20200523_306323.html

衔接《民法典》与单行法尤其是商事特别法的关系。民事关系纷繁复杂，它不仅依靠民法典调整，还需要大量的民事单行法。但是在所有调整民事主体人身关系和财产关系的法律中，民法典居于基础性地位，因此，民法学以民法典为主要研究对象。《民法典》总则编是民商事法律的共同公因式，是建构私法体系的共同遵循。虽然商事关系具有自身的特殊性，但其也要遵循平等、自愿等基本原则。商法体系不可能脱离私法体系而单独存在，而应当保持与民法典体系的联通。⑦ 通过总则编连接《民法典》与单行法，可以保障整个民商事法律体系的融贯性。⑧

二是以总则编所确立的基本权利体系协调《民法典》与单行法上各种民事权益的关系。我国《民法典》总则编将民事权利作为外在体系建构的主线，总则编实际上就是对民事权利主体、客体，民事权利的行使、保护等共同规则的提炼，民事主体其实就是权利主体，法律行为是民事权利发生变动的原因，代理制度发生于权利行使的过程中，时效则是对民事权利行使的限制。总则编第五章专门规定了民事权利体系，这一体系不仅在组合和搭配上具有逻辑性、系统性，而且保持了民事权益保护体系的开放性。因此，在各项民事权益保障方面，以总则编为依据，可以实现体系性所要求的评价一致、排除矛盾和共同原则的抽象提取工作。例如，《民法典》与《个人信息保护法》均对个人信息保护规则作出了规定，需要妥当协调二者之间的关系。笔者认为，《个人信息保护法》有关个人信息保护的规则实际上是《民法典》总则编所确立的人格权体系的展开与具体化。尤其应当看到，总则编保持了民事权益保护体系的开放性，随着社会发展而出现的各种新型民事权益，都可以纳入总则编所确立的民事权益保护体

---

⑦ 参见李建伟、李亚超：《〈民法典〉背景下商法基本原则体系的范式转型》，载《北京联合大学学报（人文社会科学版）》2023年第2期，第92页。

⑧ 参见［德］克劳斯-威廉·卡纳里斯：《法学中的体系思维与体系概念：以德国私法为例》，陈大创译，北京大学出版社2024年版，第10页。

系的范围。

三是以总则所确立的民事主体制度协调总则编规定的民事主体与单行法规定的民事主体之间的关系。除总则编外，许多单行法也规定了大量的特殊类型的民事主体，需要协调总则编与单行法之间的关系。例如，《公司法》需要与法人制度相衔接，《合伙企业法》与《农村集体经济组织法》需要与非法人组织相衔接。除主体类型外，实践中还存在大量公司设立协议、合伙协议无效的情况下是否影响主体存续的争议。这就需要协调好总则编所确立的组织法和行为法两者之间的关系，而协调好此类关系，不仅要考虑法律行为的效力与主体设立之间的相互关系，还需要考虑行为人在协议无效后相互之间的关系。[9]

四是以总则编所确立的法律行为、代理等制度协调各种商事法律行为的关系。我国立法不可能在《民法典》总则编之外另行规定商事行为、商事代理、商事诉讼时效等制度。《民法典》总则编的诸多规定可以用于调整商事法律行为。例如，民事主体制度、民事法律行为制度、代理制度、时效制度等。但也应当看到，商事法律行为毕竟发生在商事主体之间，在将总则编的相关规则适用于商事法律行为时，也应当考虑商事法律行为的特殊性。例如，欺诈、胁迫、显失公平等制度在商事交易中的适用应当受到一定的限制。这些都有待于进一步研究。

（二）以《民法典》各分编体系为基础完善民法学的内部体系

第一，以《民法典》物权编为基础构建物权法体系。产权制度是市场经济的基本制度，物权法反映了一个国家的基本经济制度，并且深受其历

---

⑨ 参见蒋大兴：《公司法中的合同空间——从契约法到组织法的逻辑》，载《法学》2017年第4期，第135页以下。

史传统、民族习惯等因素的影响。⑩ 物权法具有强烈的固有法和本土法的色彩⑪，因此，物权法研究也要深深植根于中国特色社会主义市场经济，反映中国基本经济制度的需要。党的二十届三中全会强调，要构建高水平社会主义市场经济体制，"完善产权制度，依法平等长久保护各种所有制经济产权"，这也为民法学尤其是物权法的研究指明了方向。物权法研究要积极回应如何在平等保护的前提之下，强化对各类市场主体的产权保护，并以坚持"两个毫不动摇"为原则，充分体现公有制如何与市场经济相结合的制度设计。同时，为适应多种所有制经济共同发展的需要，在强化平等保护原则的同时，民法学要着力建构有效保护各类物权的基本理论，着力建构保护广大人民群众财产的制度体系，形成"风可进，雨可进，国王不可进"的财产权保护体系。财产权是公民的基本人权，保护公民通过诚实合法的劳动创造的财富，保护公民基本的生产和生活条件，就是鼓励亿万人民创造财富，从而增强我国综合国力，实现共同富裕的目标。物权法研究要坚持物尽其用的原则，充分发挥财产的效用，根据中国市场经济的发展持续完善和发展用益物权制度。此外，物权法研究还需要按照改善营商环境和促进市场经济的要求，进一步促进担保物权制度的现代化。

第二，以《民法典》合同编为基础构建完整的合同法体系。我国《民法典》虽然借鉴了德国法的物债二分体系，但又没有规定独立的债法总则编，而以合同编通则发挥债法总则的功能，这既保持了合同法体系的完整性，又能够继续发挥债法的作用。我国合同法研究应当以《民法典》合同编的体系为依据展开：一是要协调合同法与债法的关系。一方面，不能拘泥于合同法而忽视了对债法共同规则的研究。事实上，从《民法典》合同编的规定来看，有些规则明确使用了"债权""债务"等表述，这表明该

---

⑩ 参见崔建远：《物权法》（第2版），中国人民大学出版社2011年版，第2页。
⑪ 参见陈华彬：《物权法原理》，国家行政学院出版社1998年版，第30页。

规则是可适用于所有债的共同规则。例如，合同编中有关债的抵充、抵销、清偿、转让、保全等规则，都应当可以适用于非合同之债。另一方面，不能简单地以外国民法典中债法总则的模式研究中国《民法典》合同编，这既不符合《民法典》的体例安排，也不符合《民法典》的实际内容。二是随着社会实践的发展，合同法总则理论在不断变动之中，大量的新规则不断产生。例如，未生效合同、合同司法终止、违约获利赔偿等，都是今天民法学所面临的新的课题，需要加强研究。三是进一步丰富非典型合同的理论研究。《民法典》所规定的典型合同并不能涵盖实践中所有的典型交易。例如，数据利用合同、预付式服务合同等，在社会生活中应用越来越广泛，需要进行认真的研究。四是需要不断发展准合同理论。《民法典》借鉴了法国的准合同概念，但并未设立准合同的一般条款，其有关无因管理和不当得利之债的规定也较为简略。例如，《民法典》并没有完全实现对不当得利的类型化，尤其是对侵权型不当得利规定得较为简略，也没有明确规定基于不法原因所产生的不当得利之债。这些都有待民法学的进一步研究。

第三，以《民法典》人格权编为基础建构完整的人格权法体系。在传统大陆法系国家或地区的民法典中，人格权并未被单独作为一编加以规定，其主要是侵权法的保护对象，该模式也因此被称为"被动防御的人格权"（the defensive structure of personality rights）模式。⑫ 在此种民法典体系之下，人格权法并没有形成自身的体系。我国《民法典》将人格权独立成编，是中国《民法典》最大的亮点，但如何形成系统完整的人格权法理论，仍然需要进一步思考。一是应当按照《民法典》关于人格权编总分结构的体系安排，构建系统完整的、具有逻辑性的人格权法体系。二是系

---

⑫ See Giorgio Resta, "The New Frontiers of Personality Rights and the Problem of Commodification", 26 *Tulane Eur. Civ. L. Forum* 33，36 (2011).

统整理《民法典》颁布之后的司法案例，研究各种新型人格权益纠纷，如"安葬权""亲吻权""悼念权""祭奠权""生育权""被遗忘权"等⑬，系统总结有关新型人格权益纠纷的司法实践经验。三是在数字化时代，姓名、肖像、声音、隐私等人格要素都可以数字化，并被广泛许可利用，但也引发了不少争议。如何在强化人格要素保护的同时，适应数字化时代发展的需要，促进数字化后的人格要素的有效利用，值得探索。此外，对声音等新型人格利益如何保护，也应当作学理化研究。⑭ 四是研究人格权和身份权的关系。关于二者之间的关系，比较法上出现了基因来源知情权等概念⑮，使人格权与身份权出现了一定的交叉关系。针对这些新型问题，需要从人格权和身份权的关系这一更为宏观的角度展开研究。五是要加强对人格权保护规则的研究。《民法典》人格权编规定了许多人格权保护的特殊规则，如何更好地发挥其保护人格权的功能，需要展开深入研究。例如，人格权请求权是互联网时代人格权的有效保护和损害预防机制，对其特殊表现形式如更正、删除、回应权等请求权，需要展开深入研究，以充分发挥其在互联网时代有效遏制网络侵权、净化网络空间等作用，从而形成互联网时代人格权的有效保护机制。

第四，以《民法典》婚姻家庭编和继承编为基准建构婚姻家庭法和继承法体系。婚姻家庭编入典以后，应该注重和其他各编保持密切联系，而不能和其他各编完全断裂或者游离于民法体系之外，如此才能建构完整的、体系化的婚姻家庭法和继承法制度。⑯ 例如，依据《民法典》第1001

---

⑬　参见四川省广汉市人民法院（2001）广汉民初字第832号民事判决书。

⑭　参见王绍喜：《〈民法典〉时代声音保护的解释与适用》，载《法律适用》2023年第6期，第36页。

⑮　See Thana C. de Campos & Caterina Milo，"Mitochondrial Donations and the Right to Know and Trace One's Genetic Origins：an Ethical and Legal Challenge"，*International Journal of Law, Policy and the Family*，volume 32，issue 2，2018.

⑯　参见王雷：《〈民法典〉婚姻家庭编适用衔接问题研究》，载《法学杂志》2023年第6期。

条的规定，人格权的保护规则可以参照适用于保护探望权等身份权益。再如，婚姻、收养、监护等有关身份关系的协议，依据《民法典》第 464条，在婚姻家庭编没有规定时，也可以参照适用合同编的有关规定。但是，哪些身份关系的协议可以参照适用合同编的规则，可以参照适用合同编的哪些规则，以及如何进行具体的参照适用等，都需要进一步探讨。⑰还要看到，当前需要进一步理顺物权编与婚姻家庭编的关系，尤其是要解决基于身份关系协议而发生的物权变动问题。例如，婚内财产分割协议、夫妻财产制协议、离婚财产分割协议、遗赠扶养协议等诸多身份关系协议，均可能包含物权变动的内容。对于基于这些身份协议引发的物权变动，如何确定其物权变动模式，涉及婚姻家庭编与物权编关系的协调问题，也是婚姻家庭法、继承法融入《民法典》内部体系后必须回应的重大理论问题。

第五，以《民法典》侵权责任编为基础构建完整的侵权责任法体系。较之于《德国民法典》等传统的大陆法系民法典将侵权规则置于债法分则中的做法，我国《民法典》将侵权责任独立成编，这为独立的侵权法体系建构提供了有利的基础。侵权责任在《民法典》中独立成编，满足了当代社会对权利救济的迫切需要，回应了风险社会的要求。侵权责任法研究也应当以侵权责任独立成编为基础，建构完整的侵权责任法体系。今后的侵权责任法研究应当重点解决如下问题：一是研究在将过错原则作为一般归责原则的基础上，如何界定过错推定原则和严格责任原则的适用范围。二是研究如何兼顾侵权责任法救济和预防功能。德国侵权法主要是救济法⑱，而我国侵权责任法不仅强调对损害的救济，还注重对损害的预防，

---

⑰ 参见王雷：《论身份关系协议对民法典合同编的参照适用》，载《法学家》2020 年第 1 期，第33 页。

⑱ See Vgl. BeckOK BGB/Förster, 61. Ed. 1. 2. 2022, BGB § 823 Rn. 7.

即不仅"向后看"，强调对损害的救济，还要"向前看"，注重对损害的事先预防。三是研究如何有效衔接多元救济机制。传统大陆法系国家的侵权法主要以损害赔偿为中心对受害人提供救济⑲，而我国侵权责任法虽然也注重发挥损害赔偿的功能，但在救济方式上则采取了损害赔偿、保险责任、社会救助相结合的多种救济方式，强调发挥各种损害救济机制的作用。四是研究侵权责任法的新问题。随着实践的发展，侵权责任法领域出现了一些新型侵权类型，如网络侵权、证券虚假陈述侵权等，给侵权责任法提出了许多新问题。这些都需要系统地加以研究。

## 二、价值体系构建：以民法典的价值体系为基础

构建民法学自主知识体系需要以民法典的价值体系为基础。民法典体系既包括制度体系〔又称为外在体系（Ausere Systematik）〕，又包括价值体系〔又称为内在体系（Innere Systematik）〕。⑳ 民法典的价值体系是指各民事法律制度基本价值之间的内在联系，它是立法者在立法中应当遵循的基本价值理念和原则，也是解释、适用民法典必须遵守的准则。传统大陆法系国家将私法自治作为民法的价值基础，我国《民法典》并未将私法自治作为唯一的价值基础，而是在确认该价值的同时注重人文关怀价值，这就充分彰显了以人为本的精神。马克思主义倡导人的解放，强调实现人的全面发展，归根结底是为了人。㉑ 孟德斯鸠在《论法的精神》中指

---

⑲ See Vgl. Jauernig/Teichmann, 18. Aufl., 2021, Vorbemerkungen zum BGB § 823 Rn. 1；Fuchs/Pauker/Baumgärtner, Delikts-und Schadensersatzrecht, 9. Aufl., 2017, Springer, S. 371 f.

⑳ 参见王泽鉴：《法律思维与民法实例》，中国政法大学出版社2001年版，第225页。

㉑ 参见丰子义：《历史唯物主义与马克思主义哲学主题》，载《中国社会科学》2013年第3期，第36页。

出，"在民法的慈母般的眼里，每个个人就是整个国家"㉒。这深刻地表达了民法所应当秉持的人本主义精神。这种以人为本的理念贯彻中国《民法典》编纂始终，并经由体系和制度的设计得到实现。因此，建构民法学自主知识体系，要把《民法典》所包含的人文关怀的价值融贯于民法学研究之中，并以《民法典》价值为重要指引，并将其运用于对《民法典》的解释与适用、漏洞填补、配套立法等诸多方面。

建构民法学自主知识体系需要充分彰显社会主义核心价值观。《民法典》第 1 条开宗明义地宣告了以弘扬社会主义核心价值观为立法目的。《民法典》倡导自由、平等、公正、法治等价值理念，并确认了诚实信用原则、公序良俗原则等基本原则，这些规定都强化了全社会诚实守信、崇法尚德、互助互爱、和谐和睦的优良风气。贯彻社会主义核心价值观也是建构中国民法学价值体系的重要内容。社会主义核心价值观的体现包括：重视诚实守信，强调平等保护，重视家庭和睦，弘扬家庭美德，提倡良好家风，重视家庭文明建设，维护人格尊严，保护弱势群体权益等。《民法典》确认了公序良俗原则，禁止滥用权利，鼓励见义勇为和救助行为，倡导互助互爱、守望相助，致力于构建和谐的人际关系，维护社会和经济秩序。

建构民法学自主知识体系需要坚持以人民为中心的理念。人民的福祉是最高的法律。"民惟邦本，本固邦宁"（《尚书·五子之歌》）。以民为本的民本主义体现了人民的主体性，它是指导民法典编纂的理念，贯穿民法典编纂的始终。民法典作为保护民事权利的宣言书，坚持以人民为中心的理念，饱含爱民、护民、安民、惠民的情怀，促进民权保障、民生改善、民业兴旺、民心和顺、民风文明，成为充分关心人、爱护人、保障人的尊

---

㉒ 孟德斯鸠：《论法的精神》（下册），张深雁译，商务印书馆 1997 年版，第 190 页。

严的基本法。㉓ 在民法学自主知识体系的建构中，需要全面强化对人民群众人身权、财产权、人格权的保护，尊重个人依法享有的财产自由和人身自由，维护个人人格尊严。中国自主民法学知识体系建构必须要坚持以人民为中心，充分反映人民的意愿，不断满足人民群众对美好生活的需要，体现人民利益、反映人民愿望、维护人民权益、增进人民福祉。通过建构周密的民事权利保护机制理论，更加有效地保护民事权益，让每个人生活得更有幸福感、安全感，更有体面，更有尊严。

建构民法学自主知识体系需要继承中国的优秀传统文化，并坚持创造性转化、创新性发展。建构民法学自主知识体系，必须坚守中华文化立场，提炼展示中华文明的法治精神标识和法治文化精髓，阐释中国优秀传统法治文化。㉔ 习近平总书记指出：《民法典》"汲取了中华民族五千多年优秀法律文化，借鉴了人类法治文明建设有益成果。"㉕《民法典》倡导互助互爱、守望相助，就体现了儒家"仁者爱人"的观念。《民法典》强调诚实守信、恪守承诺，就是我国传统文化所弘扬的"言必信，行必果"的诚信观念。一方面，民法学自主知识体系的研究应当反映中国优秀的传统文化、善良风俗，从传统道德中汲取营养。在中国历史发展的过程中，形成了诸多对人们行为具有潜移默化影响的善良风俗。㉖ 例如，《民法典》第 1043 条"家风条款"就是家庭文明建设的成果，反映出人民群众对创建美好、和睦家庭的重视与期盼。㉗ 民法学自主知识体系的构建应当充分

---

㉓ 参见黄文艺：《民法典是经世济民、治国安邦之重器》，载《光明日报》2020 年 6 月 3 日。

㉔ 参见胡铭：《科学构建中国自主法学知识体系》，载《浙江日报》2022 年 10 月 24 日，第 8 版。

㉕ 习近平：《实施好民法典》，载《习近平著作选读》（第 2 卷），人民出版社 2023 年版，第 313 页。

㉖ 参见范忠信：《公序良俗原则确立与〈民法典〉的人文升华》，载《探索与争鸣》2023 年第 3 期，第 132 - 133 页。

㉗ 《民法典》第 1043 条规定："家庭应当树立优良家风，弘扬家庭美德，重视家庭文明建设。夫妻应当互相忠实，互相尊重，互相关爱；家庭成员应当敬老爱幼，互相帮助，维护平等、和睦、文明的婚姻家庭关系。"

反映中国的公序良俗，以充分彰显本土性和民族性。另一方面，民法学自主知识体系的研究中应当加强对习惯的研究。法谚云："习惯乃法律之最佳说明"，习惯中产生了大量的符合本土实践的法律规则，习惯中也包含了大量的善良风俗，习惯成为民法发展的内生动力。《民法典》第 10 条的规定正式承认习惯的民事法律渊源地位，并明确习惯作为法律适用依据的条件。因此，在民法学自主知识体系的研究中，需要充分挖掘习惯的功能价值，注重对中国传统习惯的研究。此外，民法学自主知识体系的研究需要深入挖掘中华民族的优秀传统文化。例如，《民法典》强化了对老年人权益、未成年人权益的保障，就彰显了我国尊老爱幼的传统美德。在未来民法学自主知识体系的研究中，应当加强中华民族传统美德的融入和创新，使民法学研究具有本土性，能够产生出更多的符合法院和中国实际需要的"中国元素"。

## 三、权利体系构建：以民法典确立的<br>民事权利为中心的体系为依据

法治的核心是"规范公权，保障私权"，民法典就是保障私权的基本法。"权利的存在和得到保护的程度，只有诉诸民法和刑法的一般规则才能得到保障。"㉘ 21 世纪是一个走向权利的世纪，充分保障个人的权利是国际社会普遍的共识。我国《民法典》秉持以人民为中心的理念，以保护民事权利为中心，以保护私权为立法目标。与《德国民法典》以法律行为

---

㉘ ［美］彼得·斯坦、约翰·香德：《西方社会的法律价值》，王献平译，中国人民公安大学出版社 1989 年版，第 41 页。

为中心构建法典体系不同㉙，我国《民法典》以保障私权作为红线，保障民事权利是《民法典》体系结构安排中的红线和中心轴。换言之，民事权利的保护既是《民法典》体系构建的出发点，也是其落脚点。保障私权的理念始终是《民法典》七编制的"中心轴"，总则编规定确认和保护民事权利的基本规则，整个《民法典》分则就是由物权、合同债权、人格权、婚姻家庭中的权利（亲属权）、继承权以及对权利进行保护的侵权责任所构成的。这表明我国《民法典》本质上是一部权利法，《民法典》分编通过全面保障民事权利，全面体现和贯彻了保障权利的价值。这一价值是观察《民法典》甚至整个民法的出发点。尤其是《民法典》将人格权独立成编，使其成为与物权编、合同编等并列的民法的有机组成部分，落实了民法调整平等主体之间的人身关系和财产关系的任务，改变了传统民法存在的"重物轻人"的体系缺陷，这既是《民法典》回应时代需求的集中体现，也为世界各国有效应对人格权保护问题提供了中国经验和中国方案。

以权利保障为中心建构中国民法学自主知识体系，需要重点做到如下几点：

一是树立保护人身权、财产权和人格权的理念。习近平总书记强调，"保障公民人身权、财产权、人格权"㉚。这三项权利是公民的基本人权，关系到老百姓的基本福祉和基本民生。保障好这三权，实际上就维护了老百姓的根本利益，也就真正落实了中国共产党以人民为中心的执政理念。因此，保护民事主体的人身权、财产权和人格权也是准确把握民事权利体系建构的关键。《民法典》总则编第五章构建了基本的民事权利体系，其核心内容就是确认民事主体所享有的各项人身权和财产权，民法学研究应

㉙ 关于《德国民法典》总则主要以法律行为为中心构建，参见 Hans Hattenhauer, Grundbegriffe des Bürgerlichen Rechts, 2. Aufl., C. H. Beck, 2000, S. 68。

㉚ 习近平：《坚定不移走中国人权发展道路，更好推动我国人权事业发展》，载《人民日报》2022 年 2 月 27 日，第 1 版。

当将对人身权、财产权和人格权的研究作为核心。

二是进一步发展和完善民事权利体系。虽然我国《民法典》已经构建了基本的民事权利体系，但这一体系也需要不断发展完善。例如，《民法典》人格权编在我国立法上第一次引入了私生活安宁这一权利，并通过反面列举的方式，对侵害私生活安宁的各种典型方式作出了规定。但随着社会的发展，消费者生活安宁权的保护也提到了重要的议程。尤其是随着大数据分析技术的发展，数据和网络虚拟财产已经成为重要的财产，《民法典》对此进行了规定。随着计算机、人工智能算法的语音识别等技术的发展，个人的声音已能很好地被识别，声音与个人身份的关联性越来越紧密[31]，《民法典》第 1023 条第 2 款规定"对自然人声音的保护，参照适用肖像权保护的有关规定"，这就确立了对声音这一新型人格利益保护的基本规则，从而能适应未来人格利益发展的需要。

三是把握民事权益的位阶，妥善解决民事权益的冲突。化解权益冲突的路径是多样的，而较为可行的一种方法就是明确民事权益的位阶。以权益位阶解决权益冲突，实际上是将民事权益排列成不同的位序，并据此确定权益保护的先后顺序。[32] 通过在一个法体系内部明确权益位阶，也有利于维持法体系内部的和谐一致。《民法典》总则编第五章在列举各项民事权益时，对其进行了一定的排序。这实际上就是民事权益位阶的基础规则，展现了立法者的价值判断。《民法典》虽然采纳了民事权益位阶理论，但如何建立全面、细致的民事权益位阶规则，并将其运用于具体的个案场景，仍然是有待深入研究的重要课题。

---

[31] 例如，《秘鲁共和国新民法典》第 15 条第 1 款规定："未取得本人明确授权的，不得利用其肖像和声音，或在本人已死亡时，只能按顺位经其配偶、卑血亲、尊血亲或兄弟姐妹同意，方可利用之。"

[32] See Vgl. Harald Schneider, Die Gueterabwägung des Bundesverfassungsgerichts bei Grundrechtskonflikten, 1961, S. 224-227.

四是协调好财产权与身份权、财产权与人格权、人格权和身份权等各项民事权益之间的关系。人格和身份共同界定了人的主体地位，是人身权益的重要组成部分。虽然二者属于不同的民事权益，但二者之间又有重要的联系，《民法典》第1001条明确规定了人格权保护规范可以参照适用于身份权保护，妥当衔接了二者之间的关系。人格权的行使与保护也要考虑到与合同法之间的衔接（例如，依据《民法典》第1021、1022条，肖像权许可使用合同的解释和解除具有特殊性），协调好人格权保护与财产权保护之间的关系。此外，还需要协调财产法和家庭法的关系。例如，家庭财产既是市场交易的对象，也是家庭成员共同生活的基础，《民法典》在调整家庭财产时，需要妥当协调家庭成员权益保护与市场交易主体权益保护之间的关系。例如，对登记在一方名下但属于夫妻共有的公司股权，其未经另一方同意而转让的，是否构成无权处分，就涉及配偶另一方利益和受让方利益的协调问题。

五是构建系统完整的民事权利保障机制。《民法典》提供了较为完整的民事权利救济措施和损害预防手段，第179条第1款规定了11种责任承担方式，并综合运用各种责任形式保护民事权利。在侵权责任编中，《民法典》第1167条确认了预防性的责任承担方式，除此之外，又在侵权责任编第二章损害赔偿中全面规定了损害赔偿责任，其中包括侵害财产权、侵害人身权的损害赔偿责任，损害赔偿具体又包括财产损害赔偿、精神损害赔偿以及惩罚性赔偿。除侵权责任编外，《民法典》还在物权、人格权等编中规定了独特的物权请求权、人格权请求权，这就形成了绝对权请求权与侵权责任编中的损害赔偿请求权的有效衔接。此外，鉴于互联网对损害后果具有一种无限放大效应，相关的侵权信息一旦在网上发布，即可在瞬间实现全球范围内传播，损害将如覆水难收，受害人的权利很难恢复原状，及时制止损害或预防损害，就成为救济制度的重要内容。《民法典》还在人格权编中规定了更正权、删除权以及禁令等制度，对人格权提供有效的救济，并有效预防损害的发生，这就形成了权利保护与损害预防功能的有效衔接。如何进一步完善这些机制，还有待进一步研究。例如，《民法典》第 1028 条没有明确规定回应权，如何在互联网时代发挥回应权的功能，也是民事权利保障的重要内容。

## 四、学科内容构建：牢牢把握民法典的<br>中国特色、实践特色、时代特色

习近平总书记指出，民法典"是一部体现对生命健康、财产安全、交易便利、生活幸福、人格尊严等各方面权利平等保护的民法典，是一部具有鲜明中国特色、实践特色、时代特色的民法典"㉝。我国民法典立足于中国实践，适应互联网、高科技社会的发展需求，兼顾了中国特色、实践特色和时代特色。这三大特色贯穿民法典的始终，成为民法典的重大亮点，也为建构中国特色社会主义民法学理论体系指明了方向。因此，建构中国民法学自主知识体系，要按照习近平总书记所指出的，保持中国民法学的"中国特色、实践特色、时代特色"，就必须立足中国，根植实践，放眼世界。具体而言，民法学研究应当坚持以下基本立场：

一是自主性。中国民法学自主知识体系的建构应当植根于中国大地，以中国问题为中心，解决中国的现实问题，尤其是要聚焦中国民商事法治建设进程中的现实问题，面向国家重大需求，提出科学理论支撑。在建构中国民法学自主知识体系过程中，要对民法典中的中国元素进行系统梳

㉝ 习近平：《实施好民法典》，载《习近平著作选读》（第 2 卷），人民出版社 2023 年版，第313 页。

理，如用益物权体系、婚姻财产制、婚姻继承中的中国式家庭观念及其规则、合同的司法终止以及网购规则、鼓励见义勇为等相关制度，都是回应中国现实需求、总结中国实践经验而形成的制度。虽然也有些制度借鉴了比较法经验，但其应用场景具有典型的中国特色。通过总结中国元素，进一步增强了中国民法学自主知识体系的自主性特征。

二是实践性。"法律是一种不断完善的实践。"㉞ 中国民法学自主知识体系研究应当立足于中国实践，解决当代中国的实践问题。民法学只有不断适应社会生活的变化而变化，服务于实践，才是真正有生命力、有针对性、有解释力的理论。社会生活纷繁复杂且变化无穷，法律需要不断适应社会的变化。作为一门实践性很强的学科，民法学不仅应对中国和世界法治实践具有精准的解释力，还应对中国和世界法治变革具有强大的引领力，尤其是要适应中国社会发展的变化，配合国家的战略需求，不断提供理论支持。因此，民法学者需要积极投身于立法、司法和法学教育实践，总结提炼中国特色社会主义法治中具有主体性、原创性、标识性的概念、观点、理论，努力建构具有鲜明中国特色、实践特色、时代特色的民商事法学理论体系和话语体系。

三是科学性。"如同自然科学一样，法学也具有高度的系统性。从法律的一般材料中经过科学研究所得出的原则，用复杂的组合形成一个体系，以后一旦发现新的原则就归并到这个体系中去。"㉟ 建构中国民法学自主知识体系，要系统总结民法典编纂经验和制度精华，理解好、总结好民法典的基本概念和制度规则，尤其要加强民法基础理论研究，在构建制度、知识体系的过程中，对形成广泛共识的基本概念，不能简单地否定、

---

㉞　Ronald Dworkin, *Law's Emipire*, Harvard University Press, 1986, p.44.

㉟　[美] 约翰·亨利·梅利曼：《大陆法系》（第2版），顾培东、禄正平译，法律出版社2004年版，第66页。

推倒重来，而应当在此基础上发展民法学。进入民法典时代后，我们要从重视立法论转向重视解释论，建构自主知识体系，必须要解释好民法典，注重发展民法解释学，但我们不能把民法学简单地当作注释法学，我们还应当重视民法学的科学性、体系性、完整性，重视民法哲学、民法经济学等交叉学科研究，注重运用其他学科的方法、知识，不断推动民法学的发展与创新。就法律适用方法而言，我们应当注重运用各种法律解释方法，并将其运用于实践、解决实践问题，不断推动民法的发展完善。

四是前沿性。我们强调建构中国民法学自主知识体系，并不等于故步自封。相反，中国民法学知识体系应当是一个包容世界民法文化精髓的体系，反映人类社会发展进程中面临的共同问题和应对智慧。建构中国民法学自主知识体系并不意味着对域外法律文化一概排斥。只有坚持开放、包容和交流的态度，我们才能与世界同步，使我国民法学永葆时代性和科学性。我们要积极借鉴两大法系在民商事法治发展历史上形成的优秀经验，高度重视国际上民商法学的发展趋势，借鉴人类法律文明的优秀成果并为我所用，如此才能创建中国民法学自主知识体系。当然，外国的制度、理论都只能是我们借鉴的素材，必须服务于我国民事立法和司法的需要，我们不能做简单照搬他国理论的学术"搬运工"，不可奉某一外国法律制度为圭臬，更不可在外国学者设计的理论框架中"跳舞"。

中国民法学自主知识体系建构要以民法典为依据，以民法典的中国特色、实践特色、时代特色为基础引领民法学研究的未来发展。为此，要实现如下三个面向：

一是面向民事立法和司法实践，推动构建具有时代包容力、实践变革力的民法学自主知识体系。民法学需要配合国家重大战略需求和重要立法需求，不断提供理论支持。为此，民法学自主知识体系的建构需要大兴调研之风，认真总结我国改革开放以来民事立法和司法实践中出现的重大问题和丰富经验，以真正实现法学的实践性和科学性。只有源于实践并服务于实践的法学理论，才具有真正的生命力、针对性和解释力。特别是随着我国裁判文书公开制度的推行，数以亿计的裁判文书为民法学研究提供了源头活水，为民法学研究提供了更加贴近实践、贴近生活的丰富素材。充分利用和发掘这些资源的研究价值，有助于促进民法学自主知识体系更全面、更有效地回应中国司法实践提出的真问题。

二是面向社会主义市场经济，为我国社会主义市场经济建设提供充分的法治保障，是我国当前面临的最为核心的法治实践问题之一。民法学要植根于中国的社会生活和经济生活的实践，密切关注和联系中国的改革开放、市场经济高质量发展的实践，善于归纳和总结市场经济发展中提出的新情况、新问题，为立法、执法、司法提供理论支撑。民法既是市场经济的产物，又对持续发展和壮大社会主义市场经济保驾护航具有重要作用。在社会主义条件下发展市场经济是前无古人的伟大创举。公有制如何与市场经济相结合，也是人类历史上从未遇见的难题。而中国改革开放以来的立法已经对此作出了回答。系统总结和提炼这些经验，并将其反映到民法学知识体系之中，有助于确保民法学自主知识体系的中国特色和实践特色。而中国改革开放以来的一系列法治建设，特别是民法典的编纂，对此作出了科学回答。按照党的二十届三中全会文件，要依法平等长久保护各种所有制经济产权，深入破除市场准入壁垒，推进基础设施竞争性领域向经营主体公平开放，完善民营企业参与国家重大项目建设长效机制。强化公平竞争需要保证各种所有制经济依法平等使用生产要素、公平参与市场竞争、同等受到法律保护，促进各种所有制经济优势互补、共同发展。因此，民法学要面向市场经济实践展开研究，不断推动实现民法典对人民生命健康、财产安全、交易便利、生活幸福、人格尊严等各方面权利提供更高水平的平等保护，为建立全国统一大市场、构建高水平社会主义市场经济体制、深入推动中国式现代化提供法治保障。

三是面向新一轮科技革命和产业变革，推动建构面向未来、走向未来、引领未来的民法学自主知识体系。我们今天身处科学技术快速更新发展的时代，以互联网、物联网、云计算、大数据、人工智能、区块链为代表的现代信息科学技术，牵引人类社会跨入了智能社会，但随之而来的隐私与个人信息保护、算法黑箱与歧视、人工智能与伦理等问题，也给民事权利的保障带来了新的挑战。美国学者弗鲁姆金（Froomkin）提出了"零隐权"（zero privacy）的概念㊱，许多人格权益的数字化也使人格权益侵权风险大大增加。例如，脑机接口技术可以解读、捕捉和转化大脑活动信号，探索人类内在思维，但也对涉及人类情感、记忆和思维等极其私密的个人信息的保护形成挑战，这些信息一旦泄露，就会对个人造成重大损害。㊲ 在大数据时代，借助大数据分析技术，可以知道每个人的过去和现在，甚至可以预测个人的未来。算法的发展也产生了诸多问题，算法黑箱、算法伦理失范等都威胁着人格尊严，如何规范算法，成为当务之急。人工智能的发展也对人的主体性以及人格权益的保护形成挑战。具有"大模型＋大数据"特征的生成式 AI，以亿万的庞大数据为参数，具有更出色的生成能力，其用途极为广泛，但它设计上的固有漏洞，也可能导致大规模的信息泄露，或者自动生成一些虚假信息。总之，建构民法学自主知识体系，需要紧跟时代发展趋势，积极开展对网络法治、数据、网络虚拟财产、人工智能、算法、区块链等法律问题的研究，确保现代科技成为维护人格尊严、促进社会发展和进步的工具。

总之，只有坚持上述面向，才能牢牢把握民法典的中国特色、实践特

---

㊱ See Michael Froomkin, "The Death of Privacy?" 52 *Stan. L. Rev.*, 1461 (1999-2000).

㊲ See Lachlan Robb and Scott Kiel-Chisholm, "Person, or property? Brain-Computer Interface technology and the law", *Alternative Law Journal*, 2024 49：1, 19-25.

色、时代特色，彰显中国民法学理论的自主性、实践性、科学性和前沿性。

# 五、民法解释构建：丰富和发展民法典的实践导向

《民法典》总结了改革开放四十余年的法治经验，立足中国实际，回应中国实践需求，具有鲜明的中国特色。《民法典》的大量规则来自司法实践，是司法实践经验的总结，这一特色为民法学研究指明了方向。民法典鲜明的实践特征，为中国民法学自主知识体系提供了重要的实践导向。民法学归根结底是一门实践之学，并非生存于象牙之塔，不能仅仅满足于概念、体系的自我周延，更应当以解决实践中具体的法律问题为目标。党的二十届三中全会指出："完善以实践为导向的法学院校教育培养机制。"因此，必须重视司法案例研究和司法实践经验，重视从本土中挖掘研究的资料，注重以案说法、以案释法，并加强对民法解释学的研究，使民法学真正发挥其经世济民、服务社会的作用。

## （一）建构中国民法的解释学

进入民法典时代后，大规模创设民事立法规则的时代已经结束，我们要从重视立法论转向重视解释论。建构自主知识体系，必须要解释好《民法典》。正如帕特森所言："毋庸置疑，我们的时代是解释的时代。从自然科学到社会科学、人文科学到艺术，有大量的数据显示，解释成为二十世纪后期最重要的研究主题。在法律中，'向解释学转向'的重要性怎么评价也不过分。"[38] 法谚云："法律非经解释不得适用。"抽象的法律文本只有通过解释才能与具体的案件发生连接，法律解释是沟通立法者意思和人

---

[38] ［美］帕特森：《法律与真理》，陈锐译，中国法制出版社 2007 年版，序言。

们对法律理解的媒介，是法律从纸面走向生活的工具。法律解释在克服法典局限性方面具有及时有效性。民法典虽然构建了完备的规则，但社会生活在不断发展，还有许多新情况、新问题不断出现，这就需要充分发挥民法典的规范储备功能，运用参照适用、类推等法律适用方法，填补法律漏洞。可以说，法律解释活动越发达、科学性越强，成文法的生命力就越长久，其在社会生活中的规范效果就越明显。法律解释学是推动民法典发展的重要路径，而要准确运用法律解释方法，就必须发展法律解释学。作为一门适用法律的学问，法律解释学在准确解释、适用民法典的过程中将发挥重要的作用。我们应当注重运用各种法律解释方法，并将其运用于实践、解决实践问题，并不断推动民法的发展和完善。在此基础上，建构中国民法的解释学。[39]

## （二）注重案例研究

中国民法学要成为经世济民、服务社会的有用之学，就必须从实践中来，到实践中去，解决中国的现实问题。如果以陈旧的案例或者外国法的案例来解释中国当前的法律和司法实践，无疑会造成与现实的脱节，甚至产生"时空错乱"。我国的司法实践中每年产生大量的裁判案例，据统计，截至 2022 年 12 月 13 日，中国裁判文书网收录的文书总量突破 1.37 亿篇，访问总量达近 980 亿次。中国裁判文书网已成为全球最大的裁判文书公开网站。[40] 这些案例是民法学研究的重要本土资源。"问渠那得清如许，为有源头活水来。"案例为民法学研究提供了丰富的素材，也为民法的发展提供了丰富的资料，只有对司法案例保持高度关注，才能发现实践中的新问题并予以回应，了解司法实践中的成熟经验并从中总结可供广泛适用

---

㊴　参见许中缘：《构建中国自主的民法学知识体系》，载《中国社会科学报》2022 年 7 月 20 日。

㊵　参见《2020 年度人民法院十大新闻》，载《人民法院报》2021 年 1 月 8 日。

的规则。我国民事立法发展的经验表明，从司法实践中总结出来的规则更具有生命力，也具有极强的可适用性，因为它是社会生活中生长出来的经验。中国民法学正是在不断总结司法实践经验的基础上，发现新的规则，发展新的理论，并促进民法学的发展和繁荣。

### （三）丰富建构民法学自主知识体系的载体

在民法典颁布之后，许多争论已久的问题在法典中已然得到了回应，但这并不意味着学术发展将因此停滞。恰恰相反，民法典的颁布为自主知识体系的构建奠定了基础、提供了依据，也为继续推动民法学的发展提供了源源不绝的动力。需要指出的是，民法学自主知识体系的建构离不开一定的载体。诸如论文、教科书、体系书、专著、百科全书、法典释义、司法解释评析甚至书评等都可能成为宣扬学术观点的载体，对推动自主知识体系建构均有益处。就建构民法解释学而言，已经形成了以德国为代表的"评注"和以日本为代表"争点"这两种经验，这两种载体对丰富和发展我国的民法解释学具有重要的借鉴意义。

法律评注是为我国学界所日渐熟悉和推崇的法学研究体裁，其中包括法典评注。法律评注（Kommentar）的起源可以追溯至古罗马，后其为德国学者所发展。[41] 德国的法典评注以其完整、丰富、成熟等特点，成为现代法典评注领域的代表。德国现代法律评注出现于 19 世纪早期，其具有代表性的评注有慕尼黑民法典评注（München Kommentar）、施陶丁格民法典评注（Staudinger Kommentar）、格吕内贝格评注（Grüneberg Kommentar）[该评注原名帕兰特评注（Palandt Kommentar）]以及普维庭评注（Prütting Kommentar）。除上述评注外，常用的民法典评注还有班贝

---

[41] 参见朱晓喆：《中国民法典评注：理论基础与愿景使命》，载《交大法学》2024 年第 4 期，第 31 页。

格/罗特评注 (Bamberger/Roth, BGB, 即 Beck'scher Online-Kommen-tar)、埃尔曼评注 (Erman Kommentar)、尧尔尼希评注 (Jauernig Kommentar)、诺莫斯评注 (Nomos Kommentar) 以及民法典历史批判评注等。法律评注的优点在于：一是注重与实践的结合。德国法律评注往往由本领域内最具声望的学者或实务工作者撰写，法律评注的撰写注重与实践的结合，从而搭建了理论与实践结合的桥梁。德国法官在司法案例判决书的撰写中，如果遇到争议问题或理论难题，也会大量引用评注，以主流评注中载明的通说观点来进行论证。㊷ 二是对法律规则解释的精细化。法律评注对法律规定进行逐条解释，内容非常准确，其体现了法学学术和法律实践高度结合，成为塑造法律人共同体的重要工具和媒介。㊸ 法律评注的优势在于其"以简便的打开方式为法典化法律的适用储备了必要的教义学知识"㊹，其功能则主要在于知识的筛选、整理与存储。㊺ 三是具有与时俱进的特点。法律评注并不完全局限于对法条的阐释，而且大量吸纳最新的前沿理论等成果，这就使评注本身具有了发展民法典的功能。除德国外，意大利、日本、奥地利等国均有较为完整的法律评注体系，甚至即便是英美法国家中也出现了与评注功能类似的诸如注解 (annotations)、评论 (comments)、法律重述 (Restatement) 等载体。㊻ 受到法律文化的影响，

---

㊷　See Thomas Henne：Die Prägung des Juristen durch die Kommentarliteratur-Zu Form und Methode einer juristischen Diskursmethode. Vortrag vom 2. Juni 2006（zugl.：Betrifft Justiz，2006，352）.

㊸　See Yuanshi Bu, Rechtsdogmatik：vom Transfer des deutschen Rechts zum Transfer des deutschen Konzepts der Rechtswissenschaft，JZ 8/2018，pp. 382-390.

㊹　[德] 尼尔斯·扬森：《评注的勃兴与教科书的式微——对二十世纪德国法学文献形式的 15 项观察》，刘青文译，载《南大法学》2022 年第 1 期，第 160 页。

㊺　参见卜元石：《哪些知识可以被遗忘，哪些需要保存？——基于〈法律评注：一个国际性的比较〉与英文版〈德国民法典评注〉的观察与思考》，载《南大法学》2022 年第 1 期，第 181 页。

㊻　参见朱晓喆：《中国民法典评注：理论基础与愿景使命》，载《交大法学》2024 年第 4 期，第 33 页。

法律评注或相似体裁在各国的重要性程度不尽相同。[47] 在我国，不少学者认为应当引入德国的法律评注，也有一些杂志（如《法学家》）开设专栏刊登有关民法典法条的评注等，这些观点与做法都是对建构中国民法学自主知识体系的有益探索。

与评注不同，在比较法上形成了另一种法律解释载体即法律"争点"。这种模式主要以日本为代表，其特点主要在于，并不完全以法条为主线，也不以案例为主线，而是针对某一特定制度或规则的争论而具体展开，通过梳理核心争议问题，吸纳有关案例、学说等各种观点。这种方式实际上是一种问题导向的研究方法，"争点"系列始于日本法学家杂志，设置争点栏目的期刊将设置该栏目的意义概括为：明确学术争议所在，以及实践和学说之间的争议所在，并对快速发展的判例作出梳理更新。[48] 与德国的法律评注不同的是：法律评注是以单个法条为主线，展开案例、学说的研究；而"争点"则以问题为导向，旨在解决特定的问题。某一问题可能涉及多种理论、多个法律规则的解释适用，而将其通过"争点"进行归纳总结，也是民法发展的重要途径。争点的功能被概括为"明确哪些话题是当时的问题，围绕该话题判例和学说处于何种状况，产生见解对立的依据在哪里，等等"[49]。争点的内容随时间不断变化更新，处理法律恒定性与社会生活变化之间的复杂关系也是争点的目的之一。[50] 可见争点这一体裁兼顾理论与实践，着力解决时下问题。[51] 此外，由于争点的篇幅短小、议题

---

[47] 例如，由于大型教科书和法学百科全书也是重要的法学文献体裁，因此评注在意大利法学中的重要性相较于德国稍弱。参见［意］弗朗西斯科·保罗·帕蒂：《意大利民法典评注：历史、结构与功能》，徐凌波译，载《南大法学》2022年第5期，第164页。

[48] 参见「学说展望——法律学の争点」ジュリスト300号（1964年）9页。

[49] ［日］内田贵、大村敦志：《民法的争点》，张挺等译，中国人民大学出版社2023年版，序言。

[50] 参见「学说展望——法律学の争点」ジュリスト300号（1964年）9页。

[51] 参见［日］内田贵、大村敦志：《民法的争点》，张挺等译，中国人民大学出版社2023年版，代译序（章程执笔）。

丰富等特征，其可以更好地发挥法学教育的功能。[52] 笔者认为，这一方式也值得借鉴。民法典本身包括了许多新规则，同时，这些规则在适用中也形成了大量有待探讨的争议点，通过对这些争议点进行归纳、梳理和总结，有利于更好地展现民法典规则在实践中的适用情况，有力地推动我国民法学的发展。这种以问题为导向的思路可以更有效地回应实践中出现的新情况、新问题，完善和发展民法的制度和体系，也有利于逐步形成民法学界的共识，并助推中国民法学自主知识体系的建构。

# 结　语

进入民法典时代之后，依据民法典来建构中国民法学自主知识体系，可以说是我们每一位民法学者应当承担的重要使命。人在天地间贵在自立，国家和民族贵在自强。古老的中华法系源远流长，长久地傲然屹立于世界法治之林，为人类法制文明作出了重要贡献。如今，作为一个拥有14亿人口的大国，我们应该有自信建构我们自己的民法学自主知识体系，并把它发扬光大。改革开放以来社会主义市场经济的伟大实践和法治建设的巨大成就，都为民法学体系奠定了坚实的基础。尤其是我们已经进入民法典时代，迎来了民法学繁荣发展的历史契机。民法典已经为中国民法学自主知识体系的建构提供了基本的依循，我们应当以习近平法治思想为指导，以民法典为依据，勇于探索、勇于创新，加快建构中国民法学自主知识体系，为中国式现代化建设的法治保障作出应有的贡献。

---

[52] 参见［日］内田贵、大村敦志：《民法的争点》，张挺等译，中国人民大学出版社2023年版，代译序（章程执笔）。

# 民法学如何讲道理？

## ——以物权变动模式的立法选择为例<sup>*</sup>

王　轶<sup>**</sup>

## 引　论

公理，是不言自明的道理，因而也是被人们普遍接受的道理。逻辑上，人们无法从普遍接受的道理出发来质疑这个被普遍接受的道理，所以公理是不受挑战的道理。近代以来的中国民法学，经历过不讲道理的"公理"年代。清末民初，尚未走出农业文明的中国，屡屡被完成第一次或者第二次工业革命的西洋人和东洋人打败，于是痛定思痛，变法图强，第一波西法东渐和西学东传，由此而兴。新中国成立之初，站起来的中国人要在"一穷二白"的基础上建设社会主义，一度选择向苏联学习，包括学习苏联的法律制度和法学理论，开启了第二波的西法东渐和西学东传。改革开放之初，中国打开国门，苏联东欧，尤其是英美西欧的法律制度和法学理论扑面而来，这是第三波的西法东渐和西学东传。在三波西法东渐和西学东传的过程中，各个领域，包括民法学领域的西法和西学通常都被奉为

　　* 本文以笔者 2022 年 12 月 12 日在上海交通大学凯原法学院所作的同名报告为基础。感谢彭诚信教授、韩长印教授、朱晓喆教授的精彩与谈，感谢邓仁江同学、缪宇博士、关淑芳博士的宝贵意见。本文系"中国人民大学习近平新时代中国特色社会主义思想研究工程"（项目编号：22XNQ003）的阶段性成果。本文原载于《中外法学》2023 年第 1 期。

　　** 中国人民大学民商事法律科学研究中心研究员。

"公理"，是我们认真学习和努力效仿的对象。由于学术积累的不足以及学术自信的欠缺，中国民法学界既无能力也无勇气对这些"公理"提出质疑和挑战。是为中国民法学的"公理"年代。

真理，是经受住了挑战和质疑的道理。与公理不同，真理并非不言自明，也未必就被普遍接受，甚至往往"掌握在少数人手里"。近代以来的中国民法学，还经历过不太讲道理的"真理"年代。时光流转，随着中国民法学界学术积累的逐步推进，人们开始觉察东渐的西法并非铁板一块，东传的西学也并未定于一尊。而且面对不少中国的现实问题，西法也好，西学也罢，也未必就能提供有效可信的解决方案。这一时期，民法学领域的西法和西学虽未完全跌落神坛，但已失去"公理"的光环。囿于彼时中国民法学界的学术积累尚不充分，学术自信仍未树立，茫然失措之时，彷徨无助之间，相信真理掌握在权威学者手里，包含在权威理论之中的观念，推动人们去寻找"终结讨论者"，以弥补"公理"缺失造成的真空。在这一背景下，民国时期的民法学者，域外有代表性的民法学人，都曾经在不少理论争议中扮演了"终结讨论者"的角色。权威学者的权威理论既是"真理"，也包含着支撑"真理"的道理。中国民法学界以他们所是为是，所非为非。[①] 是为中国民法学的"真理"年代。

"青山遮不住，毕竟东流去。"伴随着中国的经济增长和社会进步，经过几代民法学人的接续努力，中国民法学界的学术积累日渐成熟，学术自信逐步确立。立足中国实际，面对中国问题，发扬中国智慧，借鉴域外经验，提出中国方案，成为中国民法学界的共识。人们逐渐意识到：别人有的，我们可以没有；别人没有的，我们可以有；别人和我们都有的，我们

---

　　① 这一现象，就是蔡元培所说的把论证建立在"圣言量"上。蔡元培主张，认识论应当诉诸理性，讲究逻辑证明，不能建立在"圣言量"上面。他所说的"圣言量"，是指讲者一味仰仗某个权威，以引证代替论证，而自己却说不出道理来。参见宋志明：《中国古代哲学研究方法新探》，中国人民大学出版社 2015 年版，第 12 页。

可以和别人不一样，甚至可以比别人做得更好，而关键就在于我们提出的方案有没有道理，能不能经受得住实践的检验。中国民法学迎来了"道理"年代。满足限定的条件，具备适宜的环境，道理可以发展为公理和真理，但在此之前，没有哪个道理可以置身于挑战和质疑之外。道理本身就是相应民法学问题的结论，这个结论又需要充分的道理来支撑，所以既要讲好道理，还要讲好道理的道理，这是当下中国民法学界的核心任务。建构中国自主的民法学知识体系，必须完成好这一任务。

新中国成立以来，尤其是改革开放以来，中国民法学界存在不少争议问题。其中，是否需要根据内容的不同，将民事法律行为区分为负担行为和处分行为，可谓是迄今为止争议较大的问题之一。争论的发端，以及争论的焦点，都与物权变动模式的立法选择有关。民法调整基于合同行为的物权变动，就一般规则而言，究竟是采债权形式主义的物权变动模式，还是采物权形式主义的物权变动模式，换言之，是否需要认可债权合同与物权合同的区分？中国民法学界有关这一问题的讨论，比较完整地经历了"公理"年代、"真理"年代，最终进入了"道理"年代。② 下文拟围绕我

---

② 有代表性的文献如，王利明、郭明瑞、方流芳：《民法新论》（上册），中国政法大学出版社1987年版，第370页；徐开墅、成涛、吴弘：《民法通则概论》，群众出版社1988年版，第109页；牛振亚：《物权行为初探》，载《法学研究》1989年第6期，第53-55页；梁慧星：《我国民法是否承认物权行为》，载《法学研究》1989年第6期，第56-62页；陈岫岩：《关于建立我国民法物权行为制度的几点思考》，载《中国法学》1992年第3期，第60-64页；金华：《物权行为理论新探》，载《现代法学》1995年第6期，第47-50页；孙宪忠：《物权行为理论探源及其意义》，载《法学研究》1996年第3期，第80-92页；王利明：《物权行为若干问题探讨》，载《中国法学》1997年第3期，第58-70页；赵勇山：《论物权行为》，载《现代法学》1998年第4期，第24-35页；田士永、王萍：《物权行为理论研讨会综述》，载《中国法学》1998年第4期，第122-126页；屈茂辉：《市场交易的内在需求与物权行为立法》，载《中国法学》2000年第2期，第102-109页；谢怀栻、程啸：《物权行为理论辨析》，载《法学研究》2002年第4期，第89-95页；崔建远：《从解释论看物权行为与中国民法》，载《比较法研究》2004年第2期，第60-76页；崔建远：《从立法论看物权行为与中国民法》，载《政治与法律》2004年第2期，第43-50页；葛云松：《物权行为理论研究》，载《中外法学》2004年第6期，第702-741页；田士永：《物权法中物权行为理论之辨析》，载《法学》2008年第12期，第93-102页；朱庆育：《物权行为的规范结构与我国之所有权变动》，载《法学家》2013年第6期，第62-80页。

国物权变动模式的立法选择，以我国民事立法应否认可债权合同与物权合同的区分，以及我国民事立法是否认可了债权合同与物权合同的区分为例，来谈谈民法学如何讲道理。

# 一、什么问题？何种目的？

欲讲好道理，首先需要明确讲的是什么问题的道理，问题不一样，不仅道理不一样，道理的道理也不一样。其次需要确定是为着何种目的来讲道理，目的不同，道理就不同，道理的道理也不同。这是民法学讲道理的两个前提性问题。这两个前提性问题，对应着讨论民法学问题最低限度的学术共识。缺少最低限度的学术共识，就无法展开正常的学术讨论。关注物权变动模式立法选择问题，讨论我国民事立法应否认可债权合同与物权合同的区分，以及是否认可了债权合同与物权合同的区分，也需要明确这两个前提性问题。

民法学包含着哪些问题，出发点不一样，分类标准就不一样，区分出的问题类型也不一样。我们可以说民法学问题有总则问题、物权问题、合同问题、人格权问题、婚姻家庭问题、继承问题、侵权责任问题，然后物权问题有通则问题、所有权问题、用益物权问题、担保物权问题、占有问题，通则问题又有物权概念问题、物权法基本原则问题、物权法结构原则问题、物权变动问题、物权的保护问题等，这是根据民法典的编排体例来区分民法学问题，意在揭示各类民法学问题与民法典各编、各章、各节，乃至各条、各款、各项之间的关联关系。这种对民法学问题的类型区分，当然有其意义和价值，民法学课程大致就是讲授这些民法学问题。但对于民法学如何讲道理而言，其意义和价值就比较有限，因为这种对民法学问题的类型区分，不利于充分揭示不同类型民法学问题讲道理的方法究竟是否存在差异，到底存在哪些差异。

从民法学如何讲道理的角度出发，可以根据民法学问题的关注对象和讨论内容的不同，来进行类型区分。根据讨论的结论是否需要落脚在民法规则的设计或适用上，民法学问题可以被区分为民法问题和纯粹民法学问题。讨论的结论需要落脚在民法规则设计或适用上的民法问题，又可以依据关注对象、讨论内容的差异，进一步区分为事实判断问题、价值判断问题、解释选择问题、立法技术问题、司法技术问题。讨论的结论无须落脚在民法规则设计或适用上的纯粹民法学问题，也可以依据关注对象、讨论内容的差异，进一步区分为事实判断问题、价值判断问题、解释选择问题、表达技术问题。③

民法问题中的事实判断问题，关注的是生活世界中存在哪些类型的利益关系，以往对这些利益关系进行协调采用的策略是什么，采用这些协调策略希望实现的目标是什么，采用这些协调策略在多大程度上实现了目标。诸此种种，都属于事实判断问题的关注对象和讨论内容。民法问题中的价值判断问题，关注的是哪些类型的利益关系适合用民法手段去进行协调；面对冲突的利益关系，让哪些类型的利益得到实现，又阻止哪些类型

---

③ 结合具体问题的讨论，参见王轶：《民法原理与民法学方法》，法律出版社 2009 年版；王轶：《论民事法律事实的类型区分》，载《中国法学》2013 年第 1 期，第 71－79 页；王雷：《论情谊行为与民事法律行为的区分》，载《清华法学》2013 年第 6 期，第 157－172 页；包晓丽：《物权保护请求权在民法典中的体例选择问题研究》，载《法律适用》2015 年第 10 期，第 51－57 页；包晓丽：《认真对待或有期间》，载《法治研究》2020 年第 1 期，第 45－56 页；沈健州：《从概念到规则：网络虚拟财产权利的解释选择》，载《现代法学》2018 年第 6 期，第 43－53 页；沈健州：《民法解释选择问题的分析框架》，载《中外法学》2019 年第 4 期，第 1075－1094 页；沈健州：《权利理论：民法视角下的解释选择》，载《上海大学学报（社会科学版）》2021 年第 3 期，第 43－59 页；刘斌：《商事关系的中国语境与解释选择》，载《法商研究》2022 年第 4 期，第 159－172 页。刑法学领域的讨论，参见王充：《刑法问题类型划分方法与构成要件的排列顺序》，载《法制与社会发展》2007 年第 4 期，第 44－50 页。关于这种民法学问题类型区分的评论，参见许德风：《民法学研究的中国路径——评王轶：〈民法原理与民法学方法〉》，载《法学评论》2012 年第 4 期，第 154－160 页。

利益的实现；让哪些类型的利益优先实现，又让哪些类型的利益后续实现。换言之，民法问题中的价值判断问题，主要关注的是利益的取舍和利益实现的先后序位问题。民法问题中的解释选择问题关注的是生活世界中哪些生活现象需要进入民法世界，以及用民法世界中什么样的概念和术语来解释、表达、描述和想象这些生活世界中的生活现象。民法问题中的立法技术问题关注的是，如何在一部法典或一部法律中妥善容纳诸多价值判断结论及其附属因素。民法问题中的司法技术问题是在进行法律适用的过程中所涉及的法律技术问题，关注的是如何将实定法中的价值判断结论，妥当运用到实际纠纷的处理中去。

作为纯粹民法学问题的事实判断问题，关注的是诸如比较法上是否存在某一项法律制度，究竟是哪位学者表达了某一学术见解等。作为纯粹民法学问题的价值判断问题，关注的是民法学发展的学术路向、民法学研究如何适应法学教学的需要、民法学研究如何服务于法治国家的建设、如何更好地整合民法学的研究力量等诸如此类的问题。作为纯粹民法学问题的解释选择问题，是面对民法世界进行理论梳理过程中出现的问题，讨论者争论的焦点是如何面对民法世界运用法学范畴去进行解释、表达、描述和想象的理论建构问题。纯粹民法学问题中的表达技术问题，关注的是用何种方式去梳理相关的民法学理论，从而形成对应的民法学学术体系、话语体系、知识体系，以服务于民法学理论的传播和掌握。④

根据讨论目的的差异，思考民法学问题的立场有立法论与解释论之别。⑤ 其中，立法论是围绕着如何设计出合理的民法规范或者如何改进既有的民法规范而发表的见解、观点和理论，其目的在于指导或者影响民事

---

④ 参见王轶：《民法典编纂争议问题的类型区分》，载《清华法学》2020 年第 3 期，第 7 - 18 页。

⑤ 参见崔建远：《从解释论看物权行为与中国民法》，见前注②，第 60 - 76 页；崔建远：《从立法论看物权行为与中国民法》，见前注②，第 43 - 50 页；张新宝：《侵权责任法：从立法论向解释论的转变》，载《中国人民大学学报》2010 年第 4 期，第 1 页。

立法实践。解释论是通过解释既存的民法规范而形成的理论，其目的在于正确地理解和适用民法规范。⑥ 对于民法问题中的价值判断问题、解释选择问题、立法技术问题而言，立法论与解释论的区分意义重大，不同的讨论目的，设定了不一样的讨论起点，给出了不一样的限定条件，决定了不同的讨论规则。

但并非所有类型民法学问题的讨论，立法论与解释论之分都有其意义和价值。例如，民法问题中的事实判断问题、司法技术问题，以及所有类型的纯粹民法学问题，对这些问题的讨论就不存在依据讨论目的的不同，作立法论与解释论区分的问题。

就民法问题中的事实判断问题而言，直面历史与现实，借助社会实证分析方法展开论证，其结论符合社会生活实际的，该结论为"真"；偏离社会生活实际的，该结论为"假"，事实判断问题的讨论，并不存在立法论与解释论的区分。就司法技术问题而言，由于立法论关注的是如何设计民法规则，解释论关注的是如何理解民法规则，至于如何经由妥当的法律技术，将民法规则应用于实际纠纷的处理，则既非立法论关注的对象，也非解释论关注的内容。例如，裁断民商事案件究竟是采用法律关系分析法，还是采用请求权基础分析法，这是一个典型的司法技术问题。两种案例分析方法关注的事实和法律素材没有丝毫的差异，区别仅在于这些事实和法律素材的出场顺序。习惯了的，就是最合适的。法律关系分析法与请求权基础分析法并无真假、对错之分，也不能脱离语境而探讨其优劣之别，而应当结合既有的司法传统进行分析，裁判者对哪种方法更加熟悉，哪种方法就是最合适的司法技术。可见对于司法技术问题的讨论，也不存在依据讨论目的的不同，作立法论与解释论区分的问题。

纯粹民法学问题的讨论结论，主要服务于民法学知识的梳理和传播，

---

⑥　参见韩世远：《民法的解释论与立法论》，载《人民法院报》2005 年 5 月 18 日，B1 版。

并最终可以为法律规则调整社会生活的正当性提供间接的支援。纯粹民法学问题的讨论结论，和民法规则的设计或适用是一种"负相关的关系"。所谓"负相关的关系"，其实就是说，不能把纯粹民法学问题的讨论结论立法化，而且法典编纂和法律制定没必要，也不应当回答纯粹民法学问题的争论。因此，对于纯粹民法学问题中的事实判断问题、价值判断问题、解释选择问题、表达技术问题而言，解释论与立法论的区分自然也就没有意义和价值。作为纯粹民法学问题的事实判断问题，与作为民法问题的事实判断问题都关注事件存否的确证与事实真相的辨明，尽管二者关注的具体对象以及讨论结论的功用明显不同，但都需要借助社会实证分析方法展开论证。作为纯粹民法学问题的价值判断问题，讨论结论的可接受性取决于言说的主体、言说的频率与言说的技巧。言说的主体越权威，言说的次数越多，言说的技巧越高超，言说的结论就越能打动人，就越有机会成为言说对象思考问题潜意识的组成部分。纯粹民法学问题中的价值判断问题，其价值判断结论的正当性某种意义上端赖于此。由于讨论者的价值取向不同，就纯粹民法学问题中的价值判断问题进行的讨论，仁者见仁，智者见智，当属正常现象。何种有关纯粹民法学问题价值判断问题的学说能够成为通说，讨论者的学术威望和言说技巧固然重要，持续不断地言说同一论题也必不可少。作为纯粹民法学问题的解释选择问题，相较民法问题中的解释选择问题，二者关注的对象、讨论的内容截然有别，但都需要借助现代哲学解释学的思考成果展开讨论。纯粹民法学问题中的表达技术问题，不同的表达技术方案之间没有真假对错之分，能够实现"有理说得出"且"说了传得开"的方案，就是更为可取的方案。

　　首先必须确定物权变动模式的立法选择属于什么问题。事实一再证明，不能妥当确定物权变动模式立法选择的问题类型，就无法选择适当的方法，提出有效的论证，学界对相关问题就无法进行正常的学术交流，也无法为严肃的学术批评的正常进行提供一个最起码的学术平台。认可物权变动模式立法选择问题的讨论要落脚在民法规则的设计和适用上，从而承认这一问题为民法问题，可谓是中国民法学界的共识。但对于这一问题究竟属于何种类型的民法问题，就存在着事实判断问题说、价值判断问题说、既是事实判断问题又是价值判断问题说等不同观点。

有学者认为物权变动模式的立法选择属于事实判断问题，强调在围绕物权变动所进行的交易中，当事人的确存在有关于物权变动的意思因素，因此，独立的物权合同无论在法律上还是在实践中都是一种客观存在，没有理由否认债权合同与物权合同的区分。比如，有观点认为，"只要我们以实事求是的态度，回到我国的现实经济、法律生活中去求索，不难发现物权行为是现实存在的，并且正在各个领域中不断地引起我国物权的发生、变更和终止"。"物权行为与其他事物一样，有其发生发展的过程，是一种客观存在的事实。它不仅存在于古代法律制度中，而且在我国的现实法律生活、经济生活中也客观地存在着。"[7]"如果说交付中的物权合意不明显的话，那么，登记中的物权合意是最明显不过的。从国际上看，无论采取哪种登记模式，一般要经过申请、审查、记载等步骤。其中，申请无疑是交易双方当事人共同的意思表示，即双方同意发生物权变动。这个意思表示当然独立于原来的买卖合同的意思表示之外。"[8] 此外，不少学者在论及认可物权形式主义物权变动模式的必要性时，常以远期交易在现代交易关系中的重要性，以及远期交易中债权合同成立与合同义务履行之间的时间差作为论据，主张"比如我们买波音飞机，约定五年以后交货，这和手套问题是一样的吗？这个不是债权行为和物权行为明明相差五年吗？所以我们在讨论法律问题时应该各方面都考虑到。物权行为的独立性、无因性的问题本来就不是应付手套问题的，而是要应付像买波音飞机那样履行期限很

---

⑦ 赵勇山，见前注②，第 25 - 26 页。
⑧ 屈茂辉，见前注②，第 103 页。

长的大宗国际贸易问题"⑨。这一论述隐含的前提即是：既然在远期交易关系中，当事人在履行合同义务时会表示是在履行早先订立的债权合同，那就说明当事人在履行合同义务时存在意思表示以及意思表示的合致，因此当然不能否认物权合意的实际存在。也有学者认为，物权变动模式的立法选择属于价值判断问题。比如有观点认为，物权形式主义的物权变动模式会比较妥当（或不妥当）地安排当事人之间的利益关系，所以应当（或不应当）承认物权行为的独立性。作为这一观点最典型的表现，就是将物权行为的独立性与物权行为的无因性捆绑在一起进行论述，从而使物权行为的独立性随物权行为无因性之荣而荣、之衰而衰。⑩ 还有学者既将物权变动模式的立法选择作为一个事实判断问题进行讨论，又主张物权变动模式的立法选择是一个价值判断问题。如有学者一方面提出"我们在现实生活中能够清楚地找到物权合意"，强调"在买卖合同履行的一般情形下，并非当事人没有物权合意，而只是物权合意的存在太清楚了，以至于被忽略……实际上，双方订立买卖合同并且让买受人取得标的物所有权，都是基于双方自愿。所谓物权合意，不过是要找出双方的那个让所有权转移的意愿而已。也许我们会对这个意愿体现的方式以及发生的时间产生争议，但是对于一个正常履行完毕的买卖来说，这种意愿的存在简直就像空气的存在一样，根本毫无疑问"。另一方面其又主张"物权行为理论与债权形式主义在适用结果上是不同的，因此二者之间的决策不仅仅是一种技术上的选择，而是不同适用结果之间的选择，是一个价值判断问题"，"物权行为独立性本身蕴含了重要的价值判断，本身就具有实质性意义"⑪。

---

⑨ 谢怀栻：《物权立法的宏观思考》，载中国人民大学《人大法律评论》编辑委员会：《人大法律评论》（第 2 辑），法律出版社 2001 年版，第 5 页。

⑩ 这是学界一种更为常见的论证方法。无论是支持我国民事立法采认物权形式主义物权变动模式的学者，还是反对的学者，都经常运用这一方法。常见的论述方式是物权行为的无因性能够妥当或不妥当地协调当事人之间的利益关系，因此应当或不应当采认物权形式主义的物权变动模式。

⑪ 葛云松，见前注②，第 724 页。

争议的民法学问题属于什么类型的问题，这是纯粹民法学问题中的事实判断问题，需要在民法学问题类型区分的框架内，运用社会实证分析方法予以确定。以前述对民法问题所作的类型区分为前提，物权变动模式的立法选择既非一个事实判断问题，也非一个价值判断问题，当然更非既是一个事实判断问题又是一个价值判断问题，而是一个解释选择问题，即如何用民法世界的语言来解释、表述、描述、想象生活世界的问题。生活世界的复杂性和生活事实的无限多样性与法律力图成为一般的、普遍适用的社会规范之间的紧张关系，推动民法在长期的发展历程中形成了比其他任何的社会调控机制都更为专业化的话语系统，也具备了更为技术化的协调策略。由于这种专业化的话语系统和技术化的协调策略相对脱离了我们的日常生活语言和"自然的"生活实践，具有一定的抽象性，因此民法的调整功能无法在"自然"意义上的生活世界里实现，而是要在人们创设的抽象的民法世界里实现。民法世界是民法对生活世界的解释、表达、描述和想象，它用民法独有的、抽象的言说方式，代替了人们日常的具体的自然语言，使被描述的特定领域内的生活世界具有了抽象性、人造性、目的性和规则性。民法世界的建构经历了一个"想象"的过程，即经历了一个想象真实世界的过程，一个面向生活世界进行民法解释的过程，一个解释和生成同时完成的过程，一个融理解和释义于一体的复杂过程。⑫ 民法世界的形成借助民法的基本范畴体系完成。作为民法基本范畴核心的是民事法

---

⑫ 应予指出的是，这里所说的民法解释与传统的民法解释学虽有关联，却不能等同：言其关联，是因为这两种解释都是特定解释者的解释活动，因而都是解释学的考察对象。言其不能等同，是因为解释者所面对的解释对象截然不同。传统的民法解释学主要以法律文本、立法文献，如立法理由书、草案、审议记录以及立法当时的社会、经济、政治、技术等附随情况为对象，侧重观念层面的文字符号，也就是作为人的精神创造物的有意义形式的考察。它是一个相对单纯的释义的过程，是一个"面向法律"的"解释法律"的过程。而此处我们所说的民法解释则是以生活世界为对象，它是一个存在者经由"理解"显现"存在"的过程，一个"面向实践"的"运用法律来解释生活世界"的过程。这种民法解释的目标是经由民法范畴体系的运用，阐释并划践行行为可能的民法意蕴，从而实现践行行为的观念化、制度化，借以实现生活世界的民法"展现"，并将其解释结论纳入民法文本。因而，这里所说的民法解释的解释结论恰是传统民法解释学的解释对象。

律关系与民事法律事实。民事法律关系意在经由解释形成并固定一个静态的、具体的民法世界；民事法律事实则有所不同，它是此民法世界向彼民法世界变动的中介和动力。因而在生活世界中，导致平等主体之间的利益关系发生变动的人与组织的行为、事件等，就是借助民事法律事实而在民法世界中"展现"自身的存在的。

物权变动模式是对引起物权变动的交易行为进行法律调控的方式，所以，物权变动模式的立法选择就与民事法律事实制度直接相关。不同物权变动模式最大的差异也正是表现在，对于物权变动这种具体类型的民事法律关系的变动，法律确认其是由何种类型的民事法律事实引起的。以买卖合同中动产所有权的转移为例，出卖人交付动产的行为在不同的物权变动模式中被赋予了不同的民法意蕴：在债权形式主义的物权变动模式中，是债权合同结合交付行为这种民事法律事实的构成[13] 来实现物权变动的，出卖人交付标的物的行为被解释为履行合同义务的事实行为。伴随着这一事实行为的完成，标的物的所有权在当事人之间发生转移。在物权形式主义的物权变动模式中，交付具有一切合同的特征，是一个真正的合同，一方面包括占有的现实交付，另一方面亦包括移转所有权的意思表示。与此相应，即使在买卖合同履行的过程中，当事人双方实际上进行了有关动产标的物所有权转移的意愿表达行为，该行为是否被赋予民法的意蕴，不同的物权变动模式也作出了不同的回答：在债权形式主义的物权变动模式中，立法者认为该行为对实现民法的调整目的没有意义，因此未认可其为民法上的意思表示；但在物权形式主义的物权变动模式中，立法者认为该行为对实现民法的调整目的意义重大，因此认可其为民法上的意思表示，

---

[13] 关于法律事实构成的论述，参见胡长清：《中国民法总论》，中国政法大学出版社 1997 年版，第 181 页；魏振瀛主编：《民法》（第 8 版），北京大学出版社、高等教育出版社 2021 年版，第 34 页；王利明主编：《民法》（第 9 版），中国人民大学出版社 2022 年版，第 59 页。

并冠之以"物权合意"的头衔。由此不难看出，物权变动模式的差异归根结底是运用民事法律事实制度对引起物权变动的实践行为进行解释、筹划时所产生的差异。而物权变动模式的立法选择也就成了一个如何将与物权变动有关的生活现象借助民事法律事实制度，纳入民法调整的解释问题；是一个如何对生活世界作出民法解释，从而借助民法的语言展现人们自身在特定生活关系中存在境遇的解释选择问题。

将物权变动模式的立法选择作为一个事实判断问题来加以讨论，这种认识的不足在于未能妥当地把握民法世界与生活世界之间的区别。实际上，在交易过程中存在的围绕物权变动的意思因素并不一定能够在民法世界中找到自己的位置，否则我们就难以解释为何当事人在交易过程中的意愿表达不是都被冠以"意思表示"之名。基于实现法律调整目标的需要，立法者的选择是多样的：可能忽视这些意思因素；可能赋予这些意思因素以法律意义，甚至认可其属于意思表示；也可能在实际没有意思因素的地方拟制当事人的意思，并赋予其法律意义。因为民法世界归根结底是人的创造物，是所谓"文化"的一部分，其命中注定地贯注了创造者的想象、信仰、好恶、情感和偏见，它是对生活世界能动的反映而非机械的反映，因此，用实践中交易关系的当事人的确存在变动物权的意思因素来论证民事立法必须采认物权形式主义的物权变动模式，论证的起点就值得怀疑，而且论证的方法一定是通过在选取或者假设的各种情形中不断重复讨论者的结论来代替有效的论证。这种论证方法不但不具有论证的效力，而且恰恰回避了物权变动模式立法选择问题的讨论中必须直面的核心问题：即使当事人在交易实践中实际作出了有关物权变动的意愿表达，是否存在足够充分且正当的理由必须将其解释为民法上的意思表示？在学术实践中，一个颇值玩味的现象是，一旦将物权变动模式的立法选择作为一个事实判断问题来进行讨论，一定会得出这样的结论：因为物权合同是客观存在的，所以各个国家和地区的物权变动模式非物权形式主义莫属，于是债权合同与物权合同的区分就取得了"独步天下"的至尊地位。从事实判断问题的定位出发，得出这一与各个国家和地区的立法实际有很大出入的结论，恰恰印证了物权变动模式的立法选择是民法问题中的解释选择问题这一结论的妥当性。

将物权变动模式的立法选择作为一个价值判断问题来加以讨论，则是将有关物权变动模式立法选择体系效应问题的讨论与物权变动模式立法选择本身的讨论混淆在了一起，从而将解释选择问题与价值判断问题混为一谈。⑭ 物权变动模式的立法选择并不直接涉及当事人之间利益关系的安排，它只是奠定了相关情形下进行利益安排的制度前提和逻辑基础，物权变动模式立法选择的体系效应正是发端于此。将物权行为的独立性与物权行为的无因性捆绑在一起进行讨论，是不妥当地将后者作为前者必然的逻辑结果。实际上，承认了物权行为的独立性之后是否进一步认可物权行为的无因性，属于价值判断问题。域外的立法和司法实践已经告诉我们，完全有可能只承认物权行为的独立性，却否认物权行为的无因性。如瑞士民法以及荷兰民法虽然认可物权行为的独立性，但并未认可物权行为的无因性。德国民法上出现的"无因原则的效力限制"或者"无因性之相对化"也颇能说明这一问题。

至于既将物权变动模式的立法选择作为事实判断问题，又将其作为价值判断问题的主张，除了存在前文分析的缺陷，还需要面对一个逻辑上的难题：对事实判断问题需要回答是否存在，对价值判断问题则需要回答是否妥当。因此一旦将物权变动模式的立法选择确定为事实判断问题，讨论者的选择一定是排他的、唯一的。而一旦将物权变动模式的立法选择确定

---

⑭ 关于物权变动模式立法选择体系效应的讨论，参见王轶：《物权变动论》，中国人民大学出版社 2001 年版，第 189－366 页。

为价值判断问题，则讨论者一定要在具有竞争性的数个方案中论证何者对利益关系的协调更为妥帖。以此为认识前提，唯一能够确定的是，既将物权变动模式的立法选择界定为事实判断问题，又将其界定为价值判断问题，采取这一主张的讨论者一定是未能一以贯之地在同一种含义上使用"物权变动模式"一词。

既然物权变动模式立法选择属于民法问题中的解释选择问题，立法论与解释论的区分就具有意义和价值。以下先从立法论角度出发讨论我国民事立法应否认可债权合同与物权合同的区分，再从解释论角度出发讨论我国民事立法是否认可债权合同与物权合同的区分。

# 二、从立法论角度出发如何讲道理？

从立法论角度出发讨论民法学问题，讨论者所受限制较少。在妥当确定问题类型的基础上，每一种取向、前见和偏好都有可能成为讨论的起点。讨论者完全可以就价值判断问题、解释选择问题、立法技术问题，从自己的取向、前见和偏好出发，运用法律的历史分析、比较分析、经济分析等各种法律分析方法展开论证，表达看法，因此立法论视角下就价值判断问题、解释选择问题、立法技术问题可以得出的结论、讲出的道理，不会定于一尊，只要讨论者针对作为结论的道理讲出了与自己的取向、前见和偏好相适应的，作为论证理由的道理即可。在讨论的过程中，是否做到逻辑自洽，是判断讨论者能否维持讨论资格的唯一考量因素。此时对于讨论者而言，勇于破解"茧房效应"，拥有"各美其美、美人之美、美美与共、天下大同"的包容心态，以及同情理解他人的开放胸襟，就变得至关重要。

仍以物权变动模式立法选择问题为例进行说明。从立法论角度出发，回应我国民事立法应否认可债权合同与物权合同的区分，属于民法问题中的解释选择问题，这一结论并不意味着物权变动模式的立法选择是一个与事实判断或价值判断毫无关联的问题。在所有类型的民法问题中，决定我国民法中国特色和时代精神的，主要是事实判断问题与价值判断问题。事实判断问题解决的是对生活世界的确定问题，尽管存在民法世界与生活世界的界分，但民法世界毕竟不是空中楼阁，它总是在用民法语言对生活世界进行解释、表达、描述、想象的过程中产生的。生活世界的实际景象，即事实判断的结论，会对民法世界的生成、变化产生一定的制约作用。换言之，尽管民法世界与生活世界之间并不存在一一对应关系，但民法世界的生成和变化会顾及生活世界的实际景象。而且事实判断问题的讨论结论，直接决定着是否需要依序启动价值判断问题、解释选择问题、立法技术问题和司法技术问题的讨论。例如，经由社会实证分析方法的运用，通过细致全面的社会调查，认真梳理分析第一手的资料，确定现实社会生活中不存在特定类型的利益关系，就不需要考虑在法律中对该种类型的利益关系作出价值判断，更无须在价值判断的基础上进行解释选择，权衡立法技术，考量司法技术。只有经由社会实证分析方法的运用，发现存在特定类型的利益关系，才需要跟进思考如何去作出价值判断，进而在得出价值判断结论的基础上，进行解释选择，权衡立法技术，考量司法技术。至于解释选择问题与价值判断问题之间的联系，更不容忽视。解释选择问题、立法技术问题、司法技术问题，皆因价值判断问题而生，它们都属于落实价值判断问题结论之法律技术的组成部分。特定的价值判断结论，需要借助相应的解释选择方案栖身于民法世界。

认可物权变动模式立法选择的讨论属于解释选择问题，使我们有可能将法律文化解释的研究成果引入讨论。一方面，面向生活世界的法律解释，作为对历史和现实中的特定社会现象进行认知和描述的组成部分，同样是一种想象真实世界的方式和路径。解释者的前结构不同，解释的结论就会迥然有异。可见，面向生活世界的法律解释是一种主观性很强的活动，它具有创构、建设和生成的作用。作为解释成果的法律概念或制度自然也就存在多种可能性。任何一种可能都既与解释主体理解的前结构有关，又与其基于这种理解的前结构得以派生的特定意图有关。另一方面，人们面对生活世界可能作出的法律解释是被限定的，而非自由的。限定人们解释可能的就是所谓的"前见"。以前述认识为前提，无论是主张物权形式主义的物权变动模式，还是主张债权形式主义的物权变动模式，无论讨论者对应否认可债权合同与物权合同的区分作出何种回答，都有相对应于其特定前见的合理性，不同国家和地区的民事立法实践也早已证明了这一点。

主张认可债权合同与物权合同区分的学者认为，承认了独立于债权行为的物权合同，可以使物权变动的法律效果系于当事人的意志，而非法律的规定，因而有助于意思自治原则的贯彻。持这一观点的学者认为，"承认分离原则是坚持法律行为理论，进而是坚持私法自治原则的体现。当事人的意思表示发生与其效果意思相适应的法律效果，实际上是法律与当事人意思的结合"⑮。

关于这一观点有澄清的必要。就动产的物权变动而言，无论是物权形式主义的物权变动模式，还是债权形式主义的物权变动模式，在转移所有权或设定动产质权时，动产的交付，即采用法定的公示方法是强制性规范提出的要求，因此在法律的调整上都采取了法定主义的调控方式，以维持物权与债权之间的区分。二者只是在法定主义调控方式的着眼点上有所不同：债权形式主义的物权变动模式系经由对将当事人交付动产的行为作为

---

⑮ 田士永：《物权行为理论研究》，中国政法大学出版社2002年版，第328页。

事实行为的认定，来完成法定主义的调控；而物权形式主义的物权变动模式则是经由将当事人交付动产的行为认定为物权合同的法定特别成立要件，来完成法定主义的调控。在这一点上，对于意思自治的贯彻，二者难分伯仲。⑯ 就不动产物权变动而言，无论是物权形式主义的物权变动模式，还是债权形式主义的物权变动模式，就登记手续的办理，即法定公示方法的采用也是强制性规范提出的要求，因此，在法律的调整上，也都采取了法定主义的调控方式，以维持物权与债权之间的区分。二者只是在法定主义调控方式的着眼点上有所不同：债权形式主义的物权变动模式系经由对将当事人申请登记行为作为事实行为的认定，来完成法定主义的调控；而物权形式主义的物权变动模式则是经由将当事人申请登记的行为认定为物权合同的法定特别成立要件，来完成法定主义的调控。在这一点上，对于意思自治原则的贯彻，二者其实也难分伯仲。

实际上，就意思自治原则的实现而言，两种模式的区别仅是形式意义上的：在债权形式主义的物权变动模式之下，当事人交付动产或申请登记的行为是在履行生效债权合同中的合同义务，而这一合同义务是债权合同所包含的意思表示中目的意思的内容。该项目的意思要求当事人进行交付或申请登记的行为，以引致物权变动的法律效果。可见，进行交付或申请登记的义务履行行为的根本原因和推动力是当事人在债权合同中业已作出的自由决定。该项义务履行行为结合生效的债权合同，得以发生物权变动的法律效果。换言之，当事人进行交付或申请登记的行为得以最终实现引起物权变动的目标，仍是当事人自由意志之功。其实，债权形式主义和物权形式主义两种物权变动模式在这一点上是一致的，即由于法定公示方法

---

⑯ "形式主义的立法模式，则强调意思主义之下的物权变动为第三人所难以了解，有损交易安全，因此在法律上强制性要求以动产交付和不动产登记为物权变动要件。和意思主义相比，形式主义立法模式其实限制了当事人意思自治的空间。这意味着，即使双方当事人希望在交付或登记前发生物权变动，其意愿也不能实现。"葛云松，见前注②，第711页。

的采用是法律的强制性规范提出的要求，因此，法律都是通过法定主义方式来调整基于合同行为的物权变动的。换言之，尽管当事人的意思表示是引起物权变动法律效果的原动力，但无论是债权合同中的意思表示还是物权合同中的意思表示，都难依凭一己之力最终引起物权变动的法律效果，因为债权形式主义和物权形式主义的物权变动模式都强调，基于合同行为发生的物权变动须具备对世的效力。基于合同行为发生的物权变动的对世效力，非债权合同或物权合同中的意思表示生效单独所致，而是当事人依据生效的意思表示，遵循了法律规定必须采用的行为模式即采用法定的公示方法所致。在物权形式主义的物权变动模式之下，当事人交付或申请登记的行为也是在履行生效债权合同的合同义务，只不过并非当事人交付或申请登记的行为结合债权合同发生物权变动的法律效果，而是当事人交付或申请登记的行为结合物权合意构成的物权合同引致物权变动的法律效果。而物权合同不过是履行债权合同的一个手段，物权合同中的意思表示也不过是实现债权合同中意思表示的一个并非必不可少的中介和工具，当事人在物权合同中的自由意志归根结底来源于他们在债权合同中业已作出的自由决定。在物权合同中，发生效力的物权合意只有结合由债权合同推动的当事人的交付或申请登记的行为，才能引起物权变动法律效果的发生。崔建远教授曾形象地指出，"即使在德国民法上，物权行为本身也如同一辆无引擎的挂车，并无引发物权变动的动力，引发物权变动的源泉实际是债权行为及其所生债务的履行"[⑰]。

主张认可债权合同与物权合同区分的学者还认为，承认了独立于债权合同的物权合同，就意味着民事法律行为制度中有关行为能力以及意思表示品质的要求等，就不仅适用于债权合同，也适用于物权合同，因此有助于贯彻意思自治原则。不认可债权合同与物权合同的区分，民事法律行为

---

⑰ 崔建远：《无权处分辨》，载《法学研究》2003 年第 1 期，第 7 页。

的相关规则就只能适用于债权合同，而不能适用于债权合同的履行行为，这不但不利于贯彻意思自治原则，还会导致一些实际问题无法得到圆满解决。例如，订立买卖合同时，出卖人具备相应民事行为能力，到了履行主合同义务时，出卖人丧失了相应的民事行为能力，如果认可债权合同与物权合同的区分，这一问题借助民事法律行为制度自可迎刃而解，不认可债权合同与物权合同的区分，恐将无计可施。还是以买卖合同为例，基于买受人的欺诈或者胁迫，出卖人向买受人进行了主合同义务的履行，如果认可债权合同与物权合同的区分，出卖人自可借助民事法律行为制度获得救济，若不认可债权合同与物权合同的区分，出卖人恐怕也将无计可施。⑱

这一观点同样需要澄清。首先需要指出，这一观点所假设的情形在逻辑上确实无法排除其存在的可能性，但在现实生活中发生的概率极小，且笔者经多方求教，迄今依然未能觅得与此有关的中外真实案例。还需要进一步指出，围绕这一观点的讨论，由于在应否认可债权合同与物权合同的讨论中，带入了行为能力欠缺、意思表示不自由等额外的考量因素，事实上已经不是在讨论物权变动模式的立法选择问题，而是在讨论物权变动模式立法选择的体系效应问题。此时讨论的，已经不是解释选择问题，而是价值判断问题。面对同一价值判断问题，如果价值取向相同，不会因为解释选择的结论不同，价值判断的结论就出现差异。解释选择的结论不同，在相同的价值取向之下，面对同一价值判断问题，只会带来实现相同价值判断结论的法律路径的差异。

例如，订立买卖合同时，出卖人具备相应民事行为能力，到了履行主合同义务时，出卖人丧失了相应的民事行为能力，以认可债权合同和物权合同的区分为前提，自可通过适用监护制度以及民事法律行为制度予以解决，由出卖人的法定代理人代理实施物权合同，进行主合同义务的履行；

---

⑱ 参见葛云松，见前注②，第722页；朱庆育，见前注②，第68页。

如果不认可债权合同和物权合同的区分，在履行行为属于事实行为的前提下，则可借助监护制度，由监护人通过履行监护职责，来进行主合同义务的履行。监护人履行监护职责，可以是代理实施民事法律行为，也可以是代为实施事实行为。由此可见，在此情形下，无论是否认可债权合同与物权合同的区分，都有解决之道，只是应对的法律路径存在差异而已。

仍以买卖合同为例：在出卖人因受买受人的欺诈或者胁迫履行主合同义务的情形中，如果价值判断的结论是，发生所有权转移与否的法律效果取决于出卖人是否因意思表示不自由而寻求救济，则以认可债权合同与物权合同的区分为前提，自可通过适用民事法律行为制度实现这一价值判断结论；如果不认可债权合同与物权合同的区分，就必须额外设置一项特别规则，授予出卖人在此情形下的特别救济权。以如是的价值判断结论为前提，单从立法技术的角度而言，无疑认可债权合同与物权合同的区分，更为直接便利。但问题在于，即使认可债权合同与物权合同的区分，考虑到"若仅就交易而言，物权行为在于履行债务，仅具技术性"[19]，换言之，物权合同毕竟不同于债权合同，订立买卖合同过程中一方的欺诈或者胁迫与履行主合同义务过程中一方的欺诈或者胁迫是否能够等同视之，民事法律行为制度是否就可以毫无差别地适用于债权合同和物权合同，尚需仔细论证。更何况，我们真的准备接受前述价值判断结论吗？试想：出卖人因受买受人的欺诈或者胁迫履行了主合同义务，是在认可债权合同与物权合同区分的前提下，允许出卖人因意思表示不自由而否认物权合同的效力，然后让出卖人再去进行一次主合同义务的履行更符合人们的价值共识，还是规定此时出卖人的意思表示不自由不影响物权合同的效力，但要依法追究实施欺诈或者胁迫行为的买受人的民事责任、行政责任乃至刑事责任，因而主合同义务的履行无须推倒重来，更符合人们的价值共识？如果是后

---

⑲　王泽鉴：《债法原理·不当得利》，三民书局1999年版，第105页。

者，以认可债权合同与物权合同的区分为前提，还需要额外规定在实施物权合同的过程中，买受人即使对出卖人实施了欺诈或者胁迫行为，也例外地不适用民事法律行为的相关规定。此时从立法技术的角度而言，不认可债权合同与物权合同的区分，岂不是更为直接便利?!

# 三、从解释论角度出发如何讲道理?

从解释论角度出发讨论民法学问题，面对给定的法律文本，讨论者自然不能天马行空，将自己的取向、前见和偏好凌驾于法律文本中大多数人分享的取向、前见和偏好之上。经由各种法律解释方法的运用，发现法律文本中大多数人分享的价值共识、解释前见、立法偏好，从而妥当确定价值判断问题、解释选择问题、立法技术问题的法律结论，是从解释论角度出发讨论民法学问题，必须遵循的规则。就当下的中国而言，尊重《民法典》，尊重《民法典》编纂的历史基础，以及《民法典》编纂的历史，是从解释论角度出发讨论问题的应有之义。

尊重《民法典》，就是强调从解释论角度出发讨论问题，在法律解释的过程中必须尊重这部法典的一千二百六十个法律条文，尊重这部法典的十万六千多个文字。依据解释素材的不同，我们可以把法律解释方法区分为文义解释、体系解释、历史解释和目的解释。文义解释和体系解释的素材，都包含在作为解释对象的法律文本之中。其中，文义解释的素材就是作为具体解释对象的法律条文所使用的文字。体系解释的素材就广泛一些，还包括与作为具体解释对象的法律条文存在体系关联的其他法律条文，其中就包括规定立法目的的法律条文。而历史解释的素材就超出了法律文本的范围，如全国人大及其常委会的审议记录、法律草案的过程稿以及征求意见稿、全国人大常委会法制工作委员会及其民法室组织的座谈会与研讨会的会议记录、立法过程中参考和借鉴的域外立法例等。目的解释的素材更是在法律文本之外，法律解释进行时主流的价值观，确定的社会发展方向[20]，公认应当予以借鉴的域外有益经验，以及为各种法律分析方法所证成的公平、正义、效率等法治建设所追求的客观目的皆可包括在内。[21] 因此，能够通过文义解释达成解释论上共识的，就无须动用其他解释方法；通过文义解释不能达成解释论上共识的，方需动用体系解释；仍然不能达成解释论上共识的，才需动用历史解释；还是不能达成解释论上共识的，才要动用目的解释。通常情形下，依序运用前述四种法律解释方法，方可体现对法律的信仰和尊重。其中，文义解释是法律解释的起点，法律条文使用文字的可能文义是法律解释的归宿。作为解释对象的法律条文没有使用相关文字，或者使用的文字通常没有相关含义的，就不能轻易得出相关的解释结论。就物权变动模式立法选择的问题，从解释论角度进行的讨论，理应尊重法律解释领域的这些基本共识。[22]

就是否认可债权合同与物权合同的区分而言，必须看到，我国《民法典》相关法条使用的文字与一些国家和地区的民事立法明显不同。例如《德国民法典》第873条规定："为转让一项地产的所有权，为在地产上设立一项物权以及转让该项物权或者在该物权上再设立其他权利，如法律没有另行规定时，必须有权利人和因该权利变更而涉及的其他人的合意，以及权利变更在不动产登记簿上的登记。""尚未登记的合意，在当事人的意思表示经过公证证明，或者该意思表示已经提交给不动产登记局，或者权

---

[20] 最高人民法院《关于深入推进社会主义核心价值观融入裁判文书释法说理的指导意见》（法〔2021〕21号）第9条之（三）提及，"运用目的解释的方法，以社会发展方向及立法目的为出发点，发挥目的解释的价值作用，使释法说理与立法目的、法律精神保持一致"。

[21] 效率作为客观目的之一，主要可以借助法律的经济分析方法展开论证。

[22] 参见王轶：《区分原则：区分什么？》，载《东方法学》2022年第4期，第184-185页。

利人已经将获得登记许可的证书交付给相对人时，也同样具有约束力。"第 929 条第 1 款规定："为转让一项动产的所有权，必须由物的所有人将物交付与受让人，以及双方就所有权的移转达成合意。"第 1205 条第 1 项第 1 款规定："为设立质押权，必须由物的所有人将物交付于债权人，以及双方关于为债权人设立质押权的合意。"这些条文使用的文字明确认可物权合意，从而认可了独立于债权合同的物权合同。我国《民法典》则没有一处文字提及物权合意，也没有任何一条使用"负担行为"与"处分行为"、"债权合同"与"物权合同"这些术语。如果遵循法律解释领域的基本共识，必须承认我国《民法典》没有认可债权合同与物权合同的区分。㉓

有学者以我国《民法典》相当多的法律条文，都可以从物权形式主义的物权变动模式出发得到合理解释为据，主张我国《民法典》认可了债权合同与物权合同的区分。对此必须予以澄清：《民法典》中相当多的法律条文，都可以从物权形式主义的物权变动模式出发，得到合理解释，不足为奇，原因在于，面对基于合同行为的物权变动，债权形式主义的物权变动模式强调，当事人之间订立的设立、变更、转让或者消灭物权的合同依法成立，即可生效。采用法定的公示方法，交付动产或者办理不动产物权登记，并非合同的法定特别生效条件，而是履行合同义务的行为，是发生物权变动法律效果的条件，从而将合同行为效力发生的条件与物权变动法律效果发生的条件区分开来。物权形式主义的物权变动模式强调，当事人之间订立的设立、变更、转让或者消灭物权的合同，依法成立，即可生效，采用法定的公示方法，交付动产或者办理不动产物权登记，并非合同

---

㉓　参见王利明：《论债权形式主义下的区分原则——以〈民法典〉第 215 条为中心》，载《清华法学》2022 年第 3 期，第 5-19 页；崔建远：《处分行为理论真的那么美妙吗？——〈民法总则〉（草案）不宜采取负担行为与处分行为相区分的设计》，载《中国政法大学学报》2016 年第 5 期，第 53-62 页。

的法定特别生效条件，而是履行合同义务的行为，是发生物权变动法律效果的条件，在这一点上，其与债权形式主义的物权变动模式并无二致；但通过交付动产或者办理不动产物权登记来履行合同义务，还需以当事人之间存在设立、变更、转让、消灭物权的合意为基础，从而认可了债权合同与物权合同的区分，进而区分了债权合同效力发生的条件与物权变动法律效果发生的条件。在这一点上，其与债权形式主义的物权变动模式有所不同。正因如此，凡是对应债权形式主义物权变动模式的法律条文，都可从物权形式主义的角度出发进行解释，但这并不能证成我国《民法典》认可了债权合同与物权合同的区分。

尊重历史，要求从解释论角度出发讨论民法学问题，在法律解释的过程中要尊重《民法典》编纂的历史基础，以及《民法典》的编纂历史。

关于《民法典》编纂的历史基础，2020 年 5 月 22 日王晨副委员长在第十三届全国人民代表大会第三次会议上指出"编纂民法典，就是通过对我国现行的民事法律制度规范进行系统整合、编订纂修，形成一部适应新时代中国特色社会主义发展要求，符合我国国情和实际，体例科学、结构严谨、规范合理、内容完整并协调一致的法典"。"编纂民法典，就是全面总结我国的民事立法和司法的实践经验，对现行民事单行法律进行系统编订纂修，将相关民事法律规范编纂成一部综合性法典。""编纂民法典的指导思想是：……总结实践经验，适应时代要求，对我国现行的、制定于不同时期的民法通则、物权法、合同法、担保法、婚姻法、收养法、继承法、侵权责任法和人格权方面的民事法律规范进行全面系统的编订纂修，形成一部具有中国特色、体现时代特点、反映人民意愿的民法典……""贯彻上述指导思想，切实做好民法典编纂工作，必须遵循和体现以下基本原则：……坚持立足国情和实际，全面总结我国改革开放 40 多年来民事立法和实践经验，以法典化方式巩固、确认和发展民事法治建设成果，以实践需求指引立法方向，提高民事法律制度的针对性、有效性、适应性，发挥法治的引领、规范、保障作用。"㉔ 这是关于《民法典》编纂历史基础的权威论断，也是历史解释的核心素材。《民法通则》（已失效）、《合同法》（已失效）、《物权法》（已失效）等就是《民法典》编纂的历史基础。《民法典》是否认可了债权合同与物权合同的区分，必须尊重这样的历史结论，即"我国改革开放以来 20 多年的实践和法律规定没有区分过物权合同和债权合同"㉕。而在《民法典》编纂的过程中，没有任何证据表明我国民事立法在债权合同与物权合同区分的问题上改弦更张，另择他途。

至于有学者提出，不认可债权合同与物权合同的区分，《民法典》中不少的法律制度就无法得到合理解释，不能完成法律的构成。笔者对这一观点已另文予以澄清㉖，此处不再赘述。

# 四、结　语

必须承认，中国民法学界围绕物权变动模式立法选择的讨论，极大地推动了中国民法学的学术发展，提升了中国民法学的研究水平。但作为讨论的成果，最重要的不是从立法论或者解释论的角度出发，证成了某种观点，而是在激烈争论的过程中，中国民法学界逐渐摆脱了依赖别人进行思考的心态，开始致力于独立自主讲好道理，讲好道理的道理。这是一个学术自信逐步确立的过程，也是一个学术自尊逐步觉醒的过程。谢怀栻先生

---

㉔　王晨：《关于〈中华人民共和国民法典（草案）〉的说明》，载《中华人民共和国民法典》，中国法制出版社 2020 年版，第 272－277 页。

㉕　王胜明：《物权法制定过程中的几个重要问题》，载《法学杂志》2006 年第 1 期，第 37 页。

㉖　参见王轶，见前注㉒，第 185－186 页。

曾言："最近我国民法学界热烈地讨论物权行为的无因性问题。这是一个直接涉及德国民法的问题。在制定民国民法时，当时的立法者将德国民法中这一具有特色的制度移植过来，可以说主要是认为，德国法中的多半是好的。他们对于德国法中的东西不加怀疑。也可以说，他们只是从'理论'方面去建立对德国民法的'信仰'。那时我国的一些法学家对德国民法几乎都抱这样一种态度。今天我们不应该责难他们。既然我们承认人家比我们'先进'，就应该学习先进。（想一想五十年代我们对'苏联老大哥'的态度吧！）""现在不同了。我们对德国民法中的规定，敢于怀疑，敢于自己来定取舍，因而出现了要不要采用物权行为无因性理论的讨论。这种讨论无疑对我们大有好处。通过讨论，我们加深了对德国民法的研究，加深了对自己国情的研究，通过讨论，如果我们决定仍旧把这个理论和制度移植过来，那将是一种完全'自觉'的移植，更高一层的移植。如果我们决定不移植，那就是完全自主地建立自己的理论。总之，我们要比我们的先人们前进一大步。"㉗ 一代人有一代人的学术，一代人有一代人的使命，接续前辈民法学人的理想和奋斗，我辈民法学人唯有自尊自信，开放包容，不忘初心，坚定向前，才能圆满完成建构中国自主民法学知识体系的任务。

---

㉗ 谢怀栻：《从德国民法百周年说到中国的民法典问题》，载《中外法学》2001年第1期，第4页。

# 公司债券的私法本质及规则展开[*]

叶　林[**]

## 一、引　言

公司债券和股票是现代公司采用的两种基本融资工具。通常认为，公司债券以"还本付息"为本质特征，股票以投资人"分享收益、共担风险"为核心属性，两者相对独立并可相互结合，混合产生"优先股"和"可转换为股票的公司债券"等新型融资工具。仅有公司债券而无股票，无法反映现代公司的股份制特点，无法满足投资者分享公司成长的需求。仅有股票而无公司债券，无法满足公司融资工具多样化需求，甚至会限制股票融资功能的发挥。公司债券有助于改善公司融资结构，满足公司融资和投资者投资的需求，降低商业银行信贷风险，推动资产管理事业的发展，推动实现金融服务实体经济的目标，公司债券规则理应成为证券法制建设的重要内容。

1993 年《公司法》第五章专章规定"公司债券"，后经数次修改，现

---

　　[*] 本文受到中国人民大学"双一流"跨学科重大创新规划平台——营商环境跨学科交叉平台支持。本文刊登于《清华法学》2022 年第 2 期。本文发表后，2023 年 12 月 29 日全国人大常委会修订了《公司法》，并采纳了本文提出的部分建议。为了客观反映本次《公司法》的修改内容和背景，本文列示了《公司法（修订草案）》的法条，未直接列示新《公司法》的对应法条。本文原载于《清华法学》2022 年第 2 期。

　　[**] 中国人民大学法学院教授，中国人民大学民商事法律科学研究中心研究员，法学博士。

为《公司法》第七章。《公司法》第 153 条第 1 款规定，公司债券"是指公司依照法定程序发行、约定在一定期限还本付息的有价证券"，第 2 款规定"公司发行公司债券应当符合《中华人民共和国证券法》规定的发行条件"。依照该规定，公司债券的"发行条件"应当符合《证券法》的规定，其他事项仍适用《公司法》的规定。由此，《公司法》公司债券规则是基础规则，《证券法》关于公司债券发行和交易的规则是特殊规则，两者构成一整套规定公司债券内涵和外延、规范公司债券发行和交易、保护债券持有人的私法规则体系。然而，《公司法》和《证券法》的规定内容简约、表述抽象、原则性强、解释空间大。

我国除《公司法》和《证券法》明确采用"公司债券"的术语外，在实践中另行创设了"企业债券"和"债务融资工具"两种债券，三者在实务中被统称为"公司信用类债券"。其中，"企业债券"系由 1987 年《企业债券管理暂行条例》（以下简称《企业债券暂行条例》，国发〔1987〕21 号，已失效）创设，由 1993 年《企业债券管理条例》（中华人民共和国国务院令第 121 号，已于 2011 年修订）予以延续。"债务融资工具"从"短期融资券"发展而来，由中国人民银行 2008 年《银行间债券市场非金融企业债务融资工具管理办法》（以下简称《债务融资工具管理办法》，中国人民银行令〔2008〕第 1 号）正式创设。目前，公司债券、企业债券、债务融资工具形成"三足鼎立"局面，亟待明确三种债券的属性和基本规则。2021 年 8 月 17 日，中国人民银行、国家发展和改革委员会（简称国家发改委）、财政部、中国银行保险监督管理委员会（简称银保监会）、中国证券监督管理委员会（简称证监会）、国家外汇管理局发布《关于推动公司信用类债券市场改革开放高质量发展的指导意见》，明确提出《公司法》和《证券法》是公司信用类债券市场的基础法律。

新近公布的《公司法（修订草案）》基本保持了《公司法》公司债券

规则，未提及"企业债券"和"债务融资工具"。三种债券都是有价证券，设定依据和名称不同，发行乃至交易规则有别，这给修订后《公司法》的适用带来挑战。三种债券作为发行人长期债务融资的工具，与金钱借贷合同有无分别？是否都适用《公司法》公司债券规则？债券发行人与持有人（或投资人）之间存在何种关系？转让人和受让人之间存在何种关系？法院在处理债券违约纠纷时，可否直接适用合同解除的民法规则？处理公司债券合同纠纷，应当采用何种裁判理念和规则？

## 二、公司债券规则的实然属性

公司债券与企业债券和债务融资工具的"三足鼎立"状况①，源于我国债券市场法制的历史变迁。我国债券市场经历了从严格管制到逐渐开放的进程，是一个渐进发展的市场，三种债券规则带有不同程度的公法属性。然而，公司债券主要反映发行人与持有人之间的金钱债权关系，并衍生出转让人与受让人之间的债券转让关系。为了有效规范公司债券关系，在立法上，需要形成一整套符合公司债券规律性的私法规范，着力提升对公司债券的有效利用，增强公司债券发行和交易的确定性。

### （一）"三足鼎立"的形成

20 世纪 80 年代，我国多部法律采用"企业"概念并逐渐形成企业法框架。在企业法昌盛时代，立法机关很少采用"公司"的概念，"企业"既是重要的基本概念，也是主要的商业组织形态。1987 年《企业债券暂行条例》首次采用"企业债券"的概念。根据规定，企业债券发行主体主

① 参见叶林：《公司债券非公开发行的规范模式》，载《法学研究》2021 年第 3 期，第 70 页。

要是"全民所有制企业"，企业发行债券必须先获得"计划部门准予进行固定资产投资的批准文件"，发行额度要遵守"年控制额度"，债券券面利率不得高于银行相同期限居民储蓄定期存款利率的 40%，中国人民银行按照"集中管理、分级审批"模式予以监管②，这使企业债券规则呈现出浓厚的管理法色彩。1993 年《企业债券管理条例》则将企业债券发行人扩张到"企业法人"，减少了行政管理的内容，但企业在申请发行时，仍需办理固定资产投资审批手续，发行额度要受制于年度规模，发行利率要遵守利率控制规则。在《企业债券暂行条例》向《企业债券管理条例》转变的过程中，最大的变化就是主管机关从中国人民银行转变为国家发改委。国家发改委作为审批企业固定资产投资的机构，自然关注企业债券融资规模和资金用途，企业债券发行管理逐渐成为固定资产投资管理的附属内容。

1993 年《公司法》第五章专章规定"公司债券"。根据该法第 159 条的规定，公司债券发行主体仅指股份有限公司和国有投资主体投资设立的有限责任公司，当时之"公司债券"实指特定公司发行的债券。1999 年《证券法》沿用"公司债券"的术语，但未取消对发行主体的限制。因此，1993 年《公司法》和 1999 年《证券法》上的公司债券，仅限于股份有限公司和国有投资主体投资设立的有限责任公司发行的债券。1993 年《公司法》施行后，多数商业组织开始采用公司的组织形式，少数延续原有的企业形式，此与分别规定公司债券和企业债券的立法一致，甚至强化了公司债券和企业债券的分离局面。然而，对于企业债券是否是公司债券，是否属于证券，我国早在起草证券法之初就存在争论，立法草案曾一度并列规定企业债券和公司债券，但"考虑到今后实践发展的需要……为证券市场的进一步试

---

② 参见《企业债券暂行条例》第 2 条、第 12 条、第 13 条、第 15 条、第 18 条。

验和发展留有余地"③，《证券法》最终仅规定公司债券而未规定企业债券，这并不是立法漏洞，而是立法机关有意为之，即容忍企业债券继续存在于公司债券之外。

1999 年《证券法》施行后，我国已形成证监会监管公司债券、国家发改委监管企业债券的格局。2008 年，中国人民银行发布《债务融资工具管理办法》，首创"债务融资工具"的概念，初步构建了债务融资工具规则，明确了中国人民银行的监管权。④ 随后，中国银行间市场交易商协会（以下简称交易商协会）陆续发布《非金融企业短期融资券业务指引》《非金融企业超短期融资券业务指引》《非金融企业中期票据业务指引》等，形成了以"短期融资券"、"超短期融资券"和"中期票据"为代表的一系列债务融资工具。创设债务融资工具的初衷，与企业债券和公司债券并存局面有关，债务融资工具是在企业债券和公司债券双重挤压下创设的一种融资工具，是一种不顾及"债券"名义的债券。因公司债券规则规范公司债券融资，企业债券规则关注大中型企业债券融资，债务融资工具规则恰好填补了小额发行、短期债券和私募发行等市场空白，避开了与企业债券和公司债券监管规则之间的直接冲突。其降低了债务融资的条件，废除了对发行人"负债率"和"偿付能力"的限制，明确采用市场化利率形成机制，因而迅速赢得了市场欢迎。

## （二）"三足鼎立"的成因

在早期，企业债券发行多与固定资产投资项目审批、发行额度及利率管制三个要素挂钩。以项目审批为例：《企业债券暂行条例》第 1 条提及"保证国家重点建设"，不仅要求申请文件应包括"计划部门准予进行固定

---

③ 王连洲、李诚编著：《风风雨雨证券法》，上海三联书店出版社 2000 年版，第 195 页。
④ 参见《企业债券管理条例》第 37 条、《中国人民银行法》第 4 条。

资产投资的批准文件"，还要求"企业为固定资产投资发行债券，其投资项目必须经有关部门审查批准，纳入国家控制的固定资产投资规模"⑤，因此，其没有改变企业债券与建设项目审批相挂钩的管理实践。再以发行额度为例：《企业债券暂行条例》规定企业债券发行采用"年控制额度"，《企业债券管理条例》改采"年度规模"，两者表达了审批机关对发行额度的控制。再以利率管制为例：《企业债券暂行条例》和《企业债券管理条例》均强调企业债券的利率不得高于银行相同期限居民储蓄定期存款利率的40%。1993年《公司法》第161条第1款第5项规定，"债券的利率不得超过国务院限定的利率水平"，直到2005年修改《公司法》时，才最终取消公司债券的利率管制。然而，交易商协会在注册债务融资工具时，几乎不受建设项目审批和发行额度的限制，在利率上采用市场化定价机制。

企业债券监管则历经了从中国人民银行主导向国家发改委主导的转型。根据《企业债券暂行条例》，企业债券的发行和交易由中国人民银行监管。《企业债券管理条例》则将监管权转移给国家发改委，自此开始强调建设项目或固定资产的审批。针对公司债券，1993年《公司法》第164条第2款规定"国务院证券管理部门"负责公司债券的发行审理，但公司在发行公司债券时，仍要考虑建设项目有无国家发改委项目审批文件。《债务融资工具管理办法》则创造了一个全新的监管体制。根据该管理办法第13条的规定，"交易商协会依据本办法及中国人民银行相关规定对债务融资工具的发行与交易实施自律管理。交易商协会应根据本办法制定相关自律管理规则，并报中国人民银行备案"。债务融资工具因主要由交易商协会实施自律监管，遂成为监管强度最低的债券；企业债券是出现最早、受监管强度最高的债券；公司债券则是监管强度介于企业债券和债务融资工具之间的债券。

---

⑤ 《企业债券暂行条例》第15、17条。

多头监管模式诱发了监管竞争和监管套利。在实践中，债务融资工具由交易商协会办理注册，产品仅在银行间市场上交易，不进入交易所市场；公司债券由证监会核准和/或交易所监管，只在交易所市场交易，但不进入银行间市场。国家发改委负责审核企业/公司发行企业债券的申请，企业或公司获准发行后自主选择进入交易所市场或银行间市场，但两个市场的交易、登记、结算规则存在较大差异。在此背景下，多头监管助推了债务融资工具的创新。2019年《证券法》规定的债券受托管理契约及债券持有人会议规则，最初就是在债务融资工具领域中出现的。当然，多头监管也诱发了监管套利。因银行间市场准入门槛较低，有的公司选择了同时在交易所市场和银行间市场发行公司债券和债务融资工具，出现了发行人应否遵守相同信息披露规则的分歧，同时，企业债券发行人在获得国家发改委审批后，若选择进入交易所市场或银行间市场，还要分别向证监会或交易商协会申请办理注册，从而面临"双重审核"的机制成本。

企业债券、公司债券和债务融资工具的先后出现，揭示了我国债券市场的逐渐市场化过程。然而，三者都是"有价证券"，本应遵循相同或相似的规则，但因实定法遵循形式主义和概念主义，采用不同的监管模式，三类债券规则遂呈现较强的政策色彩，带有显著的不稳定性，降低了债券规则的透明度。

（三）规范模式的转型

公司债券规则是一个包含公法因素的私法规范体系，过度管理自然备受质疑。投资人是资金的供给方，追求投资的安全和获利，只有充分保护投资人利益，才能搭建公司债券融资的有效通道。发行人是资金的需求方，追求资金使用的长期性和稳定性，公司债券规则应当助力发行人合理运用长期资金，提升债券资金的使用效率，因此，公司债券规则应当朝向重视私法规范、加强私法规范供给、强化保护债券持有人的方向转型。

首先，公司债券规则已经明确了弱化管理的改革方向。《证券法》废除公司债券发行核准制，转而采用注册制。2020 年 2 月 29 日，国务院办公厅《关于贯彻实施修订后的证券法有关工作的通知》（国办发〔2020〕5 号）提出："落实好公司债券公开发行注册制要求。依据修订后的证券法规定，公开发行公司债券应当依法经证监会或者国家发展改革委注册。依法由证监会负责作出注册决定的公开发行公司债券申请，由证监会指定的证券交易所负责受理、审核。"国家发改委随即决定企业债券发行由核准制改为注册制。债务融资工具虽游离于企业债券和公司债券之外，但自创设伊始就采用发行注册制。这样，经由审批制向核准制再到注册制的演变，三种债券正在快速融合；为推动债券市场健康发展，必须不断充实公司债券私法规范。

其次，公司债券规则高度重视信息披露的地位。债券是以法律构架、财务数据、经济理性为核心要素组成的融资工具，信息披露有助于形成合理的债券价格，帮助投资人作出投资和进行风险评估，其不仅应当成为主要规范手段，也正在成为我国债券市场转型的核心制度。2020 年 12 月 28 日，中国人民银行、国家发改委、证监会联合制定《公司信用类债券信息披露管理办法》（中国人民银行、中华人民共和国国家发展和改革委员会、中国证券监督管理委员会公告〔2020〕第 22 号），将三种债券合为"公司信用类债券"，明确规定三种债券应采用相同或相似的信息披露规则。随后，银保监会和证监会启动债券市场互联互通工作⑥，旨在打通银行间市场和交易所市场之间的隔离，逐步消除"三足鼎立"局面。

---

⑥　参见上海证券交易所、深圳证券交易所、全国银行间同业拆借中心、银行间市场清算所股份有限公司、中国证券登记结算有限责任公司《银行间债券市场与交易所债券市场互联互通业务暂行办法》（上证发〔2022〕21 号）。

最后，公司债券规则正在发展事后救济规则。近年来，我国债券违约案件激增，亟待补强公司债券违约救济规则。2020 年 7 月 15 日，最高人民法院发布《全国法院审理债券纠纷案件座谈会纪要》（以下简称《座谈会纪要》，法〔2020〕185 号），规定"对具有还本付息这一共同属性的公司债券、企业债券、非金融企业债务融资工具适用相同的法律标准"。该纪要凸显了私法规范在调整公司债券关系中的重要意义，暗合了债券市场"分久必合"的发展趋势。

## 三、公司债券的证券属性：无因性的强弱之间

《公司法》第 153 条在界定公司债券含义时，采用了"属加种差定义方法"：先规定公司债券是"有价证券"，以确定其大类归属（属概念），再规定"公司依照法定程序发行"和"约定在一定期限还本付息"，以明确其与其他有价证券的差异，进而形成公司债券的种概念。在传统民商法上，向来有无因行为与有因行为、无因证券与有因证券之分[⑦]，前者以票据行为和物权行为为典型，后者以债权转让为典型。公司债券规则部分接纳了"无因性"原理，债券发行和转让之无因性强度介于票据无因性和债权转让有因性之间。

### （一）公司债券作为有价证券的意义

"有价证券（das Wertpapier）"一词为德国学者所创，德国旧商法始用之于法律中。现在大陆法系国家已普遍采用。但对此词的意义仍有不同的

---

⑦ 参见陈自强：《无因债权契约论》，中国政法大学出版社 2002 年版，第 1-3 页。

见解。"⑧ 人们最初认为，有价证券不过是权利转化为证券，"使得本来无价值的纸片儿带有了价值"，但布伦纳称其为"表示私权的证券"，开创了在有价证券上存在权利证券的结合关系这一划时代的思考方法。⑨ 然而，"各国没有统一的、全面的关于证券的法律，各种关于证券的规定散见于各种法律之中"⑩。即便如此，但"公司债是要大量地向公众举债，是一种具有团体性和长期性的债务"⑪，将公司债券归入证券，可以实现对债券持有人的特殊保护。民事一般法普遍适用于保护各种民事权利，未必满足债券持有人权利保护的特殊需求。特殊的权利，需要特殊的保护。要想将公司债券归入证券并向债券持有人提供特别保护，就必须证明公司债券具有某些重要特性，否则，就失去了借助公司法保护债券持有人的必要性。

公司债券存续期限较长。在我国，有些债券期限仅为一两年，但多数债券期限可以长达数年，国外公司债券存续期限甚至长达 20 年乃至 30 年。⑫ 在该存续期限内，发行人与投资人之间存在一种稳定的资金供给和利用关系。从发行人来说，其有权在约定的存续期限内稳定地利用债券资金，有计划地从事生产经营，公司债券规则必须承认并保护发行人的期待利益。从投资人角度来说，其除有权要求发行人按照约定还本付息外，还可获得自由转让公司债券的权利，以便于有效管理投资风险。就此而言，公司债券的长期性与流动性（或流通性或可转让性）具有相似价值，理应成为公司债券的重要特征。为了提高公司债券的流动性，在立法上，需要

---

⑧ 谢怀栻：《外国民商法精要》，法律出版社 2002 年版，第 332 页。

⑨ 参见［日］铃木竹雄：《票据法·支票法》，［日］前田庸修订，赵新华译，法律出版社 2014 年版，第 4 页。

⑩ 同前注⑧，谢怀栻书，第 332 页。

⑪ ［日］近藤光男：《最新日本公司法》，梁爽译，法律出版社 2016 年版，第 366 页。

⑫ See Jeffrey J. Haas, *Corporate Finance in a Nutshell*, 3rd Edition, West Academic Publishing, 2015, pp. 276 - 278.

设置公司债券及权利的创设规则，还要提供满足公司债券流动需求的转让规则，简化公司债券转让的程序。如果忽视公司债券的长期性，过度依赖于民事一般法，就无法满足保护投资人利益的需求。

在理论上，存续期限对界定债券的范围是有意义的。公司债券通常都是期限较长的融资工具，对于期限较短的债务融资工具而言，有无必要将其纳入债券或证券之列并受《公司法》或《证券法》约束，这在实务界和理论界中是容易被质疑的。美国联邦最高法院在 Reves v. Ernst & Young 案⑬中采用了"家族相似"（family resemblance）标准并认为，根据 1933 年《证券法》的规定，应当推定债券是证券，但要评估：（1）双方当事人交易动机是否为投资、商业或消费？（2）发行人销售的目的是投机还是投资？（3）公众投资者的合理预期是否为投资机会？（4）有无其他规则可以替代证券法的适用？⑭ 只有那些由于期限和出票方式方面的原因不具有投资证券基本特征的票据，才可以排除适用证券法。⑮ 换言之，不妨将某些期限较短的债务融资工具视为是债券之外的票据或金钱借贷，并采用其他法律予以规范。

公司债券存续期限越长，它在性质上就越接近于股票。股票和债券在法律性质上存在重大区别。⑯ 债券持有人虽不能像股票持有人那样参与发行人决策，但有权依约收取固定或非固定的利息收益，还有权在发行人破产时优先分配发行人之剩余资产。但在发行人未破产时，债券持有人分取剩余资产的实际价值不大。与此同时，公司债券存续期限越长，债券资金充当资本的实际功能越强。以商业银行为例，《商业银行法》第 39 条规

---

⑬　See Reves v. Ernst & Young, 494 U. S. 67, 70（1990）. 另参阅邢会强：《我国〈证券法〉上证券概念的扩大及其边界》，载《中国法学》2019 年第 1 期，第 247 页。

⑭　参见［美］托马斯·李·哈森：《证券法》，张学安等译，中国政法大学出版社 2003 年版，第 36－37 页。

⑮　参见前注⑭，托马斯·李·哈森书，第 37 页。

⑯　See Nicholas Bourne, *Bourne on Company Law*, 7th Edition, Routledge, 2016, p. 318.

定，商业银行资本充足率不得低于 8%。商业银行为了保持或提高资本充足率，除可以发行股票筹集股本资金外，还可以发行长期债券或次级债券筹集资金。资本充足率虽然仅适用于商业银行，但这种做法也揭示了长期债券的资本功能。

相应地，公司债券存续期限越长，它就越偏离金钱借贷关系。公司债券表彰的是金钱债权，具有还本付息的属性，确与借贷关系相似。然而，即便如此，是否必然将其排除在证券之外？笔者认为，借贷与证券是可以并存的，不应采用非此即彼的分析方法，即不能因为公司债券含有借贷属性，就排除其作为证券。公司法规定公司债券是证券，旨在将公司债券纳入公司法的规范事项，借此向债券持有人提供特别法上的保护，以提高对债券持有人的保护程度，而不在于承认或否认公司债券的"借贷"属性。因此，即使公司债券具有"还本付息"的属性，也无法将其排除在证券之外。美国证监会"一向认为，承诺固定回报的投资安排，并不排除投资安排是投资合同的可能性"[17]。在美国联邦政府诉爱德华兹案[18]中，美国联邦最高法院提出，"没有理由区分固定回报承诺和可变回报承诺"，"如果接受被上诉人所提出的主张，那么胆大妄为的投资商人就可以借承诺某种回报率规避证券法。我们的理解是，证券法不会有这种限制，证券法的语言并没有要求这种限制，因为这种限制会削弱证券法的目的"[19]。

## （二）债券凭证和债券权利的分别创设

创设公司债券，必须遵守《公司法》规定的发行决议程序，并同时符合《证券法》的规定。首先，多数国家规定公司债券发行采用董事会决定

---

[17]　中国证券监督管理委员会组织编译：《美国投资者保护经典案例选编》（中英文对照本），法律出版社 2014 年版，第 9 页。

[18]　参见上注[17]，第 2－11 页。

[19]　同前注[17]，第 7 页。

模式，即经董事会决议后，公司可以发行债券。由于公司债券以"还本付息"为核心，发行公司债券影响公司的债务结构，但不影响公司股东权益，无须由股东会决议为之；且发行债券是特殊融资活动，不属于公司日常经营活动，也不应由公司经理决定发行。应该说，董事会决定模式可以满足董事快速便捷处理公司事务的需要。但我国公司债券发行采用股东（大）会决定模式，根据《公司法》第 37 条和第 99 条的规定，股东（大）会对发行公司债券作出决议。董事会是发行公司债券的提案者，是股东（大）会决议的实施者，但不是公司债券发行的决定者。其次，《公司法》第 153 条第 2 款规定，"公司发行公司债券应当符合《中华人民共和国证券法》规定的发行条件"。按照该转致条款，公司债券的发行条件须根据《证券法》予以确定。违反注册程序公开发行公司债券的，属于《防范和处置非法集资条例》（中华人民共和国国务院令第 737 号）规定的非法集资。⑳ 公司未经股东（大）会决定，或者未经注册而擅自发行的"公司债券"，充其量只是债权债务关系的证明，但不属于《公司法》所称"公司债券"。

公司债券的创设，可分为债券的创设和债券权利的创设。依照《公司法》第 156 条的规定，公司债券分为记名和不记名两种，但在实践中几乎没有不记名债券，记名债券的表彰形式也在变化。在 20 世纪末，公司债券主要采用有纸化或实物券形式。发行人向认购人交付债券凭证，即表明认购人成为持有人或投资人。当今，公司债券几乎全部采用无纸化或非实物券形式，典型做法是：发行人将公司债券转入认购人在第三方开立的证券账户。第三方机构作为发行人聘用的专门机构，不仅要为认购人开立账

---

⑳ 《防范和处置非法集资条例》第 2 条第 1 款规定："本条例所称非法集资，是指未经国务院金融管理部门依法许可或者违反国家金融管理规定，以许诺还本付息或者给予其他投资回报等方式，向不特定对象吸收资金的行为。"

户，还要负责该账户的管理和维护。此时，只要发行人将债券转入认购人开立的账户，就视同投资人已"占有"债券；发行人随即应将认购人取得公司债券的信息记入公司债券存根簿。一般来说，发行人签发债券凭证或将公司债券记载于认购人账户，即可认定债券归属于认购人，从而明确了公司债券的归属。

债券凭证归属是通过发行人签发或转账行为完成的，但并不说明债券表彰的权利当然归属于认购人。公司债券表彰的是金钱债权，公司债券（形式）和金钱债权（实质）之间可能存在分离，即持有人持有债券未必表明持有人享有金钱债权，原因在于，认购人取得金钱债权不是凭借某个单一行为取得的，而是通过一系列行为完成的。首先，发行人应当公布募集说明书，使认购人知晓公司债券及发行信息；其次，发行人与认购人签订认购协议，约定应分配的债券数额及应缴纳的款项；再次，发行人在收取认购价款后，向认购人交付债券凭证或向认购人账户划入债券；最后，发行人依法制作公司债券存根簿。只有在诸行为和程序完成后，认购人才能完整享有公司债券的全部权利。由于债券权利的归属是通过多个行为和程序渐次完成的，债券凭证归属则仅凭债券签发或交付而完成，因此，债券和债券权利的创设是可分离的。

## （三）债券转让的独立性

认购人有权依法转让所持有的公司债券。债券转让的独立性，是指债券转让行为与原因行为相独立。在债券转让中，转让标的是发行人依法签发且认购人缴足价款的债券，但无法排除认购人欠缴价款而发行人签发债券的情况。此时，发行人有权要求认购人补缴欠款，但无权以发行违法、未签发债券或认购人欠缴价款等事由对抗受让人。一方面，应推定公司债券系已缴清价款的公司债券，发行人不得以价款尚未缴清作为抗辩。《公司法》未规定发行人仅在全额收取价款后签发公司债券，但在理论上，公司债券表彰的是金钱债权，发行人自应在全额收取价款后签发公司债券，且因债券券面未记录认购人欠缴价款的内容，应当推定发行人向认购人签发的公司债券是已缴足价款的公司债券。另一方面，应当推定证券交易所交易有效，不得改变交易所交易的效果。《证券法》第117条第一句专门规定了交易所交易的特殊效力，即"按照依法制定的交易规则进行的交易，不得改变其交易结果……"。按照该规定，在证券交易所、国务院批准的其他全国性证券交易场所发生的交易，除法定除外的情形外，不应支持当事人主张交易无效或者撤销交易。

认购人在转让债券时，依照债券记名与否，分别采用两种转让方式。按照《公司法》第160条，记名债券"以背书方式或者法律、行政法规规定的其他方式转让"，无记名债券"由债券持有人将该债券交付给受让人后即发生转让的效力"。然而，在实践中，发行无记名债券者罕见，发行有纸化债券者亦少见，因而，应以采用"其他形式"转让无纸化记名债券为主要研究对象。

在传统上，记名证券的转让均采用背书形式，即转让人将向受让人转让债券的意图记载于债券的"背书栏"[21]。背书转让常用于实物券记名债券，但当今发行人很少在债券背面预留"背书栏"，即使作出预留，也因背书栏数量有限而难以满足债券的频繁转让需求。因此，原本旨在表达转让人转让意愿的背书，反倒成为对债券转让的限制。与此同时，在转让人作出背书记载后，受让人应核查背书的连续性，发行人为履行义务时，也应核查转让人背书的连续性乃至合法性和真实性。然而，受让人和发行人

---

[21] 在大陆法系国家，除了广泛采用背书形式，另在公司债券后附加空白委任，空白委任与背书功能相当。参见［日］我妻荣：《债权在近代法中的优越地位》，王书江、张雷译，中国大百科全书出版社1999年版，第43页。

应依何种标准核验背书？法律无明确规定。而且，若债券张数较多，发行人逐一核实，将耗费巨大成本。看似严谨的转让背书规则，在实践中的价值不彰，因此，无纸化记名债券主要采用"其他方式"转让。

对此，《公司法》第 160 条和第 158 条均有提及，第 158 条特别规定，"记名公司债券的登记结算机构应当建立债券登记、存管、付息、兑付等相关制度"。借助登记结算机构办理的其他转让方式，通常适用于上市交易或挂牌转让的债券。上市交易或挂牌转让的公司债券系由发行人委托登记结算机构办理转让事务，登记结算机构接受投资人开户申请，办理结果由发行人概括承受。登记结算机构作出记载，相当于认定债券转让完成、发行人知晓该转让事实。然而，对于非上市交易或挂牌转让的公司债券，因法律无特别规定，应由发行人自行办理转让业务。具体而言，发行人应在接获转让债券通知后，及时修改存根簿，以免在支付本息时出现错误，或给第三人造成误解。

### （四）公司债券的完整效力

公司债券的发行，需经历认购协议的签署、债券数额的分配及价款缴款、公司债券的签发，最后才办理存根簿的记载。在此连续不断的过程中，公司债券的效力逐渐展开。发行人与认购人签订认购协议时形成借贷关系，发行人向认购人签发债券，在发行人和认购人之间产生约束力。认购人可根据认购协议、募集说明书和债券记载等向发行人主张权利，发行人也可行使合同法上的抗辩权。在此阶段，除发行人和认购人以外，其他人未必知晓认购人持有债券的事实，因此，唯有在认购人出示债券或发行人制作公司债券存根簿后，认购人持有债券才可以对抗第三人。认购合同与债券取得之间在事实上存在牵连，在法律上却相对独立。由此，即使认购合同存在瑕疵，只要受让人依法取得债券，其权利在原则上不受妨碍。

在发行人签发债券后，即使事后认定发行人不具有发行资格，或已发行债券不符合发行条件或存在程序瑕疵，债券的创设和债券权利的转让也不受影响。

公司债券的转让，也要完成债券交付和存根簿制作等步骤。首先，转让双方当事人达成合意后，该转让在双方之间产生效力；其次，转让双方应当参照民法关于债权转让通知规则[22]，将转让事实告知发行人，这样才对发行人产生约束力，董事还应及时更改存根簿；最后，债券转让若要对第三人产生约束力，必须由发行人将债券转让载入存根簿，受让人才取得完整的权利外观，据此产生对抗转让双方之债权人的效力。如果债券转让未记入存根簿，在转让双方之债权人提出异议时，应根据存根簿记载的信息确定债券权利的归属。另外，因目前尚无公司债券质押登记的一般规则，债券持有人质押债券的，应在存根簿上作出记载，否则，质押不产生对抗效力。

因公司债券的效力是渐次展开的，公司存根簿具有并发挥公示作用，直接影响发行人、认购人（转让人）、受让人及转让双方之债权人的利益，为了尽速实现公司债券的完整效力，公司法应当重视存根簿的法律地位，尽力缩短发行人记载或更改存根簿的时间。

# 四、公司债券的"集体"因素：个人权利与集体权利

传统债法预设的适用场景是债权人与债务人之间的"一对一"磋商模式。然而，现代公司债券多向公众融资，在发行人与众多认购人之间形成"一对多"模式。众多认购人（或持有人）既有个别利益，也有共同利益，

---

[22] 参见《民法典》第546条第1款。

公司债券遂呈现一种特殊的"集体"或"团体"因素。对于大规模债券融资中的集体因素，公司债券规则必须予以回应。

### （一）集体行动的困境

发行人大规模发行公司债券时，要面对众多认购人。公开发行债券的潜在投资者众多，显然是认购人众多；非公开发行债券的认购人即使不超过 200 人，也可能是认购人众多。此时，至少存在两组利益关系：一是发行人与众多认购人之间的利益关系，二是众多认购人之间的内部利益关系。[23]

在与持有人的关系中，发行人应平等对待同期债券的持有人、分别并公平对待不同期次债券的持有人。在同期债券中，持有人持有的债券数量有别，每张债券的面额、利息、偿还期限、担保等要素却是相同的。债券平等奠定了发行人平等对待同期债券持有人的法理基础。发行人与个别持有人协商回购债券，系对其他人的歧视；发行人与各持有人分别协商违约和解方案，若个别持有人反对，即可以阻止和解并影响多数持有人利益。在发行多期债券场合下，不同期次债券在利率、偿还期限、担保等要素方面通常不同，各期次债券还本付息风险不同。发行人应当按约定的偿还顺序还本付息，不得自行改变不同期次持有人的顺序利益。发行人优先向在后顺位的持有人偿还本息的，将减损在前顺位持有人的利益。面对如此复杂的境况，发行人在与众多持有人磋商时，不仅面临高昂磋商成本，还难以达成一致意见。在债券违约下，发行人与持有人的利益冲突强度明显提升。

---

[23]　我国台湾地区学者认为，公司债券形成发行人、发行人股东和认购人的三角关系。参见廖大颖：《公司债发行之三角关系——发行公司、公司债债权人与股东间之利益调整》，载王文杰主编：《月旦民商法研究·公司法发展之走向》，清华大学出版社 2004 年版，第 78 页以下。

持有人之间也存在利益冲突。持有人的共同利益是发行人偿还本息，但在债券违约的情况下，各持有人对待发行人的态度和立场却有不同。例如，有的持有人愿意接受部分偿还或延期偿还本息的方案，有的主张发行人提供增信措施，有的会选择"搭便车"策略，难以达成一致意见。在多期次债券场合下，各期次持有人分属于不同债券类别，各期债券的偿还期限、利率、担保等要素存在差异，除非发行人破产并平等清偿，否则，不同期次债券的持有人之间存在利益冲突。

上述因素直接导致持有人的集体行动困境。奥尔森提出的集体行动困境，是指一个群体虽然有着共同利益，却无法达成追逐这个集体利益的一致行动。"除非一份集团中人数很少，或者除非存在强制或是其他特殊手段以使个人按照他们的共同利益行事。""即使一个大集团中的所有个人都是有理性的和寻求自我利益的，而且作为一个集团，他们采取行动实现他们共同的利益或目标后能获益，他们仍然不会自愿地采取行动以实现共同的或集团的利益。"[24] 众多持有人面临的正是这种集体行动困境，即持有人具有共同利益和目标，却未必愿意或者能够形成真正的集体行动。

(二) 三种协调模式

为缓和利益冲突，域外立法形成两种基本模式。大陆法系国家通常采用持有人会议模式，在限定事项上引入持有人多数决定原则，拟制持有人共同意思。英美等国家主要采用受托管理模式，由发行人聘请受托管理人，受托管理人为持有人利益而履行信托法或特别法上的受信义务。东亚地区则采用混合模式，同时采用持有人会议模式和受托管理模式。

---

[24] [美] 曼瑟·奥尔森：《集体行动的逻辑》，陈郁、郭宇峰、李宗新译，格致出版社、上海人民出版社 2018 年版，第 3 页。

### 1. 持有人会议模式

大陆法系国家普遍采用持有人会议模式㉕，目的在于，汇集众多债券持有人意思，遵循多数决定的民主原则，拟制持有人的"集体"或整体意思。持有人会议可监督发行人活动，也可集体决定追究发行人责任。持有人会议汇集众多持有人意志并拟制为一个共同利益，这种做法增强了持有人谈判能力，避免了各持有人与发行人分别协商，提高了平等保护持有人的水平。然而，在多数持有人与发行人达成一致或默契后，持有人会议决议未必符合少数持有人利益，多数持有人主导形成的决议存在借共同利益之名而损害少数持有人利益的嫌疑，因此，在引入多数决定原则时，必须特别设置表决权规则，以免伤及少数持有人利益。

针对持有人会议模式，大陆法系国家通常创设若干具体规定。根据《法国公司法》第五章"股份有限公司的有价证券"第三节"公司债"的规定，"同一次发行的公司债券持有人，为维护其共同利益依法自动组成享有民事法律人格的集团"，集团由一名或数名公司债券持有人大会选出的代理人代理，但在任何情况下，代理人的人数不得超过 3 人。《瑞士债法典》第三十四章"公司债券"第二节以"债券之债权人集团"为名，同样规定"直接或间接由公共认购之债券，其债权人依照法律形成债权人集团"㉖，"债权人会议得选举一名或者多名债权人集团的代表""行使法律、借款要求、债权人会议授予之职权"㉗。结合法国和瑞士的规定，持有人会议模式其实是由债权人集团、持有人会议以及债权人集团代表三个要素组成的。其中，持有人在事实上构成的集团，在法律上被赋予特别主体的

---

㉕　法国、意大利、比利时、瑞士等国均采用持有人会议模式。参见［挪威］马德斯·安登斯、［英］弗兰克·伍尔德里奇：《欧洲比较公司法》（下），汪丽丽、旺晨、胡曦彦译，法律出版社 2014 年版，第 217—230 页。

㉖　《瑞士债法典》第 1157 条第 1 款。

㉗　《瑞士债法典》第 1158 条第 2 款。

地位，取得了与财团相类似的民事主体资格；持有人会议只是作为一种临时性的会议形式，决定持有人集团的重大事项，但不具有主体性；持有人会议选出一名或数名代表，依法行使法律规定、募集文件约定及持有人会议授予的职权。由于公司法未对集团代表的身份作出限制，在实践中，该等代表可由持有人担任，也可以聘请金融机构或其代表担任，但原则上不得由发行人或其雇员担任。

**2. 受托管理模式**

按照受托管理模式，受托管理人接受发行人委托，向持有人履行信托法或特别法上的受信义务，主要负责办理债券担保、兑付、转让、违约事件等事务。在英国早期，发行人进行债券融资时，往往在其资产上设定固定或浮动抵押[28]，以担保认购人利益。然而，认购人可能随时转让债券，抵押权却难以随时变更，为了保持抵押的稳定性，避免频繁变更抵押登记，遂设置受托管理人。然而，"目前处于领先地位的公众公司大规模发行公司债券证券时，很少会在土地或者固定资产上设定法定抵押，有时公司也不会在其资产和经营上概括地设定浮动抵押。所以，相关的债券或者债权股证被普遍认为是无担保的借贷股份（loan stock）"[29]。及至 2006 年公司法施行时，受历史和传统规则的影响，英国仍认为债券"一般只被用来形容公司以自身财产向出借人提供担保的特定担保协议"[30]，并认为债券主要指向的是有担保债券。

英国受托管理模式曾影响美国早期债券融资。但自 20 世纪 20 年代以来，无担保债券开始在美国流行，受托管理人之抵押权人功能日趋淡化。受托管理人很少承担管理担保的职责，债券兑付、转让、违约事件等功能

---

[28]　参见前注[25]，马德斯·安登斯、弗兰克·伍尔德里奇书，第 218-219 页。

[29]　同前注[25]，马德斯·安登斯、弗兰克·伍尔德里奇书，第 218 页。

[30]　[英] 保罗·戴维斯、[英] 沙拉·沃辛顿：《现代公司法原理》（下），罗培新等译，法律出版社 2016 年版，第 1196 页。

日益凸显，甚至出现了专以提供中介服务为内容的受托管理人。通常做法是，发行人聘请受托人，并与受托人签订信托协议，约定受托人的具体职权范围。然而，早期因缺少强制规定，受托管理出现诸多混乱：（1）发行人不设置受托管理人，持有人难以采取一致行动；（2）受托人职权不足和责任缺位；（3）受托人存在利益冲突；（4）持有人获取信息不足；（5）持有人无法介入公开发售债券的信托契约。[31] 鉴于此，美国 1939 年《信托契约法》第 310（a）（1）条强制规定，"依本法已经合格或者将要适格的每一份契约在任何时候都要有一个或者一个以上的受托人"[32]，旨在避免对资本市场、投资者和一般公众的损害。

### 3. 混合模式

日本、韩国创造了一种混合模式。在东亚地区，持有人会议系在发行人外部设立的法定合议团体。作为法定合议团体，凡发行债券者，必须设置持有人会议，就持有人共同利害关系事项作出决议。然而，该团体不是公司机关，而是处于与公司对立的地位。因此，混合模式下的持有人会议与大陆法系国家的持有人会议不同。例如，法国和瑞士在承认债权人集团的主体性地位之下，赋予持有人会议以商议债券事务的职权，持有人会议依从于债权人集团，甚至只是债权人集团的表现形式，该债权人集团还要选举或聘请集团代表，具体履行相关职责。混合模式下债权人集团不具有民事法律主体资格，仅有合议团体地位；持有人会议主要是意思合成机构，既没有债权人集团的概念，也不存在集团代表人，但通过引入受托管理人，恰恰弥补了持有人会议弱主体性的不足。

在日本和韩国，受托管理人属于金融业者，持有金融牌照，熟悉本息兑付、债券转让、日常事务处理等业务，在与发行人签订受托管理协议

---

[31] 参见美国 1939 年《信托契约法》第 302 条。

[32] 美国 1939 年《信托契约法》第 310（a）（1）条。

后，具有了与法国和瑞士等国的集团代表相似的功能。需要指出，欧陆国家很少受到英美信托观念影响，很难接受信托色彩浓厚的受托管理人规则，更愿意在团体主义思想下设置持有人会议。相反，东亚地区更愿意接纳英美信托观念。这是东亚地区创设混合模式的主要原因。

（三）我国的实践

在 2019 年以前，我国《公司法》和《证券法》未提及持有人会议和受托管理人，但在银行间市场和交易所市场上公募或私募债券的，按照交易规则，须设立持有人会议并聘请受托管理人。[33] 2019 年《证券法》第 92 条第 1 款、第 2 款规定，公开发行公司债券的，应当设立债券持有人会议并聘请受托管理人。对于私募债券的，应当继续遵守国家发改委、证监会、交易商协会和交易场所的交易规则，设立持有人会议并聘请受托管理人。

在理论上，公开发行与非公开发行债券的界限泾渭分明。在公开发行中，持有人人数众多，集体行动困境明显，要求设立持有人会议并聘请受托管理人，有助于缓和持有人集体行动困境。非公开发行债券持有人多为专业或合格投资者，较少涉及公众投资者，未必有强制聘请受托管理人的必要。然而，公开与非公开发行债券的实务界限又相当模糊。非公开发行债券持有人可仅为一人，也可逾百人。在持有人数以百计的情形下，即使未满足"公开发行"的条件，其实际上仍带有显著的公众性。因此，非公开发行始终存在单一持有人和众多持有人的两种极端，多数债券恰恰处于集体性极强和极弱的中间，应否强制要求一律设立持有人会议并聘请受托

---

③ 我国 2007 年《公司债券发行试点办法》（中国证券监督管理委员会令第 49 号，已失效）首次确立债券受托管理人制度。参见陈洁、张彬：《我国债券受托管理人制度的构建与选择——以公开募集的公司债为视角》，载蒋锋、卢文道主编：《证券法苑（十周年精粹）》（上），法律出版社 2019 年版，第 820 页。

管理人，抑或区别情况并采用不同模式，是应予回应的重大问题。

持有人会议和受托管理的法理基础不同，存在并用的可能，但会带来崭新问题，即当持有人会议与受托管理人意见相左时，应当尊重持有人会议还是受托管理人意见？众多持有人拟制而成的集体，往往只表达多数持有人的利益诉求，受托管理人由专业机构担任，更强调受托管理人的专业判断。如果受托管理是一项中介服务，受托管理人应尊重持有人会议决议；反之，如果受托管理是一种信托关系，受托管理人更应接受信托文件和信托目的的约束。在利益诉求和专业判断发生冲突的情况下，如果缺少具体规则，受托管理人基于逐利性，难免选择执行持有人会议决议，并降低受托管理的水准。为了缓和持有人会议与受托管理人之间的冲突，债券募集文件通常约定受托管理人是持有人会议召集人。召集人负责就相关事项提出议案，再由持有人会议作出决议，持有人会议在原则上不审议召集人议案以外的事项，这就促成了以受托管理人为主导、以持有人会议为辅的实践模式。

# 五、公司债券违约：预期违约与交叉违约

在债券违约案件中，原告所称债券违约通常是指发行人未在约定期限内支付当期债券利息，在此基础上，有些原告再以被告欠付利息为由而主张被告构成债券违约；有些原告更以被告欠付其他期次债券本息为由而主张其构成本期债券违约。在处理此类争议中，法院主要援引《民法典》合同解除的规则予以处理，支持原告的诉讼请求。在《座谈会纪要》出台后，法院的裁判有所转变，但需谨慎处理预期违约和交叉违约等问题。

## （一）预期违约：利息违约与本金违约

在发行人未兑付当期利息时，即使债券本金偿还期限尚未届满，不少判决仍支持原告解除债券合同并返还本息的请求。其中，有的判决适用原《合同法》第 94 条第 2 项的规定，认为"被告未能支付利息的行为实际违反合同的主要义务，也使原告的合同目的不能实现，故原告主张解除合同，于法有据"[34]。有的判决适用原《合同法》第 94 条第 3 项，认为发行人未兑付当期利息属于"一方当事人迟延履行主要债务"的情形。[35] 笔者认为，关键在于：发行人是否享有期限利益？未兑付当期应付利息是否构成债券本金违约？

2019 年最高人民法院颁布《全国法院民商事审判工作会议纪要》（以下简称《九民纪要》，法〔2019〕254 号）后，"期限利益"逐渐成为一个重要裁判术语，但限于注册资本认缴制下的股东期限利益。[36] 其实，债务除即时清结者外，都附有法定或约定期限。在该期限届满前，债权人通常无权单方提出变更，债务人有权对抗债权人变更期限的请求。因此，期限利益实为债务人在约定或法定期限来临前对抗债权人请求提前支付的权利。为避免债务人主张期限利益而损害债权人利益，合同法规则再以解除权和不安抗辩权等予以限制。就此而言，期限利益更像是多种规则交织作用下的一种事实状态。公司债券反映的是发行人和持有人之间的长期资金关系，公司债券募集办法应记载"还本付息的期限和方式"，实物券债券必须在券面上记载偿还期限等事项，这就宣示了发行人在债券中的期限利

---

[34] 上海市第二中级人民法院（2016）沪 02 民初字第 637 号民事判决书。

[35] 参见上海市高级人民法院（2018）沪民终字第 70 号民事判决书。

[36] 《九民纪要》第 6 条指出："在注册资本认缴制下，股东依法享有期限利益。债权人以公司不能清偿到期债务为由，请求未届出资期限的股东在未出资范围内对公司不能清偿的债务承担补充赔偿责任的，人民法院不予支持。"

益。公司债券偿还期限往往较长，按照公司债券的期限条款，发行人获得了在约定期限内稳定使用债券资金的权利和利益，可以按照计划从容安排生产经营活动。因此，应当认定发行人对募集资金享有期限利益。

债券违约可分为利息违约和本金违约。发行人未按期兑付当期本息，固然违反了支付利息的约定，但若本金偿还期限尚未届满，仅因发行人欠付当期利息而推定本金偿还也构成违约，在逻辑上未必周延。从实践来看，发行人有时系因偶发原因而暂时无力支付当期利息，经采用其他方式筹措资金或通过催收行为等，可能很快恢复支付能力。即使发行人欠付当期利息，在本金偿还期届满前，发行人仍可能具备或恢复支付能力。因此，债券持有人凭借发行人利息违约而推定本金违约，显然不符合发行人的期限利益。发行人欠付利息，仅违反支付利息的义务，未必当然构成本金违约，不能将利息违约等同于债券本金违约，更不能等同于债券违约。鉴于此，立法者应修正普通合同法规则，制定适合债券融资需求的特别规定；法官应合理限缩普通合同法规则适用，在原告请求认定发行人违约并提前解除合同的，应予以合理限制。

## （二）投资人（持有人）之间的利益冲突㊲

公司债券通常是面向众多投资人发行的债券，各投资人处于相同或相似地位。若某投资人起诉发行人违约并追究其违约责任，就不得不考虑这是否会导致其他投资人处于劣后地位。若发行人发行多只债券，某只债券违约，是否会导致未到期的其他债券处于违约状态？上述情形不仅在同期债券的持有人之间会造成利益冲突，还会诱发不同期次债券持有人之间的

---

㊲ 笔者主要采用持有人的术语，与投资人具有相似含义。又因债券有发行与转让两个主要环节，为了描述在发行环节中与发行人的关系，主要采用认购人的词语，为了描述在转让环节与受让人的关系，主要采用转让人的词语。

利益冲突。《座谈会纪要》第 21 条第 2 款规定，"债券持有人以发行人出现债券募集文件约定的违约情形为由，要求发行人提前还本付息的，人民法院应当综合考量债券募集文件关于预期违约、交叉违约等的具体约定以及发生事件的具体情形予以判断"。此意见虽然是描述性的，并未作出具体指引，但隐含了最高人民法院对于公司债券之"证券"属性和"集体"因素的关切，法官不宜照搬合同法规则，而应结合公司债券的属性作出妥当判断。

**1. 同一期次债券违约：个别利益与集体利益**

在发行人发行单只债券的情形下，债券违约诉讼既可由受托管理人提起，也可由某投资人提起；在投资人提起的债券违约诉讼中，还可分为单一投资人起诉和复数投资人起诉。如果单一投资人主张提前解除合同并获得法院支持，原本用于偿还公司全部债务的公司资产，将优先用于偿还胜诉原告，其他投资人则处于劣后地位。此时，其他投资人若想获得与原告相似的地位和保护，只能要么参加原告启动的诉讼，要么自行提起诉讼，要么启动公司破产程序。

应否允许个别投资人因起诉而获得优先地位？就同一期次债券而言，投资人无论持有债券数量多寡，无论认购或受让取得，法律地位和权利都是平等的。"对于享受同等权利的债权，任何单个持有人不得仅为个人权利起诉，任何这样的诉讼视为代表该批次的所有持有人。"[38] 这意味着，为保护某只债券之全体投资人的利益，应对单个或少数投资人诉权作出特别安排：一方面，在立法上可限制单一或少数投资人的诉权，但应允许其启动投资人内部程序，以形成债券持有人的共同意愿；另一方面，也可不限制单一投资人的诉权，但规定单一投资人的诉讼系自动代表其他投资人利益。

---

㊳　［英］丹尼斯·吉南：《公司法》（第 12 版），朱羿锟等译，法律出版社 2005 年版，第 372 页。

若受托管理人代表投资人提起债券违约诉讼，一般不会引起投资人之间的利益冲突。公司"通常要面向大众发行，具有团体性且一般属于巨额长期的举债"，"公司法从保护债权人或者进行集中处理的角度，对公司债进行了规制"[39]。在大规模融资中，投资人人数众多，可将众多投资人比拟为一种特殊的组织或团体。为了整体保护持有人利益，可以通过组成持有人会议，拟制众多持有人的共同意志和利益，以实现平等保护；为了协调债券持有人整体利益，可要求公司必须委托债券受托管理人，负责办理与债券违约相关的事务，以减少债券持有人负担。

**2. 不同期次债券违约：交叉违约**

交叉违约是一个实务概念，所面对的问题是，在发行人发行多期债券时，法院可否基于发行人某期债券违约而推定尚未到期之其他债券也处于违约状态。在实务中，发行人发行的多只债券，通常可确定各债券的到期日，在理论上，债权应以其发行或到期日的先后次序来确定债权人的优先地位，即到期日在先的债券持有人将优先于到期日在后的持有人而受偿。因为发行人已公布募集说明书并揭示已发行债券之到期日等信息，不仅应推定发行人已就持有人受偿之先后次序作出安排，也应当推定认购人在认购债券时已知晓其受偿的先后次序。按照事先确定的次序，在后认购债券的投资人应当承受在后认购所隐含的风险。同样，受让人在受让债券时，也应知晓该债券在受偿顺序上的先后次序。此时，若允许某只债券受托管理人或投资人提起诉讼，甚至法院判决发行人向该只债券的投资人提前兑付债券本息，必将改变预定的受偿顺序，尚未到期债券的投资人则被置于劣后地位，这显然破坏了不同期次债券持有人之间的原有关系。

允许交叉违约至少带来两个问题：一是，原本处于劣后地位的债券持有人将与顺位在先的持有人获得同等权利。这将违反募集说明书，更将损

---

[39] ［日］前田庸：《公司法入门》（第12版），王作全译，北京大学出版社2012年版，第488页。

害顺位在先之债券持有人的受偿权利。二是，多期债券的发行人将失去合理的期待利益。发行人通常已对资金筹集和利用进行整体安排，若认可交叉违约，发行人不仅要提前清偿违约债券的本息，还要提前清偿尚未到期的债券本息，从而将不利后果一次性加诸发行人，这不仅加重了发行人负担，有时还会使发行人进入破产。笔者认为，仅因发行人欠付某期债券利息而认定发行人债券违约，乃至认可交叉违约，进而将发行人置于重大财务危机中，合理性明显不足。

《座谈会纪要》第 21 条第 2 款初步显示了最高人民法院对债券违约特殊性的认识。按照该项意见，可以得出以下初步结论：发行人未兑付当期利息，未必构成债券违约；在认定交叉违约时，应结合募集文件和"发生事件的具体情形"加以确定，不宜轻易采用交叉违约的概念；即使存在交叉违约，也未必支持原告"要求发行人提前还本付息"的请求。发行人存在利息违约的，可以佐证发行人短期偿付能力降低，但仍不足以说明其已失去偿付能力。因此，法官未尝不可裁决提前解除合同或交叉违约，但在裁判中应当重视将偿付能力作为判断要素，应当关注是否会因此诱发发行人彻底失去清偿能力，应当公平对待各债券持有人利益，避免在债券持有人保护上走向极端。

# 六、结束语

中共中央、国务院于 2020 年 3 月 30 日发布的《关于构建更加完善的要素市场化配置体制机制的意见》，提出了我国债券市场发展的目标，即"加快发展债券市场。稳步扩大债券市场规模，丰富债券市场品种，推进债券市场互联互通"。为实现上述目标，我国应当夯实债券市场健康发展的基础，搭建科学的公司债券规则架构，保持法律适用的统一性，切实保护债券持有人利益，不能延续概念主义解释路径，而应当突出功能主义的解释价值，"三种债券品种的私法属性完全相同，因此，企业债券和债务融资工具至少应当'类推适用'公司法上的公司债券规则"④。如此，才能形成《公司法》公司债券规则系一般规定、《证券法》系特别规定的合理规则体系。《公司法》应在尊重公司债券私法本质的前提下，尊重债券融资自由，减少债券发行中的过多行政因素，放宽对债券融资的前端发行控制，逐渐转向中端控制和后端保护。建议《公司法》分类引入持有人会议和受托管理制度，缓和持有人集体行动困境，并允许在少数且特殊情况下豁免聘请受托管理人。同时，应当协调公司债券民事一般法和破产法的关系，避免出现前端未放松、后端强监管的局面，逐渐形成符合市场化、法治化和国际化要求的债券规则体系。

---

④　同前注①，叶林文，第71页。

# 建构中国特色社会法学自主知识体系

林　嘉*

2022 年 4 月 25 日，习近平总书记在中国人民大学考察时指出，加快构建中国特色哲学社会科学，归根结底是建构中国自主的知识体系。哲学社会科学工作者要做到方向明、主义真、学问高、德行正，自觉以回答中国之问、世界之问、人民之问、时代之问为学术己任，以彰显中国之路、中国之治、中国之理为思想追求，在研究解决事关党和国家全局性、根本性、关键性的重大问题上拿出真本事、取得好成果。[①] 习近平总书记关于加快构建中国特色哲学社会科学的指示为建构中国特色社会法学自主知识体系指明了前进的方向。法学是治国理政之学，是中国特色哲学社会科学中的重要学科，也是新时代构建中国特色哲学社会科学的重点对象。[②] 社会法是中国特色社会主义法律体系的七大法律部门之一，建构中国特色社会法学自主知识体系就是要建构"自主"的社会法立场、观点、方法，以这种基础逻辑的有机结构实现对整个社会法知识体系的系统解释。[③] 在马克思主义指导下用中国文化、中国经验提炼总结出来的中国特色、中国气派、中国风格的中国社会法学自主知识体系，能够从学理上更好地支持社

---

＊ 中国人民大学法学院教授，习近平新时代中国特色社会主义思想研究院研究员。

① 参见习近平总书记在中国人民大学考察时的讲话。

② 参见张文显：《加快构建中国特色法学体系》，载《光明日报》2020 年 5 月 20 日，第 16 版。

③ 关于知识体系的定义，参见张雷声等：《建构中国特色哲学社会科学自主知识体系》，载《马克思主义理论学科研究》2022 年第 7 期。

会法在保障和改善民生、促进社会公平正义方面的作用。

# 一、我国社会法学知识体系亟须发展与创新

社会法是中国特色社会主义法律体系的重要组成部分，主要调整劳动关系、社会保障、特殊群体权益保障、社会组织和慈善公益等社会关系，遵循公平和谐和国家适度干预原则，通过国家和社会积极履行国家和社会责任，对劳动者、失业者、丧失劳动能力的人以及其他需要扶助的特殊人群的权益提供必要的保障，维护社会公平，促进社会和谐。新中国成立70余年来的社会法变迁与社会主义建设和改革事业同呼吸、共命运，具有鲜明的中国特色。改革开放以来，我国社会法制度建设更是取得了突出的成就。④ 然而，面对新形势新要求，我国社会法学领域还存在一些亟待解决的问题，社会法学知识体系亟须发展与创新。

## （一）我国社会法学基础理论建设水平仍有待提升

社会法作为一门新兴的法学学科，目前尚未形成一个外部结构完整、内部逻辑清晰的基础理论体系。外部结构上，目前学界对社会法的基本范畴，如概念、内涵及外延、基本原则等尚未形成基本的学术共识。内部逻辑上，社会法学科的基础知识和理论缺乏必要的抽象和整理，社会法中各组成部分之间的一般性和特殊性缺少研究。从知识体系完整性和逻辑性视角看，社会法尚未形成一个总分清晰、前后照应、科学严密的基础理论体系，导致许多社会法问题无法在知识体系中找到定位，相关法律问题在适用时缺少规范基础的必要指引。社会法的概念以及大部分理论，最早在德

---

④ 参见《中国特色社会主义法律体系》白皮书。

国提出，后经学者翻译、介绍引入我国。法律必须根植于民族的土壤才会有生命力，中国特色社会主义法治道路要求真正从中国国情和实际出发，探索适合自己的法治道路。因此，只有建构中国特色社会法学自主知识体系，才能探索出一套适合中国国情的社会法制度体系。完善的社会法知识体系，能够使社会法的各项原则、制度和概念各归其位，不仅有利于促进社会法的知识创新，为社会法学科发展打下坚实基础，还能够使社会法更有助于中国特色社会主义法治建设和社会建设。

### （二）完善社会法治建设迫切需要社会法学理论知识的支撑

中国社会正处在社会转型过程，正是在这一过程中才呈现出西方法与中国法、国家法与民间法以及其背后的国家与社会、传统与现代的矛盾与融合，突显我国社会法本土化、现代化的重要性。我国社会法理论研究起步较晚，远远落后于实践的需求。社会法理论研究的滞后，影响了我国社会法治建设的实践，甚至出现法律制度之间的混乱和冲突、制度与体系之间衔接不畅、理论与社会实践脱节等问题。在当下我国社会法治建设方面仍存在许多短板。例如，关系到社会弱势群体生存保障的"社会救助法"未能如期出台，"劳动基准法""护理保险法"等需要尽快列入立法议程，通过完善立法构建保障公民生存权的法律制度。应当结合我国社会经济的发展阶段，发挥社会主义制度的优越性，深化对社会法基础理论的研究，形成逻辑严密、自圆其说、具有解释力的中国特色社会法学知识体系。因此，一方面要重视对既有学说成果的梳理和批判，在社会法概念、原则等基本范畴上求得基本的共识；另一方面要坚持以我为主，立足国情，注重理论创新，形成中国特色的社会法学知识体系，指导我国社会法的实践和制度建构。

（三）新时代向我国社会法学理论与实践提出了新问题和新挑战

中国特色社会主义进入新时代，我国社会主要矛盾已经转化为人民日益增长的美好生活需要和不平衡不充分的发展之间的矛盾，社会主要矛盾的转化对社会法治建设提出了新要求和新任务。当前我国城乡区域发展和收入分配差距依然较大，民生领域还有不少短板，人民在教育、医疗、就业、居住、养老等方面面临不少难题，社会矛盾和问题交织叠加。此外，我国经济转型持续推进、人口数量和结构发生变化、互联网科技不断变革，也对我国社会法学理论与实践提出了新问题和新挑战。完善社会法治建设迫切需要社会法知识体系提供智力支持，新时代出现的新的社会问题亟须社会法在学理和制度方面予以应对和解答。

## 二、建构中国特色社会法学自主知识体系的主要资源

### （一）马克思主义理论资源

坚持以马克思主义为指导，是当代中国哲学社会科学区别于其他哲学社会科学的根本标志。习近平总书记指出，马克思主义关于世界的物质性及其发展规律、人类社会及其发展规律、认识的本质及其发展规律等原理，为我们研究把握哲学社会科学各个学科各个领域提供了基本的世界观、方法论。[⑤] 要坚持把马克思主义基本原理同中国具体实际相结合、同中华优秀传统文化相结合，立足中华民族伟大复兴战略全局和世界百年未有之大变局，不断推进马克思主义中国化时代化。辩证唯物主义与历史唯物主义是马克思主义最根本的世界观和方法论，也是马克思主义理论科学

---

⑤　参见习近平总书记 2016 年 5 月 17 日在哲学社会科学工作座谈会上的讲话。

体系的哲学基础。建构中国特色社会法学自主知识体系，必须坚持马克思主义基本原理，一切从实际出发，理论联系实际，实事求是，在实践中检验真理和发展真理。这要求广大社会法学领域的工作者，摆正学术研究的态度，下大力气、苦功夫，结合特定历史条件发现社会法治建设中的真问题，结合中国实践不断推陈出新，作出理论新贡献。

### （二）习近平法治思想

习近平法治思想是建构中国特色社会法学自主知识体系的根本遵循，是马克思法治理论中国化的最新成果。习近平法治思想顺应时代发展，深刻认识和把握治国理政基本规律、社会主义法治建设规律和人类法治文明发展规律，为马克思主义法治理论的发展作出了原创性贡献。习近平法治思想坚持马克思主义的世界观和方法论，坚持人民立场，坚持实事求是的思想路线，创造性地回答了建设什么样的法治、怎样建设中国特色社会主义法治等重大理论和实践问题。习近平法治思想始终将实现人民福祉作为不可推卸的使命，为新时代全面依法治国确立了基本的价值遵循。社会法与习近平法治思想的人民主体论天然契合：社会法聚焦民生福祉，承载着保障和改善民生的制度功能。社会法的建立、发展始终与人民利益息息相关、密不可分。社会法自身的法律精神和部门法品格决定了其在社会利益调节、保障和改善民生、加强和创新社会治理和推动共同富裕等方面具有重要地位和战略价值。

### （三）我国社会法制度建设与实践经验

党的十八大召开标志着中国特色社会主义开启了新时代。党的十八大以来，以习近平同志为核心的党中央坚持以人民为中心的发展思想，牢牢坚守以人民为中心的根本立场，社会法各项事业加快推进，法律制度建设不断完善。我国社会建设以保障和改善民生为重点，以加强和创新社会治理为推动。近年来，国家在优先发展教育事业、提高就业质量和人民收入水平，加强社会保障体系建设、打赢脱贫攻坚战、实施健康中国战略等方面取得了突破性进展。进入新时代以来习近平法治思想引领中国特色社会法走向新的高度，为建构中国特色社会法学自主知识体系积累了有益资源。未来社会法的发展，要以习近平法治思想为指引，以法治化手段规范社会治理，进一步通过法治方式平衡社会多元主体的利益，强化社会法凝聚社会共识的功能，兼顾市场的活力的发挥和社会秩序的稳定。

# 三、建构中国特色社会法学自主知识体系的理论锚定

## （一）中国特色社会法的部门法定位

社会法是 20 世纪以来兴起的一个法学概念。在国外，学者多认为社会法是在传统公法和私法划分基础上的第三法域或者是某些社会政策类的立法。在我国，学界对社会法是法律部门还是法域也存在较大分歧，就社会法的概念，存在广义社会法、中义社会法和狭义社会法之争。我国立法机关从中国特色社会主义法治理论和实践出发，明确提出社会法是中国特色社会主义法律体系的重要组成部分。部门法意义下的社会法，主要调整不平等主体之间的社会关系，包括劳动关系、社会保障关系、特殊群体权益保障、社会组织和慈善公益等，目的是保障社会大众尤其是社会弱势群体的基本生存，维护社会公平，促进社会和谐。社会法的部门法定位，是我国社会法制度构建与实施机制建设的逻辑起点，它对社会关系的有序和谐以及法律的正确适用具有重要价值。社会法以改善民生为核心要义，关注劳动者保护、弱势群体权益保护及社会保障等问题，这些问题涉及社会

安全与民生事业，往往是具有公共性、普遍性的社会议题，从提高教育质量、稳定医疗供给、增强住房保障、优化养老机制、保护妇女儿童残障群体等方面多支点发力，为保障社会成员的基本生活安全而不懈努力。社会法的部门法定位，也是中国特色社会法学理论建构与学科体系建设的根本前提。广义社会法与狭义社会法的讨论虽具有一定的理论意义，但难以为完善中国特色社会主义法律体系提供更多实践价值，学界应在就社会法的部门法定位达成理论共识的前提下，为中国特色社会法的部门法精神、原则、原理研究创造更多宝贵智识。

（二）中国特色社会法的立法理念是以人民为中心

以人民为中心是习近平法治思想的核心要义，是习近平法治思想的根本立场。"治国有常，而利民为本。"⑥ 以人民为中心的习近平法治思想为建构中国特色社会法学自主知识体系提供了政治方向、根本宗旨和行动指南。社会法以社会利益为本位，以保障人民的生存权、实现社会公平、增进社会福祉为其价值追求，充分体现了以人民为中心的思想。通过发挥社会法的制度功能，可构建和谐劳动关系，对弱势群体给予充分保护，不断缩小贫富差距，实现全社会成员安居乐业，共同富裕。社会法依靠人民、关心人民、为了人民，致力于解决社会问题，追求社会公共利益的最大化。社会法的各项制度均是践行以人民为中心的生动写照，如劳动法以保护劳动者合法权益为其立法宗旨，以法律意志介入私法自治，为相对弱势的劳动者提供倾斜保护，为劳动者守住权利底线；社会保险法对在年老、疾病、失业、伤残、生育等情形下的社会成员提供基本保障，化解社会风险，提供安全保障；社会救助和社会福利法通过提供普惠式和精准式的社会福利和救助，维护广大人民群众特别是社会弱者的利益，实现社会的整

---

⑥ 刘安：《淮南子·氾论训》。

体平衡。社会法对最广大人民的保护是其鲜明标志，社会法已将人民中心论深深嵌入其品格之中。

### （三）社会法基本原则中蕴含着鲜明的社会主义特色

法律原则是综合性的、指导性的价值准则或规范。我国社会法的发展植根于中国大地，社会法的基本原则中蕴含着鲜明的中国特色社会主义制度元素。

#### 1. 追求实现社会的公平正义

实现公平正义是我党治国理政的一贯主张，是社会主义核心价值观的基本要求。社会的公平正义是检验社会主义国家的试金石，是中国特色社会主义法治必不可少的支柱。公平正义的核心内容之一是分配正义，即对社会资源、发展成果、社会权利等进行合理分配，在促进物质财富发展的同时，特别强调分配过程中的规制公平、机会公平、权利公平，要对弱势群体给予特别照顾。社会法以实质平等为价值追求，旨在实现社会公平正义。与调整平等主体之间人身关系和财产关系的民法不同，社会法为了解决形式公平的缺陷，重视每个个体在社会经济生活中的地位，通过区分个人经济地位的强弱，重塑现代社会的法律人格，对相对弱势群体给予特别法律保护。社会法的各项制度都充分体现了其追求社会公平的社会主义特质。

#### 2. 构建社会主义和谐社会

和谐社会是社会主义制度的充分体现。和谐社会就是法治社会，和谐社会强调以人为本，人民安居乐业，个体与社会融合发展，社会各主体利益充分协调。党的十八大以来中央提出全面推进依法治国，法治国家、法治政府、法治社会一体建设。建设社会主义法治社会，是增强人民群众获得感、幸福感、安全感的重要举措。社会法致力于构建和谐劳动关系，建立覆盖城乡居民的多层次的社会保障制度，对残疾人、老人、儿童、妇女等特定群体给予特别保护，促进人的全面发展和社会的和睦友善。

**3. 实现共建共治共享**

共建共治共享是中国特色社会治理制度，习近平总书记强调要完善共建共治共享的社会治理制度，实现政府治理同社会调节、居民自治良性互动，建设人人有责、人人尽责、人人享有的社会治理共同体。[7] 例如，在构建和谐劳动关系中，强调统筹处理好促进企业发展和维护职工权益的关系，推行集体协商和集体合同制度，健全协调劳动关系三方机制，加强企业民主管理制度，健全劳动关系矛盾调处机制，充分发挥劳动争议调解仲裁组织的作用，实现共建共治共享。

# 四、建构中国特色社会法学自主知识体系的具体任务

## （一）自主性：从中国特色社会主义制度本质提炼社会法基础理论

社会法基础理论在建构中国特色社会法学自主知识体系中占据基础性的重要位置，其研究水平将直接影响社会法知识体系的完整性以及各部门法研究的科学性。社会法基础理论研究，要从中国特色社会主义制度本质中提炼，要在目前社会法学界仍存一定分歧的观点中形成基本共识。中国特色社会主义制度的本质属性在于其始终如一、一以贯之的人民性。人民性的本质属性，不仅要求充分代表人民意志、广泛集聚人民智慧、切实维护人民利益，还强调最大限度地保证人民在国家中的主体地位、主体作用、主体价值，从而为中国特色社会主义制度发挥优越性提供源源不断的活力源泉、动力资源和力量支撑。从中国特色社会主义制度的本质属性中

---

⑦　参见习近平总书记 2020 年 8 月 24 日在经济社会领域专家座谈会上的讲话。

提炼社会法基础理论，要求社会法紧紧围绕以人民利益为本位，不断致力于解决社会矛盾，化解社会风险，追求社会利益的共享，持续增进人民福祉。

（二）系统性：完善社会法总论内部体系与社会法制度体系框架

社会法知识体系的完善，需要在中国特色社会主义的理论与实践中抽象和提炼，在深化研究中国特色社会法理论的基础上，总结我国社会法的概念和基本范畴、基本原则、制度特点和运行模式，形成逻辑严谨、体系自洽的内容。社会法基础理论研究应当从最基本的概念和基本范畴入手，形成基本的学术共识和基础理论，然后逐步深入至社会法各部门法和各项具体制度，在具体制度中验证和补充社会法基础理论的解释力，从而形成能够奠定研究基础、提供学术指导的社会法基础理论。未来社会法知识体系的构建和完善，应当在加强对社会法各项制度的总结和提炼的基础上，构筑社会法总则的内容，形成社会法知识体系的基石；在各具体法律制度方面，要加强对各部分之间关系以及各个部分和总则之间关系的研究，从而形成一个体系完整、总分照应的学科知识体系，以便于对社会法知识的专业学习和法律适用。社会法知识体系是确定我国社会法体系的基础，未来社会法知识体系建构，应当保持内在体系和外在体系的统一，在明确其内涵、法律属性和特征、基本原则和价值理念的基础上，对外保持体系的开放性和包容性，以适应未来社会经济发展对社会法提出的新需求。

（三）时代性与创新性：积极因应新时代课题，展现中国智慧

在当前我国经济体制改革持续深化、互联网科技革命不断推进、人口生育政策发生转变的大背景下，我国社会建设领域出现了许多新问题和新变化，对社会法提出了新挑战，也对中国特色社会法的发展带来了新机遇。

在劳动法领域，近年来，我国数字经济的发展催生出大量灵活就业人员和多种新就业形态，对我国劳动法带来了很大挑战。新就业形态主要表现为工作时间弹性化、工作方式灵活化、工作安排去组织化等特点。由于新就业形态用工关系难以符合传统劳动关系从属性认定的标准，在认定劳动关系上存在很大的难题，新就业形态劳动者难以获得劳动法保护。而对于日益增长、规模庞大的新就业形态劳动者，法律上存在保护的正当性和必要性，因此，劳动立法和司法需要积极予以回应。[8] 人口生育政策调整以来，女职工权益保护、女性就业歧视问题受到广泛关注。各地纷纷出台育儿假、陪产假、护理假等，地方的规定差异较大，需要在国家层面制定劳动基准法予以规范统一。为了促进我国劳动法的科学化、体系化和规范化发展，应当适时启动编纂劳动法典，通过编纂劳动法典，形成更加完备的劳动权利体系，不断完善劳动关系协调机制和劳动权救济规则，更好地维护劳动者权益，构建和谐劳动关系。

在社会保障法领域，要积极发挥社会保障在国民收入分配调节方面的功能，完善社会保险法、慈善法等，发挥社会法在推进实现共同富裕中的功能和作用。当前我国人口老龄化进程加快，长期护理保险需求不断提高，要加快制定长期护理保险法，建立多元化社会养老服务体系。新就业形态人员参加工伤保险具有现实性和紧迫性，职业伤害保险制度有待探索。要加快制定社会救助法，发挥社会救助兜底性民生保障功能，实现社会救助管理和服务的法治化。

在特别群体权益保护方面，要加强对残障群体、老年人、儿童、妇女的特别保护和特别待遇，满足特定群体的生活需求，提升全体社会成员的幸福感和获得感。

---

⑧ 参见林嘉：《在技术进步中更好保护劳动者权利》，载《人民日报》2019 年 7 月 5 日，第 9 版。

# 结　语

当前我国已全面进入社会主义现代化建设发展的新阶段，要坚持把马克思主义基本原理同中国具体实际相结合，以习近平法治思想为指导，更加坚定自觉地建构以中国自主的知识体系为内核的中国特色社会法学学科体系、学术体系、话语体系，更好地发挥社会法保障民生、促进社会建设的功能。

# 公共健康危机的知识产权法应对[*]

万　勇[**]

## 一、引　言

2020 年开始席卷全球的新冠肺炎疫情是自联合国成立以来世界面对的最大考验。[①] 为抗击疫情，需要提高疫苗可及性，然而，全球近 1/3 的疫苗是由不到 4 家供应商提供的，mRNA 疫苗专利也主要由 4 个跨国医药企业掌控。[②] 印度和南非认为，知识产权保护给疫苗可及性造成了阻碍，并于 2020 年 10 月 2 日在世界贸易组织《与贸易有关的知识产权协定》（TRIPs）理事会会议上提交了一项提案，要求 TRIPs 理事会尽早向总理事会建议"豁免实施、适用和执行 TRIPs 第 2 部分第 1、4、5、7 节中与预防、控制或治疗新冠肺炎有关的规定"[③]。该提案得到了大多数发展中国家成员的支持，但遭到了美国、欧盟等发达国家或地区成员的反对。美国表示，其将继续在全球范围内为制药和其他与健康相关的知识产权寻求充分和有效的保护，

　*　本文原载于《中国法学》2022 年第 5 期。

　**　中国人民大学法学院教授、未来法治研究院研究员。

　①　参见陈赞、刘丽娜、包尔文：《全球疫情的时代之问》，载《新华每日电讯》2020 年 4 月 7 日，第 5 版。

　②　参见张海燕：《论 TRIPs 义务的临时豁免在新冠预防和治疗中的适用》，载《政治与法律》2022 年第 3 期，第 43 页。

　③　WTO, *Waiver from Certain Provisions of the TRIPS Agreement for the Prevention, Containment and Treatment of COVID-19, Communication from India and South Africa*, WTO Doc. IP/C/W/669, 2 October 2020.

确保美国在这些关键行业的强劲创新，以应对当下和未来的流行病。④ 欧盟认为，几种安全有效的新冠病毒疫苗的快速开发表明了知识产权激励创新的重要价值，基于规则的全球贸易体系更有助于迅速扩大疫苗生产和促进公平获取，其支持利用 TRIPs 现有灵活性条款的应对方式。⑤ 大多数发展中国家认为，在新冠肺炎疫情期间，公共健康需求超过了对特定实体的经济激励，在这种情况下，可以为了公共健康，暂时中止世界贸易组织的若干知识产权条款，使更多的知识产权得到共享。⑥

围绕与新冠肺炎疫情有关的知识产权议题，引发我们反思知识产权与公共健康的关系：二者之间是零和博弈吗？为应对新冠肺炎以及未来可能出现的其他流行病引发的公共健康危机，中国应当采取何种方案？为此，下文将直面时代之问与世界之问，从理论建构与制度安排两个维度提出公共健康危机的应对之道，为完善全球知识产权治理与公共健康治理体系提供中国方案。

## 二、国际社会应对公共健康危机的已有方案

公共健康与人类文明如影相随，人类的发展史可以说是一部与流行病

---

④ See Office of the United States Trade Representative（USTR），2021 *Special* 301 *Report*，at https://ustr. gov/sites/default/files/files/reports/2021/2021％20Special％20301％20Report％20（final）. pdf（Last visited on October 17,2021）. 2021 年 5 月 5 日，美国贸易代表发表声明，表示美国政府支持对新冠病毒疫苗知识产权保护的豁免。这并不意味着美国支持印度和南非提出的提案，美国只是同意参加世界贸易组织为实现豁免目标所需的基于文本的谈判。See Bryan Mercurio，*The IP Waiver for COVID-19：Bad Policy，Bad Precedent*，IIC-International Review of Intellectual Property and Competition Law，vol. 52：983，p. 984（2021）.

⑤ See WTO，*Urgent Trade Policy Responses to the COVID-19 Crisis：Intellectual Property*，Communication from the European Union to the Council of TRIPs，WTO Doc. IP/C/W/680，4 June 2021.

⑥ See Katarina Foss-Solbrekk，*The IP Waiver and Covid-19：Reasons for Unwavering Support*，Journal of Intellectual Property Law & Practice，vol. 16：1347，p. 1353（2021）.

顽强抗争的历史。在 TRIPs 缔结之前，知识产权和公共健康权在各自的领域独立发展，相互之间几乎没有什么交集。随着 TRIPs 的生效，在知识产权保护全球化的趋势下，留给世界贸易组织各成员在知识产权保护上的自主政策空间日益狭小。[7] 在后 TRIPs 时代，国际社会应对公共健康危机的模式发生了重大变化。

## （一）知识产权与公共健康关系的二维思考

### 1. 制度层面的考察

一方面，知识产权制度可以激励药品研发和创新，助益公共健康问题的解决。药品研发投资大、周期长、风险高。一般而言，从发现化合物到药品最终获得上市许可，平均耗费的时间超过 10 年，研发成本往往达到数十亿美元。[8] 知识产权制度通过赋予创新者在一定期限内对其创新成果享有专有权，可以鼓励制药公司进行创新，发明更多更好的药品来治疗疾病，即所谓"给天才之火添加利益之油"。有调查显示，如果没有专利保护，65％的药品不会被开发出来，60％的药品不可能上市。[9] 历史上许多治疗重大流行病的药品都曾获得专利权。如果没有知识产权制度提供的激励机制，很多新药可能根本就不会出现，解决公共健康问题也就有可能面临"无米下锅"的困境。另一方面，知识产权制度在一定程度上也可能影响公共健康问题的解决。当出现公共健康问题的时候，如果有关药品获得了专利，并处于专利权的保护期限之内，该药品的制造和销售就会受到专利权人的控制，进而可能影响公众以较低的价格及时获得充分的专利药品。

鉴于知识产权制度对解决公共健康问题的以上两方面作用，知识产权

---

⑦ 参见冯洁菡：《公共健康与知识产权国际保护问题研究》，中国社会科学出版社 2012 年版，第 20 页。

⑧ 参见程永顺、吴莉娟：《探索药品专利链接制度》，知识产权出版社 2019 年版，第 4-5 页。

⑨ 参见曹红英等：《药品专利链接制度研究》，载《中国市场监管研究》2021 年第 3 期，第 49 页。

制度需要在激励创新和保护公共利益两方面实现适当的平衡，既要防止知识产权制度成为解决公共健康问题的障碍，又要防止不合理地降低知识产权制度激励制药行业进行创新的作用。[⑩]

**2. 权利层面的分析**

从制度层面而言，知识产权与公共健康是促进与阻碍的双重关系；在权利体系中，则表现为知识产权与公共健康权之间的互动模式问题。公共健康权是当代人权的重要内容，也是国际社会共同保障的基本权利。《世界人权宣言》第25条中规定，"人人有权享受为维持他本人和家属的健康和福利所需的生活水准，包括食物、衣着、住房、医疗和必要的社会服务"。《经济、社会和文化权利国际公约》规定人人有权享有能达到的最高标准的身体和心理健康，并规定了缔约方为充分实现这一权利而应采取的目标步骤。[⑪]

一般而言，知识产权与人权的关系存在三种互动模式。第一种模式是承认。在该模式下，法律将知识产权提升至人权水平。第二种模式是冲突。当知识产权与人权对立，一方成为实现另一方的障碍时，就会发生冲突。冲突模式又可进一步类型化为协调模式与不相容模式，这两种模式之间的主要区别在于冲突究竟是发生于核心地带还是边缘地带，以及冲突的结果究竟是两种权利共存还是一种权利凌驾于另一种权利之上。协调模式的常规实现路径是在知识产权法中规定限制与例外从而将冲突内部化，或者通过适用比例原则或竞争性权利平衡机制实现外部协调。不相容模式的实现路径是拒绝授予某些客体以知识产权，从而排除基于人权考虑而产生知识产权的可能性，或者直接确认人权高于知识产权。第三种模式是合作。在此模式下，知识产权与人权相辅相成、协同运作，要么在政策层面

---

⑩　参见尹新天：《中国专利法详解》，知识产权出版社2011年版，第519页。

⑪　参见《经济、社会和文化权利国际公约》第12条。

追求相互关联的公共目标，要么在规范层面实现保护范围的互补。⑫

知识产权与公共健康权的关系，同样也可归纳为承认、冲突、合作三种模式。发达国家认为，知识产权作为一种财产权，应当享有与公共健康权同等的地位，因此不能以保护公共健康权为由限制知识产权。美国一直持此立场，强烈反对发展中国家适用强制许可，经常挥舞"特别 301 条款""大棒"相威胁。⑬ 发展中国家则认为：知识产权与公共健康权相互冲突，因此，其所提出的应对公共健康危机的知识产权法解决方案或是采用规定限制与例外的协调模式，即强制许可；或是采用拒绝授予某些客体以知识产权的不相容模式，即反药品专利，以及采用直接确认公共健康权高于知识产权的不相容模式，即知识产权豁免。事实上，虽然有学者认为知识产权和公共健康权是合作关系的典型，提出"尽管人们通常担心专利可能会阻碍药品在新兴市场的流通，但是，普遍的观点强调，如果没有专利制度提供的激励机制，根本就不会有药品可供流通"⑭。然而，由于国际社会长期忽视了知识产权与公共健康权的合作关系进路，至今未能提出以此为分析框架的公共健康危机应对方案。

## （二）已有公共健康危机应对模式的类型化分析

### 1. 反药品专利模式

在 TRIPs 缔结之前，各国有足够的政策空间决定知识产权保护水平，

---

⑫　See Gabriele Spiena Alì，"Intellectual Property and Human Rights：A Taxonomy of Their Interactions"，*IIC-International Review of Intellectual Property and Competition Law*，vol. 51：411，p. 418-440（2020）.

⑬　"特别 301 条款"的主要内容是指依据美国《1974 年贸易法》第 182 条，美国贸易代表需确定那些未能对美国知识产权实施有效保护的国家，以及那些拒绝向依赖知识产权保护的美国人提供公平和平等的市场准入的国家，并对其发起调查，直至诉诸贸易制裁。美国贸易代表办公室每年都发布"特别 301 报告"，该报告对外国知识产权保护和执行情况进行年度审查，并列出所谓的"优先观察名单""观察名单"。

⑭　Gabriele Spiena Alì，*supra* note ⑫，435.

很多国家通过拒绝对药品提供专利保护的方式来控制药品价格。在关贸总协定乌拉圭回合谈判开始时，约有 50 个国家对药品根本不给予任何专利保护，甚至有些国家还将制药方法排除在专利保护范围之外。[15] 这些国家允许在其境内仿制在其他国家获得专利的药品，以解决其面临的公共健康问题。尽管有些国家没有制药能力，它们也可以从那些对药品不给予专利保护但有制造药品能力的国家进口廉价仿制药，从而解决其面临的公共健康问题。

在 TRIPs 谈判时，发达国家主张，所有技术领域的发明应都可获得专利，这也就意味着世界贸易组织各成员不得再将药品排除在可授予专利权的范围之外。以印度为代表的发展中国家对该条款提出明确反对，认为这将阻碍合法贸易，提高药品价格，从而对公共福利产生不利影响。然而，美国动用了谈判桌外的手段，对"不听话"的国家启动"特别 301 条款"调查，并威胁采取撤销援助、撤走投资、通过双边贸易措施等方式进行制裁，最终，发展中国家屈服于美国的压力，在 TRIPs 谈判中放弃了抵抗。[16]

为了履行 TRIPs 规定的义务，发展中国家不得不修改其国内法。例如，巴西于 1996 年修改专利法，允许药品获得专利；印度虽然利用过渡期，推迟引入药品专利保护，但也在 TRIPs 规定的最后期限（2005 年 1 月 1 日）之前完成了国内法的修改。[17] 自 TRIPs 缔结之后，反药品专利模式基本上已无用武之地。

## 2. 强制许可模式

长期以来，美国一直否认知识产权制度对药品的获取有影响，主张禁止强制许可和平行进口。[18] 英国、瑞士、日本等发达国家也强调知识产权

---

[15] 参见联合国贸易与发展会议、国际贸易和可持续发展中心编：《TRIPS 协定与发展：资料读本》，中华人民共和国商务部条约法律司译，中国商务出版社 2013 年版，第 408 页。

[16] 参见胡波：《专利法的伦理基础》，华中科技大学出版社 2011 年版，第 179-180 页。

[17] 参见前注[15]，联合国贸易与发展会议、国际贸易和可持续发展中心编书，第 421 页。

[18] See Sean Flynn, "Legal Strategies for Expanding Access to Medicines", *Emory International Law Review*, vol. 17：535, p. 549 (2003).

保护对研发的重要性，认为知识产权对促进公共健康目标是有益的，其目的旨在限制 TRIPs 灵活性条款在公共健康危机发生时的适用。⑲ 但从1998 年开始，相继发生的"南非艾滋病公共健康危机""巴西艾滋病公共健康危机""美国加拿大炭疽病毒公共健康危机"等三个重大公共健康国际事件，引发了全球舆论对知识产权与公共健康之间相互关系的热烈讨论。2001 年 6 月，TRIPs 理事会就 TRIPs 与药品获取问题召开了专门会议——这是 TRIPs 理事会第一次就知识产权与公共健康问题进行讨论。

此后，在发展中国家的推动下，世界贸易组织相继通过了《TRIPS 与公共健康多哈宣言》（以下简称《多哈宣言》）、《TRIPS 协议与公共健康多哈宣言第六段的执行决议》（以下简称《总理事会决议》）、《修改 TRIPs 议定书》等三个应对公共健康危机的重要法律文件。TRIPs 据此对其强制许可条款作了修订，这也是世界贸易组织自缔结以来通过的第一个修订文本。修订后的强制许可条款允许利用强制许可所生产的药品出口至在医药领域生产能力缺乏或不足的国家，并就避免双重征收专利使用费、非违约之诉等问题作出了规定。

可以说，发展中国家用尽了九牛二虎之力才迎来《修改 TRIPs 议定书》的生效。也有一些发展中国家，诸如津巴布韦、马来西亚、印度尼西亚、莫桑比克、赞比亚等对治疗艾滋病的药品颁发强制许可。然而，总体而言，发展中国家适用强制许可来应对公共健康危机并不多见。这种状况源于多种原因：第一，TRIPs 中的强制许可制度虽然经过修改，但仍然存在很多问题，难以适用。第二，世界贸易组织的发达国家成员及其产业利益集团反对发展中国家适用强制许可，动辄以实施贸易制裁相威胁。第三，有效地实施强制许可需要满足某些资金和技术能力的前提条件，而发

---

⑲　参见前注⑦，冯洁菡书，第 44 页。

展中国家经常无法满足这些条件。[20]

### 3. 知识产权豁免模式

新冠肺炎疫情给世界各国带来了前所未有的严峻挑战，再一次令知识产权与公共健康的冲突问题成为国际社会关注的焦点。以印度和南非为代表的发展中国家认为：强制许可模式不能实现药品的可及性，因此，应当实施知识产权豁免。知识产权豁免的意义在于，如果某一世界贸易组织成员在豁免期间对与新冠肺炎有关疫苗的知识产权不予保护或不予执行，其不违反国际义务。

印度、南非最初于2020年提出方案主张，知识产权豁免的适用期限为"直到全球范围内广泛接种疫苗，并且世界上大多数人已经产生免疫力"[21]。但由于无法确定需要多长时间才能满足终止豁免的条件，因此，该方案可能导致无限期豁免知识产权。这一影响太大了。于是，2021年5月，印度、南非联合其他发展中国家又提出了新的方案，提出了一个更容易接受和更明确的有效期限，即自实施之日起至少3年，除非出现任何需要延长期限的特殊情况。[22] 尽管新的方案在期限和范围上有所限缩，但一旦实施，从某种意义上而言，也就相当于在实施期内废弃了世界贸易组织架构下的国际知识产权保护体系。

更为要害的是，实施知识产权豁免并不能解决疫苗可及性问题。首先，知识产权豁免并不一定会降低疫苗价格。一般来说，不包括制造成本，单是疫苗交付（冷链状态下储存、运输）成本就相当可观。此外，疫苗的供应链非常复杂，无论疫苗是否受知识产权保护，都需要向供应链上

---

⑳ 参见［美］弗雷德里克·M. 阿伯特、［瑞士］托马斯·科蒂尔、［澳］弗朗西斯·高锐：《世界经济一体化进程中的国际知识产权法》（上册），王清译，商务印书馆2014年版，第337页。

㉑ WTO Doc. IP/C/W/669, *supra* note ③.

㉒ See WTO, *Waiver from Certain Provisions of the TRIPS Agreement for the Prevention, Containment and Treatment of COVID-19: Revised Decision Text*, *Communication from the African Group et.al.*, WTO Doc. IP/C/W/669/Rev.1, 21 May 2021.

提供产品和服务者付费。其次，制药行业的合作通常以知识产权为基础，实施知识产权豁免将对企业的合作意愿产生不利影响。在研发过程中，研发人员积累了大量生产疫苗所需的专有技术（know-how），合同当事人在签订许可合同后，通常会根据保密协议转让专有技术。然而，实施知识产权豁免，将消除原始药品开发者向仿制药制造商提供此类信息的动机。㉓

## 三、已有方案的局限与中国方案的提出

无论是反药品专利模式，还是强制许可模式、知识产权豁免模式，都只是治标方案，且治标效果有限。面对国际社会已有方案失灵的状态，中国需要探索出一条适合本国国情、体现大国担当的公共健康问题应对之路。

### （一）已有方案的局限

正如上文所述，反药品专利模式在 TRIPs 缔结之后基本上就退出了历史舞台。剩下的强制许可模式和知识产权豁免模式忽视了知识产权与公共健康权之间所存在的合作关系，只片面强调了二者之间的冲突关系，导致关注的焦点集中在了何种权利应当优先、何种权利应当让位的"问题怪圈"，采取的解决问题的思路也是以消弭冲突为导向：协调或不相容。然而，无论是以协调为结果导向的强制许可模式，还是以不相容为结果导向的知识产权豁免模式，都是一种头痛医头、脚痛医脚的临时救急方案。以新冠肺炎疫情为例，造成疫苗生产、销售停滞的原因，主要是生产能力不

---

㉓　See Reto M. Hilty et. al., *Covid-19 and the Role of Intellectual Property：Position Statement of the Max Planck Institute for Innovation and Competition of 7 May 2021*, at https：//www. ip. mpg. de/fileadmin/ipmpg/content/stellungnahmen/2021＿05＿25＿Position＿statement＿Covid＿IP＿waiver. pdf (Last visited on Aug. 5，2022).

足和高度复杂的生产工艺。发展中国家一般缺乏药品的生产技术、教育和知识，有时即使得到了授权许可，专业人员也无法清楚地解读相关专利技术；发展中国家也缺乏资金和基础设施，从而影响了特殊技术的获取、高端原材料的可靠供给。这些问题会导致大量未经过质量控制检验的药品和假药出现[24]，而适用强制许可或实施知识产权豁免并不能解决这些问题。

科学技术是人类同疾病斗争的锐利武器，人类战胜大灾大疫离不开科学发展和技术创新。作为支撑科技创新发展重要制度的知识产权制度，为新药研发提供了重要激励。事实上，即便是高度认可公共健康权重要性的《多哈宣言》，在承认知识产权保护对药品价格所产生的影响的同时，也强调知识产权保护对于药品研发的重要意义。正因如此，2020年4月，世界知识产权组织总干事高锐发布了《关于知识产权、创新、获取与新冠肺炎疫情的若干考虑》，呼吁各国加强合作，推动研发创新，战胜新冠肺炎疫情。[25]

## （二）因应公共健康危机的中国知识产权制度演进

我国于1984年制定的第一部《专利法》规定药品不能被授予专利权，自然也没有与公共健康相关的强制许可。[26] 1992年修改《专利法》时，参照当时已基本形成的TRIPs框架，删除了药品不能授予专利权的规定，并增加了新的强制许可类型："在国家出现紧急状态或者非常情况时，或者为了公共利益的目的，专利局可以给予实施发明专利或者实用新型专利的强制许可。"[27]

2003年6月13日，国家知识产权局发布《专利实施强制许可办法》。

---

[24] 参见熊建军：《〈TRIPs协议修正案〉研究》，知识产权出版社2014年版，第22-23页。

[25] 参见高锐：《关于知识产权、创新、获取与新冠肺炎疫情的若干考虑》，载世界知识产权组织官网，https://www.wipo.int/about-wipo/zh/dg_gurry/news/2020/news_0025.html，2021年12月7日访问。

[26] 参见1984年《专利法》第25条、第52-53条。

[27] 1992年《专利法》第52条。

然而遗憾的是，在我国已经历"非典"疫情以及 WTO 通过《总理事会决议》前夕，这一专利强制许可的行政规章没有明确涉及公共健康问题。2005 年 11 月 29 日，国家知识产权局发布《涉及公共健康问题的专利实施强制许可办法》，旨在落实《多哈宣言》《总理事会决议》，解决我国面临的公共健康问题，并帮助有关国家、地区解决其面临的公共健康问题。该办法明确规定，传染病的预防、控制和治疗是"为了公共利益目的的行为"，传染病导致的公共健康危机属于专利法所述的"国家紧急状态"。该办法为我国应对公共健康问题采取相关措施提供了依据，具有重要的积极意义；然而，该办法的规定相当抽象、概括，不易操作，而且对药品专利强制许可请求的提出和受理、强制许可使用费裁决请求的审查和裁决等许多事项并未作出明确规定。[28]

2007 年 10 月 28 日，全国人大常委会决定批准《修改 TRIPs 议定书》。据此，2008 年修改《专利法》时专门增加了一个条款，规定了出口专利药品的强制许可[29]，从而使我国专利强制许可制度在更高的法律层面上实现了与修订后的 TRIPs 的衔接。2012 年，国家知识产权局发布新的《专利实施强制许可办法》，对药品强制许可的一些程序性事项作出了较为详细的规定，弥补了《涉及公共健康问题的专利实施强制许可办法》的缺憾；但是，该办法删除了后者关于对何种情形构成国内公共健康危机的具体界定的规定。[30]

2020 年，全国人大常委会对《专利法》进行了第四次修正。此次《专利法》修正在药品专利领域有多项制度创新：第一，为更好应对疫情防控等紧急状态和非常情况，促进相关发明创造在疾病治疗等方面的及时

---

㉘　参见前注㉔，熊建军书，第 55 页。

㉙　参见 2008 年《专利法》第 50 条。

㉚　2012 年《专利实施强制许可办法》施行之时，2003 年《专利实施强制许可办法》和 2005 年《涉及公共健康问题的专利实施强制许可办法》同时废止。参见 2012 年《专利实施强制许可办法》第 43 条。

应用,《专利法》在不丧失新颖性例外的适用情形中,专门增加了"在国家出现紧急状态或者非常情况时,为公共利益目的首次公开的"这一情形。[31] 第二,引入了药品专利保护期补偿制度,即为补偿原研药上市审批周期过长导致的专利保护期"损失",而相应补偿其核心专利保护期的制度。[32] 根据《专利法》第42条第3款的规定,药品专利权期限补偿的对象是"在中国获得上市许可的新药"。之所以引入药品专利保护期补偿制度,一方面是因为要提高国内企业从事新药研发的积极性,另一方面是因为要促进国外新药尽早在我国上市。[33] 第三,新增了药品专利纠纷早期解决机制,以便在相关药品上市前,尽早解决潜在的专利纠纷。药品专利纠纷早期解决机制,也被称为药品专利链接制度,是指在药品注册审批过程中,明确规定原研药企业在公布专利信息和仿制药企业在提出专利声明方面的义务,将仿制药的上市申请审批与相应药品专利的有效性审核和侵权判定机制进行链接。

从以上分析可以看出,为应对公共健康问题,中国一直在努力进行知识产权制度探索。随着2020年《专利法》的通过,可以认为,中国应对公共健康问题的基本思路已经成型,即在充分认识知识产权与公共健康权之间的冲突与合作双重性的基础上,强调治标为先、治本为要——既重视公共健康问题发生时的应急处置,也强调技术创新对于解决公共健康问题的根本性作用。

（三）应对公共健康危机的中国方案：以新冠肺炎疫情为例

应当说,印度和南非等发展中国家提出知识产权豁免提案,认为知识

---

[31] 参见李小健:《新修改专利法:激发全社会创新活力》,载《中国人大》2020年第20期,第23页。

[32] 参见王瑞贺主编:《中华人民共和国专利法释义》,法律出版社2021年版,第124页。

[33] 参见陈扬跃、马正平:《专利法第四次修改的主要内容与价值取向》,载《知识产权》2020年第12期,第12页。

产权制度对公共健康造成了严重阻碍，是长期以来发展中国家对于发达国家不断提高知识产权保护标准、导致利益严重失衡，为表示不满而采取的一种"掀桌子"策略。在此背景下，美国政府在2021年5月表示其同意参加基于文本的知识产权豁免谈判。但笔者以为，美国这一表示只是为了迎合世界舆论，并不表明其知识产权立场有实质性变化，因为长期以来，美国极力阻止发展中国家实施强制许可，动辄以贸易制裁相威胁，而知识产权豁免的影响远比强制许可的影响要大得多，完全与美国在国际社会推行"知识产权保护最大化"立场背道而驰。由于通过知识产权豁免提案的程序非常复杂，在短期内难以实现，因此，美国政府的表态只是想占据舆论和道德的制高点，并不表明其支持知识产权豁免模式。

此次，我国政府表达了理解广大发展中国家豁免新冠病毒疫苗知识产权诉求的立场，其重要意义在于表明中国坚持发展中国家立场，代表发展中国家的利益和意志，积极参与知识产权全球治理体系改革的态度。但是，知识产权豁免提案大致相当于暂停适用TRIPs超过一半的条款，实施知识产权豁免从某种意义上相当于废弃了国际社会费尽千辛万苦建立起来的国际知识产权保护体系，将导致知识产权正当性遭遇前所未有的危机。而这未必符合我国在知识产权领域的整体利益：一方面，从知识产权保护制度和观念的角度看，经过多年的努力和发展，我国已经建立起了较为完善的知识产权法律体系，知识产权总体保护水平已经位居世界前列。同时，由于国家对知识产权发展战略的高度重视——我国于2008年开始实施国家知识产权战略，2021年，中共中央、国务院又印发了《知识产权强国建设纲要（2021—2035年）》。自此"保护知识产权就是保护创新"的观念已成为社会共识。另一方面，从专利技术发展的角度来看，在医药技术创新领域，我国也处于世界领先地位。根据世界知识产权组织2022年公布的《COVID-19相关疫苗和疗法专利态势报告》，中国是新冠病毒疫苗和疗法相关专利申请的最大来源国，这表明中国在新冠病毒疫苗和疗法创新方面处于全球"第一方阵"㉞。

从中国的知识产权制度探索来看，一方面强调切实尊重每个人的生命价值和尊严，另一方面也强调技术创新对于应对公共健康危机的基础性作用，关注知识产权与公共健康权的合作。从中国的疫情防控实践发展来看，中国政府一直主张在人类卫生健康共同体理念指引下，设计更好的分配机制，增强发展中国家对疫苗的可及性和可负担性。中国作为发展中国家，一直积极向其他发展中国家提供国际援助，支持它们恢复经济社会发展、改善基础设施，也大力支持本国疫苗企业向发展中国家进行技术转让，开展合作生产。截至 2023 年 10 月，中国已经向 110 多个国家和 4 个国际组织提供超过 23 亿剂疫苗。㉟ 可以看出，为应对新冠肺炎疫情引发的公共健康危机，中国采取的是标本兼治型方案：既强调激励技术创新，以便尽快研发出有效、可负担得起的疫苗；同时也关照发展中国家获取疫苗的正当需求，并着力于帮助发展中国家提高技术能力，实现疫苗本地化生产。这一方案既适合中国国情，也体现了大国担当。

# 四、中国方案的理论证成

知识产权对疫苗可及性和全球公平分配危机的影响，暴露出现行国际知识产权制度的深层次结构性不平等。印度、南非等国提出知识产权豁免提案，对现有知识产权制度构成重大挑战，表明现有知识产权制度在应对公共健康危机方面缺乏有效性和正当性，需要实现知识产权制度的价值回

---

㉞ 张亚雄：《中国是新冠疫苗和疗法相关专利申请的最大来源国》，载《光明日报》2022 年 3 月 18 日，第 8 版。

㉟ 参见国务院新闻办就持续推进国际发展合作和援外事业有关情况举行发布会，https://www.gov.cn/lianbo/fabu/202311/context_6913114.htm。

归。㊱ 中国方案以分配正义为理论基础，既可以回应知识产权正当性危机，也可以应对公共健康危机，值得肯定和推广。

## （一）公共健康危机与知识产权正当性理论反思

知识产权正当性理论不仅构建了现行知识产权制度的法律规范，还通过其自身的一套话语来解释法律，重新界定知识产权的边界，进而不断形塑知识产权法律规范。有效应对公共健康危机，代表了一种针对财产权提出的典型的、以公平为依据的挑战。对该挑战，传统知识产权正当性理论（劳动论与功利主义）均难以提供具有解释力的方案。

### 1. 劳动论

洛克基于自然权利的理论，阐述了劳动是获得私人财产的重要途径以及劳动使人们获得私人财产权的合理性。㊲ 最初，洛克的劳动论仅仅论证了有体财产权的正当性，并未涉及知识产权；后来的学者将洛克的劳动论运用于知识产权领域，用来证明知识产权的正当性。但适用洛克的劳动论，容易滑向强势知识产权，为无限扩大知识产权，禁止适用强制许可提供理据。可能有观点认为，洛克的财产权理论还存在"仁爱附加条件"的限制："'仁爱'也给予每个人在没有其他办法维持生命的情况下以分取他人丰富财物中的一部分，使其免于极端贫困的权利。"㊳ 据此，可采用以下类比：如果某个贫困者需要食物才能生存，该需求却受阻于该物之上的财产权，在这种情况下，财产权应当让路；类似地，如果贫困者因无法获得药品而可能失去生命，作为财产权的专利权也必须让路。然而，药品问题比食品问题复杂得多，因为药品还涉及代际正义的问题：如果为帮助今天的穷困者而废弃药品专利，这将给未来的病患者带来怎样的影响？

---

㊱　参见前注②，张海燕文，第47页。

㊲　参见［英］洛克：《政府论》（下篇），叶启芳、瞿菊农译，商务印书馆1964年版，第17-32页。

㊳　［英］洛克：《政府论》（上篇），叶启芳、瞿菊农译，商务印书馆1964年版，第35页。

### 2. 功利主义

功利主义的基本观点是：如果没有知识产权保护，就不会有人对发明和创作进行资源投入；而授予发明者和作者权利，则可激励技术创新和文化进步，增进社会福利，实现最大多数人的最大利益。[39] 但功利主义关心的只是社会福利总量的增加，而不考虑总量如何分配的问题。适用功利主义，"原则上就没有理由否认可用一些人的较大得益补偿另一些人的较少损失，或更严重些，可以为使很多人分享较大利益而剥夺少数人的自由"[40]。换句话说，一种可能促进社会总福利增加却可能同时损害少数人利益的知识产权制度安排，对于功利主义而言，也是具有正当性的。以功利主义指导知识产权法实践，容易导致非正义的利益分配格局，引发各方不满，使知识产权制度遭受激烈批评，甚至有人据此预言知识产权将死亡。[41]

### （二）分配正义论的提出

在所有理论思想当中，最适宜被用来解决公共健康难题的，就是罗尔斯的分配正义理论了。[42] 罗尔斯构建分配正义论正是为了"提供对功利主义的合理和系统的替代"[43]。根据罗尔斯的理论，社会与经济上的不平等，只有以"合乎最少受惠者的最大利益"进行安排，即所谓的"最大最小值标准"，才是正义的。[44] 知识产权法赋予作者或发明者一定期限的专有权，

---

[39] See Robert P. Merges, *Intellectual Property in the New Technological Age*, 5th ed., Wolters Kluwer Law & Business, 2010, p. 14.

[40] ［美］约翰·罗尔斯：《正义论》（修订版），何怀宏、何包钢、廖申白译，中国社会科学出版社 2009 年版，第 21 页。

[41] See Anna Feros, "Death of Patents", *European Intellectual Property Review*, vol. 28（4）：257, p. 257（2006）.

[42] 参见［美］罗伯特·P. 莫杰思：《知识产权正当性解释》，金海军、史兆欢、寇海侠译，商务印书馆 2019 年版，第 495 页。

[43] 同前注[40]，约翰·罗尔斯书，修订版序言第 1 页。

[44] 参见前注[40]，约翰·罗尔斯书，第 65 页。

这是一种经济上的不平等安排；然而，如果知识产权法能够激励更多的创新，而这些创新能给最少受惠者带来好处，这种不平等的安排就具有正当性。例如，如果专利制度能够激励更多新药的产生，这些新药对于治疗贫困人口的流行病有所贡献，则专利制度按照差别原则就是正当的。专利制度的正当性在于实现分配正义，按照罗尔斯的理论，应当按照有利于最少受惠者的方向设计。⑤ 此外，罗尔斯的正义论还包含"正义的储存原则"。该原则的基本内容以代际正义为价值导向，以当代人为分配主体，以后代乃至整个人类的永续发展为实现目的，以保护和存储其生存与发展的基本资源的制度化分配为原则⑥，因而可以解决前文提及的劳动论遇到的代际正义挑战。

事实上，分配正义原本内生于原始知识产权制度之中，外化为保护期限、合理使用、强制许可等法律条款之内，也体现于各国知识产权法律之中。其中，知识产权保护期限有限，有助于实现代际公平。在知识产权保护期到期之后，后代可以不受限制地使用所有受版权保护的作品、受专利保护的技术。这也就意味着，今天受知识产权保护的内容的繁荣、技术的进步，将导致明天更丰富、更广泛的公共利益。同时，知识产权保护期限到期，也就意味着私人财富集中的终点。⑦ 知识产权法中的限制与例外制度也是一种分配正义机制，扩大了可以享受创意作品和创新技术的使用者数量：著作权法中的合理使用制度令更多的使用者不需要获得权利人许可，甚至不需要付费即可获得作品；专利法中的强制许可也是类似的机制。⑧ 然而，在后期的知识产权制度变迁中，由于理论上"功利主义"的兴起、实

---

⑤ 参见前注⑯，胡波书，第 108 页。

⑥ 参见唐凯麟、朱平：《论"代际储存"——代际正义的一个重要问题》，载《湖南大学学报（社会科学版）》2017 年第 3 期，第 129 页。

⑦ See Justin Hughes & Robert P. Merges, "Copyright and Distributive Justice", *Notre Dame Law Review*, vol. 92：513, p. 544 (2016).

⑧ See Keith Aoki, "Distributive and Syncretic Motives in Intellectual Property Law (with Special Reference to Coercion, Agency and Development)", *UC Davis Law Review*, vol. 40：717, p. 740 (2007).

践中利益集团不断游说政策制定者保护其产业利益，分配正义理念才逐渐式微。⑭

分配正义在国际条约中也有重要体现。《世界人权宣言》第 27 条一方面规定，"人人对由于他所创作的任何科学、文学或美术作品而产生的精神的和物质的利益，有享受保护的权利"；另一方面又规定，"人人有权自由参加社会的文化生活，享受艺术，并分享科学进步及其产生的福利"。可以看出，《世界人权宣言》的基本构想就是通过知识产权促进社会经济、文化的总体进步，从而让全体社会成员受益。《马拉喀什条约》是世界上第一部版权领域的人权条约，在国际法层面对分配正义的影响很大，因为其允许向盲人、视觉障碍者等受益人跨境分配无障碍格式版。⑮ 从某种意义上说，《修改 TRIPs 议定书》也是一个罗尔斯式分配正义的法律文件，它在一定程度上体现了"合乎最少受惠者的最大利益"原则。

## （三）分配正义理念下的中国方案

有观点认为，知识产权法是私法，而私法只应当关心财富最大化问题，至于分配问题，应当交由税法、社会保障法等法律去解决。然而，期望单纯通过税收等再分配机制来解决知识产权领域中的所有利益失衡问题，是不现实的。而且，为什么要通过一个对平等议题漠不关心的知识产权制度来加剧利益失衡因素，然后寄希望于通过税收制度来解决？⑯ 实际上，分配内化于财产的概念之中，是讨论财产权的前提。分配正义有助于确立财产归属、生产、交易和分配规则本身的合法性，是这些规则得以存在的前提。与税收、社会保障制度和其他分配方式相比，以私法进行分配

---

⑭　See Shlomit Yanisky-Ravid，"The Hidden through Flourishing Justification of Intellectual Property Laws：Distributive Justice，National versus International Approaches"，*Lewis & Clark Law Review*，vol. 21：1，p. 6 (2017).

⑮　See Shlomit Yanisky-Ravid，*supra* note ⑭，30-31.

⑯　See Anupam Chander & Madhavi Sunder，"Is Nozick Kicking Rawls's Ass? Intellectual Property and Social Justice"，*UC Davis Law Review*，vol. 40：564，p. 575 (2007).

的效率并不低，对个人自由的干涉也并不更高。[52] 知识产权法规范着知识财产的生产和分配，对包括公共健康问题在内的诸多社会问题都具有深远的影响，自然应当考虑分配正义的问题。

讨论知识产权与公共健康权之间的关系，表面上看似乎研究的是何者优先以及相应的后果与处理方式问题，实际上，核心问题是如何分配知识财产利益。在承认模式下，知识财产利益完全由知识产权权利人享有，社会公众不享有任何知识财产利益。在冲突模式下，讨论的是知识财产利益在知识产权权利人与社会公众之间的博弈关系中如何展开。在合作模式下，考虑的重点是知识财产利益在知识产权权利人与社会公众之间、当代公众与未来公众之间如何分配才能形成"共赢"。

在公共健康领域，一方面，中国政府面向国内提出"健康中国"战略，推动"将健康融入所有政策"机制，体现了新时代我国在保障人民生命健康利益上的责任担当。"将健康融入所有政策"的逻辑前提是承认公众健康受到各方面因素的综合影响，而单纯的公共卫生机构本身的权利范围和职权能力不足以全面应对，因而需要与包括知识产权部门在内的诸多非传统卫生机构进行跨部门的协作。[53] 另一方面，中国政府面向国际提出"构建人类卫生健康共同体"理念，主张摒弃"疫苗民族主义"，弥合"免疫鸿沟"，推进疫苗分配公平化合理化，增强发展中国家的可及性和可负担性。

总之，中国方案辩证地看待知识产权与公共健康的关系，以分配正义为基本底色，引领二者在制度层面与权利层面展开互动，既不过分夸大知识产权对公共健康带来的阻碍效果，也不故意忽视知识产权对公共健康产生的促进作用；既强调通过强制许可制度，协调知识产权与公共健康权具

---

[52] 参见许德风：《合同自由与分配正义》，载《中外法学》2020年第4期，第999页。

[53] 参见李广德：《我国公共卫生法治的理论坐标与制度构建》，载《中国法学》2020年第5期，第40页。

有竞争性的领域，使二者得以共存，也重视通过实现"共赢"这一具有相互关联性的政策目标，知识产权与公共健康权能以互补形式进行合作。

# 五、进一步完善应对公共健康危机的中国方案

如前所述，在新冠肺炎疫情流行的当时，知识产权与公共健康的关系再度成为各方关注的焦点。这是一个很好的时机，可让我们重新评估知识产权法领域应对公共健康危机的已有模式，并设计新的治理机制，使改革超越眼前的危机，全面解决分配非正义问题。[54] 前文已述，中国方案立足分配正义，试图建立一种包容性的动态发展机制，把知识产权与公共健康权的冲突与合作纳入可控制、可调节、可预测的机制内，能够较好地应对公共健康危机。当然，中国方案还有进一步完善的空间，主要可从以下方面予以考量。

## （一）进一步夯实中国方案的理论基础

### 1. 对可能质疑的回应

质疑一：中国方案主张通过改革知识产权制度的方式应对公共健康危机，其实隐含了一个逻辑前提，即知识产权制度本身是一个适当的讨论公共健康问题的制度框架。然而，有观点认为，在公共健康领域，专利制度是失灵的，无论如何改革，都不能挽救其面对公共健康危机的根本性失败；解决方案应当是用奖励制度或政府资助制度来取代专利制度。其理由是：专利权人既不直接被发放现金，也不被提供任何形式的财务担保；相反，专利权是一种法定权利，允许专利权人进入相关市场，并收获专利给

---

⑭　See Karen Walsh et al. , "Intellectual Property Rights and Access in Crisis", *IIC-International Review of Intellectual Property and Competition Law*，vol. 52：379，p. 381 (2021).

其带来的任何价值。如果购买者愿意为一项专利发明支付较高费用，专利权人将获得这些资金；如果购买者只愿为专利发明支付很少费用甚至根本不支付任何费用，专利权人也必须接受现实。专利制度以这种方式资助和优先考虑研究活动、分配资源，提供由市场决定的事后回报作为鼓励和校准私人事前投资的一种方式。也就是说，知识产权制度有效的前提是私人购买者总体上能够合理、准确地以价格信号的方式表明相关专利产品的社会价值。然而，病患者能否通过其支付意愿准确地表明疫苗或治疗的价值？事实上，许多被相关疾病蹂躏的个人并没有足够的财富来激励投资者从事药品创新活动。㊿

笔者认为，就热带疾病、罕见病等所谓"被忽略的疾病"（neglected disease）而言，上述分析框架可能具有一定的解释力。然而，对于类似新冠肺炎这种大规模流行病而言，上述分析框架显然站不住脚，因为相关专利药品或疫苗的价值是显而易见的；实际情况也是如此——每次遇到流行病，各大药企竞相开展"研发争霸""专利竞赛"。此外，任何创新都不可能凭空产生，需要有基础性的、底层的技术条件作支撑。专利制度除了具有激励功能，在促进发明转化以及筛选合格发明上也具有重要作用，而奖励制度或政府资助制度在此方面无能为力。需要强调的是，有效应对新冠肺炎疫情以及未来可能出现的其他流行病引发的公共健康危机是一个系统工程，知识产权制度自然无法独自胜任这一任务。囿于主题和篇幅，论述只聚焦于知识产权制度本身，但这并不意味着笔者认为诸如奖励、税收优惠、政府采购等其他相关制度就不重要；不过，在应对公共健康危机方面，它们只能发挥辅助性作用，并不能取代知识产权制度。

质疑二：有观点提出，创造力是自然本能，而且知识产权是个人的合

---

㊿　See Doug Lichtman, "The Central Assumptions of Patent Law: A Response to Ana Santos Rutschman's IP Preparedness for Outbreak Diseases", *U. C. L. A. Law Review*, vol. 65: 1268, p. 1271-1272 (2018).

法财产权利，（再）分配不具有正当性。⑤ 事实上，智力成果的产生，既是个人意志与努力的产物（个人性贡献），也源于社会的集体性技术秘诀或者前人的知识积累（社会性贡献）——毕竟任何技术创新和作品创作都不可能是凭空产生的。既然社会帮助形成了这些成果，而且还被要求有效地保护这些成果，社会理应在每一件成果上保留某种利益，因此，可以对知识财产利益进行（再）分配——当然，前提是以符合正义的方式进行（再）分配。

质疑三：还有观点认为，罗尔斯的《正义论》针对的主题是社会基本结构，并未直接论及知识产权问题，因此，不能在知识产权领域适用其理论分析框架。然而，知识产权法律制度也属于社会基本结构的一部分，其与物权制度共同决定经济社会领域机会、收入和财富等社会基本善的分配结构，并对政治领域的基本善有所影响。而且，随着知识经济的发展，知识财产的价值日益重要，知识财产的分配问题也日益凸显。⑤ 更为重要的是，对于当下知识产权制度中缺乏的平等原则，罗尔斯正义理论的实施可以防止利益冲突群体之间在知识财产分配方面的不公，因此适合作为知识财产利益分配规则的基础。⑤

### 2. 全面发挥分配正义的基础性作用

分配正义既是证成知识产权法正当性的理据，也是对现实知识产权法评价的正当性标准，更是未来知识产权法改革的价值目标。"某些法律和制度，不管它们如何有效率和安排有序，只要它们不正义，就必须加以改造或废除。"⑤

与人类社会早期相比，人类在获取基本药品、应对风险等方面的能力

---

⑤　参见前注㊷，罗伯特·P. 莫杰思书，第 244 页。

⑤　参见胡波：《"惠顾最少受惠者"：知识产权立法理念的反思与超越》，载《西南民族大学学报（人文社会科学版）》2011 年第 8 期，第 90 页。

⑤　See Shlomit Yanisky-Ravid, *supra* note ㊾, 17.

⑤　同前注㊵，约翰·罗尔斯书，第 3 页。

已有重大提升，现代国家与全球化市场也为国家之间大规模互利合作提供了条件。但是，从新冠肺炎疫情引发的全球危机来看，我们所面临的基本挑战在根本上并无变化，利他合作仍然是经济和社会生活的必然需求。从这个意义上来看，法律有必要促进和维护分配正义。[60]

## （二）进一步筑牢中国方案的制度根基

### 1. 以分配正义统筹知识产权国内立法体系的完善

（1）构建体系化的药品专利链接制度。

创新药品紧缺和医药技术创新能力不强是我国面临的重要问题，药品专利链接制度正是解决这一痼疾的重要途径之一。[61] 2020 年《专利法》引入了该制度，为原研药企业提供了明确的专利侵权救济途径，避免侵权药品流入市场环节，保障了原研药企业的市场份额和经济利益，从而有利于激励新药研发。2021 年 7 月，《药品专利纠纷早期解决机制实施办法（试行）》《最高人民法院关于审理申请注册的药品相关的专利权纠纷民事案件适用法律若干问题的规定》正式施行。可以说，自此，药品专利链接制度的"四梁八柱"已经基本完成，各项规章制度也在逐步完善，亟须解决制度的落地生根问题。

笔者认为，主要可从以下方面入手：第一，建立高效的沟通机制，保障药品专利链接制度的有效运行。国家药品监督管理局、国家知识产权局、北京知识产权法院应建立信息沟通和共享机制，及时发现运行过程中出现的新问题。当务之急是完善药品专利信息登记平台建设，充分发挥药品专利信息登记公示的应有效用。第二，优化专利挑战机制。专利挑战机制是专利链接制度的核心，旨在为专利司法与专利行政、仿制药企业与原

---

[60] 参见前注[52]，许德风文，第 998-999 页。

[61] 参见苏冬冬：《药品专利链接制度的正当性及制度价值分析》，载《电子知识产权》2019 年第 3 期，第 11 页。

研药企业间有关专利纠纷早期解决的程序对接提供诉因、管辖权基础和配套程序。[62] 目前，该机制还存在术语含义不明、适用范围过窄等问题，应当对"共同挑战成功""首个挑战成功并首个获批上市"等表达予以明晰，并引入拟制侵权概念。第三，合理设置等待期。一般情形下，我国法院一审审理期限为 6 个月，二审审理期限为 3 个月。但专利侵权案件涉及技术问题，本来就比较复杂，再加上被控侵权一方往往会提起专利无效宣告程序，因此，专利侵权案件很少能在 9 个月内审理完毕。此外，行政裁决一旦经过司法审查，也难以在 9 个月内作出。[63] 然而，现有规定对化学仿制药注册申请设置的等待期是 9 个月，这一期限并不合理，应当予以适当延长。

（2）构建科学化的药品专利强制许可制度。

我国《专利法》早已规定药品专利强制许可制度，然而，这一体现分配正义的制度在实践中从未实施过。笔者认为，我们不能据此就简单认为该制度没有发挥任何效果，因为，强制许可制度的一个重要功能在于威慑。不过，从制度设计来看，我国药品专利强制许可制度的确还存在较大的完善空间。

第一，应明确规定"公共健康"为颁发药品专利强制许可的一项独立事由。目前，《专利法》只在第 55 条规定了为公共健康目的出口专利药品的强制许可；制定该条款的主要目的是在必要时，帮助不具备制造专利药品能力或者能力不足的国家、地区解决其遇到的公共健康问题。如果国内出现公共健康危机而需要颁发强制许可，只能通过解释《专利法》第 54 条有关规定的方式来适用。然而，对于国内公共健康危机究竟应当被解释

---

[62] 参见吴柯苇：《仿制药专利挑战机制解释学分析与进路选择》，载《科技进步与对策》2021年第 1 期，第 79 页。

[63] 参见李晓秋、余晨：《论新〈专利法〉中药品专利链接制度的确立及完善》，载《中国科技论坛》2022 年第 1 期，第 137 页。

为"国家出现紧急状态"还是"为了公共利益的目的",存在不同的观点。⑥ 笔者认为,"紧急状态"在我国具有特殊的含义以及严格的适用程序,根据《宪法》的规定,有权决定国家出现紧急状态的机关是全国人大常委会。迄今为止,我国从未启动过这一程序。⑥ 如果国内出现公共健康危机只能在"国家出现紧急状态"的框架下进行适用,这样会给颁发强制许可带来很大困难,因此有必要作出澄清。建议整合《专利法》第54、55条,专门就"为了公共健康目的"授予强制许可规定一个条款。

第二,将公共健康危机进行类型化区分,分为国内公共健康危机与国外公共健康危机、一般公共健康危机与特别公共健康危机,并分别规定不同的适用规则。目前,《专利法》作了前一类区分,但是未作后一类区分。虽然都是公共健康危机,但不同的疾病引发的公共健康危机影响可能存在重大差异(以其他国家曾颁发的强制许可为例,由艾滋病引发的公共健康危机与由 H5N1 禽流感引发的公共健康危机,在规模、影响人群方面显然不可同日而语),因此,对于一般公共健康危机,适用一般强制许可制度,即"一事一议"机制,颁发的强制许可只能针对一项专利;对于特别公共健康危机,可适用"一揽子"机制,颁发的强制许可可以针对申请列表上的所有专利。

第三,放松对强制许可启动机制的主体限制。根据《专利实施强制许可办法》第6条的规定,只有国务院有关主管部门才可建议启动《专利法》第54条项下的强制许可机制,其他任何主体都无权主动申请强制许可。这导致我国与公共健康有关的强制许可缺乏来自市场主体的推动力。

⑥　参见袁娇娇:《我国药品专利强制许可零实施原因探析》,载《广西政法管理干部学院学报》2019年第4期,第94页。

⑥　参见蒋海松:《疫情防控中"紧急状态"概念的正确理解——基于法律方法论的省思》,载《法律方法》2020年第1期,第373-375页。

建议参考外国立法例⑥，允许任何愿意实施相关专利的主体都可以申请。

**2. 以分配正义作为中国参与知识产权全球治理体系改革的指导原则**

在知识产权法领域，长期以来特别明显地体现出"国际化"特征，即知识产权保护的基本原则与标准在全球范围内具有普适性。究其原因，这来源于国际公约"最低保护标准"的强制性普遍适用。正是这一原则的普遍适用，导致了知识产权法律一体化的格局形成，即在知识产权保护领域，国际法高于国内法、国内法服从国际法。⑥ 因此，要完善应对公共健康危机的中国方案、改革国内知识产权法律制度，还须在符合国际条约的前提下开展。就此而言，中国应积极参与世界贸易组织、世界知识产权组织等多边平台框架下的知识产权全球治理，从国际规则的遵循者、跟随者转变为参与者、建设者，推动知识产权国际规则向着符合分配正义的方向发展。

现行知识产权全球治理体系主要是由以美国为代表的发达国家集团主导建立，其显著特征就是片面强调保护高标准而忽视利益均衡性。然而，不应就此对知识产权进行污名化处理，认为知识产权是公共健康危机的"罪魁祸首"，是一种"不义"，不具有正当性。知识产权在公共健康议题中所扮演的角色是复杂的，既有积极作用，也有消极影响，因此，不能简单地以"全有或全无"作为解决方案，而应通过改革，使分配正义内嵌到知识产权全球治理规则之中，合理平衡发达国家与发展中国家间的知识财产利益。

就世界贸易组织而言，为了缓解公共健康危机，应当进一步完善强制许可制度，以便使世界贸易组织各成员，尤其是发展中国家成员更加便利

---

⑥　例如，《德国专利法》和《日本专利法》对申请主体没有限制。参见黄丽萍：《论我国现行药品专利强制许可立法的不足与完善》，载《法学杂志》2012 年第 5 期，第 96 页。

⑥　参见吴汉东：《中国知识产权法律变迁的基本面向》，载《中国社会科学》2018 年第 8 期，第 120 - 121 页。

地适用强制许可制度。需要修改的主要内容包括：规定 TRIPs 中的强制许可制度具有适用的优先性，区域或双边自由贸易协定不得对其予以限制；将强制许可"一事一议"机制改为"一事一议"机制与"一揽子"机制并存，后者针对特别公共健康危机情形（大流行病⑱），当发生时，强制许可的适用对象可由仅限于单一专利改为专利组合；简化依 TRIPs 第 31 条之二开展的进出口药品程序等。更为重要的是：要完善 TRIPs 第 66 条第 2 款规定的技术转让机制；应当尽快就技术转让的一般定义以及不属于技术转让的项目或政策清单达成一致，并允许 WTO 成员就发达国家未适当履行 TRIPs 第 66 条第 2 款项下义务适用争端解决机制。

作为管理国际知识产权机制的主要机构，世界知识产权组织应当将其发展理念由知识产权保护最大化转为分配正义。促进分配正义的方式，可以是修改或制定国际条约，也可以是提供国际知识产权工具，以改善最少受惠者的待遇。世界知识产权组织已实施"WIPO Re：Search"项目，加入该项目的公共与私营组织承诺与全世界卫生研究界共享知识产权，以免除使用费的方式许可，针对给生活在资源匮乏国家的人民造成过度影响的被忽视疾病开发药品、疫苗和诊断方法。⑲ 未来，世界知识产权组织可以扩大前述项目的实施范围，并且基于分配正义价值观开发其他项目，帮助实现信息、权利和权力向发展中国家分配。

（三）进一步丰富中国方案的实践路径

**1. 以分配正义引领知识产权领域司法能动**

在知识产权法学界，一直存在法定主义与司法能动的立场之争。法定主义者认为知识产权法本应"僵硬"，理由是立法者已经作出了审慎的政

---

⑱ 在疫情暴发早期，世界卫生组织将新冠肺炎疫情定性为流行病（epidemic），后来将其宣布为大流行病（pandemic）。

⑲ See Anatole Krattiger, "Promoting Access to Medical Innovation", *WIPO Magazine*, October 2013, p. 7.

策性权衡，建立起"知识产权法精细的利益衡量机制"⑦。然而，这一前提性判断是存疑的，它高估了立法者的能力。事实证明，立法者并不能对所有情况都作出明确的利益衡量，仍需要法院在个案中进行合理的利益分配。⑦ 当前，新一轮科技革命和产业变革大规模快速发展，新技术新业态新模式层出不穷，旧有的利益分配可能失衡，新的市场与新的利益正在形成，更需要法院依据分配正义进行适时调整。

公共健康领域涉及新药企业、仿制药企业、公众等多方主体利益，法院应依据分配正义进行动态调整。《最高人民法院关于审理侵犯专利权纠纷案件应用法律若干问题的解释（二）》规定：被告构成对专利权的侵犯，但基于国家利益、公共利益的考量，人民法院可以不判令被告停止被诉行为，而判令其支付相应的合理费用。这即是专利"侵权不停止"制度，其强调了公共利益的优先性。也有学者援引法院判决，"若判决其停止使用涉案发明专利的检测技术，导致其无法正常生产和销售涉案药品，必然会给相关领域广大患者的健康带来巨大损害，从而严重损害公共利益"，认为公共健康显然构成侵权不停止的原因。⑦ 侵权不停止制度与强制许可制度存在很多相似之处⑦，在实施强制许可制度存在困境的情况下，法院可以根据现实需要，充分利用侵权不停止制度，实现公共健康领域的分配正义。

**2. 以分配正义作为共识价值推动国际组织之间开展合作**

就知识产权国际立法而言，世界知识产权组织、世界贸易组织一直发挥主导作用，但在主导机制之外，许多其他国际组织也正扮演着重要角

---

⑦　崔国斌：《知识产权法官造法批判》，载《中国法学》2006 年第 1 期，第 155 页。

⑦　参见应振芳：《司法能动、法官造法和知识产权法定主义——基于 138 份裁判文书的文本分析》，载《浙江社会科学》2008 年第 7 期，第 60 页。

⑦　参见喻玲、汤鑫：《知识产权侵权不停止的司法适用模式》，载《知识产权》2020 年第 1 期，第 20 页。

⑦　参见黄砚丽：《公共利益视野下的专利侵权诉前禁令制度与专利侵权不停止》，载《法律适用》2016 年第 6 期，第 89 页。

色，诸如世界卫生组织、联合国教科文组织等，其许多立法活动都与知识产权有关。[74] 实现公平获取新冠病毒疫苗、治疗方法、诊断工具和其他技术的目标所面临的挑战复杂且涉及多个方面，需要各国际组织间协调一致的行动。[75]

然而，不同国际机制之间存在合理性冲突，在某一国际机制下具有合法性的规范，在另一机制下却可能被视为"非法"[76]，因而，要推动不同国际组织之间的立法合作，需要我们找到一个可以兼容不同国际机制之间的合理性冲突的共识价值，而这就是分配正义。幸运的是，国际社会上已有此趋向：2021 年年底，世界卫生组织大会决定设立一个政府间谈判机构，负责起草和谈判一项公约或协定，以加强对大流行病的预防和应对。

## 六、结　语

知识产权与公共健康的关系是一个错综复杂的问题，具有多层次性和多面性。在制度层面，知识产权制度作为技术创新的引擎，有利于推动新药的研发；同时，知识产权制度也可能提高药品的价格，影响药品的可及性。在权利层面，知识产权与公共健康权的互动模式包括将知识产权置于与公共健康权同等地位的承认模式、知识产权与公共健康权协调或不相容的冲突模式，以及知识产权与公共健康权互补的合作模式。然而，由于特殊利益的考量或者认知的局限，国际社会针对公共健康危机提出的已有方

[74] 参见前注[67]，吴汉东文，第 121 页。

[75] See *WIPO Statement on IP & COVID-19 at July 20 TRIPs Council*，at https://www.wipo.int/covid-19/en/news/2021/news_0002.html (Last visited on December 7, 2021).

[76] Gunther Teubner & Andreas Fischer-Lescano，"Regime-Collisions：The Vain Search for Legal Unity in the Fragmentation of Global Law"，*Michigan Journal of International Law*，vol. 25（4）：999，p. 1006-1007（2004）.

案大多只看到了问题的一个侧面，得出的是以偏概全的结论。我国经过多年的实践探索与制度创新，初步形成了应对公共健康危机的基本思路，即辩证地认识知识产权与公共健康在制度层面与权利层面的多重关系，以分配正义为指导原则，以治标为先、治本为要为基本思路，既重视"惠及最少受惠者的最大利益"，也关注代际正义。

知识产权与公共健康的关系是一个常讲常新的问题，具有鲜明的时代性与国际性。当今世界正经历百年未有之大变局，新冠肺炎疫情引发的全球公共健康危机，进一步加剧了发达国家与发展中国家之间的利益分化与冲突，也进一步凸显了现行全球知识产权治理体系的问题。事实上，国际知识产权制度蕴含着丰富的分配正义理念，只是在实际运行过程中发生了"异化"，严重偏离了其维护分配正义的价值目标。我国政府应积极参与全球知识产权治理体系改革，推动国际知识产权制度的发展理念由保护最大化回归到分配正义，为有效应对公共健康危机提供国际制度工具。

# 环境法典基本原则条款构建研究[*]

曹　炜[**]

　　2020 年 11 月，习近平总书记在中央全面依法治国工作会议上发表重要讲话，明确提出要总结民法典的编纂经验，适时推动条件成熟的立法领域法典编纂工作。[①] 2021 年 1 月 10 日，中共中央印发的《法治中国建设规划（2020—2025 年）》指出，对某一领域有多部法律的，条件成熟时进行法典编纂。2021 年 4 月，全国人大常委会公布 2021 年度立法工作计划，明确提出要"研究启动环境法典、教育法典、行政基本法典等条件成熟的行政立法领域的法典编纂工作"。在这一背景下，加强对环境法典基础理论问题的研究，已经成为现阶段环境法学研究的重要任务。

　　从民法典的编纂经验来看，法典编纂应分阶段进行。首先要完成总则部分的撰写。在环境法典的结构问题上，学者也普遍认为应当采用总分的体例结构。[②] 在总分体例结构下，总则在环境法典中居于核心地位。"通过抽象提炼并集中规定环境法律规范中的共通性，环境法典总则将统摄整

---

　　[*]　本文原载于《中国法学》2022 年第 6 期。
　　[**]　中国人民大学法学院副教授，法学博士。
　　[①]　参见习近平：《以科学理论为指导，为全面建设社会主义现代化国家提供有力法治保障》（2020 年 11 月 16 日），载《习近平谈治国理政》（第 4 卷），外文出版社 2022 年版，第 293 页。
　　[②]　参见吕忠梅、窦海阳：《民法典"绿色化"与环境法典的调适》，载《中外法学》2018 年第 4 期，第 876 页；王灿发、陈世寅：《中国环境法法典化的证成与构想》，载《中国人民大学学报》2019 年第 2 期，第 10 页；竺效：《环境法典编纂结构模式之比较研究》，载《当代法学》2021 年第 6 期，第 41 页。

个环境法典体系。"③ 而在总则中，一般规定部分构成了核心。④ 在总则一般规定中，基本原则条款是其中的核心条款。《环境保护法》第 5 条规定："环境保护坚持保护优先、预防为主、综合治理、公众参与、损害担责的原则。"那么，环境法典基本原则条款应当如何对《环境保护法》第 5 条所确立的环境法基本原则体系进行进一步发展和完善？这是环境法典编纂的核心问题之一。环境法典的编纂需要法学家提出基石性的概念、价值理念、法律关系、基本原则、规范体系，然后通过法典来确认环境法的基本概念、固定的价值目标、承认法律关系、确认法律原则、形成法律体系。⑤ 如果没有相应的理论构建，环境法典基本原则条款将缺乏体系化的理论支撑。有鉴于此，下文首先对发展和完善环境法典基本原则体系的必要性展开论证，其次从学理上讨论应当如何对《环境保护法》第 5 条所确立的基本原则进行筛选、解释和增补，最后在理论分析的基础上针对环境法典基本原则条款的法律表达方式和具体内容提出相应的立法建议，以推动环境法典理论和立法的双重更新。

# 一、问题的提出

依通常理解，《环境保护法》第 5 条以法律规范的形式确立了环境法的基本原则，那么，环境法典基本原则条款是否可以直接沿用《环境保护

---

③ 吴凯杰：《论环境法典总则的体系功能与规范配置》，载《法制与社会发展》2021 年第 3 期，第 176 页。

④ 一般规定，即一部法律或法典之中内容上最具有一般性的条款，体系上是总体的统领整部法律或法典的基础性条款。参见丁霖：《论法律秩序视角下环境法典总则一般规定的构建》，载《苏州大学学报》2021 年第 4 期，第 16 页。

⑤ 参见吕忠梅：《新时代环境法学研究思考》，载《中国政法大学学报》2018 年第 4 期，第 12 页。

法》第 5 条的规定？目前，环境法学界已有学者开展环境法典草案专家建议稿的编写工作。从已经形成的两部草案文本来看，学界的普遍倾向是基本沿用《环境保护法》第 5 条的规定，并在现有条文基础上进行有限调整。其中，北京卓亚经济社会发展研究中心组织起草的生态环境法典草案专家建议稿第 5 条规定："环境保护坚持保护优先、预防为主、综合治理、公众参与、损害担责、统一规划、因地制宜的原则。"⑥ 而中国法学会环境资源法学研究会组织完成的第一稿草案专家建议稿第 4 条规定："生态环境治理坚持生态优先、风险预防、综合治理、公众参与、损害担责的原则。"总体来看，上述两部草案专家建议稿中的基本原则条款无论是在内容上还是在立法技术上，都没有对《环境保护法》第 5 条进行实质性的突破。

笔者认为，虽然环境法典基本原则条款的构建应当以《环境保护法》第 5 条为基础，但是这并不意味着环境法典基本原则条款必须因循《环境保护法》第 5 条所规定的内容和采用的立法技术，而是应当借环境法法典化的契机，在《环境保护法》第 5 条的基础上，对环境法基本原则体系进行发展完善，并进一步改进立法技术。对于这种发展完善的必要性，可以从实然法和应然法两个层面展开论证。

从实然法层面来看，《环境保护法》第 5 条仍然有进一步发展完善的空间。《环境保护法》第 5 条虽然是立法上的重大突破，实现了环境法基本原则入法的目标，但是体系建构和法律表达并不完美。在《环境保护法》起草过程中，就已经有委员、专家和公众针对第 5 条提出完善意见和建议，包括："保护优先"存在歧义和同语反复问题；"损害担责"不能涵盖生态破坏者担责和政府违法担责的内容；应当将"公众参与"改为"全

---

⑥ 北京卓亚经济社会发展研究中心编：《生态环境法典草案专家建议稿及说明》，中国民主法制出版社 2021 年版，第 218 页。

社会参与"；"保护优先"和"预防为主"的关系不清楚，有逻辑问题，建议二者取其一；应当将"污染者担责"修改为"污染者付费"、"污染者负担"、"环境影响主体担责"或者"污染环境或破坏生态者担责"；应当增加合作与协调、可持续性、受益者补偿、信息公开、政府主导原则；应当规定"环境保护应当尊重自然规律、以环境承载能力为基础"⑦。其中有些意见和建议不无道理，这表明《环境保护法》第5条仍然存在一定的发展完善空间。在目前的立法和司法实践中，《环境保护法》第5条被遵循和适用的程度也有限。一方面，在立法活动中，存在具体规范与该条所确立的基本原则冲突的情况。例如，徐以祥教授指出，梯级水电开发是一种会破坏河流生态系统完整性的开发方式，但是2016年修正的《水法》第26条将多目标梯级开发水资源作为一种鼓励性的资源开发利用方式进行规定，这与保护优先原则之间存在着明显的冲突。⑧另一方面，《环境保护法》第5条规定的若干原则在司法裁判中的适用也不充分。2025年1月，笔者在北大法宝司法案例数据库中以"保护优先原则"、"预防为主原则"、"综合治理原则"、"公众参与原则"以及"损害担责原则"为关键词，以"全文"为搜索范围对司法案例进行搜索，发现法院在裁判文书中引用上述基本原则的情况很少，特别是"综合治理原则"，尚无裁判文书在说理部分引用该原则。由此可发现，目前环境法基本原则辅助裁判的功能尚未得到充分发挥。

从应然法的层面来看，目前环境法学界关于环境法典编纂的总体设想已经较为清晰。从现有成果来看，环境法典具有很多与以往的环境立法不同的新特点，客观上也要求对环境法基本原则进行相应的发展完善。首

---

⑦　竺效：《论中国环境法基本原则的立法发展与再发展》，载《华东政法大学学报》2014年第3期，第9页。

⑧　参见徐以祥：《论我国环境法律的体系化》，载《现代法学》2019年第5期，第85页。

先，早期环境法的主要任务是污染防治，整个环境法体系以污染防治法为主导。⑨ 在这种思路之下，环境法基本原则具有明显的污染防治特质，特别是预防为主、综合治理和损害担责原则，主要体现了污染防治中的环境保护思想。而环境法典则应当以可持续发展为逻辑主线，将环境保护和永续发展相结合，强调可持续经济、可持续生态和可持续社会三方面的协调统一。⑩ 其次，环境法典在调整范围上也不同于原有的环境立法。为了贯彻可持续发展理念，环境法典将增设新的编章，扩大调整范围。环境法典中编章布局的设置是环境法调整范围的直接反映，是立法者围绕法典核心范畴进行的外延划界。⑪ 中国法学会环境资源法学研究会组织完成的草案专家建议稿将增加绿色低碳发展编，从而将正向效益增进和发展的理念引入环境法典之中。⑫ 环境法典逻辑主线和调整范围的变化，必然会导致环境法典内在价值理念体系的变化，这也要求环境法典基本原则在学理上进行相应的调整，进而指导立法层面上的规范制定和适用。

综上所述，《环境保护法》第 5 条存在的不足已经显现，环境法典编纂的总体构想逐渐成形。在现有实践基础上借助环境法典编纂的时机，从学理上对环境法基本原则进行进一步发展完善的时机已经较为成熟。王利明教授在讨论《民法典》实施中的思维转化问题时指出，为准确理解和实施好《民法典》，必须从单行法思维向法典化思维转化，包括从多中心思维转向基础性法律思维、从碎片化思维转向体系性思维、从分散思维转向

---

⑨　参见张璐：《论我国环境立法涉农观念的缺失》，载《华东政法大学学报》2009 年第 4 期，第104 页。

⑩　参见吕忠梅：《发现环境法典的逻辑主线：可持续发展》，载《法律科学》2022 年第 1 期，第78 页。

⑪　参见李艳芳、田时雨：《比较法视野中的我国环境法法典化》，载《中国人民大学学报》2019年第 2 期，第 19 页。

⑫　参见张忠民：《环境法典绿色低碳发展编对可持续发展理念的体系回应与制度落实》，载《法律科学》2022 年第 1 期，第 90 页。

统一思维、从并立思维转向融贯思维。[13] 在环境法典编纂过程中，从单行法思维向法典化思维的转化同样有必要。法典化思维的核心是关注法的整体性、体系性和融贯性，将法律看作有机的、逻辑贯通的整体。基于这一思维，下文拟从环境法典各项基本原则之间的内部关系视角，聚焦环境法典基本原则条款的构建问题。具体而言，将依以下思路展开：一是需要依据基本法律原则的理论对现有的基本原则进行筛选，排除其中不符合基本法律原则标准的原则。二是依据体系化的要求，对通过筛选的基本原则的内涵进行解释并增补部分新的基本原则，从而形成新的基本原则体系。这两部分分别从反面和正面对现有的基本原则体系进行调整，一方面要从反面排除不满足内在体系构建要求的基本原则，另一方面则要从正面厘清基本原则的内涵并增加应当被纳入内在体系的基本原则，从而实现发展和完善环境法基本原则体系的目的。三是在此基础上尝试更新立法技术，提出相应的立法建议。

## 二、环境法典基本原则的筛选

环境法典基本原则条款作为环境法典总则的核心条款，确立的应当是环境法的基本法律原则。从语义来理解，一项原则在性质上属于基本法律原则应当满足两个标准，即法律性和基本性。对于《环境保护法》第 5 条所确立的若干基本原则，有必要依据上述标准进行逐一筛选和取舍。这是环境法典基本原则条款建构的首要步骤。

---

⑬　参见王利明：《论〈民法典〉实施中的思维转化——从单行法思维到法典化思维》，载《中国社会科学》2022 年第 3 期，第 4 页。

## （一）合理选择环境保护原则

### 1. 环境保护原则和环境法原则的区别

学理上通常认为，《环境保护法》第 5 条的规定明确了环境法的法律原则。例如，徐以祥教授指出，该条款明确规定了环境法的四项基本法律原则，即保护优先原则、预防为主综合治理原则、损害担责原则和公众参与原则。[14] 但是《中华人民共和国环境保护法释义》则认为，该条是关于环境保护基本原则的规定，是环境保护领域的基本价值和指导方针，具有统领全局的作用。[15] 学理上通常将这两种原则等同，并未予以区分。但是从性质上看，这两种原则存在本质差异。环境保护原则实际上是环境管理的政策和方针的体现。环境管理的基本原则通常是指执行国家环境管理职能的环境管理机关在环境管理活动中应当遵循的基本准则或基本要求，包括环境管理的合法性原则、环境保护优先原则、社会生态利益与经济利益相结合原则、工作公开及密切联系社会团体和居民原则。[16] 而法律原则则是特定法律体系中具有稳定性的原理和准则。"在法学中，法律原则是指可以作为规则的基础或本源的综合性、稳定性原理和准则。"[17] 在民法学者看来，基本原则是"法理"中最为确定的一种形态，具有补充性法源的地位。[18] 因此，其主要功能并非反映国家管理活动的基本要求，而是服务于法律的运行特别是法律续造过程。[19]

具体而言，环境保护原则和环境法原则承载的价值理念和功能存在区

---

[14]　参见前注⑧，徐以祥文，第 91 页。
[15]　参见信春鹰主编：《中华人民共和国环境保护法释义》，法律出版社 2014 年版，第 16 页。
[16]　参见王树义：《俄罗斯生态法》，武汉大学出版社 2001 年版，第 208、211 页。
[17]　张文显：《马克思主义法理学——理论与方法论》，吉林大学出版社 1993 年版，第 172 页。
[18]　参见易军：《论作为民法法源的"法理"》，载《现代法学》2022 年第 1 期，第 91 页。
[19]　对于基本原则如何服务于法律续造，可以参见刘亚东：《〈民法典〉法源类型的二元化思考——以"规则—原则"的区分为中心》，载《北方法学》2020 年第 6 期，第 51－53 页。

别。环境保护原则涉及环境法的法政策选择问题。政策是围绕需要实现的集体目标而展开的，通常是关于某些经济、政治或社会问题的改善。[20] 法政策是国家为了对特定的社会事务和活动作出系统反应而形成的有关法律的政策选择。法政策关注法的调控和塑造功能，探讨国家如何通过制定和实施规范对社会和政治生活进行塑造。[21] 环境法的法政策则是指国家为了实现环境保护目的而形成的有关环境法的基本政策方针，反映了国家对环境法环境保护效果的期待。例如，要求环境法贯彻预防为主原则，是为了避免、减少人类活动导致的环境损害。因此，环境保护原则所承载的价值理念反映了实质法治观的要求，即要求环境法必须实现环境保护效果，从而满足国家对环境法效果的期待。而国家对环境法环境保护效果的总体期待，可以随着形势和情况的变化而发生变化，因此，环境保护原则承载的是法外的易变动的价值判断。"基于德沃金等对于规则、原则和政策的区分，环境原则从实现'共同的集体目标'这一意义上来说仅具有政策地位，并不具有法律身份和规范内涵。"[22] 与之相对，环境法原则应当承载环境法作为一个独立的规范体系所独有的内在价值体系，具有规范性意义。菲利普·黑克首创"内在体系"的概念，用于指代立法者在对各种利益冲突进行分析批判的基础上逐渐抽象出来的，通过利益法学的方法所得出的利益冲突决定的体系。[23] 虽然内在体系理论产生之初主要是为法官裁决案件提供方法论，但是随着利益法学向价值评价法学发展，内在体系在立法论上的意义也逐渐被挖掘出来。内在体系反映了特定法律体系最低限

[20]　See Ronald Dworkin, "Taking Rights Seriously", *Harvard University Press*, 1978, p. 22.

[21]　参见［德］伯恩斯·吕斯特：《法官法影响下的法教义学和法政策学》，季红明译，载《北航法律评论》2015 年第 1 期，第 157 页。

[22]　马允：《论国家公园"保护优先"理念的规范属性——兼论环境原则的法律化》，载《中国地质大学学报（社会科学版）》2019 年第 1 期，第 93 页。

[23]　参见方新军：《内在体系外显与民法典体系融贯性的实现——对〈民法总则〉基本原则规定的评论》，载《中外法学》2017 年第 3 期，第 570 页。

度的价值共识，从而能够为体系内的利益冲突协调提供基本规则。对此，王轶教授论述道："即使针对某项法律规范涉及的具体价值判断问题，讨论者可能会就立法者究竟在该法律规范中表达了何种价值取向产生争议，但他们至少可以在法律认可的基本原则的层面上达成最低限度的价值共识，以此作为进一步讨论的平台。"㉔ 因此，内在体系承载着解决利益冲突的价值理念，即是说，内在体系是针对相互冲突的利益作出的价值判断，其必然在肯定某些价值判断的同时排除与之对立的价值判断。基于这一特征，内在体系为判断法规范体系是否接受法外价值提供了筛选机制：一方面，可以使法规范体系保持价值的开放性，使符合法规范体系内在价值要求的法外价值判断进入到法规范体系之内并通过具体规范表达，避免法规范体系的僵化；另一方面，可以排除与法规范体系不符的价值判断，避免不确定的价值判断直接穿透法规范体系，影响法律规范的稳定性。因此，作为承载法规范体系内在价值的法律原则，具有重要的"安全阀"功能。对于法律原则的"安全阀"功能，劳东燕教授指出："在刑法体系中，基于罪刑法定的制约，并非任何法外的价值判断都允许被引入。"㉕ 总而言之，"法律原则具备特定的价值意蕴，追求特定的价值目标。立法或司法权威以'法律原则'表达出来的规范性诉求，如果没有体现法律原则的规范立场，甚至偏离了它的价值目标，就不是真正的法律原则，而可能是法律政策、法律规则或其他法律规范"㉖。因此，与环境保护原则不同，环境法原则承载的是法内的价值判断，其主要反映了形式法治观的要求，确保环境法规范体系的价值独立、平衡和协调，而不是主要保证环境保护

㉔ 王轶：《民法价值判断问题的实体性论证规则——以中国民法学的学术实践为背景》，载《中国社会科学》2004 年第 6 期，第 106 - 107 页。

㉕ 劳东燕：《刑事政策与刑法解释中的价值判断——兼论解释论上的"以刑制罪"现象》，载《政法论坛》2012 年第 4 期，第 32 页。

㉖ 杨建：《法律原则的规范性研究》，载《北方法学》2011 年第 5 期，第 141 页。

效果。

从民法、行政法等部门法学的发展过程来看，区分法政策原则和法律原则是法学学科发展的必然过程。在新中国成立初期，民法学界对民法的基本价值理念与国家关于民事活动的方针政策并未进行区分，因此，1963年第二次民法典编纂形成的《中华人民共和国民法（草稿）》将民法基本原则概括为"计划原则"、"民主集中制原则"、"兼顾国家、集体和个人利益原则"、"勤俭建国和经济核算原则"、"等价交换原则"、"按劳分配原则"以及"遵守国家政策、法律、法令的原则"[27]。这一草案规定了大量体现社会主义意识形态的法政策原则。与之相类似，行政法学早期受苏联行政法学的影响，也采用"行政管理原则论"的逻辑，将行政法的基本原则理解为国家进行各方面行政管理时所必须遵循的基本准则，从而归纳出"在党的统一领导下实行党政分工和党企分工""广泛吸收人民群众参加国家行政管理""贯彻民主集中制""实行精简""坚持各民族一律平等""按照客观规律办事、实行有效地行政管理""维护社会主义法制的统一和尊严，坚持依法办事"等基本原则。[28] 与后来形成的行政合法性原则和合理性原则不同，这些原则关注如何展开行政管理活动或者提升行政法管理效能，而不是行政行为的法律效力问题。随着学理上对民法和行政法本质的认识逐渐深入，以私法自治为核心的民法基本原则和以行政法治为核心的行政法基本原则逐渐替代了前述原则，从而实现了民法和行政法中法体系与政治和社会管理的分离。

苏联法对我国法学学科发展的影响已经逐渐褪去，对法律原则的认识必须逐渐回归传统的法律规范理论。环境法典编纂的本质是对环境法规范

---

㉗ 何勤华、李秀清、陈颐编：《新中国民法典草案总览》（增订本·中卷），北京大学出版社2017年版，第 852 - 853 页。

㉘ 参见周佑勇：《行政法基本原则的反思与重构》，载《中国法学》2003 年第 4 期，第 174 - 175 页。

的体系化，"法典化最为重要的目标是体系化，即对部门法的全部法律规范进行系统化和逻辑化构建，使部门法在整体上形成结构化的制度安排"㉙。由于环境法的特殊性，我国环境法典编纂拟采用"适度法典化"的模式。具体来讲，就是以编纂实质性"适度"的环境法典实现立法内容的创新，保持环境法律体系的相对稳定性。㉚ 在"适度法典化"的模式之下，要保持环境法律体系的相对稳定性，就要采用体系化的编纂模式，制定体系型法典而不是汇编型法典。体系型法典旨在通过消除规范之间的矛盾保证法律的安定性，即由法律规则确保个案裁判的确定性，由法律原则保障整体价值评价的一致性。㉛ 为了实现这一目的，环境法典基本原则的"安全阀"功能显得尤为重要。因此，环境法典基本原则应当体现环境法的"一般法律思想"，而不仅仅体现环境保护思想。"一般法律思想"这一概念由拉伦茨创造。拉伦茨认为："最高层的原则根本尚不区分构成要件和法效果，其毋宁只是——作为进一步具体化工作指标的——'一般法律思想'。"㉜ 从其论述中可以看出，"一般法律思想"应当是关于规范体系本身的指导思想，即规范体系应当遵从哪些规范性价值指引，而不仅仅是有关法的基本政策方针。因此，在环境法典基本原则条款起草过程中，应当对《环境保护法》第 5 条规定的基本原则是否反映了环境法规范体系的内在价值体系进行审查，并进行相应的取舍和发展。

**2. 对《环境保护法》第 5 条确立的基本原则的取舍**

依据法律原则的分类理论，法律原则可以分为政策性原则和公理性原则，因此，环境保护原则也可以成为环境法原则，关键问题在于《环境保

㉙　王利明：《民法典体系研究》，中国人民大学出版社 2012 年版，第 18 页。

㉚　参见吕忠梅：《中国环境法典的编纂条件及基本定位》，载《当代法学》2021 年第 6 期，第 15 页。

㉛　参见朱明哲：《法典化模式选择的法理辨析》，载《法制与社会发展》2021 年第 1 期，第 91 页。

㉜　［德］卡尔·拉伦茨：《法学方法论》，陈爱娥译，商务印书馆 2005 年版，第 348 页。

护法》第 5 条规定的环境保护原则能否同时反映环境法规范体系的特定价值导向，而不单纯是有关环境保护或环境管理的理念、方针和政策。

（1）保护优先原则既是环境保护原则，又是环境法原则。保护优先意指对环境的保护行为应该优于对环境的开发、利用行为。[33] 将保护置于开发、利用等其他价值之前必然有利于实现环境保护效果，因此保护优先作为环境保护原则毋庸置疑。与此同时，保护优先原则又涉及环境公共利益和其他利益之间发生冲突时的价值选择和平衡。开发、利用行为往往承载了同样具有较高正当性的经济社会发展利益，确定这两类利益实现的先后顺序则体现出保护优先原则的规范作用。因此，保护优先原则也应当作为环境法原则。保护优先原则在国外立法例上也存在相应的例证，《俄罗斯联邦环境保护法》第 3 条规定：“俄罗斯联邦国家权力机关、俄罗斯联邦各主体国家权力机关、地方自治机关、法人和自然人的对环境产生影响的经济活动和其他活动，应当根据下列原则进行：……自然生态系统、自然景观和自然综合体的保全优先。”[34] 因此，保护优先原则并不是单纯的环境保护原则，也应当成为环境法原则。

（2）预防为主原则既是环境保护原则，又是环境法原则。预防为主反映了环境保护工作预防优先于补救的特点，有利于保护和改善环境，因此其首先是一项环境保护原则。与此同时，预防为主原则也涉及公权力主体介入经济活动过程中的价值衡量和选择问题。在传统私法自治理念之下，国家鼓励个体自由开展经济活动，追求个体利益，而在经济活动之中所产生之不确定风险与不虞之损害，则在法律所能够容忍的范围之内。因此，尽管私主体应承担谨慎注意义务，谨慎行使其权利，避免对他人造成损害，但是公权力机关并不过度干预经济活动，不采取预防性管制措施。在

---

③ 参见王伟：《保护优先原则：一个亟待厘清的概念》，载《法学杂志》2015 年第 12 期，第 73 页。

④ 《俄罗斯联邦环境保护法和土地法典》，马骧聪译，中国法制出版社 2003 年版，第 7 页。

很多情况下，损害的风险甚至被转而施加于受害方。例如，在传统私法理论中，相邻关系中所有权人、不可量物损害中的受害方、环境侵权的受害方以及公众人物等皆负有一定的容忍他人合理损害的义务。㉟ 而随着社会性管制的兴起，国家对经济活动的干预日益增多，其中典型的表现就是以预防为主原则为指导提前介入到经济活动之中，要求私主体承担更多的预防性义务，避免环境损害的发生。这既有助于加强环境保护，也在一定程度上对公共利益和个人自由进行了重新排序。因此，预防为主原则不仅是环境保护客观规律的体现，也对相互冲突的利益重新作出了价值判断，反映了环境法的独特价值导向，应当成为一项环境法原则。

（3）综合治理原则属于环境保护原则，但法律原则属性较弱。《中华人民共和国环境保护法释义》中对综合治理的解释是："环境问题的成因复杂，周期较长，如果用一种方式单打独斗，往往会顾此失彼，达不到预期效果。综合治理就是要用系统论的方法来处理环境问题。"㊱ 由此可以看出，综合治理反映了环境保护中系统论的理念，其要求综合运用多种手段对环境展开治理。这有助于保护和改善环境，因此综合治理原则应当属于环境保护原则。但是从另外的视角来看，无论是单独治理还是综合治理，都只会影响环境保护效果，通常并不涉及利益冲突和价值判断问题，类似的原则还有统一规划原则、因地制宜原则等。进一步而言，由于"综合治理"的内涵较为宽泛和模糊，难以充分发挥法律原则"安全阀"的功能，因此综合治理原则属于纯粹的环境保护原则，可不纳入环境法基本原则体系。

（4）公众参与原则既是环境保护原则，又是环境法原则。对于公众参

---

㉟　参见李友根：《容忍合理损害义务的法理——基于案例的整理与学说的梳理》，载《法学》2007年第7期，第123-125页。

㊱　前注⑮，信春鹰主编书，第18页。

与可以从两个层面进行理解：一方面，从环境保护的客观规律来说，公众
参与是环境保护中多元共治理念的体现，能够弥补专家理性的不足，推动
环境决策的科学化和民主化。特别是在涉及环境风险的决策中，对于风险
规制中的价值选择与目标确定，应当以公众的风险知识为依据，从而为行
政机关风险规制目标的确定提供正当性基础。㊲ 另一方面，从利益平衡和
价值判断的视角来看，将公众参与原则确定为环境法原则，也有利于调整
环境决策和监管过程中集中的产业利益与分散的公众利益之间的冲突。在
行政管理过程中，受管制利益或受保护利益通常得到相对多的代表，从而
导致了一种持续有利于这些利益主体的政策偏向，而与受管制企业相对的
公众则处于弱势地位，无法实现充分的组织化，因而需要为未经组织的公
共利益提供更为有效的代表。㊳ 公众参与原则要求赋予公众知情权和环境
决策参与权，这有利于在环境决策和监管过程中保护和促进公共利益，协
调产业利益和公共利益的冲突。因此，公众参与原则不仅有利于保护和改
善环境，也承载了环境法体系在解决产业利益和公共利益冲突时的特定价
值导向，应当属于环境法原则。

（5）损害担责原则既是环境保护原则，又是环境法原则。一方面，污
染环境和破坏生态行为具有负外部性特征，其产生的收益归污染环境和破
坏生态的行为主体所有，而损害的后果则由全社会承担，因此，从遵从环
境保护规律的角度来看，环境保护和管理必须确立损害担责原则，以提升
环境保护的实效，避免出现"违法成本低，守法成本高"的问题。另一方
面，损害担责原则也涉及污染破坏者的利益与公共以及私人环境利益冲突
的协调问题。损害担责原则对上述相互冲突的利益进行协调，对公共和私

---

㊲ 参见戚建刚：《风险规制过程合法性之证成——以公众和专家的风险知识运用为视角》，载
《法商研究》2009 年第 5 期，第 51 页。

㊳ 参见［美］理查德·B. 斯图尔特：《美国行政法的重构》，沈岿译，商务印书馆 2002 年版，
第 65-68 页。

人利益提供必要的保护，从而反映了环境法特定的价值导向。"损害担责原则所展现的是在环境利益冲突和斗争中获胜的环境利益，但是其具体内容、目的的满足程度取决于失败的利益的分量，失败的利益乃是使用环境造成污染和生态破坏的'免费''免责'的利益。"[39] 需要注意的是，在无法确定污染者或者出现紧急情况时，也允许由社会共同负担损害。在德国法上，这被称为"公共负担原则"（Public Burden Principle）。[40] 这进一步反映了损害担责原则的价值判断和利益衡量功能。因此，损害担责原则反映了利益冲突时环境法体系具有的价值导向，也应当属于环境法原则。

## （二）排除具体的法律原则

在确定哪些原则属于法律原则之后，进一步的工作是要确定上述法律原则是否属于基本法律原则。法律原则存在基本原则和具体原则之分。拉伦茨认为，原则具有层次性，上位层次的原则通过下位层次的原则逐步具体化。上位原则是"一般法律思想"的反映，下位原则则是对"一般法律思想"的具体化。例如，法治国原则包含了依法律行政、立法者受一定基本权之拘束、法律听证的权利、恣意侵害个人权利地位之禁止以及负担性法律溯及既往之禁止等一系列具体原则。[41] 在具体原则中，有一些原则已经凝聚成可以直接适用的规则，拉伦茨称此类原则为"法条形式的原则"[42]。张文显教授对此也有论述："无论是政策性原则、还是公理性原则，都有基本原则和具体原则之分。基本原则体现着法的本质和根本价值，是整个活动的指导思想和出发点，构成法律体系的灵魂，决定着法律

---

[39] 刘志坚：《环境法损害担责原则法理基础的经济与社会论证》，载《法学评论》2022 年第 2 期，第 159 页。

[40] See Horst Schlemminger & Claus-Peter Martens eds., *German Environmental Law for Practitioners*, 2nd ed., Kluwer Law International, 2004, p. 36.

[41] 参见前注[32]，卡尔·拉伦茨书，第 349 页。

[42] 同前注[32]，卡尔·拉伦茨书，第 353 页。

的统一性和稳定性。具体原则是基本原则的具体化，构成某一法律领域或某类法律活动的指导思想和直接出发点。"㊸ 依据上述观点，基本原则的基本性是相对于具体原则而言的，基本原则应当具有高度的抽象性，因而不区分构成要件和法律后果。基本原则应当具有贯穿性，即贯穿环境法体系的始终。而与基本原则相对，具体原则是对基本原则的具体化，或者只反映体系局部的价值导向，或者已经进一步具体化为法条形式的原则，从而可以区分构成要件和法律后果。

对基本原则的层次区分，是提升法典融贯性的基本要求。融贯性在积极方面体现为一种证立关系，一个陈述集合的证立结构越完美，这个陈述集合就越融贯。在一个具有融贯性的内在体系之中，由于次级原则是对基本原则的具体化，二者之间存在着相互证立关系，从而提升了内在体系的融贯性。单个基本原则无法进行自我证立，因此，基本原则还需要具体化，从而形成包括"基本原则—次级原则—再次级原则—具体规则"在内的完整的证立链条。在民法典中，这一证立链条一般较为完整，既存在基本原则，也存在次级原则和再次级原则，由法官依据各种原则再发展出来相关制度规范，并通过立法转化为明确的规则。㊹ 因此，在环境法典编纂过程之中，要提升环境法典内在体系的融贯性，必须进一步对环境法原则所属的层次进行审视。

总体来看，保护优先、预防为主、公众参与三项原则都应当属于环境法的基本原则。首先，这三项原则都具有高度的抽象性，并未区分构成要件和法律后果，而是概括地表达了环境法的一般法律思想。由于不区分构成要件和法律后果，上述三项原则都具有内容上的开放性，有待于在次级原则和具体规则之中进一步具体化，亦可以由法官在裁判中进一步发展其

---

㊸　同前注⑰，张文显书，第172页。

㊹　参见前注㉓，方新军文，第584页。

内涵。其次，这三项原则所承载的价值导向都能够贯穿整个环境法体系，因而并不属于法典某个部分的指导思想，而是整个环境法体系的指导思想，符合基本原则的贯穿性的要求。与上述三项原则不同，损害担责原则不满足基本法律原则的标准，不应当属于环境法基本原则。一方面，损害担责原则具有明确的规则构成要件，即行为模式（损害）和法律后果（担责），并不具有内容上的开放性，其价值判断和利益衡量的空间受到压缩。亦即法官在适用损害担责原则时，仅能在"何为损害"和"如何担责"上进行发展，这对法官已经构成了具体的规范指引而不是抽象的价值指引。因此，损害担责原则实际上属于拉伦茨所称的"法条形式的原则"，是法律规范本身而不是法律规范的理由。在司法实践中，这类原则实际上属于"概括条款"，已经具备了"要件—效果"模式，有其要解决的具体问题，是规范的一种，因而可以直接作为法官的裁判工具。[45] 另一方面，损害担责原则覆盖的范围具有局限性。从字面意义上看，损害担责原则以损害产生为前提，但是在产业活动和社会生活中，由于环境容量和环境标准的存在，对环境的利用并不必然导致损害的发生，合理利用生态环境仅涉及有偿使用问题，而不涉及责任承担问题。因此，损害担责原则只能调整损害发生之后的责任承担问题，不能调整损害发生前对损害的预防问题，不能贯穿环境法律体系的始终。有学者对此归纳道：损害担责原则向下演绎的结果是环境损害法律责任规则，是环境损害法律责任规则的统领，而非环境法律责任规则向上归纳的妥帖表达，因此，损害担责原则应当被定位为"环境责任法"的原则，而非环境法的基本原则。[46] 综上，损害担责原则不属于环境法基本原则，应当被排除在环境法基本原则体系之外。

---

㊺　参见于飞：《基本原则与概括条款的区分：我国诚实信用与公序良俗的解释论构造》，载《中国法学》2021 年第 4 期，第 38 页。

㊻　参见王江：《环境法"损害担责原则"的解读与反思——以法律原则的结构性功能为主线》，载《法学评论》2018 年第 3 期，第 163 页。

# 三、环境法典基本原则的体系化

在筛选出部分合格的基本原则之后，进一步的工作是对这些原则进行体系化规整。这种规整应当分两步进行：第一步是对通过筛选的基本原则的内涵进行进一步具体化解释，明确其所承载的一般法律思想；第二步是探究环境法典基本原则体系的内在意义脉络，并在这一意义脉络之下增补新的基本原则。通过这两个步骤，可以使环境法典基本原则形成一个完整的体系，既相互协作又相互制约，共同成为贯穿环境法典的逻辑主线。

## （一）对现有基本原则内涵的解释

《环境保护法》第5条确立的基本原则采用了高度浓缩的四字短语式表达，仅能大概体现出其价值导向，难以准确表达其所承载的一般法律思想。实际上，基本原则规范必然承载一般法律思想，而一般法律思想并不必然以基本原则规范的形式出现。基本原则有四种存在样态：存在于制定法之中，存在于判例中，存在于宪法法律的基础或推论中，存在于应然的法律价值、事物之理中。[47] 因此，基本原则也可以以应然的法律价值、事物之理的样态存在。基于这一原因，传统大陆法系国家民法典没有在法典首章集中规定民法基本原则的立法例，而是将基本原则所承载的一般法律思想视为不言自明之事。[48] 但如此一来，基本原则就仅具有价值指引功能，而失去了规范效力。环境法典基本原则条款的构建意味着最终要以规

---

[47] 参见庞凌：《法律原则的识别和适用》，载《法学》2004年第10期，第36-38页。

[48] 参见于飞：《认真对待〈民法总则〉第一章"基本规定"》，载《中国高校社会科学》2017年第5期，第80页。

范形态对基本原则的内涵进行表达，这就要求必须以基本原则承载的价值导向为基础进一步对抽象的法律原则进行具体化。因此，有必要对这些原则进行具体化解释，以阐明其规范性要求。这种规范性要求不同于具体规则确定性的规范性要求，而是一种"最佳化命令"，要求某事（通常是某种要追求的价值或目的）在法律上与事实上可能的范围内最大可能地被实现，并在不同程度上被实现。<sup>㊾</sup>

首先，保护优先原则承载的一般法律思想可以具体化为各级人民政府应当将生态环境保护放在优先位置，持续保护和改善环境。保护优先原则坚持环境公共利益优先于经济社会发展利益。由于经济社会发展利益同样具有正当性，在经济活动中，公司企业等经济活动主体以发展经济效益为其核心追求，以此满足经济社会发展利益的要求。虽然公司企业社会责任的观念日渐深入，但是这并不能改变公司企业的主导性价值目标。因此，公司企业等经济主体并不面临保护和发展的抉择问题，不应当要求其在这一利益冲突问题上作出价值判断。与之相对，政府在环境决策和治理中则普遍面临环境公共利益和经济社会发展利益的冲突问题，此时需要发挥保护优先原则的规范作用。《宪法》第 26 条第 1 款规定："国家保护和改善生活环境和生态环境，防治污染和其他公害。"这一条款是环境保护国策条款，确立了国家环境保护目标。依据这一条款，国家负有保护和改善环境、防治污染的基本责任。由于政府代表国家行使管理公共事务的行政权力，且行政决策往往会对环境产生较大影响，政府应当实际承担这一责任。有关政府环境责任的规范在比较法上十分普遍。例如，美国 1969 年《国家环境政策法》规定："为了执行本法规定之政策，联邦政府负有责任，采取所有一切可行，且与国家政策之其他基本考虑相一致之措施，改

---

㊾ 参见［德］罗伯特·阿列克西：《法：作为理性的制度化》，雷磊编译，中国法制出版社 2012 年版，第 132 页。

进并协调联邦之计划、职能、方案与资源，以达到如次之目的。"⑩《俄罗斯联邦环境保护法》第 3 条规定："俄罗斯联邦国家机关、俄罗斯联邦各主体国家权力机关、地方自治机关，负责在相应的区域内保障良好的环境和生态安全。"⑪《日本环境基本法》第 11 条规定："政府必须为实施环境保全对策而采取必要的法制上或者财政上的措施以及其他措施。"⑫ 因此，为了确保政府在环境决策和治理中能够优先保护环境公共利益，保护优先原则应当具体化为对政府环境决策和治理的限制性规范要求。进一步来说，对保护优先的原则可以从消极和积极两方面进行理解。在消极方面，政府应当将生态环境保护置于诸多目标中的优先地位，并且负有义务保持现状，避免现存环境遭受更恶劣破坏。在积极方面，政府不仅负有保护生态环境的义务，也有促进生态环境质量改善的义务。对于这一义务，《法国环境法典》总则第 L110—1 条第 2 款第 9 项规定："不退化原则。据此原则，环境保护由环境相关的法律和法规规定予以保障，并应当在参照当前科学和技术知识的情况下实现持续性的改善。"⑬ 将禁止退化和促进改善纳入保护优先的思想中，可以进一步拓展保护优先的价值意蕴，也与我国《宪法》中的环境保护国策条款相互对应。

其次，预防为主原则承载的一般法律思想可以具体化为提前采取措施预防生态环境损害的发生。预防为主原则所承载的价值导向是允许公权力机关对产业活动和社会生活进行管制和干预。这种管制和干预虽然会导致相关主体的不利益，但是能够降低生态环境损害发生的可能性。因此，预防为主原则是针对公权力机关和可能导致生态环境损害的行为人提出的最佳化命令，要求其采取预防措施，尽可能避免损害的发生。预防为主原则

---

⑩ 毛如柏主编：《世界环境法汇编美国卷》（第 1 卷），中国档案出版社 2007 年版，第 1 页。

⑪ 同前注㉞，《俄罗斯联邦环境保护法和土地法典》，第 7 页。

⑫ 《日本环境基本法》，汪劲译，载《外国法译评》1995 年第 4 期，第 87 页。

⑬ 《法国环境法典》（第 1-3 卷），莫菲、刘彤、葛苏聘译，法律出版社 2021 年版，第 4 页。

也是公认的环境法基本原则，各国环境立法普遍对这一原则进行了规定。例如，《瑞典环境法典》第二章“审查等的一般规则”中第3条规定：“从事某项活动或采取某种措施的人员，或意图采取上述行为的人员，应当采取保护性措施，遵守限制条件并采取其他必要的防范措施，以预防、组织或应对因上述活动或措施而引发的对人体健康或环境之损害或妨害。出于同样的原因，在专业活动中应当使用最佳可得技术。”(54)《法国环境法典》第L110—1条也规定：“预防行动与纠正原则，即以经济上可以承受的代价、利用最佳可得技术，优先从源头上采取预防及纠正环境损害的行动。”(55) 与保护优先原则不同，公权力机关对经济活动的管制和干预最终要落实到要求经济主体采取预防措施上，相应的成本由经济主体负担。因此，对于预防为主原则的规范性要求不宜作绝对化的解释，避免可能出现的过度管制和干预。应当在其规范性要求中增加“使用最佳可得技术”和“以经济上可以承受的代价”的限制性要求，这些要求有助于优化预防措施、避免管制过度。故此，预防为主原则还可以进一步具体化为最佳可得技术原则和成本收益分析原则，从而进一步拓展预防为主原则的内涵。

最后，公众参与原则承载的一般法律思想是公众有权获得环境信息并参与环境决策，以促进和改善政府环境决策和治理。与前述两项原则不同，公众参与原则的规范化程度较高，其具体的规范性要求较为清晰。国外环境基本法或者法典普遍规定了公众参与原则，且具体内容基本一致。例如，《意大利环境法典》第一部分“一般规定和基本原则”中第3—6条为“环境信息的取得权和以合作为目的的参与权”，该条中包含了“任何人都可以查看国境内与环境、风景相关的信息，无须证明存在相关合法利益”以及“应当确保公众在主管机关作出决定之前参与到前述计划和方案

---

(54) 《瑞典环境法典》，竺效等译，法律出版社2021年版，第5页。

(55) 同前注(53)，《法国环境法典》，第3页。

提案的制定、修改和重新审查过程中"的规定。⑤ 《法国环境法典》总则部分基本原则条款也规定："……（4）所有人都有权获取公共机关所掌握的环境信息的原则。（5）参与原则。据此原则，每一个人都有权了解对环境产生影响的公共决策项目的情况，并可对此发表意见，有权机关对该等意见予以听取。"⑤ 由此可以看出，公众参与原则应当包含"公众有权获取行政机关掌握的环境信息"和"公众有权参与环境公共决策"两项规范性要求。因此，公众参与原则可以进一步具体化为信息公开原则和决策参与原则，以保障公众的信息知情权和决策参与权，实现对政府环境行政的监督，推动政府环境决策的民主化。

## （二）增补新的基本原则

环境法学者早期构建环境法基本原则体系时，主要是从国外环境保护思想和理念中选取了相应的原则。⑤ 由于环境法基本原则体系是选择而不是构建的结果，《环境保护法》第 5 条确立的基本原则实际上是相互独立的，缺乏意义脉络的连接，融贯性较弱。融贯性在积极方面的证立关系表现为一种内聚性，即属于一个融贯整体的陈述必须得到这一整体之内其他陈述的支持。⑤ 在环境法法典化过程中，环境法基本原则的融贯性是环境法典内在体系构建的基本要求。"只有由法律原则构成的内在体系才涉及法律素材各组成部分之间在内容上的论证关系。"⑥ 基于这一原因，为了提升环境法典内在体系的融贯性，需要先探求环境法基本原则所共同遵守

---

⑤ 参见《意大利环境法典》，李钧、李修琼、蔡洁译，法律出版社 2021 年版，第 7 页。

⑤ 同前注㉝，《法国环境法典》，第 3—4 页。

⑤ 参见王树义：《关于〈中华人民共和国环境保护法〉修改问题的几点思考》，载《法学评论》2004 年第 6 期，第 106 页。

⑤ 参见前注㉓，方新军文，第 575 页。

⑥ 同前注㉓，方新军文，第 577 页。

和贯彻的内在意义脉络，在此基础上增补整个意义脉络中缺失的或者可以强化这一意义脉络的基本原则。

具体而言，法律原则的体系性特征不仅包括不同层次原则的阶层秩序，还包括同一层次原则之间的协作。"在私法的领域中，自主决定、自我负责以及信赖责任诸原则，其相较于有责性原则及其他损害责任的归责标准，彼此间并无一定阶层秩序，法律对此的规整应被理解为前述诸原则——以相互补充，在若干部分领域亦相互限制——的协作，于此，自何处起草原则应将其主导地位让与他原则，法律常未作最后的规定。"[61] 依据这一理论，基本原则之间应当存在相互补充和协作的关系，共同贯彻法律体系的逻辑主线，而不仅仅是对主要价值的分别列举。例如，在民法学理中存在民法基本原则"一元论"的观点，即认为民法一般原则只有一项，即私法自治原则。合同自由原则、遗嘱自由原则、过错责任原则和婚姻自由原则等都是私法自治原则的进一步展开。[62] 与此相类似，对于行政法基本原则，马怀德教授主张借鉴德国的经验，将行政法的基本原则总括为行政法治原则，具体包括依法行政原则（行政合法性原则，并包括法律优越与法律保留）、信赖保护原则、比例原则。[63] 上述观点虽然存在争议，但是揭示了民法基本原则和行政法基本原则都遵循深层次的逻辑主线的规律。

与民法和行政法等传统部门法不同，环境法在产生之初带有鲜明的回应型法的特征，以解决环境问题为核心。[64] 而随着环境法的发展完善，将保护与发展相结合的可持续发展理念逐渐超越了单纯的环境保护理念，成为

---

[61]　同前注㉜，卡尔·拉伦茨书，第349－350页。

[62]　参见方新军：《融贯民法典外在体系和内在体系的编纂技术》，载《法制与社会发展》2019年第2期，第34页。

[63]　参见马怀德主编：《行政法与行政诉讼法》，中国法制出版社2000年版，第38页。

[64]　参见张梓太、程飞鸿：《论环境法法典化的深层功能和实现路径》，载《中国人口·资源与环境》2021年第6期，第13页。

了各国环境法典的核心价值理念。⑤ 参考国外环境法典的经验，我国环境法典也应当采用可持续发展作为内在的逻辑主线，这也是目前中国法学会环境资源法学研究会组织完成的草案专家建议稿的总体设计思路。可持续发展的核心要求是既能满足当代人的需要，又不对后代人满足其需要的能力构成危害，这包含了"需要"和"限制"两方面的价值导向。⑥ 其中，"需要"对应了当代人对发展的需求，而"限制"则对应了对生态环境的整体保护，以避免当代人过度利用生态环境而对后代人满足其需要的能力构成危害。环境法典的内在逻辑主线与民法典有一定的相似性，前者强调"需要"和"限制"的相互协作和制约，而后者则强调个人自治与社会正义和社会信赖需求的相互制约。⑦ 通过"需要"和"限制"的相互协作和制约，能够实现环境法典内在价值体系的整体平衡。因此，环境法典基本原则体系应当基于可持续发展的内在逻辑，分别增补能够体现"需要"和"限制"价值导向的基本原则。

首先，在目前的环境法基本原则之中，虽然公众参与原则在一定程度上体现了"需要"的价值导向，但还缺失关键性的承载"发展"这一"需要"价值的原则。为了补足体系的空缺，应当增补环境利益公平分配原则。环境利益公平分配原则承载的一般法律思想是公众公平享有环境利益。环境利益是一个宽泛的概念，学者对于环境利益的主要内容和类型存在不同认识。例如，史玉成教授将环境利益分为资源利益和生态利益⑧，胡静教授将环境利益分为物质性利益和精神性利益⑨，郭延军教授则将环

---

⑤ 参见前注⑩，吕忠梅文，第80页。

⑥ 参见世界环境与发展委员会编：《我们共同的未来》，王之佳、柯金良等译，吉林人民出版社1997年版，第52页。

⑦ 参见易军：《民法基本原则的意义脉络》，载《法学研究》2018年第6期，第60页。

⑧ 参见史玉成：《环境利益、环境权利和环境权力的分层建构——基于法益分析方法的思考》，载《法商研究》2013年第5期，第49页。

⑨ 参见胡静：《环境法的正当性和制度选择》，知识产权出版社2009年版，第188页。

境利益分为环境安全利益、资源利益、生态利益和环境精神利益。⑦ 保护和改善环境是环境法的基本目的，其实质就是保护和增进环境利益。进一步来说，为了确保每个人都能够获得充分的发展，环境法还需要维护环境正义，既要确保环境负担的公平分配，还要确保环境利益的公平享有，这是社会正义价值的本质要求。⑦ 在现有的环境法基本原则之中，缺少关于环境利益公平分配的基本原则，因此，有必要补充环境利益公平分配原则，和涉及环境负担公平分配的原则相互协作和补充。需要注意的是，环境利益公平分配原则与环境权条款存在本质区别。环境权的标准表述是任何人享有在清洁、健康的环境中生活的权利。例如，《法国环境法典》第 L110—2 条规定："法律和法规规定任何人享有拥有有益健康的环境的权利。"⑦《俄罗斯联邦环境保护法》第 3 条也规定："遵守每个人都有享受良好环境的权利。"⑦ 环境权条款要求国家维护和改善环境质量，确保每个人享有清洁、健康的环境。而环境利益公平分配原则要求国家公平地分配环境利益，调整的是每个人享有的环境利益之间的合乎环境正义要求的比例关系。此外，环境权条款仅仅涉及与生活有关的权益，而环境利益公平分配原则覆盖的范围更广，要求对包括资源利益等在内的所有的环境利益进行公平分配。因此，在环境法典中，环境权条款应当单独以权利条款的形式进行规定。⑦ 而环境利益公平分配原则由于包含了抽象的规范性要求，应当以基本原则条款的形式进行规定。总体而言，环境利益公平分配原则是关于环境权益分配的最佳化命令，其弥补了环境权益分配问题上法

---

⑦　参见郭延军：《环境权在我国实在法中的展开方式》，载《清华法学》2021 年第 1 期，第 167 - 168 页。

⑦　参见杨欣：《"环境正义"视域下的环境法基本原则解读》，载《重庆大学学报（社会科学版）》2015 年第 6 期，第 160 页。

⑦　同前注㊟，《法国环境法典》，第 5 页。

⑦　同前注㉞，《俄罗斯环境保护法和土地法典》，第 7 页。

⑦　参见吕忠梅、张宝：《环境人权"入典"的设想》，载《人权》2022 年第 2 期，第 87 页。

律原则的缺失。

其次，在目前的基本原则之中，还缺失能够充分体现为维护代际公平而对当代人活动进行"限制"的法律原则。为了弥补这一空缺，应当增补风险防范原则。风险防范原则又被称为谨慎原则，其承载的法律思想是在面对不确定风险时应谨慎行事，不得推迟采取有效或适当的措施。"风险预防原则在国际环境法和各国环境法中都具有重要地位，无论是国际秩序中的各国政府，还是国内的立法者、决策者和法院都不能忽视风险预防原则。"⑦ 各国环境法典普遍对风险防范原则进行了规定。例如，《法国环境法典》总则第 L110—1 条第 2 款第 1 项规定："谨慎原则。据此原则，即使按照当前的科学和技术知识尚无确定性，仍不得推迟采取有效且适当的措施，以经济上可以承受的代价预防对环境造成不可挽回的严重损害的危险。"⑦《爱沙尼亚环境法典》第 11 条也规定："（1）必须采取适当的风险预防措施，尽可能最大限度降低环境风险；（2）就涉及环境风险的活动作出相关决定，必须识别该活动的环境影响。在法律规定的情形下，必须按照法定程序进行环境影响评估。"⑦ 参考国外环境法典的经验，应当在环境法典基本原则条款中对风险防范原则进行规定，使其成为一项新的环境法典基本原则。风险防范原则与预防为主原则有一定的相似性，却是相互独立的两个法律原则。风险防范原则针对的是不确定的环境风险，而预防为主原则针对的是确定的环境损害。风险防范原则主要是对公权力机关的规范性要求，要求公权力机关通过特定程序来确保其决策不会对环境造成

---

⑦ 王小钢：《环境法典风险预防原则条款研究》，载《湖南师范大学社会科学学报》2020 年第 6 期，第 36 页。

⑦ 同前注53，《法国环境法典》，第 3 页。

⑦ 《独联体生态示范法典·爱沙尼亚环境法典总则》，刘洪岩、马鑫、张忠利译，法律出版社 2022 年版，第 142 页。

严重且不可逆转的损害，而不是要求私主体承担此种防范义务。[78] 而预防
为主原则则既针对公权力机关，又针对可能导致生态环境损害的行为人，
且主要是针对后一类主体。由于风险的不确定性和较长的时间尺度，风险
防范原则具有维护代际公平的功能，而预防为主原则主要是针对即时的环
境损害。综上，风险防范原则贯彻了可持续发展逻辑主线中"限制"的价
值导向，是对公权力机关提出的更高的规范性要求，应当成为一项独立的
环境法基本原则。

最后，在排除了损害担责原则之后，还应当增补环境责任者负担原
则，以进一步加强环境法"限制"的价值导向。从理论上来说，虽然可以
对损害担责原则进行扩张解释将其扩充为一般意义上的污染者负担原则，
但是考虑到法典生态环境责任编对于生态环境责任的承担应当规定相应的
概括条款，将损害担责原则放置在生态环境责任编作为概括条款统领全
编，另增补覆盖更广泛的环境负担公平分配问题的基本原则更为妥当。
"从学理层面来看，'环境责任者'可细分为'污染者''破坏者''受益
者''主管者''利用者''消费者'等等，与之对应的是'污染者负担'
'破坏者恢复''受益者补偿''主管者负责''利用者负担''消费者承受'
等。"[79] 这些规范性要求可以统一概括为环境责任者负担原则，其承载的
一般法律思想是企业、个人等利用环境和从利用环境中受益的主体应当承
担相应的环境法律义务。环境责任者负担原则同样是公认的环境法基本原
则，国外环境基本法或者法典普遍规定了类似的原则。例如，《法国环境
法典》总则部分规定："污染者付费原则。据此原则，由于采取预防、减
少和治理污染的各种措施而引起的费用应当由污染者负担。"[80] 与损害担

---

[78] See James Cameron & Juli Abouchar, "The Precautionary Principle: A Fundamental Principle of Law and Policy for the Protection of the Global Environment", *Boston College International and Comparative Law Review*, vol. 14: 1, p. 22, (1991).

[79] 前注⑯，王江文，第 168－169 页。

[80] 前注㊝，《法国环境法典》，第 3 页。

责原则不同，环境责任者负担原则是针对环境负担公平分配的最佳化命令，而不要求有效追究环境法律责任，不以环境损害的实际发生为必要前提。因此，环境责任者负担原则应当成为一项独立的环境法基本原则。

在明确了现有基本原则的内涵并且依据内在意义脉络增补了新的基本原则之后，环境法典的基本原则体系就已经较为清晰了。保护优先原则、预防为主原则、公众参与原则、风险防范原则、环境利益公平分配原则以及环境责任者负担原则共同构成了环境法典基本原则体系。上述诸原则都体现了环境保护法中某种一般法律思想，且都具有抽象性和开放性。此外，上述原则虽然并不规整，但是相互之间存在意义脉络上的连接，共同贯彻了可持续发展理念。其中环境利益公平分配原则主要体现了可持续发展中"需要"的价值导向，而其他几项原则则体现了"限制"的价值导向。两组理念相互之间构成了补充和制约的关系，且单个原则之间也可以进行相互补充和制约。例如，风险防范原则与预防为主原则之间构成了相互补充关系，共同调整环境损害发生前的相关活动。又如，环境利益公平分配原则又与环境责任者负担原则构成了相互制约关系，体现了权利义务相一致的理念。通过这种相互制约关系，环境法典基本原则体系又可以避免特定原则优位带来的内部体系价值失衡，确保法律体系内在的价值均衡。

# 四、环境法典基本原则条款的立法建议

在确立了环境法典基本原则体系之后，要在环境法典总则中通过基本原则条款对上述基本原则进行法律表达，以实现环境法典基本原则体系的外显。那么，进一步的问题是：基本原则的法律表达应当继续采用《环境保护法》第5条的表达方法，还是应当采用各原则单独规范的形式？对于这一问题的回答，必须结合环境法典对基本原则的功能要求来展开。

基本原则的首要功能是承载环境法典的内在价值理念。从这一功能出发，《环境保护法》第 5 条的表达方式已经能够满足要求。通过简洁的四字短语罗列，能够概括地展现环境法典的内在价值理念。但是除了承载环境法典的内在价值理念，基本原则的另一个重要功能是辅助裁判。"法典编纂的最重要功能就是为法官提供裁判规范，但是基于人类理性的有限性，无论基于何种理论编纂的法典必定存在法律漏洞。由此带来的问题是一个法官如何将其裁判建立在不确定信息的基础上，还能履行好实现法律确定性最大化的职责。"[31] 为了应对这一难题，法官在进行概念涵摄、法律解释以及漏洞填补等法律推理活动中，常常需要依赖价值衡量。[32] 在面对疑难案件时，法官为了证立其判决，通常必须在法律体系内寻求价值的融贯，即证明裁决与体现于一般法律原则中的特定法律价值存在内在的一致性，而融贯的内在体系在司法裁判中可以满足这种证立的需要，减轻法官的论证负担。因此，在实践中，基本原则可以作为"理由叠加"适用于裁判中，以增加裁判的说理性。"实践中'适用'以上原则进行裁判的案件，绝大多数都是将这些原则作为一个'理由叠加'，与相关具体法律规范一并使用。"[33] 但是裁判必须在形式上以规范作为其依据，如果基本原则不以独立规范的形式出现，就会游离于司法，无法发挥其辅助裁判的功能。[34]

从满足司法裁判需要的角度看，《环境保护法》第 5 条的表达方式存在以下问题。首先，将基本原则在一个条款中进行短语式罗列，容易造成法官在引用该条时出现引用不规范的情况。《中华人民共和国环境保护法

---

㉛ 同前注㉓，方新军文，第 576 页。

㉜ 参见陈坤：《法律推理中的价值衡量及其客观化》，载《法制与社会发展》2022 年第 5 期，第 160 - 165 页。

㉝ 于飞：《民法基本原则：理论反思与法典表达》，载《法学研究》2016 年第 3 期，第 96 页。

㉞ 参见李永军：《民法典总则的立法技术及由此决定的内容思考》，载《比较法研究》2015 年第 3 期，第 2 页。

释义》指出，《环境保护法》第 5 条规定了五项基本原则，即保护优先原则、预防为主原则、综合治理原则、公众参与原则以及损害担责原则。⑧ 而徐以祥教授认为，《环境保护法》第 5 条规定了保护优先原则、预防为主综合治理原则、公众参与原则和损害担责原则这四项基本原则。⑧ 在司法实践中，有法官则对不同原则进行合并引用。例如，在"江苏省环保联合会与被告德司达（南京）染料有限公司环境污染民事公益诉讼案"中，法官在判决书中写道，"保护优先、预防为主是环境保护的基本原则"⑧。正是《环境保护法》第 5 条采用的这种将基本原则条款并入一条并且进行短语式罗列的表达方法，才导致了这种对于保护优先、预防为主和综合治理相互关系的不同认识。其次，基本原则虽然具有开放性，但是以短语的形式表达，难以准确彰显其规范性要求，容易造成解释和适用上的困难和错误。例如，对于"综合治理原则"，《中华人民共和国环境保护法释义》将其内涵概括为四个层次：一是水、气、声、渣等环境要素的治理要统筹考虑；二是综合运用政治、经济、技术等多种手段治理环境；三是形成环保部门统一监督管理、各部门分工负责、企业承担社会责任、公民提升环保意识、社会积极参与的齐抓共管的环境治理格局；四是加强跨行政区域的环境污染和生态破坏的防治，由点上的管理扩展到面上的联防联治。⑧ 如果仅从文意上进行解释，上述四个层次的内涵显然无法从"综合治理"四个字中推导出来。特别是第三层次和第四层次，更符合"合作治理"和"协同治理"的内涵，有扩张"综合治理"内涵的嫌疑。因此，基本原则虽然具有开放性，但是也不能过度精简，否则可能会导致对基本原则条款解释的泛化，进而导致裁判中的滥用。

---

⑧ 参见前注⑮，信春鹰主编书，第 16 页。

⑧ 参见前注⑧，徐以祥文，第 91 页。

⑧ 江苏省南京市中级人民法院（2016）苏 01 民初 1203 号民事判决书。

⑧ 参见前注⑮，信春鹰主编书，第 18 页。

赵万一教授认为，基本原则的表达方式有罗列式表达、说明式表达、选择性表达、分层式表达和分散式表达。⑧ 其中没有类似于《环境保护法》第5条的表达方式。与《环境保护法》第5条的表达方式相对，《民法典》以及《刑法》对民法基本原则和刑法基本原则的规定均采用了分别规范的方式，通过完整的条款对每一基本原则进行表达，从而为基本原则辅助裁判功能的发挥提供便利。因此，虽然用非常准确的语言对基本原则进行表达难度较大，但是分别规范的表达方式显然更便利基本原则条款辅助裁判功能的实现。首先，对每一项基本原则进行单独规定，可以避免歧义或混淆基本原则之间的关系。在司法实践中，法官引用法条也相对便利和准确，更有助于发挥基本原则在司法活动中的解释功能、补充功能和修正功能。其次，用语句而不是短语对基本原则进行规定，有利于对其内涵进行更加准确的表达。与短语相比，语句是一个完整的陈述，包含了相对丰富的要素，同时也限制了基本原则内涵的泛化。正因为如此，《民法典》基本原则条款采用了"民事主体从事民事活动，应当……"的表述。在每一原则中，都用相对简练的语句对基本原则的内涵进行阐述，从而实现对其内涵的限定。除此之外，用条款的方式对基本原则进行分别规定，也有利于建立基本原则条款和法典中其他条款之间的阶层秩序或意义关联，更有利于体系化的工作。例如，《民法典》第8条规定："民事主体从事民事活动，不得违反法律，不得违背公序良俗。"第153条规定："违反法律、行政法规的强制性规定的民事法律行为无效。但是，该强制性规定不导致该民事法律行为无效的除外。违背公序良俗的民事法律行为无效。"后一条构成了对前一条的具体化，我们可以清晰地观察到两个条款之间的衔接。

---

⑧ 参见赵万一：《民法基本原则：民法总则中如何准确表达？》，载《中国政法大学学报》2016年第6期，第48-50页。

因此，通过对比两种表达方式可见，用独立条款对每个基本原则进行表达的方式显然更加符合环境法典的要求。结合前文对基本原则体系构建的论证，笔者就环境法典基本原则条款的立法建议如下：

第××条【保护优先原则】各级人民政府在决策中应当优先保护生态环境，避免生态环境质量退化，采取必要的措施保护和改善生态环境。

第××条【风险防范原则】当存在科学和技术知识不能判断风险的范围和发生的可能性时，应当采取有效且适当的措施，以经济上可以承受的代价预防对环境造成不可挽回的严重损害的危险。

第××条【预防为主原则】企事业单位和其他生产经营者应当以经济上可以承受的代价，利用最佳可得技术，从源头上预防和矫正环境损害。

第××条【环境利益公平分配原则】公众公平享有环境利益。

第××条【公众参与原则】公众有权获得环境信息并参与环境决策。

第××条【环境责任者负担原则】企业、公众等利用环境和从利用环境中受益的主体应当承担相应的环境法律义务。

通过独立的法律规范形式对基本原则进行规定，便于以环境法典基本原则条款辅助裁判，且每一原则中都包含了不确定法律概念，也便于法官根据基本原则发展具体的环境法规范。除了上述基本原则条款，"综合治理"作为环境保护的价值理念仍然具有特定的价值和意义。类似的价值理念还有北京卓亚经济社会发展研究中心组织起草的生态环境法典草案专家建议稿中的"统一规划"和"因地制宜"。对于这些价值理念，可以考虑在环境法典总则编一般条款中专门以环境保护方针条款的形式进行规定，这一规定仍然可以采用四字短语罗列式的表达方法。此外，损害担责原则应当是环境责任者负担原则的下位原则，可以为环境法学理中广义的污染者负担原则所包含⑨，并可以在环境法典的法律责任编中以概括条款的形式被规定。

# 五、结　语

随着环境法立法工作的逐步推进，对具有普遍约束力的现行环境法律规范进行规整，推动环境法的法典化，已经成为促进环境法进一步发展完善的关键。在环境法规范体系化的过程中，除了需要对外在的规范体系进行系统化和逻辑化构建，还需要对环境法典的内在价值体系进行发展和完善。这一目标的完成，依赖于对承载环境法一般法律思想的基本原则进行体系重塑和更为规范、准确的表达。如此不仅能够将环境法典内在体系包含的价值理念充分表达，还能使其具有可操作性，使环境法典成为一个价值理念融贯的体系。环境法典基本原则条款的设计是一个开放性问题，这一理论上的探索能够将环境法原则体系构建重新"问题化"，从而重新引起学界对这一问题的关注和讨论，通过学术共同体的集体力量为环境法典基本原则条款的编纂提供理论上的支撑。

---

⑨　广义的污染者负担原则不仅要求污染者承担合法排放的支付义务，还要求当污染行为或者实际污染损害超过限度时，由污染者另行承担相应的民事等法律责任。参见柯坚：《论污染者负担原则的嬗变》，载《法学评论》2010年第6期，第87页。

# 全过程人民民主视域下我国
# 地方债法律规制的完善[*]

朱大旗[**]　　王震东[***]

　　全过程人民民主是社会主义民主政治的本质属性。财政是国家治理的基础和重要支柱，是推进政府治理能力和治理体系改革的关键环节，是推进其他领域改革的重要支撑。我国地方债在促进地方经济社会发展中发挥了积极作用，然而随着近年来地方政府新增债务限额的逐年增加，地方债规模越来越大，特别是隐性债务问题越来越突出，风险和隐患日益凸显，必须采取有力的法治措施予以妥善解决。近年来，中央将解决地方债问题作为推进财政改革的重点。2023 年 10 月召开的中央金融工作会议强调，我国应建立防范化解地方债务风险长效机制，建立同高质量发展相适应的政府债务管理机制，优化中央和地方政府债务结构。同年 12 月召开的中央经济工作会议强调，要持续有效防范化解重点领域风险，要统筹化解房地产、地方债务、中小金融机构等风险，严厉打击非法金融活动，坚决守住不发生系统性风险的底线。为此，下文以践行全过程人民民主为视角，检视我国地方债制度与实践运行中存在的问题，分析其成因，探究如何完

---

　　* 本文原载于《中国政法大学学报》2024 年第 2 期。
　　** 中国人民大学法学院教授，中国人民大学财税法研究所所长。
　　*** 中国人民大学法学院博士研究生。

善地方债法律规制。

# 一、我国地方债的含义、演进与现状

## （一）我国地方债的含义界定

地方债，又称地方政府债务、地方债务，是指由地方政府以其公权信用举借并承担偿还责任的公共债务。其使命是增进和实现地方公共利益。目前我国的地方债包括两部分：一是以地方政府债券形式存在的显性债务，又称地方政府法定债务，形式上分为一般债券和专项债券；二是非政府债券形式的地方政府隐性债务，主要为利用企事业单位、融资平台、城投公司等举借的债务。隐性债务一直是地方债务风险化解工作的重心和难点，中央对其一向保持严抓严管的高压态势。就法律性质而言，地方债既非纯粹的公法属性，亦非纯粹的私法属性。首先，地方债本质上是公共债务，与私法之债既有相通之处又有显著差别；其次，地方债的举借主体构成复杂多元；最后，地方债的主要使命是实现地方公共利益。可见，地方债在法律属性上具有公私交融的特征。

我国立法和官方文件在不同时期对地方债的提法和定义并非一成不变。1994 年全国人大通过的《预算法》第 28 条以"原则禁止＋例外允许"的方式严格限制地方政府举债，地方政府只有在国务院特别批准的情况下方有权举债。在此情况下，地方政府为了能够满足经济发展和基础设施建设等方面的需求，纷纷"另谋财路"，地方融资平台融资等变相举债的方式便由此而生，官方将这段时期内主要通过地方融资平台等方式变相举借的债务定义为"地方政府性债务"。审计署于 2013 年发布的第 32 号公告进一步细化了"地方政府性债务"的含义。[①] 2014 年 8 月《预算法》修正后，地方政府债券被明确规定为地方政府举债的唯一合法存在形式，加之政府、企业、官员的权责归属逐步明晰，使突击式审计发展出的"地方政府性债务"口径已经失去沿用意义[②]，取而代之的"地方政府债务"被界定为"2014 年底经甄别后明确由地方政府承担偿还责任的债务，以及 2015 年后地方政府自发自还的债务"[③]。鉴于实践中地方债发债主体除地方政府外，尚有其他多种主体，2023 年 7 月，中央政治局会议将"地方政府债务"改称为"地方债务"[④]，同年 10 月的中央金融工作会议以及 12 月的中央经济工作会议也都采用了"地方债务"的提法。这意味着我国将地方政府显性债务、地方政府隐性债务以及地方城投平台各类经营性债务等均视为地方债务，实行全口径债务治理。

## （二）我国地方债制度的历史演进

### 1. 法制肇立：改革开放到 2014 年

我国地方债出现的制度背景，是改革开放以来市场经济发展过程中进行的中央与地方财政分权。总体而言，我国从计划经济转向市场经济的过

---

① 在审计署于 2013 年发布的第 32 号公告中，"地方政府性债务"被细分为地方政府负有"偿还责任""担保责任""救助责任"的三类债务。其中，政府负有偿还责任的债务是指需由财政资金偿还的债务，属政府债务；政府负有担保责任的债务是指由政府提供担保，当某个被担保人无力偿还时，政府需承担连带责任的债务；政府可能承担一定救助责任的债务是指政府不负有法律偿还责任，但当债务人出现偿债困难时，政府可能需给予一定救助的债务。后两类债务均应由债务人以自身收入偿还，正常情况下无须政府承担偿债责任，属于政府"或有债务"。但"担保责任"和"救助责任"债务主体模糊，始终难以界定清楚。参见审计署财政审计司：2013 年第 32 号公告：全国政府性债务审计结果，https://www.audit.gov.cn/n11/n536/n537/c46166/content.html，2023 年 11 月 8 日访问。

② 参见郭玉清、毛捷：《新中国 70 年地方政府债务治理：回顾与展望》，载《财贸经济》2019 年第 9 期，第 60 页。

③ 毛捷、徐军伟：《中国地方政府债务问题研究的现实基础——制度变迁、统计方法与重要事实》，载《财政研究》2019 年第 1 期，第 12 页。

④ 2023 年 7 月 24 日召开的中共中央政治局会议指出要"要有效防范化解地方债务风险，制定实施一揽子化债方案"。

程中，国家预算呈现出预算软约束⑤的特征。改革开放初期，中央对地方政府融资的态度是否定的。⑥ 在这一时期，拥有一定财政自主权的地方政府通过举债筹集资金形成的政府债务规模相当有限，因此并未产生明显的地方债问题。

为重构央地财政关系，我国于 1994 年进行了影响深远的分税制财政体制改革，将中央税、地方税、中央和地方分享税进行了税种划分。但是中央与地方通过分税制得到的税种具备显著差别，划分给中央的税种具有税基宽广、税源充足稳定的特征，而划分给地方的相对而言是税基不大但征收难度较大的税种。1994 年《预算法》以"原则禁止＋例外允许"的方式禁止地方政府举债。在这种情况下，一方面，地方政府为了能够满足经济发展和基础设施建设等方面的需求，纷纷"另谋财路"，地方融资平台融资等变相举债方式便由此而生。另一方面，中国地方政府融资平台负责人的选拔机制也会激励地方政府想方设法去拓宽债务融资渠道，展开以GDP 为核心的政治绩效竞争。⑦ 在 1994 年《预算法》明确禁止地方政府发债的情况下，中央政府及其部门鉴于地方财力不足，先是变通利用地方融资平台用于规避《预算法》禁止地方发债的规定，2009 年财政部又在应对金融危机的紧急背景下通过"代发代还""自发代还"⑧的方式进行

---

⑤ 预算软约束（soft budget constraints）是匈牙利经济学家科尔奈（Kornai）提出的概念，泛指当一个预算约束体的支出超过了它所能获得的收益时，预算约束体没有被清算而破产，而是由支持体给予救助，得以继续存活。See Janos Kornai, "Resource-constrained Versus Demand-constrained Systems", *Econometrica*，801-819（1979）.

⑥ 例如，《国务院办公厅关于暂不发行地方政府债券的通知》（1985 年）明确表示，"国务院要求各地方政府不要发行地方政府债券，望严格执行"。《国务院关于坚决制止乱集资和加强债券发行管理的通知》（国发〔1993〕第 024 号）第 3 条规定："……地方人民政府不得发行或变相发行地方政府债券。"

⑦ 参见周黎安：《中国地方官员的晋升锦标赛模式研究》，载《经济研究》2007 年第 7 期，第 36－51 页。

⑧ 财政部于 2009 年 2 月印发的《2009 年地方政府债券预算管理办法》以及于 2011 年 10 月印发的《2011 年地方政府自行发债试点办法》先后启动了地方债的"代发代还""自发代还"。

了地方政府发行债券的初步探索。如此一来，地方政府通过融资平台等举债融资便竞相出现、大行其道，其所形成的地方隐性债务风险、地方债的治乱循环至今还是解决地方债问题的痛点、难点。

**2. 法制转型：2014 年至今**

面对日趋严重的地方债问题，2013 年召开的中央经济工作会议强调，要"控制和化解地方政府性债务风险"⑨，控制和化解地方债问题由此上升到了国家经济发展的战略高度，地方债务风险防控的基调和方向也就此确定下来。2014 年是地方债法制转型的元年。全国人大常委会于当年 8 月通过了《关于修改〈中华人民共和国预算法〉的决定》修正案，明确规定发行地方政府债券是省级地方政府唯一的合法举借债务方式。⑩ 基于"亦疏亦堵"的基本思路，修正后的《预算法》"有限放开地方政府的举债权"⑪，初步搭建了地方债法律规制的框架结构。其内容主要包括：在举债主体上，只有省级政府及其授权机构有权发行地方政府债券。在举债方式上，地方政府只能通过发行地方政府债券这一唯一的合法方式进行举债融资，禁止"另择债路"，这体现了"开前门、堵后门"的理念。在债务限额上，全国人大及其常委会通过举债规模控制来对地方政府举债进行约束和监督。在债券用途上，将地方政府债券限定为补充性的地方政府财政

---

⑨　2013 年召开的中央经济工作会议强调了"控制和化解地方政府性债务风险"列为 2014 年经济工作的主要任务之一，把短期应对措施和长期制度建设结合起来，做好化解地方政府性债务风险各项工作；加强源头规范，把地方政府性债务分门别类纳入全口径预算管理，严格政府举债程序。

⑩　2014 年修正后的《预算法》第 35 条规定："地方各级预算按照量入为出、收支平衡的原则编制，除本法另有规定外，不列赤字。经国务院批准的省、自治区、直辖市的预算中必需的建设投资的部分资金，可以在国务院确定的限额内，通过发行地方政府债券举借债务的方式筹措。举借债务的规模，由国务院报全国人民代表大会或者全国人民代表大会常务委员会批准。省、自治区、直辖市依照国务院下达的限额举借的债务，列入本级预算调整方案，报本级人民代表大会常务委员会批准。举借的债务应当有偿还计划和稳定的偿还资金来源，只能用于公益性资本支出，不得用于经常性支出。除前款规定外，地方政府及其所属部门不得以任何方式举借债务。除法律另有规定外，地方政府及其所属部门不得为任何单位和个人的债务以任何方式提供担保。国务院建立地方政府债务风险评估和预警机制、应急处置机制以及责任追究制度。国务院财政部门对地方政府债务实施监督。"

⑪　朱大旗主编：《中华人民共和国预算法释义》，中国法制出版社 2015 年版，第 148 页。

资金来源渠道，并且强调地方政府债券谋求公共利益的使命价值。在举债程序上，地方政府债务必须列入预算调整方案。在债务偿还上，强调"欲借思还、有钱可还"。在配套制度上，要求国务院建立相应机制和制度来运作对地方政府债务的事前、事中和事后监管。⑫ 据此，国务院于同年 9 月印发《关于加强地方政府性债务管理的规定》（国发〔2014〕43 号，以下简称"国发 43 号文"），其目的就在于：建立"借、用、还"相统一的地方政府性债务管理机制，有效发挥地方政府规范举债的积极作用，切实防范化解财政金融风险，促进国民经济持续健康发展。

2015 年，随着修正后的《预算法》的实施，地方政府债券"自发自还"机制在全国各省级地方政府全面推行。经过 3 年政策试验期，我国便"以时间换空间"，完成了从中央政府"代发代还""自发代还"到地方政府"自主发债"的制度转型。至此，地方政府举债的"正门"完全打开，"后门"（通过融资平台公司等方式变相举债）逐步关闭。⑬ 地方政府债券"自发自还"因其具有发行规范、用途明确和还债资金有保障等优点，其规模逐步增大，成为地方政府融资的主要方式。但在地方债的治理进程中，由于对各种举债行为的规范是一个渐进的过程，地方政府出于地方财力不足、地方发展政绩等多种原因，利用政策窗口期，仍不断寻找新的变相融资模式，先后集中在土地储备、棚户区改造、社会资本合作（PPP）项目、政府购买服务、政府投资基金等方面，进行了大量的违规融资，导致在 2015 至 2017 年不到三年的时间内再次产生了至今仍无法准确测算的大量隐性债务，出现边整治边猛涨的现象。迅猛聚积的地方债风险引起了社会各界的高度关注和担忧。

---

⑫ 参见《预算法》第 35 条第 2 款、第 5 款的相关规定。

⑬ 参见毛捷、徐军伟：《中国地方政府债务问题研究的现实基础——制度变迁、统计方法与重要事实》，载《财政研究》2019 年第 1 期，第 8 页。

为此，2017 年 7 月，全国金融工作会议强调了地方债问责要求。2018 年 3 月，中共中央办公厅发文，明确将政府债务列为人大审查监督的重点内容。⑭ 在地方隐性债管控方面，中央将地方政府隐性债务管控提级到最高层政策，并将金融领域作为处理地方债问题的重点对象，着力进行地方债金融风险防范与化解。2020 年 8 月，《中华人民共和国预算法实施条例》（以下简称《预算法实施条例》）完成修改并于同年 10 月施行。新修订后的《预算法实施条例》进一步明确和细化了现行《预算法》关于地方债的有关规定。2021 年 4 月，国务院发文着重强调了防范化解地方政府隐性债务风险和健全防控问责机制。⑮ 2021 年 6 月，中共中央办公厅发文就加强地方人大对政府债务审查监督作出了明确规定。⑯ 2022 年 3 月，《中华人民共和国地方各级人民代表大会和地方各级人民政府组织法》（以下简称《地方各级人民代表大会和地方各级人民政府组织法》）完成第六次修正，将"审查监督政府债务"明确规定为县级以上地方各级人大及其常委会的法定职权之一。⑰ 2023 年 10 月，中央金融工作会议进一步强调要建立防范化解地方债风险长效机制。

## （三）我国地方债的规模现状

根据财政部的统计数据，截至 2023 年 10 月末，全国地方政府法定债务余额为 401 011 亿元⑱，首次突破 40 万亿元关口。从 2015 年到 2022

---

⑭　参见中共中央办公厅《关于人大预算审查监督重点向支出预算和政策拓展的指导意见》。

⑮　参见《国务院关于进一步深化预算管理制度改革的意见》（国发〔2021〕5 号）。

⑯　参见中共中央办公厅《关于加强地方人大对政府债务审查监督的意见》。

⑰　《地方各级人民代表大会和地方各级人民政府组织法》第 50 条规定，"县级以上的地方各级人民代表大会常务委员会行使下列职权：……（六）监督本行政区域内的国民经济和社会发展规划纲要、计划和预算的执行，审查和批准本级决算，监督审计查出问题整改情况，审查监督政府债务……"

⑱　参见财政部预算司：2023 年 10 月地方政府债券发行和债务余额情况，http://yss. mof. gov. cn/zhuantilanmu/dfzgl/sjtj/202311/t20231129_3918545. htm，2023 年 11 月 30 日访问。

年，我国地方政府法定债务余额增长了 119.13％，地方政府法定杠杆率（地方政府法定债务余额与 GDP 之比）从 23.23％增加到 29.1％。尽管地方政府法定杠杆率还处于国际公认的警戒线区间之内，但不容忽视的是，地方政府债券付息规模随着债务规模的扩大而显著增加，地方法定债务面临着巨大的偿还债务本金和利息的压力。

不仅如此，为维护地方财政的运行，地方政府还长期进行变相举债，借新债还旧债，在显性债务之外，各地还有规模庞大的隐性债务。这些隐性债务主要包括地方政府设立的政府和 PPP 项目、政府投资引导基金、政府融资平台融资、政府购买服务政策性融资、地方政府及部门基础设施和城建项目拖欠工程款等形成的政府隐性债务和中长期支出责任等。尽管官方未对外公布上述种类的隐性债务的数量，但从学界的估测来看，其规模庞大，潜在风险较高、隐患较大。如果综合考虑显性债务和隐性债务，则地方政府债务杠杆率会大幅升高。有机构估测出 2022 年我国地方政府杠杆率（地方政府法定债务＋地方政府隐性债务与 GDP 之比）高达 76.1％，超过了 60％的国际警戒线。[19] 由于各地区的债务分布不均和偿债能力各异，目前已经有部分市县偿债进入高峰期，财政承受能力和偿债能力面临严峻压力，债务风险尤其是隐性债务风险居于高位。

## 二、地方债法律规制践行全过程人民民主的理论逻辑

### （一）财政民主内含于地方债规制的逻辑遵循

全过程人民民主深刻反映了中国特色社会主义民主政治的特征，全面

---

[19] 参见西南证券研究发展中心：《润泽实体经济，"加瓦"地产新模式——2023 年中央金融工作会议点评》，2023 年 10 月 31 日，https://data.eastmoney.com/report/zw_macresearch.jshtml? encodeUrl＝PxdJlBDHVIg39vblfnV3BuD4GsTiv5ZU/ZxhOgGqEpA＝，2023 年 11 月 1 日访问。

和系统地揭示了"人民民主"作为国家治理和社会治理重要治理机制的治理特点。[20] 人民的实质参与和广泛监督是践行全过程人民民主的根本途径。在财政法领域，践行全过程人民民主要求坚持和落实财政民主，即实现"政府依民众意愿，按照宪法法律的规定，经由民主程序，运用民主的制度设计来实现对财政的有效治理"[21]。在"纳税人权利保障"的财政民主主义领域，税收法定主义的良善制度表现形态应为"纳税者有权只依照符合宪法规定程序和精神的立法承担交付税收的义务，有权基于税收法定主义的原理关注和参与税收的支出过程"[22]。结合税收法定主义来看，作为纳税人的人民真正在国家财政活动中当家作主，能够直接或通过代表机关等方式对国家财政活动进行参与、决定、管理、监督，即为财政民主的目标。在这个意义上，在财政法领域践行全过程人民民主，应遵循财政民主的底层逻辑，保障和实现人民通过法定方式对财政活动的重大事项进行实质性参与。

强调"以人民为中心"，践行全过程人民民主，是完善地方债法律规制、法治化解决地方债问题的根本价值所在。"民主既是一种守护民生的法律手段，又是惠及民生的价值追求。"[23] 我国是人民当家作主的社会主义国家，地方债作为地方政府为推进地方公共事业、实现社会整体利益而举借的债务，其使用和偿还涉及广大人民的根本利益，因此地方债运行过程应置于人民的监督之下，以充分体现人民当家作主的社会主义民主原则。[24] 人民代表大会制度和公众参与是中国现代民主的基本模式，是保障

---

[20] 参见莫纪宏：《在法治轨道上有序推进"全过程人民民主"》，载《中国法学》2021年第6期，第1页。

[21] 刘剑文：《财政监督法治化的理论伸张与制度转型——基于财政民主原则的思考》，载《中国政法大学学报》2019年第6期，第170页。

[22] ［日］北野弘久：《税法学原论》（第4版），陈刚、杨建广等译，中国检察出版社2001年版，第80页。

[23] 胡玉鸿：《全过程人民民主的法治向度阐析》，载《法学研究》2022年第3期，第212页。

[24] 参见陈骁：《经济法视角下的地方政府融资问题研究》，法律出版社2015年版，第99页。

人民参与、监督地方债运行的重要载体。人民代表大会制度是我国宪法确立的政权组织形式，"是坚持党的领导、人民当家作主、依法治国有机统一的根本制度安排"㉕，是全过程人民民主的最高制度形式㉖，是人民参与、监督地方债运行的基本制度载体。公众参与机制是社会公众深入地方债实践，支持地方债决策的重要载体。概言之，完善地方债法律规制必须坚持人民立场，以财政民主的底层逻辑，依靠人民代表大会制度和公共参与机制等载体，增强地方债规制的民主性，保障作为纳税人的人民实质参与地方债运行过程，以践行全过程人民民主。

## （二）财政法定外化于地方债规制的形式理性

"一种社会秩序的典型情形，表现为权力与法律的某种相互渗透。"㉗财政法定是财政法的基本原则，其实质是财政权的法治化，即要求构建和完善科学的财政法律体系。㉘ 财政法定是财政民主的重要实现形式，它强调财政行为在法治轨道上运行的稳定性、规范性和可预测性。"形式正义或遵守体制要求的力量，显然有赖于制度的实质性正义和改造他们的可能性。"㉙ 财政法定对地方债规制的核心意义，在于以法治方式配置和规范地方债相关权力，构建和完善科学的地方债法律体系，使地方债在法治轨道上有序运转，进而保护和实现公民财产权利和公共财政福利。

要将地方债问题向着法治化方向解决，首先要确保地方债法律制度本身的合法合理。基于全过程人民民主与财政法定的理念，法律应当将地方

---

㉕ 习近平：《论坚持全面依法治国》，中央文献出版社 2020 年版，第 71 页。

㉖ 参见封丽霞：《"全过程人民民主"的立法之维》，载《法学杂志》2022 年第 6 期，第 78 页。

㉗ ［美］E. 博登海默：《法理学——法律哲学与法律方法》，邓正来译，中国政法大学出版社 2017 年版，第 374 页。

㉘ 参见刘剑文：《论财政法定原则——一种权力法治化的现代探索》，载《法学家》2014 年第 4 期，第 22 页。

㉙ ［美］约翰·罗尔斯：《正义论》，何怀宏、何包钢、廖申白译，中国社会科学出版社 2009 年版，第 46 页。

债的概念、治理原则、举债方式、举债程序、资金用途、偿还机制、监督与问责、法律责任加以规定，以确保对地方债的发债主体、举债类别、债务限额、使用用途、债务期限、偿还来源等实行全过程的周密规制，形成严密科学的地方债法律制度。地方债法律规制还要做到程序法定，以保障财政权力在既定的地方债制度框架内有效运作，保障财政行为的透明度、公正性和规范性。[30] 有关地方债的顶层设计需要通过法定程序成为国家意志，既有的关于地方债规制的成熟经验和做法也需要上升为制度、转化为法律。因此，应在地方债实践中落实财政法定，逐步建立健全地方债法律体系，体现人民的意愿和诉求，践行全过程人民民主。

# 三、我国地方债面临的制度困境与实践难题

## （一）我国地方债面临的制度困境

我国地方债的法律规制虽然在《预算法》《地方各级人民代表大会和地方各级人民政府组织法》《预算法实施条例》等法律、行政法规中有一定程度的规定，但总的来看，还存在以下不足。

### 1. 立法分散且层次较低

目前，我国地方债立法存在明显的不足，立法分散且层次较低，尚未构成科学、严密的法律制度体系。一方面，地方债立法不够集中，呈现出分散零落的特征。现行《预算法》作为规制地方债的主要法律，直接相关的条文并不多[31]，对地方债法律框架的搭建效果并不理想。其相关法条零散分布于《中华人民共和国各级人民代表大会常务委员会监督法》（以下

---

[30]　参见熊伟：《财政法基本原则论纲》，载《中国法学》2004 年第 4 期，第 103 页。

[31]　现行《预算法》关于地方债的规定分布在第 35 条和第 94 条。

简称《各级人民代表大会常务委员会监督法》）、《地方各级人民代表大会和地方各级人民政府组织法》、《审计法》、《会计法》、《证券法》等法律中。另一方面，现行地方债制度的立法位阶整体上较低，构成现行地方债制度主体部分的是数量庞大的财政部等部门发布的一系列规范性文件。这种状况致使整套制度不具有充分的权威性和稳定性，造成了政策主治地方债的局面，弱化了地方债法治的应然机能。

**2. 《预算法》对地方债约束不周密**

现行《预算法》对地方债的约束并不周密。现行《预算法》虽有限放开了地方政府的举债权，规定地方政府可以举借债务，并初步搭建了相应的制度框架，但其对地方债的规定并不周延。现行《预算法》对"地方政府债务"没有进行明确的界定，其第 35 条第 5 款所规定的"地方政府债务"㉜应作何理解？与"地方政府债券""地方债"是何关系？至今未能明确。此外，2020 年修改的《预算法实施条例》也没有对"地方政府债务"的内涵和外延进行廓清。《预算法》只规定了省级地方政府有权发行地方政府债券，而对地方政府债券之外其他形式的地方债则缺乏相应规定。这是现行《预算法》的一大疏漏。

虽然我们并不能说《预算法》没有明文规定广义的地方债，就会导致对地方政府债券之外的其他形式的地方债无计可施，但毕竟对那些地方债的管理、控制没有在完善的预算法规制下开展，其举借、使用、偿还等就不可避免地带有不可忽视的恣意性和风险性，种类繁多的地方债至今仍在并不严密的预算法网内外长期游离穿梭。

**3. 缺少地方债专门立法**

地方债法律制度是一个以公债法为主体、多部门法律紧密衔接配合而成的整体。从我国目前的立法情况来看，地方债并没有采用专门立法的调

---

㉜ 现行《预算法》第 35 条第 5 款规定，"国务院财政部门对地方政府债务实施监督"。

整方式，而是简单规定在《预算法》中。应当注意的是，《预算法》的关注重点及规制重心并非地方债。正如有学者所言："如果让《预算法》承担公债法的全部职责无疑会偏离《预算法》的立法宗旨。"③ 事实上，学界一直在探讨制定地方债专门立法，只是在立法模式、调整对象等重点问题上存在较大争论，尚未形成统一、成熟的意见。④ 环视域外的立法现状，多个国家和地区针对地方债进行了较为详细的立法。例如，美国通过财税、金融等领域立法的方式来规制地方债。再如，日本与韩国等国家在其颁布的《地方财政法》中专门对地方债进行了规制。⑤ 笔者认为，鉴于地方债问题的错综复杂，我国有必要制定专门公债立法来规制地方债，将地方债的概念、遵循原则、发债方式、发债程序等重要内容加以规定。

### 4. 地方人大对地方债的监督乏力

从全过程人民民主视域和地方债的权力运行逻辑来看，在政府债的权力运行中，其主要的控制和监督机关应是地方人民代表大会及其常务委员会，而负责发行地方债的地方政府及其财政部门则处于被监督者的地位。因此，在应然层面上，地方人大能够对地方债进行规范、控制和监督，是解决地方债问题的非常重要的环节。

尽管《预算法》《各级人民代表大会常务委员会监督法》《地方各级人民代表大会和地方各级人民政府组织法》等法律包含地方人大审查监督地方债的相关条文，但由于缺少关于地方人大审查监督地方债的相对细致、明确的规定，实践中地方人大往往不能依法获得足够且真实的地方债运行

---

③　熊伟：《预算管理制度改革的法治之轨》，载《法商研究》2015 年第 1 期，第 15 页。

④　参见华国庆：《中国地方公债立法研究》，载《安徽大学学报（哲学社会科学版）》2010 年第 4 期，第 132 - 139 页；谭波：《破解我国地方债问题的法治思考》，载《中州学刊》2015 年第 8 期，第 50 - 54 页。

⑤　日本《地方财政法》对地方债的规定，参见王朝才编译：《日本财政法》，经济科学出版社 2007 年版，第 53 - 58 页；韩国《地方财政法》对地方债的规定，参见贾康等：《财政制度国际比较》，立信会计出版社 2016 年版，第 281 页。

的基础资料和信息。这导致地方人大作为控制、监督主体的地位形同虚设，其对债务预算的审查、监督权被弱化，无法建立严密有力的审查监督机制，更遑论对违法违规发债、滥用债款行为进行责任追究。

### 5. 公众参与机制不完善

公众参与是现代民主政治的重要形式，"与人民代表大会制度一道，构成中国现代民主的基本模式"㊱。改革开放四十多年来，公众参与逐渐深入社会治理实践，成为政府决策、国家治理的重要内容和正当性支持。但遗憾的是，在地方债务的治理中，公共参与机制并没能在实践中发挥应有的作用，社会公众还不能通过不同渠道实质性地参与到地方债的决策运行过程中来。目前地方债的公共参与机制并不能实质性地约束地方政府公权力的行使，这无形中放任和助长了地方政府官员盲目、变相举债的胆量和欲望。

### 6. 地方债问责制度不健全

虽然《预算法》和"国发43号文"等文件都要求建立、落实地方债责任追究制度，但在法律层面，现行《预算法》并没有对地方债的责任追究作出实质性的规定。2020年10月施行的《预算法实施条例》第94条也仅规定：各级政府、有关部门和单位有突破一般债务限额或者专项债务限额举借债务行为的，责令改正；对负有直接责任的主管人员和其他直接责任人员，依法给予处分。但相关具有可操作性的地方债问责法律及机制并未建立起来。

实践中对地方债违法违规行为进行责任追究，主要依据仍然是国务院于2004年出台的《财政违法行为处罚处分条例》。㊲ 该条例所规定的内

---

㊱ 姜明安：《公众参与与行政法治》，载《中国法学》2004年第2期，第28页。

㊲ 《财政违法行为处罚处分条例》（国务院令第42号）规定，由县级以上财政部门、审计机关行使处理、处罚决定，由监察机关或者任免机关给予行政处分，涉及党员干部的，另外进行党纪处理。

容，明显滞后于现行《预算法》所确立的地方债制度框架，甚至与现行《预算法》的相关规定相抵触。因此，无论是从法律位阶上还是从实践需要上，该条例都已经不能承担起作为对地方债违法违规行为进行责任追究的主要依据的重任。

单纯地依赖有过时之嫌的国务院行政法规以及缺乏体系性的财政部若干规范性文件，难免会由于立法层次不高、可操作性不强、机制与现实脱节等因素而难以对地方债违法违规行为进行强有力的、实质性的责任追究，导致地方政府在举债过程中的权力没有受到周密严格的约束，出现违法违规行为也没有受到应有的责任追究。在这种宽松甚至无拘束的状态下，地方政府极易对筹借来的债务资金不珍惜，挥霍浪费起来也不心疼。

（二）我国地方债面临的实践难题

**1. 债务风险难以实质性化解**

根据中央文件的定义，地方债风险是由于地方政府已经或者可能无法按期支付政府债务本息，或者无力履行或有债务法定代偿责任所引发的财政金融风险。[38] 在 2014 年《预算法》修改之前，地方政府没有法定的举债融资权限，纷纷"另谋财路"，通过地方融资平台等法外渠道变相举债，这些数量巨大的法外债务由国务院将其显性化而形成法律上的地方债，但官方至今未公布这些存量债务的范围和统计数据。根据"国发 43 号文"的规定，显性化的地方存量债务主要通过政府置换债券的形式进行偿还。但实践证明，政府置换债券具有数量不足、难于应对复杂债务形式（种类）、难以避免产生新债等方面的困境，置换任务未能完成。

2014 年《预算法》修改实施以来，地方政府按照其规定发行地方政府债券进行新的融资举债，新的地方债增加，而化解地方存量债的工作仍

---

㊳　参见《关于地方政府性债务风险应急处置预案的通知》（国办函〔2016〕88 号）。

然没有完成。这不免引起社会各界对地方政府存量债务规模及化解难度的疑虑和担忧。由于地方政府仍需实质上对既往规范清理的存量违规债务承担偿还责任，"即最终还是由政府全额买单，而那些未转化的地方存量债务则成为地方隐性债务，其相应的风险也进一步传导下来"[39]。近些年来，地方债偿债压力越来越大，甚至于偿还债务利息都举步维艰。而为维护财政安全平稳运行，政府只能不断变相举债，"拆东墙补西墙"，"借新债还旧债"，政府地方债风险呈"滚雪球"效应，一旦没有足够的资金进来维持运转，造成资金断链，地方财政"爆雷"恐难避免。目前，我国已出台一些措施来缓释地方债风险，并取得一定成效，但尚未对地方债问题有实质性的解决，"雪球"还在高速滚动，风险依然高企难下，地方债风险防范化解的形势相当严峻，如果处理不当，经济社会的平稳运行将受到严重影响，更遑论保障和推动地方经济和公益事业的发展。

**2. 法外举债融资行为频现**

自地方政府陷入"旧债未偿，又借新债"的困境以来，地方隐性债务一直是地方债务风险化解工作的重心和难点，中央对其一向保持高压态势，学界对如何化解既存隐性债务也进行了深入探讨[40]，各地按要求积极开展存量隐性债务的化解工作并取得一定成效，如广东和北京已先后如期实现"清零"目标。如果地方隐性债务不新增，全国实现隐性债务"清零"大概不会太遥远。但理想很丰满，现实仍骨感，时至今日，地方政府变相举债增加隐性债务的情况仍时有发生。在地方融资平台融资这一传统隐性举债方式被整治收紧的情况下，一些地方政府"招数翻新"，转而通过医院、学校等事业单位融资，令事业单位、国有企业扮演了新的政府融

---

[39] 徐清飞：《地方隐性债务风险的法律防控》，载《法商研究》2019年第6期，第115页。

[40] 参见赵全厚、赵泽明：《我国地方政府隐性债务化解再认识与再探讨》，载《地方财政研究》2021年第3期，第4-9页。

资平台的角色，以企业、事业单位债务形式增加隐性债务。对此，中央已经着手并责令地方进行整治。

地方政府法外融资增加隐性债务的行为之所以屡禁不止、隐秘翻新，除地方财力存在不足的原因外，一个非常重要的原因就在于地方举债权力未受到周密约束而导致隐性举债的思维和冲动一直存在。只要不从公债制度、监督体制、追责机制上规范举债权力以消弭地方政府隐性举债的欲望和冲动，今后地方政府增加隐性债务的"新招数"还会层出不穷、花样翻新。

### 3. 地方债资金使用的质量效益低下

地方债问题严格来说，不患规模，而患运用。地方债是由地方政府以其公权信用筹借并承担偿还责任的，其主要使命是实现地方公共利益。如果地方债资金使用规范得当，保障并促进了公共利益的实现，其隐含的公共风险自然随之下降，不会聚积起来；如果没有使用好，没有正作用于当地经济，债务风险就会累积、上升。诚如有学者指出的那样："地方债风险是难以通过债务规模去进行衡量和判断的，关键是要看如何使用。"[41]因此，保证并提高地方债资金的使用质量以发挥其积极效益，这本身就是防范、化解地方债务风险的强有力途径。

在中央严肃财政纪律、严治举债乱象的背景下，地方债资金使用的质效依然走低，这一问题不容轻视。一方面，受预算软约束、政绩压力等因素的长期影响，一些地方仍然没有端正对债务偿还和使用质效的态度，债务资金使用的低质、低效问题时有发生，如将债务资金投向公益度低的项目，阻碍了社会整体利益的促进。另一方面，部分地方存在不作为、慢作为、乱作为现象，债券发行使用进度慢，对债务资金闲置、挥霍甚至挪用、贪污，导致债务资金的应有效果未能充分发挥。究其根本原因，就在

---

[41] 刘尚希：《地方政府债务风险的本质与防范》，载《清华金融评论》2020 年第 8 期，第 33 页。

于地方政府在举债过程中的权力没有受到周密、严格的法律规制，出现违法违规行为时其也没有受到应有的责任追究。

# 四、全过程人民民主视域下地方债法律规制的完善理路

## （一）重塑理念：注重法治化与阶段性

地方债问题的法治化解决，是践行全过程人民民主、实现国家治理法治化的应有之义。法治是规则之治，强调地方债的法治化解决应当树立起注重债务治理的规范性与债务治理的阶段性相配合、相衔接的理念。一方面，树立法律主导下的多元共治理念，将多元主体共治格局进行制度化，使地方债在法治轨道上有序运转；另一方面，秉持缓急有致、循序渐进的理念，尽快以救急性手段妥善解决现阶段亟须解决且能够解决的地方债化解问题，并稳妥推进深层次的、涉及根本问题的制度完善。

### 1. 树立法律主导下的多元共治理念

实现法律主治是解决地方债问题的不二法门，可以有效提高地方债的预算硬约束并降低地方债风险，使地方债在法治轨道上有序运转。共治是践行全过程人民民主的地方债法律规制的重要理念。从本质来说，共治就是要"以人民为中心"，"借助法治的统合能力来融合政府的权威机制、市场的平等交换机制和社群的自治机制，将国家法和社会成员在互动中确立的规则形成一套规则体系"[42]。化解地方债是一项系统性工程，只有形成多元共治格局，才能使地方债在法治轨道上有序运转。地方债治理是由具有相应权力的主体依法推进的，因此应当将多元主体共治的权力格局予以

---

[42] 杜辉：《面向共治格局的法治形态及其展开》，载《法学研究》2019 年第 4 期，第 22 页。

制度化、法定化。一方面，应当基于"责、权、利、效相统一"㊸的原理科学设计相关公权力部门在化解地方债方面的权限、方式与程序；另一方面，应当设计系列具体制度来保障和促进地方债治理中的地方人大审查监督与公众参与机制之健全与落实，确保其能够实质性地参与地方债的控制与监督。

**2. 秉持缓急有致、循序渐进的理念**

"地方债实践长期处于解决旧问题和出现新问题的循环中。"㊹ 在时间维度上，解决地方债问题将是一场逐步探索可行路径的持久战，不可能毕其功于一役；在内容层面上，解决地方债问题是一个极其复杂的系统性工程，需要完善法律法规，进行周密制度设计，不可能施一策而竣其工。基于地方债问题的动态性与实践性，笔者认为，完善地方债法律规制务必要秉持缓急有致、循序渐进的理念，要分清哪些是现阶段亟须解决的问题，哪些是需要长期探索的领域。因为现阶段亟须解决的问题是缓释当前高企的地方债风险，这些问题亟须通过救急性手段予以解决；需要中长期探索的则是深层次的、涉及根本的制度问题，这些工作难以在短期内妥善完成。对此，可以从短期操作、中期举措和长期探索三个维度来设计地方债法律规制的推进路径。

（二）短期操作：以救急性手段缓释当前地方债风险

完善地方债法律规制，短期内要"防火救急"，即运用救急性手段来缓释当前高企的地方债风险，"以时间换空间"，减轻地方政府短期偿债压力。一是妥善处理平台存量债务。要对平台存量债务相应项目的性质进行

---

㊸ 刘文华主编：《经济法》（第 6 版），中国人民大学出版社 2019 年版，第 52 页。

㊹ 高艳、肖娜、周其鑫：《中国地方政府债务研究脉络与展望》，载《统计与信息论坛》2022 年第 3 期，第 118 页。

识别，分清项目是经营性的还是公益性的。对于经营性项目产生的平台存量债务，应该通过加强项目管理，提高项目收入以保障及时还本付息；而对于公益性项目产生的平台存量债务，地方政府应在法定职权范围内相机抉择，通过预算资金安排、债务展期、资产盘活、引入社会资本等合法方式妥善处理。二是坚决遏制新增隐性债务。严堵地方政府违法违规举债融资的"后门"，需着力加强风险源头管控，硬化债务预算约束，严格地方建设项目审核，严控新增项目融资行为，强化地方国有企事业单位债务融资管控，杜绝新增隐性债务。三是依法、科学制订融资平台转型方案。平台公司应结合当地经济发展实际情况和平台公司的经营状况，依法依规、科学设计转型方案，避免出现"一刀切"做法。四是完善常态化、全覆盖的地方债监测机制。加强部门间信息共享和协同监管，加强数据比对校验，实现对地方债监控范围的全覆盖。

（三）中期举措：逐步增强地方债法律规制的民主性

人民的广泛参与性是全过程人民民主的鲜明特质。以全过程人民民主指导完善地方债法律规制，就要建立多数人治理的民主机制，拓宽人民群众有序参与渠道，扩大人民群众知情权、表达权、监督权，有效保证人民通过各种途径和形式广泛、持续、深入参与地方债实践过程。[45] 这需要以强化地方人大对地方债的审查监督实效以及构建地方债的公共参与机制为重点，并辅以一系列配套制度来实现。

**1. 强化地方人大对地方债的审查监督实效**

立法和监督是宪法赋予人大的两项重要职权，是推动人大工作的两个轮子。在地方政府债务的权力运行中，主要的监督机关是地方人民代表大

---

[45] 参见周佑勇：《大变局下中国式民主的制度优势与宪法保障》，载《中国法学》2023年第1期，第62页。

会及其常务委员会，负责发行地方债的地方政府及其财政部门处于被监督者的地位。党中央在 2021 年 6 月发文就推动地方人大对地方债务审查监督提出了工作要求。⑯ 要加强地方人大对地方债监督的实效性，应切实落实《预算法》《各级人民代表大会常务委员会监督法》《地方各级人民代表大会和地方各级人民政府组织法》的相关规定，通过立法将通过融资平台公司等方式的举债项目、债务管理及债务偿还等全部纳入地方人大的审查监督范围，实行全口径预算管理，强化对地方债的预算监督，以增强对地方债正当性的合法性审查，同时也可以有效避免政府官员借举债寻租的现象发生。

**2. 构建地方债公共参与机制**

要在地方债实践中提高"全过程人民民主"的治理效能，则应当构建地方债公众参与机制，这与权利保障的理念是高度契合的。为适应具体情境中的个别性和复杂性，可以向公民与社会团体赋权进行制度创新，确保社会公众可以通过不同渠道实质性地参与到地方债决策运行过程中来，以践行全过程人民民主理念。笔者认为，应当将我国的地方债治理与参与式预算相结合，确立一套系统的公众参与债务预算制度实施体系，从而看紧政府的"钱袋子"。在公债立法、执法、司法、守法等法治建设各个环节各个方面，都需要不断创新公众参与的方式方法，充分调动人民群众参与解决地方债问题的积极性、主动性、创造性，使地方债实践深深扎根于人民的创造性实践中。⑰

**3. 推进地方债绩效监督法治化**

作为财政效果反映的绩效，不仅体现政府的主体绩效和行为绩效，也

---

⑯ 参见中共中央办公厅《关于加强地方人大对政府债务审查监督的意见》。

⑰ 参见周佑勇：《大变局下中国式民主的制度优势与宪法保障》，载《中国法学》2023 年第 1 期，第 62 页。

体现法律的实施绩效，在根本上体现的是社会整体利益的实现情况。在地方债规制中，绩效在一定程度上既反映了地方债法律制度实施的效果，也反映了地方债运行对地方社会整体利益的实现情况。在这个意义上，地方债绩效与"责、权、利、效相统一"之"效"是表与里的关系，通过对地方债绩效的运用和考察，既可以衡量或评估地方债对地方社会公益的推进情况，也可以保证并提高地方债的使用质量和效益，防范和化解财政金融风险。推进人大主导的地方债务绩效监督法治化，需要以完善地方债的法律规制作为根本前提。我国未来应建立"绩效导向"⁴⁸的全过程、全周期的地方债管理绩效综合评价制度体系，通过规范化的绩效监督来促进地方债对地方社会整体利益促进作用的发挥。

对地方债进行绩效监督，需要格外注意绩效评价本身的缺陷。绩效是只是一种针对特定对象的量化的、描述性的反映和评价，其客观程度和精准程度均不能得到完全保证。换言之，绩效评价在本质上与客观公正没有天然联系，其过程和结果会因规则、操纵等因素而南辕北辙，所以"绩效之绩效"也是要进行监督的。在这个意义上，在地方债领域推进绩效监督法治化，需要着重考虑如何避免绩效评价被权力所操纵，让债务绩效能够最大限度地反映地方债对社会整体利益的保障和促进之程度。这也是落实责、权、利、效相统一原则的必然要求。

### 4. 健全地方债责任追究制度

"问责制度的要义在于每一个扮演一定角色的社会成员都承担相应的义务和权责，并加以常规化的督促，若有违背或落空则必当追究，不允许脱法。"⁴⁹ 在我国政治体制下，掌握、运行地方债权力的实际主体是地方

---

⁴⁸ 冀云阳：《新时代地方政府债务管理改革研究：从预算管理到绩效治理》，载《经济学家》2021年第2期，第62页。

⁴⁹ 史际春、冯辉：《"问责制"研究——兼论问责制在中国经济法中的地位》，载《政治与法律》2009年第1期，第2页。

政府主要负责官员，因此官员的个人利益亦是地方债利益不可忽视的重要组成部分。这类利益主要包括政绩利益和灰色利益：政绩利益关乎官员仕途，灰色利益直指权力寻租、贪贿腐败，给地方债运行带来了极大的不稳定因素甚至危害，需要严加监管并防范、问责官员在举债过程中对这类利益的片面追求。因此，制定明确的、可操作性的问责法律、法规制度，是落实地方债问责机制的必要条件。

为防范地方债问题及其风险，应该依法做到对地方官员问责的精准性、严格性，促使其在作地方政府举债关键决策时，更加谨慎、规范。除《监察法》《预算法》《各级人民代表大会常务委员会监督法》等一般性规定外，对地方债违法违规行为进行责任追究，需要在公债法等法律、法规中明确制定具有可操作性的实质性规定，至少应当明确追责主体和问责主体（对象）的确定和职责、违法违规举债行为的构成要件、追责过程、责任类型等内容。

### 5. 建立地方政府财政重整制度

"地方财政重整是我国地方政府运用有限财政自主权提高政府偿债能力以保障财政可持续性的地方债风险应急处置机制。"[50] 地方政府财政重整制度主要适用于地方政府发生严重债务危机事件时的财政急救，是对地方政府财政的应急处置和重新安排，而非地方政府的破产，因此需要在维持政府正常有效运转、维护社会整体利益的基础上，实现地方政府对财政责任的独立承担。[51] 在我国的法治语境下，有必要通过立法的方式创设地方政府财政重整制度以防范和应对地方债的违约风险。[52] 国务院于 2016

---

[50]　胡光志、王璐：《论地方财政重整及其法治进路》，载《甘肃社会科学》2020 年第 4 期，第 139 页。

[51]　参见华国庆、盛钧俣：《我国地方财政重整制度的释评与完善》，载《安徽大学学报（哲学社会科学版）》2019 年第 1 期，第 101 - 107 页。

[52]　参见李帅：《国家治理现代化视域下地方政府财政重整制度研究》，载《郑州大学学报（哲学社会科学版）》2020 年第 5 期，第 34 页。

年发文提出了地方政府财政重整制度的雏形，但是该文存在立法层级不高、相关概念使用不规范、程序设置不周延等问题，因此，有必要在对国务院文件进行整合的基础上构建我国地方政府财政重整制度，这也是化解地方债违约风险的必要路径。

### （四）长期探索：完善地方债法律体系 推进治理法治化进程

时至今日，我国地方债的具体问题的解决，主要仍靠国务院、财政部等政府部门出台的系列规范性文件来调整，这些文件立法层次低、变动性大、约束力不强，实属治标不治本的权宜之计。而要实现地方债问题的根本性、法治化解决，关键要务是建立健全科学、严密的法律制度体系，这才是固根本、稳预期、利长远的完善之策。

#### 1. 强化《预算法》对地方债的原则性约束

现行《预算法》有限放开地方政府的举债权，规定允许地方政府举借债务，并初步搭建了相应的制度框架结构，但其对地方债的规定并不周延。从预算法治的角度出发，欲将地方债周而治之，务必要完善预算立法，修改相关条文来强化《预算法》对地方债的原则性约束，从而织就一张形体合适、严密结实的预算法网。"人民（纳税人）公共需要的最大化实现是国家预算的最高利益。"[53] 我国《预算法》应然的立法宗旨是：规范预算行为，加强对预算的管理、监督和控制，提高预算资金效益，防范和化解财政风险。[54]《预算法》的关注重点以及规制重心虽然并不在地方债，但其统筹财政收支的平衡法的性质决定了其有关公债（包括地方债）界定的原则性规定对整个公债法律制度具有奠基性作用，是关于公债法律

---

[53] 朱大旗：《从国家预算的特质论我国〈预算法〉的修订目的和原则》，载《中国法学》2005年第1期，第75页。

[54] 参见朱大旗：《从国家预算的特质论我国〈预算法〉的修订目的和原则》，载《中国法学》2005年第1期，第79页。

制度体系的顶层设计。笔者认为，《预算法》对于地方债应从更广义角度进行定义，即明确地方债是由地方政府承担偿还责任的公共债务，进而强化《预算法》对地方债规制的周延性。在此基础上，研究制定地方债专门法律、做好具体原则和制度设计，而现行《预算法》第35条、第94条的相关内容，可以考虑转移或整合到专门法律中进行优化设计，以确保《预算法》对地方债的强有力的周延性、原则性约束。

**2. 研究制定地方债专门法律**

在完善《预算法》以形成其对地方债周延性、原则性规定的基础上，鉴于全过程人民民主理念的要求以及地方债问题的复杂性，我国有必要制定专门立法来规制地方债，将地方债的概念、治理原则、举债方式、举债程序、资金使用、偿还机制、监督与问责、法律责任等作为其中的重要内容加以规定，以确保对地方债的主体、举借、限额、用途、期限、偿还等实行全过程的周密规制，形成严密的地方债法律制度，加强地方债法律规制的规范化与体系化。

（1）地方债立法的整体考量。

地方债既非国债也非一般私债，且不同于传统公权行政，选择何种规范组成地方债法律规范体系，很大程度上决定着法律控制效力发挥的范围。[55] 实现地方债问题的法治化解决，需要联结宪法、经济法、财税法、金融法、行政法、公司法等多部门法律综合调整，而专门法律的出台显然更有利于提高法律规范的融贯性和明确性。

立法机构应当使公共准则表达一个融贯的正义与公平体系。[56] 研究制定地方债专门立法的首要问题是确定其价值取向，因"不同的价值理念、不同的价值期望以及不同的价值回应，都在一定程度上影响着立法过程和

<hr />

[55] 参见王世涛：《地方债的法律控制研究》，知识产权出版社2020年版，第166页。
[56] 参见［美］罗纳德·德沃金：《法律帝国》，许杨勇译，上海三联书店2016年版，第174页。

法律的实施"[57]。在法治视野下，财政法律制度是由权力和权利两面集合而成的，地方债专门立法也应遵循这一原理。笔者认为，地方债立法应当秉持的价值取向有二：权力制约和权利保障。

一方面，地方债立法应当秉持权力制约的价值取向。地方政府的举债权力对于社会整体而言也是一种义务，是一种职责，其运用应当为社会整体谋求利益最大化，以免权重责轻诱发盲目举债、隐性举债、债务违约等聚积债务风险的不法决策和行为。从我国地方债的制度环境和实践历程来看，今后地方债治理的核心是约束控制公权力，尤其是各级行政权力。申言之，地方政府举债本质上属于举借公共债务的公法行为。这意味着地方债法律规制的重心不在于保障缔约自由和私法自治，而是对公权力从各个环节加以约束和限制。在我国的现实实践中，行政权力在地方债管理中长期保持一家独大的地位，弱化了其他治理力量。因此，地方债立法应当通过对行政权力的周密规范和限制来改变长期以来的"文件施政""政策主治"模式。以权力限制为中心的地方债法律控制组织由立法机关、行政系统内部的监督机关、外部社会组织及公民个人三部分组成。[58] 环视域外，德国、英国、美国、波兰等国均通过制定较为完善的法律体系来约束地方债行为。[59] 因此，地方债专门立法对地方债的规制要体现对公权力的周密约束，并配套严格的执行机制来确保权力制约机制的有效运行，促使公权力遵守其法定界限。

另一方面，地方债立法应当秉持权利保障的价值取向。现有地方债法律规范的突出问题是公民权利保障思维的缺失，表现在地方债的发行、使用、偿还的过程中对公民权利的漠视。从财税制度法治化出发，财政民主

---

[57] 江国华：《论立法价值——从"禁鞭尴尬"说起》，载《法学评论》2005年第6期，第84页。

[58] 参见王世涛：《地方债的法律控制研究》，知识产权出版社2020年版，第167页。

[59] 参见王婷婷：《财政责任视野下的地方政府债务治理研究》，中国法制出版社2017年版，第184页。

的实现以财政权受到法律控制为基础，财政监督具有保障民主视野下的财政权法律控制的功能。⑥ 公众参与"与人民代表大会制度一道，构成中国现代民主的基本模式"⑥。对地方债法律制度进行完善的理想状态，应为公民在整个过程中的参与、监督，由此全过程民主治理机制的确立和展开，即为地方债法律规制着力完善的方向。

（2）研究制定公共债务法并设地方债专章。

地方债专门立法的适当途径和形式是研究、制定公共债务法并设地方债专章。第一，统一立法可以节约我国公共债务立法和实施的成本。第二，从规范调整的范围来看，地方债发行、分类、偿还、监督、惩处均属法规范作用领域。因此，我国应当由全国人大来制定统一的公共债务法，设专章对地方债的主体、举借、限额、用途、期限、偿还等实行全过程规制。第三，在公共债务法地方债专章中规定公共参与、绩效监督、责任追究、财政重整等制度，体现和贯彻地方债规制的民主性、法治化与体系化。

当然，仅研究制定公共债务法设专章的做法并不足以对地方债周而治之，需要建立一个衔接配合、协调完善的法律规范体系。一方面，公共债务法地方债专章应当与《宪法》《预算法》《各级人民代表大会常务委员会监督法》《地方各级人民代表大会和地方各级人民政府组织法》《审计法》《会计法》《证券法》等有关法律相协调，尤其是与《预算法》相协调。在规制地方债方面，《预算法》与公共债务法的规制重点和规制深度各有不同：《预算法》关于公共债务的规定较为原则、抽象，重在保障预算的收支平衡，而公共债务法的规定则较为细化、具体，重在规范发债、使用、

---

⑥ 参见刘剑文：《财政监督法治化的理论伸张与制度转型——基于财政民主原则的思考》，载《中国政法大学学报》2019年第6期，第169页。

⑥ 姜明安：《公众参与与行政法治》，载《中国法学》2004年第2期，第28页。

偿还等具体运作全程。这就需要统筹公共债务法的具体规定与《预算法》的原则性规定，使其有机衔接、配合，"强强联手"，共同实现对地方债的周密约束和有力规制。另一方面，需要梳理、整合国务院以及财政部等部门的大量规范性文件，制定专门的地方政府债券发行管理条例，详细规定地方政府债券发行基本原则、发行种类、发行程序、发行信息披露，以及资金使用、债务偿还、违约处置、法律责任等内容。

# 论公司生存权和发展权原则

## ——兼议《公司法》修改<sup>*</sup>

## ——兼议《公司法》修改[*]

刘俊海[**]

## 一、引　言

　　画龙点睛的法律原则堪称法律之灵魂或基因。无论是信奉判例法传统的英美法系，还是致力于推动法典化的大陆法系，都在探索公司法的基本原则。缺乏基本原则的公司法只是群龙无首、一盘散沙的枯燥条文而已，缺乏逻辑的一贯性、体系的严密性和解释的稳定性，难以被信仰和敬畏。为推进我国公司法现代化同时增强我国公司法全球竞争力，《公司法》应确认四项基本原则：一是尊重与保障公司的生存权和发展权；二是保护股东权利，弘扬股权文化，提振投资信心，鼓励投资兴业，预防资本外流；三是保护公司债权人，维护交易安全，降低交易成本，加速商事流转，防范金融风险；四是赋能公司社会责任，善待利益相关者，优化商业模式，实现多赢共享，倡导义利并重。其中，公司生存权和发展权原则居于四大原则之首。

　　* 本文系全国人大常委会法制工作委员会 2019 年度重点课题"公司法修改研究"的核心研究成果。本文成稿于 2021 年年初，原载于《清华法学》2022 年第 2 期。本文发表后，2023 年 12 月 29 日，第十四届全国人民代表大会常务委员会第七次会议修订通过了《公司法》，本文多项建议被新《公司法》采纳。如无特别说明，本文中出现的《公司法》具体条文对应的《公司法》，均为 2018 年《公司法》。

　　** 中国人民大学法学院教授，法学博士。

遗憾的是，受制于历史条件的局限性尤其是宜粗不宜细的立法技术，《公司法》至今尚未在总则中系统规定公司生存权和发展权原则，亦未在分则中予以充分落实。该原则的语焉不详导致公司法历次修改都不同程度存在"头痛医头，脚痛医脚"的现象，有些制度设计背离了公司法核心原则。公司的生存权和发展权在公司的登记、监管和裁判实践中也易于被忽视、限制或剥夺。随着习近平法治思想的提出、新发展理念的落实、社会主义市场经济体制的完善、对中国特色现代企业制度的探索，系统提炼并确立尊重与保障公司的生存权和发展权为公司法的首要原则已是水到渠成之事。

## 二、尊重与保障公司的生存权和发展权的重要性

### （一）公司细胞的活力决定着市场经济的整体活力

经济发展质量取决于公司质量。作为市场经济干细胞的公司堪称核心商主体，是承载股东、消费者、职工和社区等利益相关者核心利益的命运共同体。美国哥伦比亚大学前校长巴特勒（Nicholas Murray Butler）曾盛赞公司："我深思熟虑地断言，公司制度是现代社会最伟大的独一无二的发现。"[①] 经济活力取决于微观企业细胞的活力。习近平总书记在2020年7月21日召开的企业家座谈会上强调："市场主体是经济的力量载体，保市场主体就是保社会生产力。"《中华人民共和国国民经济和社会发展第十四个五年规划和2035年远景目标纲要》（以下简称《"十四五"规划和2035年远景目标纲要》）也强调"培育更有活力、创造力和竞争力的市

---

① William Meade Fletcher，"Cyclopedia of the Law of Private Corporations"，vol. 1, *Callaghan*，1917，p. 43.

场主体"。

## （二）个人生存权和发展权对公司生存权和发展权的思想启迪

生存权和发展权是首要基本人权。[②] 我国《宪法》第 33 条第 3 款强调："国家尊重和保障人权。"发展权既被法律制度确认，也是新发展理念的组成部分。《"十四五"规划和 2035 年远景目标纲要》确定的 2035 年远景目标之一就是人民的"平等发展权利得到充分保障"。生存权和发展权也是公司首要权利。自然人的生存权和发展权与公司的生存权和发展权有关联也有不同。其一，权利性质不同。前者有人格权和人身权属性，蕴含人格和精神利益，属人权范畴；后者有财产权属性，蕴含商业利益，属商事权利范畴。其二，主体有异。前者限于自然人；后者专属公司法人。其三，准据法迥异。前者主要受民法和社会法保护，后者主要受公司法和商法保护。其四，价值目标不同。前者追求人本主义、民本主义和人道主义价值观，强调社会公平原则；后者追求公司盈利能力和竞争力最大化，强调市场效率原则。二者都是民事主体享有的私权，且紧密相连。公司的生存权和发展权惠及人的全面发展，有助于创造就业、增加收入、提高产品质量、增加税收、支撑社会保障和公共服务体系、承担社会责任、推进共同富裕、善待各类利益相关者。而自然人的生存权和发展权有助于推动公司可持续发展。资本是财富之母，劳动是财富之父，消费是财富之源。共同富裕的实现、消费和投资能力的增强、劳动技能的提升都有利于涵养公司发展生态、优化营商环境。因此，自然人的生存权和发展权与公司的生存权和发展权相辅相成，良性互动，并行不悖。

---

② 参见国务院新闻办公室：《发展权：中国的理念、实践与贡献》，载《人民日报》2016 年 12 月 2 日，第 10 版。

（三）《民法典》第 206 条第 3 款首次确认市场主体（含公司）发展权的划时代意义

《民法典》第 206 条第 3 款首次确认了市场主体发展权："国家实行社会主义市场经济，保障一切市场主体的平等法律地位和发展权利。"其中的"市场主体"不是抽象的经济学概念，而是具体的法律概念，特指《市场主体登记管理条例》规范的公司和非公司企业法人等商事主体。

有学者认为，该条款意在讨论作为公有制和非公有制经济上位概念的经济制度（而非法律拟制主体）的发展。此说值得商榷。从立法谋篇布局看，该条居《民法典》第二编"物权编"第一分编"通则"第一章"一般规定"之中。第 206 条第 1 款强调社会主义市场经济体制等社会主义基本经济制度，第 2 款重申"两个毫不动摇"的法治定力，上述两款在《宪法》第 6 条、第 7 条、第 8 条和第 11 条已有规定。而该条第 3 款规定的市场主体发展权是《民法典》创设的全新法律概念，是对上述两款的充实与发展。从条款间的内在逻辑看，《民法典》第 206 条由宏观的基本经济制度到中观的竞争中性政策，再抵达微观的商事主体发展权，层层递进，浑然一体，既是政治宣誓，更是法律承诺和制度安排。立法者行文至第 3 款时未对前述两款作同义反复的循环论述，而是秉持问题导向意识，直击市场主体面临的发展痛点。该条款承上启下，接地气、惠民生、固根本、稳预期、利长远，是对商事主体发展权的顶层制度设计，也是《公司法》确认公司发展权的根本遵循。

关注和保护市场主体发展权是《民法典》的中国特色和时代特色之一，也是我国对世界民法法典化和现代化所作的重大贡献之一。全国人大常委会副委员长王晨指出，"我国民事法律制度建设一直秉持'民商合一'

的传统，把许多商事法律规范纳入民法之中"③。民法典是一般法、公司法是特别法。《民法典》第206条第3款为《公司法》尊重和保障公司的生存权和发展权指明了方向，预留了制度接口。为增强公司活力，构建民法典和公司法无缝对接、同频共振的良性互动关系，建议《公司法》将公司生存权和发展权落地生根，避免将其虚化悬空或使其陷入空转状态。

### （四）公司的生存权内涵

公司生存权指公司一旦有效成立，就有权免于在缺乏法律依据或未履行法定程序的情况下被随意解散、清算和注销。公司生存权的核心要义有三：一是公司有权出生，股东可自由设立公司；二是公司有权长期甚至永久存续，公司可基业长青、长盛不衰；三是公司有权免于被非法褫夺法律人格，法律拟制的公司法人资格神圣不可侵犯。一言以蔽之，公司有权出生并继续活着。公司生存权的存在价值既在于公司的重要社会功能，更在于公司卓然独立于股东、董事、监事与高管（以下简称董监高）和实际控制人（以下简称实控人）的法律人格。独立法律人格包括独立的民事权利能力、民事行为能力和法律责任能力，独立的法人利益和意志，独立的意思决定机关（如股东会和董事会），独立的对外意思表示机关（法定代表人）和意思执行机关（管理层）。

作为法律拟制的商法人和商主体，公司缺乏自然人生理和心理意义上的大脑和灵魂，但仍有独立的决策和自治能力。公司决议机关反映公司意志，代表公司利益，体现公司文化。公司遵循股东一股一票、董事一人一票、少数服从多数（股东会资本多数决和董事会人头多数决）和民主制衡

---

③ 王晨：《关于〈中华人民共和国民法典（草案）〉的说明》，2020年5月22日在第十三届全国人民代表大会第三次会议上，载中国人大网2020年5月22日，http://www.npc.gov.cn/npc/c35181/202005/f2088c3131704978947b289827ccd7fc.shtml。

等原则作出的决策通常比自然人决策更理性、专业和高效。公司机关决议被拟制为公司理性意思自治并受法律尊重的前提是有利于促进公司生存和可持续发展；否则，决议就缺乏正当性和合法性。若决议内容损害公司生存权和发展权，股东和董事等适格主体有权提起公司决议无效确认之诉。

### （五）公司的发展权内涵

公司法既要尊重公司的生存权，也要保护公司的发展权。前者是公司法追求的初级目标，旨在维持公司存续、延长公司生命；后者是公司法追求的高级目标，旨在提高公司竞争力，追求公司事业的繁荣昌盛和兴旺发达。公司发展权强调公司有权在不违反强制性法律规定和公序良俗的前提下，积极参与市场资源配置，自主创新发展模式，全面提升核心竞争力，理性追求财产利益和品牌利益的均衡发展。公司发展权的核心内涵有三：一是公司有权决定自身发展目标；二是公司有权选择适合自身情况的发展战略；三是公司有权自主享受和支配发展成果。

公司发展权不是单一权利，而是丰富多彩的权利束，包括法人财产权（如物权、债权、股权、知识产权、信托受益权、虚拟财产权和大数据权等）[④]、商誉权、发展战略规划权、自主经营权、投资权、融资权、公平交易权、自由竞争权和并购重组重整权等诸项内容。公司有权确定公司宗旨（目的），创新商业模式，决定数字化和全球化方案，构筑产业链供应链合作体系，扩大资本和雇工规模，研发新技术新产品，变更经营范围，开展自由竞争，抵制垄断行为，选择交易伙伴，推行公平互惠交易，进入资本市场，开拓消费品市场，开展对外投资，寻求融资通道，组建公司集团，转变组织形式，开展并购重组，扩大经营平台，选择最佳治理体系，量身定制章程等自治法，决定利润分配和公积金提列，投身公益事业。

---

④　参见刘俊海：《网络虚拟财产的权利属性及继承》，载《人民司法》2020年第4期，第4—8页。

## （六）国外有关公司生存权和发展权的立法例和学术探索

德国《股份公司法》总则未提及公司可持续发展原则，但其第 87 条意味深长："就上市公司而言，薪酬结构的确定应定位于促进公司可持续发展。"该条款立意高远，直击企业可持续发展的核心利益，并试图运用利益捆绑机制将董事薪酬与公司发展目标紧密挂钩。

为缓解新冠疫情给英国企业界造成的巨大经营压力，英国国会于 2020 年 6 月 26 日通过了《公司支付不能与治理法》。英国商业能源和产业战略部起草的立法说明承认，该法旨在增加公司生存机会。其主要制度变革有三：一是提高破产制度灵活性，在保护供应商的同时允许公司获得喘息之机，以探寻公司纾困方案、实现公司生存概率最大化，债权人在此期间不得催债；二是临时冻结破产法部分条款的执行，支持董事在不承担个人责任的前提下在公司危困期间继续开展经营，保护公司免于被债权人采取极端激进的讨债措施；三是在公司登记和公司会议要求等方面采取临时放宽的便利化措施。⑤ 该法修改了 1986 年破产法，并在 2006 年公司法中增设第 26A 章"财务困境公司的债务整理和重组"。这种坚决拯救公司于危难之秋的服务型、精细化、务实性的立法理念，值得赞赏。

经济合作与发展组织（OECD）推出的 2015 年版《G20/OECD 公司治理原则》第四章强调公司财务业绩的可持续性："公司治理框架应确认法律或协议创设的利益相关者权利，并鼓励利益相关者和公司积极合作，以创造财富、就业和企业良好业绩的可持续性。"⑥ 英联邦公司治理协会推出的 1999 版《英联邦公司治理准则指引》第 3 条也倡导董事会明确公

---

⑤ See House of Lords, *Corporate Insolvency and Governance Bill Explanatory Notes*, June 2020, https://publications. parliament. uk/pa/bills/lbill/58 - 01/113/5801113en. pdf.

⑥ OECD (2015), *G20/OECD Principles of Corporate Governance*, OECD Publishing, p. 34.

司的目的和价值观，确定有助于实现公司目的及践行公司价值观的战略，以确保公司的生存和发展，并确保公司资产和声誉的保护程序与实践得到落实。该准则虽非法律⑦，但有助于推动英联邦公司治理获得最佳实践。

国外公司法学者近年来也开始关注公司生存权和发展权的极端重要性。英国学者艾蔻斯（Eccles）和优曼斯（Youmans）指出："董事会义务对应的权利主体是公司自身。作为独立法人实体，公司有两项基本目标：生存和发展。股东价值不是公司目标，而是公司经营活动的结果。"⑧美国学者列文（Levin）等人综合运用商业策略、生物学和复杂系统论等跨学科方法研究了公司生存的生物学问题，认为自然生态系统的经验教训普适于公司；有些上市公司的失败源于未能适应日益复杂的环境、误读变动不居的环境、错选发展战略、缺乏增强公司活力的措施和能力。他们主张赋能公司活力的复杂适应性系统应遵循六项原则：保持人员、思想和努力的异质性；维持松散型组合式要素结构；保持组成要素的充足性；期待惊喜，但减少不确定性；创设反馈环和适应性机制，以确保创新的变动、选择和推广；改善商业生态中的信任和互惠机制。⑨

（七）公司生存权和发展权原则贯穿整部公司法体系和全部公司生命周期

我国具有尊重和保障生存权和发展权的优良传统。为落实创新、协调、绿色、开放、共享的新发展理念，借鉴国际先进立法例、判例和学说，建议新《公司法》将充分尊重与有效保障公司的生存权和发展权、促

---

⑦ See Commonwealth Association for Corporate Governance, *Principles For Corporate Governance In the Commonwealth*, November 1999, p. 7, https://www. aprmtoolkit. saiia. org. za/documents/the-standards-library/194-atkt-principles-corporate-governance-commonwealth-1999-en/file.

⑧ Robert G. Eccles & Tim Youmans, *Materiality and the Role of the Board*, in International Corporate Governance Network ed. , ICGN Yearbook 2016, pp. 41 – 42.

⑨ See Martin Reeves, Simon Levin & Daichi Ueda, "The Biology of Corporate Survival", 94 *Harvard Business Review* 46, 46 – 55 (2016).

进公司生存维持与可持续发展明确为公司法的首要原则。该原则是公序良俗的有机组成部分，也是习近平法治思想在公司法领域的具体体现。该原则既应叙明于公司法总则，更应洋溢于整部公司法字里行间，贯穿公司法整体规范体系，覆盖公司"从摇篮到坟墓"的整个生命周期。与该原则抵触的民事法律行为无效，与之抵触的行政法律行为应被撤销和纠正。除了公司生存权和发展权原则，公司法还遵循保护股东权利、维护交易安全和善待利益相关者这三项核心原则。这四项原则和而不同、同频共振，但归根结底都落脚于公司的可持续发展。

## 三、以公司的存活率与竞争力为导向的公司登记制度重构

### （一）公司登记制度改革的成就与不足

作为鼓励大众创业、万众创新的先手棋，2013 年《公司法》大胆改革公司登记制度，降低公司准入门槛，原则上废除法定最低注册资本制度，将注册资本实缴制转变为认缴制，取消了货币出资的最低限制和法定验资程序。但公司登记实践也暴露出一些短板。我国公司竞争力总体不强，僵尸公司数量不菲。据统计，在我国 2000 年至 2013 年新设企业中，半数企业"年龄"不到 5 岁。[⑩] 据天眼查发布的《2020 年第一季度全国企业大数据》，我国 2020 年一季度有 46 万家企业在此期间注销或吊销，其中约 57％存活时间不足 3 年。[⑪] 公司登记实践中还存在宽严失度的制度漏洞：该放开的，尚未完全放开放活；该管住的，尚未彻底管住管好。

---

⑩　参见成慧：《半数企业"年龄"不到五岁》，载《人民日报》2013 年 7 月 31 日，第 10 版。

⑪　参见封面新闻：《今年第一季度全国企业大数据：新增 322 万家企业》，载新浪网 2020 年 4 月 2 日，https://k.sina.com.cn/article_1496814565_593793e502000qmz0.html。

## （二）公司登记的"放管服（扶）"三重功能

公司登记是有效市场与有为政府无缝对接的最佳制度抓手，是登记机关职能转变的关键，事关公司进退和治理、股权、债权、公众知情权及社会信用体系建设的大局。因此，公司登记制度是公司法的核心制度。为充分体现公司生存权和发展权友好型理念，登记机关必须放管结合、寓管于服，充分发挥"放管服（扶）"的三重功能，避免三者相互脱节或同时失灵。

"放"旨在简政放权和鼓励自治，扩张公司经营自由，增强公司活力。登记机关要包容公司理性自治，尊重营商自由和商业判断，鼓励个性化章程设计，允许公司自由选择最佳治理结构和规则并转换和重构组织形式。一些登记机关因担心个性化章程的合规风险而拒绝登记，导致千企一律的"傻瓜"章程现象，极易诱发公司治理僵局，亟待纠正。有些大公司亟须设立多位法定代表人，有些公司亟须董事长、执行董事或经理外的适格人士出任法定代表人。但有些登记机关以《公司法》第 13 条为强制性规范为由，拒绝确认和配合公司法定代表人的自由选择和变更登记，影响了公司业务拓展。建议允许公司设立复数或专职的法定代表人，法定代表人可由董事或经理外的人士担任。[12]

"管"旨在激活公司理性自治机能，厚植公司诚信，遏制风险外溢。登记机关既要采集和公示公司信息，也要预防市场失灵、提高公司质量、维护交易安全。登记机关要努力提升公司设立质量。鉴于滥用注册资本认缴制的空壳公司现象贬损了公司制度公信力，鉴于公司成立后实缴出资遥遥无期的承诺意味着股东缺乏投资的善意和诚意，鉴于股东有义务认缴和实缴注册资本，为提高公司设立质量，建议弥补注册资本认缴制漏洞，限

---

[12] 参见刘俊海：《新〈公司法〉的设计理念与框架建议》，载《法学杂志》2021 年第 2 期，第 4 页。

定认缴资本实缴最长期限为 5 年。

"服"旨在提高登记服务质量，提升公司竞争力。登记服务要锦上添花，更要雪中送炭。若股东会决议依法更换董监，但反对股东拒绝到登记机关办理签字手续，登记机关可建议公司就股东会决议的真实性和合法性办理公证手续，然后为其办理登记手续。而若登记机关拒绝办理登记，新任董监就会因无法办理变更登记而无法履职或在履职时与前任董监产生权力冲突，甚至形成"双头董事会"或"双头监事会"格局。在公司控制权变更和法定代表人更迭后，新任法定代表人前往公司登记机关办理登记时，若登记机关苛求变更登记申请表由登记在册的前任法定代表人签字，新任法定代表人就会因前任拒不配合签字而无法履职，纵容前任在变更登记完成前滥用代表权、以公司名义但实际上为私利而签约、举债或作保，加剧公司风险。

### （三）公司登记行为的公共信息服务属性

学界对公司登记行为的性质有行政确认说和行政许可说之争。[13] 有人主张行政许可是现状，行政确认是趋势。有人主张将行政许可转为行政登记，但回避了登记性质。行政许可说的主要法律依据是《行政许可法》第12 条第 5 项，即允许对企业设立等需要确定主体资格的事项设定行政许可。[14] 学者对该立法例颇有微词，认为该条款在法理上割裂了行政许可的目的与设立公司从事生产经营活动的社会意义。由于行政许可旨在防止危

---

[13]　参见徐晓筠：《市场主体注册登记行政审查理论重构》，载《中国市场监管研究》2016 年第 7 期，第 55 - 57 页；胡利明：《商事登记的行政法分析》，载《中州大学学报》2016 年第 6 期，第 55 - 56 页；章剑生：《行政许可审查标准：形式抑或实质——以工商企业登记为例》，载《法商研究》2009 年第 1 期，第 98 - 103 页；许海建：《工商登记审查路径研究——基于〈行政许可法〉的分析》，载《河北青年管理干部学院学报》2019 年第 6 期，第 72 - 73 页。

[14]　参见俞斌：《商事登记立法的三个先决问题》，载《中国市场监管研究》2021 年第 2 期，第 58 - 61 页；张弘、于洋：《行政许可转化为行政登记研究》，载《江西社会科学》2014 年第 1 期，第 141 - 147 页。

害公共利益的行为，而设立公司从事生产经营活动并不危害公共利益，公司设立领域的行政许可的工具性价值与目的性价值无法和谐，导致公司登记行政许可性质理据不足。[15] 而且，行政许可说仅针对公司设立登记，无法解释其他登记类型的性质。

行政许可说以行政权取代了公司发起人的民事权利，吞没了公司设立环节的私法自治，未充分尊重公司生存权和发展权，不符合现代公司自由设立主义潮流。而行政确认说降低了登记机关滥用自由裁量权的风险，但其致命缺陷在于：行政确认意味着登记机关对被登记法律关系和法律事实的实质确认和信用背书，而登记机关恰恰对自己的确认能力缺乏自信；否则，登记机关也不会竭力主张自己只要尽到形式审查义务即可免责。难怪有些登记机关对本应提供的登记信息录入和查询等服务畏首畏尾，唯恐在审查登记信息的真实性、准确性、完整性和合法性时违反了主体法定、职权法定和程序法定的法治政府要求。结果，登记机关要么无理拒绝办理本应提供的公司登记信息录入服务，要么对公司登记申请资料吹毛求疵，变相拒绝提供公司登记服务。

为鼓励投资兴业，国务院于 2014 年 2 月 7 日印发的《注册资本登记制度改革方案》（国发〔2014〕7 号）已确立民事法律行为和登记行为间的源流和本末关系："尊重市场主体民事权利，工商行政管理机关对工商登记环节中的申请材料实行形式审查。"虽然国外公司登记机构中有些是法院（如德国法院），有些是商会（如荷兰商会 KVK），还有些是政府部门（如美国州务卿），但很少将公司登记行为明确为行政许可、行政确认或司法确认。如 2016 年版《模范商事公司法》第 1.25 条第 4 项规定："州务卿依本条规定履行的文件备案的职责是事务性的；州务卿对文件予以备案或

---

[15] 参见王妍：《公司登记行政许可性质的法理探究》，载《法学论坛》2009 年第 3 期，第 52—57 页。

拒绝的行为并不创设以下推定：文件符合或不符合本法要求；文件中的信息正确或不正确。"因此，州务卿的登记或备案既非行政许可，也非行政确认，而是缺乏裁量权的纯粹事务性行为。这一思路值得借鉴。

鉴于行政许可说或行政确认说易致公司登记效率低下或登记服务失灵，建议重新厘定公司登记行为性质，淡化其行政权运行的行政行为属性，凸显其采集和公示公司信息的服务技术属性。除非法律另有特别规定，公司登记行为的本质是面向公众提供公司登记信息的法定垄断性公共信息服务，这既非涉及裁量权的行政许可，亦非对登记文件合法性予以信用背书的行政确认。公共信息服务说既尊重私法自治及公司生存权和发展权，也能降低登记机关的诉讼风险；既保护善意相对人对登记信息的合理信赖，也创设登记信息对抗非善意第三人的对抗力，可谓一举多得。[16]

鉴于纯粹的形式审查标准会削弱登记机关的责任意识和专业水准，建议将其升级改版为审慎的形式审查标准。登记机关在办理登记业务中应尽到专业理性人应尽的合理审慎的形式审查义务。该义务既非过于宽松的形式审查义务，也非严苛的实质审查义务。登记申请人对登记信息负有瑕疵担保义务。登记机关要审慎审查申请登记文件的真实性、相关性、准确性和完整性，但不承担登记信息瑕疵担保义务，更不担保登记在册文件所载法律关系内容的合法性。股东、董事和债权人等利益相关者若认为公司登记文件（如章程和决议）的内容违反强制性规定或公序良俗，可诉请法院或仲裁机构确认无效，此与登记机关无涉。若登记工作人员因故意或重大过失而实施了错误登记，利益相关者受损，登记机关应承担国家赔偿责任，但有权向过错人员内部追偿。

---

[16] 笔者在 2020 年 7 月 13 日和 8 月 6 日中国法学会商法学研究会召开的《商事主体登记管理条例（草案）》研讨会上曾主张将公司登记行为界定为公共信息服务行为，并将公司章程列入法定登记信息范围。

# 四、公司自治失灵时公司生存权友好型的裁判理念

## （一）公司自治和裁判权的双重失灵风险

公司法只保护公司理性自治，但公司理性并非与生俱来的先验先觉。在公司外部不公平的市场竞争交易秩序的挤压和公司内部控制权膨胀的双重压力之下，公司自治机制在实践中常被扭曲甚至陷入失灵状态。公司自治会失灵，裁判权不应失灵；否则，会出现公司自治权和裁判权的双重失灵。裁判权的核心使命是重新激活公司理性自治机制，康复公司活力。

倘若裁判权漠视公司生存权和发展权原则或同案不同判，就会出现公司自治和裁判权的双重失灵难题。其一，旨在救济公司治理失灵的股东代表诉讼机制尚未被激活。股东代表诉讼派生于公司诉权，公司诉权又源于公司利益直接受损、股东利益间接受损的事实。因胜诉利益回归控制权人掌控的公司，与胜诉股东无缘，股东普遍缺乏提起股东代表诉讼的动力。其二，公司对赌条款争讼的裁判权失灵。外部股东与公司签署对赌条款的主要目的是在公司未能如期在资本市场完成 IPO（公开发行并上市）、借壳上市或未能完成约定财务业绩时，绕开减资和分红的法定条件和程序，直接从公司获得股权回购款、投资收益补偿甚至双重利益。公司对赌条款扭曲了外部股东作为债权人或股东的法律角色，威胁公司生存权，损害公司债权人利益，源于公司自治失灵，也会导致裁判权失灵。其三，法定代表人越权签署对外担保合同争讼的裁判权失灵。有些并非公司债权人的相对人利用公司自治失灵和公司治理漏洞，故意与越权法定代表人签署担保合同，约定由公司为他人债务提供担保或增信。由于法定代表人越权签署担保合同时缺乏公司章程或决议的授权且公司并未从担保义务中受益，公

司外部人的合同权利与公司权利之间极易产生冲突。由于价值观和裁判理念的差异，同案不同判现象在所难免。其四，中小股东权利和公司生存权发生冲突时的裁判权失灵。中小股东一旦遭到控制股东、实控人和管理层的压榨排挤，就无法共享投资回报，也无力扭转控制权人"挟公司以令中小股东"的公司自治异化局面，更无法以公允价格退出公司。对走投无路的受害股东而言，鱼死网破的解散公司之诉很容易成为首选诉讼策略并获法院支持，但裁判者若贸然解散公司，也会严重伤害职工、消费者、当地社区及其他利益相关者。

公司无论是蒙受内部控制权人侵害，还是在经营困顿中面临外部投资人的对赌权利诉求，无论是被迫承担对非债权人的无对价和非自愿的单务担保债务，还是在公司僵局中面临由股东控制权之争带来的司法解散厄运，都警醒和敦促裁判者登高望远，雪中送炭，在尊重公司生存权的基础上提供对症下药的救济方案，扭转公司生存权、发展权的缺位和虚位现象，消除合同法和公司法之间的制度冲突，破解公司自治、法治和德治的三重失灵难题，促进全体股东和利益相关者多赢共享的公司利益共同体的维持和发展。从未来趋势看，审批权、禁止权和处罚权等传统公权力应保持谦抑性，但以定分止争为核心的裁判权应逐渐扩张。《法国民法典》第4条禁止法官以法无明文规定或规定不明为由拒绝裁判民事案件，实源于市场经济对裁判权的刚性需求。自党的十八届四中全会强调推行立案登记制改革以来，公司法争讼立案难现象已基本扭转。为实现开门立案、凡诉必理，建议增强《公司法》的可诉性、可裁性和可执行性，充实程序性规范。裁判权包括法院司法权和仲裁机构仲裁权。裁判权肩负着维护、救济和修复公司理性自治机制及促进公司可持续健康发展的神圣使命。

（二）捍卫公司可持续发展利益的股东代表诉讼机制的激活

公司可持续发展利益是股东利益之根和利益相关者福祉之源，是公司法保护的核心法益。公司善治的根本价值追求就是盘活公司内外制度资源，实现公司可持续发展利益最大化。公司遭受公权侵害时可提起行政诉讼，遭受控制股东、实控人或管理层滥用公司自治之苦时可提起民事诉讼或仲裁。但若控制权人操纵公司对内决策权和对外代表权、紧扼公司维权呐喊的喉咙，受害公司就会因治理机制失灵而无力启动维权程序。作为赋能公司自我维权的紧急预案，公司法基于公司理性自治理念，例外授权善良的适格股东代表受害公司提起股东代表诉讼。这种矫正型公司权利救济机制不依赖常态型公司对内决策和对外代表机制，但本质上仍属公司理性自治范畴中的制度安排。

为遏制公司治理失灵导致的公司利益被蚕食现象，必须激活股东代表诉讼。其一，建议确认胜诉股东的胜诉利益分享权，以褒奖其维护公司利益的公益之心与担当之德。其二，为激励中小股东捍卫公司利益，建议法院判令败诉被告（而非公司）承担胜诉股东因参加诉讼而预付的全部合理费用（律师费、保全费、财产保全保险费、差旅费和案件受理费等）。该等费用仅在被告缺乏执行能力的例外情形下由公司承担。《最高人民法院关于适用〈中华人民共和国公司法〉若干问题的规定（四）》［法释〔2020〕18 号，以下简称《公司法司法解释（四）》］第 26 条保护胜诉股东对公司的合理诉讼费用的补偿请求权，旨在减轻原告股东负担，但副作用是降低被告失信成本、增加公司负担。既然公司是胜诉利益受益人，胜诉原告支付的合理诉讼费用理应由败诉被告承担。原告股东即使败诉，若提起股东代表诉讼并非出于恶意，也属虽败犹荣的善意原告，公司有义务补偿其垫付的合理诉讼费用。其三，为预防控制股东、实控人或法定代表人操纵股东代表诉讼，建议立法者要求被列为诉讼第三人的目标公司在诉讼程序中始终保持消极中立的静默态度。股东提起代表诉讼乃因受害公司陷入聋哑状态，无法作出并表达符合自己最佳利益的意思表示。受害公司代理人若在法庭上矢口否认公司受害事实，则违反对受害公司的诚信义务，并非公司适格代理人，而是与被告恶意同谋、操纵公司意志的失信背信侵权者。其四，为提升小股东维权的获得感，建议在股东直接诉讼与股东代表诉讼的请求权竞合时，鼓励股东优先提起直接诉讼，以实现自益权与共益权无缝对接。其五，为消除公司集团治理隐患、降低集团内部多重代理链条的道德风险，建议引入多重代表诉讼，允许位于公司集团金字塔塔尖的母公司的中小股东依法对子公司、孙公司或曾孙公司的侵权或违约责任主体（包括附属公司的控制股东、实控人和董监高等）提起二重以上的多重代表诉讼。

（三）目标公司与外部股东对赌行为对公司可持续发展的消极影响及效力反思

在实践中，有些裁判文书确认公司与外部股东签署的对赌条款有效，判令惨淡经营的公司向外部股东支付巨额股权回购款和投资收益补偿款，导致不少公司雪上加霜，面临破产清算的灭顶之灾。一波三折的同案不同判现象更加重了目标公司对赌条款对公司生存权发展权的消极影响。

对赌条款乃是外部股东与公司签署的增资扩股协议书或股权转让协议及其补充协议中约定的在公司无法如约 IPO、借壳上市或实现约定业绩目标时，外部股东可从公司或其创始股东、实控人、董监高及其配偶等关联人处获得业绩补偿或股份回购款的投资退出条款。为保护公司可持续发展能力，裁判者理应采取差异化二元论：一是基于资本维持原则，确认外部股东与公司对赌条款无效；二是基于契约精神，公司法不禁止外部股东与创始股东、实控人和董监高等公司外第三人对赌。此类对赌条款不侵害公司生存权、发展权和公司债权人利益，固属契约自由范畴。

遗憾的是，在"瀚霖案"和"扬锻案"直接或间接承认公司与外部股东对赌条款有效的影响下，最高人民法院 2019 年 11 月 8 日公布的《九民纪要》第 5 条认为，投资方在请求公司回购股权时违反《公司法》第 35 条、第 142 条和第 177 条第 2 款的，仅导致诉请被法院驳回，不影响对赌条款效力。笔者认为，此说值得商榷。

其一，目标公司所签对赌条款无效。《公司法》第 35 条、第 142 条和第 177 条第 2 款旨在落实资本维持原则、促进公司可持续发展、保护外部债权人利益，均为效力性规范。目标公司所签对赌条款因违反效力性规范、侵害公司的生存权、发展权，损害公司的债权人利益而属于无效。

其二，公司对赌条款即使有效，也很难跨越减资或分红的法定门槛。依《九民纪要》第 5 条第 2 款，外部股东请求公司回购股权时须履行减资程序。在董事会拒绝或怠于召开股东会作出减资决议时，投资款大部计入资本公积金的外部股东难以达到《公司法》第 40 条第 3 款和第 101 条第 2 款规定的自行召集和主持临时股东会的 10% 门槛。即使外部股东顺利自行召集和主持临时股东会，创始股东的控制权仍可有效阻挠临时股东会作出减资决议。即使创始股东产生恻隐之心，异议债权人也会敦促公司清偿到期债务并就未到期债务提供担保。依该纪要第 5 条第 3 款，外部股东请求公司承担金钱补偿义务时尚须满足《公司法》第 35 条和第 166 条设置的法定条件和程序。若公司无利润或利润不足以补偿外部股东，外部股东诉请就会全部或部分被法院驳回。

其三，公司和外部股东签署的对赌担保合同无效。从债务（或有债务）也是债务。曲线对赌与直接对赌对公司生存权、发展权和公司债权人利益的损害并无二致。公司就股东对赌债务担责后固然有权向对赌股东追偿，但未必能追偿成功。股东若果有反担保实力，自可直接就外部股东的对赌债务提供担保。

其四，鉴于公司对赌条款无效且不可行，建议《公司法》疏导名股实债难题。该乱象源于股权和债权的角色错位。作为治本之策，建议《公司法》重申股权劣后于债权的基本原则，明确投资者或为股东，或为债权人的二元化法定类型，禁止投资者基于同一投资法律事实同时取得股东和债权人双重身份。股东无权优于债权人从公司取回投资款或固定投资收益，无权要求公司违反法定减资程序而回购股权。为确保投资安全、预防投资风险、选准目标公司，投资者要善于运用大数据、大分析、人工智能和区块链等信息技术，提高尽调质量，不再和目标公司签署望梅止渴的对赌条款。投资者要关注与其签署增资协议的目标公司法定代表人代表权限（或代理人代理权限）、章程、公章和相应决议的真实性和合法性，也要关注公司的商业模式、生产经营状况、财务状况、发展潜能和公司文化，更要见微知著地善于从电表、水表、社保表和纳税表等公司大数据中捕捉关键信息。

### （四）公司为他人债务作保对公司可持续发展的消极影响及效力反思

失信法定代表人未经公司民主决议的授权，擅自以公司名义对外签订担保合同、为他人债务提供担保的乱象损害公司及股东利益，加剧公司经营风险，削弱公司竞争力，纵容债权人授信时的疏忽懈怠和机会主义心理，是制约公司可持续发展的重大隐患。《公司法》第16条、第104条、第121条与第148条就公司对外担保确立了"原则禁止、例外允许、严格规制"的政策，但实施效果不彰。对前述法律规范性质的聚讼纷纭触发了同案不同判乱象。甲说将其解为效力性强制规范；乙说将其解为管理性强制规范；丙说将其解为任意性或倡导性规定；丁说则回避规范性质之争。

根据效力性规范说，法定代表人越权担保合同无效。此说以广东省高级人民法院在"中国信达资产管理股份有限公司深圳分公司诉深圳市赛臣软件科技有限公司等借款合同案"中的裁判为代表。该判决否定了《公司法》第16条属公司内部治理规范、不应调整公司对外关系及该规定不属效力性强制规定的观点。⑰ 反对说认为，法定代表人越权担保合同有效。最高人民法院在"熊某等诉姚某等股权转让纠纷上诉案"中指出，《公司法》第16条是公司对内的程序性规定，并不涉及公司外第三人的审查义务。⑱ 该院在"安徽省投资集团控股有限公司等诉中原银行股份有限公司濮阳开州路支行借款担保合同纠纷案"中认为该条款旨在限制公司主体行为，防止实控人或高管损害公司、小股东或其他债权人利益，不属于效力性强制规范，不能仅以违反该规定为由否定担保合同的效力。⑲

《九民纪要》虽关注被越权代表公司及其中小股东诉求，但刻意回避《公司法》第16条的效力性规范性质，仅认为越权担保构成越（无）权代表，难以标本兼治。最高人民法院2020年12月31日发布的《关于适用〈中华人民共和国民法典〉有关担保制度的解释》仍未明确公司对外担保决议制度为效力性规范。根据该解释第7条，公司的法定代表人违反公司法关于公司对外担保决议程序的规定，超越权限代表公司与相对人订立担保合同，人民法院应当依照《民法典》第61条和第504条等规定处理。

笔者力主效力性规范说。其一，该说尊重与保护公司生存权和发展权，有助于根除法定代表人损害公司核心利益的萧墙之祸，维护公司核心竞争力。公司为他人作保时并非主债务人，担保行为并非双务有偿交易。其二，该说体现了法人决议制度与法定代表人制度的设计本意，有助于理顺公司内部决议权与外部代表权之间的源流、本末与主从关系，回归法定代表人的本真法律角色。其三，该说促进了公司民主治理与契约理性自由的有机融合，有助于扭转商事裁判"去公司法化"现象。其四，该说将公司对外担保决策纳入民主透明理性的法治轨道，有助于确保公司量力而行、适度为保、索取反担保。其五，该说有助于提高担保有效性，培育理

---

⑰ 参见广东省高级人民法院（2012）粤高法民二终字第19号民事判决书。
⑱ 参见最高人民法院（2017）最高法民终字第610号民事判决书。
⑲ 参见最高人民法院（2017）最高法民申字第370号民事裁定书。

性审慎债权人。诚实理性的债权人应放弃损人利己的机会主义心理，尊重担保公司自愿作保的真实意思表示，耐心等待对方深思熟虑的担保决策。其六，该说有助于精准寻求并均衡保护债权人、担保公司及其中小股东的最大利益公约数，同步追求交易安全、投资安全与公司发展的三大价值目标。[20]

鉴于法定代表人越权滥保破坏公司可持续发展能力，侵害中小股东权益，建议立法者原则上禁止公司为他人债务作保。除非法律或章程另有相反规定，法定代表人或代理人以公司名义签署的对外担保合同一概无效，相对人可请求行为人履行债务或赔偿损失，但与公司无涉。即使章程例外允许公司对外担保，法定代表人签署担保合同仍须获得公司决议授权；否则，担保合同无效，除非公司决议予以追认或担保合同构成表见代表。

## 五、敬畏公司生存权的公司解散和设立无效案件裁判理念

### （一）尽量不解散公司的裁判职业道德底线

在公司争讼案件中，法院和仲裁机构堪称公司"医院"，法官和仲裁员就是公司"医生"。裁判者的天职是秉持好生之德，救死扶伤，康复公司生命，保护股东及公司其他利益相关者权益。裁判者在公司解散、破产案件及设立无效案件中要审慎而积极地行使自由裁量权，尽量维持公司生命力、增强公司免疫力、提高公司竞争力：对可解散可不解散的公司，坚决不解散。对可清算也可重整的公司，坚决鼓励重整。少破产、多和解，少清算、多重整，少解散、多兼并，要成为统一裁判理念。考评破产法官

---

[20] 参见刘俊海：《公司法定代表人越权签署的担保合同效力规则的反思与重构》，载《中国法学》2020年第5期，第223-242页。

业绩时，既看清算案件的数量，也看和解与重整案件的质量。这就需要将《公司法》与《企业破产法》无缝对接。在公司治理僵局案件中，裁判者要尽量寻求既不解散公司又能打破僵局的两全之策，缩短公司休克期，尽快让公司复苏生命。

### （二）打破公司僵局诉讼中调解方案的多元性和开放性

股东纠纷化解不应以解散公司为代价。即使发生公司僵局，也不应轻易解散公司。并非所有僵局都不可逆转和化解。基于尊重公司生存权的理念，《公司法》第182条严格限制法院解散公司的条件和程序。仅在公司经营管理发生严重困难，继续存续会使股东利益受到重大损失且不能通过其他途径解决时，持股10%以上的股东方可诉请解散公司。竭尽其他救济途径的要求微言大义，既是股东提起解散公司之诉的前置程序，也表明了法院在裁判解散公司前必须尽最大努力寻求替代措施的法定义务。替代化救济手段包括股东查账、损害赔偿、强制分红、公司分立、股权转让和股东退股等。

代替解散公司的首选方案是保障知情权。股东查账本身不是终极目的，而是增强受害股东谈判能力、重启股东理性博弈、促进公司良治的有效手段。受害股东在不丧失股东资格的前提下，有权积极推动公司不断优化共建共治共享的治理格局，打造休戚与共的公司利益共同体。因此，尊重和保护股东知情权是化解股东争议、凝聚股东共识、优化公司治理的有效手段。不过，受害股东要终结控制权的滥用模式、转变控制权人贪婪专断的思维方式绝非一日之功。

损害赔偿是第二优选方案。民事赔偿既有制裁侵权人、补偿受害人、奖励维权者、警示潜在侵权人、教育全社会和慰藉公众心理的六大功能，也不以解散公司为代价，受害股东更不丧失股东资格。保全受害股东的股东资格和公司生命，倒逼控制权人慎独自律，改恶向善，以免重蹈覆辙。要激活受损股东对滥用股东权利者的索赔权制度，必须精准认定股东权利尤其是控制权的滥用事实。

强制分红是第三优选方案。为矫正公司分红的自治机制失灵，《公司法司法解释（四）》第15条大胆导入例外强制分红的裁判规则。即使原告股东未提交股东会分红决议，但若存在违法滥用股东权利导致公司不分配利润、给其他股东造成损失的极端情形，法院也要支持原告诉请。强制分红既赋权弱势非控制股东分享公司发展成果，又保全股东资格和公司生命，且无解散公司的副作用。

公司分立（公司分家）是化解公司僵局并延续公司生命的第四优选方案。"一山难容二虎"，公司分立有助于化解公司僵局风险，根除股东宿怨，突出分立公司的专长和特色，既未"灭绝"公司生产力，也未"葬送"股东资格和投资机会。原单一公司主体裂变为相互竞争的两家以上公司后，公司固有市场份额重新洗牌，分立后公司的竞争力短期会削弱、长期会增强，消费者选择空间得到扩大。

进退自由的股权转让是第五优选方案。股权受让人包括所有股东，也包含公司外第三人。但对外转股必须尊重其他股东的优先购买权。鼓励股权流转的市场化资源配置手段既能彻底根除受害股东和公司及其他股东间的"恩怨"，亦不消灭公司人格，更不剥夺购股股东的股东资格和投资收益机会。其美中不足有二：退出公司的受害股东与公司美好未来失之交臂，股权转让款的公允性也往往面临挑战。

一拍两散的股东退股（股东价值评估权）是第六优选方案。公司向原告股东定向回购股份，受害股东收回投资、丧失股东资格，但公司的法人资格和生命得到延续。《公司法》第74条规定的股东退股门槛较高，退股人仅限于三类股东会决议的异议股东：公司连续5年不分红，而公司该5

年连续盈利且符合法定分红条件；公司合并、分立、转让主要财产；章定营业期限届满或其他解散事由出现，股东会决议修改章程使公司存续。鉴于严苛的公司僵局构成要件会降低受害股东滥权概率，退股应成为解散公司的最后方案选择，裁判者不宜苛求受害股东同时满足前述法定退股条件。

## （三）裁判者在调解公司僵局案件中的理性能动思维

基于尊重公司生存权和发展权的理念，《最高人民法院关于适用〈中华人民共和国公司法〉若干问题的规定（二）》［法释〔2020〕18 号，以下简称《公司法司法解释（二）》］第 5 条强调法院审理解散公司诉讼案件时应注重调解。公司经调解收购原告股份的，应自调解书生效之日起 6 个月内将股份转让或注销。但《公司法司法解释（二）》第 5 条对调解方案类型语焉不详。为丰富调解工具箱，《最高人民法院关于适用〈中华人民共和国公司法〉若干问题的规定（五）》（法释〔2020〕18 号）第 5 条新增公司分立的调解方案，要求法官在审理有限责任公司股东重大分歧案件时注重调解，鼓励当事人通过协商以六种方式解决分歧：公司回购股份；其他股东受让股份；他人受让股份；公司减资；公司分立；其他能够解决分歧，恢复公司正常经营，避免公司解散的方式。遗憾的是，该条款仅适用于有限责任公司。

上市公司股票自由交易，但新三板股票交易并不活络，其他股份有限责任公司的股份流动性更弱。闭锁性股份公司陷入僵局时也应准用保护中小股东和慎用解散公司手段的裁判规则。建议扩大调解适用范围，裁判者要树立公司生命至上、敬畏公司生命的裁判理念，妥当行使释明权，积极协助两造寻求化解股东纠纷并促进公司发展的两全方案。由于公正的裁判结果源于对法律条文、合同依据、章程条款、商事习惯和法理的追根溯源以及对证据真实性、合法性、关联性和充分性的全面审查，裁判结果对两造均有不确定性。与其由利益毫不相干的局外裁判者主宰两造命运，不如鼓励双方自己掌握争议化解主动权。这就需要两造登高望远，换位思考，舍小得大，寻求共赢。妥协是人生的最大智慧，也是化解公司争议的最大智慧。裁判者鼓励调解是智慧，也是美德。

笔者以公司解散案由作为关键词，在中国裁判文书网检索到 12 356 份有关公司解散的民事判决书和裁定书。尽管存在同案不同判现象，但大部分裁判文书对解散公司都采取慎之又慎的态度。如，北京市第二中级人民法院在"杜某等与北京蜀家小镇公司的公司解散纠纷案"中指出了解散公司的一审判决瑕疵："蜀家小镇公司持续两年未召开股东大会的原因、是否经营管理发生困难、继续存续是否会使股东利益受到重大损失以及能否通过召开股东大会等其他途径解决等基本事实，均有待进一步查清。"㉑据此，该院撤销一审判决，发回重审。这种尊重公司生存权和发展权的裁判理念值得肯定。

也有裁判文书在公司僵局案件中判决公司解散。例如，安徽省高级人民法院在"金濠公司等与兴华公司等公司解散纠纷案"的一审判决认为，金濠公司权力机构运行机制已失灵，董事会无法正常召开，既未体现出金濠公司作为有限公司应有的制度价值，也使股东利益遭受重大损失，在无其他途径替代解散公司的前提下，司法解散公司成为唯一的救济途径，并据此判决解散金濠公司。㉒ 最高人民法院二审判决确认无法找到可替代公司司法强制解散的其他途径来有效解决金濠公司经营管理存在的严重困难，认为金濠公司已符合《公司法》及《公司法司法解释（二）》关于股

---

㉑　北京市第二中级人民法院（2021）京 02 民终字第 5215 号民事裁定书。

㉒　参见安徽省高级人民法院（2016）皖民初字第 59 号民事判决书。

东提起公司解散之诉的条件，遂维持一审判决。[23] 最高人民法院在"吉林省金融资产管理公司、宏运集团公司与吉林省金融控股公司的公司解散纠纷案"中也指出，一审法院在本案诉讼期间近 10 个月期间内多次组织双方调解，试图通过股权转让、公司增资、公司控制权转移等多种途径解决纠纷，但股东双方均不认可对方提出的调解方案，最终未能达成调解协议。在司法解散之外的其他途径已穷尽仍无法解决问题的情形下，两审判决解散金融管理公司于法于理均无不当。[24]

在裁判解散公司的上述两案中，裁判者都作了艰苦细致的调解努力，虽调解未果，亦值得肯定。为充分彰显促成公司生存和发展的服务型裁判理念，建议裁判文书从严把握公司僵局的构成要件。若股东会和董事会均能正常运转且能作出决议，即使股东间存在严重利益冲突，这也不构成公司僵局，不适用司法解散手段。裁判者可告知其通过知情权诉讼、股东代表诉讼或股东损害赔偿诉讼化解争议。若公司仍在持续运营甚至盈利甚丰，即使双方股东未能就股权转让款达成合意，这也不构成公司僵局。裁判者可告知原告股东寻求资产评估和专项审计等中介服务，并通过招标、拍卖或挂牌等公开竞争手段寻求最公平合理的股权价格，将股权出让给第三人。

"救人一命胜造七级浮屠。"为彰显与人为善的法律温度，建议裁判者参照前述多元替代化救济方案，逐一详述裁判者为避免公司解散而采取的具体措施，尽量避免大而化之的笼统概述。为尽量寻求最佳裁判方案，裁判者在裁判前可行使释明权，建议原告股东变更诉讼请求、追加或变更被告及第三人，也可指导其在撤销公司解散之诉后重新以其他适当案由提起

---

[23] 参见最高人民法院（2019）最高法民终字第 1504 号民事判决书。

[24] 参见"吉林省金融控股集团股份有限公司与吉林省金融资产管理有限公司、宏运集团有限公司公司解散纠纷案"，载《最高人民法院公报》2021 年第 1 期。

诉讼。只要有百分之一的希望，就要作出百分之百的努力。这就需要对传统民事诉讼规则作出颠覆性的制度创新。

总之，多输俱损的司法解散公司仅是竭尽所有替代化方案之后的下下策。倘若股东争议不构成公司僵局或虽构成僵局但尚未竭尽其他替代方案，裁判者就不应仓促解散公司。有些裁判文书在未充分竭尽其他救济手段前就轻率地解散正在持续合法经营的公司，违反了公司生存权和发展权原则，应予纠正。不解散公司并不意味着因噎废食，不保护弱势股东。若控制股东欺压中小股东，中小股东可提起知情权、损害赔偿或股东代表之诉，也可在出让股权后全身而退。

### （四）公司设立无效确认之诉中的瑕疵补救优先原则

我国公司法未规定公司设立无效制度。规定公司设立无效制度的法域也严格限制其适用条件和程序。例如，欧洲议会和理事会 2017 年 6 月 14 日通过的《2017/1132 号有关公司法部分内容的指令》第 11 条要求公司设立无效只能由法院判决予以确认，无效情形仅限于以下六种：未签署公司章程或未遵守预防性监管规则或法定必需程序；公司目的违法或违背公序良俗；公司章程未载明公司名称、每位股东认缴的股本金额、全体股东认缴的股本总额或公司目的；未遵守成员国法有关最低实缴资本的规定；全体发起人欠缺行为能力；违反成员国公司法有关发起人不低于 2 人的规定。除非存在前述无效情形，任何公司设立均不得基于任何其他理由被视为不存在、绝对无效、相对无效或被宣告无效。

我国在构建公司无效制度时既要借鉴欧盟的公司法指令，也要体现公司维持与可持续发展理念。对可确认公司设立无效也可采取瑕疵补救措施的公司，要坚决允许和鼓励公司和股东（发起人）采取补救措施。在需要补办或延长行政许可或登记备案手续才能维持公司合法存续和正常经营的情形中，当事人有义务相互协助、共启行政申请程序。《民法典》第 502 条第 2 款体现了促成交易、尊重契约自由的思想。行政权是公权，但申请启动行政程序的义务是契约义务且在合同成立之时即已生效。即使法律规定了准入门槛，当事人也有权请求对手方协助申请批准。虽不能由该条直接推导出欠缺设立要件的公司设立仍有效的结论，但尊重意思自治的立法理念非常清晰。既然《民法典》促成松散型商事交易，《公司法》也应鼓励紧密型公司设立。借鉴《民法典》第 502 条第 2 款理念，未办理批准等手续即使影响公司成立，也不应影响发起人协议中履行报批等义务条款和相关条款的效力；应办理申请批准等手续的发起人未履行义务的，其他发起人或股东可请求其承担违反该义务的责任。

即使涉案公司欠缺《公司法》规定的设立要件，裁判者也应依申请或依职权责令公司、发起人或创始股东及时履行法定义务，以治愈设立瑕疵，而不应判决确认公司设立无效。即使全体股东均存在瑕疵出资或抽逃出资情形，法院也应责令全体股东在合理期限内缴纳或返还出资，并责令董事督促全体股东履行前述义务；若逾期无果，法院再确认公司成立无效亦不为迟。创始股东的出资瑕疵仅导致其承担资本充实责任，公司设立时的其他发起人对此承担连带责任，但不导致公司设立无效。《公司法》第 30 条规定：若设立公司出资的非货币财产实际价额显著低于章定价额，由交付该出资的股东补足差额；其他发起人承担连带责任。这意味着，即使发起人存在出资瑕疵亦不影响公司生存发展，发起人有义务补足出资瑕疵，但其无权为逃避出资义务而选择解散公司。

另依《民法典》第 505 条，裁判者"不得仅以超越经营范围确认合同无效"。举轻明重：既然超营合同不因超营而无效，公司也不应因超营而被确认无效或吊销营业执照。但裁判者和监管者有权责令欠缺法定行政许可的公司依法申请相关行政许可；违者，可予处罚。

## 六、敬畏公司发展权的行政处罚和刑事司法政策

### （一）扭转上市公司公众投资者的"二次伤害"现象的实质违法者问责思路

中共中央办公厅、国务院办公厅 2021 年 7 月印发的《关于依法从严打击证券违法活动的若干意见》确立了重典治乱、猛药除疴的资本市场监管理念。截至 2020 年 12 月 29 日，年内共有 394 家上市公司因各种违规行为而收到证监系统和沪深交易所发出的 560 张罚单。监管者还对上市公司的股东和高管等主体作出 329 次处罚。上述 889 条处罚记录中，77 条涉事主体的罚款金额共计 6.65 亿元，远超 2018 年和 2019 年全年罚款总和。为健全资本市场诚信体系、护航股票公开发行注册制改革[25]，全国人大常委会《刑法修正案（十一）》提高了欺诈发行、信息披露造假、市场操纵和中介参与造假等犯罪行为的刑责力度。

严惩违法上市公司有助于激浊扬清，惩恶扬善，净化资本市场生态环境，但会产生公众投资者遭受二次伤害的副作用。无辜投资者本已遭受董监高失信之苦，若上市公司再被处罚、股价应声暴跌，会遭受第二次伤害。即使处罚动机纯正、程序合法、事实确凿、依据明确、理由充分，公众投资者的双重损失也是不争事实，处罚的法律效果与社会效果必然会出现合法但不合理的偏离现象。2019 年《证券法》加大了对控制股东、实控人与董监高的处罚力度，但仍将上市公司视为首要责任主体，而未排除或降低上市公司责任。第 197 条规定的上市公司以及组织、指使从事虚假

---

㉕　参见韦夏怡、张小洁：《监管层持续释放"零容忍"信号，近 400 家上市公司年内收"罚单"》，载《经济参考报》2020 年 12 月 30 日，第 3 版。

陈述的控股股东、实控人的罚款幅度均为 100 万至 1 000 万元,但直接负责的主管人员和其他直接责任人员的罚款幅度折半。第 85 条要求虚假陈述的发行人与其控股股东、实控人、董监高和其他直接责任人员及保荐人、承销商及其直接责任人员对投资者负连带赔偿责任,但未赋予发行人对其他责任人的追偿权,导致上市公司沦为终极责任主体,公众投资者最终承担全部损失。

鉴于导致上市公司违法失信的元凶巨恶是公司面纱背后的控制股东、实控人、董监高和其他直接责任人员等关键少数违法者,鉴于上市公司承载着公众投资者利益,鉴于行政处罚的法律效果不能背离社会效果、道德效果与市场效果,为预防公众股东遭受二次伤害、提振投资信心,建议严格区分公司与其背后的实质违法者,精准锁定并从严处罚公司背后的实质违法者,保护上市公司免受处罚。基于实质穿透、过罚相当、靶向监管、精准处罚的理念,建议《证券法》作如下修改:一是加重控制股东、实控人、董监高和其他直接责任人员的责任,相应适度限缩上市公司责任;二是引入上市公司附合规条件的行政处罚和刑事责任减免制度;三是允许上市公司在担责后向实质违法者追偿;四是明确《证券法》第 85 条规定的虚假陈述的发行人对投资者承担连带赔偿责任后有权对违法的控股股东、实控人、董监高和其他直接责任人员以及保荐人、承销商及其直接责任人员行使追偿权;五是若上市公司怠于或拒绝行使前述追偿权,股东可提起股东代表诉讼;六是将《证券法》第 93 条规定的先行赔付后的被追偿义务主体由“发行人以及其他连带责任人”修改为“发行人以外的其他连带责任人”,以排除发行人的终极赔偿责任;七是在严厉问责控制股东、实控人和董监高等责任主体的前提下,严格限制强制退市制度的适用范围。只有切割上市公司与实质违法者的责任,才能促进上市公司可持续发展,

提高资本市场的韧性与温度。㉖

公司法是组织法、主体法，也是证券法的一般法。建议《公司法》作如下修改：一是明确允许公司在承担法律责任后就其因此遭受的损失向有过错的行为人（控制股东、实控人、董监高和雇员等）行使追偿权；二是禁止控制股东、实控人、董监高和雇员就其因脱离公司治理与合规轨道的个人行为而承担的固有法律责任从公司获得补偿；三是完善公司法定代表人和公司代理制度，明确代表权和代理权的授予程序和越权后果，锁定职务行为构成要件，降低表见代表和表见代理风险，允许公司对表见代表和表见代理的善意相对人承担民事责任后向越权法定代表人和代理人追偿；四是细化《公司法》第 20 条第 2 款有关滥用股东权利尤其是控制权的控制股东对公司和其他受害股东的侵权责任条款，增加实控人作为权利滥用的责任主体；五是赋予原告股东代表诉讼胜诉利益分享权，以遏制控制股东、实控人和董监高的道德风险；六是在设定公司赔偿责任时配套增设有过错的控制股东、实控人和董监高的连带责任。

## （二）企业家涉刑时的公司生存与可持续发展

法人终非有血有肉的自然人，而是法律代表公众拟制的法律主体。在法人背后站立着股东、实控人与董监高等自然人。虽然股东法人化是控制投资风险的法律智慧，但法人股东的终极实控人依然离不开自然人。法人过错与其说是其自身过错，不如说是其背后法定代表人、控制股东和实控人等关键少数行为人的过错。裁判者若仅看到公司犯罪表象而忽视其背后主体的犯罪实质，实有一叶障目之嫌。鉴于公司利益攸关众多利益相关者，而假借公司之名的作恶者仅为关键少数人，为严格区分并切割法人（单位）犯罪与个人犯罪，建议公司法要求公司加强合规体系建设。

---

㉖　参见刘俊海：《新公司法的首要使命是什么》，载《检察日报》2019 年 10 月 23 日，第 7 版。

在追究作为控制股东、实控人和法定代表人的企业家刑责时，要善于甄别个人财产与公司财产之间、股东股权和公司法人产权之间、个人财产和其家庭成员个人财产之间的边界，避免一人犯罪殃及整个公司甚或公司集团。企业家个人涉嫌构成犯罪的，司法机关采取的查封、扣押和冻结措施仅指向其个人财产（股权），但不包括公司财产。若企业家有方便执行的其他财产，尽量不处置股权。若必须依法拍卖或变卖企业家股权以偿债或缴纳罚没款，也要恪守不影响公司正常经营的底线。在被羁押或服刑期间企业家若在公司享有股权，有权委托律师参加股东会并行使表决权，司法机关应提供便利。即使企业家犯罪后被生效判决剥夺政治权利，也不意味着他被剥夺民事权利，而股权属于民事权利。企业家有罪，公司是无辜的。若企业家和高管集体涉刑或辞职导致公司经营管理瘫痪，司法机关应主动履行服务型职责，积极协助企业家和其他股东通过股东会和董事会的决策程序遴选适格胜任的职业经理人担任高管等。因此，实质穿透并精准严惩实质违法者，有助于体现罪责自负和法人独立的理念，有助于保护无辜公司的发展权，预防公司因企业家涉刑而停摆。

# 七、结　论

为践行新发展理念，《公司法》应确立尊重和保护公司生存权和发展权的原则，并将该原则贯穿公司的立法、登记、治理、监管、处罚、诉讼和仲裁等领域。公司登记制度的重构要秉持该原则。公司破产案件的审理应坚持少解散、少清算、少破产、多和解、多重整、多兼并的理念。打破公司僵局的公司解散案件更应优选非解散的替代性方案。公司设立无效确认之诉及瑕疵补救的制度设计要促成公司维持。公司监管和处罚措施的选择应着眼于促进公司可持续发展，以免苛政之嫌。对上市公司与实质违法者应采取差异化处罚政策，放开公司、重罚关键少数者，既可避免对公众投资者的二次伤害，还可培育公司核心竞争力。依法追究企业家刑责时不得戕害公司生命，伤及无辜利益相关者。公司治理的理念、制度和实践都要始终锚定公司可持续发展和公司最佳利益最大化的价值取向。为预防公司自力维权机制失灵，必须激活股东代表诉讼。为保护公司免受灭顶之灾，公司对赌条款应被确认无效。基于保护公司生命力优先的理念，公司法应确认公司法定代表人越权签署的对外担保合同无效，并禁止公司为他人债务作保，除非法律或章程另有特别规定。

公司法与证券法、行政法、刑法和税法等相关配套法律改革也应致力于保护公司生存权和发展权，体现促进公司可持续发展的良法善治理念。国家和全社会都要与公司为善，满腔热忱地鼓励公司成立与生存，千方百计地促成公司在法治、诚信、理性的轨道上持续繁荣和健康发展。无论经济潮起潮落，公司法都应恪守促进公司生存发展的赋能理念和服务定力。涉及公司的组织形式设计、登记制度变革、治理现代化、争讼裁判、监管策略选择、行政处罚工具箱的设计、公司刑事司法政策的创新、税收征管乃至宏观调控政策的筹划都要尽量促进公司可持续发展，增强公司核心竞争力。鉴于公司违法违约失信侵权乃至市场失灵均源于公司治理失灵，市场监管的核心也是公司治理监管。

# 从私权视角论我国《商标法》的结构与重构<sup>*</sup>

金海军<sup>**</sup>

## 一、引　言

2023 年年初，国家知识产权局公布了《中华人民共和国商标法修订草案（征求意见稿）》（以下简称《征求意见稿》）①，这意味着我国《商标法》将迎来第五次修改。此次修订，是为了进一步完善商标制度，解决商标领域存在的突出问题，促进社会主义市场经济高质量发展。《征求意见稿》的说明中提道，我国商标领域目前存在以下主要问题：商标"注而不用"现象比较常见，"囤积商标""闲置商标"阻碍了有正常经营需求的市场主体获取商标注册；商标恶意抢注依然存在；商标权保护仍然困难，程序空转、循环注册等问题导致当事人维权成本高；不当行使和滥用权利现象时有发生；等等。②回顾以往四十余年的历史，可以看到，我国《商标法》自 1982 年制定以来，曾经四度修改，部分条文规则有所改进，保

　＊　本文原载于《知识产权》2024 年第 3 期。

　＊＊　中国人民大学法学院教授。

　①②　参见《国家〈知识产权局关于〈中华人民共和国商标法修订草案（征求意见稿）〉公开征求意见的通知》，载国家知识产权局官网 2023 年 1 月 13 日，https://www.cnipa.gov.cn/art/2023/1/13/art_75_181410.html。

护水平不断提高，取得的成就有目共睹。然而，《征求意见稿》的说明中提到的这些问题，有一些何尝不是屡被提及的老问题。例如，我国商标注册数量急剧增加带来的问题、商标恶意注册问题、驰名商标制度的异化问题等，这些问题在十年、二十年前就曾经引发争议，也都是商标领域的难题，至今仍然存在，甚至愈发严重。从另一个角度看，为什么这些问题在我国显得更加突出？一部法律在历经数十年之后，往往会形成某种稳定的结构，不宜轻易变动。然而，假如它在实施这么长时间后依然存在重大问题，久拖未决，那恐怕这项法律的改革不应当只停留在表面，而应当从根本上思考并且按照立法目标、价值和定位，重新加以构造。"商标立法是民事立法。这是商标法制的基础和出发点……每一次《商标法》的修订，都是商标法对民法的回归。"③ 对《商标法》的修订，不仅要针对当前面临的问题，改进具体的规则和条文，而且有必要从整体上思考商标法的民事立法导向，突出商标法的私权保护目标。

在商标法向民法的回归过程中，2020 年颁布的《民法典》即是我国民法史上的一个里程碑。此前，1986 年《民法通则》已经将包括商标权在内的知识产权纳入"民事权利"章节，2017 年《民法总则》亦在"民事权利"专章中将知识产权规定为与物权、债权等并列的民事权利。但是，《民法典》高度宣示商标权的民事权利属性，具有更为重要的意义。④《征求意见稿》的说明指出："2021 年施行的《民法典》确立了保护知识产权的重大法律原则。商标是知识产权的保护客体之一，民事主体可以依法享有专有的权利。《商标法》作为保护商标权的专门法律，有必要在遵循《民法典》确立的原则和精神的基础上进一步修改完善。"⑤ 遵循《民

---

③ 刘春田：《民法原则与商标立法》，载《知识产权》2010 年第 1 期，第 4—5 页。

④ 《民法典》第 123 条规定："民事主体依法享有知识产权。知识产权是权利人依法就下列客体享有的专有的权利：……（三）商标……"

⑤ 《关于〈中华人民共和国商标法修订草案（征求意见稿）〉公开征求意见的通知》，载国家知识产权局官网，https://www.cnipa.gov.cn/art/2023/1/13/art_75_181410.html。

法典》确立的原则和精神，就要以尊重和保护私权为核心目标。

民事权利即私权，民法就是私法。TRIPs 要求世界贸易组织（WTO）各成员"承认知识产权为私权"⑥。我国在 2001 年正式加入 WTO，并且在此之前已经对照 TRIPs 对《商标法》进行了修改。因此，商标权的私权本质应当已经得到确立。商标法的核心是商标权，商标法是民法的一部分，那么，商标法的本质就是私法。"民法就是私法，私法就是民法。民法的最大的特征就是私法。私法这个'私'，显然不是私有制的'私'，而是私权的'私'，所以民法里面应该把尊重私权和保卫私权作为民法的核心目标。"⑦ 商标法以保护商标权作为私权为核心目标，那么，相应的立法与法律结构，也应当遵循私法的定位与目标。"树立法律体系化的理念，理顺立法宗旨与立法活动、立法目的与法律规范之间的关系，应是立法的首要任务。"⑧

然而，基于我国历史与社会现实以及立法技术等方面的原因，我国《商标法》的规范与结构相比于尊重与保护私权这个核心目标，恐怕还存在较大差距。"很多强调知识产权特别的观点，抽象肯定为私权，具体又否定，有意无意把知识产权法律游离于民法之外，这也是导致知识产权理论研究、立法和司法实践相对混乱的原因之一。"⑨ 十多年前修法之际学者的警示言犹在耳，如今再度启动修法，依然需要注意到"公权与私权的关系是《商标法》中的基础法律关系，如何恰当处理两者之间的关系，关乎相关制度设计、制度定位和具体适用"⑩。

---

⑥ TRIPs 序言。

⑦ 《江平谈民法翻译中的两个问题》，载网易号"法大科技成果转化基地"2023 年 8 月 10 日，https://www.163.com/dy/article/IBO7TEFV055358JA.html。

⑧ 刘春田：《民法原则与商标立法》，载《知识产权》2010 年第 1 期，第 10 页。

⑨ 刘春田：《民法原则与商标立法》，载《知识产权》2010 年第 1 期，第 6 页。

⑩ 孔祥俊：《论我国〈商标法〉的私权中心主义——〈商标法〉公法秩序与私权保护之定位》，载《政法论丛》2023 年第 3 期，第 41 页。

下文从尊重与保护商标权作为私权这一核心目标出发，系统梳理我国《商标法》及其结构的历史演变，参酌域外立法例，分析商标法的结构与特征，进而探讨对我国《商标法》整体重新加以构造的可能。

# 二、我国商标法的历史演变与结构特征

## （一）我国商标法的历史演变

追溯我国的商标立法，一般以 1904 年清政府颁行的《商标注册试办章程》为始。19 世纪后期，清政府与西方列强相遇，给中国带来所谓的"三千年未有之大变局"，其实质上是传统农业文明与现代化工业文明的竞争。因此，无论清政府的失败还是随之而来的制度变革，以及最终转向全面引入西方法律制度，其实质上都是一种历史的必然，也是制度竞争的明智选择。正是在此背景下，商标注册制度开始被引入中国，最初采用海关挂号的方式，旨在保护洋商的利益。1901 年清政府与英国、美国、葡萄牙、日本等国订立的通商条约中规定了商标保护条款，随后于 1904 年颁布《商标注册试办章程》。这部法律总共有 28 个条文，尽管发挥的作用有限，但它开启了中国的商标注册与保护制度。1911 年清政府被推翻，次年成立的民国政府延续了这种商标制度。1923 年，北洋政府制定《商标法》。这是我国历史上第一部正式冠以"商标法"之名的法律。1930 年，国民政府重新制定《商标法》，共计 40 条，后于 1935 年、1940 年两度修改。清末至民国时期的商标法律（参见表 1），最初显然系受到国外压力而判定并施行，但是此后，商标法已然成为我国法律体系的一个重要组成部分。无论是《商标注册试办章程》还是两部《商标法》，观诸其条文结构，均未设章节；从条文内容来看，主要涉及商标注册、无效（当时称为

"评定"）等程序性规范，当然也有相当数量的条文涉及商标专用权及其救济（赔偿）、权利转移、权利消灭等实体性私法规范。

**表 1　清末至民国时期的商标法律⑪**

| 条文内容 | 《商标注册试办章程》（1904 年） | 《商标法》（1923 年） | 《商标法》（1930 年） |
| --- | --- | --- | --- |
| 关于商标权的实体条文 | 7 | 15 | 15 |
| 关于商标注册、无效（评定）的程序条文 | 12 | 23 | 22 |
| 关于商标权救济或者刑事责任的条文（罚则） | 4 | 4 | 0 |
| 杂项条文（附则） | 5 | 2 | 3 |
| 合计 | 28 | 44 | 40 |

注：《商标注册试办章程》（1904 年）之后，另有《商标注册试办章程细目》（共 23 条）；1923 年《商标法》之后，另有《商标法施行细则》（共 37 条）；1930 年《商标法》之后，另有《商标法施行细则》（共 40 条）。

1949 年新中国成立之后，民国时期形成的包括《商标法》在内的法律均被废除。新中国商标制度形成了以商标管理为特色的商标法律体系，这是与社会主义公有制经济体制以及全面采用苏联模式的国家法律体系相一致的。其间曾经颁行《商标注册暂行条例》（1950 年）、《未注册商标暂行管理办法》（1954 年）与《商标管理条例》（1963 年）。"《商标管理条例》把商标工作重点从保护商标专用权转移到监督商品质量上来……回避了商标权利及其法律保护。"⑫ 由此，我国对商标采取全面注册制度，实际就是强制注册，这种做法一直沿用⑬，直至 1982 年《商标法》将之废除。因此，按照当时的商标法律制度，可谓有商标法而无商标权，当时的

---

⑪　资料来源参见董葆霖主编：《中国百年商标法律集成》，中国工商出版社 2014 年版。

⑫　刘佩智：《在改革开放中蓬勃发展的中国商标事业》，载刘春田主编：《中国知识产权二十年》，专利文献出版社 1998 年版，第 124 页。

⑬　相关研究参见余俊：《中国式现代化进程中的商标法治》，载《知识产权》2023 年第 5 期，第 7—8 页。

商标法本质上是行政管理法规，将商标权作为私权保护自然无从谈起。

我国现行商标保护制度是在 20 世纪 70 年代末改革开放的大背景之下重新建立起来的。在我国主要的知识产权法律当中，《商标法》于 1982 年率先制定。事实上，在改革开放之初，包括专利法在内的几部法律都曾被提上立法议事日程，但是在当时的现实情况下，要实行专利权或者著作权保护，面临着很大的反对声音。[14] 包括科学界、文化界、产业界在内，许多人认为保护专利权或者著作权，主要是为了保护了外国权利人。这种观念是否正确尚可讨论，但毕竟这种思想上的争论使决策层面临很大的压力。[15] 相比而言，商标并不涉及先进科学技术知识的引进与学习，相关争议也就少很多。应该说，在当时中国处于世界相对落后水平的情况下，通过《商标法》以及同时期颁布的《中外合资经营企业法》等的制定，确实为引进外国的投资人和企业，为开放和吸引外国投资，起到了积极作用。[16]

值得注意的是，在 1982 年《商标法》制定之前，我国 1979 年《刑法》已经规定了侵犯商标权的罪名。"商标是一种工业产权，是受到法律保护的。最近公布的我国刑法第 127 条，就是对商标专用权的一种保护。在我国社会主义条件下，保护商标专用权不是为了维护私有制，而是为了更好地促进生产和维护社会主义生产秩序。这是商标管理的一项重要工作，也是在经济方面健全社会主义法制的一项重要课题。"[17] "商标实际上成了一种无形财产，随之而来也就产生了一个产权问题……我国最近公布的'合资经营企业法'，就规定了外国企业可以用资金、设备和它们的工

---

[14] 相关研究参见郭禾：《改革开放后我国专利制度思想观念的嬗变》，载《知识产权》2021 年第 6 期，第 7 页。

[15][16] 参见沈仁干：《有关中国著作权法制定的回顾》，载刘春田主编：《中国知识产权二十年》，专利文献出版社 1998 年版，第 31－32 页。

[17] 《马冠群同志在全国商标工作会议上的发言》（1979 年 9 月 16 日），载董葆霖主编：《中国百年商标法律集成》，中国工商出版社 2014 年版，第 169 页。

业产权作为投资。在现代国际社会中，商标作为一种工业产权，不但为各国所公认，而且还建立了以巴黎公约为基础的国际保护工业产权制度。"⑱由此可见，在《商标法》起草之初，相关部门负责人已经注意到商标权的财产权本质，制定《商标法》就是要从商标管理转向财产权保护。

此后，我国《商标法》分别于 1993 年、2001 年、2013 年、2019 年进行了四次修改，这与改革开放的大局，特别是我国社会主义市场经济的形成、发展和完善密切相关。1993 年第一次修改，既有包括中美知识产权谈判在内的外部原因，也有我国自身经济改革和发展需要的内部原因。2001 年第二次修改，主要是为了因应我国加入 WTO，必须对包括商标制度在内的知识产权制度作全面清理，以符合 TRIPs 所规定的保护标准。例如，在此次修改当中，引入了对商标审查授权评审复议结果的司法审查制度，改变了以往原商标评审委员会行政终局的做法。经此修改，我国商标法律的规定基本上与国际接轨，或者说符合了 TRIPs 的标准。2013 年第三次修改充分考虑了我国自身国情与发展所需，应该说是比较全面、从容的，在重要条文与结构上有所体现。2019 年第四次修改，主要原因有二：一是外部原因，同样是涉及中美经贸争端与谈判。关于知识产权，此次《商标法》修改加大了保护力度，提高侵权救济赔偿标准，提供更多处理方式。二是内部原因，即针对商标恶意注册的问题。

由上可知，我国《商标法》的制定与修改，有不断增强其私权特征的方面，但是不可否认的是，其中涉及商标管理的方面，特别是行政权力的色彩，还是过于浓厚，迄今尚未消除，并且有随时添加强化的可能。比如有研究曾指出："从法律文本角度而言，我国《商标法》具有浓厚的行政管理色彩，是

---

⑱ 《马冠群同志在全国商标工作会议上的发言》（1979 年 9 月 16 日），载董葆霖主编：《中国百年商标法律集成》，中国工商出版社 2014 年版，第 169 页。

一种公法。"⑲ 因此，从观念上来讲，根本问题还是在于应当明确商标权的财产权本质，承认其为私权，商标法属于民法即私法的组成部分。

## （二）我国《商标法》的结构特征

相比于著作权法、专利法等其他知识产权法律，"商标法制的完善主要不是为了应对技术和市场的发展'求新求变'，而是逐渐澄清对商标功能的误解之后'还原归真'"⑳。我国《商标法》从商标管理到商标权保护的转向已经完成，但真正从观念到制度充分实现立法目标，尚有距离。例如，即使经过四次修改，《商标法》第 1 条在阐明立法宗旨时，开头仍是"为了加强商标管理，保护商标专用权"，依然将商标管理作为第一目标，其次才是保护商标专用权。又如，我国《商标法》的结构突出商标管理特色，且长期以来保持不变。以下着重分析这一结构特征。

通过对我国《商标法》历次文本以及 2023 年《征求意见稿》的结构（参见表 2）进行简单对比可以发现，我国《商标法》的条文结构在过去四十多年当中基本保持不变。1982 年《商标法》制定，其全文包含 8 章计 43 条。1993 年第一次修改，只涉及少量条文修改，条文顺序与结构均无变化。2001 年第二次修改，条文数量与内容有较大幅度增加，全文包含 8 章计 64 条。2013 年第三次修改，在结构上有一定调整，第五章更名为"注册商标的无效宣告"，条文数量亦增至 73 条。2019 年第四次修改，改动有限，各章结构及条文总量保持不变。2023 年《征求意见稿》共包含 10 章计 101 条，部分章节对现行《商标法》作出大幅度调整：对现行《商标法》第一章"总则"进行拆分，新设一章"商标注册的条件"；另新

---

⑲ 邓宏光：《从公法到私法：我国〈商标法〉的应然转向——以我国〈商标法〉第三次修订为背景》，载《知识产权》2010 年第 3 期，第 24 页。

⑳ 李琛：《中国商标法制四十年观念史述略》，载刘春田主编：《中国知识产权四十年》，知识产权出版社 2019 年版，第 328 页。

增一章"促进商标使用、服务与商标品牌建设";有两章改动名称,其中一章由"注册商标的无效宣告"更名为"注册商标的无效宣告和撤销",另一章由"注册商标的续展、变更、转让和使用许可"更名为"注册商标的续展、变更、转让和注销",补充了商标权消灭的两种情形。

表 2  我国《商标法》历次文本以及 2023 年《征求意见稿》的结构

| 章节 | 1982 年《商标法》制定 | 1993 年第一次修改 | 2001 年第二次修改 | 2013 年第三次修改 | 2019 年第四次修改 | 2023 年《征求意见稿》 |
|---|---|---|---|---|---|---|
| 第一章 | 总则:第1~10 条 | 总则:第1~10 条 | 总则:第1~18 条 | 总则:第1~21 条 | 总则:第1~21 条 | 总则:第1~13 条 |
| 第二章 | 商标注册的申请:第11~15 条 | 商标注册的申请:第11~15 条 | 商标注册的申请:第19~26 条 | 商标注册的申请:第22~27 条 | 商标注册的申请:第22~27 条 | 商标注册的条件:第14~26 条 |
| 第三章 | 商标注册的审查和核准:第16~22 条 | 商标注册的审查和核准:第16~22 条 | 商标注册的审查和核准:第27~36 条 | 商标注册的审查和核准:第28~38 条 | 商标注册的审查和核准:第28~38 条 | 商标注册的申请:第27~32 条 |
| 第四章 | 注册商标的续展、转让和使用许可:第23~26 条 | 注册商标的续展、转让和使用许可:第23~26 条 | 注册商标的续展、转让和使用许可:第37~40 条 | 注册商标的续展、变更、转让和使用许可:第39~43 条 | 注册商标的续展、变更、转让和使用许可:第39~43 条 | 商标注册的审查和核准:第33~43 条 |
| 第五章 | 注册商标争议的裁定:第27~29 条 | 注册商标争议的裁定:第27~29 条 | 注册商标争议的裁定:第41~43 条 | 注册商标的无效宣告:第44~47 条 | 注册商标的无效宣告:第44~47 条 | 注册商标的无效宣告和撤销:第44~52 条 |
| 第六章 | 商标使用的管理:第30~36 条 | 商标使用的管理:第30~36 条 | 商标使用的管理:第44~50 条 | 商标使用的管理:第48~55 条 | 商标使用的管理:第48~55 条 | 注册商标的续展、变更、转让和注销:第53~58 条 |

续前表

| 章节 | 1982 年《商标法》制定 | 1993 年第一次修改 | 2001 年第二次修改 | 2013 年第三次修改 | 2019 年第四次修改 | 2023 年《征求意见稿》 |
|------|------|------|------|------|------|------|
| 第七章 | 注册商标专用权的保护：第 37～40 条 | 注册商标专用权的保护：第 37～40 条 | 注册商标专用权的保护：第 51～62 条 | 注册商标专用权的保护：第 56～71 条 | 注册商标专用权的保护：第 56～71 条 | 商标的使用与管理：第 59～70 条 |
| 第八章 | 附则：第 41～43 条 | 附则：第 41～43 条 | 附则：第 63～64 条 | 附则：第 72～73 条 | 附则：第 72～73 条 | 注册商标专用权的保护：第 71～90 条 |
| 第九章 | / | / | / | / | / | 促进商标使用、服务与商标品牌建设：第 91～97 条 |
| 第十章 | / | / | / | / | / | 附则：第 98～101 条 |

　　我国《商标法》的结构保持稳定，或出于历史惯性，或由于路径依赖，是否改动以及改动的效果，取决于将商标权作为私权加以保护的核心目标。以 2001 年第二次修改为例，其虽未改变整体结构，但对条文内容进行了结构性调整，因此"是一次质变，是一个历史性的进步，这一进步，最终使我国商标法律制度完成了向现代化的转变"[21]。这主要表现在两个方面：一是商标法与计划经济告别，转化为与市场经济相匹配的法律，二是显示了商标权作为私权和商标法作为财产法的本质。其具体表现为：全面扩展构成商标的要素；将商标权人的范围扩大到所有民事主体；

---

㉑　刘春田：《商标法律的现代化》，载《中华商标》2001 年第 12 期，第 6 页。

确立对行政终局裁决的司法审查制度。<sup>㉒</sup>此次修法，虽是应对当时我国加入 WTO 所需，但是《商标法》就此所作的初步的结构调整，已经产生了巨大的作用，足见结构性改革的意义。

虽然《征求意见稿》也涉及结构性调整，无论是章节安排还是条文数量，变化幅度之大超过以往历次修法，但它未必是一次结构性改革。事实上，《征求意见稿》仍然未改变我国《商标法》中私法与公法规范混杂，公法规范主导而私法规范单薄的基本格局，设置"促进商标使用、服务与商标品牌建设"之类的章节，更是游离于商标法核心目标之外。《商标法》修改要实现从商标管理转向商标权保护的目标，就必须根据《民法典》将商标权作为民事权利即私权的要求，对商标法进行结构性改革。

## 三、其他主要国家商标法的结构特征

我国知识产权立法大量借鉴了国外的立法例，这是历史事实，也符合我国改革开放的国策与市场经济发展以及全球化的要求。知识产权制度并非我国固有制度，"无论我们依据的思想、理论，抑或我们采用的概念、方法，甚或我们研究的对象、问题等，都是知识引进的产物，都离不开翻译和移植"<sup>㉓</sup>。十余年前，刘春田老师主编"世界知识产权法典译丛"，大规模翻译主要国家的知识产权立法，在商标法方面委托董葆霖先生主事，由其组织力量翻译了《十二国商标法》。<sup>㉔</sup>下文从中选择主要国家的商标法的结构（参见表 3）加以对比，以考察和总结其条文结构及私权保护特

---

㉒ 参见刘春田：《商标法律的现代化》，载《中华商标》2001 年第 12 期，第 6—7 页。

㉓ 余俊：《中国知识产权学术演进的百年历程》，载刘春田主编：《中国知识产权四十年》，知识产权出版社 2019 年版，第 110 页。

㉔ 参见《十二国商标法》，《十二国商标法》翻译组译，清华大学出版社 2013 年版。

点。这些国家包括最早实行商标注册立法的法国㉕，典型的大陆法系国家——德国和日本，最早采用判例保护商标的国家——英国㉖，以及典型的普通法系国家——美国。需要说明的是，这些翻译文本距今已过十年多，各国法律条文已屡次修订，因此，下文在论及法律结构以及条文内容时，均基于其官方网站的最新文本。

表 3　法国、德国、日本、英国、美国商标法的结构㉗

| 法国商标法㉘ | 德国商标法㉙ | 日本商标法㉚ | 英国商标法㉛ | 美国商标法㉜ |
|---|---|---|---|---|
| 第一编：商品商标与服务商标（第 L711—1 条至第 L717—7 条，计 90 条）第一章构成商标的要素（计 3 条）；第二章商标权利的取得（计 14 条）； | 第一部分：适用范围（第 1～2 条，计 2 条）第二部分：保护商标、商业标志的必要条件、范围及限制；转让和许可（第 3～31 条）第一章商标和商业标志、优 | 第一章总则（计 2 条）；第二章商标注册与商标注册申请（计 18 条）；第三章审查（计 8 条）；第四章商标权（计 55 条）含第四章之二：商标注册的异 | 第一部分：注册商标（第 1～50 条）第一章导言（计 2 条）；第二章驳回注册的理由（计 8 条）；第三章注册商标的效力（计 8 条）；第四章侵权诉 | 第一部分：主注册簿（计 22 条）第二部分：辅注册簿（计 6 条）第三部分：一般条款（计 17 条）注册标注，在商标上展示，在侵权诉讼中追索权益和赔偿（§1111）；商品和服务的分类，多类注册（§1112）； |

---

㉕　参见刘春田主编：《知识产权法》（第 6 版），中国人民大学出版社 2022 年版，第 261 页。

㉖　英国在 13 世纪开始就通过判例对商标进行保护。1862 年英国颁布《商品标记法》（Merchandise Marks Act）。参见［澳］布拉德·谢尔曼、［英］莱昂内尔·本特利：《现代知识产权法的演进：英国的历程（1760—1911）》，金海军译，北京大学出版社 2012 年版，第 200 页。

㉗　资料来源参见《十二国商标法》，《十二国商标法》翻译组译，清华大学出版社 2013 年版；以及各国商标法律最新文本。

㉘　参见法国《知识产权法典》（1992 年，最近修改于 2024 年）第七卷，https://www.legifrance.gouv.fr/codes/texte_lc/LEGITEXT 000006069414/。表中为方便表述为法国商标法。

㉙　参见德国《商标法》（1994 年，最近修改于 2023 年），https://www.gesetze-im-internet.de/markeng/index.html。表中为方便表述为德国商标法。

㉚　参见日本《商标法》（1959 年，最近修改于 2023 年），https://www.japaneselawtranslation.go.jp/ja/laws/view/4483。表中为方便表述为日本商标法。

㉛　参见英国《商标法》（1994 年，最近修改于 2023 年），https://assets.publishing.service.gov.uk/media/63f8963e8fa8f527f110a 2e6/Consolidated-Trade-Marks-Act-1994-February23.pdf。表中为方便表述为英国商标法。

㉜　参见美国商标法即《兰纳姆法》（Lanham Act）（1946 年，最近修改于 2016 年），见《美国法典》第十五编，https://www.law.cornell.edu/uscode/text/15/chapter-22。表中为方便表述为美国商标法。

续前表

| 法国商标法 | 德国商标法 | 日本商标法 | 英国商标法 | 美国商标法 |
| --- | --- | --- | --- | --- |
| 第三章注册赋予的权利（计6条）；<br>第四章商标权利的移转和灭失（计8条）；<br>第五章证明商标与集体商标（计10条）；<br>第六章诉讼纠纷（计41条）㉝；<br>第七章欧盟商标（计7条）。<br>第二编：地理标志<br>第一章总则（计10条）；<br>第二章诉讼纠纷（计17条）；<br>第三编：关于公共服务的信息（计4条） | 先权和在先权（计4条）；<br>第二章注册保护商标的必要条件（计7条）；<br>第三章保护范围，侵权（计12条）；<br>第四章保护的限制（计7条）；<br>第五章作为财产权的商标（计5条）；<br>第三部分：商标程序（第32～96条）<br>第四部分：集体商标、证明商标（第97～106、106a～h条）<br>第五部分：商标国际注册马德里协定保护商标；欧盟商标（第107～125条） | 议㉞；<br>第五章复审（计20条）；<br>第六章再审及诉讼（计8条）；<br>第七章防御商标（计52条），含第七章之二：基于马德里协定书的特别规定㉟；<br>第八章杂则（计12条）；<br>第九章罚则（计10条） | 讼（计14条）；<br>第五章作为财产对象的注册商标（计6条）；<br>第六章许可（计4条）；<br>第七章注册商标的申请（计3条）；<br>第八章优先权（计2条）；<br>第九章注册程序（计5条）；<br>第十章注册商标的有效期、续展和变更（计3条）；<br>第十一章放弃、撤销和无效（计4条）；<br>第十二章集体商标（计1条）；<br>第十三章证明商标（计1条）；<br>第二部分：欧盟商标与国际事务（第51～60条） | 费用（§1113）；<br>救济，侵权，印刷商和出版商非故意侵权（§1114）；<br>在主注册簿上的注册作为商标专用权的证据，抗辩（§1115）；<br>禁令救济（§1116）；<br>对被侵犯权利的补偿（§1117）；<br>销毁侵权物品（§1118）；<br>法院对注册的权力（§1119）；<br>虚假或欺诈注册的民事责任（§1120）；<br>联邦法院的管辖权，州和地方要求改变注册商标或以不同的形式展示，禁止（§1121）；<br>美国，各州，及其机关和官员的责任（§1122）；<br>专利商标局进行程序处理的规章条例（§1123）；<br>禁止进口带有侵权商标或名称的商品（§1124）； |

---

㉝ 第六章"诉讼"分为3节（商标无效与撤销的诉讼、侵权诉讼、司法管辖规则），第六章之二"海关扣押与刑事程序"亦相应分为2节。

㉞ 第四章"商标权"分为3节计40条：第1节"商标权"（计27条）、第2节"权利侵害"（计5条）、第3节"注册费用"（计8条）；第四章之二"商标注册的异议"（计15条）。

㉟ 第七章"防御商标"（计14条）；第七章之二"基于马德里协定书的特别规定"分为3节计38条：第1节"国际注册申请"（计7条）、第2节"商标国际注册申请的特别规定"（计23条）、第3节"商标注册申请的特别规定"（计8条）。

续前表

| 法国商标法 | 德国商标法 | 日本商标法 | 英国商标法 | 美国商标法 |
|---|---|---|---|---|
|  | 第六部分：地理来源标志（第 126～139 条）第七部分：涉及标志的诉讼程序（第 140～142 条）第八部分：关于刑事制裁的规定；进口或出口没收（第 143～151 条）第九部分：过渡条款（第 152～159 条） |  | 第三部分：行政和其他补充规定（第 62～98 条）第四部分：杂项和一般性规定（第 99～110 条） | 禁止虚假的原产地标示、虚假的描述和淡化（§1125）；国际公约（§1126）解释和定义，本章目的（§1127）；第四部分：马德里议定书（计 15 条） |

## （一）商标法明确规定商标权为财产权

这些国家的商标法，普遍规定了商标权的财产权属性。法国《知识产权法典》在商标部分规定，商标所有权通过注册取得（La propriété de la marque s'acquiert par l'enregistrement）。[36] 商标注册就该商标和指定的商品及服务赋予其注册人以所有权（droit de propriété）。[37] 德国《商标法》规定，"商标保护产生于：（1）一个标志在专利局设立的注册簿上作为商标注册；（2）通过在商业过程中使用，一个标志在相关商业圈内获得作为商标的第二含义；或者（3）已成为《保护工业产权巴黎公约》第 6 条之二意义上的驰名商标"[38]。同时，德国《商标法》专设一章，其标题即为"作为财产标的的商标"（Marken als Gegenstand des Vermögens）。[39] 英国

---

[36] 参见法国《知识产权法典》第 L712—1 条。
[37] 参见法国《知识产权法典》第 L713—1 条。
[38] 德国《商标法》第 4 条。
[39] 参见德国《商标法》第五章。

《商标法》亦专设一章"作为财产对象的注册商标"（registered trade mark as object of property）。⑩ 德国与英国的商标法在关于商标作为财产对象的章节名称上几乎完全相同，可见，不同法系的典型国家在关于将商标权作为财产权明确写入法律的这个问题上，存在高度共识。

### （二）商标法以私法规范优先

#### 1. 商标权的对象

以上五国商标法虽然立法体例各有不同，但总体上均采用广义的商业标记法，即将包括商标在内的商业标记纳入同一部法律。法国《知识产权法典》是法典化体例的典型，它将全部知识产权分为两部分，即采用经典的"文学艺术产权"与"工业产权"二分模式。其第七卷的标题为："商品商标、服务商标与其他显著性标志"，其中的商标与地理标志各为一编，分别包含 90 个和 27 个条文。在商标编当中，既有商品商标、服务商标，也包括证明商标、集体商标以及欧盟商标（之前称为共同体商标）。鉴于欧盟商标法一体化的要求，德国《商标法》的调整对象也存在类似情形。同时，法国、德国、英国均将集体商标、证明商标单独设章，也都规定了驰名商标。日本《商标法》另规定有防御商标。在美国《商标法》中，除商标之外，还包含商号、商业外观与网络域名等商业标记。

#### 2. 商标权的主体

以上五国法律对商标权人的资格均无限制，关于商标权主体的规则，主要涉及商标权共有人、商标独占许可中享有专用权的主体等。例如，德国《商标法》规定的商标权所有人（Inhaberschaft）包括自然人、法人和合伙组织。⑪ 日本《商标法》规定在商标权人设定独占许可的情况下，形

---

⑩　参见英国《商标法》第五章。

⑪　参见德国《商标法》第 7 条。

成专有使用权。㉜ 英国《商标法》规定了注册商标的共有人（co-owner-ship of registered trade mark）。㊸

### 3. 商标权的内容

关于商标权的内容，存在禁止权与专用权之争。事实上，包括商标权在内的知识产权，它们的一个共同特点是，其效力在本质上都是消极的（negative）。它们都是禁止他人从事某些行为的权利，即禁止盗版者、假冒者、模仿者，甚至是独立完成相同成果的第三方，未经权利人许可而使用。知识产权也赋予权利人某些积极权能（positive entitlement），例如，对符合规定条件的专利或者注册商标授予权利，但是，这些积极权能在本质上是补充性的。㊹ 在上述五国商标法中，普遍采用"商标权"表述。有些国家的法律条文特别强调商标权属于某种财产权，例如，英国《商标法》规定："注册商标是一种动产，在苏格兰，为一种无体的动产。"㊺ 五国法律均为商标权规定了丰富的内容，主要包括禁止权、转让权或其他处分权、许可使用权等。

### 4. 商标权的取得、变更与消灭

在商标权的取得方面，采取单一的商标注册取得制的国家，例如法国、日本、英国，其商标法均明确规定了注册商标的权利范围及其财产权性质。采用商标使用取得制的国家，例如美国，其商标法也并非不采用注册制，只是规定，商标注册时必须以实际使用或者有善意使用的意图作为条件。德国采用商标的混合取得制，商标权在绝大多数情况下通过注册才

---

㊷ 参见日本《商标法》第 30 条。此处的专有使用权（日文汉字"専用使用権"）是指独占许可被许可人的权利，与我国《商标法》的"注册商标专用权"含义不同。

㊸ 参见英国《商标法》第 23 条。

㊹ See William Cornish, David Llewelyn & Tanya Aplin, *Intellectual Property: Patents, Copyright, Trade Marks and Allied Rights*, 7th Edition, Sweet & Maxwell, p. 7.

㊺ 英国《商标法》第 22 条（A registered trademark is personal property, in Scotland, incorporeal movable property）。

能取得，但是当商标在贸易活动中的使用获得了公众的承认，或者成为驰名商标时，即使不注册也获得专有权。[46] 关于商标注册的条件，各国普遍规定的是消极条件，即申请注册的商标不得存在法律所列举的情形。由于受到欧盟商标一体化的影响，法国、德国及英国普遍规定了禁止注册商标的绝对理由和相对理由。同时，德国和美国的商标法强调通过使用而取得第二含义的显著性。

商标权的变更，一方面是指由于当事人之间的合意而形成的商标权转让。有些国家的商标法规定，营业与商标必须一并转让，否则不允许纯粹的商标转让。[47] 另一方面其主要是指商标权利范围的变更，包括商标标志的改变，注册商标所使用商品或者服务范围的改变。对此，五国商标法普遍规定，商标权的变更必须办理相应的变更手续。

在商标权的消灭方面，五国商标法中既有普遍设立的注册商标无效制度和撤销制度，也规定了由于抛弃而消灭（例如美国法），或者由于未依法办理续展而到期的注册商标当然消灭的规则。

## （三）商标法对公法规范的处理

### 1. 法德模式

法国《知识产权法典》的结构特点是，根据条款的性质，在整体上将全部条款分为法律部分（Partie législative）与法规部分（Partie réglementaire）。涉及商标注册、变更、无效及消灭等的行政规范，被全部编入法规部分，其条文相应地冠以字母 R 进行编列，以区别于法律部分的规范，后者的条文均冠以字母 L 进行编列。这种结构，体现了鲜明的公、私法相互分离

---

⑯　参见德国《商标法》第 4 条。

⑰　美国商标法通常禁止商标的买卖或者许可使用，除非与该商标所标示的商品的生产权一并买卖或者许可。参见［美］威廉·兰德斯、［美］理查德·波斯纳：《知识产权法的经济结构》，金海军译，北京大学出版社 2016 年版，第 224 页。

的特征。德国《商标法》虽未如法国这样处理，但对其包含的九个部分亦作出明确区分：第二部分是有关商标和其他商业标志的实体性私法规范；相关的公法规范则分列于其他部分，包括第三部分"商标程序"、第七部分"涉及标志的诉讼程序"以及第八部分"关于刑事制裁的规定；进口或出口没收"。

### 2. 日本模式

日本《商标法》按照商标注册的先后顺序进行结构编排，对私法规范与公法规范未作出明确划分。其中，第四章虽然名为"商标权"，但是除第一节"商标权"与第二节"权利侵害"之外，还有第三节"注册费"，而这显然属于公法的范畴。与此相关另设的第四章之二"商标注册的异议"亦属于公法的范畴。

日本《商标法》在条文编排体例上，亦存在较大问题。受制于1959年立法时的结构安排与条文数量（共85条），此后的历次法律修改，只能采用某条之二、之三的方式，因此，尽管目前日本《商标法》名义上是85条，但实际条文多达185条。同时，新增章节的编排，只能借助上一章节的最后一个条款，导致同一条款分处不同章节，内容看起来毫不相关。例如，在第四章"商标权"的最后一条（第43条），分出来第四章之二"商标注册的异议"，其条文相应地被列为第43条之二至第43条之十五。又如，为落实《商标国际注册马德里协定》及其议定书，在第七章"防御商标"的最后一条（第68条）之后，增设第七章之二，相应的条文多达38条，即第68条之二至第68条之三十九。

### 3. 英美模式

在英国和美国的商标法中，私法与公法规范亦被设置为不同的部分。英国《商标法》将主要涉及商标权的实体性私法规范放在第一部分；将公法规范单独设为第三部分，包括涉及商标注册机关、程序、规费、代理人等商标行政程序，以及诸如海关查扣、没收假冒产品等行政执法的规定。

美国商标法即《兰纳姆法》对私法规范与公法规范作出基本区分，但是，它在第三部分还是存在混合编排的情形。美国商标法将涉及商标的主簿注册与辅簿注册的公法规范分列在第一、二部分，同时将主要涉及商标权的条文归入第三部分。事实上，1946 年美国国会通过《兰纳姆法》时，前述第一、二部分被称为第一、二编，而接下来则是第三编至第十一编。在纳入《美国法典》之后，第一、二编被列为《美国法典》第十五编第二十二章的第一、二部分，而《兰纳姆法》第三编至第十一编则分别被列为《美国法典》第三部分的第 1111 条至第 1127 条（唯一的例外是，第 1114 条至第 1123 条的总共 10 个条文，在《兰纳姆法》中只被归为一编，即第六编"法律救济"）。⑱ 换言之，美国商标法虽然分为三个部分，但涉及商标权的部分才是其结构重心。

**4. 有关行政执法与刑事责任的条款**

从历史上看，商标保护始于刑罚手段，因此，如英国法、法国法以及我国清末的商标立法，均以刑事责任规范为主。在当前的商标法立法中，有的国家将刑事责任条款单列一章，例如，日本《商标法》的第九章"罚则"，德国《商标法》的第八部分"关于刑事制裁的规定"；也有的国家是将刑事责任条款置于民事侵权责任条款之后，两者共处一章，例如，法国《知识产权法典》商标部分第一编的第六章"诉讼纠纷"。此外，英国《商标法》则是将刑事、行政执法的条文置于第三部分统一的公法规范之中。

（四）商标法对国际条约相关规定的处理

除国内法之外，主要国家商标法的法律渊源中普遍还包含关于国际条

---

⑱  关于《兰纳姆法》与《美国法典》条款的对应关系，参见 https：//www.uspto.gov/sites/default/files/trademarks/law/Trademark _ Statutes.pdf。

约或者区域一体化的规定，特别是为落实《商标国际注册马德里协定》及其议定书而专设章节，例如，德国《商标法》的第五部分"商标国际注册马德里协定保护商标；欧盟商标"，日本《商标法》的第七章之二"基于马德里协定书的特别规定"，英国《商标法》的第二部分"欧盟商标与国际事务"（包含三章：欧盟商标、马德里协定与国际注册、巴黎公约的补充条款），美国《兰纳姆法》的第四部分"马德里议定书"。

# 四、重构我国《商标法》的设想与方案

## （一）重构我国《商标法》的基本设想

从结构上看，一部法律不能单纯地被看作是条文的集合，更重要的是，各个法条的顺序与章节安排，不能被随意编排，而应该是一个经过全面考虑的系统，这样才能发挥法规范的作用。"法秩序并非法条的总合，毋宁是由许多规整所构成。在规整特定事项，例如，买卖法、租赁法以及侵权行为法时，立法者不只是把不同的法条单纯并列串联起来，反之，他形成许多构成要件，基于特定指导观点赋予其法效果。透过这些指导观点，才能理解各法条的意义及其相互作用。"⑭ 据此理论，可以发现我国《商标法》的结构安排存在一些不足。总体上，我国《商标法》仍未摆脱以商标管理为主线，按照公法结构来设置章节的模式，并且将程序规范与实体规范混合编排，也导致实体性私法规范相对偏弱。

这样的结构特点是受到我国商标制度历史的影响。新中国成立后的头三十年，我国商标法律转向以商标管理为中心的制度，而在 1982 年制定《商标法》之时，虽然其已经转向以商标权保护为中心，但是仍然不免带

---

⑭ ［德］卡尔·拉伦茨：《法学方法论》，陈爱娥译，商务印书馆 2003 年版，第 144 页。

有较为浓重的商标管理色彩。此后的历次修法，虽对若干规则有所调整，但在立法导向和法制实践中还是没有脱离商标管理的窠臼。另外，我国商标法律制度在一定程度上借鉴移植了国外的商标制度，在此过程中，也存在着如何选择与取舍的问题。对比清末、民国时期以及现行商标法的各个版本，我国商标法比较类似于日本模式。[50] 日本《商标法》在结构与条文编排上独具特色，但其弊端也是显而易见的。事实上，日本学界对该法也有不同意见。日本学者小野昌延在其经典教材中就对商标法进行了重新安排。他将商标法分为三个部分：第一编"导论"；第二编"实体商标法"，包含商标权的成立、商标权的主体、商标权的效力、商标权的处分（商标权的转让）、商标权的存续期间与消灭等；第三编"程序商标法"，包含商标注册的申请、审查、复审、诉讼等。[51] 这样的结构安排实际上就是基于"私法与公法"的二分法，从而在学理上重构了日本商标法。

　　笔者提出重构我国《商标法》，简单地说，就是"私法为本，公法为用"。事实上，在商标法第三次修改的过程中，学界就已经提出过对《商标法》进行结构调整的方案。"在商标法中，实体规范与程序规范，二者之间不是并列关系，而是目的与手段，是主与辅的关系，既不可偏废，也不能颠倒"，可以考虑的做法是将程序规范抽取出来，"通过国务院专门制定一个更为详细、完备，方便实用，又有利于适应变化，方便修改的、属于操作规章的商标注册条例"[52]。这里提到的一种方案是，由国务院专门制定"商标注册条例"来取代《商标法》中的程序规范。另一种方案是，

---

[50]　除清末法律移植受到日本的影响外，改革开放之初的商标立法也参考过日本商标法。参见魏启学：《商标立法中难忘的人和事》，载《中华商标》2023 年第 6 期，第 38－43 页。

[51]　参见［日］小野昌延『商標法概説（第 2 版）』（有斐閣，1999 年），https://www.iip.or.jp/translation/syouhyou.html.

[52]　刘春田：《民法原则与商标立法》，载《知识产权》2010 年第 1 期，第 7 页。

调整立法宗旨、重构商标确权程序、删除不必要的行政监管条款。[53] 笔者赞同在对我国《商标法》进行结构性改革时，对这两类规范作出区分，但认为还是应当将程序性公法规范置于《商标法》当中，而不是降格为行政法规或规章；同时，《商标法》应当优先规定实体性私法规范，适当简化与理顺程序性公法规范。这样就可以改变当前以商标管理为主线，在公法结构中纳入私法规范的做法，而转向以商标权保护为中心，以商标权法律事实为主线安排条文的私法结构，同时依据效率原则合理安排公法规范。

（二）我国《商标法》的结构性改革方案

基于上述分析，参酌法国、德国和英国的商标法模式，笔者认为，我国《商标法》在结构上可以分为五个部分。

第一部分是总则。这部分主要是明确商标权作为财产权的私权属性，划定商标法的调整对象，商标法与民法典以及其他法律，特别是与著作权法、专利法以及反不正当竞争法的关系。

第二部分是以商标权为中心的私法规范。这部分以商标权为主，分别规定商标权的对象、主体、内容、取得的条件以及变更和消灭的法律事实、侵权行为及其法律救济。如果采用广义的商标法，则应当将地理标志、集体商标、证明商标等单独成章，放于这一部分。

第三部分是程序性公法规范。这部分按照商标注册申请、审查、异议、核准、无效、撤销、诉讼等相应设置章节。

第四部分是与商标国际条约相关的规范。这部分涉及将有关商标国际注册的马德里体系转化为国内法的特别规定。

---

[53] 参见邓宏光：《从公法到私法：我国〈商标法〉的应然转向——以我国〈商标法〉第三次修订为背景》，载《知识产权》2010 年第 3 期，第 28 - 31 页。

第五部分是有关行政执法与刑事程序类公法规范。这部分可以单独设定罚则。

以上五个部分，从结构上可将其相应设为五编，并在各编之下依序设立各章。当然，考虑到我国一般法律的结构模式，也可对结构层级作出灵活处理。比如，将各编删除，直接按章依次设置，或者将编改为章，各章则相应地依次改为节。

笔者对我国《商标法》的编章结构提出如下方案：

第一编：总则

第一章：总则

第二编：注册商标与其他商业标记

第二章：注册商标的条件

第三章：商标使用与驰名商标

第四章：商标权的内容、续展、转让与许可

第五章：侵权行为与法律救济

第六章：商标权的变更与注册商标的无效、撤销与注销

第七章：集体商标与证明商标

第八章：地理标志

第三编：注册商标与其他商业标记的相关程序

第九章：商标注册的申请与代理

第十章：商标注册的审查与核准

第十一章：注册商标行政裁决与诉讼

第十二章：其他商业标记的相关程序

第四编：商标国际注册马德里协定相关的规定

第十三章：商标国际注册马德里协定相关的规定

第五编：罚则与附则

第十四章：侵犯商标权的行政责任与刑事责任

第十五章：附则

编章结构确定之后，该法律的具体条文就可以相应增删、补充或作出顺序调整。第一编的总则部分应予简化，相关条文涉及立法宗旨、调整对象、原则。第二编是商标法修改的重点。按照前述结构调整之后，该编将以商标权的私权保护为核心，按照民事法律关系的逻辑，大量充实相应的私法规范。在调整范围上应予扩展，将地理标志、集体商标与证明商标设为新的章节，对此可以根据已有的规范性文件，同时参考我国法律实践与国外立法例加以增补充实。随着法律调整范围扩大于商标之外，可以考虑将法律名称改为"商业标记法"。第三编、第五编的具体条文可以根据《商标法》的已有规定，再加以相应调整归类。第四编亦已有相当的基础，可以参考国外立法例与我国适用《商标国际注册马德里协定》及其议定书的实践，形成相应的条款。

# 结　语

"商标法向民法的回归"已渐成共识，特别是随着《民法典》的实施，包括商标权在内的知识产权都必须按照保护民事权利的要求落实在相关立法当中。为了真正落实这一共识，确立以商标权作为私权的保护目标，我国《商标法》在立法宗旨、规范结构、条文设计等方面，还有诸多有待改进之处。解决我国商标法领域中的诸多问题，不能只是停留在对个别条款的修补、增删，还应当从整体着眼，对法律的结构进行改革。"法规范并非彼此无关地平行并存，其间有各种脉络关联。发现个别法规范、规整之间，及其与法秩序主导原则间的意义脉络，并得以概观的方式，质言之，以体系的形式将之表现出来，乃是法学最重要的任务之一。"⑭《商标法》自 20 世纪 80 年代初制定以来，虽然实现了从商标管理到商标财产权保护的转向，但在立法宗旨上仍未脱离以"商标管理"而非以"保护商标权"为优先的表述，在法律条文安排上未采用以私法为中心的结构。这样一来，《商标法》不仅由公法规范主导，而且在修法过程中，屡有将公法规范扩充其中的提议。2023 年《征求意见稿》在立法宗旨上的表述有所改进，将"为了保护商标权人的合法权益"置于"加强商标管理"之前⑮，但是，由于它仍然维持现有的公法规范结构模式不变，并且将"商标品牌建设"之类的行政管理类公法规范大量填补其中，商标法以保护私权为核心任务的私法属性可能进一步削弱。

在我国商标法治建设进程中，也不乏从商标管理转向商标权保护的进步例子。2003 年，原国家工商行政管理总局根据 2001 年《商标法》对于驰名商标的立法修改，最终制定《驰名商标认定和保护规定》，废止了 1996 年颁布的《驰名商标认定和管理暂行规定》。此例说明"商标（包括驰名商标）权被当成了一种民事权利，而不再是国家掌控的公共资源，也不再是政府机关用于管理活动的一种工具"⑯。当然，个别事例不足以概观全貌，也无法提供全面改革的方案。笔者从我国商标法制的历史演变以及世界主要国家商标法的结构特征这两个维度，加以分析与比较，正是意图从整体上得出比较明晰的结论。为了实现我国商标法治的现代化，更好地服务于改革开放大局和社会主义市场经济的健康发展，我国《商标法》

---

⑭　［德］卡尔·拉伦茨：《法学方法论》，陈爱娥译，商务印书馆 2003 年版，导读（代译序），第 16 页。

⑮　《征求意见稿》第 1 条规定："为了保护商标权人的合法权益，维护消费者权益和社会公共利益，保障生产者、经营者的利益，促使其保证商品和服务质量、维护商标信誉，加强商标管理、使用和品牌建设，促进社会主义市场经济高质量发展，特制定本法。"

⑯　金海军：《知识产权私权论》，中国人民大学出版社 2004 年版，第 206 页。

必须摆脱既有的结构与模式，确立以保护商标权为优先的立法宗旨，从整体上加以重构。笔者根据"私法为本、公法为用"而提出的《商标法》新结构，也将有利于在法律修改过程中充实实体性私法规范，适当安排程序性公法规范。

# 第五编 | 新兴领域法学·涉外法治、数字法学

# 涉外关系治理的法律化与
# 中国涉外法律实施<sup>*</sup>

韩立余<sup>**</sup>

## 一、引　言

涉外关系，指国家的涉外关系，是国内视角的国际关系，某种意义上也可称为对外关系。国家，作为区别于氏族及其他社会组织的政治组织，具有地域性和公共权力性特征。① 地域性构成了涉外关系的地理基础，由此引申出内外、高低、优劣、文明与野蛮、入侵与自卫、特殊与普遍等区别。公共权力性（政权）决定了涉外关系的根本处理方法，包括武装暴力在内的各种强制性手段成为国家存在和发展的物质保障。人民作为国家主人，构成国家民族、领土和政权三要素中的最活跃部分。不同国家人民之间物质文化交往，是涉外关系的最基本内容。所有这一切都假国家之名进行。人分国籍、物有产地，制度、文化等无不打上国家的烙印。

国家是人类社会一定发展阶段上的产物，是人类社会进入文明时代的产物，是文明社会的概括。"文明时代越是向前进展，它就越是不得不给

---

　＊　本文原载于《吉林大学社会科学学报》2022年第2期。
　＊＊　中国人民大学法学院教授，法学博士。
　①　参见［德］恩格斯：《家庭、私有制和国家的起源》，人民出版社2018年版，第189页。

它所必然产生的种种坏事披上爱的外衣，不得不粉饰它们，或者否认它们——一句话，即实行流俗的伪善……"② 国家涉外关系也带有这种文明特征，在自身与社会之间艰难平衡。这种平衡，一直处于平衡—打破—再平衡—再打破—再平衡的循环往复、螺旋上升之中。这种动态性平衡的背后既有国家内部原因，也有国家外部原因；有统治者因素，也有被统治者因素。包括涉外关系在内的国家治理，一直是国家产生以来各个国家、各个民族、各个时代所孜孜以求的主题。

中国北宋时期出版、距今近千年的《资治通鉴》意在探求、提供治理之通鉴③，但所借事例限于中国地域。伴随交通技术发展，地球上人类之间的往来更加广远和频繁，也引发了更广范围的不同地区之间的激烈冲突。殖民侵略、世界大战，给人类带来了重大灾难。与此同时，不同地区文明互鉴，共促发展。"当今世界，人类生活在不同文化、种族、肤色、宗教和不同社会制度所组成的世界里，各国人民形成了你中有我、我中有你的命运共同体。"④ 涉外关系治理成为各国面临的重要命题，这种治理既要借鉴历史经验，也要与时俱进，解决当下问题。将涉外关系纳入法律治理轨道，成为国际社会的共同目标。无论是美欧等提出的以规则为基础的国际秩序，还是中国提出的以国际法为基础的国际秩序，都体现出法律治理这一共同特点。

在世界百年未有之大变局的背景下，中华民族正开启伟大复兴新征程。下文立足于中国涉外关系，通过探究国际关系与法律制度互动之规律，以内外结合与统一的方法，对涉外关系的法律治理作进一步探讨。笔者试图明确：涉外关系的法律治理是涉外关系处理的一种方法，相对于武

---

② ［德］恩格斯：《家庭、私有制和国家的起源》，人民出版社2018年版，第197页。

③ 《资治通鉴》书名乃北宋皇帝宋神宗所题赐。参见（宋）司马光：《资治通鉴》（一），中华书局2013年版，第20页。

④ 习近平：《论坚持推动构建人类命运共同体》，中央文献出版社2018年版，第80页。

力是文明的一种进步；它必然涉及国内法和国际法两种不同的规则体系，而这两种规则体系的不同处理方法决定了涉外关系法律治理的复杂性和艰巨性。国际社会必须以人类命运共同体意识来协调彼此之间的相互关系。

# 二、涉外关系法律治理的基础

## （一）战争的非法化

涉外关系法律治理与国际关系法律化是分不开的。人类历史的很长时期内，战争是处理不同国家、不同民族矛盾的主要手段。以法律的形式禁止战争，成为国际关系、涉外关系法律治理的起点和依据。

从地图看，国家是占据地球一定土地表面面积的政治单元。[⑤] 地理疆界是国际关系的最突出特点。可以说，国家从诞生时起就存在内部关系和涉外关系。国家正是内部力量和外部力量共同作用的结果。导致国家地域疆界变化的是武力征服和思想变化。"世上有两种力量：利剑和思想；从长而论，利剑总是败在思想手下。"[⑥] 利剑和思想成为处理一国涉外关系的最基本手段。同时，国家维护公共秩序，享有公共权力。暴力、武力、战争等，成为人类社会的内在组成部分，是人类文明的组成部分。战争成为国家维护秩序、捍卫利益的重要甚至主要的手段。

两次世界大战给人类自身带来了毁灭性灾难，进一步推动着人类对处理涉外关系方式的反思。第一次世界大战催生了国际联盟。作为第一个国际性政府组织，国际联盟致力于裁减军备、促进和平并试图通过国际公断

---

⑤　这仅就一般意义而言。殖民地、争取独立民族、未被国际社会普遍承认的政治体等，在一定时期也占据一定的地理面积。

⑥　习近平：《论坚持推动构建人类命运共同体》，中央文献出版社 2018 年版，第 80 页。

来解决争端，规定通过经济制裁保证对盟约的遵守，但未宣布战争非法。1928 年，美国和法国主导的《关于废弃战争作为国家政策工具的一般公约》（又名《非战公约》）谴责诉诸战争解决国际争议，倡导在相互关系中放弃将战争作为国家政策工具。第二次世界大战催生了联合国。《联合国宪章》明确各成员在国际关系上不得使用武力或以武力威胁，或以与联合国宗旨不符的其他方法，侵害任何国家的领土完整或政治独立。不同于《非战公约》不区分战争性质及起源，《联合国宪章》第 51 条明确该宪章"不得认为禁止行使单独或集体自卫的自然权利"，为通过武力这种方式解决争端提供了依据和渠道。因而，诉诸武力的合法性之争，成为国际关系法律治理的一个重要战场。1949 年一系列战争武装冲突法规则的诞生，进一步约束了武力的使用。"法律战"⑦，成为国际关系中的一种处理模式。国际法院，作为联合国主要司法机构，是国际关系法律战的一个主战场。与《联合国宪章》几乎同时期生效的《国际货币基金组织协定》《国际复兴开发银行协定》《关税与贸易总协定》，为国际经贸关系发展提供了法律依据。

（二）国际关系法律化的特点

**1.《联合国宪章》规定了处理国际关系的基本准则**

《联合国宪章》提供了处理国际关系的基本原则。1970 年，联合国大会通过了《国际法原则宣言》，进一步确认和明确了这些规则。维持国际和平及安全、发展国际友好关系及合作、国家主权独立、维护领土完整和政治独立、不干涉内政、和平解决争端、不得使用武力或以武力威胁处理国际关系等，为整个国际关系以及一国处理涉外关系提供了坚实的法律依据。"世界只有一个体系，就是以联合国为核心的国际体系。只有一个秩序，就是以国际法为基础的国际秩序。只有一套规则，就是以联合国宪章

---

⑦ Kittrie O F., *Lawfare: Law as a Weapon of War*, Oxford: Oxford University Press, 2016.

宗旨和原则为基础的国际关系基本准则。"⑧《联合国宪章》普遍禁止使用武力处理国际关系，同时保留国家单独或集体自卫的自然权利，设立安理会维护国际和平与安全。依《联合国宪章》第 39 条，安全理事会有权断定和平威胁、和平破坏或侵略之存在并采取必要措施。《联合国宪章》第 103 条进一步规定了《联合国宪章》与其他国际规则的关系，确立了宪章的至上性："联合国会员国在本宪章下之义务与其依任何其他国际协定所负之义务有冲突时，其在本宪章下之义务应居优先。"依《联合国宪章》第 102 条，在宪章发生效力后，联合国任何会员国所缔结之一切条约及国际协定应尽速在秘书处登记并由秘书处公布；当事国对于未经依此登记之条约或国际协定，不得向联合国任何机关援引。这些规则为国际关系法律治理提供了可靠基础。

## 2. 国际社会不存在权威性司法机构

《联合国宪章》建立了国际法院，《国际法院规约》作为《联合国宪章》的一部分获得通过。联合国成员国均为国际法院规约当然会员国。国际法院管辖包括各当事国提交的一切案件，及联合国宪章或现行条约及协约中所特别规定的一切事件，但是国际法院对联合国成员国之间的争端并不具有强制性管辖权。在联合国安理会常任理事国中，英国、法国和美国均作出过接受国际法院管辖的声明，但美国和法国撤回了这一声明，而俄罗斯（苏联）和中国从未发表过此项声明。在国际法院之外，联合国还设立了一些专门法庭处理刑事责任问题。在联合国系统之外，根据《国际刑事法院规约》成立了国际刑事法院并已运行，但作为联合国安理会常任理事国的美国、中国、俄罗斯不是该规约成员。美国除与一些国家订立排除国际刑事法院管辖权的协定外，还一度对国际刑事法院检察官进行制裁。

---

⑧ 习近平：《坚定信心 共克时艰 共建更加美好的世界——在第七十六届联合国大会一般性辩论上的讲话》，载《人民日报》2021 年 9 月 22 日，第 2 版。

世界贸易组织争端解决机制和世界银行下的国际投资争端解决中心是两个世界性的经贸投资争端解决机制。前者因美国以该机制中的上诉机构越权、造法为由阻挠上诉机构人员遴选而瘫痪，后者因仲裁员任意裁决或不受约束而备受指责面临改革压力。上述这两个机制何去何从，前景不明。就世界贸易组织而言，美国政府官员曾经表示："争端解决机制的改革不是单纯地恢复上诉机构或回到从前。"⑨

在区域层面，欧盟被视为一个超越传统主权国家之上的国家联合体。欧盟立法在成员国具有直接适用的效力。欧盟法院成为欧盟内部事务的最高、最终司法机构。欧盟法院的判决对所有成员国都有约束力。英国为了恢复自己的司法主权选择退出了欧盟。2021 年波兰最高法院作出了一项判决，认为欧盟法院判决对成员国没有约束力。这引发了新一波争议。⑩可见，国家与"国家之上"的机构间的张力没有因欧盟机制而消除。

可以看出，国际上迄今并没有统一受理国家间争端案件的法院，也并不存在一个普遍接受的国际司法机构。已经存在的国际争端解决机构处于质疑和变革之中。国际上并不存在类似于国内法律体系中具有最终管辖权和权威性的司法机构。这是国际社会所面临的社会现实。

### 3. 法律与政治、经济不可完全分离

15 个联合国成员国组成的安理会（包括拥有否决权的 5 个常任理事国），被《联合国宪章》赋予了维护世界安全的重任。这一机制是政治机制。国际法院作为联合国的主要司法机构，拥有裁判和咨询之权，其管辖

---

⑨ Ambassador Katherine Tai's Remarks As Prepared for Delivery on the World Trade Organization，https://ustr. gov/about-us/policy-offices/press-office/speeches-and-remarks/2021/october/ambassador-katherine-tais-re-marks-prepared-delivery-world-trade-organization，2021-10-18.

⑩ See Poland high court rules EU laws violate constitution. https：//www. jurist. org/news /2021 /10/ poland-high-court-rules-eu-laws-violate-constitution /#：～：text ＝ Poland％ E2％ 80％ 99s％ 20constitutional％ 20court％ 20ruled％ 20on％ 20Thursday％ 20that％ 20some，laws％ 20and％ 20setting％20off％20an％20EU％20legal％20crisis，2021-11-12.

权来自成员国的同意，并不能对联合国安理会的决定进行司法审查。拥有否决权的 5 个常任理事国成为影响世界和平发展格局的"关键少数"。联合国安理会的决定可以对非成员国产生影响，却难以形成约束常任理事国本身的决定。这意味着，联合国安理会或者国际法院均不能妥善解决 5 个常任理事国之间产生的争议，而这些国家之间的争议对国际关系影响最大。可见，《联合国宪章》本身具有一定局限性。

一定意义上说，法律是为政治与经济服务的。各种社会中的"政治正确"/意识形态，成为法律不能逾越的界限，法律也通过自己的方式强化了这种界限。法律的运作呈复合曲线型，形式与实质、规范与实力、主权与霸权、武力与和平之间无时不处于矛盾之中。美国政府贸易代表戴琪心目中的"半法律、半外交"模式，反映了法律调整国际关系的局限性。[11]

国际关系法律化正是建立在这样的政治、社会和法律现实基础上的：奠基于 17 世纪的国家主权观，为 20 世纪的《联合国宪章》所确认和强化，国家主权独立和平等既是捍卫国家主权的权源，也是造成国际矛盾的因源。《联合国宪章》确立了安理会体制，建立了集体安全制度，又保留了各主权国家自卫的自然权利。宪章对民族自决权的确认与维护，造成国家内部和外部纷争不断。现实中国家利益纷争不断引发新的冲突。"救世主"式的机构或制度时代还没有到来。世界仍然停留在"软法硬世界"的阶段，我们不能无视国际法，但也不能对国际法期望太高，应考虑力量和互惠在国际法中的作用；在拒绝现实主义作为唯一解释的同时，需要对国际法过程给予现实主义的解释。[12]

---

[11] See Ambassador Katherine Tai's Remarks As Prepared for Delivery on the World Trade Organization. https：//ustr. gov/about－us/policy－offices/press－office/speeches－and－remarks /2021/october/ambassador－katherine－tais－remarks－prepared－delivery－world－trade-organization，2021－10－26.

[12] See Crawford J.，*Chance*，*Order*，*Change*：*The Course of International Law*，Leiden：Brill Nijhoff，2014.

### 4. 国际法具有不完备性

"国际法是一种超越语言、文化、种族和宗教的语言。"[13] 国际法不仅是一套规则体系，同时也是一套话语体系。[14] 它产生于国际关系，服务于国际关系并制约着国际关系。哲学家黑格尔对此作了很好的描述："国际法是从独立国家间的关系中产生出来的，因此，国际法中自在自为的东西保存着应然的形式，因为它的现实性是以享有主权的各个不同意志为依据的。"[15] 在认识到国际法对国际关系调整的同时，我们要看到国际法的不完备性。"最好是将国际法视为不完备的，并处于向有约束力的法治下的国家社会的有限和可实现的理想过渡的状态（正如文明社会在其边界内普遍承认和实践的那样），而不是作为提高其作为法律的正式权威的良好愿望的结果，将其视为全面稀释的近似属的完美和不可改变的物种。"[16] 实践中也是如此。从历史看，国际法总是滞后于实践的发展的。

国际法体现为一种过程性。对国际法过程的解释，按国际法院前院长希金斯的观点，其是关注多种多样的有权决策者的请求与反请求、国家实践以及决定，将国际法视为有权决策者在分散系统中可以利用的权威的决策体系，而不是以国际法院为核心。[17] 克劳福德进一步指出，这一过程中参照基于明示协议或习惯的规范，提出权利请求和义务依据。国际法既是

---

⑬　[英] 罗伯特·詹宁斯：《国际法院院长（1991年至1994年）1992年10月在联合国大会的讲话》（第10版），《国际法院》2000年版，第11页。

⑭　参见车丕照：《国际法的话语价值》，载《吉林大学社会科学学报》2016年第5期。

⑮　[德] 黑格尔：《法哲学原理》，范扬、张企泰译，商务印书馆2019年版，第392页。

⑯　Lauterpacht H.，*The Function of Law in the International Community*，Oxford：Oxford University Press，2011，p. 440.

⑰　See Higgins R.，*Problems and Process：International Law and How We Use It*，Oxford：Clarendon Press，1994，p. 10.

主张和依赖的过程，也是原则和规则的体系：它们共同构成了国际法的进程。[18] 因此，对于国际法，不仅要看到其规范，也要看到其过程，规范与过程相互作用。这种过程性也反映了国际法不完备的现实。

# 三、涉外关系治理的法律化

## （一）涉外关系治理的内涵

涉外关系是国内视角的国际关系。涉外关系治理的真谛是如何更好地处理涉外关系。在中国语境下，"治理"原本与"管理"同义[19]，主要指国家管理，是一种从上到下的管理模式。随着人民主权观的确立和人民参与国家管理程度的加深，官民共治的理念被接受，治理一词得到普遍使用。与之相应的是政府管理向社会治理的转变。中文表述中，"法制"到"法治"的变化，即所谓的"刀制"到"水治"的转变，亦体现出类似的理念。

国际上比较有影响的治理概念，是由国际知名人士于 1992 年组成的全球治理委员会在 1995 年发布的《天涯成比邻——全球治理委员会的报告》（以下简称《天涯成比邻》）中提出的。"治理"是个人和机构、公共和私营部门管理其共同事务的各种方法的综合。它是一个持续的过程，通过这一过程，冲突或多元利益能够相互调适并能采取合作行动。它既包括正式的机构和制度保障执行，也包括人们和机构已经同意或认为符合其利

---

[18]　See Crawford J. , *Chance*，*Order*，*Change*：*The Course of International Law*，Leiden，Brill Nijhoff，2014，p. 21.

[19]　如《荀子·君道》曰："明分职，序事业，材技官能，莫不治理，则公道达而私门塞矣，公义明而私事息矣。"

益的非正式安排。⑳ 这一概念是一个涵盖多主体、多方法的共同治理概念。该报告号召政府、个人、非政府组织、跨国公司等集体行动起来，发挥引领作用。该报告提出的全球治理概念或方案，建立在削弱国家主权基础上，提出"改写旧准则"，认为"国家将不得不接受，在某些领域，主权应由集体行使"，"在一个日益相互依存的世界上，过去关于领土、独立和不干涉的概念已经失去了某些意义"㉑。在全球治理委员会发布其报告《天涯成比邻》之前，被认为是公共管理学的经典、出版于 1992 年的《无政府的治理》提出了谁治理、为何治理、治理者如何治理以及治理产生什么结果（影响）这四个问题，并且指出："国家主权的减退是当今世界的一大潮流……与国家主权减退相应，多中心世界的联合体成员间孕育着整合趋同感增长。"㉒ "这是一个全球治理越来越盛行，而政府功能减退的世界。""没有政府的治理方式将会比冷战时期所熟知的那些治理措施更具有非正式、多样和详尽的特点。一个多元秩序趋向于多个分蘖的决策中心，但要使之经久不衰，治理就不可或缺。"㉓ 上述文献预期的全球治理是全球公民社会治理。对于这样的设想，批评者指出，它没有考虑到主权国家置本国利益于首位并通过武力予以捍卫所产生的障碍，没有考虑到国际法不通过武力不能对主权国家强制执行的现实。㉔

国家是内外力量的产物，有内外两种表现形式，存在对内和对外两种

---

⑳　See The Report of the Commission on Global Governance，Global Governance：Our Global Neighborhood，http：//www. gdrc. org/u – gov/global – neighbourhood/index. htm，2021 – 10 – 19.

㉑　［瑞典］英瓦尔·卡尔松、［圭］什里达特·兰法尔主编：《天涯若比邻——全球治理委员会的报告》，中国对外翻译出版公司 1995 年版，第 65、67 页。

㉒　［美］詹姆斯·罗西瑙主编：《没有政府的治理》，张胜军等译，江西人民出版社 2001 年版，第 326 页。

㉓　［美］詹姆斯·罗西瑙主编：《没有政府的治理》，张胜军等译，江西人民出版社 2001 年版，第 329、337 页。

㉔　See Harris E E.，Summary and Conclusion，in Harris E E，Yunker J A（eds.）*Toward Genuine Global Governance：Critical reac-tions to "Our Global Neighborhood"*，London：Praeger Publishers，1999，p. 161.

职能。在由国家组成的国际社会中，国家的地理边界和权力边界决定了国家的内部关系和外部关系（涉外关系）。内部最高统一、外部平等独立，是国家内部和外部关系的基本特点和要求，但内外部关系并非截然分开、对立，而是相互影响、互塑。国家基于自身生存和发展的内在需求处理国家间关系。从中国历史和世界历史看，国家外部关系常常极大地影响一国的生存和发展。在当今相互依赖、相互影响的全球化时代，无论是顺全球化还是逆全球化，更是如此。

涉外关系的治理，不同于一国内部的社会治理，也不同于全球治理委员会提出的超越国家的全球治理。涉外关系治理是国家治理的组成部分。它离不开主权国家这一核心要素，其目标是维护国家主权、安全、发展利益。同时，涉外关系治理离不开国际社会，必须践行国家间相互尊重、合作共赢的国际关系理念。涉外关系治理应是政府主导、社会参与、公私配合、内外统筹的一个治理体系。跨国公司、非政府组织，这些一度被认为在促进全球治理中发挥重要作用的实体，都是基于国内法建立的组织，理应接受所在国国内法的约束。随着逆全球化思潮的来临和民族主义的再度兴起，国家安全、投资安全、网络安全、产业链安全等，成为普遍关注的重点。以人民（工人）为中心，保护劳工、保护环境，解决发展不平衡问题，成为各国政府努力的目标，国家政府的作用得到凸显。与此同时，国际组织的作用却不断边缘化。国际货币基金组织、世界银行、世界贸易组织等，失去了 20 世纪 90 年代的光环。因此，涉外关系治理，不是前述以削弱国家主权为前提的全球治理、公民治理、社会治理，而是以国家为核心的治理。

涉外关系的内容是多方面的，战争、和平、政治、经济、宗教、文化等都是其组成部分。战争征服或武力干涉，并没有退出历史舞台。政治压迫、经济制裁，此起彼伏。宗教极端渗透和文化思想敌视仍然存在。涉外关系治理就是站在一国立场将这些错综复杂的关系纳入一个统一、协调的框架中。涉外关系具有层次性。国家、政府、企业、公民，都是涉外关系的参与者和行为者。官方的、非官方的，政府的、非政府的，发挥着不同的作用。人权与主权之间存在着辩证关系。非政府组织在促进治理方面发挥着积极的作用，但其行为也要受到一定的约束。涉外关系的治理就是将参与涉外关系治理的各方纳入统一的治理框架下，各类治理主体在统一框架内发挥各自的作用，既要改变单纯、单向的政府监管状态，也要注意防止弱化政府的核心作用。

## （二）涉外关系治理法律化的必然性

与国际关系法律化趋势相一致，涉外关系治理也呈现出法律化趋势。涉外关系治理的统一框架是法律框架。

在历史上，战争或武力是涉外关系的一种处理模式。随着《联合国宪章》普遍性禁止在国际关系中使用武力或以武力威胁，战争或武力的使用被限制在集体安全或自卫的例外情形中。现实中，战争、武力或武力威胁的使用仍然常见并发挥着其他措施所不能发挥的作用，成为其他解决方式的"助产婆"，但其副作用也很明显。狂风骤雨式的武力行动不可持久，最终还需要通过非武力的方式来解决后事，战后缔结和约就是最好的例子。

除战争外，外交也是涉外关系的一种处理模式。"外交是运用智慧和策略来处理独立国家政府之间的官方关系，有时也延伸到它们与附属领土的关系，以及国际机构内政府之间的关系；或者更简单地说，以和平手段处理国家之间的事务。⑤ 运用智慧和策略，以和平方式处理国家间事务，

---

⑤ See Roberts S（ed.），*Satow's Diplomatic Practice*，7th edition，Oxford：Oxford University Press，2017，p.3.

是外交区别于战争的重要特征。外交是涉外关系处理的日常和惯常形式。世界各地每天都在进行着大量的外交活动，但外交仍需以法律为基础，国际法构成国际关系内容和活动的一部分。《维也纳外交关系公约》《维也纳领事关系公约》奠定了外交的基础框架。

当今世界，无论是武力还是外交，都离不开法律的支持。法律提供行为规范。武力、外交、法律，相互独立又彼此联系，而法律是基础。《联合国宪章》禁止在国际关系中使用武力或以武力威胁，是法律发挥更大独立作用调整涉外关系的标志。法律作为涉外关系处理方式的时机成熟。形式上，战争或武力本身不再具有合法性；为武力行为寻求合法性，成为行动者的目标。同时，传统上战争处理国际关系的方式需要被替代：通过法律予以落实，提供相应的法律救济和法律保障。《联合国宪章》第七章确立的包括经济制裁在内的制裁制度很大程度上弥补了这一空白。类似贸易法、人权法、环境法等各部门法律制度的发展，进一步丰富了法律的内容、扩大了其运作空间。国际条约与国际机构为国家通过法律渠道处理涉外关系提供了物质基础。美国与欧盟之间长达十几年的空客—波音争端，美国与欧洲国家因美国制裁北溪一号和北溪二号而引发的争端，美国与其他发达国家之间因美国制裁古巴、伊朗而引发的争议，阿拉伯联合酋长国与卡塔尔之间的争议，都通过各种法律途径寻求解决。㉖

国际关系、涉外关系的法律治理相对于战争和外交这两种方式，具有自己独特的价值和作用。法治，代表了人类文明发展成果，是国际社会普遍接受的国家治理基本方式。法治虽非万能，但法治基于正当程序，提供正当救济，保障个体利益、社会利益、人权、秩序，提供了稳定性、可预期性和透明性，人民获得了比较充分的参与感和获得感。涉外关系的法律

---

㉖　针对海湾国家对卡塔尔采取的一系列限制措施，卡塔尔政府和企业分别向世界贸易组织、国际法院、国际投资争端解决中心提起/申请了一系列诉讼或仲裁。

治理也代表着先进性和现代性。无论是国家治理还是全球治理，都需要坚持在法治轨道上推进治理体系和治理能力现代化。回顾历史、放眼世界，不同国家、不同文化、不同制度，均为人类的发展进步作出了贡献。当前国际社会面临着共同问题，如气候变化、恐怖主义、全球疫情、网络犯罪、数据安全等，需要国际社会共同面对，即使经济发达国家也没有现成的"药方"，旧有的殖民或武力之道不足以解决当前的问题。响应时代召唤，应对时代挑战，提供法律解决方案，是比较可行、有效的机制。

对涉外关系的法律治理而言，国际条约是处理涉外关系的重要依据，但不是唯一依据，甚至不是最可靠依据。站在一国的角度，单纯依赖国际法来捍卫自己的利益是不够的，对于大国来说尤其如此。霸权与反霸权斗争、大国竞争、国家利益竞争、制度竞争，甚至种族歧视与斗争，充斥着国际关系。包括国际条约在内的国际法的实施，很大程度上依赖相关国家的信任和善意。《联合国宪章》和反映国际习惯的《维也纳条约法公约》均要求"善意履行"义务或条约。国家身兼立法者、执法者和裁判者三种身份，国际上权威裁判机制和强制执行机构的缺失，对于大国而言，国际法律义务的约束缺乏刚性；对于小国而言，其利益存在着不能获得有力保障的可能。实践中，无论是大国还是小国，都存在着不履行国际裁决的情形。反过来说，国家实践、国家间的竞争与争端，也起着促进国际法规则形成和发展的作用。因此，涉外关系治理法律化，既是法治建设的要求，也是国家治理的要求，有其历史必然性。

（三）涉外关系治理法律化的特点

用法律来调整涉外关系，是人类文明的进步，更好地维护了人的生命、尊严、财产和秩序，但法律不是凭空存在的，徒法不足以自行。涉外关系治理法律化具有自己的特点。

第一，法律为涉外关系治理提供规范和保障。

法律是人类文明的产物。法律是行为规范，既是个人行为规范，也是国家行为规范。法律是经由一定程序反映的人民意志和国家意志，反映了人类社会发展的经验和愿景。用法律调整涉外关系，使涉外关系在法律框架内运行，更具有稳定性和可预期性。法律提供的透明、正当程序、法律救济，能够更好地实现社会公平正义，避免战争、武力手段等带来的灾难性的生命财产损失，为人类生活和国家关系提供了秩序保障。一系列国内法律和国际法律的制定和实施，进一步促进了涉外关系治理的法律化，朝着良法善治发展。对一些措施是否合法的分歧与争议，进一步凸显了法律的作用。法律是国家治理的手段，发挥着不可替代的作用，这一手段和作用也必将在涉外关系治理中体现出来。

第二，涉外关系法律治理体现了内国在涉外关系治理中的主导作用。

涉外关系是一国视角的国际关系，是相对于外国的内国的对外关系，具有明显的国家主体性和主导性。它不同于无特定国家的国际关系，也不同于没有国际因素的国内关系。涉外关系法律治理以一国国家利益为核心，辐射到包括其他国家在内的国际社会。国际法与国内法的关系不再是一般意义上的抽象一元论或二元论关系，而是以一国主权权益为导向的法律关系。法律位阶、法律效力、法律管辖、法律实施等都体现出内国的国家意志，根据内国的政治、经济、社会、文化等，作出相应的安排。鉴于国际法的前述特点，国内法在涉外关系法律框架中发挥支柱性、基础性作用。国内法的作用主要体现在确立一国涉外关系的法律制度和框架以及相关的实施机制。针对不同领域立法，基于不同依据授权，在实体意义上和程序意义上，规范不同主体间的权利义务关系。一国的立法、司法和行政措施，既具有维护一国内部法律秩序的作用，也具有维护人类命运共同体的作用。以本国利益为出发点，以本国利益为归宿，在维护国际法基本原则的前提下，正确处理国内法与国际法的关系，对涉外关系法律治理具有重要意义。

第三，武力、贸易和安全是涉外关系法律治理应关注的三个要素。

贸易在此指广义上的经贸关系，包括投资、金融、人员往来等。涉外关系首先应当是不同国家间的经贸往来。安全是涉外关系的底线，也是贸易与武力的平衡器，决定着一国涉外关系向贸易还是武力一端倾斜。武力仍然是涉外关系中的基础要素，它撬动着贸易和安全。武力可能替代贸易或被贸易所替代，武力也可以排斥贸易或被贸易所排斥，或者二者相互赋能，武力保护贸易、贸易促进武力。武力与安全、贸易与安全的关系类似。安全是统帅，其具体含义可能有所变化，但核心地位不变。武力和贸易都是实现安全的手段，因此，不能单纯地或孤立地看待武力和贸易。法律将这三个要素联结在一起，形成相应的规范、制度和程序。

第四，涉外关系的法律治理与国际道义有密切关系。

法律治理不同于国际道义，又以国际道义为遵循。法律治理以其独特的法律运行机制，通过具体的权利义务关系，通过提供对违法的救济手段，落实和弘扬和平、发展、公平、正义、民主、自由的全人类共同价值。可以说，法律治理是实现国际道义的手段，但站在一国角度，存在着国家利益与国际利益协调的问题。很长一段时间内，西方列强凭借船坚炮利，通过殖民和掠夺，以其他国家、地区、民族的权利被侵害为代价，建立了自己的强势地位。在当今，是一国优先，还是共同发展，这实际上体现着霸道和"王道"的冲突。国家主权需要法律来捍卫，但该权利亦可能被滥用。历史上文明与不文明国家或民族的分类与标签，剥夺了一些国家和民族的权利，西方列强在其他国家享有的"治外法权"，就是霸道式涉外关系法律治理的典型代表。因此，涉外关系的法律治理应建立在相互尊重、合作共赢的理念基础上。

## （四）涉外关系法律治理的途径

国家可以通过缔结国际法、制定国内法和政策协调三个途径来处理其涉外关系。涉外关系的法律治理，涉及一国与他国的关系，在法律表现形式、功能作用上，调整涉外关系的规范主要包括国际法和国内法，不具有法律约束力的"软法"或"君子协定"亦发挥着重要的作用。在边沁于1789 年出版的《道德与立法原理导论》中首次使用"国际法"这一表述之前，"万国法"被视为调整涉外关系的法律，包罗万象。1956 年美国学者兼法官杰赛普提出"跨国法"这一概念，泛指调整跨境交易的所有法律。这些分类基于主体、渊源或交往㉗，体现出涉外法律关系和法律规范的多样性。涉外关系治理需要综合利用各类法律。

### 1. 国际法

作为国际法的习惯国际法，是由被接受为法律（法律确信）的一般惯例所确定的。有关惯例必须具备一般性，必须足够广泛和有代表性，必须一贯。这主要通过国家实践来体现。在评估国际实践时，应考虑特定的所有已知的实践，作为一个整体进行评估。如果特定国家的实践不一致，可根据情节情形减少赋予该实践的权重。㉘ 据此，一国的国家实践，无论其是否为其他国家接受或反对，都可影响习惯国际法的发展。中国处理涉外关系的做法，也具有影响习惯国际法发展的作用。中国可以大胆采取从自己利益出发兼及人类共同利益的做法，拥有促进习惯国际法发展的自信。

国际条约是一国与他国签署的或参加的具有国际法约束力的协定，是一国处理涉外关系有力的不可缺少的工具，也是促进共同价值的载体。与

---

㉗　参见［美］马克·威斯顿·贾尼斯：《美国与国际法（1776—1939）》，李明倩译，上海三联书店 2018 年版，第 20 页。

㉘　参见国际法委员会：《习惯国际法的识别》，联合国大会正式记录第七十三届会议补编第 10 号，A /73 /10，第 123 - 124 页。

习惯国际法相比，其针对性更强，内容更明确，达成更容易，双边条约更能服务于一国的涉外关系的法律治理。在世界愈益一体化、国家间联系更趋紧密的背景下，由多个国家缔结的诸边条约和世界上大多数国家参加的多边条约具有更广泛、更稳定的特点，通过国际组织处理涉外关系具有双边优势所不具备的优势，"给予了国家定义、组织和发展相互依赖性的机会"㉙，但也难免会带有效率不彰的官僚化作风和尾大不掉的僵化趋向。国际组织决策机制体现出国内层面和国际层面的不同程度的"民主赤字"或"民主剩余"㉚。无论如何，参与国际社会、在互动中维护自己的利益，是涉外关系法律治理的重要途径和机制。国际条约网络被认为是美国处理涉外关系的一个重要工具。㉛

### 2. 国内法

国内法是国家意志的单方、自由表达，直接反映本国人民意志。在涉外关系的法律治理中，国内法发挥着基础性作用。国内法提供一国处理涉外关系的规范、框架、机制、机构、权限、程序等。依法履行职权、遵循正当程序，是法律治理的基本要求。在对外关系中，这体现着国家主权、尊严、利益、平等和尊重。国内有学者指出，如果没有明确的国内法依据，中国对外经济制裁的正当性就容易受到质疑，不利于维持法治中国的国际形象。㉜就调整涉外关系而言，国内法可以分为专门调整涉外关系的法律和默示调整涉外关系的法律两大类。㉝专门调整进出国境的法律属于

---

㉙ de Visscher C., *Theory and Reality in Public International Law*, Princeton: Princeton University Press, 1957, p. 268.

㉚ Psygkas A., *From the "Democratic Deficit" to a "Democratic Surplus"*, Oxford: Oxford University Press, 2017.

㉛ See Raustiala K., *Does The Constitution Follow the Flag*, Oxford: Oxford University Press, 2009, p. 27.

㉜ 参见廖诗评：《中国法域外适用法律体系：现状、问题与完善》，载《中国法学》2019 年 6 期。

㉝ 国内法中存在着专门调整国内事项的法律，如中国曾有分别适用于内外资企业的税收法，也曾有分别适用于国内合同和涉外合同的《经济合同法》和《涉外经济合同法》。

前者，如对外贸易法、出口管理法、国际投资法、反外国制裁法等，许可与差别是这类法律的一个根本特征。没有明确但也适用于进出国境的法律属于后者，民商事法律多属于这一类，一国宪法似也应归于这一类。在同一部法律中，可能同时含有这两类规范。例如，中国《民事诉讼法》第4条规定在中国境内诉讼应遵循该法，第5条接着规定了外国人、无国籍人、外国企业和组织在我国诉讼具有同等诉讼权利义务。该法第四编另行规定了"涉外民事诉讼程序的特别规定"，其中第270条规定：在中国领域内进行涉外民事诉讼，适用该编规定。该编没有规定的，适用该法其他有关规定。因此，要从具体法律规范层面而不是法律名称本身来分析哪些法律规范调整涉外关系。此外，域外管辖的法律条款明显属于调整涉外关系的法律范围。

法律通过设定权利义务调整社会关系。根据调整对象和调整方法的不同，可以对法律进行区分，形成不同的法律类型，比较典型的有宪法、行政法、刑法、民商法、争端解决程序法、冲突法等。公法和私法、实体法和程序法之分，在义务履行、权利救济方面相辅相成。不同形式、性质、内容的规则以不同的方式共同规范涉外法律关系。宪法是国家根本大法，规定国家基本制度和基本权利，涉外关系的法律治理不得与宪法相违背。实体法直接调整法律关系，冲突法间接调整法律关系，程序法提供权利救济。刑法惩罚、行政法监管、民事法自律，体现出国家意志的强制力和自然人、法人的意思自治。

### 3. 政策协调

如果通过国际法处理涉外关系不现实、不可能，例如，没有国际规则存在、没有适当的国际争端解决机构，通过国内法处理涉外关系成为一种单方选择。一国适用其国内法，例如法律域外适用、单边制裁等等，可能引起相关国家的反对。相关国家基于各自的国内法，进行政策上的沟通与协调，在此基础上进行法律调整，也是一种法律处理方式。美国与欧洲国家就其反垄断法适用中的效果原则进行政策协调，取得了较好的结果。相关国家在协调中达成的不具有法律约束力的合作备忘录等"君子协定"或"软法"，既提供了一定的规范性也提供了相应的灵活性。中国在推动"一带一路"建设中特别注重政策相通，并通过与相关国家签署具有备忘录性质的合作协议的方式促进其实施。这正是政策协调的体现。

# 四、中国的涉外法治实施

## （一）涉外法治的提出

随着中国改革开放的深入，我国企业和公民越来越多地走向世界，外国企业和公民越来越多地来到中国，跨国纠纷越来越多，越来越复杂。同国际关系法律化趋势相一致，中国涉外关系的处理也应走法律治理之路。"我们必须综合运用政治、经济、外交、法治等多种手段加以应对。要把法治应对摆在更加突出位置，用规则说话，靠规则行事，维护我国政治安全、经济安全，维护我国企业和公民合法权利。"[34]

中国涉外关系的法律治理，可以用"涉外法治"这一术语来表述。中央提出全面依法治国，坚持和完善国家治理体系和治理能力现代化。[35] 处理好国内与国际两个大局、国内国际两个市场、国内国际两套规则，是国家治理体系和治理能力现代化的内在要求。中央全面依法治国会议确立

---

[34] 何志鹏：《涉外法治：开放发展的规范导向》，载《政法论坛》2021年第5期，第256、257页。

[35] 参见本书编写组：《中共中央关于坚持和完善中国特色社会主义制度推进国家治理体系和治理能力现代化若干重大问题的决定》，人民出版社2019年版。

习近平法治思想是全面依法治国的根本遵循和行动指南。坚持统筹推进国内法治和涉外法治，是习近平法治思想的重要组成部分。习近平法治思想从历史和现实相贯通、国际和国内相关联、理论和实际相结合上深刻回答了新时代为什么实行全面依法治国、怎样实行全面依法治国等一系列重大问题。㊱ 习近平法治思想为中国涉外关系的法律治理提供了指针。

坚持统筹推进国内法治和涉外法治，意味着涉外法治面临的任务不同于国内法治。它更直接地体现国家主权、安全、发展利益，更直接地反映团结与斗争的矛盾与统一，更直接地服务于"推动构建人类命运共同体的理念"，"维护以联合国宪章宗旨和原则为核心的国际秩序和国际体系，为全球治理体系改革和建设贡献中国智慧和中国方案"㊲。

（二）涉外法治、国内法治、国际法治

中国涉外关系的法律治理用"涉外法治"来表达，使我们对涉外法治有了更深刻的理解。涉外法治是一个治理命题和概念，而对非渊源形式之表达。涉外法治既不是传统意义上的未包括国际法在内的国内法治，也不是传统意义上不包括国内法的国际法治。它突破了国内法与国际法形式之分和学理之分的窠臼，兼具国内性国际法治和国际性国内法治之质。有学者指出："涉外法治是国家在开放发展的过程中推进法治的涉外拓展，也表征着涉外关系的规范导向、法治转型。"㊳ 传统上，国内法治与国际法治相对。一般所说的法治，实际指国内法意义上的法治。国际法治，指国际法意义上的法治，即国际法之治。这一区别可以从联合国秘书长报告中得到印证。"联合国将法治定义为治理原则，依照这一原则，所有个人、

---

㊱　参见《坚定不移走中国特色社会主义法治道路 为全面建设社会主义现代化国家提供有力法治保障》，载《人民日报》2020 年 11 月 18 日，第 1 版。

㊲　何志鹏：《涉外法治：开放发展的规范导向》，载《政法论坛》2021 年第 5 期。

㊳　何志鹏：《涉外法治：开放发展的规范导向》，载《政法论坛》2021 年第 5 期。

机构和实体、公共和私营部门，包括国家本身，都有责任遵守公开颁布、平等实行和独立裁决而且符合国际人权规范和标准的法律。法治还要求采取措施，确保遵守法律至上、法律面前人人平等、对法律负责、公正适用法律、权力分立、参与决策、法律的确定性、避免任意性以及程序和法律透明等原则。""在国际一级，法治为国家的行动提供可预测性和合法性，加强其主权平等，加强国家对其境内受其管辖的所有个人的责任。""在国家一级，法治是国家与其管辖下的个人之间社会契约的核心所在，确保正义贯穿于社会各个层面。"[39] 2005 年，联合国首脑会议宣言指出："需要在国内和国际两级全面遵守和实行法治。"[40] 国内法和国际法是两个不同的法律体系，要打通国内法和国际法这两个层级，在国内和国际两级全面遵守和实行法治，既需要国际社会作出努力，也需要国家内部作出努力。涉外法治就是这样的连线和纽带。[41]

涉外法治是涉外关系法律之治，是国内视角的国际关系之法治。就国内法而言，需要处理涉外关系；就国际法而言，需要关注特定国家的利益。一般意义上的国内法或国际法均不能实现这一目的。普遍观点认为，国家实践是促进国际法形成和发展的动力和形式。"国家实践由国家行为构成，不论该行为是行使行政、立法、司法职能，还是行使其他职能。""实践可有多种形式，既包括实际行为，也包括言语行为。在某些情况下，还可包括不作为。国家实践的形式包括但不限于：外交行为和信函；与国际组织通过的或在政府间会议上通过的决议有关的行为；与条约有关的行为；行政部门行为，包括'实地'作业行为；立法和行政行为；各国法院

---

　　[39]　联合国秘书长的报告：《伸张正义：加强国内和国际法治行动纲领》，A /66 /749，2012 年 3 月 16 日，第 2－4 段。

　　[40]　联合国大会决议《世界首脑会议成果》，A/RES /60 /1，2005 年 9 月 16 日，第 134 段。

　　[41]　何志鹏教授通过图表揭示了涉外法治与国内法治、国际法治的关系，从行动主体、行动领域、行动方式和行动目标几个方面进行了比较。参见何志鹏：《涉外法治：开放发展的规范导向》，载《政法论坛》2021 年 5 期。

的判决。"㊷ 不同国家在处理涉外关系时，其立法、司法和执法实践，相互碰撞、激荡、磨合、协调、统一，将国内法和国际法密切结合在一起。

习近平总书记提出坚持统筹国内法治和涉外法治，这是全面依法治国、在法治轨道上推进国家治理体系和治理能力现代化的要求和体现。它有助于将中国与世界的关系纳入法治轨道，增强稳定性和可预期性；有助于防范涉外关系的恶化和冲突；有助于将风险和损失控制在可控范围之内。涉外关系的法律治理确立国内处理涉外关系的法律制度，建立统一、协调、有效的法律机制。

## （三）中国涉外法律适用

### 1. 强化国内法在涉外关系法律治理中的作用

国际法是一国涉外关系法律治理的重要工具，但国际法自诞生至今未能摆脱"国际法是法吗"的身份置疑，也未摆脱法律执行的能力怀疑。在当今人权获得普遍认可的情况下，人权高于主权的论调和实践也不时呈现。㊸ 国际法的立法方法和适用方式不同于国内法，国际法在发挥巨大作用的同时，也具有自己的内在不足：作为国家之约的国际法，缺乏类似国内法的强有力执行机制；在一些国家凭借其各方面的实力恃强凌弱时，国际法并不能提供及时、充分、有效的公平救济。即便看似非常完善的"长牙的"世界贸易组织争端解决机制，在美国一国阻扰下，也暴露出了软弱无力的本相。还应看到，国际法从欧洲公法发展为普遍国际法，始终未摆

---

㊷　国际法委员会：《习惯国际法的识别》，联合国大会正式记录第七十三届会议补编第 10 号，A /73 /10，2018 年，第 136 - 138 页；Dunoff J L，Ratner S R，Wippman D，*International Law：Norms，Actors and Process*，4th edition，New York：Wolters Kluwer，2015，p. 114.

㊸　1999 年，北约组织对塞尔维亚长达 2 个多月的空中轰炸，被科索沃国际独立委员会认为虽然违反国际法，但道德上和政治上具有正当性。See Charlesworth H.，"International law：A discipline of crisis"，*The Modern Law Review*，2002，65（3）：380 - 381.

脱不平等的藩篱，其制定和适用充满了歧视性。"文明国家"这一标签不时地变换着花样，以剥夺或限制一些国家的权利。一致对外的"西方逻辑"依然在发挥作用。㊹ 不借助于武力制裁的国际法执行，在现实中表现出软弱的一面，因此，强化国内法在涉外关系法律治理中的作用尤为必要。

如前所述，涉外法律包括专门调整涉外关系的法律和默示调整涉外关系的法律，但这种认识并没有得到普遍的认同，这就造成国内法对涉外关系适用的割裂。新的时代背景下，需要改变过去长时期形成的"没有明确涉外就不涉外"的传统思维定式，建立"没有排除涉外就涉外"的新法律思维，如同我国《外商投资法》采用的"准入前国民待遇加负面清单"模式一样。只有这样，才能提高我国涉外法律的质量，完善中国涉外法律的适用，做到良法善治。

## 2. 强化法律域外适用和域外管辖

我国涉外法律实施应重点强化法律域外适用和域外管辖两方面。

国家是人民、地域和政府的结合。中国传统文化中的天下观体现出"溥天之下，莫非王土；率土之滨，莫非王臣"，并由此形成了东亚地区传统国际秩序的"封贡体系"㊺。在近代欧洲形成了以威斯特伐利亚体系的主权国家制度，为《联合国宪章》所确认并为中国所坚持。㊻ 国际社会现实中，不时存在突破威斯特伐利亚体系确立的包括领土主权在内的主权制度的情况。经济全球化造成的国家间的进一步相互依赖也提出了如何进行涉外关系法律治理的问题。更具体地说，提出了如何处理一国域外管辖

---

㊹ 法治落后、威权、非市场经济、发达的发展中国家、国家资本主义等，都可以视为这类标签的表现形式。

㊺ 陈尚胜：《朝贡制度与东亚地区传统国际秩序》，载《中国边疆史地研究》2015 年第 2 期。

㊻ "世界只有一个体系，就是以联合国为核心的国际体系。只有一个秩序，就是以国际法为基础的国际秩序。只有一套规则，就是以联合国宪章宗旨和原则为基础的国际关系基本准则。"习近平：《坚定信心 共克时艰 共建更加美好的世界——在第七十六届联合国大会一般性辩论上的讲话》，载《人民日报》2021 年 9 月 22 日，第 2 版。

权、法律域外适用的问题。这也是中国涉外法治所要解决的问题。正如习近平总书记所指出的："要加快推进我国法域外适用的法律体系建设，为我国涉外执法、司法活动提供法律依据。"[47]

国家的地理区域是一国行使统治权的空间范围，法律作为主权行使的一种方式，其效力本应及于一国境内，这被称为国家属地管辖权。但在现代主权国家制度建立之前和之后，一直存在着根据人的身份（国籍）予以支配和保护的规则，即法随人走的属人管辖权。属人管辖权与属地管辖权之间一直存在着矛盾和冲突。国际常设法院在"荷花号案"确认的管辖原则虽常引争议，但仍是处理管辖问题的出发点：国际法对一个国家施加的首要限制是——如果没有相反的许可规则存在，它不得以任何形式在另一个国家的领土上行使其权力。在这个意义上，管辖权肯定是有地域性的，或者说，除非有国际习惯或公约的许可规则的根据，否则一国不能在其领土之外行使管辖权。[48] 迄今为止，国际法上还未形成具体、明确的规则解决这一问题。因而，涉外关系的法律治理面临着域外管辖的问题。各国一般以地域管辖权为基础，伴以保护性管辖。[49] 这不可避免地出现域外管辖和法律域外适用。中国《刑法》第 8 条对中国领域外犯罪的适用规定，即是域外管辖权和域外适用。《联合国海洋法公约》规定的沿海国对专属经济区自然资源开采等的主权权利和其他事项管辖权，亦属于沿海国的域外管辖。中国 2017 年《海洋环境保护法》第 2 条的规定提供了国内法上的相应依据：本法适用于中华人民共和国内水、领海、毗连区、专属经济区、大陆架以及中华人民共和国管辖的其他海域。在中华人民共和国管辖

---

㊼　习近平：《论坚持全面依法治国》，中央文献出版社 2020 年版，第 257 页。

㊽　See PCIJ，SS Lotus，PCIJ reports，Series A，No. 10（1927），18 - 19.

㊾　美国法律协会编纂的《美国对外关系法重述》（第 4 版）规定的避免域外管辖推定，亦反映了这样的态度和做法。See The American Law Institute. Restatement of the Law Fourth，The Foreign Relations Law of the United States，§ 404. St. Paul，American Law Institute Publishers，2018，p. 170.

海域以外，造成中华人民共和国管辖海域污染的，也适用本法。可以说，域外管辖和法律域外适用存在国内法和国际法上的依据。中国涉外法治建设需要进一步完善和落实域外管辖和法律域外适用制度。⑤

管辖在国际层面指国家管辖，是不同国家相互间管辖权的划分与界定，在此基础上可以进一步分为国家立法管辖、司法管辖（审判管辖）和执法管辖。⑤ 立法管辖是基础，司法和执法管辖是实施。立法并不限于一国立法机构的专门立法。实践中，司法机构具有释法功能，在某些法律制度中也有造法功能，行政机构也有一定造法功能，因而国家管辖存在着扩张的可能性，由此导致法律域外适用与域外管辖间产生更为紧密的联系。有美国学者研究指出，没有美国法院域外管辖，美国就不可能取得当今的霸权。⑤ 不谋求霸权是中国政府的一贯立场和做法，中国不可能也不应该像美国那样利用域外管辖谋求霸权，但对于保护中国及中国人民的合法利益，域外管辖是不可缺少的。

### 3. 区分法律域外效力和域外效果

国内法一定条件下的域外管辖和法律域外适用，意味着法律具有域外效力。某种意义上，域外管辖、法律域外适用和法律的域外效力是同一问题的不同说法或侧重。其对象不同，但又存在着密不可分的联系：从本源上说，因为法律本身规定了域外适用，就产生了域外效力，而法律规定是行使立法管辖权的结果；从逻辑上说，因为法律有域外效力，就产生了法

---

⑤ 在国际私法或国际民事诉讼中，经由当事人选择某一争端解决机构，或适用外国法来处理相互间的争端，也是域外管辖或法律适用。但该情形仅适用于管辖地法院或仲裁机构处理民商事争端，属于法院或仲裁机构"被动"管辖、被动适用外国法。笔者主要强调一国相关机构主动管辖、主动适用本国法律。

⑤ 由于各国具体法律制度不同，国际上对于立法、司法和执法管辖这种分类并无一致的意见，有的分为立法管辖和执法管辖。由于司法管辖多指法院管辖，但一些行使执法权的机构也具有审理职能，故有时用审判管辖概念涵括执法管辖和司法管辖。

⑤ See Putnam T L., *Court Without Borders: Law, Politics, and U.S. Extraterritoriality*, Cambridge: Cambridge University Press, 2016, p. 274.

律的域外适用；从结果上说，因为法律规定域外适用，就产生了司法和行政机关行使域外管辖权、具体实施法律域外适用的过程和结果。而所有这些都是国家行使主权的结果。强调法律的域外效力，意在强调一国法律对其境外的人或行为具有约束力，这既包括对本国人的境外行为有约束力，也包括对外国人的境外行为有约束力。如果不接受法律规定的这种约束，就会受到相应惩罚或产生相应责任。中国《反垄断法》规定的"中华人民共和国境外的垄断行为，对境内市场产生排除、限制影响的，适用本法"，明确了其对外国经营者产生约束力。实践中，相关经营者集中向中国执法机构申报，并接受中国执法机构依法审查后附加的条件。

关于法律域外适用和法律的域外效力，要将其与法律域内适用的域外效果区别开来。法律虽在域内适用，但影响域外人的利益，甚至极大影响域外人的利益的，也不能被称为域外适用。最明显的例子是进口管制和市场准入性质法律，如产品检验检疫、反倾销、反补贴、保障措施、外来投资等法律。类似的法律限制或禁止外国产品、资本等进入，规定了入境的条件，但对境外的行为本身没有约束力，这不是域外适用，没有域外效力。例如，某国政府可以对其境内企业提供补贴，只要受补贴产品不出口到实施反补贴措施的国家，补贴与接受补贴本身都不会受到实施反补贴国的法律的约束，也不会产生相应的不利后果。另外，一国司法或行政机关对其境外的人作出处罚决定，没收其在该境内的财产、判处监禁，或通过钓鱼执法、引渡等安排予以监禁的，所对之人不可选择，不是域内适用的域外效果，而是域外适用。

# 五、结论：统筹推进国内法治和涉外法治

就领土主权、法律、治理这三者而言，它们之间的关系并不完全一

致、重合。在涉外关系的法律治理中，国内法与国际条约相互交错、补充，甚至相互赋权，共同规范涉外关系的法律治理。一方面，一国可以在其不享有传统主权的区域行使主权和管理权。例如，根据《联合国海洋法公约》第56条，沿海国对专属经济区的自然资源开采等享有某种主权，对某些行为享有管辖权，有治理权利。另一方面，在一国享有领土主权的区域，该国也可能同意其他国家以适当的方式在其境内执法，例如通过签署司法互助协定相互合作。我国湄公河联合执法，就建立在国家同意合作基础之上。⑤③ 还应看到，联合国安理会多次通过决议，呼吁国际社会打击索马里沿岸的海盗和海上武装抢劫行为，并应索马里过渡政府请求，根据《联合国宪章》第七章采取行动，授权有关国家和国际组织在索马里境内采取一切必要措施并进行调查和起诉；敦促所有国家在本国法律中将海盗行为定为犯罪，并设立索马里特别法庭，包括在索马里境外设立一个反海盗特别法庭，审判海盗嫌犯。⑤④ 这些都反映了涉外关系的法律治理的不同层面，反映出主权、法律和治理的互动性。

传统上，法治应是国内法中的概念，这从戴雪提出法治这一概念的背景和内容可以看出，其认为法治构成了英国宪法的基本原则。但随着国际关系法律化的发展，随着国际法在国际事务中发挥的作用越来越大，出现了国际社会的国际法治这一概念和目标。"历史学家保罗·约翰逊认为，上个千年的伟大事业是在民族国家内部确立法治，这个新千年的任务是在国际层面或在全球层面上建设法治。"⑤⑤ 联合国提出国际法治目标也印证了这一点。与国际法治这一概念相对应，国内法意义上的法治也变成国内

---

⑤③  2011年10月5日，中国13名船员在湄公河被害后，中老缅泰四国签署了《关于湄公河流域执法安全合作的联合声明》，在此基础上进一步完善了合作机制。

⑤④  参见联合国安理会第1851（2008）号决议，S/RES/1851（2008），2008年12月16日，安全理事会第6046次会议通过；联合国安理会第1976（2011）号决议，S/RES/1976（2011），2011年4月11日安全理事会第6512次会议通过。

⑤⑤  ［美］布雷恩·Z.塔玛纳哈：《论法治》，李桂林译，武汉大学出版社2010年版，第161页。

法治，以示区别。可以看出，国内法治与国际法处于两个不同层面，涵盖不同的内容。就涉外关系的法律治理而言，国内法和国际法是不可缺少的两类规范和手段。单纯的国内法治或国际法治似乎都不能涵盖这一内容，也不能提供相应的手段。国内法与国际法又相互影响和塑造。涉外关系法律治理不应舍弃任何一种规范或手段。

法律保护权益、施加义务、提供救济、维持秩序，是治国理政之基。在我国一般法律工作者的印象中，国内法调整国内事务，国际法调整国际事务。虽说一些国内法中也包括了调整跨境、境外行为的规范，但这方面的执法、司法或法学研究没有得到重视，人们头脑中还存在着只关注境内法律事务或割裂内外事务的惯性思维。这种状况显然不适应我国现在面临的国内外环境，不适应协调推进国内治理和国际治理的要求。习近平总书记提出，"坚持统筹推进国内法治和涉外法治"，"要加快涉外法治工作战略布局，协调推进国内治理和国际治理，更好维护国家主权、安全、发展利益"；"要坚定维护以联合国为核心的国际体系，要坚定维护以国际法为基础的国际秩序，坚定维护以联合国宪章宗旨和原则为基础的国际法基本原则和国际关系基本原则……推动全球治理变革，推动构建人类命运共同体"⑯。习近平的这一思想正是我们学习、研究涉外关系的法律治理的指导思想，也是我们在实际工作中处理涉外关系法律问题的根本遵循和行动指南。

---

⑯ 习近平：《坚定不移走中国特色社会主义法治道路 为全面建设社会主义现代化国家提供有力法治保障》，载《求是》2021年第5期。

# 中国涉外法治的"涉外"范围与面向

## ——以建构中国自主法学知识体系为视角

丁相顺<sup>*</sup>　郭一达<sup>**</sup>

## 一、问题的提出："涉外"法治是国际还是跨国（境）？

习近平总书记指出：加快构建中国特色哲学社会科学，归根结底是建构中国自主的知识体系。要以中国为观照、以时代为观照，立足中国实际，解决中国问题，不断推动中华优秀传统文化创造性转化、创新性发展，不断推进知识创新、理论创新、方法创新，使中国特色哲学社会科学真正屹立于世界学术之林。① 法学是中国特色哲学社会科学的重要组成部分，建构中国自主法学知识体系，是贯彻落实习近平法治思想的必然要求，是创新发展中国特色社会主义法治理论的必经之路，是坚持全面依法治国与推进法治中国建设的题中应有之义。② 技术革命带来了生产力革新与市场扩大，作为上层建筑的各国法律原本呈现出的分割状态被打破。各

* 中国人民大学法学院教授、博士研究生导师。

** 中国人民大学法学院博士研究生。

① 参见《习近平在中国人民大学考察时强调 坚持党的领导传承红色基因扎根中国大地 走出一条建设中国特色世界一流大学新路》，载中国政府网 2022 年 4 月 25 日，https：//www.gov.cn/xinwen/2022-04/25/content_5687105.htm。

② 参见粟峥：《建构中国法学自主知识体系的逻辑进路与未来面向》，载中华人民共和国司法部网站 2024 年 5 月 17 日，https：//www.moj.gov.cn/pub/sfbgw/zwgkztzl/xxxcgcxjpfzsx/fzsxllqy/202405/t20240517_499020.html。

国市场原本边界分明，一国法律制度只调节本国生产关系，但随着生产要素跨国（境），全球化使一个产品零件从生产到组装再到销售的全过程都可能关涉不同国家法律，各国法律出现跨国（境）适用，一国法治出现跨国（境）面向。以"一带一路"倡议为例，中国企业等商事主体开展的对外投资、商品贸易活动，都必然受到对方国家的法律规制，可能接触到一带一路沿线国家的执法部门、审批部门以及仲裁、法院等纠纷解决机构，"一带一路"项目的推进使国人对那些曾经遥远的国度和其法律制度的学习变得实在和有现实意义，并且产生了认识那些不太熟悉的法律制度、法律规范以及法律实践的需要和动因。③ 同样，域外主体在中国从事民商事活动，接受中国法律管辖，适用中国法律，中国的执法机关、司法机关对域外主体开展涉外执法、涉外司法活动。这样，也就提出了一国的私人主体适用域外法律的属性以及适用域外法律的属性问题：涉外法治是"国际"（international）还是"跨国（境）"（transnational）？

顾名思义，"国际"这一概念指的是横向关系中的国家与国家（internation）。这一概念着眼于封建时代结束后，登上历史舞台的民族国家与民族国家之间构建的横向关系。国际公法就是建立在这样的理解基础之上。但是，随着生产力的提高，产生了越来越多超越国境、边境的交易行为、民事活动，国际组织、地方政府，包括企业与个人的私主体越来越活跃，在以民族国家为基础的国际秩序中，虽然代表民族国家的中央政府仍然在国际秩序建构中发挥着基础性的作用，但是，多元主体渐渐成为跨国、跨境民商事活动中的主流。建立在民族国家基础上的"国际"这一概念已经无法准确描述新形势下人类社会跨国界关系的复杂性。④ 以国际投资法为例，国际投资仲裁以东

---

③ 参见丁相顺：《"一带一路"倡议与多元法律文化》，载《苏州大学学报（法学版）》2017年第3期，第1—2页。

④ 参见颜林：《论杰塞普的跨国法思想及其对现代国际法的贡献》，载《比较法研究》2008年第5期，第145页。

道国和投资国签订的投资条约为基础，虽以"国际"为名，但处理的并非两个主权国家之间的法律关系。国际投资仲裁的一方为东道国，另一方为投资者，是典型的公主体与私主体之间的跨国法律关系。公主体与私主体混合的跨国法律关系使得仅在国际法框架下考虑的国际投资法出现了认识论与实践之间的错位。国家是国际规则的制定主体和适用对象，但在全球化的实践中，国际投资体系由国家本位阶段发展到投资者本位阶段，国际与国内的边界随着公主体与私主体的互动变得模糊，企业成为"国际"法律纠纷解决的当事人。此时，"国际"（international）已然因法律适用主体的私法化而具有了新的含义，更多地反映了"跨国（境）"（transnational）属性。当今世界正面临百年未有之大变局，中国大力加强涉外法治建设，这就必然涉及对涉外法治的"国际性"和"跨国（境）性"的理解和适用。

当前，中国法学界对涉外法治的研究多集中在中国涉外立法、中国法律域外适用，尤其强调国家作为法治的主体有所作为。⑤ 目前关于涉外法治在法学界的讨论呈现二级学科分化的局面，学者有各自理解，亦有争论，从国内法治、涉外法治、国际法治的关系加以论证。有国际法学者认为涉外法治是广义国内法治的一部分⑥，还有从具体驱动者以及调整对象的角度界定涉外法治⑦，从中国涉外关系的法律治理的角度对涉外法治加以界定⑧，也

---

⑤ 参见黄进：《论统筹推进国内法治和涉外法治》，载《中国社会科学》2022 年第 12 期；何志鹏：《国内法治与涉外法治的统筹与互动》，载《行政法学研究》2022 年第 5 期；韩立余：《涉外关系治理的法律化与中国涉外法律实施》，载《吉林大学社会科学学报》2022 年第 2 期；霍政欣：《我国法域外适用体系之构建——以统筹推进国内法治和涉外法治为视阈》，载《中国法律评论》2022 年第 1 期；郭霁：《新时代国际法律风险应对与全球治理推进》，载《中外法学》2021 年第 4 期；莫纪宏：《加强涉外法治体系建设是重大的法学理论命题》，载《探索与争鸣》2020 年第 12 期。

⑥ 参见黄惠康：《准确把握"涉外法治"概念内涵 统筹推进国内法治和涉外法治》，载《武大国际法评论》2022 年第 1 期。

⑦ 参见何志鹏：《涉外法治：开放发展的规范导向》，载《政法论坛》2021 年第 5 期。

⑧ 参见韩立余：《涉外关系治理的法律化与中国涉外法律实施》，载《吉林大学社会科学学报》2022 年第 2 期。

讨论了涉外法治的混合属性。[9] 有法学理论学者认为涉外法治既非国内法治，也非国际法治。[10] 从域外法学界的讨论来看，外国学者认为涉外法治等同于以冲突法为主体的国际私法，加上具有中国政治与经济特色的对外关系法。[11] 总体上来说，理论界一般以一国治理视角界定涉外法治，强调中国法律的域外管辖与域外适用，但是国家行为因豁免权不适用他国法律，处于适用他国法律前端的企业跨国（境）合规视角衰微，法律跨国（境）适用中管辖与合规之间的良性互动需要补强。

国家是实践法治最基本、最主要的行为体，但不可否认的是，企业在实践中已经成为境外投资领域的主体，处在他国法律适用的前端。[12] 全球化一方面活跃了私主体，尤其是企业的主体性，在政府引导下作为主体开展境外投资，另一方面带来了国家的安全与发展利益转型，政府在境外投资中引导企业与当地政府和企业互惠互利。缺失了中国企业作为改革开放和“一带一路”的践行者在外国法律项下合规的视角，很容易使涉外法治在认识论上被误解成为法律霸权。从建构自主知识体系的视角来看，对涉外法治的界定可以跳出概念怪圈，从法治全过程的涉外面向进行理解。要解决涉外法治在公主体、私主体于认识论与实践中的错位，必须看到涉外法治的跨国属性。

---

⑨ 参见韩秀丽：《涉外法治：属性解读与完善进路》，载《厦门大学学报（哲学社会科学版）》2023 年第 3 期。

⑩ 参见张龑：《涉外法治的概念与体系》，载《中国法学》2022 年第 2 期。

⑪ See Matthew S. Erie, *Legal Systems Inside Out: American Legal Exceptionalism and China's Dream of Legal Cosmopolitanism*, https://papers.ssrn.com/sol3/papers.cfm?abstract_id=4310224 (last visited on September 17, 2023).

⑫ 国家发展和改革委员会、商务部、人民银行、外交部下发的《关于进一步引导和规范境外投资方向的指导意见》指出：“坚持企业主体。在境外投资领域充分发挥市场在资源配置中的决定性作用和更好发挥政府作用，以企业为主体、市场为导向，按照商业原则和国际惯例开展境外投资，企业在政府引导下自主决策、自负盈亏、自担风险。”

# 二、法治涉外：管辖与合规的互动

法治产生于国家治理实践。有学者认为，西方法治模式有对内和对外两个方面。对内是指建立一种什么样的国内法律秩序、政治秩序；对外是指如何看待其他国家、民族，要建立一种什么样的世界法律秩序。所以看待一种法治模式，不仅要看其国内法律秩序，而且要看其对其他国家和地区的态度。为满足向外扩张、开辟市场的需要，西方法治对外形成了由威斯特伐利亚体系和殖民体系共同构成的世界体系，前者调整西方主权国家之间的关系，后者调整宗主国与殖民地之间的关系。[13] 西方中心论以西方法治模式为依托，要求某种同质性的达成，具有扩张性。

中国特色社会主义法治不同于西方法治模式。《宪法》第 5 条规定，"中华人民共和国实行依法治国，建设社会主义法治国家"。党的二十大报告指出，坚持全面依法治国，推进法治中国建设。在完善以宪法为核心的中国特色社会主义法律体系中，加强重点领域、新兴领域、涉外领域立法，统筹推进国内法治和涉外法治，以良法促进发展、保障善治。[14] 从依法治国到全面依法治国，如宪法"序言"所言，中国法治与世界紧密联系，中国特色社会主义法治建设坚持反对帝国主义、霸权主义、殖民主义，同时坚持互利共赢开放，发展同各国的外交关系和经济、文化交流。涉外法治承接法治的本质，以规则为依据，主张以法治的话语与他国进行交往。

---

[13] 参见朱景文：《西方法治模式和中国法治道路》，载《学术前沿》2022 年第 2 期，第 41 页。

[14] 参见习近平：《高举中国特色社会主义伟大旗帜 为全面建设社会主义现代化国家而团结奋斗》，人民出版社 2022 年版，第 41 页。

### 1. 规则之治中的知己知彼

在形式意义上，法治的内涵是规则之治。[15] 规则为人们的行为提供期待性。在中国法治与外国法治相遇时，管辖与合规互动出现：一方面，中国法治规则对外国企业、公民适用时公开透明，要求外国企业在中国法律项下合规。另一方面，中国企业在外国法律项下合规以及维护自身权益。

一方面，管辖产生了中国完善法治规则的动因。

中国法治规则对外国主体公开透明经历了一个发展的过程。中国实施法治主要源自国家管理和社会治理的内在需要，尤其是中国的改革开放推进了中国的法治进程，"入世"就是一个例子。按照"入世"的要求，中国必须把政出多门的"红头文件"变成统一的"黑字法条"；把"内部规矩"变成"公开规则"；把诉诸内部审批、指令配额和特许制度变成依法管理的"开放市场"；把诉诸政治、行政和民间调解的纠纷解决机制变成通过司法纠纷解决。[16] "入世"推动了中国法律的制定，增强了法律规则的透明度，推动了政治统合向法律治理的转变，中国法治向外国主体开放并适用。

随着改革开放的深入推进，涉外法治立法成为建设中国特色社会主义法治体系的重要一环。要积极推进国家安全、科技创新、公共卫生、生物安全、生态文明、防范风险、涉外法治等重要领域立法，健全国家治理急需的法律制度、满足人民日益增长的美好生活需要的法律制度，以良法善

---

⑮ 参见张文显：《法治的中国实践和中国道路》，人民出版社 2017 年版，第 131 页；徐祥民：《法治与社会主义法治》，人民出版社 2018 年版，第 317 页；彭小龙：《规范多元的法治协同：基于构成性视角的观察》，载《中国法学》2021 年第 5 期；张志铭、于浩：《现代法治释义》，载《政法论丛》2015 年第 1 期；朱景文：《法治的可比性及其评估》，载《法制与社会发展》2014 年第 5 期；舒国滢：《法治发展：多重矛盾的破解之法》，载《人民论坛》2011 年第 14 期。

⑯ 参见鲁楠、高鸿钧：《中国与 WTO：全球化视野的回顾与展望》，载《清华大学学报（哲学社会科学版）》2012 年第 6 期，第 7 页。

治保障业态新模式健康发展。⑰ 法治的涉外已经成为一个重点立法领域，维护国家主权、安全和发展利益已成为涉外立法目的，是有法可依在涉外领域的实践。随之而来的是中国法治在涉外领域中的执法、司法，以及私主体行为在跨国（境）时的合规。

另一方面，合规产生了知晓他国法律规则的动因。

尤其对于处在适用他国法律前端的中国企业而言，知晓、了解外国法律规则并且采取相应措施进行应对是涉外法治重要的前置环节。由于中国企业与国家利益有一致性，中国政府引导中国企业在走出去时尊重和遵守当地法律已成为对待外国法律适用的主流实践，同时，中国政府引导中国企业甄别他国法律不当管辖进而加以应对。

习近平总书记提出，中国企业拓展海外市场遇到的阻力和挑战增大，跨国纠纷和法律问题也更多、更复杂。我们要甄别这些纠纷的性质，有理有利有节应对。有的西方国家以国内法名义对中国公民、法人实施所谓的"长臂管辖"，在国际规则上是站不住脚的。⑱ 以美国法中的"长臂管辖"为例，知晓该管辖权的本质是应对的前提。美国法院确立其管辖权分为三个步骤：第一，确定对人管辖权（personal jurisdiction），即确定哪一个州的州法院或联邦法院因当事人关联从而对案件有管辖权，依据是州法律以及依该州法律建立关联的合宪性；第二，确定对事管辖权（subject matter jurisdiction），即确定该案件是否由于涉及当事人身份跨州与联邦法律问题而归于联邦法院管辖；第三，确定管辖法院（venue），即确定哪一个具体法院对案件行使管辖权。所谓"长臂管辖"，在本质上属于对人管辖权，着重强调当事人与哪一州建立了关联。一般而言，当事人有意将自己暴露

---

⑰　参见习近平：《论坚持全面依法治国》，中央文献出版社 2020 年版，第 4 页。

⑱　参见中共中央宣传部、中央全面依法治国委员会办公室编：《习近平法治思想学习纲要》，人民出版社 2021 年版，第 120 页。

在哪一州，并且可预见自己在该州有被起诉的可能性，即视为当事人与之建立了关联。确定对人管辖权中当事人关联之后要判断原告的诉讼请求是否缘于被告与该州的关联，对人管辖权进而分为具体对人管辖权（specific personal jurisdiction）与概括对人管辖权（general personal jurisdiction），其中，前者适用于被告与该州关联引起原告诉讼请求的情形，以公平性加以衡量，后者适用于被告住所地位于该州的情形。具体而言，"长臂管辖"属于具体对人管辖权，即被告住所地不位于美国但与美国某一州建立了关联。

美国州法律管辖权因全球化出现扩张。美国法官认为，一个与全球联系更紧密的经济环境使企业可能在遥远的管辖地造成损害，同时也意味着对企业来说，在遥远的他国应对诉讼不再是不可承受的负担。[19] 承接具体对人管辖权依据州法律以及依该州法律建立关联的合宪性逻辑，对具体对人管辖权也须依公平性进行审查，美国各州长臂立法也须经过合宪性审查，尤其是合理性审查。要应对他国不当管辖，中国企业就要发挥主体性，建立海外合规制度，提高应对海外合规经营风险的法律能力，知晓外国法律规则与法治逻辑，依据外国法律规则和法治方式维护自身权益，理性参与外国执法与司法程序。

### 2. 国际礼让原则在各国法治交往中的适用

全球化将各国的法治连接在一起，法治由此出现涉外面向。各国在法治与法治的交往之中，要以法治的方式进行，国际礼让原则的适用使各国开始考虑外国法治是否尊重了其本国法治，是否对本国法治保护的安全与发展利益构成不当风险。

---

⑲　See Hanson，357 U. S. at 250-51（"As technological progress has increased the flow of commerce between States，the need for jurisdiction over nonresidents has undergone a similar increase. At the same time，progress in communications and transportation has made the defense of a suit in a foreign tribunal less burdensome. "）.

国际礼让原则是荷兰法学家胡伯在 1689 年《论罗马法与现行法》一书中作为适用外国法的理由提出的。国际礼让说的主要观点是，一个国家主权的效力只能及于本国领域，国家之间相互给予豁免权不是基于各自主权的需要，而是基于国家之间的礼让和善意。根据国际礼让原则，一国法律在另一个国家产生效力，取决于该国的同意。国际礼让原则以期待为动因：或期待他国立即回馈，或期待他国在未来的特定情境下回馈相似行为。[20] 以外国法院判决的承认与执行为例：外国法律无当然的域外效力，依外国法律作出的法院判决，只有当判决接收国承认时才发生域外效力。而判决作出国法律的域外适用，并非因为外国法律本身有任何域外效力，而纯粹是出于国家礼让原则的缘故。每个国家应依据自己的裁量，在一定的条件下承认外国法律的域外效力，这个条件就是不得与国内的利益相抵触。

国际礼让原则强调主权平等，主张国家对外国法律效力的认可建立在礼让和对等的基础上。需要强调的是，法治交往中并不预设外国法律为恶法，也不以中国法治的标准去衡量外国法律，在全球化的推进中，法治交往更是加入了企业作为外国法律适用的前端的视角。以最高人民法院知识产权法庭于 2020 年 8 月在"康文森公司与华为公司标准必要专利许可纠纷案"中作出中国知识产权领域首例禁诉令裁定为例：该案以《民事诉讼法》（2017 年《民事诉讼法》第 100 条）的行为保全制度为基础依据，并将国际礼让原则纳入考量。[21] 禁诉令虽然是针对诉讼当事人签发的，但是迫使当事人不得在他国诉讼或者放弃申请执行他国法院判决，不可避免会间接涉及外国法院的管辖权，影响他国的裁判效力，甚至还会影响正常的

---

[20]　See Ellery C. Stowell, *International law: A Restatement of Principles in Conformity with Actual Practice*, New York: Henry Holt., 1931, p. 231.

[21]　参见最高人民法院知识产权法庭：《中国知识产权审判发出的首例禁诉令——案件合议庭详解康文森公司与华为公司标准必要专利许可纠纷案》，https://ipc. court. gov. cn/zh-cn/news/view-1056. html，2023 年 9 月 17 日访问。

国际交往和国家关系。因此，国际礼让原则是作出禁诉令不能回避的考量因素。最高人民法院认为，对国际礼让原则的考量应当维持在一个适度的范围内。总体而言，应当在维护国家司法主权、安全和核心利益的同时，适度考虑对方国家利益。在此案中，最高人民法院合议庭提出了国际礼让原则考量的三个具体因素：案件受理时间先后、案件管辖适当与否、对域外法院审理和裁判的影响是否适度等。在前述因素满足的情况下，禁诉令对域外法院诉讼的影响未超出可容忍范围即可。具体而言，在该案中裁定限制康文森公司在法院作出终审判决前申请临时执行德国法院一审判决，既未涉及德国诉讼所涉欧洲专利的侵权认定，又未对德国判决或者执行作出任何评价，更未干涉德国诉讼实体审理及裁判效力。国际礼让原则在"康文森公司与华为公司标准必要专利许可纠纷案"的应用可以视为中国法治在涉外事务中对他国法律持尊重态度的缩影。

中国在立法上建立涉外法治工具箱，同样体现了对国际礼让原则的应用，对外国尊重中国法治的期待。《反外国制裁法》以及商务部发布的《不可靠实体清单规定》《阻断外国法律与措施不当域外适用办法》被视为中国涉外法治工具箱，均以维护国家主权、安全、发展利益，保护中国公民、组织的合法权益为立法目的。《反外国制裁法》针对的是外国违反国际法和国际关系基本准则，依据其本国法律对中国进行遏制、打压，对中国公民、组织采取歧视性限制措施的做法。《阻断外国法律与措施不当域外适用办法》中的"不当"意味着外国法律与措施的域外适用违反了国际法和国际关系基本准则，不当禁止或者限制中国公民、法人或者其他组织与第三国（地区）及其公民、法人或者其他组织进行正常经贸活动，侵犯了中国国家主权、安全、发展利益。《不可靠实体清单规定》将危害中国国家主权、安全、发展利益，严重损害中国企业、其他组织或者个人合法权益的外国实体列入不可靠实体清单。第十四届全国人民代表大会常务委员会第三次会议于 2023 年 6 月 28 日通过的《对外关系法》第 39 条规定，中国根据互惠原则同外国、国际组织在执法、司法领域开展国际合作。第十四届全国人民代表大会常务委员会第五次会议于 2023 年 9 月 1 日通过的《外国国家豁免法》第 21 条规定，中国可以在外国给予中国国家及财产的豁免低于该法规定时实行对等原则。总结而言，中国涉外法治注重对中国国家主权、安全与发展利益的维护，是对他国依照本国法律对中国主体采取歧视性措施的回应，也是对在中国法治与外国法治的交往之中适用国际礼让原则的期待。

## 三、涉外法治之"外"：对跨越国（境）生产要素的规制

涉外法治在法律规范、思想观念、实践经验等各方面"量的积累"达到开放型法治文化的发展与成熟程度之后将有"质的飞跃"[22]。涉外法治的不同翻译文本体现了对"外"的不同理解。"Rule of law in foreign-related affairs"[23] 或 "rule of law concerning foreign-related affairs"[24] 侧重强调事务与关系体现的"外"，"rule of law in matters involving foreign parties"[25] 着眼于当事人的"外"，"overseas-related rule of law"[26] 或

[22] 何志鹏：《涉外法治的辩证思维》，载《法制与社会发展》2023 年第 4 期，第 7 页。

[23] Zhipeng He, "The rule of law in foreign-related affairs in building China into a great modern country", 18 (4) *Frontiers L. China* 497 (2023).

[24] 蔡从燕：《城市与国际法律秩序关系视野中的上海：迈向"国际法律之都"？——兼论中国统筹推进国内法治和涉外法治中的场所选择问题》，载《上海对外经贸大学学报》2022 年第 4 期。

[25] 中国外文出版发行事业局、当代中国与世界研究院、中国翻译研究院：《要统筹推进国内法治和涉外法治》，载重要概念范畴表述外译发布平台，http：//pmtkcde. org. cn/search. htm？searchText＝％E6％B6％89％E5％A4％96％E6％B3％95％E6％B2％BB&strUrl＝pmtkcde，2023 年 9 月 17 日访问。

[26] 何志鹏：《统筹推进国内法治和涉外法治》，载《国家治理》2022 年第 16 期。

"rule of law abroad"㉗ 展示的"外"是一种领土之外,"foreign-related rule of law"㉘ 概括地将"外"与法治相连接。相较而言,"foreign-related rule of law"这种未具象地强调外国当事人、外国事物或外国领土的翻译,确实可以传达出"外"作为一种关联的意味。

从规范角度来看,中国现行法律认定涉外民事关系的规范依据是《最高人民法院关于适用〈中华人民共和国民事诉讼法〉的解释》第 520 条㉙ 和《最高人民法院关于适用〈中华人民共和国涉外民事关系法律适用法〉若干问题的解释(一)》第 1 条。㉚ 总体而言,在诉讼当事人的国籍与经常居所地、诉讼标的物所在地、法律事实发生地这些要件之中有涉外因素的案件,即可以被人民法院认定为涉外民事案件。质言之,"外"是一种要素,基点是管辖权。以管辖权为基点可以引出法律关系、适用对象、准据法之中的"外"。也就是说,中国立法机关依据立法管辖权制定法律,继而执法机关依法具有执法管辖权,司法机关依法享有司法管辖权,由管辖权出发,当处理的法律关系、适用对象、准据法含有涉外因素时,可以将其视为中国法治的涉外面向。同样地,外国立法机关依据立法管辖权制

㉗ 黄文艺:《习近平法治思想要义解析》,载《法学论坛》2021 年第 1 期。

㉘ 黄惠康:《准确把握"涉外法治"概念内涵 统筹推进国内法治和涉外法治》,载《武大国际法评论》2022 年第 1 期;张骞:《涉外法治的概念与体系》,载《中国法学》2022 年第 2 期;彭岳:《统筹推进国内法治和涉外法治的制度创新——中国自由贸易区建设的经验与启示》,载《国际法研究》2022 年第 3 期。

㉙ 《最高人民法院关于适用〈中华人民共和国民事诉讼法〉的解释》第 520 条规定:"有下列情形之一,人民法院可以认定为涉外民事案件:(一)当事人一方或者双方是外国人、无国籍人、外国企业或者组织的;(二)当事人一方或者双方的经常居所地在中华人民共和国领域外的;(三)标的物在中华人民共和国领域外的;(四)产生、变更或者消灭民事关系的法律事实发生在中华人民共和国领域外的;(五)可以认定为涉外民事案件的其他情形。"

㉚ 《最高人民法院关于适用〈中华人民共和国涉外民事关系法律适用法〉若干问题的解释(一)》第 1 条规定:"民事关系具有下列情形之一的,人民法院可以认定为涉外民事关系:(一)当事人一方或双方是外国公民、外国法人或者其他组织、无国籍人;(二)当事人一方或双方的经常居所地在中华人民共和国领域外;(三)标的物在中华人民共和国领域外;(四)产生、变更或者消灭民事关系的法律事实发生在中华人民共和国领域外;(五)可以认定为涉外民事关系的其他情形。"

定法律，继而外国司法机关依外国法享有司法管辖权时，或者当法律关系发生在中国，或中国企业为外国法律适用对象，或准据法是中国法时，它们也是中国法治的涉外面向。国家或主权行为在他国法律项下享有豁免权已成为国际习惯法的一项原则，无论是绝对豁免理论还是相对豁免例外，一国无权在本国法院以他国为管辖对象，即平等者之间无管辖权（Par in parem non habet jurisdictionem）。在全球化的推进过程中，走出去的私主体并不享有豁免权，中国企业作为涉外前端走出去之时面临着外国法律适用，外国企业进入中国时也适应着中国法治。各国法治的交往是双向的，管辖与合规即为法治交往的双面。

### 1. 管辖权作为"外"的基点

立法管辖权、司法管辖权、执法管辖权是一国行使管辖权的三种类型。[31] 需要明确的是，管辖权扩张并不是中国涉外法治建设的表现。从立法管辖权上界定"外"可以分两个层面进行思考：一是在立法上只有属地管辖权之时是否构成"外"，二是"外"是否以立法管辖权中具有除属地管辖权之外的其他管辖权条款为判断标准。在第一个层面上，在立法上只有属地管辖权并不排除涉外。核心是立法规制了法律关系发生地为中国领域内以及中国法律适用于外国主体的情况，此时，立法管辖权与司法管辖权相连通，司法管辖权以立法管辖权为依据，也就形成了司法管辖权的涉外。明确了第一个层面后也就理解了，在第二个层面上，"外"不以立法管辖权是否为属地管辖权为判断标准。中国法律在立法中仅规定属地管辖权，并不影响司法中对外国主体就发生在中国境内的法律关系适用中国法律。职是之故，立法管辖权涉外并不局限于规定法律的域外适用，而是要考虑法治的涉外面向之中立法管辖权的涉外面向。

---

[31] See Lori F. Damrosch, Sean D. Murphy, *International Law: Cases and Materials*, 6th edition, West Academic, 2014, p. 733.

总体而言，从立法上界定涉外法治容易被认定是在竞争管辖权，即规定除属地管辖权之外的其他管辖权即为推进涉外法治。然而，如《刑法》这一在传统上被定位为纯粹国内的基本法律，在立法管辖权的相关条款中存在"外"的因素，规定保护管辖权的第 8 条[32]、规定普遍管辖权的第 9 条[33]也会涉及"涉外"要素。从立法管辖权、司法管辖权、执法管辖权的全过程理解涉外法治之"外"，才回到了法治的起点。在管辖权之中，立法管辖权是其他管辖权的依据。法治的全过程包括：中国立法机关依据立法管辖权进行立法，执法机关有法必依，司法机关依法裁判，公民和企业等私主体遵守法律。同样地，其他遵循法治的国家也进行立法，并且在全球化的背景下期待他国企业和公民合规。中国涉外法治之"外"并不是将所有关涉中国主体的法律关系都纳入中国的立法、执法、司法管辖权之中，这样的思路将导致在中国立法中大肆建立管辖连结点以做到涉外。如此，其他国家法律被预设为无效，很容易陷入汉斯·凯尔森论述的以国内法为首要地位的一元论，即仅有一个国内法律秩序是有效规范体系，其他国家的法律秩序和国际法都是本国法律秩序的组成部分，从而形成一个普遍的法律秩序。[34] 在全球化的推进下，"外"这一要素基于管辖权指向了适用对象、准据法、法律关系中其中之一或几个。

**2. 基于适用对象、准据法、法律关系的"外"**

首先，外国企业、公民进入中国投资须遵守中国法律，也有权依据中国法律维护自身权益，这是中国法治基于适用对象产生的"外"。中国在

---

[32] 《刑法》第 8 条规定："外国人在中华人民共和国领域外对中华人民共和国国家或者公民犯罪，而按本法规定的最低刑为三年以上有期徒刑的，可以适用本法，但是按照犯罪地的法律不受处罚的除外。"

[33] 《刑法》第 9 条规定："对于中华人民共和国缔结或者参加的国际条约所规定的罪行，中华人民共和国在所承担条约义务的范围内行使刑事管辖权的，适用本法。"

[34] 参见［奥］汉斯·凯尔森：《法与国家的一般理论》，沈宗灵译，商务印书馆 2019 年版，第 525－533 页。

对外开放的进程中，由政策性开放发展为制度性开放，尤其在加入世界贸易组织之后，不断完善法制，创造更加公平透明的市场环境。㉟ 中国依法平等保护中外当事人合法权益，对外国当事人透明。以知识产权保护为例，人民法院依法公开开庭审理了"乔丹"商标争议行政纠纷系列案件、迪奥立体商标行政纠纷案等一批重大、疑难、新类型案件，邀请了包括世界知识产权组织官员、有关国家驻华使节等到最高人民法院旁听庭审，表明中国法院坚持开放透明、坚持平等保护中外权利人合法权益，坚定不移加强知识产权司法保护，维护激励创新和公平竞争市场环境的鲜明态度。㊱

其次，中国法治接纳外国法律作为准据法适用。现代法治是由民族国家主导的各国法治，以政权（regime）为单位。法律由一国制定，因主权获得权威性、有效性，在一国范围内适用。全球化产生了适用外国法的需求，外国法查明制度随之建立。在立法层面，《涉外民事关系法律适用法》第 10 条与《最高人民法院关于适用〈中华人民共和国涉外民事关系法律适用法〉若干问题的解释（一）》第 15 条对外国法律查明途径加以规定。在司法层面，我国最高人民法院与新加坡共和国最高法院签署的《关于法律查明问题的合作谅解备忘录》于 2022 年 4 月 3 日生效，这不仅标志着域外法律查明机制的建立，同时也标志着对外法治交流渠道的建立。再以上海浦东新区法院自由贸易区法庭为例：该法庭成立于 2013 年 11 月，是中国首个服务于自由贸易试验区建设的专业化人民法庭，主要审理辖区内涉外涉港澳台商事纠纷案件、涉外商投资企业商事纠纷案件、与上海自贸

---

㉟ 参见中共中央文献研究室科研管理部编：《中国共产党 90 年研究文集（中）》，中央文献出版社 2011 年版，第 1302 页。

㊱ 《关于中美经贸摩擦的事实与中方立场白皮书（全文）》，载中华人民共和国国务院新闻办公室网站，http://www.scio.gov.cn/zfbps/ndhf/37884/Document/1638295/1638295.htm，2023 年 9 月 17 日访问。

区制度创新相关的民商事纠纷案件，以及国际司法协助调查取证案件等。为推行符合国内外市场主体需求的多元化纠纷解决机制，为市场主体营造公开、平等、透明的法治环境，2019 年 9 月，上海浦东新区法院自由贸易区法庭率先成立涉外商事纠纷"诉讼、调解、仲裁"一站式解决工作室，现有 5 家调解机构、2 家仲裁机构和外国法查明、公证、翻译等 5 家法律服务机构入驻，成功调解纠纷 575 件，与境内外仲裁机构对接案件 21 件。㉗

　　最后，经济全球化让每一个产品的零件从生产、组装到销售的跨境成为现实，生产要素的全球化配置也让法律关系随之跨境，"外"基于法律关系而产生。以劳务关系为例，中国企业走出去，劳务关系也走出国境。商务部于 2003 年印发《关于处理境外劳务纠纷或突发事件有关问题的通知》，责令各省级外经贸主管部门、驻外使（领）馆以及承包商会保护经营公司及劳务人员的合法权益，以避免造成有损中国声誉或引起外交争端的涉外事件。商务部与公安部于 2005 年发布《关于严禁向境外博彩色情经营场所派遣劳务人员的通知》，对境外劳务派遣关系加以禁止性规制。商务部于 2008 年发布《关于做好境外就业管理工作的通知》，对境外就业中介行业加以规制。再以数据跨境流动为例，数据从产生到收集再到流动，在出境之时即涉及法律关系中的"外"。《网络安全法》、《数据安全法》、《个人信息保护法》以及国家互联网信息办公室于 2022 年 7 月发布的《数据出境安全评估办法》均为数据处理者向境外提供在中华人民共和国境内运营中被收集和产生的重要数据和个人信息的安全评估的规范依据。

### 3. 管辖权归"外"

　　中国法治尊重他国正当的立法、司法、执法管辖权，当事人协议管

---

　　㉗ 参见《最高人民法院关于印发〈新时代人民法庭建设案例选编（一）〉的通知》（法〔2021〕227 号），2021 年 9 月 15 日发布。

辖、对外国法院民商事判决的承认与执行等制度设计均体现了中国法治对外国法律管辖权的尊重。以当事人协议管辖为例，《最高人民法院关于适用〈中华人民共和国民事诉讼法〉的解释》第529条规定，除属于中国法院专属管辖的案件之外，允许涉外合同或者财产权益纠纷当事人以书面协议形式在与争议有实际联系地点的外国法院之中选择外国法院进行管辖，尊重当事人意思自治，并且无意进行管辖权恶性竞争。

再以不方便法院制度为例：以《最高人民法院关于适用〈中华人民共和国民事诉讼法〉的解释》第530条为规范依据，中国法院在涉外民事案件符合规定情形时可以裁定驳回原告起诉，告知其向更方便的外国法院提起诉讼，这体现了中国法治对外国法院管辖权的尊重。当管辖权出现冲突之时，依据《最高人民法院关于适用〈中华人民共和国民事诉讼法〉的解释》第531条，对于中国法院与外国法院都有管辖权的案件，首先，中国法院可予受理并且中国法院在作出判决后不予准许当事人或外国法院申请承认和执行外国法院对同一案件作出的判决、裁定，以中国与外国缔结或参加的国际条约为例外；其次，当外国法院判决、裁定已经被中国法院承认之后，当事人就同一争议向中国法院起诉时，中国法院不予受理。平行诉讼的制度设计不仅体现了中国法治对立法管辖权与司法管辖权的合理保护，同时还留出中国与外国以缔结或参加国际条约的法治方式解决管辖权冲突的空间。

外国法院司法协助、外国法院民商事判决的承认与执行制度同样体现了对外国司法管辖权的尊重。外国法院民商事判决的承认与执行以《民事诉讼法》第288条、第289条为规范依据，依照中国参加的国际条约或互惠原则对外国法院民商事判决予以承认与执行，对外国判决是否违反中国法律的基本原则或者国家主权、安全、社会公共利益进行审查，充分尊重外国法院裁决理由与结果。

可见，中国涉外法治之"外"正是尊重他国法律的表现，以法治的方式进行国与国之间、国家与私主体之间的交往。在全球化的推进下，"外"这一要素基于管辖权指向了适用对象、准据法、法律关系，这是中国法治的全过程尊重外国法治的表现。

# 四、全过程法治之涉外面向

习近平总书记指出，"中国走向世界，以负责任大国参与国际事务，必须善于运用法治"。中国与世界的关系在发生深刻变化，我国同国际社会的互联互动也已变得空前紧密，中国对世界的影响，从未像今天这样全面、深刻，世界对中国的关注，也从未像今天这样广泛、深刻。[38] 全球化使世界上国家的相互依赖加深，各国法治也出现交集，甚至贯穿立法、执法、司法、合规的全过程，企业即为合规的主体。"外"是一种要素，出现在中国法治之中即产生法治的涉外面向，并不拘泥于以涉外为标题进行立法，或跨境进行执法，抑或当事人为外国国籍的司法案例，而是具有更广阔的面向。

## 1. 立法的涉外面向：法治作为本质

立法的涉外面向不等同于以涉外为标题进行立法。有学者认为，"涉外立法"包括签订的国际公约、双边条约，在民事、刑事等基本法律中规定的涉外条款，以及于 2001 年加入世界贸易组织前后十年中建立的符合

---

[38]　参见中共中央宣传部、中央全面依法治国委员会办公室编：《习近平法治思想学习纲要》，人民出版社 2021 年版，第 117 页。

世界贸易组织规则的涉外法律体系。㉟ 立法即为法治一环，即便是以涉外立法为名目的立法，也须与中国整体法治体系相协调、相融合，符合中国宪法，应从立法的涉外面向这一角度理解涉外法治立法。

观察改革开放之后立法的发展可以看出，立法的涉外面向经历了从专门的涉外法律法规到一般立法的过程，以涉外合同相关立法为例：全国人民代表大会常务委员会于1981年通过了《经济合同法》，后为了保障涉外经济合同当事人的合法权益，于1985年通过了《涉外经济合同法》，最高人民法院也于1987年印发《关于适用〈涉外经济合同法〉若干问题的解答》。1990年，对外贸易经济合作部制定部门规章《外资企业法实施细则》，其中第84条明确规定：外资企业与中国的其他企业或者经济组织签订经济合同，适用《经济合同法》，外资企业与外国的公司、企业或者个人签订经济合同，适用《涉外经济合同法》。此时，外资企业在注册资本来源上涉外，但本质是在中国成立的企业，纳入一般性经济合同法进行规制具有合理性，同时展现了中国法治的涉外面向。1999年，第九届全国人民代表大会第二次会议通过了《合同法》，废止《涉外经济合同法》，在《合同法》第126条㉠中进一步将中外合资经营企业合同、中外合作经营企业合同、中外合作勘探开发自然资源合同纳入一般性合同法律法规进行规制，同时以当事

---

㉟ 参见黄惠康：《准确把握"涉外法治"概念内涵 统筹推进国内法治和涉外法治》，载《武大国际法评论》2022年第1期，第8页。黄惠康教授指出，涉外法律法规包括"外资三法"（已废止）、国籍法、缔结条约程序法、出入境管理法、海关法、海商法、商检法、对外贸易法、涉外民事关系法律适用法、外汇管理法、生物安全法、出口管制法、数据安全法、国际刑事司法协助法、反外国制裁法、海上交通安全法、陆地国界法、阻断外国法律与措施不当域外适用办法等。涉外立法还包括中国签订的25 000项双边条约、加入的600多项国际公约（含公约修正案），在民事、刑事等基本法律中规定的涉外条款，以及于2001年加入世界贸易组织前后十年中废除、修改和新出台的3 000多部法律法规，建立的符合世贸组织规则的涉外法律体系。

㉠ 《合同法》（已失效）第126条规定："涉外合同的当事人可以选择处理合同争议所适用的法律，但法律另有规定的除外。涉外合同的当事人没有选择的，适用与合同有最密切联系的国家的法律。在中华人民共和国境内履行的中外合资经营企业合同、中外合作经营企业合同、中外合作勘探开发自然资源合同，适用中华人民共和国法律。"

人意思自治与最密切联系原则对涉外合同适用的法律加以规定，构成了法律适用法的雏形，这也是立法涉外面向的体现。2020 年，第十三届全国人民代表大会第三次会议通过《民法典》，废止了《合同法》，虽在立法标题上体现不出涉外，却是中国法治在涉外面向愈发成熟的体现。

**2. 执法与司法的跨国属性：以禁诉令为例**

一方面，执法的涉外面向不仅包括跨境行使执法管辖权，还包括在中国境内对具有"外"这一要素的法律关系行使执法权。例如，在中央反腐败协调小组国际追逃追赃工作办公室启动的"天网2021"行动之下，国家监委牵头开展职务犯罪国际追逃追赃专项行动，公安部开展"猎狐"专项行动[41]，这些是对跨境行使执法管辖权的实践。另一方面，执法的涉外面向还包括在中国境内行使执法权的情况。例如，中国人民银行会同公安部开展预防、打击利用离岸公司和地下钱庄向境外转移赃款专项行动，中央组织部会同公安部等开展违规办理和持有多个居民身份证件、因私出国（境）证件治理等工作。[42] 可见，执法作为法治中的一环，在具有涉外要素之时体现出涉外面向。

司法的涉外面向包括中国法院审理当事人国籍为外国的案件、对外国法院裁决承认与执行，还包括中国法院裁决对外国当事人生效、中国法院判决在外国的承认与执行。以"中国小米通讯技术公司及其关联公司与美国交互数字公司及关联公司专利纠纷案"为例[43]：小米通讯技术公司于2020 年 6 月 9 日就标准必要专利技术许可费争议向湖北省武汉市中级人

[41] 《"天网2021"行动正式启动！》，载环球网2021年2月24日，https://baijiahao.baidu.com/s?id=16925631955515960142&wfr=spider&for=pc，2025年1月23日访问。

[42] 参见《"2021中国法治建设'白皮书'"系列报道之九 坚持统筹推进国内法治和涉外法治——2021年涉外法治工作取得积极成果》，载《民主与法制》2022年第36期。

[43] 参见《禁止一美国公司武汉官司结束前在全球起诉小米 武汉中院发出全球首个跨国禁诉令》，载武汉市政府官网，http://www.wuhan.gov.cn/sy/whyw/202103/t20210304_1642447.shtml，2023年9月17日访问。

民法院（以下简称武汉中院）起诉。交互数字公司于 2020 年 7 月 29 日，即小米告知交互数字公司已将争议提请武汉中院裁决次日，以小米及其关联公司为被告，以其在印度注册、持有的多项专利遭小米侵害为由，申请印度德里地方法院对小米及其关联公司生产、销售的多款无线通信终端产品启动临时禁令和永久禁令，以限制小米及其关联公司生产、销售上述侵权产品。由于交互数字公司拒绝武汉中院向其送达诉讼文件，并且在获悉武汉中院受理案件之后选择在印度地方法院申请紧急启动临时禁令和永久禁令程序以排斥武汉中院管辖，武汉中院于 2021 年 3 月发出首个跨国禁诉令，即在小米及其关联公司与交互数字公司及其关联公司案件在武汉中院审理期间，禁止交互数字公司在全球范围内提起相关诉讼，以排除不法干扰和诉讼妨碍。司法的涉外面向在此案中展露无遗，即便是程序性禁诉令的发布，也是中国法治涉外面向的一环。

解决法治与法治的冲突时，中国法的域外适用不是唯一的解决方案。中国法治不主张将所有关涉中国的事务都纳入中国的立法、执法、司法管辖权之内。法治的涉外面向在管辖和合规的互动之间展开。对于中国企业而言，理解外国法律规则，建立合规体系，并在外国法律项下维护自身权益亦是参与法治涉外面向的实践。

### 3. 风险预防下的中国企业跨国（境）合规

中国的法治是在全球化背景下进行的，面临着复杂的风险。从一开始，中国的法治就不是在封闭的、不接触的环境中稳步推进的，其是一个选择主动因应还是被动适应的过程。党的二十大报告指出，党中央统筹中华民族伟大复兴战略全局和世界百年未有之大变局，团结带领全党全军全国各族人民有效应对严峻复杂的国际形势和接踵而至的巨大风险挑战。[44]

---

　　[44] 参见习近平：《高举中国特色社会主义伟大旗帜 为全面建设社会主义现代化国家而团结奋斗》，载《中国共产党第二十次全国代表大会文件汇编》，人民出版社 2022 年版，第 2 页。

《总体国家安全观学习纲要》在完善共建"一带一路"安全保障体系这一部分指出，要落实风险防控制度，压紧压实企业主体责任和主管部门管理责任。《法治中国建设规划（2020—2025 年）》指出：加强涉外法治工作，要强化涉外法律服务，维护我国公民、法人在海外及外国公民、法人在我国的正当权益。建立涉外工作法务制度。引导对外经贸合作企业加强合规管理，提高法律风险防范意识。建立健全域外法律查明机制。[45]

一方面，在引进来的过程中，中国政府高度重视履行同各国达成的多边和双边经贸协议，加强法治政府、诚信政府建设。[46] 比如：完善外商投资准入前国民待遇加负面清单管理制度，依法保护外资企业合法权益；坚决依法惩处侵犯外商合法权益特别是侵犯知识产权行为，提高知识产权审查质量和审查效率，引入惩罚性赔偿制度，显著提高违法成本。在行政许可、市场监管等方面，规范各级政府行为，清理废除妨碍公平竞争、扭曲市场的不合理规定、补贴和做法，公平对待所有企业和经营者，完善市场化、法制化、便利化的营商环境。对于在中国经营的外国企业而言，在中国法律下合规亦是对风险的预防。以汽车产业的数据合规为例，在法律层面，《汽车数据安全管理若干规定（试行）》《工业和信息化部关于加强车联网网络安全和数据安全工作的通知》等的相继出台，在实践中对跨国汽车企业跨境数据处理提出了更多要求。

另一方面，在走出去的过程中，中国政府引导企业、公民在走出去过程中更加自觉地遵守当地法律法规和风俗习惯，运用法律和规则维护自身

---

㊺　参见中华人民共和国中央人民政府：《中共中央印发〈法治中国建设规划（2020－2025年）〉》，载新华社，http：//www.gov.cn/zhengce/2021-01/10/content＿5578659.htm，2023 年 9 月 17 日访问。

㊻　参见中共中央宣传部、中央全面依法治国委员会办公室编：《习近平法治思想学习纲要》，人民出版社 2021 年版，第 121 页。

合法权益。中国政府以部门规章等形式引导中国企业在外合规体现了对外国规则的尊重。例如，商务部于 2015 年发布的《对外援助成套项目管理办法（试行）》第 36 条明确规定，工程总承包企业应督促进入对外援助成套项目施工现场的管理人员和工程技术人员遵守当地法律法规和外事纪律。财政部于 2017 年印发的《国有企业境外投资财务管理办法》第 5 条规定，国有企业境外投资经营应当遵守境内法律、行政法规和所在国（地区）法律法规，并符合国有企业发展战略和规划。《企业境外经营合规管理指引》由国家发展和改革委员会、外交部、商务部、中国人民银行、国有资产监督管理委员会、国家外汇管理局、中华全国工商业联合会于 2018 年 12 月共同制定。《关于印发〈企业境外经营合规管理指引〉的通知》强调，合规是企业"走出去"行稳致远的前提，合规管理能力是企业国际竞争力的重要方面。其第六章强调合规风险的识别、评估与处置，其中，合规风险是指企业或其员工因违规行为遭受法律制裁、监管处罚、重大财产损失或声誉损失以及其他负面影响的可能性。财政部于 2022 年印发的《国有企业境外投资直派财务负责人管理办法》第 4 条规定，境外企业财务负责人直派工作应当遵循的第一个原则即为合法合规，股东单位应当根据境内与境外企业所在国（地区）有关法律法规及制度规定派出财务负责人。质言之，中国企业合规要求经营行为符合外国法律或国际条约等规范。

除中国政府的引导合规之外，中国企业出于预防风险的动机已经成为涉外合规的主力。中国企业在走出去之时都会面临经营管理合规问题，在合规方面不授人以柄才能行稳致远。[47] 例如，从事通信网络技术服务的四达时代（StarTimes）集团在肯尼亚、卢旺达、坦桑尼亚等 30 多个国家注

---

[47] 参见中共中央宣传部、中央全面依法治国委员会办公室编：《习近平法治思想学习纲要》，人民出版社 2021 年版，第 122 页。

册公司并开展数字电视和互联网视频运营，期间经历了适用肯尼亚法律的几起诉讼案件。⑱ 在这些诉讼中，案件争议焦点涉及四达时代的行为是否构成知识产权侵权，以及知识产权是否属于肯尼亚宪法保护的基本权利等问题。⑲ 对于四达时代而言，事前知悉肯尼亚当地法律并建立合规体系，事后在东道国司法程序中运用当地法律维护自身权益，发挥了企业主体性，参与了法治涉外面向中管辖与合规的互动。再如，走出去的中国企业廉洁合规经营被视为建设廉洁丝绸之路中不可或缺的章节。以中老铁路建设为例，中国铁路工程集团有限公司建立了覆盖中老铁路全部参建业态的廉洁风险防控正负面清单制度，明确责任边界，如：中铁五局项目部梳理出 144 项权力内容，列入项目管理人员职责；中铁科研院制定正面清单150 项、负面清单 198 项。⑳ 可见，企业在外合规是预防风险的方式，守法并不是坐以待毙，对外国法律规则进行充分理解和认识是以法律的方式而不是其他方式参与到各国法治的交往之中。

# 五、结 语

对涉外法治之"外"与"治"不应当囿于法学二级学科分化的影响，

---

⑱　See *Communications Commission of Kenya* & 5 *others* v. *Royal Media Services Limited* & 5 *others*〔2014〕*eKLR*，http：//kenyalaw. org/caselaw/cases/view/101689/（last visited on September 17，2023）. *Royal Media Services Limited* & 2 *others* v. *Attorney General* & 8 *others*〔2014〕*eKLR*，*Kenya Law*，http：//kenyalaw. org/caselaw/cases/view/96676/（last visited on September 17，2023）.

⑲　See Victor Nzomo，*Kenya Supreme Court's Unanimous Decision on Intellectual Property Issues in Digital Migration Case*，Strathmore University，https：//cipit. strathmore. edu/kenya-supreme-courts-unanimous-decision-on-intellectual-property-issues-in-digital-migration-case/（last visited on September 17，2023）.

⑳　参见《引领反腐败国际合作的中国实践》，载中央纪委国家监委网站，https：//www. ccdi. gov. cn/toutiaon/202112/t20211209_157639. html，2023 年 9 月 17 日访问。

也不应囿于对国内法治、涉外法治、国际法治的概念辨析，亦不应缺失私主体尤其是企业在外合规的视角。应从中国法治的全过程理解"外"这一要素，在法律的跨国适用视角下理解以管辖权为基点指向的适用对象、准据法与法律关系。顺承中国建设规则之治，出于国际礼让原则尊重他国规则之治，中国企业发挥域外合规主体性的逻辑来理解"治"。法治的涉外面向体现于跨国管辖与合规的互动之中。中国涉外法治建设一方面出于维护国家主权、安全与发展利益的原因对本国法律管辖权加以保护，另一方面引导私主体在外合规，尊重他国法律，同时也期待他国尊重中国法律。

# 涉外法治的概念与体系<sup>*</sup>

张 龑<sup>**</sup>

## 一、引 言

当今世界正经历百年未有之大变局。"世界那么大，问题那么多，国际社会期待听到中国声音、看到中国方案，中国不能缺席。"[①] 中国在全球治理中发挥着越来越重要的参与乃至引领作用。2020 年 11 月，党中央明确提出习近平法治思想，其中一个重要内容是要统筹推进国内法治和涉外法治。"要加快涉外法治工作战略布局，协调推进国内治理和国际治理，更好维护国家主权、安全、发展利益。"[②] 要强化法治思维，运用法治方式，有效应对挑战、防范风险，综合利用立法、执法、司法等手段开展斗争，坚决维护国家主权、尊严和核心利益。从法理角度观察，我国的国际角色已经从国际法秩序的冷静观察者[③]转变为全球治理的积极参与者与引

---

 * 本文原载于《中国法学》2022 年第 2 期。
 ** 中国人民大学法学院教授。
 ① 《国家主席习近平发表二〇一六年新年贺词》，载《人民日报》2016 年 1 月 1 日，第 1 版。
 ② 习近平：《坚定不移走中国特色社会主义法治道路 为全面建设社会主义现代化国家提供有力法治保障》，载《求是》2021 年第 5 期，第 13 页。
 ③ "对于国际局势，概括起来就是三句话：第一句话，冷静观察；第二句话，稳住阵脚；第三句话，沉着应付。"《邓小平文选》（第 3 卷），人民出版社 1993 年版，第 321 页。

领者④，中国特色社会主义法治建设相应增加了涉外法治体系建设的新任务。

在日益走近世界舞台中央的过程中，我国积极推动全球治理体系改革。2018年《宪法修正案》将"推动构建人类命运共同体"写入《宪法》。与此同时，为了维护国家主权安全与发展利益，我国近年来建成了国家安全法律体系，包括《反间谍法》（2023年修订）、《国家安全法》（2015年施行）、《反恐怖主义法》（2018年修正）、《网络安全法》（2016年公布，2017年施行）、《境外非政府组织境内活动管理法》（2017年修正）、《出口管制法》（2020年施行）等法律。2021年6月10日，全国人大常委会通过《数据安全法》《反外国制裁法》。它们既是国家安全类法，也是典型的涉外法治意义上的立法。一方面，国家安全和利益的边界溢出了主权边界，海外利益保护成为法治建设的重要内容。相应地，对国家利益保护的边界就不限于国家边界范围。另一方面，保护域外国家利益的方式不限于法律，还有各种政治、经济等手段，但选择法治的方式既是对一般法治精神的遵循，也不同于当前国际秩序中所谓的抽象普适的法治。这就意味着，新时代中国外交实践与涉外法治建设都从法理上提出要求：要明确涉外法治的实践定位、核心内涵以及涉外法治体系的内容，为丰富和完善中国特色社会主义法治体系提供一个坚实的理论基础。

## 二、涉外法治的概念辨析

关于国际法的概念与效力历来不乏争议，但国际社会已经有了联合

---

④ 2014年12月5日，习近平总书记在中共十八届中央政治局第十九次集体学习时指出："加快实施自由贸易区战略，是我国积极参与国际经贸规则制定、争取全球经济治理制度性权力的重要平台，我们不能当旁观者、跟随者，而是要做参与者、引领者，善于通过自由贸易区建设增强我国国际竞争力，在国际规则制定中发出更多中国声音、注入更多中国元素，维护和拓展我国发展利益。"习近平：《加快实施自由贸易区战略，构建开放型经济新体制》（2014年12月5日），载《习近平谈治国理政》（第2卷），外文出版社2017年版，第100页。

国、各类国际组织等机构以及一定的法律秩序是不争的事实。在各个民族国家的法律体系之外，国际法自成一个独立的层面，国际法与国内法的二元论成为通行的思维方式。对应二者，则产生了国内法治与国际法治的二元论。一般来说，法治观念都是针对国内法治而言。国际法治是一个较新的概念，始于 20 世纪中期⑤，具体内涵一直缺乏清晰的阐明。此外，国内法与国际法并非界限分明，国际法会对一国国内法产生影响，而一国国内法的部分内容溢出国家边界，具有国际层面的域外效力。但是，溢出国家边界的这部分国内法又不等于国际法，而是构成涉外法的内容。涉外法的存在表明，在国际法治与国内法治之外还有一个涉外法治层面，需要对之加以专门的考察与界定。

## （一）国际法的概念与二元论思维

不同于国内法悠久的历史，现代意义上的国际法的诞生源于新航路开辟以及威斯特伐利亚体系的形成。虽有观点将国际法的历史追溯得更远，如孟德斯鸠宣称远古人类也具有国际法，他认为不同部落之间为了友好往来相互派遣使节或互换人质都属于国际法⑥，但严格来说，国际法是近代的产物，主权国家的出现以及主权国家平等原则的确立，为在民族国家之上产生一个超出民族国家层面的国际法奠定了基础。国际法寄身于国际社会，运行于国际关系和国际治理实践中，每个主权国家都是国际社会的成员，有的是主导国际事务的超级大国，有的则是被动服从超级大国主导的国际秩序的发展中国家，还有一定程度上参与全球治理的发达国家，以及

---

⑤　参见何志鹏：《新时代中国国际法治思想》，载《国际政治研究》2018 年第 2 期，第 40 页；Simon Chesterman，"An International Rule of Law?"，*The American Journal of Comparative Law*，vol. 56：355，p. 355-362 (2008)。2005 年《世界首脑会议成果》将法治作为一项价值观和基本原则，呼吁在国家和国际两级全面实行法治。2006 年联合国大会首次将"国家和国际两级法治"问题列入六委议题。

⑥　参见［法］孟德斯鸠：《论法的精神》（上卷），许明龙译，商务印书馆 2012 年版，第 14 - 15 页。

逐步参与到全球治理、主张全球治理改革的新兴国家。

当下参与国际治理的主体具有多样性，但主权国家始终是国际法中最重要的主体，也是国际治理中最重要的力量。针对主权国家构成的国际法秩序，不同学者从不同视角对国际法加以定义。⑦ 奥本海认为，国际法是一种相较于国内法的"原始意义"的弱法。⑧ 美国学者熊玠认为，国际法是国家权力与国家利益在国际社会的法律表达，并不是理想的产物，而是现实的回应。⑨ 赫德利·布尔认为，国际法是具有约束力和法律地位的一组规则，对国际法的规范属性必须予以重视。⑩ 国内学者对这一问题的回答，要么倾向于国际法的政治属性，如有学者认为国际法是"以法律形式表现出来的国际关系"⑪，要么倾向于国际法的规范属性，认为国际法是一种具有法律属性的国际制度。⑫ 概括来看，无论何种立场，以上国内外学者在界定国际法时具有一个共同点，就是秉持国内法与国际法两分的观点。在这种两分法的基础上，产生出国内法治与国际法治的概念。

自 20 世纪后半期以来，国际法治成为国际社会中使用频次逐渐提高的一个词语。最早的国际法治可以追溯到 1945 年的《联合国宪章》，体现为尊重以联合国为核心的国际体制和以《联合国宪章》为核心的国际秩序。针对国际法治，我国学者的研究主要分为两种。一种是从一般法理上探讨国内法治与国际法治理论，对现有的国内法治建设和国际法秩序进行检讨，如：有学者认为国际法治是一种形式法治，相较于国内法治，国际法治是契约型、多元

---

⑦ 参见周鲠生：《国际法大纲》，商务印书馆 2013 年版，第 1 页。

⑧ 参见［英］劳特派特修订：《奥本海国际法》（上卷：第 1 分册），王铁崖、陈体强译，商务印书馆 1989 年版，第 6 页。

⑨ 参见［美］熊玠：《无政府状态与世界秩序》，余逊达、张铁军译，浙江人民出版社 2001 年版，第 3-4 页。

⑩ 参见［英］赫德利·布尔：《无政府社会：世界政治秩序研究》（第 2 版），张小明译，世界知识出版社 2003 年版，第 101 页。

⑪ 张乃根：《国际法原理》，中国政法大学出版社 2002 年版，第 21 页。

⑫ 参见王铁崖：《国际法引论》，北京大学出版社 1998 年版，第 7 页。

分散的法治⑬；也有学者关注国际法治与国内法治的密切联系，认为法治中国是国际法治的组成部分，须运用国际法治思维建设法治中国。⑭ 另一种则是站在中国立场，针对国际法治提出中国方案，如，有的学者强调中国在国际法治中的主体地位，强调"国际法治的中国表达"⑮。党的十九大后，我国国际法学界注重阐释新时代中国国际法治思想⑯，突出"人类命运共同体"等中国方案对国际法治内涵的丰富和发展。⑰ 但是，对于何谓涉外法治以及涉外法治与国际法治的异同，少有学者论及。

## （二）涉外法治的实践与界定

党的十八大以来，我国全面推进依法治国，国内法治事业取得了巨大进步。中国不断走向世界，在国际事务中发挥着越来越重要的作用。党的十九届四中全会首次提出"涉外法治"，要求"加强涉外法治工作"。涉外法治成为我国推进国家治理水平与治理能力现代化的重要推手，对深入贯彻全面依法治国、建设社会主义法治国家意义重大。⑱ 然而，对于什么是涉外法治及其在中国法治体系中的定位，目前并没有清晰阐明。⑲

国际法治与国内法治的二分是学界一直以来的普遍思维方式，但在国内法与国际法之间还有一个涉外法的层面，其对应的既非国内法治，也非国际法治，而是涉外法治。涉外法治不同于国际法治，国际法治是国际层

⑬ 参见黄文艺：《全球化时代的国际法治——以形式法治概念为基准的考察》，载《吉林大学社会科学学报》2009 年第 4 期，第 21 页。

⑭ 参见曾令良：《国际法治与中国法治建设》，载《中国社会科学》2015 年第 10 期，第 138 页。

⑮ 何志鹏：《国际法治的中国表达》，载《中国社会科学》2015 年第 10 期，第 159 - 168 页。

⑯ 参见前注⑤，何志鹏文，第 38 页。

⑰ 参见宋云博：《人类命运共同体建构下"国际德治"与"国际法治"的融合互动》，载《政法论丛》2018 年第 6 期，第 58 页；曹刚：《人类命运共同体与全球伦理和国际法治》，载《北京大学学报（哲学社会科学版）》2019 年第 2 期，第 33 页。

⑱ 参见黄进、鲁洋：《习近平法治思想的国际法治意涵》，载《政法论坛》2021 年第 3 期，第 3 页。

⑲ 参见莫纪宏：《加强涉外法治体系建设是重大的法学理论命题》，载《探索与争鸣》2020 年第 12 期，第 34 页。

面的法治。在当代世界，绝大多数国家都被纳入以《联合国宪章》为核心的国际法体系。尽管目前国际法治并不令人满意，很多方面急需改革，但其已然成为一个独立于特定国家的理论构建对象。涉外法治亦不同于国内法治，国内法治针对的是国内事务，而涉外法治针对的是涉外事务。每个国家都有自在和自为两个面向，涉外法治对应的是国家自为的一面。[20] 自为的国家反映的是，国家不仅是国际法秩序的观察者和遵从者，还可能是国际法秩序的参与者乃至主导者。因此，涉外法治主要表达的是一种从民族国家指向国际社会的视角，是特定国家针对国际秩序和国际法治提出的法治建设方面的立场、方案与建议。每个国家都有自己的涉外法治观和涉外法治实践，既包括一国国内法治与国际法秩序的衔接和协调，也包括该国推动的国际法秩序的改革和发展。事实上，不同国家的涉外法治的内涵有着不小的差别，但面对的是同一个国际法秩序。

现行国际法体系是近代以来以美英为主导的西方国家构建出来的。不少国际法中包含超级大国推行霸权主义与其价值观的法律规范，其本质在于维护以超级大国为首的发达国家的利益。对于发展中国家来说，许多国际法规范并不是公正合理的。中国是一个后发现代国家，如今已经成长为世界经济大国。中国要融入世界，在国际事务中发挥更大的作用，不仅要维护自身主权和正当权益，尊重和维护其他国家的主权和正当权益，还要积极推动改革国际法秩序中不公正不合理的部分。因此，中国的涉外法治是一种介于国内法治与国际法治之间的双向互动的法治形态，主要包含两个层面：一是我国法律对外产生的安全边界、域外效力以及正当性等问

---

[20] 每个国家及其法治都是一种意志的表达。关于意志的自在和自为的两面，参见 ［德］黑格尔：《法哲学原理》，范扬、张企泰译，商务印书馆 1995 年版，第 21 页。

题，二是参与和推动国际法治改革的立场、倡议和方案等。[21] 当我国学界将国内 20 世纪 90 年代开启的国际法治研究从普遍性的理论探讨转向中国立场和中国方案的时候，其实所论及的已经不再是国际法治，而是涉外法治或者说是涉外法治的一部分，涉外法治的另一部分则是溢出国内法治的国家主权安全和海外利益保护等方面的法律保障。

从法治的完整含义来看，涉外法治包括涉外法的制定与执行、涉外司法、涉外法律服务、涉外法律教育等多个方面[22]，居于涉外法治核心位置的是涉外法。关于涉外法，可以从广义和狭义上进行理解。广义上，一切具有涉外因素的法律与规范都属于涉外法。在深度交融的现代世界里，这个范围庞大而难以确定。狭义上的涉外法则是涉及一国对外相关事务的法律与规范。从实践定位来说，涉外法治对应的是狭义上的涉外法，主要是指一国制定、参与制定或认可的针对对外主权安全、海外利益保护以及参与全球治理的法律或法律改革方案等，如针对国家主权安全、信息和数据安全、国家之间的领土争议解决、贸易冲突、司法协助、联合国改革等制定的法律或提出的法律改革方案等。早在 20 世纪 90 年代前后期，我国就有一系列涉外的法律，如《涉外经济合同法》（1985 年，已废止）、《外资企业法》（1986 年，已废止）、《实施国际著作权条约的规定》（1992 年）、《对外贸易法》（1994 年）等。这些涉外法都属于我国涉外法治的范畴，具有鲜明的时代特征，当时主要是在维护国家主权安全与对外开放之间接受来自国际以及发达国家的法律制度。当下中国的涉外法治告别了国际法律规范转换为国内法律法规这样的简单立法时代，在对外维护国家主权安

---

[21] 需要指出的是，国际法治中包含的多边机构的治理并不属于涉外法治。因为涉外法治是单国视角，而国际法治对应的是国家间的相互依赖、冲突、协调。类似观点，参见何志鹏：《涉外法治：开放发展的规范导向》，载《政法论坛》2021 年第 5 期，第 183 页。

[22] 参见中国国际私法学会课题组、黄进：《习近平法治思想中的国际法治观》，载《武大国际法评论》2021 年第 1 期，第 1 页。

全的基础上，从中国人民与世界各国人民的福祉出发，通过法治的方式保护国家利益，参与全球法律治理。因此，在梳理和构建这样一种涉外法治体系之前，需要从法理上进一步对涉外法治的概念和内涵加以分析和证立。

# 三、涉外法治的规范法学证立

法的一般定义包含两个基本要素，法律规范的效力与强制实施力。国内立法上二者一般是统一的，涉外法治的立法亦包含这两个要素，但法律效力不仅包括国内效力，也包括域外效力，后者意味着涉外法治对应的是法律规范性与政治实力相结合的法律治理形态。如，美国为了推行涉外立法的域外效力建立了长臂管辖制度[23]，该制度成为国际法秩序中的重要内容。因此，对涉外法治的界定也要从规范和政治两个角度加以证立。

从规范法学角度观察，涉外法治的证立涉及三个方面：一是国际与国内两分法视角下的国际法效力的一元论与二元论之争；二是哈特的两个视角理论，其恰好契合中国参与国际法秩序改革的角色变迁；三是基于这一变迁，哈贝马斯的商谈哲学基础上的国际法理论可为涉外法治提供一种程序理论基础。据此，涉外法治在规范法学的角度可以定义为：一国为了维护自身正当利益、塑造和改革国际法治等，从自身视角出发制定或参与制定法律或法律方案，并跨国家适用与执行的一系列法律活动。

---

[23] 严格来说，美国与其他国家一样，可以依据国际法中公认的属人、效果、保护、普遍等管辖原则来进行域外管辖，此外还有协议司法行政合作。但是，长臂管辖是美国所谓"涉外法治"的重要特征。关于长臂管辖，参见霍政欣、金博恒：《美国长臂管辖权研究——兼论中国的因应与借鉴》，载《安徽大学学报（哲学社会科学版）》2020年第2期，第81页；李庆明：《论美国域外管辖：概念、实践及中国因应》，载《国际法研究》2019年第3期，第3页。

## （一）传统国内法与国际法关系之争外的涉外法治观

从规范法学的视角考察涉外法治与涉外法的性质绕不过国际法与国内法之间关系这一经典命题，即传统的国内法与国际法效力一元论与二元论之争。二元论脱胎于主权理论与共同意志理论，自威斯特伐利亚体系建立以来，主权就成为各个民族国家维护本国利益的"护身符"，并由此发展出不同类型的二元论。英国法学家奥斯丁是主权理论基础上的二元论的重要代表人物。奥斯丁认为法律有四种基本类型：上帝之法、主权者的命令、实证社会道德以及比喻意义的法律。其中最重要的是作为主权者命令的法律，主权者的命令是"真正意义上的法律"。国际法不能算作一种"主权者的命令"，而是一种实证道德，它的遵守与否并不依靠制裁，而是依靠各个主权国家的主观意愿，所以说国际法不是真正的法律。国际法的遵守源于国家之间对共同利益的维护以及面对其他国家违反国际法的行为的自卫措施。㉔ 二元论的另一种类型是以共同意志论为基础的，即认为国际法是不同国家从自己的立场出发在符合自身利益的前提下所产生的共同意志。共同意志论的最主要代表人物是奥本海。㉕ 他将主权国家视作具有独立意志的主体，其所缔结的国际条约类似于民事主体之间缔结的契约。当代许多学者坚持二元论，认为二元论是对国际法与国内法之间现实状态的一种客观描述，法官在法律适用的过程中往往会强调国际法与国内法之间在法律渊源与适用范围上的区别，所以从司法实践的角度阐释二元论更为妥当。㉖ 它一方面强调了国家主权的至高无上，同时也认可国际法对调

---

㉔ 参见［英］奥斯丁：《法理学的范围》，刘星译，北京大学出版社 2013 年版，第 20、181 - 184 页。

㉕ See L. Oppenheim, "International Law: A Treatise", *Peace.*, *Longmans*, *Green & Co.*, 1905, vol. 1, pp. 15-16.

㉖ 参见佘先予主编：《国际法律大辞典》，湖南出版社 1995 年版，第 9 页。

整国际关系的重要作用，实际上成为弱国在国际斗争中首选的理论武器。㉗

与二元论相对的是一元论，即主张国际法与国内法是同质的，具有共同的渊源。一元论的主要代表人物是法国法学家狄骥与奥地利法学家凯尔森。狄骥将国家与个人区分开来，认为法律的源头在于个人的心理能力。国家不过是领土范围内的一群人而已，统治者以法律作为手段配合其他手段将这群人连带在一起，所以说法律本质上源于一种连带关系。据此连带关系，法律高于国家，国际法高于主权国家。由于连带关系的事实属性，狄骥在描述国际法时用的是社会间的（intersocial）而不是国家间的（international）。㉘ 显然，狄骥的一元论主张建立在社会事实基础之上；而在规范法学的奠基人凯尔森看来，将事实与规范相混淆是无法接受的。

凯尔森也反对二元论，如前述共同意志论，他认为这实际上是将国际法的效力来源委托给某种主观因素而非客观规范，不符合规范法学的基本原理，不能算是一种科学。在国际法构建上，凯尔森作为新康德主义法学的代表人物，同康德一样，认为国际法秩序的终极目的在于限制暴力与武力，实现和平。如康德所言，"从彼此的外在关系来看，各国天生处于一种非法权的状态中；这种状态是一种战争状态，即便不是实际的战争，而是持久的实际的结仇，这种结仇虽没有使任何国家被他国待以不义，但毕竟自身是极端不义的"㉙。所以，应构建具有法治属性的国际联盟来抑制暴力，实现永久和平。凯尔森基于这一目的提出国际法与国内法一元论的构想，认为国际法与国内法最终归摄于统一的法律体系，且国际法优位于

---

㉗　参见程晓霞、余民才主编：《国际法》，中国人民大学出版社1999年版，第25页。

㉘　参见［法］狄骥：《宪法学教程》，王文利等译，郑戈校，辽海出版社、春风文艺出版社1999年版，第88页。

㉙　Immanuel Kant，Die Metaphysik der Sitten，4. Aufl.，1982，S. 467.

国内法，其中关键处有两点：一是国际法效力，二是法律制裁。国内法的效力来源于国际法，国际法体系是动态的规范体系，效力最终来自国际法上的基础规范。凯尔森将国际法的基础规范定位在"约定必须信守"，"国际法的基础规范一定是一个容许习惯作为创造法律事实的规范，而且可以将其陈述如下：'各国应当像其习惯地行为那样行为。'在这一规范基础上发展起来的国际习惯法，是国际法律秩序内的第一层次"㉚。如，某主权者在该国范围内取得实际控制超过一定时间，而该国领土与人民大致不变的情况下，国际社会必须予以承认。再就是国际法的制裁问题。国际法的制裁在方式上具有特殊性，包括报复与战争，而在内容上与国家法没有区别。由于它是针对国家进行的，并没有一个能够强制执行的中央机构，相对分散，所以说国际法类似于"原始人的法"，合法权益的实现需要个人自助实现。而且，凯尔森否认国家意志说，认为国际法的主体并非二元论所认为的主权国家，而是个人。国际法规定的责任虽然可以归结到主权国家，但最终承担责任者依旧是个人。归结起来，无论是法律效力还是制裁，都穿透了主权国家，体现为国内法与国际法的一元性。第二次世界大战之后，为了建立一种持久和平的秩序，防止重蹈战争覆辙，联合国应运而生，并且通过了《联合国宪章》，凯尔森所主张的一元论也因此有了实践制度基础。

　　凯尔森与狄骥均坚持一元论，狄骥侧重于国际法的事实维度，实际上是对国际社会而非国际法的观察，凯尔森侧重国际法的规范维度，其理论虽因内容的抽象性和空洞性为霸权主义留下了空隙，但成为战后重建国际秩序的基础。相比起来，二元论固然有助于广大发展中国家维护本国利益与反抗霸权干涉，但实际作用非常有限，没有联合国或某主持公道的大

---

　　㉚　［奥］凯尔森：《法与国家的一般理论》，沈宗灵译，中国大百科全书出版社1996年版，第404页。

国，霸权国家干涉渗透弱小国家毫无限制。㉛ 因此，无论一元论还是二元论，都只看到国内法与国际法两种类型，并没有意识到在二者之间还可能存在第三种法律形态——涉外法。

## （二）参与者视角下的涉外法治观

奥斯丁、凯尔森虽持不同的国际法立场，却都是法律实证主义的代表人物，对法律概念的认知都被限定在"描述"层面，即将法律作为一种外在客观的事物，对其构成进行观察与"描述"，而忽略了还有一种参与者视角的存在。对于每个国家来说，国际法不只是一套需要遵守和服从的法律秩序，还是一种需要共同参与的立法程序规范。

洞察到法学理论中参与者视角的是英国法学家哈特。哈特指出，不同人对规则的认识与理解往往不同，规则存在"内在面向"与"外在面向"两个不同的认识角度，即"内在观点"与"外在观点"㉜。"外在观点"立足于观察者的角度。对于观察者来说，没有必要去理解并接受某种规则，只要做到正确记录与规则相一致的行为的规律性以及与规则相背离的不良反应即可。这样的认识与见到红灯停止行走、遇见乌云密布的天气知道将要下雨并没有什么区别。哈特认为，无论奥斯丁还是凯尔森实际上都是从外在视角来理解法律，两人都遗漏了关键的内在视角，并非所有人对规则的态度都是以"观察者"的角色接受规则，有些人将规则视为自己行为的准则，将之作为一定的标准对自己与他人的行为进行评价，对违反规则的

---

㉛ 除了一元论与二元论，也有学者提出国际法与国内法的"协调论"。比如，周鲠生认为，从法律和政策的一致性的观点说，只要国家自己认真履行国际义务，国际法和国内法的关系总是可以自然调整的。参见周鲠生：《国际法》，商务印书馆 1976 年版，第 20 页。周鲠生可算作协调论的开创者，后来有学者在其基础上主张通过特定的法律技术推进国际法与国内法之间的协调。参见李龙、汪习根：《国际法与国内法关系的法理学思考——兼论亚洲国家关于这一问题的观点》，载《现代法学》2001 年第 1 期，第 13 页。

㉜ ［英］哈特：《法律的概念》，许家馨、李冠宜译，法律出版社 2018 年版，第 146 页。

行为持反思批判态度。㉝

在哈特看来，法律体系由初级规则和二级规则组成。法律作为社会控制的重要手段有简单的控制模式与发达的控制模式，简单的控制模式主要通过初级规则发挥作用，发达的控制模式是初级规则与二级规则相结合的模式。国际法缺乏像国内法那样的中央机构，所以国际法不能算是完整意义上的法律，它顶多算是一种法律的初级形态。㉞ 从初级规则发展到二级规则，需要理性地审查、承认和改正，即有理性地参与、承认与建构国际法体系。当下的国际法并不是由初级规则与二级规则组合而成的，而仅仅是一系列赋予义务的初级规则。哈特之国际法理论的高明之处在于既不否认国际法的效力，也没有因为国际法与国内法一样具有法律效力而夸大国际法的作用。尽管哈特事实上并没明确将参与者的视角纳入自己的国际法理论，但为后来者理解和改革国际法秩序提供了方向，即引入参与者视角，将国际法体系发展为二级规则体系。

## （三）商谈程序视角下的涉外法治观

从程序角度观察，国际法治是一种具有共识性的结果，而达成国际法治的不是国内法，而是国家之间的一种协商程序，这个程序实则是涉外法治的一部分。法学家拉德布鲁赫最早洞察到国际法概念中的跨国家层面。他区分了三种人格，除通常熟知的个体人格与超个体人格之外，还存在一种跨个体人格。㉟ 从个体人格观分析，主权国家会逐渐走向消亡，一个共同的国家逐渐形成，每个人都会成为无民族性的个体，成为原子式的世界

---

㉝ 参见前注㉜，哈特书，第147-148页。

㉞ 国际社会缺乏立法机关与强制执行的司法机关，"缺乏这些机构使得国际法对于各个国家而言，就像是形式简单的社会结构：这种结构仅仅由科以义务的初级规则所构成"。参见前注㉜，哈特书，第197页。

㉟ 参见［德］G. 拉德布鲁赫：《法哲学》，王朴译，法律出版社2005年版，第5页。

公民。这种无个性的世界公民必然会使世界成为一种没有民族性的人类国家。从超个体人格观出发，主权具有至高无上性，国际法是国家之间签订的契约，每个国家都在国际社会中强调自身主权的至高无上，一个国家的主权可能与另外一个国家的主权发生冲突，因此国际法是一种"无政府法"㊱。这两种人格观对应的都不是严格意义上的国际法。从跨个体人格观察，主权国家由国际法以及国际组织连接起来，跨个体人格国际法观既反对将个人的民族性完全溶解而去建立无民族性的世界国家，也反对强调国家主权至上及不受国际法的约束，认为缓冲两者之间张力的方式是文化。人类价值是一种超越民族的文化价值追求，在人类的共同价值基础上形成了国际文化团体。㊲ 因此，在拉德布鲁赫看来，国际法理论的核心在于以跨个体人格为视角，在国际法治形成之前，首先要有一个国家间以文化为桥梁形成的国际文化团体。

商谈哲学继受了跨个体人格的思维范式，站在语言分析哲学的肩膀之上，揭示了合意生成的程序性。在实然与应然之间、在本体与现象之间存在一个长期未为人觉察的领域，这一领域是语言交往意义上的主体间性。国际法治预设了一种程序关系，每个国家展现的是其外向性的一面，作为国家之间共识的国际法必然是国家之间商谈的结果。哈贝马斯指出："法既不是通过它自身的法律形式也不是通过一种先天的道德内涵来获取充分的规范性意涵，而是通过一种能够产生正当性的立法程序。"㊳ 同理，国家与民族之间的关系并不是先有民族而后诞生国家，而是国家产生之后，民众的民族意识不断提升，民族的凝聚力得到增强，为国家提供了正当性

---

㊱ 同前注㉟，G. 拉德布鲁赫书，第 195－198 页。

㊲ 参见前注㉟，G. 拉德布鲁赫书，第 198－200 页。

㊳ J. Habermas, *Between Facts and Norms*: *Contributions to a Discourse Theory of Law and Democracy*, translated by William Rehg, Polity Press, 1998, p. 135.

的源泉并且为国家文化奠定了基础。[39] 20 世纪末期的全球化进程对民族国家造成了挑战，国家主权对外出现部分让渡的现状，急需解决由此引发的正当性危机。"对于现代人来说，要紧的不是学会在民族文化中生活而是在政治文化中生活；要紧的不是去寻根或寻回与他人同根的感情而是学会如何批判地审视自己的利益以便进入理性的协商程序。这便是具有形式普遍性的民主政治文化。"[40] 在民主政治文化基础上，以修订国际法与联合国改革为手段，可以实现从民族国家到世界公民社会的顺利过渡。[41] 据此，哈贝马斯并不认同现行国际法的正当性，"国际法的主体以其在二十世纪灾难中留下的斑斑血迹表明，认为古典国际法是清白无辜的这一推想是极其荒谬的"[42]。在全球公共领域之内有必要基于商谈理论对现有的国际法秩序进行改造。正如习近平总书记指出的："协商是民主的重要形式，也应该成为现代国际治理的重要方法，要倡导以对话解争端、以协商化分歧。"[43] 因此，国际法治与现行国际秩序中的国际法是不同的，国际法治与涉外法治也是不同的，当一国参与国际法的变革，推动构建更加公平公正的国际法治的时候，所涉及的就是该国的涉外法治，确切说是涉外法治的积极层面。

## 四、涉外法治的政治法学证立

如上所述，法的参与者视角以及商谈程序构成了涉外法治的规范理论

---

[39] 参见［德］哈贝马斯：《包容他者》，曹卫东译，上海人民出版社 2002 年版，第 131 页。

[40] ［德］哈贝马斯：《后民族结构》，曹卫东译，上海人民出版社 2002 年版，第 86 页。

[41] 参见前注[39]，哈贝马斯书，第 173 页。

[42] ［德］哈贝马斯：《〈时代〉周报：善性与人性——一场法律与道德边界上的战争》，刘慧儒译，载《读书》1999 年第 9 期，第 43 - 50 页。

[43] 习近平：《论坚持推动构建人类命运共同体》，中央文献出版社 2018 年版，第 254 页。

基础。涉外法治是一种国家作为主体，以法治的方式和程序参与推动构建更加公平、公正的国际法治的一系列法律活动。但是，正如一些学者认为的，现实的国际社会依然处于无政府状态，很多时候仍是丛林法则在起作用。[44] 不同于国际法治，国际秩序是一种现实状态，是指在一定的世界格局基础上各种国际主体基于一些规范而处于相对稳定的状态，现有的国际法、国际组织只是保障这一状态的构成要素，而非决定要素。各类国际法规范的存在并不足以成就国际法治，在国际秩序中起决定性作用的是各国保护自身利益的实力。从政治法学角度观察，"法治"是国际斗争或竞争的一种方式，涉外法治除国家参与全球法律治理的积极内涵之外，还包含"以其人之道还治其人自身"（宋·朱熹《中庸集注》第十三章）的防御和反制的消极意涵。法治已经成为当下全球治理中各国公认的价值，但究竟是以抽象的法治之名行霸权干涉主义之实，还是在具体法治中推动建立更加公平、公正的国际法治，需要从理论上加以甄别和证立。

## （一）政治权力角逐中的国际法秩序

从古典的美德的政治法律观向现代现实主义的政治法律观过渡的标志性人物是 15 世纪的政治思想家马基雅维利。[45] 他所生活的意大利分崩离析，若干邦国相互征战，急需新的政治思维将意大利从地缘冲突中解救出来。[46] 马基雅维利的政治思想告别了神学思维，"用人的眼光来观察国家"[47]，强调国家理性优先于宗教道德，将国家彻底从罗马帝国秩序中解

---

[44] 参见前注⑩，赫德利·布尔书，第 103 - 104 页。

[45] 关于古典政治中的"善"（亚里士多德）向早期现代政治的"美德"（马基雅维利）的转变，参见 Praktinė Filosofija, *Virtue and Politics: An Aristotelian Reading of Niccolò Machiavelli*, Problemos, 2011, p. 7-17.

[46] 参见 [美] 列奥·施特劳斯：《关于马基雅维利的思考》，申彤译，译林出版社 2016 年版，第 25 - 28 页。

[47] 《马克思恩格斯全集》（第 1 卷），人民出版社 1995 年版，第 227 页。

放出来。在外交斗争中，君主可以为了国家利益而不惜手段，无论是否仁慈、正义以及合乎道德，这摆脱了古代政治德性的束缚。[48] 到了 16 世纪，经历了英国内战的霍布斯则通过揭示一种前法律的丛林状态，来表明政府和安全的必要性。相比之前的自然法学者，霍布斯指出了实现法治的另一种形式，即权威而非真理创造了法律。[49] 身处威斯特伐利亚公约时代，霍布斯认为，无论是从丛林状态进入国家状态，还是国家身处丛林般的国际社会，法律并非道德的产物，只有通过政治权威才能实现国内法秩序或者国际法秩序。概言之，两个现实主义的政治思想家都指出了外交斗争的现实性，认为实现国际法秩序必然要面对和谨慎处理国家之间的利益冲突与斗争，同时也间接地表明法律秩序是现代文明的内容之一。在威斯特伐利亚公约之后的欧洲公法秩序中，主权国家成为国际政治的主体，为维护本国利益而斗争具有合法性，而以法律之名进行干涉和斗争也是国际政治斗争的一种方式。但是，正如施米特所慨叹的，欧洲公法秩序到了 19 世纪已经瓦解，取而代之的是一套所谓普世主义的抽象规范秩序。[50] 后这一秩序模式在第二次世界大战后进一步从欧洲拓展至全球。

## （二）抽象法治与具体法治

19 世纪是英帝国殖民的世纪，而德国只是一个后发的新兴国家，德国法学家卡尔·施米特备受争议的一个重要原因就在于，他从欧陆民族国家角度观察来自盎格鲁-撒克逊的普世价值观和法治观。站在欧陆国家法的立场之上，施米特认为一国国内法秩序的建立起于立宪决断，制宪权的

---

[48] 参见 [德] 列奥·施特劳斯、[美] 约瑟夫·克罗波西主编：《政治哲学史》，李洪润等译，法律出版社 2020 年版，第 358－359 页。

[49] 参见 [英] 霍布斯：《利维坦》，黎思复、黎廷弼译，商务印书馆 1985 年版，第 49－61 页。

[50] 参见 [德] 卡尔·施米特：《论断与概念》，朱雁冰译，上海人民出版社 2006 年版，第 305－313 页。

动用并不需要什么先决的程序，而是一种权威的主权意志，由此形成一种具有具体秩序的政治存在。⑤ 在他看来，凯尔森建立在规范法学基础上的法治国理论完全忽视了国家的政治性和历史性。凯尔森在将国家等同于法律秩序的时候，实际上是将法律的规范性与自然的因果律完全等同，充分暴露了纯粹法治国理论的形而上的虚幻性以及内容上的空洞性。⑤ 但是，作为一个法学家，施米特从来没有否认过欧洲法治文明的成就，他认为政治决断之后总是要走向立宪规范秩序状态，所以总要选择法治的方式治理国家。关键的问题是，究竟是采取所谓普世性的抽象法治，还是选择具有特定文化内涵的具体法治，这其实是现代以来法治观念在国际关系里一个吊诡的问题。

若是跳出近代启蒙思想家的自然状态假设，回到真实的人类历史，那么，现代历史是一部占取与拓展空间的历史。任何空间秩序的建立都起于占取，占取是现实生活中法秩序的根基，是一切空间与法律、秩序的连接点。无论是对外（对其他民族）还是对内（对国内的土地和财产秩序），占取都属于法律秩序建构的原型。无论是空间上的原初规则还是所有其他具体秩序和法律渊源，都以之为前提，正是从这一根本性的基础出发，才导出进一步的财产和占有关系。⑤ 马基雅维利之后诞生的欧洲公法秩序要归功于新的具体空间秩序的形成，即欧洲大陆的区域国家与不列颠海洋帝国达成了合作与均衡，由此形成了更大的新国际空间。在这个空间内，具有公共人格的国家是欧洲公法秩序的主导力量，交战国家地位平等，彼此不再将对方视为罪犯，而是相互视为"正当敌人"。国家作为战争法的主

⑤　参见［德］卡尔·施米特：《宪法学说》，刘小枫编，刘锋译，上海人民出版社 2016 年版，第 116－117 页。

⑤　参见［德］卡尔·施米特：《政治的神学》，刘小枫编，刘宗坤、吴增定等译，上海人民出版社 2015 年版，第 53－54 页。

⑤　参见［德］卡尔·施米特：《大地的法》，刘毅、张陈果译，上海人民出版社 2017 年版，第 11－13 页。

体，彼此权利平等。[54] 欧洲国家通过协商与政治实践磨合并最终形成有限战争的规则框架，将暴力的使用限制在规则的最小范围之内。

然而，第一次世界大战后，凡尔赛-华盛顿体系使旧的欧洲公法秩序走向瓦解，自由主义与普世主义的浪潮席卷欧洲大陆，战败的欧洲国家一度失去了国际法上的主体资格。大洋另一侧的美国的世界战略也一度短暂地从温和保守的门罗主义走向膨胀扩张的全球干涉主义。第二次世界大战之后，美国取代英国成为世界超级大国，打着民主人权的口号四处干涉他国内政。如施米特所言，打着人道主义与自由民主的旗号发动的战争，并不像欧洲公法秩序下只需将敌人打回特定的"边界"，而是将对手彻底消灭。消灭的方法之一便是所谓的普世主义的法治，即将自己的法律如同一把楔子强行嵌入已经具有具体法律秩序的空间之内。[55] 以早先的英国为例，以自由主义为内核的盎格鲁-撒克逊普通法在英国对外扩张的过程中产生了两种不同的情形：一种情形是对于没有开化的殖民地，如独立前的加拿大、美国、澳大利亚，在此空间之内使之直接采纳英国的法律；另外一种情形是对于已有比较完备法律制度的国家，英国的法律与包括德国在内的欧陆国家的传统法律产生冲突。前一种情形是文明与野蛮的关系范式，后一种则是抽象法治与具体法治的关系范式，也就是说，英国将自身具体的法律秩序以普世主义之名强加到已有特定文化与秩序的空间里，由此引发一个空间内两种秩序的严重冲突。这不同于军事侵略，后者是赤裸裸的暴力征服，前者则具有迷惑性，是一种隐藏在法治价值观背后的征服。如果说，在旧的欧洲公法秩序之下，国家在处理涉外法治相关问题时可以在遵循彼此意志的前提下以政治或法律手段磋商形成秩序，即便发生战争，也会适可而止，尊重和保留对方的文化与秩序，那么霸权主义的涉

---

[54] 参见前注[51]，卡尔·施米特书，第 117-125 页。

[55] See Vgl. Carl Schmitt, Völkerrechtliche Grossraumordnung, 2. Aufl., 1991, S. 32.

外法治模式就是表面上推行法治，实则推行的是自己的霸权意志。

事实上，欧洲公法秩序自身也包含两条线索，内部线索是欧洲公法秩序，外部线索则是征服与殖民，后者的正当化就变成了抽象的所谓普世价值的征服，实则背离了旧欧洲公法的精神。晚年施米特意图解决的正是这一问题。欧洲公法秩序诞生于欧洲具有基督教信仰的国家之间，用施米特的话说这是欧洲共同的精神残余⑤⑥，但是基督教的信仰并不具备普遍性。在地理大发现的进程中，欧洲国家要面对自身与非基督教国家之间关系的问题，基督教的共同精神残余为欧洲公法秩序内的国家提供了理论依据，但是宗教信仰也可能走向"歧视性"战争，即对不同宗教信仰的国家发动毁灭性战争的机制⑤⑦，法律也成为惩罚非基督教信仰国家的工具。第二次世界大战结束后，和平建构统一欧洲的可能性在于施米特所说的欧洲共同的精神残余以及哈贝马斯的理性商谈程序理论。但是，对于联合国以及世界其他国家来说，欧盟只不过是一个更大的欧洲国家而已。心系欧洲命运的施米特的欧盟方案更像是权宜之计，却揭示了国际秩序演化过程中法治可以作为一种斗争形式，以及表现为抽象法治与具体法治的斗争形式。⑤⑧

（三）告别抽象法治的涉外法治观

大航海时代以来，战争一直是西方走向现代化和开拓新空间的主要手

---

⑤⑥ 中世纪基督教世界的欧洲帝国为第一部全球性质的国际法提供了唯一的合法资格。现代的即16世纪至20世纪欧洲国家间的国际法，是从中世纪恺撒统治蜕变来的。参见前注㊳，卡尔·施米特书，第21页。

⑤⑦ 中世纪关于正义战争的学说，总体上还是在基督教共同体的框架内和根基上区分不同种类的世仇和战争，认为教会具有属灵权力，可以进行复仇和征战，且这种类型的战争一律被冠以正义战争的名义。因此，彼时国际法上出现了一种关于战争的歧视性对立。参见前注㊳，卡尔·施米特书，第93-94页。

⑤⑧ 依照施米特的观点，具体秩序和空间的结合是指具体的秩序要在场域中才能实现，没有场域化，也就没有具体的秩序。具体秩序对应的法治区别于凯尔森规范主义的法治，规范主义赋予了法"应然"属性，主张"应然"和"实然"的对立与分离，因此规范主义法治无须考虑空间已有的具体秩序，法治成为一种抽象的功能。参见前注㊳，卡尔·施米特书，第7-46页。

段。反思战争带给人类的苦难，并不意味着自然法以及道德法就可以解决问题。为了维护国家主权安全和发展利益，对法的政治属性始终应当保持清醒认知。美国的涉外法治体系中有关经济制裁的法律体系是由授权制裁法案、专门制裁法案、辅助制裁法案、总统命令以及行政法规等构成的一个层层递进的立法、执法、司法的互动机制，在这个体系中，司法上的长臂管辖制度是典型的霸权主义的组成部分。长臂管辖制度源于美国国内法中一个州对其他州的民事案件的管辖权。为加强全球控制能力，从 1977 年制定并多次修订的《反海外腐败法》到 2001 年颁布的《爱国者法案》，美国将长臂管辖的对象从国内延伸到主权国家，以反恐为理由单方面对某个主权国家进行国内法制裁。⑤ 长臂管辖制度的典型特征就是以法治的方法和名义推行霸权，以超越国际法允许的管辖基础来干涉别国内政。这里的法治不是具有特定文化内涵的法治，而是一种内容空洞的抽象法治。

长臂管辖制度及其背后的抽象秩序的法治观从反方向上赋予涉外法治新的意涵，即"以其人之道还治其人之身"，以具体法治方式反制抽象秩序的法治方式。"中国走向世界，以负责任大国参与国际事务，必须善于运用法治。在对外斗争中，我们要拿起法律武器，占领法治制高点，敢于向破坏者、搅局者说不。"⑥ 就中国而言，国内法治中的中国特色社会主义法治道路是具体法治与抽象法治博弈之后的产物；在涉外法治方面，国际社会是一个有着既定国际秩序、急需改革的全球空间，在参与全球治理的过程中，法治是基本的方式，既包括规范法学意义上的国际商谈与国际合作，也包括政治法学意义上的斗争与反制，需要具备足够的法治能力以捍卫自身的国家利益和发展利益。具体来说，我国的涉外法治是对那种以

---

⑤ 参见强世功：《帝国的司法长臂——美国经济霸权的法律支撑》，载《文化纵横》2019 年第 4 期，第 84 页。

⑥ 习近平：《加强党对全面依法治国的领导》，载《求是》2019 年第 4 期，第 6 页。

抽象法治之名行霸权干涉之实的国际旧秩序的反对、反制与纠正，是在遵守以《联合国宪章》为核心的国际秩序框架下，对自身的主权安全和核心利益的维护。而且，现有的国际法秩序亟待完善之处众多，针对人类共同面临的问题尚未寻得切实可行的具体法治方案。中国涉外法治的目标绝非推行霸权主义，而是致力于构建人类命运共同体，积极推动国际法秩序朝着更加公平、合理的方向改革。

# 五、我国的涉外法治体系建设

涉外法治包含积极和消极两个层面：积极层面是指主权国家以法治的方式和程序参与推动构建更加公平、公正的国际法治的一系列法律活动；消极层面是指反对霸权主义，以具体法治的方式反制抽象法治。两个层面并非泾渭分明，实践中往往交织在一起，以《反外国制裁法》（2021 年）为例：它是日益走近世界舞台中央的中国以法治的方式对霸权国家所谓的法律制裁的反制，既具有域内法律效力，也具有一定的域外效力。如：在属地效力上可以在域外发生效力；在属人效力上，可以正当地对危害我国国家利益的国家、社会团体以及个人实施制裁。而且，《反外国制裁法》虽然法条数目不多，却较为全面地规定了我国在处理涉外事务时的基本政治立场、原则与措施，对构建我国涉外法治体系具有很强的典范意义。

党的十九届四中全会指出："加强涉外法治工作，建立涉外工作法务制度，加强国际法研究和运用，提高涉外工作法治化水平。"[61] 据此，我国的涉外法治体系建设就是从涉外法治的双重属性出发，确立一套具有自

---

[61] 《中共中央关于坚持和完善中国特色社会主义制度 推进国家治理体系和治理能力现代化若干重大问题的决定》，2019 年 10 月 31 日中国共产党第十九届中央委员会第四次全体会议通过。

身理念、基本原则和具体法律制度的部门法体系。

## (一) 双重理念基础

如前述定义所示，涉外法治是一种从主权国家出发，目的在于参与建立更加公平公正的国际法秩序的法治类型。结合我国实践，站在百年大变局的历史分水岭上，我国涉外法治体系建设包含双重理念：一是在积极层面上坚持人类命运共同体，二是在消极层面上坚持主权国家尊严。也就是说，我国涉外法治体系建设当立足当下，维护主权国家尊严与保障国家海外利益，同时以推动构建人类命运共同体为目标，参与建设有利于中国人民和各国人民福祉的国际法律秩序。

第一重理念是推动构建人类命运共同体。它是我国面对当前国际秩序中的各种问题，参与全球治理改革，回应世界未来发展走向而提出的全新理念，具有丰富的涉外法治意涵。首先，这一理念体现了人类视野，强调各国人民是休戚与共的共同体，中国的法治建设不仅要对中国人民负责，同时也要做到尊重和不侵害他国的正当利益，关切各国人民共同的利益。其次，它是对既有的国际法体系的承认、扬弃与发展。"……国际关系演变积累了一系列公认的原则。这些原则应该成为构建人类命运共同体的基本遵循。"[62] 中国涉外法治体系建设并不是要全盘否定现有的国际法体系，创建一套只符合自身利益的国际法体系，而是要在遵循既有的处理国际关系的原则以及现有的正当的国际法规范的基础上参与全球治理改革，推动构建人类命运共同体。[63] 最后，这一理念克服了现有全球治理方案中的一些弊端，如冷战思维、地缘政治思维、零和思维与胜者通吃的思维等，体

---

[62] 习近平：《共同构建人类命运共同体——在联合国日内瓦总部的演讲》（2017 年 1 月 18 日），载《人民日报》2017 年 1 月 20 日，第 2 版。

[63] 袁达松、黎昭权：《构建包容性的世界经济发展与环境保护法治框架——以"人类命运共同体"理念为基础》，载《南京师大学报（社会科学版）》2019 年第 2 期，第 110 页。

现了国际法追求良善正义的价值追求，体现了对弱者的关怀。<sup>⑥</sup>"世界的命运必须由各国人民共同掌握，世界上的事情应该由各国政府和人民共同商量来办。垄断国际事务的想法是落后于时代的，垄断国际事务的行动也肯定是不能成功的。"<sup>⑥</sup> 2019 年底疫情暴发后，中国政府在有效控制本国疫情的基础上尽最大努力对遭受疫情的其他国家提供帮助，充分表明了中国在涉外法治实践过程中，积极践行人类命运共同体的理念。

第二重理念是国家尊严观。涉外法治是国家视角，国家主权是涉外法治的制度支撑和保障，没有国家强制力作后盾，涉外法治和国家安全都是空谈。国家尊严通常是指一个国家的主权尊严与人民尊严，既包括国家对内发布和实施政策法令、维护人民根本利益与基本权利的尊严，也包括对外与其他国家平等相处的尊严。在涉外法治实践中，维护国家尊严就是要在对外交往的过程中，能够以民主制度为途径，妥善运用自身理性，以法律手段以及外交手段维护国家的意志与利益。2011 年的"湄公河案"是我国践行涉外法治，从而维护国家尊严的例证。<sup>⑥</sup> 具体来说，国家尊严理念主要包含三个层面：一是我国有权根据本国国情和发展利益制定发展战略和相关政策法律，任何国家不应干涉我国内政，破坏我国的国家主权和安全；二是通过立法促进我国科技水平和治理能力的提升，确保我国在全球竞争和反制过程中具备应有的能力；三是对属于本国核心利益的海外基础设施及其开展的活动享有管辖权，对来自霸权主义和强权政治的制裁与干涉，采取法治的手段"还治其人"。正如《反外国制裁法》所表明的，

---

⑥ 参见魏传光：《论人类命运共同体的正义根基与实践逻辑》，载《理论月刊》2020 年第 1 期，第 31 页。

⑥ 习近平：《弘扬和平共处五项原则 建设合作共赢美好世界——在和平共处五项原则发表 60 周年纪念大会上的讲话》（2014 年 6 月 28 日），载《人民日报》2014 年 6 月 29 日，第 2 版。

⑥ 中国船员在金三角地区遇难，我国国家主权和公民的合法权益受到严重侵害，若不能及时将罪犯绳之以法，国家尊严与发展利益就难以获得有效保障。在成功抓捕相关责任人后，我国以司法审判的方式将其绳之以法，充分彰显了我国实行涉外法治、保障本国利益的决心。

对于打着法治旗号的霸权行径，中国政府以法治方式进行反制是维护国家尊严、真正奉行法治原则的体现。

上述双重理念密切联系，不可割裂对待，是辩证唯物主义与历史唯物主义在中国特色社会主义涉外法治实践中的具体运用。人类命运共同体是对涉外法治目标的根本遵循，国家尊严则是保障我国国家利益和发展利益的制度支撑。据此，我国涉外法治的核心理念可以概括为：以人类命运共同体为指引，以国家主权与尊严为支撑，从中国的实际出发构建我国的涉外法治体系。

## （二）基本原则

双重理念为我国涉外法治立法提供了当下与未来的方向指引，并进一步转化为若干基本原则，这些原则是涉外法治的"骨架"。涉外法治是法治的一种具体形式，首先要在形式上具备法治的一般共性。美国学者富勒将法治的基本原则概括为八项：普遍、公开、不溯及既往、明确、不矛盾、可遵守、稳定以及官员守法。从一般形式上说，国内法治、涉外法治和国际法治都应符合这八项原则，但从具体法治的角度来看，这些原则必然要在双重理念的指引下，结合我国的实际加以调整。

我国涉外法治原则主要包含如下三项：

### 1. 尊重国家主权与尊严原则

国家主权是一国存在与发展的政治前提与法律前提。"迈向命运共同体，必须坚持各国相互尊重、平等相待。各国体量有大小、国力有强弱、发展有先后，但都是国际社会平等一员，都有平等参与地区和国际事务的权利。"[67] 大国对地区和世界和平与发展承担更大责任，而非打着"民主人权""人道主义"等旗号粗暴干涉他国内部事务。尊重国家主权与尊严

---

[67] 习近平：《迈向命运共同体开创亚洲新未来——在博鳌亚洲论坛 2015 年年会上的主旨演讲》（2015 年 3 月 28 日），载《人民日报》2015 年 3 月 29 日，第 2 版。

原则又包括三个子原则：一是人民主权原则。我国的国家主权以人民为出发点与落脚点。涉外法治的根本目的在于维护中国人民的福祉，寻求中国人民福祉与世界各国人民福祉的最大公约数。二是主权独立原则。中华人民共和国始终坚持各国主权独立，互不干涉内政。三是主权平等原则。⑱国家无论大小强弱，在以联合国为中心的国际法体系下，都是平等的主体，大国应当有责任担当而非行霸权垄断。

**2. 保护核心利益与发展利益原则**

每个国家都有自身的核心利益。对中国而言，保障国家主权、国家安全、领土完整、国家统一、宪法所确定的国家政治制度与社会稳定、经济繁荣以及可持续发展是国家的核心利益。我国《国家安全法》明确规定国家安全是我国核心利益与发展的前提，《反分裂国家法》将反对和遏制"台独"分裂势力、维护国家统一与稳定规定为我国的核心利益，《反外国制裁法》明确规定对侵害我国国家利益与发展利益的国家与个人可以实施制裁。⑲ 中国的核心利益和发展利益是中国涉外法治建设中必须始终坚持的红线，关乎中国自身的发展道路以及民族复兴，"任何外国不要指望我们会拿自己的核心利益做交易，不要指望我们会吞下损害我国主权、安全、发展利益的苦果"⑳。

**3. 善意合作与依法斗争相结合原则**

国家与国家之间不仅仅是合作关系，也是竞争关系。国际社会不是伊甸园，涉及国家利益的斗争使国际社会成为竞争激烈的名利场。正确把握

---

⑱ 《联合国宪章》第 2 条第 1 款规定："本组织系基于各会员国主权平等之原则。"《反外国制裁法》第 1 条明确规定维护国家主权。此外我国一直以来所倡导的"和平共处五项原则"包括的"互相尊重主权和领土完整，互不侵犯"，体现了尊重国家主权与尊严原则。

⑲ 《反外国制裁法》第 5 条、第 6 条以列举的方式规定对违反相关规定的个人或组织采取反制措施。

⑳ 习近平：《在庆祝中国共产党成立 95 周年大会上的讲话》（2016 年 7 月 1 日），载《求是》2021 年第 8 期，第 16 页。

竞争与合作之间的关系是涉外法治必然要处理的重要命题。党的十九届五中全会提出："坚持多边主义和共商共建共享原则，积极参与全球治理体系改革和建设，加强涉外法治体系建设，加强国际法运用，维护以联合国为核心的国际体系和以国际法为基础的国际秩序，共同应对全球性挑战。"⑦ 我国要不断加强法治意识，提高涉外法治的水平与影响力，在涉外立法、执法、司法以及法学教育、法律服务等多个领域切实维护国家利益，对于侵犯我国国家利益的行为敢于亮剑，在斗争中团结，在团结中斗争。《联合国宪章》确立了合作与发展的原则，我国多部法律也确立了国际合作原则，如《国家安全法》第 10 条规定，"维护国家安全，应当坚持互信、互利、平等、协作，积极同外国政府和国际组织开展安全交流合作，履行国际安全义务，促进共同安全，维护世界和平"。国与国之间的关系并不是单纯的合作关系，对侵害我国国家利益的行为要依法斗争，如《反外国制裁法》第 3 条第 2 款规定，"外国国家违反国际法和国际关系基本准则，以各种借口或者依据其本国法律对我国进行遏制、打压，对我国公民、组织采取歧视性限制措施，干涉我国内政的，我国有权采取相应反制措施"。

## （三）具体法律制度

如前所述，我国涉外法治是一种具体法治，而非抽象的法治。这种具体法治除了双重理念及其衍生的基本原则外，还体现为在此双重理念和基本原则基础上形成的一个动态的制度体系，包括立法、执法、司法以及法律服务等多个层次。

涉外法治的立法体系是涉外法治的基础。习近平总书记指出，"加强

---

⑦ 《中共中央关于制定国民经济和社会发展第十四个五年规划和二〇三五年远景目标的建议》，2020 年 10 月 29 日中国共产党第十九届中央委员会第五次全体会议通过。

涉外领域立法，进一步完善反制裁、反干涉、反制'长臂管辖'法律法规，推动我国法域外适用的法律体系建设"⑫。涉外法律规范数量繁多，调整的领域具有多样性，但是同国内法治体系一样，《宪法》是涉外法律规范的最高效力基础，涉外法治的双重理念都在《宪法》"序言"中有着专门或相关的规定，如，《宪法》"序言"中规定，"坚持互相尊重主权和领土完整、互不侵犯、互不干涉内政、平等互利、和平共处的五项原则……推动构建人类命运共同体"。党的十八届四中全会指出："适应对外开放不断深化，完善涉外法律法规体系，促进构建开放型经济新体制。"⑬

涉外法治立法大致可分为两类，其中一些立法同时属于这两类。一类是积极建构型涉外立法，即国家以参与者的视角处理涉外法治相关问题，积极对国际法治中不公平、不合理的部分进行改革；另一类是消极防御型涉外立法，即反对普世主义及其背后的霸权主义，做自身国家利益的坚决维护者。第一类积极建构型涉外立法是推动构建人类命运共同体理念的体现，主要包括我国法律中大量涉及国际合作的部分。如：《网络安全法》第7条、《数据安全法》第11条都规定了国际交流与合作原则；我国接受WTO的贸易制度规则，所缔结的国际经济领域与国际贸易领域的条约通过各种转化方式已经成为国内法院司法裁判的依据；刑法中规定了普遍管辖原则，对国际上公认的重要犯罪予以打击。此外，在反恐领域、国家安全领域，我国都以法律形式规定与他国展开合作。第二类消极防御型涉外立法是国家尊严观的具体体现，如《国家安全法》《反分裂国家法》《反外国制裁法》等。

涉外法治体系建设不仅需要完备的涉外立法，也离不开执法、司法以

---

⑫　习近平：《坚持走中国特色社会主义法治道路　更好推进中国特色社会主义法治体系建设》，载《求是》2022年第4期，第9页。

⑬　《中共中央关于全面推进依法治国若干重大问题的决定》，2014年10月23日中国共产党第十八届中央委员会第四次全体会议通过。

及法律服务等实施方面的制度保障。首先，在涉外法治的执法层面，涉外法难免与国际法纠缠在一起，而且会涉及多个国家的法律制度，故而涉外法在一定程度上很难有效实施。中国在建设涉外法治体系的过程中要保证对自己缔结的国际法与涉外法的严格执行。涉外法存在的一个重要意义在于实现与国际法以及国内法的有机衔接，促进相关法律的有效实施。若要推进涉外法的执法严格化，当以现有的国际法秩序中公平、合理的部分和以《联合国宪章》为核心的国际法体系为依托，与其他国家深入合作，如积极参与执法安全国际合作，加强反腐败国际合作等。其次，涉外法治体系建设离不开公正的司法。法律追求公平正义，司法的使命也在于公平正义。法治的信誉很大程度上取决于一国司法的权威与公信力，如何在维护本国国家利益与公民合法权益的基础上妥当处理与他国及其公民之间的纠纷，既是对法官能力的考验，也是对一国法律职业共同体的考验。此外，要深化国际司法交流合作，完善我国司法协助体制机制，推进引渡、遣返犯罪嫌疑人和被判刑人移管等司法协助领域的国际合作。最后，涉外法治建设离不开高素质的法律职业共同体，要"建设通晓国际法律规则、善于处理涉外法律事务的涉外法治人才队伍"[74]。涉外法治的建设是一个长期系统的工程，只有培养一批专业性强、素质高的涉外法治人才，才能确保优质的法律服务，切实维护我国公民、法人在海外的正当权益，依法维护海外侨胞权益。

# 六、结　语

在当代全球视野下，中国在国际事务上已经从过去的冷静观察者转变

---

[74]　同前注[73]。

为积极参与者。在这一过程中，法治无疑是一种现代普遍采用又不乏争议的方法。国内法治是实现国内秩序的良法善治，而国际法治是各国及其法学者所期待的在国际层面实现公平公正的法律秩序的状态。涉外法治介于二者之间，表达的是一种主权国家的对外立场。从规范法学视角观察，哈特为我们提供了国际法的参与者视角，而哈贝马斯的商谈哲学则将参与者视角拓展为一种法治化程序。从政治法学的视角观之，法治成为现代国际斗争的一种形式，而法治又分为抽象法治与具体法治，超级大国往往打着抽象法治的旗号行霸权主义之实。因此，涉外法治主要包含积极参与和消极防御两个层面。

我国涉外法治体系建设要兼顾积极和消极两个层面。消极层面与国内法治密切相关，要求国家对外来干涉具有防御和反制的能力，对以抽象法治之名实施的霸权主义要"以其人之道还治其人之身"，捍卫国家的主权、尊严和利益。积极层面则是国内法治理念的延伸与拓展，国家以"积极参与者"的身份推动国际法治的建构，改革现有国际法中不公平、不合理的部分。据此，我国的涉外法治体系建设应坚持人类命运共同体和国家尊严观的双重理念，在此基础上构建包含基本原则和一系列具体制度的涉外法治体系，高质量地完成新时代统筹推进国内法治和涉外法治的历史使命。

# 论作为新型财产权的数据财产权[*]

张新宝[**]

## 引　言

数据作为新型生产要素，是数字化、网络化、智能化的基础，已快速融入生产、分配、流通、消费和社会服务管理等各环节，深刻改变着生产方式、生活方式和社会治理方式。数据基础制度建设事关国家发展和安全大局。[①] 数据资源的高效开发、利用与流通有赖于明确的数据产权规则，但目前我国立法针对数据财产的系统性法律规范暂付阙如，实践中数据财产权益存在主体不清、范围不清、限制不清等问题，企业间因数据要素争夺而引起的法律纠纷不断，对数字经济及相关产业的持续健康发展造成不利影响。法学界对于数据财产保护需要加强研究已形成共识，但对于在理论上如何正确认识数据财产权的性质，立法上如何进行制度安排等问题尚未形成共识。鉴于此，有必要深入研究数据财产权的基本理论、对数据财产权进行规范分析，提供数据财产确权的理论基础，为未来数据财产权立法提供理论支撑，落实《中共中央国务院关于构建数据基础制度 更好发

　＊　本文原载于《中国社会科学》2023 年第 4 期。

　＊＊　中国人民大学法学院教授。

　　① 参见《中共中央国务院关于构建数据基础制度 更好发挥数据要素作用的意见》，《人民日报》2022 年 12 月 20 日，第 1 版。

挥数据要素作用的意见》（以下简称《意见》），服务于数据基础制度特别是数据产权制度的建设。[2]

# 一、财产权发展的历史和实践逻辑

## （一）财产权发达史对确认数据财产权的启示

广义"产权"包括一切财产性的权利和利益。狭义财产权仅指对世性财产权，不包括具体相对人之间的财产权，也不包括投资者的股权等权利。"数据产权"包括数据财产权和民事主体之间基于数据交易、利用等产生的债权。法学界一般在狭义财产权范畴讨论数据财产权，主要指持有、使用、获取收益等财产权利。[3] 狭义财产权在人类社会发展史上的演进大致经历三个主要阶段：以所有权为核心的物权不断扩展直至全面确立阶段，与物权共存的知识产权萌芽、发展与强化保护阶段，以及与物权、知识产权共存的当前正在兴起的数据财产权阶段。

### 1. 物权

在古代社会，财产权的客体最初主要限于动产，其后随着生产力的不断发展，土地等不动产逐渐成为财产权的客体，进而形成动产与不动产并重的经典物权客体体系和以所有权为核心的物权权利体系。在以所有权为核心的物权权利体系不断扩展直至全面确立的历史阶段，农业生产力特别

---

② 2022年10月28日，国家发展和改革委员会主任何立峰在第十三届全国人民代表大会常务委员会第三十七次会议上所作《国务院关于数字经济发展情况的报告》指出：要持续深化对数字经济发展规律的研究，统筹发展和安全，完善制度体系。参见《中华人民共和国全国人民代表大会常务委员会公报》2022年第6号。

③ 《意见》指出："推动建立企业数据确权授权机制。对各类市场主体在生产经营活动中采集加工的不涉及个人信息和公共利益的数据，市场主体享有依法依规持有、使用、获取权益的权益，保障其投入的劳动和其他要素贡献获得合理回报，加强数据要素供给激励。"可见，中央文件也是从狭义财产权的角度部署企业数据确权授权机制的。

是种植业生产力的发展对物权客体从动产向不动产扩张具有决定作用。马克思在对摩尔根《古代社会》一书的摘要中指出，在人类社会的蒙昧阶段至野蛮时代中级阶段，没有人对土地或房屋拥有个人所有权，任何人都无权把它们当作自由财产任意出卖和出让。由于此时人类仅掌握有限的耕作技术，土地归氏族或公社共有是人类占有和利用土地的前提，而氏族或公社等共同体形式必然地只和有限的而且是原则上有限的生产力的发展相适应。当人类社会进入野蛮时代高级阶段末期与文明时代后，种植业生产力的发展使单个家庭具有独立耕种与利用土地的能力，同时也促使家庭与土地结成一体，并把家庭变为创造财产的组织。④ 在此等背景下，将土地等不动产确立为物权客体是与农业生产力发展相适应的必然选择。对此，马克思认为，对于氏族或公社等共同体而言，"生产力的发展使这些形式解体，而它们的解体本身又是人类生产力的发展"⑤。

物权（所有权）在权利效力上具有绝对支配性与绝对排他性，而物权保护方式的重点则在于维持权利人对有体物的事实控制力。罗马法中的所有权本质上是对物的完全的、绝对的支配权，且作为所有权客体的标的物之上不可能存在两个或者两个以上所有权。⑥ 罗马法中所有权的保护方法主要有如下三种：其一，物件返还诉，即所有权人要求非法占有其物的人返还原物之诉；其二，所有权保全诉，即所有权人在他人侵害其所有权时请求排除行为人妨害之诉；其三，回复占有诉，即取得时效完成前，善意而有合法原因的受让人在丧失对其物的占有时请求回复占有之诉。⑦

**2. 知识产权**

随着中世纪欧洲商业的复兴和手工业的发展，欧洲各国出现了采用先

---

④ 参见《马克思古代社会史笔记》，人民出版社 1996 年版，第 172-192 页。

⑤ 《马克思恩格斯全集》（第 30 卷），人民出版社 1995 年版，第 490 页。

⑥ 参见马新彦：《罗马法所有权理论的当代发展》，载《法学研究》2006 年第 1 期。

⑦ 参见周枏：《罗马法原论》（上册），商务印书馆 2014 年版，第 395-403 页。

进生产技术和商业模式的社会需求，近代知识产权制度的萌芽在这一阶段开始出现。工业革命后，科学技术在生产生活领域的广泛应用与商品贸易规模的不断扩大使得作品、专利、商标等智力成果的无形财产属性被越来越多的人所接受。中世纪晚期及至近代早期以来，科学技术的进步是推动财产权客体从有体财产向无形财产扩张的决定性因素，知识与技术作为生产要素在经济增长中的重要性持续提升，人类通过脑力劳动创造的财富在全部社会财富中占据的比重日益提高，智力成果的经济价值与财产属性逐渐显现，对知识产权的法律保护力度也因此不断强化。但是，知识产权的出现并未削弱人类对有体物的利用需求。基于此，近代与现代社会的财产权制度基本呈现出物权与知识产权并立的局面。

知识产权在权利效力上仅具有相对支配性与相对排他性，传统的物权保护方式也难以适用于知识产权的保护。由于智力成果具有无形性，权利人对智力成果的支配不是一种实在而具体的控制，而表现为认识和利用[8]；在排他性方面，特定主体对智力成果的利用不影响其他主体对它的利用。鉴于此，知识产权的排他效力不是保持仅有权利人可以认识和利用智力成果的独占状态，而表现为排除他人在未经许可的情况下以特定手段非法利用智力成果。知识产权人无法对智力成果施加任何事实控制力，也无法对智力成果进行自力保护，故知识产权的保护有赖于公共权力的介入，主要包括知识产权法的正面保护和反不正当竞争法的兜底保护。

通过对财产权的权利效力与保护方法的历史变迁进行考察，我们可以得到如下认识：其一，不应将绝对支配性或者绝对排他性作为界定财产权的标准；其二，为了促进不同主体对财产的多元化利用，从而在最大程度上发挥财产的经济价值和社会效用，财产权的保护方法总是与财产权客体的性质相适应的。

---

⑧ 参见吴汉东：《无形财产权基本问题研究》，中国人民大学出版社2020年版，第61页。

### 3. 数据财产权

新的财产权客体总是对应于社会生产力的发展而产生，进而重新配置社会资源并协调民事主体之间的利益关系。⑨ 进入信息时代，大数据、云计算、区块链、人工智能等信息技术的迅猛发展催生了数字经济的产生和发展。于数字经济，数据正在成为继有体物与智力成果之后可供人类支配与利用的新型财富，数据财产正在成为与物权、知识产权相并列的第三类新型财产。

《"十四五"数字经济发展规划》指出："数据要素是数字经济深化发展的核心引擎。数据对提高生产效率的乘数作用不断凸显，成为最具时代特征的生产要素。"鉴于数据要素在构建现代化经济体系中的重要作用，确立数据财产权制度既是信息时代社会生产力发展的客观要求和必然结果，同时也是推动社会生产力进一步解放和发展的制度保障。在人类社会发展史上，《法国民法典》《德国民法典》等大陆法系民法典在罗马法、日耳曼法的基础上构建了较为完善的物权制度，以美国为代表的西方国家主导了近代以来知识产权法的发展历程。近年来，"数字经济发展速度之快、辐射范围之广、影响程度之深前所未有，正在成为重组全球要素资源、重塑全球经济结构、改变全球竞争格局的关键力量"⑩。我国作为人口大国、制造大国与互联网大国，拥有海量数据资源和丰富的应用场景优势，数据要素已快速融入我国生产、分配、流通、消费和社会服务管理等各个环节。"当今时代，数字技术、数字经济是世界科技革命和产业变革的先机，是新一轮国际竞争重点领域，我们一定要抓住先机、抢占未来发展制高点。"⑪ 面对全球数字化发展的新机遇，"我们要结合我国发展需要和可能，做好我国数字经济发展顶层设计

---

⑨ See Harold Demsetz, "Toward a Theory of Property Rights", *The American Economic Review*, vol. 57, no. 2, 1967, p. 350.

⑩ 习近平：《不断做强做优做大我国数字经济》，载《求是》2022 年第 2 期。

⑪ 习近平：《不断做强做优做大我国数字经济》，载《求是》2022 年第 2 期。

和体制机制建设。"⑫ 这对我国数据财产权的立法提出了直接的要求。

数据财产权将在一定程度上承继物权和知识产权的部分特征，但同时也与物权、知识产权有本质区别。一方面，数据财产权是财产权制度在信息时代的发展与延续，必然具有与物权、知识产权相通的若干特征。物权、知识产权和数据财产权调整的都是权利主体和不特定第三人之间的关系，都具有对世性和一定程度的支配性、排他性，从而与不具备此等特征的债权相区分。另一方面，数据作为数据财产权客体具有不同于有体物、智力成果的特殊性质。初始数据具有无体性，其财产价值主要不取决于人类的创造性劳动，而取决于数据的规模性和数据处理过程中的无限增值。这决定了数据财产权在权利效力和保护方法上不同于物权和知识产权，因此在构建数据财产权制度时不能直接移植物权制度或者知识产权制度。财产权发达史的经验表明，财产权制度在人类社会发展与进步的过程中可以且已经被不断修正，从而与人类社会的实际需要以及价值取向相适应。⑬ 数据财产权在法律上的确认，必将为推动国家数字经济的发展以及国际数字经贸关系的发展提供基础性的制度保障。

### （二）数据财产保护的实践需求与应对

#### 1. 政策层面

随着国家数字经济发展战略的确立，建立完善的数据财产权制度已成为我国数字经济基础性制度建设的重要组成部分。习近平总书记指出："要制定数据资源确权、开放、流通、交易相关制度，完善数据产权保护制度。"⑭ 在习近平法治思想的指引下，《关于构建更加完善的要素市场化

---

⑫ 习近平：《不断做强做优做大我国数字经济》，载《求是》2022 年第 2 期。

⑬ See Hanoch Dagan, "The Craft of Property", *California Law Review*, vol. 91, no. 6, 2003, p. 1532.

⑭ 《审时度势精心谋划超前布局力争主动 实施国家大数据战略加快建设数字中国》，载《人民日报》2017 年 12 月 10 日，第 1 版。

配置体制机制的意见》《"十四五"数字经济发展规划》《意见》等规范文件，指明了数据确权的基本方向。党的二十大报告对发展数字经济、建设数字中国以及加强重点领域的立法进行了部署，随后国务院向全国人大常委会就数字经济发展进行了专项报告。在地方层面，《广东省数据要素市场化配置改革行动方案》《湖北省大数据产业"十四五"发展规划》《河南省人民政府办公厅关于加快平台经济健康发展的实施意见》等规范文件均提出探索建立数据产权制度、推进数据产权立法工作、制定数据确权规则等发展目标。

**2. 立法层面**

《民法典》第 127 条规定："法律对数据、网络虚拟财产的保护有规定的，依照其规定。"这一规定确认了数据的民法保护，同时通过指引《民法典》其他条文的规定以及其他法律的规定，为未来相关法律的制定和完善提供了立法基础。

在《民法典》第 127 条的指引下，对数据财产进行保护的国家和地方规定陆续出台。《数据安全法》第 7 条规定："国家保护个人、组织与数据有关的权益，鼓励数据依法合理有效利用，保障数据依法有序自由流动，促进以数据为关键要素的数字经济发展。"《深圳经济特区数据条例》第58 条、《重庆市数据条例》第 33 条、《福建省大数据发展条例》第 17 条、《辽宁省大数据发展条例》第 31 条等地方性法规中的部分条文也对数据财产的保护作出明确规定。党的二十大后，《北京市数字经济促进条例》也适时出台。这些规定都是对构建数据财产权制度的有益探索，但是目前在立法层面尚未形成较为完善、体系化程度较高的数据财产保护制度。

**3. 司法层面**

对于数据处理者的数据财产利益，我国司法实践中存在著作权法保护、商业秘密保护、合同法保护及反不正当竞争法保护等多重保护进路。

首先，数据处理者对数据的选择或者编排作出独创性贡献的，此等数据整体上可作为汇编作品而受到著作权法保护。[15] 其次，数据处理者持有的数据具有商业价值、不为公众所知悉且为保密措施所覆盖的，可以作为商业秘密受到法律保护。[16] 再次，数据处理者通过合同将数据提供给合同相对方使用，同时约定合同相对方不得以开发数据衍生产品等方式利用数据的，数据处理者有权对数据主张合同法保护。合同相对方以违反合同约定的方式利用数据的，应当承担相应的违约责任。[17] 最后，数据处理者持有的数据开始被法院认定为一项独立的竞争性财产权益，受反不正当竞争法保护。[18]

我国法院已经在数据财产保护方面积累了较为丰富的经验，并初步确立了数据财产的司法保护规则，作为新型财产权的数据财产权在司法实践中已初具雏形。但由于专门调整数据财产关系的法律暂付阙如，法院在审理数据财产纠纷案件时缺乏直接的规范依据，案件的审理结果也因此具有一定程度的不确定性。

## 二、确认数据财产权的政治基础与理论探索

### （一）确认数据产权结构性分置

2020 年 3 月 30 日中共中央、国务院发布的《关于构建更加完善的要

---

[15] 参见广东省佛山市中级人民法院（2016）粤 06 民终 9055 号民事判决书；湖南省长沙市岳麓区人民法院（2020）湘 0104 民初 10602 号民事判决书。

[16] 参见上海市高级人民法院（2011）沪高民三（知）终字第 100 号民事判决书；广东省高级人民法院（2012）粤高法民三终字第 594 号民事判决书。

[17] 参见上海市浦东新区人民法院（2006）浦民二（商）初字第 2963 号民事判决书。

[18] 参见浙江省杭州市中级人民法院（2018）浙 01 民终 7312 号民事判决书；北京知识产权法院（2019）京 73 民终 3789 号民事判决书；杭州铁路运输法院（2019）浙 8601 民初 1987 号民事判决书。

素市场化配置体制机制的意见》提出，要加快培育数据要素市场，提升社会数据资源价值，研究根据数据性质完善产权性质。《意见》明确指出，要探索数据产权结构性分置制度，建立公共数据、企业数据、个人数据的分类分级确权授权制度，建立数据资源持有权、数据加工使用权、数据产品经营权等分置的产权运行机制。

中共中央、国务院发布的两个关于数据要素治理的文件旨在综合性地、全面地促进数据要素的法律保护，既为数据确权奠定了政策方向，也为数据产权的配置提出了总体方案。所谓"结构性分置"是指根据数据要素的客体性质及其价值创造和实现方式，分别界定数据收集（持有）、加工、使用等环节各主体享有的相应财产权益，从而强化数据要素权益的保护，促进数据要素的充分利用。为了实现数据产权的结构性分置，需要明确个人、企业、国家机关等主体在数据处理活动中的定位，同时以民事权利特别是财产权理论为基础进行规范设计，使数据产权成为可操作、可保护的法定权利。

个人数据，狭义上指个人信息以及其被处理者（企业）以非匿名化方式存储的个人信息数据。对个人信息的保护，主要是保护个人的人格权益，包括人身和财产安全、人格尊严、通信自由和通信秘密、隐私等，其保护路径主要是《民法典》第111条、人格权编和侵权责任编，以及《个人信息保护法》和其他相关法律法规等。个人通过授权，同意企业处理其个人信息，同时对未经匿名化处理的个人信息享有知情、决定等权利。这方面的制度建设已基本完成，重在实施。

公共数据，主要是指国家机关履行公共管理职责或者提供公共服务过程中收集、产生的各类数据。依法开放公共数据以使其在安全、公平基础上被高效利用，是促进数字经济发展的重要方面。开放公共数据，要遵守法律关于个人信息保护和国家安全的规定，做到合理有序、公开、公平、公正。国家机关等开放公共数据的，企业获得后进行处理，成为其数据财产的组成部分。

企业是进行数据处理的重要市场主体，是数据产权的主要享有者和利用者。数据资源持有者的权利和数据加工使用者的权利，均可以通过数据收集、加工、使用或者交易等行为而取得。《数据安全法》第 3 条第 2 款规定，数据处理，包括数据的收集、存储、使用、加工、传输、提供、公开等。因此，数据资源持有权和数据加工使用权可以统合为数据处理者的权利。数据处理者所应当得到保护的是财产利益，探索数据财产权作为一种不同于物权、知识产权的第三类新型对世性财产权利，是建立数据产权制度的基本途径。数据产品经营权是指获得授权处理数据生产特定产品或提供相关服务的企业对得到授权处理的数据所享有的继续处理等财产性权益，其与授权者（数据资源持有者等数据处理者）之间的财产权利义务关系，由合同法律制度及相关法律法规调整，也有一些受知识产权法和竞争法保护。

## （二）关于数据财产保护的几种观点讨论

随着数据财产保护的实践需求日益凸显，法学界对数据财产保护的理论探索不断深入。学者对于数据财产保护的重要性已形成共识。有学者指出数据财产的核心价值在于利用，即通过处理实现增值[19]；有学者从"权利束"的角度研究数据的性质[20]；有学者认识到需要从既有财产权理论特别是物权理论和知识产权理论中吸取营养，构筑数据财产权的理论体系进

---

[19] 参见王利明：《论数据权益：以"权利束"为视角》，载《政治与法律》2022 年第 7 期；申卫星：《论数据用益权》，载《中国社会科学》2020 年第 11 期；龙卫球：《再论企业数据保护的财产权化路径》，载《东方法学》2018 年第 3 期。

[20] 参见王利明：《论数据权益：以"权利束"为视角》，载《政治与法律》2022 年第 7 期；包晓丽、熊丙万：《通讯录数据中的社会关系资本——数据要素产权配置的研究范式》，载《中国法律评论》2020 年第 2 期。

而作出立法选择与安排[21]；也有学者正确地指出数据财产权是一类独立的新型财产权。[22] 这些观点对数据财产权制度的理论构建都具有重要的启发与借鉴意义，也有一些值得进一步研讨和商榷。

**1. 确权或非确权**

有学者认为，应当将促进数据的分享和流动作为数据保护法律体系的基点，进而主张数据的非确权保护模式。代表性观点是梅夏英提出的数据有限自我控制说。[23] 数据有限自我控制说认识到信息作为社会资源的公共属性以及促进数据的分享和流动在激发数据价值、维护互联网行业公平竞争秩序和增进社会福利等方面的重要作用，这样的理念和价值是值得肯定的。在非确权保护模式下，也有学者认为目前应当搁置关于数据权属的争议，而强调数据利用与共享制度的构建。[24] 但是，对数据处理者持有的数据不提供财产权保护或者仅提供基于事实控制的弱保护，将产生保护不足的问题。

第一，数据有限自我控制说忽视了数据处理者持有的数据本质上具有稀缺性。数据作为对原始信息的电子化记录，由各种网络设施和设备记录生成，其与描述对象自然产出的原始信息不同，是外在力量作用的结果。[25] 信息技术的高速发展正在不断扩大企业对数据的利用需求，而数据的供给却是相对有限的。数据处理者持有的数据具有信息产品的基本特

---

[21] 参见申卫星：《论数据用益权》，载《中国社会科学》2020年第11期；纪海龙：《数据的私法定位与保护》，载《法学研究》2018年第6期；崔国斌：《大数据有限排他权的基础理论》，载《法学研究》2019年第5期；孔祥俊：《商业数据权：数字时代的新型工业产权——工业产权的归入与权属界定三原则》，载《比较法研究》2022年第1期。

[22] 参见龙卫球：《数据新型财产权构建及其体系研究》，载《政法论坛》2017年第4期；程啸：《论大数据时代的个人数据权利》，载《中国社会科学》2018年第3期。

[23] 参见梅夏英：《在分享和控制之间 数据保护的私法局限和公共秩序构建》，载《中外法学》2019年第4期；梅夏英：《企业数据权益原论：从财产到控制》，载《中外法学》2021年第5期。

[24] 参见王利明：《论数据权益：以"权利束"为视角》，载《政治与法律》2022年第7期；姚佳：《企业数据的利用准则》，载《清华法学》2019年第3期。

[25] 参见高富平：《数据生产理论——数据资源权利配置的基础理论》，载《交大法学》2019年第4期。

点，即再利用成本很低而初始生产成本较高。㉖ 数据处理者只有在投入大量劳动与资金等成本的情况下，才能生产出可适用于大数据分析、具有经济价值与商业价值的数据。因此，虽然作为数据来源的原始信息具有非稀缺性，但其不影响数据处理者通过数据处理活动生产的数据本质上具有稀缺性。为了鼓励数据处理者对生产数据的长期投资㉗，从而为大数据产业的发展提供充足的原材料，有必要明确数据的财产权客体地位。

第二，在数据的非确权保护模式下，数据处理者对数据享有的民事利益主要依靠反不正当竞争法保护。由于反不正当竞争法具有行为法属性，其保护结果存在较高的不确定性，不能为数据处理者的财产权益提供有效的正面保护，难以适应数字经济时代大面积和持续性的数据权益保护需求。㉘ 数据的非确权保护模式也无法为数据的自由流动与利用划清法律边界，从而损害社会公众共同开发利用数据的积极性。其他市场主体对数据的利用在何种情况下构成侵害数据处理者的财产权益，在一定程度上取决于司法者的个案判断。在数据权属不清的情况下，数据处理者对数据的多维度利用也会受到限制。数据处理者虽然可以基于对数据的实际控制挖掘数据的商业价值，也可以通过与他人订立合同的方式开展数据交易，但其难以通过向不特定公众公开传播数据的方式获取经济利益，无法在数据上设立担保，在合同相对方将数据违约分享给合同外第三人等情形中，数据处理者也无法排除合同外第三人对数据的利用。这些限制都可能成为阻碍数据处理者分享数据的消极因素。因此，数据的非确权保护模式只是一种过渡性的制度安排。只有确立数据财产权制度，才能为数据处理者和其他

---

㉖ 参见卡尔·夏皮罗、哈尔·R.范里安：《信息规则：网络经济的策略指导》，孟昭莉、牛露晴译，中国人民大学出版社2017年版，第3页。

㉗ 参见许可：《数据权属：经济学与法学的双重视角》，载《电子知识产权》2018年第11期。

㉘ 参见孔祥俊：《商业数据权：数字时代的新型工业产权——工业产权的归入与权属界定三原则》，载《比较法研究》2022年第1期。

主体开发利用数据提供稳定预期与规范指引。

基于上述理由，数据财产的民法保护应遵循数据确权的基本方向，在现有立法与实践经验的基础上探索构建数据财产权制度体系，而不是采取非确权的保护模式。

**2. 对数据处理者赋权或不赋权**

有学者选择不直接赋予数据处理者对持有数据的财产权利，而通过赋予个人对个人信息的财产权利的进路来解决数据处理者的财产权益保护问题。代表性观点是彭诚信提出的个人信息权说。[29] 个人信息权说认识到个人信息数据[30]所蕴含的财产价值及其对数字经济发展的重要意义。在理论建构方面，个人信息权说通过赋予个人对个人信息的财产权利来协调个人与数据处理者之间的利益关系，这使对数据财产的保护依附于对个人信息权的保护。因此，在个人信息权说中，数据财产得到充分保护的前提是个人信息权的概念能够得到清晰界定。但作为一项兼具人格属性与财产属性的民事权利，"个人信息权"的概念难以符合权利理论的基本要求。

权利通常包含三项基本要素，即特定的权利主体、明确的权利内容和清晰的权利边界。但是，个人信息权说构建的个人信息权难以满足以上三项权利基本要素。个人信息权说认为，个人信息权中的财产权益由个人与数据处理者共享，二者构成法律上的共有关系。在所有权的共有关系中，每个共有人对共有物都享有占有、使用、收益及处分权能，只是其权利在行使时受到应有部分的限制。而在个人信息财产权益的"共有"关系中，个人享有的个人信息财产权益几乎不包含任何具有明确内容的权能。当个人信息被数据处理者收集从而转化为个人信息数据后，个人信息数据由数

---

㉙　参见彭诚信：《论个人信息的双重法律属性》，载《清华法学》2021 年第 6 期。

㉚　个人信息数据是指作为个人信息之载体的数据，其一般由数据处理者通过处理个人信息的方式获取。参见张新宝：《论个人信息权益的构造》，载《中外法学》2021 年第 5 期。

据处理者存储并实际控制，故个人无法从事实上直接占有个人信息数据。对个人信息数据的开发利用主要由数据处理者实现，个人难以参与其中。个人只能基于人格权益在一定程度上支配数据处理者收集的个人信息数据，但个人如何独立行使个人信息财产权益中的处分权能，同样存有疑问。个人信息权说虽然主张个人与数据处理者共享收益权能，但个人却无法在个人信息处理活动中直接获取收益，只能通过特定宏观调控途径间接获得利益。㉛ 由此可见，在个人信息财产权益的"共有"关系中，个人享有的"财产权利"不具有明确的权利内容。个人信息权说将个人与数据处理者共同确立为个人信息权中财产权益的权利主体，不仅导致相关财产权能分割不清，从而影响个人信息数据的后续利用，同时也与二者之间的法律关系及现实情况不相适应，不符合权利理论的要求。

个人对个人信息享有个人信息权益，而非"个人信息权"。在个人信息处理活动中，个人信息权益能否受到保护，取决于此等权益与其他权利或利益之间的相对关系，这导致其权益边界相对模糊。基于此，《个人信息保护法》保护功能的发挥重在规范个人信息处理活动，通过构建个人信息处理行为规范体系来保护个人权益，而权利保护模式难以起到精确规范和指引的作用。㉜ 如果将个人信息数据中的财产利益配置给个人，只会使个人信息权益的权益内容、权益边界甚至权益主体等要素进一步模糊，无法形成一项真正的"个人信息权"，也难以建立起清晰的个人信息数据利用规则。此外，将个人信息数据中的财产利益配置给个人还可能导致个人之间人格不平等以及影响大数据产业发展等问题。故此，对数据财产，不应采取建立在"个人信息权"概念之上的保护模式，而应对数据处理者单

---

㉛ 参见彭诚信：《数字社会的思维转型与法治根基——以个人信息保护为中心》，载《探索与争鸣》2022 年第 5 期。

㉜ 参见龙卫球：《〈个人信息保护法〉的基本法定位与保护功能——基于新法体系形成及其展开的分析》，载《现代法学》2021 年第 5 期。

独赋权。

### 3. 新型财产权或既有财产权的用益权新形式

在对数据处理者单独赋权的基础上，有学者选择借鉴物权或者知识产权的理论框架，将数据财产权设计为既有财产权的一种新形式。代表性观点是申卫星提出的数据用益权说。[33] 数据用益权说认识到数据确权对数据处理者财产权益保护以及促进数字经济发展的重要作用，同时也是从传统物权角度对构建数据财产权制度的有益探索。但是，数据所有权与数据用益权的二元结构不能很好地界定个人与数据处理者之间的法律关系。

第一，个人对个人信息数据享有的合法权益与数据处理者对数据享有的财产权利之间不是母子权利（益）关系。依《个人信息保护法》第 13 条的规定，个人信息处理活动符合该条第 1 款第 2～7 项所规定之情形的，数据处理者无须取得个人同意。在此等情形中，数据处理者的"数据用益权"并非源于"个人数据所有权"，个人也无法通过撤回同意等方式收回"数据用益权"。数据处理者对个人信息数据作匿名化处理后，对此等数据依然享有"数据用益权"，但其已不再是"个人数据所有权"的子权利，数据处理者对此等数据后续利用或转让等也不再需要经过个人同意。

第二，数据用益权说构建的"个人数据所有权"不符合权利理论的要求。虽然数据用益权说将"个人数据所有权"界定为一项框架性权利[34]，但此等权利所包含的权利内容十分有限，主要包括按照一定的可机读格式获取、转移其个人信息数据的权能以及将个人信息数据作为功能要素换取不同或者更好的智能化服务的权能。由于单个或者少量的数据所具有的经济价值十分稀薄，这些权能仅具有微弱的财产价值，而利用个人信息数据

---

[33] 参见申卫星：《论数据用益权》，载《中国社会科学》2020 年第 11 期。

[34] 参见申卫星：《数字权利体系再造：迈向隐私、信息与数据的差序格局》，载《政法论坛》2022 年第 3 期。

获取大量经济利益的核心权能则由数据处理者控制。由此可见，作为框架性权利的"个人数据所有权"几乎不具有实质性的权利内容，其虽名为权利实为个人基于个人信息权益对其处于符号层的个人信息数据享有的针对数据处理者的有限约束力，不具有权利的本质属性。

基于上述理由，数据财产权本质上不属于用益权等物权的新形式。此外，由于数据处理者持有的数据本身不具有创新性，数据财产权亦不属于知识产权的新形式。对于数据财产权制度的构建，最合理的理论方案是将其设计为独立的新型财产权。

### （三）数据财产权作为新型财产权：基于劳动价值论的论证

为了更有效率地配置数据资源，进而促进数据资源的开发、利用与流通，应当顺应财产权制度发展的历史趋势，将数据财产权确立为与主要以有体物为客体的物权、主要以智力成果为客体的知识产权相并列的第三类具有对世性的财产权利。

在一般意义上确立作为新型财产权的数据财产权，具有保护数据处理者合法劳动成果的重要意义。未经数据处理者处理的原始信息具有公共资源属性，只能以零碎化的信息形态存在并被人们所获取，不符合数字化利用的需要，因而不属于财产权的客体。[35] 与原始信息不同，数据处理者持有的数据具有显著的财产价值。数据处理是从数据收集开始的。在数据处理活动中，数据处理者需要利用电子技术与设备将分散的原始信息不断地转化为数据并将其存储于电子载体中，同时在保障数据安全和提升数据质量等方面持续投入相应资源。在数据处理者处理个人信息数据的情形中，

---

㉟　See Vera Bergelson, "It's Personal but Is It Mine? Toward Property Rights in Personal Information", *U. C. Davis Law Review*，vol. 37，no. 2，2003，p. 403.

数据处理者还需要向用户提供产品或者服务，进而以此为对价换取个人同意。㊱ "科学技术的发展和生产的规模化、社会化，促进了分工和协作在更高的层次上发展，因而产生了大量新的劳动形态。"㊲ 数据处理者通过数据处理活动改变了原始信息的自然状态，使蕴藏在原始信息中稀薄的财产价值不断汇聚，最终使此等财产价值以大数据的形式迸发出来。由此可见，数据处理者在"捕获"㊳ 原始信息的过程中付出的劳动是信息时代的一种新型劳动形态。数据处理者的劳动投入包括两个主要方面：一是处理数据的直接脑力劳动和体力劳动投入，二是处理数据所使用的工具（如软件程序等）和场景建设投入。后者是经过物化的已有劳动成果，投入到数据处理中当然需要得到保值和增值。

洛克的劳动财产权理论认为："土地和一切低等动物为一切人所共有，但是每人对他自己的人身享有一种所有权，除他以外任何人都没有这种权利。他的身体所从事的劳动和他的双手所进行的工作，我们可以说，是正当地属于他的。所以只要他使任何东西脱离自然所提供的和那个东西所处的状态，他就已经掺进他的劳动，在这上面参加他自己所有的某些东西，因而使它成为他的财产。"㊴ 在洛克看来，自然仅仅为人类提供了材料，其多数不适合人类使用，而人类具有将自然事物改变为有用物品的能力。对于通过劳动生产出的有用物品而言，其价值绝大部分来源于劳动，因此用来维持个人生存或享受的有用物品作为个人劳动的结果，应当归个人所有，并不能与他人共有。在数据处理活动中，数据的财产价值同样来源于

---

㊱ 参见程啸：《论大数据时代的个人数据权利》，载《中国社会科学》2018 年第 3 期。

㊲ 李铁映：《关于劳动价值论的读书笔记》，载《中国社会科学》2003 年第 1 期。

㊳ 关于"捕获规则"（the rule of capture）适用于数据财产权的讨论，参见许可：《数据权利：范式统合与规范分殊》，载《政法论坛》2021 年第 4 期；Andrew Crayden, "A Modern-Day Gold-Rush: Applying Property Principles to Data Using Mineral Rights Concepts and the Rule of Capture", *Louisiana Law Review*, vol. 81, no. 3, 2021, pp. 988-997。

㊴ 洛克：《政府论·下篇》，叶启芳、瞿菊农译，商务印书馆 1964 年版，第 18 页。

数据处理者付出的劳动。由于原始信息具有非稀缺性与非竞争性，保护数据处理者的数据财产权不会限制其他数据处理者对原始信息的利用，从而符合为他人"留有足够的同样好的东西"④ 的要求。马克思同样强调，"正像自己的劳动实际上是对自然产品的实际占有过程一样，自己的劳动同样也表现为法律上的所有权证书"④。因此，确立数据财产权具有劳动成果保护上的正当性。

《意见》指出："推动建立企业数据确权授权机制。对各类市场主体在生产经营活动中采集加工的不涉及个人信息和公共利益的数据，市场主体享有依法依规持有、使用、获取收益的权益，保障其投入的劳动和其他要素贡献获得合理回报，加强数据要素供给激励。"④ 保护数据处理者的劳动成果同时是促进大数据产业与数字经济发展的必要举措。数据处理者在生产数据的过程中付出的大量劳动与投资得不到保护，其生产数据的积极性将会降低，导致可供利用的数据总量减少。数据财产权虽然不以其客体数据的创新性作为权利的核心内容，但本质上是创新驱动发展战略在数字经济时代的延续。数据作为信息和知识的数字化载体，在数字技术的赋能下可以大幅提高数据处理者获取信息和产生知识的效能。④ 数据的生产与利用对数字经济时代的技术、管理与商业模式创新具有决定性意义。为了适应数字经济的发展，实现创新对社会生产力发展的驱动，应将劳动的财产权激励前移到创新的前置环节，即作为数字经济时代创新原材料的数据的生产与流通环节，从而促进数据要素的极大丰富与高效利用，充分发挥数据要素对提高生产效率的乘数作用。

---

④ 洛克：《政府论·下篇》，叶启芳，瞿菊农译，商务印书馆 1964 年版，第 18 页。

④ 《马克思恩格斯全集》（第 31 卷），人民出版社 1998 年版，第 349 页。

④ 《中共中央国务院关于构建数据基础制度 更好发挥数据要素作用的意见》，载《人民日报》2022 年 12 月 20 日，第 1 版。

④ 参见戚聿东、刘欢欢：《数字经济下数据的生产要素属性及其市场化配置机制研究》，载《经济纵横》2020 年第 11 期。

### （四）确认数据财产权的"人财两分"理论

作为以数据为客体的新型财产权利，数据财产权的调整对象既包括基于个人信息数据而产生的数据财产关系，也包括基于非个人信息数据而产生的数据财产关系。非个人信息数据所承载的信息是对与人无关的事件或者现象的描述。例如，气象观测站通过观测自然气象收集的气象数据、自动驾驶汽车的生产者在汽车行驶过程中收集的行车数据以及企业在经营活动中收集的营业数据等均属于非个人信息数据。非个人信息数据不具有识别特定个人的功能，只涉及对数据处理者财产利益的保护而不涉及对个人人格利益的保护。个人信息数据承载的个人信息属于个人信息权益的客体。当数据财产权的客体包含个人信息数据时，数据处理者取得或者行使数据财产权的行为同时也是处理个人信息的行为，其应当符合《个人信息保护法》及相关法律法规的要求。因此，如何协调个人与数据处理者基于个人信息数据而产生的利益关系，是构筑数据财产制度所必须解决的难点问题。

在个人信息保护法治中，强化对敏感个人信息的保护与强化对一般个人信息之利用的"两头强化"理论㊹已成为共识。敏感个人信息集中承载着个人的人格尊严与人身财产安全等核心利益，其在个人信息处理活动中应当得到强化保护。而在处理一般个人信息的情形中，个人对其利益应当作出一定让渡，使一般个人信息处理者与国家利用个人信息的正当需求得到满足。个人信息保护的"两头强化"理论对数据财产制度的构建同样具有指导作用。"两头强化"理论中强化对一般个人信息的利用表明，确立数据财产权制度并依法保护数据处理者对个人信息数据享有的财产权益，

---

㊹　参见张新宝：《从隐私到个人信息：利益再衡量的理论与制度安排》，载《中国法学》2015年第3期。

是与个人信息保护法治建设密切关联的立法与制度安排。在个人信息保护"两头强化"理论的基础上，本书提出数据财产保护的"人财两分"理论，并将其作为构建数据财产权制度的基础理论之一。

"人财两分"理论的内涵是：个人信息数据同时承载着人格利益与财产利益，这两种利益可以在个人与数据处理者之间进行合理分配。在对个人信息数据作出权利配置时，应将人格利益配置给个人，同时将财产利益配置给数据处理者。

将人格利益配置给个人，其正当合理性是不言而喻的。而不将财产利益配置给个人是基于以下理由：（1）个人信息中经济价值的稀薄性；（2）给个人配置财产利益导致的个人不平等以及高昂的治理成本。将财产利益配置给数据处理者（企业），是促进数字经济发展的必由之路。由于数据处理者在此等关系中并无需要保护的人格利益，故而无须对其赋予人格权益。而数据处理者的这一数据财产来源于个人信息，应当受到个人人格权益保护的限制。

在国内外的法治实践中，"人财两分"的个人信息数据权利配置模式已经得到了明确体现。我国《民法典》在人格权编中对个人信息保护作出了专门规定，《个人信息保护法》中个人信息权益的私法性质也是人格权益而非财产权益。[45]《民法典》第127条则将数据与网络虚拟财产并列，凸显了数据的财产属性。在地方性立法中，《上海市数据条例》第12条的规定直接体现了"人财两分"的权利配置模式。该条规定："本市依法保护自然人对其个人信息享有的人格权益。""本市依法保护自然人、法人和非法人组织在使用、加工等数据处理活动中形成的法定或者约定的财产权益，以及在数字经济发展中有关数据创新活动取得的合法财产权益。"在

---

[45] 参见张新宝：《论个人信息权益的构造》，载《中外法学》2021年第5期；程啸：《论我国民法典中个人信息权益的性质》，载《政治与法律》2020年第8期。

欧洲，《欧盟基本权利宪章》及《一般数据保护条例》（GDPR）将个人数据受保护权视为一种由数据主体享有的特殊权利，其中不包含任何财产权利。[46] 虽然《一般数据保护条例》等欧盟法令没有明确规定数据控制者享有以数据为客体的财产权利，但其数据财产权益可通过数据库保护、版权法保护、商业秘密保护、合同法保护、竞争法保护等方式得到保护。[47] 此外，欧盟委员会发布的文件《建立欧洲数据经济》（Building a European Data Economy）致力于引入"数据生产者权利"（data producer's right），赋予数据控制者对非个人数据及匿名化个人数据的对世性财产权利，使其有权对此等数据进行排他利用，其中包括有权许可他人利用此等数据。在美国，虽然法学界有学者认为应当赋予个人对个人信息的财产权利[48]，但是法院对此等财产权利通常不予承认。[49] 而在部分情形中，美国法院认为企业对其持有的数据享有财产权益。[50] 国内外关于数据财产的法治经验表明，"人财两分"应当成为构建我国数据财产权制度的核心理论主张。

以"人财两分"理论为基础构建我国数据财产权制度，可以有机协调个人信息保护（个人数据权益）与数据财产权（企业数据权利）的享有和行使的关系，解决数据财产权确权的核心问题。由于个人信息受到法律保护，个人对被他人合法收集、存储的非匿名化个人信息（数据）享有知

---

[46] See Ivan Stepanov, "Introducing a Property Right over Data in the EU: The Data Producer's Right-An Evaluation", *International Review of Law, Computers & Technology*, vol. 34, no. 1, 2020, p. 70; Jacob M. Victor, "The EU General Data Protection Regulation: Toward a Property Regime for Protecting Data Privacy", *Yale Law Journal*, vol. 123, no. 2, 2013, p. 516.

[47] See Ivan Stepanov, "Introducing a Property Right over Data in the EU: The Data Producer's Right-An Evaluation", pp. 70-73.

[48] 参见劳伦斯·莱斯格：《代码2.0：网络空间中的法律》，李旭、沈伟伟译，清华大学出版社2018年版，第245－248页；Paul M. Schwartz, "Property, Privacy, and Personal Data", *Harvard Law Review*, vol. 117, no. 7, 2004, pp. 2056-2128。

[49] See Remijas v. Neiman Marcus Group, LLC, 794 F. 3d 688 (7th Cir. 2015).

[50] See Vera Bergelson, "It's Personal but Is It Mine? Toward Property Rights in Personal Information", p. 404; Jacob M. Victor, "The EU General Data Protection Regulation: Toward a Property Regime for Protecting Data Privacy", p. 517.

情、决定和查阅、复制、更正、补充、删除、转移等请求权，因而会在一定程度上限制企业的该部分数据财产权的价值，使其不能得到完全自由利用。这是个人人格权益对企业财产权的限制，体现的是强化人格利益保护，特别是强化敏感个人信息保护的原则。[51] 但这种限制不赋予个人财产性权益，也不构成个人与企业的财产权益共享。基于"人财两分"理论的数据财产权制度既可以为个人的核心利益提供充分保护，也可以适当减轻企业获取和利用数据财产权益的负担，在个人信息保护和企业数据财产保护之间取得平衡。

### （五）数据财产权的概念与基本属性揭示

数据财产权是指民事主体对其持有的数据进行利用（处理）、收益以及依法占有、处分的对世性财产权利，任何组织和个人负有不作为的义务，没有法定的权利不得限制、干预、侵害他人数据财产权。数据财产权是一种与物权、知识产权相并列的新型财产权利，具有以下基本属性：

其一，数据财产权具有财产权的共性特征。与物权、知识产权相似，数据财产权属于具有对世性的财产权利，其保护的是权利人享有的财产利益而不是人身权益。数据财产权保护的全部财产利益，最终都是可以直接或者间接通过市场实现，兑现为一定数额金钱的。

其二，数据财产权具有对世性。数据财产权的对世性是指对权利主体之外的其他任何民事主体均产生效力，使其负担不作为义务，而非仅对特定当事人发生效力。作为具有对世性的财产权，数据财产权也同样具有公示公信的属性。动产所有权的公示方式原则上是交付占有，不动产所有权

---

⑤ 《意见》指出："对承载个人信息的数据，推动数据处理者按照个人授权范围依法依规采集、持有、托管和使用数据，规范对个人信息的处理活动，不得采取'一揽子授权'、强制同意等方式过度收集个人信息，促进个人信息合理利用。"

的公示方式主要是登记。知识产权的公示方式则具有多样性，如登记（商标权、专利权）、创作活动本身（著作权）和自身采取保护措施（商业秘密）等。数据财产权的公示方法也将是多样的，如登记、交易转移占有、保护与防范的技术措施之采用、区块链分布存储、权利人的声明与抽样访问验证等。随着网络信息技术、大数据、人工智能、区块链技术的发展，公示的方法会不断增多，而不同类型的数据所要求的公示方法也会有所区别。

其三，数据财产权具有一定的支配性。与物权、知识产权相比，数据财产权的支配性相对有限。财产权的支配性从物权（特别是所有权）到知识产权，再到数据财产权，呈现递减的趋势。数据财产权的支配性表现为权利主体对权利客体数据具有物理上的管领和控制力，但是这种支配不是绝对的，在一定程度上受制于个人的个人信息保护权（如查询权、复制权、删除权、更正权、转移权等）。

其四，数据财产权具有一定的排他性。数据财产权的排他性主要表现为排斥其他人的入侵、窃取、破坏等，爬取他人持有的数据为受到禁止的侵权行为，非法下载、复制、访问他人持有的数据为法律所禁止。权利主体设置的禁止性技术措施得到法律的认可与保护。但是，其排他性具有一定的局限：不排斥其他主体以合法方式获得与其相同或者相似的数据。

# 三、数据财产权作为民事权利的规范分析

## （一）权利主体

数据财产权的权利主体是指在数据处理活动中自主决定处理目的、处

理方式的自然人、法人、非法人组织，即除国家机关之外的数据处理者。(52) 数据财产权的权利主体可以简称为数据财产权的权利人。数据处理者可以通过合法的数据处理活动取得数据财产权，成为数据财产权的权利人。数据的财产价值主要来源于数据处理者处理数据付出的劳动和成本，此等权利取得方式属于原始取得。数据处理者也可以通过数据交易继受取得数据财产权。在个别情形中，数据处理者还可以通过继承、受遗赠等方式继受取得数据财产权。

在受他人委托处理数据等情形中，实际处理数据的自然人、法人或非法人组织无权自主决定数据处理的目的或方式，故其不属于数据财产权的权利主体。

数据财产权的权利主体不包括国家机关。依照《个人信息保护法》第34条和《数据安全法》第38条的规定，国家机关处理数据的目的是“履行法定职责”，而非获得或者增加财产。《数据安全法》第42条的规定同样表明，立法确认国家机关不应通过处理数据获得财产上的利益，而应积极推动政务数据的开放利用。国家机关开放的公共数据属于公共领域中的原始数据，经数据处理者处理后成为数据财产权的客体，具有特别重要的资源价值。2022年6月国务院印发的《关于加强数字政府建设的指导意见》指出，应当编制公共数据开放目录及相关责任清单，构建统一规范、互联互通、安全可控的国家公共数据开放平台，分类分级开放公共数据，有序推动公共数据资源开发利用，提升各行业各领域运用公共数据推动经济社会发展的能力。国家机关开放公共数据具有公共服务的本质属性，其应当保障自然人、法人、非法人组织等主体依法平等获取公共数据，从而发挥数字政府建设对数字经济发展的引领作用，充分释放数据要素

(52) 参见《个人信息保护法》第73条第1项。

价值。[53]

### （二）权利客体

数据财产权的权利客体是数据。数据是指任何以电子或者其他方式对信息的记录。对数据可以按照不同标准进行分类。对于作为数据财产权客体的数据，一种重要的分类方式是按照其是否承载个人信息，将其分为个人信息数据与非个人信息数据。数据处理者对个人信息数据享有的数据财产权受个人信息权益的制约，其对非个人信息数据享有的数据财产权则不受此等限制。作为数据财产权客体的数据具有五项本质属性：

其一，无形性。也即数据以不具有特定物理边界的数字（0，1）组合形式存在。以数据载体的数字占有一定的空间而论证数据的“有形性”是不能成立的。财产的有形与无形之“形”在于其对价值的形成和实现的决定作用，而不在于其是否占有原子意义上的空间。对知识产权的认识也是如此。

其二，规模性。作为数据财产权客体的数据要求有足够多的数据量。在大数据时代，数据能否产生经济价值，不取决于其质量而取决于其数量。[54] 数据财产“以大成权”。只有在具有足够多数据的情况下，对数据予以民法财产权的保护才有意义。单个数据或者少量数据可能受到知识产权法等法律的保护，但不能成为社会经济的基础性资源，因而不足以形成一种新型的独立财产权。所以，对数据财产权的保护是从生产要求的角度

---

[53] 参见王锡锌、黄智杰：《公平利用权：公共数据开放制度建构的权利基础》，载《华东政法大学学报》2022 年第 2 期；丁晓东：《从公开到服务：政府数据开放的法理反思与制度完善》，载《法商研究》2022 年第 2 期。

[54] 参见维克托·迈尔-舍恩伯格、库克耶：《大数据时代》，盛杨燕、周涛译，浙江人民出版社 2013 年版，第 27－94 页。

界定的，实质上保护的是"大数据"。

其三，可支配性。数据可通过载体固定下来且受代码或者技术规则的控制，因而可被数据处理者所支配。[55]

其四，稀缺性。数据处理者生产数据需要付出一定的劳动和成本，故相对于数据的利用需求而言，数据的供给是有限的。

其五，可定价性。数据具有财产价值并可被定价。数据的价值由收集处理数据的社会必要劳动时间和市场供求关系决定。数据定价的影响因素包括数据的完整性、准确性、层次性、协调性和异质性等决定数据自身价值的指标，数据处理者在数据收集、存储、使用、加工等环节支出的成本以及数据交易的具体应用场景等。[56] 实践中，应当在区分数据类型的基础上，综合运用重置成本法、收益现值法和市场法等方法进行数据定价。[57] 财政部发布的《企业数据资源相关会计处理暂行规定（征求意见稿）》（财办会〔2022〕42号）不仅确认数据要素价值，而且指出应按照企业会计准则相关规定，根据数据资源的持有目的、形成方式、业务模式以及数据资源有关的经济利益的预期消耗方式等，对与数据资源相关交易和事项进行会计确认、计量和报告。

## （三）权利的主要内容（权能）

### 1. 利用（处理）权能

数据财产权的利用（处理）权能，是指数据财产权的权利人对数据进行处理，多维度发掘和实现数据使用价值的权能。权利人可以将数据应用于自己的企业决策，推动企业决策模式从管理者主导的经验型决策向高度

---

[55] 参见齐爱民：《数据法原理》，高等教育出版社2022年版，第136-137页。
[56] 参见欧阳日辉、杜青青：《数据要素定价机制研究进展》，载《经济学动态》2022年第2期。
[57] 参见包晓丽、齐延平：《论数据权益定价规则》，载《华东政法大学学报》2022年第3期。

依赖数据分析结果的数据驱动型决策转变，进而提升企业决策的质量[58]；通过大数据分析，数据处理者可以优化财务管理、人力资源管理、供应链管理等业务流程，实现企业管理模式的数字化转型[59]；权利人可以利用个人信息数据更精确、更深入地挖掘用户的行为和偏好，积极满足用户的碎片化需求，不断加强供需两端的衔接。[60] 以数据为原材料，权利人可以在对其进行深度分析与加工的基础上生产出新的产品或服务，创造出更大的商业价值。数据财产权的利用（处理）权能的基本特点在于价值创造的无限可能性。数据可以在数据处理活动中被权利人以多种形式反复利用，并且在大数据分析、人工智能等数字技术的赋能下不断产生新的价值。

### 2. 收益权能

数据财产权的收益权能是指数据财产权的权利人有权通过数据交易和服务取得一定的经济利益。权利人基于数据取得收益的形式具有多样性。首先，权利人可以通过向他人提供数据获得对价或者授权他人访问数据而收取相应费用。向他人提供数据，有些涉及对数据的最终处分，行使收益权能的同时也完成了处分权能的行使。在部分情形中，数据处理者向他人提供数据的行为可能受法律限制。其次，权利人可以根据交易相对方的需求，利用其持有的数据开展数据分析和计算，形成特定数据分析、计算结果后再提供给交易相对方，进而取得收益。最后，权利人可以利用其持有的数据研发数据产品，再通过数据产品交易取得收益。目前，向他人提供数据服务或者数据产品是实践中数据处理者利用数据取得收益的主要形式。[61]

---

[58]　参见徐翔等：《数据生产要素研究进展》，载《经济学动态》2021年第4期。

[59]　参见托马斯·H. 达文波特、珍妮·哈里斯：《大数据竞争力：如何成为真正的数据分析型企业》，邵蒨施译，人民邮电出版社2021年版，第73-136页。

[60]　参见戚聿东、肖旭：《数字经济时代的企业管理变革》，载《管理世界》2020年第6期。

[61]　参见田杰棠、刘露瑶：《交易模式、权利界定与数据要素市场培育》，载《改革》2020年第7期。

### 3. 占有（持有）权能

数据财产权的占有权能是指数据财产权的权利人对数据客体的实际管控权能。如前所述，数据财产权具备有限支配性和有限排他性，进而数据财产权的权利人对权利客体数据具有占有权能。权利人的占有权能是通过对数据存储设备的物理控制、密钥控制以及防御性技术手段等实现的。数据处理者依法取得数据财产权后，即享有对相应数据的实际控制力，他人不得对数据实施非法侵入、干扰、盗窃、破坏等行为，进而非法获取数据或者改变数据的事实状态。基于此，促进数据自由流通不等同于"爬虫自由"。但是，权利人对数据的控制力不延伸至数据所承载的信息。其他数据处理者可以从公共领域或者通过其他合法渠道收集具有相同或者相似内容的数据，此等行为不构成对权利人数据财产权的侵害。

### 4. 处分权能

数据财产权的处分权能是指数据财产权的权利人对数据客体最终处置的权能。权利人在不违反法律规定并尊重相关个人的个人信息权益的前提下，对其所持有的数据享有最终的决定权，即有权处分数据的最终命运。权利人的这种处分权能通过数据交易（特别是数据产权交易）、数据销毁等方式得到实现。

## 结　论

数据所承载的经济利益被确认为物权、知识产权之后产生的新型财产权，是由生产力特别是网络信息技术、数据处理能力等的发展所决定的。财产权发达史揭示了新型财产权产生的必然性，数字经济法治实践对基础性制度建设提出了迫切要求。中央一系列文件特别是《意见》为数据确权作出了方向指引和制度框架擘画。学界对数据财产的不断深化研究，为数据财产权的立法保护提供了理论支撑。劳动价值论的分析论证了对数据处理者赋予财产权的正当性，而"人财两分"的理论阐述则为解决数据财产确权中的难点问题——个人信息保护与企业数据财产权益之间的关系——提供了制度层面的界分思路。揭示数据财产权的概念、特征以及权利主体享有的主要权能是确认数据财产权的核心内容。数据财产权作为新型的财产权，在权利属性和权能诸方面与现存的物权、知识产权具有许多共性，但也具有鲜明的特征。对于这些问题的研究，还有待于深化和细化。

《民法典》对数据财产保护的模式和具体规则等未作出具体规定，但是《民法典》第127条设定了指引规定，为将来的数据财产权立法留下空间。应以《意见》为指导，以《民法典》第127条的规定为基础，借鉴知识产权的保护路径，通过新的立法特别是全国性的立法（例如"数据财产法"），综合运用以民法手段为主的多种法律手段与方法保护数据财产权，促进数字经济的快速发展。

# 智慧司法背景下刑事在线诉讼的挑战与应对

## ——以辩护权保障为中心[*]

郑维炜[**]　严嘉琪[***]

随着信息技术革命的兴起，个体的行为模式和生活方式日趋数字化，自此人类迈入了数字时代和智慧社会，而现代社会的国家治理体系和治理能力更展现出与传统社会迥然不同的数字时代特有的治理逻辑。党的二十大报告中强调"完善网格化管理、精细化服务、信息化支撑的基层治理平台"[①]，实质上正是回应了数字时代依靠技术进行智慧治理的必然需求。从实践中看，当前基层治理中所面临的社会矛盾纠纷，逐渐呈现出主体多元化、类型多样化和利益诉求复杂化等特点，亟须相应配套的解纷机制予

---

　＊　本文系教育部人文社科研究规划基金项目"在线纠纷解决机制研究：理论、规则与实践"（22YJA820036）阶段成果；北京市习近平新时代中国特色社会主义思想研究中心中国人权发展道路的历史文化底蕴、本质内涵与时代使命研究项目（23LLFXA055）阶段成果。本文原载于《人权》2024 年第 4 期。

　＊＊　中国人民大学法学院副教授，中国人民大学未来法治研究院研究员，法学博士。

　＊＊＊　浙江大学光华法学院博士研究生。

　①　习近平：《高举中国特色社会主义伟大旗帜　为全面建设社会主义现代化国家而团结奋斗——在中国共产党第二十次全国代表大会上的报告》，载中国政府网 2022 年 10 月 25 日，https://www.gov.cn/xinwen /2022-10 /25/content_ 5721685. htm。

以应对②，而传统的解纷方式已无法适应数字时代的浪潮，为克服自身的局限，其已逐步转向在线解纷机制。③ 在线解纷机制是借助技术赋能，摆脱传统的解纷方式在时空上的限制，将主体、争议案件和中立者纳入同一虚拟空间内化解纷争的智慧治理活动。当前，面对伴随数字时代而出现的大量个体间纠纷，虽然有多元化的解纷机制协助治理，但司法作为社会公平正义最后一道防线这一基本定位始终未曾改变。智慧司法所带来的技术赋能是否也能够强化司法机关打击犯罪、安全防控的能力？当"矛盾"移转到刑事领域，技术是否一定能为矛盾化解提供助力，是否也存在些许隐患？对于刑事案件而言，其解决方式必然不似民事案件那般多元化，其解决路径或以国家公诉或以被害人自诉等诉讼形式进行。有鉴于此，刑事在线诉讼便是刑事领域数字技术与解纷手段高度耦合的一种体现。

刑事在线诉讼可以从广义和狭义两个角度进行理解，即分为"全程性刑事在线诉讼"和"阶段性刑事在线诉讼"两种形态。"全程性刑事在线诉讼"是指可将刑事诉讼的整个流程，包括侦查、起诉、审判等各个环节，都依托互联网视频音频传输技术的在线形式进行处理；而"阶段性刑事在线诉讼"，仅是将刑事诉讼某一环节或某一方面采取线上电子化途径④，最为典型的便是刑事远程审判。这里的刑事远程审判，是指凭借网络图像传播和音频输出，司法工作人员和诉讼参与人能够在特定的网络空间内利用声像参与法庭审理活动，实现审判线上化的行为。⑤ 由于刑事诉

---

② 参见胡晓霞：《我国在线纠纷解决机制发展的现实困境与未来出路》，载《法学论坛》2017年第3期，第97页。

③ 在线解纷机制最早起源于20世纪90年代，是一种依托互联网信息和通信等新技术与多元纠纷解决方式相结合的机制，具体包括在线协商、在线调解、在线仲裁和在线诉讼等。参见郑维炜：《在线解纷机制推动公平正义触手可及》，载《光明日报》2023年7月1日，第5版。

④ 参见李声高：《技术程序正当论下的刑事在线诉讼规则研究》，载《社会科学战线》2023年第7期，第213-214页。

⑤ 参见陈卫东、崔永存：《刑事远程审判的实践样态与理论补给》，载《中外法学》2021年第6期，第1485页。

讼"流水线作业"的结构设计，涉及的环节众多，如针对刑事诉讼每个环节的线上化都予以阐述，则难以抓住数字时代刑事诉讼问题的重点，故本书将采取狭义的刑事在线诉讼概念，围绕"刑事远程庭审"这一特定背景展开讨论。从传统司法的角度观之，将刑事案件以远程庭审形式处理，似乎形成了与对传统刑事案件审理的一般认知相背离的视觉和直觉冲击，与公众对国家追诉犯罪的固有印象不相吻合。远程庭审中的"新兴技术因素"嵌入传统的刑事审判之中，让现有的刑事审判脱离了现实存在的"法庭"这一物理场域，转换到一个拟制的空间之中。然而，数字时代的潮流会不可避免地推动着此种形式向前发展，因此立足于既有刑事在线诉讼形式，排除相关妨碍因素，既是保障刑事诉讼被告人权利的前提和基础，也是在智慧司法背景下实现程序正义的必然要求。

# 一、问题的提出

在刑事案件中引入在线诉讼，一方面，可以节省时间成本，提高诉讼效率，将刑事案件中部分容易裁断的案件通过线上的形式快速处理，实现繁简分流；另一方面，实践中在线诉讼的试点改革进展较为顺利，用户整体体验较好，刑事在线诉讼的诉讼体验感也顺应了数字时代诉讼模式的更迭趋势。[⑥] 近年来，智慧司法的广泛运用，杭州互联网法院、北京互联网法院、广州互联网法院等互联网法院的陆续设立，以及司法审判对虚拟空间审判的迫切需求，均为刑事在线诉讼的发展积蓄了动能，作好了铺垫。为适应审判方式的数字化转型，最高人民法院于 2021 年公布了《人民法院在线诉讼规则》，进一步阐明了在线诉讼的一般原则和具体操作规程。

---

⑥　参见左卫民：《迈向数字诉讼法：一种新趋势?》，载《法律科学》2023 年第 3 期，第 55 页。

不过，若仔细审视该规则，可以发现，里面涵盖的大多都是民事诉讼，涉及刑事领域的条款较少[⑦]，且过于抽象笼统。《人民法院在线诉讼规则》中第 3 条第 2 项限制了适用远程庭审的刑事案件范围，第 37 条则细化了刑事诉讼各方参与人在线出庭的具体表现形式。[⑧] 相较于民事在线诉讼规程之完备，刑事在线诉讼的文本依据显得体系性不强，难以涵盖实践中刑事在线诉讼所面临的诸多问题。究其原因，既不是对刑事在线诉讼的重视程度不够，亦非技术革新难以满足刑事领域的诉讼形式的需求，而是民事在线诉讼活动试点改革经验更足且操作中妨碍因素相对偏少。此外，刑事诉讼更多地关涉人的生命、自由等基本权利的保障，而技术进步所带来的高效往往要让位于保障个案公正的价值位阶。正是基于这些因素的影响，刑事在线诉讼中的远程庭审依然没有祛除传统刑事庭审"线上化"的精神实质，很多时候只是作了一种形式化的庭审场景位移，难以产生民事在线诉讼中"异步审理"[⑨] 等实现时空颠覆的重大革新。在远程庭审规范有限、制度短缺的情形下，司法实践中的具体问题就难以得到有效的回应。因此，远程庭审的场景设定在刑事诉讼领域带来的争议和质疑之声远大于民事在线诉讼。

回顾整个刑事诉讼的发展脉络，可以发现，一条重要的主线是控辩力

---

⑦ 《人民法院在线诉讼规则》中直接面向刑事诉讼的条款仅有两处，分别是第 3 条第 2 项和第 37 条。

⑧ 《人民法院在线诉讼规则》第 3 条第 2 项规定，人民法院综合考虑案件情况、当事人意愿和技术条件等因素，可以对以下案件适用在线诉讼：刑事速裁程序案件，减刑、假释案件，以及因其他特殊原因不宜线下审理的刑事案件；第 37 条规定，符合本规定第 3 条第 2 项规定的刑事案件，经公诉人、当事人、辩护人同意，可以根据案件情况，采取在线方式讯问被告人、开庭审理、宣判等。案件采取在线方式审理的，按照以下情形分别处理：(1) 被告人、罪犯被羁押的，可以在看守所、监狱等羁押场所在线出庭；(2) 被告人、罪犯未被羁押的，因特殊原因确实无法到庭的，可以在人民法院指定的场所在线出庭；(3) 证人、鉴定人一般应当在线下出庭，但法律和司法解释另有规定的除外。

⑨ 涉网案件的各审判环节分布在互联网法院网上诉讼平台上，法官与原告、被告等诉讼参与人在规定期限内按照各自方便的时间登陆平台，以非同步、非面对面的方式完成诉讼的审理模式。参见肖建国、丁金钰：《论我国在线"斯图加特模式"的建构——以互联网法院异步审理模式为对象的研究》，载《法律适用》2020 年第 15 期，第 97 页。

量的博弈。从一般意义上来说，辩护是被追诉人在受到刑事追诉时，为保障自身的合法权益、推翻或削弱控方的指控而提出辩解的活动。在传统的诉讼活动中，被追诉人辩护权的有效行使是彰显程序公正的重要表现。确保每个被追诉人在其利益受到威胁时，都能够获得有效辩护进而争取到一个更好的诉讼结果，是一种最低限度的司法正义的要求。刑事诉讼的历史就是辩护权不断扩大的历史。[10] 辩护权随着人类文明的不断进步而逐渐在刑事司法活动中得到重视，彰显了对被追诉人基本权利的保障。在我国古代，审判官员充当的是控诉者和审判者的双重角色，被追诉人几乎没有任何辩护的权利。而随着我国社会的发展，被追诉人的权利不断地受到重视，可以通过自行辩护、委托辩护和法律援助辩护等手段保障自身的合法权益。正如前文所提及的，当前已经迈入数字时代，智慧司法背景下刑事案件的审理也已逐步走向"云端"。针对远程庭审，学界的主流观点可以概括为"功能等值论"，即在建构标准和评价标准两个维度上实现线上诉讼和线下诉讼的功能等值，要求线上诉讼的程序建构与线下的程序意旨相一致，且两者呈现出的具体效果不应有所差异。[11] 故而，被追诉人辩护权的有效行使对刑事在线诉讼同样重要。鉴于辩护权行使并不限定在远程庭审过程中，在刑事诉讼多个环节都有所涉及，下文的讨论将聚焦远程庭审中的辩护权保障，对其涉及的远程庭审前的线上辩护流程也将略作阐释。那么，辩护权在刑事在线诉讼的过程中是否出现了新的挑战？司法实践中针对远程庭审中被告人辩护权有效行使的问题，究竟存在何种呼声？欲回答上述问题，不妨先以相关案例观之，用以检视刑事在线诉讼中被告人对虚拟场景下辩护实效的具体态度，并反思如何应对这种挑战。

---

① 参见［日］田口守一：《刑事诉讼法》，刘迪等译，法律出版社 2000 年版，第 89 页。
⑪ 参见张兴美：《电子诉讼制度建设的观念基础与适用路径》，载《政法论坛》2019 年第 5 期，第 122 页。

在实践中，被告人并非对刑事在线诉讼完全持肯定态度，也有因为法庭采用远程庭审方式而提起上诉的情况。譬如，在"王某、燕某恋集资诈骗案"中，双方因犯集资诈骗罪、非法吸收公众存款罪等罪名，被一审法庭判处相应的有期徒刑和不同数额的罚金。但其中一名被告人的辩护人在上诉时，除了以"没有非法占有故意"等构成要件事实为辩护理由，还强调了一审以远程庭审的方式开庭审理，对辩护律师辩护权的保障并不充分。在此案中，辩护人将线上开庭审理方式作为一审法院程序违法的事由加以申辩。[12] 除这种概括地提出辩护权未能得到实质保障的说法外，还有以具体诉讼权利减损为由阐明远程庭审没有达到有效辩护的预期目标，如：浙江省台州市黄岩区人民检察院指控被告人非法制造、销售非法制造的注册商标标识，一审认定犯罪情况属实。被告人及其辩护人同样以程序违法为由提起上诉。在具体的上诉理由中，其指出原审的远程庭审模式实质上剥夺了其与同案其他被告人在法庭上对质等诉讼权利。[13] 这也说明了，被告人认为以在线的形式进行庭审，没有赋予其为自己充分辩护的机会。由此不难看出，虽然刑事在线诉讼在一定程度上突破了时空限制，提高了诉讼效率，但实际运用中造成了部分被告人的疑虑，即此种形式或面临着弱化被告人辩护权的现实问题。

从上述案例中，不难看出，刑事在线诉讼中可能存在的被告人辩护权减损，既包括"自行辩护"的权利损耗，也涵盖"辩护人辩护"的功能受阻，刑事在线诉讼面临着损折被告人和辩护律师有效辩护的双重风险。刑事诉讼的根本目的是维护法律秩序的稳定，保障人权，保障建设事业能够稳步推进。[14] 在这一过程中，被告人相较于刑事诉讼中公权力这一追诉者

---

[12] 参见河南省郑州市中级人民法院（2020）豫01刑终891号刑事裁定书。
[13] 参见浙江省台州市中级人民法院（2018）浙10刑终151号刑事裁定书。
[14] 参见陈瑞华：《刑事诉讼法》，北京大学出版社2021年版，第30页。

而言属于易受侵害的对象，其基本权利具有天然的脆弱性。综观刑事诉讼的发展，可以发现，立法中总是不断地完善对被告人权利保障的举措，这正是保障程序正义基本要求的体现。随着数字时代的到来，在线诉讼是当前智慧司法背景下信息化技术融入审判过程的重要表现形式，一定程度上却使被告人与国家公权力之间的力量对比失衡，更加凸显了被告人的弱势地位。⑮ 被告人辩护权保障不足的挑战成为当下司法实践的一大阻碍，急需我们回应技术发展与传统程序正义之间的关系问题。现有的《人民法院在线诉讼规则》仅对刑事在线诉讼作出了零散琐碎的规制，而传统的刑事诉讼规则尚未涉及远程庭审的事项，从而导致对在线刑事诉讼中被告人辩护权的维护缺少明确的规范指引。数字时代刑事在线诉讼的不断发展对被告人有效辩护的保障提出了更高的要求。大纲性的、原则性的规范使司法实务中欠缺细节性、充分性的操作办法，进而让行动中的样态偏离了立法的初衷。那么，刑事在线诉讼究竟在哪些方面使辩护权的行使受阻，究竟能够采取何种手段加以应对？此类疑虑是刑事在线诉讼在发展过程中所面临的现实问题，反映出远程审判中辩护权保障的核心规则尚欠完善，有必要从理论层面予以探究。其实，解决该问题的根本在于，国家基于技术工具价值对刑事程序所定位的实用主义立场，如何能够与程序公正的价值目标相契合，发现真实与人权保障的合理边界又在何方。

在智慧司法背景下，学界针对刑事在线诉讼这一主题，更多的是探究其程序正当性⑯、其多元功能和功能限度⑰，或者是针对刑事在线诉讼中

---

⑮ 参见吴思远：《论数字技术与诉讼规则的互动关系——以我国刑事在线诉讼为视角》，载《政治与法律》2023 年第 5 期，第 40 页。

⑯ 参见高一飞、王佳星：《刑事案件在线庭审规则的正当化》，载《时代法学》2023 年第 1 期，第 25-34 页。

⑰ 参见郭丰璐：《论在线诉讼的功能定位》，载《法律适用》2023 年第 5 期，第 79-87 页。

的问题作大而化之的讨论⑱，聚焦到某一个具体问题的研究相对较少。特别是针对刑事在线诉讼中，被告人以及辩护律师在庭审中辩护权有效行使的问题，理论研究付之阙如，缺少对辩护权在远程庭审中行使受阻这一问题及其解决之道的系统性阐释，较难为被告人在数字时代的新型庭审模式下的权利保障提供理论层面的支撑。为此，下文拟围绕刑事在线诉讼中辩护权的保障问题展开探讨，以期为化解远程庭审中的现实挑战提供纾解之策，促进在线模式的良性运转。首先，下文需要对辩护权这一具体权利进行划分，并依次说明适用刑事在线诉讼形式是如何与权利保障发生冲突的；接下来，反思辩护权在技术进步的数字时代受到减损的底层逻辑；最后，通过对智慧司法背景下被告人辩护权的重新审视，思考面对挑战的应对之策，并对刑事在线诉讼的未来发展提出希冀和愿景。

## 二、法律挑战：刑事在线诉讼与辩护权保障的冲突

在传统刑事诉讼中，保障被追诉人辩护权是程序公正的核心要求，能够彰显出国家对公民基本人权的尊重和保障，其重要性自不言而喻。当前，一个较为广泛被接受的观点认为，在数字时代，人权和各种权利融入数据信息要素，发生了权利性质的转向，而"数字人权"作为"第四代人权"恰好适应了当下对人权理念发展的现实需求。⑲ 这一理念的提出，旨在消除数字技术鸿沟对人权保障的威胁，并赋予信息技术对个人价值尊严

---

⑱ 参见刘慧：《我国刑事案件在线诉讼的理论检视与规则限定》，载《经贸法律评论》2023 年第 3 期，第 21－36 页；李永超：《刑事诉讼在线庭审的规则构建》，载《人民司法》2021 年第 4 期，第 72－75 页，等等。

⑲ 参见马长山：《智慧社会背景下的"第四代人权"及其保障》，载《中国法学》2019 年第 5 期，第 17 页。

的维护效能。根据"人之所以为人所自然享有的权利"这一人权内涵，与"数字弱势群体"生存发展紧密相关的权利都应被纳入人权的范围内加以保障。[20] 被追诉人和辩护律师在刑事诉讼中本就处于弱势一方，在线诉讼的技术加持又被往往掌握在公权力一方，则辩方权利更需要被着重保护。因此，刑事在线诉讼中辩护权的有效行使，对数字时代中被追诉人的人权保障具有特殊重要性。

随着刑事在线诉讼在实践中的逐渐普及以及缺乏细化的程序规程对被告人的权利加以保障，远程庭审受到司法场域的变更和技术力量的掣肘，这悄然地影响了被告人自行申辩和委托律师行使辩护权的实质效果。这种影响，不仅反映在远程庭审中辩护律师发表辩护意见的环节，也囊括远程庭审前辩护律师的线上辩护工作开展，包括线上阅卷和在线会见被告人。在某些情境下，在线诉讼中的远程庭审流于形式，辩护律师的线上辩护无法充分展开，这显然偏离了刑事诉讼以审判为中心的追求。远程庭审的效率导向固然能在很大程度上缓解法院人案配比失衡的矛盾，但也不能忽视辩护律师的主体功能发挥，更不能无视被告人的人权保障实效。辩护权的保障与刑事在线诉讼这一形式发生的冲突，基本上是通过冲击辩护律师庭前阅卷权、拉大控辩双方信息差距、庭审中削减质证能力以及削弱申辩效果等方式，束缚被追诉方辩护权的自然伸展。

## （一）远程在线形式增加了辩方阅卷和会见的隐忧

我国刑事诉讼法中赋予辩护律师自案件进入审查起诉之日起查阅、摘抄、复制公诉方案卷的权利，包含诉讼文书、笔录和证据材料。在智慧司法背景下，审判者往往会运用人工智能辅助手段实现对案卷材料的整合，

---

[20] 参见聂帅钧：《"数字弱势群体"权利保护的国家义务及实现路径》，载《人权法学》2023 年第 4 期，第 145 页。

实现对案件事实和争议焦点的归纳，分析当前证据的证明力大小，结合自身经验形成初步自由心证。[21] 不难发现，数字时代运用于司法裁判的"人工智能技术"成为辩护过程中新的考量因素，但并未被纳入传统阅卷权的归属范畴。辩护律师无法掌握智慧法院人工智能辅助手段的算法操作，难以对人工智能的公正性提出质疑，这实际上限缩了辩护律师阅卷的范围。另外，辩护律师庭前在线阅卷的主要目的是找寻到对被告人有利的材料。譬如，对于减刑假释案件，辩护律师只有掌握充足的有利于被告人的信息，才能完成实质辩护。公权力机关能利用所掌控的司法智能系统，尽快捕捉卷宗中关涉被告人有罪的信息，并分析犯罪构成。与之相比，辩护律师缺少人工智能辅助手段，只能在线上自行从阅卷材料的海量数据中搜寻对被告人有利的细节信息，相较而言成本耗费更大。

在审前，辩护律师会针对案件具体情况提出无罪或罪轻的辩护方案，虽然主要依据是事实和法律，其却无法对被告人的内心真意充耳不闻。远程视频的会见沟通，缺少面对面的亲历感，被告人也许碍于技术隐忧或是不信任感而无法充分表达诉求，这实际上不利于形成被告人与辩护律师之间的合理信赖关系。在线远程会见也存在双方谈话被探知的隐忧，即使此种探知被法律禁止，但这种担忧无疑增加了辩护律师与被告人私下交流的顾忌程度。

## （二）虚拟空间庭审削减了辩方的质证能力

在传统法庭质证的过程中，控辩双方均围绕着证据的真实性、关联性与合法性发表质证意见。在物理场域中，针对物证、书证等可以触摸的实物证据，双方能够凭借着现场的观感、触感来加以分辨，核实是否是证据

---

㉑ 参见高通：《在线诉讼对刑事诉讼的冲击与协调——以刑事审判程序为切入点》，载《南开学报（哲学社会科学版）》2022年第1期，第29页。

原件，是否存在被恶意歪曲或改动等情形。不过，在适用远程庭审时，庭前控辩双方均会将实物证据以拍照、扫描等途径上传到系统平台，这实质上等同于将可触及的实物予以数字化。众所周知，证据原件相较于复印件而言证明力会更高。如果按照线上诉讼要求，这就相当于以人工的形式将本应是原件的原始证据"复印件化"。即便双方知悉这是采用远程庭审而不得以采取的操作手段，但通过复制、拍摄、扫描并上传到系统加工等技术措施的处理，原有图案的色泽、光影透过屏幕都会产生细微差距，一定程度上已经难以还原证据真实的样态。实物证据的真实样态在庭审的质证环节难以得到辨识，则很难保证被告人和辩护律师发表质证意见准确，对于案件事实的精确认定有碍。

对于通过质询证人来获取言词证据的途径，可以想到，虽然立法规范上课以证人出庭作证的义务，但在实践中证人出庭作证的情况仍然较少，通常都是以法庭宣读证人笔录的形式来展示证人证言。那么，选择远程庭审是否会改善证人不愿意出庭作证这一困窘局面呢？实则未必如此。司法实践中针对在线作证设计了相应的风险规避举措，例如通过线上的技术设备对证人身份进行隐匿化处理，抑或借助马赛克技术对证人的身影和容貌进行隐藏，必要时对其发表证言的声音予以变声处理。[22] 但即便如此，远程庭审中出庭实际仍会给证人带来其他的安全隐患，即个人信息的泄露。在证人登陆在线系统时，按照规定均需要核验身份信息，输入居民身份证上的内容并配合人脸识别，其个人信息包括生物识别信息都在核验准入的过程中被系统收集。而系统收集存储的这些信息并非完全由公权力机关掌握，而是在计算机数据库中，有可能由第三方技术操作平台代管，这在无形中隐藏着证人信息受到侵害的风险。隐忧于此，证人或许会因为畏惧远

---

㉒ 参见谢登科：《在线诉讼中证人出庭作证的场域变革与制度发展》，载《法制与社会发展》2023年第1期，第156页。

程庭审的潜在隐患而选择拒绝出庭作证，这将会妨害案件真相的查明，也将变相损害被告人向证人当场询问的质证权。

另外，需要强调的是，虚拟空间的远程庭审容易使庭审虚化，违背审判中心主义的原则要求。辩护权的充分发挥应建立在庭审实质化的基础之上。如果远程庭审仅是形式化地走过场行为，那么被告人在其中则毫无申辩防御的余地。以审判为中心的改革，无论采取何种技术路线，至关重要的一环都是实现对辩护权的保障，特别是强化庭审中的质证权。[23] 即便远程庭审的适用范围限定严格，但这绝不等同于被限定案件中的庭审被虚置。需要注意的是，根据《人民法院在线诉讼规则》的要求，若控辩双方对远程庭审案件产生实质性争议，则需要将全案转为线下处理。法官为缓解办案压力，规避向线下转向，通常会在远程庭审前做更多的准备工作，这在一定程度上加剧了法官庭前对卷宗的实质性依赖程度。为实现远程庭审中审判效率的提高，控方通常会将全部案卷材料通过云端系统"一键传输"至智慧法院的存储空间。由于远程庭审的去仪式化，很难像传统法庭一般全方位地在法庭上调查核实。法官通常会加快在线庭审节奏，而至于案件的具体情况，则通过庭前或庭后反复阅读卷宗的形式进行审查。实质上，这种方式使庭审实质化改革难以真正落实到位，减损了当庭质证对真相查明的作用力，与被告人获得有效辩护的基调不吻合。

### （三）司法场域转变弱化了辩方申辩的质效

刑事远程庭审以信息技术作为媒介，借助各种硬件和软件系统将刑事案件的庭审全景移向荧屏，将传统物理空间的法庭用线上审理的形式替代。这即是一种司法场域的转变。尽管屏幕能同时承载若干个方形的分

---

[23] 参见魏晓娜：《以审判为中心改革的技术主义进路：镜鉴与期待》，载《法商研究》2022年第4期，第46页。

屏，并让参与审判活动的各方主体的头像在同一时间呈现，但很难使控辩审的三方格局在虚拟场域中与在物理法庭内完全等同。这样，司法的亲历性大打折扣，刑事诉讼本应让诉讼参与人身临其境的效果也难以实现。法庭是维系公平正义最重要的"关卡"，这一特定的场域是庄严肃穆的符号表征，代表着国家司法审判严谨、慎重的风格。在线诉讼因要同时呈现多位诉讼参与人的图像分屏，很难将线下的法庭现场完整还原，例如：物理法庭中靠审判者后上方的国徽有时不能在线上分屏中全面展现，这其实削弱了刑事诉讼的庄严感，审判者和控辩双方均无法现实地感受到司法的庄严与厚重。这种司法仪式化的祛除，容易使辩护方感觉自身权益没有受到应有的重视，会产生公权力轻慢被告人主体地位和基本权利的质疑，容易造成被告人对审判机关缺乏信任感，进而影响申辩功能的发挥。同时，刑事远程庭审冲击了直接言词原则，对被告人进行辩解的辩论行为产生了不利影响。直接言词原则一般包含两方面内容：一是各方诉讼主体均应在场，亲自到庭参与审判，法官必须直接接触和审查证据；二是参与诉讼的人要以言词陈述的形式进行审判、辩护和提出证据材料。[24] 刑事远程庭审由于运用技术远程审理，不可避免地会使在场性缺失，调查所探知的案件的真实性也会出现偏差，至少法官对辩护观点的接纳程度会存在与传统诉讼情感上的偏差。法官在审理案件时，也并非仅依靠庭审中各方主体的陈述，有时也会像医生一样，综合运用多种感官进行"望闻问切"。早在西周时期，就有司法裁判中使用"五听"原则进行断狱，通过注意当事人表情而分析认定其口供真实与否。[25] 一旦实施远程庭审，基于面部表情和直观感受必然无法和物理场域中形成的司法认知保持一致。此外，对于审判

---

㉔ 参见陈瑞华：《刑事证据法》（第 4 版），北京大学出版社 2021 年版，第 66 页。

㉕ 所谓"五听"，指辞听、色听、气听、耳听、目听。参见朱勇主编：《中国法制史》（第 3 版），法律出版社 2014 年版，第 28 页。

者的情态变化以及控方的表情动作，辩方也不容易捕捉。相应地，远程庭审没有给予被告人倾诉情绪的便利环境，难以使辩护律师产生共情，辩护律师也难以察觉被告人在线上审判过程中的情态状况，这势必对辩护策略的选择造成困惑，影响辩护的有效性。

此外，如果被告人此时被羁押在看守所，通过看守所的网上视频连线进行庭审，则庭审中将难以保证辩护律师和被告人能有效沟通辩护策略。远程庭审过程中，被告人与辩护律师也处在两个独立的分屏之中，并没有为双方的线上协商留下合理的隐私空间。针对刑事在线诉讼中适用远程庭审的案件范围来看，一旦涉及认罪认罚案件，控方如当庭提出不利变更先前提出的量刑建议，必然损害被告人对公权力的合理期待和预期利益。如果被告人并非自愿认罪认罚，希望撤回先前的供述，抑或被告人对控方在量刑建议中指出的罪名和刑罚有异议，则其势必需要辩护律师的实质帮助。但对这些情形，在线诉讼规范并未赋予辩护律师和被告人于在线庭审中秘密沟通的渠道，使有效辩护在特定情形下遇到阻力。㉖

## 三、根源反思：刑事在线诉讼减损辩护权的深层逻辑

在厘清了刑事在线诉讼会让被追诉方辩护权在哪些情形下受到妨碍后，现在可以对辩护权与刑事在线诉讼这种诉讼形式之间存在冲突的内在原因进行深入思考。智慧司法的建设中，技术力量究竟在多大程度上影响各项诉讼权利的行使，对所期待的辩护效果又产生了何种实质性的作用力？

---

㉖ 参见付静宇：《刑事在线诉讼中有效辩护的风险及其应对策略》，载《实事求是》2023 年第 1 期，第 86 页。

## （一）实用主义立场对程序公正价值取向的冲击

毫无疑问，刑事在线诉讼在司法实务中同样产生了提高效率、减轻司法机关办案压力的良好作用，也为辩护人等诉讼参与人减少了周折往返的时间成本。但是，司法实践中从未对《人民法院在线诉讼规则》中刑事在线诉讼的适用边界作出明显的扩张，也未对此种诉讼形式下的操作规则作出较大的改革尝试，一定程度上依然将之视为刑事案件"远程化"的场域转移。运用此种技术手段的初衷即是，将在线技术视为一种媒介和工具，实质上是为了便利案件的审理，提高处理堆积案件的便捷性和快速性。这种审理技术的适用，可以归结为一种流程优化，也就是将新技术植入旧的工作方式之中，本质上依然维持了原有刑事诉讼的传统模式。[27] 这种对技术力量工具价值的极度推崇，表现出当下司法实践中对刑事诉讼实用主义的处理倾向。[28] 按照实用主义立场，只要案结事了，刑事诉讼中的案件事实得到明确，被告人的刑事责任得到确认，社会冲突得到快速平息，这场诉讼的任务也即宣告完成，法官也会摆脱审理案件的职业捆绑。在这一将技术视为工具化的观点之下，远程庭审的线上形式只是服务于审理案件的便捷需求。回顾刑事在线诉讼这种形式从萌芽直到在实践中被广泛使用的过程，其便利性和迅速性得到了充分认可，正如在线会议的跨时空性一般。而刑事诉讼有着其固有的程序惯性，依托这一惯性，在当下甚至未来，这种实用主义倾向都将在司法程序的选择中占有重要席位。而实用主义立场本身就与程序公正的价值取向一定程度上存在着对立关系，按照现有的数字技术，两者很难完全统筹兼顾。如要尽力保障程序公正，保护被

---

[27] 参见［英］理查德·萨斯坎德：《线上法院与未来司法》，何广越译，北京大学出版社2021年版，第33页。

[28] 参见王禄生：《刑事案件在线诉讼制度的实践观察与前景展望》，载《西南民族大学学报（人文社会科学版）》2021年第12期，第79页。

追诉人辩护权的有效行使，势必要为在线诉讼的流程设置更多的关照措施。在线诉讼最根本的目标即是简化烦琐冗杂的细节规程，实现庭审处理的快捷化。实用主义立场侧重结果思维，看重审判结果的快速性，而程序公正偏向过程思维，看重审判过程的外观正义性和程序关怀性。因此，被追诉人有效辩护的保障的不足只是在线诉讼在适用过程中出现的表征，背后的核心问题在于技术的工具价值所蕴含的实用主义立场与程序公正这一价值基础之间的张力大小。

## （二）技术进步对诉讼主体的主体性的淡化

现代法治的一个重要特征是强调程序的各方参与性，让公正以看得见的方式被各诉讼参与主体所感知，而且，我们不应将司法程序的运转视为一种机械的规则适用过程。刑事在线诉讼的开展，一定程度上强化了司法机械主义[29]的僵化程度，使诉讼过程中各种程序的开展成为形式化的适用过程，欠缺必要的人文关怀。司法审判的线上化，以及人工智能为程序运转提供的助力，着实能够作出高效快捷的司法裁判。然而，程序的技术操纵无法衡量诉讼主体的心灵感应，很难触动当事人的情绪和心理状态，人文关怀相较于传统诉讼模式或许就会减弱。[30] 在利用技术辅助司法审判的过程中，必须为系统注入共情的新元素，以确保诉讼主体作为人的不可替代性。要知道，人作为诉讼主体的基本特性不可能被技术取代，技术只是服务于诉讼主体的。刑事在线诉讼已经促使诉讼主体将对物理空间的诉讼仪式感向虚拟空间的高效便捷妥协，那就更应该在实践允许的范围内强化

---

[29] 司法机械主义，或称机械司法主义，它表现为司法刻板、缺乏灵活性，司法人员尽管有着遵守法制的优点，却不能根据案件具体情况在法律允许的范围内有所变通。在这一意义上，机械司法和僵化司法的含义相差无几，都表现为缺乏因案制宜、因地制宜和因时制宜的灵活性，过于刻板理解法律、司法解释、相关规范性文件以及具体案件的事实与证据，对案件的处理偏离实质正义。参见张建伟：《司法机械主义现象及其原因分析》，载《法治社会》2023年第1期，第71页。

[30] 参见马长山：《迈向数字社会的法律》，法律出版社2021年版，第209页。

对诉讼主体，特别是对被告人各项利益和基本心理状态的关怀。

在当下，司法技术的承载能力和波及范围会对诉讼主体的主体地位产生冲击，或许会锻炼诉讼主体对既定范式的驾驭能力。刑事在线诉讼所追求的是一种技术治理，是在"网络场景"下实现的司法网络化类型，是国家权力在司法过程中发挥作用的表现形式。[31] 不可忽视的是，某些特殊情况下，技术能够以"技术中立"的合理外衣阻碍诉讼主体对其基本权利的行使。例如，刑事远程庭审中，一切程序都符合法律规范要求，但这在一定程度上削减了被追诉人的辩护效能。再如，在智慧法院的引领下，受制于技术运行过程的隐蔽性，并非所有的智慧治理都能被公众全面透视。鉴于技术本身的隐蔽性，且技术运用于司法活动中更多是代表国家治理过程中的权力运行过程，故而需从法律与技术合理互动的角度出发对智慧司法予以监督，最大限度防止出现不利于保护诉讼主体的合法权益的结果，特别是对被追诉人有效辩护的隐性妨碍。值得追问的是：技术真的在这当中丧失了客观中立的立场吗？其实并没有，恰恰是技术中立的天然合理性掩盖了客观的实然效果。被追诉人主体性地位的淡化、强调技术所带来的形式一致性，极易造成刑事在线诉讼中辩护功能发挥受限，难以真正做到"功能等值"。

（三）"权力—权利"格局下国家对发现真实的追求

传统上我国长期受国家本位理念的影响，与英美法系国家强调个人本位的司法文化迥异，因此我国刑事司法的各个方面都烙有深刻的国家职权主导之印记。就法律程序而言，一种观念是程序应从属于解决纠纷的目

---

㉛　参见杨继文：《在线诉讼场景理论的建构》，载《法制与社会发展》2023 年第 3 期，第 180 - 183 页。

标，而另一种观念则认为，法律应服从和服务于国家政策的实施。[32] 我国刑事程序法中所确立的审判程序构造，虽然融入了英美法系中当事人主义的积极因素，但依然具有相当浓厚的职权主义色彩，符合上述另一种观念所承载的调查主义模式。职权主义构造通常与实质真实主义相伴而生，均要求审判者积极地主导案件进程、积极地查明案件真相，强调国家应当在实事求是、勿枉勿纵的基础上追诉犯罪。在"权力—权利"的格局之下，有时，司法的权力运行可能根本没有考虑到当事人基本权利保障的需求，抑或并未将保障当事人基本权利纳入司法权力运转过程中来。[33] 国家公权力在刑事诉讼中被极度投射到发现真实、查明真相的目标之中。刑事在线诉讼运用技术赋能的天然优势，往往侧重于快速在庭审过程中发现真相。在线模式既要保障诉讼效率，又要强调真实发现，同时还要兼顾具体的、细节性的程序。有观点认为，对于远程庭审对真实发现的影响，也应客观看待，不宜夸大法庭的互动模式对定罪量刑所产生的实际作用。[34] 国家也不会因为在法庭的审判过程中增加了一道屏幕，就淡化职权主义对客观真实的执着追求。由于在线审判需要兼顾的价值目标较多，而发现真相、惩罚犯罪又是国家追诉主义的重中之重，所以国家一定会利用技术优势和工具理性来强化职权主义。相较而言，对诉讼主体人权和基本权利的保障很有可能就在多方考量中适当予以协调妥协。辩护权作为基本权利的一个部分，其得以发挥的空间在远程庭审中也难免有限。为回应刑事在线诉讼多方利益的权衡问题，有必要妥善协调"权力"与"权利"之间的张力大小，这将有利于建构公正合理的网络话语体系。

---

[32] 参见［美］米尔伊安·R.达玛什卡：《司法和国家权力的多种面孔——比较视野中的法律程序》，郑戈译，中国政法大学出版社 2004 年版，第 131 页。

[33] 参见褚福民：《司法权力运行与当事人诉讼权利保障实证研究》，载《证据科学》2016 年第 1 期，第 46 页。

[34] 参见崔永存：《论刑事远程审判的程序规制》，载《法学研究》2023 年第 2 期，第 119 页。

# 四、应对之策：刑事在线诉讼中辩护权保障的实现路径

针对刑事在线诉讼中被追诉人与辩护律师实现有效辩护的路径，不能单从法律规范的缺失和疏漏出发，而应从内在逻辑入手，抓住技术赋能与权利保障冲突的精神实质，再提出具体的解决办法。

## （一）重新审视刑事在线诉讼的功能定位

作为一种审判形式数字化的新型尝试，以远程庭审为主要表现的刑事在线诉讼在实践中给被追诉人有效辩护造成了挑战，难以与原有的诉讼形式在效果上完全等值，在功能定位上也略显模糊。只有对其性质和功能进行反思，才能推动刑事在线诉讼克服挑战，走向成熟化和理性化。坦率说，一个公正、合理且行之有效的诉讼程序，必须既能满足诉讼的终极追求，满足对刑事案件准确定罪量刑的期待，又能让诉讼的各方参与人受到程序的关爱，使社会矛盾消弭于无形。针对当下刑事在线诉讼形式，有观点认为，其功能定位应该以阶梯样态为标准划分三个维度：初阶以优化资源配置，提升诉讼效益为主；而中阶则让技术适用在个案中平衡各方利益，达到调适个案公正的目标；至于第三个维度，即高阶功能，能够拓宽在线法庭的职能，实现司法的现代化转型。[35] 但通过分析可以发现，这三个维度上均难以给被追诉人在远程庭审中辩护权行使减损的内在因由提供理论阐释。笔者认为，在当前的刑事在线诉讼中，国家能够利用先进的技术手段，以技术作为实现程序效率与公正目标的工具性手段，以此推进司法实践中的变革与创新。特别是，法官可以发挥个人的积极性和智慧，通

---

[35] 参见前注⑰，郭丰璐文，第81-84页。

过运用包括数字技术等现代司法科技手段有效解决案件，避免成为坐堂审案、被动消极的刻板人物。㊱ 如果简单将刑事在线诉讼定位为实现迅速处理案件的实用工具，就会发现这一定位忽视了技术背后的终极目的，也忽视了科技发展的服务对象，更没有考虑到技术理性后的人文关怀。倘若以这种功能定位看待刑事在线诉讼，辩护方的远程阅卷、远程会见甚至远程庭审的参与都将受到国家公权力的技术掣肘，被追诉人也很难拥有对可能的权利侵害加以防御的手段。若想彻底改变这一局面，应在功能定位上对刑事在线诉讼这一形式赋予新的意涵。应当认识到，程序的设置总是服务于实体的，也是为了实现惩罚犯罪、保障人权的根本价值。同样地，在线诉讼这种形式也只是尽快实现罪罚确定、矛盾化解目的的策略而已，是一种摆脱物理阻隔同时快捷辅助办理刑事案件的方式。换言之，技术的嵌入本质上还是服务于人，服务于刑事诉讼的根本理念，仅是在操作方式上更为灵活化、快捷化。唯有充分认识到其功能定位的本质属性，才能从现有的制度框架出发，细化智慧司法背景下被追诉人辩护权保障的具体举措。

（二）智慧司法背景下追求真相与人权保障的价值权衡

事实上，传统刑事诉讼与在线远程庭审之间最根本的区别在于其对物理场域司法亲历性的抛弃，远程庭审存在着破除实然空间中"去仪式化""去在场化"的特点。在此种情境下，继续秉承极度追求真相的传统目标似乎也与当下的新情况存在些许碰撞。值得注意的是，当下的刑事远程庭审有其特定的适用范围，被告人最终的量刑也相对偏轻。至于情节严重的刑事案件，实践中并未允准使用远程庭审的特殊形式。基于此，从特定范围的案件来看，追求真相的传统目标与远程庭审的线上形式存有抵牾之

---

㊱ 参见胡铭：《论数字时代的积极主义法律监督观》，载《中国法学》2023 年第 1 期，第 112 页。

处。倘若一定要将追求真相置于极为崇高的价值位阶，则在一定程度上会侵害被告人的权益，特别是被告人的人权。在传统的刑事诉讼中，追求真相意味着要侧重于惩罚犯罪，而这一导向有时会无法兼顾保障人权。追求案件的事实真相，是为了发挥刑罚的惩戒与预防功能，防止此类案件在未来再次发生。对犯罪人课以刑罚负担，是为了威慑潜在的可能犯罪的群体。如前所述，刑事速裁程序案件在当下主要以刑事远程庭审的形式进行，也就意味着，这种案件以被告人认罪认罚的轻微犯罪类型为主。针对此类案件，辩护律师在线上庭审中发挥的作用相当有限，甚至只充当了见证人的角色，并且，进行实体的实质性审查并不具备过高的必要性，庭审主要发挥对被告人认罪认罚自愿性确认的把关功能。那么，远程庭审中，我们更应看重的是被告人的神态情绪以及陈述的语音语调能否通过视频画面的方式让法官清晰地感知，以便于法官判断其认罪认罚的自愿性。[37] 在此种场景下，远程庭审关注的应该是技术能否真实、准确地传递被告人的内心真意，能否达到和物理法庭一致的功能发挥标准，能否真正保障被告人权益。在智慧司法背景下，案件事实认定效果的弱化效应，也许会适当折损职权探知主义的要求。不过，对适用远程庭审的刑事案件进行先行的类型化区分，其实也很大程度上降低了遮蔽真相的风险。虽然追求真相是审判者一以贯之的职责要求，但对被追诉人人权的程序保障绝不能缺位。倘若两种价值追求在远程庭审的个案中实难协调，应当从保障人权的角度出发，将全案转移至线下物理法庭审理。只有立足于这一初衷，被追诉人的辩护权才能得到保障，刑事在线诉讼才能更好地发挥其快捷性的辅助效能，在数字时代得以良性运转。

---

　　[37]　参见卞建林、李艳玲：《从"工具价值为主"到"程序公正优先"：刑事在线庭审的发展方向》，载《云南社会科学》2023年第3期，第117页。

## （三）策略选择：对辩护权的保障

针对被追诉人在远程庭审过程中辩护权行使的效果问题，除从功能定位转变和利益衡量角度加以考量外，亟须在司法实践中采取应对之策加以纾解。就刑事在线诉讼而言，不仅需要关注线上审判的技术操作，更应当考虑到举证、质证在庭审之中的重要作用；在制度规范的细节上，理应更加侧重保障被告人权益，以平衡在线诉讼的控辩关系。

### 1. 赋予辩方合理的技术关照以弥合数字鸿沟

为规避技术擅权所造成的控辩关系失衡，技术对刑事在线诉讼的赋能要能够满足以便利民众为目标的实践需求，同时公权力要对辩方技术控制弱势的地位予以技术补给。科技对虚拟法庭的形塑，要时刻考虑到被告人、被害人以及辩护人等诉讼参与人的用户体验，而不应利用技术掌控的先天优势，人为地为非公权力机关的其他主体设置数字障碍，使远程庭审程序冗杂烦琐，技术操作困难。为此，对于技术产品的司法准入门槛和相应的标准应当经过严谨的科学论证，并要求中立的第三方评估机构适时监督，以避免控方利用技术偏差削弱对辩护权的有效行使。针对辩护律师线上阅卷的问题，可尝试通过强化控方数字开示义务，弥补其与传统阅卷范围的差距，保障辩方对案件信息的掌握程度。在智慧司法背景下，应在制度设计上要求控方主动披露对辩方有利的证据材料，并对利用人工智能分析出的证据材料和证明依据作出解释。对于辩方对已有材料的算法分析，也可引入专家辅助人帮助，以缩小控辩力量对比。另外，在辩方运用在线诉讼的远程庭审模式之前，审判方应该准确详细地告知辩方线上设备的登陆方式，以及线上庭审的具体流程，包括在庭审过程中如有需求使用的按钮、法庭发言或质询以及法庭调查或辩论等环节的技术操作方法。在正式开庭之前，为保证远程庭审的效果，提高辩方技术操作的熟练度，法官助理可以提前告知辩护律师远程审判的注意事项，协助辩方模拟线上庭审，测试网络环境，并询问辩方技术操作的具体困难之处，尽可能地在开庭前予以解决。《人民法院在线诉讼规则》以义务性规范的形式，要求法院适用远程庭审时应告知具体操作方法，但并未明确规定违反义务的后果，且未为辩方设置救济机制，亦未明确审判方不履行或怠于履行告知责任的惩戒手段。有鉴于此，刑事在线诉讼的相关规则应对辩方给予技术上的倾斜关照，在审判方不尽职行使技术释明义务时，应当给予辩方申请程序救济的权利，并将此作为合理的上诉理由，使先前存在瑕疵的在线诉讼归于无效，同时追究相应主体的责任。就技术层面而言，不同地区智慧法院的远程庭审效果有所差异，在线平台和设备性能也未必一致，其实这变相地增加了辩方适应各种技术条件的成本。因此，智慧司法背景下，智慧法院应全力统筹并建立刑事在线化的统一技术标准，并设置辩方远程模拟庭审的统一平台。只要辩方能够出示刑事案件辩护人的身份资格，即可在庭前预先模拟远程庭审，熟悉技术操作规范，以尽力弥合与控方技术能力的差距所造成的数字鸿沟。

**2. 补强辩方刑事在线诉讼中的质证能力**

针对辩方在虚拟场域中质证能力不足的问题，应当采取相应的措施予以补强。具体来说，对于刑事在线诉讼过程中辩方线上审查时已运用"扫描""拍摄"等技术处理过的证据，可以从多方面协助辩方就此类特殊证据的准确性进行把关，譬如：审判方可以通过庭前会议的形式，为辩方核验平台上传的证据材料提供充足的核查时间，赋予辩方在庭前会议中就证据被技术处理过的区别以充分的质询权。辩方如认为证据扫描后的样态不清晰、难以辨识，或与真实材料有较大差异，可以在庭前会议中提出异议，让控方对此作出合理的解释。庭前会议的主要功能是让控辩双方通过出示与案件有关的证据，对证据的形式要求提出初步质辩。特别是在远程庭审的情况下，法官可以通过视频会议的方式，在正式庭审前召开庭前会议，对于系统平台上传的证据样态，询问控辩双方是否存在异议，在其中应重点关注辩方对证据技术化后的合理疑惑。根据被质疑证据的种类，也需要进行差异化处理，例如：对于视听资料、电子数据等，线上放映、线上展示与线下审查的差异性不大，如无特殊需要可以简化认定。而物证需通过其物理形态、外部特征、位置状态等澄清案件真伪不明的疑点，书证也需核对原件的真实性，如对此类证据的可靠性存疑，必要时可以要求线下辨识，或要求法庭依职权调查核实。至于辩方因对技术操作不足而导致质证能力的减损，可以扩大专家辅助人的职责范围，用以帮扶辩方鉴别实体证据数据化后的实际情况。专家辅助人能为辩方提出甄别证据的意见，尽力让辩方不受技术的消极影响。对于证人线上出庭作证问题，应从多个角度保障证人作证的顺畅性、安全性和有效性。其一，对于证人生物识别信息的泄露风险问题，国家应提高第三方技术服务平台的准入门槛，加强对其资质的监管，并且设立对其的监督和惩戒机制。一旦泄露法庭在线审理的情形，或者是证人的身份信息，要有相对严重的不利负担加以规制。其二，对于线上作证仪式感的消解问题，能够通过增设相应的程序，要求证人在刑事远程庭审前，通过线上的视频技术，在虚拟的国徽前宣誓并全程录音录像，以此来增强其对作证的敬畏感。其三，应利用技术手段实现证人仅在作证或接受交叉盘问时出现在同一个大屏幕上，其余时间段在隔离庭审现场的虚拟会议室中等待，以保障作证时言词的不受干扰。对于询问证人的环节，技术上也应对证人的头像、声音作出保密处理。只有真正地保证在线诉讼中各项质证环节功能的充分发挥，法官才会对庭审现场的情况予以关照，不会因卷宗的移送问题而忽略庭审中所呈现出的客观事实。

**3. 为被告人与辩护人在线沟通留下适当的隐私空间**

有观点认为，刑事在线诉讼阻碍了被告人与辩护人之间私下商量的机会，让这两个本应相互依赖的主体"隔离落座"，疏远了本应利益一体的信任关系，这让辩护人在远程庭审中的辩护能力被削减，也让被告人在线诉讼中处于更加孤立无援的状态。[38] 对此，智慧司法背景下，智慧法院应在正式的远程庭审开始前，专门为被告人和辩护人设置虚拟会见室，用于交流案件的事实情况和达成辩护策略。被告人和辩护人可以利用法庭开辟的线上会见手段，充分发表对案件的真实看法，并商量如何辩护能够达到自身利益最大化。公权力机关应确保在虚拟的线上会见过程中，网络视频连接通畅，音量良好，且其全程不受监视，也不能够被录音录像。[39] 这一虚拟会见室只是为辩护人和被告人交流方便而设，绝不可以采取任何技术手段探知谈话交流内容，以保障辩护人会见的隐私性和安全性。倘若出现控方利用技术优势在辩方虚拟会见的过程中搜集言词证据的情况，那么这一证据将以非法取证手段为由而被排除，同时还应追究相关主体责任。在庭审过程中，如果被告人认为其需要和辩护人私下沟通，法官可以暂时中止在线庭审。被告人能够向法庭当场提出申请，要求和辩护人在虚拟会见室进行隐私交谈，法官应当准许，并作在线会见的技术保障。被告人可以在虚拟会见室向辩护人进行咨询，辩护人可以为被告人解释法律上的利害关系，提供法律建议。当在线会见完成后，双方退出虚拟会见室，并线上告知审判工作人员，要求在线诉讼继续进行。这种做法将有力地保障辩护效果，体现出刑事在线诉讼对被告人权利的应有重视。

# 结　语

毋庸置疑，辩护权是被追诉人在刑事诉讼中与控方的追诉活动形成有

---

㊳　参见前注㉞，崔永存文，第132页。

㊴　参见前注㉑，高通文，第31页。

力对抗的关键权利。拥有这项权利，既能协助被追诉人充分有效地参与诉讼决定的形成过程，又能督促国家专门机关依照正当程序办案，规避程序违法所可能诱发的错误判断，有效地维护了司法的公信力。尽管我国宪法和刑事诉讼法确立了被告人有权获得辩护的原则，但司法实践中妨碍辩护权行使的阻力仍然存在。数字时代的来临，刑事在线诉讼的逐渐普及，导致被追诉人辩护权的有效行使面临着新的挑战。放眼诉讼程序与科技的耦合，一方面要看到远程庭审带来时空超越和成本降低的时代因应，另一方面也应观察到技术赋能所带来的工具主义对诉讼主体基本权利的挑战。诚然，在智慧司法背景下，科技在诉讼程序中的融入能够带来司法场域的改变，但绝不会引发整个法律结构的根本颠覆。我们应该发挥法律的回应性功能，以积极的回应态度来面对刑事在线诉讼中出现的阶段性问题，将被追诉人远程庭审中辩护权的保障置于较为重要的考量位阶，不断降低科技、司法交融对诉讼主体基本权利的碰撞力度，使刑事在线诉讼能够满足未来发展的合理需要。

# 数字时代证据学的中国自主知识体系

李学军* 漆晨航**

中国式现代化是中国共产党领导中国人民所取得的伟大成就及正在进行的伟大新征程，这是符合人类社会发展规律的现代化路途，也是中国共产党深刻领悟中国实践后所开辟的新道路、新样态。党的二十大工作报告指出："中国式现代化，是中国共产党领导的社会主义现代化，既有各国现代化的共同特征，更有基于自己国情的中国特色。"[1] 这一过程中"以审判为中心"司法原则之确立为中国式现代化建设贡献了卓绝的法治力量，而审判的基石即证据。随着"数字中国"建设推进，我国证据实践体系也逐步完成数字化转型。以数据形式呈现的电子证据成为司法审判的重要证据类型[2]，取证方法数字化则极大提高了案件调查效率[3]，如上现实都昭示着数字时代的证据实践已有优异成绩。但在成绩之外，以证据学为中心的证据知识体系供给源却仍滞后于实践发展，现有学科话语体系也无

---

\* 中国人民大学法学院教授。

\*\* 中国人民大学法学院博士后。

① 习近平：《高举中国特色社会主义伟大旗帜 为全面建设社会主义现代化国家而团结奋斗》，载《人民日报》2022 年 10 月 26 日，第 1 版。

② 有学者认为当前的司法证明"由传统的'物证'时代走向了电子证据时代"，可见电子证据极为重要。参见自正法：《刑事电子证据的审查：学理基础、实践样态与模式选择》，载《政法论坛》2023 年第 2 期，第 157 页。

③ 大数据、人工智能的应用极大提升了侦查机关侦破犯罪与预测犯罪（或说"预警"）的能力。参见程雷：《大数据侦查的法律控制》，载《中国社会科学》2018 年第 11 期，第 156－157 页。

法有效解释或厘清证据数字化转型中面临的如"技术扩权""权利保障"等问题争议。

正如习近平总书记 2022 年 4 月 25 日在中国人民大学考察时所述："加快构建中国特色哲学社会科学，归根结底是建构中国自主的知识体系。"作为哲学社会科学组成部分的证据学，学科研究者应当勇于担当中国自主知识体系构建责任，积极完成依据中国道路提出中国理论指引中国实践的时代任务。基于此，以证据数字化的中国实践与学科问题为基础，提出契合中国国情且可以解决问题的学科话语体系建设思路，创新现有知识体系，为数字时代的证据实践提供学科化的知识指引及解释根基，便是下文期望完成的根本任务。

# 一、证据数字化的中国实践

《中共中央关于制定国民经济和社会发展第十四个五年规划和二〇三五年远景目标的建议》明确了数字中国的内涵，提出："加强数字社会、数字政府建设，提升公共服务、社会治理等数字化智能化水平。"④ 为助力此规划的实现，我国司法活动相关主体不断推动证据实践的数字化进程，使证据本体、取证方法与证明环节等要素均呈现出数字样态，革新了刑、民、行所有司法活动的展开。

## （一）证据本体数字化

证据本体数字化，是指以数据为主要形式的电子证据成为司法活动所

---

④ 《中共中央关于制定国民经济和社会发展第十四个五年规划和二〇三五年远景目标的建议》，载《人民日报》2020 年 11 月 4 日，第 1 版。

倚重的证据类型，以及传统证据以数字形式呈现的过程。因为社会整体的数字化进程深入，创制、记录与储存电子数据的数字设备进而大规模覆盖中国社会。全国数据资源调查工作组《全国数据资源调查报告（2023年）》的数据显示，2023年全国数据生产量达到32.85ZB，数据来源包括人（交通运输等人类日常生活行为）、物（监控设备等数据收集设备）、机（互联网服务器等数据记录空间），数据规模庞大且类型全面。可以说，当前数字中国的建设，已经为社会生活建构了全方位的数字场景，同时也储存有海量结构化、半结构化与非结构化的全类型数据。

而司法活动中的证据被我国现行法确定为是可以被用于证明案件事实的"材料"⑤，但从本质上来说，其仍应被理解为与案件事实相关的信息要素，因为司法就是利用通过合法程序获取的信息完成从"现在之行为"回溯性查明"过去之事实"任务的系统性活动。⑥ 人类交往、工作与生活场景的数字化，使海量信息以数据形式被记录、留存，诸多纠纷发生的场景演进至数字空间，进而使电子证据不可避免地成为证明完成工作的主要证据类型⑦，甚至有学者将电子证据称为当前时代的"证据之王"⑧。而由于电子证据的重要性愈发凸显，也因为数据传输与储存的便捷性及可鉴真性，传统的证据种类也进行了"数字化转型"，例如将书证通过拍照或扫描的方法储存后用于庭审展示及认证。

---

⑤ 《刑事诉讼法》第50条规定："可以用于证明案件事实的材料，都是证据。"而其中关于证据是否为"材料"目前仍存在学理上的争议，参见陈瑞华：《刑事证据法》（第3版），北京大学出版社2018年版，第88-89页。

⑥ 正如学者所述："司法中的事实认定是在重构过去发生的事件。"［美］亚历克斯·斯坦：《证据法的根基》，樊传明、郑飞等译，中国人民大学出版社2018年版，第41页。

⑦ 例如，数字时代大量合同或其他民事法律关系通过微信聊天达成，使微信聊天记录成为民事纠纷解决重要的电子证据形式。最高人民法院《关于民事诉讼证据的若干规定》（法释〔2019〕19号）将聊天记录确定为法定电子证据的形式之一。其在实践中的重要性也可以参见张汉霖：《当微信聊天记录成为"呈堂证供"》，载《人民法院报》2024年2月20日，第6版。

⑧ 何家弘、刘品新：《证据法学》，法律出版社2019年版，第170页。

证据本体的数字化是数字中国建设的必然结果，也是司法活动现代化应予关注的时代议题。为妥善规制大量出现的数字化证据，我国各类型证据规范进行了系统性修缮，颁布有关法律、司法解释及办案规范指引文件，构建了相对完备的数字化证据真实性与合法性审查规则体系，极大促进了这些证据的司法应用。但与此同时，因数字技术的迅速发展，区块链存证、生成式人工智能、大数据分析等技术被广泛应用于证据实践中，进而衍生出如大数据证据的证据地位及应用规范⑨、区块链存证是否需要进行真实性核查⑩等争议性问题。

## （二）取证方法数字化

取证方法数字化是调查取证职权主体利用数字技术手段，完成证据的发现、提取、固定甚至鉴定各个环节的现象，而这也普遍出现在全类型调查履职实践中，例如，警察执法普遍需要佩戴执法记录仪，而记录仪所记录的音视频内容可以作为行政或刑事诉讼的证据。《人民检察院公益诉讼办案规则》第 36 条也明确规定，检察人员于公益诉讼案件中取证时可以依法使用"自动检测仪等办案设备和无人机航拍、卫星遥感等技术手段"，经此类方法所取得的证据都以数字形式呈现。而所有取证活动中数字化程度最高的则是刑事侦查法举措：数字时代，中国社会的主要犯罪类型已呈现出网络化、智能化趋势，即犯罪主体或针对个人信息、虚拟资产等数字化权益实施新型犯罪，或利用数字空间匿名化、跨区域化特点从事跨境网络赌博等犯罪——特别是部分犯罪主体积极推动技术工具的犯罪化改造，以至于实践中大量出现利用深度伪造与社交机器人自动实施的高拟真电信

---

⑨ 参见刘品新：《论大数据证据》，载《环球法律评论》2019 年第 1 期，第 21-22 页。
⑩ 参见杨幸芳：《论区块链存证真实性审查》，载《中国应用法学》2023 年第 3 期，第 176-177 页。

网络诈骗。⑪ 基于此犯罪情势，侦查主体必须大量引入数字技术以提升犯罪治理效能。实践中侦查主体不断引入智能建模、大数据分析、警用数据收集设备互联互通、云端计算等前沿数字技术，推出了"大数据侦查"⑫、"智慧侦查"⑬ 等数字化取证模式。

总的来说，取证方法数字化强化了调查主体的证据获取能力，极大提升了数字时代司法活动中证据的"质与量"，从方法层面促进了实体真实的实现。与此同时，基于非接触方法可以有效完成取证任务的前提，取证方法数字化削弱了直接接触被调查人的必要性，进而减少了公民人身自由和健康权受到调查措施限制的场景。而诸如执法记录仪、场所音视频监控、电子系统访问控制等"记录型"数字取证设备，则实质上起到了数字化证明取证过程的合法性以及印证其他证据证明力的"笔录"作用。⑭ 如此积极作用是数字时代中国证据实践的重要成就。

但在成就之外，取证方法数字化也有不容回避的问题。证据发现与获取环节的数字化实际上是以干预公民隐私权与数据财产权为代价的。利用智能化数据分析工具，被调查（侦查）对象被简单化为司法案件信息的提供源，更因为相关取证行为的非接触性及无感知性，其参与诉讼活动的各项程序性权利实际上已被淡化、忽视。⑮ 如何从证据角度分析此种隐私权干预现象的正当性边界，并就此提出取证方法规范化新路径也就尤为重要。此外，数据被认为是数字时代重要的财产权利，数字化的取证必然大

---

⑪ 参见程思琪：《看似"人工智能"，实则"人为陷阱"》，载《新华每日电讯》2024 年 3 月 14 日，第 5 版。

⑫ 罗文姣、谭小军、张驰：《整合共享数据资源 破除警种部门壁垒》，载《人民公安报》2024 年 8 月 16 日，第 3 版。

⑬ 朱国富、张腾飞、代文新：《平原：做强"智慧侦查"提升打防效能》，载《人民公安报》2023 年 11 月 14 日，第 7 版。

⑭ 参见陈瑞华：《刑事证据法》（第 3 版），北京大学出版社 2018 年版，第 297 页。

⑮ 参见李训虎：《侦查情报化之批判》，载《法学》2024 年第 7 期，第 133 页。

量使用其他主体持有的数据资源，如何厘清其中的财产权属以及相关取证规范也是必须回答的关键问题。

### （三）庭审证明环节数字化

庭审证明环节主要是针对原、被告（或控辩）双方所提交的证据进行质证与认证的过程，是证据得以被用于定案的前置程序。而所谓庭审证明环节数字化则指证明的形式与实质之数字化。一方面，证明通过数字形式实现。随着我国数字基础设施的完善，法院有能力建设并应用相对稳定且清晰、有效的在线审判系统。特别是司法资源相对紧张的背景下，通过数字形式实施庭审活动，可以减少诉讼各方的时间、金钱成本。为适应此趋势，最高人民法院《人民法院在线诉讼规则》（法释〔2021〕12号）明确了刑事、民事与行政诉讼可依托电子诉讼平台进行在线庭审的法律效力与实施程序。对于证明活动，庭审数字化使证据传输、开示与质证等重要环节可在线完成。另一方面，证据资格及证明力的实质性审查工作有数字工具介入。随着人工智能的自然语言理解能力与自动化任务处理能力的提升，人工智能用于证据审查有统一证据标准、提高证据审查效率的基本功能。[16] 而实践中，利用人工智能参与证据实质审核已受到规范确认，且已成为审判工作现实。最高人民法院《人民法院在线运行规则》（法发〔2022〕8号）第30条规定，人民法院的智慧审判系统，"提供案件数据服务、案情智能分析、类案精准推送、文书辅助生成等智能辅助应用"。而在此规范出台之前，各地法院也早已自主推动人工智能的司法应用，例如上海法院与科大讯飞公司推出的"上海刑事案件智能辅助办案系统"，其主要功能是依据证据标准审查单一证据或证据链，自动筛查证据瑕疵及

---

⑯　参见谢登科、周鸿飞：《司法人工智能在证据审查中的功能定位与风险规制》，载《吉林大学社会科学学报》2024年第3期，第63页。

矛盾问题。该系统在 2019 年 1 月首次被用于庭审活动。[17]

但需要指出的是，庭审证明环节的数字化除在提升诉讼效率、统一证据与审判标准等方面有积极意义之外，其实也有诸多不容忽视的新风险。例如，在线庭审改变了传统庭审场域，而相对自由的场域选择使审判机关无法掌控参与人参与庭审的具体空间。正如学者所述："场域限制的弱化容易滋生监管盲区，影响当事人陈述与证人证言的真实性。"[18] 与此同时，因人工智能算法的"黑箱问题"，算法决策过程可视化程度较低[19]，诉讼双方是否有能力质疑智能审查结论本身就值得质疑。此外，数据样本及其特征提取是否全面且准确，同样对智能审查结论的可靠性有重要影响。简言之，数字技术集群有其必然存在的"技术边界"，证据实践（或说司法实践）的数字化确实产生了显著的积极作用，但在与实践交互时却诞生了诸多与法治理念或现行法制相抵牾的负面影响。

## 二、数字时代证据学与证据实践互动的中国问题

通过前述对证据数字化中国实践的梳理，可以得出以下基本结论：中国的数字化转型在证据实践领域取得了令人瞩目的成绩，大量数字化证据被用于诉讼活动，契合了数字中国的总体趋势；而取证方法的数字化转型减少了证据调查行为对人身自由和健康权的负面影响且提升了事实查明能力；庭审证明环节的数字化更是从提升诉讼效率、统一证据标准等角度加速了司法活动现代化进程。但与此同时，证据数字化的实践样态中还有诸

---

[17] 参见《上海法院运用人工智能辅助庭审》，载《宁夏法治报》2019 年 1 月 25 日，第 3 版。

[18] 谷佳杰：《在线诉讼中民事证据运用的碎片化问题及其纾解之道》，载《山东大学学报（哲学社会科学版）》2023 年第 6 期，第 63 页。

[19] 参见丁晓东：《论算法的法律规制》，载《中国社会科学》2020 年第 12 期，第 140 页。

多不容回避的问题，而中国实践问题的解决需要本土化的证据学学科知识体系。观察证据学与证据数字化实践的互动关系，其中仍有诸多不足，难以有效完成实践指引、现象解释与问题应对的时代任务。

## （一）证据学话语体系本土化程度有待加强

2016 年 5 月 17 日习近平总书记在哲学社会科学工作座谈会上的讲话指出："不断推进学科体系、学术体系、话语体系建设和创新，努力构建一个全方位、全领域、全要素的哲学社会科学体系。"[20] 话语体系是学科基于共识建构的研究范式，有关研究一般遵循此范式展开；其独立性、原创性与价值性则是建构学科话语权的核心要素。但历史上，我国证据理论、制度与取证方法均带有鲜明的舶来（或说"移植"）色彩，导致现有证据学话语体系的本土化不足。例如，有学者认为我国尚未参照英美证据法出台证据法典，故证据可采性规则是残缺的，进而提出，"学习证据法仍然应主要以学习英美证据法为重点，这是学习中国证据法的一个前提"[21]。此观点反映出我国证据学研究对话语移植倾向的固化思维。而此固化思维，也给证据实践带来一定困扰与误导。例如学者指出，21 世纪初对西方程序正义理论的移植，使证据制度过度偏向建构非法证据排除制度，导致证据法认定事实的实体功能被掩盖，长此以往"证据法将丧失其独特的品格"[22]。

而基于"为数字时代证据实践供给知识资源"的命题，证据学话语本土化不足主要体现为现有以权利为核心的话语体系难以解释证据数字化所取得的突出成就，更为以制度授权、技术应用指南等形式赋予部分优异数

---

[20] 习近平：《在哲学社会科学工作座谈会上的讲话》，载《人民日报》2016 年 5 月 19 日，第 2 版。

[21] 易延友：《证据法学：原则 规则 案例》，法律出版社 2017 年版，第 20 页。

[22] 杨波：《以事实认定的准确性为核心——我国刑事证据制度功能之反思与重塑》，载《当代法学》2019 年第 6 期，第 135 页。

字化实践合法性制造了话语障碍。也即，以权利为核心的学科话语体系，过于强调程序正义与权利的不可侵害性，进而相对忽视了证据数字化对实体正义实现的积极功能。例如，取证方法数字化虽然在一定程度上干预了公民隐私权，却也促使取证效率极大提升，不仅积极维护了社会秩序稳定与公民人身财产权益，而且减少了取证主体利用刑讯逼供等方法侵害被调查主体人身自由和健康权的必要性与可能性。如此具备特殊性的双重影响，却未受到证据学研究者的有效关照，对其积极功能的肯定尤为"稀缺"。这也导致诸多研究者对取证方法数字化持全盘否定态度。正如学者所述："权力导向的话语体系时常体现中国刑事诉讼的特殊性……在本土学术主体性尚未充分确立的情况下，其容易被认定为不符合法治原则、有违理论逻辑。"[23] 对此，笔者认为，证据学研究应基于中国的证据及其实践展开，摒弃单一的权利话语，相对客观、中立地审视并把握对证据数字化的积极与消极作用的平衡取舍，以阐述数字时代证据实践的重大成就。

## （二）证据学学科分散化现实阻碍着共识建构

证据学的学科构成及定位历来饱受争议，"证据学"、"证据法学"、"法证据学"[24]、"证据科学"[25] 等表述都曾被用于指代全部或部分证据学学科。而造成此现状的根本原因是，作为证据学研究对象的证据本体及相关诉讼现象所关联的知识内容庞杂且种类多样，各细分学科之间难以形成知识层面的"同频共振"，无法建立起有效的对话，使证据学中与法学、化学、生物学、心理学、概率统计学等学科知识相关的细分学科呈现出相互

㉓ 左卫民：《何处寻觅刑事诉讼的中国知识：打造自主知识体系的若干思考》，载《清华法学》2023 年第 3 期，第 5－20 页。

㉔ "法证据学"的表述突出了证据学的本体地位，具体可见龙宗智：《法学与史学印证方法比较研究》，载《四川大学学报（哲学社会科学版）》2020 年第 1 期，第 112－116 页。

㉕ 张保生、王旭、张中等：《证据科学新兴交叉学科研究报告》，载《证据科学》2022 年第 2 期，第 237－255 页。

独立运行的现状。诚然，我们无法苛求法学学者精通 DNA、毛发检验等与证据相关的生物学、化学知识，但学科的过度分散化导致不同细分领域的研究者缺乏必要的知识互通，极易导致理论研究脱离证据实践，而证据实践的无序发展则可能导致其有违现行证据制度规则体系或证据证明的基本原理。

而随着数字时代人工智能、大数据等技术与证据实践的交融愈发密切，多学科知识对证据学研究的影响愈发凸显，多学科知识互通与融合已经成为证据学发展的重要趋势。如违背此趋势，将加剧上文所提学科分散化的负面影响。

一方面，理论研究脱离实践。证据实践的剧烈变迁因技术迭代与诉讼活动应用而生，使大量证据学理论研究者聚焦于证据数字化议题。但因一些研究者对特定科学术语的差异或偏误理解，或对技术发展与应用现状了解程度较低，在过度追索"理论创新"的需求下，部分研究中不可避免出现了批判对象"虚构化"现象。也即部分研究的批判对象并非确实存在，或虽存在却并非普遍现象或必然出现的现象，进而使有关研究陷入脱离实践及有"学术泡沫"之嫌。㉖ 更为严峻的问题是，权利保护单一的话语体系下，部分研究结论其实并不符合证据数字化实践规律。例如，取证方法数字化对公民隐私权的强制性干预，部分学者认为可以通过程序性控制等方法，建立隐私干预措施的必要性审查制度。但也不乏学者提出，因此方法建构起对公民的大规模数字化监控，应以最严手段禁止措施适用。而这无疑是对中国证据实践数字化的全盘否定，并不合理。

另一方面，缺乏多学科知识引导的证据数字化实践，有违证据理念及

---

㉖ 关于中国数字法学有关研究存在大量"学术泡沫"的现实，可以参见宋保振、赵强：《中国数字法学研究的奠基与深拓（2018—2023）》，载《山东大学学报（哲学社会科学版）》2024 年第 3 期，第 182－192 页。

规范。证据学细分学科相对隔离的知识环境，导致部分以推动证据数字化实践的学科，极易以技术产品提供者及解说者的角色，帮助诉讼活动建构起"技术中心主义"或"技术崇拜"㉗。例如"科学证据"一般指利用科学技术手段获取并鉴真的证据类型，因为人类对科学准确性与稳定性的惯有认知，当科学证据出现在法庭时，其实质上削弱了对科学证据展开质疑或抗辩的可能性。㉘但实质上，科学证据并非完全"科学的"，其往往更需要具备专门知识的人作出展示与解说，便于法官或其他诉讼参与人理解，而这恰恰强调了科学证据的"不可靠性"。而在数字时代，数字技术在证据取得、储存与鉴真层面的参与愈发高频且深入，如何对技术展开"祛魅"，成为具有更重要意义的时代议题。例如：按照技术原理，利用区块链存储的信息难以被篡改且安全性高，那么区块链证据还需要履行鉴真程序吗？答案是肯定的。因为诉讼活动中，向区块链系统上传证据的主体、时间节点等因素都有可能影响其真实性，即区块链证据的真实性是相对于上传样本而言的，却不必然与取证时的客体同一。㉙所以，数字时代的证据学不仅需要了解证据相关技术的原理，更应考察技术与证据融合后其在诉讼活动应用场景的实践情况。

总而言之，数字时代的证据实践对证据学的学科构成及定位提出了新的挑战和要求。证据学需要不断适应时代的发展，加强跨学科融合，明确学科定位，关注技术而至的证据法变革，并注重实践性和前瞻性，以更好地服务于人才培养、司法实践和法治建设。

---

㉗　有学者指出，当前自然科学对法学及相关学科的影响过于重大，未来必须要不断引入自然科学知识丰富法学学科体系，而这也是我们再次重提建构"证据学"的重要原因。参见孙笑侠：《论法律科际整合及其对"可靠事实"的探寻》，载《中国法学》2024年第4期，第151－155页。

㉘　参见［美］米尔建·R.达马斯卡：《漂移的证据法》，李学军等译，中国政法大学出版社2003年版，第202－203页。

㉙　参见王超：《区块链技术证明的三重限度》，载《学习与实践》2022年第1期，第56－66页。

## （三）证据学研究滞后化逻辑亟须转变

按一贯逻辑，特定命题只有成为已经存在或大概率即将出现的社会现象后，才可以成为社会科学有价值的研究对象。例如对人工智能主体地位的理论探讨虽可具备一定超前性，但总的来说仍只有在人工智能自主性与拟人性客观上达到较高水准后，其研究意义方可凸显。[30] 而将已有或将有社会现象视为主要研究对象的社会科学，不可避免地具有相较于实践的滞后性。基于此，证据学是研究诉讼中证据本体及相关诉讼现象的学科[31]，当然遵循前述滞后性研究的基本逻辑。正如学者在"证据学"概念界定中所述："我国证据学的任务在于通过对证据理论问题的研究，以及对司法实践经验的总结，进一步完善我国证据制度。"[32] 但从历史维度考察，证据学的研究对象其实并未发生很大变化，证据及证据方法、制度等要素伴随着人类技术进步、政治制度更迭与司法理念更新相对"慢速"地变化，转化为知识的证据学研究成果可以长时间地解释或指引证据现象。例如对历史上与当前世界各国刑事诉讼中普遍存在的"口供依赖"现象之解释与祛魅研究[33]，虽也滞后于证据现象之发生，但因此建构的知识对证据实践发展却有稳定且持续的指引功能。

---

[30] 近年来，不断有学者就人工智能是否具有独立主体地位，以及是否可以承担民事或刑事责任能力等有关问题展开论述，本质上仍是因深度学习、生成式人工智能等技术创新提升了人工智能的自主行为能力。参见孙那：《确立人工智能法律主体地位的再思考》，载《法学论坛》2024 年第 5 期，第 112-121 页；叶良芳：《人工智能是适格的刑事责任主体吗？》，载《环球法律评论》2019 年第 4 期，第 67-82 页。

[31] 关于证据学的研究对象，学界并未有相对统一的表达，例如龙宗智教授将证据学的研究对象界定为"证据与证明"，而裴苍龄教授则认为是"证据及其规律"。但总的来说，学者基本上认为证据本体及其与诉讼活动交互的过程与相关行为是证据学的研究范畴，为避免过于繁复的概念性"辩论"，本文暂将研究对象的概念界分搁置，选用"证据本体及相关诉讼现象"的表达，突出证据学研究对证据本体的关注侧重。具体学者观点可参见龙宗智：《诉讼证据论》，法律出版社 2021 年版，第 8-13 页；裴苍龄：《论证据学的学科定位》，载《环球法律评论》2015 年第 1 期，第 11 页。

[32] 张光忠主编：《社会科学学科辞典》，中国青年出版社 1990 年版，第 388 页。

[33] 参见李训虎：《口供治理与中国刑事司法裁判》，载《中国社会科学》2015 年第 1 期，第 126-133 页。

但与传统不同的是，数字时代前沿技术矩阵对证据实践的影响重大且频次极高，特别是传统证据学知识在面对前文提到的如"数字化取证对基本权利的负面影响及其规制""大数据分析报告的证据属性"等现象时，出现了知识乏力问题。也即，证据实践与数字技术紧密交融涌现了系列问题，但其中部分问题缺乏证据学知识的关照，理论层面无法解释特定证据现象为何发生、因何发生以及去向何方，制度层面无法为规范建构提供相对统一的知识指引。数字时代证据学面临着更为严峻且重要的知识供给任务，需要适当转变"研究滞后化"的惯常逻辑，以技术发展趋势及其与证据的交互场景为核心，坚持相对超前的研究思维。特别是，中国数字化发展的高速进程使证据实践变动尤为剧烈，建构贴合中国实践及问题的自主知识体系，是中国证据学研究必须承担的时代课题。

# 三、证据学自主知识体系建构的总体方略

## （一）话语体系：中华优秀传统文化与中国政治理念的证据学阐述

历史上，中国有坚实的证据学研究传统，可以说，中华优秀传统文化是证据学知识的重要渊源与历史性根基。与此同时，合乎优秀传统文化内核的证据学话语体系建构，可以传承并弘扬中国历久弥新的法治精神。正如习近平总书记所指出的："弘扬社会主义法治精神，传承中华优秀传统法律文化，引导全体人民做社会主义法治的忠实崇尚者、自觉遵守者、坚定捍卫者。"㉞ 这表明，传统法律文化中的优秀元素，如"民为邦本"的

---

㉞ 习近平：《高举中国特色社会主义伟大旗帜 为全面建设社会主义现代化国家而团结奋斗》，载《人民日报》2022年10月26日，第1版。

民本思想、"法与时转"的社会治理观等，都是我们今天法治建设的宝贵财富。在证据学话语体系场域内，这意味着要深入挖掘和传承中华法文化中的证据思想，如古代的"疑狱"审理、"证据确凿"等原则，将这些传统理念与现代法治精神相结合，推动证据学理论的创新与发展。特别是，宋代"司法裁判者"或"司法监督者"[35] 宋慈及其代表作《洗冤集录》，体现了中国古代证据实践中崇尚科学、依托技术、追求真实的基本理念，例如"须是多方体访，务令参会归一。切不可凭一二人口说，便以为信"，不仅强调了全面调查、收集证据的基本理念，更超越时代地淡化了言词类证据的重要性。对于当代证据学而言，必须着重关注证据被用于事实认定的根基性作用，重述中国古代崇尚发现真实的证据价值取向，剔除单一的权利话语，促进实体正义与程序正义的精准平衡，谨防话语体系选择的偏废。

与此同时，中国特色社会主义的政治理念与中华优秀传统文化相交融，为证据学的话语体系建构提供了政治方向和法治背景。党的十八届四中全会决定明确提出，"推进以审判为中心的诉讼制度改革，确保侦查、起诉的案件事实证据经得起法律的检验。全面贯彻证据裁判规则，严格依法收集、固定、保存、审查、运用证据，完善证人、鉴定人出庭制度，保证庭审在查明事实、认定证据、保护诉权、公正裁判中发挥决定性作用"[36]。基于此方针要求，数字时代的证据学应着重强化服务以审判为中心诉讼制度改革的法治功能：一方面，证据学应将研究重点置于为证据裁

---

[35] 当前，关于宋慈的身份定位，主要倾向于将其称为法医学家或法医学之父，笔者并不否认这一定位。但从其工作经历来说，宋慈历来掌管一地刑狱，负责听讼决断，扮演的是"法官"或"监督者"角色。而其著作《洗冤集录》本身也是从人身检查之角度切入，为刑狱决断提供相对客观（或说科学）的判断依据。所以，笔者认为"司法裁判者"或"司法监督者"其实是对宋慈更全面、更高维度的定位。具体可以参见何家弘：《关于宋慈的两个"误会"》，载《法治周末》2024 年 5 月 23 日，文学·副刊版。

[36] 《中共中央关于全面推进依法治国若干重大问题的决定》，载《人民日报》2014 年 10 月 29 日，第 1 版。

判规则贯彻提供指引性与规范性的制度资源，例如研究自然科学技术对证据实践的影响如何通过意见证据的规范化加以引导。另一方面，证据学还应积极适应犯罪与社会纠纷的情势变更，创新证据取证与证明的"技战法"，发挥证据方法及技术对稳定社会秩序的积极功能。

而面临纷繁复杂且剧烈变迁的证据实践，证据学应以中华优秀传统文化与中国政治理念为基础，探索证据学"元理论"，以此形成符合中国实践、中国语境与服务中国式现代化需求的学科话语体系。而所谓证据学"元理论"应当是对证据学基本理论、原则和方法的系统阐述。基于前述研究结论，笔者认为，证据学的"元理论"应坚持把握实体正义与程序正义的平衡，摒弃单一的权利核心话语，认可中国权力话语的特殊性、优越性，通过话语建构赋予数字化取证与证明方法制度化、规范化的理论正当性。同时，对传统证据理论进行数字化话语改造，重视发挥证据理论对证据实践的引导功能，通过对规范文本的控制提高证据实践与证据理论的契合性。

（二）学科体系："三元一体"的证据学学科构成

数字时代的证据实践样态，使学科分散化问题解决的紧迫性愈发凸显。总的来说，我们认为，当前证据学学科分散化问题的重要成因是，现有学科研究并未从相对宏观的角度就证据学的研究方向达成理论共识，使纷繁复杂的学科体系缺乏类型化区分。从学科体系类型化角度出发，笔者基本认同何家弘教授的观点，他指出："证据学是一个学科群，包括证据法学、证据调查学和物证技术学等分支学科。"[37] 何教授对证据学学科群的划分，基本是按照法、方法与技术的分类思路。虽然严格来说，技术也属于方法要素，但因科学技术对证据和证据学的影响巨大，且偏自然科学

---

[37] 何家弘：《证据学抑或证据法学》，载《法学研究》2008年第1期，第131页。

的学科知识专业性极强，故而将其从证据调查方法中独立出来进而展开专门研究，更符合学科研究逻辑。

可以说，法、方法与技术的三大分类，相对科学地界定了证据学细分领域所遵循的三类研究范式，所有更细的学科其实都可以被归入此范畴之内。例如法医学、物证技术学等源自西方的专业学科即法庭科学的亚学科都可以被归入技术学的范畴，而类似于侦查学、治安学、犯罪心理学等涵盖有一定证据调查方法的部分学科可以被认为是方法学。当然，随着数字技术与证据的不断交互，既有的学科名称可以随着证据学的发展而有所调整。例如，物证技术学之所以可以成为独立的学科，正是因为针对"实物类证据"进行技术性提取、检验与鉴定的系列活动对诉讼事实之认定至关重要。[38] 现有物证技术学将"需要技术手段进行发现、记录、提取、鉴定的一部分"（电子数据——引者注）视为"实物类证据"的构成，因为电子数据也是基于计算机、网络通信基站与数据储存介质等的物理存在。[39]但总的来说，随着证据数字化的发展，以 0、1 二进制数字形式表达或基于数字技术生成的证据（如大数据证据）将成为需要技术介入的主要证据类型，再将其称为"物证技术学"难免在语义上使人产生误解，即认为这仍是以物证、书证技术为主要研究对象的专门学科，进而忽视了如电子数据、大数据分析报告、区块链存证等新兴证据样态或方法。鉴于此，笔者认为可以将"物证技术学"之表述扩容为"证据技术学"，研究对象是任何需要通过自然科学技术提取、分析、鉴定与固定的证据技术，包括狭义的物证技术学、数字证据技术学、法医学等具体学科方向，如此可以从语义上更为契合数字时代证据及证据方法表现出的智能化、电子化特征。

---

[38] 参见李学军主编：《物证技术学》（第 5 版），中国人民大学出版社 2021 年版，第 3-6 页。
[39] 参见李学军主编：《物证技术学》（第 5 版），中国人民大学出版社 2021 年版，第 401 页。

所以，数字时代证据学的学科体系建设可以以法、方法与技术为三大方向，并将各细分学科统一归入证据法学、证据调查学与证据技术学之下，根据具体学科的研究内容与知识体系，授予学生如法学、医学、工学等不同类型的学位。而更为重要的是，学科体系间应建立起以证据学为中心的知识互通交流的体制机制。在高等教育阶段应充分开设不同方向的专业必修课，要求证据学专业学生掌握和了解必要的证据学学科知识。而在学科研究中，应通过研究证据学科研组织建设、开展学科研讨会与专题讲座等形式促进证据学不同细分方向的知识互通，通过不断的沟通与交往进而建构学科的知识性共识，特别是促使方法与技术研究人员遵循证据法的基本理念与规范要求推进证据实践，帮助证据法研究者了解证据实践的样态及发展趋势并提出证据法制的完善建议。

### （三）学术体系：证据与技术交互的预先性证据学研究面向

在数字时代，证据学研究正面临前所未有的挑战与机遇。随着科技的迅猛发展，证据的形态和运用方式正在发生深刻变化，这对证据学的理论体系和实践应用提出了新的要求。为了适应这一变化，证据学研究者需要从传统的滞后于实践的研究逻辑中解放出来，积极面向技术的发展态势，深入理解证据与技术的互动关系，并在此基础上构建一个具有前瞻性的证据学学术体系。

首先，证据学研究者应当关注技术样态的变化，如大数据证据等新兴证据形式的出现，以及它们在司法实践中的运用。这要求证据学研究者不仅要关注证据的法律规范，还要深入技术层面，理解这些新兴证据的技术特性和可能的法律影响。例如，数字证据的易变性和易改性要求证据学研究者不仅要掌握相关的法律知识，还要具备一定的技术能力，以确保证据的完整性和可靠性。

其次，证据学研究者应当积极参与到技术与证据的战略规划及文本制定过程中。证据学研究者应当成为立法对策和法律解释的重要参与者，而不仅仅是被动的观察者或评论者。通过这种方式，证据学研究者可以为立法或法律解释提供更为科学、合理的指导和建议。此外，证据学研究者不仅可以通过参与法律修改活动来提供学术贡献，而且应以证据发展趋势预测者及政策建议提供者的身份参与到技术与证据的战略规划和文本制定过程中，积极投入前沿证据实践议题讨论。

最后，在全球化的背景下，跨国证据的运用日益频繁，这对我国证据法学的国际协作提出了新的挑战和要求。为了提升我国在证据国际协作方面的能力，提升我国证据学研究的国际话语权，建议证据学学术研究者应加强国际交流与合作：通过参与国际会议和研讨会，如"证据理论与科学国际研讨会"，与全球的证据法学专家、证据调查或技术专家进行深入交流，共同探讨证据法学与法庭科学的发展，促进国际的学术交流与合作。推动证据法的国际比较研究，通过对两大法系证据制度的比较研究了解不同法系在证据可采性、非法证据排除规则等方面的异同，为我国证据法的完善提供参考。培养国际化的证据学人才，通过教育和培训，增强法律从业人员对国际证据规则的理解和应用能力，为参与国际司法协助和证据交换提供人才支持。

综上所述，数字时代的证据学研究者应当积极适应技术发展的趋势，深入理解证据与技术的互动关系，建构一个具有前瞻性的学术体系，为证据实践提供科学、合理的指导和建议。这恰恰是中国自主知识体系之证据学研究的发展方向，也是其应有的学术贡献。

# 论算法的法律规制[*]

丁晓东[**]

## 一、问题的提出：算法崛起的法律挑战

随着大数据与人工智能时代的到来，算法开始呈现越来越大的影响力，日益成为社会关注的问题。以往，算法更多是数学家或程序员所关注的对象，算法主要在数学运算或实验室的场景下发生作用。到了大数据与人工智能时代，算法开始在越来越多的应用场景中被用于决策或辅助决策。[①] 随着大数据与人工智能更深度地运用，未来算法的应用场景将更为广泛，在自动驾驶、公共管理、司法等领域与场景中，算法都将发挥举足轻重甚至是决定性的作用。算法在社会中的广泛运用带来很多正面效应，它可以大幅提高决策效率，为消费者或用户提供更精准的服务。同时，算法的崛起也带来很多挑战。[②] 2020 年外卖算法系统引起社会广泛关注，一些互联网平台利用算法设置外卖骑手的配送时间，送餐时间被压缩得越来

---

[*] 本文原载于《中国社会科学》2020 年第 12 期。

[**] 中国人民大学法学院教授、博士研究生导师，中国人民大学未来法治研究院副院长。

[①] 例如：在外卖送餐行业，算法被美团、饿了么等企业广为应用，用于提高送餐效率和压缩送餐时间；在新闻资讯与娱乐领域，抖音、快手、今日头条等利用算法进行个性化推荐与分发，以提高新闻与娱乐资讯的传播效率；在电商领域，淘宝、京东等购物网站利用算法对个体进行个性化推荐，以大幅促进销量；在搜索领域，百度等搜索引擎广泛运用以算法为核心的信息检索；在评级网站中，豆瓣、大众点评等利用算法实现对相关主体与对象的评级，为消费者提供引导。

[②] 参见张文显：《构建智能社会的法律秩序》，载《东方法学》2020 年第 5 期。

越短，对外卖骑手的生命健康造成严重威胁。[③] 而且，这个算法系统采用自动化的机器决策方式，骑手很难理解和提出抗议。

从法律的角度看，算法从几个方面挑战了法律的一些基本原则。首先，算法黑箱可能挑战人类决策中的知情权与自主性。一般认为，在所有重要事务中，作出最终决策的主体应当是人，"人类选择是私人与公共生活的不可分割与根本性的一部分"[④]。但是在算法社会中，很多时候不透明的算法——而非人——成为决策主体，如果不加检验地以机器决策替代人类决策，人类的自主性可能面临严峻考验。

其次，算法可能威胁个体的隐私与自由。算法常常建立在对个人数据的收集之上，通过结合大数据运算与个人数据进行个性化推送。但这种对个体偏好的预测与迎合可能损害公民个体的自主性，因为这种个性化推荐可能使个体困于信息茧房（information cocoons）。个体受限于算法的控制，能接受到的信息只是算法根据个体偏好而筛选出来的信息，而不是那些更加中立、可能促使个体反思自身前见的信息，甚至不是随机性的信息。长期如此，个体真正的自由可能受到威胁。

最后，算法可能导致歧视与偏见。平等是一个社会的基本价值，算法的技术特征使有人认为，算法有助于解决歧视与偏见问题。但算法也可能常常暗含歧视与偏见，甚至放大人类的偏见。[⑤] 当人们设计算法与输入数据时，此类算法或数据可能就不具有代表性，例如一种进行人类脸部识别

---

③ 参见赖祐萱：《外卖骑手，困在系统里》，载《人物》2020年第8期。

④ Michal S. Gal, "Algorithmic Challenges to Autonomous Choice", *Michigan Technology Law Review*, vol. 25, no. 1, 2017, p. 60.

⑤ See Jeremy Kun, *Big DataAlgorithms Can Discriminate*, *and It's Not ClearWhat to Do About It*, The Conversation, Aug. 13, 2015, http://theconversation. com/big-data-algorithms-can-discriminate-and-its-not-clear-what-to-do-about-it-45849, June 6, 2018; Ramona Pringle, *When Technology Discriminates：How Algorithmic Bias Can Make an Impact*, CBC, Aug. 10, 2017, http://www. cbc. ca/news/technology/algorithms-hiring-bias-ramona-pringle-1. 4241031,June 16,2018.

的算法如果所使用的数据都是白人男性的数据，那么就可能无法识别黑人、亚裔或女性，对黑人、亚裔或女性形成歧视。⑥ 算法可能会固化歧视与偏见，使其更难被发现、更难被矫正。

针对算法崛起所带来的法律挑战，传统法律规制主要采取三种方式加以应对：算法公开、个人数据赋权与反算法歧视。其中主张采取算法公开方式的观点认为：算法崛起带来的最大挑战在于算法的不透明性，人们常常感到它是一个黑箱，无法理解它的逻辑或其决策机制。因此，应当对算法进行公开，使算法能够为人们所知晓。主张采取个人数据赋权方式的观点认为，影响个体的算法都是建立在对个人数据的收集与应用基础上的，因此，应当对算法所依赖的对象——数据——进行法律规制，通过赋予个体以相关数据权利来规制算法。最后，主张采取反算法歧视方式的观点认为，算法中常常隐含了很多对个体的身份性歧视，因此应当消除算法中的身份歧视，实现身份中立化的算法决策。

如何看待算法崛起对法律规制的挑战？本部分力图对这一问题进行较为全面的分析。首先，本部分对算法进行界定，指出算法的本质在于人机交互决策，因此算法不同于纯粹的科学或工具，具备法律上的可规制性。其次，本部分对算法公开、个人数据赋权与反算法歧视这三种传统的算法法律规制方式进行分析，指出机械地使用这三种方式可能导致可行性与可欲性问题。再次，本部分分析算法规制的基本原理，指出算法常常因为场景的变化而具有不同属性。为此，算法规制必须采取场景化的规制路径，根据算法运用的不同主体、算法针对的不同对象、算法涉及的不同领域而进行不同类型的规制，以形成可信赖和负责任的算法。最后，本部分对算

---

⑥ See Clare Garvie and Jonathan Frankle，*Facial-RecognitionSoftwareMight Have a Racial Bias Problem*，The Atlantic，April 7，2016，https://www.theatlantic.com/technology/archive/2016/04/the-underlying-bias-of-facial-recognition-systems/476991/，June 18，2018.

法公开、个人数据赋权与反算法歧视的制度进行初步建构。

## 二、算法的界定与可规制性

在分析算法规制之前，需要先对算法进行界定。算法可作狭义界定，也可作广义或中义界定。⑦ 从狭义角度看，算法源于数学与计算科学，用于表述解决数学与计算科学难题的一系列规则，例如数据结构算法、数论与代数算法、计算几何算法、图论算法、动态规划以及数值分析、加密算法、排序算法、检索算法、随机化算法、并行算法、厄米变形模型、随机森林算法等。因此，狭义的算法可被视为纯粹的科学或技术。⑧ 根据这种理解，有的学者将算法界定为一系列"已被编码的程序"或者"为了快速实现某个目标对一组数据进行处理的逻辑步骤"⑨。

算法也可作广义界定。随着社会的发展与科技的广泛应用，算法的概念不仅被应用于数学与计算科学领域，也被应用于很多社会科学领域。在这些语境下，算法被宽泛地界定为所有决策程序或步骤，而不仅是与机器相关的自动化决策。⑩ 从广义的算法的概念出发，有学者认为算法可被视

---

⑦　See Jean-Luc Chabert ed. , *A History of Algorithms：From the Pebble to the Microchip*, New York：Springer, 1999, p. 1.

⑧　以科技的视角看待算法，可参见 Christopher W. Clifton, Dierdre K. Mulligan and Raghu Ramakrishnan, "Data Mining and Privacy：An Overview", in Katherine J. Strandburg and Daniela Stan Raicu eds. , *Privacy and Technologies of Identity：A Cross-Disciplinary Conversation*, New York：Springer, 2006, pp. 191-208。

⑨　Tarleton Gillespie, "The Relevance of Algorithms", in Tarleton Gillespie, Pablo J. Boczkowski and Kirsten A. Foot eds. , *Media Technologies：Essays on Communication, Materiality, and Society*, Cambridge：The MIT Press, 2014, p. 167.

⑩　See Danielle Keats Citron, "Technological Due Process", *Washington University Law Review*, vol. 85, no. 6, 2007, pp. 1249-1313; Oscar H. Gandy, Jr. , "Engaging Rational Discrimination：Exploring Reasons for Placing Regulatory Constraints on Decision Support Systems", *Ethics and Information Technology*, vol. 12, no. 1, 2010, pp. 29-42.

为一种建构社会秩序的特殊理性形式。⑪ 还有学者提出，算法可以被界定为"为实现某一目标而明确设定的一系列步骤"⑫。

本部分采纳介于狭义与广义之间的中义算法定义。这种算法定义将算法界定为人类和机器交互的决策，即人类通过代码设置、数据运算与机器自动化判断进行决策的一套机制。⑬ 在当前算法大规模介入人类生活决策的背景下，采纳这一界定更符合本部分所要描述与分析的对象。本部分所要分析的是人们利用机器来进行自动化决策或辅助决策的算法，这种算法并非数学或计算机科学意义上的算法，也并非纯粹关于人类行为的决策算法⑭，这一过程中既有人类决策，也有机器的自动化判断。

从人机交互的角度分析算法，可以深入理解算法的非中立性与法律上的可规制性。一种观点认为，算法是一种科学技术或工具，在价值上是完全中立的。法律只需对算法产生的后果进行应对，而不需要对算法本身进行法律规制。就像数学公式或手机一样，当犯罪分子利用数学公式运算盗取比特币，或者利用手机进行诈骗时，法律并不将数学公式或手机纳入规制范围。但现代社会中的算法并非实验室里的算法，而是已经深度介入社会生活的方方面面。在很多情形中，算法已经成为社会价值判断的一部分。以"今日头条"为例，当其宣称自身算法中立时，其实不过是采取了

---

⑪　See David Beer, "Power Through the Algorithm? Participatory Web Cultures and the Technological Unconscious", *New Media & Society*, vol. 11, no. 6, 2009, pp. 985-1002; David Lyon, "Surveillance as Social Sorting: Computer Codes and Mobile Bodies", in David Lyon ed., *Surveillance as Social Sorting: Privacy, Risk, and Digital Discrimination*, New York: Routledge, 2003, pp. 13-30.

⑫　Joshua A. Kroll, et al., "Accountable Algorithms", *University of Pennsylvania Law Review*, vol. 165, no. 3, 2017, pp. 633, 640.

⑬　不同人设想的算法所包括的代码、数据或生态系统常有差异。参见 *Algorithmic Accountability: Applying the Concept to Different Country Contexts*, July, 2017, p. 5, http://webfoundation.org/docs/2017/07/Algorithms_Report_WF.pdf, May 3, 2018。

⑭　因此，算法在法律上常被认为具有多重性质。相关探讨参见陈景辉：《算法的法律性质：言论、商业秘密还是正当程序?》，载《比较法研究》2020年第2期；左亦鲁：《算法与言论——美国的理论与实践》，载《环球法律评论》2018年第5期。

另一种价值立场：以商业价值与经济利益作为新闻媒体的最大价值，利用"算法实现最大推送量，获得最高点击率"，"追求利益的最大化"⑮。

总而言之，算法与可以作为犯罪工具的数学公式与手机非常不同。因为就数学公式或手机与犯罪行为之间的联系而言，数学公式或手机中并没有嵌入价值判断⑯，但作为决策机制或辅助决策机制的算法中却深深地嵌入了价值判断。如果此时我们仍然坚持算法中立性或技术中立性的立场，对价值与伦理问题视而不见，就很可能忽视算法对人类价值伦理所带来的挑战。算法或算法系统并不是价值中立的，相反，算法隐含的价值立场使有必要对算法进行规制。

## 三、算法法律规制的传统方式及其困境

在界定算法的定义并阐述算法的可规制性后，可在此基础上分析算法法律规制的三种传统方式：算法公开、个人数据赋权与反算法歧视。深入分析这三种方式，会发现机械运用传统规制方式造成的困境。

### （一）算法公开

主张采取算法公开方式的观点认为，算法崛起带来的最大挑战在于算法的不透明性，因此，应当公开算法，使算法能够为人们所知晓。例如，丹妮尔·西特鲁恩（Danielle Keats Citron）和弗兰克·帕斯奎尔（Frank

---

⑮ 宣言：《不能让算法决定内容》，载《人民日报》2017年10月5日，第4版。

⑯ 手机也存在价值立场问题，例如手机是否考虑了对盲人等残障人士的需求。因此从广义上看，任何技术都不是中立的，都存在价值伦理的问题。相关讨论参见 Jack Balkin, "The Path of Robotics Law", *California Law Review Circuilt*, vol. 16, no. 45, 2015, pp. 45-60；郑玉双：《破解技术中立难题——法律与科技之关系的法理学再思》，载《华东政法大学学报》2018年第1期。

Pasquale）通过对美国征信行业算法黑箱的分析，指出征信行业的算法缺乏透明性。[17] 他们主张，负责保护消费者权益的美国联邦贸易委员会应强化监管，实现算法透明化。美国联邦贸易委员会对相关评级机构不仅可以监督评级机构的数据组，也可对其源代码进行审查，以探明评级机构的算法是否违反反歧视法的相关规定，是否存在程序员的偏见或机器学习的偏见。[18]

与算法公开类似的是算法的可解释性。相比算法公开，算法的可解释性具有更高的要求，因为前者主要强调算法运算数据的公开以及源代码的公开[19]，后者不仅强调公开，而且强调算法必须为数据主体或终端用户所理解。在欧洲，这种对算法解释权的要求已被很多研究者提倡，"可解释的人工智能"被冠以"XAI"（Explainable Artificial Intelligence）的专门术语，成为众多专家关注的领域。[20]

### 1. 算法公开的可行性

算法公开首先会面临可行性的难题。算法公开假定，算法是一个黑箱，只要打开这个黑箱，算法就会暴露在阳光下，为人们所知晓，但现实是，算法黑箱的原理与国家机密或商业秘密的原理并不相同，算法黑箱是由算法的技术性特征造成的，而非人为刻意保持造成的。[21] 在大数据与人工智能时代，为了提高算法的准确性，算法的复杂性往往会增加，一个企

---

[17] See Danielle Keats Citron and Frank Pasquale，"The Scored Society：Due Process for Automated Predictions"，*Washington Law Review*，vol. 89，no. 1，2014，p. 1.

[18] See Danielle Keats Citron and Frank Pasquale，"The Scored Society：Due Process for Automated Predictions"，p. 25.

[19] 在这个意义上，算法公开更多是程序性要求，以正当程序原则规制算法的分析，参见 Danielle Keats Citron，"Technological Due Process"，p. 1256。

[20] See David Gunning，*Explainable Artificial Intelligence（XAI）*，U. S. Defense Advanced Research Projects Agency，https：//www. cc. gatech. edu/~ alanwags/DLAI2016/（Gunning）%20IJCAI-16%20DLAI%20WS. pdf，Aug. 6，2018.

[21] 参见沈伟伟：《算法透明原则的迷思——算法规制理论的批判》，载《环球法律评论》2019年第6期。

业或网站的算法往往由数十上百甚至上千的工程师写作完成，同时机器学习中的算法是经过训练数据集而不断进行调整优化而产生的，并非完全按照工程师编写的代码而产生。在这样的背景下，公开算法的源代码和架构并无太多意义，因为公开并不能提供有效的对算法的说明。[22]

基于这一原理，要求人工智能中的算法实现透明性，这"听上去很好，但实际上可能没什么帮助，而且可能有害"[23]。实践中的算法公开也印证了这一点。社交新闻网站 Reddit 曾对一部分专家公开了其网站的排名算法，但研究者发现，专家对算法到底如何运转常常存在分歧，对于算法如何真正运行，专家其实也很难完全理解。[24] 专家尚且如此，对于普通人而言，算法公开更无实质意义。

算法的可解释性，除面临和算法公开同样的困境之外，还面临着大数据带来的因果关系难题。传统上人们主要通过因果关系了解世界，通过把握世界中的因果关系，决策主体就能理解世界发展变化的逻辑，为未来决策提供借鉴和依据。但对于大数据，很多专家都指出，大数据所力图发现的并不是因果关系，而是相关关系。[25] 正如维克托·迈尔-舍恩伯格所说，"当我们说人类是通过因果关系了解世界时，我们指的是我们在理解和解释世界各种现象时使用的两种基本方法：一种是通过快速、虚幻的因果关系，还有一种就是通过缓慢、有条不紊的因果关系。大数据会改变这两种

㉒　See Max Kuhn and Kjell Johnson, *Applied Predictive Modeling*, New York: Springer-Verlag, 2013, p. 50.

㉓　Curt Levey and Ryan Hagemann, "Algorithms with Minds of Their Own", *The Wall Street Journal*, November 12, 2017, https://www.wsj.com/articles/algorithms-with-minds-of-their-own-1510521093, July 30, 2018.

㉔　See Christian Sandvig et al., "Auditing Algorithms: Research Methods for Detecting Discrimination on Internet Platforms", http://www-personal.umich.edu/~csandvig/research/Auditing%20Algorithms%20--%20Sandvig%20--%20ICA%202014%20Data%20and%20Discrimination%20Preconference.pdf, July 30, 2018.

㉕　参见维克托·迈尔-舍恩伯格、肯尼思·库克耶：《大数据时代：生活、工作与思维的大变革》，盛杨燕、周涛译，浙江人民出版社 2013 年版，第 67-94 页。

基本方法在我们认识世界时所扮演的角色"㉖。在这个意义上，要求所有算法都必须满足可解释性的要求，实际上是要求相关主体完成一项不可能的任务，因为基于大数据的算法与可解释性所要求的因果关系阐释具有完全不同的逻辑。㉗

**2. 算法公开的可欲性**

在有些情形中，算法的透明性与可解释性可以实现或部分实现，但算法的透明性与可解释性仍可能存在可欲性问题。一旦算法被公开或被解释给相关主体，算法就可能面临被相关主体钻空子或者知识产权被侵犯的风险。

算法公开首先可能导致算计（gaming）的问题。算法公开的初衷在于防止算法黑箱带来的滥用，通过公开与解释算法来监督算法，但算法一旦公开，相关主体就有可能利用和算计算法，通过设置相应的参数和制造数据达成自己的目的，从而损害其他主体的正当权益。例如，在搜索算法中，谷歌（Google）曾经依赖一种叫作 PageRank 的算法确定搜索排序，这种排序方法主要根据 META 标签、关键字等参数进行排序。当谷歌公开这一算法之后，很多网站就开始利用此类算法，在自己的网页内嵌套符合 PageRank 算法的有隐藏内容的网页，以此达到提高网站在谷歌搜索结果页面排名靠前的目的。经过此类设计后，一些与搜索内容并不相关的网页也被谷歌搜索并排在前面。㉘ 出于防止算计算法的考虑，如今谷歌采取

---

㉖ 维克托·迈尔-舍恩伯格、肯尼思·库克耶：《大数据时代：生活、工作与思维的大变革》，第 84 页。

㉗ 因果关系是一个非常复杂的哲学问题，人类的许多认知过程其实也受相关关系的影响。参见 Amos Tversky and Daniel Kahneman, "Availability：A Heuristic for Judging Frequency and Probability", *Cognitive Psychology*, vol. 5, no. 2, 1973, pp. 207–232。

㉘ See John Faber, "How to Future–Proof Your Search Ranking", Chapter Three, April 2, 2018, https://www.chapterthree.com/blog/how–to–future–proof–your–search–ranking, July 31, 2018.

考虑上百种参数而综合判断的搜索算法，维持了搜索算法的秘密性。㉙

即使算法不公开，对算法的算计也非常普遍。各类评级网站充斥着"水军"，他们通过人工或机器的方式不正当地改变某些评分，以此影响消费者的消费行为。为防止此类行为，网站常常在相关算法中嵌入打击刷分行为的参数或设计。㉚ 如果法律对算法公开与算法可解释性进行强制性规定，要求企业公开或解释此类参数或设计，那么"水军"就可以更快地调整刷分策略，更精准地利用网站的算法漏洞。

除了算计的问题，算法公开也可能导致知识产权侵权或算法被抄袭。在当前的算法监管中，很多商业机构都以商业秘密的名义拒绝监管，一些学者对商业机构的这种做法感到愤怒，因为它实际上完全将算法置于法律监管的空白地带。㉛ 此种担忧有一定道理，尤其当企业算法具有一定的公共属性时，不宜将算法都视为商业秘密。但从商业秘密的定义以及知识产权原理看，并不能完全否认算法作为商业秘密的特征。从商业秘密的定义看，很多算法的确满足了秘密性、经济性等要件。㉜ 而从原理层面看，无论是基于劳动价值论，还是基于促进投资的功利主义原理，将算法视为商业秘密予以知识产权保护，都具有一定的正当性基础。㉝

---

㉙　See Danny Sullivan，"Google Uses RankBrain for Every Search, Impacts Rankings of 'Lots of Them"，Search Engine Land，June 23，2016，https://searchengineland.com/google - loves - rankbrain - uses - for - every - search - 252526，July 31，2018.

㉚　例如，利用贝叶斯模型识别和剔除水军。参见张艳梅等：《基于贝叶斯模型的微博网络水军识别算法研究》，载《通信学报》2017年第1期。

㉛　参见 Frank Pasquale，*The Black Box Society*：*The Secret Algorithms That Control Money and Information*，Cambridge，MA：Harvard University Press，2015，p. 10。

㉜　根据 TRIPs 第39条，当一项信息满足三项条件即为商业秘密：（1）该信息不为公众所知；（2）因为该信息不为公众所知，为其所有者带来了经济利益；（3）该信息所有者为了保持其秘密性需要作出一定的努力。

㉝　参见梁志文：《论算法排他权：破除算法偏见的路径选择》，载《政治与法律》2020年第8期；狄晓斐：《人工智能算法可专利性探析——从知识生产角度区分抽象概念与具体应用》，载《知识产权》2020年第6期。

## （二）个人数据赋权

从个人数据赋权的角度应对算法问题，与从算法公开与算法可解释性的角度监管算法具有重叠之处。但个人数据赋权的相关法律更多依赖于个人对数据的控制，更试图从算法所依赖的对象——数据——的角度切入对算法进行法律规制。[34]

个人数据赋权的相关法律首先赋予个体一系列的数据权利，强化个人对个人数据的知情与控制。例如，欧美的很多个人数据立法都赋予个人在数据收集时的知情选择权、数据访问权、数据更正权、数据删除权、反对自动化处理的权利等一系列权利。个人数据赋权对数据控制者与处理者施加责任，要求数据控制者与处理者满足个人的一系列数据权利，承担维护个人数据安全与数据质量等责任。[35]

我国的相关法律、法规和行业标准也日益注重这一方式。我国《民法典》的人格权编除规定隐私权益受保护外，还规定了个人对自身个人信息的查阅、复制、更正等权利。[36]《网络安全法》的一些条文和一些行业标准规定了系列个人信息保护制度。[37]《个人信息保护法》对个人信息进行综合性的立法与保护。

### 1. 可行性

在可行性层面，个人数据赋权并不一定能很好回应算法决策或算法辅

---

[34] 参见汪庆华：《人工智能的法律规制路径：一个框架性讨论》，载《现代法学》2019 年第 2 期；孙建丽：《算法自动化决策风险的法律规制研究》，载《法治研究》2019 年第 4 期。

[35] 参见丁晓东：《论个人信息法律保护的思想渊源与基本原理——基于"公平信息实践"的分析》，载《现代法学》2019 年第 3 期。

[36] 参见《民法典》第 1035～1039 条。对我国《民法典》的个人信息保护制度的解读，参见张新宝：《〈民法总则〉个人信息保护条文研究》，载《中外法学》2019 年第 1 期；王成：《个人信息民法保护的模式选择》，载《中国社会科学》2019 年第 6 期。

[37] 参见《网络安全法》第 41～45 条；全国信息安全标准化技术委员会：《信息安全技术 个人信息安全规范》，2018 年 1 月 24 日，https://www.tc260.org.cn/front/postDetail.html? id = 20180124211617，2018 年 7 月 24 日。

助决策带来的问题。

首先，个人常常无法在数据收集时作出合理判断。在个人数据保护的现有法律制度中，一项重要的制度设计就是所谓的"告知—选择"（notice-choice）框架：企业等相关主体在网站或产品上告知相关群体其隐私政策，再由公民个体选择是否同意。但相关研究表明，个体对于隐私风险的认知往往非常有限[38]，而且企业的网站和隐私政策非常复杂和冗长[39]，一般读者很难理解[40]，要阅读所有网站的隐私政策更是要花费海量时间。[41]因此，虽然现有各种数据隐私的立法大都赋予个体知情选择权，但人们往往很少或几乎不阅读相关的隐私公告。[42]

其次，在数据处理时，个人也很难有效行使反对权。欧盟《一般数据保护条例》赋予个体随时反对"因为直接营销目的而处理个人数据"或完全"依靠自动化处理"而"对数据主体作出具有法律影响或类似严重影响的决策"，但这种赋予个体的权利事实上很难被个体行使。面对算法黑箱，个体很难知晓其个人数据是否被处理、其个人数据何时被处理、被哪个数据处理者处理。

最后，个人很难针对侵犯个人数据权利的行为寻求救济。在信息社

---

[38] See Richard H. Thaler and Cass R. Sunstein, *Nudge：Improving Decisions About Health*, *Wealth*, *and Happiness*, New Haven, CT：Yale University Press, 2008, p. 9.

[39] 以 Facebook 的隐私政策为例，其篇幅甚至长于美国宪法。参见 Bianca Bosker, "Facebook Privacy Policy Explained：It's Longer than the Constitution", *Huffington Post*, April 8, 2014, https://www.huffingtonpost. com/2010/05/12/facebook-privacy-policy-s _n _574389. html, Aug. 5,2018.

[40] 有的法律注意到这一点，例如《一般数据保护条例》第 7 条规定，隐私政策"应当使用一种容易理解的形式，使用清晰和平白的语言"，但即使有这一规定，也不可能完全简化相关主体的隐私政策，因为后者本身就是非常复杂的。

[41] 一项研究估算，一个美国公民，如果要阅读所有访问网站的隐私公告，那么他一年可能需要花费 244 小时。参见 Lorrie Faith Cranor, "Necessary But Not Sufficient：Standardized Mechanisms for Privacy Notice and Choice", *Journal on Telecommunications & High Technology Law*, vol. 10, no. 2, 2012, p. 274.

[42] 一项调查发现，在美国的相关互联网使用者中，只有 20% 的人们在"大多数情况下会阅读隐私公告"。参见 Helen Nissenbaum, *Privacy in Context：Technology*, *Policy*, *and the Integrity of Social Life*, Stanford, CA：Stanford University Press, 2009, p. 105。

会，个人数据权利所面临的威胁涉及多个主体，侵权过程难以被辨识。例如，个人可能只在某个社交网站上公开部分数据，其他公司可能通过爬虫技术获取此类数据，后者将此类数据部分匿名化后出售给另外一家大数据公司。对于此类侵权行为，个人即使知晓其中存在侵犯隐私权益的行为，也难以向法院提起侵权之诉或向有关主体申诉。无论是诉讼成本支出、提供证据还是证明因果关系，个人都可能面临很多难题。[43]

### 2. 可欲性

在可欲性层面，从个人数据赋权的角度回应算法也存在一些需要重新思考的问题。就自主性来说，基于算法的自动决策或辅助决策可能威胁个体的自主性或自主选择权，但在其他很多情形中，算法也可能帮助人们作出更好的选择，从而更好地实现人的主体性。[44] 如果没有算法推荐或辅助决策，人类可能会作出很多错误判断，所谓人的自主性也只是空洞的口号。正如有些学者所说的，如果说算法与科技让我们"放弃自主性，那仅仅是此类自主性：做错误决策、和后来发现我们不喜欢的人去差劲餐厅、购买无聊小说、听糟糕音乐、参加付出多余收益活动。比起那个具有错误观念、有限信息和被情绪化干扰的自己，其实我们已经作出了更好的选择，因为我们的真正自我已经得到了强大和有效的科技的帮助"[45]。

在这个意义上，不能简单认定，基于算法的自动决策或辅助决策不利

---

[43] See James Q. Whitman, "The Two Western Cultures of Privacy: Dignity Versus Liberty", *Yale Law Journal*, vol. 113, no. 6, 2004, p. 1204; Lawrence M. Friedman, "Name Robbers: Privacy, Blackmail, and Assorted Matters in Legal History", *Hofstra Law Review*, vol. 30, no. 4, 2002, p. 1125.

[44] 以主体性为基础对算法进行规制的思路，参见苏宇：《算法规制的谱系》，载《中国法学》2020 年第 3 期；陈姿含：《人工智能算法中的法律主体性危机》，载《法律科学》2019 年第 4 期；李文静、栾群：《人工智能时代算法的法律规制：现实、理论与进路》，载《福建师范大学学报》2020 年第 4 期。

[45] Richard T. Ford, "Save the Robots: Cyber Profiling and Your So-Called Life", *Stanford Law Review*, vol. 52, no. 5, 2000, pp. 1573-1584.

于人的自主性。如果运用合理，算法反而可能成为人类自主性的助推者，帮助人类个体或集体作出更有效的和更好的选择。⑯ 因此，不能简单将隐私或个人数据保护视为保护个人或群体的自主性。

同样，从信息的角度看，个人数据赋权也不等同于自由。基于算法的个性化推荐可能会让人困于信息茧房，威胁个体和集体的自由，但在没有算法推荐的情形下，个体或集体也可能限于信息茧房。毕竟，信息的传播从来都不是在真空中进行的，在算法的个体性推荐以及算法辅助决策崛起之前，整个社会就存在很多的信息筛选机制，记者、编辑，出版社以及其他各类大众传播媒介机构对信息的采集、编辑与传播存在很多控制。⑰ 而就信息的接收者来说，个体在没有算法介入的情形下也同样偏向于选择自己愿意听到的信息，集体也可能出现所谓的群体极化的情形。因此，不能简单认定基于算法的信息推荐会比没有算法的世界更有利于人的自由。

（三）反算法歧视

从反歧视的角度规制算法，消除算法中可能存在的身份歧视与偏见，也是目前众多研究和报告提出的重要手段。

首先，有研究者指出，应当禁止利用算法对属于某些种族、有某种信仰、是某种性别的群体进行区别对待，以防止恶意歧视。大数据的预测功能已为广泛验证，但有研究者指出，大数据不仅被用于预测疾病、风险与事故，也容易被用于预测人的身份。例如，有研究表明，通过对大数据的算法分析，人们的饮食、音乐等各种偏好可以很容易被用来预测个体的种族属性。如果算法的掌控者是一位种族主义者，其很可能会利用此种算法

---

⑯　由外界助推而提高个人有效选择和自主性的理念，可参见 Richard H. Thaler and Cass R. Sunstein，*Nudge：Improving Decisions About Health，Wealth，and Happiness*，pp. 6-8。

⑰　See Randall Bezanson, "The Developing Law of Editorial Judgment", *Nebraska Law Review*, vol. 78, no. 4, 1999, p. 756.

进行恶意歧视，例如因对方是黑人而拒绝发放贷款。

其次，研究者也指出，应尽可能消除数据中的身份偏见，以反对非恶意歧视或无意识歧视。根据这种理解，歧视并非都是有意为之，更多的歧视是因无意识或错误而产生的。在基于数据的运算中，这种情况尤其明显，大数据与算法的结合很可能会产生错误与偏见。一种算法模型可能"会发现关联，并根据网上搜索做出不公平与歧视性的数据推论，对产品、银行贷款、医疗保障产生影响"[48]。

### 1. 可行性

在可行性方面，以身份中立为目标的反算法歧视会遭遇若干难题。首先，在算法中禁止运用身份因素，不一定就能实现身份平等。离开了算法决策或辅助决策，在现实社会中这些群体可能仍然会遭受差别性对待与歧视，而且此类歧视可能要比利用算法进行决策或辅助决策后产生的歧视更为普遍。以美国网约车的算法歧视为例：Uber 的算法曾被很多人批评隐含歧视，因为 Uber 的算法一度很容易让司机猜测乘客的种族，这导致黑人乘客很难叫到车。但在没有 Uber 算法的情况下，一般的私家车在网络约车或搭载乘客时更容易拒载黑人等群体。究其原因，美国社会中的歧视问题根深蒂固，其中既包括有意识的偏见性歧视，也包括广泛存在的无意识歧视。人们的认知过程普遍存在着类型化的心理机制[49]，即使在不存在明确动机的情况下，人的认知也会潜移默化和不知不觉地将人群归类，并且在此过程中形成偏见和无意识的歧视。[50] 因此，

---

[48] Steve Lohr, "The Age of Big Data", *The New York Times*, February 11, 2012, https://wolfweb. unr. edu/homepage/ania/NYTFeb12. pdf, August 6,2018.

[49] See Linda Hamilton Krieger, "The Content of Our Categories: A Cognitive Bias Approach to Discrimination and Equal Employment Opportunity", *Stanford Law Review*, vol. 47, no. 6, 1995, p. 1164.

[50] See Charles R. Lawrence III, "The Id, the Ego, and Equal Protection: Reckoning with Unconscious Racism", *Stanford Law Review*, vol. 39, no. 2, 1987, p. 317.

即使相关数据与算法隐含了对某些群体的歧视，也不能简单地认为禁止在算法中运用身份因素可以更好地消除偏见与歧视。没有机器算法决策或机器算法辅助决策，相关群体可能遭受法律与社会规范中隐藏得更为普遍和严重的歧视。[51]

其次，期待在算法中实现彻底的身份中立，这本身就是一个不可能实现的目标。现实社会中的种种经验已经验证了这一点，很多"看上去中立、不关注个人的制度性不作为、已经确立的结构和社会政治规范"，尽管看上去是理性的，但经综合考虑"制造和强化了种族隔离和不平等"[52]。以美国社会中的黑人与白人的关系为例，"黑人更少进入大学，被大学录取后更少毕业。黑人在专业领域、学术领域和联邦政府中更少被代表"[53]。在这样的背景下，当美国社会仍然沿用历史上的规则时，此类规则就构成了对黑人的身份性歧视。相反地，如果改变此类规则，在就业、招生等相关政策中对黑人进行优待或行使平权行动（affirmative action），很多人又会认为此类政策存在对白人的逆向歧视。[54] 可以预见的是，无论如何设计，一种算法必然会更有利于拥有某些身份的群体，不利于另一些群体。

---

[51] 在这个意义上，法律可被视为另一种非机器的人为算法，参见 John O. McGinnis and Steven Wasick, "Law, s Algorithm", *Florida Law Review*, vol. 66, no. 3, 2014, p. 991；郑戈：《算法的法律与法律的算法》，载《中国法律评论》2018 年第 2 期；丁晓东：《算法与歧视？——从美国教育平权案看算法伦理与法律解释》，载《中外法学》2018 年第 3 期；蒋舸：《作为算法的法律》，载《清华法学》2019 年第 1 期。

[52] Erica Frankenberg and Chinh Q. Le, "The Post-Parents Involved Challenge: Confronting Extralegal Obstacles to Integration", *Ohio State Law Journal*, vol. 69, no. 5, 2008, p. 1016. 对结构性的种族不平等的分析，参见 Richard Thompson Ford, "The Boundaries of Race: Political Geography in Legal Analysis", *Harvard Law Review*, vol. 107, no. 8, 1994, p. 1843。

[53] T. Alexander Aleinikoff, "A Case for Race-Consciousness", *Columbia Law Review*, vol. 91, no. 5, 1991, p. 1060.

[54] See James E. Jones, Jr., "Reverse Discrimination in Employment: Judicial Treatment of Affirmative Action Programs in the United States", *Howard Law Journal*, vol. 25, no. 2, 1982, pp. 218-223.

## 2. 可欲性

从可欲性的层面看，以身份中立为目标的反算法歧视首先会遭到信息与统计理论的质疑。反算法歧视的观点认为，很多算法中隐含着歧视，必须通过法律予以矫正，但在有些研究者看来，很多类型的"歧视"仅是一种信息与统计区分，是社会克服信息不对称的必要手段。以劳动力市场中存在的歧视为例，市场中广泛存在的歧视和对身份的要求是信息匮乏条件下的一种理性筛选。[55] 对于前来应聘的个人，雇主不可能在短时间内进行全面考察，只能依赖一些群体印象对个体能力进行预测。[56]

根据群体印象辨别个人能力的行为当然会造成不公平的现象，例如对某些群体产生刻板印象（stereotype）。[57] 但从信息与统计的视角看，这种群体区分对市场正常运行与社会规范建构具有一定意义。群体印象是信息不对称条件下无法避免的行为。社会总会尽可能地基于某个群体的平均表现对其进行评价，这种评价虽然可能无法完全公正地反映这个群体中个体的情况，但是比起信息不对称产生的抓瞎式筛选所带来的不公，数据和统计至少为相关决策者提供了参考。而且，社会自身也会对不合理的数据与统计进行修正，不断消除数据与算法中可能存在的歧视。[58] 以身份中立为目标的反算法歧视还可能面临正义理论与伦理价值的质疑。如果反算法歧视的目标仅仅是追求和实现身份性的中立，那么此类反算法歧视只不过接受或默认了现存社会制度的合理性，放弃了利用算法来改善社会不公的机会。

---

[55] See Edmund S. Phelps, "The Statistical Theory of Racism and Sexism", *The American Economic Review*, vol. 62, no. 4, 1972, p. 659.

[56] See Dennis J. Aigner and Glen G. Cain, "Statistical Theories of Discrimination in Labor Markets", *Industrial and Labor Relations Review*, vol. 30, no. 2, 1977, p. 175.

[57] See Regents of University of Calif v. Bakke, 438U. S. 265（1978）.

[58] See Gerald S. Oettinger, "Statistical Discrimination and the Early Career Evolution of the Black-White Wage Gap", *Journal of Labor Economics*, vol. 14, no. 1, 1996, p. 52.

## 四、算法法律规制的场景化原理

在算法法律规制中，算法公开、个人数据赋权、算法反歧视的方式面临困境的最根本的原因在于，机械运用这些方式都不符合算法法律规制的原理。算法可能会因为使用主体、针对对象、所涉问题的不同而有很大差异，一旦场景不同，算法的性质就会非常不同，对其所采用的规制方式也应当不同。机械性地采用任何一种方式，其实都是将算法看作相对孤立的规制对象，都没有结合具体场景进行思考。

就算法主体而言，如果算法的运用者是公权力机构，则算法可能成为一种公共决策机制。特别是如果相关算法决策是由代表性不足的某些规制机构所作出的，而此类决策又对公民权益具有重大影响时，则此时算法公开就具有更多的必要性，因为此时算法更具有公共性，更接近于一种正当程序。[59] 如果算法的运用者是一般企业，则算法可能成为企业的内部决策程序，此时对算法企业享有类似自主经营权；当算法具有商业价值与保密性特征时，此时算法还可能成为企业的商业秘密。在此类情形中，算法的公开就不应成为一种强制性法律要求。

此外，很多算法的运用者兼具公主体特征与私主体特征。在大型企业与网络平台企业兴起的今天，很多机构的公主体属性与私主体属性已经变得很难区分。对于类似 Google、Amazon、Facebook、阿里、腾讯、百度这样的超级网络平台来说，仍然以纯粹的市场私主体看待它们，已经与实际情况不符。从数据、资源、算法到服务，这些企业已经日益嵌入人们的

---

[59] 将算法视为正当程序的论证，参见陈景辉：《算法的法律性质：言论、商业秘密还是正当程序？》，载《比较法研究》2020 年第 2 期。

日常生活，具有公共性。⑩ 此类算法既具有公共决策的性质，也具有企业自主决策程序的性质。对于此类情形中的算法公开，应当进一步结合算法的公共属性而进行判断。例如由于运用算法配备外卖骑手关涉外卖人员的人身安全风险，所以此时应当更多以公共属性看待企业的算法，要求企业承担相应的安全保障义务。

就算法针对的人群而言，如果算法针对的是具有高度可识别性的个体，其数据的收集与算法的运用都是以识别特定个体为目标。那么在这种情形下，算法的性质就与个人权利密切相连，从个人数据权利立法的角度规制算法更为合理。例如《一般数据保护条例》第 15 条规定，当"存在自动化的决策"，数据主体有权知晓"在此类情形下，对于相关逻辑、包括此类处理对数据主体的预期后果的有效信息"。第 21 条规定，当数据控制者或处理者"因为直接营销目的而处理个人数据时，数据主体有权随时反对因此类营销而处理相关个人数据，包括反对和此类直接营销相关的用户画像"。对于高度追踪和针对个体的算法，此类个人数据赋权能够提供对个人权益的合理保护。

但在其他情形中，如果数据的收集主要是为了分析某个群体或为不能直接识别个体的对象提供服务，则此类情形中的算法和个人数据权利的关系并不密切。在此类情形中，强化个体对数据的各种权利，可能会影响数据发挥流通性价值与公共性价值。同时，离开了数据的汇集与共享，此类个人数据赋权还可能影响算法本身的有效运行。

如果算法涉及的是纯粹商业化的决策，则此类情形中的算法就更接近于统计区分，算法就更多是一种信息匮乏手段下的信息甄别机制。但在其他很多涉及弱势群体保护的例子中，算法可能演化为加剧社会不公的助推

---

⑩　参见齐延平：《论人工智能时代法律场景的变迁》，载《法律科学》2018 年第 4 期；刘权：《网络平台的公共性及其实现——以电商平台的法律规制为视角》，载《法学研究》2020 年第 2 期。

器。在此类情形中，理应对算法进行更多的干预，将扶助弱势群体的伦理嵌入算法中。

总之，就算法法律规制的一般原理而言，算法法律规制应当建立在场景化思维的基础上。算法并不像一般的有形物或某些无形物，后者具有相对稳定的法律属性，因而适用统一的法律框架，例如对于动产和不动产，法律一般对其适用统一的物权、合同或侵权法的框架。算法并不是一种标准化的物，而是一种人机交互的决策机制，因此，算法的法律属性会因为具体场景的不同而有所不同，算法法律规制的原理必须建立在场景化的基础上。

以分类场景的原则规制算法，与当前算法法律规制的前沿研究具有内在一致性。例如，海伦·尼森鲍姆（Helen Nissenbaum）发展出场景公正（contextual integrity）理论，将其首先使用在个人数据的收集问题上[61]，提出对个人数据的收集要考虑场景的类型、行为者的身份、数据的类别以及个人数据传输原则等因素，不同的场景适用不同的个人数据保护规则。[62] 近年来，一些学者又将场景公正理论适用在算法法律规制问题上，认为对算法法律规制也应当结合不同场景设置不同规则。[63]

此外，还有一些前沿研究提出负责任的算法（accountable algorithm)[64]、可信赖的算法（trustable algorithm）的主张，使算法决策能够赢得个体或群体的信任。[65] 尽管这些主张使用的概念各异，但它们都认

---

[61]　See Helen Nissenbaum, *Privacy in Context：Technology，Policy，and the Integrity of Social Life*，pp. 140-160.

[62]　See Helen Nissenbaum, *Privacy in Context：Technology，Policy，and the Integrity of Social Life*，p. 141.

[63]　See Richard Warner and Robert H. Sloans, "The Ethics of the Algorithm：Autonomous Systems and the Wrapper of Human Control", *Cumberland Law Review*, vol. 48，no. 1，2017，pp. 37-66；Doaa Abu-Elyounes, "Contextual Fairness：A Legal and Policy Analysis of Algorithmic Fairness", *Journal of Law，Technology ＆ Policy*, vol. 2020，no. 1，2020，pp. 1-54.

[64]　See Joshua A. Kroll et al., "Accountable Algorithms", pp. 633，640.

[65]　See Deven R. Desai and Joshua A. Kroll, "Trust But Verify：A Guide to Algorithms and the Law", *Harvard Journal of Law ＆ Technology*, vol. 31，no. 1，2017，p. 1.

为，算法法律规制不能机械性地采取算法公开、个人数据赋权或反算法歧视的方式，而是应当根据具体场景，综合运用透明性原则、正当程序原则、市场机制与反歧视框架进行判断。算法法律规制的具体手段应当帮助个体或群体作出更为正当、合理的决策。

# 五、算法法律规制的制度建构

通过分析传统算法法律规制方式的困境以及算法法律规制的场景化原理，可以对算法法律规制的制度进行建构。通过建构合理的制度，算法公开、个人数据赋权与反算法歧视可以重新发挥其合理的功能。

## （一）算法公开的制度建构

就算法公开而言，算法公开制度中的"公开"首先应当是有意义和有特定指向的决策体系的公开，而非一般性的对算法架构或源代码的公开与解释。如果机械地对算法架构或源代码进行公开，或者机械地对算法进行"解释"，那么此种公开或解释不但难以做到，而且即使做到了，相关解释也可能没什么意义，因为此类解释无法给相关主体提供有意义的决策参考。

对于此种有针对性的决策解释与一般性算法解释的区别，有研究曾经在一定程度上涉及。在讨论算法黑箱与算法解释权时，爱德华兹（Lilian Edwards）和维勒（Michael Veale）分析了什么样的解释才是真正有意义的。[66] 他们区分了以模型为中心的解释和以主体为中心的解释两种解释方

---

[66] See Lilian Edwards and Michael Veale, "Slave to the Algorithm? Why a ' Right to an Explanation, is Probably Not the Remedy You are Looking For", *Duke Law & Technology Review*, vol. 16, no. 1, 2017, p. 18.

式。所谓以模型为中心的解释，就是对算法的整体进行理解，包括理解算法所设定的信息、用来训练算法的数据组、算法模型的性能指标、算法架构设置的全局逻辑、被处理信息等。而所谓以主体为中心的解释，指的是某些相关算法与数据对主体会带来哪些影响，例如有关数据主体的相关数据的变化会对其决策产生哪些方向性变化，哪些被用于训练的数据记录与数据主体的数据最为相似，数据主体被归纳为某种类别的主要特征是什么，系统对数据主体进行分类的信任区间多大。[67] 两位学者指出，应当抛弃前一种算法解释方式，因为它不但可能威胁商业主体的知识产权或商业秘密，也无法为相应的主体提供有意义的解释。相较而言，后一种解释方式不但不会威胁知识产权，而且为相关主体提供了有意义的决策参考。[68]

其次，算法公开应当区分不同的算法拥有者，对不同主体施加不同责任。对于公权力机构所使用的算法，应当以公开为原则，以非公开为例外，因为公权力机构具有权力垄断性质，而且其所使用的算法可能对不特定的个体产生重大影响。如果基于算法决策或算法辅助决策的公权力决策体系维持黑箱性质，那么算法就可能带来本书所涉的不公、歧视、偏见等种种问题，甚至带来腐败，而公民个体一旦遭遇到算法不公与腐败，也很难知晓或很难寻求救济。[69] 就这一点而言，商业机构所使用的算法规制原则和非商业机构非常不同。对于纯粹商业性的非垄断机构所使用的算法，算法公开一般不应当成为强制要求。除上述提到的算计算法和知识产权问题之外，另一个原因在于，纯粹商业性的非垄断机构往往有动力优化自身

---

[67] See Lilian Edwards and Michael Veale，"Slave to the Algorithm? Why a ' Right to an Explanation，is Probably Not the Remedy You are Looking For"，pp. 55-56，58.

[68] See Lilian Edwards and Michael Veale，"Slave to the Algorithm? Why a ' Right to an Explanation，is Probably Not the Remedy You are Looking For"，pp. 58-59.

[69] 参见 Cary Coglianese，"Regulating by Robot：Administrative Decision Making in the Machine-Learning Era"，*Georgetown Law Journal*，vol. 105，no. 5，2017；查云飞：《人工智能时代全自动具体行政行为研究》，载《比较法研究》2018 年第 5 期；马颜昕：《自动化行政方式下的行政处罚：挑战与回应》，载《政治与法律》2020 年第 4 期。

的算法，其算法的合理性可以通过市场竞争的方式被改善。⑩ 例如，消费者发现某家网站的评分机制非常不合理、不公正，他们就可能会选择另外评分较为公正、合理的同类网站，所以该家网站也会有很大的动力来改进自身的算法。如果市场能够拥有更好的机制来促进商业性算法优化，那么此类商业性算法就无须过多的法律介入。⑪

最后，算法公开应当根据不同情形采取不同范围不同程度的公开。在有些情形下，算法应当尽可能地公开。当公权力机构使用算法进行决策或辅助决策，而公开算法又不存在侵犯知识产权与算计算法问题时，决策主体应当尽量采取普通人可理解的方式公开与解释算法。因为在此种情形下，算法的公开与透明可以构建良好的法律议论方式⑫，构建可视正义⑬，从而更好地监督算法与改进算法。

在有些情形下，算法应当部分公开或小范围公开。当算法黑箱问题已经引起相关主体疑虑，而公开算法又存在侵犯知识产权与算计问题时，此时可以考虑将算法部分公开或小范围公开。所谓部分公开，指的是有关主体可以对引起疑虑的算法决策体系进行解释和说明，以消除有关主体的疑虑。⑭ 所谓小范围公开，指的是算法可以对决策者内部或外部的部分人员

---

⑩　参见 Joshua New and Daniel Castro, *How Policymakers Can Foster Algorithmic Accountability*, Center for Data Innovation, May 21, 2018, pp. 17-19, http://www2.datainnovation.org/2018-algorithmic-accountability.pdf, July 31, 2018；张吉豫：《智能社会法律的算法实施及其规制的法理基础——以著作权领域在线内容分享平台的自动侵权检测为例》，载《法制与社会发展》2019 年第 6 期。

⑪　对于平台评分机制的市场意义与治理意义，参见胡凌：《数字社会权力的来源：评分、算法与规范的再生产》，载《交大法学》2019 年第 1 期。

⑫　参见季卫东：《人工智能时代的法律议论》，载《法学研究》2019 年第 6 期。

⑬　参见马长山：《司法人工智能的重塑效应及其限度》，载《法学研究》2020 年第 4 期。

⑭　一个范例是对算法的反设事实解释（unconditional counterfactual explanation），即对在解释算法时反设事实，告知相关主体在反设事实情况下会得出什么样的不同结论。反设事实解释不仅避免了对复杂专业的算法的完全公开，而且便于数据主体理解自动化决策、对决策进行抗辩，以及改变未来的做法以达到预期目的。参见 Sandra Wachter, Brent Mittelstadt and Chris Russell, "Counterfactual Explanations Without Opening the Black Box: Automated Decisions and the GDPR", *Harvard Journal of Law & Technology*, vol. 31, no. 2, 2018, pp. 1-52.

公开算法。在决策者内部，可以鼓励企业等其他主体设立关于算法的法律与伦理委员会，通过决策主体内部的委员会来保证算法的正当性与合理性。[75] 在决策者外部，可以通过设置专门机构或同行评议等方法审查与评估算法。[76] 上文提到的外卖算法系统中，执法机构可以对外卖平台等企业的算法进行专家内部审查，检查这些企业的算法是否保障了对劳动者的安全保障义务。

在有些情形下，对算法不仅不应公开，而且应当善于通过算法黑箱实现有关社会政策。在一些情形下，信息公开会带来种种问题，利用具有黑箱性质的算法决策体系完成相关任务，反而会产生意想不到的效果。[77] 一个例证是利用算法黑箱进行扶贫助学：在当前高校的扶贫助学政策中，很多高校对贫困生评定与资助采用公开评议等方式，但公开评议对贫困生的心理造成伤害，甚至使很多真正的贫困生不愿申请资助。对此，中国科学技术大学创设了基于算法决策的贫困生隐形资助政策。通过相关算法设计，当某位同学通过校园卡在食堂的月消费金额低于某个金额时，学校就会自动向卡内打入生活补助。[78] 相比传统的扶贫助学政策，这项具有黑箱性质的算法实际上设计了一种更好的决策体制。

## （二）个人数据赋权的制度建构

个人数据赋权制度首先要区分场景与对象，赋权的类型与强度要因场景与对象的不同而不同。如果相关个人数据的收集与使用有利于相关个体

---

[75] 参见《互联网巨头应设立伦理委员会》，2018 年 1 月 12 日，http://opinion.caixin.com/2018-01-12/101196908.html，2018 年 8 月 2 日。

[76] 参见张恩典：《人工智能算法决策对行政法治的挑战及制度因应》，载《行政法学研究》2020年第 4 期。

[77] 参见季卫东：《人工智能开发的理念、法律以及政策》，载《东方法学》2019 年第 5 期。

[78] 参见《暖心高校偷偷给贫困生打钱中科大用"黑科技"实现隐形资助》，2017 年 7 月 13 日，http://www.takefoto.cn/viewnews-1205834.html，2018 年 8 月 2 日。

或者有利于公共利益，就应当更多允许相关主体收集和处理个人数据。比如，在扶贫助学或者精准扶贫实践中，个人数据的合理收集与使用应当为法律所允许，相关扶贫主体甚至应当积极运用个人数据与算法来实现精准扶贫。再如，在纯粹商业性的活动中，法律也应当允许消费者选择个性化推荐，因为此类推荐可以节省消费者的搜寻成本，给消费者带来福利和有利于其作出有效决策。⑦

相反，当个人数据的使用不是为了促进个人或公共利益，而是被用于支配个体，那么此时法律应当严格规制个人数据的收集与处理。比如，某些网络平台不断地向个体推送各类低俗信息，以增强平台的用户黏性，对于此类行为，应当更严格地进行规制，以避免个体陷入算法的信息宰制中。再如，有些网络平台利用个性化推荐进行"杀熟"或差异化定价，针对不同个体的需求设置不同价格，对于此类行为，法律应设置更高的个人数据赋权标准。在此情形下，商家的行为已经超越了传统的商业行为，构成了对消费者的"一级价格歧视"。面对此类行为，消费者的知情权与选择权已受到很大威胁，消费者面临商家的定向支配的风险。

其次，个人数据赋权应当更注重数据的动态规制与伦理化规制，为算法的有效运转提供可能。在过去几十年中，算法本身其实并没有任何突破，算法准确率的提升依赖于数据的海量积累。⑧ 而大数据的本质特征恰恰是数据的全体性、混杂性和相关性。因此，有的数据隐私法所规定的原则，例如目的限制原则（对个人数据的处理不应当违反初始目的）、限期储存原则（对于能够识别数据主体的个人数据，其储存时间不得超过实现

---

⑦ 学者还指出，互联网带来的搜寻成本的降低会促进商品价格的降低和价格的区别定价。See Pedro Pereira, "Do Lower Search Costs Reduce Prices and Price Dispersion?", *Information Economics and Policy*, vol. 17, no. 1, 2005, pp. 61-72.

⑧ 对于隐私保护与大数据有效运行之间的张力，参见季卫东：《数据、隐私以及人工智能时代的宪法创新》，载《南大法学》2020年第1期。

其处理目的所必需的时间），并不符合大数据时代算法运行的一般原理。在大数据时代，通过算法跨界处理数据特别是沉淀数据，为消费者提供不同目的的服务，已经非常普遍[31]，例如相关的物流类数据可能被用于电商与制造，曾经的餐饮、娱乐类的沉淀类数据可能被用于网约车服务。企业在收集与处理此类个人数据时，应当注重此类数据处理是否符合相关伦理与人格保护规则，而非一般性地禁止数据的流通共享。[32]

最后，个人数据赋权应当更注重数据与算法的合作治理，而非个人控制。[33] 正如上文所述，面对大数据时代的算法，个体很难有效行使自身的若干数据权利。在这种背景下，法律应当更多对数据控制者与处理者施加治理责任，而非仅仅依赖个人的数据控制，单纯依赖个人对其数据的控制，个体可能陷入没有时间、兴趣和能力维护自身合法权益的悖论，数据收集者与处理者也没有动力对数据与算法进行有效治理。只有将责任伦理嵌入数据收集、流通与处理的每一个环节，以此倒逼算法治理，通过个人数据实现算法治理才能真正起到实效。

## （三）反算法歧视的制度建构

就反算法歧视制度而言，应首先警醒算法中隐藏的歧视、偏见与不公。大数据时代的算法早已不是数学意义上的算法或实验室中的算法，对

---

[31]　正如舍恩伯格所言："大数据的价值不再单纯来源于它的基本用途，而更多源于它的二次利用"，参见维克托·迈尔-舍恩伯格、肯尼思·库克耶：《大数据时代：生活、工作与思维的大变革》，第 197 页。

[32]　对于人格权保护与数据流通共享的分析，参见王利明：《数据共享与个人信息保护》，载《现代法学》2019 年第 1 期；程啸：《论大数据时代的个人数据权利》，载《中国社会科学》2018 年第 3 期。

[33]　参见 Margot Kaminski and Binary Governance, "Binary Governance: Lessons from the GDPR's Approach to Algorithmic Accountability", *South California Law Review*, vol. 92, no. 6, 2019, p. 1529；高富平：《个人信息保护：从个人控制到社会控制》，载《法学研究》2018 年第 3 期；梅夏英：《数据的法律属性及其民法定位》，载《中国社会科学》2016 年第 9 期；丁晓东：《个人信息私法保护的困境与出路》，载《法学研究》2018 年第 6 期。

基于算法的决策或辅助决策，不能盲目偏信其科学性或价值中立性。[84] 相反，必须时刻警惕算法中可能存在的歧视与不公，警惕某些主体利用算法来实现其不正当的目的。[85] 对于算法中可能存在的此类恶意偏见与不公，应当结合算法公开与个人数据赋权消除此类歧视与偏见：一方面，通过合理的算法公开，公众或内部专家可以对算法本身与算法决策结果进行监督，防止算法黑箱中隐藏的歧视与机器自我学习带来的歧视。[86] 另一方面，通过合理的个人数据赋权，法律可以防止相关主体对用户的个人数据进行数据处理和用户画像，避免对个体进行歧视性对待。[87]

其次，反算法歧视应当超越身份中立，根据身份与弱势群体之间的关系规制和利用算法中的身份因素。反歧视的最终目的是实现更为公正、合理的社会目标，而不是形式上对各类身份平等对待。因此，在算法中进行反歧视，应当深刻理解哪些群体在历史上与社会中遭受过不公平对待，然后在相关算法中应用平权行动和差别性影响等方式扶助这些群体。例如，就差别性影响来说，应尽可能避免某项算法对具有某些身份的群体造成更多伤害，当某项算法对某类弱势身份群体造成显著负面影响时，就应对此

---

[84] See Batya Friedman and Helen Nissenbaum, "Bias in Computer Systems", *ACM Transactions on Information Systems*, vol. 14, no. 3, 1996, p. 330.

[85] 参见郑智航、徐昭曦：《大数据时代算法歧视的法律规制与司法审查——以美国法律实践为例》，载《比较法研究》2019 年第 4 期；刘友华：《算法偏见及其规制路径研究》，载《法学杂志》2019 年第 6 期；徐琳：《人工智能推算技术中的平等权问题之探讨》，载《法学评论》2019 年第 3 期。

[86] 在算法导致的歧视中，有的歧视可能是人为有意嵌入算法的，例如有的搜索引擎和评级标准的调整。See Eric Goldman, "Search Engine Bias and the Demise of Search Engine Utopianism", *Yale Journal of Law & Technology*, vol. 8, no. 1, 2006, pp. 188-200. 有的歧视可能是无意的，例如机器学习中出现的歧视，参见 Nicholas Diakopoulos, "Algorithmic Accountability: Journalistic Investigation of Computational Power Structures", *Digital Journalism*, vol. 3, no. 3, 2015, pp. 398-415。

[87] 用户画像是产生算法歧视的重要途径，参见 Tal Z. Zarsky, "Transparent Predictions", *University of Illinois Law Review*, vol. 2013, no. 4, 2013, p. 1503; Mireille Hildebrandt and Bert-Jaap Koops, "The Challenges of Ambient Law and Legal Protection in the Profiling Era", *The Modern Law Review*, vol. 73, no. 3, 2010, pp. 428-460。

类算法进行反歧视审查。⑱ 就算法平权行动来说，算法的参数设置应考虑向具有某些身份的群体倾斜，保证此类群体有更多的平等机会。⑲

在中国语境下，反算法歧视尤其应当注意这一点。对于反歧视的目标与价值导向，中国和美国等西方国家有区别。在美国，反歧视法律制度主要是针对身份歧视与不公，特别是针对对黑人的种族歧视。从国情看，这种制度设计有其合理之处，因为在美国，从建国后到南北战争废除奴隶制，再到布朗案废除种族隔离，种族问题一直是美国社会最大的不平等问题。如今，种族不平等的状况并未得到根本性改变。在美国的大部分地区，黑人区和白人区依然在事实上有隔离，黑人在社会各个方面都处于落后的状态。⑳ 但在中国，身份并非导致歧视的直接原因，很多歧视其实源自市场的区分行为㉑，或者市场以某些不太合理的个人特征为筛选标准来提高企业的竞争力。㉒ 在这样的背景下，如果反算法歧视过多关注针对身份的歧视与不公，而不注重对弱势群体的保护，那就只关注到了次要矛盾，忽略了主要矛盾。㉓ 要使反算法歧视在中国发挥更重要的作用，应当将反算法歧视与精准扶贫等扶助弱势群体政策结合起来。在人机交互决策中，应当尽可能将扶助弱势群体的伦理嵌入各类算法决策机制。

---

⑱　See Solon Barocas and Andrew D. Selbst, "Big Data's Disparate Impact", *California Law Review*, vol. 104, no. 3, 2016, p. 671.

⑲　See Anupam Chander, "The Racist Algorithm?", *Michigan Law Review*, vol. 115, no. 6, 2017, pp. 1035-1045.

⑳　See Owen M. Fiss, *A Way Out: America's Ghettos and the Legacy of Racism*, Princeton, NJ: Princeton University Press, 2003, p. 3.

㉑　例如，当前就业市场中普遍存在的学历要求，用人单位之所以对学历进行要求，很大程度上是为了满足职业择优录取的需求，从而提高企业的效率。

㉒　例如，很多服务型行业对身高、长相的歧视，在很大程度上是因为员工的相貌形象虽然与某项具体工作没有直接相关的关系，但可通过这种手段取悦和招揽顾客，或者提高企业形象。这种形式是否合理，仍然值得探讨。

㉓　没有此类平等伦理的介入，算法可能加剧社会的不平等。参见於兴中：《算法社会与人的秉性》，载《中国法律评论》2018年第2期。

# 结　论

在大数据时代，算法对人类生活的影响已经越来越明显，面对越来越多的自动化决策或辅助化决策，人工智能法学与未来法治领域的研究者越来越关注由算法崛起所带来的挑战，并试图通过算法公开、个人数据赋权、反算法歧视等方式来规制算法。本书指出，现代社会算法的本质是一种人机交互决策，应当戳穿算法的面纱与价值中立性，对算法进行规制。

在界定算法定义与阐述其可规制性的基础上，本书对几种传统算法规制方式进行了反思。无论是算法公开、个人数据赋权还是反算法歧视，机械地采取任何一种方式可能都面临可行性与可欲性的难题。从深层原理看，机械地适用几种算法规制的方式之所以存在问题，主要原因是它们没有采取场景化的规制思路，仍然将算法视为孤立不变的对象。但事实上，作为人机交互决策，算法可能因为运用算法主体的不同、算法针对对象的不同以及算法所涉及问题的不同而具有非常不同的性质[94]，因此，算法规制应当采取场景化的规制方式，根据不同场景类型而对算法采取不同的规制方式。

从场景化规制的原理出发，可以对算法规制进行进一步的制度建构。对于算法公开，算法公开应当是有意义的和有特定指向的决策体系的公开，而非一般性地对算法架构或源代码的公开与解释；算法公开应对公权力主体与市场主体施加不同责任；应当根据不同情况而决定是完全公开、小范围公开或是不公开。对于个人数据赋权，个人数据赋权的程度应当根

---

[94] 以"过程—结果"对人工智能进行双重规制，参见马长山：《人工智能的社会风险及其法律规制》，载《法律科学》2018 年第 6 期。

据是否有利于个人利益或公共利益而进行不同程度保护；个人数据赋权应当注重数据的动态化与伦理化规制，而非对数据的形式主义规制。对于反算法歧视，应当警惕算法中的歧视与偏见，但应当超越身份中立，根据具体场景在相关算法中合理地运用身份性因素；在中国，反算法歧视更应注重对弱势群体的保护，注重身份因素与弱势群体保护之间的关联。

总之，算法作为一种新型的人机交互决策，常常被不同的主体运用、内嵌于不同的场景和处理来不同的问题。对于人工智能与未来法治研究而言，应当准确把握算法规制的场景化特征与原理，根据不同场景与情形对算法进行规制，以实现可信赖与负责任的算法决策。[95] 无论是算法公开、个人数据赋权还是反算法歧视，算法规制的具体制度建构都必须以此为指引，超越形式主义的法律规制。唯此，算法才能避免成为异化的决策体系[96]，才有可能真正造福社会。

---

[95] See Joshua A. Kroll et al., "Accountable Algorithms", pp. 695-705.

[96] 参见季卫东：《人工智能时代的司法权之变》，载《东方法学》2018 年第 1 期；张欣：《算法解释权与算法治理路径研究》，载《中外法学》2019 年第 6 期；周辉：《算法权力及其规制》，载《法制与社会发展》2019 年第 6 期；张凌寒：《算法权力的兴起、异化及法律规制》，载《法商研究》2019 年第 4 期。

# 赋能型人工智能治理的
# 理念确立与机制构建[*]

张吉豫[**]

## 一、引　言

21 世纪以来，人工智能技术迅猛发展，正引领新一轮产业革命，日益成为决定国家竞争力和国家安全的重大战略性技术，同时其广泛应用也给人类带来全新的风险挑战。这使人工智能治理成为国家治理体系的重要组成部分。然而，如何科学有效地进行人工智能治理？树立什么样的治理理念？建构什么样的治理机制？形成什么样的治理格局？这些无疑是法学界和科技界必须回答的时代之问和世界之问。

党的二十届三中全会通过了《中共中央关于进一步全面深化改革　推进中国式现代化的决定》（以下简称党的二十届三中全会《决定》），指出"面对纷繁复杂的国际国内形势，面对新一轮科技革命和产业变革，面对

---

　　\* 本文原载于《中国法学》2024 年第 5 期。

　　\*\* 中国人民大学法学院副教授、博士研究生导师，中国人民大学未来法治研究院执行院长。

人民群众新期待，必须继续把改革推向前进"①。2024 年 7 月 1 日，第 78 届联合国大会协商一致通过中国主提的加强人工智能能力建设国际合作决议，140 多国参加决议联署。② 这充分反映了当前人工智能能力建设的重要意义。对此，下文从"不发展是最大的不安全、不充分发展是最大的隐患"等判断出发，指出确保人工智能的安全可信是一种需要建立在高发展水平基础上的能力，并针对现阶段急需人工智能能力建设的切实情况，提出"赋能型人工智能治理"的概念。下文在论述赋能型人工智能治理的理论依据的基础上，提出了赋能型人工智能治理的核心理念和基本理念，并提出健全以法治为核心的赋能型人工智能治理新机制。赋能型人工智能治理新理念和新机制的结合，必将形成赋能型人工智能治理新范式、新格局。

## 二、赋能型人工智能治理的理论依据

以人工智能为首的新兴科技正有力推动着社会各个领域的迭代升级，将在中国式现代化进程中发挥至关重要的作用。在此背景下，2024 年政府工作报告明确提出开展"人工智能＋"行动的工作规划。③ 人工智能将日益广泛地被应用在社会生活和国家治理的各个方面。随着应用领域和影响力的不断扩大，人工智能系统的潜在风险也逐渐凸显。这对人工智能治

---

① 《中共中央关于进一步全面深化改革 推进中国式现代化的决定》（2024 年 7 月 18 日中国共产党第二十届中央委员会第三次全体会议通过），载《人民日报》2024 年 7 月 22 日，第 1 版。

② 参见《联大通过中国提出的加强人工智能能力建设国际合作决议》，载中国政府网，https：//www.gov.cn/yaowen/liebiao/202407/content_6960524.htm，2024 年 7 月 2 日访问。

③ 参见李强：《政府工作报告——二〇二四年三月五日在第十四届全国人民代表大会第二次会议上》，载《人民日报》2024 年 3 月 13 日，第 1 版。

理提出了促进发展和保障安全的双重需求。现代社会的运行和人的发展建立在信任基础之上，而信任又是建立在对系统的可依赖性的信心之上。④社会需要能够引领和保障人工智能的安全可信发展。

在迈进智能时代的这样一个关键历史时期，人类社会需要形成与时代相匹配的运行能力，然而当前人工智能企业在创新发展能力、风险识别和防控能力、政府监管能力、社会监督和正确应用人工智能的能力、国际协作能力等方面都存在明显不足，缺少充分的信息和成熟的治理经验，社会治理面临全新的挑战。应当看到，这样的挑战是人工智能这种引领产业革命的颠覆性、战略性科技在发展初期所必然产生的。这些创新发展、风险防控等能力，不可能凭空获得，需要在人工智能发展应用的过程中积极建设。可以说，当前人工智能发展应用中的主要矛盾，是人工智能安全可信发展应用的巨大需求与人工智能发展及治理能力不足之间的矛盾。面对这种复杂情况，有必要创新人工智能治理理念和机制，将解决人工智能安全可信发展的能力缺口作为治理要解决的重点问题。因而，在回答我国在当下需要什么样的人工智能治理理念和机制时，首先要明确当下阶段的治理目标，即通过科学治理来赋能人工智能安全可信发展，使人工智能科技与社会治理能力同步提升，最终在社会建立起可以在人工智能时代良好运行的能力，让人工智能真正服务于对人民幸福和人类福祉的提升。因此，本书提出建构着眼于社会能力提升的"赋能型人工智能治理"，具体理据主要包括如下方面：

（一）人工智能所处的发展阶段

在动态和开放的社会技术变革过程中，科技发展、治理模式与规范观

---

④ 参见［英］安东尼·吉登斯：《现代性的后果》，田禾译，译林出版社 2022 年版，第 39、93、102 页。

念之间存在相互作用。⑤ 治理模式的确定需要把握科技规律、经济规律和治理规律，符合所处发展阶段的特征和需求。当前我国人工智能发展的阶段性特征对人工智能治理模式提出了基本要求。

首先，我国人工智能发展水平处于世界前列，缺少可以借鉴的成熟治理经验。过去我国在许多领域的发展晚于发达国家，可以参考国外在实践中的信息、经验来进行科学决策。然而，随着我国人工智能科技发展进入世界领先行列，从"跟跑"变为现在的"并跑"乃至在一些方面的"领跑"，现在几乎没有经过实践检验的成熟治理经验可以借鉴。"传统政策工具进入信息'盲区'，这是更好发挥政府作用面临的严重挑战。"⑥ 在此情况下，需要坚持对人工智能新业态、新模式的包容和普惠赋能，同时升级治理模式和提升治理能力，加强及时获取风险信息、治理机制及其能效信息的能力建设。

其次，当前人工智能仍处于高速发展阶段，并可能出现难以预测的突破性进展，这也使传统基于充足信息的静态化治理机制难以有效适应人工智能发展。正如2022年年末由于大模型的人工智能发展，当时已经形成较高程度共识的欧盟《人工智能法案》受到挑战，不得不进行修改，专门增加了一章针对通用人工智能模型的管理要求。⑦ 这突出反映了该法案当时的局限性，体现了相对静态的治理机制回应技术发展的能力的不足，需要建设更为敏捷动态的治理机制，以提高对变化迅速的科技发展的回应

---

⑤ See Ronald Leenes, *Regulating New Technologies in Times of Change*, in Leonie Reins ed., Regulating New Technologies in Uncertain Times, ASSER Press, 2019, p. 8-9.

⑥ 黄先海、宋学印：《赋能型政府——新一代政府和市场关系的理论建构》，载《管理世界》2021年第11期，第47-48页。

⑦ See *Regulation of the European Parliament and of the Council of Laying Down Harmonised Rules on Artificial Intelligence and Amending Regulations* （EC）No 300/2008，（EU）No 167/2013，（EU）No 168/2013，（EU）2018/858，（EU）2018/1139 and （EU）2019/2144 and Directives 2014/90/EU，（EU）2016/797 and （EU）2020/1828 （*Artificial Intelligence Act*），at https://data.consilium.europa.eu/doc/document/PE-24-2024-INIT/en/pdf (Last visited on May 25, 2024).

能力。

再次，当前我国在人工智能领域虽然取得了显著进步，但整体而言其仍处在发展早期。科技界对大模型"智能涌现"现象的理解仍不透彻[8]，用于保障人工智能安全和伦理价值对齐的技术发展得更是非常不充分。这种阶段性特征一方面决定了无法要求人工智能发展立即达到理想的安全可信状态，另一方面也提示我们不能仅以当下的人工智能发展情况来进行评价，而是应该以动态的、发展的眼光来进行系统研判，特别是重视和推动科研群体及掌握先进科技的人工智能企业不断发展技术的能力，以不断解决发展中存在的风险问题。

最后，我国人工智能发展虽处在世界前沿，但并不是世界第一水平。过往的百余年历史让我们深刻体会到科技发展对国家命运的重大影响。面对国际人工智能科技发展可能带来的影响，自身科技的高质量发展是维持国家竞争力和国家安全的根本能力，因此必须重视人工智能发展以及安全能力的提升。

综上所述，当前我国人工智能发展的阶段性特征决定了需要构建赋能型人工智能治理。过去那种通过借鉴先发展国家的经验、在相对充足的信息基础之上进行静态规则制定和治理的模式难以适应当前人工智能治理需求，应当在包容和普惠赋能的基础上，发展敏捷动态的治理机制和提升治理能力，特别是注重赋能人工智能合规科技、监管科技的同步发展，以不断提升安全能力。

（二）人工智能发展的机遇与挑战

人工智能是引领未来的战略性技术。许多国家都积极抢抓人工智能发

---

[8] See Jason Wei, et al., *Emergent Abilities of Large Language Models*, Transactions on Machine Learning Research, No. 8, p. 11 (2022).

展的战略机遇，构筑人工智能发展的先发优势。我国在 2017 年发布了《新一代人工智能发展规划》⑨，以此牵引创新型国家和科技强国建设。在党中央科学决策和国务院规划部署下，我国人工智能产业发展迅速，当前正处于战略机遇期。但同时也要看到，我国人工智能发展还面临着一系列挑战。美国在新一轮人工智能发展中仍处在引领地位。根据美国斯坦福大学的报告，美国 2023 年在人工智能领域的投资位于世界首位，高出中国将近 8.7 倍。⑩ 由于新一代人工智能仍处于发展初期，其创新发展和应用存在很大的不确定性，因为要依赖数据、算法、算力、产业生态环境、营商环境和社会应用环境等多重因素，人工智能投资必然是高风险活动。只有当期望收益高于期望成本时，理性投资人才可能对创新进行投资。⑪ 如果人工智能创新的成本收益衡量缺乏稳定的良好预期，企业会对重要的投资和研发信心不足，面临是将资金投入人工智能创新还是其他项目的选择。供应链可及性和稳定性、进入市场的门槛、合规成本、知识产权保护情况和竞争环境等营商环境因素都是市场主体在制定规划时需要考虑的制度要素和社会条件，是国家治理能力、体制机制、社会环境等因素的综合反映。⑫

习近平总书记强调："科技领域是最需要不断改革的领域"，"推进自主创新，最紧迫的是要破除体制机制障碍，最大限度解放和激发科技作为第一生产力所蕴藏的巨大潜能"⑬。从国内来看，还存在一些制约人工智能发

---

⑨　参见国务院《关于印发新一代人工智能发展规划的通知》（国发〔2017〕35 号），2017 年 7 月 8 日发布。

⑩　See Stanford Institute for Human-Centered Artificial Intelligence，*Artificial Intelligence Index Report* 2024，p. 30，at https：//aiindex. stanford. edu/wp-content/uploads/2024/04/HAI _ 2024 _ AI-Index-Report. pdf（Last visited on March 15，2024）.

⑪　See Robert P. Merges，"Uncertainty and the Standard of Patentability"，*High Technology Law Journal*，vol. 7，p. 20-25（1992）.

⑫　中国行政管理学会课题组：《聚焦市场主体关切 持续打造市场化法治化国际化营商环境》，载《中国行政管理》2021 年第 8 期，第 6 页。

⑬　习近平：《在中国科学院第十九次院士大会、中国工程院第十四次院士大会上的讲话》（2018 年 5 月 28 日），人民出版社 2018 年版，第 13 页。

展的制度问题。第一，充分的数据汇聚利用是本轮人工智能发展的重要基础。党和国家高度重视并积极促进数据要素市场的发展和制度建构⑭，但目前法律制度中还存在机器学习合理使用规则缺失、反不正当竞争法适用中对数据爬取利用过度限制、公共数据流通利用规则不明确不统一等问题。⑮第二，人工智能产业发展中仍存在一些领域市场准入困难、试验区域有限、法律规则模糊、合规成本偏高、侵权责任过重等问题，需要进行责任科学界定和监管机制优化。第三，人工智能创新的知识产权保护制度尚不完善，对积极研发人工智能价值对齐机制及合规技术的企业缺少有效激励机制。⑯第四，由于一些人工智能在应用中曾出现安全风险、算法歧视、泄露个人信息、损害劳动者权益等问题，加上社会公众对失业和科技异化的担忧、风险防御能力和监管能力不足等现状，这些影响了社会对人工智能的信任⑰，限制了人工智能的应用。⑱此外，从国际上看，美国等一些国家以所谓的"国家安全"名义打压中国信息科技企业，限制我国企业的产品和服务的运用，不断提高对中国的芯片出口限制，试图遏制我国在人工智能等前沿科技领域的创新发展，这些也使我国当前人工智能发展面临严重挑战。

无论是利用好战略机遇，还是应对国内外挑战，都迫切需要面对人工智能发展中的能力不足的问题要点，构建赋能型人工智能治理机制，为人工智能创新发展提供更加有利的制度条件，为企业投入人工智能创新提供

---

⑭ 参见《中共中央国务院关于构建数据基础制度更好发挥数据要素作用的意见》（2022年12月2日），载《中华人民共和国国务院公报》2023年第1号，第28-32页。

⑮ 参见丁晓东：《论人工智能促进型的数据制度》，载《中国法律评论》2023年第6期，第175-191页。

⑯ 参见严驰：《论人工智能的激励型立法——基于〈拜杜法〉的思考》，载《人工智能》2024年第2期，第95-96页。

⑰ 参见苏宇：《算法规制的谱系》，载《中国法学》2020年第3期，第167-169页。

⑱ 英国《支持创新的人工智能监管方法》中指出，人工智能的进展展示了重大的机遇，但如果不建立公众信任，将错失许多人工智能可以带来的益处。*See* UK Department for Science, Innovation & Technology, *A Pro-innovation Approach to AI Regulation*, at https://www.gov.uk/government/publications/ai-regulation-a-pro-innovation-approach/white-paper（Last visited on March 15, 2024）.

激励和更加稳定的制度预期。同时，在涉外法治建设中，应建立健全能够有力应对外国遏制和打压的新机制[19]，以此提高我国参与全球人工智能治理体系建设的能力，助力我国人工智能企业和行业抢占创新发展的制高点，为中国式现代化提供强大的科技支撑。

### （三）人工智能风险的基本特征

随着人工智能的应用领域范围不断扩大，人工智能的潜在风险也日益受到社会关注，很多研究人员对人工智能的风险问题和应对措施展开了积极探索。[20] 在构建人工智能治理机制时必须注意，人工智能带来的风险具备现代社会意义下公共风险的一些共同特征。

首先，人工智能风险具有公共性、规模性。这种现代社会的公共风险在很大程度上超出了个体风险承担者的直接理解和控制范围。[21] 公民通常欠缺对这种公共风险的认知能力、预防能力、谈判能力，因此往往难以在充分理解风险的基础上作出理性选择，在公民意思自治的基础上完全令其自担风险的合理性基础被动摇，这说明了政府介入和依法治理的必要性。

其次，人工智能风险具有两面性。任何一种创新活动都伴随着未知，在带来风险的同时，也提供着新的发展机遇。安东尼·吉登斯（Anthony Giddens）描述了既包括机会与创新，也包括安全与责任的"风险矩阵"，指出，"风险不只是某种需要进行避免或者最大限度地减少的负面现象；它同时也是从传统和自然中脱离出来的、一个社会中充满动力的规则"；"机会与创新是风险的积极一方"，"对风险的积极参与是社会与经济动员

---

[19] 参见张凌寒：《中国需要一部怎样的〈人工智能法〉？——中国人工智能立法的基本逻辑与制度架构》，载《法律科学》2024 年第 3 期，第 8 页。

[20] 参见苏宇：《大型语言模型的法律风险与治理路径》，载《法律科学》2024 年第 1 期；刘金瑞：《生成式人工智能大模型的新型风险与规制框架》，载《行政法学研究》2024 年第 2 期。

[21] See Peter Huber, "Safety and the Second Best: The Hazards of Public Risk Management in the Courts", *Columbia Law Review*, vol. 85: 2, p. 277 (1985).

的一个必要成分"㉒。例如，辅助驾驶和自动驾驶技术在可能带来新型交通事故风险的同时，也可能极大减少人类驾驶员的疲劳驾驶、反应迟缓等情况造成的风险，从总体上提高交通安全水平。㉓ 因此，对风险的态度伴随着价值判断，融合着针对一个事物或行为的收益和损害所进行的判断和比较。在对损害可能发生规模之概率的理性计算的基础上，风险可能成为提供给人们的机会。㉔ 我们要以辩证观念和辩证思维正视人工智能风险的两面性，促进科技创新对社会产生正面价值和积极意义。

最后，人工智能风险具有一定的可控制性。人工智能带来的风险是一种"人为风险"。社会之所以允许这种人为风险存在，一方面是因为其具有两面性、能促进社会发展；另一方面是因为人们相信这种风险在很大程度上能够通过对人们活动的引导和规范而从结构上得到控制，社会可以通过有意采取预防性行动以及制度化措施战胜发展带来的种种副作用。㉕ 现代社会实践具有反身性。社会实践总是不断受到关于这些实践本身的新认识的检验和改造，从而在构成上不断改变着自己的特征。㉖ 我们应努力提升认识和防控人工智能风险的能力，将其作用于社会并改变风险的样态。

从人工智能风险的特征和发生及控制规律的认知出发，我们"需要抵御风险的保障，但也需要具有面对风险并以一种积极的方式来对待风险的能力"㉗。风险的两面性决定了治理目标的双重性。我们需要关注风险中

---

㉒ ［英］安东尼·吉登斯：《第三条道路——社会民主主义的复兴》，郑戈译，北京大学出版社2000年版，第65-66页。

㉓ See Rebecca B. Naumann, et al., *Examining the Safety Benefits of Partial Vehicle Automation Technologies in an Uncertain Future*, Technical Report, AAA Foundation for Traffic Safety, 2023, p. 39.

㉔ 参见赵鹏：《风险社会的行政法回应》，中国政法大学出版社2018年版，第77页。

㉕ 参见［德］乌尔里希·贝克、［德］约翰内斯·威尔姆斯著：《自由与资本主义——与著名社会学家乌尔里希·贝克对话》，路国林译，浙江人民出版社2001年版，第121页。

㉖ 参见前注④，安东尼·吉登斯书，第44页。

㉗ 同前注㉒，安东尼·吉登斯书，第67页。

蕴含的机遇，通过实施赋能型治理，在发展中提升社会认知和防控人工智能风险的能力，使人工智能发展成果切实服务于人类福祉的提升。

## （四）人工智能治理的现存缺陷

当前社会对人工智能风险的认知和评估能力、社会监督能力，企业对人工智能风险的自治能力、政府科学监管和促进发展的能力等方面普遍不足，需要以"赋能"为核心，加强人工智能时代所需的治理能力建设。

首先是对人工智能风险的认知和评估能力不足，社会监督能力欠缺。全面认识和把握人工智能风险是进行风险治理的重要基础，但有关人工智能的风险信息发布不充分、不及时，企业、社会公众、政府主管部门等各类主体往往对人工智能新技术新应用的风险缺乏清晰认知，以致出现对人工智能风险出现掉以轻心或过度恐惧的两极分化。目前，存在对人工智能风险的认知、评估和监督能力的缺陷，主要有三方面原因：一是人工智能自身的复杂性。人工智能具有"黑箱性"、一定程度的"自主性"、运行结果的难预测性、运行机理的难解释性、可能根据环境变化的自适应性以及高速迭代更新发展等特性，这些都对风险认知、评估和监督防治提出了挑战。二是人工智能的社会应用广泛。人工智能广泛应用在社会生活的方方面面，其风险识别和评估不仅需要人工智能科技专家参与，还需要应用领域的专家、法学家、伦理学家、社会学家等共同参与，以更全面地评估人工智能在整体上以及具体场景中所产生的影响。三是数字鸿沟问题加剧。当前社会公众对人工智能的理解和运用的能力的差别非常大，这既影响人工智能科技的普惠应用，也使欠缺理解的群体在人工智能风险面前更为脆弱。这三方面都决定了需要面对人工智能治理进行针对性的能力建设。

其次是企业对人工智能风险的自治能力不足。企业作为人工智能的主要研发者、部署者，具有在其研发部署过程中针对可能的风险采取自我治理的机会。然而大量企业特别是中小微企业的自治能力有限，它们缺少必要的技术措施和管理措施储备，往往难以将人工智能伦理规范和治理原则转化为有效的具体措施。当前，能够提升人工智能的安全性、准确性、稳健性、可解释性、公平性、包容性等的技术需要大力创新发展[28]，加上合规技术的研发和实施成本过高，企业也往往怠于自治。还有许多人工智能企业算力资源不足、高质量训练数据欠缺，这也制约了企业有效自治的能力。

最后是政府科学监管和促进发展的能力不足。一方面，科学有效的监管需要理论支撑、机制建设和技术赋能。关于人工智能发展情况及规律、人工智能风险以及有效的风险治理方法的信息不充分、不对称，加上资源不足、工具匮乏等问题，使政府监管方式的可操作性、有效性和合理性都容易受到质疑和挑战。要实现新兴科技下的新型治理理念，更加需要现代行政国家的基础设施与行政能力的辅助，包括信息汇集与科学分析能力、风险判断能力、吸纳市场积极要素的能力等。[29] 另一方面，从政府角度促进人工智能发展也亟待能力建设。算力、数据等要素以及测试、评估、认证等服务的提供都需要必要的制度支撑；政府推动人工智能在民生服务、社会治理、经济发展等领域的融合应用也需要建设相匹配的新型风险治理能力，以保障其可持续发展。

因此，面向人工智能治理需求，必须构建赋能型治理，加强高水平治理能力建设，以此推动人工智能高质效地安全可信发展。

## （五）既有人工智能规制模式的局限性

既有的规制模式和理论，为人工智能治理提供了有益参考，但面对新

---

[28]　许多技术还有待进一步研究，例如，关于机器学习公平性的现状和挑战，可参见张文琼、李云：《机器学习公平性指标：现状、挑战和展望》，载《计算机科学》2024 年第 1 期，第 266－271 页。

[29]　参见卢超：《包容审慎监管的行政法理与中国实践》，载《中外法学》2024 年第 1 期，第 159 页。

一代人工智能发展态势，其局限性逐渐显露出来。

既有规制模式主要包括命令—控制型规制、建议劝服型规制、回应型规制、元规制等，可从规制者、规制对象、命令类型和后果类型等方面考察其差异。[30] 命令—控制型规制通常事先制定具体的特定命令，而违反的后果通常是比较强的制裁。但理想中这种模式下的命令应具有较高的规则精确性，在人工智能仍高速发展的当下难以实现。建议劝服型规制模式则主张建立合作而非对抗的局面[31]，命令形态往往是一般性的目标，主要依赖企业自我规制，但在企业利益驱动面前效果往往大打折扣，在人工智能领域更是存在算法黑箱等众多问题。[32] 因此，这两种规制模式都难以取得理想效果，以至陷入"科林格里奇困境"（Collingridge's Dilemma)[33]。许多研究者在这两极之间寻找更加综合性、动态性的规制模式。回应型规制旨在弥合强监管和放松监管之间的鸿沟，设想规制活动发生于对话式、交互性的环境中，规制者通常优先采用干预性较低的措施，但如果措施失灵，就会逐步采取更具有惩罚性或强制性的措施。其最突出的特点即在于后果的动态回应性。[34] 回应型规制模式可派生出很多具体形式，常与元规制相结合。[35]

---

㉚　参见 Cary Coglianese, *Engaging Business in the Regulation of Nanotechnology*, in Christopher J. Bosso, ed., Governing Uncertainty: Environmental Regulation in the Age of Nanotechnology, Resources for the Future Press, 2010, p. 49-51；[英] 罗伯特·鲍德温、[英] 马丁·凯夫、[英] 马丁·洛奇：《牛津规制手册》，宋华琳等译，上海三联书店 2017 年版，第 165－166 页。

㉛　See Bridget M. Hutter, "Regulating Employers and Employees: Health and Safety in the Workplace", *Journal of Law and Society*, vol. 20: 4, p. 452-470 (1993); Keith Hawkins, *Environment and Enforcement: Regulation and the Social Definition of Pollution*, Oxford University Press, 1984, p. 4.

㉜　See Thomas Ferretti, "An Institutionalist Approach to AI Ethics: Justifying the Priority of Government Regulation over Self-Regulation", *Moral Philosophy and Politics*, vol. 9: 2, p. 244-256 (2022).

㉝　科林格里奇困境是英国技术哲学家大卫·科林格里奇在《技术的社会控制》中提出的"控制困境"，即试图控制一项技术是非常困难的，因为在技术发展早期还可控时，对其有害的社会后果认知不足，难以证明控制其发展的必要性；但当有害社会后果已经很明显时，控制亦已昂贵而缓慢。See David Collingridge, *The Social Control of Technology*, Frances Pinter, 1980, p. 19.

㉞　See Ian Ayres & John Braithwaite, *Responsive Regulation: Transcending the Deregulation Debate*, Oxford University Press, 1992, p. 35-37; Neil Gunningham, *Enforcement and Compliance Strategies*, in Robert Baldwin, Martin Cave & Martin Lodge ed., The Oxford Handbook of Regulation, Oxford University Press, 2010, p. 125-131.

㉟　See Ian Ayres & John Braithwaite, *supra* note ㉞, 38-39.

元规制即对企业自我规制的规制。政府通过提出一般性目标的命令来要求和塑造企业内部的自我规制，调动企业的主观能动性，让企业凭借自身掌握的信息和科技能力来制定适当的具体规范㊱，并由外部规制中的法律后果来提供行为激励。这种规制模式在发展迅速、复杂度高的数字科技领域得到了较多应用。但其成功条件在于，政府作为外部规制者需要有获得风险情况、企业采取的合规措施的成本和实效、行业中相关技术发展水平等一系列关键信息的能力，并能够提供合理的惩戒和激励机制，才能在保障发展的同时有效地激励企业积极开展自我规制，同时也需要企业具有在合理成本范围内有效实施自我规制的信息、资源和能力，并要特殊考虑中小微企业的自我规制能力问题。例如，"信息对称性"原本是自我规制的重要优势㊲，但面对高速发展的人工智能，企业实际上也难以充分掌握人工智能新应用的风险情况和采取的有效措施等信息。因此，这类规制模式在人工智能领域的适用实际上对相关能力建设提出了更高要求。

上述各种规制模式形成了从最严格到最宽松的一套谱系，为人工智能规制提供了重要的基础，特别是在回应型规制和元规制模式的基础上，研究者对寻找与人工智能治理相适配的规制模式进行了许多积极探索㊳，但在理念上尚缺乏对人工智能安全可信发展所急需的各项能力建设的突出强调，即缺少对"赋能"这一维度的着重考虑。在人工智能技术高速动态发展、国际竞争异常激烈、人类社会迈向智能时代，但安全可信发展能力尚

---

㊱　参见前注㉚，罗伯特·鲍德温等书，第 168 - 170 页。

㊲　参见黄文艺、孙喆玥：《论互联网平台治理的元规制进路》，载《法学评论》2024 年第 4 期，第 112 页。

㊳　例如："穿透式监管"，参见张凌寒：《平台"穿透式监管"的理据及限度》，载《法律科学》2022 年第 1 期，第 107 页；"治理型监管"，参见张欣：《生成式人工智能的算法治理挑战与治理型监管》，载《现代法学》2023 年第 3 期，第 117 页；"包容性法律治理"，参见郭小东：《生成式人工智能的风险及其包容性法律治理》，载《北京理工大学学报（社会科学版）》2023 年第 6 期，第 93 页；"适应性治理"（Adaptive Governance），参见 Anka Reuel & Trond Arne Undheim, *Generative AI Needs Adaptive Governance*，arXiv：2406.04554 [cs.CY]，p. 3-4 (2024)。

待建设的现阶段，实现有效的规制状态不可能一蹴而就，需要从基础的规制模式讨论并升级至对能力建设的研究，明确"赋能"这一目标，实现良好规制的切实落地。

综上所述，当前人工智能产业发展需要赋能，形成安全可信的技术和保障体系更加需要赋能。安全从来不只是一种状态，更是一种能力。我国《国家安全法》将国家安全定义为"国家政权、主权、统一和领土完整、人民福祉、经济社会可持续发展和国家其他重大利益相对处于没有危险和不受内外威胁的状态，以及保障持续安全状态的能力"。这种安全能力观在我国数字科技领域的立法中也得到凸显。《网络安全法》将网络安全定义为"使网络处于稳定可靠运行的状态，以及保障网络数据的完整性、保密性、可用性的能力"。《数据安全法》将数据安全定义为"通过采取必要措施，确保数据处于有效保护和合法利用的状态，以及具备保障持续安全状态的能力"。从这些定义中可见"能力"的重要性。同时，这三部法律也都明确了促发展的目标，这不仅是出于平衡考虑，更是因为真正的安全应该是也只能是建立在高度发展之上的安全。从国际视野来看，发展水平不足情况下的安全状态只是一种局部的、临时的、假性的安全状态，因为在低发展水平下国家和社会不可能真正拥有保障持续安全状态的能力。

在当下阶段，不发展是最大的不安全。人工智能治理的目标不是简单追求一种局部的、临时的假性安全状态，而应该是追求拥有高度发达的科技水平和一种保障持续安全可信状态的能力，应以此为目标构建推动能力提升的有效治理机制。党的二十届三中全会决定非常强调能力建设，既从总体上强调要"推进国家治理体系和治理能力现代化"，也特别强调"着力加强创新能力培养"，以及加强监管能力和安全能力建设；指出要"提升市场综合监管能力和水平"，"提升数据安全治理监管能力"，"增强维护国家安全能力"，"推进国家安全体系和能力现代化"，"推进国家安全科技赋能"[39]。因此，赋能型人工智能治理的核心要义在于以赋能为核心，通过科学、有效的治理，实现高质量的人工智能发展和拥有保障持续安全可信状态的能力，即针对人工智能安全可信发展中的重要能力建设需求，通过治理实现对如下方面的赋能：第一，赋能企业创新发展，提高我国企业和人工智能行业整体竞争力，特别是增强发展要素的普惠赋能，包括对数据要素、算力要素、算法要素、制度要素的协同赋能。第二，赋能企业，特别是注重对风险管理能力的培养，使大中小型企业都能够开展有效的自我管理、合规经营，从源头防控人工智能研发运用的伦理风险和安全风险。第三，赋能政府有效监管，特别是积极发展和推广用于人工智能治理的相关技术，实现人工智能治理技术的创新突破。第四，赋能社会公众平等受益于人工智能的发展，使社会公众有效地参与人工智能治理，提升社会公众对人工智能发展的信任度，营造有利于人工智能可信发展的社会环境。第五，赋能我国深度参与全球人工智能治理体系建设，为推进全球人工智能治理体系现代化提供中国经验、中国智慧和中国力量。

## 三、赋能型人工智能治理的理念确立

赋能型人工智能治理建设需要确立与之相适应的理念。这既包括要确立核心理念，即明确如何理解赋能型人工智能治理中涉及的重要关系，从而为"赋能"确立正确的方向和界限；也包括要从核心理念中发展一些基本理念，更为具体地指引赋能型人工智能治理机制的构建。

---

[39] 同前注①。

（一）赋能型人工智能治理的核心理念

赋能型人工智能治理的核心理念基于两大关系而形成，即人与物（智能体）的关系、发展和安全的关系。

**1. 坚持以人为本**

将以人为本作为核心理念，明确了赋能人工智能安全可信发展的最终目标是赋能人民，为赋能型治理确立了方向和评价标准。以人为本是发展可信人工智能的基础，是人工智能治理的终极关怀与首要理念，体现为从人类福祉、人类安全、人的尊严和权利、人的全面发展出发，充分尊重和保障人权，确保人工智能解决方案是以人为主体、人工智能的使用以人为中心，发展人工智能归根结底是为全体人民提供优质的公共服务，确保人工智能技术成果平等普惠共享。

以人为本是全人类的共同价值。世界上人工智能发展和治理走在前列的主要国家的法律法规、政策文件、纲领宣言、伦理指南等几乎都将以人为本作为其核心理念和根本原则。在人工智能治理上，联合国和相关全球性峰会也都主张以人为本，如 2017 年发布的"阿西洛马人工智能原则"[40]、2021 年联合国教科文组织（UNESCO）第 41 届大会通过的《人工智能伦理问题建议书》、2023 年中美等 28 个国家在英国签署的《布莱切利宣言》、2024 年第 78 届联合国大会协商一致通过的中国主提的加强人工智能能力建设国际合作决议，等等。

我国在人工智能发展与治理上，更是始终坚持以人为本的核心理念。《民法典》《个人信息保护法》等法律法规，都充分体现了以人为本的精神，加强对人工智能时代公民个人信息权益、隐私权、肖像权、声音权、

---

[40] *Asilomar AI Principles*，at https：//futureoflife. org/open-letter/ai-principles/（Last visited on March 15，2024）.

免受自动化决策权等的保护。2023 年 10 月，我国政府发布《全球人工智能治理倡议》，第 1 条就明确规定，"发展人工智能应坚持'以人为本'理念，以增进人类共同福祉为目标，以保障社会安全、尊重人类权益为前提，确保人工智能始终朝着有利于人类文明进步的方向发展"。

以人为本不是空洞的理念标签，而是应当落地为人工智能治理的法治原则和法理话语，指引着赋能的核心方向。以人为本首先体现为以人的权利为本，尊重和保障人权；其次体现为公平正义，重视算法公平，注重数字无障碍设计，缩小数字鸿沟，实现普惠发展；最后体现为确保人在人工智能运行中的主体性、自主性，通过"人在回路"（human-in-the-loop）控制、发展人机协同控制等方法⑪，确保人类能够始终实质性地监督和控制人工智能。

**2. 坚持发展导向，统筹发展和安全**

发展是人类社会的永恒主题。中国常驻联合国代表傅聪在第 78 届联大全会介绍加强人工智能能力建设国际合作决议草案时明确表示了"坚持发展优先"。坚持发展导向，统筹发展和安全，是赋能型人工智能治理的另一项核心理念。

世界各国在人工智能治理中都需考虑如何平衡好发展与安全。欧洲议会在投票通过《人工智能法案》前的最后时刻仍在为如何在促进创新与防范可能的风险间取得平衡这一问题辩论，凸显出如何处理好发展和安全是人工智能立法的基本问题和工作难题。

在我国，习近平总书记反复强调了发展和安全的辩证关系。在中国式现代化进程中，发展和安全的关系演化为高质量发展和高水平安全的关系，要以高质量发展促进高水平安全，以高水平安全保障高质量发展。党

---

⑪　参见许为、葛列众、高在峰：《人-AI 交互：实现"以人为中心 AI"理念的跨学科新领域》，载《智能系统学报》2021 年第 4 期，第 613 页。

的二十届三中全会《决定》指出，要"推进高水平科技自立自强"，"加快构建新发展格局，推动高质量发展"；"建设更高水平平安中国"，"增强维护国家安全能力，创新社会治理体制机制和手段，有效构建新安全格局"㊷。这是对中国式现代化的规律性认识，也为我国人工智能治理确定了根本遵循。要把这一核心理念贯穿人工智能治理的各环节全过程，将安全与发展协同部署，构建有利于人工智能安全可信发展的生态系统。

正确认识和统筹人工智能发展和安全的关系，要从我国人工智能发展水平和治理能力出发，对人工智能战略问题开展前瞻性、针对性、储备性研究。发展是安全的基础。历史和现实都证明，"发展是解决我国一切问题的基础和关键"㊸。我国人工智能技术发展仍处于追赶阶段，在人工智能科技已经成为国家与国家之间的核心竞争力乃至大国博弈实力的关键的今天，人工智能不发展是最大的不安全，发展不充分是最大的风险隐患。保障人工智能安全可信的能力、保障人工智能时代国家和人民的重大利益处于持续安全状态的能力，只可能是建立在高发展水平基础上的。人工智能治理应为其创新发展留有充分空间和时间。相关政策和法律法规规章应遵循和尊重新一代人工智能研发应用的规律和现实，以有利于人工智能发展和更好发挥作用为根本出发点，着力赋予权利、减轻义务、科学监管、提供服务，防止监管发力过猛对创新发展造成实质性损害。要把握未来发展主动权，增强我国人工智能的竞争力、发展力、持续力、安全力以及在全球的领导力。

安全是发展的条件和保障。没有安全机制和安全措施，人工智能的可信发展也无从谈起。人工智能治理的重要任务是：第一，划清安全底线；

---

㊷ 同前注①。
㊸ 习近平：《决胜全面建成小康社会 夺取新时代中国特色社会主义伟大胜利——在中国共产党第十九次全国代表大会上的报告》（2017年10月18日），人民出版社2017年版，第21页。

第二，在发展中坚持总体国家安全观，推动人工智能治理全过程的安全保障体系和能力建设；第三，坚持以共同、综合、合作、可持续的全球安全观为战略武器，反制一些国家对我国人工智能发展的遏压，打造安全屏障和安全环境。

坚持发展导向、统筹发展和安全的关系，要坚持良法善治，在法治轨道上促进发展和安全良性互动，切实维护人工智能产业发展与安全治理之间的稳定平衡，使之相辅相成，以安全可信的新一代人工智能技术推动产业升级和新质生产力发展。

### （二）赋能型人工智能治理的基本理念

基于上述核心理念和国内外人工智能治理经验，赋能型人工智能治理理念可进一步推演、展开为如下基本理念：

#### 1. 智能向善

智能向善既是以人为本理念的要求，也为统筹发展和安全指出了具体路径，指引着对安全可信发展能力的不断建设。智能向善是科技向善、数字向善原则在人工智能科技领域内的具化。其核心是：推动从事人工智能研发、提供和使用活动的个人、企业等主体遵守社会公序良俗、社会主义核心价值观和全人类共同价值，向善发展和利用人工智能，满足人民群众美好生活创造对智能科技的需要，不断增进人类共同福祉；同时推动政府部门和社会组织对人工智能向善而治，防范恶意开发和应用人工智能技术，消除数字鸿沟，促进数字正义和社会公正，推动人类文明进步。中国政府发布的《全球人工智能治理倡议》特别提出"发展人工智能应坚持'智能向善'"，其宗旨就在于此。

面向未来，确保人工智能技术开发应用遵循智能向善的理念，是人工智能治理的关键所在。首先，需要在以人为本、发展导向的核心理念的引领下，不断完善对人工智能应用领域价值目标（"善"）的认识，并将"善"的目标加入人工智能研发的目标体系，在技术研发全流程中加以实现。其次，需要依托具体机制措施，推动人工智能科技向善发展，特别是推动能够支撑人工智能价值对齐、安全可信的技术措施和管理措施的创新与应用。各类科技的创新发展不是均衡的、步调一致的，要针对企业的"研究偏向"问题[44]，加强伦理和法治引导，保障企业在"智能向善"的轨道上运行。要在保障企业创新发展能力的同时，赋能有益于人工智能与社会伦理价值对齐的科技研发和管理制度创新。

**2. 包容审慎**

包容审慎是坚持发展导向、统筹发展和安全理念的具化，有助于赋能企业创新发展，是我国政府和社会在科技领域一以贯之且行之有效的先进理念，并体现在法律、行政法规和部门规章之中。2021 年修订后的《科学技术进步法》第 35 条规定："国家鼓励新技术应用，按照包容审慎原则，推动开展新技术、新产品、新服务、新模式应用试验，为新技术、新产品应用创造条件。"2023 年国家互联网信息办公室等联合发布的《生成式人工智能服务管理暂行办法》第 3 条规定，对生成式人工智能服务实行包容审慎和分类分级监管。包容审慎与科技赋能是辩证统一的。2024 年 3 月，李强总理在北京调研时指出：人工智能是发展新质生产力的重要引擎，要在守住安全底线的前提下，积极推行包容审慎监管，给予新技术足够的创新空间和必要的试错空间。[45]

包容审慎作为人工智能治理的一项基本理念，其要义在于，对人工智能新技术新产品新业态采取适度宽容的态度，允许人工智能企业在守住安

---

[44] 即在没有约束或引导的情况下，企业的研发力量往往大量投入于与企业未来盈利具有明显关系的领域，对弱势群体权益保障、数字无障碍技术、安保技术等往往投入不足。

[45] 参见《李强在北京调研时强调 推进科技创新和产业创新深度融合 加快塑造高质量发展新动能新优势》，载《人民日报》2024 年 3 月 14 日，第 1 版。

全底线的前提下自行纠正研发应用过程中出现的问题，政府在审慎跟踪观察的同时，只进行适时适度的干预。换言之，对人工智能新技术包括颠覆性技术的出现应当秉持积极拥抱、包容审慎的治理理念和规则策略，对其引发的新情况新问题，不必急于管制或惩罚，防止监管失当而将其扼杀在萌芽状态，使其丧失进一步发展完善机会。有学者提出，从传统规制理论角度观察，包容审慎监管映射出回应型规制的执法策略、合作规制的运行范式以及规制试验主义的演进逻辑。[46] 坚持包容审慎理念，有利于促进发展与安全、公平和效率，保持自律和他律的动态平衡，最大限度地鼓励和支持创新，赋能科技产业发展。

### 3. 敏捷治理

敏捷治理是面对动态发展的产业统筹发展和安全的一条路径，是建设动态机制和提升治理能力的一种理念，是人工智能治理领域最重要的理念之一。敏捷的理念一定程度上借鉴于 20 世纪 90 年代软件工程领域的"敏捷开发"[47]，以及用于企业治理策略和管理机制中的"敏捷治理"。2018年，世界经济论坛对第四次工业革命中的政策制定问题进行集中反思，正式提出了"敏捷治理"（Agile Governance），将其界定为具有适应性、以人为本、包容性和可持续性的政策制定，并且要引导越来越多的利益攸关方积极参与。与会代表认为，这是快速驾驭变化、主动或被动地拥抱变化并从变化中学习的持续准备，同时为实际或设想的最终用户价值作出贡献。[48] 我国政府及时引进敏捷治理的理念。2022 年，中共中央办公厅、国务院办公厅印发《关于加强科技伦理治理的意见》，把敏捷治理列为五大

---

[46] 参见前注㉙，卢超文，第 143 页。

[47] Torgeir Dingsøyr, et al. , "A Decade of Agile Methodologies: Towards Explaining Agile Software Development", *Journal of Systems and Software*, vol. 85: 6, p. 1213-1221 (2012).

[48] See World Economic Forum, *Agile Governance: Reimagining Policy-making in the Fourth Industrial Revolution*, White Paper, Jan. 2018, p. 4, at https://www3. weforum. org/docs/WEF_Agile_Governance_Reimagining_Policy-making_4IR_report. pdf (Last visited on March 15,2024).

治理要求之一，强调"加强科技伦理风险预警与跟踪研判，及时动态调整治理方式和伦理规范，快速、灵活应对科技创新带来的伦理挑战"。中国政府发表的《全球人工智能治理倡议》等文件中也都强调了实施敏捷治理。此前，2019 年，国家新一代人工智能治理专业委员会发布《新一代人工智能治理原则——发展负责任的人工智能》，将敏捷治理列为八项原则之一，并进行了具体阐释；其于 2021 年发布的《新一代人工智能伦理规范》的管理规范部分也规定了"推动敏捷治理"。可见，敏捷治理已经成为我国人工智能治理中的一项基本理念和原则。其核心意义在于，强调尊重人工智能发展规律并保持跟踪研判，强调治理节奏上的快速回应和尽早介入，治理规则上推进弹性原则与具体类型化规则有效结合，治理关系上的互动合作以及治理方式上的过程快、力度轻的引导性治理。[49]

敏捷治理是针对发展迅速、影响广泛的新领域提出的一种治理范式。人工智能的科技发展和产业应用高速迭代，需要在研发和应用过程中，根据发展变化或新的信息来及时调整治理策略和措施，以保障人工智能的安全、可靠和可控。敏捷治理特别强调前瞻性的视野和方法，尤其是努力尝试在问题出现之前对问题的预测研判。[50] 在这个意义上，敏捷治理也是一种"预防性法治"[51]。因此，敏捷治理要求建立起稳定高效的信息获取机制，保障面对不确定性问题时能够及时获取广泛、多样、充分的意见[52]，建立健全风险沟通、风险报告和预警机制，并持续加强对风险的研究和预判能力。

---

[49]　参见薛澜、赵静：《走向敏捷治理：新兴产业发展与监管模式探究》，载《中国行政管理》2019 年第 8 期，第 31-33 页；赵静、薛澜、吴冠生：《敏捷思维引领城市治理转型：对多城市治理实践的分析》，载《中国行政管理》2021 年第 8 期，第 52-53 页。

[50]　See Helmut Anheier & Edward Knudsen, *Agile Governance*, at https://intelligence. weforum. org/topics/a1Gb0000000pTDaEAM (Last visited on March 15, 2024).

[51]　黄文艺：《论预防型法治》，载《法学研究》2024 年第 2 期，第 20-38 页。

[52]　See *Agile Governance：Managing Uncertainty*, at https: //intelligence. weforum. org/topics/a1Gb0000000pTDaEAM/key-issues/a1G680000004CtBEAU (Last visited on March 15, 2024).

### 4. 可持续发展

以人为本和发展导向的核心理念也决定了应将可持续发展作为一项基本理念。可持续发展强调在推进技术发展的同时，应确保这种发展促进经济、社会和环境的长期健康和平衡，包括环境友好（绿色发展）、节约资源、减少不平等和数字鸿沟、促进教育和就业、提高公共服务的质量和可及性、尊重和保护文化多样性、鼓励技术开放和共享、支持全球合作，等等，而不是仅仅追求短期技术进步或经济利益。人工智能科技自身也需要注重可持续发展，理性创新和投资，过往的两次"人工智能严冬"是最应引以为戒的情况。人工智能治理的可持续发展理念正在成为全球共识。联合国教科文组织发布的《人工智能伦理问题建议书》就建议各国政府和机构关注可持续发展问题，在就人工智能技术对人类、社会、文化、经济和环境的影响开展持续评估时，应充分考虑到人工智能技术对联合国可持续发展目标的影响。[53] 我国政府发布的《全球人工智能治理倡议》也提出，积极支持以人工智能助力可持续发展，应对气候变化、生物多样性保护等全球性挑战。这些都应成为人工智能治理应坚持的基本理念、价值标准和行动准则，从而赋能社会公众平等受益于人工智能的发展，并赋能我国深度参与全球人工智能治理体系建设。

# 四、赋能型人工智能治理的机制构建

在人工智能治理机制设计中，应自觉将"赋能"作为重要目标，将前述核心理念和基本理念融入与人工智能治理相关的各方面机制设计之中。

---

[53] 参见联合国教科文组织：《人工智能伦理问题建议书》，联合国教科文组织官网，https：//unesdoc.unesco.org/ark:/48223/pf0000380455_chi，2024 年 3 月 15 日访问。

赋能型人工智能治理的具体机制仍需不断研究发展。当前在整体上应构建以法治为核心的人工智能治理机制，并聚焦关键问题，建设法治统领下的各项具体机制。其重点方面如下：

**（一）构建以法治为核心的赋能型人工智能治理机制**

之所以要构建以法治为核心的人工智能治理机制，从原理而言，是因为"法治是治国理政的基本方式"[54]，"是现代社会治理的基本手段"[55]，"依法治理是最可靠、最稳定的治理"[56]，"是中国式现代化的重要保障"[57]，是贯彻以人为本和发展导向的核心理念、赋能人工智能安全可信发展的关键支撑。

第一，从"软法"治理到以"硬法"为引导和保障、"软法"与"硬法"相结合的治理形态，是人工智能治理的必然趋势。过去人工智能大国的人工智能治理主要依靠"软法"即人工智能科技伦理、行业规范和技术标准等，但是，随着人工智能发展特别是人工智能大模型这类颠覆性技术的安全风险的外溢，"软法"的局限性和低效能日益显现，并且难以给予企业明确预期。于是，人工智能治理正在由"软法"治理转向以"硬法"为引导和保障、"硬法"与"软法"协同治理的新形态。"硬法"主要指法律、行政法规、地方性法规、政府规章等国家制定的法律规范以及执法司法程序等。这标志着人工智能治理纳入了法治化轨道，在法治轨道上有序推进。

---

[54] 习近平：《关于〈中共中央关于全面推进依法治国若干重大问题的决定〉的说明》（2014年10月20日），载习近平：《论坚持全面依法治国》，中央文献出版社2020年版，第84页。

[55] 习近平：《坚持法治精神，实现公平正义》（2017年9月26日），载前注[54]，习近平书，第183页。

[56] 习近平：《依法保障"一国两制"实践》（2014年11月—2019年12月），载前注[54]，习近平书，第120-121页。

[57] 同前注①。

以"硬法"为引导和保障不代表能忽视"软法"的优点和作用，而应在充分发挥"软法"的积极作用的同时，关注"硬法"可以对"软法"起到的支撑作用。在人工智能治理体系中，科技伦理、道德规范、行业规范、技术标准、企业规章、国际宣言等"软法"有其不可替代的积极作用，特别是在具体应用场景中的科技伦理、行业规范和技术标准独具指导和规范作用，"硬法"对"软法"的引领和制度性支撑可以使其更好地发挥作用，以形成"内外结合、软硬兼施"的法德共治局面。

当前国际上已开始重视人工智能治理的法治化和规范化。例如，欧盟陆续通过了数字领域的一系列重要法律，并在2019年发布的《可信人工智能伦理指南》的基础上，制定和通过了《人工智能法》。这标志着欧盟在人工智能治理中实现了从"软法"到"硬法"的转变升级。美国则出台了系列行政命令，如《关于安全、可靠和可信地开发和使用人工智能的行政命令》等，对行政部门等作出了明确工作部署和要求。㊳

我国人工智能治理的"硬法"保障还滞后于人工智能发展和安全保障的需求。尽管我国已经制定实施了《网络安全法》《数据安全法》《个人信息保护法》等与人工智能相关联的法律及行政法规、地方性法规，出台了《生成式人工智能服务管理暂行办法》等多部相关部门规章，但还缺少专门的人工智能法律和行政法规，尤其是缺少一部人工智能基本法。2017年国务院印发的《新一代人工智能发展规划》提出，到2025年初步建立人工智能法律法规，到2030年建成更加完善的人工智能法律法规。为了推进这项立法规划的实施，应当在坚持科学立法、民主立法、依法立法原则和确保立法质量的基础上，加快立法步伐，把"小快灵"和"大部头"

---

㊳ See *Executive Order on the Safe*，*Secure*，*and Trustworthy Development and Use of Artificial Intelligence*，at https：//www.whitehouse.gov/briefing-room/presidential-actions/2023/10/30/executive-order-on-the-safe-secure-and-trustworthy-development-and-use-of-artificial-intelligence/（Last visited on March 15，2024）.

立法结合起来，经过五年左右时间形成人工智能法律法规体系，打造有利于人工智能安全可信发展的法治环境。

第二，法治是推进人工智能领域善治的必由之路。人工智能治理需要落实以人为本、发展导向的核心理念，使人工智能领域既规范有序又充满活力。此目标就是我们期待的"善治"。法治正是通向善治的必由之路。法治能够将必要的规范和有效的治理机制予以确立，以法律的确定性消解人工智能的许多不确定性，使人工智能研发、提供、部署主体可以对自身活动及其结果产生稳定预期，保障和促进企业依法依规经营、人工智能科技向善发展、公民个人依法使用、社会治理能力提升，进而减少不确定因素及关联问题的产生，增强社会对发展和应用人工智能的信心。

第三，法治是营造人工智能创新发展环境的必然要求。习近平总书记指出，"法治是最好的营商环境"⑤。从这一科学判断出发，可以提出"法治是人工智能最好的发展环境"。其价值功能体现在：其一，法治以其"权利本位"的价值导向，为人工智能领域的产权等权益保护建构法治体系，激发社会创新活力，提升自主创新能力。其二，建立维护公平竞争的法治秩序，以"激发市场主体发展活力，使一切有利于社会生产力发展的力量源泉充分涌流"⑥。其三，实施分级分类监管。对于少量的高风险人工智能采取审慎的监管原则，对大量风险较小的人工智能应用提供尽可能宽的创新空间。其四，打造和谐稳定社会环境。人工智能发展与治理工作中要善于运用法治思维和法治方式，努力为人工智能发展创造安全的政治环境、稳定的社会环境、公正的法治环境、优质的服务环境。

---

⑤ 习近平：《为做好党和国家各项工作营造良好法治环境》（2019 年 2 月 25 日），载前注㊴，习近平书，第 254 页。

⑥ 习近平：《在经济社会领域专家座谈会上的讲话》（2020 年 8 月 24 日），人民出版社 2020 年版，第 7 页。

（二）完善法律治理与技术治理相统合的机制

科技与法治的有机融合是人工智能治理的必由之路，是人工智能时代治理能力建设的重点。自互联网和数字技术诞生以来，以莱斯格（Lawrence Lessig）教授为代表的研究者就开始探讨数字科技与法律的关系，推进数字科技与法律的良性互动。⑥ 推进"符合伦理的设计"（ethically aligned design）、"通过设计保障伦理"（ethics by design）、"通过设计保护隐私"（privacy by design）等被认为是治理数字科技的重点路径。布朗斯沃德（Roger Brownsword）则提出了"法律 3.0"的概念，强调利用技术性方案来实现政策目标，即监管机构应当自己采用（或让他人采用）技术管理措施，将规范性观点转化为实际的设计。⑥ 在立法和法律适用中应当充分考察科技发展情况，促进智能科技向善发展，推动关键要素和治理技术的普惠可及，并用科技赋能企业自治和政府监管，使整个社会更加高效、可控地迎接人工智能时代到来。针对当前的人工智能发展和治理现状，有两方面的重点能力建设工作：

首先，从坚持发展导向、统筹安全发展的核心理念出发，需要在法治建设中深度研判科技发展的制度需求，赋能企业创新发展。技术治理能力的提升本身需要以人工智能科技发展为基础。这要求在法治建设中切实把握人工智能科技的发展要素、发展阶段和发展需要，探求其中的关键性生产要素及其是否存在供给不充分、市场失灵等情况，对相关法律进行系统性解释或完善，合理促进关键性要素的提供并提高其利用效率。目前对于人工智能企业而言，科技要素赋能最主要的是算法、算力、数据的赋能。

---

⑥ 参见齐延平：《数智化社会的法律调控》，载《中国法学》2022 年第 1 期，第 79 页。
⑥ 参见［英］罗杰·布朗斯沃德著：《法律 3.0：规则、规制和技术》，毛海栋译，北京大学出版社 2023 年版，第 1-5 页。

这些要素的供给和流通利用的不充分、不公平，可能影响人工智能创新特别是中小企业的公平竞争，进而限制了人工智能的创新发展，数据的可及性和质量问题还会影响人工智能系统的公平性、包容性、准确性、安全性等。需要建立科学有效的法律制度，促进要素质量提升、普惠可及，赋能人工智能科技和产业发展。

其次，从智能向善的理念出发，需要通过法治来促进企业不断提升人工智能技术的安全可信性，推动合规技术和监管技术的创新突破，赋能企业自身治理和政府监管。一方面，应当将研发、采取必要技术措施与企业注意义务相衔接，激励相应技术的发展。另一方面，还应注重不断分析梳理与治理科技和管理措施相关的信息，重视规则的"精确度"[63]，将抽象、弹性的法律规则与明确、具体的标准、行动指南等相结合，在兼顾规则的弹性、稳定性、可预期性的同时，增强具体指导性，赋能整个行业的治理能力建设。这些指南和标准建设也要重视与法律、行政规制和技术方案之间的融贯性[64]，避免技术标准对法律的误读。

### （三）发展促进多元主体沟通协作的共治机制

有效、及时的多元主体沟通协作是实现包容审慎、敏捷治理理念，提升风险识别和防控能力的必然要求。风险信息和治理信息的有效交流和共享是社会治理的重要机制。人工智能的风险治理需要建立更加及时、有效的沟通机制。近年来我国在平台新闻推荐、平台劳动算法等领域，都出现了基于社会监督主体以及监管机构的沟通，推动了智能算法改进的实例。未来应将人工智能风险信息和治理信息沟通进一步前置化、制度化、常

---

[63] Colin S. Diver, "The Optimal Precision of Administrative Rules", *Yale Law Journal*, vol. 93, p. 66 (1983).

[64] 参见郭春镇：《生成式 AI 的融贯性法律治理——以生成式预训练模型（GPT）为例》，载《现代法学》2023 年第 3 期，第 88 页。

态化。

首先，针对目前跨领域主体缺少信息沟通、治理对话困难等问题，需要建立由监管机构主导，由人工智能企业、科研人员、行业组织、新闻媒体、社会公众等多元主体参与的制度化、常态化的风险沟通机制。参与主体的专业领域应当涵盖人工智能科技、伦理学、法学、经济学、管理学、社会学、新闻传播学、教育学、心理学等，持续建设和发布有益信息，提高透明度，完善用户及社会公众的便捷反馈渠道和处理流程，推动建立及时、便捷的风险报告和应急处理机制，建立健全立法后的法治效果评估机制。

其次，应当创新拓展试验性监管机制。建立监管沙箱是一种典型方式，即在可能具有高风险的人工智能新技术新应用进入市场之前，可建立影响可控的监管沙箱，由相应的监管机构入场观察、沟通和指导，帮助创新者更好地理解合规要求、建立有效控制风险的机制，并将产品安全推向市场。我国国家市场监督管理总局、工业和信息化部等五部门在 2022 年联合发布了《关于试行汽车安全沙盒监管制度的通告》，阐明了提高应急处置能力，防范和化解重大风险，保护消费者合法权益，鼓励企业技术创新，倡导最佳安全设计实践等目的意义。[65] 在试验性监管中，可以充分创新监管方式、开展监管实验，综合运用适当的监管科技，开展人工智能社会治理实验，对风险情况进行深入评估，并探索出科学、有效的风险防治措施。

最后，应当加快构建人工智能治理和能力建设的国际合作机制，为人工智能安全可信发展提供国际协作和规则保障。一方面在国内立法中明确树立我国的人工智能治理理念，明确我国开展人工智能能力建设的对外援

---

[65] 国家市场监督管理总局、工业和信息化部、交通运输部、应急部、海关总署：《关于试行汽车安全沙盒监管制度的通告》，2022 年第 6 号，2022 年 2 月 25 日发布。

助，增强发展中国家的自主可持续发展能力，推动国际发展合作，坚持尊重他国主权；另一方面，积极推动形成具有广泛共识的人工智能国际治理框架，建立人工智能重要风险信息的国际流通共享机制和跨国风险防控的协作机制。

### （四）建立与人工智能发展相适配的避风港机制

在互联网发展过程中，避风港规则在保障互联网创新发展、促进社会合作治理方面发挥了重要作用。在人工智能发展应用初期，赋能企业创新发展，要求法律尊重科技发展规律，明确建立与发展阶段、具体情况相匹配的"避风港"机制和具体规则。

从数据层面看，数据利用对人工智能产业发展极其重要。有学者指出，我国数据流通交易所需要的主要制度增量在于建立合理的数据交易相关行为的法律后果的责任规则，例如，在数据交易所进行的满足条件的场内数据交易的避风港规则等。[66]

从算法模型及社会应用层面看，当前主流的基于机器学习的人工智能技术建立在概率的基础之上，存在一定的偏差、错误在所难免。但人工智能的偏差错误在不同应用领域可能引起的风险的类型、程度不同，且人工智能及风险防治措施都仍在动态发展之中。因此，为人工智能产业建立分级分类的、合理的避风港规则，对稳定产业预期、促进创新投入、推动企业采取合理措施都具有积极意义。而背离人工智能发展客观规律、实行过度严格的规制将会形成对创新的抑制作用，也会影响社会中的人工智能安全能力建设。当然，过于宽松的责任豁免规则，也可能难以推动人工智能企业自身的"智能向善"实践。因此，在建立避风港规则时要结合多元主

---

[66] 参见戴昕：《作为法律技术的安全港规则：原理与前景》，载《法学家》2023年第2期，第43-45页。

体的沟通协作机制，建立与技术发展水平相匹配的注意义务，做到宽严适度。

### （五）创建敏捷互动、激励向善发展的动态监管机制

当前，人工智能处于高速发展阶段，为了建设有效的监管机制，可在包容审慎、敏捷治理的理念下，创建分级分类、敏捷互动、激励人工智能向善发展的动态监管机制。艾尔斯（Ian Ayres）和布雷思韦特（John Braithwaite）在回应型规制中提出"执法金字塔"模型，将监管工具划分为干预力度由弱至强的不同层次，并建议监管机构优先采取轻力度的干预模式，根据被监管对象的具体情况进行调整。[67] 人工智能治理可以扩展这一模型，构建风险管理金字塔、监管惩戒金字塔和价值对齐激励金字塔这三重金字塔，并基于实践中的动态信息，在风险管理要求、惩戒措施和价值对齐激励措施的不同层级间进行动态调整。

其一，建立科学分级分类、支持动态调整的风险管理金字塔模型。

在人工智能治理实践中，金字塔模型的思路首先可以转化为分级分类的风险管理要求，即要求采取的人工智能风险管理措施应当与风险级别和类别相适配，以确保对高风险人工智能系统采取有针对性的、有实效性的管理措施，并为大量风险微小的人工智能应用减轻负担。

风险管理金字塔模型已经投映在许多国家和地区的法律法规、公共政策之中。欧盟《人工智能法》将人工智能系统风险划分为不可接受的风险、高风险、有限的风险和最小风险四个等级，并将通用人工智能模型划分为一般模型和具有系统性风险的模型两个等级，分级分类地规定了不同要求。我国相关法律法规和部门规章也体现了分级分类进行风险管理的立

---

[67]　See Ian Ayres & John Braithwaite, *supra* note[34], 38-39.

法思路。⑱ 例如《互联网信息服务算法推荐管理规定》明确规定对算法推荐服务提供者实施分级分类管理（参见第 23 条），并将此延续到对深度合成、生成式人工智能的管理模式。2021 年 1 月，全国信息安全标准化技术委员会正式发布《网络安全标准实践指南——人工智能伦理安全风险防范指引》，对人工智能伦理安全风险进行了分类，包括"失控性风险""社会性风险""侵权性风险""歧视性风险""责任性风险"，虽然该指引没有对风险等级进行划分，但从其分类术语中可以大体理解其风险级别。我国学者在人工智能立法建议中也提出了将人工智能系统基于其风险程度或关键程度，建立相对应的管理规范和监管措施。⑲

在建立分级分类管理基本框架的基础上，特别要注意当前人工智能仍处于高速发展阶段，关于风险和有效治理措施的信息都不充分，应当结合前述多元主体共治机制及时获得信息，并设立基于风险评估情况依法进行风险级别敏捷调整的机制，同时为企业提供风险管理措施指引并留有合理的建设时间。

其二，建立渐进适用的监管惩戒金字塔。

我国《网络安全法》《数据安全法》《个人信息保护法》等法律中都建立了从责令改正、给予警告，到没收违法所得、处以罚款、责令暂停相关业务、停业整顿、吊销相关业务许可证或者吊销营业执照，以及构成犯罪

---

⑱　我国《网络安全法》《数据安全法》《个人信息保护法》等法律中都体现了风险管理金字塔模型的基本思路，包括实施网络安全等级保护制度，对重要数据、敏感个人数据加强风险管理等。

⑲　例如，《人工智能法示范法 2.0（专家建议稿）》实际上相当于将人工智能风险划分为高风险、中风险、低风险三个级别，规定了不同风险管理要求和监管机制。参见周辉等：《人工智能法示范法 2.0（专家建议稿）》，载上海市人工智能社会治理协同创新中心官网，https://aisg. tongji. edu. cn/info/1005/1211. htm，2024 年 9 月 14 日访问。《中华人民共和国人工智能法（学者建议稿）》建议区分一般的人工智能系统和关键人工智能系统，对后者规定了更多要求。参见张凌寒等：《中华人民共和国人工智能法（学者建议稿）》，载北京航空航天大学法学院官网，https://fxy. buaa. edu. cn/info/1143/8452. htm，2024 年 9 月 14 日访问。

的，依法追究刑事责任等不同强度的规制措施。⑦ 延续此模式，人工智能领域可以建立惩戒强度逐层递进的监管惩戒金字塔，根据具体风险项的情况，结合渐进适用策略，采取合乎比例的、轻量级干预优先的惩戒措施。

其三，建立有效互动的价值对齐激励金字塔。

人工智能治理体系中还应构建与企业推动智能向善实践相关联的"价值对齐激励金字塔"，以法治机制激励企业积极开展与社会价值对齐的人工智能技术研发，不断提升人工智能的安全性、准确性、稳健性、可解释性、公平性、包容性、隐私保护等重要指标，进而提升企业和整个社会在人工智能时代的安全可信保障能力。对于积极创新发展与社会价值对齐的人工智能技术的企业，可以采取给予行政奖励、进行信用联合激励、给予信用优惠或税收优惠等激励制度。⑦ 以此弥补传统监管机制中对支撑人工智能价值对齐、安全可信的技术研发投入激励不足的情况，切实促进智能向善。

## （六）推动建设人工智能保险等社会保障机制

社会保障能力和机制建设是赋能型人工智能治理的重要方面。保险制度是现代风险治理中的一种重要工具，不但可以在灾害之后进行补偿，还可以发挥在事先降低与管控风险的作用。首先，保险具有敏捷调整性。特别是面对新型技术，相比侵权责任体系，保险能够更快速地收集数据和进行评估，并且能够更加敏捷灵活地根据新技术及其安全措施的发展情况来持续进行更新和调整。⑦ 其次，在新技术发展早期，法律通常需要为发展

---

⑦ 参见《网络安全法》第59～69条，《数据安全法》第45～52条，《个人信息保护法》第66、71条等。

⑦ 参见喻文光：《论数字平台的合规监管》，载《法学家》2024年第1期，第126-127页。

⑦ See Kenneth S. Abraham, "The Liability Century--Insurance and Tort Law from the Progressive Era to 9/11", *Harvard University Press*, 2008, p. 1256 - 1266.

留有必要的空间，如为人工智能明确设置避风港规则，此时保险可以填补侵权法留下的空白，为利益受损者提供金钱救济。[73] 最后，保险可以通过设置保险范围限制和例外、进行保险核保并提供信息、调整保费等一系列措施来发出信号，激励和引导相关主体调整其行为，例如采取更有效的风险管理措施，从而减少与人工智能新兴技术相关的风险，同时为人工智能公司和人工智能用户提供更多的安全保障。这将允许不同的利益相关者继续释放人工智能的能量及其对社会的价值。[74]

从国际上看，科技界和法学界专家对于为机器人、自动驾驶等高风险的人工智能产品建立保险制度进行了多年研究。我国一些地方出台的有关自动驾驶的地方性法规或政府规章中也明确规定了强制性的购买保险要求。[75] 同时，我国也在积极探索建立网络安全保险制度[76]，这既可以为人工智能系统的网络和数据安全风险的保障提供保险机制，也可为建立更专门化的人工智能保险提供参考。

可以看到，人工智能系统的保险制度在实践中已经得到了一定的重视，但具体保险制度建构方案并不尽相同，并且存在引发道德风险、缺少全球性指南、购买主体存在争议、保费估计困难等很多问题需要解决。[77] 为实现有效赋能可信发展的目标，应进一步研究探索合适的人工智能保险

---

[73] See Jeffery L. Vagle, "Cybersecurity and Moral Hazard", *Stanford Technology Law Review*, vol. 23: 1, p. 100 (2020).

[74] See Anat Lior, "Insuring AI: The Role of Insurance in Artificial Intelligence Regulation", *Harvard Journal of Law & Technology*, vol. 35: 2, p. 511-519 (2022).

[75] 例如《北京市自动驾驶车辆道路测试管理实施细则（试行）》第 8 条第 6 项、《上海市浦东新区促进无驾驶人智能网联汽车创新应用规定》第 30 条。

[76] 2023 年 7 月，工业和信息化部、国家金融监督管理总局联合发布了《关于促进网络安全保险规范健康发展的意见》。2023 年 9 月，全国信息安全标准化技术委员会发布了《信息安全技术 网络安全保险应用指南》（征求意见稿），进行了更加细致的实施建议。2023 年 12 月，工业和信息化部发布了《关于组织开展网络安全保险服务试点工作的通知》。

[77] 参见 Anat Lior, *supra* note [74]，499-504；刘艳红：《自动驾驶的风险类型与法律规制》，载《国家检察官学院学报》2024 年第 1 期，第 119 页。

制度建构方案，可以率先在自动驾驶等高风险人工智能领域开展试点，通过保险制度稳步推动人工智能安全评估、监测、应急处理、救济等能力建设，增强人工智能社会治理能力。

同时，需要推进与人工智能相关的通识义务教育、职业技能培训、就业促进机制等民生保障建设，消除数字鸿沟，赋能社会公众在人工智能发展中平等获益，也为人工智能科技的社会监督、科学运用奠定良好的基础。

# 五、结　语

人类社会正在快速进入以新一代人工智能为标志的智能时代。人工智能有望赋能千行百业，但当前其自身发展也需要治理赋能。人工智能发展的机遇和挑战、人工智能风险的基本特征、人工智能所处的发展阶段、人工智能治理能力的建设需求、人工智能既往规制模式的局限性等，都共同指向"赋能型"人工智能治理。如何营造有利于人工智能创新发展的良好法治环境和人文环境，保障人工智能技术科学研发、安全运用、向善发展，增强人工智能企业的合理预期，增强监管能力，增强社会对人工智能应用的信任，进而有效推动人工智能安全可信发展，是亟待回答的重要问题。通过依法、有效治理来赋能人工智能安全可信发展，最终是赋能社会、赋能人民。我们需要确立赋能型人工智能治理新理念，健全以法治为核心的赋能型人工智能治理新机制，迈向赋能型人工智能治理新格局，将科技发展与推进国家治理体系和治理能力现代化有机结合，服务于数字中国建设和中国式现代化进程，并为全球人工智能治理作出贡献。